Autoren: Klaus Hengesbach, Dr. Jürgen Lehberger,
Stefan Lux, Detlef Müser, Georg Pyzalla,
Werner Schilke, Heinrich Weber

Herausgeber: Udo Jettkant

Berufsfeld Metall
Industriemechanik

Grund- und Fachwissen

11. Auflage

Prüftechnik, Qualitätsmanagement

Fertigungstechnik

Werkstofftechnik

Maschinen- und Gerätetechnik

Instandhaltung – Wartungstechnik

Grundlagen der CNC-Technik

Steuerungs- und Regelungstechnik

Elektrotechnik

Digitale Automatisierung

Kreativ- und Präsentationstechnik

Lernsituationen

Die BiBox für Lehrerinnen und Lehrer enthält das digitale Schulbuch / ebook zu Ihrem Lehrwerk „Berufsfeld Metall - Industriemechanik Grund- und Fachwissen (978-3-427-55408-0, 11. Auflage 2023)" von Westermann. Ab sofort finden Sie in ausgewählten BiBoxen interaktive und multimediale Lerneinheiten zu vielfältigen Themen, die sich ideal zur eigenständigen Be- und Erarbeitung durch die Lernenden eignen. Durch ihren didaktischen Aufbau und die hohe Interaktivität kommen die Lerneinheiten in vielen Lernszenarien zum Einsatz:

- Moderne, aktivierende Unterrichtsmethoden, z.B. Flipped Classroom
- Hybrid- oder Distanzunterricht
- Eigenständiges Nachholen oder Vorbereiten von Unterrichtsstoff durch Schülerinnen und Schüler
- Vorbereitung auf Klausuren, Prüfungen oder Praxisphasen
- Vertretungsstunden und Unterrichtsausfall
- Was zeichnet die neuen Lerneinheiten aus?
- Schnelle, anschauliche Vermittlung von komplexen Unterrichtsinhalten mit themenspezifischen Videos und abwechslungsreichen E-Learning Aufgaben
- Praxisnahe Anwendungsaufgaben am Ende jeder Lerneinheit
- Inhalte basieren auf den gültigen Bundesrahmenlehrplänen für Bankkaufleute
- Bonus: Lerneinheiten zur Digitalisierung

Zusatzmaterialien zu „Berufsfeld Metall Industriemechanik Grund- und Fachwissen"

Für Lehrerinnen und Lehrer

Lösungen zum Schulbuch Download: 978-3-427-55411-0

BiBox Einzellizenz für Lehrer/-innen (Dauerlizenz): 978-3-427-55423-3
BiBox Kollegiumslizenz für Lehrer/-innen (Dauerlizenz): 978-3-427-55426-4
BiBox Kollegiumslizenz für Lehrer/-innen (1 Schuljahr): 978-3-427-83417-5

Für Schülerinnen und Schüler

BiBox Einzellizenz für Schüler/-innen (1 Schuljahr): 978-3-427-55429-5
BiBox Klassensatz PrintPlus (1 Schuljahr): 978-3-427-81913-4

© 2023 Westermann Berufliche Bildung GmbH, Ettore-Bugatti-Straße 6-14, 51149 Köln
www.westermann.de

Das Werk und seine Teile sind urheberrechtlich geschützt. Jede Nutzung in anderen als den gesetzlich zugelassenen bzw. vertraglich zugestandenen Fällen bedarf der vorherigen schriftlichen Einwilligung des Verlages. Nähere Informationen zur vertraglich gestatteten Anzahl von Kopien finden Sie auf www.schulbuchkopie.de.

Für Verweise (Links) auf Internet-Adressen gilt folgender Haftungshinweis: Trotz sorgfältiger inhaltlicher Kontrolle wird die Haftung für die Inhalte der externen Seiten ausgeschlossen. Für den Inhalt dieser externen Seiten sind ausschließlich deren Betreiber verantwortlich. Sollten Sie daher auf kostenpflichtige, illegale oder anstößige Inhalte treffen, so bedauern wir dies ausdrücklich und bitten Sie, uns umgehend per E-Mail davon in Kenntnis zu setzen, damit beim Nachdruck der Verweis gelöscht wird.

Druck und Bindung: Westermann Druck GmbH, Georg-Westermann-Allee 66, 38104 Braunschweig

ISBN 978-3-427-55408-0

Vorwort zur 11. Auflage

In der vorliegenden 11. Auflage wurden alle Themenbereiche aktualisiert, an neueste DIN-Normen und an die Prüfungsanforderungen angepasst.

Hinweise für den Benutzer dieses Buches

Das Lernpaket „**Berufswissen Metall – Industriemechanik**" besteht aus zwei Büchern für den Lernenden:
 • dem hier vorliegenden Lehrbuch „Industriemechanik – Grund und Fachwissen" (55408, 11. Auflage)
 • und dem Aufgabenbuch mit dem Titel „Aufgabensammlung Industriemechanik" (55414, 10. Auflage).
sowie Lösungen für den Lehrer.

Im vorliegenden Lehrbuch wird der Unterrichtsstoff für das 1. bis 4. Ausbildungsjahr für industrielle und handwerkliche Metallberufe behandelt. Jeder Themenbereich wird mit einer Handlungsstruktur eingeleitet, die den Umgang mit dem dargebotenen Lernstoff thematisiert. Die zu einem Themenbereich gehörenden Buchseiten sind jeweils durch ein gesondertes Symbol am rechten Buchrand gekennzeichnet.
Unter den Seiten stehen in blauer Schrift Verweise zu den **Übungsaufgaben**, die den jeweiligen Lehrbuchseiten in der „Aufgabensammlung Industriemechanik" (Bestellnummer 55414, 10. Auflage) zugeordnet sind. **Mathematische Inhalte** innerhalb der einzelnen Kapitel wurden im Inhaltsverzeichnis mit dem Buchstaben **M** gekennzeichnet

Zusatzinformationen per Web-Link

Über den Link oder den QR-Code gelangen Sie zu umfangreichen und ergänzenden Informationen und Übungsmaterialien wie z.B. zusätzlichen Tabellen, Texten, Erklärungen, Beispielen und Rechenblättern.

Web-Link: www.westermann.de/artikel/978-3-427-55408-0/Berufsfeld-Metall-Industriemechanik-Grund-und-Fachwissen/links

Am Ende des Lehrbuchs sind **Lernsituationen** eingefügt. Diese lassen sich zu Beginn einer Unterrichtsreihe als motivierende Problemstellung einsetzen. Die Lösung der Problemstellung kann dann schrittweise entsprechend dem Unterrichtsfortschritt erfolgen. Der Einsatz der Lernsituationen kann auch nach einer Unterrichtsreihe vorgenommen werden, um den Stoff zu wiederholen und projektartig anzuwenden.

Zu dem vorliegenden Lehrbuch erhalten Sie unter der Bestellnummer 55414 10. Auflage die zugehörige „**Aufgabensammlung Industriemechanik**".
Die Aufgabensammlung enthält Fragen, Aufgaben, Lernsituationen sowie einen Anhang mit fächerübergreifenden mathematischen Übungen. Der Aufgabenband ist gegliedert und gekennzeichnet wie das Lehrbuch.
Zum leichteren Auffinden der Übungsaufgaben, z. B. **Übungsaufgaben 1/1; 1/2,** sind diese auf jeder Seite des Lehrbuchs mit der jeweiligen Aufgabennummer aufgeführt. Bei der Nummerierung der Aufgaben gibt die Ziffer vor dem Schrägstrich die Kapitelnummer innerhalb des Themenbereichs an. Die folgende Ziffer ist die fortlaufende Aufgabennummer.

Die **Lösungen zum Aufgabenbuch** erhalten Sie unter folgenden Formaten:
 • Download, Bestellnummer 55417; • Print, Bestellnummer 55420.
Die **Lösungsbeispiele** zu den Lernsituationen aus dem Lehrbuch erhalten Sie als
 • Download unter der Bestellnummer 55411.

Inhaltsverzeichnis

Industrielle Entwicklungen und ihre Auswirkungen auf die Tätigkeiten des Mechanikers und der Mechanikerin 11

Prüftechnik, Qualitätsmanagement

HANDLUNGSFELD:	**Bauteile prüfen**	14
1	Grundbegriffe der Prüftechnik	15
1.1	Bedeutung des Prüfens in der Fertigung	15
1.2	Subjektives und objektives Prüfen	15
1.3	Grundgrößen (Basisgrößen) und ihre Einheiten (Basiseinheiten) .... M	16
1.4	Formelzeichen	16
1.5	Prüfverfahren: Messen und Lehren	17
2	Prüfen von Längen	17
2.1	Maßsysteme und Einheiten	17
2.2	Höchstmaß – Mindestmaß – Toleranz .... M	18
2.3	Begriffe der Längenmesstechnik	19
2.4	Direkte Längenmessung	20
2.4.1	Messen mit Messschiebern	20
2.4.2	Messen mit Messschrauben	22
2.4.3	Messen mit Messuhren und Feinzeigern	24
2.5	Indirekte Längenmessung	25
2.5.1	Pneumatische Längenmessung	25
2.5.2	Elektrische Längenmessung	26
2.6	Endmaße und Lehren	27
2.6.1	Endmaße	27
2.6.2	Maßlehren	28
2.6.3	Grenzlehren	28
2.6.4	Formlehren	28
3	Prüfen von Winkeln	29
3.1	Messen von Winkeln	29
3.2	Lehren von Winkeln	30
4	Prüfen von Gewinden	31
4.1	Lehren von Gewinden	31
4.2	Messen von Gewinden	32
5	Prüfen der Rauheit von Oberflächen	33
5.1	Oberflächenkenngrößen	33
5.1.1	Rauheitskenngröße Rz	33
5.1.2	Rauheitskenngröße Ra	34
5.2	Verfahren zur Prüfung der Rauheit	34
5.2.1	Prüfen mit Tastschnittgeräten	34
5.2.2	Optische Rauheitsprüfung	34
5.3	Angabe der Oberflächenbeschaffenheit in Zeichnungen	35
5.4	Fertigungsverfahren und Oberflächenbeschaffenheit	35
6	Messabweichungen	36
6.1	Größe der Messabweichung	36
6.2	Arten von Messabweichungen .... M	36
6.3	Ursachen von Messabweichungen	36
7	Auswahl von Prüfverfahren und Prüfgeräten	38
8	Passungen und Prüfen von Passmaßen	39
8.1	Bedeutung der Passungen	39
8.2	Begriffe und Maße bei Passungen	39
8.3	ISO-Normen für Maß- und Passungsangaben	40
8.4	Einteilung der Passungen	42
8.5	Passungssysteme	43
8.6	Passungsnormen	43
8.7	Auswahl von Passungen	44
8.8	Lehren von Passmaßen	45
9	Form- und Lagetoleranzen und ihre Prüfung	46
9.1	Toleranzzone	46
9.2	Formtoleranzen	47
9.3	Lagetoleranzen	47
9.4	Messen von Form- und Lageabweichungen	49
9.4.1	Symbolische Darstellung von Prüfeinrichtungen ...	49
9.4.2	Messverfahren zum Messen von Form- und Lageabweichungen	49
10	Messmaschinen	52
10.1	Digitale Höhenmessung	52
10.2	Numerisch gesteuerte Messmaschinen	53
10.2.1	Aufbau und Funktion von CNC-Messmaschinen ...	53
10.2.2	Messtaster und ihre Kalibrierung	55
10.2.3	Steuerung von Messabläufen	55
11	Qualitätsmanagement	56
11.1	Einleitung	56
11.2	Einflussgrößen auf Qualität	57
11.3	Qualitätssicherungsnormen	58
11.4	Qualitätssicherung in der Fertigung	59
11.5	Maschinen- und Prozessfähigkeit	60
11.5.1	Maschinenfähigkeit	60
11.5.2	Prozessfähigkeit	60
11.5.3	Prozessüberwachung	60
11.6	Statistische Auswertung von Messungen zur Untersuchung der Maschinen- und Prozessfähigkeit	62
11.6.1	Feststellen der Normalverteilung und der Prozessfähigkeit	62
11.6.2	Berechnung kritischer Fähigkeitsindices	65

Fertigungstechnik

HANDLUNGSFELD:	**Werkstücke fertigen**	66
1	Einteilung der Fertigungsverfahren	67
2	Vorbereitende Arbeiten zur Fertigung von Werkstücken	69
2.1	Anreißen	69
2.2	Körnen	70
3	Verfahren des Trennens	71
3.1	Grundbegriffe zum Zerteilen und Spanen	71
3.2	Keil als Werkzeugschneide	72
3.3	Kraft	72
3.3.1	Kräftezerlegung am Keil .... M	73
3.3.2	Keilwinkel zur Bearbeitung unterschiedlicher Werkstoffe	73
3.4	Zerteilen durch Scherschneiden	74
3.4.1	Scherschneiden	74
3.4.2	Ablauf des Scherschneidens	74
3.4.3	Scherenarten	75
4	Spanen von Hand und mit einfachen Maschinen ..	77
4.1	Sägen	78
4.2	Feilen	80
4.2.1	Bestandteile der Feile und Feilenformen	80
4.2.2	Gehauene Feilen	80
4.2.3	Gefräste Feilen	81
4.3	Bohren	82
4.3.1	Spiralbohrer	82
4.3.2	Bohrmaschinen	83
4.3.3	Spannen der Werkstücke beim Bohren	84
4.3.4	Sicherheitshinweise zum Bohren	84
4.3.5	Berechnung von Schnittdaten zum Bohren ...... M	85
4.4	Entgraten und Senken	86
4.5	Gewindeschneiden	87
4.5.1	Aufbau und Maße von Gewinden	87
4.5.2	Herstellen von Innengewinden mit Handgewindebohrern	88
4.5.3	Herstellen von Außengewinden mit Schneideisen	89
4.6	Reiben	90
5	Grundlagen zur Fertigung mit Dreh-, Fräs- und Schleifmaschinen	92
5.1	Technologische Grundbegriffe	92
5.1.1	Eingangsgrößen des Fertigungsprozess	92
5.1.2	Bestimmungsgrößen des Fertigungsprozesses	94
5.2	Schneidstoffe für maschinelles Spanen	95
5.2.1	Schnellarbeitsstähle	95
5.2.2	Hartmetalle	95
5.2.3	Keramische Schneidstoffe	97
5.3	Normung von Wendeschneidplatten	97
6	Fertigen durch Drehen mit mechanisch gesteuerten Werkzeugmaschinen	98
6.1	Leit- und Zugspindel-Drehmaschine	98
6.1.1	Energiefluss an einer Leit- und Zugspindel-Drehmaschine	99
6.1.2	Baugruppen des Werkzeugschlittens	99
6.1.3	Antriebe des Werkzeugschlittens	100
6.2	Einteilung und Benennung der Drehverfahren	101
6.3	Drehwerkzeuge	102
6.3.1	Drehmeißelgeometrie	102

6.3.2	Einfluss der Winkel am Drehmeißel	103
6.3.3	Bauarten von Drehmeißeln	104
6.4	Spannen und Stützen der Werkstücke	105
6.4.1	Spannen im Spannfutter	105
6.4.2	Spannen auf Planscheiben	106
6.4.3	Spannen in Spannzangen	107
6.4.4	Spannen zwischen Zentrierspitzen	107
6.5	Spezielle Drehverfahren	107
6.5.1	Kegeldrehen	107
6.5.2	Gewindedrehen	108
6.6	Einflussgrößen auf die Oberflächenbeschaffenheit beim Drehen	109
6.7	Bestimmen von Arbeitsgrößen zum Drehen M	110
6.7.1	Wahl der Schnittgeschwindigkeit und Berechnung der Umdrehungsfrequenz M	110
6.7.2	Berechnung der Hauptnutzungszeit M	110
7	Fertigen durch Fräsen mit mechanisch gesteuerten Werkzeugmaschinen	111
7.1	Fräsmaschinen	111
7.2	Fräsverfahren	112
7.2.1	Einteilung der Fräsverfahren	112
7.2.2	Vergleich von Gegenlauffräsen und Gleichlauffräsen	113
7.3	Fräswerkzeuge und ihr Einsatz	113
7.3.1	Walzenstirnfräser	114
7.3.2	Plan- und Eckfräsköpfe	115
7.3.3	Schaftfräser	116
7.3.4	Profilfräser	117
7.4	Spannzeuge für Werkzeuge auf Fräsmaschinen	118
7.4.1	Gestaltung der Schnittstelle zwischen Spannzeug und Arbeitsspindel	118
7.4.2	Gestaltung der Trennstelle zwischen Spannzeug und Werkzeug	119
7.4.3	Systeme zur Werkzeugeinstellung	120
7.5	Positionieren und Spannen beim Fräsen	121
7.5.1	Positionieren von Werkstückträgern und Werkstücken	121
7.5.2	Spannen von Werkstücken	122
7.5.3	Stützen von Werkstücken	123
7.6	Teilen mit Teilapparaten M	124
7.7	Bestimmen von Arbeitsgrößen beim Fräsen M	126
7.7.1	Bewegungen bei der Spanabnahme	126
7.7.2	Schnitttiefe und Eingriffsgrößen	127
7.7.3	Berechnung der Hauptnutzungszeit beim Fräsen M	128
8	Fertigen durch Räumen	130
8.1	Innenräumen	130
8.1.1	Innenräumen von symmetrischen Profilen	130
8.1.2	Innenräumen von nicht symmetrischen Profilen	131
8.2	Außenräumen	131
9	Fertigen durch Schleifen	132
9.1	Schleifwerkzeuge	132
9.1.1	Aufbau und Eigenschaften der Schleifwerkzeuge	132
9.1.2	Form und Verwendungszweck von Schleifwerkzeugen	134
9.1.3	Zulässige Umfangsgeschwindigkeiten von Schleifscheiben	135
9.1.4	Bezeichnung genormter Schleifscheiben	135
9.1.5	Aufspannen und Auswuchten von Schleifscheiben	136
9.1.6	Abrichten von Schleifkörpern	136
9.2	Arbeitsverfahren auf Schleifmaschinen	137
9.3	Schnittbedingungen und Oberflächenbeschaffenheit beim Schleifen	138
9.4	Schleifmaschinen	138
10	Fertigen durch Honen und Läppen	139
10.1	Honen	139
10.2	Läppen	140
11	Kühlschmierstoffe für spanabhebende Verfahren	141
11.1	Arten von Kühlschmierstoffen	141
11.1.1	Nicht wassermischbare Kühlschmierstoffe	141
11.1.2	Wassermischbare Kühlschmierstoffe	141
11.2	Gefahren beim Umgang mit Kühlschmierstoffen	142
12	Fertigen durch Abtragen	143
12.1	Autogenes Brennschneiden	143

12.1.1	Brennschneidvorgang	143
12.1.2	Brennschneidverfahren	144
12.1.3	Einstellung der Brennschneidgeräte	145
12.1.4	Brennschnitt	146
12.2	Plasmaschneiden	147
12.2.1	Grundlagen	147
12.2.2	Schneidvorgang und Einstellwerte	148
12.3	Funkenerosives Abtragen	149
12.4	Trennen mit Laserstrahlen	150
12.4.1	Grundlagen	150
12.4.2	Einrichtungen und Verfahren zum Laserstrahltrennen	151
13	Fertigungsverfahren des Urformens	152
13.1	Urformen von Metallen durch Gießen	152
13.1.1	Arten von Formen	152
13.1.2	Herstellen von Sandformen mithilfe von Modellen	153
13.1.3	Spezielle Formverfahren	155
13.2	Urformverfahren für Kunststoffe	156
13.3	Urformen durch Sintern	157
13.4	Additives Fertigen	157
13.4.1	Verfahrensprinzip	157
13.4.2	Datenaufbereitung zur additiven Fertigung	158
13.4.2.1	CAD-Modell	158
13.4.2.2	CAD-Modell im STL-Format	158
13.4.2.3	Slicen und Datenerzeugung im G-Code (DIN 66025)	159
13.4.3	Additive Fertigungsverfahren	160
13.4.3.1	Maschinenaufbau	160
13.4.3.2	Stereolithografie SL	160
13.4.3.3	Selektives Laserschmelzen	161
13.4.3.4	Schmelzschichtung FDM	162
13.4.3.5	Übersicht über das Spektrum der additiven Fertigungsverfahren	162
13.4.4	Merkmale und Anwendungsfelder additiver Fertigungsverfahren	163
14	Fertigungsverfahren des Umformens	165
14.1	Einteilung der Umformverfahren	165
14.2	Verhalten des Werkstoffs beim Umformen	166
14.3	Biegen von Blechen und Rohren	168
14.3.1	Vorgänge beim Biegen	168
14.3.2	Mindestbiegeradien	168
14.3.3	Biegen von Blechen	169
14.3.4	Blechbedarf und Verschnitt M	170
14.3.5	Biegen von Rohren	171
14.3.6	Berechnung von gestreckten Längen M	172
14.4	Sicken, Bördeln, Falzen	173
14.5	Tiefziehen M	174
14.6	Schmieden	177
14.6.1	Vorgänge beim Schmieden	177
14.6.2	Schmiedeverfahren	178
14.6.3	Berechnung von Schmiederohlängen M	179
14.7	Fließpressen	180
14.8	Richten	181
15	Fertigungsverfahren des Fügens	182
15.1	Grundbegriffe	182
15.1.1	Einteilung der Fügeverfahren	182
15.1.2	Reibung	184
15.2	Fügen mit Gewinden	185
15.2.1	Gewinde	185
15.2.2	Schrauben, Muttern und Sicherungen M	189
15.2.3	Berechnung des Drehmoments zum Anziehen von Schrauben M	191
15.3	Fügen mit Stiften und Bolzen	192
15.3.1	Stifte	192
15.3.2	Bolzen	194
15.4	Fügen mit Passfedern, Keilen und Profilformen	194
15.4.1	Vergleich zwischen Passfeder- und Keilverbindung	194
15.4.2	Formen von Passfedern	195
15.4.3	Formen von Keilen	195
15.4.4	Fügen mit Profilformen	196
15.5	Fügen mit Nieten	197
15.5.1	Nietverbindungen	197
15.5.2	Nietformen und Nietwerkstoffe	198
15.6	Fügen durch Schweißen	199
15.6.1	Gasschmelzschweißen, Kennziffer 311	201

Inhaltsverzeichnis

15.6.2	Lichtbogenschmelzschweißen	204
15.6.2.1	Lichtbogenhandschweißen, Kennziffer 111	207
15.6.2.2	Schutzgasschweißen	210
15.6.2.3	Metallschutzgasschweißen (MSG), Kennziffer 13	211
15.6.2.4	Wolfram-Inertgas-Schweißen (WIG), Kennziffer 141	214
15.6.3	Gefügeänderungen beim Metallschweißen	216
15.6.4	Fehler beim Metallschweißen	216
15.6.5	Überblick über die Schweißverfahren zum Metallschweißen	218
15.6.6	Digitalisierung in der Schweißtechnik	219
15.6.7	Arbeitsschutzvorschriften beim Schweißen	221
15.6.8	Kunststoffschweißen	222
15.6.8.1	Warmgasschweißen	222
15.6.8.2	Heizelementschweißen	224
15.7	Fügen durch Löten	225
15.7.1	Anwendung des Lötens	225
15.7.2	Vorgänge beim Löten	225
15.7.3	Lötverfahren	227
15.7.4	Gestaltung von Lötverbindungen	228
15.7.5	Lote und Flussmittel	228
15.8	Fügen durch Kleben	230
15.8.1	Vor- und Nachteile von Klebverbindungen	230
15.8.2	Vorgänge beim Kleben	231
15.8.3	Gestaltung von Klebverbindungen	232
15.8.4	Übersicht über Klebstoffe	233
15.8.5	Schutzmaßnahmen beim Kleben	233
16	**Arbeitssicherheit und Unfallschutz**	234
16.1	Sicherheitskennzeichnung	234
16.2	Allgemeine Anforderungen zum sicherheitsgerechten Verhalten	235
16.3	Arbeitssicherheit beim Umgang mit Werkzeugen und Maschinen	235
16.4	Arbeitssicherheit beim Schweißen	237
16.5	Schutzmaßnahmen beim Umgang mit Kühlschmierstoffen	238
16.6	Maßnahmen bei Unfällen	238
17	**Umweltschutz**	239

Werkstofftechnik

HANDLUNGSFELD: Werkstoffe auswählen		240
1	**Eigenschaften der Werkstoffe**	241
1.1	Physikalische Eigenschaften	241
1.1.1	Mechanische Eigenschaften	241
1.1.2	Thermische Eigenschaften	244
1.2	Chemische Eigenschaften	245
1.3	Technologische Eigenschaften	245
2	**Aufbau metallischer Werkstoffe**	246
2.1	Chemische Elemente	246
2.2	Aufbau von reinen Metallen	248
2.2.1	Metallbindung	248
2.2.2	Schmelzverhalten von reinem Metall	248
2.2.3	Metallgefüge	250
2.2.4	Gittertypen	251
2.3	Legierungen	252
2.3.1	Legierungen mit Mischkristallen	253
2.3.2	Legierungen mit Kristallgemengen	255
3	**Eisen und Stahl**	258
3.1	Roheisen- und Stahlerzeugung	258
3.1.1	Roheisenerzeugung	258
3.1.2	Stahlerzeugung	258
3.1.3	Übersicht über die Wirkungen von Begleit- und Legierungselementen	260
3.2	Gefüge und Eigenschaften von Stahl	261
3.2.1	Kohlenstoffgehalt von Stahl	261
3.2.2	Gefügebestandteile	261
3.2.3	Eigenschaften der Stähle in Abhängigkeit vom Gefüge	263
3.3	Stoffeigenschaftändern von Stählen	264
3.3.1	Glühverfahren für unlegierte Stähle	264
3.3.2	Härten	265
3.3.3	Vergüten	268
3.3.4	Härten der Randschicht	269
3.3.4.1	Flamm- und Induktionshärten	269
3.3.4.2	Einsatzhärten	270

3.3.4.3	Nitrieren	271
3.4	Einteilung, Normung und Verwendung von Stählen	271
3.4.1	Einteilung von Stählen	271
3.4.2	Normung von Stählen	272
3.4.2.1	Kurznamen von Stählen	272
3.4.2.2	Werkstoffnummern von Stählen	275
3.4.3	Stahlsorten	276
3.5	Eisen-Kohlenstoff-Gusswerkstoffe	277
3.5.1	Stahlguss	278
3.5.2	Gusseisen	279
3.5.2.1	Gefüge und Eigenschaften von Gusseisen	279
3.5.2.2	Gusseisen mit Lamellengraphit (GJL)	279
3.5.2.3	Gusseisen mit Kugelgraphit (GJS)	280
3.5.3	Normbezeichnung von Fe-C-Gusswerkstoffen	281
4	**Nichteisenmetalle**	282
4.1	Aluminium und Aluminiumlegierungen	282
4.1.1	Eigenschaften und Verwendung	282
4.1.2	Normbezeichnungen	283
4.2	Kupfer und Kupferlegierungen	284
4.2.1	Eigenschaften und Verwendung von Kupfer	284
4.2.2	Kupferlegierungen	284
5	**Sinterwerkstoffe**	286
5.1	Sintermetalle	286
5.1.1	Arten, Eigenschaften und Verwendung	286
5.1.2	Normung	287
5.2	Hartmetalle	287
5.2.1	Aufbau von Hartmetallen	287
5.2.2	Verwendung und Eigenschaften von Hartmetallen HW	288
5.3	Keramische Werkstoffe	289
5.3.1	Erzeugung keramischer Werkstücke	289
5.3.2	Eigenschaften und Verwendung keramischer Werkstoffe	290
6	**Verbundwerkstoffe**	291
6.1	Einteilung	291
6.2	Aufbau	291
7	**Kunststoffe**	293
7.1	Einteilung der Kunststoffe	294
7.1.1	Einteilung nach dem Molekülaufbau	294
7.1.2	Einteilung nach der Struktur und dem thermischen Verhalten	294
7.2	Erzeugung von Kunststoffen	296
7.3	Übersicht über wichtige Kunststoffe	297
8	**Werkstoffprüfung**	299
8.1	Mechanische Prüfverfahren	299
8.1.1	Zugversuch .... M	299
8.1.2	Härteprüfung .... M	301
8.1.3	Kerbschlag-Biegeversuch .... M	303
8.2	Technologische Prüfverfahren	304
8.2.1	Ausbreitprobe	304
8.2.2	Biegeversuch	304
8.2.3	Tiefungsversuch nach Erichsen	304
8.3	Metallografische Prüfverfahren	304
8.3.1	Mikroskopische Untersuchungsverfahren	304
8.3.2	Makroskopische Untersuchungsverfahren	305
8.4	Zerstörungsfreie Prüfverfahren	305
8.4.1	Prüfung mit Röntgenstrahlen	305
8.4.2	Prüfung mit Kapillarverfahren	306
8.4.3	Prüfung mit Magnetpulver	306
8.4.4	Prüfung mit Ultraschall	307
8.5	Dauerfestigkeitsprüfung	307
8.5.1	Dauerschwingfestigkeit	307
8.5.2	Wöhlerversuch	308

Maschinen- und Gerätetechnik

HANDLUNGSFELD: Technische Systeme gestalten		309
1	**Technische Systeme**	310
1.1	Systemtechnische Grundlagen	310
1.2	Unterteilung innerhalb eines technischen Systems	311
1.3	Funktionen von Einrichtungen	312
1.4	Funktionen von Gruppen	312
2	**Systeme zur Umsetzung von Energie, Stoff, Information**	315
2.1	Systeme zum Energieumsatz	315

2.1.1	Energie und Energieumsetzung	315
2.1.1.1	Arbeit .... M	315
2.1.1.2	Leistung .... M	316
2.1.1.3	Energie .... M	317
2.1.1.4	Wirkungsgrad .... M	318
2.1.2	Technische Systeme zum Energieumsatz	319
2.1.2.1	Kraftwerke	319
2.1.2.2	Kraftmaschinen	319
2.2	Systeme zum Stoffumsatz	322
2.2.1	Stoff und Stoffumsetzung	322
2.2.1.1	Stoff	322
2.2.1.2	Stoffumsetzung .... M	322
2.2.2	Technische Systeme zur Stoffumsetzung	325
2.2.2.1	Werkzeugmaschinen	325
2.2.2.2	Pumpen und Verdichter	326
2.3	Systeme zum Informationsumsatz	327
2.3.1	Information und Informationsumsetzung	327
2.3.1.1	Kommunikationssystem Mensch- Maschine	327
2.3.1.2	Kommunikationssystem Maschine – Mensch	328
2.3.1.3	Kommunikationssystem Maschine – Maschine	329
2.3.2	Technische Systeme zum Informationsumsatz	330
2.3.2.1	Informationsumsatz bei der industriellen Fertigung	330
2.3.2.2	Messsysteme	331
2.3.2.3	Steuerungs- und Regelungssysteme	332
2.3.2.4	Identifikationssysteme	333
2.3.2.5	IT-Sicherheit	335
2.3.3	3D-CAD-Systeme	337
2.3.3.1	3D-CAD-Technik	337
2.3.3.2	Konstruieren mit 3D-CAD-Programmen	338
2.3.3.3	Abspeichern und Weiterleiten von 3D-Konstruktionen	340
3	**Funktionseinheiten des Maschinenbaus**	**341**
3.1	Einteilung der Funktionseinheiten	341
3.2	Funktionseinheiten zum Stützen und Tragen ..... M	341
3.2.1	Lager	343
3.2.1.1	Gleitlager	343
3.2.1.2	Wälzlager	347
3.2.1.3	Gegenüberstellung von Gleit- und Wälzlagern	351
3.2.2	Geradführungen	351
3.2.2.1	Gleitführungen	351
3.2.2.2	Wälzführungen	352
3.2.3	Achsen .... M	353
3.3	Elemente und Gruppen zur Energieübertragung	354
3.3.1	Wellen	354
3.3.2	Kupplungen .... M	357
3.3.2.1	Aufgaben und Einteilung von Kupplungen	357
3.3.2.2	Nicht schaltbare Kupplungen	357
3.3.2.3	Schaltbare Kupplungen	359
3.3.3	Getriebe und ihre Einteilung	362
3.3.4	Berechnungsgrundlagen für Getriebe .... M	363
3.3.5	Zugmittelgetriebe	366
3.3.5.1	Kraftschlüssige Riemengetriebe	366
3.3.5.2	Formschlüssige Riemengetriebe	367
3.3.5.3	Kettengetriebe	367
3.3.5.4	Vergleich der Zugmittelgetriebe	368
3.3.6	Zahnradgetriebe .... M	368
3.3.6.1	Zahnradmaße und ihre Berechnung	368
3.3.6.2	Zahnflankenformen	369
3.3.6.3	Formen von Zahnradgetrieben	371
3.3.6.4	Verstellbare Zahnradstufengetriebe	375
3.3.7	Stufenlos verstellbare mechanische Getriebe	375
3.3.7.1	Reibradgetriebe	375
3.3.7.2	Umschlingungsgetriebe	376
3.3.7.3	Kugelscheibengetriebe	376
4	**Festigkeitsberechnungen von Bauelementen** ..... M	**377**
4.1	Grundlagen zur Festigkeitsberechnung	377
4.1.1	Beanspruchungsarten	377
4.1.2	Belastungsarten – Belastungsfälle	377
4.1.3	Zugbeanspruchung .... M	378
4.1.4	Druckbeanspruchung .... M	379
4.1.5	Scherbeanspruchung .... M	380
4.2	Berechnungen von Verbindungselementen .... M	381
4.2.1	Berechnung von Schrauben .... M	381
4.2.2	Berechnung von Stiften .... M	383

4.2.3	Berechnung von Passfedern .... M	384
4.2.4	Berechnung von Klebeverbindungen .... M	385
4.2.5	Berechnung von Lötverbindungen .... M	385
5	**Baugruppen und ihre Montage**	**386**
5.1	Grundlagen	386
5.1.1	Baugruppen und ihre Funktionen	386
5.1.2	Gliederung des Montageprozesses	387
5.1.3	Montagetätigkeiten	388
5.1.4	Fügen im Montageprozess	389
5.2	Fügen durch Schrauben	389
5.2.1	Schraubenverbindungen	389
5.2.2	Kraftwirkungen in Schraubenverbindungen	390
5.2.3	Berechnung der Vorspannkraft und des Anzugsmoments bei Schraubenverbindungen	391
5.2.4	Schraubwerkzeuge	393
5.2.5	Herstellung von Schraubenverbindungen	394
5.2.6	Schraubenverbindungen mit Passschrauben	396
5.3	Fügen durch An- und Einpressen	396
5.3.1	Fügen von Welle und Nabe	396
5.3.1.1	Klemmverbindungen	396
5.3.1.2	Kegelverbindungen	397
5.3.1.3	Ringfeder-Spannverbindungen	397
5.3.1.4	Pressverbindungen	398
5.3.2	Wälzlagermontage	401
5.3.2.1	Bezeichnung von Wälzlagern	401
5.3.2.2	Einbau von Lagern mit zylindrischer Bohrung	402
5.3.2.3	Einbau von Lagern mit kegeliger Bohrung	403
5.4	Fügen durch Schweißen	405
5.4.1	Verzug durch Schweißspannungen	405
5.4.2	Nachbehandlung geschweißter Bauteile	406
5.4.3	Schweißtechnische Fertigungsunterlagen	407
5.5	Prüfen in Montageprozessen	408
5.5.1	Statische Prüfungen	408
5.5.2	Dynamische Prüfungen	410
5.5.3	Auswahl von Prüfsystemen	410
5.5.3.1	Abnahmeprüfungen von Maschinen	411
5.5.3.2	Prüfungen in der maschinellen Montage	412
5.6	Handhaben in Montageprozessen	414
5.6.1	Funktionsbereiche des Handhabens	414
5.6.1.2	Handhabungsfunktionen zum Bewegen	415
5.6.1.3	Handhabungsfunktionen zum Verändern der Menge	416
5.6.1.4	Handhabungsfunktionen zum Speichern	417
5.6.1.5	Handhabungsfunktionen zum Kontrollieren	417
5.6.2	Handhabungseinrichtungen	418
5.7	Sondertätigkeiten im Montageprozess	420
5.7.1	Justieren	420
5.7.1.1	Arten der Justage	420
5.7.1.2	Durchführung der Justage	422
5.7.2	Auswuchten	424
5.7.2.1	Arten der Unwucht	424
5.7.2.2	Statisches Auswuchten	424
5.7.2.3	Dynamisches Auswuchten	425
5.7.2.4	Auswuchten auf Auswuchtmaschinen	425
5.8	Gestaltung von Montageplätzen und Montagestationen	426
5.8.1	Ergonomische Gestaltung von Montageplätzen	426
5.8.2	Betrieblicher Arbeitsschutz	428
6	**Fertigungssysteme**	**430**
6.1	Einteilung von Fertigungssystemen	430
6.1.1	Bearbeitungszentren	431
6.1.2	Flexible Fertigungszellen	431
6.1.3	Flexible Fertigungssysteme	432
6.1.4	Transferstraßen	432
6.2	Flexible Fertigungssysteme	433
6.2.1	Aufbau flexibler Fertigungssysteme	433
6.2.2	Handhabungssysteme	434
6.2.2.1	Werkzeughandhabungssysteme	434
6.2.2.2	Werkstückhandhabungssysteme	434
6.2.2.3	Programmierung von Handhabungssystemen	435
6.2.3	Transportsysteme	436
6.2.4	Überwachungssysteme	437
6.2.4.1	Systeme zur Produktsteuerung	437
6.2.4.2	Systeme zur Maschinenüberwachung	437
6.2.4.3	Systeme zur Qualitätssicherung	437

Inhaltsverzeichnis

Instandhaltung – Wartungstechnik

HANDLUNGSFELD: Wartungsmaßnahmen durchführen ... 438

1	**Grundlagen der Instandhaltung**	439
1.1	Aufgaben der Instandhaltung	439
1.2	Abnutzung und Abnutzungsvorrat	439
1.3	Ursachen der begrenzten Nutzungsdauer	440
1.4	Grundmaßnahmen der Instandhaltung	441
1.5	Vorgehen bei Instandhaltungsmaßnahmen	441
1.5.1	Korrektive Instandhaltung	442
1.5.2	Präventive Instandhaltung	442
2	**Systembeurteilung durch Inspektion**	443
2.1	Inspektionsintervalle	443
2.2	Inspektion durch Sinneswahrnehmung	443
2.3	Inspektion auf der Grundlage von Messdaten	444
2.3.1	Diagnose auf Basis der Betriebsdaten	444
2.3.2	Spezielle Diagnoseverfahren	445
2.4	Condition Monitoring – kontinuierliche Zustandsüberwachung	446
3	**Instandhaltung durch Wartung**	449
3.1	Übersicht über Wartungsarbeiten	449
3.2	Säubern und Konservieren	450
3.3	Schmieren	451
3.4	Wartung durch Ergänzen und Nachstellen	453
3.5	Wartungs- und Inspektionspläne	454
4	**Instandsetzen**	455
4.1	Instandsetzen mechanischer Baugruppen nach einer Störung	455
4.1.1	Maßnahmen unmittelbar nach einer Störung	455
4.1.2	Störungsdiagnose	455
4.1.3	Störungsbehebung	456
4.1.4	Zusammenbau, Einbau und Einstellen	458
4.1.5	Prüfung, Probelauf, Abnahme und Freigabe	459
4.2	Vorausbestimmtes und zustandsorientiertes Instandsetzen	459
4.3	Fernüberwachung und Instandsetzung	460
5	**Instandhaltung durch Verbesserung**	461
5.1	Erhöhung der Zuverlässigkeit	461
5.2	Verbesserung von Dokumentation und Ersatzteilplanung	461
5.3	Verbesserung des Arbeitsplatzes und der Arbeitssicherheit	462
5.4	Verbesserung durch Verringerung der Umweltbelastung	462
6	**Maschinenschaden durch mechanische Beanspruchung**	463
6.1	Verschleiß	463
6.1.1	Einflussgrößen auf Verschleiß	463
6.1.2	Verschleißmechanismen	464
6.1.3	Verschleißarten	465
6.1.4	Verschleiß beim Gleiten, Rollen und Wälzen	466
6.1.5	Verschleiß durch strömende Medien	467
6.2	Maschinenbruch	468
6.2.1	Gewaltbruch	468
6.2.2	Dauerbruch	469
7	**Maschinenschaden durch Korrosion**	471
7.1	Korrosion	471
7.1.1	Chemische Korrosion	471
7.1.2	Elektrochemische Korrosion	471
7.2	Korrosionsschutz	473
7.2.1	Korrosionsschutz bei chemischer Korrosion	473
7.2.2	Korrosionsschutz bei elektrochemischer Korrosion	473
8	**Hilfsstoffe für die Instandhaltung**	474
8.1	Schmierstoffe	474
8.1.1	Schmieröle	474
8.1.1.1	Schmieröleigenschaften	474
8.1.1.2	Erzeugung und Aufbau von Schmierölen	476
8.1.1.3	Untersuchung des Ölzustands im Rahmen der Instandhaltung	477
8.1.2	Schmierfette	478
8.1.3	Festschmierstoffe	479
8.1.4	Kennzeichnung von Schmierstoffen	479
8.1.5	Entsorgung von Schmier- und Kühlschmierstoffen	480
8.2	Reinigungsmittel	481
8.2.1	Arten von Reinigungsmitteln	481
8.2.2	Verstärken der Reinigungswirkung durch Ultraschall	483
8.2.3	Sicherheitshinweise zum Umgang mit Reinigungsmitteln	483
9	**Instandhaltung von Anlagen in der Steuerungstechnik** siehe Steuerungstechnik ab Seite 620	

Grundlagen der CNC-Technik

HANDLUNGSFELD: Werkstücke mit CNC-Maschinen fertigen ... 485

1	**CNC-Werkzeugmaschinen**	486
1.1	Datenfluss in CNC-Maschinen	486
1.2	Lageregelung an CNC-Maschinen	487
1.3	Bahnsteuerungen an CNC-Maschinen	488
2	**Grundlagen zur manuellen Programmierung**	489
2.1	Arbeitsablauf beim manuellen Programmieren	489
2.2	Koordinatensystem	490
2.3	Wahl des Werkstücknullpunkts	491
2.4	Bemaßungsarten für die Programmierung	491
2.4.1	Absolutbemaßung	491
2.4.2	Inkrementalbemaßung	492
2.4.3	Polarkoordinatenbemaßung	492
2.5	Programmierung von Bahnbewegungen	493
2.5.1	Bearbeitungsrichtung	493
2.5.2	Bewegungen im Eilgang	493
2.5.3	Geradlinige Arbeitsbewegungen	493
2.5.4	Kreisförmige Arbeitsbewegungen	494
2.6	Programmierung von Schaltinformationen	496
2.6.1	Programmierung von Technologiedaten	496
2.6.2	Programmierung von Werkzeugeinsatz und Zusatzfunktionen	496
2.7	Zusammenstellung von Programmdaten zu Sätzen	497
3	**Programmieren zur Fertigung von Drehteilen**	498
3.1	Programmieren von Weginformationen beim Drehen	498
3.1.1	Koordinatensysteme an CNC-Drehmaschinen	498
3.1.2	Nullpunkte und Bezugspunkte	498
3.1.3	Drehteile mit geradliniger Kontur	499
3.1.4	Drehteile mit kreisförmigen Konturanteilen	500
3.2	Programmierhilfen beim Drehen	501
3.2.1	Zyklen beim Drehen	501
3.2.1.1	Konturschruppzyklen	501
3.2.1.2	Freistichzyklen	503
3.2.1.3	Gewindezyklus	503
3.2.1.4	Programmabschnittwiederholungen	505
3.2.3	Unterprogramme beim Drehen	505
3.2.3.1	Unterprogramme mit festen Zahlenwerten	505
3.2.3.2	Unterprogramme mit Parametertechnik	506
3.2.3.3	Einsatz von Unterprogrammen	506
3.3	Werkzeuge und Werkzeugmaße beim Drehen	508
3.3.1	Aufbau von Drehwerkzeugen	508
3.3.2	Werkzeugmaße	508
3.3.3	Schneidenradiuskompensation	510
4	**Programmieren zur Fertigung von Frästeilen**	511
4.1	Programmieren von Weginformationen beim Fräsen	511
4.1.1	Achsrichtungen bei Fräsarbeiten	511
4.1.2	Maschinennullpunkt und Referenzpunkt	512
4.1.3	Werkstücknullpunktlagen	512
4.1.4	Werkzeugbahnkorrekturen	513
4.2	Programmierhilfen beim Fräsen	514
4.2.1	Zyklen beim Fräsen	514
4.2.2	Zyklenaufrufe auf verschiedenen Startpositionen	517
4.2.3	Manipulation von Programmteilen	519
4.2.4	Unterprogramme beim Fräsen	520
4.2.5	Einbau von Unterprogrammen und Zyklen in Hauptprogramme	520
4.3	Programmierung von Werkzeugmaßen und Schnittdaten	521
4.3.1	Werkzeugmaße	521
4.3.2	Programmieren von Schnittdaten	521
5	**Werkstattorientierte Programmierung (WOP)**	522

6	Bedienfeld von CNC-Maschinen	524
7	Werkstückspannsysteme	526
7.1	Paletten als Spannsystemträger	527
7.2	Rasterspannsysteme nach dem Baukastenprinzip	527
7.3	Planung der Aufspannung	528
8	Werkzeugüberwachungssysteme	529

Steuerungstechnik

HANDLUNGSFELD: Entwickeln von Steuerungen 530

1	Grundlagen für pneumatische und hydraulische Steuerungen	531
1.1	Physikalische Grundlagen	531
1.1.1	Druck M	531
1.1.2	Kolbenkraft M	533
1.2	Grafische Symbole und Schaltpläne in der Fluidtechnik	534
1.2.1	Zeichnerische Darstellung von Wegeventilen	534
1.2.2	Kennzeichnung der Anschlüsse von Ventilen	535
1.2.3	Schaltpläne in der Fluidtechnik (DIN ISO 1219-2)	535
1.2.4	Grafische Symbole in der Fluidtechnik (DIN ISO 1219-1)	537
2	Pneumatik	540
2.1	Einheiten zur Bereitstellung der Druckluft	540
2.1.1	Verdichter (Kompressoren) M	540
2.1.2	Druckluft und Luftfeuchtigkeit	541
2.1.3	Druckluftverteilung	542
2.1.4	Aufbereitung der Druckluft	542
2.2	Arbeitseinheiten in der Pneumatik	543
2.2.1	Aufbau von Pneumatikzylindern	543
2.2.2	Dämpfung in Zylindern	544
2.2.3	Befestigungen von Zylindern	544
2.2.4	Kriterien für die Auswahl von Pneumatikzylindern	545
2.2.5	Sonderformen von Pneumatikzylindern	545
2.3	Einheiten zum Steuern der Druckluft	546
2.3.1	Bauformen pneumatischer Wegeventile	546
2.3.1.1	Vorsteuerung von Ventilen	547
2.3.1.2	Betätigungsarten an pneumatischen Wegeventilen	548
2.3.1.3	Kriterien für die Auswahl pneumatischer Wegeventile	549
2.3.2	Bauformen pneumatischer Sperrventile, Stromventile und Druckventile	550
2.4	Pneumatische Steuerungen	551
2.4.1	Grundschaltungen	551
2.4.2	Grundsteuerungen	552
2.4.3	Steuerungsplanung	554
2.4.3.1	Aufgabenstellung und Technologieschema	554
2.4.3.2	Funktionsdiagramme und Signallinien	554
2.4.3.3	Signalverarbeitung in Steuerungen	558
2.4.4	Pneumatische Verknüpfungssteuerungen	559
2.4.4.1	UND-Verknüpfung	559
2.4.4.2	ODER-Verknüpfung; NICHT-Verknüpfung	559
2.4.4.3	Steuerung mit Zeitglied	560
2.4.4.4	Steuerung mit Zweihand-Betätigung	562
2.4.5	Pneumatische Ablaufsteuerungen	563
2.4.5.1	Signalüberschneidung	563
2.4.5.2	Signalabschaltung	564
2.5	Zeichnen und simulieren pneumatischer Steuerungen am PC	566
3	Elektropneumatik	569
3.1	Bauteile in elektropneumatischen Anlagen	569
3.1.1	Magnetventile	569
3.1.2	Druckschalter	570
3.1.3	Schutzbeschaltung	571
3.1.4	Schutzarten	571
3.1.5	Auswahlkriterien für Magnetventile	572
3.1.6	Grenztaster	572
3.1.7	Schütz und Relais	573
3.1.8	Anschlusskennzeichen an Relais	573
3.1.9	Schaltzeichen für elektrische Bauteile	573
3.2	Elektropneumatische Steuerungen	574
3.2.1	Pneumatikschaltplan und Stromlaufplan	574
3.2.2	Reihen- und Parallelschaltung	575
3.2.3	Ansteuerung von Wegeventilen	575
3.2.4	Wegabhängige Steuerungen	576
3.2.5	Weg- und zeitabhängige Steuerungen	577

3.2.6	Verknüpfungs- und Ablaufsteuerungen in der Elektropneumatik	578
3.3	Installieren und Inbetriebnehmen elektropneumatischer Steuerungen	580
3.3.1	Installieren einer elektropneumatischen Steuerung	580
3.3.2	Inbetriebnehmen einer elektropneumatischen Steuerung mit Dokumentation	587
3.4	Kennzeichnung von Bauelementen nach DIN ISO 1219 und DIN EN 81346-2	589
3.4.1	Grundlegende Vereinbarungen	589
3.4.2	Darstellung der DIN EN 81346-2 an einem Beispiel	590
4	Hydraulik	592
4.1	Leistungsumwandlung und Leistungsübertragung in der Hydraulik	592
4.2	Physikalische Grundlagen	593
4.2.1	Druck M	593
4.2.2	Volumenstrom M	593
4.2.3	Hydraulische Leistung	593
4.2.4	Durchflussgesetz M	594
4.2.5	Strömung von Flüssigkeiten M	595
4.2.6	Kavitation	595
4.2.7	Viskosität	596
4.2.8	Wirkungsgrad	596
4.3	Messtechnische Grundlagen	597
4.3.1	Genauigkeitsklassen von Messgeräten	597
4.3.2	Messen des Drucks	598
4.3.3	Messen des Volumenstroms	598
4.3.4	Anordnung von Messstellen	599
4.3.5	Volumenstrom-Druck-Diagramm (q_v-p-Diagramm) M	600
4.4	Aufbau und Wirkungsweise einer Hydraulikanlage	601
4.4.1	Aufbau einer Hydraulikanlage	601
4.4.2	Vergleich zwischen Pneumatik- und Hydraulikanlagen	602
4.4.3	Hydraulikanlage als technisches System	602
4.5	Teilsystem zur Leistungswandlung und Leistungsbereitstellung (Antriebsaggregat)	603
4.5.1	Hydropumpen	603
4.5.1.1	Zahnradpumpen	603
4.5.1.2	Flügelzellenpumpen	604
4.5.1.3	Kolbenpumpen	604
4.5.2	Druckbegrenzungsventil	605
4.5.3	Druckflüssigkeitsbehälter	606
4.5.4	Druckflüssigkeiten	607
4.5.5	Filter	608
4.5.6	Hydrospeicher	609
4.6	Teilsystem zur Leistungsübertragung	609
4.6.1	Leitungen und Verbindungen	609
4.6.2	Wegeventile	611
4.6.3	Sperrventile	612
4.6.4	Druckventile	612
4.6.5	Stromventile	613
4.7	Teilsystem zur Leistungswandlung (Motorgruppe)	615
4.7.1	Hydraulikzylinder (Linearmotor)	615
4.7.2	Hydraulikmotoren	616
4.8	Grundsteuerungen der Hydraulik	617
4.8.1	Richtungssteuerung durch Wegeventile	617
4.8.2	Geschwindigkeitssteuerung	618
4.8.3	Eilgang-Vorschub-Steuerung	619
5	Inbetriebnahme, Wartung und Fehlersuche bei Steuerungen	620
5.1	Inbetriebnahme von Steuerungen	620
5.1.1	Elektropneumatische Anlagen in Betrieb nehmen	620
5.1.2	Hydraulische Anlagen in Betrieb nehmen	621
5.2	Wartung von Steuerungen	621
5.2.1	Wartung im Bereich der pneumatischen Druckversorgung	621
5.2.2	Wartung pneumatischer Leitungssysteme	622
5.2.3	Wartung hydraulischer Anlagen	622
5.2.4	Wartung von Bauelementen in Steuerungen	623
5.3	Fehlersuche in Steuerungen	624
5.3.1	Maßnahmen zur Vereinfachung der Fehlersuche	625
5.3.2	Fehlersuche mithilfe von Fehlerursachen-Tabellen	625
5.3.3	Fehlersuche mithilfe von Ablaufplänen	626
6	Regelungstechnik	627
6.1	Unterscheidung: Steuern – Regeln	627

Inhaltsverzeichnis

6.2	Funktionseinheiten und Größen im Regelkreis	628
6.3	Arten von Reglern	629
6.3.1	Unstetige Regler	629
6.3.2	Stetige Regler	630

Elektrotechnik

HANDLUNGSFELD: Messungen in elektrisch gesteuerten Anlagen durchführen ... 631

1	Wirkungen und Einsätze elektrischer Energie	632
2	Physikalische Grundlagen	633
2.1	Elektrische Ladung	633
2.2	Strom	634
2.3	Spannung	634
2.4	Stromkreis	635
2.5	Messung von Stromstärke und Spannung	636
2.6	Leiter und Nichtleiter	636
2.7	Elektrischer Widerstand .... M	637
2.8	Ohmsches Gesetz .... M	638
3	Grundschaltungen	639
3.1	Reihenschaltung .... M	639
3.2	Parallelschaltung .... M	639
4	Schaltzeichen für elektrische Bauelemente und Schaltpläne	640
4.1	Bauteile in der Elektrotechnik	640
4.2	Elektrische Schaltpläne	640
4.3	Auswahl genormter Schaltzeichen	641
5	Maßnahmen zur Unfallverhütung	642
5.1	Leitungs- und Geräteschutzeinrichtungen	643
5.2	Schutzmaßnahmen gegen gefährliche Körperströme	644
5.3	Kennzeichnung elektrischer Geräte	645
6	Elektrische Antriebstechnik	646
6.1	Prinzip des Elektromotors	646
6.2	Aufbau und Wirkungsweise von Gleichstrommotoren	647
6.3	Wechselstrom- und Drehstrommotoren	648
6.3.1	Drehstrommotoren	649
6.3.2	Wechselstrommotoren	653
6.3.3	Linearmotoren	654
6.4	Kenngrößen von Elektromotoren	655

Digitale Automatisierung

HANDLUNGSFELD: Prozessautomatisierung planen ... 656

1	Entwicklung zur digitalen Automatisierung	657
1.1	Mechanisierung und Automatisierung	657
1.2	Digitalisierung und Automatisierung	658
2	Sensortechnik	661
2.1	Überblick über Sensoren und Messprinzipien	661
2.1.1	Aktive und passive Sensoren	662
2.1.2	Normiertes Strom- und Spannungssignal als Abbild der Messgröße .... M	662
2.1.3	Smarte Sensoren	662
2.2	Sensoren	663
2.2.1	Sensoren für die Messung von Dehnung, Kraft und Druck	663
2.2.2	Induktiver Durchflusssensor	664
2.2.3	Kapazitive Sensoren	665
2.2.4	Induktiver Näherungsschalter	666
2.2.5	Kapazitive Näherungsschalter	667
2.2.6	Piezoelektrischer Sensor	667
2.2.7	Thermoelemente .... M	668
2.2.8	Temperatursensor PT-100 .... M	669
2.2.9	Optoelektronische Sensoren	670
2.2.9.1	Physikalische Grundlagen	670
2.2.9.2	Dioden	671
2.2.9.3	Fotodioden	671
2.2.9.4	Leuchtdioden (LED – light-emitting diode)	672
2.2.9.5	Lichtschranken	672
2.2.9.6	Optokoppler	672
2.2.10	Sensorsysteme zur Bilderkennung und Bildverarbeitung	673
2.3	Digitalisierung und Signalverarbeitung	675
2.3.1	Signalformen und Umformen von Messsignalen	675
2.3.2	Analog-digitale Umsetzung	676
2.3.3	Signalübertragung	677
3	**Speicherprogrammierbare Steuerungen (SPS)**	678
3.1	Steuerungstechnische Grundlagen	678
3.1.1	Merkmale von VPS und SPS	678
3.1.2	Logikpläne von Steuerungen	679
3.2	GRAFCET (Funktionsplan)	680
3.2.1	Aufbau eines GRAFCET-Plans	680
3.2.2	Struktur eines GRAFCET-Plans	681
3.2.3	Wirkungsteil eines GRAFCET-Plans	682
3.2.4	GRAFCET-Plan für eine Ablaufsteuerung	684
3.3	Gerätetechnischer Aufbau der SPS	686
3.3.1	Programmiergeräte	686
3.3.2	Programmspeicher	687
3.3.3	Automatisierungsgerät	687
3.4	Arbeitsweise der SPS	688
3.5	Programmieren von speicherprogrammierbaren Steuerungen	690
3.5.1	Anweisungsliste (AWL)	690
3.5.2	Kontaktplan (KOP) und Funktionsplan (FUP)	692
3.5.3	Grundverknüpfungen in der SPS	693
3.5.4	Kombinierte Verknüpfungen in der SPS	694
3.5.5	Ablaufsteuerungen in der SPS	696
3.6	Beispiel für die Steuerung einer Bohrvorrichtung	698
4	**Industrieroboter**	701
4.1	Einrichtungen von Industrierobotern	701
4.2	Bauarten von Industrierobotern	702
4.3	Effektoren	703
4.4	Kriterien für den Einsatz von Industrierobotern	703
4.5	Programmierung von Industrierobotern	704
4.5.1	Grundbestandteile von Roboterprogrammen	704
4.5.2	Programmierungsverfahren	705
4.5.3	Steuerung von Industrierobotern	706
4.5.4	Planung einer Programmerstellung	708

Kreativ- und Präsentationstechniken

HANDLUNGSFELD: Präsentation kreativ entwickelter Lösungen ... 711

1	Kreativtechniken	712
1.1	Brainstorming	713
1.2	Mind-Mapping	714
1.3	Ursache-Wirkungs-Diagramm (Ishikawa-Diagramm)	715
2	Präsentationstechniken	716
2.1	Ziele festlegen	716
2.2	Zielgruppe beschreiben	718
2.3	Inhalte bearbeiten	719
2.4	Darstellung (Visualisierung) anfertigen	719
2.5	Präsentation planen und durchführen	722
2.6	Urheberrecht	723

Lernsituationen

1	Fertigen eines Keils	725
2	Biegen einer Rohrschelle	726
3	Fertigen eines Ablaufblechs	727
4	Fertigen einer Kreuzscheibenkupplung	728
5	Montieren einer Vorrichtung	730
6	Warten einer Fräsmaschine	731
7	Planen der Fertigung einer Backenführung	732
8	Planen der Fertigung einer Klauenkupplung	733
9	Entwickeln einer Steuerung für eine Spannvorrichtung	734
10	Entwickeln einer Steuerung für eine Abfüllanlage	735
11	Montieren einer Antriebstrommel	736
12	Fertigen eines Kupplungsflanschs auf einer CNC-Drehmaschine	737
13	Umrüsten eines Roboters	738
14	Prüfen einer Zugstange	739
15	Umsetzen einer Tischbewegung durch eine programmierbare Steuerung	740
16	Planen einer Fräsvorrichtung	741

Quellenverzeichnis	**742**
Sachwortverzeichnis	**744**

Industrielle Entwicklungen und ihre Auswirkungen auf die Tätigkeiten des Mechanikers und der Mechanikerin

Der Mensch versuchte schon sehr früh, die engen Grenzen, die ihm kräftemäßig von der Natur vorgegeben sind, durch Werkzeuge, einfache Maschinen und leistungsfähige Transportmittel zu überwinden. Durch den Einsatz von Arbeitstieren und durch die Nutzung der Energie von Wind und Wasserkraft konnte er den Ertrag seiner Arbeit erheblich steigern. Die Leistungsfähigkeit der Arbeitstiere war jedoch ebenfalls begrenzt, weiterhin standen Wind und Wasser nicht jederzeit überall zur Verfügung.

Die erste industrielle Revolution

Im Jahr 1769 gelang es James Watt, eine Dampfmaschine, die in anderer Form bereits existierte, so zu optimieren, dass sie industriell einsetzbar war. Erstmals stand mit der Dampfmaschine eine Quelle mechanischer Energie zur Verfügung, die jederzeit und unabhängig vom Ort zum Antrieb von Maschinen und Fahrzeugen genutzt werden konnte.

Damit kam auch ein neuer Beruf auf, der des Maschinisten. Ein **Maschinist** kannte jede Einzelheit und jedes Verhalten der ihm anvertrauten Maschine. Er sorgte für ihre optimale Funktion, indem er die Maschine inspizierte, wartete und instand hielt. Der Maschinist fertigte auch in begrenztem Maße Ersatzteile für seine Maschine an. Er war gewissermaßen der Vorgänger des Industriemechanikers und der Industriemechanikerin.
Die Entwicklung der Dampfmaschine führte zu einer enormen Steigerung der Verfügbarkeit von Energie.

Fachkraft an einer Dampfmaschine

Sowohl in Industrie und Handwerk als auch in Landwirtschaft und Verkehrstechnik wurde die Dampfmaschine eingesetzt. Mit der Dampfmaschine begann die Industrialisierung, die sogenannte erste industrielle Revolution – wir würden heute sagen: **Industrie 1.0**.

Die zweite industrielle Revolution

Der Einsatz von Elektrizität im Bereich der Energietechnik und der Nachrichtentechnik kennzeichnet den Beginn der zweiten industriellen Revolution. Ein weiterer bedeutender Fortschritt in der Produktion war die Austauschbarkeit der Bauteile ohne Nacharbeit und die dadurch erzielte Vereinfachung ihrer Montage. Diese Veränderung markiert zugleich den Übergang von der handwerklichen zur industriellen Fertigung. Möglich wurde diese Entwicklung durch die Verwendung einheitlicher Messsysteme. Damit waren die Voraussetzungen geschaffen, die zur Entwicklung der Fließbandproduktion führten. Man spricht von der zweiten industriellen Revolution – **Industrie 2.0**.

Fließbandfertigung in den Ford-Werken

Nun gelang es, durch kleinschrittige Arbeitsteilung und die Vermeidung unproduktiver Arbeitsschritte, kostengünstig Gebrauchsgüter in hohen Stückzahlen herzustellen.

Am Fließband konnten Personen ohne Ausbildung oder mit nur geringen beruflichen Qualifikationen beschäftigt werden. Hingegen wurden von den **Mechanikern oder den Mechanikerinnen**, die den Betrieb überwachten, steuerten und instand hielten, erheblich höhere Qualifikationen im Bereich der Maschinentechnik verlangt als zuvor vom Maschinisten.

Industrielle Entwicklungen und ihre Auswirkungen auf die Tätigkeiten des Mechanikers und der Mechanikerin

Die dritte industrielle Revolution

Im Jahr 1941 entwickelte Konrad Zuse den ersten funktionsfähigen Computer. Dieser Computer war programmgesteuert, frei programmierbar und arbeitete vollautomatisch – aber wegen der Verwendung von Elektronenröhren und herkömmlichen Bauelementen war er extrem groß. Die Miniaturisierung der Bauelemente, besonders durch Verwendung von Transistoren, führte zu Computern, die auch in der in der Automation von Maschinen, Anlagen, Kommunikationsgeräten und anderen Gebrauchsgütern eingesetzt werden konnten. So startete etwa 1970 die dritte industrielle Revolution – **Industrie 3.0** – mit der Automatisierung durch den Computereinsatz.

Wichtige Einsatzbereiche in diesem Zusammenhang sind z. B.

- **CNC** (Computerized Numerical Control) Computersysteme zur Steuerung von Maschinen
- **CAD** (Computer Aided Design) Computersysteme zum Zeichnen und Konstruieren
- **CAM** (Computer Aided Manufacturing) Computersysteme zur Steuerung von Fertigungsmaschinen
- **SPS** (Speicherprogrammierbare Steuerungen) Computersysteme für eine robuste und echtzeitfähige Automatisierungstechnik

Industriemechaniker an einer CNC-Maschine
(ITH GmbH & Co. KG, Meschede)

Für die Fachkräfte zum Betrieb und zur Instandhaltung computergesteuerter Maschinen und Anlagen wurde die Berufsbezeichnung **Industriemechaniker und Industriemechanikerin** eingeführt. Neben handwerklichen Fertigkeiten und Kenntnissen der Maschinentechnik wurden von ihm nun auch Kenntnisse in der Steuerungstechnik, z. B. in der SPS-Technik und in der computergesteuerten Fertigung, z. B. in der CNC-Technik, erwartet.

Die vierte industrielle Revolution

Die weltweite Einführung des Internets, etwa 1980 beginnend, wird auch als Start der nächsten industriellen Revolution – manchmal **Industrie 4.0** genannt – angesehen. Das Internet ermöglicht z. B. die weltweite Vernetzung von Maschinen, Fertigungsanlagen und Lagersystemen. Diese Vernetzung kann schon in kurzer Zeit zu erheblichen Veränderungen von Produktion und Handel führen.

Die Produkte im laufenden Fertigungsprozess und die eingesetzten Maschinen können über das Internet oder andere Kommunikationsnetze untereinander Daten austauschen und so organisatorisch zusammenarbeiten. Man spricht auch vom „**Internet der Dinge**". Die dabei entstehenden Vorteile gegenüber der herkömmlichen Fertigung sind:

- Das zu fertigende Produkt steuert den Prozess. Auf Datenträgern an Rohteilen und Einzelteilen sind jeder Bearbeitungsschritt und jede durchzuführende Qualitätskontrolle festgelegt und sie erfolgen automatisch.
- Zu jeder Zeit kann festgestellt werden, wo sich das Produkt im Augenblick befindet und welches Stadium der Fertigung es erreicht hat.
- Varianten eines Produkts, z. B. mit veränderten Maßen, können ohne zusätzlichen Aufwand hergestellt werden. Vielfach ist die Fertigung eines einzelnen Teils nicht teurer als die eines gleichen

Zusammenarbeit von Mensch und Roboter

Bauteils aus herkömmlicher Serienfertigung.
- Aufgrund verbesserter Sicherheitseinrichtungen können dort, wo es notwendig ist, Menschen und Roboter in der Produktion eng zusammenarbeiten.
- Maschinen sind mit Sensoren ausgerüstet. Die Sensoren übermitteln laufend den Betriebszustand des Systems, warnen rechtzeitig vor sich abzeichnenden Störungen, fordern selbstständig Wartungsmaßnahmen und veranlassen ggf. die Bereitstellung von Ersatzmaterialien.

Wenn dies unabhängig von der Anwesenheit von Fachleuten, z. B. bei Offshore-Windanlagen, geschieht, spricht man von **Fernwartung**.

- Datenhandschuhe z. B. überwachen Montageprozesse und Datenbrillen helfen dabei präzisen Anweisungen bei Montagen und Reparaturen zu folgen.
- Fertigungsverfahren, die unmittelbar vom digital vorliegenden Konzept ausgehend produzieren, wie die **Additiven Fertigungsverfahren**, gewinnen in allen Bereichen der Technik zunehmend an Bedeutung.

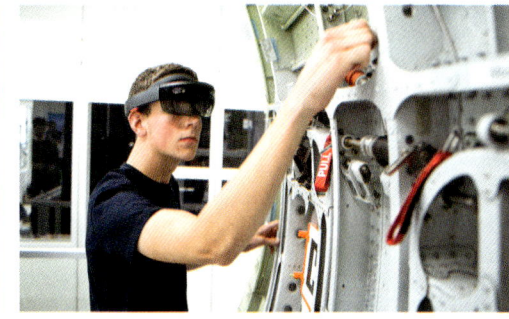
Einsatz einer Datenbrille bei der Montage

Die beruflichen **Anforderungen an den Industriemechaniker und die Industriemechanikerin** werden sich mit der fortlaufenden Einführung des Konzepts der Industrie 4.0 allmählich verändern:

- Manche handwerklichen Fertigkeiten werden im Arbeitsprozess nicht mehr in der bisherigen Weise benötigt.
- Vermehrt werden im Berufsalltag Grundkenntnisse in Netzwerktechnik, drahtloser Informationsübertragung sowie Steuerungstechnik mit besonderem Schwerpunkt der Sensor- und Robotertechnik erforderlich sein. Dies ist auch die Voraussetzung, damit der Industriemechaniker bzw. die Industriemechanikerin, z.B. im Fall der Störung an einer komplizierten Maschine oder Anlage – mit hinzugezogenen Experten aus anderen Fachrichtungen – zur Störungsbehebung zusammenarbeiten kann.
- Erfahrungs- und Expertenwissen wird nicht mehr die Bedeutung haben, die ihm bisher zugerechnet wurde, da die Fachkraft jederzeit und an jedem Ort über Tablet-PC, Smartphone oder Datenbrille auf Informationen, z.B. aus der Cloud, zurückgreifen kann.

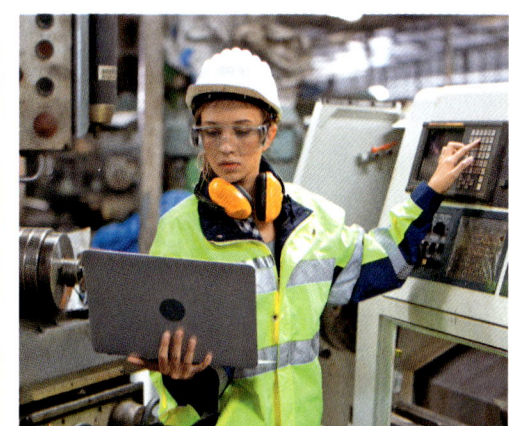
Störungssuche

- Bei Störungen an komplizierten Maschinen und Anlagen kann die Fachkraft mit Tablet, Smartphone oder PC unmittelbar über das Internet mit der Herstellerfirma in Verbindung treten. Dabei kann er den dortigen Experten seine Feststellungen in Bildern und Beschreibungen darlegen und entsprechende Vorschläge von ihnen entgegen nehmen.
- Die Arbeit des Industriemechanikers und der Industriemechanikerin fordert zukünftig erhöhte Bereitschaft zu selbstbestimmten Arbeiten und zur Weiterbildung, damit der Anschluss an die Entwicklung der Technik gehalten wird.

Prüftechnik, Qualitätsmanagement

HANDLUNGSFELD: Bauteile prüfen

1 Grundbegriffe der Prüftechnik

1.1 Bedeutung des Prüfens in der Fertigung

Bei der Konstruktion von Werkstücken werden die Maße, der Werkstoff, die Oberflächenbeschaffenheit u. a. festgelegt. Der Arbeitsablauf wird organisiert und dokumentiert, eine hinreichende Anzahl von Kontrollen wird zugeordnet. Die Prüfung erfolgt durch:

- Eingangskontrolle,
- Zwischenkontrolle,
- Endkontrolle.

Beispiele für die Prüfung von Maßen an einer Welle im Rahmen des Fertigungsprozesses

Vor der Fertigung beginnen die Prüfungen der Rohteile mit der Kontrolle der Rohmaße und der Untersuchung der Werkstoffe. Damit werden zu kleine Rohteile und unbrauchbare Materialien schon vor Beginn der Fertigung ausgeschieden.

Während der Fertigung finden wiederholt Prüfungen am Werkstück statt, um Teile mit Fehlern aus dem Fertigungsprozess auszusondern. Dadurch werden Fertigungskosten eingespart.

Nach der Fertigung wird das Erzeugnis geprüft. Es wird festgestellt, ob die vorgeschriebenen Bedingungen, die sogenannten *Sollwerte des Prüfgegenstands* – wie Maße, Oberflächengüte, Festigkeit, Farbe u. a. –, mit hinreichender Genauigkeit eingehalten wurden.

 Prüfen (DIN 1319) heißt feststellen, ob eine bestimmte Größe des Prüfgegenstands – also z. B. die Länge eines Werkstücks – die vorgeschriebenen Bedingungen erfüllt.

1.2 Subjektives und objektives Prüfen

Prüfen erfolgt mit den Sinnen und durch Prüfgeräte. Prüfungen durch Sinneswahrnehmung sind vom Prüfer abhängig. Sie werden subjektive Prüfungen genannt. Eine solche subjektive Prüfung ist z.B. die mit den Fingern durchgeführte Prüfung der Rauheit einer Werkstückoberfläche.

Prüfungen mit Prüfgeräten erlauben genaue Aussagen, z.B. mittels Zahlenwert oder der Vorgabe von Grenzwerten über auftretende Abweichungen von vorgeschriebenen Werten. Solche Prüfungen werden als objektive Prüfungen bezeichnet. Mit einem Oberflächenprüfgerät kann man z.B. die Rauheit einer Werkstückoberfläche objektiv prüfen.

 Subjektives Prüfen ist das Prüfen durch Sinneswahrnehmung.
Objektives Prüfen ist das Prüfen mit Geräten, die Zahlenwerte liefern oder Grenzwerte vorgeben.

1.3 Grundgrößen (Basisgrößen) und ihre Einheiten (Basiseinheiten)

Grundlage des objektiven Prüfens sind die im internationalen Einheitensystem (SI-System) festgelegten physikalischen Grundgrößen und ihre Einheiten.
Folgende wichtige Grundgrößen sind genormt:

- Länge,
- Masse,
- Zeit und
- Stromstärke.

Grundgröße	Einheiten der Grundgröße	
	Name	Zeichen
Länge	Meter	m
Masse	Kilogramm	kg
Zeit	Sekunde	s
Stromstärke	Ampere	A

Wichtige Grundgrößen und ihre Einheiten sind:
- Länge mit der Einheit Meter,
- Masse mit der Einheit Kilogramm,
- Zeit mit der Einheit Sekunde,
- Stromstärke mit der Einheit Ampere.

Häufig entstehen bei Verwendung der Basiseinheiten sehr große oder kleine Zahlenwerte. Es wird zum Beispiel kaum jemand von einer 0,0001 m dicken Rasierklinge oder von einer 50 000 m langen Wegstrecke sprechen, sondern von einer 0,1 mm dicken Rasierklinge und einer Wegstrecke von 50 km.
Im metrischen Maßsystem sind deshalb mögliche Vielfache oder Teile vorgegeben und durch Vorsatzsilben oder -zeichen gekennzeichnet.
Ausnahmen von diesen Regeln: Weil Gramm als Basiseinheit der Masse zu klein ist, wurde als Einheit der Grundgröße das Kilogramm gewählt.
Bei der Angabe der Zeit geht man aus Tradition beim Vielfachen auf Minuten, Stunden usw.

	Faktor		Vorsatz-	
	Bedeutung	Zehnerpotenz	silbe	zeichen
Vielfache	Tausendfache	10^3	Kilo	k
	Hundertfache	10^2	Hekto	h
	Zehnfache	10^1	Deka	da
	Basiseinheit	$10^0 = 1$		
Teile	Zehntel	10^{-1}	Dezi	d
	Hundertstel	10^{-2}	Zenti	c
	Tausendstel	10^{-3}	Milli	m
	Millionstel	10^{-6}	Mikro	μ

Durch die Wahl von Teilen oder Vielfachen von Einheiten werden Maßangaben anschaulicher.

Die Angabe einer Grundgröße erfolgt stets durch Zahlenwert und Einheit. Soweit eine Einheit nicht verbindlich vorgeschrieben ist, soll sie so gewählt werden, dass kleine und übersichtliche Zahlenwerte entstehen.

Beispiele für die Angaben und Umrechnungen von Größen

50 000 m = 50 · 10^3 m = 50 km
0,0001 m = 0,1 · 10^{-3} m = 0,1 mm
0,05 kg = 0,05 · 10^3 g = 50 g
6 000 ms = 6 000 · 10^{-3} s = 6 s = 0,1 min

Die Angabe einer Grundgröße erfolgt stets durch Zahlenwert und Einheit. Die Einheit soll so gewählt werden, dass ein übersichtlicher Zahlenwert entsteht.

1.4 Formelzeichen

Durch Formelzeichen werden Grundgrößen übersichtlich in Kurzschreibweise dargestellt. Die verschiedenen Bedeutungen einer Grundgröße drückt man durch unterschiedliche Formelzeichen aus.

Beispiele für Formelzeichen und ihre Bedeutung

Grundgröße	Formelzeichen und ihre spezielle Bedeutung				Einheit
Länge	l	Länge	d	Durchmesser	Meter
	b	Breite	r	Radius	
	h	Höhe	s	Wegstrecke	

1.5 Prüfverfahren: Messen und Lehren

Das Prüfen von Längen, Winkeln, Formen u. a. kann grundsätzlich durch zwei unterschiedliche Verfahren erfolgen: durch Messen oder durch Lehren.

Messen	Lehren
Beim Messen wird die zu prüfende Größe mit der auf dem Messgerät festgelegten Maßeinheit verglichen. Der **Messwert** ist ein Zahlenwert mal der zugehörigen Maßeinheit. Durch Messen wird der Zahlenwert der Prüfgröße ermittelt. Der Zahlenwert der Prüfgröße wird **Istmaß** genannt.	Beim Lehren vergleicht man die zu prüfende Größe mit einer nicht veränderbaren Maß- oder Formverkörperung – der **Lehre**. Hierbei wird festgestellt, ob Abweichungen von Sollwert oder vorgeschriebenen Grenzen vorliegen. Der Zahlenwert der Abweichung wird nicht ermittelt.
Beispiele für Messen	Beispiele für Lehren

Messschieber — Winkelmesser — Grenzrachenlehre — Radienlehre

Messen einer Länge — Messen eines Winkels — Lehren einer Länge — Lehren eines Radius

Messen ist ein Prüfen, bei dem das Istmaß einer Messgröße als Zahlenwert ermittelt wird.
Lehren ist ein Prüfen, bei dem festgestellt wird, ob eine Messgröße mit einer Maß- oder Formverkörperung übereinstimmt.

2 Prüfen von Längen

2.1 Maßsysteme und Einheiten

Die international festgelegte und gesetzlich vorgeschriebene Einheit für die Länge ist das Meter (Einheitenzeichen: m). Man nennt dieses System auch **metrisches Maßsystem**.
Neben dem Meter als gesetzlicher Einheit für die Länge sind dezimale Teile und dezimale Vielfache des Meters zugelassen. Festgelegte Vorsilben geben dabei das dezimale Vielfache oder den dezimalen Teil des Meters an. In der Metallverarbeitung werden Maße in der Regel in Millimeter angegeben. Bei sehr genauen Maßangaben benutzt man auch die Einheit Mikrometer.

Vom Meter abgeleitete Längeneinheiten

$1\,000 \cdot 1\,m =$	$1\,000\,m$	$= 1\,km$	**Kilo**meter
$1 \cdot 1\,m =$	$1\,m$	$= 1\,m$	**Meter**
$\frac{1}{10} \cdot 1\,m =$	$0,1\,m$	$= 1\,dm$	**Dezi**meter
$\frac{1}{100} \cdot 1\,m =$	$0,01\,m$	$= 1\,cm$	**Zenti**meter
$\frac{1}{1\,000} \cdot 1\,m =$	$0,001\,m$	$= 1\,mm$	**Milli**meter
$\frac{1}{1\,000\,000} \cdot 1\,m =$	$0,000001\,m$	$= 1\,\mu m$	**Mikro**meter

Die Basiseinheit der Länge ist das Meter.
In der Metalltechnik werden Längemaße in Millimeter angegeben.

In einigen Ländern wird noch die Einheit Zoll für die Längenmessung benutzt – **Zollmaßsystem**. Auch in Deutschland ist diese Einheit bei Rohrgewinden und teilweise im Fahrzeugbau noch üblich.
Für die Umrechnung gilt:

$$1\ \text{Zoll} = 1'' = 25{,}400\ \text{mm}$$

Übungsaufgaben 1/4 bis 1/6 und 2/1 bis 2/6

Prüftechnik, Qualitätsmanagement

2.2 Höchstmaß – Mindestmaß – Toleranz

Werkstücke können in der Fertigung nie genau mit dem in der Zeichnung angegebenen Maß, dem **Nennmaß** N, hergestellt werden. Daher werden je nach Anforderung mehr oder weniger große Abweichungen vom Nennmaß zugelassen. Das größte zulässige Maß des Werkstücks ist das **Höchstmaß** G_o. Das kleinste zulässige Maß ist das **Mindestmaß** G_u. Der Unterschied zwischen Höchst- und Mindestmaß wird als **Toleranz** T bezeichnet.

Die obere zulässige Abweichung vom Nennmaß ist das **obere Abmaß** ES[1, 2] bei Bohrungen, (es bei Wellen). Die untere zulässige Abweichung ist das **untere Abmaß** EI[1, 3] bei Bohrungen, (ei bei Wellen).

Die Größe der Toleranz richtet sich nach dem Verwendungszweck.

Der Außendurchmesser eines Wasserrohrs kann mit größerer Toleranz gefertigt werden, weil die Funktion dadurch nicht beeinträchtigt wird.

Die Zapfen einer Kurbelwelle müssen hingegen mit kleinerer Toleranz gefertigt werden, weil sonst eine einwandfreie Montage und ein ruhiger Lauf nicht gewährleistet sind.

Auswahl der Toleranz nach dem Verwendungszweck

> Damit Werkstücke wirtschaftlich gefertigt werden können, gilt der Grundsatz:
> „Toleranzen so groß wie möglich und nur so klein wie notwendig wählen."

Beispiel für die Grenzen der zulässigen Abweichungen vom Nennmaß

Zeichnung mit **Nennmaß** und **Grenzabmaßen**

Werkstück mit **Mindestmaß**

Werkstück mit **Höchstmaß**

Nennmaß N:
$N = 50$ mm

Grenzabmaße:
$es = +0{,}2$ mm
$ei = -0{,}1$ mm

Mindestmaß G_u:
$G_u = N + ei$
$G_u = 50$ mm $+ (-0{,}1$ mm$) = $ **49,9 mm**

Höchstmaß G_o:
$G_o = N + es$
$G_o = 50$ mm $+ (+0{,}2$ mm$) = $ **50,2 mm**

Toleranz T:
$T = G_o - G_u$
$T = 50{,}2$ mm $- 49{,}9$ mm $= $ **0,3 mm**

> **Bohrungen:** Höchstmaß $G_o = N + ES$ **Wellen:** Höchstmaß $G_o = N + es$
> Mindestmaß $G_u = N + EI$ Mindestmaß $G_u = N + ei$
> Toleranz $T = G_o - G_u$ Toleranz $T = G_o - G_u$

Grenzabmaße für Längenmaße (Allgemeintoleranzen nach DIN ISO 2768)

Toleranz-klasse		Grenzabmaße in mm für Nennmaßbereich in mm							
		0,5 bis 3	über 3 bis 6	über 6 bis 30	über 30 bis 120	über 120 bis 400	über 400 bis 1000	über 1000 bis 2000	über 2000 bis 4000
f	(fein)	± 0,05	± 0,05	± 0,1	± 0,15	± 0,2	± 0,3	± 0,5	–
m	(mittel)	± 0,1	± 0,1	± 0,2	± 0,3	± 0,5	± 0,8	± 1,2	± 2
c	(grob)	± 0,2	± 0,3	± 0,5	± 0,8	± 1,2	± 2	± 3	± 4
v	(sehr grob)	–	± 0,5	± 1	± 1,5	± 2,5	± 4	± 6	± 8

[1] E, e von franz. écart = Abmaß; [2] S, s von franz. supérieur = oberes; [3] I, i von franz. inférieur = unteres

Prüfen von Längen

2.3 Begriffe der Längenmesstechnik

Begriffe zum Messvorgang

Um den Messvorgang beschreiben zu können, ist es notwendig, einige Begriffe der Messtechnik zu kennen.

Begriffe der Messtechnik

Begriffe	Erläuterungen	
Anzeige	analog	digital
	Bei einem analogen Messgerät wird der Messwert durch Ablesen einer Markierung auf einer Hauptskala ermittelt. Die Ablesegenauigkeit kann durch eine Zusatzskala, wie z. B. durch den Nonius beim Messschieber, verfeinert werden.	Bei einer digitalen Messanzeige wird der Messwert als Ziffernwert angezeigt, wobei die Genauigkeit vom Schrittwert des Messgeräts abhängig ist.
	Die Anzeige ist die vom Messgerät ausgegebene Information über die Größe des Messwerts. Sie kann optisch – in analoger oder digitaler Form – vermittelt werden.	
Messwert	Der Messwert ist das Ergebnis des Vergleichs zwischen der Messgröße und der auf dem Messgerät festgelegten Maßeinheit. Messwert = Zahlenwert · Maßeinheit	
Messgröße	Die Messgröße ist die zu messende Größe an einem Werkstück.	
Skalenteilungswert bzw. Schrittwert	Der Skalenteilungswert bzw. Schrittwert entspricht der Differenz zweier benachbarter Teilungsmarken auf einer Strichskala bzw. einem Ziffernschritt auf einer Ziffernskala.	
Messabweichung	Eine Messabweichung ist die Differenz zwischen dem gemessenen Wert (Messwert) und dem tatsächlichen Wert (Messgröße).	
Bezugstemperatur	Die Bezugstemperatur ist die Temperatur, bei der Messgeräte genau anzeigen. Sie beträgt 20 °C. Sie muss für Messzeuge und Werkstücke eingehalten werden.	

Übungsaufgaben 2/10; 2/11

Prüftechnik, Qualitätsmanagement

2.4 Direkte Längenmessung

2.4.1 Messen mit Messschiebern

Mit dem Messschieber können Außen-, Innen- und Tiefenmessungen durchgeführt werden. Durch eine Ablesehilfe, den **Nonius**, kann man Messwerte auf 1/10 mm Genauigkeit ablesen.

Messschieber

Der Zehntel-Nonius ist im einfachsten Fall 9 mm lang und in zehn gleiche Abschnitte geteilt. Der Abstand zweier Striche auf der Noniusskala ist daher 9 mm : 10 = 0,9 mm. Damit ist ein Skalenteil auf dem Nonius um 0,1 mm kleiner als auf dem Strichmaßstab.

Strichmaßstab:
1 Skalenteil = 1 mm

Nonius:
1 Skalenteil = 9 mm : 10 = 0,9 mm

Ablesegenauigkeit:
0,1 mm

Zehntel-Nonius

> **Beispiel für das Ablesen eines Maßes**
>
> Wird der Messschieber mehr als 1 mm geöffnet, so erhält man den Ablesewert aus der Addition der ganzen und der Zehntelmillimeter.
>
> Ablesewert = 4 mm + 0,7 mm = **4,7 mm**
>
>
>
> Ablesung von ganzen und zehntel Millimetern

Da die Striche beim 9 mm langen Nonius sehr dicht beieinanderliegen, wird bei vielen Messschiebern der Nonius zur Erhöhung der Ablesesicherheit auf 19 oder 29 mm Länge gestreckt.

> ❗ Für das Arbeiten mit dem Messschieber ergeben sich aus den Beispielen folgende Ableseregeln:
> - Ganze Millimeter werden auf dem Strichmaßstab links vom Nullstrich des Nonius abgelesen.
> - Die Zehntelmillimeter werden an dem Teilstrich des Nonius abgelesen, der mit einem Strich des Strichmaßstabs übereinstimmt.

1. Tiefenmessschieber

Der Tiefenmessschieber dient zum Messen der Tiefen von Nuten und Ausarbeitungen sowie zum Messen von Längen stufenförmig abgesetzter Werkstücke.

Zur Auflage auf das Werkstück ist der Messschenkel des Schiebers beidseitig als sogenannte Messbrücke ausgeführt. In ihr wird der Strichmaßstab verschoben. Die Messflächen von Brücke und Strichmaß liegen bei der Nullstellung in einer Ebene.

Messen mit einem Tiefenmessschieber

Prüfen von Längen

2. Messschieber mit Rundskala
Messschieber mit Rundskala besitzen statt des Nonius eine Messuhr. Bei diesen Messschiebern werden auf dem Strichmaßstab die ganzen Millimeter und auf der Messuhr die Bruchteile der Millimeter abgelesen. Je nach Ausführung der Messuhr beträgt die Ablesegenauigkeit ein Zehntel- bis ein Hundertstelmillimeter.

Messschieber mit Rundskala

3. Digital anzeigende Messschieber
Digital anzeigende Messschieber zeigen auf einer LCD-Anzeige (Flüssigkristallanzeige) den Messwert unmittelbar an. Dadurch werden Ablesefehler weitgehend ausgeschlossen. Diese Messschieber erleichtern auch die Durchführung von Unterschiedsmessungen, da die Nullstellung beliebig einstellbar ist.

Zur Erfassung von Messwerten in der Qualitätssicherung können digitale Messschieber über USB oder Bluetooth mit dem Computer verbunden werden. Die Messwerte werden dann automatisch geordnet in Tabellen eingetragen.

Messschieber mit digitaler Anzeige

Beispiele für die Vereinfachung von Messungen durch Nullstellen

Messaufgabe	Durchführung der Messung		
Abmaße messen (ø12)	Nennmaß einstellen (12.00)	Nullstellen (0.00)	Messen – Anzeige der ø-Abweichung (–0.15)
Mittenabstand messen $d_1 = 15$ $d_2 = 25$	$(d_1 + d_2)/2$ einstellen $(15 + 25)/2 = 20$ (20.00)	Nullstellen (0.00)	Messen – Anzeige von „a" (40.22)
Bodendicke messen	Maß der Hülsentiefe einstellen (30.08)	Nullstellen (0.00)	Messen – Anzeige von „x" (5.80)

 Mit digital anzeigenden Messschiebern können Maßunterschiede durch Voreinstellung von Hilfsmaßen und anschließendes Nullstellen unmittelbar gemessen werden.

Prüftechnik, Qualitätsmanagement

2.4.2 Messen mit Messschrauben

Für Längenmessungen mit einer Ablesegenauigkeit von 0,01 mm werden Messschrauben benutzt. Bei Messschrauben wird mithilfe eines Gewindes die Längenmessung durchgeführt. Die Gewindesteigung stellt die Maßverkörperung dar. Je nach Ausführung sind Außen-, Innen- oder Tiefenmessungen möglich.

1. Messprinzip

Bei Messschrauben wird das Maß durch den Abstand zwischen zwei Messflächen verkörpert. Dieser Abstand kann durch Hinein- oder Herausdrehen einer Gewindespindel aus einer Mutter verändert werden.

Beispiel für den Aufbau einer Messschraube

Die Steigung des Messspindelgewindes beträgt meist 0,5 mm. Eine Umdrehung dieser Messtrommel bewirkt daher eine Längsverschiebung der Messspindel von 0,5 mm. Um diese Verschiebung der Messspindel anzuzeigen, sind auf der Längsskala der Skalenhülse unterhalb des durchgehenden Längsstrichs Teilstriche aufgebracht, welche die halben Millimeter markieren.

Bei Messspindeln mit einer Steigung von 0,5 mm ist der Umfang der Messtrommel in 50 gleiche Skalenteile aufgeteilt. Öffnet man die Außenmessschraube um einen Skalenteil der Messtrommel, so bewegen sich Messtrommel mit Messspindel in Achsrichtung um 1/50 von 0,5 mm weiter. 1/50 von 0,5 mm sind 0,01 mm.

Beim Ablesen des Messwerts bestimmt man zunächst auf der Skalenhülse die ganzen und halben Millimeter. Hinzu kommen die Hundertstelmillimeter, die auf der Messtrommel angezeigt werden.

Messwert: 16,0 mm + 0,42 mm = **16,42 mm**

Ablesung ganzer und halber Millimeter

Ablesung eines Hundertstelmillimeters

Messen mit der Bügelmessschraube

> **!** Für das Arbeiten mit Messschrauben ergeben sich folgende Ableseregeln:
> • Ganze und halbe Millimeter werden auf der Skalenhülse abgelesen.
> • Die Hundertstelmillimeter werden auf der Messtrommel abgelesen.
> • Beide Ableseergebnisse werden addiert und ergeben den Messwert.

Prüfen von Längen

2. Messschrauben für Innenmessungen

Für Innenmessungen verwendet man Innenmessschrauben.
Die einfachste Bauform besteht aus:
- Haltegriff mit feststehendem Messbolzen und Innengewinde,
- Messtrommel mit Messspindel und Außengewinde.

Beim Messen von Bohrungsdurchmessern ist darauf zu achten, dass Innenmessschrauben genau durch den Bohrungsmittelpunkt und außerdem senkrecht zur Bohrungsachse gehalten werden.
Einfacher und genauer können Bohrungsdurchmesser mit einer **Innenmessschraube mit Dreipunktauflage** gemessen werden. Die drei um 120° versetzten Messbolzen werden beim Drehen der Messtrommel gleichmäßig in radialer Richtung bewegt. Beim Anliegen der Messbolzen auf der Bohrungswand befindet sich die Messgeräteachse an der Messstelle genau in der Bohrungsmitte. Während des Messvorgangs ist darauf zu achten, dass die Messgeräteachse und die Bohrungsachse übereinstimmen.

Innenmessschraube

Messen mit einer Innenmessschraube mit Dreipunktauflage

3. Messschrauben für Tiefenmessungen

Genaue Tiefenmessungen werden mit Tiefenmessschrauben vorgenommen.
Sie bestehen aus folgenden Teilen:
- Messbrücke mit Skalenhülse und Innengewinde,
- Messspindel mit Messbolzen, Messtrommel, Außengewinde und Gefühlsratsche.

Bei der Tiefenmessschraube steigen die Zahlen der Skalenhülse von oben nach unten an.
Der Messbereich kann durch verschieden lange Messbolzen verändert werden.

Messen mit einer Tiefenmessschraube

4. Messschrauben mit digitaler Anzeige

Fehler beim Ablesen des Messwerts werden auch bei Messschrauben durch digitale Anzeige erheblich verringert. Häufig sind diese Messschrauben neben der Digitalanzeige noch mit einer Skalen- und einer Messtrommelteilung ausgerüstet, damit der Messwert zur Sicherheit auch in herkömmlicher Weise ermittelt werden kann.

Messschraube mit digitaler Anzeige

Übungsaufgaben 2/24; 2/25; 2/26

Prüftechnik, Qualitätsmanagement

2.4.3 Messen mit Messuhren und Feinzeigern

1. Aufbau

Maßdifferenzen von 1/100 mm und geringer sind mit Messuhren feststellbar. **Messuhren** sind Längenmessgeräte, bei denen der Weg des Messbolzens über ein geeignetes System auf einen Zeiger übertragen wird, wobei sich der Zeiger um mindestens 360° vor einem runden Skalenblatt bewegt.

Feinzeiger sind Längenmesszeuge, in denen der Winkelausschlag des Zeigers nur über einen Teilbereich eines Vollkreises geht. Feinzeiger weisen sehr hohe Genauigkeit auf, haben aber wegen ihres Aufbaus nur einen begrenzten Messbereich. Die Übersetzung, das Verhältnis von Zeigerausschlag zum Weg des Messbolzens, kann bis 1 000 : 1 betragen. Die Übersetzung kann auf verschiedene Weise bewirkt werden, z. B. durch Hebelsysteme, Hebel-Zahnrad-Systeme oder Kombinationen von mechanischen und optischen Einrichtungen.

Aufbau von Messuhr und Feinzeiger

> ! Messuhren zeigen ganze und Hunderstelmillimeter an. Der Zeigerausschlag ist mindestens 360°. Feinzeiger haben einen sehr begrenzten Messbereich. Er liegt unter 1 mm. Sie zeigen nur Hundertstel- oder Tausendstelmillimeter an.

In digital anzeigenden Messuhren wird der Messwert nicht mechanisch, sondern durch Veränderung elektrischer Größen ermittelt.

Messuhren mit digitaler Anzeige erlauben höhere Ablesegenauigkeit als solche mit Skalenanzeige. Die Messunsicherheit beträgt aber ± 1 Schrittwert und ist damit größer als bei analog anzeigenden Messuhren.

2. Einsatz von Messuhren zur Ermittlung von Istmaßen

Werden Messuhren zur Ermittlung von Istmaßen eingesetzt, so muss die Nullstellung durch Endmaße festgelegt werden. Das Istmaß ergibt sich aus dem eingestellten Maß plus der Maßdifferenz, welche die Messuhr anzeigt (Unterschiedsmessung). Bei der Einrichtung ist darauf zu achten, dass die Nullstellung der Messuhr so vorgenommen wird, dass positive und negative Abweichungen erfasst werden können.

Einrichtung einer digital anzeigenden Messuhr mit einem Endmaß

> ! Zur Ermittlung von Istmaßen wird die Nullstellung der Messuhr durch Endmaße festgelegt und eine Unterschiedsmessung durchgeführt.

2.5 Indirekte Längenmessung

Bei der indirekten Längenmessung wird die Länge aus einer anderen physikalischen Größe abgeleitet. Zur indirekten Längenmessung benötigt man stets Messsysteme, welche die Länge aufnehmen, umwandeln, verarbeiten und anzeigen.

Messgröße (Länge) → Aufnehmer → Wandler → Rechner → Überträger → Anzeiger → Messwert

2.5.1 Pneumatische Längenmessung

Pneumatische Längenmessung eignet sich besonders für die Feinstmessung in der Serienfertigung. Da der Messbereich pneumatischer Längenmessgeräte sehr klein ist, werden diese Messgeräte nur zur Unterschiedsmessung benutzt.

Das Messen mit pneumatischen Messgeräten hat die folgenden Vorteile:
- Es wird nahezu berührungslos gemessen, damit werden Kratzspuren und Abnutzung von Messwertaufnehmern vermieden.
- Die ausströmende Luft hält die Messstelle von Verunreinigungen (z. B. Öl) frei.
- Es wird eine hohe Messgenauigkeit (bis zu ± 0,2 µm) erreicht.

Die Verfahren pneumatischer Längenmessung beruhen darauf, dass Änderungen an der Ausströmöffnung in einem Druckluftstrom Druck- und Geschwindigkeitsänderungen hervorrufen. Daraus ergeben sich als Messmethode für die Längenmessung am Werkstück zwei Verfahren, das **Durchflussmessverfahren** und das **Differenzdruckmessverfahren**.

1. Unterscheidung der Messverfahren

Längenmessung nach dem Durchflussmessverfahren	Längenmessung nach dem Differenzdruckmessverfahren
Die Durchflussmessung wird mit Säulenmessgeräten durchgeführt. Säulenmessgeräte werden bevorzugt für gleichzeitige Messungen an mehreren Messstellen an einem Werkstück eingesetzt.	Pneumatische Längenmessung nach dem Differenzdruckverfahren geschieht meist mit Zeigergeräten. Das Differenzdruckverfahren setzt man ein, wenn höherer Messdruck und größerer Messbereich (bis 0,2 mm) gefordert sind.

> Bei der pneumatischen Längenmessung wird die Länge durch eine Druckdifferenz oder ein durchfließendes Volumen erfasst.
> - Das Durchflussmessverfahren wendet man bei Serienmessung und bei gleichzeitiger Messung an mehreren Messstellen an.
> - Das Differenzdruckmessverfahren wird angewendet, wenn größere Messbereiche und höhere Messdrücke gefordert sind.

2. Auswahl der Messgrößenaufnehmer

Wegen der kleinen Messbereiche bei den pneumatischen Messgeräten sind für die verschiedenen Messungen unterschiedliche Messgrößenaufnehmer erforderlich.

Bis zu einer Rautiefe von 3 μm kann berührungslos gemessen werden. Bei größeren Rautiefen wählt man mechanisch berührende Taster.

Beispiele für berührungslose und mechanisch berührende Taster

| berührungslos | mechanisch berührend | berührungslos | mechanisch berührend |

Taster für Dickenmessung — Taster für Durchmessermessung

> ❗ Entsprechend der Oberflächenrauheit wählt man bis 3 μm Rauheit berührungslose Taster, über 3 μm Rauheit mechanisch berührende Taster.

2.5.2 Elektrische Längenmessung

Längen beziehungsweise Längenänderungen können durch elektrische Messwertumformer in elektrische Größen wie Strom, Spannung, Widerstand überführt werden. Die aufgenommenen elektrischen Größen können durch Schaltungen wesentlich verstärkt werden, sodass eine hohe Empfindlichkeit gegeben ist.

Zur Umwandlung der Längenänderung in elektrische Größen werden wegen ihrer geringen Baugröße vorwiegend induktive Taster verwendet. Diese Taster verkörpern einen kleinen Transformator mit einer Primär- und zwei Sekundärwicklungen. Die Sekundärwicklungen sind so geschaltet, dass im Ausgang die Spannung Null ist. Der Taststift ist mit einem Eisenkern verbunden. Bei einer Verschiebung des Taststiftes steigt die Spannung in einer Sekundärwicklung, während sie in der anderen abnimmt. Aus der Spannungsdifferenz wird dann der Messwert ermittelt und angezeigt.

Induktiver Taster (Schema)

Die Vorteile der induktiven Längenmessung sind
- großer Messbereich (im Gegensatz zur pneumatischen Längenmessung),
- hohe Messgenauigkeit, z. B. ± 1 μm bei 1 mm Messbereich, ± 0,02 μm bei 3 mm Messbereich,
- einfache Weiterleitung und Verarbeitung der Messwerte in Datenverarbeitungsanlagen.

> ❗ Induktive Messtaster formen Längenänderungen in Spannungsänderungen um.

In seltenen Fällen werden auch **kapazitive Messtaster** eingesetzt. In diesen bewirkt eine Längenänderung eine Verschiebung des Abstands zwischen Kondensatorplatten. Die dabei auftretende Kapazitätsänderung wird zur Ermittlung des Messwerts genutzt. Wegen ihrer großen Bauweise werden kapazitive Taster weniger verwendet.

2.6 Endmaße und Lehren
2.6.1 Endmaße

Maßverkörperungen, die ein bestimmtes Maß durch den Abstand zweier Endflächen darstellen, werden Endmaße genannt. Am häufigsten benutzt werden Parallelendmaßen.

Parallelendmaße sind rechteckige Maßverkörperungen, die zwischen zwei parallel gegenüber liegenden Messflächen ein festgelegtes Maß mit einer sehr hohen Genauigkeit verkörpern. Abweichung liegen z. B. unter ± 0,5 µm. Parallelendmaße gibt es aus nichtrostendem Stahl, Hartmetall oder Keramik. Parallelendmaße werden als Endmaßsatz mit einer Vielzahl sinnvoll gestufter Einzelmaße angeboten, so dass innerhalb der Grenzen jedes beliebige Maß durch Zusammenfügen verschiedener Parallelendmaße verkörpert werden kann.

Anschieben von Endmaßen

Parallelendmaße dürfen nur im gesäuberten Zustand aneinander geschoben werden. Die Messflächen sind so eben, dass sie infolge der Adhäsion aneinander haften. Nach dem Prüfvorgang mit dem zusammengesetzten Endmaßblock muss dieser wieder auseinander genommen werden, da die Flächen sonst kalt verschweißen können.

Ein Endmaßnormalsatz besteht aus Endmaßen mit fünf unterschiedlichen Maßbildungsreihen. Jede Reihe hat neun Maßblöcke. Innerhalb der Reihe ist die Stufung gleich, so beträgt z. B. in der Reihe 2 die Stufung von Endmaß zu Endmaß 0,01 mm. Endmaßnormalsätze gibt es in vier Genauigkeitsklassen von 0 bis III. Dabei haben Parallelendmaße mit der Klasse 0 die höchste Genauigkeit.

Maßbildungsreihe	Stufung innerhalb der Reihe	Größe der Endmaße
Reihe 1	0,001 mm	1,001 mm bis 1,009 mm
Reihe 2	0,01 mm	1,01 mm bis 1,09 mm
Reihe 3	0,1 mm	1,1 mm bis 1,9 mm
Reihe 4	1 mm	1 mm bis 9 mm
Reihe 5	10 mm	10 mm bis 90 mm

Beispiel für das Zusammenstellen von Endmaßen zur Maßverkörperung 30,311 mm

Auftrag:
Zum Ermitteln der Abweichungen des Flächenabstands von 30,311 mm ist ein Feinzeiger einzurichten. Eine Maßverkörperung für das Maß 30,311 mm ist zusammenzustellen.

Lösung

Maßbildung	Reihe 1	1,001
	Reihe 2	1,010
	Reihe 3	1,300
	Reihe 4	7,000
	Reihe 5	20,000
Kontrolle		30,311

Parallelendmaße können für verschiedene Aufgaben eingesetzt werden, z. B. für das:

- Prüfen von Lehren,
- Kalibrieren von anzeigenden Messgeräten,
- Prüfen von Werkstücken,
- Einstellen von anzeigenden Messgeräten,
- Einstellen von Parallelanreißern,
- Einstellen von Werkzeugmaschinen.

Kalibrieren einer Messschraube

Parallelendmaße als Prüfmittel

Prüfen einer Nut

 Parallelendmaße sind sehr genaue Maßverkörperungen. Sie dienen für Prüfaufgaben, bei denen Genauigkeiten bis zu 0,001 mm erreicht werden können.

2.6.2 Maßlehren

Maßlehren dienen zur Überprüfung von Maßen. Man kann mit Maßlehren nur die Grenzen feststellen, zwischen denen ein Maß liegt. Passt zum Beispiel die Nadel einer Düsenlehre mit 1,25 mm Durchmesser in eine Bohrung und die Nadel mit 1,30 mm Durchmesser nicht, so liegt das Maß der Bohrung zwischen 1,25 mm und 1,30 mm Durchmesser.

Beispiele für Maßlehren: Fühlerlehre, Lochlehre

❗ Maßlehren dienen zur Überprüfung von Maßen.

2.6.3 Grenzlehren

Grenzlehren dienen zum Feststellen, ob die vorgeschriebenen Grenzmaße am Werkstück eingehalten worden sind. Die Grenzlehre hat deshalb zwei feste Maße: das Höchstmaß und das Mindestmaß. Grenzrachenlehren dienen zum Lehren von Wellen, Grenzlehrdorne zum Lehren von Bohrungen.

Beispiele für Grenzlehren: Grenzlehrdorn, Grenzrachenlehre

❗ Grenzlehren verkörpern das Höchst- und Mindestmaß.

2.6.4 Formlehren

Mithilfe von Formlehren wird festgestellt, ob eine bestimmte geforderte Form, ein Radius oder ein Profil dem Sollzustand entspricht.

Beispiele für Formlehren: Radienlehre, Schleiflehre für Bohrer

❗ Formlehren verkörpern die Sollkontur.

3 Prüfen von Winkeln

Die Konturen eine Werkstücks werden durch Kombination unterschiedlicher Konturelemente erzeugt. Diese Konturelemente werden durch Flächen begrenzt, die häufig in unterschiedlichen Winkeln zueinander stehen. Beim Prüfen von Winkeln wird die Einhaltung der vorgegebenen Winkelmaße überprüft. Die Einheit für den Winkel ist das Grad.

Der Vollkreis hat einen Winkel von 360°.
Der Winkel von 1° wird unterteilt in 60 Minuten oder 3600 Sekunden.

Vollkreis	= 360°
1 Grad	= 60 Minuten; 1° = 60'
1 Minute	= 60 Sekunden; 1' = 60"
1° = 60'	**= 3 600"**

Winkeleinheiten

! Die Einheit für Winkel ist ein Grad (1°). Der Vollkreiswinkel beträgt 360°.

3.1 Messen von Winkeln

1. Messen mit Winkelmessern

– **Einfacher Winkelmesser**

Der einfache Winkelmesser hat einen festen Messschenkel mit einer Kreisskala in Gradeinteilung von 0 bis 180°. Ein beweglicher Messschenkel schwenkt um den Kreismittelpunkt. Der Zeiger am beweglichen Messschenkel dient zur Anzeige des Winkels auf der Kreisskala. Der angezeigte Wert entspricht nicht in jedem Fall der Winkelgröße am Werkstück. Die Größe des gemessenen Winkels wird entweder sofort abgelesen, oder sie muss berechnet werden.

Einfacher Winkelmesser mit Ablesebeispielen

! Einfache Winkelmesser haben einen Messbereich von 0 bis 180°. Die Ablesegenauigkeit beträgt 1°.

– **Universalwinkelmesser**

Der Universalwinkelmesser ist vielseitiger verwendbar als der einfache Winkelmesser. Der Universalwinkelmesser hat zwei feste Schenkel, die unter einem Winkel von 90° zueinander stehen. Ein weiterer Schenkel ist um eine Vollkreisskala schwenkbar.
Die Vollkreisskala ist in 4 mal 90° eingeteilt. Sie bildet mit den beiden festen Schenkeln eine starre Einheit. Mit dem beweglichen Schenkel verbunden ist eine Nebenskala. Sie besteht aus je einem Nonius rechts und links vom Nullstrich.
Jeder Nonius ist in zwölf Teile aufgeteilt und erstreckt sich auf 23°. Der Winkel zwischen zwei Teilstrichen auf dem Nonius ist daher 23°/12 = 1°55'. Die Ablesegenauigkeit beträgt 5'.
Das Ablesen erfordert eine Zusammenfassung der Werte von Hauptskala und Nonius. Der Winkelnonius muss von der Null zweiseitig vorhanden sein. Daher ist zu beachten, dass Hauptskala und Nonius **stets** in gleicher Richtung abgelesen werden.

Universalwinkelmesser

Ermittlung der Winkelgröße

! Universalwinkelmesser haben einen Messbereich von 0 bis 360°. Die Ablesegenauigkeit beträgt 5'. Nonius und Hauptskala müssen stets in gleicher Richtung abgelesen werden.

Prüftechnik, Qualitätsmanagement

2. Prüfen und Einstellen mit Winkelendmaßen

Winkelendmaße sind sehr genaue Maßverkörperungen von Winkeln. Die geneigte Stellung zweier Messflächen zueinander verkörpert den einzelnen Winkel. Die Größe des Winkels ist seitlich auf dem Endmaß aufgetragen. Zusätzlich trägt jedes Winkelendmaß am dünneren Ende das Minuszeichen und am dickeren Ende das Pluszeichen. Durch Zusammensetzen von Winkelendmaßen können sie zum Prüfen von Winkeln verwendet werden.

Winkelendmaße werden ähnlich den Parallelendmaßen in Sätzen geliefert. Ein solcher Satz enthält z. B. 14 Winkelendmaße in drei Maßbildungsreihen für Grade, Minuten und Sekunden. Mit diesem Satz kann jeder Winkel zwischen 0 und 90° in Stufen von 10" dargestellt werden.

Einstellen mittels Winkelendmaßen

18° = 15° + 3°
Winkelbildung durch Addition

12° = 15° − 3°
Winkelbildung durch Subtraktion

> ! Das Winkelmaß wird durch ein Endmaß oder durch die Kombination mehrerer Winkelendmaße gebildet. Ein Winkel ergibt sich bei einer Kombination durch Addition oder Subtraktion der Einzelwinkel.

3. Prüfen und Einstellen mit dem Sinuslineal

Mithilfe des Sinuslineals können Winkel durch Endmaßkombinationen zusammengestellt werden. Das Sinuslineal ist eine parallel geschliffene Platte, an der zwei Zylinder im Abstand L befestigt sind. Durch Unterlegen von Endmaßen wird der Winkel eingestellt. Es gilt die mathematische Beziehung:

Prüfen eines Winkels mit dem Sinuslineal

$$\sin \alpha = \frac{H}{L}$$

α Winkel
H Höhe der Endmaße
L Länge des Sinuslineals

> ! Durch den Einsatz von Parallelendmaßen kann mit dem Sinuslineal ein Winkel sehr genau bestimmt werden. Den Winkel berechnet man aus der Höhe der Endmaße und der Länge des Sinuslineals mithilfe der Sinusfunktion.

3.2 Lehren von Winkeln

Winkel werden auch mit Lehren geprüft. Dies sind meistens feste Winkel, die einen bestimmten Winkel verkörpern. Zum Prüfen wird die Winkellehre mit ihren Prüfflächen an das Werkstück angelegt. Tritt ein Lichtspalt zwischen Prüfgegenstand und Lehre auf, so weicht der vorhandene Winkel vom geforderten Winkel ab. Der Istwert des Winkels wird dabei nicht festgestellt.

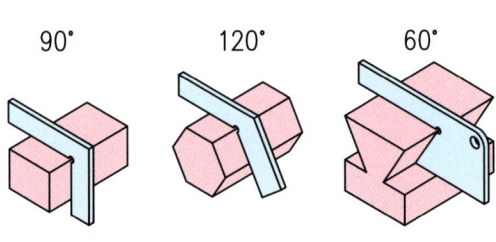

Prüfen mit festen Winkeln

> ! Beim Prüfen von Winkeln mit Lehren kann der Zahlenwert einer Abweichung nicht festgestellt werden.

4 Prüfen von Gewinden

4.1 Lehren von Gewinden

Mit Gewindelehren lassen sich Gewinde in einem Arbeitsgang überprüfen.

1. Prüfen mit Gewindeschablonen

Mit Gewindeschablonen kann man auf einfache Art durch Lichtspaltverfahren die Profilgrößen eines Gewindes feststellen. Dabei vergleicht man in einem Vorgang Steigung, Gewindetiefe und Flankenwinkel von Lehre und Prüfgegenstand miteinander.

Prüfen mit Gewindeschablonen

Satz Gewindeschablonen

! Mit Gewindeschablonen prüft man das Profil eines Gewindes.

2. Prüfen mit Gewindegrenzlehren

Zum Lehren von Innengewinden dienen **Gewindegrenzlehrdorne**. Die Gutseite des Lehrdorns hat das volle Gewindeprofil mit mehreren Gewindegängen. Die Gutseite muss sich in das zu prüfende Gewinde einschrauben lassen. Die Ausschussseite des Lehrdorns hat verkürzte Flanken und nur wenige Gewindegänge. Die Ausschussseite darf sich nicht einschrauben lassen.

Außengewinde prüft man mit Gewindelehrringen oder Grenzrollenlehren.

Gewindelehrringe entsprechen in ihrem Gewindeaufbau und ihrer Handhabung den Gewindegrenzlehrdornen. Für die Gut- und Ausschusslehrung gibt es jedoch getrennte Lehrringe. Da die Gutlehrringe durch das häufige Einschrauben stark verschleißen, verwendet man Lehrringe vorwiegend zum Prüfen von kurzen Außengewinden.

Längere Außengewinde prüft man mit **Grenzrollenlehren**. Grenzrollenlehren für Gewinde sind wie Rachenlehren aufgebaut. Im gleichen Rachen ist je ein Rollenpaar für die Gutlehrung und für die Ausschusslehrung angeordnet. Das vordere Rollenpaar hat mehrere Gewindegänge des vollen Profils. Diese Rollen stellen die Gutseite der Lehre dar und müssen durch ihr Eigengewicht über das zu prüfende Gewinde rollen. Die Abnutzung der Rollen ist dabei sehr gering. Das hintere Rollenpaar hat nur wenige, nicht voll ausgebildete Gewindegänge und dient zur Ausschusslehrung. Dieses Rollenpaar darf sich nicht über das zu prüfende Gewinde bewegen lassen.

Gewindelehrdorn

Gutlehrring — Ausschusslehrring

Gewindelehrringe

Gewinderollenlehre

! Mit Gewindegrenzlehren überprüft man die Funktionsfähigkeit eines Gewindes.

Prüftechnik, Qualitätsmanagement

4.2 Messen von Gewinden

1. Messgrößen am Gewinde

Der Flankendurchmesser, die Steigung und der Flankenwinkel in seiner Größe und Lage zur Achse sind entscheidend für die Genauigkeit eines Gewindes. Durch die geometrische Zuordnung dieser drei Größen ist das Gewinde bestimmt. Sie werden mit unterschiedlichen Messgeräten gemessen.

Messgrößen bei genormten Gewinden

2. Messen der Steigung

Das einfachste Gerät zum Messen der Gewindesteigung ist der Messschieber. Man ermittelt die Steigung, indem man den Abstand mehrerer Gewindegänge mit den Messspitzen misst und den Messwert durch die Anzahl der Gewindegänge teilt.

Durch Steigungsschnäbel mit eingeschobenen Endmaßen ergeben sich genauere Messwerte. Auch bei diesem Verfahren ist der Messwert ein Vielfaches der Steigung.

Messen der Steigung

> ❗ Die Steigung bestimmt man bei eingängigen Gewinden aus dem Abstand mehrerer Gewindegänge.

3. Messen des Flankendurchmessers

Der Flankendurchmesser kann bei Innen- und Außengewinden mit Messschrauben gemessen werden, die mit besonderen Einsätzen versehen sind. Diese Einsätze bezeichnet man als Kegel und Kimme. Sie sind beweglich, damit sie sich beim Prüfen in Richtung der Steigung einstellen können. Kegel und Kimme müssen der jeweiligen Gewindesteigung entsprechen.

Messen des Flankendurchmessers mit Kegel und Kimme

Ein sehr genaues Messverfahren zur Bestimmung des Flankendurchmessers bei Außengewinden ist das Dreidraht-Messverfahren. Dabei verwendet man drei gleich dicke Messdrähte. Zwei Drähte werden in benachbarte Gewindelücken, der dritte in die gegenüberliegende Lücke des Gewindes eingelegt. Mit einer Messschraube ermittelt man den Abstand zwischen den Drähten. Der entsprechende Flankendurchmesser wird unter Berücksichtigung der Drahtdurchmesser errechnet oder Tabellen entnommen.

Messen des Flankendurchmessers mit Dreidraht-Messverfahren.

> ❗ Den Flankendurchmesser bestimmt man mithilfe von Messschrauben aus dem Maß, das sich mit ins Gewinde eingelegten Kegeln oder Drähten ergibt.

5 Prüfen der Rauheit von Oberflächen

Die Gestaltabweichungen der Werkstückoberflächen von ihrer Idealform ergeben sich aus den Bedingungen der Fertigung und der Werkstoffbeschaffenheit. Die Güte der Werkstückoberfläche ist beim Urformen und Umformen von der formgebenden Oberfläche bei spanender Bearbeitung vom Verfahren und von den Schnittbedingungen abhängig.

Messgeräte zur Prüfung der Gestaltabweichungen von Werkstückoberflächen tasten diese ab, zeichnen über einen Diagrammschreiber stark vergrößerte Oberflächenprofile auf und errechnen verschiedenartige Kenngrößen.

Die Richtung der Oberflächenabtastung ist frei wählbar, bei spanender Bearbeitung prüft man meist quer zur Bearbeitungsrichtung.

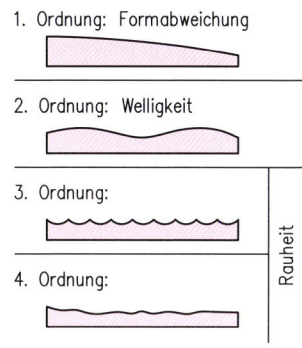

Rauheitsprüfung (Schema)

5.1 Oberflächenkenngrößen

Bei der Oberflächenprüfung erfasst man Gestaltabweichungen unterschiedlicher Größenordnung. Man unterscheidet in der 1. Ordnung **Formabweichungen**, in der 2. Ordnung **Welligkeit** und ab der 3. Ordnung **Rauheit**. Die Oberflächenprüfgeräte erlauben es, durch computerunterstützte Auswertung charakteristische Profilmerkmale herauszufiltern.

Formabweichungen ermittelt man mithilfe von Messmaschinen, wogegen man die Welligkeit und Rauheit mit Tastschnittgeräten erfasst.

Gestaltabweichungen

Zur Darstellung des Rauheitsprofils werden die langwelligen Profilanteile durch entsprechende Filter unterdrückt. So erhält man eine stark vergrößerte Darstellung der mikroskopisch kleinen Unebenheiten der Werkstückoberfläche. Diese Oberflächenrauheit beeinflusst das Aussehen, das Verschleißverhalten und die Haftung von Beschichtungen.

Wichtige Kenngrößen sind die Rauheitskenngrößen Rz und Ra.

5.1.1 Rauheitskenngröße Rz

Zur Bestimmung des Rz-Werts unterteilt man im Regelfall die Auswertelänge l in fünf gleiche Einzelmessstrecken l_e. Innerhalb jeder Einzelmessstrecke misst man den Abstand zwischen der höchsten und tiefsten Profilspitze. Diesen Abstand bezeichnet man als Einzelrautiefe Z. Den Mittelwert aus **fünf** aufeinanderfolgenden Einzelrautiefen Z_1 bis Z_5 bezeichnet man als Rauheitskenngröße Rz.

Man berechnet den Rz-Wert nach der Formel:

$$Rz = \frac{1}{5} \cdot (Z_1 + Z_2 + Z_3 + Z_4 + Z_5)$$

Bei der Angabe der Oberflächenbeschaffenheit wird in Deutschland die Rauheitskenngröße Rz bevorzugt verwendet.

Beispiel für die Berechnung des Rz-Werts

Messwerte:
$Z_1 = 20$ µm
$Z_2 = 20$ µm
$Z_3 = 16$ µm
$Z_4 = 14$ µm
$Z_5 = 21$ µm

Rauheitsprofil mit Einzelrautiefe

$Rz = \frac{1}{5} \cdot (20\ \mu m + 20\ \mu m + 16\ \mu m + 14\ \mu m + 21\ \mu m)$

$Rz = 18\ \mu m$

! Die Rauheitskenngröße Rz ist das arithmetische Mittel der Einzelrautiefen von fünf aufeinanderfolgenden Messstrecken.

Prüftechnik, Qualitätsmanagement

5.1.2 Rauheitskenngröße *Ra*

Den *Ra*-Wert kann man sich als Höhe eines Rechtecks vorstellen, dessen Grundseite die Auswertelänge ist. Dieses Rechteck muss flächengleich mit der unregelmäßigen Fläche zwischen Rauheitsprofil und Mittellinie sein. Damit stellt die Höhe des Rechtecks einen Mittelwert aller Profilabstände von der Mittellinie dar. Der errechnete *Ra*-Wert wird in Mikrometer angegeben.

Darstellung des *Ra*-Werts

 Der Rauheitskenngröße *Ra* ist der Mittelwert aller Abweichungen des Rauheitsprofils von der Mittellinie.

5.2 Verfahren zur Prüfung der Rauheit

5.2.1 Prüfen mit Tastschnittgeräten

Bei Tastschnittgeräten tastet eine Diamantspitze mechanisch das Oberflächenprofil auf einer einstellbaren Messstrecke ab. Die entstehenden Höhenbewegungen der Tastspitze werden in elektrische Signale umgeformt und auf einen Rechner übertragen. Die Messstrecke und die Höhenbewegung können ggf. von einem Profilschreiber mit unterschiedlichen Vergrößerungen aufgezeichnet werden.

Beispiel für die Prüfung der Rauheit der Dichtfläche eines Zylinders

5.2.2 Optische Rauheitsprüfung

Beim **Lichtschnittverfahren** wird ein beleuchteter Lichtspalt unter 45° auf die zu untersuchende Oberfläche projiziert. Der so entstandene Lichtschnitt wird mit einem Mikroskop, das im Ausfallswinkel von 45° steht, beobachtet. Durch Bewegung des Lichtschnitts über die Oberfläche entsteht ein Bild, aus dem Rauigkeit im Bereich von etwa 1 bis 50 µm abgeleitet werden kann. Da das Verfahren berührungslos arbeitet, ist es auch zur Bestimmung der Rauigkeit weicher Werkstoffe geeignet.

3D-Oberflächenmessung (Steinbeis STZ)

Prüfen der Rauheit von Oberflächen

5.3 Angabe der Oberflächenbeschaffenheit in Zeichnungen

Wenn die Funktionstauglichkeit eines Werkstücks von der Oberflächenrauheit abhängt, wird diese in die Zeichnung eingetragen.

Werte für die Kennzeichnung der Oberflächenbeschaffenheit

Oberflächenbeschaffenheit nach alter Norm	Oberflächenangaben nach DIN EN ISO 1302							
	Rz in µm				Ra in µm			
	R 1	R 2	R 3	R 4	R 1	R 2	R 3	R 4
geschruppt Riefen fühlbar und mit bloßem Auge sichtbar	160	100	63	25	25	12,5	6,3	3,2
geschlichtet Riefen mit bloßem Auge noch sichtbar	40	25	16	10	6,3	3,2	1,6	0,8
fein geschlichtet Riefen mit bloßem Auge nicht mehr sichtbar	16	6,3	4	2,5	1,6	0,8	0,4	0,2
feinst geschlichtet	–	1	1	0,4	–	0,1	0,1	0,025

R 2 ist zu bevorzugen

Die Rauheitskenngrößen werden durch Symbole nach DIN EN ISO 1302 mit den Größenangaben in Zeichnungen eingetragen. Jede Rauheitskenngröße hat einen festgelegten Platz am Symbol.

a Rauheitskenngrößen Ra, Rz in µm bzw. Rt
b zweite Anforderung an die Oberflächenbeschaffenheit (wie a)
c Fertigungsverfahren, Oberflächenbehandlung
d Rillenrichtung
e Bearbeitungszugabe in mm

Lage der Oberflächenangaben am Symbol

Beispiele für die Eintragung der Oberflächenkenngrößen in Zeichnungen

geschliffen / Rz 4 — Geschliffene Oberfläche mit der größtmöglichen Rauheitskenngröße Rz = 4 µm

gefräst / Ra 3,2 — Gefräste Oberfläche mit der größten Rauheitskenngröße Ra = 3,2 µm

5.4 Fertigungsverfahren und Oberflächenbeschaffenheit

Oberflächenbeschaffenheit	feinst geschlichtet	fein geschlichtet	geschlichtet	geschruppt

Rauheitskenngröße Rz in µm: 0,04 0,06 0,1 0,16 0,25 0,4 0,63 1 1,6 2,5 4 6,3 10 16 25 40 63 100 160 250 400 630 1000

Verfahren:
- Sandformgießen
- Kokillengießen
- Schmieden
- Ziehen
- Feilen
- Schaben
- Bohren
- Reiben
- Längsdrehen
- Fräsen
- Flach-Stirnschleifen
- Honen
- Läppen

Zeichenerklärung: Rauheitswert bei sorgfältiger Fertigung — Rauheitswert bei grober Fertigung

Übungsaufgaben 5/4; 5/5

Prüftechnik, Qualitätsmanagement

6 Messabweichungen

6.1 Größe der Messabweichung

Die Abweichung des Prüfergebnisses von der tatsächlichen Größe des zu prüfenden Gegenstands nennt man Prüf- oder Messabweichung.

Beispiel für eine Messabweichung
gemessener Wert − tatsächlicher Wert = Messabweichung
20,1 mm − 20,076 = + 0,024 mm

! Messabweichung = gemessener Wert − tatsächlicher Wert

6.2 Arten von Messabweichungen

1. Systematische Messabweichung
Bestimmte Messabweichungen treten regelmäßig auf. Misst man z. B. mit einer Messschraube, die im Gewinde ein Spiel von 1/100 mm aufweist, so weicht der Messwert stets um 1/100 mm vom tatsächlichen Wert ab. Diese Messabweichung tritt bei jeder Messung mit dieser Messschraube auf, sie wird daher als **systematische Messabweichung** bezeichnet. Man kann sie also bei jeder Messung berücksichtigen.

Messwert: 11,52 — Tatsächlicher Wert: 11,53 mm
Messwert: 23,43 — Tatsächlicher Wert: 23,44 mm
Systematische Messabweichung durch Gewindespiel

! • Messabweichungen, die regelmäßig auftreten, bezeichnet man als systematische Messabweichungen.
• Systematische Messabweichungen können beim Prüfen berücksichtigt werden.

2. Zufällige Messabweichung
Andere Abweichungen treten unregelmäßig auf. Presst man z. B. die Messschenkel eines Messschiebers unterschiedlich stark an das Werkstück an, so ergeben sich Abweichungen, die bei jeder Messung anders sind. Man bezeichnet sie als **zufällige Messabweichungen**. Solche Abweichungen kann man beim Prüfen nicht berücksichtigen.
Zufällige Abweichungen versucht man dadurch auszugleichen, dass man mehrere Messungen am gleichen Werkstück durchführt und aus ihnen einen Mittelwert errechnet. Der Mittelwert kommt dann dem tatsächlichen Wert sehr nahe.

20,4 — 20,6
Messschenkel: stark angedrückt — schwach angedrückt

Zufällige Abweichung durch unterschiedliche Anpresskraft
1. Messung 20,4 mm
2. Messung 20,5 mm
3. Messung 20,5 mm
4. Messung 20,6 mm
Mittelwert 20,5 mm

Bildung eines Mittelwerts

! • Messabweichungen, die unregelmäßig auftreten, bezeichnet man als zufällige Messabweichungen.
• Zufällige Messabweichungen können beim Prüfen nicht berücksichtigt werden.

6.3 Ursachen von Messabweichungen

1. Unvollkommenheit am Prüfgegenstand
Form und Oberfläche des Prüfgegenstands können ebenfalls zu Messabweichungen führen. Wird z. B. ein nicht paralleles oder unrundes Werkstück nur an einer Stelle gemessen, führt dies zu einer Messabweichung. Ebenso verursacht eine ungenügende Qualität der Oberfläche Messabweichungen.

Messabweichung durch ungenügende Qualität des Prüfgegenstands in Form der Oberfläche

2. Unvollkommenheiten bei Messgeräten und Lehren

Prüfmittel, deren Messflächen durch Gebrauch abgenutzt oder gar beschädigt sind, führen zu ständig wiederkehrenden Abweichungen. Deshalb müssen Prüfgeräte von Zeit zu Zeit auf ihre Genauigkeit überprüft werden. So prüft man z. B. Messschrauben und Grenzrachenlehren mit Endmaßen.

Die Genauigkeit von Messschiebern überprüft man, indem die Messflächen der beiden Messschenkel leicht zusammengedrückt werden. In geschlossener Stellung müssen Nullstrich des Schiebers und Nullstrich des Strichmaßstabs übereinstimmen. Mit dem Lichtspaltverfahren kann man erkennen, ob sich die Messflächen auf der ganzen Länge berühren.

Überprüfung von Messschraube und Grenzrachenlehre

Überprüfung eines abgenutzten Messschiebers

> ! Ungenaue Prüfgeräte verursachen systematische Messabweichungen. Daher muss die Genauigkeit der Prüfmittel ständig überprüft werden.

3. Unvollkommenheit in den Umweltbedingungen

Die Bezugstemperatur für genaue Messungen beträgt 20 °C. Zu hohe oder tiefe Temperaturen verändern die Längen an Werkstücken und Prüfmitteln. Das Nichteinhalten der Bezugstemperatur führt zu Messabweichungen. Diese Abweichungen sind bei gleichen Bedingungen stets regelmäßig.

Messabweichungen durch Nichteinhalten der Bezugstemperatur

> ! Abweichungen des Werkstücks oder des Prüfmittels von der festgelegten Bezugstemperatur von 20 °C verursachen Messabweichungen.

4. Persönliche Fehler des Prüfers

Ein häufiger Fehler des Prüfers besteht darin, dass beim Ablesen von Strichmaßen und Zeigerinstrumenten die Blickrichtung nicht senkrecht zur Stricheinteilung ist. Die Maßebene am Werkstück und die Teilungsebene am Messinstrument liegen in einem Abstand parallel zueinander.
Der Abstand der Skala des Strichmaßes vom Werkstück oder der Abstand des Zeigers von der Skala führen durch das schräge Aufblicken zu einem mehr oder weniger großen Ablesefehler. Blickt man senkrecht auf anzeigende Prüfgeräte, vermeidet man diesen Fehler.

Ablesefehler durch schräge Blickrichtung

> ! Persönliche Fehler des Prüfenden können durch gezielte Messübungen weitgehend verringert werden.

Prüftechnik, Qualitätsmanagement

7 Auswahl von Prüfverfahren und Prüfgeräten

Messen wendet man zur Ermittlung von Istmaßen an, z. B. Messen eines Bohrerdurchmessers mit dem Messschieber. Messen ist notwendig, wenn Maße protokolliert werden müssen.

Lehren wendet man an, wenn festgestellt werden soll, ob eine Form oder ein Maß innerhalb festgelegter Grenzen liegt, z. B. Prüfen der Rechtwinkligkeit zweier Flächen mit dem Flachwinkel.

Nach der Entscheidung, ob Messen oder Lehren die richtige Wahl ist, wird das entsprechende Prüfgerät ausgewählt. Die Prüfbedingungen erfordern bestimmte Merkmale des Prüfgeräts:

- Die Messgröße bestimmt die Art des Prüfgeräts,
  z. B. verwendet man für Winkelmessungen Winkelmesser.
- Die Größe des zu prüfenden Maßes bestimmt den Arbeitsbereich des Prüfgeräts,
  z. B. misst man eine Gebäudelänge mit dem Bandmaß.
- Die geforderte Messgenauigkeit bestimmt die Ablesegenauigkeit des Messgeräts,
  z. B. erfordert die Prüfung des Maßes 30 ± 0,05 mm eine Messschraube, Messuhr o. Ä.
- Die Anzahl der zu prüfenden Teile bestimmt die besonderen Merkmale des Prüfgeräts,
  z. B. setzt man zur Kurbelwellenprüfung in der Autoindustrie automatisierte Prüfeinrichtungen ein.
- Die Qualifikation der prüfenden Person bestimmt die Handhabung und Art der Ablesung,
  z. B. setzt man bei geringer Qualifikation der prüfenden Person bei Serienprüfungen Lehren mit akustischer Anzeige von Toleranzüberschreitungen ein.
- Die Arbeitsbedingungen bestimmen die Unempfindlichkeit des Prüfgeräts,
  z. B. werden Messungen an umlaufenden Teilen am günstigsten berührungslos durchgeführt.

Beispiele für die Auswahl von Prüfgeräten, Prüfverfahren und Hilfsmitteln

Situation	ausgewählte Prüfverfahren	Begründung der Entscheidung
In einer Werkstatt sind Stahlprofile von 350 bis 1 910 mm Länge für eine Schweißkonstruktion zu messen.		Die Messung kann mit einem Rollmaß oder einem Gliedermaßstab vorgenommen werden. Der Messbereich von 2 m ist erforderlich, die Ablesegenauigkeit von 1 mm ist ausreichend.
An 20 Bolzen Ø 50 × 160 soll an einem Ende jeweils ein Zapfen mit Ø 30 und 40 mm Länge gedreht werden, Maßtoleranz 0,1 mm.		Die Messung des Zapfendurchmessers und der Zapfenlänge wird mit einem Messschieber mit Tiefenmesseinrichtung vorgenommen. Messbereich und Ablesegenauigkeit erfüllen die Anforderungen.
In einem Brenner ist wahrscheinlich eine falsche Düse eingesetzt worden. Die Bohrung der Düse ist zu prüfen.		Die Prüfung mit der Fühlerlehre ist einfach und sicher. Eine Prüfung mit einer kegligen Lochlehre würde nur den Durchmesser am Düsenaustritt erfassen.
Eine Exzenterscheibe soll 5 ± 0,5 mm außermittig sein. Es sind 50 Scheiben zu prüfen.		Trotz der großen Toleranz ist die Prüfung mit einer Messuhr sinnvoll, weil nach einmaliger Einstellung der Messuhr die Exzentrizität jeweils mit einer Umdrehung der Werkstücke geprüft werden kann.
Der Abstand einer Gewindebohrung von einer Passbohrung soll 100 ± 0,2 mm betragen. Das Maß ist zu prüfen.		Die große Toleranz erlaubt die Messung mit dem Messschieber. Der Einsatz von Messbolzen ermöglicht eine genauere Erfassung des Maßes als die Messung über die Gewindespitzen.

Die Wahl der Hilfsmittel, z. B. Spannzeuge, Unterlagen, richtet sich nach ähnlichen Gesichtspunkten wie die Auswahl der Prüfverfahren.

Zum wirtschaftlichen Prüfen ist der kleinstmögliche Aufwand anzustreben.

8 Passungen und Prüfen von Passmaßen

8.1 Bedeutung der Passungen

Wie Bauteile zueinander passen sollen, ergibt sich aus der gewünschten Funktion und wird in Zeichnungen durch besondere Maßangaben festgehalten.

Die Normung von Maßen für den Zusammenbau ermöglicht den Austauschbau und die Arbeitsteilung. Damit werden Herstellungskosten in der Massenfertigung gesenkt.

Fest und beweglich gefügte Bauteile

! Die Normung von Zusammenbaumaßen erlaubt Austauschbau und Massenfertigung.

8.2 Begriffe und Maße bei Passungen

1. Passflächen

Beim Zusammenpassen zweier Bauteile wird ein Außenteil mit einem Innenteil gepaart. Die Berührungsflächen zwischen den Teilen nennt man **Passflächen**. Bei kreisförmigen Passflächen bezeichnet man das Außenteil als „Bohrung" und das Innenteil als „Welle".

Sind die Passflächen der Paarungsteile eben, so spricht man von einer Passung zwischen zwei Paaren paralleler Passflächen.

Beispiele für Passungen

Kreiszylinderpassung (Rundpassung)

Passung zwischen zwei Werkstücken mit je zwei parallelen Passflächen (Flachpassung)

! Passungen bestehen zwischen Bohrung und Welle oder zwischen ebenen Passflächen.
Für beide Passungsarten gelten gleiche Begriffe.

2. Höchstmaß und Mindestmaß

Aus dem Nennmaß, das für gefügte Teile gleich ist, und den Abmaßen ergeben sich die übrigen Maße.

gewählte Maßbuchstaben		genormte Maßbuchstaben	
N	Nennmaß	ES	oberes Abmaß (Bohrung)
G_o	Höchstmaß	EI	unteres Abmaß (Bohrung)
G_u	Mindestmaß	es	oberes Abmaß (Welle)
T	Maßtoleranz	ei	unteres Abmaß (Welle)

Höchstmaß und Mindestmaß

Bohrung

Höchstmaß = Nennmaß + oberes Abmaß
$$G_{oB} = N + ES$$
Mindestmaß = Nennmaß + unteres Abmaß
$$G_{uB} = N + EI$$

Welle

Höchstmaß = Nennmaß + oberes Abmaß
$$G_{oW} = N + es$$
Mindestmaß = Nennmaß + unteres Abmaß
$$G_{uW} = N + ei$$

Übungsaufgaben 8/1 bis 8/4

Prüftechnik, Qualitätsmanagement

3. Maßtoleranz

Der Unterschied zwischen Höchstmaß und Mindestmaß bzw. zwischen oberem und unterem Abmaß wird **Maßtoleranz** genannt. Die Toleranz ist stets ein positiver Betrag, da das Höchstmaß immer größer als das Mindestmaß ist.

> Maßtoleranz = Höchstmaß − Mindestmaß
> $T = G_o − G_u$
>
> oder
>
> Maßtoleranz = oberes Abmaß − unteres Abmaß
> $T_B = ES − EI$ für Bohrungen
> $T_W = es − ei$ für Wellen

– **Nulllinie**

Die Grenzabmaße einer Passungsangabe beziehen sich auf das Nennmaß. Das Nennmaß dient als Bezugsgröße. In bildlichen Darstellungen von Grenzabmaßen benutzt man eine Begrenzungslinie des Nennmaßes als Bezugslinie. Diese Linie wird **Nulllinie** genannt.

Nulllinie als Bezugslinie

– **Toleranzfeld**

Bei der Darstellung der Grenzabmaße wählt man einen entsprechenden Vergrößerungsmaßstab. Für das obere und untere Abmaß zeichnet man in einem entsprechenden Abstand parallele Linien zur Nulllinie. Der Abstand zwischen diesen beiden Linien entspricht der Größe der Maßtoleranz.

Das Abmaß, das der Nulllinie am nächsten liegt, wird üblicherweise als **Grundabmaß** bezeichnet. Durch das Grundabmaß wird die Lage des Toleranzfelds zur Nulllinie festgelegt. Als Toleranzfeld wird der Bereich bezeichnet, den die Linien für das Höchstmaß und Mindestmaß begrenzen.

EI Grundabmaß der Bohrung
es Grundabmaß der Welle

Lage von Toleranzfeldern zur Nulllinie

> Das Toleranzfeld ist das Feld zwischen zwei Linien, die das Höchstmaß und Mindestmaß darstellen.

8.3 ISO-Normen für Maß- und Passungsangaben

Ein toleriertes Maß wird nach ISO-Norm verschlüsselt angegeben. Es setzt sich aus dem Nennmaß und der geforderten **Toleranzklasse** zusammen. Die Bezeichnung der Toleranzklasse besteht aus:
- einem Buchstaben für das **Grundabmaß** und
- der Zahl des **Grundtoleranzgrads**.

40 K 7 — Toleranzklasse, Grundtoleranzgrad, Grundabmaß der Bohrung, Nennmaß

Angaben eines tolerierten Maßes nach ISO-Norm

Mithilfe von Tabellen für Grenzabmaße können die Toleranzklassen entschlüsselt werden. So sind z. B. für das Maß 40 K7 das obere Abmaß mit + 0,007 mm und das untere Abmaß mit − 0,018 mm festgelegt.

Tabellenauszug für Grenzabmaße (ES, EI bzw. es, ei) nach DIN ISO 286

Nennmaß- bereich über ... bis ... mm	Bohrungen Grenzabmaße in µm (= 0,001 mm)									Wellen Grenzabmaße in µm			
	S7	R7	N7	M7	K7	J7	H7	G7	F7	s6	r6	n6	m6	k6
30 ... 50	− 34	− 25	− 8	0	+ 7	+ 14	+ 25	+ 34	+ 50	+ 59	+ 50	+ 33	+ 25	+ 18
	− 59	− 50	− 33	− 25	− 18	− 11	0	+ 9	+ 25	+ 43	+ 34	+ 17	+ 9	+ 2

Auswahl von Prüfverfahren und Prüfgeräten

1. Lage von Grundabmaßen
Die Buchstaben geben verschlüsselt die Lage der Grundabmaße zur Nulllinie an. Dabei kennzeichnen die Buchstaben den Abstand zwischen der Nulllinie und den Grundabmaßen.

Lage der Grundabmaße für Bohrungen

Lage der Grundabmaße für Wellen

Grundabmaße für **Bohrungen** haben große Buchstaben von **A bis Z**. Grundabmaße für **Wellen** werden mit kleinen Buchstaben von **a bis z** gekennzeichnet. Um Verwechslungen mit Zahlen zu vermeiden, werden die Buchstaben I, L, O, Q, W in der großen und kleinen Schreibweise nicht benutzt. Zur Vergrößerung des Toleranzbereichs wurden die Z-Toleranzen um die Toleranzfelder ZA, ZB, ZC bzw. za, zb, zc erweitert.

> ! ISO-Passmaße kennzeichnen die Lage des Grundabmaßes zur Nulllinie durch Buchstaben:
> - große Buchstaben für Bohrungstoleranzen,
> - kleine Buchstaben für Wellentoleranzen.

2. Grundtoleranzgrade und Grundtoleranzen
In den Kurzzeichen für die Toleranzklassen nach ISO stehen hinter den Buchstaben Zahlen. Diese Zahlen geben den Grundtoleranzgrad an. Der Grundtoleranzgrad und das Nennmaß bestimmen den Wert der Grundtoleranz. Es stehen 20 Grundtoleranzgrade zur Verfügung, die mit den Buchstaben IT und einer Zahl gekennzeichnet werden (z. B. IT 9). Im Zusammenhang mit einem Grundabmaß entfallen die Buchstaben IT (z. B. h 9 statt IT 9). Die Zahl allein wird als Toleranzgrad bezeichnet.

– Grundtoleranzen in Mikrometer für den Nennmaßbereich von 30 bis 50 mm

Grundtoleranzgrad	IT01	IT0	IT1	…	IT4	IT5	IT6	IT7	IT8	IT9	IT10	IT11	IT12	IT13	IT14	…	IT18
Grundtoleranz in µm	0,6	1	1,5	…	7	11	16	25	39	62	100	160	250	390	620	…	3 900

sehr fein – fein – mittel – grob – sehr grob
für Lehren – für Passungen im Maschinenbau – für Umformverfahren

Bei gleichem Toleranzgrad vergrößert sich die Grundtoleranz mit größer werdendem Nennmaß. Jedoch erhält nicht jedes Nennmaß eine andere Grundtoleranzgröße. Man teilt die Nennmaße bis 500 mm in Bereiche mit jeweils gleicher Toleranz ein.

Grundtoleranzgröße in Abhängigkeit vom Nennmaß

Nennmaßbereich	Toleranz bei Toleranzgrad 7
über 6 bis 10 mm	15 µm
über 10 bis 18 mm	18 µm
über 18 bis 30 mm	21 µm

> ! Der Grundtoleranzgrad wird entsprechend der Verwendung gewählt.
> Bei gleichem Toleranzgrad wächst die Toleranz mit dem Nennmaß.

Übungsaufgaben 8/7; 8/8

Prüftechnik, Qualitätsmanagement

8.4 Einteilung der Passungen

Beim Fügen durch Zusammenpassen werden zwei Bauteile gepaart. Dabei bestimmen die Istmaße der Einzelteile, ob die Bauteile fest oder lose zusammengepasst sind.
Die Passung (gewählter Maßbuchstabe = P) ist die Differenz zwischen dem Maß der Innenpassfläche (Bohrung) und dem Maß der Außenpassfläche (Welle) vor der Paarung.

> **!** Passung = Maß der Innenpassflächen – Maß der Außenpassflächen

1. Spielpassung

Die Passung, bei der beim Fügen von Bohrung und Welle immer ein Spiel entsteht, wird als Spielpassung bezeichnet.

Höchstspiel P_{So} entsteht, wenn eine Bohrung mit Höchstmaß und eine Welle mit Mindestmaß gefügt werden.

Mindestspiel P_{Su} tritt bei einer Bohrung mit Mindestmaß und einer Welle mit Höchstmaß auf.

Höchstspiel: P_{So} = 40,016 mm – 39,980 mm = 0,036 mm
Mindestspiel: P_{Su} = 40,000 mm – 39,991 mm = 0,009 mm

Spielpassung

> **!** Bei einer Spielpassung ist das Höchstmaß der Welle kleiner/gleich dem Mindestmaß der Bohrung.
> Höchstspiel   = Bohrung mit Höchstmaß – Welle mit Mindestmaß $P_{So} = G_{oB} - G_{uW}$
> Mindestspiel = Bohrung mit Mindestmaß – Welle mit Höchstmaß $P_{Su} = G_{uB} - G_{oW}$

2. Übermaßpassung

Die Passung, bei der beim Fügen von Bohrung und Welle immer ein Übermaß entsteht, wird als Übermaßpassung bezeichnet.

Höchstübermaß $P_{Üo}$ entsteht, wenn eine Bohrung mit Mindestmaß und eine Welle mit Höchstmaß gefügt werden.

Mindestübermaß $P_{Üu}$ tritt bei einer Bohrung mit Höchstmaß und einer Welle mit Mindestmaß auf.

Höchstübermaß: $P_{Üo}$ = 40,000 mm – 40,059 mm = – 0,059 mm
Mindestübermaß: $P_{Üu}$ = 40,016 mm – 40,048 mm = – 0,032 mm

Übermaßpassung

> **!** Bei einer Übermaßpassung ist das Mindestmaß der Welle größer als das Höchstmaß der Bohrung.
> Höchstübermaß   = Bohrung mit Mindestmaß – Welle mit Höchstmaß
> Mindestübermaß = Bohrung mit Höchstmaß – Welle mit Mindestmaß.

3. Übergangspassung

Die Passung, bei der beim Fügen von Bohrung und Welle entweder ein Spiel oder ein Übermaß entsteht, wird als Übergangspassung bezeichnet. Ob ein Spiel oder ein Übermaß entsteht, hängt vom Istmaß der Bohrung und der Welle ab.

Höchstspiel: P_{So} = 40,016 mm – 40,002 mm = + 0,014 mm
Höchstübermaß: $P_{Üo}$ = 40,000 mm – 40,018 mm = – 0,018 mm

Übergangspassung

> **!** Je nach Istmaß von Bohrung und Welle kann sich bei einer Übergangspassung nach dem Fügen der beiden Teile sowohl ein Spiel als auch ein Übermaß ergeben.

8.5 Passungssysteme

ISO-Passungsnormen nach DIN ISO 286 bieten viele Möglichkeiten, gewünschte Paarungen auszuwählen. Um die Zahl der benötigten Werkzeuge und Prüfmittel gering zu halten, beschränkt man sich auf eine Auswahl von Passungen. Dabei wird zwischen den beiden Auswahlsysteme Einheitsbohrung und Einheitswelle unterschieden.

1. Passungssystem Einheitsbohrung
Bei der Auswahl von Passungen hat man sich darauf beschränkt, dass die **Bohrungen** stets das **Grundabmaß H** erhalten, d. h., das Mindestmaß der Bohrung ist gleich dem Nennmaß. Die gewünschte Passung erreicht man durch die Auswahl geeigneter Grundabmaße für die Welle.

Anwendung findet das System Einheitsbohrung im Maschinen-, Kraftfahrzeug- und Elektromaschinenbau, weil dort Wellen mit Absätzen und verschiedenen Durchmessern eingebaut werden.

> Beim Passungssystem Einheitsbohrung hat die Bohrung immer das Grundabmaß H. Gewünschte Passungen erreicht man durch die Auswahl von Grundabmaßen für die Welle.

2. Passungssystem Einheitswelle
Bei der Auswahl von Passungen hat man sich darauf beschränkt, dass die **Wellen** stets das **Grundabmaß h erhalten**, das Höchstmaß der Welle ist gleich dem Nennmaß. Die gewünschte Passung erreicht man durch die Auswahl Grundabmaße für die Bohrung.

Angewendet wird das Passungssystem Einheitswelle dort, wo man gezogene oder geschliffene Wellen ohne wesentliche Nacharbeit einsetzt. Das Passungssystem Einheitswelle wird bevorzugt in der Feinmechanik sowie im Textil- und Landmaschinenbau angewandt.

> Bei Einheitswellen ist das Höchstmaß der Wellen gleich dem Nennmaß. Beim Passungssystem Einheitswelle paart man Wellen mit der Toleranzlage h mit Bohrungen unterschiedlicher Toleranzlagen.

8.6 Passungsnormen

1. Passungssystem Einheitsbohrung (Auszug)

Nennmaß-bereich mm	Reihe I (Grenzabmaße in µm)								Reihe II (Grenzabmaße in µm)							
	H7	r6	n6	h6	f7	x8/u8[1)]	h9	f7	H7	s6	m6	k6	j6	g6	H8	e8	d9
über 6 bis 10	+15 / 0	+28 / +19	+19 / +10	0 / −9	−13 / −28	+22 / 0	+56 / +34	0 / −36	−13 / −28	+15 / 0	+32 / +23	+15 / +6	+10 / +1	+7 / −2	−5 / −14	+22 / 0	−25 / −47	−40 / −76
über 10 bis 14	+18 / 0	+34 / +23	+23 / +12	0 / −11	−16 / −34	+27 / 0	+67 / +40 / +72 / +45	0 / +43	−16 / −34	+18 / 0	+39 / +28	+18 / +7	+12 / +1	+8 / −3	−6 / −17	+27 / 0	−32 / −59	−50 / −93
über 14 bis 18																		

2. Passungssystem Einheitswelle (Auszug)

Nennmaß-bereich mm	Reihe I (Grenzabmaße in µm)							Reihe II (Grenzabmaße in µm)						
	h6	H7	F8	h9	H8	F8	E9	D10	C11	h11		h6		h9	h11	h11	A11
											D10	C11		G7		H11	
über 6 bis 10	0 / −9	+15 / 0	+35 / +13	0 / −36	+22 / 0	+35 / +13	+61 / +25	+98 / +40	+170 / +80	0 / −90	+98 / +40	+170 / +80	0 / −9	+20 / +5	0 / −36	+90 / 0	0 / −90	+90 / 0	+370 / +280
über 10 bis 18	0 / −11	+18 / 0	+43 / +16	0 / −43	+27 / 0	+43 / +16	+75 / +32	+120 / +50	+205 / +95	0 / −110	+120 / +50	+205 / +95	0 / −11	+24 / +6	0 / −43	+110 / 0	0 / −110	+110 / 0	+400 / +290

Prüftechnik, Qualitätsmanagement

8.7 Auswahl von Passungen

Die Auswahl von Passungen geschieht entsprechend der Funktion der Bauteile.
Es haben sich dabei bestimmte Passungen als vorteilhaft erwiesen.

Beispiele für häufig gewählte Passungen

	Einheitsbohrung	Einheitswelle	Eigenschaft	Anwendungsbeispiele
Spielpassung	H7/h6; H8/h9	H7/h6; H8/h9	noch gleitfähig durch Handkraft	Führungen an Werkzeugmaschinen
	H8/f7	F8/h6	geringes Spiel, leicht verschiebbar	Gleitlager, Kolben, Schieberäder
		C11/h9	großes Spiel	Baumaschinen
Übergangspassung	H7/n6		fügbar mit geringer Presskraft, Verdrehsicherung nötig	Zahnräder, Lagerbuchsen, Kupplungen
	H7/m6		Fügen und Lösen möglich, Verdrehsicherung nötig	Passstifte, Kugellagerringe
Übermaßpassung	H8/x8; H8/n8		fügbar mit sehr großer Presskraft, schrumpfbar	Kurbeln auf Wellen, Laufringe auf Radkörpern
	H7/r6		fügbar mit großer Presskraft	Buchsen in Radnaben, Lagerbuchsen

Für einen bestimmten Fall wählt man aus diesen Kombinationen nach folgenden Schritten eine geeignete Passung aus:

Schritt	Entscheidungskriterien	Ergebnis
1. Auswahl des Passungssystems	Anwendungsgebiet	Passungssystem
2. Festlegung der Lage der Grundabmaße	Passungssystem Verwendungszweck	Grundabmaße
3. Bestimmungen der Grundtoleranzgrade	Nennmaß Anwendungsgebiet	Grundtoleranzgrade (Grundtoleranzen)
4. Angabe der tolerierten Maße	Einzelteile	tolerierte Maße
5. Angabe der Passung	Zusammenbau	Passungsangabe

Beispiel für die Auswahl und Darstellung einer Passung

Aufgabe

Eine Buchse soll in ein Gehäuse gefügt werden. Die Verbindung muss ohne zusätzliche Sicherung gegen axiales Verschieben oder Verdrehen auskommen. Zu bestimmen ist die für diesen Einsatz notwendige Passung. Das Nennmaß beträgt Ø 40 mm.

Lösung

1. Schritt	Auswahl des Passungssystems	Entscheidung →	Einheitsbohrung
2. Schritt	Festlegung der Lage der Grundabmaße	Entscheidung →	Gehäuse H Buchse r
3. Schritt	Bestimmung der Grundtoleranzgrade	Entscheidung →	Gehäuse Buchse IT7 (25 µm) IT6 (16 µm)
4. Schritt	Angabe der tolerierten Maße	Angabe →	Gehäuse Buchse Ø 40 H7 Ø 40 r6
5. Schritt	Angabe der Passung	Angabe →	Ø 40 H7/r6

Auswahl von Prüfverfahren und Prüfgeräten

8.8 Lehren von Passmaßen

In der Fertigung ist nur zu prüfen, ob das Istmaß innerhalb des Höchst- und Mindestmaßes liegt. Aus diesem Grund müssen nur die Grenzmaße überprüft werden. Dies geschieht sehr einfach durch Prüfen mit Grenzlehren.

1. Grenzlehren für Innenmaße

Innnemaße werden mit Grenzlehrdornen geprüft. Dabei sind meist die Gutlehre und die Ausschusslehre zu einem Prüfgerät vereinigt.

Mit der Gutseite des Lehrdorns wird ermittelt, ob die Bohrung nicht zu klein ist. Die Gutseite verkörpert das Mindestmaß. Sie muss in die Bohrung eingeführt werden können.

Mit der Ausschussseite des Lehrdorns wird geprüft, ob die Bohrung nicht zu groß ist. Die Ausschussseite verkörpert das Höchstmaß. Sie darf nicht in die Bohrung passen, andernfalls ist die Bohrung zu groß. Das Werkstück ist Ausschuss. Die Ausschusslehrdorne haben verkürzte Messzylinder und rote Farbmarkierungen.

> ❗ Die Gutseite des Grenzlehrdorns verkörpert das Mindestmaß, die Ausschussseite das Höchstmaß.
> Kennzeichnung der Ausschussseite: kurzer Prüfzylinder und rote Markierung.

2. Grenzlehren für Außenmaße

Außenmaße, z. B. von Wellen, werden mit Grenzrachenlehren überprüft. Auch Grenzrachenlehren vereinigen meist eine Gutlehre und eine Ausschusslehre zu einem Prüfgerät.

Mit der Gutseite der Rachenlehre wird festgestellt, ob die Welle nicht zu groß ist. Die Gutseite der Rachenlehre verkörpert das Höchstmaß. Die Gutseite muss durch Eigengewicht über die Welle gleiten.

Mit der Ausschussseite der Rachenlehre wird geprüft, ob die Welle nicht zu klein ist. Die Ausschussseite verkörpert das Mindestmaß. Sie darf nicht über die Welle gehen, sonst ist die Welle zu dünn. Das Werkstück ist Ausschuss. Die Ausschussseiten von Grenzrachenlehren haben Abschrägungen des Messrachens und eine rote Farbmarkierung im Rachen.

> ❗ Die Gutseite der Grenzrachenlehre verkörpert Höchstmaß und die Ausschussseite Mindestmaß.
> Kennzeichnung der Ausschussseite: Angefaste Prüfflächen und rote Markierung.

9 Form- und Lagetoleranzen und ihre Prüfung

Jedes Werkstück besteht aus vielen einzelnen Grundkörpern – z. B. Zylinder, Kegel, Prisma –, die entsprechend der angestrebten Funktion zusammengesetzt sind. Jeder Grundkörper beinhaltet Elemente wie Flächen, Achsen, Kanten u. a. Das Werkstück wird durch die Abmessungen der Grundkörper, die Lage der Grundkörper und deren Elemente zueinander exakt beschrieben.

Beispiel für für die Zusammensetzung eines Werkstücks aus Grundkörpern

Maße der Grundkörper
Kantenlängenmaße, Durchmessermaße

Form der Grundkörper
Kegelstumpf mit Mantelfläche, Stirnflächen und Achse; Vierkantprisma mit Flächen, Kanten, Mittelachse

Lage der Grundkörper zueinander
Mitten von Kegelstumpf und Vierkantprisma liegen auf einer Achse; Flächen des Vierkantprismas liegen rechtwinklig bzw. parallel zueinander

Es ist weder möglich noch wirtschaftlich, maßlich genaue und geometrisch ideale Körper herzustellen und aneinanderzureihen. Darum weichen alle Werkstücke vom Idealzustand in den Maßen der Grundkörper, in der Form der Grundkörper und in der Lage der Grundkörper ab.

Um Funktion und Austauschbarkeit von Werkstücken und Baugruppen zu gewährleisten, müssen die zulässigen Abweichungen vom Idealzustand angegeben werden. Neben den Maßtoleranzen benötigt man darum auch Formtoleranzen und Lagetoleranzen.

> **!** Formtoleranzen beschreiben die zulässige Abweichung eines Grundkörpers des Werkstücks von seiner geometrischen Idealform.
> Lagetoleranzen beschreiben die zulässige Abweichung von Grundkörpern oder deren Elementen in ihrer Lage zueinander.

9.1 Toleranzzone

Zur Beurteilung von Form- und Lageabweichungen benötigt man die Beschreibung der zulässigen Abweichung von der Idealform. Man nennt den Bereich, innerhalb dessen alle Punkte der tolerierten Form oder Lage liegen müssen, die Toleranzzone.

Beispiel für eine Toleranzzone

Die tolerierte Achse des Kurbelzapfens muss innerhalb eines Zylinders von 0,05 mm Durchmesser liegen, der parallel zur Bezugsachse A–B (Achse der Kurbelwelle) liegt.

> **!** Die Toleranzzone gibt den Raum oder die Fläche an, in der alle Punkte des tolerierten Elements liegen müssen.

9.2 Formtoleranzen

Formtoleranzen beschreiben die zulässigen Abweichungen eines Grundkörpers des Werkstücks von seiner geometrisch idealen Form.

In der technischen Zeichnung enthält die Eintragung einer Formtoleranz folgende Angaben:
- Symbol für die tolerierte Eigenschaft
- Hinweispfeil auf das tolerierte Element
- Maßangabe für die Größe der Toleranzzone (Toleranzwert t)

Formtoleranzen nach DIN ISO 1101 (Auszug)

Eigenschaft	Toleranzzone	Beispiele	
Geradheit		⌀0,04	Die Achse des Bolzens muss auf der Länge l innerhalb eines Zylinders vom Durchmesser $t = 0,04$ mm liegen.
Ebenheit		0,08	Die gekennzeichnete Fläche mit den Maßen l_1 und l_2 muss zwischen zwei parallelen Ebenen vom Abstand $t = 0,08$ mm liegen.
Rundheit		0,05	Die Umfangslinie muss auf der Länge l in jedem Querschnitt innerhalb eines Kreisringes von $t = 0,05$ mm Breite liegen.
Zylinderform		0,06	Die Zylinderoberfläche muss auf der Länge l innerhalb eines Zylindermantels von $t = 0,06$ mm Wanddicke liegen.

9.3 Lagetoleranzen

Lagetoleranzen beschreiben die zulässigen Abweichungen von Elementen eines Bauteils zueinander. Dabei ist es notwendig, ein Element zum Bezugselement zu erklären. Als Bezugselement wird das Element gewählt, welches bei der Funktion des Bauteils von besonderer Bedeutung ist. In der Zeichnung ist das Bezugselement durch das Bezugsdreieck und den Bezugsbuchstaben besonders gekennzeichnet.

In der technischen Zeichnung enthält die Eintragung einer Lagetoleranz folgende Angaben:
- Symbol für die tolerierte Eigenschaft,
- Maßangabe für die Größe der Toleranzzone (Toleranzwert t)
- Bezugsbuchstabe für die Kennzeichnung des Bezugselements,
- Hinweispfeil an das tolerierte Element.

Bei den Lagetoleranzen unterscheidet man Richtungs-, Lauf- und Ortstoleranzen.

Übungsaufgaben 9/1; 9/2; 9/3

Lagetoleranzen nach DIN ISO 1101

	Eigenschaft	Toleranzzone	Beispiele
Richtungstoleranzen	Parallelität `//`		Die tolerierte Achse der kleinen Bohrung muss innerhalb eines zur Bezugsachse parallel liegenden Zylinders vom Durchmesser $t = 0,05$ mm liegen. (// ⌀0,05 A)
			Die tolerierte Fläche muss zwischen zwei zur Bezugsfläche parallelen Ebenen liegen. Abstand $t = 0,05$ mm. (// 0,05)
	Rechtwinkligkeit ⊥		Die tolerierte Achse muss innerhalb von zwei parallelen Ebenen im Abstand $t = 0,03$ mm liegen. Die Ebenen stehen rechtwinklig zur Bezugsfläche. (⊥ 0,03 A)
	Neigung ∠		Die tolerierte Fläche muss zwischen zwei parallelen Ebenen (Winkel 50°) im Abstand von $t = 0,1$ mm liegen. (∠ 0,1 A)
Lauftoleranzen	Planlauf		Die Planlaufabweichung, bezogen auf die gekennzeichnete Achse A, darf $t = 0,10$ mm nicht überschreiten. (⌐ 0,1 A)
	Rundlauf		Die Rundlaufabweichung, bezogen auf die Achse A-B, darf $t = 0,05$ mm nicht überschreiten. (⌐ 0,05 A-B)
Ortstoleranzen	Position ⌖		Die Achse des Bolzens muss innerhalb eines Zylinders von $t = 0,10$ mm Durchmesser liegen. (⌖ ⌀0,10)
	Symmetrie ⌯		Die Mittelebene des Ansatzes muss zwischen zwei parallelen Ebenen liegen, die $t = 0,1$ mm Abstand haben und parallel zur Bezugsebene liegen. (⌯ 0,1 A)
	Koaxialität Konzentrizität ⌾		Die Achse des tolerierten Zapfens muss innerhalb eines Zylinders von $t = 0,05$ mm liegen. Dieser Zylinder muss mit der Achse des mit A gekennzeichneten Elements fluchten. (⌾ ⌀0,05 A)

9.4 Messen von Form- und Lageabweichungen

9.4.1 Symbolische Darstellung von Prüfeinrichtungen

Das Messen von Form und Lage ist aufwendiger als das Messen von Längen. Meist müssen zum Prüfen von Form und Lage Messgeräte und Hilfsmittel zum Positionieren zu einer Messeinrichtung kombiniert werden. Zur Verdeutlichung des Aufbaus solcher Einrichtungen verwendet man Symbole.

Grafische Symbole in der Längenprüftechnik

Symbol	Erklärung	Symbol	Erklärung	Symbol	Erklärung
↓	Messstelle		Sinuslineal	↦↦↦	geradlinige Verschiebung in definierter Schrittweite
	Messständer mit anzeigendem Längenmessgerät (Messuhr)	E	Parallelendmaß(e)		schrittweise Verschiebung in beliebige Positionen in einer Ebene
/////	Prüfplatte	M	Prüfprisma		schrittweise Drehung in beliebige Winkellagen
⌐	Anschlag	↔	geradlinige Verschiebung	↻	genau eine Umdrehung
I II	Auflager fest bzw. höhenverstellbar	←↔→	schrittweise geradlinige Verschiebung in beliebige Positionen		Rundtisch kippbar

9.4.2 Messverfahren zum Messen von Form- und Lageabweichungen

Die Messung von Form- und Lageabweichungen bezieht sich stets auf ein angemessen genaues **Hilfsbezugselement**, wie z. B. eine Prüfplatte oder einen Prüfdorn.

Der Messvorgang bei der Messung von Form- und Lageabweichung erfolgt in mehreren Schritten:
1. Ausrichten des Prüflings, 2. Messungen, 3. Auswertung der Messungen.

Beispiele für Messverfahren zur Ermittlung von Formabweichungen

Prüfauftrag	Messverfahren	Auswertung
Geradheit (— 0,1)	Lineal als Geradheitsmesser. Durch Einschieben von Fühlerlehren wird die Spaltbreite ermittelt.	Die Geradheitsabweichung f_G ist das Maß der größten einschiebbaren Fühlerlehre. $f_G \leq t_{max}$
Geradheit (— ⌀0,1)	Messaufbau mit M_1 und M_2	Die Geradheitsabweichung f_G der Achse ist die Hälfte des größten Unterschieds zwischen Messwert M_1 und Messwert M_2. $f_G = \dfrac{M_1 - M_2}{2}$

Prüftechnik, Qualitätsmanagement

Prüfauftrag	Messverfahren	Auswertung
Ebenheit ⌭ 0,15		Die Ebenheitsabweichung f_e ist die größte Differenz zwischen den Messwerten. $$f_e = M_{max} - M_{min}$$
Rundheit ○ 0,1	Messquerschnitt	Für jeden Messquerschnitt wird aus einzelnen Messwerten das Profil dargestellt. Die Rundheitsabweichung im einzelnen Querschnitt ist die Radiendifferenz zum kleinsten Kreisring, der das Profil einschließt. Die Rundheitsabweichung ist die größte auftretende Radiendifferenz.

Beispiele für Messverfahren zur Ermittlung von Lageabweichungen

Prüfauftrag	Messverfahren	Auswertung
Parallelität ∥ ⌀0,1 A-B	M_1, M_2, Prüfprisma, 90°, 45°, 0°	Die Parallelitätsabweichung f_P in einer Winkellage ist die halbe Differenz der Messwerte M_1 und M_2. $$f_P = \frac{M_1 - M_2}{2}$$ Die Parallelitätsabweichung des Werkstücks ist der größte der in den einzelnen Winkellagen ermittelte Wert der Abweichung.
Rechtwinkligkeit ⊥ 0,06 A	M_1, M_2, Prüfdorn, Winkelnormal, l_1, l_2	Die Rechtwinkligkeitsabweichung f_R wird aus der Differenz der Messwerte M_1 und M_2 und dem Verhältnis l_1/l_2 berechnet. $$f_R = (M_1 - M_2) \cdot \frac{l_1}{l_2}$$
Rundlauf ↗ 0,1 A-B	Messquerschnitt	Die Rundlaufabweichung f_L ist die Differenz zwischen der größten und kleinsten Anzeige bei einer Umdrehung. $$f_L = M_{max} - M_{min}$$
Planlauf ↗ 0,1 A		Die Planlaufabweichung f_L ist die Differenz zwischen der größten und kleinsten Anzeige bei einer Umdrehung. $$f_L = M_{max} - M_{min}$$ Bei einer Prüfung ist der größte Radius zu wählen.

Auswahl von Prüfverfahren und Prüfgeräten

1. Messvorrichtungen zur Bestimmung von Abweichungen

In der Serienfertigung lassen sich Form- und Lageabweichungen mit speziellen Messvorrichtungen schnell und einfach feststellen.

Beispiele für den Einsatz pneumatischer Messvorrichtungen

Messen von Formabweichungen

Geradheit   Rundheit

Messen von Lageabweichungen

Neigung   Rechtwinkligkeit

2. Messungen von Formabweichungen mit Profilprojektoren

Profilprojektoren vergrößern die Konturen aufgelegter Werkstücke und bilden sie in genauem Maßstab auf einem Bildschirm ab. Die meisten dieser Geräte vergrößern bis zum 100-Fachen.

Die Glasbildschirme enthalten Zentrierlinien und die Werkzeugauflagen sind dreh- und verschiebbar, sodass die Werkstücke präzise ausgerichtet werden können.

Skalen und Musterkonturen können eingeblendet werden und erlauben so das Ausmessen von Längen, Radien, Kurvenverläufen und Winkeln.

Optische Schneidwinkelmessgeräte sind kleine Profilprojektoren mit 5- bis 10-facher Vergrößerung. Sie erlauben die Kontrolle von Werkzeugschneiden und die Messung von Werkzeugwinkeln.

Profilprojektor

Beispiele für Projektionsbilder eines optischen Schneidwinkelmessgeräts

> **!** Profilprojektoren erzeugen vergrößerte Bilder des Werkstückprofils. Dies kann durch eingeblendete Skalen ausgemessen werden.

Übungsaufgabe 9/8

Prüftechnik, Qualitätsmanagement

10 Messmaschinen

10.1 Digitale Höhenmessung

Für Messungen in einer Koordinatenrichtung werden digitale Höhenmessgeräte eingesetzt. Mit ihnen werden Höhen, Durchmesser und Abstände gemessen. Aus den ermittelten Maßen können Mitten, die Abweichungen von parallelen Flächen sowie die Geradheit von Oberflächen berechnet werden.
Die gewonnenen Daten können über Computer weiterverarbeitet und ausgewertet werden.

Beispiel für ein Höhenmessgerät

Messfunktionen

- Fläche antasten oben unten
- Bohrung antasten oben unten
- Welle antasten oben unten
- Nut messen (Mitte und Breite)
- Steg messen (Mitte und Breite)
- Bohrung messen (Mitte und Durchmesser)
- Welle messen (Mitte und Durchmesser)

Berechnungsfunktionen

- Abstand zwischen zwei Messwerten berechnen
- Symmetrie zwischen zwei Messwerten berechnen
- Automatisch Nullpunkt setzen

Anwendungsbeispiel

- Fläche von oben antasten
- Fläche von oben antasten
- Abstand zwischen zwei Messwerten berechnen
- Fläche von unten antasten
- Fläche von oben antasten
- Mitte und Breite bestimmen
- Welle oben antasten
- Welle unten antasten
- Mitte und Durchmesser ermitteln

Messbolzen

Übungsaufgabe 10/1

10.2 Numerisch gesteuerte Messmaschinen

Die Überprüfung von Werkstücken mit sehr kleinen Maß-, Form- und Lagetoleranzen ist mit herkömmlichen Prüfmitteln, wie z. B. Messschiebern, Messschrauben oder Grenzrachenlehren, sehr zeitaufwendig. Sehr viel schneller und genauer kann die Überprüfung solcher Werkstücke auf Messmaschinen erfolgen. Sämtliche Messaufgaben können dabei mit einem Gerät – der Messmaschine – gelöst werden.
Moderne Messmaschinen sind CNC-gesteuert.

Beispiel für die Durchführung eines Messauftrags in unterschiedlichen Techniken

Messaufgabe

Es sind zu prüfen:
- Durchmessermaße der Bohrungen,
- Lage der Bohrungsachsen,
- Form des Grundkörpers.

Lösungen in herkömmlicher Technik mit einzelnen Messgeräten

Maßprüfung des Bohrungsdurchmessers

Lageprüfung der Bohrungsachsen

Formprüfung des zylindrischen Teils des Grundkörpers

Lösungen mit CNC-Messmaschine

Prüfen von Maßen, Formen und Lage mit Rechnerunterstützung auf einer CNC-Messmaschine

CNC–Steuerung
Tastkopf
Bedienfeld
Messtisch

10.2.1 Aufbau und Funktion von CNC-Messmaschinen

1. Baueinheiten einer CNC-Messmaschine

CNC-Messmaschinen ähneln in ihrem Aufbau sehr stark CNC-Bohr- und -Fräsmaschinen.
Das zu prüfende Werkstück wird auf den *Maschinentisch* gespannt. Ein *Portal* oder ein *Ausleger* trägt die Messeinrichtung. Der Messtaster im *Tastkopf* wird ähnlich einem Fräswerkzeug relativ zum Werkstück in allen drei Achsen bewegt. Vom *Bedienfeld* aus können alle Bewegungen manuell gesteuert werden. Über die *CNC-Steuerung* können die Messvorgänge automatisiert werden.

2. Koordinatensysteme

Für die Messung auf Messmaschinen sind drei Koordinatensysteme von Bedeutung:
- Das rechtwinklige **Koordinatensystem der Messmaschine** hat seinen Ursprung im Maschinennullpunkt. Die X- und Y-Achsen liegen auf der Oberfläche des Messtischs und die Z-Achse steht senkrecht dazu.
- Das rechtwinklige **Koordinatensystem des Tastsystems** hat seinen Ursprung im Mittelpunkt des Bezugstasters. Die Koordinatenachsen des Tastsystems verlaufen parallel zu den Maschinenkoordinatenachsen.
- Das rechtwinklige **Koordinatensystem des Werkstücks** hat seinen Ursprung in einem markanten Werkstückpunkt. Die Koordinatenachsen verlaufen parallel zu den Maschinenkoordinaten der Messmaschine.

Koordinatensystem und Maschinennullpunkt einer Messmaschine

Koordinatensystem und Nullpunkt eines Tastkopfs

Koordinatensystem und Nullpunkt eines Werkstücks

3. Statische und dynamische Messwerterfassung

Bei der Messwerterfassung unterscheidet man zwei Verfahren:
- Bei **statischer Messwerterfassung** wird der Messwert bei Stillstand der Messmaschine und in Nullstellung des Tastsystems aufgenommen.
- Bei **dynamischer Messwerterfassung** wird der Messwert während der Bewegung aus den Messwerten von Maschinen- und Tastermesssystem errechnet.

  Die kontinuierliche Aufnahme einer Vielzahl an Messpunkten innerhalb einer kurzen Zeit nennt man Scannen. Dazu führt die CNC-Messmaschine den Taster kontinuierlich und zeilenweise über die zu messende Oberfläche des Werkstücks. Gleichzeitig speichert der Rechner entweder in einem vorgegebenen Zeittakt oder in Abhängigkeit von der Messstrecke alle Messwerte.

  Die Messwerte lassen sich entweder als Messprotokoll auswerten oder von geeigneten Programmen direkt zum Fräsen einer gleichen Oberfläche verwenden.

Statische Messwerterfassung (Schema)

MK = 100,4
TA = 0,0
MK + TA = MW
100,4 + 0 = 100,4

MK Messwert auf der Messskala der Messmaschine
TA Messwert auf der Messskala des Tasters
MW Messwert

Dynamische Messwerterfassung (Schema)

MK = 100,3
TA = 0,1
MK + TA = MW
100,3 + 0,1 = 100,4

10.2.2 Messtaster und ihre Kalibrierung

1. Aufbau von Messtastern

Messtaster bestehen aus der *Einspannvorrichtung* und den eingesetzten *Taststiften*. Der Taststift trägt an seinem Ende das *Tastelement*. Als Tastelemente verwendet man meist Kugeln aus Rubin, für Sonderzwecke auch Kegel oder Zylinder. Ferner werden Kombinationen verschiedener Messtaster eingesetzt.
Die Auswahl der Taststifte für einen Messtaster soll so erfolgen, dass alle Messvorgänge an einem Werkstück möglichst ohne Lageveränderung des Werkstücks und ohne Wechsel der Taststifte vorgenommen werden können.

Beispiele für Taststifte und Taststiftkombinationen

| Normal-einsatz | Zur schnellen Ermittlung von Bohrungsmitten (geringe Genauigkeit) | Zum Messen von Ringnuten | Zum allseitigen Messen | Zum Innenmessen waagerechter Bohrungen |

2. Kalibrierung von Messtastern

Eine Voraussetzung für genaue Messungen ist die Feststellung von Ungenauigkeiten, die ihre Ursache im Tastsystem oder den Messkräften haben.
Die häufigsten Fehlerquellen sind:
- Abweichungen der Messtaster von Sollmaßen und -formen,
- Durchbiegung der Messtasterarme aufgrund der Einwirkung von Messkräften.

Um diese Fehler auszugleichen, stellt man mithilfe eines hochgenauen **Kugelnormals** die Messfehler unter verschiedenen Messbedingungen fest.
Die festgestellten Abweichungen werden beim Messen mithilfe von Software verrechnet. Durch die Erfassung und Berücksichtigung der Abweichungen von den Idealwerten wird das Messsystem geeicht. Diesen Vorgang nennt man Kalibrieren.

Kalibrieren eines Messtasters auf einem Einmesskörper

! Das Kalibrieren der Messtasters ist ein Eichen mit hochgenauen Kugelnormalen.

10.2.3 Steuerung von Messabläufen

Messungen an Einzelteilen und Kleinserien erfolgen meist über *manuelle* Steuerung. Bei Großserien werden *NC-Programme zur Steuerung* der Messmaschinen eingesetzt.
Bei manueller Steuerung werden die einzelnen Messpunkte meist über zwei Joysticks angesteuert, der eine steuert in der X-Y-Ebene, der andere in der Z-Richtung.
NC-Programme zur maschinellen Steuerung werden entweder nach dem Teach-In-Verfahren mit dem Joystick eingelernt oder am Computer mit Hilfe spezieller Software erzeugt.
Das Wichtigste am gesamten Messvorgang ist die Auswertung. Diese wird mit speziellen Programmen durchgeführt, die aus den Messergebnissen Rückschlüsse auf notwendige Maßnahmen in der Fertigung und Qualitätssicherung ziehen.

Manuelle Steuerung der Messmaschine

Übungsaufgabe 10/5

11 Qualitätsmanagement

11.1 Einleitung

Von jedem Produkt, das ein Kunde kauft, und von jeder Arbeit, die zu verrichten ist, wird **Qualität** verlangt. Was der Einzelne unter Qualität versteht, ist schwer genau zu beschreiben – man spürt fehlende Qualität erst, wenn Mängel erkennbar werden. Qualität kann man in Abwandlung der etwas komplizierten DIN-Definition etwa so beschreiben:

„Ein Produkt oder eine Arbeit besitzen Qualität, wenn sie in Hinblick auf ihre Eignung festgelegte und vorausgesetzte Erfordernisse erfüllen."

Unter dem Begriff **Qualitätsmanagement** werden darum alle Maßnahmen verstanden, die im Laufe einer Produktentstehung und -anwendung auf allen Ebenen zu treffen sind, damit ein Produkt entsteht, das alle vorausgesetzten Erfordernisse erfüllt. Qualitätsmanagement hat also den gesamten Lebensweg eines Produkts im Blick.

Beispiel für den Lebensweg eines Produkts

Produktplanung → Entwicklung u. Konstruktion → Fertigungsplanung → Fertigung → Montage → Nutzung u. Instandhaltung → Entsorgung

Qualitätsmanagement

Das Qualitätsmanagement ist demnach etwas ganz anderes als eine reine Endkontrolle, in der die Qualität eines Produkts erst vor der Auslieferung bzw. Weitergabe geprüft wird. Qualitätsmanagement handelt gemäß dem Grundsatz: „Qualität ist zu erzeugen, nicht zu erprüfen."

> **!** Unter Qualitätsmanagement versteht man alle Maßnahmen im Laufe von Produktentstehung, Anwendung und Recycling, die notwendig sind, um Produkte zu erzeugen, welche die vorausgesetzten Erfordernisse erfüllen.

Dem Qualitätsmanagement kommt eine besondere Bedeutung in der Phase der Planung und Entwicklung zu, denn 75 % der Fehler eines Produkts entstehen dort. Sie werden aber häufig erst im Laufe der Fertigung oder beim Einsatz erkannt und verursachen dann extreme Kosten zur Fehlerbeseitigung. Es gilt für die Kosten etwa die *Zehnerregel*. Sie besagt, dass die Kosten zur Beseitigung eines Fehlers aus der Stufe zuvor in der folgenden etwa das Zehnfache an Kosten verursachten.

Beispiel für die Zehnerregel der Fehlerkosten

Bei der Planung eines Motorrads wurde an einer Mutter die Sicherung vergessen.
Hätte man bei der Planung daran gedacht und dies notiert, wäre der zeitliche Aufwand 30 sec gewesen, die 1,00 EUR gekostet hätten.
Wäre der Fehler bei der Zeichnungserstellung aufgefallen, hätte das Einarbeiten in die Zeichnung etwa 5 min gedauert und damit 10,00 EUR gekostet usw.
Eine Rückrufaktion wegen fehlender Schraubensicherung würde um 100 000,00 EUR Kosten verursachen.

Produktplanung	Entwicklung und Konstruktion	Fertigungsplanung	Fertigung und Montage	Endkontrolle	Nutzung durch Kunden
Entstehung eines Fehlers, dessen Beseitigung 1,00 EUR kosten würde.	Kosten der Fehlerbeseitigung des Planungsfehlers 10,00 EUR	Fehlerkosten 100,00 EUR	Fehlerkosten 1 000,00 EUR	Fehlerkosten 10 000,00 EUR	Fehlerkosten bei Rückrufaktion 100 000,00 EUR

> **!** Die Fehlerbeseitigung kostet bei einer Entdeckung in der jeweils nächsten Verarbeitungsstufe etwa das Zehnfache (Zehnerregel der Fehlerkosten).

Qualitätsmanagement

Vielfach hatte man vor intensivem Einsatz von Qualitätsmanagement die Vorstellung, dass die Produktion für die Menge zuständig ist und allein die Endkontrolle für die Qualität. Diese Einstellung hat erhebliche Nachteile:
- Ausschussteile werden nicht am Ort der Entstehung erkannt. Sie durchwandern die gesamte weitere Produktion, bis sie schließlich in der Endkontrolle auffallen. Fachleute nennen dieses „Schrottveredelung".
- In der Endkontrolle fallen Produkte mit unterschiedlichsten Fehlern an. Darum ist die Wahrscheinlichkeit, dass alle Fehler entdeckt werden geringer als bei ständig überwachter Produktion. Eine heute von Großabnehmern, wie z. B. der Automobilindustrie, verlangte „Null-Fehler-Zulieferung" ist darum beim Zulieferer nicht mehr allein durch eine Endkontrolle, sondern nur noch mit einem geeigneten Qualitätsmanagement zu erzielen.

> Bei einer komplexen Fertigung ist nur mit einer einzigen Kontrolle am Ende der Fertigung keine Null-Fehler-Produktion möglich.

11.2 Einflussgrößen auf Qualität

Qualität entsteht durch funktionsgerechtes Zusammenwirken unterschiedlicher Faktoren, die man merkwirksam unter den „7M" zusammenfasst: Mensch, Methode, Maschine, Material, Mitwelt, Management und Messbarkeit. Am wichtigsten ist hier der **Mensch.** Er muss Qualität planen und erzeugen. Er muss an jeder Stelle der Produktentstehung den gesamten Ablauf, besonders aber die an seiner Tätigkeit anschließende Stufe im Auge haben. Dazu benötigt er

- technisches Fachwissen,
- Kenntnis von Qualitätssicherungsmethoden,
- Bereitschaft und Fähigkeit, sein Wissen anzuwenden und
- Innovationsbereitschaft und Kreativität.

Die **Methoden** zur Erzeugung und Sicherung von Qualität müssen in jeder Stufe der Produktentstehung sinnvoll ausgewählt und eingesetzt werden.

Die **Maschinen** stehen für alle Fertigungs-, Handhabungs- und Prüfmittel. Sie müssen fähig sein, Qualität zu erzeugen.

Das **Material,** dies sind alle Werk- und Hilfsstoffe, Vorprodukte und Komponenten, die meist von Zulieferern dem Prozess zugeführt werden, muss der geforderten Produktqualität entsprechen.

Die **Mitwelt** (Umwelt), wird nicht nur in Form des richtig ausgestatteten Arbeitsplatzes gesehen, sondern meint das gesamte betriebliche Sozialgefüge, das Qualität und Qualitätsbewusstsein bestimmt.

Das **Management** mit seinem Führungsstil, z. B. seinem Umgang mit Mitarbeitervorschlägen, seiner Offenheit in der Entscheidungsfindung und seiner Bewertung von Mitarbeiterleistungen, trägt wesentlich zur Qualität bei.

Die **Messbarkeit** von Eigenschaften ist entscheidend für die Beurteilung von Qualität. Mit Messbarkeit sind nicht nur die physikalisch und chemisch erfassbaren Größen eines Produkts angesprochen, sondern auch alle zahlenmäßig erfassbaren Merkmale des Produkts und der Produktentstehung.

> Qualität entsteht nur durch richtiges Zusammenwirken von Mensch, Methode, Maschine, Material, Mitwelt, Management und Messbarkeit.

Zur Unterstützung der systematischen Fehlerquellensuche verwendet man das *Fischgräten-Diagramm* (**Ishikawa-Diagramm**). Man trägt in diesem Diagramm die Einflüsse der sogenannten „7M" der Qualitätssicherung ein.

Je nach Bedarf können diese 7M auf 5M reduziert werden. Falls Fehlerzuordnungen bei der Aufstellung eines Diagramms strittig sind, z. B. ob eine Fehlerquelle der Methode oder dem Mensch zuzuordnen ist, kann willkürlich zugeordnet werden. Wichtig ist jedoch, dass die Fehlerquelle aufgelistet wird.

Prüftechnik, Qualitätsmanagement

Beispiel für die Auflistung der Fehlerquellen beim Drehen einer gestuften Welle

An die Welle werden Anforderungen hinsichtlich ihrer Maße und Form sowie an die Lage der Zylinder zueinander gestellt. Die an der Produktion Beteiligten haben Stichworte zu möglichen Fehlerquellen zusammengetragen und den bedarfsgerecht gewählten Faktoren zugeordnet.

11.3 Qualitätssicherungsnormen

Die Norm DIN EN ISO 9000 erläutert die Grundbegriffe des Qualitätsmanagements (QM) und erklärt wichtige Begriffe.
DIN EN ISO 9001 ist für die Fachkraft im Betrieb die bedeutendste QM-Norm. In ihr wird das Qualitätsmanagement als eine Art Regelkreis verstanden, in den die Kundenforderungen als Eingangsgröße eingehen und die Kundenzufriedenheit das geforderte Ergebnis darstellt.

Die **Verantwortung der Leitung** besteht für die Festlegung der Qualitätsziele, der Befugnisse der Einzelnen, der Qualitätsplanung und der Bewertungsmaßstäbe für das Qualitätsmanagement.

Das **Management der Mittel** befasst sich mit der Auswahl und Förderung geeigneter Personen, der Auswahl und Zurverfügungstellung geeigneter Einrichtungen und der Schaffung einer die Qualität fördernden Arbeitsumgebung.

Die **Produktionsrealisierung** stellt den Kern des Prozesses dar. Das Qualitätsmanagement verlangt die Erzeugung, Prüfung, Sicherung und Dokumentation in jeder Stufe des Erzeugungsprozesses. Damit wird die Rückverfolgung von Teilen und Leistungen möglich. Gleichzeitig wird ein geeignetes Prüfmittelmanagement erwartet.

Die **Messung, Analyse und Verbesserung** hat in erster Linie auf die Kundenzufriedenheit zu schauen. Um diese zu gewährleisten, muss hier die Überwachung des gesamten Prozesses und der Teilprozesse geplant, kontrolliert und analysiert werden, sodass ein kontinuierlicher Verbesserungsprozess möglich wird.
DIN EN ISO 9004 ist ein Leitfaden zur Verwirklichung und Nutzung eines QM-Systems.

11.4 Qualitätssicherung in der Fertigung

In der Serienfertigung sind Maßnahmen zur Qualitätssicherung besonders wichtig, damit die Neigung zum Auftreten von Fehlern schon im Ansatz erkannt und so vermieden werden kann. Trotzdem sind Fehler möglich und wahrscheinlich.

Prüfplanung

Die Planung der Prüfvorgänge im Rahmen der Fertigung bezieht sich auf das Produkt, die einzusetzenden Betriebsmittel (Maschinen, Vorrichtungen u. a.), sowie auf die zu verwendenden Prüfmittel:

- Festlegung der zu prüfenden Merkmale und ihrer Grenzwerte,
- Beschreibung der Prüfmethode,
- Auswahl der Prüfmittel,
- Einordnung der Prüfungen in den Produktionsprozess,
- Bestimmung des Prüfumfangs (z. B. Stichprobe, 100-%-Prüfung),
- Festlegung der Art der Auswertung (z. B. gut – schlecht, zahlenmäßige Messwerterfassung),
- Festlegung der Konsequenzen der Auswertung (z. B. Ausschuss, Nacharbeit),
- Festlegung der Prüfmittelüberwachung,
- Bestimmung der Form der Dokumentation und Datenverwaltung,
- Festlegung der Prüfer und der Verantwortlichkeiten.

Prüfungen in der Fertigung bedeuten erhöhten Aufwand. Darum versucht man einerseits die Zahl der Prüfungen zu minimieren, andererseits die Prüfungen so zu legen, dass möglichst keine fehlerhaften Werkstücke in die folgende Fertigungsstufe gelangen.

Vorrangig ist darum die Prüfung von Werkstücken durch den Facharbeiter unmittelbar am Arbeitsplatz. Viele der Prüfungen am Arbeitsplatz sind ohne Hilfsmittel durchführbar, wie

- optische Prüfungen auf sichtbare Fehler, z. B. Kratzer, Risse, Riefen,
- Prüfungen durch Tasten, z. B. auf Grate in Bohrungen, auf lockere Teile bei der Montage,
- Prüfungen durch Hören, z. B. Abhören von Schleifgeräuschen oder von klappernden Teilen.

Häufig ist bei diesen Prüfungen mithilfe der Sinne auch ein Trend zur Fehlerentstehung festzustellen, der es erlaubt, schon vor dem Auftreten eines Fehlers in den Prozess einzugreifen. So erkennt ein geübter Facharbeiter das Stumpfwerden eines Bohrers bei der Serienfertigung am Bohrgeräusch und an der Form bzw. an der Farbe der Späne.

Besonders in der mechanischen Fertigung geschieht das Prüfen am Arbeitsplatz mit entsprechenden Prüfgeräten. Dies können sein:

- einfache mechanische Prüfmittel, mit denen nur eine Eigenschaft zu prüfen ist, z. B. Grenzlehrdorne für Bohrungsdurchmesser,
- Prüfmittel, die gleichzeitig mehrere Eigenschaften erfassen, z. B. Lehren zum Prüfen von Kurbelwellen.

Prüfen einer Kurbelwelle auf einer Messmaschine

Numerisch gesteuerte Messmaschinen, die entsprechend einem vorgegebenen Programm Prüfungen vornehmen, werden meist als selbstständige Arbeitsplätze in den Fertigungsprozess eingebunden.

> **!** Die Kontrolle des Produkts durch den Facharbeiter am Arbeitsplatz kann die Weiterverarbeitung von fehlerhaften Werkstücken nach plötzlich auftretenden Fehlern verhindern.

Übungsaufgabe 11/8

Prüftechnik, Qualitätsmanagement

11.5 Maschinen- und Prozessfähigkeit

11.5.1 Maschinenfähigkeit

Mithilfe der Statistik hat man im Bereich der Serienfertigung festgelegt, dass eine Fertigung eben noch als geeignet gilt, wenn bei 1 000 gefertigten Teilen drei Teile fehlerhaft sind, d. h. nicht mehr innerhalb der vorgegebenen Toleranzen liegen.

Zur Feststellung der Maschinenfähigkeit einer Maschine wird eine Serie von nacheinander gefertigten Werkstücken untersucht, die

- aus einer Charge stammen,
- auf der betriebswarmen Maschine,
- mit einem Werkzeug und
- ohne Störeinflüsse gefertigt wurden.

○ gut • fehlerhaft
Veranschaulichung von 99,7 % fehlerfrei

> **!** In Maschinenfähigkeitsuntersuchungen stellt man fest, ob eine Maschine unter gleichbleibenden Bedingungen fähig ist, 99,7 % aller Teile innerhalb der vorgegebenen Toleranzen zu fertigen.

11.5.2 Prozessfähigkeit

Unter den wechselnden Bedingungen der Serienfertigung können auf Maschinen, die eigentlich fähig sind, fehlerhafte Produkte entstehen, weil die Bedingungen, unter denen sie gefertigt wurden, schwanken. Dies kann viele Ursachen haben, z. B.:

- die Maschine kann unterschiedlich warm sein,
- die Werkzeuge sind maßlich geringfügig unterschiedlich,
- die Werkstücke weisen gering unterschiedliche Eigenschaften auf,
- die Maschinenbediener arbeiten nicht alle in gleicher Weise.

Eine Maschine gilt als prozessfähig, wenn unter realen Bedingungen mindestens 99,7 % aller gefertigten Werkstücke die gestellten Anforderungen erfüllen.

Zur Untersuchung der Prozessfähigkeit werden über eine oder mehrere Schichten mindestens 20 Stichproben zu je fünf Teilen gemessen und mithilfe der Regelkarte und statistischen Methoden ausgewertet.

> **!** Eine Maschine ist prozessfähig, wenn sie unter realen Bedingungen 99,7 % aller Werkstücke im Rahmen der festgelegten Grenzen fertigen kann.

11.5.3 Prozessüberwachung

1. Kontrollkarten

Im laufenden Fertigungsprozess müssen alle Arbeitsgänge überwacht werden, damit Abwanderungstendenzen von Messgrößen (Trends) erkannt werden und Gegenmaßnahmen eingeleitet werden können. Zur Untersuchung solcher Trends kann man alle Werkstücke überprüfen. Da dieses meist sehr aufwendig ist, werden häufig nur **Stichproben** geprüft. Solche Stichproben können in regelmäßigen zeitlichen Abständen, z. B. stündlich, oder nach bestimmten Stückzahlen, z. B. aus jeweils 500 gefertigten Teilen, genommen werden. Die Zahlenwerte aus diesen Prüfungen zeigen wenig anschaulich den Verlauf der Messgröße. Darum versucht man durch grafische Darstellungen die Übersichtlichkeit zu verbessern. Die einfachste Darstellungsform geschieht in **Kontrollkarten,** die die Grenzwerte und die Stichprobennahme kennzeichnen. Ferner sind in den Karten Änderungen im Prozess vermerkt.

Qualitätsmanagement

Beispiel für eine einfache Kontrollkarte

Kontrollkarte (Dreherei)

| Auftrags-Nr. 47-3-16 | Datum: 06.03.2022 | Prüfanweisung: |
| Zeichnungs-Nr. 15_001 | Maschinen-Nr. Dr-7 | Losgröße 4 Stück/Stunde |

Uhrzeit:	6	7	8	9	10	11	12	13	14
Maß: 40,000 – 39,950		⋮	⋮	⋮	⋮	⋮			

| Bediener: | Weber | Schulz | | | | |

| Bemerkung: | | Werkzeug T03 gewechselt | | | | |

> In einfachen Kontrollkarten werden die Ergebnisse von Prüfungen dargestellt. Als Grenzwerte dienen die vorgegebenen Toleranzen.

2. Qualitätsregelkarten

Für Prozesse, die eine Nullfehlerproduktion erbringen sollen, genügen solche einfachen Kontrollkarten nicht mehr:
- Bei geringer Stichprobenzahl ist mit hoher Wahrscheinlichkeit schon fehlerhaft gefertigt worden, wenn die Stichprobenwerte dicht an den Toleranzgrenzen liegen.
- Bei mehreren Einflussgrößen, z. B. bei häufigem Umspannen, Werkzeugwechseln, Bedienerwechseln, ist die Wahrscheinlichkeit, dass Fehler auftreten, erheblich größer als bei Fehlen dieser Einflüsse.

Aus diesen Gründen berechnen Statistiker **Eingriffsgrenzen.** Diese sind kleiner als die Toleranzgrenzen. Sie dürfen nicht überschritten werden. Davor stehen **Warngrenzen,** bei deren Erreichen der Prozess genauer beobachtet werden muss. Man nennt Karten, die statistisch abgesicherte Warn- und Eingriffsgrenzen enthalten, **Qualitätsregelkarten.**

Beispiel für das Arbeiten mit einer Qualitätsregelkarte

- obere Eingriffsgrenze 39,950
- obere Warngrenze 39,945
- untere Warngrenze 39,920
- untere Eingriffsgrenze 39,915

> Qualitätsregelkarten enthalten statistisch ermittelte Eingriffsgrenzen und Warngrenzen. Die Eingriffsgrenzen sind kleiner als die Grenzen, die durch Toleranzen vorgegeben sind.

Prüftechnik, Qualitätsmanagement

11.6 Statistische Auswertung von Messungen zur Untersuchung der Maschinen- und Prozessfähigkeit

11.6.1 Feststellen der Normalverteilung und der Prozessfähigkeit

Zur Beurteilung der Maschinenfähigkeit und der Prozessfähigkeit ist eine größere Anzahl von Messwerten $(x_1, x_2, x_3, \ldots)$ zu bestimmen, aus denen dann die Fähigkeitskennzahlen ermittelt werden. Man nennt diese Liste mit den Messwerten die **Urliste**. Früher erfolgte das Eintragen der aufgenommenen Messwerte von Hand in vorbereitete Tabellen. Heute verwendet man Prüfmittel mit digitalem Ausgang, die über ein Interface am PC angeschlossen werden und die Messwerte direkt in vorbereitete Listen eintragen. Bevorzugt verwendet man dazu Statistik-Software, die auf den speziellen Anwendungsfall ausgelegt werden kann.

Mit Tabellenkalkulationsprogrammen, z. B. Excel, sind derartige Auswertungen ebenfalls möglich, erfordern aber eine Vorbereitung durch Einfügen von Berechnungsformeln. Ein wichtiger Wert ist der **Mittelwert** $(\bar{x})$

$$\bar{x} = \frac{x_1 + x_2 + x_3 + \ldots}{n}$$

$\bar{x}$ Mittelwert
$x_1, x_2 \ldots$ Messwerte
n Zahl der Messwerte

Beispiel für die Aufnahme einer Messreihe mit dem Programm Excel und Berechnung des Mittelwerts

Auftrag: Es werden Abstandhalter mit dem Nennmaß 90 mm gedreht. Die Prozessfähigkeit ist nachzuweisen.
   Eine Excel-Tabelle ist vorbereitet.

	A	B	C	D	E	F	G	H	I	J	K
1					**Stichprobenauswertung**						
2	Datum:										
3	Auftragsnummer:				Nennmaß: 90 mm			Höchstmaß: 89,65m			
4	Maschinennummer:							Mindestmaß: 89			
5					Stichprobe						
6		1	2	3	4	5	6	7			
7	Messwert 1	89,53	89,58	89,51	89,53						
8	Messwert 2	89,55	89,54	89,57	89,47						
9	Messwert 3	89,50	89,53	89,51	89,56						
10	Messwert 4	89,52	89,51	89,54							
11	Messwert 5	89,52	89,53	89,51							
12											
13	Mittelwert	89,52	89,54	89,53							
14											
15	Mittelwert der Gesamt				Höchstwert:			Kleinster Wert:			
16											

Eingabe in Excel
=MITTELWET(B7:B11)

Qualitätsmanagement

Die bei der Stichprobe aufgenommenen Werte geben noch keinen Überblick darüber, wie dicht die gemessenen Werte beieinanderliegen und wie die Mehrzahl der Werte um das geforderte Maß herumliegen. Um dies näher zu erfassen, bildet man Klassen, in welche die Werte eingeordnet werden. Die Zahl der Klassen (k) errechnet man dann näherungsweise aus der Quadratwurzel der Zahl der Messungen (n).

$k = \sqrt{n}$ k Zahl der Klassen
         n Zahl der Messungen

Die Größe der einzelnen Klassen ermittelt man aus dem Abstand zwischen größtem und kleinstem aufgenommenem Messwert. Dieser Abstand wird durch die Zahl der Klassen geteilt, um die Klassenbreite zu erhalten. Bei der Klassenzahl rundet man auf sinnvolle Werte auf oder ab. Bei der Klassenbreite wird aufgerundet, damit alle Werte in den Klassen enthalten sind.

Beispiel für die Berechnung der Klassenzahl und der Klassenbreite

Bei einer Stichprobe wurden 50 Messungen durchgeführt. Es ergibt sich die Klassenzahl von $\sqrt{50}$ = 7,07, gerundet 7. In diese sieben Klassen sind die Messwerte einzugliedern.

	A	B	C	D	E	F	G	H	I	J	K
1						Stichprobenauswertung					
2	Datum:										
3	Auftragsnummer:				Nennmaß: 90 mm			Höchstmaß: 89,62 mm			
4	Maschinennummer:							Mindestmaß: 89,30 mm			
5					Stichprobe						
6		1	2	3	4	5	6	7	8	9	10
7	Messwert 1	89,53	89,58	89,51	89,53	89,52	89,54	89,53	89,50	89,53	89,51
8	Messwert 2	89,55	89,54	89,57	89,47	89,54	89,57	89,51	89,55	89,59	89,54
9	Messwert 3	89,50	89,53	89,51	89,56	89,48	89,53	89,55	89,53	89,50	89,53
10	Messwert 4	89,52	89,51	89,54	89,53	89,54	89,50	89,52	89,54	89,53	89,55
11	Messwert 5	89,52	89,53	89,51	89,55	89,57	89,55	89,50	89,54	89,52	89,50
12											
13	Mittelwert	89,524	89,538	89,528	89,528	89,530	89,538	89,522	89,532	89,534	89,526
14											
15	Mittelwert der Gesamtheit			89,53	Höchstwert		89,59	Kleinster Wert		89,47	

Eingabe in Excel

=KGRÖSSTE(B7:K11;1)
(Wert der in der Gruppe B7:K11 unter den großen Werten an 1. Stelle liegt)

Eingabe in Excel

=KKLEINSTE(B7:K11;1)
(Wert der in der Gruppe B7:K11 unter den kleinen Werten an 1. Stelle liegt)

Der größte gemessene Wert ist 89,59 mm in der Stichprobe 9, der kleinste 89,47 mm in der Stichprobe 4. Der Abstand zwischen größtem und kleinstem Wert ist 89,59 mm – 89,47 mm = 0,12 mm.
Verteilt man diesen Abstand von 0,12 mm auf sieben Klassen, so ergibt sich eine Klassenbreite von 0,12 mm/7 = 0,017 mm, aufgerundet 0,02 mm.

Nach Festlegung der Klassen können die aufgenommenen Messwerte den einzelnen Klassen zugeordnet werden. Zweckmäßig geschieht dies in einer Strichliste.

Das Ergebnis lässt sich auch gut in einem Balkendiagramm darstellen. Wenn man im **Balkendiagramm** die Mitten der einzelnen Balken verbindet, erhält man die **Verteilungskurve**.

Prüftechnik, Qualitätsmanagement

Beispiel für die Darstellung von Messwerten in Strichliste, Balkendiagramm und Verteilungskurve

Klasse von … bis …	Strichliste	Balkendiagramm	Verteilungskurve
89,46 bis 89,48	//		
über 89,48 bis 89,50	//////		
über 89,50 bis 89,52	////////////		
über 89,52 bis 89,54	///////////////////		
über 89,54 bis 89,56	////////		
über 89,56 bis 89,58	////		
über 89,58 bis 89,60	/		

> **!** In der Urliste sind die Messwerte in der Reihenfolge ihrer Ermittlung aufgeführt. Zur Darstellung der Verteilung werden die Messwerte entsprechend ihrer Größe in Klassen eingeordnet. Die Verteilung der Messwerte auf die einzelnen Klassen kann in Strichlisten, Balkendiagrammen oder Verteilungskurven veranschaulicht werden.

Der Verlauf der Verteilungskurve erlaubt eine Bewertung der Qualität der Messergebnisse. Eine ideale Verteilung liegt vor, wenn die Verteilungskurve die Form einer Glocke hat. Eine Fertigung ist statistisch optimal in Ordnung, wenn
- die Mitte der Glockenkurve in der Mitte des Toleranzfelds liegt und
- der Größt- und der Kleinstwert noch genügend Abstand zu den Toleranzgrenzen haben.

Zwei Kennwerte bestimmen die Aussagefähigkeit der glockenförmigen Verteilungskurve:
- Die **Spannweite** R ist der Abstand zwischen dem kleinsten und dem größten Messwert.
- Die **Standardabweichung** σ ist der Abstand zwischen den Wendepunkten der Glockenkurve. Die Wendepunkte liegen am Übergang vom Ansteigen zum Abfallen der Kurve. Sie wird aus dem Quadrat der Differenz der Messwerte vom Mittelwert errechnet.

Beispiel für die Ermittlung der Standardabweichung

	1	2	3	4	5	6	7	8	9	10
Messwert 1	89,53	89,58	89,51	89,53	89,52	89,54	89,53	89,50	89,53	89,51
Messwert 2	89,55	89,54	89,57	89,47	89,54	89,57	89,51	89,55	89,59	89,54
Messwert 3	89,50	89,53	89,51	89,56	89,48	89,53	89,55	89,53	89,50	89,53
Messwert 4	89,52	89,51	89,54	89,53	89,54	89,50	89,52	89,54	89,53	89,55
Messwert 5	89,52	89,53	89,51	89,55	89,57	89,55	89,50	89,54	89,52	89,50
Mittelwert	89,524	89,538	89,528	89,528	89,530	89,538	89,522	89,532	89,534	89,526

Stichprobenauswertung
Datum:
Auftragsnummer: Nennmaß: 90 mm   Höchstmaß: 89,62 mm
Maschinennummer: Mindestmaß: 89,30 mm
Stichprobe

Mittelwert der Gesamtheit 89,53   Höchstwert 89,59   Kleinster Wert 89,47

Spannweite R 0,12   Standardabweichung s 0,0242

Eingabe in Excel
=STABW.N(B7:K11)

Qualitätsmanagement

Bei theoretisch unendlich vielen Einzelmesswerten ergibt die Glockenkurve eine spezifische Fehlerverteilung, die nach ihrem Entdecker **gaußsche Normalverteilung** genannt wird.

Innerhalb der Standardabweichung liegen bei Normalverteilung 68,3 % aller Messwerte. Innerhalb der doppelten Standardabweichung liegen 95,4 % und innerhalb der dreifachen Standardabweichung 99,7 % der Messwerte.

Wenn die Spanne von $\pm 3\sigma$ innerhalb der Toleranzgrenzen des zu fertigen Produkts liegen, werden wahrscheinlich 99,7 % aller Teile in Ordnung sein. Um zu zeigen, in welchem Verhältnis die Toleranzgrenzen zur Spanne $\pm 3\sigma$ stehen, hat man Fähigkeitsindices formuliert. Das Verhältnis der Toleranz zur Spanne $\pm 3\sigma$ ist der Fähigkeitsindex.

Gaußsche Normalverteilung

Maschinenfähigkeitsindex

$$c_m = \frac{T}{2 \cdot 3 \cdot \sigma}$$

c_m Maschinenfähigkeitsindex
T Toleranz
σ Standardabweichung

Prozessfähigkeitsindex

$$c_p = \frac{T}{2 \cdot 3 \cdot \sigma}$$

c_p Prozessfähigkeitsindex
T Toleranz
σ Standardabweichung

Wenn die Grenzen der Toleranz mit der Spanne $\pm 3\sigma$ zusammenfallen, beträgt der Fähigkeitsindex 1. Damit noch genügend Sicherheit bleibt, ist festgelegt, dass eine Maschine bzw. ein Prozess fähig ist, wenn er einen Fähigkeitsindex von $c \leq 1{,}33$ aufweist.

> **Beispiel für die Berechnung der Prozessfähigkeit**
>
> Unter üblichen Fertigungsbedingungen wurden 50 Schieber gefertigt. Das Zeichnungsmaß ist 90 mm. Damit beträgt die Toleranz 0,35 mm.
> Die berechnete Standardabweichung beträgt 0,0242 mm.
>
> $$c_p = \frac{T}{2 \cdot 3 \cdot \sigma} = \frac{0{,}35 \ \mu m}{2 \cdot 3 \cdot 0{,}0242 \ mm} = \underline{\underline{2{,}4}}$$
>
> Die Maschine ist prozessfähig, da der Prozessfähigkeitsindex mit 2,4 über 1,33 liegt.

! Die Maschinenfähigkeit ist bei $c_m \geq 1{,}33$ gegeben.
Die Prozessfähigkeit ist bei $c_p \geq 1{,}33$ gegeben.

11.6.2 Berechnung kritischer Fähigkeitsindices

Falls die Mittelwerte der Toleranz und der Mittelwert der Messungen auseinanderliegen, ermittelt man den entsprechenden Fähigkeitsindex aus dem kleinsten Abstand des Mittelwerts der Messergebnisse zur Grenze der vorgegebenen Toleranz z_{krit}. Zur Unterscheidung bezeichnet man die so ermittelten Fähigkeitsindices als kritische Fähigkeitsindices und kennzeichnet sie mit c_{mk} bzw. c_{pk}.

> **Beispiel für die Lage normalverteilter Messergebnisse innerhalb der Toleranz**
>
> $$c_{mk} = \frac{z_{krit}}{3 \cdot \sigma}$$
>
> $$c_{pk} = \frac{z_{krit}}{3 \cdot \sigma}$$
>
> c_{mk} kritische Maschinenfähigkeit
> c_{pk} kritische Prozessfähigkeit
> z_{krit} kleinster Abstand des Mittelwerts der Messergebnisse von der Toleranzgrenze
> σ Standardabweichung

Fertigungstechnik

HANDLUNGSFELD: Werkstücke fertigen

Problemstellung

Auftrag

Auftrag: Einspannzapfen aus C45 fertigen

Zeichnung

Zapfen

Analysieren

Vorgaben
- Werkstück (Form, Maße, Oberfläche, Toleranzen)
- Werkstoff
- Stückzahl
- Termine

Ergebnisse
- Fertigungsverfahren (Maschine)
- Abfolge der Fertigung
- Rohteil (Form, Maße)

Fertigung planen
(für das jeweilige Verfahren)

Entscheidungen hinsichtlich Werkzeug
- Schneidstoff
- Werkzeugtyp
- Schneidenwinkel
- Einspannung
- Prüfung (Schneidhaltigkeit, Standzeit)

Entscheidung hinsichtlich Maschine
- Art der Maschine
- Technologiedaten (Umdrehungsfrequenz, Vorschub ...)
- Verfahrbewegungen
- Einspannung
- Werkzeugeinsatz

Programm
N
10 Drehen   Arbeitsplan   Maschine:
20
30   Arbeitsgänge
Nr. Art Einstelldaten Bemerkungen
1 Plan-drehen ... ...

Fertigen

- Einstellen bzw. Eingeben von Technologiedaten
- Einrichten der Werkstücke (Positionieren, Spannen, ggf. Stützen)
- Einrichten der Werkzeuge
- Bereitstellen von Hilfsstoffen

- Fertigung starten und Überwachen
- Zwischenkontrollen durchführen
- Sicherheitsvorschriften beachten

Qualitätskontrolle durchführen

Kontrolle der
- Maße
- Form
- Oberfläche

- Entscheidung über Verwendbarkeit (gut, Nacharbeit, Ausschuss)
- Fehleranalyse

1 Einteilung der Fertigungsverfahren

Bei der Fertigung von Maschinen, Geräten und Gebrauchsgütern werden viele unterschiedliche Verfahren angewendet. Fertigungsverfahren sind nach DIN 8580 in sechs Hauptgruppen eingeteilt:

```
                    Fertigungsverfahren
   ┌──────┬──────────┬──────────┬──────────┬──────────┐
Urformen  Umformen  Trennen   Fügen   Beschichten  Stoffeigen-
                                                  schaftändern
```

Beispiele für die Fertigungsverfahren bei der Herstellung eines Schraubstocks

- **Spindel** — Trennen durch Drehen
- **Außenfläche** — Beschichten durch Anstreichen
- **Hebel** — Umformen durch Walzen
- **Schraubstockbacken** — Stoffeigenschaftsändern durch Härten
- **Schraubstockkörper** — Urformen durch Gießen
- **Kompletter Schraubstock** — Fügen durch Schrauben

1. Urformen

Alle Fertigungsverfahren, in denen aus formlosem Stoff ein Werkstück hergestellt wird, bezeichnet man als Urformverfahren. In diesen Verfahren wird der Zusammenhalt der Stoffteilchen geschaffen.

Schmelze (formloser Stoff) → Urformen → Werkstück (Schraubstockkörper)

Gießform

Urformen durch Gießen

> ❗ Beim Urformen werden Werkstücke aus formlosen Stoffen, wie z. B. Schmelzen, erzeugt.

2. Umformen

Man nennt alle Fertigungsverfahren, in denen Werkstücke aus festen Rohteilen durch bleibende Formänderung erzeugt werden, Umformverfahren. Das Volumen des Rohteils ist gleich dem Volumen des Fertigteils.

Rohteil → Umformen → Fertigteil

Walzen, Rohteil, Rundmaterial für Hebel, Rundmaterial

Umformen durch Walzen

> ❗ Beim Umformen wird die Form eines festen Rohteils bleibend verändert, ohne dass Werkstoffteilchen abgetrennt werden.

Fertigungstechnik

3. Trennen
Alle Verfahren, in denen die Form eines Werkstücks durch die Aufhebung des Werkstoffzusammenhalts an der Bearbeitungsstelle geändert wird, nennt man Trennverfahren.

Halbzeug → **Trennen** → Werkstück

Drehen · Spindel

Trennen durch Zerspanen

> ❗ Beim Trennen werden Werkstücke meist durch Zerteilen von Rohteilen oder durch Abtrennen von Spänen gefertigt.

4. Stoffeigenschaftändern
Beim Härten der Schraubstockbacken werden Kohlenstoffatome im Stahl umgelagert. Dadurch werden die Eigenschaften des Stahls geändert. Alle Verfahren, in denen die Eigenschaften von Werkstoffen geändert werden, bezeichnet man als Stoffeigenschaftändern.

Werkstück → **Stoffeigenschaftändern** → Werkstück mit veränderten Eigenschaften

(weich) · Aufheizen · Abschrecken · Schraubstockbacke (hart)

> ❗ Beim Stoffeigenschaftändern erhalten Werkstücke veränderte Stoffeigenschaften.

5. Beschichten
Alle Verfahren, in denen man auf Oberflächen von Werkstücken Schichten aufträgt, bezeichnet man als Beschichtungsverfahren.

unbeschichtetes Bauteil → **Beschichten** → beschichtetes Bauteil

Beschichten durch Farbspritzen

> ❗ Beim Beschichten wird auf Werkstücke eine fest haftende Schicht aus anderen Stoffen aufgetragen.

6. Fügen
Alle Fertigungsverfahren, bei denen aus Einzelteilen größere Baueinheiten zusammengebaut oder verbunden werden, bezeichnet man als Fügeverfahren.

Einzelteile → **Fügen** → Fertigteil

Montieren · Schraubstock

Fügen durch Schrauben

> ❗ Beim Fügen werden Werkstücke miteinander verbunden.

Übungsaufgaben 1/1 bis 1/4

2 Vorbereitende Arbeiten zur Fertigung von Werkstücken

Zur Vorbereitung bestimmter Fertigungsschritte werden Bohrungsmitten und Werkstückkonturen gemäß den Zeichnungsangaben auf die Rohteile übertragen. Die Rohteile werden dazu entsprechend angerissen und mit Körnungen versehen. Damit die Risslinie deutlich sichtbar wird, bestreicht man die Werkstückoberfläche z. B. mit Schlämmkreide. Leichtmetalle oder glatte Metalloberflächen kann man mit farbigem Anreißlack besprühen, blanke Stahlflächen lassen sich mit Kupfersulfat (Kupfervitriol) verkupfern.

Beispiele zur Vorbereitung von Fertigungsschritten durch Anreißen und Körnen

Zeichnung | Rohteil mit Anrisslinien und Körnungen | Fertigteil

2.1 Anreißen

1. Maßbezugsebenen
Das Übertragen der Maße auf das Rohteil erfolgt von zwei oder drei Ebenen aus. Diese Ebenen bezeichnet man als **Maßbezugsebenen**. Zweckmäßigerweise werden äußere Flächen als Maßbezugsebenen gewählt. Meist werden diese Flächen vor dem Anreißen so bearbeitet, dass sie eben und winklig sind. Bei symmetrischen Werkstücken legt man auch Maßbezugsebenen in die Werkstückmitte.

Maßbezugsebene beim Anreißen

2. Anreißwerkzeuge
Beim Anreißen werden mit Reißnadeln Risslinien auf den Werkstücken erzeugt. Dazu verwendet man meist gehärtete Stahlreißnadeln bzw. Reißnadeln mit Hartmetallspitzen. Die genannten Reißnadeln sind härter als das Werkstück und ritzen die Werkstückoberfläche ein. Manchmal sind solche Einkerbungen unerwünscht, weil sie das Aussehen und die Festigkeit eines Bauteils beeinträchtigen. Zur Vermeidung von Beschädigungen der Werkstückoberfläche verwendet man auch Messingreißnadeln oder Bleistifte.

Reißnadel mit auswechselbarer Hartmetallmine | gerade Reißnadel aus gehärtetem Stahl oder Messing | Winkelreißnadel

Reißnadelarten

> ⚠ Anreißwerkzeuge sind so auszuwählen, dass möglichst keine Beschädigung der Randschicht eintritt, durch die Festigkeit und Aussehen beeinträchtigt werden.

Fertigungstechnik

3. Anreißverfahren
– **Anreißen von Parallelrissen auf der Anreißplatte**

Beim Anreißen auf der Anreißplatte werden Linien, die parallel zur Plattenoberfläche verlaufen, mit Parallelreißern ausgeführt.

Parallelreißer eignen sich besonders für Anreißarbeiten, bei denen mehrere Parallelrisse zu einer Bezugsebene auszuführen sind. Das Werkstück liegt mit einer Bezugsebene auf der Anreißplatte auf, das Abstandsmaß zur Bezugsebene wird am Parallelreißer eingestellt. An modernen Geräten wird die Einstellung digital angezeigt.

Anreißen von Parallelen

– **Anreißen von Profilstäben und Blechen**

An langen Profilstäben und großen Blechen werden parallel zu einer Werkstückkante verlaufende Längsrisse mithilfe von Streichmaßen angerissen. Auf dem verschiebbaren Stabmaß wird der Abstand vom Anschlag bis zur eingespannten Reißnadel direkt eingestellt. Das Streichmaß wird mit seinem Anschlag an der Maßbezugsebene entlanggeführt. Die rechtwinklig zur Bezugsebene verlaufenden Risse werden mithilfe eines Anschlagwinkels angerissen, nachdem z. B. mit einem Stahlmaß ein Bezugspunkt angetragen wurde.

Anreißen mit Anschlagwinkel und Streichmaß

– **Anreißen von Gehrungsschnitten**

Für die Fertigung von Schrägschnitten oder Ausklinkungen an Profilen müssen Risse erzeugt werden, die nicht rechtwinklig zur Längsrichtung des Werkstücks verlaufen. Dazu können feste Anschlagwinkel – wie z. B. der abgebildete Gehrungswinkel von 135° oder verstellbare Winkelmesser – verwendet werden. Je nach Lage einer 45°-Risslinie am Profilende benötigt man einen Gehrungswinkel von 135° oder 45°.

Anreißen von Gehrungsschnitten

> **!** Parallelrisse zu Längskanten erzeugt man mit einem Streichmaß. Querrisse und Schrägrisse erzeugt man mithilfe von festen Anschlagwinkeln oder Winkelmessern.

2.2 Körnen

Die beim Anreißen auf dem Werkstück erzeugten Risslinien werden meist durch Körnen ergänzt, um Bohrern und Zirkelspitzen eine sichere Führung zu geben.

Körner werden aus Werkzeugstahl hergestellt. Die Spitze ist gehärtet, sie hat einen Winkel von 60°. Beim Körnen werden durch Hammerschläge auf den Körnerkopf kleine kegelförmige Vertiefungen in die Werkstückoberfläche geschlagen. Beim Ansetzen des Körners wird er so geneigt, dass man einen freien Blick auf Risslinienkreuz und Körnerspitze hat. Beim Schlag muss der Körner senkrecht gehalten werden, da sonst die Spitze verläuft.

Körner und Ausführung des Körnens

3 Verfahren des Trennens

3.1 Grundbegriffe zum Zerteilen und Spanen

Zur Herstellung von Maschinen, Werkzeugen und Vorrichtungen sind viele Einzelteile erforderlich. Aus wirtschaftlichen Gründen werden sie möglichst durch spanlose Fertigungsverfahren, wie z. B. Gießen, Schmieden und Walzen, so vorgearbeitet, dass nur geringe Werkstoffanteile durch Zerteilen und Spanen abgetrennt werden müssen. Die zum Trennen notwendigen Werkzeuge können von Hand oder mit Maschinenantrieb betätigt werden. Durch spanabhebende Bearbeitung können große Form- und Maßgenauigkeiten und gute Oberflächenbeschaffenheiten erzielt werden.

Beispiele für die Verfahren des Spanens zur Fertigung einer Schraubzwinge

Zeichnung → Rohteile → Fertigteil

Trennverfahren: Bohren, Sägen, Meißeln, Schleifen, Feilen, Gewindeschneiden, Drehen, Gewindeschneiden

Beim **Spanen** trennen keilförmige Schneiden schichtweise den überschüssigen Werkstoff in Form von Spänen ab.

Beim **Zerteilen** durch Scherschneiden bewegen sich zwei Schneiden aneinander vorbei und verschieben Werkstoffteilchen gegeneinander bis zur Trennung.

Spanen — Zerteilen

Übungsaufgabe 3/1

Fertigungstechnik

3.2 Keil als Werkzeugschneide

Zum Zerteilen und Spanen benötigt man Werkzeuge mit keilförmigen Schneiden. Die Werkzeuge können nur eine Schneide haben wie der Meißel oder mehrere Schneiden tragen wie der Bohrer oder das Sägeblatt. Sind die Schneiden eines Werkzeugs in ihrer Form und Lage genau bestimmt, dann spricht man von **geometrisch bestimmten Schneiden**. Haben die Schneiden alle unterschiedliche Formen, wie z. B. die Körner einer Schleifscheibe, so spricht man von **geometrisch unbestimmten Schneiden**.

Beispiele für Schneidenzahl und Schneidenform bei Werkzeugen zum Zerteilen und Spanen				
Verfahren	Meißeln	Bohren	Sägen	Schleifen
Schema				
Anzahl der Schneiden	eine	zwei	mehrere	viele
Form und Lage der Schneide	bestimmt	bestimmt	bestimmt	unbestimmt

! Alle Werkzeuge zum Zerteilen und Spanen haben keilförmige Schneiden.

3.3 Kraft

Damit Werkzeuge mit ihren Schneiden beim Zerteilen und Spanen auf Rohteile Wirkungen erzielen, sind immer Kräfte erforderlich. Bei manchen Verfahren werden diese Kräfte von Menschen aufgebracht (**Fertigungsverfahren von Hand**), bei anderen Verfahren wirken die Kräfte von Maschinen auf Werkzeuge ein (**maschinelle Fertigungsverfahren**).

1. Kraftwirkungen
Kräfte sind nicht sichtbar, man erkennt sie nur an den Auswirkungen.
- Durch die Wirkung der Muskelkraft wird z. B. Flachmaterial gebogen. Kräfte bewirken **Formänderungen**.
- Durch die Wirkung der Muskelkraft wird z. B. ein Hammer aus der Ruhe in eine schnelle Bewegung versetzt. Kräfte bewirken **Bewegungsänderungen**.

Formänderung — Bewegungsänderung

! Kräfte können die Form oder den Bewegungszustand von Körpern ändern.

2. Maßeinheit der Kraft
Die **Maßeinheit der Kraft** ist das Newton N (sprich: njutn). Auf einen Körper mit der Masse $m = 1$ kg wirkt am 45. Breitengrad in Meereshöhe eine Gewichtskraft von $F_G = 9{,}81$ N.

Für die Technik ist bei der Gewichtskraftberechnung in vielen Fällen eine etwa 2%ige Ungenauigkeit von untergeordneter Bedeutung, sodass für die Masse $m = 1$ kg auf der Erdoberfläche näherungsweise eine Gewichtskraft von $F_G = 10$ N angenommen werden kann.

! Auf einen Körper mit der Masse $m = 1$ kg wirkt am 45. Breitengrad in Meereshöhe eine Gewichtskraft von $F_G = 9{,}81$ N (näherungsweise $F_G = 10$ N).

Verfahren des Trennens

3.3.1 Kräftezerlegung am Keil

Wirkt eine Kraft auf einen Keil, so wird sie in Seitenkräfte zerlegt, die senkrecht auf den Wangen des Keils stehen. Im Versuch kann man die Größe der Seitenkräfte messen.
Die Größe der Seitenkräfte kann zeichnerisch mithilfe des Kräfteparallelogramms ermittelt werden.
Eine Änderung des Keilwinkels bewirkt auch eine Änderung der Seitenkräfte.

Beispiele für die Änderung der Seitenkräfte bei gleicher Kraft F = 10 N, aber unterschiedlichen Keilwinkeln β_0

Kräftemaßstab: 1 cm ≙ 10 N

Keilwinkel β_0 Grad	Seitenkraft F_1 N	Seitenkraft F_2 N
15	38,3	38,3
30	19,3	19,3
45	13,1	13,1
60	10,0	10,0
75	8,3	8,3

! Bei gleichem Kraftaufwand erzielt man
- bei kleinen Keilwinkeln große Seitenkräfte,
- bei großen Keilwinkeln kleine Seitenkräfte.

3.3.2 Keilwinkel zur Bearbeitung unterschiedlicher Werkstoffe

Die Festlegung eines geeigneten Keilwinkels wird durch widersprüchliche Gesichtspunkte problematisch:
- Geringer Kraftaufwand erfordert einen kleinen Keilwinkel.
- Große Schneidenstabilität und große Schneidhaltigkeit erfordern einen großen Keilwinkel.

Bei der Festlegung der Keilwinkelgröße kann daher nur ein Kompromiss geschlossen werden. Nur weiche Werkstoffe erlauben die Verwendung eines kleinen Keilwinkels. Harte Werkstoffe erfordern wegen der hohen Schneidenbeanspruchung einen großen Keilwinkel.

Gebräuchliche Keilwinkel

Keilwinkel	Werkstoff
15°	Holz, Blei
30°	Aluminium, Kupfer
60°	Stahl mittlerer Festigkeit, Messing
75°	Stahl hoher Festigkeit

Die angegebenen Keilwinkel sind mittlere Werte für Werkzeuge zum Zerteilen. Da auch der Ablauf eines Fertigungsverfahrens Einfluss auf den Keilwinkel hat, können weitere Angaben nur bei den Verfahren gemacht werden.

! Für die Wahl des Keilwinkels gilt:
- harter Werkstoff → großer Keilwinkel
- weicher Werkstoff → kleiner Keilwinkel
- Keilwinkel β_0 so klein wie möglich, aber so groß wie nötig

Fertigungstechnik

3.4 Zerteilen durch Scherschneiden

3.4.1 Scherschneiden

Zerteilt man Halbzeuge zwischen zwei Schneiden, die sich aneinander vorbeibewegen, so spricht man von Scherschneiden.

Beispiele für das Scherschneiden

Scherschneiden von Blech mit einer Handhebelschere
Kurze Schnitte an Blechen und Profilen zur Rohteilbearbeitung

Scherschneiden von Werkstücken in hoher Stückzahl durch Formschneiden
Wirtschaftliche Fertigung großer Stückzahlen mit hoher Form- und Maßgenauigkeit

3.4.2 Ablauf des Scherschneidens

1. Schervorgang

Beim Zerteilen durch Scherschneiden bewegen sich zwei Schneiden aneinander vorbei und verschieben Werkstoffteilchen bis zur vollständigen Trennung gegeneinander.

Vorgang des Scherschneidens

1. Verformungs-Phase	2. Schnitt-Phase	3. Bruch-Phase
Die Schermesser drücken sich mit Druckflächen in den Werkstoff ein. Der Werkstoff wird *verformt*.	Der Widerstand gegen eine weitere Verformung wird zu groß. Es beginnt die eigentliche Schnitt-Phase. Dabei werden Werkstoffteilchen gegeneinander *verschoben*.	Die Kohäsionskräfte sind im noch vorhandenen Querschnitt kleiner als die äußeren Kräfte. Das führt schlagartig zum *Bruch*.

Um eine Werkstofftrennung zu begünstigen, erhalten die Schermesser die dargestellte Form. Die Druckfläche wird um einen Winkel von etwa 5° geneigt. Dadurch dringt die Innenkante des Schermessers als Schneide in den Werkstoff ein. Damit die beiden inneren Seitenflächen der Schermesser nicht unnötig Reibung verursachen, wird ein Freiwinkel α_0 von 1,5° bis 3° angeschliffen. Für den Keilwinkel ergeben sich somit Werte von 82° bis 83,5°.

Winkel an den Schneiden einer Blechschere

Die Trennfläche zeigt die drei Bereiche *Verformung*, *Schnittfläche* und *Bruchfläche*. Der Anteil der drei Bereiche wird durch die Sprödigkeit des Werkstoffs beeinflusst. Bei spröden Werkstoffen wird der Anteil der Bruchfläche größer und der Anteil der Schnittfläche kleiner.

Trennfläche beim Scherschneiden

> **!** Beim Scherschneiden erfolgt die Trennung durch zwei Schneiden, welche die Werkstoffteilchen gegeneinander verschieben. Die Trennfläche zeigt Einkerbung, Schnittfläche und Bruchfläche.

2. Schneidspalt

Die Schermesser müssen so geführt werden, dass zwischen den beiden Schneiden ein geringer Abstand vorhanden ist. Diesen Abstand nennt man Schneidspalt. Die Größe des Schneidspalts ist von der Werkstückdicke abhängig. Mit zunehmender Werkstückdicke nimmt die Größe des Schneidspalts zu.

- Ein zu enger Schneidspalt verursacht Reibung zwischen den Messern. Eine starke Abnutzung ist die Folge. Ein gegenseitiges Aufsetzen der Schermesser muss vermieden werden.
- Ein zu großer Schneidspalt führt zur Gratbildung am Werkstück.

Bei Maschinenscheren wird der Schneidspalt in Abhängigkeit von der Blechdicke eingestellt.

Schneidspalt = Abstand zwischen den Schneiden

Schneidspalt

> **!** Der Abstand zwischen den Schneiden wird Schneidspalt genannt. Der Schneidspalt soll möglichst klein sein. Mit zunehmender Werkstoffdicke wird er größer eingestellt.

3.4.3 Scherenarten

1. Handblechscheren

Alle Handblechscheren arbeiten nach dem Prinzip des kreuzenden Schnitts. Die beiden Schermesser bewegen sich um einen Drehpunkt und dringen allmählich in den Werkstoff ein. Als Folge des kreuzenden Schnitts sind die Schnittteile stark gekrümmt. Da die Handkraft des Menschen begrenzt ist, bestimmen Dicke und Festigkeit des Werkstoffs die Anwendungsmöglichkeit der Handblechscheren. Bei Handscheren versucht man einen zu großen Schneidspalt zu verhindern, indem man die Messer unter Vorspannung setzt.

Durchlaufschere mit zusätzlicher Hebelübersetzung	Figurenschere mit zusätzlicher Hebelübersetzung	Elektro-Handblechschere
Anwendung: Für durchlaufende gerade Schnitte	*Anwendung:* Für kurze gerade und gebogene Schnitte	*Anwendung:* Für gerade und gebogene Schnitte an Blechen bis 2 mm Dicke

> **!** Bei Handscheren wir der Schneidspalt durch Vorspannung verringert.

Fertigungstechnik

2. Handhebelschere

Die mehrfache Hebelübersetzung der Handhebelschere vervielfacht die aufgewandte Muskelkraft und erlaubt somit das Trennen größerer Querschnitte. Mit der Handhebelschere können Schnitte bis etwa 200 mm Länge ohne Nachschieben ausgeführt werden.

Bewegt sich das Obermesser um einen Drehpunkt, so erreicht man mit einer bogenförmigen Schneide einen gleichbleibenden Öffnungswinkel zwischen den Schermessern.

Die Messerführung der Handhebelschere führt zu einem kreuzenden Schnitt. Dabei wird der unter dem Obermesser liegende Teil gekrümmt. Je dünner das Blech, desto stärker ist die Krümmung.

Handhebelschere

> ❗ Handhebelscheren vervielfachen die Muskelkraft durch Hebelübersetzung und arbeiten mit kreuzendem Schnitt.

3. Niederhalter

Die Scherkräfte erzeugen eine Drehwirkung, welche das Blech zu kippen versucht. Diese Drehwirkung wird mit größer werdendem Schneidspalt und durch stumpfe Schneiden noch beträchtlich verstärkt. Wird der Abstand zwischen den Schneiden so groß wie die Blechdicke, kann es zu einem Einklemmen oder Abkanten kommen.

Die Funktion des Niederhalters kommt nur voll zur Wirkung, wenn er auf die Blechdicke eingestellt wird.

An Handhebel- und Tafelscheren und an maschinell angetriebenen Scheren (z. B. hydraulische Tafelscheren) verhindern **Niederhalter** das Kippen.

Drehmoment des Niederhalters	=	Drehmoment des Obermessers
$F_2 \cdot l_2$	=	$F_1 \cdot l_1$

Wirkung des Niederhalters

$$F = F_1 + F_2$$

> ❗ Der Niederhalter verhindert eine Werkstückdrehung, indem er der Drehwirkung der Schermesser ein gleich großes Drehmoment entgegensetzt.

Hinweise zum Einsatz von Scheren

- Scharfkantige Blechteile sind eine Verletzungsgefahr. Besonders beim Transportieren großer Blechtafeln sind Lederhandschuhe zu tragen oder besondere Traghaken zu benutzen.
- Handblechscheren sind so aufzubewahren, dass eine Verletzungsgefahr ausgeschlossen ist.
- Der Schneidspalt bei Handblechscheren ist durch Anziehen der Gelenkschraube möglichst klein einzustellen.
- Niederhalter an Handhebelscheren sind auf Blechdicke einzustellen.
- Lange Betätigungshebel an Handhebelscheren sind nach Benutzung gegen Herabfallen zu sichern.

4 Spanen von Hand und mit einfachen Maschinen

Der Schneidkeil dringt parallel zur Werkstückoberfläche in das Werkstück ein. An der vorderen Keilfläche bildet sich ein Span, der an dieser **"Spanfläche"** des Schneidkeils hochgeschoben wird. Dabei können bei weichen Werkstoffen folgende **Phasen** der Spanbildung unterschieden werden:
- Stauchen des Werkstoffs,
- Scheren des Werkstoffs,
- Hochgleiten des Werkstoffs.

Spanbildung bei einem weichen Stahl

1. Winkel an der Werkzeugschneide

Die Spanbildung wird wesentlich vom Schneidkeil und seiner Stellung zum Werkstück beeinflusst.

Keilwinkel β_o	Freiwinkel α_o	Spanwinkel γ_o
Der Winkel zwischen den von der Schneide ausgehenden Keilflächen ist der **Keilwinkel** β_o (beta).	Der Winkel zwischen der Schnittfläche des Werkstücks und der Freifläche des Schneidkeils wird **Freiwinkel** α_o (alpha) genannt.	Den Winkel zwischen Spanfläche des Schneidkeils und der Senkrechten auf die Schnittfläche des Werkstücks nennt man **Spanwinkel** γ_o (gamma).

Die Größe von Keil- und Spanwinkel wird hauptsächlich entsprechend dem zu bearbeitenden Werkstoff festgelegt. Der Freiwinkel bleibt bei allen Werkstoffen nahezu unverändert.

Durch die Festlegung der Winkel ergibt sich:

$$\text{Freiwinkel} + \text{Keilwinkel} + \text{Spanwinkel} = 90°$$
$$\alpha_o + \beta_o + \gamma_o = 90°$$

Die Winkel einer Werkzeugschneide werden so ausgewählt, dass die Schneide möglichst lange hält, man spricht dann von einer langen Standzeit des Werkzeugs.

2. Schnittbewegung

Bei der Spanabnahme findet eine Bewegung zwischen Werkzeug und Werkstück statt. Bei spanenden Fertigungsverfahren von Hand führt das Werkzeug diese **Schnittbewegung** aus.
Bei maschineller Fertigung kann die Schnittbewegung durch das Werkzeug oder das Werkstück erfolgen.

Beispiele für Schnittbewegungen

Feilen — geradliniger Verlauf der Schnittbewegung

Bohren — Vorschub, wendelförmiger Verlauf der Schnittbewegung

> ❗ Spanen ist ein Abtrennen von Werkstoffteilchen (Spänen) unter Einwirkung äußerer Kräfte mithilfe von keilförmigen Werkzeugschneiden. Die Spanabnahme erfolgt durch die Schnittbewegung zwischen Werkzeugschneide und Werkstück.

Fertigungstechnik

4.1 Sägen

Profilstäbe und Rohre werden häufig auf Roh- oder Fertiglänge gesägt. Das Trennverfahren Sägen wird vorwiegend dann angewandt, wenn eine ebene Schnittfläche ohne Verformung des Werkstücks verlangt wird.

Ablängen mit der Handbügelsäge

Von dem zum Trennen verwendeten Werkzeug, dem Sägeblatt, werden kleine Späne durch eine Vielzahl hintereinander angeordneter Schneidkeile abgetrennt. Dabei wird der Werkstoff in der Schnittfuge durch die hintereinanderliegenden Zähne gleichzeitig in mehreren Schichten zerspant.

! Sägen ist ein Trennverfahren, bei dem durch eine Vielzahl hintereinander angeordneter Keile kleine Späne abgetrennt werden.

1. Schneidenwinkel
Die Winkel am Schneidkeil werden möglichst entsprechend der Werkstofffestigkeit gewählt, um mit geringem Kraftaufwand und geringem Werkzeugverschleiß große Trennleistung zu erreichen.

Schneidenwinkel an Sägeblättern

gerade Sägeblätter		Kreissägeblätter
Handsägeblatt	Maschinensägeblatt	Zahnsegment für Kreissägeblatt

Wegen des vielseitigen Einsatzes sind die Schneidenwinkel unabhängig vom Werkstoff bei allen Handsägeblättern gleich.

Freiwinkel $\alpha_o = 40°$
Keilwinkel $\beta_o = 50°$
Spanwinkel $\gamma_o = 0°$

Zum Trennen bestimmter Werkstoffe werden die günstigsten Schneidenwinkel ausgewählt. Für **Kreissägeblätter** gilt:

Werkstoff	Freiwinkel α_o	Spanwinkel γ_o
Stahl	8°	15°–18°
Messing	8°	10°–12°
Kupfer	10°	22°–25°

! Alle Handsägeblätter haben gleiche Schneidenwinkel. Die Auswahl des Schneidenwinkels eines Maschinensägeblatts richtet sich nach dem zu sägenden Werkstoff.

Übungsaufgabe 4/3

2. Zahnteilung

In Betrieben, in denen Halbzeuge mit geringen Wandstärken aus unterschiedlichen Werkstoffen von Hand gesägt werden, benutzt man Sägeblätter mit „Allround-Zahnung". Sie haben 24 Zähne pro Zoll. Der Abstand zwischen benachbarten Zähnen beträgt daher $\frac{25{,}4\,\text{mm}}{24} = 1{,}06$ mm. Eine **Zahnteilung** dieser Größenordnung wird „**mittel**" genannt.

In Werkstätten, in denen ausschließlich Vollmaterialien aus Werkstoffen mit geringer Festigkeit, wie z. B. Aluminium, Kupfer u. ä., gesägt werden, benutzt man Sägeblätter mit der Zahnteilung „**grob**". Die Zahnlücken sind groß und können die anfallenden Sägespäne besser aufnehmen.

Für das Sägen von Blechen, Blechprofilen und dünnwandigen Rohren benutzt man Sägeblätter mit der Zahnteilung „**fein**". Durch den geringen Abstand sind beim Sägen stets mehrere Zähne im Einsatz. Das Sägeblatt hakt darum nicht und es brechen keine Zähne aus.

Im Interesse einer hohen Wirkungsweise des Sägeblatts ist in Abhängigkeit von der Festigkeit des zu sägenden Werkstoffs möglichst eine grobe Zahnteilung zu wählen, jedoch sollten mindestens drei Zähne im Einsatz sein.

Zahnteilung t	Werkstoff
25,4 mm = 1 Zoll grob $t = 1{,}7$ mm — 16 Zähne	Aluminium Kupfer Pressstoff Holz Vollmaterial
mittel $t = 1{,}1$ mm — 24 Zähne	Baustahl Messing Gusseisen
fein $t = 0{,}8$ mm — 32 Zähne	Werkzeugstahl Stahlguss dünnwandige Profile

Freiwinkel $\alpha_o = 40°$
Keilwinkel $\beta_o = 50°$
Spanwinkel $\gamma_o = 0°$

Winkel am Handsägeblatt

große Zahnlücke — kleine Zahnlücke

Zahnteilung und Zahnlücke

> ! Die Zahnteilung bei Sägen ist der Abstand zweier benachbarter Zähne. Zur Kennzeichnung von Sägeblättern wird meist die Zähnezahl angegeben, die sich auf einem Zoll der Sägeblattlänge befindet.

3. Freischnitt

Beim Sägen muss die Schnittfuge a breiter sein als die Sägeblattdicke b, um ein Klemmen des Sägeblatts zu verhindern. Die Sägeblätter werden deshalb so gestaltet, dass sie sich seitlich selbst freischneiden und damit die unerwünschte Reibung herabgesetzt wird. Die Verbreiterung der Schnittfuge heißt Freischnitt.

Erzeugen des Freischnitts

Wellen	Schränken	Hohlschleifen	Einsetzen breiter Zähne
Handsägeblätter	Maschinensägeblätter	kleine Kreissägeblätter	große Kreissägeblätter

> ! Ein Sägeblatt schneidet frei, wenn die Schnittfuge breiter als die Sägeblattdicke ist.

Fertigungstechnik

4.2 Feilen

Bei der Herstellung von Werkstücken in Einzelfertigung ist es vielfach günstiger, vorgearbeitete Rohteile durch Feilen fertigzustellen, als Maschinen einzusetzen. Häufig durchzuführende Arbeiten mit Feilen sind das Entgraten und das Einpassen von Bauteilen.

Beispiele für Feilarbeiten

Entgraten und Kante brechen   Durchbruch feilen   Passfeder bearbeiten

4.2.1 Bestandteile der Feile und Feilenformen

– **Bestandteile der Feile**

Bei der Feile sind keilförmige Schneiden hintereinander auf dem **Feilenblatt** angeordnet. Das ausgeschmiedete spitze Ende der Feile nennt man **Angel**. Die Angel muss stramm in einen Griff, den sogenannten **Feilenheft**, eingetrieben werden, damit man gefahrlos mit der Feile arbeiten kann.

Bestandteile einer Feile

– **Feilenformen**

Für Feilarbeiten gibt es eine Vielzahl von Feilenquerschnitten. Jede Feilenform ist genormt.
Bei Werkstattfeilen werden bestimmte Querschnittformen angeboten, bei anderen Feilenarten gibt es entsprechende Feilenformen, z. B. Löffelfeilen, gebogene Feilen.

Flachstumpffeile   Form A   Halbrundfeile   Form E
Dreikantfeile   Form C   Rundfeile   Form F
Vierkantfeile   Form D   Messerfeile   Form G

Querschnittsformen von Werkstattfeilen

⚠ Die Feilenform wird entsprechend dem zu bearbeitenden Profil ausgewählt.

4.2.2 Gehauene Feilen

Gehauene Feilen haben negative Spanwinkel und damit schabende Wirkung. Durch den großen Keilwinkel haben gehauene Feilen eine stabile Schneide an den Feilenzähnen. Darum können harte Werkstoffe, wie z. B. Stahl oder Gußeisen, mit gehauenen Feilen bearbeitet werden.

$$\alpha_o + \beta_o + \gamma_o = 90°$$
$$36° + 70° + (-16°) = 90°$$

Hauen einer Feile   Winkel einer gehauenen Feile

Feilenzähne, Hiebe genannt, entstehen durch das Einschlagen des Haumeißels in den Feilenrohling. Man spricht von **Einhiebfeilen,** wenn die Hiebe nur in einer Richtung eingeschlagen wurden.

Spanen von Hand und mit einfachen Maschinen

Die meistverwendeten Feilen sind Feilen mit **Kreuzhieb**. Bei diesen Feilen hat der erste Hieb, der Unterhieb, meist eine größere Teilung als der Oberhieb. Durch unterschiedliche Hiebteilungen und unterschiedliche Winkel, unter denen der Hieb erfolgte, stehen die Zähne nicht genau hintereinander, sondern ein wenig versetzt. Diesen seitlichen Versatz bezeichnet man als **Schnürung**. Durch die Schnürung wird beim Feilen eine Riefenbildung vermieden.

Anordnung von Ober- und Unterhieb bei Kreuzhiebfeilen

! Gehauene Feilen haben Schnittwinkel über 90° und damit schabende Wirkung. Man bearbeitet mit ihnen harte Werkstoffe, z.B. Stahl oder Gusseisen.
Durch Schnürung vermeidet man Riefenbildung an den durch Feilen bearbeiteten Oberflächen.

Entsprechend der Normung kennzeichnet man Feilen mit Hiebnummern von 0 (grob) bis 6 (sehr fein). Die Zahl der Hiebe je cm in Zusammenhang mit der Hieblänge bestimmt die Hiebnummer.

Hiebnummern und Hiebzahlen

Hieb-nummer	Hiebzahl je cm		Übliche Hiebbezeichnung	Erreichbare Oberflächengütern
	lange Feilen	kurze Feilen		
0	4,5 ...	10	Grob	Geschruppt: Riefen fühlbar und mit bloßem Auge sichtbar
1	5,3 ...	16	Bastard	
2	10 ...	25	Halbschlicht	Geschlichtet: Riefen mit bloßem Auge noch sichtbar
3	14 ...	35	Schlicht	
4	25 ...	50	Doppelschlicht	**Fein geschlichtet:** Riefen mit bloßem Auge nicht mehr sichtbar
5	40 ...	71	Feinschlicht	

Beispiel für den Zusammenhang zwischen Hieblänge und Hiebnummer

Hieblänge	Hieb 1	Hieb 2	Hieb 3	Hieb 4
	Hiebzahl je cm			
150 mm	13	18	23	28
200 mm	10	15	20	24
250 mm	8	13	17	21
300 mm	7	11	15	19

4.2.3 Gefräste Feilen

Gefräste Feilen haben positive Spanwinkel und damit schneidende Wirkung. Sie werden vorwiegend zum Zerspanen von Kunststoffen und weichen Metallen, z. B. Aluminium, eingesetzt

$$\alpha_o + \beta_o + \gamma_o = 90°$$
$$37° + 48° + 5° = 90°$$

Fräsen einer Feile

Winkel an einer gefrästen Feile

Damit sich bei einer gefrästen Feile die Späne nicht stauen, sondern zur Seite ablaufen, fräst man die Zähne schräg zur Längsachse der Feile oder (seltener) bogenförmig.
Darüber hinaus vermeidet man das Stauen der Späne, indem man feine Späne durch **Spanbrechernuten** in den Feilenzähnen erzeugt. Das Abtrennen feiner Späne führt auch zu besserer Oberflächengüte der bearbeiteten Flächen.

Spanbrechernuten an gefräster Feile

! Gefräste Feilen haben Schnittwinkel unter 90° und damit schneidende Wirkung. Man bearbeitet mit ihnen weiche Werkstoffe, z. B. Aluminium oder Kunststoffe.

Fertigungstechnik

4.3 Bohren

Ein Bohrer trennt während der Drehbewegung Späne ab, wenn gleichzeitig eine geradlinige Bewegung in Werkstückrichtung erfolgt.
- Die Drehbewegung des Bohrers nennt man **Schnittbewegung**.
- Die zur Spanabnahme notwendige geradlinige Bewegung des Bohrers wird **Vorschubbewegung** genannt.

Die Überlagerung der Bewegungen ergibt eine wendelförmige Bewegung der Schneidecken.

Wendelförmige Bohrbewegung

> Die Spanabnahme beim Bohren erfolgt durch das Zusammenwirken einer kreisförmigen Schnittbewegung und einer geradlinigen Vorschubbewegung.

4.3.1 Spiralbohrer

1. Aufbau und Winkel

Spiralbohrer sind die am häufigsten verwendeten Bohrwerkzeuge. Der spiralförmige Schneidteil endet in einem zylindrischen oder kegeligen Einspannteil. Die Spitze der Schneidseite wird von den Bohrerschneiden gebildet.

Im Schneidteil des Bohrers befinden sich zwei gegenüberliegende, wendelförmig aufsteigende **Spannuten**. Der Winkel zwischen Spannut und Bohrerachse wird **Drallwinkel** genannt. Er entspricht dem **Spanwinkel** γ_o des Schneidkeils am Bohrer. Die beiden **Hauptschneiden** schließen den **Spitzenwinkel** σ von meist 118° ein. Die beiden Freiflächen sind um den **Freiwinkel** α_o geneigt.

Weil sich die Winkel von außen nach innen verändern, wie bei der Steigung einer Wendeltreppe, spricht man von den außen gemessenen Winkeln von Seitenwinkeln, z. B. vom Seitenspanwinkel.

Freiwinkel + Keilwinkel + Spanwinkel = 90°
α_o + β_o + γ_o = 90°

Benennungen und Winkel am Spiralbohrer

Winkel an den Bohrerschneiden

> Beim Spiralbohrer bestimmt der Drallwinkel den Spanwinkel. Der Hinterschliff ergibt den Freiwinkel. Durch beide Winkel wird der Keilwinkel festgelegt. Die Bohrerfase dient der Führung.

2. Spiralbohrertypen

Zur Bearbeitung von Werkstoffen mit unterschiedlicher Festigkeit stehen verschiedene Spiralbohrertypen mit unterschiedlichen Drallwinkeln und damit auch unterschiedlichen Keilwinkeln zur Verfügung:
Typ N für Werkstoffe mittlerer Festigkeit,
Typ W für weiche Werkstoffe und
Typ H für harte Werkstoffe.

Spiralbohrertypen

Alle Bohrertypen werden auch mit einer Titannitrid-Beschichtung (TiN) geliefert, die bei höheren Schnittgeschwindigkeiten eine längere Einsatzzeit (Standzeit) erlaubt. Für besonders harte Einsatzbedingungen bei der Bearbeitung hochlegierter Stähle stehen verstärkte Ausführungen mit Sonderanschliffen oder Hartmetallbohrer bereit.

3. Einspannen von Bohrern

Die Mitnahme des Bohrers erfolgt bei allen Einspannverfahren durch Reibung.

Bohrer mit zylindrischem Schaft	Bohrer mit kegligem Schaft
Zylindrische Schäfte für Bohrerdurchmesser bis 13 mm	Keglige Schäfte ab 13 mm Bohrerdurchmesser haben Morsekegel MK0 bis MK6

4.3.2 Bohrmaschinen

Unterschiedliche Werkstücke mit Bohrungen, die sich in der Größe, Lage und Genauigkeit unterscheiden, erfordern den Einsatz verschiedenartiger Bohrmaschinen. So unterschiedlich die Konstruktionen der Bohrmaschine sind, so führen sie alle die für den Bohrvorgang notwendigen Bewegungen aus.

Häufig werden Säulenbohrmaschinen in Handwerks- und Industriebetrieben eingesetzt. Sie bestehen aus einer Grundplatte, Rundsäule, Werkstücktisch und Antriebseinheit im Bohrmaschinenkopf. Der Werkstücktisch ist um die Rundsäule schwenkbar und höhenverstellbar, er dient zum Aufspannen der Werkstücke. Der Antrieb der Bohrspindel kann mit einer Verstellung der Umdrehungsfrequenzen in Stufen oder stufenlos erfolgen. Produktionsmaschinen werden serienmäßig mit stufenloser Umdrehungsfrequenzregelung und digitaler Anzeige von Umdrehungsfrequenz und Bohrtiefe ausgestattet. Als Sonderausstattung sind Gewindeschneid- und Vorschubeinrichtungen im Einsatz.

Säulenbohrmaschine

Übungsaufgaben 4/14; 4/15

Fertigungstechnik

4.3.3 Spannen der Werkstücke beim Bohren

Kleine Werkstücke werden in einen Maschinenschraubstock eingespannt. Der Maschinenschraubstock eignet sich zum Spannen von Werkstücken mit parallelen Anlageflächen.
Prismatische Ausarbeitungen in den Spannbacken ermöglichen ein genaues Spannen der Werkstücke in waagerechter und senkrechter Richtung.

Werkstücke

Maschinenschraubstock für Bohrmaschinen

Große Werkstücke werden mit Spannelementen direkt auf dem Bohrtisch befestigt. Spannelemente gibt es in vielgestaltigen Ausführungsformen. Ein Werkstück kann z. B. mithilfe von Spanneisen, Spannschrauben und Schraubbock gegen Parallelanschläge gespannt werden. Bei Durchgangslöchern muss durch Zwischenlagen ein Auslauf für die Bohrspitze geschaffen werden.

Aufspannen von Werkstücken mit Spannelementen

Eine große Zahl von gleichen Werkstücken wird zum Bohren in Bohrvorrichtungen gespannt. Die Spannkraft kann dabei mechanisch, hydraulisch oder pneumatisch aufgebracht werden. Jedes Werkstück wird so in der gleichen Lage festgespannt. Außerdem wird der Bohrer durch gehärtete Bohrbuchsen so genau geführt, dass die Lage der Bohrungen an allen Werkstücken übereinstimmt.

Bohrvorrichtung für zylindrische Werkstücke

> **!** Durch Spannzeuge und Spannvorrichtungen erreicht man:
> - ein schnelles und genaues Spannen der Werkstücke und
> - eine Verringerung der Unfallgefahren

4.3.4 Sicherheitshinweise zum Bohren

- Vor Inbetriebnahme Maschine auf Betriebssicherheit überprüfen.
- Bohrer zentrisch und fest einspannen. Spannschlüssel sofort wieder entfernen und sicher ablegen – nicht an Kette oder Schnur befestigen.
- Werkstück ausrichten und so sicher einspannen, dass es gegen Mit- und Hochreißen gesichert ist.
- Beim Bohren dünner Werkstücke Unterlagen aus Holz oder Kunststoff verwenden.
- Eng anliegende Ärmel tragen, bei langen Haaren Haarnetz benutzen, bei spröden Werkstoffen Schutzbrille tragen.

Werkstücke sicher spannen

- Laufende Arbeitsspindel nach Abschalten der Maschine nicht mit der Hand abbremsen.
- Vorsicht vor Schnittverletzungen infolge Gratbildung.

4.3.5 Berechnung von Schnittdaten zum Bohren

Die Geschwindigkeit, mit der der Trennvorgang erfolgt, wird **Schnittgeschwindigkeit** v_c genannt. Der Bohrer führt eine kreisförmige Schnittbewegung aus. Die höchste Schnittgeschwindigkeit hat der Bohrer an der Schneidecke. Deshalb werden Schnittgeschwindigkeitsberechnungen für diesen Punkt ausgeführt.

Aus der Schnittgeschwindigkeit, die aus Tabellen zu entnehmen ist, kann die einzustellende Umdrehungsfrequenz errechnet werden.

$$n = \frac{v_c}{d \cdot \pi}$$

- n Umdrehungsfrequenz
- v_c Schnittgeschwindigkeit
- d Bohrerdurchmesser

Die **zulässige Schnittgeschwindigkeit** ist von der Zerspanungseignung des Werkstücks und von der Warmstandfestigkeit der Bohrerschneide abhängig. Mit abnehmender Zerspanungseignung steigt der Widerstand gegen den Trennvorgang und damit auch die Erwärmung an den Schneiden. Durch Zugabe eines geeigneten Kühlschmiermittels wird die Zerspanungswärme von den Werkzeugschneiden schneller abgeführt. Dadurch kann mit einer höheren Schnittgeschwindigkeit gebohrt werden.

Bohrer im Eingriff

Richtwerte für Schnittgeschwindigkeiten für HSS-Bohrer

Werkstoffe des Werkstücks (R_m)	Schnittgeschwindigkeit in m/min		Kühlschmiermittel
	unbeschichtet	mit TiN-beschichtet	
Leichtmetalle langspannend	90	–	trocken, Bohrölemulsion
Messing	30–50	50–60	trocken, Bohrölemulsion
Gusseisen bis 260 N/mm²	25–35	35–45	trocken, Bohrölemulsion
Stahl bis 700 N/mm²	25–35	30–45	Bohrölemulsion

Die zulässige Schnittgeschwindigkeit wird unter Berücksichtigung der Werkstoffe vom Werkstück und vom Werkzeug Tabellen entnommen. Bei gewählter Schnittgeschwindigkeit und vorgegebenem Bohrerdurchmesser kann man die einzustellende Umdrehungsfrequenz rechnerisch bestimmen.

Beispiel für die Berechnung der Umdrehungsfrequenz

Aufgabe

In Baustahl sind mit unbeschichteten HSS-Bohrern zwei Löcher von 3 mm und 8 mm Durchmesser zu bohren.
Die jeweils maximal einzustellende Umdrehungsfrequenz ist zu berechnen.

Lösung

$$n = \frac{v_c}{d \cdot \pi} \qquad v_c = 30 \text{ m/min}$$

$$n_1 = \frac{30\,000 \text{ mm}}{3 \text{ mm} \cdot 3{,}14 \cdot \text{min}} = 3184 \text{ 1/min}$$

$$n_2 = \frac{30\,000 \text{ mm}}{8 \text{ mm} \cdot 3{,}14 \cdot \text{min}} = 1194 \text{ 1/min}$$

! Die Schnittgeschwindigkeit wird ausgewählt nach:
- der Zerspanungseignung des Werkstückwerkstoffs,
- der Warmstandfestigkeit des Bohrers,
- der Verwendung eines Kühlmittels.

Hinweise zum fachgerechten Bohren

- Bohrungen über 12 mm mit einem kleineren Bohrer (etwa 4 mm Durchmesser) vorbohren. Dadurch ist die Querschneide des größeren Bohrers nicht im Eingriff.
- Werte für zulässige Schnittgeschwindigkeit und Vorschub dem Tabellenbuch entnehmen. Für die ausgewählten Bohrer die zulässige Umdrehungsfrequenz an der Maschine einstellen.
- Bohrer mit Kühlemulsionen kühlen, um Schneidhaltigkeit zu erhalten.

Fertigungstechnik

4.4 Entgraten und Senken

Beim Entgraten und Senken arbeitet man im Vergleich zum Bohren mit etwas geringeren Schnittgeschwindigkeiten und halb so großen Vorschüben.
- Durch Entgraten werden die scharfkantigen Grate von Bohrungen entfernt.
- Durch Senken erhalten Bohrungen die Form zur Aufnahme von Verbindungselementen wie Senkschrauben und Nieten.

1. Entgraten

Durch Entgraten werden scharfkantige Bohrungen gratfrei gemacht, damit sie einwandfreie Anlageflächen erhalten und Schnittverletzungen vermieden werden. Zum Entgraten verwendet man Handentgrater oder Kegelsenker mit einem Spitzenwinkel von 90°. Für das Senken auf der Rückseite der Bohrungen mit dem gleichen Werkzeug wie auf der Vorderseite setzt man spezielle Rückwärtssenker ein, z. B. Entgratgabeln.

Handentgrater — **Entgrater** — **Kegelsenker zum Entgraten** — **Entgratgabel**

Entgraten mit Entgratgabel: Vorwärtsentgraten — Einführung — Rückwärtsentgraten (Schneidkante)

> ! Zum Entgraten verwendet man Entgratungssenker mit einen Spitzenwinkel von 90°. Entgratungssenker sind Kegelsenker mit einer Schneide und einem Querloch zur Spanabfuhr oder mehrschneidige Senker. Der Eintritt- und Austrittgrat wird mit Rückwärtssenkern in einem Arbeitsgang entgratet.

2. Senken

Zur Aufnahme der Köpfe von Senkschrauben und Senknieten sowie zylindrischen Schraubenköpfen werden Ansenkungen benötigt. Die Köpfe von Senkschrauben haben einen Kegelwinkel von 90°, Senkniete von 75° und Linsenkopfniete 120°. Zur Herstellung der Senkungen müssen entsprechende Senkwerkzeuge verwendet werden.
Zum zylindrischen Einsenken setzt man Flachsenker mit Führungszapfen ein, damit die Senkungen zentrisch ausgeführt werden. Für das Senken auf unzugänglichen Rückseiten werden Rückwärtssenker verwendet.

Senkungen für Schrauben und Niete — **Rückwärtssenken**

> ! Zum kegeligen Senken von Bohrungen verwendet man für Senkschrauben Kegelsenker mit 90° Spitzenwinkel. Für Senknieten benutzt man Kegelsenker mit 75° Spitzenwinkel.
> Zum zylindrischen Senken für zylindrische Schraubenköpfe verwendet man Flachsenker mit Führungszapfen.

4.5 Gewindeschneiden
4.5.1 Aufbau und Maße von Gewinden

1. Gewinde und Schraubenlinie

Bei der Gewindeherstellung wird entlang der Schraubenlinie eine fortlaufende Rille in das Werkstück eingearbeitet. Die Gewinderillen mit dem dazwischen verbliebenen Werkstoff werden Gewindeprofil genannt. Schrauben haben ein dreieckiges Gewindeprofil, es wird normgerecht als Spitzgewinde bezeichnet.

- Arbeitet man das Gewindeprofil in die Mantelfläche eines Bolzens ein, so erhält man **Außengewinde**.
- Arbeitet man das Gewindeprofil in die Mantelfläche einer Bohrung ein, so erhält man **Innengewinde**.

Außen- und Innengewinde

Die Abwicklung des Zylindermantels zwischen Grundfläche des Zylinders bis zur Schraubenlinie ergibt ein rechtwinkliges Dreieck. Die Höhe des Dreiecks ist gleich dem Anstieg bei einer Umdrehung und wird beim Gewinde Steigung genannt. Aus Steigung und Umfang des zylindrischen Körpers ergibt sich der Verlauf der Schraubenlinie.

Das rechtwinklige Dreieck aus Umfang, Steigung und Schraubenlinie wird Steigungsdreieck genannt.

Abwicklung einer Schraubenlinie ($l = d \cdot \pi$)

2. Gewindemaße des metrischen ISO-Gewindes

Bauteile mit Gewinden müssen austauschbar sein. Aus diesem Grund sind Gewinde in allen Einzelheiten genormt. Am häufigsten wird das metrische ISO-Regelgewinde verwendet. Seine Maße sind in DIN 13 festgelegt. Man benennt die

- Maße des Außengewindes mit **kleinen** Buchstaben,
- Maße des Innengewindes mit **großen** Buchstaben.

— **Nenndurchmesser (D und d)**
Der Nenndurchmesser ist der äußere Gewindedurchmesser.

Gewinde-Nenndurchmesser

— **Kerndurchmesser (D_1 und d_3)**
Bei Außengewinden wird der Durchmesser des noch vorhandenen Restquerschnitts als Kerndurchmesser bezeichnet. Beim Innengewinde entspricht der Kerndurchmesser etwa dem Durchmesser des herzustellenden Bohrlochs.

— **Steigung (P)**
Die Steigung ist bei eingängigen Gewinden der Abstand von Gewindegang zu Gewindegang.

— **Flankenwinkel**
Als Flankenwinkel bezeichnet man den Winkel zwischen den Gewindeflanken. Er beträgt bei metrischen ISO-Regelgewinden 60°.

Metrisches ISO-Regelgewinde

4.5.2 Herstellen von Innengewinden mit Handgewindebohrern

Zum Innengewindeschneiden muss zunächst gebohrt werden. Wegen der Aufwulstung des Werkstoffs beim Schneiden des Gewindes muss der Bohrerdurchmesser geringfügig größer als der Kerndurchmesser des Gewindes gewählt werden. Nach dem Bohren werden die Bohrungen mit einem Kegelsenker von 90° auf den Nenndurchmesser des Gewindes angesenkt. Hierdurch wird der Anschnitt erleichtert und man erhält ein gratfreies Gewindeloch. Die nutzbare Gewindelänge muss so groß sein, dass die Gewindegänge bei Belastung nicht ausreißen. Bei gleichem Werkstoff von Schraube und Mutter genügt als Gewindelänge das 0,8-Fache des Gewindedurchmessers.

Durchgangs- und Grundlochgewinde

> Gewindelänge l bei Werkstoffen mit gleicher Festigkeit von Bolzen und Mutter
> $l_{mindestens} = 0,8 \cdot D$
> $l_{höchstens} = 1,5 \cdot D$

Bohrerdurchmesser für Gewindekernlöcher

Gewinde	Kerndurchmesser D_1 (min)	Kernloch-bohrer-Ø
M 5	4,134 mm	4,2 mm
M 6	4,917 mm	5,0 mm
M 8	6,647 mm	6,8 mm
M 10	8,376 mm	8,5 mm
M 12	10,106 mm	10,2 mm
M 24	20,752 mm	21,0 mm

! Bei Gewindebohrungen soll die Gewindetiefe nach dem Gewindedurchmesser festgelegt werden: Gewindelänge ungefähr gleich Gewindedurchmesser.

1. Gewindebohrersatz

Die beim Gewindeschneiden anfallende Spanmenge kann meist nicht in einem Arbeitsgang mit einem Werkzeug abgetrennt werden. Dabei wäre eine große Schnittkraft erforderlich; die Gewindebohrer würden brechen. Deshalb wird das Gewindeprofil meist mit einem **Gewindebohrersatz** aus **Vor-, Mittel- und Fertigschneider** hergestellt. Die Trennarbeit verteilt sich auf drei Werkzeuge mit unterschiedlichen Spananteilen.

Gewindebohrer sind mit einem kegeligen Anschnitt versehen. So wird das Einführen des Werkzeugs in das Bohrloch ermöglicht. Die ersten Schneiden eines Gewindebohrers müssen das Gewindeprofil allmählich in den Werkstoff einarbeiten. Da die Schneiden des Anschnitts fast allein die Zerspanarbeit übernehmen, bewirkt der kegelförmige Anschnitt auch eine Verteilung der Spanabnahme auf die Schneiden des Anschnittteils. Die nachfolgenden Schneiden sind kaum an der Spanabnahme beteiligt.

Vor-, Mittel- und Fertigschneider haben unterschiedliche Anschnittlängen und verschieden ausgestaltete Gewindeprofile. Der Vorschneider hat den längsten Anschnitt, aber noch kein vollständiges Gewindeprofil. Bei Mittel- und Fertigschneider wird der Anschnitt jeweils kürzer, das Gewindeprofil nähert sich der Endform. Dadurch wird die Spanabnahme auf alle drei Gewindebohrer verteilt.

Zerspananteile beim Gewindebohrer-Satz

Vor-schneider	Mittel-schneider	Fertig-schneider
1 Ring	2 Ringe	kein Ring
Anschnittlänge l_A		
5 Gänge	3½ Gänge	2 Gänge
Spananteil		
ca. 50 %	ca. 33 %	ca. 17 %

! Bei einem Gewindebohrersatz wird
- vom Vorschneider ein großer Anteil der Späne abgetragen,
- vom Fertigschneider das vollständige Gewindeprofil geschnitten.

2. Spanwinkel am Gewindebohrer

Gewindebohrer sind mehrschnittige Werkzeuge, die mit keilförmigen Schneiden das Gewindeprofil aus dem Werkstoff herausarbeiten.

Der Schneidvorgang wird am stärksten von der Größe des **Spanwinkels** beeinflusst. Die Wahl des geeigneten Spanwinkels richtet sich nach der Festigkeit und dem Zerspanverhalten des zu bearbeitenden Werkstoffs.

Werkstoff	Spanwinkel γ_o
Aluminium	20° bis 25°
Baustahl	10° bis 15°
Gusseisen	4° bis 6°

Winkel am Schneidkeil

! Gewindebohrer für weiche Werkstoffe haben große Spanwinkel.

3. Einschnittgewindebohrer

Beim Schneiden von Durchgangsgewinden und Gewindetiefen bis $1{,}5 \cdot d$ kann das Gewinde in einem Arbeitsgang mit einem **Einschnittgewindebohrer** gefertigt werden. Die drei Bereiche Vor-, Fertig- und Nachschneiden werden mit einem einzigen Werkzeug ausgeführt. Wegen des langen Anschnitts eignen sich Einschnittgewindebohrer nicht zum Gewindeschneiden von Grundlöchern.

Einschnittgewindebohrer

! Einschnittgewindebohrer eignen sich für Durchgangsgewindebohrungen bis $l < 1{,}5 \cdot d$.

4. Herstellen von Innengewinden

Gewindebohrer müssen stets fluchtend zur Bohrlochachse angesetzt und eingedreht werden. Vor allem beim Anschneiden muss die rechtwinklige Stellung des Gewindebohrers mehrfach mit einem Flach- oder Anschlagwinkel geprüft werden. Die erforderliche Schnittkraft wird von Hand aufgebracht, durch die Hebelwirkung des Windeisens verstärkt und auf das Werkzeug übertragen.

Schneiden von Innengewinden

4.5.3 Herstellen von Außengewinden mit Schneideisen

Außengewinde werden auf Bolzen geschnitten. Da fast immer ein Umformen des Werkstoffs erfolgt, werden bei Stahl die Bolzendurchmesser etwa um 1/10 der Steigung kleiner vorgefertigt als der spätere Außendurchmesser des Gewindes. Zum leichteren Anschneiden wird der Anfang des Bolzens 45° angefast. Die Anfasung muss mindestens bis zum Kerndurchmesser reichen.

Als Werkzeuge zum Gewindeschneiden von Hand werden **Schneideisen** verwendet. Kleine Gewinde werden mit geschlossenen Schneideisen geschnitten. Bei geschlitzten Schneideisen kann der Gewindedurchmesser geringfügig verändert werden.

Schneiden von Außengewinden

! Für Außengewinde in Stahlbolzen gilt:
- Vordrehen des Bolzendurchmessers um 1/10 der Steigung kleiner.
- Anfasen im Winkel von 45° bis auf den Kerndurchmesser.

Außengewinde werden mit Schneideisen oder mit Schneidkluppen geschnitten.

Übungsaufgaben 4/28 bis 4/31

Fertigungstechnik

4.6 Reiben

Beim Fügen von Bauteilen sind häufig Bohrungen mit geringer Maßtoleranz, hoher Formgenauigkeit und hoher Oberflächengüte zur Aufnahme von Stiften, Bolzen und Passschrauben herzustellen. Dies geschieht durch Reiben mit Reibahlen.

1. Reibvorgang

Die Bohrungen müssen um die Bearbeitungszugabe kleiner vorgebohrt werden. Die Bearbeitungszugabe ist vom Durchmesser der verlangten Bohrung abhängig.

Mit der Reibahle trägt man kleinste Spänchen aus der Bohrung ab und bekommt dadurch eine hohe Oberflächengüte. Dies wird erreicht durch eine Vielzahl von Schneiden, bei denen der Spanwinkel so gewählt ist, dass eine vorwiegend schabende Wirkung erzielt wird.

Die Oberflächengüte kann durch Verwendung geeigneter Schmiermittel merklich verbessert werden. Beim Reiben ist die Schmierwirkung wichtiger als das Kühlen. Daher erzielt man bei Verwendung eines Schneidöls bessere Oberflächen als mit einer Schneidölemulsion.

Die Schnittgeschwindigkeit beim Reiben soll aus Erfahrung wesentlich kleiner als beim Bohren sein.

Bearbeitungszugaben zum Reiben

Bohrungs-durchmesser	bis 5 mm	5–10 mm	10–20 mm	über 20 mm
Bearbeitungs-zugabe	0,1 mm	0,1–0,2 mm	0,2–0,3 mm	0,3–0,5 mm

b = Rundschlifffase

Spanabnahme beim Reiben

> Beim Reiben erzielt man die hohe Oberflächengüte:
> - durch Werkzeuge mit mehreren Schneiden,
> - durch Schneidkeile mit schabender Wirkung,
> - durch Zugabe von Schmiermittel,
> - durch niedrige Schnittgeschwindigkeit.

2. Reibwerkzeuge

Reibahlen werden mit gerader Schneidenzahl und ungleicher Teilung gefertigt. Auf dem Umfang liegen sich jeweils zwei Schneiden gegenüber. Dadurch kann der Durchmesser der Reibahle mit Messgeräten wie Messschieber oder Bügelmessschraube genau gemessen werden.

Die ungleiche Schneidenteilung bewirkt den Bruch der Späne an stets anderer Stelle. Dadurch entstehen beim Reiben keine *Rattermarken*.

Schneidenteilung einer Reibahle

> Reibahlen haben eine gerade Schneidenzahl und ungleiche Zahnteilung. Durch die ungleiche Teilung werden Rattermarken vermieden.

Beim Reiben von Bohrungen, die in Längsrichtung durch Nuten unterbrochen sind, benötigt man Reibahlen, deren Schneiden wendelförmig verlaufen. Solche drallgenuteten Reibahlen überbrücken eine Längsnut, da eine drallgenutete Schneide nicht achsparallel im Eingriff ist. Drallgenutete Reibahlen verhindern Rattermarken und erzeugen auch bei unterbrochenen Bohrungen hohe Oberflächengüte und große Formgenauigkeit.

Form B drall-genutet
Form A gerade-genutet
Reibahlen
Werkstück mit Bohrung und Längsnut
Längsnut

Spanen von Hand und mit einfachen Maschinen

3. Auswahl von Reibahlen

Maschinelles Reiben ist dem Reiben von Hand vorzuziehen. Aufgrund der besseren Führung der Reibahlen sowie der gleichmäßigeren Schnittbedingungen ergeben sich kürzere Fertigungszeiten, höhere Form- und Lagegenauigkeit sowie höhere Oberflächengüte. Maschinenreibahlen sind leicht von Handreibahlen zu unterscheiden:

Handreibahlen erkennt man am längeren Anschnitt zur Führung und dem Vierkant zum Einspannen in das Windeisen.

Handreibahle — Maschinenreibahle

Maschinenreibahlen haben kurzen Anschnitt und zylindrische Einspannenden bzw. Morsekegel.

Je nach Form der Bohrung wählt man gerade, kegelige oder speziell geformte Reibahlen aus.
- **Gerade genutete Reibahlen** wählt man für nicht unterbrochene Bohrungen.
- **Drallgenutete Reibahlen** verwendet man für Bohrungen mit Unterbrechungen.
- **Reibahlen mit Rechtsdrall** werden beim Reiben in die Bohrung gezogen – die Späne aber nach oben abgeführt. Reibahlen mit Linksdrall werden nicht in die Bohrung gezogen, fördern aber Späne nach unten.
- **Verstellbare Reibahlen** haben eingesetzte Messer, die in Grenzen nachstellbar sind. Sie werden für große Durchmesseränderungen verwendet. Für Passarbeiten können sie verstellt und nachgeschliffen werden.
- **Spreizbare Reibahlen** werden für Korrektur- und Einpassarbeiten gewählt. Bei ihnen wird über Spreizung durch einen Kegel eine geringe Durchmesserzunahme erzeugt.

Beispiele für verstellbare und spreizbare Reibahlen

Aufsteckreibahle — Aufsteckhalter — Kegelstift

Aufsteckreibahle — Spreizbare Reibahle

Verstellprinzip — Führungsleiste — Schneidplatte

Verstellbare Reibahle — Verstellbare Einschneidenreibahle

! Hand- und Maschinenreibahlen gibt es in fester und verstellbarer Ausführung. Zu den verstellbaren Reibahlen gehören:
- spreizbare Reibahlen mit wenigen Zehntelmillimetern Verstellbereich,
- verstellbare Reibahlen mit mehreren Millimetern Verstellbereich und
- Einschneidenreibahlen, deren Verstellbereich innerhalb eines Toleranzfelds liegt.

Fertigungstechnik

5 Grundlagen zur Fertigung mit Dreh-, Fräs- und Schleifmaschinen

5.1 Technologische Grundbegriffe

Zur maschinellen, spanenden Fertigung eines Werkstücks muss die Fachkraft von der Zeichnung ausgehend eine geeignete Maschine sowie Werkzeuge, Spann- und Hilfsmittel auswählen, die zur Fertigung notwendigen Bewegungen von Werkzeug und Werkstück ermitteln und einstellen. Bei richtiger Eingabe dieser Größen in den Fertigungsprozess und fachgerechter Durchführung der Arbeit soll ein maß- und formgerechtes Werkstück mit geforderter Oberflächenbeschaffenheit bei möglichst geringen Herstellkosten und geringer Umweltbelastung entstehen.

Eingang → **Fertigungsprozess** → **Ausgang**

Vorgaben:
- Werkstückform
- Werkstoff
- kalkulierte Arbeitszeit
- Kosten

Zu wählen:
- Rohteil
- Maschine
- Werkzeug (Standzeit)
- Spannmittel
- Hilfsstoffe

Technologiedaten:
- Schnittgeschwindigkeit
- Vorschub
- Schnitttiefe

Zu beachten:
- Arbeitssicherheit

maschinelle spanende Fertigung

Fertigteile mit hinreichender:
- Maßgenauigkeit
- Formgenauigkeit
- Oberflächenqualität

Werkzeugverschleiß

Fertigungsreststoffe:
- Späne
- verbrauchte Hilfsstoffe
- Abwärme

Fertigungskosten:
- Materialkosten
- Maschinenkosten
- Werkzeugkosten
- Arbeitslohn

Zu beachten:
- Entsorgung
- Umweltschutz

5.1.1 Eingangsgrößen des Fertigungsprozess

1. Schneidengeometrie

Alle Werkzeuge zur Dreh- und Fräsenbearbeitung haben als Gemeinsamkeiten in der Schneidengeometrie den Freiwinkel, den Keilwinkel und den Spanwinkel.
Die Winkel an der Schneide des Werkzeugs sind entscheidend für die Kräfte bei der Zerspanung, für die Schneidhaltigkeit des Werkzeugs und die Qualität der Oberfläche des Werkstücks.

Der **Keilwinkel** β_o beeinflusst die Haltbarkeit des Werkzeugs. Für harte Werkstoffe wählt man deshalb größere Keilwinkel als für weiche Werkstoffe.
Der **Freiwinkel** α_o vermindert die Reibung zwischen Werkstück und Werkzeug. Er vermindert dadurch die Wärmeentwicklung am Werkzeug.
Der **Spanwinkel** γ_o beeinflusst die Spanbildung und damit die Oberflächenbeschaffenheit des Werkstücks.

Winkel an der Werkzeugschneide

! Die Winkel an der Werkzeugschneide sind hauptsächlich von der Festigkeit des zu bearbeitenden Werkstoffs abhängig.

Grundlagen zur Fertigung mit Dreh-, Fräs- und Schleifmaschinen

2. Technologische Daten
– Werkzeug- und Werkstückbewegungen

Beim Spanen auf Werkzeugmaschinen werden die zur Spanabnahme notwendigen Bewegungen weitgehend von der Maschine ausgeführt.
Die Spanabnahme ist von Schnittbewegung, Vorschubbewegung und Zustellbewegung abhängig.

Beispiele für das Zusammenwirken der verschiedenen Bewegungen bei der Spanabnahme

Drehen — Bohren — Walzfräsen

! Die Spanabnahme beim Drehen, Bohren, Fräsen und Schleifen erfolgt jeweils durch das Zusammenwirken einer kreisförmigen Schnittbewegung und einer geradlinigen Vorschubbewegung.

– Schnittgeschwindigkeit

Die **Schnittgeschwindigkeit** wird entsprechend dem Fertigungsverfahren, dem Werkstoff des Werkstücks und dem Schneidenwerkstoff meist nach Angaben des Werkzeugherstellers gewählt.
Allgemein kann man feststellen, dass hohe Schnittgeschwindigkeiten gute Oberflächenbeschaffenheit, kurze Fertigungszeiten, aber auch geringere Standzeiten der Werkzeuge zur Folge haben.

! Die Schnittgeschwindigkeit wird für einen bestimmten Fertigungsvorgang entsprechend den Werkstoffen von Werkstück und Werkzeug gewählt.

– Vorschub

Der **Vorschub** f ist der Weg, den das Werkzeug bei einer Umdrehung oder einem Hub in der Vorschubrichtung zurücklegt. Der Vorschub wird in Millimeter angegeben.
Bei Fräsern und anderen mehrschneidigen Werkzeugen wird häufig der Vorschub je Zahn f_z angegeben. Beim Drehen ergibt ein großer Vorschub einen großen Rillenabstand und eine geringe Oberflächenbeschaffenheit.

Vorschub und Oberflächenbeschaffenheit bei gleichem Schneidenradius

! Der Vorschub ist der Werkzeugweg, der je Umdrehung oder Hub in Vorschubrichtung zurückgelegt wird. Großer Vorschub ergibt meist geringe Oberflächenbeschaffenheit.

– Schnitttiefe

Die **Schnitttiefe** a_p ist der Betrag, um den die Schneide durch die Zustellbewegung in Eingriff gebracht wird. Zusammen mit dem Vorschub ergibt sie den **Spanungsquerschnitt** S.

S Spanungsquerschnitt
a_p Schnitttiefe
f Vorschub

Schnitttiefe und Spanungsquerschnitt

$$\text{Spanungsquerschnitt} = \text{Schnitttiefe} \cdot \text{Vorschub}$$
$$S = a_p \cdot f$$

Fertigungstechnik

5.1.2 Bestimmungsgrößen des Fertigungsprozesses

1. Maßgenauigkeit
Die Maßgenauigkeit der durch Spanen hergestellten Werkstücke hängt von vielen Faktoren ab.
Die Sorgfalt, mit welcher die Fachkraft Einstellungen vornimmt, Maßkontrollen durchführt und auswertet, bestimmt wesentlich das Ergebnis. Sehr wichtig sind auch die Qualität der Maschine, die Werkzeuge und die Umweltbedingungen.

2. Oberflächenbeschaffenheit
Das Produkt, welches durch Spanen hergestellt wird, soll möglichst gute Oberflächenbeschaffenheit aufweisen. Die Oberflächenbeschaffenheit wird verbessert durch:
- größeren Spanwinkel,
- größeren Schneidenradius,
- höhere Schnittgeschwindigkeit,
- geringeren Vorschub,
- Einsatz von Kühlschmiermitteln.

3. Spanarten und Spanformen
Späne können aus mehr oder weniger zusammenhängenden Spanteilchen bestehen. Aus dem Zusammenwirken verschiedener Einflussgrößen, wie z. B. Spanwinkel und Werkstoff, ergeben sich unterschiedliche Späne.

– Spanarten

Spanarten	Spanbildung	Schnittbedingungen	Auswirkungen
Fließspan langer zusammenhängender Span	• geringe Werkstoffstauchung • kein voreilender Riss • schnelle Folge kleinster Schervorgänge • Spanteilchen bleiben zusammenhängend	• großer Spanwinkel • zäher Werkstoff • hohe Schnittgeschwindigkeit	• glatte, saubere Oberfläche • kleine Schnittkraft • lange Späne behindern den Arbeitsvorgang
Scherspan Stücke noch zusammenhängender Spanteilchen mit vielen Scherrissen	• stärkere Werkstoffstauchung • kurzer voreilender Riss • einzelne unregelmäßige Schervorgänge • Spanteilchen bleiben nur teilweise zusammenhängend	• kleiner bis mittlerer Spanwinkel • zähe und leicht spröde Werkstoffe • mittlere Schnittgeschwindigkeit	• nicht so glatte Werkstückoberfläche mit unregelmäßigem Aussehen • kurzer bröckliger Span behindert den Arbeitsvorgang nicht • nur wenig größere Schnittkraft
Reißspan sehr kurzer unregelmäßiger Span	• geringe Werkstoffstauchung • bei spröden Werkstoffen • voreilender Riss, der auch in die Werkstückoberfläche eindringt • wenige unregelmäßige Schervorgänge	• kleiner Spanwinkel • vorwiegend bei spröden Werkstoffen • niedrige Schnittgeschwindigkeit	• raue Werkstückoberfläche • große Schnittkraft • kurzer Span behindert den Arbeitsvorgang nicht

– Spanformen

Je nach eingestellten technologischen Bedingungen treten unterschiedliche Spanformen auf.
Der sich ergebende Span soll so kurz sein, dass eine Behinderung der Maschinenbedienung, Störungen des Fertigablaufs sowie eine Beschädigung von Arbeitsfläche und Werkzeug nicht auftreten.
Kurze Schraubenspäne, Schraubenbruchspäne und Spiralbruchspäne sind besonders günstig.

Bandspan	Wirrspan	Schraubenspan	Schraubenbruchspan	Spiralbruchspan
		lang	kurz	
ungünstige Spanformen			günstige Spanformen	

5.2 Schneidstoffe für maschinelles Spanen

5.2.1 Schnellarbeitsstähle

Schnellarbeitsstähle sind hochlegierte Werkzeugstähle, die kurz HSS-Stähle genannt werden. Sie besitzen hohe Zähigkeit und Biegefestigkeit. Sie sind daher wenig empfindlich gegen wechselnde Schnittkräfte und sehr widerstandsfähig gegen Ausbröckeln der Schneide. Die Warmstandfestigkeit sinkt jedoch oberhalb 600 °C stark ab, wodurch die Schnittleistungen begrenzt werden.

HSS-Stähle enthalten als Legierungselemente Chrom (Cr), Wolfram (W), Molybdän (Mo), Vanadium (V) und Kobalt (Co). Diese Legierungselemente bilden als Härteträger Karbide. Der Karbidanteil der HSS-Stähle liegt nach der Wärmebehandlung bei etwa 20 %.

Zur Erreichung höchster Härte werden Schnellarbeitsstähle von möglichst hohen Temperaturen aus gehärtet und anschließend bei etwa 500 °C angelassen.

Im Kurznamen von Schnellarbeitsstählen gibt man hinter den Buchstaben **HS** die Prozentangaben von W, Mo, V und Co in der vorliegenden Reihenfolge an. Die Prozentzahlen werden durch Bindestriche getrennt. Der Kohlenstoffanteil liegt zwischen 0,8 und 1,5 %, der Chromgehalt bei etwa 4 %. Beide Elemente werden im Kurznamen nicht genannt.

Karbide in einem Schnellarbeitsstahl ($V = 1\,000$)

Beispiele für Schnellarbeitsstähle

Kurzzeichen W-Mo-V-Co	Werkstoff-nummer	Zusammensetzung in %					Verwendung	Härte nach Anlassen HRC
		C	Cr	W	Mo	V	Co	
HS 6-5-2-5	1.3243	0,92	4,15	6,35	4,95	1,85	4,75	Drehmeißel, Bohrer, Fräser	64 bis 66
HS 10-4-3-10	1.3207	1,3	4,2	10,5	3,8	3,2	10,5	Drehmeißel, Fräser	65 bis 68

Aus den hochlegierten Schnellarbeitsstählen werden spanabnehmende Standardwerkzeuge (z. B. Bohrer, Reibahlen, Nutenfräser) sowie profilgebende Sonderwerkzeuge (z. B. Profilfräser, Profildrehmeißel, Verzahnungswerkzeuge) gefertigt.

Zur Verbesserung von Oberflächenhärte, zur Erhöhung des Verschleißwiderstands und zur Verringerung der Neigung zur Bildung von Aufbauschneiden werden HSS-Stähle häufig beschichtet. Vorwiegend wird zur Beschichtung das goldfarbene Titannitrid eingesetzt.

Durch den Einsatz der Beschichtung wird die Standzeit der Werkzeuge gegenüber dem unbeschichteten Werkzeug erheblich erhöht und die Oberflächengüte der bearbeiteten Werkstücke verbesssert.

Beschichtete Fräswerkzeuge aus HSS

> **!** Schnellarbeitsstähle sind hochlegierte Werkzeugstähle mit hoher Zähigkeit, hoher Biegefestigkeit, jedoch geringer Wärmestandfestigkeit oberhalb 600 °C.

5.2.2 Hartmetalle

Hartmetalle sind Sinterwerkstoffe aus sehr harten Karbiden und Nitriden mit Kobalt, Nickel und anderen Metallen als Bindemittel.

Hartmetalle aus überwiegend Wolframkarbid mit Kobalt als Bindemittel sind die klassischen Hartmetalle und werden meist verwendet. Sie werden mit dem Kürzel HW gekennzeichnet.

Hartmetalle auf der Basis von Wolframkarbid (HW) sind gute Wärmeleiter und dehnen sich bei Erwärmung geringfügig aus. Als Folge dieser Eigenschaften haben sie eine hohe Beständigkeit gegen schnelle Temperaturwechsel.

Hartmetall (HW)
Härteträger: Wolframkarbid (+TiC, TaX u. a.)
Bindemittel: Kobalt

Übungsaufgaben 5/9; 5/10

Fertigungstechnik

Hartmetalle auf der Basis von wolframarmen Mischkarbiden, Nitriden und Karbonitriden werden auch als **Cermets** (Ceramics + metals) bezeichnet und mit dem Kürzel HT gekennzeichnet.

Cermets besitzen wegen der erheblich geringeren Dichte der Härteträger nur etwa 50 % der Dichte von Hartmetallen auf Wolframbasis (HW). Sie sind zudem härter und verschleißfester. Da Cermets erst bei höheren Temperaturen oxidieren, erlauben sie als Schneidstoff erheblich höhere Schnittgeschwindigkeiten als Hartmetalle HW.

Durch mehrlagige, dünne Beschichtungen mit Hartstoffen aus Titannitrid, Titankarbid, Titankarbonat oder Aluminiumoxid wird die Verschleißfestigkeit von Hartmetallen verbessert. So werden höhere Schnittwerte erzielt, wobei die Biegefestigkeit nicht verringert wird. Beschichtete Hartmetalle werden mit HC gekennzeichnet.

Kleinere Werkzeuge wie Bohrer werden aus Vollhartmetall hergestellt. Meist werden Hartmetalle in Form von Schneidplatten mit unterschiedlichen Befestigungsmechanismen in Schneidenträger eingesetzt.

Cermets (HT)

Härteträger: Härteträger und Nitride von Ti, Ta, Nb, Mo, W
Bindemittel: Ni, Co, Mo

Fräser mit beschichteten Wendeschneidplatten

Die Eignung der Hartmetalle zum Zerspanen bestimmter Werkstoffe wird durch einen Buchstaben und eine Zahl gekennzeichnet. Dabei gibt der Buchstabe an, für welche Art von Werkstoffen die jeweilige Hartmetallsorte geeignet ist. Die Zahl steht für die Zähigkeit: Je höher die Zahl, desto zäher ist die Sorte.

Hauptgruppe Kennfarbe	Anwendungsgruppe Art der Bearbeitung		Eigenschaften	Schnittbedingungen	Werkstoff der Werkstücke
P blau	P01, P10, P15	Feindrehen	zunehmende Verschleißfestigkeit ↑ / zunehmende Zähigkeit ↓	zunehmende Schnittgeschwindigkeit ↑ / zunehmender Vorschub ↓	**Lang spanende Werkstoffe** • Baustahl • hochlegierte Stähle • Stahlguss • Temperguss
	P20, P25, P30	Schlichten, Gewindedrehen			
	P40, P50	Vordrehen, Schruppen			
M gelb	M10, M20, M30	Schlichten			**Lang- oder kurzspanende Werkstoffe** • Automatenstahl • Gusseisen mit Kugelgrafit
	M40	Bearbeitung auf Automaten			
K rot	K01, K10	Feinbearbeitung			**Kurzspanende Werkstoffe** • Vergütungsstahl • gehärteter Stahl • Gusseisen mit Lamellengrafit • Kunststoffe
	K20	Vordrehen			
	K30, K40	Schruppen			
N hellgrün	N01, N05	Feinbearbeitung			**Nichteisenmetalle** • Aluminium, Al-Legierungen • Kupfer, Cu-Legierungen
	N10, N20	Schlichten			
	N30	Schruppen			
S braun	S01, S10	Feinbearbeitung			**Titan- und Ti-Legierungen** • Warmarbeitsstähle
	S20	Schlichten			
	S30	Schruppen			
H grau	H01, H10	Feinbearbeitung			**Harte und gehärtete Eisenwerkstoffe** • gehärteter Stahl • gehärtetes Gusseisen • Hartguss
	H20	Schlichten			
	H30	Schruppen			

> ❗ Hartmetalle auf Wolframkarbidbasis (HW) haben hohe Temperaturwechselbeständigkeit und Wärmeleitfähigkeit. Hartmetalle (HT), Cermets, enthalten Karbide und Nitride von Titan und Tantal. Cermets sind härter und verschleißfester als Hartmetalle auf Wolframkarbidbasis.

5.2.3 Keramische Schneidstoffe

Keramische Schneidstoffe sind Sinterwerkstoffe, welche eine hohe Temperaturbeständigkeit besitzen und daher hohe Schnittgeschwindigkeiten zulassen. Bei den keramischen Schneidstoffen unterscheidet man:
- Oxidkeramik aus Aluminiumoxid (Al_2O_3), Kennbuchstabe CA;
- Mischkeramik aus Aluminiumoxid mit weiteren Metallverbindungen (MgO; Cr_2O_3; TiC), Kennbuchstabe CM;
- Nitridkeramik aus Siliziumnitrid (Si_3N_4), Kennbuchstabe CN;
- Verbundwerkstoff aus polykristallinem kubischen Bornitrid (PKB) mit keramischer Bindung.

Oxidkeramiken sind verschleißfest, jedoch stoßempfindlich. Sie erfordern einen schwingungs- und stoßfreien Einsatz bei nur kleinen Spanungsquerschnitten.

Nitridkeramik behält bis 1200 °C ihre Schneidhaltigkeit. Sie hat hervorragende Temperaturwechselbeständigkeit und Schlagzähigkeit, sodass sie zum Spanen bei unterbrochenem Schnitt bei Gusseisen und Stählen eingesetzt wird.

Polykristallines kubisches Bornitrid behält bis 2000 °C seine Schneidhaltigkeit und ist reaktionsträge gegenüber Legierungselementen der zu bearbeitenden Werkstoffe. Es wird zur Bearbeitung harter Eisenwerkstoffe verwendet.

Schnittbedingungen beim Einsatz keramischer Werkstoffe

! Keramische Schneidstoffe ermöglichen bei kleinen Spanungsquerschnitten eine Spanabnahme mit sehr hohen Schnittgeschwindigkeiten. Die Standzeit ist wegen der hohen Warmstandfestigkeit groß.

5.3 Normung von Wendeschneidplatten

Die in DIN 4987 enthaltenen Festlegungen gelten für Wendeschneidplatten aus Hartmetall und Schneidkeramik. Die Bezeichnung wird aus einer Kombination von Buchstaben und Zahlen gebildet, wobei jede Stelle dieser Kombination eine bestimmte Aussage beinhaltet.

Beispiele für die normgerechte Bezeichnung einer Wendeschneidplatte

Schneidplatte ISO 1832 – C P M N 12 07 08 F N – P10
① ② ③ ④ ⑤ ⑥ ⑦ ⑧ ⑨ ⑩

Abmessen einer Wendeschneidplatte

① Grundformen von Wendeschneidplatten	② Normal-Freiwinkel an der ungespannten Wendeschneidplatte	③ Toleranzklassen	④ Ausführung der Spanfläche und Befestigungsmerkmale	⑤ Plattengröße
C (80°)	P $\alpha_n = 11°$	M niedrige Qualität	N	$l = 12$ mm Schneidenlänge

⑥ Plattendicke	⑦ Ausführung der Schneidenecke	⑧ Schneide	⑨ Schneidrichtung	⑩ Schneidstoff
$s = 7$ mm	Radius $r = 0,8$ mm	F Schneiden scharf	N nach rechts und links schneidend	P10

Übungsaufgaben 5/12; 5/13; 5/14

Fertigungstechnik

6 Fertigen durch Drehen mit mechanisch gesteuerten Werkzeugmaschinen

6.1 Leit- und Zugspindel-Drehmaschine

Bei Leit- und Zugspindel-Drehmaschinen werden alle Bewegungen vom Antriebsmotor erzeugt, über Getriebe verändert und von der bedienenden Person über Hebel und Kurbeln mechanisch ausgelöst. Die Überwachung erfolgt durch die bedienende Person.

Der Vorschub wird vom Vorschubgetriebe über zwei verschiedene Spindeln auf den Bettschlitten übertragen. Dies geschieht
- beim Längs- und Querdrehen über eine Zugspindel (Profilspindel),
- beim Gewindedrehen über eine Leitspindel (Gewindespindel).

Eine solche Maschine wird daher Leit- und Zugspindel-Drehmaschine genannt.

Leit- und Zugspindel-Drehmaschine

Die Einsatzmöglichkeiten einer Drehmaschine ergeben sich aus den folgenden Kenngrößen:

– **Spitzenweite**
Dies ist der maximale Abstand zwischen der Zentrierspitze in der Spindel und der Zentrierspitze im Reitstock. Die Spitzenweite bestimmt in etwa die größtmögliche Werkstücklänge.

– **Spitzenhöhe**
Dies ist der Abstand zwischen Drehachse und Maschinenbett. Der maximale Drehdurchmesser ist stets etwas größer als die doppelte Spitzenhöhe.

Kenngrößen einer Drehmaschine

– **Umdrehungsfrequenzbereich**
Er gibt die niedrigste und höchste Umdrehungsfrequenz der Spindel an.

– **Vorschubbereich**
Er gibt die einzustellenden Vorschübe und die Anzahl der Stufungen an.

– **Antriebsleistung**
Die Antriebsleistung bestimmt wesentlich die größtmögliche Zerspanungsleistung der Maschine.

6.1.1 Energiefluss an einer Leit- und Zugspindel-Drehmaschine

Vom Motor wird die Energie meist schwingungsarm über ein Riemengetriebe auf ein mehrstufiges Hauptgetriebe und von dort über das Vorgelege auf die Arbeitsspindel übertragen.

Das Vorschubgetriebe erhält bei einer Leit- und Zugspindeldrehmaschine seinen Antrieb immer von der Arbeitsspindel. Der eingestellte Vorschub bezieht sich daher jeweils auf eine Umdrehung der Arbeitsspindel.

Schema des Energieflusses an einer Leit- und Zugspindel-Drehmaschine

! Das Vorschubgetriebe einer Drehmaschine wird von der Arbeitsspindel aus angetrieben und ermöglicht die Einstellung einer großen Anzahl von Vorschüben.

6.1.2 Baugruppen des Werkzeugschlittens

Der in der Längsführung des Maschinenbetts verschiebbare Werkzeugschlitten besteht aus den im Bild benannten Baugruppen:

Der **Bettschlitten** wird in Prismenführungen auf dem Drehmaschinenbett geführt. Der Bettschlitten wird von Hand mithilfe des großen Handrads bewegt. Mit dem Handrad dreht sich ein Zahnrad, welches in eine Zahnstange an der Unterseite des Maschinenbetts eingreift.

Der **Planschlitten** wird in einer Schwalbenschwanzführung rechtwinklig zum Drehmaschinenbett auf dem Bettschlitten bewegt. Der Antrieb kann von Hand über eine Kurbel erfolgen. Die Größe der Zustellung des Werkzeugs kann mithilfe einer Skala des Planschlittens von Hand exakt eingestellt werden.

Baugruppen des Werkzeugschlittens

Auf dem Planschlitten befindet sich der schwenkbare **Oberschlitten**. Für die meisten Dreharbeiten ist er so eingestellt, dass er eine Verstellung in Richtung des Maschinenbetts ermöglicht. Der Oberschlitten kann meist nur von Hand betätigt werden. Der Verstellweg des Oberschlittens ist mithilfe einer Skala einstellbar. Der **Schlosskasten** ist fest mit dem Bettschlitten verbunden und enthält ein Getriebe, das Schlosskastengetriebe und Bedienungselemente für die Vorschubantriebe.

! Der Werkzeugschlitten besteht aus Bettschlitten, Planschlitten und Oberschlitten mit Werkzeugträger sowie dem Schlosskasten mit Getriebe.

Fertigungstechnik

6.1.3 Antriebe des Werkzeugschlittens

1. Werkzeugschlittenantrieb über die Zugspindel

Über die Zugspindel wird im Schlosskastengetriebe die Vorschubbewegung für den Längs- und Quervorschub erzeugt.

Die Drehbewegung der Zugspindel wird über ein **Zahnradpaar** auf eine **Schnecke** übertragen. Die Schnecke ist schwenkbar gelagert. Beim Drehen gegen einen Anschlag oder bei Überlastung schaltet sie selbstständig den Vorschub ab. Das geschieht, indem sie durch eine Schwenkbewegung außer Eingriff „fällt". Sie wird daher als Fallschnecke bezeichnet. Die Drehbewegung der Schnecke wirkt über ein Schneckenrad weiter auf das Zahnradpaar einer schwenkbaren Schere. Diese kann von einer Nullstellung aus wahlweise zum Längs- oder Quervorschub geschwenkt werden.

Beispiele für die Erzeugung der Längs- und des Quervorschubs

Längsvorschub — Quervorschub

- Beim **Längsvorschub** wird von den Zahnrädern der Schere die Drehbewegung über weitere Zahnradpaare auf ein Zahnstangengetriebe übertragen. Die Zahnstange ist fest mit dem Maschinenbett verbunden.
- Beim **Quervorschub** wird von den Zahnrädern der Schere die Drehbewegung über weitere Zahnradpaare auf die Gewindespindel des Planschlittens übertragen.

> ! Für Längsrund- und Querplandreharbeiten erfolgt der Vorschubantrieb über die Zugspindel auf das Schlosskastengetriebe mit Fallschnecke. Beim Heranfahren gegen einen Anschlag wird der Vorschubantrieb durch die Fallschnecke abgeschaltet.

2. Werkzeugschlittenantrieb über die Leitspindel

Zum Gewindedrehen erfolgt der Antrieb des Bettschlittens über die Leitspindel. Die Leitspindel bewegt den Bettschlitten über eine Mutter am Schlosskasten. Diese Schlossmutter ist geteilt und kann geöffnet werden. Nur in geschlossenem Zustand wird die Vorschubbewegung von der Leitspindel auf den Bettschlitten übertragen. Dabei sind alle Getriebeteile im Schlosskasten außer Eingriff. Die Drehbewegung der Leitspindel bewirkt eine Schlittenverstellung, indem sich das Trapezgewinde der Spindel durch die geschlossene Mutter am Werkzeugschlitten schraubt.

Werkzeugschlittenantrieb über die Leitspindel

> ! Zum Gewindedrehen erfolgt der Vorschubantrieb über Leitspindel und Schlossmutter.

6.2 Einteilung und Benennung der Drehverfahren

Die Einteilung und Benennung der Drehverfahren wird nach mehreren Unterscheidungsmerkmalen vorgenommen.

Als vorrangiges Unterscheidungsmerkmal und wichtigster Bestandteil der Benennung ist die Form der erzeugten Fläche in der DIN-Norm aufgeführt. Hinzu kommt noch die Unterscheidung, wie die Werkstückform erzeugt wurde.

1. **Einteilung nach der Form der erzeugten Fläche am Werkstück**

Querplandrehen	Längsrunddrehen	Formdrehen	Profildrehen	Schraubdrehen	Abstechen
Erzeugen einer ebenen Stirnfläche	Erzeugen einer zylindrischen Außen- bzw. Innenfläche	Erzeugen einer beliebig geformten Mantelfläche durch Werkzeugsteuerung	Übertragen der Schneidenform auf die Mantelfläche	Erzeugen einer Schraubenlinie in der Mantelfläche	Abtrennen eines fertigen Drehteils

2. **Einteilung nach der Richtung der Vorschubbewegung zur Drehachse**

Längsdrehen		Querdrehen	
Längs-Runddrehen	Längs-Plandrehen	Quer-Runddrehen	Quer-Plandrehen

3. **Einteilung nach der Lage der bearbeiteten Fläche am Werkstück**

Außendrehen	Innendrehen	
Außen-Längs-Runddrehen — Bei Außendrehverfahren wird die Benennung meist ohne die Angabe des Worts „Außen-" angegeben.	Innen-Längs-Runddrehen	Innen-Quer-Plandrehen

> - Drehverfahren werden hauptsächlich nach der Form der bearbeiteten Fläche benannt.
> - Als weiteres Merkmal wird bei Rund-, Plan- und Profildrehverfahren die Richtung der Vorschubbewegung mit Längs- bzw. Plan- vorangestellt.
> - Bei Dreharbeiten innerhalb des Werkstücks wird das Wort „Innen-" der gesamten Benennung vorangestellt.

Fertigungstechnik

6.3 Drehwerkzeuge
6.3.1 Drehmeißelgeometrie

1. Werkzeugbezugssystem

Die Winkel am Drehmeißel sind vom Hersteller zu fertigen, bei jeder Nacharbeit einzuhalten und zu überprüfen. Um die räumliche Lage des Schneidkeils genau bestimmen zu können, ist ein genormtes Werkzeugbezugssystem festgelegt. Dieses wird aus drei rechtwinklig zueinander angeordneten Bezugsebenen gebildet. Die Lage der Bezugsebenen ist von der Schnittrichtung und der Lage der Hauptschneide abhängig.

Die Einordnung des Drehmeißels in das Bezugssystem wird so vorgenommen, dass man den Drehmeißel mit seiner Auflagefläche parallel zur Werkzeugbezugsebene anordnet und ihn so weit dreht, dass die Hauptschneide die Werkzeugschneidenebene berührt. Dabei legt man den Ursprung des Werkzeugbezugssystems in einen beliebigen Punkt der Hauptschneide.

Lage der Ebenen für das Werkzeugbezugssystem (nach DIN 6581)

Werkzeugbezugsebene	Werkzeugschneidenebene	Keilmessebene
Die Werkzeugbezugsebene liegt senkrecht zur Schnittrichtung und meist parallel zur Auflagefläche des Drehmeißels.	Die Werkzeugschneidenebene verläuft in Richtung der Hauptschneide und steht senkrecht zur Werkzeugbezugsebene.	Die Keilmessebene steht sowohl senkrecht zur Werkzeugbezugs- wie auch zur Werkzeugschneidenebene; sie ist die Messebene für Winkel am Scheidkeil.

2. Winkel an der Meißelschneide

① Hauptschneide: Sie übernimmt hauptsächlich die Spanabnahme, sie weist in Vorschubrichtung.
② Nebenschneide: Sie ist geringfügig an der Spanabnahme mitbeteiligt.
③ Schneidenecke: Ecke zwischen Haupt- und Nebenschneide meist mit Schneidenradius abgerundet.
β_o Keilwinkel: Winkel zwischen Spanfläche und Freifläche
γ_o Spanwinkel: Winkel zwischen der Spanfläche und einer waagerechten Bezugsfläche
α_o Freiwinkel: Winkel zwischen Freifläche und einer senkrechten Bezugsfläche
ε_r Eckenwinkel: Winkel zwischen der Hauptschneide und der Nebenschneide
$\varkappa_r$ Einstellwinkel: Winkel zwischen der Hauptschneide und der Vorschubrichtung
λ_s Neigungswinkel: Winkel zwischen der Hauptschneide und einer waagerechten Bezugsebene

6.3.2 Einfluss der Winkel am Drehmeißel

1. Einfluss des Spanwinkels γ_o

Große Spanwinkel ergeben günstige Schnittkräfte und daher geringe Schneidenbelastungen. Deshalb können hohe Zerspanleistungen mit großen Spanwinkeln erreicht werden. Eine Vergrößerung ergibt jedoch eine Schwächung des Schneidkeils. Daher sind große Spanwinkel nur bei weichen und zähen Werkstoffen möglich. Bei Verkleinerung des Spanwinkels erhöht sich die Schneidenbelastung, die Zerspanleistung sinkt. Die Stabilität des Schneidkeils nimmt mit kleinerem Spanwinkel zu, sodass die Gefahr von Schneidenausbrüchen absinkt. Kleine oder negative Spanwinkel verwendet man für harte und spröde Werkstoffe und bei unterbrochenem Schnitt.

Eignung der Schneide bei unterbrochenem Schnitt

Werkstoff des Werkstücks	Spanwinkel λ_o bei SS-Stahl	Hartmetall
Messing, hartes Gusseisen	0° bis 8°	0° bis 5°
hochfeste Stähle, Stahlguss	12° bis 15°	10° bis 12°
Stahl mit R_m bis 700 N/mm², weiches Gusseisen	15° bis 20°	14° bis 18°
Al und Al-Legierungen	20° bis 40°	30° bis 35°

Richtwerte für den Spanwinkel bei nicht unterbrochenem Schnitt

! Für weiche, zähe Werkstoffe wählt man große Spanwinkel.
Für harte, spröde Werkstoffe wählt man kleine Spanwinkel.

2. Einfluss des Freiwinkels α_o

Eine Vergrößerung des Freiwinkels bewirkt eine Verringerung der Reibung zwischen Werkzeug und Werkstück. Dadurch wird jedoch nur eine unbedeutende Erhöhung der Standzeit des Meißels erreicht. Man wählt Freiwinkel zwischen 3° und 12°. Für härtere Werkstoffe verwendet man die kleineren Freiwinkel.

Freiwinkel und Kontaktzone

! Veränderungen des Freiwinkels beeinflussen die Zerspanungsbedingungen kaum.

3. Einfluss des Einstellwinkels $\varkappa_r$

Der Einstellwinkel hat Einfluss auf die Länge des im Eingriff befindlichen Teils der Hauptschneide. Bei gleichem Vorschub und gleicher Schnitttiefe a_p ist bei allen Einstellwinkeln der Spanungsquerschnitt gleich groß. Mit kleinerem Einstellwinkel vergrößert sich das Schneidenstück, das die Spanabnahme vornimmt. Bei langen im Eingriff befindlichen Schneiden verteilt sich die Belastung, zudem wird die entstehende Wärme besser abgeführt. Daher wählt man für Schruppbearbeitungen kleine Einstellwinkel.

Einstellwinkel und Eingriffslänge

Die Gefahr der Durchbiegung beim Drehen langer, dünner Wellen wird bei einem großen Einstellwinkel verringert, weil dadurch die Kraft quer zur Drehachse, Passivkraft F_p, verringert wird.

Einstellwinkel und Passivkraft

! Zur Schruppbearbeitung wählt man kleine Einstellwinkel.
Zum Drehen von langen, dünnen Wellen wählt man den Einstellwinkel $\varkappa_r = 90°$.

Übungsaufgaben 6/13; 6/14

Fertigungstechnik

4. Einfluss des Neigungswinkels λ_s

Ein Neigungswinkel wird als positiv bezeichnet, wenn die Hauptschneide von der Schneidenecke aus nach hinten abfällt. Der Neigungswinkel ist negativ, wenn die Hauptschneide von der Schneidenecke aus nach hinten ansteigt. Meist wird mit $\lambda_s = 0°$ oder mit kleinem positiven Neigungswinkel gedreht.

positiver Neigungswinkel	negativer Neigungswinkel
Einsatz bei • gut zerspanbaren Werkstoffen, • nicht unterbrochenem Schnitt	Einsatz bei • schwer zerspanbaren Werkstoffen und Gussoberflächen, • unterbrochenem Schnitt

!
- Beim Drehen von weichen und gut zerspanbaren Werkstoffen wählt man bei günstigen Zerspanungsbedingungen Neigungswinkel zwischen 0 und + 4°.
- Beim Drehen von harten und schwer zerspanbaren Werkstoffen wählt man bei ungünstigen Zerspanungsbedingungen Neigungswinkel zwischen 0 und – 4°.

6.3.3 Bauarten von Drehmeißeln

1. Grundformen der Drehmeißel

Drehmeißel haben häufig rechteckige oder quadratische Querschnitte. Für das Innendrehen werden auch runde Querschnitte verwendet. Der Querschnitt eines Drehmeißels soll möglichst groß gewählt werden, um elastische Verformungen und damit Maßabweichungen an Werkstücken einzuschränken. Der Verlauf der **Mittellinie** durch Schaft und Schneidkopf ist für die **Benennung des Meißels** entscheidend. In der Längsrichtung können Drehmeißel gerade, gebogen oder abgesetzt sein.

Schneidplatte aus Hartmetall

Gerader Drehmeißel — Gebogener Drehmeißel — Abgesetzter Drehmeißel

2. Linke und rechte Drehmeißel

Nach der Lage der Hauptschneide unterscheidet man rechte und linke Drehmeißel. Für die Klärung der normgerechten Bezeichnung sieht die betrachtende Person auf die Spanfläche des Meißels, dabei muss der Schaft von ihm fortgerichtet sein.

Beispiele für die Einteilung in linke und rechte Drehmeißel

Linker Drehmeißel — Hauptschneide — Spanfläche — Blickrichtung

Rechter Drehmeißel — Hauptschneide — Spanfläche — Blickrichtung

!
Sieht die betrachtende Person von der Schneide aus in Schaftrichtung,
- dann ist es ein rechter Drehmeißel, wenn die Hauptschneide rechts liegt,
- dann ist es ein linker Drehmeißel, wenn die Hauptschneide links liegt.

3. Gebräuchliche Drehmeißelformen

Für unterschiedliche Drehaufgaben sind Drehmeißel mit verschiedenen Formen erforderlich. Viele Drehmeißel sind in ihrer Formgebung durch DIN-Normen festgelegt.

Beispiele für den Einsatz gebräuchlicher Drehmeißel

Längs-Runddrehen			Quer-Plandrehen
gerader rechter Drehmeißel	spitzer Drehmeißel	rechter Innendrehmeißel	abgesetzter rechter Stirndrehmeißel

4. Ausführungsarten von Drehmeißeln

Einteilige Drehmeißel bestehen aus Schnellarbeitsstahl. Sie werden nach Bedarf aus Rohlingen (Drehlingen) geschliffen. Sie werden in der Einzelfertigung zum Profildrehen verwendet.
Drehmeißel aus unlegiertem Stahl mit eingelöteten Hartmetallplatten finden ähnliche Verwendung.
Zur Serienfertigung werden ausschließlich Drehmeißel mit auswechselbaren Schneidplatten eingesetzt.

Beispiele für Ausführungsarten von Drehmeißeln

- Drehmeißel aus HSS
- Drehmeißel mit eingelöteter Hartmetallschneidplatte
- Drehmeißel mit eingeschraubter Schneidplatte
- Schraube
- Wendeschneidplatte
- Zwischenlage
- Schraube für Zwischenlage

6.4 Spannen und Stützen der Werkstücke

Zum Drehen müssen die Werkstücke sicher, schnell und mit gutem Rundlauf eingespannt werden. Die Art der Werkstückeinspannung richtet sich nach der Form und Größe des Werkstücks und nach der Anzahl gleicher Werkstücke.

6.4.1 Spannen im Spannfutter

Kurze Werkstücke, z. B. Rundteile verschiedener Durchmesser oder Sechskantprofile, werden in das **Dreibackenfutter** eingespannt. Zum Spannen der Vierkant- oder Achtkantprofile ist ein **Vierbackenfutter** erforderlich.

> ❗ Kurze Drehteile spannt man in Dreibacken- oder Vierbackenfutter.

6.4.2 Spannen auf Planscheiben

Zum Spannen von *unregelmäßig geformten, großen Werkstücken* werden Planscheiben eingesetzt. Die Planscheiben werden direkt auf dem Kopf der Arbeitsspindel befestigt.

Im meist großformatigen Grundkörper der Planscheiben erlauben einzeln verstellbare Spannbacken variable Werkstückeinspannungen. Je nach Form werden Werkstücke ohne Spannbacken direkt mit Spannlaschen und Spannschrauben oder anderen Hilfsteilen befestigt.

Bei sehr unregelmäßig geformten Werkstücken kann der Gesamtschwerpunkt stark nach außen verlagert sein. Durch Aufschrauben von Gegengewichten muss eine solche Unwucht ausgeglichen werden.

Beispiele zum Spannen von Werkstücken auf Planscheiben

! Planscheiben dienen zum Spannen von großen, unregelmäßig geformten Werkstücken, die durch Drehen bearbeitet werden. Werkstücke können mit einzeln verstellbaren Spannbacken, mit Spannlaschen und -schrauben oder mithilfe von Spannwinkeln auf der Planscheibe befestigt werden.

1. Ausrichten von Werkstücken

Bei der Einzelteilfertigung von massiven Werkstücken erfolgt das Ausrichten nach einem in der Drehmitte geschlagenen Körnerpunkt. Das Werkstück wird mit einer Zentrierspitze im Reitstock ausgerichtet und dann gespannt. Bei Kleinserien wird die Einspannlage durch Anschläge festgehalten, sodass bei den nachfolgenden Spannvorgängen eine hohe Wiederholgenauigkeit ohne erneutes Ausrichten gewährleistet ist.

Beispiele für das Ausrichten von Massivteilen

– **Ausrichten von Werkstücken mit zylindrischen Außen- oder Innenformen**

Gegossene, geschmiedete oder geschweißte Werkstücke mit zylindrischen Außen- oder Innenformen werden zunächst nach Augenmaß auf der Planscheibe ausgerichtet und leicht festgespannt. Mithilfe einer Messuhr wird der Rundlauf des Werkstücks überprüft und die Einspannlage bei Bedarf korrigiert und danach das Werkstück fest eingespannt.

Ausrichten von Werkstücken mit einer Messuhr

! Werkstücke müssen auf der Planscheibe so ausgerichtet werden, dass die Drehmitte mit der Achse der Arbeitsspindel übereinstimmt.

6.4.3 Spannen in Spannzangen

Zum schnellen Einspannen von zylindrischen Werkstücken mit kleinem Durchmesser verwendet man bei mittleren und großen Stückzahlen Spannzangen. Eine Spannzange ist ein geschlitzter Hohlkörper, der beim Spannen etwas in die Drehspindel hineingezogen wird. Dabei wird der geschlitzte Kegel der Spannzange zusammengedrückt und hält das Werkstück durch Kraftschluss.

Die Spannzange wird entweder direkt in die kegelige Aufnahmebohrung der Arbeitsspindel eingesetzt oder in ein besonderes Schnellspannfutter für Spannzangen eingeschraubt. Zur Aufnahme des Werkstücks besitzt die Spannzange eine zentrische Bohrung, die nur das Spannen in einem kleinen Durchmesserbereich erlaubt, z. B. 10 ± 0,25.

Spannzange

! Mit Spannzangen können Drehteile mit kleinen Durchmessern gespannt werden.

6.4.4 Spannen zwischen Zentrierspitzen

Werkstücke können auch zwischen zwei Zentrierspitzen bearbeitet werden. Dies ist erforderlich, wenn ein Werkstück für verschiedene Arbeitsgänge umgespannt werden muss. Beim Drehen zwischen zwei Zentrierspitzen erzielt man stets einen guten Rundlauf.
Eine stirnseitige Mitnahme des Werkstücks durch die Schneiden eines Stirnseiten-Mitnehmers erlaubt ein Überdrehen der gesamten Werkstücklänge ohne Umspannen.

Spannen zwischen zwei Zentrierspitzen mit Stirnseiten-Mitnehmer

! Beim Spannen von Drehteilen zwischen zwei Zentrierspitzen erfolgt die Mitnahme durch eine Mitnehmerscheibe mit einem Drehherz oder durch einen Stirnseiten-Mitnehmer.

6.5 Spezielle Drehverfahren

6.5.1 Kegeldrehen

– **Oberschlittenverstellung**
Der Oberschlitten wird um den halben Kegelwinkel verstellt, sodass die Bewegung des Oberschlittens entlang der zu fertigenden Mantellinie erfolgt. Die Vorschubbewegung wird meist von Hand ausgeführt. Mit diesem Verfahren können nur kurze Kegel gefertigt werden, da der Vorschubweg des Oberschlittens verhältnismäßig kurz ist. Den Verstellwinkel des Oberschlittens nennt man **Einstellwinkel** $\frac{\alpha}{2}$.

$$\text{Einstellwinkel} = \frac{\text{Kegelwinkel}}{2} = \frac{\alpha}{2}$$

Kegeldrehen durch Oberschlittenverstellung

6.5.2 Gewindedrehen

Beim Gewindedrehen werden in Wellen oder Bohrungen entlang einer Schraubenlinie Gewindegänge in den Werkstoff geschnitten. Die Schneidenform des Drehmeißels entspricht dem Gewindeprofil. Der Vorschub des Drehmeißels bei einer Umdrehung muss gleich der Gewindesteigung P sein.

Gewindedrehen

Die Abstimmung der Schnittbewegung mit der Vorschubbewegung erfolgt über Zahnradgetriebe. Von der Arbeitsspindel wird die Drehbewegung über auswechselbare Zahnräder auf das Vorschubgetriebe übertragen. Mithilfe einer Gewindespindel – der Leitspindel – und einer Mutter – der Schlossmutter – wird die Drehbewegung in die Längsbewegung des Bettschlittens umgesetzt.
Häufig vorkommende Gewindesteigungen werden am Vorschubgetriebe der Drehmaschine eingestellt. Für selten verlangte Gewindesteigungen müssen Wechselräder entsprechend ausgetauscht werden.

Einspannung des Drehmeißels
Der Gewindedrehmeißel muss als Formmeißel so eingespannt werden, dass die Schneiden das gewünschte Gewindeprofil erzeugen. Dazu muss der Drehmeißel:
- mittig eingespannt sein,
- einen Spanwinkel $\gamma_0 = 0°$ haben,
- mit der Werkstückachse einen rechten Winkel bilden.

Einspannen des Drehmeißels

$\alpha_0 = 10$ bis $15°$

> Zum Gewindeschneiden muss der Drehmeißel auf der Werkstückmitte und mit seiner Profilmittellinie senkrecht zur Werkstückachse eingestellt werden.

Schnittfolge beim Gewindedrehen
Gewindedrehen erfolgt in mehreren Arbeitsgängen. Bei der Schruppbearbeitung des Gewindes wird der Meißel so zugestellt, dass die Spanabnahme hauptsächlich von einer der beiden Meißelschneiden ausgeführt wird. Deshalb wird der Drehmeißel vom zweiten Schruppspan an quer und längs zur Drehachse zugestellt. Beim Schlichten wird mit beiden Schneiden gleichzeitig geschnitten, sodass das Gewinde die gewünschte Profilform erhält.

Schnittfolge beim Gewindedrehen

1–5 Schruppen

> Beim Schruppen soll der Drehmeißel bevorzugt mit einer Schneide schneiden. Beim Schlichten sollen beide Schneiden gleichmäßig eingreifen.

6.6 Einflussgrößen auf die Oberflächenbeschaffenheit beim Drehen

Die Oberflächenbeschaffenheit beim Drehen wird bestimmt durch:
- die Schnittbedingungen,
- die Schneidengeometrie,
- den Schneidstoff und
- die Zerspanbarkeit des Werkstoffs.

Als Maß für die Oberflächengüte wird häufig die gemittelte Rautiefe R_z gewählt.

Die wichtigsten Einflussgrößen auf die Rautiefe

1. Schnittgeschwindigkeit und Kühlschmierung

Je nach Größe der Schnittgeschwindigkeit ist eine unterschiedlich starke Aufbauschneidenbildung zu beobachten. Die **Aufbauschneide** entsteht durch Verschweißung kleiner Werkstoffteilchen auf der Spanfläche und wird
- *groß* bei niedrigen bis mittleren Schnittgeschwindigkeiten und bleibt
- *sehr klein* bei hohen Schnittgeschwindigkeiten.

Kleine Partikel der sich periodisch aufbauenden und wieder abreißenden Aufbauschneide gleiten zwischen Span- und Freifläche ab und verursachen so eine große Rautiefe.

Bildung der Aufbauschneide *Abscherung der Aufbauschneide*

Die **Kühlschmierung** verbessert die Oberflächenbeschaffenheit. Eine Verbesserung ist zu erreichen durch:
- eine gute Schmierung bei niedrigen Schnittgeschwindigkeiten und
- eine gute Kühlung bei hohen Schnittgeschwindigkeiten.

In beiden Fällen wirkt der Kühlschmierstoff verschleißmindernd und reduziert die Aufbauschneidenbildung.

> **!** Zu einer Verringerung der Rautiefe führen:
> - die Erhöhung der Schnittgeschwindigkeit und
> - ein angepasster Kühlschmiermitteleinsatz.

2. Vorschub und Schneidenradius

Beim Drehen haben der Schneidenradius und der Vorschub entscheidenden Einfluss auf die Oberflächenbeschaffenheit. Die zu erwartende Rautiefe R_t lässt sich überschlägig nach folgender Formel berechnen:

$$R_t = \frac{f^2}{8 \cdot R}$$

f = Vorschub
R = Schneidenradius
R_t = Rautiefe

Rautiefe und Schneidenradius

Der Zusammenhang zwischen Rautiefe, Vorschub und Schneidenradius wird häufig in Diagrammen dargestellt. Mithilfe solcher Diagramme oder der obigen Formel kann ermittelt werden, ob bei einem bestimmten Vorschub eine vorgegebene Rautiefe erreicht werden kann.

> **!** Je kleiner der Vorschub und je größer der Schneidenradius, desto geringer wird die Rautiefe.

3. Span- und Einstellwinkel

Mit zunehmendem positiven Spanwinkel verbessert sich der Spanablauf. Dabei nehmen die mechanischen und thermischen Belastungen ab, was zu einer Verbesserung der Oberflächenbeschaffenheit führt.
Zu kleine Einstellwinkel erhöhen die Gefahr von Ratterschwingungen, welche die Oberflächenqualität beeinträchtigen.

> **!** Je größer der positive Spanwinkel, desto geringer ist die Rautiefe. Der Einstellwinkel darf dabei ein Mindestmaß nicht unterschreiten.

Fertigungstechnik

6.7 Bestimmen von Arbeitsgrößen zum Drehen

6.7.1 Wahl der Schnittgeschwindigkeit und Berechnung der Umdrehungsfrequenz

Die Wahl der Schnittgeschwindigkeit richtet sich nach folgenden Faktoren:
- Schlichten oder Schruppen,
- Werkstoff des Werkstücks,
- Werkstoff der Werkzeugschneide,
- Standzeit des Werkzeugs.

Die genaue Bestimmung der Schnittdaten sollte nach den Angaben der Werkzeughersteller erfolgen. Diese haben für die unterschiedlichsten Schneidenwerkstoffe umfangreiche Tabellen erstellt.
Zum Einstellen der Drehmaschine bestimmt man Schnitttiefe, Vorschub und Schnittgeschwindigkeit.
Aus der gewählten Schnittgeschwindigkeit wird für den zu bearbeitenden Werkstückdurchmesser die einzustellende Umdrehungsfrequenz berechnet.

$$n = \frac{v_c}{d \cdot \pi}$$

- n Umdrehungsfrequenz in 1/min
- d Werkstückdurchmesser in m
- v_c Schnittgeschwindigkeit in m/min

6.7.2 Berechnung der Hauptnutzungszeit

Die reine Nutzungszeit der Drehmaschine, also die Zeit, in der die Maschine das Werkstück bearbeitet, ist die Hauptnutzungszeit t_h. Die Hauptnutzungszeit wird aus dem Vorschubweg, der Zahl der Schnitte und dem Vorschub berechnet. Der Vorschubweg ist der Weg, auf dem das Werkzeug im Eingriff ist, plus dem Anschnittweg und ggf. dem Überlaufweg.

Längs-Runddrehen

$L = l + l_a + l_ü$

$l_a \approx l_ü \approx 2$ mm

Quer-Plandrehen

$L = \frac{d}{2} + l_a$

$l_a \approx 2$ mm

$l_ü = 0$

Formelzeichen
- L Vorschubweg
- l Werkstücklänge
- l_a Anschnittlänge
- $l_ü$ Überlauflänge
- d Werkstückdurchmesser

Hauptnutzungszeit:

$$t_h = \frac{L \cdot i}{n \cdot f}$$

- t_h Hauptnutzungszeit in min
- i Anzahl der Schnitte
- f Vorschub in mm
- n Umdrehungsfrequenz in 1/min

Beispiel für die Berechnung der Hauptnutzungszeit

Aufgabe
Eine Welle aus E 295 mit 60 mm Durchmesser und 219 mm Länge soll auf 51 mm Durchmesser abgedreht werden. Der Drehmeißel hat eine Schneidplatte aus Hartmetall P20.

Gegeben:
d = 60 mm
l = 219 mm
$l_a = l_ü$ = 1 mm

Schruppen v_c = 120 m/min
f = 0,5 mm
a_p = 4,5 mm (Schnitttiefe)

Gesucht:
Hauptnutzungszeit t_h

Lösung

$n = \dfrac{v_c}{d \cdot \pi}$

$n = \dfrac{120 \text{ m}}{\text{min} \cdot 0{,}06 \text{ m} \cdot \pi}$

$n = 636 \dfrac{1}{\text{min}}$

$L = 219 \text{ mm} + 2 \text{ mm}$

$L = 221 \text{ mm}$

$t_h = \dfrac{L \cdot i}{n \cdot f}$

$t_h = \dfrac{221 \text{ mm} \cdot 1 \cdot \text{min}}{636 \cdot 0{,}5 \text{ mm}}$

$t_h = \mathbf{0{,}69 \text{ min}}$

7 Fertigen durch Fräsen mit mechanisch gesteuerten Werkzeugmaschinen

7.1 Fräsmaschinen

Fräsen ist ein spanendes Bearbeiten mit einem meist mehrschnittigen Fräser, von dem an der Schnittstelle stets eine oder mehrere Schneiden im Eingriff sind. Der Fräser hat geometrisch bestimmte Schneiden.

Die Spanabnahme erfolgt auf der Fräsmaschine dadurch, dass
- der Fräser die kreisförmige Schnittbewegung und
- das Werkstück die geradlinige und stetige Vorschubbewegung ausführt.

α_0 = Freiwinkel
β_0 = Keilwinkel
γ_0 = Spanwinkel

Vorschub und Schnittbewegung beim Fräsen

> ! Fräsen erfolgt mit geometrisch bestimmten Schneiden. Die Schnittbewegung erfolgt durch den rotierenden Fräser.

Mechanisch gesteuerte Fräsmaschinen werden hauptsächlich in der Einzelfertigung zur Herstellung meist geradliniger Konturen und Bohrungen eingesetzt.

Nach der Lage der Frässpindel unterscheidet man Waagerecht- und Senkrechtfräsmaschinen. Universalfräsmaschinen mit schwenkbarem Kopf oder mit zwei Spindeln erlauben den Einsatz sowohl als Waagerecht- als auch als Senkrechtfräsmaschine.

Beispiele für eine Universalfräsmaschine im Einsatz als Waagerecht- und als Senkrechtfräsmaschine

Waagerecht-Fräsmaschine	Senkrecht-Fräsmaschine
Die Frässpindel liegt **waagerecht**. Für bestimmte Fräsarbeiten wird die Frässpindel durch verstellbare Stützlager im Gegenhalter geführt.	Die Frässpindel steht **senkrecht**. Der Fräskopf ist schwenkbar.

Übungsaufgaben 7/1; 7/2

Fertigungstechnik

7.2 Fräsverfahren

7.2.1 Einteilung der Fräsverfahren

Fräsverfahren werden nach der Form der zu erzeugenden Fläche, nach der Lage der Schneiden zur Vorschubbewegung und nach dem Zusammenwirken von Schnitt- und Vorschubbewegung unterschieden.

1. Einteilung nach der Form der zu erzeugenden Fläche
Nach der Form der zu erzeugenden Fläche unterscheidet man Planfräsen, Rundfräsen, Profilfräsen u. a.

Beispiele für die Bezeichnung von Fräsverfahren nach Vorschub und Form der zu erzeugenden Fläche
Planfräsen — Rundfräsen — Schraubfräsen — Zahnradfräsen — Profilfräsen

2. Einteilung nach der Lage der Schneiden zur Vorschubbewegung
Als Hauptschneiden bezeichnet man die Schneiden, welche in Vorschubrichtung liegen. Nebenschneiden liegen nicht in Vorschubrichtung. Haupt- und Nebenschneiden bilden die Schneidenecke.
Nach der Lage der Schneiden am Fräser, durch welche die gewünschte Oberfläche erzeugt wird, unterscheidet man Umfangsfräsen, Stirnfräsen und Stirn-Umfangsfräsen.

Planfräsen durch Stirnfräsen	Planfräsen durch Umfangsfräsen	Planfräsen durch Stirn-Umfangsfräsen
Die *Nebenschneiden* an der Stirnseite des Fräsers erzeugen die Werkstückoberfläche.	Die *Hauptschneiden* am Umfang des Fräsers erzeugen die Werkstückoberfläche.	Die *Hauptschneiden* am Umfang und die *Nebenschneiden* an der Stirnseite des Fräsers erzeugen die Werkstückoberfläche.

3. Einteilung nach der Art des Zusammenwirkens von Schnitt- und Vorschubbewegung
Entsprechend dem Zusammenwirken von Schnitt- und Vorschubbewegung unterscheidet man Gegenlauf- und Gleichlauffräsen.

Gegenlauffräsen	Gleichlauffräsen
Beim Gegenlauffräsen wirken Schnittbewegung und Vorschub entgegengesetzt.	Beim Gleichlauffräsen wirken Schnittbewegung und Vorschub gleichgerichtet.

7.2.2 Vergleich von Gegenlauffräsen und Gleichlauffräsen

Gleichlauffräsen	Gegenlauffräsen
• Schneiden dringen schlagartig in den Werkstoff ein und werden sehr stark belastet. • Geringer Freiflächenverschleiß erhöht die Standzeit der Wendeschneidplatten. • Schräg nach unten gerichtete Schnittkräfte versuchen das Werkstück unter den Fräser zu ziehen. Daher muss die Vorschubeinrichtung der Fräsmaschine absolut spielfrei sein. • Große Schnitttiefen können bei hohen Schnittgeschwindigkeiten gewählt werden.	• Schneiden dringen allmählich in den Werkstoff ein. Starke Reibung führt zu hohem Verschleiß der Schneiden. • Zum Ende des Schnittvorgangs ist der Spanungsquerschnitt maximal, die Schneiden werden schlagartig entlastet. • Rattermarken können die Oberflächengüte negativ beeinflussen. • Schräg nach oben gerichtete Schnittkräfte versuchen das Werkstück aus der Aufspannung zu heben.

7.3 Fräswerkzeuge und ihr Einsatz

Im Aufbau unterscheidet man Fräser, welche ganz aus Schnellarbeitsstahl oder Hartmetall bestehen und Fräser mit Trägerkörpern aus Stahl und Wendeschneidplatten aus Hartmetall oder Schneidkeramik.

Beispiele für den Einsatz von Fräswerkzeugen

- Fasenfräsen – Fasenfräser
- Nutfräsen – Langlochfräser
- Besäumen – Igelfräser
- Taschenfräsen – Schaftfräser
- Planfräsen – Planfräser
- Kopierfräsen – Kopierfräser
- Planfräsen – Plan- und Eckfräser
- Planfräsen – Plan- und Eckfräser
- Nutfräsen – Scheibenfräser
- Bohrzirkularfräsen – Torusfräser
- Tauchfräsen – Tauchfräser
- Planfräsen – Planfräser

Übungsaufgabe 7/6

Fertigungstechnik

7.3.1 Walzenstirnfräser

Walzenstirnfräser haben eine zylindrische Grundform sowie Schneiden am Umfang und an der Stirnseite. Sie werden vorwiegend zum Umfangsfräsen ebener Flächen an schmalen Werkstücken und zum Stirn-Umfangsfräsen von Falzen und breiten Nuten verwendet.

Beispiele für Fräsarbeiten mit Walzenstirnfräsern

Umfangsfräsen — Stirn-Umfangsfräsen

HSS-Walzenstirnfräser

Walzenstirnfräser werden bei diesen Fräsarbeiten vorwiegend so eingesetzt, dass die Schneiden am Umfang des Fräsers die Hauptschneiden sind.
Zur Bestimmung der Werkzeugwinkel der Hauptschneiden an einem Walzenstirnfräser benutzt man die Keilmessebene des Fräsers. Sie steht senkrecht zur Fräserschneide und ist um den Drallwinkel gegen die Längsachse des Fräsers verdreht.

Beispiel für die Lage der Winkel an der Hauptschneide beim Umfangsfräsen

α_o = Freiwinkel
β_o = Keilwinkel
γ_o = Spanwinkel

Die meisten Walzenstirnfräser haben einen Drall, damit die Hauptschneiden allmählich in den Werkstoff eindringen. Dies führt zu
- gleichmäßigerer Schneidenbelastung,
- ruhigerem Lauf des Fräsers,
- leichterer Spanabfuhr und
- Erhöhung der Standzeit der Werkzeuge.

HSS-Walzenstirnfräser zum Schlichten als Aufsteckfräser

Fräsertyp	Typ H	Typ N	Typ W
zu bearbeitender Werkstoff	Harte und zähharte Werkstoffe z. B. legierte Stähle	normalharte Werkstoffe z.B. Baustahl, Gusseisen	weiche Werkstoffe z. B. Aluminiumlegierungen
Fräser			
Keilwinkel β Spanwinkel γ Spanraum			

! Walzenstirnfräser haben meist einen Drall. Je härter der zu bearbeitende Werkstoff, desto größer ist der Keilwinkel und desto kleiner ist der Spanwinkel.

7.3.2 Plan- und Eckfräsköpfe

Zum Stirnplanfräsen und Eckfräsen werden Messerköpfe eingesetzt. Der Werkstoff wird beim Fräsen mit diesen Fräsköpfen auf der Umfangsseite mit den Hauptschneiden zerspant. Die Stirnseite mit den Nebenschneiden schabt über die bearbeitete Fläche.

Planfräsköpfe dienen vorwiegend zur Erzeugung ebener Flächen. Sie haben kleine Einstellwinkel, um die Kraft an der Schneide klein zu halten.

Eckfräsköpfe werden verwendet, wenn außer einer Planfläche gleichzeitig eine senkrechte Fläche erzeugt werden soll oder nur die senkrechte Fläche zu bearbeiten ist. Entsprechend der Verwendung beträgt bei Eckfräsköpfen der Einstellwinkel 90°.

Eckfräser als Aufsteckfräser

Beispiele für Einstellwinkel an Plan- und Eckfräsköpfen

Eckfräskopf — Planfräskopf 75° — Planfräskopf 45°

Bei gleichem Spanungsquerschnitt nimmt mit kleinerem Einstellwinkel die Schneidenbelastung ab. Dadurch sind höhere Vorschubwerte möglich, wodurch auch ein höheres Zeitspanvolumen zu erreichen ist. Gleichzeitig nimmt die Gefahr von Kantenausbrüchen an den bearbeiteten Werkstücken ab.

> - Planfräsköpfe haben Einstellwinkel von 45° oder 75°.
> - Eckfräsköpfe haben Einstellwinkel von 90°.

Die Teilung des Fräskopfs ergibt sich aus der Anzahl der Schneidplatten auf seinem Umfang. Sie bestimmt den Spanraum und hat damit großen Einfluss auf die mögliche Zerspanleistung des Fräskopfs.
- Weite Teilungen ermöglichen eine große Spanabnahme mit großer Schnitttiefe.
- Enge Teilungen erlauben eine höhere Vorschubgeschwindigkeit und eignen sich besser zur Bearbeitung unterbrochener Flächen.

Jeder Eintritt einer Schneide in den Werkstoff erzeugt einen Stoß. Wenn diese Stöße in regelmäßigem zeitlichem Abstand auftreten, kommt es zu Schwingungen – das Werkzeug vibriert. Diese Vibrationen beeinträchtigen die Oberflächengüte der zu bearbeitenden Oberfläche. Zur Vermeidung von Vibrationen verteilt man bei den meisten Fräsköpfen die Schneiden in gering unterschiedlichen Abständen auf dem Fräserumfang. Man spricht von einer Differentialteilung.

Differentialteilung

> Plan- und Eckfräsköpfe mit weiten Teilungen erlauben große Schnitttiefen. Plan- und Eckfräsköpfe mit engen Teilungen erlauben höhere Vorschübe. Durch Differentialteilung vermeidet man Vibrationen des Fräswerkzeugs.

7.3.3 Schaftfräser

Schaftfräser werden vorwiegend zur Bearbeitung kleiner Flächen, Nuten, Langlöcher und kleinerer Taschen verwendet. Diese Fräser haben entweder zylindrische Schäfte zur Aufnahme im Spannfutter oder einen kegeligen Schaft, der in den Innenkegel der Fräsmaschine eingesetzt wird. Es gibt Fräser mit Schruppverzahnung oder Schlichtverzahnung.

Beispiele für Schrupp- und Schlichtverzahnung an Schaftfräsern

Schruppverzahnung

Schlichtverzahnung

Schruppschlichtverzahnung

Schaftfräser zum Nut-, Langloch- und Taschenfräsen können unterschiedliche Zahlen von Schneiden haben:

Einschneider haben einen großen Spanraum und sind deshalb besonders zum Fräsen in weichen Werkstoffen (z. B. Aluminium und Kunststoffe) geeignet.
Mehrschneider mit zwei und mehr Schneiden werden zu Fräsarbeiten in Stahl eingesetzt.
Schaftfräser werden auch nach der Lage der Schneiden unterschieden:

Schaftfräser ohne Zentrumsschnitt haben keine über die Mitte reichende Schneide. Sie eignen sich zur Bearbeitung kleiner Flächen, die im Randbereich der Werkstücke liegen. Die Zustellung der Frästiefe erfolgt vor der Bearbeitung.

Fräser ohne Zentrumsschnitt

Schaftfräser mit Zentrumsschnitt haben mindestens eine über die Mitte reichende Schneide. Darum ist mit ihnen ein senkrechtes Eintauchen in das Werkstück möglich. Sie eignen sich zu Bohrarbeiten an schräg liegenden Flächen oder Drehteilen.

Beispiele für Fräsarbeiten mit Fräsern mit Zentrumsschnitt

Nutfräsen

Taschenfräsen

Bohren

> Schaftfräser zum Nut-, Langloch- und Taschenfräsen unterscheidet man nach
> - der Verzahnung in Schrupp- und Schlichtfräser,
> - der Zahl der Schneiden in Ein- und Mehrschneider und
> - der Schneidenlage in Fräser mit und ohne Zentrumschnitt.

7.3.4 Profilfräser

1. Radienfräser

Bei Profilfräsern entspricht der Schneidenverlauf einem Teil der zu erzeugenden Werkstückkontur. Profilfräser stehen als Massivwerkzeuge aus Schnellarbeitsstahl oder mit Hartmetall bestückt zur Verfügung. Sie werden zum Fräsen von Radien, Hohlkehlen, Führungsnuten und speziellen Konturen eingesetzt. Profilfräser werden als Aufsteckfräser und Schaftfräser hergestellt.

Beispiele für die Erzeugung von Radien durch Aufsteckfräser aus Schnellarbeitsstahl

2. Winkelfräser

Die Führungen sind oft aus einfachen Profilen zusammengesetzt. Daher werden bei der Fertigung der Führungsbahnen meist mehrere Fräser nacheinander eingesetzt. So wird z. B. eine vorgefräste Nut durch einen Winkelfräser erweitert.

Beispiele für die Bearbeitung einer Führung mit Profilfräsern

1. Vorarbeiten der Nut
2. Fräsen der ersten Schräge
3. Fräsen der zweiten Schräge

3. Satzfräser

Zur Erzeugung von Profilen, die aus mehreren einfachen Konturen zusammengesetzt sind, werden zur wirtschaftlichen Fertigung häufig Satzfräser verwendet. Dabei werden die einzelnen Fräser so zusammengestellt, dass das gewünschte Profil ohne Fräserwechsel und Umspannen in einem Arbeitsgang erzeugt werden kann.

Beispiel für das Fräsen einer Führung mit einem Satzfräser

> ⚠ • Mit Profilfräsern werden an langen Werkstücken Radien, T-Nuten, Führungen u. a. gefräst.
> • Mit Satzfräsern lassen sich auf Fräsmaschinen komplizierte Profile in einem Arbeitsgang fertigen.

Übungsaufgaben 7/13; 7/14; 7/15

Fertigungstechnik

7.4 Spannzeuge für Werkzeuge auf Fräsmaschinen

Spannzeuge nehmen Schneidwerkzeuge auf und werden ihrerseits in die Arbeitsspindel der Werkzeugmaschine eingespannt. Zu unterscheiden an modernen Spannzeugen ist die Schnittstelle zur Maschine auf der einen Seite und die Trennstelle zum Schneidwerkzeug auf der anderen Seite.

Die Spannzeuge sind so konzipiert, dass die Antriebsdrehmomente der Werkzeugmaschinen mit hoher Rundlaufgenauigkeit übertragen werden können. Für CNC-Fräsmaschinen sind für die programmgesteuerten Arbeiten nur solche Spannzeuge geeignet, die einen automatischen Werkzeugwechsel zulassen.

Spannzeuge für Werkzeuge

7.4.1 Gestaltung der Schnittstelle zwischen Spannzeug und Arbeitsspindel

Für den automatischen Werkzeugwechsel in die Arbeitsspindel werden Systeme verwendet, die selbsttätig in die kegelige Bohrung der Arbeitsspindel eingezogen werden können. Hierzu eignen sich Spannzeuge mit **Steilkegel (SK)** und **Hohlschaftkurzkegel (HSK)**.

1. Steilkegel (SK)
Steilkegel (SK) haben einen großen Kegelwinkel und sind nicht selbsthemmend.
Die Spannzeuge werden mit einer eingeschraubten Zugstange oder durch ein Greifersystem in die Maschinenspindel eingezogen und gehalten. Bei Werkzeugwechsel wird das Spannzeug freigegeben. Die Kraftübertragung erfolgt weitgehend formschlüssig über Mitnehmer, die in entsprechende Nuten am Bund des Steilkegels eingreifen.

Steilkegel (SK)

2. Hohlschaftkurzkegel (HSK)
Hohlschaftkurzkegel (HSK) zeichnen sich durch eine kurze Baulänge mit geringem Gewicht aus. Sie werden durch ein Greifersystem innen gefasst und in die Spindel eingezogen. Dabei wird der Kurzkegel elastisch verformt und fest an die kegelige Bohrung der Maschinenspindel angelegt, der Bund wird gegen die Planfläche gezogen. Dadurch wird eine sehr hohe Positionsgenauigkeit des Spannzeugs in der Maschinenspindel erzielt.

Hohlschaftkurzkegel (HSK)

> ! Hohlschaftkurzkegel zeichnen sich durch kurze Baulänge aus. Sie haben höhere Positioniergenauigkeit als Steilkegel, weil sie beim Spannen mit einem Bund gegen die Planfläche der Maschienspindel gezogen werden.

7.4.2 Gestaltung der Trennstelle zwischen Spannzeug und Werkzeug

Werkzeuge werden nach unterschiedlichen Verfahren in die Spannzeuge eingespannt. Zu Verfahren, durch die Werkzeuge schnell, sicher und genau positioniert werden können, zählt das Spannen im:
- **Spannzangenfutter** – Spannen durch mechanisches Verformen einer geschlitzten Hülse.
- **Schrumpffutter** – Spannen durch Wärmschrumpfung der Werkzeugaufnahme,
- **Hydrodehnspannfutter** – Spannen durch hydraulisches Dehnen einer Spannhülse,
- **Polygonspannfutter** – Spannen durch mechanisches Verformen einer polygonförmigen Aufnahme.

– Spannzangenfutter
Fräswerkzeuge mit zylindrischem Schaft werden in Spannzangenfuttern eingespannt. Spannzangenfutter bestehen aus einem Grundkörper mit aufschraubbarer Druckhülse. In den Grundkörper werden je nach Fräserdurchmesser Spannzangen mit unterschiedlichen Innendurchmessern eingewechselt. Spannzangen haben einen Außenkegel. Beim Anziehen der Druckhülse werden die konischen Spannzangen zusammengedrückt und erzeugen so die Spannkraft zum Spannen des Fräswerkzeugs.

Spannzangenfutter **Spannzangen**

– Schrumpffutter
Bei der Werkzeugeinspannung durch die Wärmeschrumpftechnik wird das Spannzeug im Bereich der Werkzeugaufnahme durch hochfrequente Induktionsströme erwärmt. Die Erwärmungszeit beträgt wenige Sekunden. Die Werkzeugaufnahme weitet sich etwas aus und das kalte Schneidwerkzeug kann in die Aufnahme geschoben werden.
Beim Erkalten der Werkzeugaufnahme wird das Werkzeug durch Wärmeschrumpfung zentrisch gespannt.
Zum Wechsel des Werkzeugs wird die Werkzeugaufnahme ebenfalls durch Induktionsstrom nur in der Nähe des Werkzeugschafts erhitzt.

Werkzeugeinspannung durch Wärmeschrumpfung

– Dehnspannfutter
Bei der Werkzeugeinspannung durch die Hydrodehntechnik wird durch eine Betätigungsschraube Hydrauliköl gegen die Spannbüchse gedrückt. Dadurch dehnt sich dieses Spannelement aus und spannt das Werkzeug und den Fasenring. Das Werkzeug wird spielfrei und konzentrisch gespannt. Durch eine Verstellschraube erhält das eingeführte Werkzeug einen Längenanschlag, sodass eine Einstellung der Bohrtiefe möglich ist.
Eine Fase kann nach dem Bohren sofort mit der eingespannten Fasenschneidplatte eingebracht werden. Mit dem verstellbaren Fasenring kann die Bohrtiefe ebenfalls abgeändert werden.

Werkzeugeinspannung durch hydraulisches Dehnen

Fertigungstechnik

Polygonspannfutter

Bei der Polygonspanntechnik wird die Werkzeugaufnahme mit polygonartiger Bohrung durch ein Presssystem an der Spannstelle so deformiert, dass die Bohrung rund wird und das Werkzeug eingeführt werden kann. Nach Entlasten des Presssystems ist das Werkzeug gespannt.

Ablauf des Polygonspannens

ohne Werkzeug	nach Einleiten der Kraft	beim Einfügen des Werkz.	gespanntes Werkzeug
Spann–ø polygonähnlich, Kunststoffeinlage	Spann–ø wird rund, Kraft/Force	Schaft fügen, Kraft/Force	Spann–ø schrumpft, Kraft/Force

> ❗ Durch den Einsatz präzise spannender Spannzeuge werden Fertigungsqualität gesteigert, Fertigungszeit minimiert und höhere Standzeiten der Werkzeuge erreicht.

7.4.3 Systeme zur Werkzeugeinstellung

Die stabilen und rundlaufgenauen Einspannungen der Schneidwerkzeuge ermöglichen die schwingungsarme Bearbeitung von Werkstücken mit hoher Oberflächengüte. Diese Art der Einspannung ermöglicht eine Erhöhung der Schnittgeschwindigkeit und eine Verlängerung der Standzeit. Damit die Produktion auch mit der gewünschten Genauigkeit erfolgen kann und mit möglichst geringen Rüstzeiten auskommt, überprüft man die eingebauten Schneidwerkzeuge vor ihrem Einsatz.

Dazu werden die aus Spannzeug und Schneidwerkzeug bestehenden Systeme vermessen und eingestellt.

Mit den Einstell- und Messgeräten, die manchmal auch **Voreinstellgeräte** genannt werden, können alle notwendigen Parameter gemessen werden. Je nach Ausführung sind in solchen Geräten die unterschiedlichsten Werkzeuge, Werkzeugschneiden und Nullpunkte hinterlegt, sodass im Bedarfsfall für das eingesetzte Werkzeug ein Istwert-Sollwert-Vergleich durchgeführt werden kann. Die Daten der ausgemessenen Systeme werden der CNC-Maschine übermittelt.

Einstell- und Messgerät zur Werkzeugeinstellung

Die Übermittlung der Daten kann auf verschiedene Weise erfolgen:
- Die Daten werden manuell aufgenommen und übertragen.
- Die Daten codiert man auf Etiketten, die dann dem jeweiligen Werkzeugsystem zugeordnet werden.
- Das Messgerät überträgt die Daten online aus der Steuerung auf die CNC-Maschine.
- An jedem Werkzeugträger befindet sich ein Chip mit den übertragenen Daten, sodass sie an der CNC-Maschine eingelesen werden können.

7.5 Positionieren und Spannen beim Fräsen
7.5.1 Positionieren von Werkstückträgern und Werkstücken

1. Positionieren von Werkstückträgern und Spannmitteln auf dem Maschinentisch

Bei der Verwendung von Spannmitteln müssen diese mit den Anlageflächen für das Werkstück auf dem Maschinentisch positioniert werden bzw. ihre Position muss überprüft werden. Dies geschieht durch Verfahren des Maschinentischs und Abtasten der Anlagefläche mit einer Messuhr. Die Messuhr muss in ihrer Lage zur Hauptspindel fest positioniert sein.

Beispiele für das Positionieren und die Kontrolle der Anlageflächen eines Maschinenschraubstocks

- Verfahrrichtungen zum Ausrichten nach der Schraubstockbacke
- Verfahrrichtungen zum Ausrichten nach der Schraubstockkante
- geschliffene Kante

> ⚠ Anlageflächen von Spannmitteln werden mithilfe der Messuhr durch Verfahren des Maschinentisches kontrolliert und ausgerichtet.

2. Positionieren von Werkstücken auf Maschinentischen

Wenn ein Werkstück auf dem Maschinentisch gespannt werden soll, muss es zunächst entsprechend den Maschinenachsen ausgerichtet (positioniert) werden. Bei Werkstücken, die eine gerade Kante besitzen, welche zu einer Maschinenachse parallel liegt, wird diese Kante zunächst nach den Spannnuten des Maschinentischs grob ausgerichtet. Nach leichtem Anziehen der Spannelemente wird eine Lagekontrolle mithilfe der Messuhr durchgeführt und die Lage des Werkstücks entsprechend korrigiert.

Bei Werkstücken, die keine gerade Kante besitzen und die nach Anriss aufgespannt werden müssen, setzt man eine Zentrierspitze statt des Fräsers in die Spindel und kontrolliert durch Verfahren in der angerissenen Achse die Ausrichtung des Werkstücks.

Beispiele für das Ausrichten von Werkstücken auf dem Maschinentisch

- Ausrichten nach einer Kante
- Ausrichten nach Anriss — Zentrierspitze

> ⚠ Werkstücke müssen auf dem Maschinentisch zu den Maschinenachsen ausgerichtet werden. Die Kontrolle der Ausrichtung erfolgt durch Messuhr oder durch Abtasten des Anrisses.

Fertigungstechnik

7.5.2 Spannen von Werkstücken

1. Spannen von Werkstücken im Maschinenschraubstock

Zum Spannen *kleinerer Werkstücke* verwendet man meist den Maschinenschraubstock. Zum Einspannen unterschiedlich geformter Werkstücke benutzt man Spannbacken und Hilfsmittel, wie zum Beispiel Unterlagen, die entsprechend der Werkstückform gestaltet sind.
Beim Einsatz eines Maschinenschraubstocks muss darauf geachtet werden, dass die Schnittkraft möglichst nicht auf die bewegliche Schraubstockbacke gerichtet ist.

Bei **Maschinenschraubstöcken mit Niederzug** bleibt beim Spannen die Parallelität der Spannbacken erhalten. Beim Spannvorgang wird die Kraft an der beweglichen Spannbacke in zwei Komponenten zerlegt.
Die waagerecht gerichtete Kraft presst das Werkstück gegen die feste Backe. Die senkrecht gerichtete Kraft zieht Spannbacke und Werkstück nach unten.

Niederzugschraubstock

Zylindrische Werkstücke werden ohne Exzentrizität positioniert, wenn eine Doppelprismen-Anordnung gewählt wird. Dieses mittige Positionieren mit anschließendem Spannen ist dann von großer Wichtigkeit, wenn die Werkstück-Mittellinien als Bezugsebenen für das Positionieren dienen. Bei der Positionierung in Doppelprismen sind die beiden Prismen formschlüssig über eine Gewindespindel mit Rechts- und Linksgewinde verbunden.

Positionierung im Doppelprisma

2. Spannen von Werkstücken auf dem Maschinentisch

Größere Werkstücke werden unmittelbar auf den Maschinentisch der Fräsmaschine gespannt. Die Spannkraft muss dabei senkrecht auf den Maschinentisch wirken, damit das Werkstück durch Reibung daran gehindert wird, seine Position unter Einfluss der Zerspankraft zu ändern.
Die meist verwendeten Spanneinrichtungen bestehen aus Spannpratzen, Spannschraube mit Scheibe und Mutter sowie einem Gegenlager.

Beispiele für Ausführungsformen der Elemente einer Spannvorrichtung

Spannpratzen — Spanneinrichtung — Gegenlager aus Stützelementen

Durch Anziehen der Spannschraube wird eine Kraft auf die Spannpratzen ausgeübt. Dieser wirkt als Hebel und verteilt die Kraft auf das Werkstück und das Gegenlager. Damit ein möglichst hoher Anteil der Zugkraft als Spannkraft genutzt werden kann, muss die Spannschraube dicht am Werkstück ansetzen.

Beispiele für die Kraftwirkungen am Spannpratzen

günstig a = 30, b = 90, F = 30 kN

$$F_w = \frac{F \cdot b}{a+b} = \frac{30\text{ kN} \cdot 90\text{ mm}}{(30+90)\text{ mm}} = 22{,}5\text{ kN}$$

ungünstig a = 60, b = 60, F = 30 kN

$$F_w = \frac{F \cdot b}{a+b} = \frac{30\text{ kN} \cdot 60\text{ mm}}{(60+60)\text{ mm}} = 15\text{ kN}$$

> ⚠ Damit ein hoher Anteil der Zugkraft der Schraube als Spannkraft wirkt, ist der Abstand zwischen Schraube und Werkstück kleiner zu halten als der Abstand zwischen Schraube und Gegenlager.

7.5.3 Stützen von Werkstücken

Das Stützen von Werkstücken ist erforderlich, wenn die Gefahr besteht, dass das Werkstück unter seinem Eigengewicht, durch Spannkräfte oder durch die bei der Bearbeitung auftretenden Kräfte verformt wird. Stützelemente müssen variabel, stufenlos verstellbar und in ihrer Lage auf einfache Weise fixierbar sein.

Die Anlageflächen von Stützelementen befinden sich im Gegensatz zu Positionierelementen in der Vorrichtung nicht in einer festen Lage. Sie werden erst *nach* Einlegen und Positionieren des Werkstückes ohne Kraftaufwand an das Werkstück angelegt und gesichert. Nach der Bearbeitung werden die Stützen wieder zurückgenommen. Stützelemente sind aus diesem Grund leicht verstellbar und auf einfache Weise in ihrer Lage fixierbar.

Variables Stützelement

Beispiele für den Einsatz von Stützen

> ⚠ Stützelemente sind keine Positionierelemente. Sie werden erst nach dem Positionieren möglichst kraftfrei an das Werkstück herangeführt und in dieser Lage gesichert.

Fertigungstechnik

7.6 Teilen mit Teilapparaten

Bei der Weiterbearbeitung zylindrischer Werkstücke sind vielfach am Umfang bzw. an der Stirnseite in regelmäßigen Abständen Einfräsungen vorzunehmen. Die Anzahl der gleichen Abstände nennt man Teilung. Zum Einstellen solcher Teilungen verwendet man Teilapparate. Teilapparate dienen der Werkstückspannung und ermöglichen eine Drehung des Werkstücks um einen bestimmten Teilungswinkel. Der Teilungswinkel wird über die Anzahl der Teilungen am Werkstückumfang ermittelt.

Beispiele für Werkstücke mit regelmäßigen Teilungen

Universalteilapparate ermöglichen es, Teilungen nach dem direkten und indirekten Teilverfahren durchzuführen. Teilapparate besitzen eine drehbare Teilspindel mit einer Aufnahme für Werkstückspannvorrichtungen. Als Spannvorrichtungen dienen z. B. Spannfutter und Zentrierspitzen mit Mitnahmevorrichtungen. Somit wird das Werkstück stets direkt auf der Teilspindel gespannt.

Universalteilapparat

1. Direktes Teilen

Zum direkten Teilen ist eine Teilscheibe mit z. B. 24 Bohrungen direkt auf der Teilspindel befestigt. Teilspindeln mit Teilscheibe werden von Hand gedreht und mit einem Raststift festgestellt, der durch einen Rasthebel betätigt wird. Durch direktes Teilen kann man alle Teilungen herstellen, die als Teiler in 24 enthalten sind. Direktes Teilen kann auch mit einfachen Teilapparaten durchgeführt werden.

Teilungen beim direkten Teilen

Anzahl der Rasten	:	Anzahl der Teilungen	=	Anzahl der zu verstellenden Rasten
24	:	2	=	12
24	:	3	=	8
24	:	4	=	6
24	:	6	=	4
24	:	8	=	3
24	:	12	=	2
24	:	24	=	1

Einfacher Teilapparat

! Beim direkten Teilen wird die Werkstückteilung unmittelbar auf der Teilscheibe der Teilspindel eingestellt.

2. Indirektes Teilen

Werkstückbearbeitungen, die durch direktes Teilen nicht durchgeführt werden können, werden mit dem indirekten Teilverfahren vorgenommen. Dazu wird der Gesamtaufbau des Universalteilapparats genutzt. Beim indirekten Teilen wird die Teilspindel über ein Schneckengetriebe gedreht. Dies besteht aus einem Schneckenrad auf der Teilspindel und einer Schneckenwelle, die über eine Teilkurbel gedreht wird.

Auf der Schneckenwelle werden auswechselbare Lochscheiben drehbar aufgesteckt und mit einem Fixierstift fest mit dem Gehäuse verbunden. Die Teilkurbel wird mittels vorderem Raststift in der Lochscheibe festgestellt.

Das Getriebe besteht meist aus einer eingängigen Schnecke und einem Schneckenrad mit 40 Zähnen. Es hat ein **Übersetzungsverhältnis** von **40:1**. Damit sind durch ganze Umdrehungen der Teilkurbel alle Teilungen möglich, die selbst als Teiler in 40 enthalten sind.

Als auswechselbare Lochscheiben stehen meist drei Typen mit einer großen Anzahl von Teilungen zur Verfügung. Auf jedem Lochkreis ist eine bestimmte Anzahl von Bohrungen mit gleichen Abständen angeordnet.

Für Teilungen, die nicht durch ganze Umdrehungen der Teilkurbel einstellbar sind, errechnet man aus dem Übersetzungsverhältnis 40:1 und der Zahl der gewünschten Teilungen die Anzahl der Teilkurbelumdrehungen nach der folgenden Beziehung:

Universalteilapparat (Schema)

I Lochscheibe 15, 16, 17, 18, 19, 20
II Lochscheibe 21, 23, 27, 29, 31, 33
III Lochscheibe 37, 39, 41, 43, 47, 49

Anzahl der Teilkurbelumdrehungen	$N_k = \dfrac{40}{\text{Zahl der Teilungen}}$

Auswechselbare Lochscheiben mit Teilschere

Falls die Berechnung keine ganze Zahl ergibt, so ist ein Lochkreis auszuwählen, in dem der Nenner des Bruchs als Vielfaches enthalten ist. Zur Erleichterung des Abzählens der von einer vollen Kurbelumdrehung abweichenden Lochabstände verwendet man eine Teilschere.

! Beim indirekten Teilen wird die Werkstückteilung über ein Schneckengetriebe mit dem Übersetzungsverhältnis 40:1 und mithilfe von Lochscheiben eingestellt.

Beispiel für die Berechnung von N_k und die Wahl der Lochscheibe

Aufgabe

Ein Zahnrad mit 25 Zähnen ist zu fertigen. Die Zahl der Teilkurbelumdrehungen ist zu berechnen und ein Lochkreis auszuwählen.

Lösung

Anzahl der Umdrehungen der Teilkurbel $\quad N_k = \dfrac{40}{25} \quad N_k = 1\dfrac{3}{5}$

Es ist eine Lochscheibe zu wählen, die einen durch 5 teilbaren Lochkreis besitzt. Es wird die Lochscheibe I mit 20 Bohrungen ausgewählt, weil sich mit dieser $\dfrac{3}{5}$ Umdrehungen einstellen lassen.

$\dfrac{3}{5} = \dfrac{12}{20} \Rightarrow 12$ Lochabstände $\quad N_k = 1$ Umdrehung $+ \dfrac{12}{20}$ Umdrehung

Fertigungstechnik

7.7 Bestimmen von Arbeitsgrößen beim Fräsen

7.7.1 Bewegungen bei der Spanabnahme

Zur Vereinfachung und Vereinheitlichung der Betrachtungsweise der Bewegungen beim Fräsen sind folgende Vereinbarungen genormt:
- *Der Fräser führt theoretisch alle Bewegungen aus, das Werkstück steht still.*
- *Die Drehrichtung des Fräsers, Rechts- oder Linkslauf, wird von der Antriebsseite aus beurteilt.*

Die Spanabnahme beim Fräsen erfolgt durch die kreisförmige **Schnittbewegung** und die gleichzeitig ablaufende **Vorschubbewegung**. Beide Bewegungen zusammen ergeben die tatsächliche Bewegung eines Schneidenpunkts. Man nennt diese die **Wirkbewegung**.

Vereinbarungen zur Beurteilung der Fräserbewegungen

1. Schnittgeschwindigkeit
Die **Schnittbewegung** ist durch die Schnittrichtung und die **Schnittgeschwindigkeit** gekennzeichnet. Die Schnittgeschwindigkeit ist die Geschwindigkeit eines Schneidenpunkts am Außenumfang des Fräsers.

$$v_c = d \cdot \pi \cdot n$$

v_c Schnittgeschwindigkeit
d Fräserdurchmesser
n Umdrehungsfrequenz

Die Schnittgeschwindigkeit für eine Bearbeitungsaufgabe kann entsprechend dem zu bearbeitenden Werkstoff, dem Schneidstoff und den Bearbeitungsbedingungen aus Tabellen entnommen werden.
Aus der Schnittgeschwindigkeit wird die für eine Fräsaufgabe einzustellende Umdrehungsfrequenz errechnet.

2. Vorschubgeschwindigkeit
Die **Vorschubbewegung** ist durch die Vorschubrichtung und die **Vorschubgeschwindigkeit** v_f gekennzeichnet. Mit der Vorschubgeschwindigkeit wird die Achse des Fräsers bei der Bearbeitung in Vorschubrichtung voranbewegt. Für Schaftfräser mit wenigen Zähnen wird die von Werkzeugherstellern empfohlene Vorschubgeschwindigkeit in Tabellen angegeben. Meist muss jedoch die Vorschubgeschwindigkeit aus dem **Zahnvorschub** f_z, der Zähnezahl z und der Umdrehungsfrequenz n errechnet werden.

Umfangsfräsen — Stirnfräsen
Zahnvorschub

$$v_f = n \cdot f = n \cdot z \cdot f_z$$

v_f Vorschubgeschwindigkeit
f Vorschub
f_z Zahnvorschub
z Zähnezahl
n Umdrehungsfrequenz

3. Wirkgeschwindigkeit
Die tatsächliche Geschwindigkeit der Spanabnahme erfolgt mit der Wirkgeschwindigkeit. Diese ist die Resultierende aus der großen Schnittgeschwindigkeit und der viel kleineren Vorschubgeschwindigkeit und damit nur wenig höher als die Schnittgeschwindigkeit. Sie wird darum für Berechnungen von Schnittwerten nicht herangezogen.

4. An- und Zustellbewegung

Neben Schnitt- und Vorschubbewegung, die unmittelbar an der Spanabnahme beteiligt sind, muss der Fräser noch Zustell- und Anstellbewegungen durchführen.

Durch die **Zustellbewegung** wird der Fräser so bewegt, dass er im Eingriff eine bestimmte Schichtdicke abtrennen kann.

Durch die **Anstellbewegung** wird der Fräser an das Werkstück herangeführt. Die Wahl der Geschwindigkeit der Anstellbewegung geschieht nach folgenden Gesichtspunkten:

Anstell- und Zustellbewegung

! Die Zustellbewegung bestimmt die abzutrennende Schichtdicke.
Durch die Anstellbewegung wird der Fräser an das Werkstück herangeführt.

7.7.2 Schnitttiefe und Eingriffsgrößen

Die **Schnitttiefe** a_p ist die Tiefe, über welche die Hauptschneide im Eingriff ist. Sie entspricht bei Umfangsfräsern der Schnittbreite.
Die **Eingriffsgröße** a_e ist die Projektion der Strecke, über welche die Schneide im Eingriff ist. Sie wird senkrecht zur Vorschubrichtung gemessen.

Beispiele für Schnitttiefe und Eingriffgröße — Stirnfräsen, Umfangsfräsen

Die Höchstwerte der Schnitttiefe werden von den Werkzeugherstellern in ihren Unterlagen angegeben. Bei Werkzeugen mit Wendeschneidplatten ergeben sich die maximalen Schnitttiefen aus der Form der Wendeschneidplatten.

Beispiel für eine Schnittdatentabelle

Werkstück-werkstoff	Zugfestigkeit R_m N/mm²	Walzenfräser				Walzenstirnfräser				Schaftfräser			
		Eingriffsgröße a_e mm				Schnitttiefe a_p mm				Durchmesser d			
			1	4	8		1	4	8	mm bis 20		mm über 20	
		f_z mm/Zahn	v_c m/min			f_z mm/Zahn	v_c m/min			f_z mm/Zahn	v_c m/min	f_z mm/Zahn	v_c m/min
allgemeiner Baustahl	<500	0,25 0,10	28 36	22 30	20 25	0,20 0,10	26 34	22 30	20 27	0,05 0,05	25 30	0,08 0,05	19 23
	500 ... 700	0,16 0,08	22 30	18 22	15 20	0,15 0,08	20 26	18 23	16 21	0,03 0,01	20 25	0,05 0,03	15 18
Vergütungsstahl	700	0,18 0,10	28 36	22 30	19 25	0,16 0,08	26 34	22 30	21 27	0,03 0,01	22 27	0,05 0,03	18 20

Übungsaufgabe 7/25

Fertigungstechnik

7.7.3 Berechnung der Hauptnutzungszeit beim Fräsen

Die reine Nutzungszeit der Fräsmaschine, also die Zeit, in der die Maschine mit Vorschubgeschwindigkeit tätig sein muss, ist die **Hauptnutzungszeit**. Sie hängt vom Fräserweg und von der Vorschubgeschwindigkeit ab. Der Fräserweg ergibt sich aus dem Vorschubweg und der Zahl der Schnitte.

$$t_h = \frac{L \cdot i}{v_f} = \frac{(l + l_a + l_ü) \cdot i}{v_f}$$

- t_h Hauptnutzungszeit
- L Vorschubweg
- i Anzahl der Schnitte
- v_f Vorschubgeschwindigkeit
- l Werkstücklänge
- l_a Anlaufweg
- $l_ü$ Überlaufweg

Der Vorschubweg des Fräsers ist nicht nur der Weg, auf dem der Fräser zur Erzeugung der Kontur im Eingriff ist, sondern auch der Anlaufweg l_a und der Überlaufweg $l_ü$, die jeweils etwa 2 mm betragen sollen. Ferner ist ein Anschnitt- bzw. Austrittsweg l_s nötig.

Dieser **Anschnitt- bzw. Austrittsweg** l_s kann mithilfe des Satzes des Pythagoras errechnet werden:

$$l_s^2 = \left(\frac{d}{2}\right)^2 - \left(\frac{d}{2} - a_e\right)^2$$

$$l_s^2 = \frac{d^2}{4} - \frac{d^2}{4} + 2 \cdot \frac{d}{2} \cdot a_e - a_e^2$$

$$l_s^2 = d \cdot a_e - a_e^2$$

$$l_s = \sqrt{d \cdot a_e - a_e^2}$$

Anschnitt- bzw. Austrittsweg $= l_s = \sqrt{d \cdot a_e - a_e^2}$

Der **Vorschubweg beim Umfangsplanfräsen** beginnt mit dem Anlaufweg und endet, wenn die Fräsermitte um den Überlaufweg hinter dem Werkstück steht.

Vorschubweg $L = l_s + l_a + l + l_ü$

Der **Vorschubweg beim Stirnplanfräsen** mit Planfräsern beginnt mit dem Anschnittweg.
Beim *Schruppen* endet der Vorschubweg, wenn die letzte im Eingriff befindliche Schneide um den Überlaufweg über das Werkstück hinaus ist.
Beim *Schlichten* soll zur Erzeugung eines gleichmäßigen Oberflächenbilds der Fräser in gleicher Weise über die gesamte Fläche vorgeschoben werden. Darum muss hier der Vorschubweg um den Fräserradius größer sein als beim Schruppen.

Schruppen:
$$L = \frac{d}{2} + l_a + l + l_ü$$

Schlichten:
$$L = 2 \cdot \frac{d}{2} + l_a + l + l_ü$$

Fertigen durch Fräsen mit mechanisch gesteuerten Werkzeugmaschinen

Der **Vorschub beim Stirnumfangsfräsen** beginnt mit dem Anschnittweg.

Beim *Schruppen* endet der Vorschubweg, wenn die letzte im Eingriff befindliche Schneide um den Überlaufweg über das Werkstück hinaus ist.

Nach dem *Schlichten* soll der Fräser voll aus dem Werkstück herausfahren. Darum muss er um den Austrittsweg l_s und den Überlaufweg $l_ü$ über das Werkstück hinaus vorgeschoben werden.

Schruppen: $L = l_s + l_a + l + l_ü$

Schlichten: $L = l_s + l_a + l + l_ü + l_s$

Beispiel zur Berechnung der Hauptnutzungszeit

Aufgabe

Eine Platte von 600 mm Länge und einer Breite von 210 mm soll mit einem Stirnplanfräser von 100 mm Durchmesser bearbeitet werden. Die Vorschubgeschwindigkeit für das Schruppen soll 250 mm/min und für das Schlichten 400 mm/min betragen.

Es sind die Hauptnutzungszeiten für das Schruppen und das Schlichten zu berechnen.

Lösung

Schruppen (3 Schnitte)

$$L = \frac{d}{2} + l_a + l + l_ü$$

$$L = \frac{100}{2}\,\text{mm} + 2\,\text{mm} + 600\,\text{mm} + 2\,\text{mm} = 654\,\text{mm}$$

$$t_h = \frac{L \cdot i}{v_f} \quad (i = 3)$$

$$t_h = \frac{654\,\text{mm} \cdot 3\,\text{min}}{250\,\text{mm}} = 7{,}8\,\text{min}$$

Schlichten (3 Schnitte)

$$L = d + l_a + l + l_ü$$
$$L = 100\,\text{mm} + 2\,\text{mm} + 600\,\text{mm} + 2\,\text{mm} = 704\,\text{mm}$$

$$t_h = \frac{L \cdot i}{v_c}$$

$$t_h = \frac{704\,\text{mm} \cdot 3\,\text{min}}{400\,\text{mm}} = 5{,}3\,\text{min}$$

Fertigungstechnik

8 Fertigen durch Räumen

Räumen ist ein spanabhebendes Fertigungsverfahren mit einem mehrzahnigen Werkzeug. Die Schneidzähne sind hintereinander angeordnet und um eine Spanungsdicke gestaffelt, wodurch die Vorschubbewegung ersetzt wird. Die Schnittbewegung ist vorwiegend geradlinig und wird meist vom Räumwerkzeug ausgeführt.

Mit dem Fertigungsverfahren Räumen werden in den meisten Fällen schwierig herzustellende Profile mit hoher Oberflächengüte, Maß- und Formgenauigkeit hergestellt. Räumwerkzeuge sind sehr teure Einzweckwerkzeuge, sodass das Räumen überwiegend in der Serienfertigung bei hohen Stückzahlen zum Einsatz kommt.

Räumwerkzeug

8.1 Innenräumen

8.1.1 Innenräumen von symmetrischen Profilen

Beim Räumen von symmetrischen Innenprofilen wird die Räumnadel durch eine vorgearbeitete Bohrung des Werkstücks eingeführt und dann während der Hubbewegung durch das Werkstück gezogen. Die Führung erfolgt durch die Schneiden der Räumnadel, wodurch eine Werkzeugeinspannung überflüssig wird. Während des Räumvorgangs wird die Räumnadel vom Kühlschmiermittel umspült. Die Form des Innenprofils wird in einem Hub gefertigt.

Innengeräumte Werkstücke mit symmetrischem Profil

Der Werkzeugaufbau einer Räumnadel unterteilt sich in einen Schrupp-, Schlicht- und Reserveteil. Der Vorschub pro Zahn ist in den einzelnen Bereichen unterschiedlich. Im Schruppteil liegt der Vorschub zwischen $f_z = 0,1$ mm bis $0,25$ mm, im Schlichtteil zwischen $f_z = 0,0015$ mm bis $0,04$ mm und im Reserveteil ist der Vorschub gleich Null. Im Reserveteil befindet sich eine kleine Anzahl von Schneiden mit Fertigmaß. Beim Nachschleifen stumpf gewordener Werkzeuge werden sie nach und nach in den Schneidteil übernommen. Räumwerkzeuge werden meist einteilig aus Schnellarbeitsstahl gefertigt. Seltener werden Räumwerkzeuge aus Einzelteilen, die mit Hartmetallschneiden bestückt sind, zusammengesetzt.

Beispiel für Innenräumen eines symmetrischen Profils und die unterschiedlichen Bereiche einer Räumnadel

! Innenräumen eines symmetrischen Profils geht fast ausschließlich von einer Bohrung mit dem Durchmesser des Einführungsstücks der Räumnadel aus. Die Werkstücke werden bei der Bearbeitung nur „fliegend" gelagert.

Übungsaufgaben 8/1; 8/2; 8/3

Fertigen durch Räumen

8.1.2 Innenräumen von nicht symmetrischen Profilen

Beim Innenräumen von nicht symmetrischen Profilen, z. B. einer Nut in eine Bohrung, muss das Werkstück in einer Aufnahme positioniert und das Räumwerkzeug in einer Führung geführt werden.

Beispiel für das Innenräumen einer Passfedernut durch Zugräumen

Nachdem das Werkstück eingelegt ist, wird das Räumwerkzeug nach oben geschoben, bis sich alle Zähne oberhalb des Werkstücks befinden. Anschließend wird die Beilage am Räumwerkzeug vorbei in die Werkstückaufnahme geschoben. Die Beilage bringt das Räumwerkzeug in die Ausgangsposition und verhindert beim Räumen das Abdrängen des Werkzeugs.

Räumeinrichtung — Werkstück einlegen — Räumen

! Das Innenräumen nicht symmetrischer Profile geht meist von einer Bohrung aus und erfordert das Positionieren des Werkstücks über den Bohrungsdurchmesser und Führung des Räumwerkzeugs.

8.2 Außenräumen

Durch Außenräumen werden Planflächen und Profile an äußeren Flächen von Werkstücken mit hoher Oberflächengüte sowie hoher Maß- und Formgenauigkeit erzeugt. Räumen ist in der Großserienfertigung oft eine Alternative zum Fräsen.

Das Außenräumen erfordert Positionieren und Spannen des Werkstücks in einer Vorrichtung sowie eine präzise Führung des Räumwerkzeugs in der Räummaschine. Beim Räumwerkzeug entspricht die Form des Zahnbereichs dem Querschnitt der zu erzeugenden Kontur.

Der Werkzeugrücken ist entsprechend der Werkzeugführung gestaltet. Die Aufteilung des Außenräumwerkzeugs in Schrupp-, Schlicht- und Fertigzahnung ist in der Aufgabenstellung mit der Räumnadel vergleichbar. Außenräumwerkzeuge bestehen wegen ihrer komplizierten Form häufig aus mehreren Teilstücken (Segmenten), die auf Räumwerkzeugaufnahmen geschraubt oder geklemmt sind.

Außenräumen

Außengeräumtes Zahnsegment

Übungsaufgaben 8/4; 8/5; 8/6

Fertigungstechnik

9 Fertigen durch Schleifen

Schleifen ist ein spanendes Fertigungsverfahren. Metallische Werkstücke werden durch Schleifen bearbeitet, um
- die Endform mit hoher Maßgenauigkeit und Oberflächengüte herzustellen,
- die Trennung von Werkstücken vorzunehmen,
- Schneidwerkzeuge zu schärfen.

Beispiele für den Einsatz des Schleifens

| Innenrundschleifen | Außenrundschleifen | Werkzeugschleifen eines Fräsers |

An der Oberfläche der Schleifwerkzeuge bilden die Schleifkörner, welche durch ein Bindemittel zusammengehalten werden, eine große Anzahl von keilförmigen Schneiden. Form und Lage der Schleifkörner sind zufällig und daher unbestimmt. Darum bezeichnet man die Schleifwerkzeuge als **vielschnittige Werkzeuge mit geometrisch unbestimmten Schneiden**.

Spanabnahme beim Schleifen — Unterschiedliche Winkel am Schneidkeil

! Schleifen ist ein spanendes Fertigungsverfahren, bei dem kleine Späne durch ein vielschnittiges Werkzeug mit geometrisch unbestimmten Schneiden abgetrennt werden.

9.1 Schleifwerkzeuge

9.1.1 Aufbau und Eigenschaften der Schleifwerkzeuge

1. Schleifmittel

Die Schleifkörner eines Schleifwerkzeugs bestehen aus dem Schleifmittel. Dieses Schleifmittel muss stets härter als der zu bearbeitende Werkstoff sein.

Schleifmittel	Normbuchstabe (DIN ISO 525)	Farbe des Schleifmittels	Eigenschaften	zu bearbeitende Werkstoffe
Edelkorund (im E-Ofen erschmolzenes Al_2O_3)	A	weiß oder rot	Ansteigende Härte und Sprödigkeit ↓	Baustähle, legierte Stähle, gehärtete Stähle, Titan
Siliziumkarbid (Karborundum SiC)	C	grün oder schwarz		Gusseisen, Hartguss, Messing, Bronze, Aluminium, keramische Werkstoffe, Hartmetalle
Bornitrid (BN)	B	schwarz		HSS-Stahl, Werkzeugstähle
Diamant	D	gelb		Hartmetalle, Keramik, Glas

! Die Art des Schleifmittels wählt man nach dem zu schleifenden Werkstoff aus.

2. Körnung

Die Größe der Schleifkörner wird als Körnung bezeichnet. Das Sortieren der Schleifkörner wird mithilfe von Sieben verschiedener Maschenweite durchgeführt. Daher kennzeichnet man die Körnung durch eine Zahl, die der Anzahl der Siebmaschen auf 1 Zoll Länge (25,4 mm) entspricht.

Für Diamant und Bornitrid als Schleifmittel wird die Körnung direkt durch die Dicke der Schleifkörner in Mikrometer angegeben. Diamantkörner werden in der Dicke von 0,5 bis 300 µm verwendet.

Körnungsnummer	Bezeichnung	Art der Bearbeitung
F4 bis F24	grob	Schruppschleifen
F30 bis F60	mittel	Schruppschleifen
F70 bis F220	fein	Feinschleifen
F230 bis F1 200	sehr fein	Feinstschleifen

Korngröße	Bezeichnung
0,5 µm ... 300 µm	D 0,5 ... D 300

! Die Körnung richtet sich nach der Art der Schleifarbeit.
- Grobe Körnung erzielt ein großes Spanvolumen mit geringer Oberflächengüte.
- Feine Körnung erzielt ein kleines Spanvolumen mit hoher Oberflächengüte.

3. Bindung

Die Schleifkörper werden durch ein Bindemittel zusammengehalten. Durch unterschiedliche Bindungen werden die Eigenschaften von Schleifwerkzeugen stark beeinflusst.

Bindung	Zeichen	Eigenschaften	Anwendung
Keramik	V	unelastisch, porös, unempfindlich gegen Wärme, Wasser und Öl, empfindlich gegen Schlag und Druck	gebräuchliche Bindung bei maschinellen Schleifverfahren, für alle Werkstoffe geeignet
Kunstharz	B	sehr elastische Bindung von hoher Festigkeit, geringe Empfindlichkeit gegen Stöße	Bindung für dünnere Schleifscheiben zum Feinstschleifen harter Werkstoffe
Kunstharz-faserverstärkt	BF	hohe Elastizität und hohe Zähigkeit	Bindung für Trennscheiben
Metall	M	sehr hohe Festigkeit, stoßunempfindlich, hohe Standzeit	Bindung für Diamantscheiben zum Schleifen von Hartmetallen

! Die Bindung beeinflusst die Festigkeit, Elastizität und Wärmeempfindlichkeit von Schleifwerkzeugen.

4. Härte

Die Widerstandskraft, welche die Bindung dem Ausbrechen der Schleifkörner entgegengesetzt, bezeichnet man als Härte.

Kennbuchstabe	A bis D	E bis K	L bis O	P bis S	T bis Z
Eigenschaft des Schleifwerkzeugs	äußerst weich	sehr weich bis weich	mittel	hart	sehr hart äußerst hart

Bei *harten Werkstoffen* werden die Schleifkörner schnell stumpf. Die Härte des Schleifwerkzeugs muss daher gering sein, damit die stumpfen Körner schnell ausbrechen.
Bei *weichen Werkstoffen* werden die Schleifkörner langsam stumpf, daher kann die Härte des Schleifwerkzeugs groß gewählt werden.

! Härte nennt man bei Schleifscheiben den Widerstand des Bindemittels gegen das Ausbrechen der Körner.
- Harte Werkstoffe bearbeitet man mit weichen Schleifwerkzeugen.
- Weiche Werkstoffe bearbeitet man mit harten Schleifwerkzeugen.

Fertigungstechnik

5. Gefüge

Der innere Aufbau des Schleifwerkzeugs ist von dem Anteil der Schleifkörner, des Bindemittels und der Poren abhängig. Er wird Gefüge genannt.

Die Poren haben die Aufgabe, die anfallenden Späne aufzunehmen und abzutransportieren. Daher muss der Porenanteil immer etwas größer als die Spanmenge sein.

Ein Gefüge mit kleinen Poren wird als *dicht* bezeichnet. Dichtes Gefüge wählt man
- zum Schleifen kurzspaniger Werkstoffe,
- zum Schlichten,
- bei kleinen Vorschüben und Zustellungen.

Ein Gefüge mit hohem Porenanteil wird als *offen* bezeichnet. Offenes Gefüge wählt man
- zum Bearbeiten langspaniger Werkstoffe und zum Schleifen von Werkstoffen, die zum Schmieren neigen (z. B. Kunststoffe, Leder),
- zum Schruppen,
- bei hohen Vorschüben und Zustellungen.

Das Gefüge wird durch eine Ziffer gekennzeichnet.

Dichtes Gefüge — Schleifkorn, Bindung, Pore

Offenes Gefüge

Kenziffer	0–3	4 u. 3	6 u. 7	8–14
Gefüge	dicht	mittel	offen	sehr offen

> **!** Für ein Schleifwerkzeug ist die Auswahl des Gefüges abhängig von
> • dem zu bearbeitenden Werkstoff, • der geforderten Spanleistung, • der geforderten Oberflächengüte.

9.1.2 Form und Verwendungszweck von Schleifwerkzeugen

Die Auswahl des Schleifwerkzeugs hinsichtlich Form und Abmessung erfolgt nach der Werkstückform, dem Schleifverfahren und der Schleifmaschine.

Benennung	Schleifkörperform	Verwendungszweck
gerade Schleifscheibe		Diese vielseitigen Schleifscheiben werden zum Planschleifen, Rundschleifen, Schleifen auf Schleifböcken, Werkzeugschärfen und Trennschleifen eingesetzt.
Segment-Schleifscheibe		Schleifsegmentscheiben werden zur Bearbeitung großer Flächen mit hoher Abtragsleistung eingesetzt.
Topfschleifscheiben und Schleifteller		Diese Schleifscheiben werden zum Scharfschleifen von Spanwerkzeugen auf Universalschleifmaschinen verwendet. Sie sind in der Form den zu schleifenden Flächen an Bohrern, Senkern, Fräsern und Reibahlen angepasst.
Schleifstifte		Schleifstifte werden im Werkzeug- und Formenbau verwendet. Sie werden mit dem zylindrischen Schaft meist in Handschleifmaschinen eingespannt. Mit ihnen werden vorgearbeitete Konturen fertig bearbeitet.

9.1.3 Zulässige Umfangsgeschwindigkeiten von Schleifscheiben

Für normale Schleifscheiben sind Schnittgeschwindigkeiten bis zu 30 m/s üblich. Für Sonderschleifverfahren wie das Trennschleifen werden Schnittgeschwindigkeiten bis zu 100 m/s empfohlen.

Richtwerte für Umfangsgeschwindigkeiten

Werkstoff	Planschleifen	Rundschleifen	Trennschleifen
Stahl, Gusseisen	25–35 m/s	25–40 m/s	45–100 m/s
Hartmetall	10 m/s	8 m/s	–
Messing	25–30 m/s	20–35 m/s	–
Leichtmetall	15–20 m/s	15–20 m/s	–

Bei allen *Schleifverfahren treten hohe* Umfangsgeschwindigkeiten an der Schleifscheibe auf. Bei zu hohen Umfangsgeschwindigkeiten können die auftretenden Fliehkräfte die Schleifscheibe zerreißen und schwere Unfälle verursachen. Aus diesem Grund dürfen zum Schleifen mit hohen Geschwindigkeiten nur Schleifkörper und Schutzvorrichtungen eingesetzt werden, die vom Deutschen Schleifscheiben-Ausschuss zugelassen sind.

Auf Schleifscheiben wird die höchste zulässige Umfangsgeschwindigkeit durch einen Farbstreifen über den gesamten Durchmesser gekennzeichnet.

Farbstreifen	blau	gelb	rot	grün
zulässige Umfangsgeschwindigkeit	50 m/s	63 m/s	80 m/s	100 m/s

Farbcodierung der zulässigen Umfangsgeschwindigkeit

Farbcodierung an Schleifscheiben

> **!** Die höchste zulässige Umfangsgeschwindigkeit wird auf Schleifscheiben durch eine Farbmarkierung gekennzeichnet.

9.1.4 Bezeichnung genormter Schleifscheiben

Eine wirtschaftliche Bearbeitung durch Schleifen kann nur erfolgen, wenn das geeignete Schleifwerkzeug ausgewählt wird. Die Bezeichnung von Schleifkörpern aus gebundenen Schleifmitteln sind genormt und durch Maßangaben, Kennbuchstaben bzw. Kennzahlen verschlüsselt.
Eine vollständige Bezeichnung enthält Informationen zu folgenden Größen: Bezeichnung des Schleifwerkzeuges, Verweis auf die benutzte Norm, Form des Werkzeugs, Maße, Werkstoff, Arbeitshöchstgeschwindigkeit.

Beispiel für die Bezeichnung von Schleifscheiben

Schleifscheibe ISO 603-1 1 –400 x 40 x 127 ... A 50 K 6 V ... –32

- Bezeichnung des Schleifwerkzeugs
- Normverweis
- Form ... 1 für gerade Scheibe
- Außendurchmesser .... 400 mm
- Scheibenbreite .... 40 mm
- Bohrungsdurchmesser .... 127 mm
- Schleifmittel .... Korund → für Baustähle mittlerer Festigkeit
- Körnung .... mittel → für Schrupparbeitsgänge
- Härte .... weich → für harte Werkstoffe
- Gefüge .... offen → für große Spanabnahme
- Bindung .... keramisch → zum maschinellen Schleifen
- zulässige Umfangsgeschwindigkeit 32 m/s

Übungsaufgaben 9/13; 9/14; 9/15

Fertigungstechnik

9.1.5 Aufspannen und Auswuchten von Schleifscheiben

Schleifscheiben laufen mit hohen Drehzahlen, sodass fehlerhafte Schleifscheiben und unsachgemäß aufgespannte Schleifscheiben eine große Unfallgefahr darstellen.
Nach den **Unfallverhütungsvorschriften** sind folgende Arbeitsgänge einzuhalten:

- **Klangprobe durchführen**
  Die Schleifscheiben sind vor dem Aufspannen einer *Klangprobe* zu unterziehen, um Risse festzustellen.
- **Schleifscheibe auswuchten**
  Zum Auswuchten bei stehender Schleifscheibe wird die Auswuchtwaage eingesetzt. Sie besteht aus einem Ständer mit einem frei beweglichen Wiegerahmen. Dieser Rahmen ist in seiner Drehachse mit einer Auflage für die auf einem Dorn gespannte Schleifscheibe versehen.
  Die eingelegte Schleifscheibe bringt mit ihrer Unwucht den Rahmen aus dem Gleichgewicht. Durch ein Ausgleichsgewicht kann er wieder ins Gleichgewicht gebracht werden. Aus der Masse des Ausgleichsgewichts und dem Abstand zum Drehpunkt ergibt sich die Größe der auszugleichenden Unwucht.
- **Schleifscheibe aufspannen**
  Die Schleifscheibe wird auf der Schleifspindel mit *elastischen Zwischenlagen* zwischen Flansche gespannt.
- **Probelauf durchführen**
  Jede neu aufgespannte Schleifscheibe muss bei voller Umfangsgeschwindigkeit mindestens *fünf Minuten probelaufen*.

! Schleifscheiben müssen wegen ihrer hohen Umfangsgeschwindigkeit vor dem Einsatz
  - durch Klangprobe auf Risse geprüft werden,
  - sorgfältig aufgespannt werden,
  - ausgewuchtet werden,
  - einen fünfminütigen Probelauf überstehen.

9.1.6 Abrichten von Schleifkörpern

Schleifkörper nutzen sich beim Schleifen unregelmäßig ab und werden unrund. Außerdem werden die einzelnen Schleifkörner stumpf und die Poren in den Schleifkörpern setzen sich mit Spänchen zu. Daher ist es notwendig, die Schleifkörper mit entsprechenden Abrichtgeräten zu warten.
Die ungleichmäßig abgenutzte Schicht wird abgetragen, bis die Schleiffläche wieder formgenau ist und überall scharfe Schleifkörner freigelegt sind. Diesen Vorgang bezeichnet man als **Abrichten**.

Beispiele für das Abrichten mit diamantbestückten Werkzeugen

| Abrichten mit Diamantspitze | Abrichten mit rotierender Diamant-Formscheibe | Abrichten mit rotierender Profil-Diamantrolle | Abrichten mit rotierender Diamant-Topfscheibe |

9.2 Arbeitsverfahren auf Schleifmaschinen

Von den Schleifverfahren sind **Plan-**, **Rund-** und **Profilschleifverfahren** von besonderer Bedeutung. Spant bei diesen Verfahren die Schleifscheibe mit ihrem Umfang, so bezeichnet man das Verfahren als *Umfangsschleifen*. Wird die Seitenfläche zum Spanen eingesetzt, nennt man das Verfahren *Seitenschleifen*.

1. Planschleifen als Pendelschleifverfahren
Werden *ebene Werkstückflächen* durch Schleifen bearbeitet, bezeichnet man dies als Planschleifen.

Umfangs-Planschleifen	Seiten-Planschleifen
• Auf Langtischen erfolgt die hin- und hergehende Längsbewegung mit schrittweisem Quervorschub.	
Umfangs-Planschleifen auf einem Langtisch	Seiten-Planschleifen auf einem Langtisch
Man erzielt hochwertige Werkstückoberflächen bei geringen Abtragsleistungen.	Man erzielt hohe Abtragsleistungen bei geringer Oberflächengüte.

2. Rundschleifen als Pendelschleifverfahren
Mit dem Verfahren des Rundschleifens werden zylindrische Außenflächen oder Innenflächen bearbeitet.

Außen-Rundschleifen	Innen-Rundschleifen
Längs-Umfangs-Außen-Rundschleifen	Längs-Umfangs-Innen-Rundschleifen

3. Profilschleifen als Einstechschleifverfahren
Profilschleifen ist gekennzeichnet durch den Einsatz von Schleifscheiben mit eingearbeiteten Profilen.

Außen-Profilschleifen	Innen-Profilschleifen
Quer-Außen-Profilschleifen	Quer-Innen-Profilschleifen

Übungsaufgaben 9/21 bis 9/27

Fertigungstechnik

9.3 Schnittbedingungen und Oberflächenbeschaffenheit beim Schleifen

Zwischen Schnittbedingungen und Oberflächenbeschaffenheit bestehen folgende Zusammenhänge:

- **Körnung und Scheibenhärte**
  Je feiner die Körnung und je härter die Scheibe, desto geringer wird die Rautiefe.

- **Zustellung und Vorschubgeschwindigkeit**
  Zu einer Verbesserung der Oberflächenbeschaffenheit führen niedriges Zeitspanvolumen durch geringere Zustellung und eine niedrige Vorschubgeschwindigkeit.

- **Kühlschmierung**
  Der Einsatz von Kühlschmierstoffen mit guten Schmier- und Spüleigenschaften führt bei ausreichender Kühlung zu einer erhöhten Oberflächenbeschaffenheit.

- **Geschwindigkeitsverhältnis**
  Je größer das Geschwindigkeitsverhältnis v_c/v_f zwischen der Schnittgeschwindigkeit und der Vorschubgeschwindigkeit ist, desto geringer wird die mögliche Rautiefe und Kornbelastung.

9.4 Schleifmaschinen

Entsprechend den Werkstückkonturen, die auf einer Schleifmaschine bearbeitet werden können, unterscheidet man
- Flachschleifmaschinen zum Plan- und Profilschleifen
- Rundschleifmaschinen zum Innen- und Außenrundschleifen
- Werkzeugschleifmaschinen zum Schärfen von Zerspanungswerkzeugen

Beispiele für Schleifmaschinen

Flachschleifmaschine

Rundschleifmaschine

Werkzeugschleifmaschine

10 Fertigen durch Honen und Läppen

10.1 Honen

Das Honen ist ein spanendes Feinbearbeitungsverfahren.
Durch Honen werden Werkstückoberflächen endbearbeitet, die durch Drehen oder Bohren vorgearbeitet sind. Ziel ist es, die Oberflächengüte, die Maß- und Formgenauigkeit und im geringen Maß die Lagegenauigkeit zu verbessern. Bei Sinterteilen kann durch Honen der Endzustand ohne weitere spanende Vorbearbeitung erreicht werden.

Honbearbeitung setzt man ein, um
- Energieeinsparungen im Motorenbereich,
- Lebensdauererhöhung bei Lagern,
- exakte Steuerung bei Bauteilen für Einspritzpumpen sowie Hydraulik- und Pneumatikanlagen sowie
- Lärmreduzierung in Getrieben zu erreichen.

Die Werkstoffabtragung erfolgt durch Honsteine. Sie bestehen aus einer großen Anzahl feiner Schleifkörner, die durch Bindemittel zusammengehalten werden. Während des Honvorgangs befinden sich die Honsteine im ständigen Kontakt mit der zu bearbeitenden Werkstückfläche.

Nach der Lage der zu bearbeitenden Flächen am Werkstück unterscheidet man *Innenhonen* und *Außenhonen*. Nach der Art der Arbeitsbewegungen und der Länge des ausgeführten Arbeitshubs wird das Innenhonen als Langhubhonen und das Außenhonen als Kurzhubhonen ausgeführt.

Innenhonen als Langhubhonen	Außenhohnen als Kurzhubhonen
Erforderliche Bewegungen: • Gleichförmige Drehbewegung – von Werkzeug oder Werkstück – mit einer Geschwindigkeit von etwa 15 bis 40 m/min. • Geradlinige Hubbewegung – von Werkzeug oder Werkstück – mit einer Geschwindigkeit von etwa 12 bis 15 m/min.	**Erforderliche Bewegungen:** • Gleichförmige Drehbewegung des Werkstücks mit einer Geschwindigkeit von etwa 15 bis 25 m/min. • Geradlinige Vorschubbewegung – von Werkzeug oder Werkstück – mit einer Geschwindigkeit von etwa 8 bis 12 m/min. • Schwingender Hub des Werkzeugs in einer Hublänge von 1 bis 6 mm bei ca. 700 bis 2 500 Schwingungen pro Minute

Der Zerspanvorgang kommt durch die Überlagerung von zwei oder drei Bewegungen zustande. Dabei sind die Honsteine gleichzeitig im Eingriff, sie werden mit einem Anpressdruck von 20 bis 200 N/cm² gegen die Werkstückoberfläche gedrückt. Die abgetragenen Werkstoffteilchen und die stumpfen, ausgebrochenen Schleifkörner werden durch eine Spülflüssigkeit, das Honöl, weggeschwemmt.

> **!** Honen ist ein Feinstbearbeitungsverfahren. Durch Honen erreicht man auf Werkstückoberflächen sehr geringe Rauheitskenngrößen.

Fertigungstechnik

10.2 Läppen

Das Läppen ist ein Feinstbearbeitungsverfahren vorgearbeiteter Werkstücke zur Verbesserung der Form sowie der Maß- und Oberflächengüte. Zum Läppen werden lose feinkörnige Schleifmittel verwendet, die in Läppöl verteilt sind. Dieses Läppgemisch wird auf einem formübertragenden Gegenstück, das Läppscheibe genannt wird, aufgetragen oder aufgespült. Die Abnahme kleinster Spänchen erfolgt durch eine vielfach überlagerte Gleitbewegung und leichten Anpressdruck zwischen Werkstück und Läppscheibe.

Läppvorgang

Die Bewegung zwischen Werkstück und Läppscheibe erfolgt mit einer Geschwindigkeit von ca. 50 bis etwa 120 m/min. Der Anpressdruck bis ca. 30 N/cm² richtet sich nach der angestrebten Oberflächenrauheit. Je geringer die Oberflächenrauheit sein soll, desto geringer wird der Anpressdruck gewählt. Die Oberflächenrauheit wird ferner von der Größe der Läppkörner bestimmt. Die Art des Läppmittels richtet sich nach der Härte des zu läppenden Werkstücks: Für Werkstücke aus weichen Metallen werden Oxide (z. B. Magnesiumoxid, Aluminiumoxid) eingesetzt, härtere Materialien bearbeitet man mit Karbiden (z. B. Siliziumkarbid, Borkarbid) oder Diamant. Die Läppscheiben müssen die Körner des Läppgemischs mitnehmen, darum verwendet man vorwiegend Gusseisen als Werkstoff für Läppscheiben, denn die Oberfläche des Gusseisens weist winzige Hohlräume durch herausgebrochene Grafitteilchen auf.

Geöffnete Zweischeiben-Läppmaschine zum planparallelen Läppen

> ❗ Beim Läppen werden kleinste Spänchen von einem lose in einem Läppöl verteilten feinkörnigen Schleifmittel von der Werkstückoberfläche abgetragen.

Die Läppmittel bestehen aus Gemischen von Läpppulver und Trägerflüssigkeiten. Als **Trägerflüssigkeiten** kommen wässrige Lösungen mit chemischen Zusätzen zur Steigerung der Benetzbarkeit und der Tragfähigkeit oder ölige Lösungen aus Gemischen von Öl, Paraffin, Vaseline und Petroleum zur Erhöhung des Rostschutzes zum Einsatz.

Die Auswahl eines **Läpppulvers** trifft man nach der Werkstoffart und der Härte der Werkstücke. Nach der verlangten Oberflächengüte werden die Korngröße, die Gleichmäßigkeit der Körner und die Art und Anzahl der Kornschneiden ausgewählt.

Läpppulver	Werkstückwerkstoff
Korund	weiche Stähle, Leicht- und Buntmetalle, Grafit, Kunststoffe, Halbleitermaterialien
Siliziumkarbid	vergütete bzw. legierte Stähle, Gusseisen, Gläser, Porzellane
Bornitrid	Hartmetalle, Keramiken
Diamant	Edelsteine

11 Kühlschmierstoffe für spanabhebende Verfahren

11.1 Arten von Kühlschmierstoffen

Bei Zerspanungsvorgängen entsteht an der Schnittstelle Wärme.

Die Wärme muss von der Schneide abgeführt werden, da sonst ihre Härte erheblich gemindert wird. Dies wird mit Kühlflüssigkeiten, sogenannten Kühlemulsionen, erreicht. Durch die Reibung verschleißt die Schneide. Geeignete Schmieröle, sogenannte Schneidöle, vermindern die Reibung erheblich.

Wärmeverteilung bei der Zerspanung

Es werden entsprechend der Norm zwei Gruppen von Kühlschmierstoffen unterschieden:
- **nicht wassermischbare Kühlschmierstoffe** und
- **wassermischbare Kühlschmierstoffe**.

Die Auswahl für einen bestimmten Fertigungsprozess hängt davon ab, ob Kühlen oder Schmieren im Vordergrund steht. Weitere Gesichtspunkte, welche die Auswahl betreffen, sind:
- die Wirtschaftlichkeit, hier sind wassermischbare Kühlschmierstoffe erheblich preisgünstiger,
- der Pflegeaufwand und die Entsorgung, denn nicht wassermischbare Kühlschmierstoffe sind pflegeleichter und brauchen nur selten aufwendig entsorgt zu werden.

11.1.1 Nicht wassermischbare Kühlschmierstoffe

Nicht wassermischbare Kühlschmierstoffe werden häufig auch als Metallbearbeitungsöle (Schneidöl, Honöl u. a.) bezeichnet. Sie bestehen aus Mineralöl mit Zusätzen und werden eingesetzt, wenn die Schmierung bei der Metallbearbeitung im Vordergrund steht. Ferner finden sie Verwendung auf Automaten, die mit einem **Einheitsöl** arbeiten, das gleichzeitig für die Hydraulik, die Maschinenschmierung und die Zerspanung eingesetzt wird.

Die wichtigste Eigenschaft von nicht wassermischbaren Kühlschmierstoffen ist die Viskosität. Je höher die Viskosität, desto zähflüssiger ist ein Öl. Für den Zerspanungsbereich liegt die Viskosität der Öle bei 40 °C etwa zwischen 2 mm^2/s (Honöle) bis 45 mm^2/s (für schwerste Zerspanungsarbeiten). Am häufigsten werden Öle im Viskositätsbereich von 20 bis 35 mm^2/s angewendet.

Die Erhöhung der Viskosität eines Kühlschmierstoffs ergibt folgende Eigenschaftsänderungen:
- Die Wärmeleitfähigkeit wird geringer.
- Die Nebelbildung beim Zerspanen nimmt ab.
- Der Austrag von Kühlschmierstoffen mit den Spänen nimmt zu.
- Der Spantransport wird durch Verkleben der Späne erschwert.
- Die Entflammbarkeit nimmt ab.

Man verwendet nicht wassermischbare Kühlschmierstoffe mit hoher Viskosität bei großen Bauteilen und beim Zerspanen mit niedrigen Schnittgeschwindigkeiten. Vorteilhaft werden diese Schmierstoffe auch eingesetzt bei großen Spanungsquerschnitten und bei unterbrochenen Schnitten.

> **!** Der wichtigste Kennwert von nicht wassermischbaren Kühlschmierstoffen ist die Viskosität. Ein Schmierstoff mit niedriger Viskosität ist dünnflüssig, ein Schmierstoff mit hoher Viskosität ist zähflüssig.

11.1.2 Wassermischbare Kühlschmierstoffe

Wassermischbare Kühlschmierstoffe werden wegen der guten Kühlwirkung und vor allem wegen des günstigen Preises am häufigsten eingesetzt. Sie werden vom Hersteller als Konzentrat geliefert und vom Anwender mit Wasser entsprechend den Herstellerangaben verdünnt. Die meisten dieser wassermischbaren Kühlschmierstoffe sind Gemische von Öl, einem Emulgator, bakterien- und pilztötenden Zusätzen u. a., die als Konzentrat geliefert werden, sowie Ansetzwasser. Im fertigen Zustand enthalten Kühlschmierstoffe 2 bis 10 % Konzentrat.

Fertigungstechnik

Wichtigster Bestandteil der Konzentrate sind Stoffe, die dafür sorgen, dass die öligen Bestandteile in feinster Verteilung im Wasser gehalten werden können. Man nennt solche Stoffe **Emulgatoren**. Dies sind seifenartige chemische Verbindungen, die aus kettenförmigen Molekülen bestehen. Diese Moleküle weisen ein „fettliebendes" und ein „wasserliebendes" Ende auf. Im wassermischbaren Kühlschmierstoff lagern sich die Emulgatormoleküle um die Öltröpfchen und verhindern so eine Vereinigung der Tröpfchen zu größeren Öltropfen, die im Wasser aufsteigen und damit den Kühlschmierstoff entmischen können.

Weitere Zusätze in Konzentraten für wassermischbare Kühlschmierstoffe sind korrosionshemmende Stoffe, Hochdruckzusätze (EP-Zusätze), Antischaummittel sowie bakterien- und pilztötende Zusätze (Biozide).

Wirkung des Emulgators

Öltröpfchendurchmesser und Aussehen der Lösung

Öltröpfchen	0,001 µm	0,01 µm	0,1 µm	1 µm
Aussehen der Lösung	wasserhell	trüb	undurchsichtig	milchig

> ❗ Wassermischbare Kühlschmierstoffe enthalten 2 bis 10 % ölhaltiges Konzentrat und 90 bis 98 % Wasser. Der Emulgator bestimmt besonders die Eigenschaften des Kühlschmierstoffs. Ansetzwasser soll möglichst weich und keimfrei sein.

Im Umgang mit wassermischbaren Kühlschmierstoffen ist zu beachten:
- Beim Ansatz muss stets Kühlschmierstoff in strömendes Wasser gegeben werden.
- Die Konzentration wird entsprechend der geplanten Bearbeitung eingestellt.
- Wassermischbare Kühlschmierstoffe werden am besten bei Raumtemperatur gelagert. Für Lagerung und Transport sind die Vorschriften zum Umgang mit wassergefährdenden Stoffen zu beachten.
- Kühlschmierstoffe müssen möglichst gut belüftet, kühl und frei von Verunreinigungen gehalten werden, damit sich Bakterien und Pilze nicht übermäßig vermehren.
- Vor dem Austausch von Kühlschmierstoffen ist die gesamte Anlage mit Reinigern zu desinfizieren.
- Kühlschmierstoff darf nicht ins Grundwasser oder Abwasser gelangen. Darum ist die Entsorgung von Spezialfirmen durchzuführen.

> ❗ Wassermischbare Kühlschmierstoffe sind umweltschädlich und gesundheitsgefährdend. Darum müssen Richtinien zum Umgang mit diesen Kühlschmierstoffen streng beachtet werden.

11.2 Gefahren beim Umgang mit Kühlschmierstoffen

Hautschäden im Zusammenhang mit Schmierstoffkontakt gehören zu den häufigsten Berufskrankheiten in der metallverarbeitenden Industrie. Neben dem Einatmen der entstehenden Dämpfe birgt insbesondere der Hautkontakt mit Kühlschmierstoffen eine Reihe von Gefahren:
- Die Haut wird bei ständiger Berührung entfettet, verliert ihre Schutzschicht, wird rissig und anfällig gegenüber Krankheiten, z. B. Entzündungen, Akne und Ekzeme. Nicht selten treten diese Erkrankungen an Körperteilen auf, an denen ölverschmutzte Kleidung eng anliegt.
- Die in den Kühlschmierstoffen mitgeführten Fremdkörper, wie kleine Metallspäne u. a., verursachen winzige Verletzungen, die ebenfalls zu Hautschäden führen können.

Einsatz von Kühlschmierstoffen an einer CNC-Fräsmaschine

12 Fertigen durch Abtragen

Die abtragenden Fertigungsverfahren sind Trennverfahren, bei denen Stoffteilchen nicht mechanisch, sondern durch thermische, chemische oder elektrochemische Einwirkung abgetrennt werden.

12.1 Autogenes Brennschneiden

12.1.1 Brennschneidvorgang

Beim autogenen Brennschneiden wird der Werkstoff an der Trennstelle im Sauerstoffstrahl oxidiert (verbrannt) und durch die Bewegungsenergie des Strahls aus der Trennfuge herausgeblasen.

Der Brennschneidvorgang wird durch Vorwärmen der Trennstelle mit einer Heizflamme auf Reaktionstemperatur eingeleitet. Sodann wird Sauerstoff zugegeben – der Werkstoff oxidiert und wird an der Trennstelle zu flüssiger Schlacke. Die Energie zur Trennung kommt zu 70 bis 90 % aus der Oxidationsreaktion von Metall und Sauerstoff.

Autogenes Brennschneiden

Der Anteil der Reaktionswärme ist umso höher, je dicker die Werkstücke sind. Daher sind Werkstücke unter *3 mm Dicke zum Brennschneiden ungeeignet*, während unlegierte Stähle mit Dicken bis 40 mm problemlos durch autogenes Brennschneiden getrennt werden können.

> **!** Beim Brennschneiden erfolgt das Trennen durch Oxidation des Metalls in der Trennfuge.
> Die Oxidationsreaktion liefert den Hauptanteil der zum Trennen notwendigen Energie.

Damit ein Metall durch autogenes Brennschneiden getrennt werden kann, müssen folgende Voraussetzungen erfüllt sein:
- Der Werkstoff muss sich im Sauerstoffstrahl entzünden, bevor er flüssig wird.
- Die entstehenden Oxide müssen dünnflüssig werden, bevor der unverbrannte Werkstoff schmilzt.
- Der Werkstoff muss eine niedrige Wärmeleitfähigkeit besitzen, damit die zum Vorwärmen notwendige Wärme nicht zu schnell von der Trennstelle abgeleitet wird.

Temperaturbereich für Brennschneiden eines Stahls mit 0,15 % C

Alle Bedingungen werden gleichzeitig nur von bestimmten Stählen sowie Titan und Molybdän erfüllt. Daher sind nur diese Werkstoffe durch Brennschneiden trennbar.

> **!** Zum Brennschneiden eignen sich nur spezielle Stähle, Titan und Molybdän, weil sie sich entzünden, bevor sie schmelzen, dünnflüssige Oxide bilden und Wärme schlecht leiten.

Brennschneidbarkeit verschiedener Stahlsorten

Stahl	Brennschneidbarkeit
unlegierter Stahl	bis 0,4 % C ohne Einschränkungen brennschneidbar 0,4 bis 1,6 % C nach Vorwärmen auf 200 bis 400 °C brennschneidbar (Vorwärmung dient zur Vermeidung von Aufhärtung und Rissbildung der Kanten)
Manganstahl	bis 1,3 % C und 13 % Mn brennschneidbar
Siliziumstähle	bis 2,9 % Si brennschneidbar 2,9 bis 4 % Si brennschneidbar, wenn der C-Gehalt < 0,08 % liegt
Chromstähle	bis 1,5 % Cr bei max. 0,2 % C brennschneidbar bis 10 % Cr nach Vorwärmen auf 200 bis 400 °C brennschneidbar Chromstähle mit mehr als 10 % Cr sind nur mit Spezialverfahren brennschneidbar

Die Höhe der Vorwärmtemperatur wird am besten durch Probeschnitte ermittelt.

> **!** Zum Brennschneiden sind unlegierte Stähle mit einem C-Gehalt bis 0,4 % geeignet.
> Legierte Stähle und Stähle mit höheren C-Gehalten sind begrenzt brennschneidbar.

12.1.2 Brennschneidverfahren

Für unterschiedliche Anforderungen beim Brennschneiden wurden verschiedene Verfahren entwickelt. Die Oberflächengüte der Trennfläche hängt wesentlich von der Einhaltung folgender Einstellgrößen ab:
- *Abstand der Schneiddüse* von der *Werkstückoberfläche*,
- *Druck des Schneidsauerstoffs*, der sich nach der Blechdicke richtet,
- *Schneidgeschwindigkeit*, die auf die Blechdicke abgestimmt sein muss.

Einstellgrößen beim Brennschneiden

Blech-dicke	Schneidgeschwindigkeit		Druck des Schneid-sauerstoffs bar
	von Hand mm/min	maschinell mm/min	
10	ca. 280	ca. 430	3,5
50	ca. 185	ca. 230	5,0
100	ca. 150	ca. 190	7,5
300	–	ca. 100	15,0

> **!** Die Dicke des zu schneidenden Blechs bestimmt den einzustellenden Druck des Schneidsauerstoffs und die Schneidgeschwindigkeit.

1. Brennschneiden von Hand
Zum Ablängen von Halbzeugen setzt man *frei* geführte Brennschneidgeräte ein. Wegen der ungenauen Brennerführung sind auch bei sorgfältigster Ausführung keine hohen Schnittgüten erreichbar. Schnitte an Blechen werden entlang Anrissen oder Führungsschienen mithilfe von Führungswagen durchgeführt. Der Führungswagen sorgt für stets gleichbleibenden Abstand zwischen Düse und Werkstück.

2. Maschinelles Brennschneiden
Maschinelles Brennschneiden geschieht auf größeren Anlagen unter Einsatz numerischer Steuerungen. Dabei werden gleiche Konturen meist unter Einsatz mehrerer gleich laufender Brenner nebeneinander ausgeschnitten. Diese Arbeitsweise erhöht erheblich die Wirtschaftlichkeit des Verfahrens.

Brennschneidmaschine

Fertigen durch Abtragen

12.1.3 Einstellung der Brennschneidgeräte

1. Auswahl der Brennschneiddüse

Brennschneiddüsen bestehen aus einer **Heizdüse** und einer **Schneiddüse**.
Bei den meisten Brennschneiddüsen ist die Heizdüse ringförmig um die Schneiddüse angeordnet. Nur für Sonderzwecke, z. B. zum Brennschneiden dünner Bleche, werden auch Düsen mit vorlaufender Heizflamme verwendet.
Brennschneiddüsen können ein- oder zweiteilig aufgebaut sein. Wegen der einfacheren Pflege und Wartung werden vorwiegend zweiteilige Düsen verwendet.
Die Auswahl der Brennschneiddüse richtet sich nach der Art des Heizgases und der zu schneidenden Materialdicke. Während die Heizdüse für einen größeren Dickenbereich einsetzbar ist, sind die Schneiddüsen in ihrem Einsatzbereich eng begrenzt.

Beispiel für einen Brennschneiddüsensatz für das Brenngas Acetylen

Schneiddüse		Heizdüse		Brennerabstand vom Werkstück mm
Nummer	Materialdicke mm	Nummer	Materialdicke mm	
1	3 bis 5	1	3 bis 150	3 bis 4
2	5 bis 10			4 bis 5
3	10 bis 25			5 bis 7
4	25 bis 40			
5	40 bis 60			
6	60 bis 100			7 bis 10
7	100 bis 150			
8	150 bis 230	2	150 bis 300	20
9	230 bis 300			25

Schneiddüse Heizdüse

Auf der Heizdüse sind die wichtigen Einstelldaten eingeprägt. Die Gasart wird durch Buchstaben gekennzeichnet:

A	Acetylen
M	Methan (Erdgas)
P	Propan
Y	Brenngasgemische

Kennzeichnung auf einer Heizdüse:
- Schneidbereich 3 bis 10 mm
- Gasart Acetylen
- Hersteller-Kennzeichnung
- Schneidsauerstoffdruck 2,5 bis 3,5 bar

`3– 10 A 2,5–3,5 XXX`

2. Einstellen der Heizflamme und des Sauerstoffstrahls

Nach Einstellen der Gasdrücke wird *zunächst* das Heizsauerstoffventil ganz geöffnet. Danach wird das Brenngasventil etwas geöffnet und das Gasgemisch gezündet. Brenngas und Heizsauerstoff werden so dosiert, dass sich eine *neutrale* Heizflamme einstellt.

Zur Probe wird kurz Schneidsauerstoff durch Öffnen des Schneidsauerstoffventils aufgegeben. Der Schneidsauerstoffstrahl muss gerade austreten, darf nicht zerflattern und muss konzentrisch von der Heizflamme umgeben sein.

Ringdüse — Blockdüse
Brennschneidsauerstoffstrahl; Zugabe nach Erreichen der Zündtemperatur des Materials

Brennschneiden – Flammeneinstellung

> ❗ Zum Brennschneiden wird eine neutrale Heizflamme eingestellt. Die Heizflamme muss bei ringförmigen Brennern den Schneidsauerstoffstrahl konzentrisch umgeben.

Übungsaufgabe 12/5

3. Einstell- und Verbrauchswerte

Zur Erzielung optimaler Schneidbedingungen müssen nach der Wahl der Düse und des Brenngases folgende Größen entsprechend den Angaben des Düsenherstellers bestimmt und eingestellt werden:
- Druck und Volumenstrom des Brenngases, des Heizsauerstoffs und des Schneidsauerstoffs,
- Abstand der Düse vom Werkstück,
- Vorschubgeschwindigkeit des Brenners bei automatischem Betrieb.

Beispiel für Einstell- und Verbrauchswerte für einen Düsensatz nach Herstellerangaben

Für unlegierte Baustähle bis 0,3 % C mit sauberer Oberfläche werden für Schnitte mit senkrecht gerichtetem Strahl folgende Einstell- und Verbrauchswerte zugrunde gelegt:

Werkstückdicke mm	Acetylendruck bar	Heizsauerstoffdruck bar	Schneidsauerstoffdruck bar	Vorschubgeschwindigkeit mm/min	Schnittfugenbreite mm	Acetylenverbrauch m^3/h	Heizsauerstoffverbrauch m^3/h	Schneidsauerstoffverbrauch m^3/h
4	3 bis 5	2,5	2,5	800	0,8	0,36	0,47	0,46
5		2,5	3,0	750	0,9	0,36	0,47	0,52
6		3,0	4,0	750	1,5	0,41	0,53	1,0
8		3,0	4,0	735	1,5	0,41	0,53	1,1
10		3,0	5,0	700	1,5	0,41	0,53	1,2
15		3,0	8,5	645	2,0	0,41	0,53	2,8

12.1.4 Brennschnitt

1. Schnittrichtung

Beim Brennschneiden bewegen sich infolge der Wärmedehnung die getrennten Teile auseinander. Dies muss beim Einsatz von Brennschneidmaschinen bei der Planung des Schnittverlaufs berücksichtigt werden. Beim Trennen bewegt sich immer der weniger fest liegende Abschnitt fort. Bei falscher Planung der Schnittrichtung kann dadurch die Schnittlinie vom vorgesehenen Schnittverlauf erheblich abweichen. Darum muss die Schnittrichtung so gelegt werden, dass das abzutrennende Stück lange mit dem größeren Reststück verbunden bleibt.

2. Bearbeitungszugabe

Als Bearbeitungszugabe genügen meist 10 % der Materialdicke. Bei Stählen mit mehr als 420 N/mm² Zugfestigkeit kommt es infolge der relativ schnellen Abkühlung nach dem Brennschneiden zur Entstehung gehärteter Zonen entlang der Schnittlinie (Aufhärtung). Es muss bei diesen Stählen die Bearbeitungszugabe erhöht werden, damit man die Aufhärtungszone restlos abarbeiten kann.

3. Schnittfehler und ihre Ursachen

unebener Schnitt	starke Anschmelzungen	starker Riefennachlauf	Kolkung	Unterbrechung des Schnitts	festhaftender Schlackenbart
unsaubere Schneiddüse	zu große Heizflamme oder zu langsamer Vorschub	zu schneller Vorschub	zu langsamer Vorschub	zu schneller Vorschub oder Düse verstopft	Vorschub zu langsam oder Sauerstoffdruck zu gering

4. Arbeitssicherheit
- Der Bediener muss Lederschürze und Schutzbrille mit Seitenschutz und genormten Filtern tragen. Handschuhe, Sicherheitsschuhe und Gamaschen sollten unbedingt getragen werden.
- Die Ein- und Abschaltfolge ist zu beachten:
  Einschaltfolge: Heizsauerstoff – Brenngas – Schneidsauerstoff,
  Abschaltfolge: Schneidsauerstoff – Brenngas – Heizsauerstoff.

Fertigen durch Abtragen

12.2 Plasmaschneiden
12.2.1 Grundlagen

1. Plasma

Ein Plasma ist physikalisch gesehen ein *besonderer* Aggregatzustand, der aus dem gasförmigen Zustand durch Temperaturerhöhung erreicht werden kann.

Führt man unedlen Gasen viel Energie zu und erhöht dadurch ihre Temperatur, so spalten sich zunächst Moleküle dieser Gase in Atome auf.

Bei weiterer Energiezufuhr und Temperaturerhöhung werden aus den Außenschalen von Atomen der unedlen Gase und den Atomen von Edelgasen Elektronen herausgerissen. Es entstehen positiv geladene Ionen und frei bewegliche Elektronen. Je höher die Temperatur ist, desto größer ist der Anteil der Ionen und freien Elektronen in diesem Gemisch.

Man nennt ein solches energiereiches und sehr heißes Gemisch aus positiv geladenen Ionen und Elektronen ein **Plasma**.

Dieses hat besondere Eigenschaften, die von den Eigenschaften der Gase abweichen:
- es ist elektrisch leitend,
- es sendet starke Lichtstrahlen aus,
- es bewirkt durch seine hohe Temperatur chemische Umsetzungen, z. B. die Reaktion von Luft (Stickstoff und Sauerstoff) zu Stickoxiden.

Plasmen haben in der Schneidtechnik meist nicht so hohe Temperaturen, dass alle Gasteilchen in den Plasmazustand überführt werden. In diesen Plasmen liegen neben den Ionen und Elektronen auch noch neutrale Gasteilchen (Moleküle und Atome) vor.

> **!** Ein Plasma ist ein elektrisch leitendes, sehr heißes Gemisch aus frei beweglichen positiven Ionen und Elektronen.

2. Entstehung der Plasmas im Plasmabrenner

Der Plasmastrahl zum Plasmaschneiden entsteht im Lichtbogen des Plasmabrenners. Der Brenner besitzt in der Mitte eine Wolframelektrode. Diese Elektrode wird vom Arbeitsgas, welches in den Plasmazustand überführt werden soll, umströmt. Ein meist wassergekühlter Kupfermantel bildet unterhalb der Wolframelektrode eine Düse, durch die das Arbeitsgas gepresst wird.

Mit einer Hilfsstromquelle wird zunächst zwischen der Kupferdüse und der Wolframelektrode ein Lichtbogen erzeugt. Man nennt diesen Lichtbogen den **Pilotlichtbogen**.

Zum Schneiden von Metallen legt man den Plus-Pol der Schneidstromquelle an das Werkstück und den Minus-Pol an die Wolframelektrode. Wird nun mit dem Flammkegel des Plasmas, welches durch den Pilotlichtbogen entsteht, das Werkstück berührt, so springt der Lichtbogen von der Brennerdüse auf das Werkstück über. Man spricht von einem **übertragenen Lichtbogen**. Sobald der übertragene Lichtbogen brennt, wird der Pilotlichtbogen automatisch abgeschaltet. Der übertragene Lichtbogen erzeugt nun in dem scharf gebündelten Gasstrahl zwischen Wolframelektrode und Werkstück das Plasma für den Schneidvorgang. Im Plasmastrahl, der in der Düse scharf eingeschnürt wird, herrschen Temperaturen von 10 000 bis 30 000 °C.

Plasma aus unedlem Gas

Plasma aus Edelgas

Schneiden mit dem Plasmabrenner

Übungsaufgaben 12/9; 12/10

12.2.2 Schneidvorgang und Einstellwerte

1. Schneidvorgang
Das Plasma besitzt einen hohen Energiegehalt an Wärmeenergie. Diese Energie setzt sich zusammen aus
- der Wärmeenergie, die bei der Ionisation der Atome aufgenommen wurde,
- der Wärmeenergie, die bei der Zerlegung der Moleküle in Atome aufgenommen wurde.

Mehratomige Arbeitsgase, z. B. Stickstoff (N_2), liefern darum besonders hohe Wärmemengen.

Sobald der Plasmastrahl auf das zu schneidende Werkstück auftrifft, gibt er einen großen Teil seiner Wärmeenergie an den Werkstoff ab. Der Werkstoff *schmilzt* oder *verdampft* und wird von der Bewegungsenergie des Plasmastrahls aus der Schnittfuge geblasen.

Da die Temperatur des Plasmastrahls mit größer werdendem Abstand von der Düse abnimmt, bekommt die Schnittfuge einen leicht konischen Querschnitt.

Schneiden mit dem Plasmabrenner

> **!** Beim Plasmaschneiden geschieht der Trennvorgang durch Schmelzen oder Verdampfen des Werkstoffs und Herausblasen aus der Schnittfuge.
> Die entstehende Schnittfläche ist geringfügig schräg.

2. Einstellwerte
Zur Erzielung optimaler Schneidbedingungen müssen folgende Größen von der Fachkraft bestimmt werden:
- Stromstärke,
- Düsenbohrung,
- Volumenstrom des Plasmagases.

Beispiel für Einstellwerte einer Plasmaschneidanlage (Herstellerangaben)
Plasmagas: Druckluft mit 5 bis 7 bar   **Vorschub:** von Hand

Werkstoff	Werkstückdicke mm	Stromstärke A	Düsenbohrung mm	Vorschubgeschwindigkeit mm/min	Volumenstrom des Plasmagases l/min
Stahl unlegiert und niedrig legiert	0,8 bis 8 8 bis 12 12 bis 20	30 60 90	1,0 1,4 1,4	2,5 bis 0,1 2,7 bis 0,3 3,0 bis 0,1	12 bis 18 16 bis 20 20 bis 24
Cr-Ni-Stahl rost- und säurebeständig	0,8 bis 1 2 bis 8 8 bis 18	30 60 90	1,0 1,4 1,4	2,2 bis 1,0 2,5 bis 0,4 3,0 bis 0,2	12 bis 18 16 bis 20 20 bis 24
Aluminium und Al-Legierungen	0,8 bis 2 2 bis 6 6 bis 12	30 60 90	1,0 1,4 1,4	2,0 bis 1,0 2,2 bis 0,6 2,4 bis 0,4	12 bis 18 16 bis 20 20 bis 24

Die Leerlaufspannungen betragen bis 400 V, die Arbeitsspannungen liegen bei 100 bis 150 V.
Obwohl sich alle Gase in den Plasmazustand überführen lassen, sind zum Schneiden Argon, Stickstoff und Wasserstoff sowie Argon-Wasserstoff-Gemisch besonders geeignet.
Von diesen Gasen hat Argon das günstigste Zündverhalten. Es bietet auch den besten Schutz für die Wolframelektrode. Da es aber nur Wärme aus der Ionisation aufnimmt, eignet es sich lediglich zum Schneiden dünner Bleche.

3. Arbeitssicherheit
- Die Leerlaufspannung von über 100 V erfordert beim Schneiden in engen Behältern und feuchten Räumen besondere Schutzmaßnahmen.
- Die erheblich energiereichere UV-Strahlung macht spezielle Filterscheiben erforderlich.
- Die Entwicklung von Stickstoffoxiden von Ozon (O_3) erfordert Absaugung der Schneidgase.
- Durch die hohe Strömungsgeschwindigkeit des Plasmas, das infolge der Wärmeausdehnung Überschallgeschwindigkeit erreicht, tritt sehr starke Lärmbelästigung auf. Diese kann durch Schneiden unter Wasser oder individuellen Lärmschutz, z. B. Gehörschutz, gedämpft werden.

12.3 Funkenerosives Abtragen

Durch **funkenerosives Abtragen** werden Teile eines elektrisch leitenden Werkstücks durch kurzzeitige, Funkenentladungen verdampft oder geschmolzen und dadurch abgetrennt. Der Abtrag geschieht in einer elektrisch nichtleitenden Flüssigkeit, **Dielektrikum** genannt, durch die Wärme und abgetrennte Werkstoffteilchen fortgespült werden. Als Dielektrikum werden deionisiertes Wasser oder spezielle synthetische Öle verwendet.

Funkenerosionsanlage

Zum funkenerosiven Abtragen werden Funkenerosionsanlagen eingesetzt. In diesen Anlagen werden Werkstück und Werkzeug als Pole eines Gleichstromkreises geschaltet. Ein Impulsgenerator erzeugt 600 bis 1 000 000 Gleichstromimpulse in 1 Sekunde, die kurzzeitig Funken auslösen. Der Abstand zwischen Werkstück und Werkzeugelektrode, der Arbeitsspalt, wird je nach verlangter Maß- und Oberflächenqualität auf 0,005 bis 0,1 mm durch entsprechende Regelung eingestellt.
Hauptanwendungsgebiet des funkenerosiven Abtragens ist der Werkzeug- und Formenbau.

Beim **Senkerodieren** wird eine Formelektrode, die der Kontur des gewünschten Hohlraums oder eines Teiles davon entspricht, in senkrechter Richtung in das Werkstück eingesenkt. Es wird von der Maschine nur die Z-Achse geregelt. Die Formelektrode wird aus Grafit oder Kupferlegierungen hergestellt.

Beim **Planetärerodieren** wird eine Elektrode mit dem Profil der zu erzeugenden Kontur durch Achsbewegung in allen Richtungen durch das Werkstück geführt. Das Plantärerodieren ähnelt in den Bewegungen zur Konturerzeugung dem Fräsen mit einem Profilfräser.

Beim **Drahterodieren**, auch funkenerosives Schneiden genannt, verwendet man einen gespannten Draht (0,025 bis 0,3 mm Durchmesser) als Elektrode. Um die Schnittqualität unabhängig vom Verschleiß des Drahtes zu halten, wird der Draht beim Schnitt kontinuierlich von einer neuen Rolle abgespult und auf der Gegenseite aufgewickelt. Durch die Bewegung des Drahtes auf einer programmierten Bahn entsteht die Kontur des Schnittes.

> **!** Durch funkenerosives Abtragen können Werkstückkonturen mit hoher Maß- und Formgenauigkeit erzeugt werden. Durch impulsgesteuerte Funkenentladungen in einem Dielektrikum werden dabei abzutrennende Werkstoffteile örtlich verdampft oder geschmolzen.

Fertigungstechnik

12.4 Trennen mit Laserstrahlen

12.4.1 Grundlagen

1. Eigenschaften der Laserstrahlung

Laserstrahlen[1] sind Licht- oder Wärmestrahlen mit besonderen Eigenschaften:
- Die Strahlen eines Lasers haben alle gleiche Wellenlänge, sie enthalten also nur eine bestimmte Farbe des Lichts.
- Sie verlaufen fast genau parallel, die Abweichung beträgt weniger als 1/3600 Grad.
- Sie sind gut auf einen Punkt – den Brennfleck – zu konzentrieren, z. B. beim Rubinlaser auf einen Fleck unter 0,005 mm Durchmesser.
- Laserstrahlen haben sehr hohe Leistungsdichte. Dies ist die Leistung bezogen auf die Fläche.
- So bringt ein Laserstrahl von 1 kW Leistung auf einer Stelle von 0,3 mm Durchmesser eine Leistungsdichte von 1500 Watt/mm^2 – zum Vergleich bringt die Sonne im Durchschnitt nur 1,5 Milliardstel Watt auf einen Quadratmillimeter der Erde.

Aufgrund dieser Eigenschaften eignen sich Laserstrahlen zum Trennen mit hoher Geschwindigkeit bei sehr schmaler Schnittfuge und geringer Wärmeeinflusszone.

> **!** Die Strahlen eines Lasers haben folgende Eigenschaften:
> - gleiche Wellenlänge,
> - fast genau parallelen Verlauf,
> - auf eine sehr kleine Fläche konzentrierbar,
> - hohe Leistungsdichte.

2. Erzeugung von Laserstrahlen

Ein Laser ist ein Lichtverstärker. Er besteht im einfachsten Fall aus folgenden Baugruppen:
- System zur Energiezufuhr,
- aktives Medium, in dem die Lichtverstärkung erzeugt wird,
- optisches System aus total reflektierendem und teilweise durchlässigem Spiegel zum Herausführen des Laserstrahls.

– Festkörperlaser

Zum thermischen Schneiden wird als Festkörperlaser meist der **Nd-YAG-Laser** eingesetzt. Bei ihm ist das aktive Medium ein Mineral, das Aluminium und die seltenen Metalle Neodym und Yttrium enthält. Die Energie wird über eine Blitzlampe „eingepumpt". Sobald das aktive Medium eine bestimmte Menge Energie aufgenommen hat, wird diese impulsartig als Laserstrahl abgegeben.

Festkörperlaser (Schema)

> **!** Im Festkörperlaser wird Energie, die durch Blitzlampen oder Bogenlampen zugeführt wird, im festen aktiven Medium in Laserstrahlung umgesetzt. Nd-YAG-Laser geben UV-Licht ab.

– Gaslaser

Wegen seiner hohen Leistungsfähigkeit wird zum thermischen Trennen von schlechter wärmeleitenden Metallen, Kunststoffen und Gläsern als Gaslaser der **CO_2-Laser** verwendet. Das CO_2 (Kohlendioxid) wird dabei in bis zu 5 m langen Rohren eingeschlossen. Die Energiezufuhr erfolgt durch angelegte Hochspannung, die Glimmentladungen hervorruft und damit das aktive Medium pumpt. Als Folge entsteht nicht sichtbares infrarotes Licht.

Gaslaser (Schema)

> **!** In Gaslasern wird Energie, die durch Hochspannung zugeführt wird, im aktiven gasförmigen Medium in Laserstrahlung umgesetzt.

---

1 Laser = Light amplification by stimulated emission of radiation, Lichtverstärker durch stimulierte Entsendung von Strahlen

Fertigen durch Abtragen

12.4.2 Einrichtungen und Verfahren zum Laserstrahltrennen

1. Verfahren des Laserstrahltrennens

Verfahren	Laserstrahl-Schmelzschneiden	Laserstrahl-Brennschneiden
	Laserstrahl, inertes oder reaktionsträges Gas, Bearbeitungsoptik, Vorschub, Schneiddüse, Gasaustritt, Werkstück (Metall oder Nichtmetall), ausgeblasene Schmelze	Laserstrahl, Sauerstoff, Bearbeitungsoptik, Vorschub, Schneiddüse, Gasaustritt, Werkstück (Metall), ausgeblasenes Oxid
Prinzip	• Laserstrahl schmilzt Werkstoff in der Trennfuge, • geschmolzener Werkstoff wird durch inertes Gas aus der Trennfuge geblasen.	• Laserstrahl erwärmt Werkstoff in der Trennfuge auf Entzündungstemperatur, • Werkstoff wird im Sauerstoffstrahl oxidiert, • Oxide werden vom Sauerstoff aus der Trennfuge geblasen.
Anwendung	Kunststoffe, Keramik, metallische Werkstoffe mit Schmelztemperatur unter der Entzündungstemperatur	Metallische Werkstoffe mit Entzündungstemperatur unter der Schmelztemperatur, z. B. unlegierter Stahl

2. Technische Einrichtungen zum Trennen mit Laserstrahlen

In der technischen Anwendung werden Laser durch folgende Einrichtungen ergänzt:
- optische Systeme zur Lenkung und Bündelung des Laserstrahls,
- Kühlaggregate,
- Vorschubeinrichtungen – meist CNC-gesteuert,
- Steuerungen zur Energiedosierung
- Arbeitsschutzeinrichtungen.

In der Fertigung werden Laserschneideinrichtungen ausschließlich zum maschinellen Schneiden eingesetzt. Dabei werden ebene Blechteile ausgeschnitten und umgeformte Werkstücke aus Blech mit räumlich verlaufender Schnittkante besäumt.

Beispiel für einen Laser mit einem optischen System zur Lenkung und Bündelung des Laserstrahls

Trennen mit Laserstrahlen

Übungsaufgaben 12/14; 12/15

Fertigungstechnik

13 Fertigungsverfahren des Urformens

Bei der Einteilung der Fertigungsverfahren nach DIN 8580 wird das Urformen an erster Stelle genannt, denn in der Produktion beginnt die Fertigung mit dem Urformen. Jedes Werkstück erhält zunächst seine feste Gestalt aus formlosen Stoffen wie Flüssigkeiten oder Pulvern.

> **!** Unter Urformen versteht man nach DIN 8580 Fertigungsverfahren, bei denen aus formlosen Stoffen feste Körper hergestellt werden.

Als **Gießen** bezeichnet man Urformverfahren, bei denen Flüssigkeiten, z. B. Metallschmelzen, in Formen gegossen werden und dort erstarren oder aushärten.
Als **Sintern** bezeichnet man Urformverfahren, bei denen pulverförmige Stoffe, z. B. Metallpulver, zunächst in einer Form ihre Gestalt erhalten und dann in einem Wärmebehandlungsverfahren ihre endgültige Festigkeit bekommen.
Additive Fertigungsverfahren sind Urformverfahren, in denen flüssige oder pulverförmige Stoffe unmittelbar aus der 3D-Darstellung zu fertigen Werkstücken geformt werden.

Gegossenes Turbinenrad   Gesintertes Zahnrad

13.1 Urformen von Metallen durch Gießen

Beim Gießen von Metallen wird der flüssige Gusswerkstoff in einen vorher gefertigten Hohlraum gegossen. Das flüssige Metall erstarrt in diesem Hohlraum und erhält damit seine erste Gestalt, seine Urform.

13.1.1 Arten von Formen

1. Verlorene Formen
Benötigt man für jedes Gussstück eine neue Form, so spricht man von verlorener Form, denn das Gussstück kann nur aus der Form genommen werden, wenn man sie zerstört. Verlorene Formen werden mithilfe von Gießereimodellen hergestellt. Die Modelle werden in Formsand eingeformt. Sie müssen vor dem Gießen oder während des Gießvorgangs wieder entfernt werden.

Verlorene Form aus Formsand

2. Dauerformen
Lassen sich viele Gussstücke in einer Form herstellen, so spricht man von einer Dauerform. Dauerformen werden aus Stahl, Gusseisen oder anderen Metallen hergestellt. Die Form besteht aus mehreren Teilen. Beim Abgießen muss die Form geschlossen sein. Das Gussstück wird der geöffneten Form entnommen. Dauerformen verwendet man für Werkstücke aus Nichteisenmetallen, die einen Schmelzpunkt bis etwa 1 000 °C haben und in großen Stückzahlen hergestellt werden.

Dauerform für Druckguss (geöffnet)

Übungsaufgaben 13/1; 13/2; 13/3

13.1.2 Herstellen von Sandformen mithilfe von Modellen

Beim Urformen durch Gießen sind besondere technologische Probleme zu berücksichtigen. Diese Probleme werden am Beispiel der Fertigung eines Reitstockkörpers durch Gießen in einer **verlorenen Form** erklärt.

1. Konstruktion des Gussteils
Der Konstrukteur hat den Reitstock so gestaltet, dass er seine Funktion als Bauelement der Drehmaschine erfüllt und durch Gießen leicht zu fertigen ist.

Wichtige Grundregeln der Konstruktion sind:
- Alle Wanddicken sollen möglichst gleich sein.
- Kanten und Ecken sollen abgerundet werden, damit das Werkstück gleichmäßig und spannungsfrei erstarren kann.
- Hinterschneidungen sollen vermieden werden, damit der Formhohlraum einfach herzustellen ist.

Zeichnung eines Reitstockoberteils

2. Herstellen einer Modelleinrichtung
Nach der Konstruktionszeichnung fertigt der Modellbauer eine neue Zeichnung an, den **Modellriss**, welche alle form- und gießtechnischen Gesichtspunkte berücksichtigt, d. h.:
- Alle Maße werden um das **Schwindmaß** vergrößert, da das Werkstück beim Erkalten schrumpft. So beträgt die Längenschwindung bei:
  - Gusseisen 1 %,   – Messing 1,5 %,
  - Aluminium 1,25 %, – Stahlguss 2 %.
- Damit der Formvorgang vereinfacht wird, sieht man eine **Modellteilung** möglichst im größten Querschnitt vor.
- Alle Flächen, die in der Form senkrecht zur Teilung liegen, erhalten eine Schräge, damit das Modell leicht aus der Form zu heben ist. Bei kleinen Modellen beträgt die **Formschräge** 2°.
- Alle Flächen, die später bearbeitet werden, erhalten eine Bearbeitungszugabe. Kleine Bohrungen werden voll gegossen. Bei kleinen Werkstücken beträgt die **Bearbeitungszugabe** etwa 2 mm.
- Für hinterschnittene Konturen und Innenkonturen wird ein Kernkasten vorgesehen, in dem Sandteile (**Kerne**) gefertigt werden, die später die entsprechenden Hohlräume erzeugen. Die Lagerstellen des Kerns werden durch die Kernmarken am Modell erzeugt.

Modellriss eines Reitstockoberteils

Entsprechend dem Modellriss wird die Modelleinrichtung gefertigt. Als Modellwerkstoff verwendet man je nach Zahl der geforderten Abgüsse Holz, Metall oder Kunststoff.

Modell

Kernkasten

Fertigungstechnik

3. Herstellen der gießfertigen Form in der Handformerei

In der Formerei fertigt man mithilfe des Modells die verlorene Sandform an.
Dies geschieht in folgenden Arbeitsschritten:

1. **Einformen einer Modellhälfte im Unterkasten**
   Eine Modellhälfte wird auf eine Platte gelegt und mit Trennmittel eingepudert. Ein Formrahmen aus Metall wird darübergesetzt, Formsand in den Kasten gefüllt und festgestampft. Der aufgestampfte Unterkasten wird umgedreht.

Aufstampfen des Unterkastens

2. **Einformen der zweiten Modellhälfte im Oberkasten**
   Die zweite Modellhälfte wird auf die erste, bereits eingeformte Hälfte gelegt und ist gegen seitliches Verschieben durch Dübel gesichert. Ein zweiter Formrahmen wird mit Führungen auf den ersten gestellt. Die Form muss eine Eingussöffnung und einen Steiger erhalten. Dazu werden Modelle für den Einguss und den Steiger aufgesetzt. Nun wird der Oberkasten ebenso mit Sand gefüllt wie der Unterkasten.

Aufstampfen des Oberkastens

3. **Ausheben des Modells**
   Ober- und Unterkasten werden voneinander getrennt. Zwischen dem Einguss und dem Formhohlraum des Reitstocks wird in den Sand ein Verbindungskanal, der sogenannte Lauf, geschnitten. Alle Modellteile werden aus dem Formsand herausgehoben.

Ausheben des Modells

4. **Vorbereiten der Form zum Gießen**
   Der Kern für die durchgehende Bohrung wird in die Kernmarken des Unterkastens eingelegt. Der Oberkasten wird auf den Unterkasten gesetzt. Die Führungen zwischen den beiden Kästen verhindern ein seitliches Verschieben. Zum Schluss beschwert man den Oberkasten, damit er durch das Gießmaterial nicht hochgedrückt werden kann. Die Form ist gießfertig.

Unterkasten mit eingelegtem Kern — *Zusammengelegte Form*

4. **Abgießen und Putzen des Gussstücks**
   Durch den Eingusstrichter wird der flüssige Gusswerkstoff in die Form gegossen. Nach dem Erstarren wird die Form zerschlagen und das Gussstück herausgenommen. Eingusstrichter, Lauf und Steiger werden abgeschnitten und das Gussstück gesäubert. Abschließend werden Grate und andere Überstände abgeschliffen.

Gussstück mit Einguss und Steiger — *Fertiges Gussstück*

Übungsaufgaben 13/6; 13/7

13.1.3 Spezielle Formverfahren

1. Vollformgießverfahren

Beim Vollformgießverfahren wird ein Modell aus thermoplastischem Hartschaum hergestellt. Dieses wird eingeformt und bleibt beim Gießen in der Form. Es verdampft durch die Hitze des auftreffenden Gießmaterials. Anwendung findet das Verfahren zur Einzelteilherstellung für größere Gussstücke, an deren Oberflächen und Maße nur geringe Anforderungen gestellt werden.

Modell aus Polystyrol-Hartschaum, z. B. Styropor®

Eingeformtes Modell beim Abguss

2. Maskenformverfahren

Beim Maskenformverfahren wird der mit Kunstharz gemischte Formsand auf vorgeheizten Modellplatten in einer ca. 10 bis 20 mm dicken Schicht erhärtet. Nach Entfernen des nicht ausgehärteten Formstoffs und Härten der Rückseite erhält man schalenartige Formhälften. Diese werden zur fertigen Form zusammengeklebt oder verklammert.

Das Maskenformverfahren wird in der Serienfertigung für Werkstücke, die gute Maßgenauigkeit und Oberflächengüte besitzen müssen, angewendet.

Erstarrung der Schalen

Härten der Außenseiten

Schnitt durch die Formmaske

3. Feingussformverfahren (Wachsausschmelzverfahren)

Für jedes Werkstück wird beim Feinguss ein eigenes Modell aus Wachs durch Spritzgießen (siehe „Urformverfahren für Kunststoffe") hergestellt. Die Modelle werden mit Eingussmodellen u. a. zu Trauben montiert. Diese werden mehrfach in aufgeschlämmten Formstoff getaucht und getrocknet, bis eine stabile Schale entstanden ist. Nach Ausschmelzen der Wachsmodelle entsteht eine gießfertige Form.

Das Feingussformverfahren findet Anwendung für Werkstücke, die sehr maßgenau sein müssen und hohe Oberflächenbeschaffenheit haben sollen.

Modell aus Wachs

Traube aus vier Modellen mit Einguss

Gießfertige Feingussform im Schnitt

Übungsaufgaben 13/8; 13/9

Fertigungstechnik

13.2 Urformverfahren für Kunststoffe

1. Spritzgießen
Granulate thermoplastischer Kunststoffe können durch Spritzgießen zu Formkörpern verarbeitet werden. Der Spritzgießvorgang erfolgt in mehreren Stufen:
- Einspritzen des Kunststoffs,
- Nachdrücken und Plastifizieren,
- Entformen des Formteils.

Einspritzen des Kunststoffs

2. Extrudieren
Mithilfe des Extruders werden stabförmige Profile und Rohre aus thermoplastischen Kunststoffen hergestellt. Der Extruder ist eine beheizte Schneckenpresse, in der das zu verarbeitende Material erwärmt, plastifiziert und kontinuierlich zum profilgebenden Werkzeug gefördert wird.

Extruder mit Schlauchwerkzeug

3. Pressen
Durch Pressen werden Kunststoffpulver oder vorgeformte Pressmassen unter Druck zu duroplastischen Formkörpern gepresst, die in der beheizten Form aushärten.
Um die Zeit bis zum Aushärten zu verkürzen und um Gefügelockerungen, wie sie bei der Polykondensation durch die Wasserbildung auftreten können, zu vermeiden, setzt man noch nicht voll vernetzte Vorprodukte ein, die dann aushärten.

Pressen von Kunststoffpulver in einem Füllwerkzeug

Fertigungsverfahren des Urformens

13.3 Urformen durch Sintern

Durch das Urformverfahren Sintern stellt man aus pulverförmigen Ausgangsstoffen feste Werkstücke in ihrer Endform her. Diese Werkstücke zeichnen sich durch hohe Form- und Maßgenauigkeit aus.
Die Fertigung von Werkstücken aus Metallpulver oder aus Pulver metallischer Verbindungen erfolgt meist in mehreren Arbeitsgängen. Siehe *„Werkstofftechnik"*, Kapitel *„Sinterwerkstoffe"*.

Arbeitsgänge beim Sintern

| Pulverherstellung | → | Erzeugung des Formkörpers durch Pressen | → | Sintern des Formkörpers |

Zerstäuben von Metallschmelze zu Pulver — Füllen — Pressen — Ausstoßen — Schutzgas (800 °C – 1300 °C)

> ❗ Beim Sintern wird aus metallischen Pulvern unter hohem Druck ein Rohling gepresst und unter Wärmewirkung ein zusammenhängendes Werkstückgefüge geschaffen.

13.4 Additives Fertigen

13.4.1 Verfahrensprinzip

Mit additiver Fertigung werden Bauteile unmittelbar aus digitalen 3D-Modellen erzeugt. Additiv bedeutet, dass die Formgebung durch schrittweisen Aufbau aus einzelnen Schichten erfolgt – im Gegensatz zu spanender Fertigung, bei der schrittweise Teilchen entfernt, also subtrahiert werden.

Zur additiven Fertigung wird vor dem Fertigungsprozess die 3D-Geometrie mittels spezieller Software in viele dünne horizontale Schnitte zerlegt. Dieser Vorgang wird als **Slicen** bezeichnet. In der additiven Fertigungsanlage werden diese Schichten real erzeugt und zu einem fertigen Bauteil verbunden.

Das 3D-Modell kann als CAD-Konstruktion mit einem 3D-CAD-Systems erzeugt werden. Ebenso kann durch 3D-Scannen eines Modells und entsprechende Nacharbeit sowie das Einfügen der Innenkontur mit einem CAD-System ein 3D-Modell gewonnen werden, das für die additive Fertigung geeignet ist.

Verfahrensprinzip additiver Fertigungsverfahren:
- 3D-Volumenmodell konstruieren
- 3D-Scannen → 3D-Flächenmodell + Wandstärke erzeugen
- Schichten definieren/Slicen
- Bauprozess durchführen / Additiv fertigen

> ❗ Additive Fertigung geht von einem digitalen 3D-Modell aus, das entweder durch Konstruktion oder durch Scannen eines realen Modells erzeugt wurde.
> Durch Slicen werden aus dem CAD-Modell Schichten konstruiert, die im Fertigungsprozess erzeugt und aufeinander zum Werkstück aufgebaut (addiert) werden.

Übungsaufgabe 13/12

Fertigungstechnik

13.4.2 Datenaufbereitung zur additiven Fertigung

13.4.2.1 CAD-Modell

Zur additiven Fertigung eignen sich grundsätzlich alle CAD-Modelle, die mit 3D-CAD-Systemen erstellt wurden.

Modelle, die z. B. durch Scannen mit einem 3D-Scanner erzeugt wurden, sind ebenfalls geeignet. Sie erfordern aber zuvor eine Bearbeitung zur Fehlerbeseitigung. Fehler in solchen Modellen sind häufig „Löcher" in den Oberflächen, die durch fehlende Daten entstehen. Fehler sind auch Oberflächenteile, die sich überlagern.

CAD-Modell „Klemmstück"

13.4.2.2 CAD-Modell im STL-Format

Die entsprechend vorbereiteten CAD-Modelle müssen im nächsten Schritt in ein Datenformat überführt werden, das von der Software des Additionssystems in Aktionsschritte umgesetzt werden kann.

Das zurzeit am häufigsten verwendete Datenformat ist das **STL-Format** (*Standard Triangulation Language* oder auch *Standard Tessellation Language*).
Im STL-Format werden die Oberflächen von 3D-Volumenkörpern mithilfe von Dreiecken beschrieben. Je stärker die Oberfläche eines 3D-Modells von der ebenen Form abweicht und je genauer sie später geformt werden soll, desto engmaschiger muss das Netz der Dreiecke sein, um eine Krümmung durch flächige Dreiecke hinreichend genau abzubilden.

„Klemmstück im STL-Format"

Von jedem Dreieck werden die Koordinaten der Eckpunkte und die Richtung der Flächennormale, die von der Außenseite fortweist, gespeichert. Dadurch fällt eine sehr große Datenmenge bei der Speicherung der STL-Daten, z. B. im ASCII-Code oder Binär-Code, an. In manchen Fällen ist noch eine Korrektur der Daten notwendig, wenn z. B. bei der CAD-Konstruktion Körper nicht exakt vereinigt wurden und „Löcher" oder Überlappungen in der STL-Darstellung auftreten. Die Korrektur erfolgt mit spezifischer Prüf- und Reparatursoftware.

CAD-Modell im STL-Format

Daten im STL-Format

```
solid name
    facet normal n₁, n₂, n₃
        outer loop
            vertex p₁ₓ, p₁ᵧ, p₁z
            vertex p₂ₓ, p₂ᵧ, p₂z
            vertex p₃ₓ, p₃ᵧ, p₃z
        end loop
    endfacet
endsolid name
```

STL-Daten eines Dreiecks im ASCII-Code

> ⚠ Im STL-Format wird die Oberfläche eines Bauteils in Form flächiger Dreiecke dargestellt. Von jedem Dreieck werden die Koordinaten der Eckpunkte und die Richtung der Flächennormalen gespeichert.

Übungsaufgabe 13/13

13.4.2.3 Slicen und Datenerzeugung im G-Code (DIN 66025)

Mit der STL-Datei sind noch keine Schichten beschrieben, die erzeugt und addiert werden können. Dazu muss mit verfahrensspezifischen Programmen das Bauteil im STL-Format zunächst auf der dort vorgegebenen virtuellen Bauplattform positioniert werden.

Anschließend kann das im STL-Verfahren gewonnene und positionierte Abbild in Schichten parallel zur Bauteilplattform zerlegt werden, man spricht von **Slicen**. Die Schichten nennt man **Layer**.

Bauplattform

Bodenplatte mit Füllungsgrad 10 %

Layer 57 des Bauteils „Klemmstück"

Ein Layer zeigt in Form und Umrissen den Bereich, den das Bauwerkzeug, z. B. der Laserstrahl, abfahren muss, um die Schicht aufzubauen.

Die verfahrensspezifische Software erzeugt aus den Umrissen automatisch die Wegbeschreibung des Bauwerkzeugs, z. B. des Laserstrahls, zur Erzeugung der einzelnen Schicht.

Die Beschreibung geschieht zusammen mir den Koordinaten der Zielpunkte in Form von G-Codes entsprechend DIN 66025, z. B. **G0** für Eilgang, **G1** für geradlinige Arbeitsbewegung mit definiertem Vorschub, also ähnlich wie beim CNC-Fräsen.

Von der verfahrensspezifischen Software werden die Wegbeschreibungen ergänzt durch

- **allgemeine Informationen**, z. B. **G21** metrische Angaben, **G90** Absolutmaße,
- **technologische Daten**, z. B. **M109 S....** Temperatur bei Fertigung mit thermoplastischen Materialien, Geschwindigkeit des Bauwerkzeugs.
- **Baudaten**, z. B. Layerdicke, Füllgrad von Querschnitten, Struktur der Füllung.

```
start.gcode = ;SLiced at: {day} {date} {time}
;Basic settings: Layer height: {layer_height} Walls:
;M190 S{print_bed_temperature};Uncomment to add your
;M109 S{print_temperature};Uncomment to add your own
G21         ;metric values
G90         ;absolute positioning
M82         ;set extruder to absolute mode
M107        ;start with the fan off
G28 X0 Y0   ;metric values
G1 Z15.0 F{travel_speed};move the platform down 15mm
G1 F200 E3                ; extrude       of feed

;LAYER:57
G0 F3000 X118.595 Y121.424 Z8.850
;TYPE:FILL
G1 X113.661 Y116.496
G1 X112.222 Y116.880
```

Teile aus dem Fertigungsprogramm „Klemmstück"

! Der Weg des Bauwerkzeuges zur Erzeugung der Schichten wird im G-Code beschrieben. Hinzu kommen allgemeine Informationen, technologische Daten und Baudaten.

In den meisten additiven Verfahren sind überhängende Konturen nur bis zu einem bestimmten Steigungswinkel ohne Stützen herstellbar. Darum müssen für diese Bereiche Stützkonstruktionen vorgesehen werden. Viele Programme erzeugen diese Stützkonstruktionen automatisch in Zusammenhang mit dem Slicen. Aus der Gesamtheit der Informationen entsteht das Fertigungsprogramm zur Bauteilerzeugung. Die entsprechenden Dateien tragen in vielen Fällen die Endung **.gode**.

Beispiel für den automatisch generierten Aufbau einer Stützstruktur an einem Bauteil aus ABS

Beginn des Aufbaus der Stützstruktur

Fertige Stützstruktur

Auftrag der letzten Druckschicht – fertiges Bauteil

Übungsaufgabe 13/14

Fertigungstechnik

13.4.3 Additive Fertigungsverfahren

13.4.3.1 Maschinenaufbau

Entsprechend dem Verfahrensprinzip, der Addition von Schichten, besteht die Maschinenbasis bei allen Verfahren zur additiven Fertigung aus einer Bauplattform, auf der die Schichten schrittweise aufgebaut werden. Die Bauplattform verkörpert die X-Y-Ebene.

In Z-Richtung wird die Schichtdicke durch Vergrößern des Abstands zwischen Bauwerkzeug und Bauplattform erzeugt. Je nach Bauart wird entweder die Bauplattform abgesenkt oder das Bauwerkzeug angehoben.

Maschinenkoordinaten

Das Bauwerkzeug, z. B. der Laserstrahl oder die Spritzdüse, erzeugen durch Verfahren in X- und Y-Richtung die gewünschte Kontur. Dazu kann entweder die Bauplattform in diese Richtungen bewegt werden und das Bauwerkzeug feststehen oder das Bauwerkzeug diese Bewegung bei feststehender Bauplattform ausführen.

13.4.3.2 Stereolithografie SL

Das Stereolithografie-Verfahren ist das älteste der additiven Fertigungsverfahren. In diesem Verfahren wird die Kontur des Werkstücks durch schichtweises Aushärten von Kunststoff, z. B. Epoxidharzen, mittels Laserstrahl erzeugt (Photopolymerisation). Dabei entstehen Bauteile mit hoher Genauigkeit und Oberflächengüte. Die Festigkeit der Bauteile ist jedoch relativ gering, sie kann bei verschiedenen Kunststoffen durch eine thermische Nachbehandlung, die zur vollständigen Aushärtung führt, verbessert werden. Überhänge können bei diesem Verfahren nur mit Hilfe von Stützstrukturen aus gleichem Werkstoff wie das Bauteil erzeugt werden und ergeben Spuren, die am fertigen Werkstück mechanisch entfernt werden müssen.
Mithilfe der Stereolithografie werden hauptsächlich Anschauungsmodelle erzeugt.

Stereolithografie (Schema)

! Im Stereolithografie-Verfahren werden Bauteile durch schichtweises Aushärten von Flüssigkunststoff (Fotopolymerisation) erzeugt.

13.4.3.3 Selektives Laserschmelzen

Beim **selektiven Laserschmelzen** wird Metallpulver am Bearbeitungspunkt des Lasers aufgeschmolzen. Dabei verbindet sich die Schmelze mit der darunterliegenden Schicht. Durch das vollständige Schmelzen des Metallpulvers unterscheidet sich das selektive Laserschmelzen vom selektiven Lasersintern, bei dem Pulverteilchen nur an den Berührungsstellen verschweißen oder durch ein niedriger schmelzendes Bindemittel zusammengehalten werden.

In den Anlagen zum selektiven Laserschmelzen wird durch Schieber (Rakel) oder durch ein spezielles Walzensystem das Metallpulver schichtweise aufgetragen und zur besseren Wärmeübertragung verdichtet. Die Schichtstärke liegt etwa im Bereich von 15 bis 150 µm. Das nicht verschmolzene und verdichtete Metallpulver kann in den meisten Fällen als Stützmaterial für überhängende Konturen dienen, sodass Stützkonstruktionen nur in Ausnahmefällen notwendig sind.

Damit der Schmelzvorgang zügig ablaufen kann, wird der Bauraum bis dicht unterhalb der Schmelztemperatur des Metallpulvers erhitzt. Zur Verhinderung von Oxidation wird das Laserschmelzen unter einer Schutzgasatmosphäre vorgenommen. Bei der Verarbeitung von Titan wird Argon als Schutzgas verwendet, bei den übrigen Metallen wird Stickstoff eingesetzt.

Anlage zum selektiven Laserschmelzen (Schema)

Die Liste von Metallen, die durch selektives Laserschmelzen additiv zu Bauteilen verarbeitet werden können, reicht von Aluminium-Silizium-Legierungen bis zu Werkzeug- und korrosionsbeständigen Edelstählen. Hinsichtlich der Festigkeits- und Dehnungskennwerte gibt es keinen Unterschied zu herkömmlich erzeugten und bearbeiteten Werkstoffen der gleichen Zusammensetzung. Darum sind Werkstücke, die durch Laserschmelzen erzeugt wurden, ähnlich belastbar wie Teile, die aus Vollmaterial in herkömmlichen Verfahren hergestellt wurden.

Durch selektives Laserschmelzen erzeugtes Bauteil

> **!** Beim selektiven Laserschmelzen wird Metallpulver durch einen Laserstrahl zum Schmelzen gebracht. Das geschmolzene Material verbindet sich dadurch mit dem darunterliegenden Material. Festigkeits- und Dehnungskennwerte so erzeugter Bauteile entsprechen denen, die auf herkömmliche Weise hergestellt wurden.

Übungsaufgabe 13/15

Fertigungstechnik

13.4.3.4 Schmelzschichtung FDM

Schmelzschichtung (**F**used **D**epositing **M**odeling) ist derzeit das bekannteste additive Fertigungsverfahren und wird oft mit der Bezeichnung 3D-Druck belegt. Es ist zurzeit auch das preisgünstigste additive Fertigungsverfahren zur Herstellung von Bauteilen aus thermoplastischen Kunststoffen, z. B. ABS. Bei den meisten Schmelzschichtungsverfahren wird das Baumaterial als Draht eingegeben, in einem Extruder auf Schmelztemperatur erhitzt und von dort dem Druckkopf mit der Druckdüse zugeführt. Je nach Verfahren wird das Material tropfen- oder strangförmig in Schichten aufgebracht. Die Qualität des Bauteils, und hier besonders die Oberflächenqualität, hängt entscheidend von der Druckgeschwindigkeit, der Schichtdicke und dem Düsendurchmesser ab.

Überhängende Konturen sind nur bis zu einem gewissen Winkel, der von der Art des verwendeten Materials sowie der Schichtdicke u. A. abhängig ist, herzustellen – meist sind dies etwa 45°. Zur Erzeugung größerer Überhänge sind Stützkonstruktionen notwendig. Man erzeugt diese mit einem zweiten Druckkopf aus löslichem Material, dem **Supportmaterial**. Nach der Fertigung des Bauteils wird das Stützmaterial mit Reinigungsmittel oder Wasser entfernt.

Durch sehr dünne Trennschichten aus dem Supportmaterial können auch fertig gefügte Baueinheiten mit beweglichen Elementen hergestellt werden. Ebenso ist es möglich, Bauteile mit unterschiedlichen Farben oder aus unterschiedlichen Werkstoffen sowie mit Einlagen, z. B. Metallbuchsen, herzustellen.

3D-Druck eines Bauteils

> **!** Bei Schmelzschichtungsverfahren werden die Schichten durch tropfen- oder strangförmiges Auftragen einer Schmelze erzeugt. Überhängende Bauteilkonturen erfordern Stützen aus dem Supportmaterial. Dieses Material kann auch als Trennmittel zur Erzeugung fertig gefügter Baugruppen eingesetzt werden.

13.4.3.5 Übersicht über das Spektrum der additiven Fertigungsverfahren

Ausgangszustand	Fest			Flüssig
	Draht	Pulver/Granulat	Folie	Flüssigkeitsbad
Technologie	Aufschmelzen und Erstarren / Heizdüse/Extruder	Schmelzen und Verfestigen / Laserstrahl	Verkleben und Bindern / Binderdüse	Ausschneiden und Fügen / Laserstrahl oder Messer	Photopolymerisation / Laserstrahl
Verfahren	Fused Depositing Modeling (FDM)	Selektives Laser Sintern (SLS) / Selektive Laser Melting (SLM)	3D-Printing (3DP)	Laminated Objekt Manufacturing (LOM)	Stereolithographie (SL)

Übungsaufgabe 13/16

13.4.4 Merkmale und Anwendungsfelder additiver Fertigungsverfahren

1. Unmittelbare Erzeugung des Produkts aus Planungsdaten
Durch die Erzeugung eines Produkts ohne größere Zwischenschritte zur Produktionsvorbereitung können Modelle und Muster von Konstruktionen in kurzer Zeit vorgelegt werden.

So begann die Anwendung additiver Fertigungsverfahren mit der Herstellung von Prototypen zum Anschauen, Testen und Optimieren (Rapid Prototyping). Mit zunehmender Anzahl der Materialien, die für die additive Fertigung geeignet sind, werden auch spezielle Funktionsteile (z. B. Greiferklauen, Medizininstrumente u. Ä.) sowie Ersatzteile kurzfristig und vor Ort additiv gefertigt.

Additiv gefertigte Ersatzteile

2. Gestaltungsfreiheit
In herkömmlichen Konstruktionen bestimmte neben der Funktion das gewählte Fertigungsverfahren in weiten Teilen die Gestalt eines Bauteils. In additiver Fertigung bestehen nahezu keine Einschränkungen hinsichtlich der Geometrie. So können Bauteile mit Hinterschnitten, extremen Querschnittsänderungen und beliebigen inneren Strukturen hergestellt werden. Außerdem können Bauteile in ihrer Gestaltung der Belastung angepasst und im Design optimiert werden – genauso wie dies in der Natur geschieht (Bionik) und zu Leichtbau führt.

Gewichtsoptimierte Bauteile

3. Ressourcenschonung
Im Gegensatz zu herkömmlichen spanenden Verfahren wird bei additiven Verfahren eine geringe Werkstoffmenge eingesetzt. Außerdem werden Werkstoffersparnisse gegenüber solchen Ur- und Umformverfahren erzielt, die Modelle, Formen und Gesenke erfordern.
Eine Einschränkung in dieser Hinsicht ist bei additiven Verfahren jedoch bei der Erzeugung metallischer Bauteile aus Metallpulvern zu machen: Die Metallpulver sind in der notwendigen Feinheit nur unter großem Aufwand herstellbar, so dass hier der Vorteil der Ressourcenschonung kaum zum Tragen kommt.

4. Erzeugung von Formen und Modellen für die herkömmliche Fertigung
Während die additive Fertigung ohne Werkzeuge, wie z. B. Gussformen oder Gesenke, fertigt, können für die Fertigung kleiner Serien Ur- und Umformwerkzeuge schnell und kostengünstig additiv hergestellt werden.

Im Werkzeugbau können für kleine bis mittlere Serien Formen für das Spritzgießen additiv gefertigt werden. Dabei ist besonders vorteilhaft, dass innere Kühlkanäle zur Temperierung des Werkzeugs optimal entlang der Kontur geführt werden können.

Im Bereich der Gießereitechnik können für den Sandguss Modelle und Kernkästen additiv hergestellt werden. Ebenso werden Wachsmodelle für Feingussverfahren durch additive Fertigung erzeugt. Durch Lasersintern können auch komplette Formen und aufwendig gestaltete Kerne für Innenkonturen aufgebaut werden.

Additiv gefertigte Modelle für Feinguss

Fertigungstechnik

5. Hohe Fertigungszeiten
Die Fertigungszeit für ein Werkstück ist bei der additiven Fertigung sehr viel höher als bei herkömmlicher Fertigung, besonders wenn große Genauigkeit und Oberflächengüte verlangt werden. Darum liegt bei additiven Fertigungsverfahren der Schwerpunkt in der Fertigungsmenge meist bei nur wenigen Exemplaren oder kleinen Serien, zurzeit bis etwa 100 Stück pro Monat.

6. Gegenüber spanender Fertigung geringere Oberflächenqualität
Gekrümmte Linien bestehen als Ergebnis der Triangulation aus sehr kurzen Geraden. Ferner weisen Flächen, die mit geringem Steigungswinkel von der Baufläche abweichen, eine treppenartige Struktur auf diese Oberflächenmängel bedingen Nacharbeit bzw. führen dazu, dass beweglich gefügte Bauteile erheblich höheres Spiel benötigen als spanend gefertigte.

7. Kombination mit anderen Fertigungsverfahren
Die additive Fertigung wird meist auf ein einzelnes Bauteil bezogen und dieses in der Gesamtheit hergestellt. Zur Verkürzung der Fertigungszeit geht man in Einzelfällen dazu über, Serienteile nur zu ergänzen, z. B. durch additives Laserauftragsschweißen, und so die Vorteile der additiven Fertigung an den Stellen zu nutzen, an denen sie die optimale Bauteilgestaltung ermöglicht.

Beispiel für Laserauftragschweißen mit integrierter spanender Fräsbearbeitung

Turbinengehäuse
Material: Edelstahl
Laserauftragschweißen: 230 min.
Fräsbearbeitungen: 76 min.
Abmessung: Ø 180 × 150 mm

1) Aufbau des Zylinders
2) Schwenk 90°: Generieren des Bunds
3) Fräsen von Planfläche und Umfang
4) Aufbau des konischen Trichters
5) Aufbau der umlaufenden Stutzen
6) Finishing der Innen-/Außenkontur

14 Fertigungsverfahren des Umformens

14.1 Einteilung der Umformverfahren

In der Einteilung der Fertigungsverfahren nach DIN 8580 steht das Umformen an zweiter Stelle. Nach dem Urformen wird der größte Teil der Werkstoffe durch Umformen zu Blechen, Drähten und anderen Profilen weiterverarbeitet. Man nennt diese Produkte **Halbzeuge**. Für die Fertigung von Massenprodukten ist die weitere Umformung der Halbzeuge meist das wirtschaftlichste Verfahren.

Fertigungsverfahren: Urformen, Umformen, Trennen, Fügen, Beschichten, Stoffeigenschaftändern

Die Umformverfahren (DIN 8582) werden nach den Kräften, welche die Umformung bewirken, eingeteilt. Es werden folgende Gruppen unterschieden:

Umformen:
- Druckumformen
- Zugdruckumformen
- Zugumformen
- Biegeumformen
- Schubumformen

Beispiele

Druckumformen	Zugdruckumformen	Zugumformen	Biegeumformen	Schubumformen
Walzen von Blech, Schmieden von Wellen	Ziehen von Draht, Tiefziehen von Töpfen	Tiefen von Kfz-Schildern, Blasen von Flanschen	Biegen von Dachrinnen, Biegen von Rohren	Verdrehen von Geländerstäben

Beispiele für die Halbzeugherstellung durch Umformen

Verfahren	Ablauf des Verfahrens	Erzeugnisse
Druckumformen durch Walzen	(a), (b), (c)	(a) Bleche, (b) Vollprofile, (c) nahtloses Rohr / Hohlprofile
Druckumformen durch Strangpressen	(a), (b)	(a) Vollprofile, (b) Hohlprofile
Zugdruckumformen durch Ziehen	(a), (b)	(a) Vollprofile, (b) Hohlprofile

Übungsaufgaben 14/1; 14/2; 14/3

Fertigungstechnik

Übersicht über Umformverfahren

Ordnet man die Umformverfahren nach der Art der äußeren Krafteinwirkung, durch welche die Formänderung herbeigeführt wird, so unterscheidet man nach DIN 8582 fünf Hauptgruppen.

Druckumformen	Zugumformen	Zugdruckumformen	Biegeumformen	Schubumformen
Freiformschmieden	Streckrichten	Drahtziehen	freies Biegen	Verdrehen
Druckkraft	Zugkraft	Druckkraft	Biegemoment	Verdrehmoment
Druckkraft	Zugkraft	Druckkraft Zugkraft	Hebelarm	Verdrehmoment

14.2 Verhalten des Werkstoffs beim Umformen

Wird ein Werkstoff durch äußere Kräfte belastet, so treten Formänderungen ein. Zugkräfte bewirken eine Verlängerung, Druckkräfte eine Verkürzung des Werkstücks in Kraftrichtung.

Bei geringer Beanspruchung unterhalb der Streckgrenze werden in einem Metall die Atome nur geringfügig gegeneinander verschoben, ohne dass ein Platzwechsel auftritt. Bei Entlastung nehmen sie wieder die ursprünglichen Plätze ein – der Werkstoff wird **elastisch** verformt.

Beanspruchungen oberhalb der Streckgrenze bewirken das Abgleiten einzelner Atomebenen und damit eine bleibende Formänderung – der Werksstoff wird **plastisch** verformt.

Beispiel für elastische und plastische Verformung eines zugbelasteten weichen Stahls

R_m Zugfestigkeit
R_{eH} Streckgrenze
A Bruchdehnung

Gefüge bei plastischer Verformung
Gefüge bei elastischer Verformung
Gefüge vor der Verformung

Je niedriger die Streckgrenze R_{eH} eines Werkstoffs ist, desto geringere Kräfte sind zu seiner Umformung notwendig.

Je größer die Bruchdehnung A des Werkstoffs ist, desto größer ist seine Umformbarkeit.

> ❗ Ein Werkstoff ist gut umformbar, wenn bei geringer Spannung eine starke bleibende Dehnung erfolgt. Die Bruchdehnung eines Werkstoffs ist ein Maß für seine Umformbarkeit.

1. Kaltumformen

Kaltumformen geschieht bei Raumtemperatur. Die notwendigen Umformkräfte sind darum recht hoch. Da bei den meisten Werkstoffen bei dieser Temperatur keine Kornneubildung stattfindet, ist nur eine begrenzte Umformung möglich.

Der Werkstoff verfestigt sich bei der Umformung, weil das Abgleiten innerhalb der Körner mit steigender Umformung immer mehr behindert wird. Man spricht von einer **Kaltverfestigung**. Mit zunehmender Kaltverfestigung sinkt gleichzeitig die Dehnbarkeit des Werkstoffs, während die Härte steigt. Kaltumformen wird durchgeführt:
- bei dünnwandigen Werkstücken,
- zur Steigerung der Werkstofffestigkeit, z. B. bei Drahtseilen und Federn.

Steigerung der Zugfestigkeit eines Stahls S275 mit R_m = 520 N/mm² durch Kaltumformen

! Eine Kaltumformung führt zu einer Verfestigung metallischer Werkstoffe.
Festigkeit und Härte des umgeformten Werkstoffs steigen an, während die Umformbarkeit sinkt.

2. Rekristallisation

Die Verschiebung im Kristallgitter führt zur Formänderung der Körner im Gefüge. Wird das kalt umgeformte Werkstück geglüht, so tritt bei einer bestimmten Temperatur, die für jedes Metall verschieden ist, eine Kornneubildung ein. Diese Kornneubildung bezeichnet man als **Rekristallisation**. Die Temperatur, bei der die Kornneubildung eintritt, heißt Rekristallisationstemperatur.

Gefügeänderung durch Rekristallisation

Rekristallisationstemperaturen

Metall	Temperatur °C
Aluminium	150
Blei	0
Eisen	580
Kupfer	200
Magnesium	180
Nickel	600
Zink	150

! Ein kalt umgeformtes Metall bildet durch Rekristallisationsglühen ein neues Gefüge und ist so erneut kalt umformbar.

3. Warmumformen

Die Kraft, die man zum Umformen eines Werkstückes benötigt, hängt von der Festigkeit des Werkstoffs ab. Die Festigkeit ändert sich mit der Temperatur. Mit zunehmender Temperatur nimmt die Festigkeit stark ab.
Warmumformen geschieht bei Temperaturen oberhalb der Raumtemperatur. Es wird angewendet
- bei Werkstücken mit großen Wandstärken,
- bei starken Formänderungen.

Warmumformen kann immer dann mit hohen Formänderungen durchgeführt werden, wenn die Umformtemperatur so hoch liegt, dass eine Kornneubildung stattfindet.

Festigkeitsänderung bei Erwärmung

! Metallische Werkstoffe lassen sich bei hohen Temperaturen leichter umformen als bei Raumtemperatur.

Übungsaufgaben 14/7 bis 14/11

Fertigungstechnik

14.3 Biegen von Blechen und Rohren

14.3.1 Vorgänge beim Biegen

Beim Umformen durch Biegen wirkt stets von außen eine Kraft in einem Abstand von der Biegestelle. Die Entfernung der Kraft zum nächsten Auflagepunkt des Biegeteils bezeichnet man als Hebel. Die Biegewirkung wird größer mit
- zunehmender Biegekraft und
- zunehmender Länge des Hebelarms.

Die Biegewirkung wird durch das **Biegemoment** M_b erfasst. Das Biegemoment ist das Produkt aus der Biegekraft F und dem zugehörigen Hebelarm l.

Biegemoment M_b
$$M_b = F \cdot l$$

Wirkung des Biegemoments

> **!** Biegemoment = Biegekraft · Hebelarm $M_b = F \cdot l$

Beim Biegen eines Werkstücks erfolgt die Umformung unter der Wirkung eines Biegemoments. Im äußeren Bereich erfolgt eine **Werkstoffstreckung** und im inneren Bereich eine **Werkstoffstauchung**. Zwischen beiden Bereichen liegt eine Ebene, in der der Werkstoff weder gestreckt noch gestaucht wird, sie wird **neutrale Faser** genannt.
Da das Werkstoffvolumen beim Biegen konstant bleibt, erfolgt durch die Werkstoffstreckung und -stauchung an der Biegestelle eine Querschnittsveränderung.

> **!** Beim Biegen wird der äußere Werkstoffbereich gestreckt und der innere gestaucht. Die mittlere Schicht behält ihre Ausgangslänge und wird neutrale Faser genannt.

14.3.2 Mindestbiegeradien

Auf der gestreckten Seite eines gebogenen Werkstücks treten Zugspannungen auf. Diese können bei falscher Wahl des Biegeradius zu Rissen bzw. bei Hohlprofilen zu unzulässigen Querschnittänderungen führen.

Diese Fehler lassen sich vermeiden, wenn die Werkstücke mit ausreichend großem Radius gebogen werden. Den Innenradius des gebogenen Teils bezeichnet man als **Biegeradius**.

Die Mindestgröße des Biegeradius hängt von der Dehnbarkeit des Werkstoffs und von der Dicke s des Werkstücks ab.

Fehlerhaft gebogene Werkstücke

Biegeradius

> **!** Als Biegeradius bezeichnet man den Innenradius von Biegeteilen.

Bei kleinem Biegeradius wird die Zugseite stärker gedehnt als bei einem größeren Radius. Damit der Werkstoff nicht einreißt, muss bei schlecht dehnbaren Werkstoffen deshalb ein größerer Biegeradius gewählt werden als bei gut dehnbaren Werkstoffen. Je größer die Dicke des Werkstücks, desto größer sind die Spannungen und Dehnungen bei gleichem Biegeradius. Damit an keiner Stelle der gestreckten Seite die Festigkeit überschritten wird, muss bei größerer Werkstückdicke ein größerer Biegeradius gewählt werden.

Werkstoff	Mindestbiegeradius r
Stahl (weich)	2-mal Werkstückdicke
Weichaluminium	2-mal Werkstückdicke
Hartaluminium	4-mal Werkstückdicke
Messing	4-mal Werkstückdicke

Dehnung in Abhängigkeit von der Weckstückdicke

! Die Größe des Biegeradius ist abhängig von:
- der Dehnbarkeit des Werkstücks,
- der Dicke des Werkstücks.

14.3.3 Biegen von Blechen

Kleinere Blechteile werden in der Einzelfertigung im Schraubstock gebogen. Zum Schutz der Oberfläche werden Beilagen oder Spannvorrichtungen verwendet. Bei Verwendung entsprechender Spannvorrichtungen können Werkstücke auch dann exakt gebogen werden, wenn sie breiter sind als der Schraubstock.

Biegen im Schraubstock

In der Massenfertigung werden Blechteile genauer und wirtschaftlicher in **Biegewerkzeugen** gebogen. Die Biegeverfahren werden nach der Art der Werkzeugbewegung in Verfahren mit geradliniger und Verfahren mit drehender Werkzeugbewegung unterschieden.
Zu den Verfahren mit geradliniger Werkzeugbewegung zählen alle Biegeverfahren, in denen die Umformung in Gesenken stattfindet.

Beispiele für Umformverfahren mit geradliniger Werkzeugbewegung

Gesenkbiegen — Biegen im elastischen Kissen — Rollbiegen

Bei den Verfahren mit drehender Werkzeugbewegung führen die Werkzeugteile eine Drehbewegung aus.

Beispiele für Umformverfahren mit drehender Werkzeugbewegung

Schwenkbiegen — Wellbiegen — Profilwalzen

! Biegeverfahren werden nach der Werkzeugbewegung in Verfahren mit geradliniger und Verfahren mit drehender Werkzeugbewegung unterschieden.

Übungsaufgaben 14/15 bis 14/19

Fertigungstechnik

14.3.4 Blechbedarf und Verschnitt

Auf den Preis eines Werkstücks haben die Kosten für das Rohmaterial oft erheblichen Einfluss. Außer für die Fertigung ist es auch für die Kalkulation notwendig, den erforderlichen Materialbedarf und den Verschnitt zu ermitteln.

Zur Herstellung eines Werkstücks aus Blech muss das Rohteil mindestens die ebene Werkstückfläche der Abwicklung beinhalten. Die zur Erzeugung des Werkstücks vom Rohteil abzutrennenden Flächen bezeichnet man als Verschnitt.

> Rohteilfläche = Abwicklungsfläche + Verschnitt

Der Verschnitt wird in Prozent der Rohteilfläche angegeben.

Rohteilfläche für ein Sicherungsblech

> Rohteilfläche entspricht 100 %
>
> $$\text{Verschnitt (\%)} = \frac{\text{Rohteilfläche} - \text{Abwicklungsfläche}}{\text{Rohteilfläche}} \cdot 100\,\%$$

Viele Fügeverfahren, z. B. Löten, Kleben und Nieten, erfordern eine Überlappung (Fügeflächen). Diese Fügeflächen müssen bei der Abwicklungsfläche berücksichtigt werden.

Beispiel für die Berechnung von Blechbedarf und Verschnitt (ohne Fügeflächen)

Aufgabe

Für den skizzierten Behälter sind Blechbedarf und Verschnitt zu berechnen.
Gegeben: Skizze
Gesucht: Verschnitt in %

Lösung

1. Darstellung der Abwicklung

2. Berechnung der Rohteilfläche A_R (Blechbedarf)
   $A_R = 460\,\text{mm} \cdot 260\,\text{mm}$
   $A_R = \mathbf{119\,600\,mm^2}$

3. Berechnung der Abwicklungsfläche A_{ges}
   $A_{ges} = 2 \cdot A_1 + 2 \cdot A_2 + A_3$
   $2 \cdot A_1 = \dfrac{100^2\,\text{mm}^2 \cdot \pi}{4}$
   $2 \cdot A_1 = 7854\,\text{mm}^2$
   $2 \cdot A_2 = 2 \cdot 100\,\text{mm} \cdot 80\,\text{mm}$
   $2 \cdot A_2 = 16\,000\,\text{mm}^2$
   $A_3 = 200\,\text{mm} \cdot 260\,\text{mm}$
   $A_3 = 52\,000\,\text{mm}^2$
   $A_{ges} = \mathbf{75\,854\,mm^2}$

4. Berechnung des Verschnitts x in Prozent
   $$x = \frac{119\,600\,\text{mm}^2 - 75\,854\,\text{mm}^2}{119\,600\,\text{mm}^2} \cdot 100\,\%$$
   $x = \mathbf{36{,}58\,\%}$

14.3.5 Biegen von Rohren

Beim Biegen von Rohren ohne Hilfsmittel tritt in der Biegezone eine Querschnittsveränderung ein. Die Teile der Rohrwand mit hohen Zug- und Druckspannungen weichen der Belastung dadurch aus, dass sie sich der neutralen Faser nähern. Das Rohr flacht ab.

Die Abflachung ist umso größer
- je größer der Rohrdurchmesser,
- je dünner die Rohrwand,
- je kleiner der Biegeradius und
- je geringer die Dehnbarkeit des Werkstoffs ist.

Durch die Abflachung verringern sich der Durchflussquerschnitt und die Belastbarkeit des Rohrs an der Biegestelle.

Beim **freien Biegen** von Rohren füllt man den Hohlraum aus, um Querschnittsveränderungen zu vermeiden.

Als Füllungen eignen sich trockener Sand, leicht schmelzbare Stoffe (Kolophonium, Blei) und Spiralfedern. In Kunststoffrohre werden häufig Gummischläuche eingezogen.

Nach dem Biegevorgang werden die Füllungen wieder entfernt. Kolophonium und Blei müssen dazu ausgeschmolzen werden.

Querschnittsveränderung eines Rohrs durch Biegen ohne Hilfsmittel

Freies Biegen von Rohren mit Füllung

In **Biegevorrichtungen** für Rohre verhindert eine an der Biegestelle dem Rohraußendurchmesser angepasste Form jede Querschnittsveränderung.

Biegevorrichtung für Rohre — Biegesegmente — Biegeradius

Auch beim Biegen von Rohren ist ein Mindestradius einzuhalten, damit keine Risse in der Rohrwand auftreten. Der Mindestradius ist 3 · Rohraußendurchmesser. Beim Biegen von geschweißten Rohren muss die Schweißnaht in die Ebene der neutralen Faser gelegt werden. Dadurch wird die Schweißnaht nur geringfügig durch Spannungen beansprucht.

> **!** Beim freien Biegen von Rohren werden Querschnittsveränderungen durch Füllungen vermieden.
> Mindestradius ist 3 · Rohraußendurchmesser.

Fertigungstechnik

14.3.6 Berechnung von gestreckten Längen

Bei dünnen Werkstücken, z. B. aus Blechen und Flachprofilen, und bei großen Biegeradien entspricht die gestreckte Länge etwa der Länge der neutralen Faser des Biegeteils.

Bei engen Biegeradien und dicken Werkstücken hingegen wird der Werkstoff auf der Druckseite stark gestaucht und es kommt zu einer Verschiebung der ungelängten Zone zur Druckseite. In diesen Fällen wird eine Berechnung der gestreckten Länge aus der neutralen Faser mithilfe von Korrekturfaktoren durchgeführt.

Gestreckte Länge (Rohlänge)

Fertigteil

! Die Rohlänge entspricht etwa der Länge der neutralen Faser. Bei dicken Werkstücken und kleinen Biegeradien sind Korrekturen notwendig.

Hinweise zum Berechnen gestreckter Längen

1. Von dem Biegeteil wird nur die neutrale Faser gezeichnet und bemaßt.
2. Die neutrale Faser wird in einfach zu berechnende Teillängen zerlegt.
3. Die Teillängen werden berechnet.
4. Zur Ermittlung der Rohlänge werden die Teillängen addiert.

Beispiel zur Berechnung der gestreckten Länge eines dünnen Bauteils

Aufgabe

Die gestreckte Länge des dargestellten Werkstücks ist zu berechnen.
Gegeben: Skizze
Gesucht: L

Lösung

1. und 2. Schritt
Skizze mit Bemaßung der neutralen Faser

3. Schritt
Berechnung der Längen
$l_1 = 420$ mm
$l_{2/3} = \dfrac{d_m \cdot \pi \cdot \alpha}{360°}$

$l_2 = \dfrac{712 \text{ mm} \cdot \pi \cdot 90°}{360°}$; $l_2 = 559$ mm

$l_3 = \dfrac{612 \text{ mm} \cdot \pi \cdot 100°}{360°}$; $l_3 = 534$ mm

4. Schritt
Addition der Teillängen
$L = l_1 + l_2 + l_3$
$L = 420$ mm $+ 559$ mm $+ 534$ mm
$L = \mathbf{1513}$ **mm**

Fertigungsverfahren des Umformens

14.4 Sicken, Bördeln, Falzen

1. Sicken
Sicken ist ein Verfahren zur Versteifung dünnwandiger Blechteile. Dabei wird durch Umformen mit Hilfswerkzeugen auf einfachen Maschinen eine rinnenartige Vertiefung in die Blechteile gedrückt. Diese Formänderung bezeichnet man als eine **Sicke**, das Verfahren als **Sicken**.

Sicken können verschiedene Querschnittsformen erhalten, ihr Verlauf kann geradlinig oder bogenförmig sein.

Sickwalzen — Sicken zur Versteifung

> **!** Sicken ist das Prägen von rinnenartigen Vertiefungen zur Versteifung dünnwandiger Bleche.

2. Bördeln
Unter **Bördeln** versteht man ein Umformverfahren, mit dem an Blechteilen schmale Ränder meist rechtwinklig umgebogen werden. Die hochgestellte Kante bezeichnet man als einen **Bördel**. Bleche erhalten Bördel als Randverstärkung oder zur Vorbereitung für ein nachfolgendes Fügen, wie z. B. Löten, Schweißen.

Die Höhe des Bördels beträgt etwa das 2- bis 4-Fache der Blechdicke.

Bördelwalzen — Fertigteil

> **!** Bördeln ist das Umkanten von Blechen zur Randverstärkung oder zum Fügen.

3. Falzen
Unter **Falzen** versteht man ein unlösbares, formschlüssiges Fügen von Blechen. Zur Herstellung einer Falzverbindung werden die Blechränder wie beim Bördeln umgekantet, jedoch so weit, dass der Rand mehr als 90° umgeschlagen wird. Danach werden die Blechränder ineinander verhakt, und die Verbindung wird zusammengedrückt. Meist bringt man die Bleche neben der Falznaht in eine Ebene, dies bezeichnet man als Durchsetzen.

Ermittlung des Blechzuschnitts

Arbeitsschritte beim Falzen: Umkanten — Verhaken — Dichtschlagen — Durchsetzen

> **!** Falzen ist ein formschlüssiges, unlösbares Fügen von Blechteilen.

Übungsaufgaben 14/28; 14/29; 14/30

14.5 Tiefziehen

1. Tiefziehverfahren

Tiefziehen ist das wichtigste **Zug-Druck-Umformverfahren** bei der Blechumformung zur Herstellung von Hohlkörpern. Es wird auch eingesetzt, um Hohlkörper mit großem Umfang in Hohlkörper mit kleinerem Umfang umzuformen.

Beim Tiefziehvorgang wird der Werkstoff durch den Stempel in die Matrize gezogen. Da der Umfang des Zuschnitts erheblich größer ist als der Umfang des tiefgezogenen Teils, versucht der Werkstoff Falten zu bilden. Ein Niederhalter verhindert dies. Der Werkstoff wird zwischen Niederhalter und Matrize getaucht und gleichzeitig zwischen Stempel und Matrizenöffnung gestreckt. Die Wanddicke des Werkstücks bleibt beim Ziehvorgang etwa gleich.

Beispiel für einen Tiefziehvorgang mit Werkzeugen

Vor dem Tiefziehvorgang — Während des Tiefziehvorganges — Nach dem Tiefziehvorgang

Die Tiefziehverfahren werden nach den formgebenden Mitteln unterschieden. Außer dem Tiefziehen mit Werkzeugen sind das Tiefziehen mit Wirkmedien und mit Wirkenergien von Bedeutung.

Beispiele für Tiefziehen mit Wirkmedien und Wirkenergie

Verfahren	Vor dem Umformen	Nach dem Umformen
Tiefziehen mit Wirkmedien (hier Flüssigkeit)		
Tiefziehen mit Wirkenergie (hier Sprengstoff)		

! **Tiefziehen ist Zug-Druck-Umformen mit Werkzeugen, Wirkmedien oder Wirkenergie.**

Fertigungsverfahren des Umformens

Der erste Zug beim Tiefziehen, bei dem aus einem flachen Zuschnitt – *der Ronde* – ein Werkstück erzeugt wird, heißt **Erstzug**. Falls die gewünschte Tiefe oder der kleinste Durchmesser wegen der Umformbarkeit des Werkstoffs nicht in einem Zug erreicht werden kann, muss das Tiefziehen im **Weiterzug** durchgeführt werden. Der Weiterzug kann dabei auch als **Stülpziehen** erfolgen. Dabei wird die Außenfläche des Werkstücks, z. B. des Näpfchens, nach innen gekehrt.

Beispiel für Weiterzüge

Vor dem Geradeauszug | Nach dem Geradeauszug | Vor dem Stülpzug | Nach dem Stülpzug

> ! Hohe Bauteile und Bauteile mit kleinem Durchmesser erfordern Weiterzüge. Der Weiterzug kann als Geradeauszug oder als Stülpzug erfolgen.

2. Berechnung des Zuschnitts

Beim Tiefziehen bleibt die Blechdicke nahezu unverändert. Man kann darum die Oberfläche des Tiefziehteils mit der Oberfläche des Zuschnitts etwa gleichsetzen. Aus dieser Überlegung heraus hat man Gleichungen für die Berechnung der Zuschnitte einfacher Teile aufgestellt. Schwierig ist dagegen die Zuschnittermittlung für unregelmäßig geformte Teile.

Beispiel für Berechnungsformeln von Rondendurchmessern

$$D_0 = \sqrt{d^2 + 4 \cdot d \cdot h}$$

$$D_0 = \sqrt{d^2 + 4 \cdot (h^2 + d \cdot h_2)}$$

> ! Die Oberfläche des Tiefziehteils entspricht etwa der Oberfläche der Ronde.
> Für runde Werkstücke kann der Durchmesser der Ronden aus Formeln errechnet werden.

3. Ziehverhältnis

Das Verhältnis vom Durchmesser des Zuschnitts D_0 zum Innendurchmesser d_1 (= Stempeldurchmesser) des gezogenen Napfs bezeichnet man als **Ziehverhältnis** β, eine *Kenngröße* für die Umformung.

$$\beta = \frac{D_0}{d_1}$$

β Ziehverhältnis
D_0 Durchmesser des Zuschnitts
d_1 Innendurchmesser des Napfs nach Erstzug

Bei weiteren Zügen errechnet man die Ziehverhältnisse aus den jeweiligen Innendurchmessern vor und nach jedem Zug. Das **Gesamtverhältnis** bestimmt man dann als Produkt der Einzelwerte:

$$\beta_{ges} = \beta_1 \cdot \beta_2 \cdot \beta_3 \cdot \ldots$$

β_{ges} Gesamtziehverhältnis
β_1 Ziehverhältnis beim Erstzug
β_2 Ziehverhältnis beim Zweitzug (1. Weiterzug)
β_1 … weitere Züge

Fertigungstechnik

> **Beispiel für die Berechnung der Ziehverhältnisse**
>
> **Aufgabe**
> Eine Blechscheibe D_0 = 200 mm wird im Erstzug auf 100 mm und in zwei weiteren Zügen zunächst auf 63 und dann auf 45 mm gezogen.
> Das Gesamtziehverhältnis ist zu berechnen.
>
> **Lösung**
>
> | Erstzug | 1. Weiterzug | 2. Weiterzug | Gesamtziehverhältnis |
> |---|---|---|---|
> | $\beta_1 = \dfrac{D_0}{d_1}$ | $\beta_2 = \dfrac{d_1}{d_2}$ | $\beta_3 = \dfrac{d_2}{d_3}$ | $\beta_{ges} = \beta_1 \cdot \beta_2 \cdot \beta_3$ |
> | $\beta_1 = \dfrac{200 \text{ mm}}{100 \text{ mm}}$ | $\beta_2 = \dfrac{100 \text{ mm}}{63 \text{ mm}}$ | $\beta_3 = \dfrac{63 \text{ mm}}{45 \text{ mm}}$ | $\beta_{ges} = 2 \cdot 1{,}6 \cdot 1{,}4$ |
> | $\beta_1 = 2$ | $\beta_2 = 1{,}6$ | $\beta_3 = 1{,}4$ | $\beta_{ges} = 4{,}5$ |

Das größte Ziehverhältnis, das ein Werkstoff ohne Schädigung zulässt, nennt man das Grenzziehverhältnis. Mithilfe des Grenzziehverhältnisses kann man, vom Zuschnitt ausgehend, die Zahl der notwendigen Ziehstufen berechnen.

> **!** Die notwendige Zahl der Ziehstufen beim Tiefziehen wird aus dem Ziehverhältnis und dem Grenzziehverhältnis errechnet.

4. Werkstoffe für Tiefziehteile

Die Werkstoffe für Tiefziehteile müssen möglichst rein sein, damit hohe Formänderungen erzielt werden können.
Zum Tiefziehen geeignete Stähle müssen niedrige Gehalte an P, S, N und Si haben. Der Kohlenstoffgehalt liegt selten über 0,08 %, der Mangangehalt unter 0,35 %.

Beispiele für Tiefziehwerkstoffe und Verarbeitungshinweise

Werkstoff	$R_{p0,2}$ N/mm²	R_m N/mm²	Erreichbares Ziehverhältnis Erstzug	1. Weiterzug ohne Zwischenglühen	1. Weiterzug mit Zwischenglühen	Schmierstoff
Unlegierte weiche Stähle						• in Wasser emulgierbare Öle mit bei wachsender Beanspruchung steigendem Seifen- bzw. Feststoffanteil
Fe P01	≤ 280	270 bis 410	1,9	1,2	1,6	
Fe P03	≤ 250	270 bis 370	2,0	1,25	1,65	
Fe P04	≤ 220	270 bis 350	2,1	1,3	1,7	
Messing						• starke Seifenlauge, mit Öl vermischt oder Rüböl
CuZn 40 F 35	< 235	345	2,1	1,4	2,0	• seifen- und fetthaltige, in Wasser emulgierbare Öle, ggf. mit Zusatz von kornfreiem Graphit
CuZn 37 F 30	< 195	295 bis 370	2,1	1,4	2,0	
CuZn 28 F 28	< 155	275 bis 350	2,2	1,4	2,0	
CuZn 10 F 24	< 135	235 bis 295	2,2	1,3	1,9	
Neusilber						
CuNi 12 Zn 24 F	< 295	340 bis 410	1,9	1,3	1,8	

Fertigungsverfahren des Umformens

14.6 Schmieden

Rohteile aus Stahl oder Nichteisenmetallen können durch Schmieden ihre Halbfertig- oder Fertigform erhalten. Das Ausgangsmaterial wird erwärmt und durch Druckkräfte zum Schmiedestück umgeformt. Schmieden gehört zu den **Warmumformverfahren**. Zum Schmieden eigenen sich bis auf wenige Ausnahmen fast alle Metalle und Metall-Legierungen. Das manuelle Schmieden gehört zu den ältesten Handwerken, z. B. Kunstschmieden. Das industrielle Schmieden stellt Bauteile für den Fahrzeug-, Flugzeug- und Serienbau her, z. B. Kurbelwellen.

Schmiedeteile

14.6.1 Vorgänge beim Schmieden

Die beim Schmieden aufgebrachten Druckkräfte bewirken, dass sich die Form des Rohteils in Druckrichtung verkürzt und der Werkstoff seitlich ausweicht. Eine Volumenveränderung tritt dabei nicht ein. Der Gefügeaufbau wird jedoch verändert, da eine Verschiebung der Kristallkörner und eine Kornverfeinerung eintreten. Der Faserverlauf des gewalzten Ausgangsmaterials wird durch das Umformen nicht unterbrochen.

Wegen der Kornverfeinerung und des nicht unterbrochenen Faserverlaufs hat das Schmiedestück höhere Festigkeitseigenschaften als das Ausgangsmaterial. Deshalb werden z. B. Kurbelwellen geschmiedet und nicht aus dem vollen Material durch Spanabnahme herausgearbeitet. Es werden vor allem Werkstücke, die einer hohen Dauerbelastung durch wechselnde Kräfte ausgesetzt sind, geschmiedet.

Formänderung beim Schmieden

Faserverlauf an Kurbelwellen

> ❗ Beim Schmieden werden metallische Werkstücke durch Durckkräfte umgeformt. Dabei werden die Festigkeitseigenschaften des Schmiedestücks verbessert.

Schmieden gehört zu den **Warmumformverfahren**. Das Umformen wird oberhalb der Rekristallisationstemperatur durchgeführt. Die Temperatur, die das Rohteil zu Beginn des Schmiedens hat, wird Anfangstemperatur genannt. Die Anfangstemperatur ist so hoch wie möglich zu wählen, damit der Umformwiderstand möglichst klein wird und ein möglichst großer Bereich für die Abkühlung während der Schmiedevorgänge zur Verfügung steht. Die niedrigste Temperatur, bei der das Schmiedeteil noch geschmiedet werden darf, wird Endtemperatur genannt.

Der Temperaturbereich für das Schmieden von unlegierten Stählen ist vor allem vom Kohlenstoffgehalt abhängig.

Schmiedetemperaturbereich bei unlegierten Stählen

Übungsaufgaben 14/36; 14/37; 14/38

Fertigungstechnik

14.6.2 Schmiedeverfahren

1. Freiformschmieden

Das erwärmte Schmiederohteil wird auf den Amboss gelegt und erhält durch Hammerschläge seine neue Form. Der Werkstoff kann zwischen den Wirkflächen von Hammer und Amboss frei ausweichen. Daher nennt man dieses Verfahren Freiformschmieden. Bei größeren Werkstücken wird die Umformkraft nicht von Hand, sondern durch maschinell betriebene Schmiedehämmer oder Schmiedepressen aufgebracht.

Übersicht über eine Auswahl von einfachen Schmiedearbeiten

Recken	Absetzen	Breiten	Stauchen

> **!** Beim Freiformschmieden kann der Werkstoff zwischen den Wirkflächen der Schmiedewerkzeuge frei ausweichen. Die Form des gewünschten Werkstücks ist nicht oder nur teilweise im Werkzeug eingearbeitet.

2. Gesenkschmieden

Beim Gesenkschmieden werden Schmiedewerkzeuge aus hochwertigem Stahl eingesetzt, in die die Hohlräume eingearbeitet sind, die der äußeren Werkstückform entsprechen. Diese Schmiedewerkzeuge bezeichnet man als **Gesenke**, den Hohlraum im Gesenk nennt man **Gravur**.

Beispiel für das Schmieden eines Werkstücks im Gesenk

Das auf Schmiedetemperatur erwärmte Rohteil wird unter der Wirkung von Druckkräften in die Gravur des Gesenks geschlagen oder gepresst. Damit die Hohlform vollständig ausgefüllt wird, muss überschüssiger Werkstoff vorhanden sein. Dieser überschüssige Werkstoff wird in der Teilungsebene zwischen Ober- und Untergesenk herausgepresst und bildet einen Grat. Der dünne Grat erkaltet schneller als der in der Hohlform befindliche Werkstoff. Der erkaltete Grat verhindert ein Ausweichen des Werkstoffs in die Trennfuge. Dies bewirkt, dass der vorhandene Werkstoff stets die Gravur vollständig füllt.

> **!** Gesenkschmieden ist ein Druckumformen mit Formwerkzeugen, die das Werkstück ganz oder zum größten Teil umschließen.

14.6.3 Berechnung von Schmiederohlängen

Zur Herstellung von Schmiedeteilen ist die Berechnung der Rohlänge des umzuformenden Stücks erforderlich. Bei dieser Berechnung geht man davon aus, dass der Rohling und das zu fertigende Teil die gleiche Masse haben.

Da das Volumen von Metallen bei einer Umformung nicht verändert wird, kann man in diesen Fällen vom Volumen statt von der Masse ausgehen.

! Beim Kaltumformen von Metallen haben Rohling und Werkstück gleiches Volumen.

Da beim Warmumformen Verluste infolge Abbrand, Grat u.a. entstehen, muss das Volumen des Rohteils größer als das zu formende Werkstück sein. Diese Volumenzugabe wird meist in Prozent ausgedrückt. Das Volumen des Werkstücks ist dabei stets 100 %.

! Beim Warmumformen von Metallen hat der Rohling wegen des Abbrands bzw. Grats ein größeres Volumen als das Werkstück.

Zur Berechnung von Rohlängen für Schmiedeteile geht man in folgenden Schritten vor:
1. Berechnung des Werkstückvolumens V_W (Volumen des Fertigteils),
2. Berechnung des Rohteilvolumens V_R durch Zuschlag der Volumenzugabe V_Z,
3. Errechnung der Länge des Rohlings L_R.

Beispiel für die Berechnung einer Rohlänge

Aufgabe

An ein Rundmaterial soll entsprechend der Skizze ein Vierkantkopf warm angestaucht werden. Als Verlust werden 12 % des Werkstoffvolumens des Fertigteils angenommen. Die erforderliche Rohlänge des Rundmaterials ist zu berechnen.

Gegeben: Skizze *Gesucht:* L_R
$V_Z = 0{,}12 \cdot V_W$

Lösung

1. Werkstückvolumen

$V_W = l \cdot b \cdot h$ $\qquad$ $V_W = 40 \text{ mm} \cdot 40 \text{ mm} \cdot 20 \text{ mm}$ $\qquad$ $V_W = 32\,000 \text{ mm}^3$

2. Rohteilvolumen

$V_R = V_W + V_Z$ $\qquad$ $V_R = 32\,000 \text{ mm}^3 + 32\,000 \text{ mm}^3 \cdot 0{,}12$ $\qquad$ $V_R = 35\,840 \text{ mm}^3$

3. Rohlingslänge

$A_R = \dfrac{d^2 \cdot \pi}{4}$ $\qquad$ $A_R = \dfrac{(25 \text{ mm})^2 \cdot \pi}{4}$ $\qquad$ $A_R = 490{,}9 \text{ mm}^2$

Anschließend wird die zusätzliche Rohlänge ermittelt:

$L_R = \dfrac{V_R}{A_R}$ $\qquad$ $L_R = \dfrac{35\,840 \text{ mm}^3}{490{,}9 \text{ mm}^2}$ $\qquad$ $L_R = 73 \text{ mm}$

Fertigungstechnik

14.7 Fließpressen

1. Fließpressverfahren

Fließpressen ist ein Druckumformverfahren, bei dem aus Stababschnitten oder Blechausschnitten Werkstücke erzeugt werden. Der Rohling wird dabei in einer Matrize durch einen Stempel unter so hohen Druck gesetzt, dass der Werkstoff durch eine Öffnung, z. B. den Ringspalt zwischen Stempel und Matrize, gedrängt wird. Diese Öffnung gibt zusammen mit dem Stempel und der Matrize die Kontur des Werkstücks.

Beispiele für Fließpressverfahren

Verfahren	Vor dem Umformen	Während des Umformens
Vorwärts-Fließpressen Der Werkstofffluss erfolgt **in Wirkrichtung** des Stempels.	Matrize, Stempel, 0,1 bis 0,2, Auswerfer, Gegenstempel	F, Stempel, Werkstoff
Rückwärts-Fließpressen Der Werkstofffluss erfolgt **gegen die Wirkrichtung** des Stempels.		F, Stempel, Werkstoff

> ❗ Fließpressen ist ein Druckumformverfahren zur Erzeugung einzelner Werkstücke.
> Die Formgebung geschieht durch Fließen des Werkstoffs in eine formgebende Werkzeugöffnung.

2. Herstellbare Werkstückformen

Durch Fließpressen sind Voll- und Hohlkörper herstellbar, die *keine* seitlichen Durchbrüche oder Hinterschneidungen besitzen. Am einfachsten sind symmetrische Bauteile ohne Materialanhäufungen herstellbar, die gut gerundete Kanten und Übergänge besitzen.
Die Herstellung der Werkstücke geschieht je nach notwendiger Umformung in einem oder mehreren Pressvorgängen mit eventuellem Zwischenglühen.

Fließpressteile

Viele Teile, die durch Fließpressen hergestellt werden, können auch durch Tiefziehen erzeugt werden. Gegenüber dem Tiefziehen sind jedoch beim Fließpressen auch Werkstücke mit unterschiedlichen Wanddicken, Verdickungen, Stegen u. a. zu erzeugen.
Ein weiterer Vorteil des Fließpressens gegenüber dem Tiefziehen liegt in kürzeren Fertigungszeiten und höherer Formänderung.

> ❗ Durch Fließpressen lassen sich alle Werkstückformen, die keine seitlichen Durchbrüche oder Hinterschneidungen besitzen, herstellen.

14.8 Richten

Verformte Werkstücke können durch Richten wieder in eine verwendbare Form überführt werden. Je nach Werkstückdicke, Profilform und Art der Verformung wendet man Richten durch äußere Krafteinwirkung oder Richten durch Wärmewirkung an.

1. Richten durch äußere Krafteinwirkung
Beim Richten durch äußere Krafteinwirkung staucht man die durch Verbiegen zu lang gewordene Seite bzw. streckt die verkürzte Seite.

Beispiele für Richten durch äußere Krafteinwirkung mit dem Hammer

Richten eines flachkantig verbogenen Flachmaterials — Richtplatte

Richten eines hochkantig verbogenen Flachmaterials — Richtplatte, Strecken durch Dengeln

Verbogene Flachstäbe und Profile können auch im Schraubstock oder in Pressen gerichtet werden. Das gezielte Aufbringen der Kräfte erfolgt über Beilagen an drei Stellen des verbogenen Werkstücks. Die Größe der Richtkräfte kann allmählich gesteigert und genau gesteuert werden. Dadurch wird die Werkstückoberfläche geschont und der Querschnitt verändert sich kaum.

Richten im Schraubstock — Flachstab

Richten in einer Presse — Richtstempel, Träger, Auflager

! Beim Kaltrichten werden gestreckte Fasern durch äußere Krafteinwirkung gestaucht.

2. Richten durch Wärmewirkung
Richten durch Wärmewirkung geschieht durch geschickte Ausnutzung der Wärmedehnung: Durch Erwärmen über 500 °C, z. B. bei Stahl, sinkt die Festigkeit des Werkstoffs erheblich.
Erwärmt man nun bestimmte Werkstückbereiche so, dass sie sich infolge der umgebenden kalten Werkstückpartien nicht ausdehnen können, so führt dies zu erheblichen Druckspannungen. Diese Druckspannungen bewirken eine Stauchung des heißen Werkstückbereichs.
Beim Abkühlen zieht sich der gestauchte, heiße Bereich zusammen und ist im kalten Zustand kürzer als vor der Erwärmung, so erfährt das Werkstück die gewünschte Formänderung.

Beispiele für Richten durch Wärmeeinwirkung

Richten eines Blechs durch Wärmepunkte — Wärmepunkt, Haltekraft

Richten eines Profils durch eine erwärmte Strecke (Wärmestraße) — Wärmestraße, Haltekraft

Richten eines Profils durch einen Wärmekeil — Haltekraft, Wärmekeil

! Beim Warmrichten werden gestreckte Fasern hauptsächlich durch Wärmespannungen gestaucht.

Fertigungstechnik

15 Fertigungsverfahren des Fügens

Durch die Fertigungsverfahren des Urformens, Umformens und Trennens werden Werkstücke als Einzelteile hergestellt. Fertigungsverfahren, die dazu dienen, zusammengesetzte Baugruppen, vollständige Geräte und Maschinen herzustellen, ordnet man nach DIN 8580 den Verfahren des Fügens zu.

Fertigungsverfahren
- Urformen
- Umformen
- Trennen
- Stoffeigenschaftändern
- Beschichten
- **Fügen**

15.1 Grundbegriffe

15.1.1 Einteilung der Fügeverfahren

1. Unterscheidung nach dem Schaffen des Zusammenhalts

Entsprechend der DIN-Norm werden die Fügeverfahren nach der Art und Weise, in der ein Zusammenhalt geschaffen wird, in Gruppen unterteilt.

Wichtige Fügeverfahren sind
- **Fügen durch Zusammensetzen**, z. B. durch Einlegen einer Feder,
- **Fügen durch An- und Einpressen**, z. B. durch Anpressen mit Schrauben,
- **Fügen durch Schweißen**, z. B. durch WIG-Schweißen,
- **Fügen durch Löten**, z. B. durch Hartlöten,
- **Fügen durch Kleben**, z. B. durch Metallkleben,
- **Fügen durch Umformen**, z. B. durch Falzen,
- **Fügen durch Urformen**, z. B. durch Eingießen.

Beispiele für Fügeverfahren bei der Montage eines Fußpedals

Einzelteile

Fügeverfahren

Fügen durch Kleben
Fügen durch Schweißen

Fügen durch Zusammensetzen

Fügen durch An- und Einpressen

Baugruppe

2. Unterscheidung der Fügeverfahren nach Art der Kraftübertragung

Die Kraftübertragung von einem Bauelement auf das nächste kann unterschiedlich bewirkt werden:
- **Formschluss:** Gefügte Bauteile übertragen durch entsprechend gestaltete Bauelemente Kräfte.
- **Kraftschluss:** Reibungskräfte zwischen Bauelementen ermöglichen Kraftübertragung.
- **Stoffschluss:** Zusammenhaltskräfte zwischen den Werkstoffteilchen der gefügten Bauelemente übertragen Kräfte.

Beispiele für Form-, Kraft- und Stoffschluss beim Fügen einer Welle mit einer Nabe

Nabe auf Sechskantwelle gesteckt	Nabe auf Welle geklemmt	Welle und Nabe verschweißt
Gefügt durch Formschluss	Gefügt durch Kraftschluss	Gefügt durch Stoffschluss

> **!** Nach der Art der Kraftübertragung unterscheidet man:
> - Formschluss,
> - Kraftschluss,
> - Stoffschluss.

3. Unterscheidung der Fügeverfahren nach der Beweglichkeit der gefügten Bauelemente

Durch Fügeverfahren können starre oder bewegliche Verbindungen zwischen Bauelementen entstehen.
Starre, unlösbare Verbindungen sind nur durch Zerstörung wieder lösbar.
Starre, lösbare Verbindungen hingegen können bei Bedarf einfach getrennt werden.
Bewegliche Verbindungen lassen an den gefügten Bauteilen vorbestimmte Bewegungen zu.

Beispiele für starre und bewegliche Verbindungen

Starre Verbindung		Bewegliche Verbindung
unlösbar	lösbar	
Fügen durch Schweißen / Trennen durch Meißeln	Bohrspindel, Kegel, Bohrer / Keil zum Lösen	beweglich mit Mutter / Spindel

> **!** Nach der Beweglichkeit der verbundenen Bauelemente unterscheidet man:
> - starre, unlösbare Verbindungen,
> - starre, lösbare Verbindungen,
> - bewegliche Verbindungen.

Übungsaufgaben 15/3 bis 15/6

Fertigungstechnik

15.1.2 Reibung

1. Reibungskraft

Versucht man aufeinandergepresste Flächen gegeneinander zu bewegen, so entsteht ein Widerstand gegen diese Verschiebung. Dieser Widerstand ist die **Reibungskraft** F_R. Reibungskräfte sind unerwünscht, wenn Bauteile aufeinander gleiten sollen.

Reibungskräfte sind aber überall dort erwünscht, wo Bauteile durch Kraftschluss gefügt werden sollen. Die Größe der Reibungskraft ist abhängig von
- der **Normalkraft** F_N. Diese ist die Kraft, welche senkrecht auf die Reibungsflächen wirkt.
- der **Werkstoffkombination** und der Beschaffenheit der aufeinandergepressten Werkstückoberflächen.
- der **Reibungszahl** μ, mit der die Werkstoffkombination und die Beschaffenheit der Oberflächen erfasst wird.

Die Reibungskraft ist von der Größe der Reibungsflächen unabhängig.
Die Reibungskraft wirkt immer der angestrebten Bewegung entgegen.
Mit steigender Normalkraft wächst im gleichen Verhältnis die Reibungskraft. Es gilt somit:

F_H Hangabtriebskraft
F_N Normalkraft
F_G Gewichtskraft
F_R Reibungskraft
F_Z Zugkraft

Reibungskraft an der geneigten Ebene

$$F_R = \mu \cdot F_N$$

F_R Reibungskraft μ Reibungszahl
F_N Normalkraft

> ! Die Reibungskraft ist von der Normalkraft und der Reibungszahl abhängig.
> Die Reibungskraft wirkt einer entstehenden oder vorhandenen Bewegung immer entgegen.

2. Reibungsarten

Haftreibung muss überwunden werden, wenn ein Bauteil aus dem Ruhezustand in Bewegung gesetzt werden soll.

Haftreibung
Körper eben noch in Ruhe

Gleitreibung muss überwunden werden, um ein Bauteil in gleichförmiger Bewegung zu halten. Gleitreibung ist immer kleiner als Haftreibung.

Rollreibung tritt zwischen aufeinander rollenden Bauteilen auf. Sie ist erheblich kleiner als Gleitreibung.

Reibungskräfte können durch Schmierung verringert werden.

Gleitreibung | Rollreibung
Körper in gleichförmiger Bewegung

3. Richtwerte für Reibungszahlen

Werkstoffpaarung (Glatte Oberflächen)	Beispiel	Haftreibungszahl μ_0		Gleitreibungszahl μ	
		trocken	geschmiert	trocken	geschmiert
Stahl/Stahl	Schraubstockführung	0,18	0,1	0,13	0,05
Gummi/Gusseisen	Riemen auf Riemenscheibe	0,55	0,3	0,4	0,2
Bremsbelag/Stahl	Scheibenbremse	–	–	0,3 ... 0,5	0,15 ... 0,3
		Rollreibungszahl μ_r			
Stahl/Stahl	Wälzlager	je nach Bauart 0,0005 ... 0,001, je nach Größe 0,015 ... 0,025, 0,03 ... 0,04			
Gummi/Asphalt	Reifen auf Straße				

15.2 Fügen mit Gewinden

15.2.1 Gewinde

1. Einsatz von Gewinden

Bei Schrauben und Spindeln nutzt man Gewinde zum Fügen.

Schrauben mit **Befestigungsgewinde** setzt man dann ein, wenn
- die Verbindung häufiger gelöst werden muss, z. B. zur Befestigung von Radfelgen.
- genaue Anpresskräfte gefordert werden, z. B. zum Aufpressen des Zylinderkopfs auf einen Motorblock.
- die Montage erleichtert werden soll, z. B. Verschrauben der Teile von Gittermasten.

Befestigungsgewinde sind meist Spitzgewinde.

Spindeln mit **Bewegungsgewinde** werden eingesetzt, wenn
- große Längsbewegungen aus einer Drehbewegung erzeugt werden sollen, z. B. Leitspindel an der Drehmaschine.
- große Längskräfte aus einer Drehbewegung erzeugt werden müssen, z. B. Spindel am Schraubstock.

Bewegungsgewinde sind meist Trapezgewinde.

2. Spannkraft in der Schraube

Befestigungsschrauben werden mit bestimmten Drehmomenten angezogen. Spindeln mit Bewegungsgewinde werden mit bestimmten Drehmomenten gedreht.

Aus dem wirksamen Drehmoment lässt sich die Umfangskraft am Flankendurchmesser des Gewindes errechnen:

$$F_u = \frac{M_d}{0{,}5 \cdot d_2}$$

F_u Umfangskraft im Gewindegang
d_2 Flankendurchmesser
M_d Drehmoment

Um die weitere Untersuchung über die Kräfte in einer Schraubenverbindung zu vereinfachen, wird ein einzelner Gewindegang eines Flachgewindes abgewickelt.

Schrauben haben ein Gewinde, dessen Gänge sich mit der **Steigung** P um einen zylindrischen Kern winden. Wickelt man einen Gang am Flankendurchmesser d_2 ab, so ergibt sich ein rechtwinkliges Dreieck mit der Höhe P und der Länge $d_2 \cdot \pi$. Es hat den Steigerungswinkel φ.

Eine Schraubenverbindung kann in ihrer Wirkung auf die Bauelemente mit einer Keilverbindung verglichen werden. Dabei muss der Keil in seinen Maßen einem abgewickelten Gewindegang der Mutter entsprechen. Der Keil wird mit der Umfangskraft F_u in die Nut des Bolzens getrieben. Dadurch wird der Bolzen in der Nut und am Kopf durch äußere Kräfte beansprucht. Diese Kräfte sind aus der Umfangskraft entstanden.

Fertigungstechnik

Die Umfangskraft wird durch das Gewinde in eine größere Kraft in Längsrichtung umgesetzt.
Die Verhältnisse der Kräfte am Gewinde und an einem Keil mit gleichem Steigungswinkel sind gleich. Darum können Kräfte im Gewinde über die Kräftezerlegung am Keil einfach ermittelt werden.
Die **Spannkraft** ist dabei die Längskraft in der Schraube oder Spindel. Bei gleicher Umfangskraft sinkt die Spannkraft mit wachsendem Steigungswinkel.
Die Normalkraft, welche Reibung an den Gewindeflanken verursacht, ändert sich in gleicher Weise.

Beispiele für Kräfte am Gewinde (Vereinfachte Darstellung)

F_u Umfangskraft
F_N Normalkraft
F_v Spannkraft
φ Steigungswinkel
P Steigung

! Die Spannkraft in einem Gewinde steigt bei wachsender Umfangskraft und kleinerem Steigungswinkel.

3. Selbsthemmung im Gewinde
Legt man das Keilmodell zugrunde, so erkennt man, dass bei einem großen Steigungswinkel φ der Keil nicht mehr festklemmt, sondern bei Nachlassen der Kraft F_u sich selbst löst, er ist nicht mehr selbsthemmend. Der gleiche Effekt tritt im Gewinde auf. Bei Stahlschraube und Stahlmutter liegt der Grenzwinkel bei etwa 6°. Für Befestigungsgewinde und Bewegungsgewinde in Spannzeugen usw. verwendet man deshalb Gewinde mit kleinem Steigungswinkel.
Für Bewegungsgewinde *ohne* Selbsthemmung, z. B. in Spindelpressen, werden große Steigungswinkel verwendet.

! Selbsthemmung erfordert kleine Steigungswinkel.

4. Ein- und mehrgängige Gewinde
Es gibt ein- und mehrgängige Gewinde. Bei eingängigen Gewinden ist der Abstand von Gewindeflanke zu Gewindeflanke gleich der Steigung. Bei mehrgängigen Gewinden wird dieser Abstand Teilung genannt. Die Steigung entspricht einem Mehrfachen der Teilung.
Mehrgängige Gewinde werden dort verwendet, wo man bei geringen Drehbewegungen große Längsbewegungen verlangt. Spindeln von Pressen und Schnecken von Getrieben sind daher oft mit mehrgängigen Gewinden ausgerüstet.

Gängigkeit bei Gewinden
eingängig — Teilung = Steigung
dreigängig — Steigung = 3 x Teilung

! Mehrgängige Gewinde werden bei großen Gewindesteigungen eingesetzt.

Fertigungsverfahren des Fügens

5. Rechts- und linksgängige Gewinde

Die Normalausführung bei Gewinden ist rechtsgängig. Rechtsgängig ist ein Gewinde dann, wenn der Einschraubvorgang im Uhrzeigersinn erfolgt, Linksgewinde werden gegen den Uhrzeigersinn eingeschraubt.

> **Beispiele für den Einsatz von Linksgewinden**
>
> Bei einem Doppelschleifbock muss eine Schleifscheibe mit Links- und die andere mit Rechtsgewinde befestigt werden, damit beim Anlauf kein Lösen erfolgt (*funktionsbedingtes Linksgewinde*).
> An der Propangasflasche verhindert man durch Linksgewinde eine Verwechslung mit anderen Gasarmaturen (*sicherheitsbedingtes Linksgewinde*).

! Linksgewinde kommen nur in Sonderfällen zum Einsatz. Man verwendet sie aus funktions- und sicherheitsbedingten Gründen.

6. Ausführungsformen von Gewinden
– Befestigungsgewinde

Als Befestigungsgewinde benutzt man vor allem Spitzgewinde.
Spitzgewinde lassen sich mit geringen Steigungswinkeln bei genügend großer Gewindetiefe herstellen. Geringe Steigungswinkel führen zu großen Normalkräften und zur Selbsthemmung.
Spitzgewinde haben große Flankenwinkel. An den stark geneigten Gewindeflanken tritt durch die Kraftzerlegung eine zusätzliche Verstärkung der Normalkraft auf. Dadurch wächst die Selbsthemmung.

Spitzgewinde als Befestigungsgewinde
Normalkraft auf die Gewindeflanke F_N
Zugkraft in der Schraube F_Z

! In Spitzgewinden treten wegen der kleinen Steigungswinkel und der großen Flankenwinkel große Reibungskräfte auf; Spitzgewinde sind daher als Befestigungsgewinde besonders geeignet.

Benennung des Gewindes	Gewindeprofil	Beispiel für Maßangabe	Verwendung
Metrisches ISO-Regelgewinde (DIN 13)	60°, Mutter, Bolzen, d, P	M 30 M – Zeichen für metrisches Gewinde 30 – Gewindenenndurchmesser „d" in mm	Befestigungsgewinde für Schrauben und andere Bauteile
Metrisches ISO-Feingewinde (DIN 13)	60°, Mutter, Bolzen, d, P	M 30 × 1,5 M – Zeichen für metrisches Gewinde 30 – Gewindenenndurchmesser „d" in mm 1,5 – Steigung „P" in mm	Befestigungsgewinde bei kurzen Einschraublängen, großen Nenndurchmessern, dünnwandigen Bauteilen. Stellgewinde bei Messschrauben
Whitworth-Rohrgewinde (DIN EN ISO 228)	55°, Nennweite, Rohr, d, P	G ¾ G – Zeichen für zylindrisches Rohrgewinde ¾ – Bezeichnung der Gewindegröße entspricht der Nennweite des benutzten Rohres in Zoll	Befestigungsgewinde für Rohre und Fittings im Installationsbau, nicht dichtend

Übungsaufgaben 15/24; 15/25; 15/26

Fertigungstechnik

Normangaben über zusätzliche Eigenschaften der Befestigungsgewinde (DIN ISO 965)

Zusätzliche Eigenschaft	Zusätzliche Angabe hinter der Maßangabe	Beispiel für Maßangabe	Hinweise
Gewindetoleranzen der nach Norm festgelegten Güteklasse	f = fein m = mittel c = grob oder Kurzzeichen der Gewindetoleranz nach ISO	M 30 f M 30-4h M 30-5h	
Linksgewinde	LH	M 30-LH	Die Abkürzung LH kommt von „Left Hand"

– Bewegungsgewinde

Bewegungsgewinde sollen möglichst wenig Reibung aufweisen. Am günstigsten wären Flachgewinde. Da diese jedoch schwer herstellbar sind, fertigt man Bewegungsgewinde mit geringen Flankenwinkeln.

Benennung des Gewindes	Gewindeprofil	Beispiel für Maßangabe	Verwendung
Metrisches ISO-Trapezgewinde (DIN 103)	(Profil mit 30°, Mutter, Bolzen)	Tr 32 × 6 Tr – Zeichen für Trapezgewinde 32 – Gewindenenndurchmesser „d" in mm 6 – Steigung „P" in mm	Bewegungsgewinde bei Spindeln für beidseitige Kraftübertragung
Sägengewinde (DIN 513)	(Profil mit 3°/30°, Mutter, Bolzen)	S 30 × 6 S – Zeichen für Sägengewinde 30 – Gewindenenndurchmesser „d" in mm 6 – Steigung „P" in mm	Bewegungsgewinde für einseitig axiale Übertragung großer Kräfte, z. B. bei Spindelpressen und Spannzangen
Rundgewinde (DIN 405)	(Profil mit 30°, Mutter, Bolzen)	Rd 30 × 1/8 Rd – Zeichen für Rundgewinde 30 – Gewindenenndurchmesser „d" in mm 1/8 – Steigung „P" in Zoll; entspricht 8 Gewindegängen je ein Zoll Bolzenlänge	Bewegungsgewinde bei Verbindungen, die starken Verschmutzungen unterliegen, z. B. Waggonverbindungen, Kupplungen; Spindeln für Ventile; in seltenen Fällen auch als Befestigungsgewinde

Normangaben über zusätzliche Eigenschaften der Bewegungsgewinde

Zusätzliche Eigenschaft	Zusätzliche Angabe hinter der Maßangabe	Beispiel für Maßangabe	Hinweise
Gewindetoleranzen der nach Norm festgelegten Güteklasse	f = fein m = mittel c = grob oder Kurzzeichen der Gewindetoleranz	Tr 32 x 6f	
Linksgewinde	LH	Tr 32 x 6-4g-LH	Die Abkürzung LH kommt von „Left Hand".
Mehrgängige Gewinde	hinter dem Kurzzeichen und dem Gewindedurchmesser folgen die Steigung und die Teilung	Tr 60 x Ph 14 P7 Tr 60 x Ph 14 P7-8e Tr 32 x Ph 9 P3-LH	Die Teilung wird mit dem Buchstaben P hinter die Steigung P_h gesetzt. Gangzahl $= \dfrac{\text{Steigung}}{\text{Teilung}} = \dfrac{P_h}{P}$

! Bewegungsgewinde erhalten möglichst geringe Flankenwinkel.

15.2.2 Schrauben, Muttern und Sicherungen

1. Schrauben- und Mutternformen

Schrauben unterscheiden sich in ihren verschiedenen Ausführungsformen vor allem durch die Gestaltung des Kopfs, durch das benutzte Gewinde und durch die Ausführung des Bolzenendes.

Kopfschrauben		Stiftschrauben	Gewindestifte
Sechskantschraube	Sechskant-Passschraube	Kegelkuppe, Deckel, Kegelkuppe, Maschinenkörper	Ring, Welle

2. Sicherungen von Schraubenverbindungen

Bei Schraubverbindungen, die richtig ausgelegt sind, ist der Reibungswiderstand im Gewinde und unter dem Schraubenkopf so groß, dass ein selbsttätiges Lösen verhindert wird. Die sogenannte Vorspannkraft ist ausreichend groß. Man spricht in diesem Fall von einer selbsthemmenden Verbindung.

Schwingungen, Temperaturschwankungen und Lastwechsel können allerdings selbsttätiges Lösen von Schraubenverbindungen bewirken.

Schraubensicherungselemente kommen immer dann zum Einsatz, wenn durch konstruktive Maßnahmen bei der Schraubenverbindung die geforderte Sicherheit nicht gewährleistet werden kann.

Je nach Funktion der Sicherungselemente unterscheidet man im Wesentlichen drei Gruppen:

- Setzsicherungen,
- Verliersicherungen und
- Losdrehsicherungen.

– Setzsicherung

Erfolgt aufgrund der Belastung einer Schraubverbindung eine plastische Verformung der Schraube (Verlängerung, Verkürzung) verliert sie an Vorspannkraft. Diesen Vorgang bezeichnet man als Setzen. Die Klemmkraft reduziert sich und die Schraube lockert sich.

Das Sicherungselement muss also durch einen hinreichend großen elastischen Federweg das Setzen verhindern. Das lässt sich u. a. durch folgende Sicherungselemente bewerkstelligen:

- Spannscheibe,
- Tellerfeder,
- Kombischraube,
- Flanschschraube.

– Verliersicherung

Verliersicherungen sind Sicherungselemente, die bei Querbelastung das vollständige Auseinanderfallen einer Schraubverbindung verhindern. Ein Lösen der Schraubenverbindung ist aber durchaus möglich. Nachfolgend sind mögliche Sicherungselemente beispielhaft aufgeführt:

- Kronenmutter; nur bis zu einer Festigkeitsklasse von 8.8,
- Mutter mit Kunststoffeinsatz oder -beschichtung,
- Muttern mit Klemmteil,
- Drahtsicherung.

Übungsaufgaben 15/34 bis 15/38

Fertigungstechnik

– **Losdrehsicherung**
Die Losdrehsicherungen sind in der Lage, über die gesamte Einsatzzeit die Vorspannkraft der Schraubenverbindung aufrecht zu halten.

Hierzu gehören u. a.:
- Schrauben mit mikroverkapselter Vorbeschichtung,
- Schrauben mit Flüssigklebstoff,
- Keilscheibensicherungspaare.

Schraube mit mikroverkapseltem Klebstoff

! Schraubenverbindungen sollen durch richtiges Anziehen der Schraube gegen Lösen gesichert sein. Schraubensicherungen gewähren einen zusätzlichen Schutz.

1. Festigkeit von Schrauben und Muttern
– **Schraubenfestigkeit**
Die Festigkeitsklassen für Schrauben und Muttern aus Stahl sind genormt. Die Schrauben sind am Kopf meist durch zwei Zahlen, z. B. 12.9, gekennzeichnet, die durch einen Punkt getrennt sind. Diese Zahlenangabe wird Festigkeitskennzahl genannt. Aus dieser lassen sich Festigkeitskennwerte des Werkstoffs ermitteln.

Festigkeitskennzahl bei Schrauben

Die erste Zahl ist die Kennzahl für die Zugfestigkeit R_m des Werkstoffs der Schraube. Zur Ermittlung der Zugfestigkeit aus der Kennzahl wird die erste Zahl mit 100 multipliziert. Man erhält die Zugfestigkeit in N/mm^2. Die Streckgrenze des Schraubenwerkstoffs lässt sich mithilfe der ersten und der zweiten Kennzahl ermitteln. Die erste Zahl mit dem 10-Fachen der zweiten Zahl multipliziert ergibt die Streckgrenze R_{eH} in N/mm^2.

Festigkeitskennzahlen bei Schrauben

3.6	4.6	4.8	5.6	5.8	6.6	6.8	6.9	8.8	10.9	12.9	14.9

Beispiel für die Ermittlung der Festigkeitskennwerte aus der Festigkeitskennzahl

Aufgabe

Es sind Zugfestigkeit R_m und Streckgrenze R_{eH} einer Schraube 12.9 zu ermitteln.

Lösung

Zugfestigkeit: $R_m = 12 \cdot 100 \, \frac{N}{mm^2} = 1200 \, \frac{N}{mm^2}$

Streckgrenze: $R_{eH} = 12 \cdot 9 \cdot 10 \, \frac{N}{mm^2} = 1080 \, \frac{N}{mm^2}$

– **Mutternfestigkeit**
Auch Muttern werden meist mit einer Festigkeitskennzahl versehen. Zulässig sind auch Markierungen durch Striche, die bestimmten Festigkeitskennzahlen zuzuordnen sind. Beim Fügen sollen Schrauben und Muttern die gleiche Festigkeitskennzahl aufweisen.
Die Zugfestigkeit R_m in $\frac{N}{mm^2}$ des Schrauben- und Mutternwerkstoffs errechnet sich aus der Multiplikation der Festigkeitskennzahl mit 100.

Festigkeitskennzahlen bei Muttern: 6, 8, 10, 12, 14

Übungsaufgaben 15/39; 15/40; 15/41

Fertigungsverfahren des Fügens

15.2.3 Berechnung des Drehmoments zum Anziehen von Schrauben

Die Funktionsfähigkeit einer Schraubenverbindung ist häufig abhängig von der Kraft, mit der die Schraube beim Anziehen vorgespannt wird. So müssen z. B. die Schrauben des Deckels eines Druckbehälters so angezogen werden, dass sie auch bei Betrieb des Behälters die Dichtungen noch andrücken.

Man erreicht die notwendige Vorspannkraft in der Schraube dadurch, dass man die Drehwirkung beim Anziehen genau beschreibt. Die Drehwirkung drückt man durch das **Drehmoment** aus. Das Drehmoment M_d beim Anziehen der Schraube ist das Produkt aus der Handkraft F_H und dem Hebelarm l des Schraubenschlüssels.

$$M_d = F_H \cdot l$$

Drehmoment beim Anziehen einer Schraube

Zum genauen Anziehen einer Schraube verwendet man **Drehmomentschlüssel**.

Durch das Drehmoment beim Anziehen der Schraube wird in der Schraube eine Spannkraft F_V bewirkt. Da die Spannkraft auch von der Steigung P des Gewindes und dem Wirkungsgrad der Schraubenverbindung abhängig ist, ergibt sich folgende Formel zu Bestimmung des aufzubringenden Drehmoments:

Zugeführte Arbeit mit Berücksichtigung von Reibungsverlusten = Umgesetzte Arbeit im Gewindegang

$$F_H \cdot l \cdot 2 \cdot \pi \cdot \eta = F_V \cdot P$$

daraus folgt:

$$M_d = \frac{F_V \cdot P}{2 \cdot \pi \cdot \eta}$$

- F_H Handkraft
- l Hebelarm (wirksame Schlüssellänge)
- M_d Drehmoment
- F_V Spannkraft
- P Steigung des Gewindes
- η Wirkungsgrad (bei metrischem Spitzgewinde $\eta = 0{,}13$)

Beispiel für die Berechnung von Drehmoment M_d und Handkraft F_H

Aufgabe

Mit der dargestellten Schraubwinde soll ein Werkstück mit der Gewichtskraft von 28 kN angehoben werden. Der Hebel ist 500 mm lang, die Spindel hat ein Trapezgewinde Tr 52 × 8. Der Wirkungsgrad beträgt 0,35. Zu berechnen ist das aufzubringende Drehmoment M_d und die Handkraft F_H.

Gegeben: $F_G = 28$ kN; $l = 500$ mm; $P = 8$ mm; $\eta = 0{,}35$
Gesucht: F_V; M_d; F_H

Lösung

Die Gewichtskraft F_G ist gleich der Spannkraft $F_V = 28$ kN.

$$M_d = \frac{F_V \cdot P}{2 \cdot \pi \cdot \eta} \qquad M_d = \frac{28\,000 \text{ N} \cdot 0{,}008 \text{ m}}{2 \cdot \pi \cdot 0{,}35} \qquad M_d = 102 \text{ Nm}$$

$$F_H = \frac{M_d}{l} \qquad F_H = \frac{102 \text{ Nm}}{0{,}5 \text{ m}} \qquad F_H = 204 \text{ N}$$

Übungsaufgaben 15/42 bis 15/47

Fertigungstechnik

15.3 Fügen mit Stiften und Bolzen

15.3.1 Stifte

Stifte dienen zum lösbaren Fügen von Bauelementen. Durch Stifte werden Kräfte vor allem durch Formschluss übertragen.

1. Verwendung von Stiften

Nach der jeweiligen *Verwendung* werden Passstifte, Befestigungsstifte, Sicherungsstifte und Abscherstifte unterschieden.

– **Passstifte**
Werden Stifte vor allem zur Lagesicherung von Teilen eingesetzt, so kennzeichnet man die benutzten Stifte als Passstifte. Durch Passstifte lässt sich die Montage von Bauelementen erleichtern und die genaue Lage von zusammengeschraubten Teilen sichern.

– **Befestigungsstifte**
Dienen Stifte in einer Verbindung von Bauelementen vor allem zur Befestigung, so bezeichnet man die benutzten Stifte als Befestigungsstifte. Mit Befestigungsstiften lassen sich auf einfache Art bewegliche und feste Verbindungen herstellen.

– **Sicherungsstifte**
Sollen Stifte das selbstständige Lösen gefügter Bauelemente verhindern, so dienen sie zur Sicherung. Sicherungsstifte können gleichzeitig die Aufgabe von Befestigungs- oder Passstiften übernehmen.

– **Abscherstifte**
Soll an einer Maschine ein bestimmter Bereich vor Überlastung geschützt werden, so kann man zwischen der treibenden Spindel und dem angetriebenen Bauelement, z. B. Zahnrad auf einer Welle, einen Stift einbauen, der die Kräfte weiterleitet und bei Überbelastung abschert. Der Abscherstift wird nach der Beseitigung der Störung durch einen neuen ersetzt.

Lagesicherung von Bauteilen durch Passstifte — Zylinderstift

Befestigen von Bauteilen — Kegelstift

Sichern einer Bolzenverbindung — Spannstift

Überlastsicherung durch Abscherstift — Kerbstift

2. Stiftformen

Je nach *Form* der Stifte unterscheidet man:
Zylinderstifte, Kegelstifte, Kerbstifte und Spannstifte.

– **Zylinderstifte**
Ungehärtete Zylinderstifte nach DIN EN ISO 2338 werden im Durchmesserbereich von 0,6 bis 50 mm mit den Toleranzen m6 und h8 angeboten. Die Norm erlaubt unterschiedliche Ausführungen der Stiftenden und weitere Toleranzen. So sind z. B. abgerundete Fasen und Einsenkungen möglich.
Die Oberflächengüte ist von der Toleranz abhängig, sie beträgt bei m6 $R_a \leq 0{,}8$ µm, bei h8 $R_a \leq 1{,}6$ µm.

Zylinderstifte (ungehärtet)

Beispiele für Abmessungen

d (mm)	3	8
c (mm)	0,5	1,6
l (mm)	8–30	12–80

Fertigungsverfahren des Fügens

Zylinderstifte benutzt man vor allem als Passstifte. Die Ausführung h8 wird auch als Befestigungsstift für bewegliche Verbindungen eingesetzt.

Bei beweglichen Stiftverbindungen und bei häufiger zu lösenden Teilen von Vorrichtungen, Formen oder Werkzeugen kommen vor allem gehärtete Zylinderstifte nach DIN EN ISO 8734 im Durchmesserbereich von 1 bis 20 mm infrage. Gehärtete Zylinderstifte mit Innengewinde verwendet man, wenn diese wiederholt aus Grundlöchern entfernt werden müssen. Zum Eintreiben in Grundlöcher werden Stifte mit einer Längsrille oder leichter Abflachung am Umfang verwendet, damit die Luft aus der Bohrung entweichen kann. Die Aufnahmebohrungen müssen stets aufgerieben und entgratet werden.

Die Toleranz gehärteter Zylinderstifte ist m6, die Oberflächengüte R_a < 0,8 µm. Stifte des Typs A sind durchgehärtet, des Typs B einsatzgehärtet.

Zylinderstifte (gehärtet)

! Zylinderstifte werden als Passstifte, Befestigungsstifte und Abscherstifte eingesetzt.

– Kegelstifte

Bei Kegelstiften nimmt der Durchmesser je 50 mm Kegellänge um 1 mm ab. Kegelstifte haben dadurch eine Kegelverjüngung von 1:50.

Die einfachste Form sind Kegelstifte nach DIN EN 22339. Neben den einfachen Kegelstiften gibt es Kegelstifte mit Innen- oder Außengewinde. Mithilfe des Gewindes lassen sich solche Kegelstifte wieder aus der Bohrung herausziehen.

Formen von Kegelstiften

Kegelstifte werden in aufgeriebene Bohrungen eingetrieben, wodurch große Normalkräfte entstehen. Diese sind die Ursache für große Reibungskräfte, welche einen sicheren Sitz des Kegelstifts auch bei wechselnden Belastungen bewirken. Deshalb verwendet man Kegelstifte vor allem als Befestigungsstifte. Der Vorteil dieser Verbindungsart liegt darin, dass auch nach häufigerem Lösen die Bauteile wieder sehr fest und genau in ihre ursprüngliche Lage gebracht werden können.

! Kegelstifte übertragen Kräfte durch Formschluss und Kraftschluss. Sie dienen als Befestigungsstifte und sind auch als Sicherungsstifte geeignet.

– Kerbstifte

Kerbstifte tragen im Gegensatz zu den Zylinder- oder Kegelstiften auf ihrem Umfang in Längsrichtung drei Kerben mit wulstartigen Rändern. Beim Einschlagen des Kerbstifts in die Bohrung sitzt er aufgrund der Verformung sehr fest.

Bohrungen für Kerbstifte brauchen nur mit dem Spiralbohrer hergestellt zu werden, ein Aufreiben entfällt.

Kerbstifte werden als Befestigungs- und Sicherungsstifte verwendet. Auch als Lager- oder Gelenkbolzen können sie eingesetzt werden.

Kerbstifte mit Anwendungsbeispiel

! Verbindungen durch Kerbstifte sind leicht herzustellen. Kerbstifte sollen nur einmal verwendet werden.

Fertigungstechnik

– Spannstifte

Spannstifte sind in Längsrichtung offene Hülsen aus Federstahl. Sie haben gegenüber dem Nenndurchmesser je nach Größe ein Übermaß von 0,2 bis 0,5 mm. Ein kegeliges Ende an den Spannstiften erleichtert ihr Eintreiben in Bohrungen. Die Bohrungen werden nicht aufgerieben, weil die Spannung der zusammengedrückten Stifte die erforderliche Anpressung gewährleistet.

Spannstifte dienen wie die Kerbstifte als Befestigungs- und Sicherungselemente. Müssen in Schraubenverbindungen Scherkräfte aufgenommen werden, so kann man Spannstifte als Schraubenhülsen einsetzen.

Ausführungsformen von Spannstiften (paralleler Schlitz, gewellter Schlitz, spiralförmige Hülse)

Spannstift als Schraubenhülse

> ❗ Verbindungen mit Spannstiften sind preiswert. Spannstifte lassen sich ohne Beschädigung wieder austreiben und erneut verwenden.

15.3.2 Bolzen

Bolzen sind zylindrische Bauteile mit und ohne Kopf. Bolzen haben meist das Toleranzfeld h11 und werden vor allem als Gelenkbolzen wie z. B. in Stangenverbindungen oder Laschenketten eingesetzt. Als Verbindungselement in beweglichen Verbindungen müssen Bolzen durch Sicherungselemente wie Sicherungsringe oder Splinte gegen Verschieben gesichert werden.

Genormte Bolzenformen (Form B, Form A)

> ❗ Bolzen werden zum Fügen von Gelenkverbindungen verwendet. Sie werden dabei vorwiegend auf Scherung beansprucht.

15.4 Fügen mit Passfedern, Keilen und Profilformen

15.4.1 Vergleich zwischen Passfeder- und Keilverbindung

Die Passfederverbindung ist eine häufig angewendete Verbindung zum Fügen von Nabe und Welle. Die Passfeder liegt in Naben- und Wellennut. Die Kraftübertragung erfolgt formschlüssig über die Seitenflächen der Passfeder. Somit werden Passfedern auf Abscheren beansprucht. In der Höhe besteht zwischen Passfeder und Nabe Spiel.

Nabe und Welle gefügt durch Passfeder.

> ❗ Passfedern übertragen Kräfte durch Formschluss über ihre Seitenflächen.

Keile werden zwischen Nabe und Welle eingetrieben. Im Gegensatz zur Passfeder trägt der Keil mit der oberen und unteren Fläche, die gegeneinander geneigt sind. Die Seitenflächen des Keils haben geringes Spiel. Die Kräfte werden bei Keilverbindungen vor allem durch Kraftschluss übertragen.

Nabe und Welle gefügt durch Keil

> ❗ Keile übertragen Kräfte vorwiegend durch Kraftschluss über ihre obere und untere Fläche.

Fertigungsverfahren des Fügens

	Passfederverbindung	Keilverbindung
Vorteile	• einfacher Zusammenbau • leicht lösbar • zentrischer Sitz der Nabe ist gewährleistet	• unempfindlich gegen wechselnde, stoßartige Belastung • sicherer Sitz der Nabe in axialer Richtung
Nachteile	• axiale Sicherung der Nabe notwendig • empfindlich gegen wechselnde Belastung	• zusätzliche Kosten durch Arbeitsaufwand beim Einpassen • leichte Unwucht

15.4.2 Formen von Passfedern

Je nach konstruktiven Anforderungen werden unterschiedliche Passfederformen verwendet.
Meist benutzt man rundstirnige Passfedern. Sie werden in entsprechend gefräste Wellennuten eingelegt. Flachstirnige Passfedern müssen gegen axiales Verrutschen gesichert werden.

Passfeder–rundstirnig DIN 6885 A
Passfeder–flachstirnig DIN 6885 B

Passfederverbindung

Für Naben von Verschieberädern benutzt man Passfedern mit entsprechenden Toleranzen als **Gleitfedern**. Die Feder ist in der Wellennut befestigt, das Verschieberad kann in axialer Richtung über die Feder gleiten.

Gewinde für Abdrückschraube
Gleitfeder
Bohrung für Halteschraube
Gleitfederverbindung

Zapfenfedern haben einen einseitigen oder mittigen Zapfen. Sie sitzen mit diesem Zapfen fest in der Nabe. So hat z. B. das Antriebsrad für die Vorschubbewegung an der Drehmaschine eine Zapfenfeder. Die Feder gleitet in der Längsnut der Zugspindel und überträgt die Kräfte und Drehbewegungen.

Zapfenfeder
Zapfenfederverbindung

Verbindungen mit **Scheibenfedern** sind eine Sonderform der Federverbindungen. Sie sichern Kegelverbindungen, die durch Kraftschluss Drehmomente übertragen, zusätzlich formschlüssig.
Wegen ihrer Bogenform ist die Wellennut einfach herstellbar, und die Feder stellt sich der Neigung entsprechend selbst ein.

Scheibenfeder
Scheibenfederverbindung

15.4.3 Formen von Keilen

Keile gibt es in unterschiedlichen Ausführungsformen. Die Breite und Höhe der Keile sind in Abhängigkeit vom Wellendurchmesser genormt. Bei genormten Keilen steigt die geneigte Fläche auf 100 mm Länge um 1 mm an. Der Keil hat eine Neigung von 1:100. Der Nutgrund der Nabe hat ebenfalls die Neigung 1:100.
(Symbol für Neigung: ⊿)

$$\text{Neigung} = \frac{h - h_0}{l}$$

Genormte Maße am Keil

Fertigungstechnik

Einlegekeile haben runde Stirnflächen und liegen in der Wellennut. Bei Verbindungen mit Einlegekeilen muss die Nabe aufgetrieben werden.

Einlegekeilverbindung

Treibkeile haben gerade Stirnflächen und werden verwendet, wenn die Verbindungsstelle von beiden Seiten zugänglich ist. Der Keil kann von einer Seite eingetrieben und von der anderen Seite gelöst werden.

Treibkeilverbindung

Nasenkeile werden benutzt, wenn die Verbindungsstelle nur von einer Seite zugänglich ist. Die „Nase" dient zum Eintreiben und zum Lösen des Keils. Wegen bestehender Unfallgefahr darf sie nie am Wellenende herausragen.

Nasenkeilverbindung

Tangentkeile verwendet man, wenn sehr große Kräfte übertragen werden müssen und die Belastungen stoßartig auftreten. Die Tangentkeile werden als zwei Keilpaare eingesetzt, die um 120° versetzt sind.

Tangentkeilverbindung

Querschnittsformen von Treib- und Nasenkeilen

Nutenkeil	Flachkeil	Hohlkeil
Welle und Naben haben eine Nut; geeignet zur Übertragung großer Kräfte.	Welle hat eine Abflachung, Nabe hat eine Nut; geeignet zur Übertragung mittlerer Kräfte.	Welle ist rund, nur die Nabe hat eine Nut; geeignet zur Übertragung kleiner Kräfte.

15.4.4 Fügen mit Profilformen

Werden Welle und Nabe mit einem besonderen Profil versehen, dann ist ebenfalls eine Verbindung beider Teile durch Formschluss gewährleistet. Die wichtigsten Profilformen sind das Keilwellenprofil, die Kerbverzahnung und das Polygonwellenprofil.

Profilformen von Nabe und Welle

Beim **Keilwellenprofil** sind in die Welle und die Nabe Längsnuten gleichmäßig über den Umfang verteilt. Die Keilwellen haben keine Neigung. Richtiger müsste man daher von Federwellen sprechen. Gegenüber der Passfederverbindung haben Verbindungen mit Profilformen den Vorteil eines gleichmäßigeren Kraftflusses von Welle zu Nabe.

Kraftfluss in Nabenverbindungen

15.5 Fügen mit Nieten

Durch Nieten können Bauelemente aus gleichen und unterschiedlichen Werkstoffen verbunden werden. Die Nietverbindung ist im Bereich des Stahlbaus, des Kesselbaus und des Schiffsbaus weitgehend durch die Schweißtechnik verdrängt worden und wird dort nur noch zu Reparaturarbeiten an vorhandenen Konstruktionen eingesetzt.

Nieten wird aber eingesetzt, wenn
- die zu verarbeitenden Werkstoffe kein Einbringen von Schweißwärme ohne Gefügeänderung zulassen, z. B. bei der Verbindung ausgehärteter Aluminiumlegierungen,
- unterschiedliche Werkstoffe, die hoher Wärmebelastung ausgesetzt sind, verbunden werden müssen, z. B. bei der Befestigung von Kupplungsbelägen.

15.5.1 Nietverbindungen

Zum Nieten wird der Rohniet mit dem zylindrischen Schaft in die Bohrung der zu fügenden Bauelemente gesteckt. Der bereits angestauchte Kopf wird **Setzkopf** genannt und muss an der Oberfläche eines Bauelements anliegen. Das herausragende Ende des Schafts wird gestaucht oder umgeformt und bildet den **Schließkopf**.

Beispiel für die Herstellung einer Nietverbindung

| Durchstecken des Niets | Einziehen des Niets | Anstauchen des Kopfs | Formen des Kopfs |

Je nach Temperatur, bei der genietet wird, unterscheidet man Kaltnietung und Warmnietung.

1. Kaltnietung

Stahlniete bis zu einem Durchmesser von 10 mm sowie Niete aus Kupfer, Aluminium und entsprechenden Legierungen werden kalt genietet. Durch das Kaltnieten entsteht nur ein geringer Kraftschluss. Die in der Verbindung auftretenden Kräfte überträgt vor allem der Nietschaft durch Formschluss. Kalt geschlagene Niete werden daher hauptsächlich auf Scherung beansprucht.

Formschluss durch Kaltnietung

> ❗ Kalt geschlagene Niete werden hauptsächlich auf Scherung beansprucht.

2. Warmnietung

Stahlniete mit mehr als 10 mm Durchmesser, Niete im Stahlbau und Niete im Kesselbau werden warm genietet. Die Niete werden bei Hellrotglut bis Weißglut geschlagen oder gepresst. Beim Abkühlen schrumpfen die Niete zusammen. Die Bauelemente werden aufeinandergepresst, sodass ein hoher Kraftschluss entsteht. Warm geschlagene Niete werden in der Verbindung fast nur auf Zug und kaum auf Scherung beansprucht.

Kraftschluss durch Warmnietung

> ❗ Warmniete werden hauptsächlich auf Zug beansprucht.

Übungsaufgaben 15/62 bis 15/65

3. Unterscheidung von Nietverbindungen nach der Zielsetzung

Die zu fügenden Bauelemente werden durch Nieten unlösbar verbunden. Mit dieser Fügetechnik können unterschiedliche Ziele erreicht werden:

- **Lose Nietverbindungen**
  Die verbundenen Teile sind gegeneinander beweglich, z. B. Schenkel von Handscheren, Zangen.
- **Feste Nietverbindungen**
  Die verbundenen Teile sind gegeneinander nicht beweglich, z. B. Einzelteile einer schmiedeeisernen Tür, Winkeleisen auf einem Knotenblech.
- **Dichte Nietverbindungen**
  Die verbundenen Teile müssen dicht sein, z. B. Bleche im Behälterbau. Dichte Nietverbindungen werden meist warm genietet.

15.5.2 Nietformen und Nietwerkstoffe

1. Nietformen

Niete unterscheiden sich vor allem durch die Form des Setzkopfs und die Ausführungsform des Schafts. Bis auf einige Sonderformen sind Niete genormt.

- Nietformen mit Anwendung

Halbrundniet	Senkniet	Linsenniet	Rohrniet
Stahlbau Kesselbau	glatte Flächen im Stahl- und Kesselbau	Stahlbau	Vernietung von Metall mit Kunststoff in Elektroindustrie

- Blindniete

Zum Verbinden dünnwandiger Werkstücke bei einseitig zugänglichen Nietstellen im Stahlbau, Maschinenbau, Karosseriebau und Flugzeugbau werden Blindnieten verwendet.

Beispiele für Blindniete

Dornniet — Durchzugniet

2. Nietwerkstoffe

Niete müssen während ihrer Verarbeitung eine gute plastische Umformbarkeit und im Betriebszustand eine möglichst große Festigkeit und Dehnbarkeit aufweisen. Zudem sollen die zu verbindenden Werkstücke und die Niete aus dem gleichen Werkstoff sein, um elektrochemische Korrosion auszuschließen.

Werkstoffe für Werkstücke und Niete

Werkstücke aus	Niete aus
Stahl	S185
Aluminium	EN AW – Al99,9
Kupfer	EN CW – Cu99
Kupferlegierungen	EN CW – CuZn37

! Zur Vermeidung von elektrochemischer Korrosion sollen Niete möglichst aus dem gleichen Werkstoff wie die zufügenden Bauteile bestehen.

Fertigungsverfahren des Fügens

15.6 Fügen durch Schweißen

Durch Schweißen werden nicht lösbare Verbindungen hergestellt. Dabei werden die zu verbindenden Bauteile durch Wärme oder durch Druck und Wärme stoffschlüssig gefügt. Vielfach geschieht dies unter Zugabe eines Schweißzusatzwerkstoffs.

Schweißen ist häufig das wirtschaftlichste und technisch günstigste Fügeverfahren, weil
- der Fertigungsaufwand bei Einzelfertigung gering ist, z. B. keine Modellherstellung wie beim Gießen,
- der Materialeinsatz gering ist, z. B. keine Überlappung und keine Hilfsfügeteile wie beim Fügen durch Nieten oder Schrauben,
- die Fügestelle nahezu die gleiche Festigkeit und Temperaturbeständigkeit wie die zu fügenden Grundwerkstoffe erreicht, z. B. keine großen Fügeflächen und Temperaturbegrenzung wie beim Löten und Kleben,
- das Schweißen mechanisierbar ist, automatisiert werden kann und so einfach in den Fertigungsprozess einzugliedern ist.

Wolfram-Inertgas-Schweißen (WIG-Schweißen) einer Konstruktion aus hochlegiertem Stahl

Nachteile des Schweißens sind die starke Erwärmung an der Schweißstelle, die zu Gefügeänderungen und Wärmespannungen führt. Ferner ist zu beachten, dass nur gleiche oder ähnliche Werkstoffe durch Schweißen gefügt werden können.

> ❗ Durch Schweißen werden meist gleichartige Werkstoffe in flüssigem oder plastischem Zustand zu einem gemeinsamen Gefüge vereinigt. Schweißen ist ein unlösbares Fügen durch Stoffschluss.

Die Schweißverfahren können unter verschiedenen Gesichtspunkten gegliedert werden.

Einteilung der Schweißverfahren

Nach der Art des Energieträgers	Nach der Art des Grundwerkstoffs	Nach dem Zweck des Schweißens	Nach dem Ablauf des Schweißens	Nach der Art der Fertigung
Beispiel: MAG-Schweißen, Lichtbogenschmelzschweißen	Beispiel: Metallschweißen, Kunststoffschweißen	Beispiel: Verbindungsschweißen, Auftragschweißen	Beispiel: Schmelzschweißen, Pressschweißen	Beispiel: Handschweißen, automatisches Schweißen

Europaweit sind wichtige Schweißverfahren nach DIN EN ISO 4063 mit Kennziffern belegt worden, damit internationale Vereinbarungen im Bereich Auftragsabwicklung leichter eingehalten werden können.

Beispiele für Schweißverfahren

Wolfram-Inertgas-Schweißen (WIG) Kennziffer 141
Schweißstab, Lichtbogen, Massekabel, Schweißgut, Schlauchpaket mit Schutzgas- und Stromleitung sowie Kühlung, Schweißbad, Schutzgasglocke

Widerstands-Punktschweißen, Kennziffer 21
Druckkraft, Elektrode, Wärme, Schweißlinse, F

Übungsaufgaben 15/69; 15/70; 15/71

Fertigungstechnik

Eine Schweißverbindung wird durch die Kenngrößen Schweißstoß, Schweißnahtart und Schweißposition gekennzeichnet.

Der Bereich, in dem Bauelemente durch Schweißen miteinander verbunden werden, wird **Schweißstoß** genannt. Die Bauelemente können an der Schweißstelle auf verschiedene Arten aufeinandertreffen. Man unterscheidet daher nach der Anordnung der zu fügenden Teile unterschiedliche Schweißstöße.

Beispiele für Schweißstöße

Stumpfstoß	Überlappstoß	T-Stoß	Mehrfachstoß
Schweißstelle	Schweißstellen	Schweißstellen	Schweißstellen

Beim Schweißen bezeichnet man die stoffschlüssige Verbindungsstelle der Bauelemente als **Schweißnaht**. Schweißnähte können durchgehend oder mit Unterbrechungen geschweißt werden. Auch einzelne Schweißpunkte sind üblich. Die Form einer Schweißnaht ergibt sich aus der Art des Schweißstoßes, aus der Werkstückdicke an der Schweißstelle und aus dem Schweißverfahren. Entsprechend der gewählten Nahtart werden die Werkstückkanten vorbereitet. Die Vorbereitung geschieht durch Fräsen, Schleifen oder Abtragen mittels Brennschneiden. Dünne Schweißnähte werden in einer Lage geschweißt, dickere Schweißnähte müssen in mehreren Lagen geschweißt werden.

Die Durchführung eines Schweißvorgangs hängt u. a. von der Lage der zu verschweißenden Werkstückkanten beim Schweißen ab. Die Lage einer Schweißnaht beim Schweißen bezeichnet man als **Schweißposition**. Nach DIN EN ISO 6947 sind die Schweißpositionen festgelegt:

Beispiele für Schweißpositionen und Schweißnahtarten

Benennung	Schweißstoß (Lage der Halbzeuge zueinander)					
	Stumpfstoß			T-Stoß		
	am Blech		am Rohr	am Blech		am Rohr
Bild						
Fugenform (Nahtquerschnitt)	I-Naht	V-Naht	V-Naht	Kehlnaht	Kehlnaht	Kehlnaht
	einseitig bei t bis ca. 4 mm	einseitig bei t ca. 3 bis 10 mm		einseitig bzw. beidseitig bei $t > 2$ mm		
Symbol	$\|\|$	$\vee$	$\vee$	$\triangle$	$\triangle$	$\triangle$
Schweißposition	Wannenposition	Steigposition	Fallposition	Horizontal-Überkopf-Position	Horizontal-Vertikal-Position	Steigposition
Kurzzeichen	PA	PF	PG	PD	PB	PF

= Schweißrichtung

15.6.1 Gasschmelzschweißen, Kennziffer 311

Beim Gasschmelzschweißen – auch Autogenschweißen genannt – wird der Werkstoff der zu fügenden Bauteile an der Schweißstelle durch die Verbrennungswärme eines Gases geschmolzen.

Das Gasschmelzschweißen wird hauptsächlich in der Hausinstallationstechnik angewandt.

Beispiel für eine Gasschmelzschweißanlage

Rückschlagsicherung gegen Flamme und Gas — Druckminderventil — Schweißbrenner — Schweißstab — Brenngas (z. B. Acetylen) — Sauerstoff

1. Gase für das Gasschmelzschweißen

Zum Gasschmelzschweißen werden als Brenngase Acetylen, Propan oder Wasserstoff eingesetzt. Zur Erzielung hoher Temperaturen werden sie mit reinem Sauerstoff verbrannt.

Die Acetylen-Sauerstoff-Flamme liefert die höchste Flammtemperatur. Sie wird deshalb bevorzugt eingesetzt.

Gasflamme — Schweißzone — Brenngas + Sauerstoff

Brenngase	Flammtemperatur
Acetylen	3 200 °C
Propan	2 800 °C
Wasserstoff	2 100 °C

Speicherung von Sauerstoff	Speicherung von Acetylen
Sauerstoff wird in Stahlflaschen abgefüllt. Normalflasche (N): 40 l Volumen 　　　　　　　　　　150 bar Überdruck 　　　　　　　　　　6000 l Entnahmemenge Leichtstahlflasche (L): 50 l Volumen 　　　　　　　　　　200 bar Überdruck 　　　　　　　　　　10 000 l Entnahmemenge	Um größere Mengen Acetylen in einer Stahlflasche zu speichern, muss Acetylen in Aceton gelöst werden. Das Aceton wird in der Flasche von einer hochporösen Masse aufgenommen. Flaschenvolumen:　40 l Acetonmenge:　　　13 l Inhaltsdruck:　　　18 bar Überdruck Entnahmemenge:　ca. 6 000 l

2. Kennzeichnung von Druckgasflaschen

Die verbindliche Kennzeichnung des Gasinhalts einer Gasflasche erfolgt nach DIN EN 1089 auf einem Gefahrgutaufkleber auf der Schulter der Gasflasche. Eine zusätzliche Farbkennzeichnung der Schulter und des Mantels der Gasflasche erhöht die eindeutige Zuordnung zum technischen Gas. Bei einigen Gasen kann die Farbkennzeichnung des Mantels auch nach Norm – wie in der Tabelle dargestellt – unterschiedlich ausfallen.

Gasart	Farbkennzeichnung nach DIN EN 1089-3; technische Gase		
	Schulter	Mantel	
Sauerstoff	weiß	grau	(blau)
Acetylen	kastanienbraun	grau	(kastanienbraun)
Wasserstoff	rot	rot	
Argon	dunkelgrün	grau	(dunkelgrün)

Übungsaufgaben 15/75 bis 15/81

Fertigungstechnik

3. Schweißbrenner mit Einstellung der Schweißflamme

Schweißbrenner mit Injektor

Bestandteile
Schweißeinsatz: Auswahl des Durchmessers der Schweißdüse nach Werkstückdicke
Griffstück: Ventil für Sauerstoff und Acetylen; erst wird das Sauerstoffventil geöffnet, um eine Saugwirkung zu ermöglichen. Anschluss für Acetylen- (rot) und Sauerstoffschläuche (blau)

Schweißbrenner (Injektorbrenner = Saugbrenner)

Saugwirkung beim Injektorbrenner

Den **Schweißeinsatz** wählt man entsprechend der Werkstückdicke. Zur Normalausrüstung gehören sechs Schweißeinsätze. Ihr Arbeitsbereich für Stahl entspricht einer Werkstoffdicke von 0,5 bis 14 mm. Für andere Werkstoffe werden abweichende Schweißeinsätze verwendet. Zum Beispiel nimmt man für Aluminium den Schweißeinsatz des höheren Nennbereichs, da dieser Werkstoff die Wärme schnell ableitet.

Einer Flamme mit neutraler Einstellung wird nur so viel Sauerstoff zugeführt, wie für die Verbrennung des Acetylens notwendig ist. Sie ist zum Schweißen von Stählen einzustellen.

Eine Flamme mit Sauerstoffüberschuss wird zum Schweißen von Kupfer-Zink-Legierungen (Messing) verwendet, um eine Zinkausdampfung zu verhindern. Das entstehende Zinkoxid hat eine toxische Wirkung und kann zu Zinkrauchfieber führen.

Schweiß-einsatz Größe	Nennbereich (Werkstoffdicke für Stahl) in mm	Sauerstoffdruck in bar	Sauerstoffverbrauch = Acetylenverbrauch in l/h (bei 1 bar)
1	0,5 bis 1	2,5	ca. 80
2	1 bis 2	2,5	ca. 160
3	2 bis 4	2,5	ca. 315
4	4 bis 6	2,5	ca. 500
5	6 bis 9	2,5	ca. 800
6	9 bis 14	2,5	ca. 1 250

Flamme mit neutraler Einstellung

Flamme mit Sauerstoffüberschuss

4. Schweißzusatzwerkstoff

Der Schweißzusatzwerkstoff muss entsprechend dem zu verschweißenden Grundwerkstoff ausgewählt werden. Für die Ausführung von Gasschmelzschweißarbeiten an unlegierten und niedriglegierten Stählen stehen sieben **Schweißstabklassen** zur Auswahl.
Am häufigsten werden Schweißstäbe der Klassen O III und O IV verwendet.

Grundwerkstoffe	Schweißstabklassen					
	OI	OII	OIII	OIV	OV	OVI
...S235	x	x	x	x		
...S275JR		x	x	x		
...S355JR			x	x		
16Mo3				x		
13CrMo4-5					x	
10CrMo9-10						x

Zuordnung der Schweißstabklassen zum Grundwerkstoff

Der **Schweißstabdurchmesser** wird in Abhängigkeit von der Dicke des zu verschweißenden Blechs gewählt. Bevorzugt werden Schweißstäbe mit den Durchmessern 2; 2,5; 3; 4 und 5 mm benutzt.
Die Oberfläche der Stäbe muss frei von Rost, Fett und anderen Verunreinigungen sein. Meist sind die Stäbe zum Korrosionsschutz verkupfert.

5. Bestimmung des Arbeitsverfahrens

Beim Gasschmelzschweißen wird nach zwei Verfahren gearbeitet, dem Nach-Links-Schweißen (NL bis etwa $t = 3$ mm) und dem Nach-Rechts-Schweißen (NR ab etwa $t = 3$ mm).

Nach-Links-Schweißen   Nach-Rechts-Schweißen

6. Auswahl der Arbeitsgrößen beim Gasschmelzschweißen

Zur fachgerechten Durchführung sind der Schweißeinsatz, der Schweißzusatzwerkstoff und das Arbeitsverfahren auszuwählen sowie die Schweißflamme einzustellen.

Beispiel für die Auswahl und Festlegung der Arbeitsgrößen beim Gasschmelzschweißen

Arbeitsauftrag:

Zwei Bleche aus Baustahl S275JR von 3 mm Dicke sind zu verschweißen.
Zu bestimmen sind:
Schweißeinsatz des Schweißbrenners, Schweißstabklasse, Arbeitsverfahren und Einstellung der Schweißflamme.

Lösungen:

Schweißeinsatz

Schweiß-einsatz Größe	Nennbereich (Werkstoffdicke für Stahl) in mm	Sauerstoffverbrauch = Acetylenverbrauch in l/h (bei 1 bar)
1	0,5 bis 1	ca. 80
2	1 bis 2	ca. 160
3	2 bis 4	ca. 315
4	4 bis 6	ca. 500
5	6 bis 9	ca. 800

Arbeitsverfahren
Ab 3 mm Dicke:
Nach-Rechts-Schweißen (NR)

Schweißstabklasse

Grundwerkstoffe	Schweißstabklassen				
	OI	OII	OIII	OIV	OV
...S235	x	x	x	x	
...S275JR		x	x	x	
...S355JR			x	x	
16Mo3				x	
13CrMo4-5					x

Einstellung der Schweißflamme
Schweißen von Stahl:
neutrale Flamme,
Acetylen : Sauerstoff = 1 : 1

---

7. Regeln für das Gasschmelzschweißen von Stahl:

Hinweis

- Der Schweißeinsatz des Brenners ist entsprechend der Werkstückdicke zu wählen.
- Die Schweißflamme ist neutral einzustellen.
- Die Spitze des Leuchtkegels darf das Schweißbad und den Schweißdraht nicht berühren.
- Der Brenner muss in einem günstigen Winkel zum Werkstück gehalten werden: anfangs steil, später stärker zur Naht hin geneigt.
- Der Schweißdraht muss ins Schweißbad eintauchen, er darf nicht tropfen und nicht „kleben".
- Längere Schweißstöße sind zunächst zu heften.

Fertigungstechnik

15.6.2 Lichtbogenschmelzschweißen

1. Verfahren des Lichtbogenschmelzschweißens

Lichtbogenschmelzschweißverfahren haben in der Fügetechnik besondere Bedeutung. Die gängigen Verfahren in den Bereichen Werkstattfertigung, Instandhaltung und Montage sind:

Lichtbogenhandschweißen	Metall-Schutzgasschweißen	Wolfram-Schutzgasschweißen

Beim Lichtbogenschmelzschweißen wird mithilfe des elektrischen Stroms durch die Wirkung eines Lichtbogens die Schweißtemperatur erzeugt. Dabei bilden während des Schweißvorgangs die Spannungsquelle, der Lichtbogen und das Werkstück einen Stromkreis.

2. Stromfluss im Lichtbogen

Wenn beim Heranführen der Elektrode an das Werkstück der Abstand genügend klein ist oder gar ein Kurzschluss herbeigeführt wurde, zündet der Lichtbogen. Wird nun die Elektrode abgehoben, so bleibt der Lichtbogen über eine gewisse Länge erhalten, denn Atome der Umgebung werden in elektrisch positiv geladene Ionen und Elektronen aufgespalten und ermöglichen die bessere Leitung. Sie findet im violett leuchtenden Kern des Lichtbogens statt.

> **!** Durch Spaltung von Atomen entstehen im Lichtbogen Ionen und Elektronen. Diese Ladungsträger ermöglichen den Stromfluss.

Die Elektronen werden im Lichtbogen besonders hoch beschleunigt und geben beim Auftreffen auf den positiven Pol dort ihre Energie ab. Darum ist beim Schweißen mit Gleichstrom die Temperatur am Pluspol etwa 600 Grad höher als am Minuspol. Beim Schweißen mit Wechselstrom sind die Temperaturen an beiden Ausgangspunkten des Lichtbogens gleich.

Der Lichtbogen brennt beim Schweißen mit Gleichstrom außerdem ruhiger als beim Schweißen mit Wechselstrom.

> **!** Beim Schweißen mit Gleichstrom ist der Pluspol heißer.

3. Schweißstromquellen

Moderne Schweißstromquellen sind mit einer Leistungselektronik ausgerüstet, die Stromstärke und Spannung genau den Erfordernissen angepasst. Man nennt diese Stromquellen **Inverter-Stromquellen** oder auch primär getaktete Stromquellen. Sie sind für alle Schweißverfahren einsetzbar.

Beispiel für das Prinzip des Schweiß-Inverters

Primär-gleichrichter	Transistor-stufe	Trans-formator	Sekundär-gleichrichter	Glättungs-drossel
Netz-spannung AC 50/60 Hz	Wechselstrom AC wird in Gleichstrom DC umgeformt	Leistungshalbleiter zerhacken Gleichstrom auf die Taktfrequenz von 20 kHz bis 100 kHz	Transformator stellt die Spannung auf die niedrigere Schweißspannung (AC) ein	Schweißstrom wird gleichgerichtet	Schwankungen im Gleichstrom werden ausgeglichen

Ergebnis: Gleichstrom (DC) mit exakt abgestimmten Daten
– niedrige Spannung (U)
– hohe Stromstärke (I)

Schweißstromquellen mit Inverter-Technologie haben u. a. folgende Vorteile gegenüber bisherigen Schweißstromquellen:

Besserer Wirkungsgrad (> 0,9), bessere Regelung stark dynamischer Schweißprozesse, geringeres Gewicht aufgrund sehr kleiner Transformatoren, entsprechende Software schafft die Möglichkeit der Wiederholbarkeit von Schweißprozessen, Bedienungskomfort – nur wenige Parameter müssen eingestellt werden, unempfindlicher gegen Staub, Schmutz und Sturz bzw. Schlag.

Durch die Zusatzfunktionen *Hot-Start-, Anti-Stick-* und *Arc-Force-Steuerung* können weitere positive Auswirkungen auf den Schweißprozess erfolgen.

Die Zusatzfunktion *Hot-Start* sorgt für perfektes Zünden der Elektrode. Eine kurzfristige Überlagerung des eingestellten Schweißstroms (ca. 30 %) bewirkt ein sofortiges Zünden.

Die Zusatzfunktion *Anti-Stick* reduziert den Zündstrom auf 20 A, wenn die normale Zündzeit überschritten wird. Diese Funktion verhindert z. B. das Ankleben der Elektrode beim Zünden und das Abreißen des Lichtbogens bei zu kurzem Lichtbogen.

Die Zusatzfunktion *Arc-Force-Steuerung* kann die Lichtbogenlänge nahezu konstant halten. Es erfolgt eine automatische Nachregelung des eingestellten Stroms. Ein ruhiger und gleichmäßiger Lichtbogen und eine gleichmäßige Nahtschuppung sind die Folge.

Beispiel für einen Schweiß-Inverter

Die Bedienung des Schweiß-Inverters erfolgt in folgenden Schritten:
1. Verfahren wählen (hier: Lichtbogenhandschweißen oder WIG-Schweißen)
2. Betriebsart wählen (Betriebsart 1:2-Takt für kurzes Heften und kurze Nähte: Betriebsart 2:4-Takt für Dauerschweißung bzw. lange Nähte)
3. Schweißstrom einstellen (je nach Verfahren, Position, Schweißzusatz u. a.)

> **!** Schweißstromquellen mit Inverter-Technologie regeln den Schweißstrom entsprechend den augenblicklichen Anforderungen. Dadurch entsteht zu jeder Zeit ein ruhiger und gleichmäßiger Lichtbogen und die Schweißnaht zeigt eine gleichmäßige Schuppung.

Übungsaufgabe 15/91

Fertigungstechnik

Zur Erzielung einer gleichmäßigen Schweißnaht ist eine gleich bleibende Stromstärke in jeder Phase des Schweißablaufs erforderlich.

4. Lichtbogenkennlinie

Die Schweißspannung bewirkt, dass durch den Widerstand des Lichtbogens der Schweißstrom fließt. Der elektrische Widerstand des Lichtbogens wächst mit seiner Länge.

Eine steigende Spannung lässt durch einen Lichtbogen mit konstanter Länge einen höheren Strom fließen. Dieser Zusammenhang zwischen Spannung und Strom bei verschiedenen Lichtbogenlängen wird durch Lichtbogenkennlinien dargestellt.

Lichtbogenkennlinien

> **!** Lichtbogenkennlinien kennzeichnen den Zusammenhang zwischen Spannung und Strom eines Lichtbogens.

5. Stromquellenkennlinien

Die Schweißstromquelle liefert unter Belastung den Schweißstrom in Abhängigkeit von der Schweißspannung. Diesen Zusammenhang stellt man in einer Stromquellenkennlinie dar. Durch elektrische bzw. elektronische Schaltungen lassen sich verschiedene Kennlinienformen erzeugen.

Für die verschiedenen Schweißverfahren werden Schweißstromquellen mit unterschiedlichen Stromquellenkennlinien eingesetzt. Den Schnittpunkt zwischen der jeweils eingestellten Stromquellenkennlinie und der Lichtbogenkennlinie nennt man den **Arbeitspunkt**.

Stromquellen mit steil fallender Kennlinie haben nur geringe Stromstärkenänderungen ΔI bei einer Änderung der Lichtbogenlänge.

Deswegen eignen sich Stromquellen mit steil fallender Kennlinie besonders zum Lichtbogenhandschweißen und zum Wolfram-Schutzgasschweißen, weil der Schweißende den Lichtbogen nicht ständig auf gleicher Länge halten kann.

Gerätesymbol: ⌐

Schweißstromänderung bei steil fallender Stromquellenkennlinie

> **!** Für das Lichtbogenhandschweißen und das Wolfram-Schutzgasschweißen sind Schweißstromquellen mit steil fallender Kennlinie besonders geeignet.

Beim Metall-Schutzgasschweißen werden meist Stromquellen mit flach fallender Kennlinie (Konstantspannungskennlinie) eingesetzt.

Wird bei diesen Stromquellen beim Schweißen der Lichtbogen kürzer, so steigt der Strom stark an. Dadurch schmilzt *mehr* Werkstoff von der mechanisch gleichmäßig zugeführten Drahtelektrode ab, sodass der Lichtbogen wieder länger wird. Die Lichtbogenlänge regelt sich dadurch *selbsttätig* (innere Regelung).

Gerätesymbol: ⌐

Schweißstromänderung bei flach fallender Stromquellenkennlinie

> **!** Zum Metallschutzgasschweißen sind Stromquellen mit flach fallender Kennlinie wegen der selbsttätigen Regelung der Lichtbogenlänge besonders geeignet.

Fertigungsverfahren des Fügens

15.6.2.1 Lichtbogenhandschweißen, Kennziffer 111

Beim Lichtbogenhandschweißen brennt der Lichtbogen zwischen einer abschmelzenden Elektrode und dem Werkstück. Lichtbogen und Schmelzbad werden vor dem Zutritt der Atmosphäre nur durch Gase und Schlacken abgeschirmt, die von der Elektrode stammen.

Zur einwandfreien Durchführung einer Lichtbogenhandschweißung muss der Schweißer die folgenden Hilfsmittel sachgerecht auswählen bzw. einstellen:
- Schweißstromquelle,
- Schweißelektrode,
- Schweißstromstärke,
- Arbeitstechnik.

Lichtbogenhandschweißen

1. Wahl der Schweißstromquelle

Als Schweißstromquellen beim Lichtbogenhandschweißen kommen je nach Schweißaufgabe, Güteanforderungen und Fertigungsbedingungen Schweißtransformatoren, Schweißgleichrichter oder Schweißumformer mit *steil fallender Kennlinie* zum Einsatz.

> ❗ Schweißstromquellen zum Lichtbogenhandschweißen müssen steil fallende Kennlinien aufweisen.

2. Wahl der Schweißelektrode

Bei der Auswahl der Elektroden sind folgende Gesichtspunkte zu berücksichtigen:
- Werkstoff der zu verbindenden Bauteile,
- Materialdicke,
- Art des Schweißstroms,
- Schweißpositionen.

– Elektrodenwerkstoff

Der metallische Werkstoff der Elektrode muss etwa die gleiche Zusammensetzung haben wie der Werkstoff der zu verbindenden Bauteile.

– Kernstabdurchmesser

Der Kernstabdurchmesser der Elektrode richtet sich nach der Dicke der zu fügenden Bauteile. Für Werkstücke bis 4 mm Dicke wählt man den Elektrodendurchmesser gleich der Materialdicke.
Bei dickeren Werkstücken nimmt der Elektrodendurchmesser nicht in gleichem Maße zu. Große Schweißnahtquerschnitte werden in mehreren Lagen geschweißt.

Einsatz der verschiedenen Elektrodendurchmesser

– Umhüllung
Aufgabe der Umhüllung

Die Umhüllung erfüllt beim Schweißvorgang folgende Aufgaben:
- Schutz der Schweißstelle vor Lufteintritt durch Bildung einer Gashülle,
- Bildung einer Schlacke: Schlacke nimmt Verunreinigungen aus der Schmelze auf, schützt die Schweißnaht vor zu schneller Abkühlung und verhindert Lufteintritt,
- Stabilisierung des Lichtbogens durch zusätzliche Ladungsträger,
- Ersetzen oxidierter Elemente, wie z. B. C, Mn.

Aufgaben der Umhüllung

Übungsaufgaben 15/94; 15/95

Fertigungstechnik

Die **Umhüllungsdicke** beeinflusst die Schweißeigenschaften. Je dicker die Umhüllung ist, desto feintropfiger wird der Werkstoffübergang. Dadurch werden das Nahtaussehen gleichmäßiger und die Einbrandtiefe erhöht.

Einfluss der Umhüllungsdicke bei Stabelektroden

Umhüllungs-durchmesser D	Werkstoff-übergang	Spaltüberbrück-barkeit	Nahtaussehen	Einbrandtiefe
dünn — D bis 1,2 · d				
D über 1,2 bis 1,55 · d				
dick — D über 1,55 · d				

> **!** Zunehmende Umhüllungsdicke bewirkt:
> • feintropfigeren Werkstoffübergang, • gleichmäßigeres Nahtaussehen, • größere Einbrandtiefe.

Nach der Zusammensetzung der Umhüllung unterscheidet man nach DIN EN ISO 2560 folgende Grundtypen:
- sauer umhüllte Stabelektrode (z. B. SiO_2-, Fe_3O_4-haltig): Umhüllungstyp **A**
- rutil umhüllte Stabelektrode (TiO_2-haltig): Umhüllungstyp **R**
- basisch umhüllte Stabelektrode ($CaCO_3$-, MgO- und CaF_2-haltig): Umhüllungstyp **B**
- zellulose-umhüllte Stabelektrode: Umhüllungstyp **C**

Darüber hinaus sind Mischtypen, z. B. **AR** = rutil- und sauer umhüllt, gebräuchlich.
Elektroden mit Celluloseumhüllung werden hauptsächlich zum Fallnahtschweißen verwendet.

Die verschiedenen Umhüllungstypen führen zu unterschiedlichen Schweißeigenschaften:

Umhüllungstyp (dick umhüllt)	Schlackeneigenschaften		Tropfen-übergang	Positions-verschweiß-barkeit	mechanische Kennwerte des Schweißguts
	Erstarrungs-intervall	Entfern-barkeit			
sauer A	groß	platzt ab	feintropfig bis sprühregenartig	schlecht in Zwangslagen	mittel
rutil R	mittel	gut	mittel- bis feintropfig	alle Positionen	gut
basisch B	klein	schlecht	mittel- bis grobtropfig	alle Positionen	sehr gut

> **!** Die Zusammensetzung der Umhüllung beeinflusst Schlackeneigenschaften und Tropfenübergang und wirkt sich auf die Positionsverschweißbarkeit der Elektrode sowie auf die mechanischen Kennwerte des Schweißguts aus.

Fertigungsverfahren des Fügens

Beispiel für die Benennung einer Stabelektrode nach DIN EN ISO 2560

Dehnungseigenschaften

	Mindeststreck-grenze (N/mm²)	Zugfestigkeit (N/mm²)	Mindestbruch-dehnung (%)
35	355	440–570	22
38	380	470–600	20
42	420	500–640	20
46	460	530–680	20
50	500	560–720	18

Umhüllungstyp

	Umhüllung
A	sauer
C	zellulose
R	rutil
RR	dick rutil
RC	rutilzellulose
RA	rutilsauer
RB	rutilbasisch
B	basisch

Wasserstoffgehalt

	max. Wasserstoffgehalt (ml/100 g)
H5	5
H10	10
H15	15

E 42 2 B 4 2 H10

Stabelektrode

Basische Universalelektrode für alle Positionen (außer Fallnähte), für un- und niedriglegierte Stähle, mitteltropfig, Spezialumhüllung mit verzögerter Feuchtigkeitsaufnahme

Kerbschlagarbeit

	Temperatur für Mindestkerbschlagarbeit 47 J
Z	keine Anforderungen
A	+20 °C
0	0 °C
2	−20 °C
3	−30 °C
4	−40 °C
5	−50 °C
6	−60 °C

Ausbringung und Stromart

	Ausbringung (%)	Stromart
1	≤ 105	Wechsel- und Gleichstrom
2		Gleichstrom
3	> 105 und ≤ 125	Wechsel- und Gleichstrom
4	> 105 und ≤ 125	Gleichstrom
5	> 125 und ≤ 160	Wechsel- und Gleichstrom
6	> 125 und ≤ 160	Gleichstrom
7	> 160	Wechsel- und Gleichstrom
3	> 160	Gleichstrom

Schweißposition

1	alle Positionen
2	alle Positionen außer Fallnaht
3	Stumpfnaht in Pos. PA, Kehlnaht in Pos. PA u. PB
4	Stumpfnaht in Pos. PA, Kehlnaht in Pos. PA
5	Stumpfnaht in Pos. PA u. PG, Kehlnaht in Pos. PA, PB u. PG

1. Wahl der Schweißstromstärke

Die einzustellende Schweißstromstärke wird nach dem Kernstabdurchmesser festgelegt.
Als Richtwert für die benötigte Stromstärke kann man etwa 40 Ampere je Millimeter Elektrodendurchmesser annehmen.
Jeder Hersteller gibt für seine Elektroden den geeigneten Schweißstrombereich an.

2. Arbeitstechnik beim Lichtbogenhandschweißen

Beim Lichtbogenhandschweißen wird die Elektrode senkrecht oder leicht schräg angestellt und in Schweißrichtung geneigt. Sie soll dabei eine leicht pendelnde Bewegung ausführen. Die Lichtbogenlänge soll etwa dem Kernstabdurchmesser entsprechen. Am Ende der Schweißnaht wird der Lichtbogen in Richtung der Schweißfuge geschleppt, bis er abreißt. Dadurch wird Einbrand vermieden.

Beim Schweißen mit Gleichstrom muss die **Blaswirkung** beachtet werden. Blaswirkung entsteht durch das Magnetfeld, das sich um einen stromdurchflossenen Leiter ausbildet und dort besonders stark ist, wo Feldlinien gebündelt werden. Der Lichtbogen wird dabei
- vom Stromanschluss weggedrückt,
- zu großen Stahlmassen hingelenkt,
- an Kanten nach innen gezogen.

Entsprechendes Neigen der Elektrode, Verlegen des Masseanschlusses und Zulegen anderer Stahlmassen sollen die Blaswirkung auf das Schweißbad richten.

Übungsaufgabe 15/99

Fertigungstechnik

15.6.2.2 Schutzgasschweißen

Beim Schutzgasschweißen wird die Schweißstelle durch Schutzgase vor schädlichem Luftzutritt abgeschirmt.

Als Schutzgase werden einerseits Edelgase, z. B. Argon und Helium, verwendet. Diese Gase sind als Schutzgase besonders geeignet, weil sie keine chemischen Verbindungen mit dem Schweißgut eingehen. Diese chemisch nicht reagierenden Gase werden als „**inerte**" Gase bezeichnet.

Zum anderen werden Kohlendioxid, Wasserstoff, Stickstoff und Gemische dieser Gase mit Edelgasen verwendet. Diese Gase können chemisch mit anderen Stoffen reagieren. Man bezeichnet sie deshalb als „**aktive**" Gase. Diese aktiven Schutzgase können oxidierend auf die Schweißstelle wirken.

Art der Schutzgase
- **Inerte Gase**: Argon, Helium
- **Aktive Gase**: Kohlendioxid, Stickstoff
- **Mischgase**: Gemische aus Argon + Kohlendioxid

> **!** Schutzgase schirmen die Schweißstelle vor Luftzutritt ab.
> Als Schutzgase verwendet man inerte Gase und aktive Gase.

Beim Schutzgasschweißen kann der Lichtbogen entweder zwischen
- einer abschmelzenden Metallelektrode und dem Werkstück oder
- einer nicht abschmelzenden Wolframelektrode und dem Werkstück brennen.

Art der Elektrode
- **Abschmelzende Metallelektrode**
- **Nicht abschmelzende Wolframelektrode**

Je nach verwendeter Elektrode und zugeführter Gasart unterscheidet man mehrere Schutzgasschweißverfahren.

Metall-Schutzgasschweißen		Wolfram-Schutzgasschweißen
Merkmale: Der Lichtbogen brennt zwischen der abschmelzenden Metallelektrode und dem Werkstück. Die abschmelzende Elektrode liefert den Zusatzwerkstoff zur Bildung der Schweißnaht.		**Merkmale:** Der Lichtbogen brennt zwischen der nicht abschmelzenden Wolframelektrode und dem Werkstück. Schweißzusatzwerkstoffe werden stromlos zugeführt.
Als Schutzgas werden meist inerte Gase wie Argon, seltener Helium, eingesetzt.	Als Schutzgas werden aktive Gase wie Kohlendioxid, Stickstoff sowie Mischgase verwendet.	Als Schutzgas werden meist inerte Gase wie Argon, seltener Helium, verwendet.
Metall-Inert-Gas-Verfahren **MIG**-Verfahren	**Metall-Aktiv-Gas-Verfahren** **MAG**-Verfahren	**Wolfram-Inert-Gas-Verfahren** **WIG**-Verfahren

Fertigungsverfahren des Fügens

15.6.2.3 Metallschutzgasschweißen (MSG), Kennziffer 13

Beim Metall-Schutzgasschweißen brennt der Lichtbogen innerhalb einer Schutzgasglocke zwischen einer abschmelzenden Elektrode und dem Werkstück. Nach der Art der Schutzgase unterscheidet man die Verfahren
- Inerte Schutzgase → **MIG**-Schweißen (**M**etall-**I**nertgas-**S**chweißen, Kennziffer 131),
- Aktive Schutzgase → **MAG**-Schweißen (**M**etall-**A**ktivgas-**S**chweißen, Kennziffer 135).

Beispiel für eine Metall-Schutzgasschweißanlage

Bei beiden Verfahren, MIG- oder MAG-Schweißen, wird die Drahtelektrode mit eingestellter, gleich bleibender Geschwindigkeit von der Drahtfördereinrichtung transportiert.

Das Metall-Schutzgasschweißen ist bei Werkstückdicken ab 1 mm zum Verbindungsschweißen in allen Positionen sowie zum Auftragsschweißen einsetzbar. Es ist besonders wirtschaftlich wegen seiner hohen Abschmelzleistung und der Möglichkeit zur Mechanisierung.

Zur einwandfreien Durchführung einer Metall-Schutzgasschweißung muss der Industriemechaniker bzw. die Industriemechanikerin die folgenden Hilfsmittel sachgerecht auswählen bzw. einstellen:
- Schweißstromquelle und Schweißstromkennlinie,
- Spannungs- und Stromwerte,
- Schweißzusatzwerkstoff,
- Schutzgas.

1. Auswahl der Schweißstromquellen

Beim Metall-Schutzgasschweißen kommen hauptsächlich Gleichstromquellen zum Einsatz. Die abschmelzende *Drahtelektrode* wird dabei *positiv* gepolt. Die Stromquelle für das MIG/MAG-Schweißen arbeitet mit nahezu konstanter Kennlinie. Der *Vorschub* für die Drahtelektrode erfolgt mit *konstanter* Geschwindigkeit.

Beim Schweißen passt sich die Lichtbogenlänge selbsttätig an. Bei länger oder kürzer werdendem Lichtbogen ändern sich Schweißspannung und Schweißstrom. Es wird dann mehr oder weniger Schweißdraht abgeschmolzen.

Prinzip der inneren Regelung

! Beim Metall-Schutzgasschweißen werden Gleichstromquellen (z. B. Schweiß-Inverter) mit nahezu konstanter Kennlinie eingesetzt. Die Lichtbogenlänge regelt sich selbsttätig (innere Regelung).

Fertigungstechnik

Schweißinverter zum MIG-MAG-Schweißen können auch mit einem **Impulslichtbogen** arbeiten. Die Pulstechnik war bislang im Wesentlichen im Aluminium- und Edelstahl-Sektor sowie in der automatisierten Fertigung anzutreffen. Inzwischen ist der Impulslichtbogen aber auch in der Werkstatt bei Stahlschweißungen beherrschbar. Die geringe Nachbereitung der Schweißnähte und die hohe Nahtqualität sind Vorteile des Impulslichtbogens.

Beim Impulslichtbogen wird dem Grundstrom (Gleichstrom), der mindestens so hoch sein muss, dass der Lichtbogen nicht erlischt, ein *Stromimpuls* überlagert. Der Grundstrom hält das Schweißbad flüssig, und der Stromanstieg bei jedem Impuls bewirkt jeweils den Übergang eines Tropfens in das Schweißbad. Übliche Impulsfrequenzen sind 25, 33 1/3, 50 und 100 Hertz. Eine Steigerung der Abschmelzleistung lässt sich durch den gezielten Übergang mehrerer Tropfen pro Impuls erreichen (Speed Pulse). Als Schutzgase werden inerte und argonreiche Mischgase verwendet.

Tropfenübergang beim Impulslichtbogen

Vorteile des Impuls-Lichtbogenschweißens sind:
- genaue Einstellung der abschmelzenden Metallmenge (dünne Bleche – niedrige Frequenz),
- geringe Wärmeeinbringung in die Umgebung der Schweißnaht,
- Einsatz dickerer Elektroden, die billiger und leichter förderbar sind,
- spritzarmer Tropfenübergang.

> ! Beim Schweißen mit Impuls-Schweißstromquellen wird durch die Stromimpulse ein im Rhythmus der Impulsfrequenz gesteuerter Tropfenübergang erreicht.

2. Auswahl der Drahtelektrode

Die Schweißzusatzwerkstoffe werden dem zu verschweißenden Grundwerkstoff angepasst. Je nach der chemischen Zusammensetzung unterscheidet man z. B. die Schweißzusatztypen **G2S1**; **G3S1**; **G4S1** sowie spezielle, dem Grundwerkstoff angepasste Schweißzusätze (z. B. SG CrMo5).

Der Schweißzusatztyp wird bei der Bezeichnung einer Drahtelektrode angegeben.

Die Auswahl des Drahtelektrodendurchmessers erfolgt nach der Dicke der zu verschweißenden Bauteile. Besonders häufig werden Drähte mit den Durchmessern 0,8 mm, 1,0 mm und 1,2 mm angewendet.

Entsprechend dem Durchmesser wird die Stromstärke eingestellt.

Die Drähte sind verkupfert. Dadurch erreicht man nicht nur besseren Korrosionsschutz, sondern auch bessere Gleitfähigkeit in der Drahtvorschubeinrichtung und einen besseren Stromübergang.

Drahtelektrodentypen

Kurz-zeichen	Chemische Zusammensetzung		
	C in %	Si in %	Mn in %
G2S1	0,06–0,14	0,5–0,8	0,9–1,3
G3S1	0,06–0,14	0,7–1,0	1,3–1,6
G4S1	0,06–0,14	0,8–1,2	1,6–1,9

Auswahl von Drahtelektrodendurchmesser und Stromstärke

Werkstückdicke in mm	bis 1	1 bis 7	7 bis 15
Genormter Drahtelektroden-durchmesser in mm	0,8	1,0	1,2
Empfohlene Stromstärke in A	bis 140	bis 220	bis 300

> ! Die Auswahl der Drahtelektroden erfolgt entsprechend dem zu fügenden Grundwerkstoff und der Schweißnahtdicke.

3. Auswahl der Schutzgase

Als Schutzgase verwendet man je nach Schweißaufgabe drei verschiedene Arten von Gasen:
- *Inerte Gase*, dies sind die Edelgase Argon und Helium, die chemisch nicht reagieren,
- *Aktivgase*, dies ist vor allem Kohlendioxid, das chemisch reaktionsfähig ist,
- *Mischgase*, dies sind Gemische aus aktiven und inerten Gasen.

Nichteisenmetalle werden unter Einsatz inerter Gase verschweißt. Zum Schweißen von Stählen werden Aktivgase und Mischgase eingesetzt.
Die Mischgase werden je nach Oxidationsgrad in drei Gruppen unterteilt Ar/O_2; Ar/CO_2; $Ar/CO_2/O_2$.

Zuordnung der Schutzgase zu Schweißverfahren und zu verschweißendem Werkstoff

Zu verschweißender Werkstoff		Schutzgase		Gruppe		Schweißverfahren
NE-Metalle		Ar, He, Mischgas Ar/He		I		MIG
Stähle	hochlegiert	Mischgase:	Ar/O_2	M 1	steigende Oxidationswirkung	MAG M (1–3)
	unlegiert und niedriglegiert	Mischgase:	Ar/CO_2 $Ar/CO_2/O_2$	M 2 M 3		
Stähle	unlegiert und niedriglegiert	CO_2		C1		MAG C

4. Werkstoffübergang

Je nach Einstelldaten und Wahl des Schutzgases unterscheidet man vier Lichtbogenformen:
- Kurzlichtbogen,   • Langlichtbogen,   • Sprühlichtbogen,   • Impulslichtbogen.

Diese Lichtbogenformen ergeben unterschiedliche Ausbildung des Tropfenübergangs und damit des Anwendungsbereichs.

Formen des Werkstoffübergangs

Lichtbogenform	Kurzlichtbogen	Langlichtbogen	Sprühlichtbogen	Impulslichtbogen
Prinzip				
Schutzgas	Mischgase	CO_2	Argon oder Argon + CO_2	Argon oder argonreiche Mischgase
Verfahren	MAG	MAG	MIG oder MAG	MIG oder MAG
Tropfenübergang	feintropfig im Kurzschluss	grobtropfig nicht kurzschlussfrei	feinsttropfig kurzschlussfrei	impulsgesteuerter Tropfenübergang
Stromstärke Spannung für $d^{3)} = 1$ mm	70 A bis 160 A 16 V bis 19 V	180 A bis 250 A 24 V bis 30 V	180 A bis 250 A 24 V bis 30 V	–
Anwendung	Dünnbleche, mittlere und dicke Bleche in Zwangslagen	Positionen PA[1)] und PB[2)] mittlere und dicke Bleche	Positionen PA[1)] und PB[2)] mittlere und dicke Bleche	Zwangslagen, dünne Bleche mit dicken Drähten

[1] PA Wannenlage   [2] PB Horizontallage   [3] Drahtdurchmesser

Fertigungstechnik

15.6.2.4 Wolfram-Inertgas-Schweißen (WIG), Kennziffer 141

Beim Wolfram-Inertgas-Schweißen (WIG) brennt der Lichtbogen zwischen einer *nicht abschmelzenden* Wolframelektrode und dem Werkstück im Schutz eines Inertgases. Das Schutzgas verhindert eine Oxidation der Wolframelektrode und schützt das Schweißgut vor Einflüssen aus der Luft.
Der Schweißdraht wird nicht vom Strom durchflossen.

Beispiel für eine Wolfram-Inertgas-Schweißanlage

Das wirtschaftliche Einsatzgebiet für dieses Schweißverfahren liegt bei Werkstückdicken zwischen 0,5 mm und 4 mm.

Das Verfahren ist als Verbindungsschweißen geeignet für
- Schweißungen in allen Schweißpositionen,
- unlegierte, niedriglegierte und hochlegierte Stahlsorten,
- Nichteisenmetalle.

Schweißprobleme, z.B. das Schweißen sehr dünner, hochlegierter Stahlbleche, die sich schwer mit den üblichen Verfahren lösen lassen, sind am ehesten mit dem WIG-Verfahren zu bewältigen.
Die Schweißgeschwindigkeit ist relativ gering, die Qualität der Schweißnaht im Allgemeinen sehr gut. Deshalb wird das WIG-Verfahren auch häufig zum Schweißen von Wurzellagen eingesetzt. Bei den *Zwischen- und Decklagen* werden dann leistungsfähigere Schweißverfahren angewendet.

> **!** Mit dem WIG-Schweißverfahren lassen sich schwierig zu fügende metallische Werkstoffe verschweißen. Hohe Abschmelzleistungen sind mit dem WIG-Schweißen nicht zu erzielen.

1. Auswahl der Schweißstromart
Die anzuwendende Stromart ist werkstoffabhängig. Überwiegend wird mit Gleichstrom geschweißt. Da am Minuspol bei gleich bleibender Stromstärke eine niedrigere Temperatur auftritt als am Pluspol, wird die Wolframelektrode *negativ* gepolt. Metalle mit hochschmelzenden Oxidschichten, wie zum Beispiel Aluminium, werden mit Wechselstrom geschweißt. Ein Hochleistungszündgerät ermöglicht dabei ein berührungsfreies Zünden des Lichtbogens, und es verhindert beim Wechselstromschweißen das Erlöschen des Lichtbogens, wenn die Spannung auf Null zurückgeht.
WIG-Schweißstromquellen haben eine steil fallende Kennlinie.

> **!** Die Wahl der Stromart – Gleich- oder Wechselstrom – ist werkstoffabhängig.
> Überwiegend wird mit Gleichstrom geschweisst, Metalle mit hochschmelzenden Oxiden schweisst man mit Wechselstrom.

2. Auswahl der Elektroden

Beim WIG-Schweißen werden heute hauptsächlich Wolframelektroden (W) eingesetzt. Wolframelektroden mit Thoriumoxid sind nach Möglichkeit nicht zu verwenden (vgl. DGUV-Information). Thoriumoxid ist ein schwach radioaktiver Werkstoff. Transport, Lagerung und Verarbeitung sind somit für Gesundheit und Umwelt problematisch und damit nur bei Beachtung strenger Vorschriften einsetzbar. Die Hersteller von Wolframelektroden haben allerdings für mindestens gleichwertigen Ersatz gesorgt (z. B. WS2, Wolframelektroden mit Seltenen Erden oder WL20, Wolframelektroden mit Lanthanoxid).

Strombelastbarkeit der Wolframelektrode und Auswahl der Gasdüse

Elektroden- durchmesser in mm	Größe	Gasdüsendurch- messer in mm	Gleichstrom in A	Wechselstrom in A
1,6	4 bis 6	6,5 bis 9,5	70	50 bis 100
2,4	6 bis 8	9,5 bis 12,7	150	100 bis 160
3,2	7 bis 8	11,2 bis 12,7	250	150 bis 210
4,0	8 bis 10	12,7 bis 15,9	400	200 bis 275

Beim WIG-Schweißen nutzen sich auch die Wolframelektroden geringfügig ab. Ursachen dieser Abnutzung sind
- die Wirkungen des Schweißstroms,
- Verunreinigungen infolge Schweißbad- oder Schweißstabberührung.

Die Wolframelektroden werden in der Regel durch Längsanschleifen angespitzt. Die richtige Stromeinstellung ist an der Veränderung der Elektrodenspitze beim Schweißen zu erkennen.
Wird die Spitze der Elektrode durch Berühren mit dem Schweißstab oder dem Schweißbad verunreinigt, so ist dieser Teil der Elektrode vollständig abzuarbeiten, denn die verunreinigten Teile schmelzen ab. Diese abgeschmolzenen Teile wirken später in der Schweißnaht wie Kerben.

	Zünd- und Dauer- schweißeigenschaft	Wolframelektrode WS2	Wolframelektrode WL20
Zündverhalten	Elektrode neuwertig	sehr gut	sehr gut
Zündverhalten	Wiederzündverhalten nach ≥ 30 Minuten Schweißzeit	sehr gut	sehr gut
Zündverhalten	Sicherheit gegen Fehlzündungen	sehr gut	gut
Standzeit	Lichtbogenstabilität[1]	gut	gut
Standzeit	Spitzengeometrie nach Dauerschweißung (1 Stunde Schweißzeit, 3 Unterbrechungen nach jeweils 15 Minuten)	sehr gut	gut

Untersuchungsergebnisse SLV München (Auszug)

3. Auswahl des Schweißzusatzwerkstoffs

Der Schweißzusatzwerkstoff wird entsprechend dem zu verschweißenden Werkstoff ausgewählt. Die Einteilung und Kennzeichnung der Schweißstäbe wird mit den gleichen Kurzzeichen vorgenommen wie bei den übrigen Schutzgasschweißverfahren.

4. Richtwerte für das WIG-Schweißen

Werkstoff	Blechdicke in mm	Schweißstab- durchmesser in mm	Schutzgas- verbrauch in l/min	Stromstärke in A
Aluminium	2,0	2,4	12	130 bis 150
	5,0	3,2	16	250 bis 320
Gusseisen	6,0	5,0	8	150 bis 170
	25,0	6,0	12	310 bis 370
unlegierter Stahl	1,2	1,6	4	100 bis 125
	2,2	1,6	5	140 bis 170
legierter Stahl	1,5	1,6	5	80 bis 120
	5,0	3,2	6	150 bis 275

[1] Kriterien: u. a. Gefügeveränderung, Abbrand, Ablagerung, Kranz-und Bartbildung

Fertigungstechnik

15.6.3 Gefügeänderungen beim Metallschweißen

Beim Schweißen bildet sich in der Schweißnaht ein neues Gefüge. Auch in der Schweißzone verändert sich wegen der örtlich unterschiedlichen Wärmewirkung das Gefüge mehr oder weniger stark. Die Schweißnaht und der aufgeschmolzene Grundwerkstoff bilden ein Gussgefüge.

Die angrenzenden stark erhitzten Zonen haben ein grobkörniges Gefüge, das mit zunehmender Entfernung von der Schweißnaht feinkörniger wird und schließlich in das unbeeinflusste Gefüge des Grundwerkstoffs übergeht.

Jede dieser Gefügezonen hat unterschiedliche Eigenschaften. Besonders Härte und Zähigkeit sind gegenüber dem Grundgefüge stark verändert.

Durch Normalglühen können die durch Schweißen hervorgerufenen Gefügeveränderungen weitgehend beseitigt werden.

Gefügezonen und Eigenschaften einer Schweißnaht

> ! Beim Schweißen treten Gefügeänderungen auf. Besonders Härte und Zähigkeit werden nachteilig verändert. Durch Normalglühen können die Gefügeänderungen weitgehend beseitigt werden.

15.6.4 Fehler beim Metallschweißen

Die Folgen einer nicht sorgfältig ausgeführten Schweißung sind Schweißfehler, die eine Schwächung der Fügestelle zur Folge haben.

Man unterscheidet bei den Schweißfehlern äußere und innere Fehler. Äußere Fehler können durch Sichtprüfung mit dem bloßen Auge, der Lupe oder Anwendung des Farbeindringverfahrens festgestellt werden. Innere Fehler sind an Proben durch zerstörende Prüfverfahren, z. B. Biegeversuch bis zum Bruch, zu erkennen. An fertigen Werkstücken sind sie durch zerstörungsfreie Fehlersuchverfahren, z. B. Röntgenprüfung oder Ultraschallverfahren, zu orten.

Beispiel für Schweißnahtfehler

Äußere Fehler: Risse, Spritzer, Endkraterriss, Nahtüberhöhung, Einbrandkerbe, Zündstelle, Wurzelbindefehler, Wurzelkerbe, Wurzelüberhöhung

Innere Fehler: Schlacken-, Fremdeinschlüsse, Bindefehler, Poren, Gaskanal

Fertigungsverfahren des Fügens

1. Fehler beim Gasschmelzschweißen

Fehler		mögliche Ursachen
Einbrandkerbe		ungenügendes Ausfüllen des Schmelzbads mit Schweißzusatzwerkstoff falsche Brennerneigung, harte Flamme
Poren		Luftsauerstoff im Schmelzbad Unsauberkeiten an Werkstück oder Schweißstab
Bindefehler	einseitig	falsche Brennerhaltung – einseitige Erwärmung zu großer Flammenabstand, weiche Flamme
	Lage	untere Lage nicht aufgeschmolzen Vorlaufen der Schmelze
Wurzelfehler	ungenügend durchgeschweißt	Nahtgrund nicht erfasst, Stabdurchmesser zu groß Stegabstand zu gering
	durchhängend	zu viel Wärme, Schweißgeschwindigkeit zu gering zu steile Brennerhaltung, zu große Schweißdüse
Ansatzfehler („Kaltstellen")		ungenügendes Aufschmelzen der Nahtabschnitte zu geringe Vorwärmung

2. Fehler beim Lichtbogenhandschweißen

Fehler	mögliche Ursachen
Einbrandkerben	zu langer Lichtbogen, Stromstärke zu hoch Elektrode zu dick, falsche Elektrodenführung
Endkraterriss	Elektrode zu schnell weggezogen
Schlackeneinschluss	ungenügendes Entfernen der Schlacke beim Mehrlagenschweißen verunreinigte Fugen, Stromstärke zu gering Lichtbogen zu lang, falsche Elektrodenart Schweißgeschwindigkeit zu groß
Poren	Feuchtigkeit aus der Luft gelangte in das flüssige Schweißgut falscher Umhüllungstyp, ungenügende Trocknung basischer Elektroden
Bindefehler	ungenügendes Aufschmelzen der Flanken bzw. Lagen vorlaufendes Schweißbad, mangelhafte Nahtvorbereitung
Spritzer	Lichtbogen zu lang, Stromstärke zu hoch, Schweißstelle zu feucht
Zündstellen	Zünden außerhalb der Naht

3. Fehler beim Metallschutzgasschweißen

Fehler	mögliche Ursachen
Poren	Schutzgasmenge zu groß oder zu gering Brennerneigung zu flach, Brennerabstand zu groß, Zugluft Gasdüse durch Spritzer verunreinigt, Werkstück verschmutzt
Bindefehler	mangelnde Nahtvorbereitung (kleiner Öffnungswinkel, große Steghöhe, Kantenversatz, überwölbte Raupen) vorlaufendes Schweißbad, fehlerhafte Brennerführung, Stromstärke zu gering

4. Fehler beim Wolfram-Inertgas-Schweißen

Fehler	mögliche Ursachen
Poren	Werkstück verschmutzt, undichte Wasserkühlung zu große oder zu kleine Gasmenge, Zugluft zu kleine Gasdüse, zu großer Brennerabstand
Bindefehler	Nahtöffnungswinkel zu klein, Steghöhe zu groß Stegabstand zu gering, zu schnelles Schweißen ungünstige Schweißraupenanordnung
Endkraterrisse	Schweißstromstärke zu hoch, Schweißgeschwindigkeit zu niedrig Endkrater nicht ausreichend gefüllt
Wolframeinschlüsse	Stromüberlastung der Wolframelektrode Berührung der Elektrode mit Schweißstab oder Schweißbad
Oxideinschlüsse	Fuge nicht metallisch rein, oxidüberzogene Schweißstäbe ungenügendes Bürsten nach jeder Raupe Schweißstab außerhalb der Schutzgasströmung ungenügende Nahtvorbereitung

Übungsaufgaben 15/115 bis 15/118

Fertigungstechnik

15.6.5 Überblick über die Schweißverfahren zum Metallschweißen

Schmelzschweißverfahren (unterteilt nach der Art der Wärmeerzeugung)

Umwandlung chemischer Energie in Wärmeenergie

durch Reaktion fester Brennstoffe miteinander

Thermitschmelzschweißen

Thermitmasse (Al und Fe_2O_3)
$2Al + Fe_2O_3 \longrightarrow Al_2O_3 + 2Fe + Wärme$

Form — zu verbindende Teile

Anwendung: Schweißen von Stahlschienen

durch Reaktion von Brenngasen mit Sauerstoff

Gasschmelzschweißen

Zusatzwerkstoff — Brennstoff und Sauerstoff — Flamme — zu verbindende Teile

Anwendung: Schweißen von Rohren und Dünnblechen

Umwandlung elektrischer Energie in Wärmeenergie

im Lichtbogen

offener Lichtbogen

Lichtbogenschmelzschweißen mit umhüllten Elektroden

Elektrode, Lichtbogen, zu verbindende Teile

Anwendung: Vorwiegend Schweißen niedriglegierter Stähle von Hand im Stahl- und Maschinenbau

Lichtbogenschmelzschweißen mit Schutzgas

Schutzgas, Zusatzwerkstoff, Lichtbogen, zu verbindende Teile

Anwendung: Schweißen hochlegierter Stähle und NE-Metalle

verdeckter Lichtbogen

Lichtbogenschmelzschweißen unter Pulver

Schweißpulverzuführung, Schweißdraht, Schweißpulverabsaugung, Schlacke, Schweiße, Schweißpulver, Spannbacken, Kupferschiene, zu verbindende Teile

Anwendung: Automatisches Verschweißen großer Stahlbleche im Schiffs- und Behälterbau

Lichtbogenschmelzschweißen unter Schiene

zu verbindende Teile, Elektrode, Lichtbogen, Schweißnaht

Anwendung: Auftragsschweißen langer, gerader Schweißnähte z. B. im Schiffsbau

im Plasma

Plasmaschweißen

Behälter mit Metallpulver, Gas, Lichtbogen und Plasma, Auftragsschicht

Anwendung: Auftragsschweißen hochschmelzender Metalle und Metallverbindungen

im Elektronenstrahl

Elektronenstrahlschweißen

Beobachtungsmikroskop, Elektronenstrahl, Vakuumkammer, verschiebbarer Arbeitstisch, zu verbindende Teile

Anwendung: Schweißen gasempfindlicher Werkstoffe im Vakuum

15.6.6 Digitalisierung in der Schweißtechnik

Das Lichtbogenschweißen ist durch die Digitalisierung der Schweißmaschinen und deren Umgebung wesentlich verbessert worden:

- Bei *abnahmepflichtigen Bauteilen*, z. B. im Stahlhochbau oder Brückenbau, die durch Organisationen wie dem TÜV oder dem Germanischen Lloyd geprüft werden, können bessere Qualitätstandards eingehalten und dokumentiert werden. Diese Bauteile von öffentlichem Interesse müssen nachweislich von qualifizierten Schweißern ausgeführt werden.
- Bei *nicht abnahmepflichtigen Bauteilen* kann, z. B. im Schadensfall, die Qualität der Produkte nachgewiesen werden. Die durchführende Firma haftet gemäß Produkthaftungsgesetz.

Digitale Datenübertragung und Dokumentation der gesamten Schweißaufgabe

Die digital geregelten Schweißstromquellen ermöglichen hervorragende Schweißprodukte mit den gängigen Lichtbogen-Schweißverfahren (MIG-, MAG-, WIG- oder Lichtbogenhand-Schweißen).

- Das Schweißergebnis ist gekennzeichnet durch wenig Spritzer, große Gleichmäßigkeit der Naht, geringe Fehlerhäufigkeit und eine schmale Wärmeeinflusszone bei höherer Schweißgeschwindigkeit.
- Eine bessere Qualität und eine ausgezeichnete Reproduzierbarkeit der Schweißnaht sind möglich.
- Die gezielte Wärmeeinbringung bzw. die kleinere Wärmeeinflusszone, z. B. für Dünnblechschweißungen lassen sich realisieren.
- Die Schweißparameter können kundenspezifisch in Programmen gespeichert werden.
- Die Übertragung der Schweißparameter u. a. mittels USB-Stick oder drahtlos (z. B. Tablet, SmartPhone über WLAN) zur Schweißmaschine ist möglich.
- Die Überwachung des Schweißprozesses und ständige Anpassung der Parameter erfolgt ebenfalls drahtlos über WLAN.
- Die lückenlose Dokumentation erzeugter Schweißnähte geschieht bereits während des Prozesses.

Veränderung des Arbeitsplatzes für die Schweißfachkraft: Digitale Eingabe, Kontrolle, Dokumentation der Schweißaufgabe

Darüber hinaus besteht die Möglichkeit über Personal-Managementprogramme, z. B. bei abnahmepflichtigen Bauteilen, vor jeder Schweißung die Qualifikationen der Fachkraft abzufragen

> **Die Digitalisierung hat gegenüber dem konventionellen Lichtbogenschweißen folgende wesentliche Vorteile:**
> - Qualitätssteigerung aufgrund der Gleichmäßigkeit und Reproduzierbarkeit der Schweißnaht bei höheren Schweißgeschwindigkeiten
> - Überwachung des Schweißprozesses und lückenlose Dokumentation der Schweißnähte
> - Möglichkeit der Dünnblechschweißung auf Grund der gezielten Wärmeeinbringung

Fertigungstechnik

Die schweißtechnische Fachkraft muss bei Nutzung digitalisierter Schweißmaschinen die Vorgehensweise anpassen.

Folgende Schritte muss die schweißtechnische Fachkraft durchführen:
- Analyse der Schweißaufgabe (z. B. Auswerten einer technischen Zeichnung; Mindestangaben Werkstück-Werkstoff, Blechdicke, Nahttyp).
- Auswahl einer Schweißanweisung (z. B. WPS = Welding Procedure Spezification), die digital gespeichert ist. Alle kundenspezifischen Schweißanweisungen sind zweckmäßigerweise in einer Cloud gespeichert. Die WPS ist von qualifiziertem Personal erstellt worden.
- Übertragen der geeigneten WPS von einem PC, Tablet oder von einem SmartPhone auf die Schweißmaschine (internetfähig mit WLAN-Modul).
- Durchführen der Schweißaufgabe. Der geeignete Arbeitspunkt ist durch das Programm eingestellt und wird über die Inverter-Technologie reguliert. Ändert sich also die Lichtbogenläge dann korrigiert die Schweißmaschine umgehend die Daten der Kennlinie.
- Überwachen des Schweißprozesses über ein Kontroll-Display. Darüber hinaus wird der gesamte Prozess aufgezeichnet und dokumentiert.

Übertragen der Schweißparameter per Smart Phone

Im Übrigen ist Folgendes möglich:
- wenn notwendig, kann manuell eingegriffen werden,
- bei fehlender Internetverbindung kann über Barcode oder QR-Code die Schweißanweisung auf die Schweißmaschine übertragen werden,
- die Eingabe einer persönlichen Kennziffer stellt sicher, dass die schweißtechnische Fachkraft gültige Zertifikate für die Schweißaufgabe hat.

Beispiel für die Komponenten einer digitalen Schweißmaschine und deren Funktion

Cloudbasierte Erstellung der Schweißprogramme
- nach standardisierter WPS
- nach Kundenwunsch

Speicherstift oder Smart Phone

zur Übertragung

Digitale Schweißstromquelle (Inverter) mit WLAN-Modul für das Lichtbogenschweißen mit
- Speichereinrichtung und
- Verarbeitungseinrichtung (u.a. Software und Anwenderprogramme)

Control Pad für die Schweißfachkraft:
- Wählen der gespeicherten Schweißparameter bzw. Schweißprogrammen
- Überwachen und Dokumentieren des Schweißprozesses

! Die Schweißfachkraft muss im Zuge der Digitalisierung der Schweißtechnik über entsprechende Kenntnisse in der Informationseingabe, -verarbeitung und -auswertung verfügen.

15.6.7 Arbeitsschutzvorschriften beim Schweißen

Bei Schweißarbeiten entstehen Schadstoffe wie Gase, Stäube und Rauch, deren kleinste Partikel (teils kleiner als 0,4 μm) sich in den Lungenbläschen des Schweißers und seiner Mitarbeiter ablagern können und in die Blutbahn geraten. Weitere spezifische Gefährdungspotenziale entstehen aus dem Lärm, der optischen Strahlung (UV-Strahlung), der Wärme und dem elektrischen Strom.

Die berufsgenossenschaftlichen Arbeitsschutzvorschriften nehmen für die Sicherheit und den Gesundheitsschutz den Arbeitgeber und den Arbeitnehmer gemäß dem STOP-Prinzip in die Pflicht. Danach sollen Schutzmaßnahmen in folgenden Bereichen ergriffen werden:

Vorbildlicher Arbeitsplatz

- **S** = **S**ubstitution (Ersetzung), d. h. gefährliche durch ungefährliche Stoffe zu ersetzen.
- **T** = **T**echnik, d. h. Schutzeinrichtungen an Maschinen und Anlagen sind unbedingt einzusetzen.
- **O** = **O**rganisation, d. h. ungefährliche Verfahren sind zu bevorzugen.
- **P** = **P**ersönliche Schutzausrüstung (PSA), d. h. der Arbeitnehmer benutzt ordnungsgemäß die zur Verfügung gestellte Schutzausrüstung.

Das Typenschild der Schweißstromquelle gibt wichtige Hinweise auf Sicherheitsvorschriften.

Beispiel für die Hinweise auf Sicherheitsvorschriften an einer MIG/MAG-Schweißstromquelle

Schweißstromquellen GmbH, Köln
MIG/MAG 243   124-125-003

EN 60974-1 → gemäß DIN EN: Einschaltdauer sowie mechanische und elektrische Sicherheit gewährleistet

	X	40 %	60 %	100 %
U_0 18–35 V	I_2 (A)	243	220	190
	U_2 (V)	26,2	25,0	23,5
	U_1 = 400 V	I_{1max} = 16 A	I_{1eff} = 12 A	

30 A / 15,5 V – 243 A / 26,2 V

S → S = auch unter erhöhter elektrischer Gefährdung einsetzbar

3–50 Hz

IP 23 → Schutzart für Gehäuse: 23 = auch im Freien einsetzbar

Zur Absaugung von Gasen, Rauch und Dämpfen am Arbeitsplatz des Schweißers eignen sich besonders Absauganlagen mit flexiblen Absaugarmen, mit denen die Schadstoffe unmittelbar an der Stelle ihrer Entstehung entfernt werden. Wichtig ist die Wartung dieser Anlagen, besonders der Filterwechsel.

Zur Grundausstattung der persönlichen Schutzausrüstung (PSA) des Schweißers gehören die Kleidung, der Gesichts- und Augenschutz, die Schutzhandschuhe und ggf. Atem- und Gehörschutz.

Beispiel für die persönliche Schutzausrüstung (PSA) beim MIG/MAG-Schweißen

Schutzhelme/Schutzbrillen	Schutz gegen optische Strahlung (u. a. starke UV-Strahlung); Folgen: u. a. Blendung und Verblitzung der Augen, Rötung der Haut MIG/MAG-Schutzstufen (entsprechend dem Verfahren und der Schweißstromstärke) Schutzstufe: 10 | 11 | 12 | 13 | 14 | 15 Stromstärke: 30 100 150 200 100 500 Bezeichnung: *11 X 1* 11 = Schutzstufe; X = Hersteller; 1 = optische Klasse (es gibt drei Klassen, 1 = hohe Anforderungen)
Gehörschutz	Beim MIG/MAG-Schweißen liegt der Geräuschpegel zwischen 90 und 95 dB (A); ab 85 dB sind Maßnahmen zu ergreifen. deshalb: Gehörschutzwatte, Gehörschutzstöpsel, Kapselgehörschutz benutzen!
Schutzkleidung	Flammhemmend, ggf. Lederschürze, Schutzhandschuhe (z. B. Leder), Sicherheitsstiefel (ggf. Schweißer-Gamaschen aus Leder)

Übungsaufgaben 15/120; 15/121

Fertigungstechnik

15.6.8 Kunststoffschweißen

Beim Kunststoffschweißen werden Bauteile aus *thermoplastischem* Kunststoff mit oder ohne Schweißzusatzwerkstoff gefügt.
Man unterscheidet nach der Art der Wärmezufuhr:
- Warmgasschweißen,
- Hochfrequenzschweißen,
- Reibschweißen,
- Heizelementschweißen,
- Ultraschallschweißen,
- Strahlschweißen.

Von diesen Verfahren werden das Warmgasschweißen und das Heizelementschweißen in der handwerklichen Fertigung am häufigsten eingesetzt.

15.6.8.1 Warmgasschweißen

1. Schweißgeräte

Beim Warmgasschweißen werden der Grundwerkstoff und der Zusatzwerkstoff durch erhitzte Luft in den plastischen Zustand überführt und meist unter geringem Druck verbunden. Die Luft wird durch Gasbrenner oder elektrische Heizeinrichtungen erwärmt.

Beispiel für ein Warmgasschweißgerät

Warmgasschweißgerät mit Gasbrenner

2. Warmgastemperaturen beim Schweißen

Die Schweißgeräte sind mit Temperaturregelungen versehen. Die Warmgastemperatur wird entsprechend dem zu verschweißenden Werkstoff gewählt. Die Warmgastemperatur wird zur Kontrolle mit einem Temperaturmessgerät 5 mm vor der Düse gemessen.

Warmgastemperatur in Abhängigkeit vom Werkstoff

Hart-Polyvinylchlorid	PVC hart	200 °C
Polyethylen niederer Dichte	LD-PE	200 °C
Polyethylen hoher Dichte	HD-PE	230 °C
Polypropylen	PP	240 °C

! Durch Schweißen können nur thermoplastische Kunststoffe gefügt werden.

3. Schweißnahtarten

– Stumpfstöße
- I-Nähte sind nur zum Fügen sehr dünner Platten bis etwa 1,5 mm geeignet.
- V-Nähte werden zum Verschweißen dünner Platten über 1,5 bis 8 mm Dicke gewählt.

Stumpfstöße

– T-Stöße

T-Stöße sollen als K-Nähte in Doppelkehlnahtform ausgeführt werden, da beim Verschweißen eines stumpf aufstehenden Stoßes der Kraftfluss ungünstig ist und auch eine Kerbwirkung am nicht verschweißten Grund der Naht auftritt.

4. Vorbereiten der Schweißverbindung

Der Schweißstoß wird durch Sägen, Fräsen oder Feilen in die gewünschte Form gebracht. Vor dem Schweißen werden die Flanken des Schweißstoßes und gegebenenfalls auch der Schweißzusatzwerkstoff durch Abziehen mit einer Ziehklinge oder einem Schaber mechanisch gesäubert und mit einem Lösungsmittel, zum Beispiel Methylenchlorid – *giftig, nicht einatmen* – gesäubert. (Hinweise zum Umgang mit Lösungsmittel siehe „*Kleben von Kunststoffen*").

> **!** Einwandfrei saubere Flächen des Schweißstoßes und des Zusatzwerkstoffs sind Voraussetzung für hochfeste Schweißverbindungen.

5. Schweißvorgang

Mit der Runddüse werden der zuvor leicht angeschrägte Schweißstab und der Grundwerkstoff mit leicht pendelnder Düsenbewegung gleichmäßig erwärmt. Sobald das Material plastisch wird und eben zu fließen beginnt, wird der Schweißstab mit leichtem Druck in die Schweißfuge heruntergedrückt. Es ist darauf zu achten, dass der Schweißstab bei der Bewegung in Nahtrichtung nicht gestreckt oder gestaucht wird.

Fächelschweißen mit Runddüse ($F_s \approx 20$ bis $60\ N$, Schweißzusatzwerkstoff, Fächelbewegung der Schweißdüse, Warmgas, Bugwelle)

Ziehschweißen mit der Schnellschweißdüse (F, Schweißzusatzwerkstoff, Warmgas, F_s, Vorwärmen des Schweißzusatzwerkstoffs, Bugwelle, Erwärmen auf Schweißtemperatur)

Die richtig eingestellte Warmgastemperatur und die korrekte Schweißstabhaltung sind beim Schweißen mit der Runddüse daran zu erkennen, dass
- keine Zersetzungen des Kunststoffs an den Schweißnahträndern auftreten und
- eine kleine „Bugwelle" aus geschmolzenem Werkstoff am Nahtgrund erkennbar ist.

> **!** Beim Warmgasschweißen wird der Schweißzusatzwerkstoff mit geringem Druck unter Erwärmung in die Schweißfuge eingeführt.

6. Schweißfehler beim Warmgasschweißen

Fehler	mögliche Ursachen
zersetzter Kunststoff an Grund- und/oder Zusatzwerkstoff	zu hohe oder zu lange Erwärmung
ungenügende Bindung	mangelhafte Erwärmung von Grund- und/oder Zusatzwerkstoff schlechte Nahtvorbereitung bei mehrlagigen Nähten
Kerben im Übergang Grundwerkstoff – Zusatzwerkstoff	unsaubere Nahtflanken, unsaubere Wurzel, schlechte Nahtfüllung
Verstreckungen in der Naht	Zusatzwerkstoff wurde zu stark gezogen oder geschoben (max. 8 %)

Fertigungstechnik

15.6.8.2 Heizelementschweißen

Heizelementschweißen wird vornehmlich zum Verschweißen von Profilen und Rohren aus thermoplastischen Kunststoffen angewendet.

1. Schweißgeräte

Als Heizelemente werden meist elektrisch beheizte Platten, Ringe o.a. aus Aluminium oder Stahl verwendet. Die Heizelemente sind häufig mit Polytetrafluorethylen (PTFE), z. B. Teflon, beschichtet, damit das Ankleben der zu verschweißenden Kunststoffe an den Heizelementen vermieden wird.

Beispiele für Heizelemente zum Kunststoffschweißen

Handschweißgerät — Rohrschweißgerät

2. Schweißvorgang

1. Schritt: Anwärmen
2. Schritt: Zusammenpressen

Die anschließende Abkühlzeit muss bei teilkristallinem Kunststoff möglichst lang sein, damit sich kristalline Zonen ausbilden können. Bei amorphen Kunststoffen ist dies weniger wichtig. Die Abkühlzeit ist von der Werkstoffdicke abhängig. Man errechnet sie aus dem Zahlenwert der Materialdicke und einem Faktor.

3. Kennwerte für das Heizelementschweißen

Werkstoff		Schweißtemperatur in °C	Schweißdruck in N/cm²	Mindestabkühlzeit in min
Polyethylen niederer Dichte	PE-LD	220	5	$0{,}5 \cdot s$ [1]
Polyethylen hoher Dichte	PE-HD	240	20	$0{,}7 \cdot s$
Polypropylen	PP	250	20	$0{,}8 \cdot s$
Polyvinylchlorid-hart	PVC-hart	260	40	$0{,}8 \cdot s$

[1] s = Zahlenwert der Materialstärke in mm

4. Schweißfehler beim Heizelementschweißen

Fehler	mögliche Ursachen
ungenügende Bindung	zu niedrige Heizelementtemperatur, zu hoher Andruck am Heizelement zu niedriger Schweißdruck, zu hoher Schweißdruck zu lange Zeit zwischen Anwärmen und Schweißen, unsaubere Fügeflächen
zu großer Wulst	zu langes Vorwärmen, zu hoher Andruck am Heizelement, zu hoher Schweißdruck
zersetzter Kunststoff	zu hohe Heizelementtemperatur

15.7 Fügen durch Löten

15.7.1 Anwendung des Lötens

Das Löten ist ein Fügeverfahren, bei dem metallische Bauteile unlösbar miteinander verbunden werden. Zwischen die zu fügenden Bauteile wird ein flüssiges Zusatzmetall, das sogenannte **Lot**, eingebracht. Nach dem Erstarren des Lots ist die Verbindung fest.

Der Schmelzpunkt des Lots liegt immer unter den Schmelzpunkten der Fügeteile. Die Bauelemente können aus unterschiedlichen Metallen bestehen. So kann z. B. Stahl mit Hartmetall durch Löten verbunden werden.

Einlöten einer Hartmetallplatte

> ! Löten ist ein unlösbares Fügen metallischer Bauelemente durch ein geschmolzenes Zusatzmetall, das Lot. Die Schmelztemperatur des Lots ist niedriger als die der gefügten Metalle.

Löten findet vorwiegend Anwendung:
- im Rohrleitungsbau, da sich dichte Verbindungen einfach herstellen lassen,
- in der Elektrotechnik, da Lötverbindungen elektrisch gut leiten,
- bei Blecharbeiten im Baugewerbe, da sich die dort verarbeiteten Werkstoffe Kupfer und Zink vor Ort sehr einfach löten lassen,
- im Leichtbau, da sich hochfeste Werkstoffe ohne Gefahr von Gefügeänderungen und Verzug bei verhältnismäßig niedrigen Temperaturen verbinden lassen.

Löten einer Hülse mit einem Gabelbrenner (MINITHERM-Brenner)

Nachteilig ist die meist geringe Festigkeit der Lote im Vergleich zur Festigkeit der zu verbindenden Werkstoffe. Darum sollten Lötverbindungen stets überlappt werden – was höheren Materialaufwand bedeutet. Bei Loten auf der Basis von Blei-Zinn besteht die Gefahr des Kriechens unter Belastung. Lote können in aggressiven Medien korrodieren.

> ! Durch Löten können unterschiedliche Metalle gefügt werden. In den Lötverbindungen treten kaum Gefügeänderungen und nur ein geringer Verzug auf. Sie sind dicht gegenüber Gasen und Flüssigkeiten. Die Fügestelle ist elektrisch gut leitend.

15.7.2 Vorgänge beim Löten

1. Legierungsbildung

Beim Lötvorgang werden die Werkstücke erwärmt und das Lot zum Schmelzen gebracht. Dabei wandern Atome des Lots in die Randschichten der zu verbindenden Bauelemente. Umgekehrt wandern auch Atome aus den Grenzflächen der Bauelemente in das Lot. So entsteht an den Grenzen zwischen Lot und Bauelement eine **Legierung**. Durch die Legierungsbildung ergibt sich an der Lötstelle eine dichte, feste und unlösbare Verbindung. Eine gelötete Verbindung überträgt Kräfte durch **Stoffschluss**.

Legierungsbildung in der Lötstelle

> ! Beim Löten legieren sich in den Randschichten die Werkstoffe von Lot und Bauelementen.

Fertigungstechnik

2. Vorbereitung der Oberflächen zum Löten

Die Legierungsbildung beim Löten ist nur möglich, wenn die Werkstückoberflächen an der Lötstelle sauber und metallisch blank sind. Metalloxide werden darum vor dem Löten von der Oberfläche abgetragen. Starke Oxidschichten – etwa Rost – entfernt man zunächst mechanisch. Restliche Oxide werden durch chemische Reaktionen mit sogenannten **Flussmitteln** in Verbindungen überführt, welche bei der Löttemperatur dünnflüssig und leichter als das Lot sind. Dadurch erhöht sich die Benetzbarkeit der Lötstelle mit dem Lot.

Während des Lötens schwimmen die Verbindungen von Oxiden und Flussmitteln auf dem Lot und verhindern eine neue Oxidbildung. Sie werden durch das Lot aus der Lötstelle gedrängt.

Der Temperaturbereich, in dem ein Flussmittel seine Wirkung voll entfaltet, wird Wirktemperaturbereich genannt. Der Schmelztemperaturbereich des Lots muss innerhalb des Wirktemperaturbereichs des Flussmittels liegen.

Reste des Flussmittels müssen nach dem Löten entfernt werden, da sie korrodierend wirken.

Kupferoxid + Flussmittel = lösliche Kupferverbindung

Flussmittel beseitigt Oxidschicht

Flussmittel erhöht Benetzbarkeit

Lot verdrängt Flussmittel und Oxide

> **!** Werkstückflächen müssen zum Löten metallisch blank sein.
> Flussmittel haben folgende Aufgaben:
> - Sie entfernen Metalloxide durch chemische Reaktionen.
> - Sie verhindern die Bildung neuer Metalloxide.
> - Sie erhöhen die Benetzbarkeit der Lötstelle mit Lot.

3. Einbringen des Lots

Zur Erzeugung einer sicheren Lötung müssen Lötstelle und Lot auf die zur Legierungsbildung notwendige Temperatur gebracht werden.

Das Lot kann auf unterschiedliche Art an die Lötstelle gebracht werden.

- Als flüssiger Lottropfen kann das Lot vom Lötkolben unmittelbar an die Lötstelle herangeführt werden, wenn die zu verbindenden Werkstücke sehr dünn sind, wie z. B. bei Lötfahnen und Drähten in der Elektroindustrie. Der flüssige Lottropfen heizt dabei die Lötstelle auf und verbindet die Bauteile.
- Als Draht oder Stange kann Lot von außen an die erwärmte Lötstelle herangeführt werden. Es schmilzt dort ab. Diese Technik wird meist im Rohrleitungs- und Behälterbau angewendet.
- Als angepasste Formteile kann Lot in die kalte Lötstelle eingelegt und mit dieser zusammen erwärmt werden. Dieses Verfahren wird häufig in der Serienfertigung eingesetzt.

Lotzufuhr

Kapillarwirkung

Damit das Lot an die Lötstelle gelangen kann, muss der Spalt zwischen den Bauelementen möglichst eng sein. Je enger der Lötspalt ist, desto leichter und weiter saugt sich das Lot in den Spalt. Diese Sogwirkung nennt man **Kapillarwirkung**. Sie tritt in dünnen Rohren und engen Spalten auf.

Fertigungsverfahren des Fügens

Wegen der Kapillarwirkung hat sich für Lötverbindungen ein paralleler **Lötspalt** von 0,05 bis 0,2 mm als günstig erwiesen. Bei zu kleinem Spalt zwischen dem Bauelementen füllt das Lot wegen seiner Dickflüssigkeit den Lötspalt nicht voll aus. Ist er dagegen zu breit, tritt die Kapillarwirkung nur sehr schwach auf.

Außerdem vermindern sich bei zu breitem Lötspalt die Festigkeitseigenschaften der Lötstelle. Im zu breiten Lötspalt verbleibt nämlich in der Lötstelle zwischen den Bauelementen eine Schicht aus reinem Lot. Diese Schicht hat eine geringere Festigkeit als Legierung und Grundwerkstoff.

Kapillarwirkung im Lötspalt

> ! Beim Löten soll das geschmolzene Lot durch die Kapillarwirkung in den Lötspalt gesaugt werden.
> Ein optimaler Lötspalt soll eine Breite von 0,05 bis 0,2 mm haben.

4. Wahl der Löttemperatur

Lote sind Legierungen, die Kristallgemenge bilden. Deshalb schmelzen und erstarren sie in einem Temperaturbereich. Lediglich eutektische Legierungen und reine Metalle, die als Lote verwendet werden, haben einen Schmelzpunkt. Siehe auch *„Werkstofftechnik"*, Kapitel *„Legierungen"*.

Die niedrigste Temperatur, bei der das Lot fließt und sich mit dem Grundwerkstoff verbindet, wird *Arbeitstemperatur* genannt. Sie liegt im Schmelzbereich des Lots oder geringfügig darüber.

Bei der höchstzulässigen Löttemperatur darf noch keine Schädigung der beteiligten Werkstoffe erfolgen.

Nach dem Fließen des Lots soll die Löttemperatur etwa 15 bis 60 Sekunden gehalten werden, damit der Legierungsvorgang an den Grenzflächen stattfindet.

Temperaturen beim Löten

> ! Die niedrigste Löttemperatur wird Arbeitstemperatur genannt. Der Lötvorgang muss im Temperaturbereich zwischen der Arbeitstemperatur und der höchsten Löttemperatur stattfinden.
> Der Wirktemperaturbereich des Flussmittels muss größer sein als der Schmelztemperaturbereich des Lots.

15.7.3 Lötverfahren

1. Einteilung der Lötverfahren

Die Lötverfahren werden meist nach der Schmelztemperatur der Lote in Weich-, Hart- und Hochtemperaturlöten unterteilt. Für jedes Verfahren sind spezielle Lote und Flussmittel typisch.

Weichlöten	Hartlöten	Hochtemperaturlöten
• Schmelztemperatur der Lote unter 450 °C	• Schmelztemperatur der Lote zwischen 450 und 900 °C	• Schmelztemperatur der Lote über 900 °C
• Lote auf Blei-Zinn-Basis	• Kupferbasislote oder silberhaltige Lote	• Nickelbasislote
• Flussmittel mit geeignetem Wirktemperaturbereich	• Flussmittel mit geeignetem Wirktemperaturbereich	• Flussmittelfrei im Vakuum oder unter Schutzgas

Die größte Bedeutung haben Weich- und Hartlöten. Das Hochtemperaturlöten findet hauptsächlich in der automatisierten Serienfertigung statt.

2. Wärmequellen

Beim **Weichlöten** kann die Lötstelle wegen der niedrigen Temperaturen mit:
• Lötkolben,   • Lötbrenner und   • Lötlampe
erwärmt werden.

Die zum **Hartlöten** erforderlichen Temperaturen können mit folgenden Geräten erreicht werden:
• Schweißbrenner, betrieben mit Acetylen-Sauerstoffgemisch,
• Hartlötbrenner, betrieben mit Acetylen-Luftgemisch.

Fertigungstechnik

15.7.4 Gestaltung von Lötverbindungen

Bei der Gestaltung von Lötverbindungen ist Folgendes zu berücksichtigen:
- Lote haben meist geringere Festigkeit als die zu verbindenden Werkstoffe.
- Das Lot sollte möglichst nicht auf Zug und keinesfalls auf Schälung beansprucht werden.

Lötverbindungen sollen als Überlappung gestaltet werden, weil dort eine Scherbeanspruchung vorliegt und die Lötfläche groß genug gestaltet werden kann. Sie soll das 3- bis 5-Fache der Wanddicke des dünneren Fügeteils betragen. Lediglich beim Hartlöten und beim Hochtemperaturlöten können wenig belastete Bauteile durch Stumpfnähte verbunden werden.

begrenzt taugliche Hartlötverbindung

Überlapplänge

$L_{ü} = 3 \cdot s$ bis $5 \cdot s$

Die Form der Überlappung richtet sich vornehmlich nach der Funktion der Bauteile. Es kann zwischen Einfachlasche, Doppellasche, Überplattung und Schäftung gewählt werden.

Überlappung

Schäftung

Besonders bei Weichlötungen ist es günstig, die Überlappung durch eine zusätzliche formschlüssige Verbindung zu sichern.

Einfachlasche

Doppellasche

Bei allen maßlichen Festlegungen ist die Breite des Lötspalts zu berücksichtigen. Sie soll bei Stahl 0,1 mm betragen. Bearbeitungsriefen quer zur Flussrichtung des Lots sind zu vermeiden. Die gemittelte Rautiefe R_z in Flussrichtung soll kleiner als 0,02 mm sein.

Überplattung

Formschluss durch Bördel

> **!** Lötverbindungen sollen als Überlappungen gestaltet werden. Schälbeanspruchung ist zu vermeiden.

15.7.5 Lote und Flussmittel

1. Lote
Lote unterteilt man wie die Lötverfahren nach der Schmelztemperatur.

Weichlote sind hauptsächlich Legierungen aus Zinn (Sn) und Blei (Pb) in verschiedenen Mischungsverhältnissen. Zur Steigerung der Härte und Festigkeit der Lötstelle ist diesen Loten vielfach Antimon (Sb), Kupfer (Cu) oder Silber (Ag) in geringen Mengen zugegeben.

Hartlote sind in der Regel Kupfer-Zink-Legierungen (Kupferbasislote) oder silberhaltige Legierungen mit Silberanteilen von 2 bis 85 %.

Durch die Auswahl der geeigneten Lote lassen sich alle Schwermetalle und deren Legierungen löten. Zum Weich- und Hartlöten von Aluminiumwerkstoffen sind besondere Lote entwickelt worden.

Nach DIN EN ISO 9453 werden Weichlote für Schwermetalle mit den Legierungsbestandteilen und den jeweiligen Prozentanteilen angegeben.

> Beispiele für die Bezeichnung eines Weichlots
>
> Pb74 Sn25 Sb1
>
> 1 % Antimon
> 25 % Zinn
> 74 % Blei

Fertigungsverfahren des Fügens

Übersicht über Weich-[1] und Hartlote (Auswahl)

Art	Kurzzeichen	Zusammensetzung (ungefähr)	Arbeitstemperatur	zu verbindende Werkstoffe	Anwendungsbereich
Weichlote	Sn63Pb37	63 % Zinn, 37 % Blei	183 °C	Stahl Kupfer Cu-Legierungen Zn-Legierungen	Feinwerktechnik
					Metallwaren, Feinblechpackungen
	Pb60Sn40	60 % Blei, 40 % Zinn	190 °C		
	Sn62Pb36Ag2	62 % Zinn, 36 % Blei, 2 % Silber	180 °C	Kupfer Kupfer-Legierungen	Klempnerlot
	Pb74Sn25Sb1	74 % Blei, 25 % Zinn, 1 % Antimon	263 °C	Stahl, Kupfer Cu-Legierungen	Klempnerlot Schmierlot
Hartlote	Cu 301	60 % Cu, 40 % Zn	900 °C	Stahl, Gusseisen Cu, Cu-Legierungen Ni, Ni-Legierungen	Rohrleitungs- und Fahrzeugbau, Instandsetzungsarbeiten
	AG 207	48 % Cu, 40 % Zn, 12 % Ag	830 °C	Stahl, Gusseisen Cu, Cu-Legierungen Ni, Ni-Legierungen	Maschinen, Geräte
	AG 502	49 % Ag, 16 % Cu, 13 % Sn, 7 % Mn, 5 % Ni	690 °C	Hartmetall auf Stahl	Werkzeugbau
	AL 103	90 % Al, 10 % Si	600 °C	Aluminium und Aluminiumlegierungen	Leichtmetallbau

2. Flussmittel

Flussmittel unterstützen geschmolzenes Lot bei der Benetzung der Oberflächen durch Entfernen von Oxiden und anderen Verunreinigungen auf den zu lötenden Oberflächen während des Lötens.

Einteilung von Weichlotflussmitteln nach ihren Hauptbestandteilen DIN EN ISO 9454-1

Flussmitteltyp	Flussmittelbasis	Flussmittelaktivator	Halogenide	Anwendungsbeispiele
① Harz	① Kolophonium ② synthetisches Harz	① ohne Aktivator ② mit Halogenen aktiviert ③ ohne Halogene aktiviert		Elektrotechnik Elektrotechnik Metallwaren
② organisch	① wasserlöslich ② nicht wasserlöslich		① unter 0,01 % ② unter 0,15 % ③ 0,15 bis 2,0 % ④ über 2,0 %	Präzisionslötung Elektrotechnik Metallwaren
③ anorganisch	① Salze in wässriger Lösung ② Salze in organischer Verbindung	① mit Ammoniumchlorid ② ohne Ammoniumchlorid		Metallwaren Wärmetauscher Armaturen
	② Säuren	① mit Phosphorsäure ② ohne Phosphorsäure		
	③ alkalisch	① Amine und/oder Ammoniak		

Entsprechend der Einteilung nach ihren Hauptbestandteilen werden die Flussmittel gekennzeichnet.

> **Beispiel für die Kennzeichnung eines Flussmittels (ISO-Code)**
>
> **Flussmittel zum Weichlöten 3214**
>
> Flussmitteltyp: anorganisch
> Flussmittelbasis: Salze in organischer Verbindung
> Flussmittelaktivator: mit Ammoniumchlorid
> Halogenidanteil: > 2 %

Als **Flussmittel zum Hartlöten** werden hauptsächlich Borverbindungen, z. B. Borax, verwendet. Zum Hartlöten von Bauteilen aus Kupfer kann auf Flussmittel verzichtet werden, wenn das Lot Phosphor enthält. Dieser schützt das geschmolzene Lot und die Oberflächen vor Oxidation. Beim Hartlöten unter Schutzgas kann in vielen Fällen ebenfalls auf Flussmittel verzichtet werden.

---

[1] Bleihaltige Lote sind seit 2006 in der Elektrotechnik nicht mehr zugelassen; in anderen Technikbereichen sind sie möglichst zu vermeiden.

Fertigungstechnik

15.8 Fügen durch Kleben

Metallische bzw. nichtmetallische Werkstoffe können mithilfe von Klebstoffen gefügt werden. Da die Verbindung durch den Zusatzwerkstoff – den Klebstoff – zustande kommt, ist Kleben ein stoffschlüssiges Fügen. Eine Klebeverbindung kann nur durch Zerstören der Kleberschicht oder der Bauteile gelöst werden, daher ist Kleben ein unlösbares Fügen.

15.8.1 Vor- und Nachteile von Klebeverbindungen

1. Vorteile von Klebeverbindungen

Bis auf einige wenige Werkstoffe, wie z. B. Polyethylen (PE) und Silikon, lassen sich alle Werkstoffe in beliebiger Kombination miteinander verkleben.
Beim Kleben werden die Bauteile bis maximal 180 °C erwärmt, wenn ein Heißklebstoff verwendet wird. Daher treten keine Gefügeänderungen, kein Verzug der Bauteile und keine Wärmespannungen auf.

Kleben unterschiedlicher Werkstoffe

Bei Niet- und Schweißverbindungen treten an der Fügestelle unterschiedliche Spannungen auf. Geklebte Bauelemente dagegen haben an der Fügestelle eine gleichmäßige Spannungsverteilung.

Spannungsverlauf bei gefügten Bauteilen

Durch Kleben gefügte Behälter sind dicht gegen den Austritt von Flüssigkeiten und Gasen.

Klebstoffe leiten den elektrischen Strom nicht. Wegen ihrer Isolierfähigkeit werden sie in der Elektroindustrie als Fügestoffe eingesetzt. Weiterhin wird durch die isolierende Kleberschicht die Kontaktkorrosion verhindert, die sonst bei Verbindungen unterschiedlicher Metalle auftritt.

Klebstoff zur Isolierung

Durch Kleben können sowohl verhältnismäßig dünne als auch sehr unterschiedlich dicke Bauelemente gefügt werden. Konstruktionen mit Klebeverbindungen können daher gewichts- und werkstoffsparend gestaltet werden. So wird in der Luft- und Raumfahrtindustrie das Metallkleben besonders häufig eingesetzt.

Geklebte Leichtbauplatte

! Kleben ist ein stoffschlüssiges Fügen von gleichen oder verschiedenartigen Werkstoffen.
Durch Kleben treten keine Gefügeänderungen und kein Verzug der Bauteile auf.
Klebstoffe wirken isolierend und verhindern Kontaktkorrosion bei unterschiedlichen Metallen.
Kleben ermöglicht Leichtbauweise.

2. Nachteile von Klebeverbindungen

Klebstoffe weisen meist eine geringere Festigkeit auf als die Werkstoffe, die gefügt werden sollen. Daher sind Klebeverbindungen nicht so stark belastbar wie Löt- und Schweißverbindungen gleicher Abmessung.

Bei den meisten Klebstoffen beginnt im Bereich von 55 °C bis ca. 120 °C ein Absinken der Festigkeit. Die Temperatur, bei der die Festigkeit erheblich abnimmt, nennt man die Grenztemperatur des Klebstoffs. Die Betriebstemperatur des Klebstoffs muss stets unter der Grenztemperatur liegen.

Wärmebeständigkeit eines Epoxidharzes

> ⚠ Klebstoffe haben meist eine geringere Festigkeit und Wärmebeständigkeit als die zu verbindenden Werkstoffe. Diese Nachteile müssen bei der Auswahl des Klebstoffs und der Gestaltung der Klebeverbindung berücksichtigt werden.

15.8.2 Vorgänge beim Kleben

Die Festigkeit von Klebeverbindungen hängt im Wesentlichen von der Größe der Adhäsionskräfte zwischen dem Klebstoff und den Oberflächen der zu verklebenden Werkstücke ab. Diese Adhäsionskräfte sind umso größer, je enger der Kontakt zwischen Klebstoff und Werkstückoberfläche ist. Schon kleinste Mengen an Verunreinigungen senken die Festigkeit einer Klebeverbindung. Darum müssen Klebestellen sehr sorgfältig gereinigt werden.

Zudem hängt die Festigkeit der Klebeverbindung von den Kohäsionskräften zwischen den Klebstoffmolekülen ab. Da die Festigkeit der Klebstoffe nicht sehr hoch ist, sollten dünne Klebstoffschichten angestrebt werden.

Kräfte in einer Klebeverbindung

> ⚠ Die Tragfähigkeit einer Klebeverbindung wird entscheidend durch die Sauberkeit der Klebeflächen bestimmt.

Klebstoffe erhärten nach unterschiedlichen Abbindemechanismen.

1. Physikalische Abbindemechanismen
- Bei **Nassklebstoffen** verdunstet das Lösungsmittel des Klebstoffs, wenn es durch einen der zu verklebenden Werkstoffe diffundieren kann. Der Klebstoff haftet durch Adhäsion bzw. durch Verklammern mit der Oberfläche.
- Bei **Kontaktklebstoffen** wird auf die Oberflächen der zu fügenden Bauteile getrennt eine Klebstoffschicht aufgetragen, die zunächst antrocknet. Nur die Oberfläche bleibt noch haftfähig. Nach Zusammendrücken der Bauteile entsteht zwischen den Klebstoffoberflächen eine feste Verbindung.
- Bei **Aktivierklebstoffen** wird ein fester Klebstoff meist durch Wärme aktiviert, z.B. geschmolzen. Nach dem Verfestigen verbindet er die Werkstücke.

2. Chemische Abbindemechanismen
Reaktionsklebstoffe härten durch chemische Reaktionen aus. Die meisten Metallklebstoffe sind Reaktionsklebstoffe. Bei der Aushärtung können je nach Klebstofftyp entweder aus Vorprodukten Kunststoffmoleküle gebildet werden oder vorhandene Kunststoffmoleküle vernetzt werden.

Fertigungstechnik

Reaktionsklebstoffe unterscheidet man nach der Zahl der Komponenten aus denen der Klebstoff gebildet wird.
- Bei **Einkomponentenklebstoffen** erfolgt die Reaktion im Klebstoff durch Reaktion mit dem Luftsauerstoff, mit Luftfeuchtigkeit oder durch Wärme. Einige Einkomponentenklebstoffe härten nur unter Druck von 10 bis 80 N/cm² aus.
- Bei **Zweikomponentenklebstoffen** wird die Reaktion durch Vermischen der beiden Komponenten Binder und Härter unmittelbar eingeleitet.

Nach der Aushärtetemperatur unterscheidet man Kalt- und Warmklebstoffe.
- **Kaltklebstoffe** härten bei Raumtemperatur. Sie sind meist Zweikomponentenklebstoffe.
- **Warmklebstoffe** härten bei Temperaturen zwischen 120 und 180 °C aus. Die Temperatur muss über einen Zeitraum von 15 bis 120 min gehalten werden. Nach dieser Zeit ist die Verbindung fest, aber der Klebstoff härtet auch in der Folgezeit noch nach. Die Festigkeit von Warmklebstoffen ist höher als die von Kaltklebstoffen.

15.8.3 Gestaltung von Klebeverbindungen

Bei der Gestaltung sind folgende Gesichtspunkte zu berücksichtigen:
- Da die vom Klebstoff aufzubringenden Adhäsionskräfte meist geringer sind als die Festigkeit der zu verklebenden Werkstoffe, ist eine große Fügefläche anzustreben, die häufig nur durch eine Überlappung zu erreichen ist. Die Überlappungslänge sollte etwa das 20- bis 30-Fache der dünnsten Werkstückdicke s der zu verklebenden Bauteile sein.

Überlappungslänge $\quad l_{ü} = 20 \text{ bis } 30 \cdot s$

Einfachlaschen, Doppellaschen und besonders die Schäftung sind als Überlappungen geeignet. Bei Bauteilen aus Hohlprofilen wird die Überlappung meist durch Einlagen hergestellt.

- Die geringe Festigkeit des Klebstoffs erfordert dünne Klebeflächen von etwa 0,1 bis 0,15 mm.
- Biegebeanspruchung, die bei einfachen Überlappungen dünnwandiger Werkstücke auftritt, und besonders Schälbeanspruchung müssen vermieden werden.
- Da Klebstoffe bei dauernder statischer Belastung zum Kriechen neigen, sollte eine formschlüssige Sicherung in Verbindung mit der Verklebung vorgesehen werden.

Max. Zugkraft bei verklebten Al-Blechen 12 x 2 mm

Schäftung — Überlappung
Einfachlasche — Doppellasche
Verbindungen mit Überlappungen

Rohrverbindung — Eckverbindung
Verbindungen mit Einlagen

Biegung bei einfacher Überlappung

Schälbeanspruchung

> **Gestaltungsregeln für Klebeverbindungen:**
> - Zug- und Schälbeanspruchung vermeiden,
> - dünne Klebstoffschichten anstreben,
> - großflächig verkleben.

15.8.4 Übersicht über Klebstoffe

1. Kleben mit physikalisch abbindenden Klebstoffen

Klebstoff	Zusammensetzung	zu verklebende Werkstoffe	Abbindemechanismus	Beispiele
Nassklebstoff	Kunststoff in feinster Verteilung in Wasser, z. B. Vinylacetat-Kunststoffe	• poröse Werkstoffe untereinander, • z. B. Holz-Hartschaum • poröse Werkstoffe mit dichtem, nichtmetallischem Werkstoff, z. B. Holz mit Phenolharz-Hartpapier	das Dispersionsmittel Wasser verdunstet, der Kunststoff haftet an den Bauteilen (Dispersionskleber)	Ponal® Bindulin® EM-Holz®
	Kunststoffe in organischem Lösungsmittel gelöst, z. B. PVC in Methylenchlorid, Zelluloseacetat in Aceton	• anlösbare Kunststoffe untereinander, z. B. PVC mit PVC • anlösbare Kunststoffe mit porösen, nicht lösbaren Werkstoffen, z. B. PVC mit PU-Schaum	zu verklebende Flächen werden angelöst, der Kunststoff im Klebstoff überbrückt kleine Fugen, das Lösungsmittel verdampft (Lösungsmittelkleber)	Tangit® für PVC Gummilösung
Kontaktklebstoff	gummiartige Kunststoffe in organischen Lösungsmitteln gelöst	• poröse, nicht anlösbare plattenförmige Werkstoffe miteinander • poröse, nicht anlösbare plattenförmige Werkstoffe mit dichtem Werkstoff	zu verklebende Flächen werden beidseitig eingestrichen und nach einer Ablüftzeit werden die scheinbar trockenen Klebeflächen unter Druck vereinigt	Pattex®
Aktivierklebstoff	thermoplastischer Kunststoff, z. B. Polyamid	alle verklebbaren Werkstoffe einschließlich Metallen (nach guter Vorwärmung)	Erstarren des Klebstoffs beim Abkühlen (Schmelzkleber)	

2. Kleben mit chemisch abbindenden Klebstoffen (Reaktionsklebstoffen)

Klebstoff	Zusammensetzung	zu verklebende Werkstoffe	Abbindemechanismus	Beispiele
Polymerisationsklebstoff	Polyesterharze + Härter (Peroxide)	Metalle, Duroplaste, Keramik, Holz, Glas, keine weichelastischen Werkstoffe wie z. B. PVC, Gummi	Vernetzen des Polyesters	Stabilit®
Polyadditionsklebstoff	Epoxidharze + Härter		Kettenbildung und Vernetzung des Klebstoffs	Araldit® Redux® UHU-plus®
	Polyurethanharze + Härter			Desmocol®

®eingetragenes Markenzeichen

15.8.5 Schutzmaßnahmen beim Kleben

Lösungsmittel zum Entfetten, Beizbäder und Klebstoffe im ungehärteten Zustand können gesundheitsschädliche Dämpfe verursachen. Auch ein Kontakt mit der Haut ist zu vermeiden, da manche Klebstoffe Hautverletzungen hervorrufen. Nachdrücklich sei auf die Feuergefährlichkeit von Lösungsmitteln und Lösungsmittelklebstoffen hingewiesen. Beim Kleben darf nicht mit offenen Flammen umgegangen werden, auch Rauchen ist verboten.

> Beim Umgang mit Klebstoffen und Lösungsmitteln sind zu beachten:
> - Dämpfe nicht einatmen,
> - Hautkontakt vermeiden,
> - offenes Feuer fernhalten,
> - Herstellerhinweise einhalten.

Fertigungstechnik

16 Arbeitssicherheit und Unfallschutz

Jährlich erleidet in der Bundesrepublik Deutschland jeder 16. Arbeitnehmer einen Arbeitsunfall, der eine zeitliche oder gar dauerhafte körperliche Schädigung verursacht. Von diesen Unfällen entfällt ein großer Teil auf den Umgang mit Werkzeugen und Werkzeugmaschinen. Die hohe Zahl der Unfälle kann durch strikte Einhaltung von Sicherheitsbestimmungen und Erweiterung von Schutzmaßnahmen erheblich gesenkt werden.

Arbeits- und Unfallschutz sollen gewährleisten, dass
- *Gefahren nicht wirksam werden können,*
- *Gefährdungen rechtzeitig erkannt werden,*
- *Arbeitsschutzmaßnahmen rechtzeitig ergriffen werden.*

16.1 Sicherheitskennzeichnung

Arbeitsplätze, Maschinen und Anlagen mit gefährlichen Arbeitsstoffen bzw. sonstigen Gefährdungen müssen nach der Unfallverhütungsvorschrift „Sicherheitskennzeichnung am Arbeitsplatz" mit Sicherheitskennzeichen versehen sein. Die Sicherheitskennzeichen werden mit genormten Farbtönen und allgemein verständlichen Symbolen erstellt.

Die Sicherheitskennzeichen lassen sich mithilfe von Grundfarben in folgende Gruppen einteilen:
- Verbotszeichen (Rot),
- Warnzeichen (Schwarz),
- Gebotszeichen (Blau),
- Rettungszeichen (Grün).

Beispiele für Sicherheitskennzeichen

1. Verbotszeichen (Rot auf weißem Grund, schwarze Kontrastfarbe)

- Rauchen verboten
- Feuer, offenes Licht und Rauchen verboten
- Verbot, mit Wasser zu löschen

2. Warnzeichen (Schwarz auf gelbem Grund)

- Warnung vor feuergefährlichen Stoffen
- Warnung vor explosionsgefährlichen Stoffen
- Warnung vor giftigen Stoffen
- Warnung vor ätzenden Stoffen

3. Gebotszeichen (blaue Schilder mit weißen Zeichen)

- Augenschutz tragen
- Atemschutz tragen
- Schutzschuhe tragen
- Schutzhandschuhe tragen

4. Rettungszeichen (grüne Schilder mit weißen Zeichen)

- Hinweis auf „Erste Hilfe"
- Rettungsweg (Richtungsangabe für Rettungsweg)

16.2 Allgemeine Anforderungen zum sicherheitsgerechten Verhalten

Arbeitsplatz
- Der Aufenthalt an Arbeitsplätzen ist nur befugten Personen erlaubt.
- Die Inbetriebnahme und Benutzung von Geräten und Maschinen ist nur den dafür ausgebildeten Personen erlaubt.
- Vor der Inbetriebnahme einer Maschine oder eines Geräts muss sich der Bediener von der Betriebssicherheit des Arbeitsmittels und der Arbeitsumgebung überzeugen.
- Auftretende Störungen und Mängel sind unverzüglich der zuständigen Stelle zu melden.
- Maschinen und Anlagen dürfen im Betrieb nicht ohne die vorgeschriebene Aufsicht gelassen werden.
- NOT-AUS-Schalter sind freizuhalten.

Bedienende Person
- Es ist eng anliegende Arbeitskleidung zu tragen. Vorgeschriebene Schutzkleidung (Augenschutz, Ohrschutz, Handschutz, Sicherheitsschuhe) muss angelegt werden.
- Schutz- und Warneinrichtungen dürfen weder entfernt noch zweckentfremdet werden.
- Durch die Tätigkeiten dürfen auch für andere Personen keine Gefährdungen entstehen.

Arbeitsdurchführung
- Technologisch vorgegebene Daten, wie z. B. Schnittgeschwindigkeiten und Vorschübe, dürfen nicht überschritten werden.
- Arbeiten an oder in der Nähe bewegter Teile, z. B. Messen, Richten, Nachspannen, Säubern u. a., sind nur mit speziellen Vorrichtungen erlaubt. Falls diese nicht vorhanden sind, dürfen solche Arbeiten nur beim Stillstand der Maschine vorgenommen werden.

16.3 Arbeitssicherheit beim Umgang mit Werkzeugen und Maschinen

Die Werkzeuge in der Fertigungstechnik und die eingesetzten Werkzeugmaschinen erfordern im Hinblick auf die Arbeitssicherheit ein verantwortungsvolles Handeln. Aus der Untersuchung von Unfällen lassen sich typische Gefährdungen feststellen.

Gefährdung	Ursachen der Gefährdung durch ...		mögliche Auswirkungen
• Erfassen von Kleidungs- und Körperteilen • Berühren scharfer Werkzeugteile	Maschinenbewegungen	• Schnittbewegungen • Vorschubbewegungen • Spannzeugbewegungen • Transportbewegungen	• Schnittwunden, Quetschungen, Brüche • Verluste von Gliedmaßen
• Auftreffen abgeschleuderter Teile • Hautkontakt mit Schmier- und Kühlmitteln • Einatmen von Sprühnebeln und Stäuben	unkontrollierte Bewegungen von Maschinen- und Werkzeugteilen, Werkstoff- und Hilfsteilchen	• Abreißen von Werkzeugen, Werkstücken oder Teilen infolge von Bruch oder Überlastung • Abschleudern von heißen Spänen • Abschleudern und Versprühen von Kühl- und Schmiermitteln • Mitreißen und Fortschleudern herumliegender Teile • Herabfallen von Teilen aus Transporteinrichtungen	• Schnittwunden, Brüche, Verbrennungen, Hautschäden (z. B. Ölakne) • Augenschäden • Schädigung der Atmungsorgane
• Bestrahlung mit gefährlichen Strahlen	Wärme- und Lichtstrahlung	• Laserstrahlung • UV-Licht	• Verbrennungen • Augenschäden
• Berührung spannungsführender Teile	elektrische Energie	• Elektroantriebe • elektrische Steuerungen • elektrische Messsysteme	• Verbrennungen • Herz- oder Atemstillstand • Tod
• Einwirkung auf Gehör und Nervensystem	Lärm	• Lärm durch Antriebe • Lärm durch Arbeitsvorgänge • Lärm durch Transportvorgänge	• Schwerhörigkeit • Herz- und Kreislaufbeschwerden

Fertigungstechnik

1. Sicherheit beim Gebrauch von Handwerkzeugen

Werkzeuge wie Hämmer, Meißel und Körner müssen vor dem Gebrauch daraufhin überprüft werden, ob eine Unfallgefährdung vorliegen kann. Der Hammer kann z. B. nicht fest auf dem Stiel sitzen, der Meißelkopf kann einen sogenannten Bart haben.
Trifft man beim Hämmern auf einen Werkzeugkopf mit Bart, so können kleine Teilchen vom Kopf aussplittern und mit enormer Geschwindigkeit den Arbeiter verletzen.
Der Bart an einem Werkzeug muss unbedingt sachgerecht entfernt werden. Weiterhin ist es zwingend erforderlich, beim Meißeln eine Schutzbrille zu tragen.
Handverletzungen durch die Schlagbewegung kann man vermeiden, wenn der Meißelschaft einen elastischen Handschutz hat und dadurch die Faust abschirmt.

Schutzbrille

Meißelkopf mit Bart

Meißel

Handschuhe

Meißelkopf ohne Bart

Schutzausrüstung beim Meißeln

2. Sicherheit beim Bohren

- Vor Inbetriebnahme Maschine auf Betriebssicherheit überprüfen.
- Bohrer zentrisch und fest einspannen. Spannschlüssel sofort wieder entfernen und sicher ablegen – nicht an Kette oder Schnur befestigen.
- Werkstück ausrichten und so sicher einspannen, dass es gegen Mit- und Hochreißen gesichert ist.
- Beim Bohren dünner Werkstücke Unterlagen aus Holz oder Kunststoff verwenden.
- Eng anliegende Ärmel tragen, bei langen Haaren Haarnetz benutzen, bei spröden Werkstoffen Schutzbrille tragen.
- Laufende Arbeitsspindel nach Abschalten der Maschine nicht mit der Hand abbremsen.
- Vorsicht vor Schnittverletzungen infolge Gratbildung.

Werkstücke sicher spannen

Bei Verwendung von Handbohrmaschinen ist zusätzlich zu beachten:
- Vor dem Anschließen prüfen, ob der Betriebsschalter auf „AUS" steht.
- Vor dem Anschließen Bohrer einspannen.
- Vor dem Einschalten sicheren Stand einnehmen.
- Vor dem Bohrerdurchtritt durch das Werkstück den Anpressdruck verringern.
- Maschine nicht feucht werden lassen, selbst nicht im Wasser stehen, nasse Maschinen nicht anfassen.
- Maschinen nicht mit eingespanntem Bohrer ablegen.

3. Sicherheit beim Fräsen

- Geeignete Spannzeuge auswählen und auf dem Frästisch sicher befestigen.
- Fräser unfallsicher ablegen und zum Werkzeugeinbau Schneidenschutz benutzen.
- Werkstücke und Werkzeuge sicher spannen.
- Fräserschutz richtig einstellen.
- Augen durch Schutzbrille vor Spänen und Kühlmittelspritzern schützen.
- Vorgegebene technologische Daten (Umdrehungsfrequenz, Vorschub, Kühlmittelzufuhr) einhalten.
- Späne nur mit geeigneten Hilfsmitteln entfernen.

Arbeitssicherheit und Unfallschutz

4. Sicherheit beim Drehen
- Geeignete Spannzeuge auswählen, Werkzeuge und Werkstücke fest und sicher spannen, Spannschlüssel abziehen und sicher ablegen.
- Eng anliegende Kleidung tragen, keine Handschuhe anziehen, Augen gegen Späne schützen.
- Rundlauf bei niedriger Umdrehungsfrequenz überprüfen und Unwucht ausgleichen.
- Vorschubweg durch Endschalter begrenzen.
- Vorschub und Umdrehungsfrequenz richtig einstellen.
- Maschine vor Fertigungsbeginn probelaufen lassen.
- Für geeigneten Spanablauf sorgen.
- Nicht am laufenden Werkstück messen.
- Zur Beseitigung von Spänen Spanhaken verwenden.
- Backenfutter nicht mit der Hand abbremsen.

Nicht zulässig für Freihand- und handgeführtes Schleifen

Warnung vor Handverletzungen

Augenschutz benutzen

Sicherheitskennzeichen beachten

5. Sicherheit beim Schleifen
- Wellenenden, die mehr als 1/4 ihres Durchmessers aus der Spannmutter ragen, sind zu verkleiden.
- Der Spalt zwischen Schleifkörper und Werkstückauflage darf höchstens 3 mm betragen.
- Die Schutzhaube darf höchstens 65° geöffnet sein.
- Bei Trockenschliff Schleifstaub absaugen.
- Die auf den Schleifkörpern angegebenen höchsten Umfangsgeschwindigkeiten (= Schnittgeschwindigkeit) dürfen nicht überschritten werden.
- Schleifkörper vor Aufspannung auf Risse prüfen (Klangprobe bei keramischen Schleifscheiben).
- Schleifkörper spannungsfrei auf die Schleifspindel schieben, neue elastische Zwischenlagen verwenden, Spannflansch so wählen, dass die Scheibe biegefrei gespannt wird.
- Bei Scheiben für Nassschliff sind Zwischenlagen aus Papier oder Pappe ungeeignet.
- Nach dem Aufspannen Schleifkörper auf Unwucht prüfen.
- Nach jedem Neuaufspannen eines Schleifkörpers ist ein Probelauf von mindestens 5 Minuten bei der zulässigen Umfangsgeschwindigkeit durchzuführen.
- Schleifscheiben je nach Beanspruchung in regelmäßigen Abständen abrichten.
- Bei Schleifarbeiten ist eine geeignete Schutzbrille zu tragen. Eine normale Brille genügt nicht.

16.4 Arbeitssicherheit beim Schweißen

1. Lichtbogenschweißen
- Schweißgerät und Anschlussleitungen auf sicheren Zustand überprüfen, beschädigte Elektrodenhalter und Leitungen auswechseln.
- Schweißstromrückleitung möglichst nah an der Schweißstelle am Werkstück anschließen.
- Augen- und Gesichtsschutz, Schweißerschutzhandschuhe mit Stulpen und Schweißerschürze verwenden.
- Sonderbestimmungen für Schweißarbeiten in engen Räumen und in brand- oder explosionsgefährdeten Bereichen beachten.

2. Gasschmelzschweißen
- Bei Arbeitsunterbrechung angeschlossene Brenner sachgemäß aufhängen.
- Gasschläuche gegen Beschädigung schützen.
- Armaturen und Schläuche an Flaschen sicher befestigen.
- Gasflaschen gegen Umfallen sichern und nur aus stehenden Acetylenflaschen Gas entnehmen.
- Angeschlossene Brenner nie in geschlossenen Behältern ablegen.
- Zum Zünden zuerst Sauerstoffventil öffnen, dann erst das Acetylenventil. Beim Schließen ist umgekehrt zu verfahren.

Fertigungstechnik

16.5 Schutzmaßnahmen beim Umgang mit Kühlschmierstoffen

Hautschäden im Zusammenhang mit Schmierstoffkontakt gehören zu den häufigsten Berufskrankheiten in der metallverarbeitenden Industrie. Neben dem Einatmen der entstehenden Dämpfe birgt insbesondere der Hautkontakt mit Kühlschmierstoffen eine Reihe von Gefahren:
- Die Haut wird bei ständiger Berührung entfettet, verliert ihre Schutzschicht, wird rissig und anfällig gegenüber Krankheiten, z. B. Entzündungen, Akne und Ekzemen. Nicht selten treten diese Erkrankungen an Körperteilen auf, an denen ölverschmutzte Kleidung eng anliegt.
- Die in den Kühlschmierstoffen mitgeführten Fremdkörper wie kleine Metallspäne u. a. verursachen winzige Verletzungen, die ebenfalls zu Hautschäden führen können.

Den beschriebenen Gefahren kann mit einer Reihe von **Schutzmaßnahmen** begegnet werden.
- Kontakt mit Kühlschmierstoffen möglichst vermeiden.
- Vor der Arbeit eine schützende Hautcreme auftragen.
- Nach dem Kontakt mit Kühlschmierstoffen die Hände mit **geeigneten** Mitteln, z. B. Emulsionsreinigern, waschen. Auf keinen Fall die reinigende Wirkung der Kühlschmierstoffe selbst ausnutzen.
- Öldurchnässte Arbeitskleidung **sofort** wechseln und nicht auf der Haut trocknen lassen.
- Neben der Haut sind auch die Augen durch spritzenden Kühlschmierstoff gefährdet. Gelangt ein Spritzer ins Auge, so ist als erste Hilfe **sofort** mit dem Ausspülen zu beginnen. Anschließend ist **in jedem Fall** ein Augenarzt aufzusuchen.

> **Beispiel für eine Betriebsanweisung zu Umgang mit Kühlschmiermiteln** (Auszug)
>
> **Schutzmaßnahmen und Verhaltensregeln**
>
> - Hautkontakt auf ein Minimum beschränken, dazu gehören:
>   - Haut nie mit KSS reinigen, Hände nur mit sauberen Textil- oder Papiertüchern abtrocknen (keine Putzlappen verwenden)
>   - Gebrauchte Textil- oder Papiertücher nicht in die Kleidung stecken.
>   - Werkstücke, Maschinen und Haut nicht mit Druckluft abblasen.
>   - Schutzeinrichtungen verwenden.
>   - KSS-durchtränkte Kleidung sofort wechseln.
> - Vor Arbeitsbeginn, vor Pausen und nach Arbeitsende Schutzmaßnahmen nach Hautschutzplan durchführen.
> - Am Arbeitsplatz nicht essen, trinken oder rauchen.

16.6 Maßnahmen bei Unfällen

Trotz Sicherheitseinrichtungen und sicherheitsbewusstem Verhalten kommt es zu Arbeitsunfällen. Damit in solchen Fällen zielgerichtet und schnell geholfen werden kann, ist es die Pflicht eines jeden Betriebsangehörigen, über die in seinem Betrieb vorhandenen Hilfs- und Meldeeinrichtungen informiert zu sein.

Sofortmaßnahmen nach einem Unfall:
- Maschinen und Geräte im unmittelbaren Gefahrenbereich abschalten.
- Verunglückte Person(en) aus dem Gefahrenbereich bergen.
- Verunglückte Person(en) sicher lagern.
- Hilfe herbeirufen.
- Verunglückte(n) möglichst nicht allein lassen.
- Meldung des Unfalls nach betrieblichem Alarmplan.
- Soweit möglich erste Hilfe leisten.

Jeder Unfall ist sofort zu melden

17 Umweltschutz

1. Entsorgung von Schmier- und Kühlschmierstoffen

Schmier- und Kühlschmierstoffe werden nach einer bestimmten Einsatzdauer unbrauchbar.
Da Öle und Emulsionen zu den wassergefährdenden Stoffen zählen, dürfen sie nicht in den Boden, in Gewässer oder eine übliche Kläranlage geleitet werden. Die Entsorgung regeln Verordnungen, die aufgrund des Bundesabfallgesetzes erlassen wurden. So dürfen z. B. nur Unternehmen mit entsprechenden Genehmigungen die Entsorgung von Sonderabfällen (z. B. Kühlschmierstoffe usw.) vornehmen.
Entsorgungspflichtig ist in jedem Fall der Erzeuger von Sonderabfällen!

Entsorgung von Schmier- und Kühlschmierstoffen

2. Produktion und Umwelt

Jedes Produkt und auch das damit verbundene Herstellungsverfahren stellen einen Eingriff in die Umwelt dar. Inwieweit diese Eingriffe von einer Gemeinschaft getragen werden können, muss diese Gemeinschaft unter sich entscheiden. Beurteilungskriterien für solche Entscheidungen unter den Gesichtspunkten der Umwelt- und Sozialverträglichkeit kann die folgende Übersicht geben.

Umweltverträglichkeit	• Luftverträglichkeit (Schutz der Atmosphäre durch emissionsarme Produktion, Nutzung und Entsorgung) • Wasserverträglichkeit (Gewässerreinhaltung) • Bodenverträglichkeit (Bodenschutz) • Pflanzenverträglichkeit (Schutz der Artenvielfalt)
Ressourcenschonung[1]	• Schonung der **Energiereserven** (Öl, Erdgas, Kohle, Uran) • Schonung mineralischer **Rohstoffe** (Erze usw.) • Schonung der **Waldbestände** • Schonung der **Wasserreserven**, insbesondere des Trinkwassers • Schonung der **Bodenflächen** (nur unbedingt nötiger Wohnungsbau, Straßenbau, Bahntrassenbau usw.) • Schonung des **Bodens** (z. B. kein Treibstoff aus Zuckerrohr, kein Mais für Schweinezucht)
Abfallvermeidung und Abfallverwertung	• Regenerierbarkeit • Wiederverwendbarkeit • Verpackungsaufwand verringern
Gesundheitsverträglichkeit	• keine gesundheitlichen Gefährdungen und Belastungen für Menschen und Tiere durch **Schadstoff-Freiheit, Sicherheitstauglichkeit** und **Lärmarmut** der Produkte
Gebrauchstauglichkeit	• **Funktionstüchtigkeit** • **Verschleißarmut/Langlebigkeit** • **Bedienungs- und Reparaturfreundlichkeit** • **Gebrauchsintensität** (Wie intensiv kann bzw. muss das Produkt genutzt werden? Blockiert es die Nutzung anderer Produkte?) • **Fehlerfreundlichkeit** (Fähigkeit eines Produkts, Fehler, z. B. Material- und Bedienungsfehler, zu tolerieren)
Sozialverträglichkeit	• Die Produkte sollen den Menschen und die Gesellschaft bereichern im Hinblick auf soziale Werte wie **Kommunikation, Kooperation, Qualifikation, Kreativität**. • Sie sollen den Besitzer nicht privilegieren, d. h. ihm keine **Prestige-** und **Machtvorteile** verschaffen (Kann das Produkt massenhaft verwendet werden?). • Sie sollen nicht unter unzumutbaren **Arbeits-** und **Produktionsbedingungen** hergestellt worden sein (z. B. durch extreme Arbeitsteilung, Monotonie, Stress, psychische und physische Belastungen).

---

1 Ressource (franz.) = Bestand, Mittel

Werkstofftechnik

HANDLUNGSFELD: Werkstoffe auswählen

Problemstellung

Für die Abdrückvorrichtung eines Magnetgreifers ist der Werkstoff auszuwählen

Magnetgreifer: Blech, Dauermagnet, Abdrückvorrichtung

Analysieren

Anforderungen
- Belastung des Bauteils feststellen (mechanisch, thermisch, chemisch)
- notwendige Eigenschaften aus der Belastung ermitteln

Belastung:
- Biegung
- Verschleiß

notwendige Eigensch.:
- unmagnetisch
- fest
- abriebfest
- weicher als Blech
- etc.

Ergebnisse
- bisher verwendete bzw. in ähnlichen Fällen eingesetzte Werkstoffe auflisten
- Kostenrahmen für Werkstoff ermitteln

Vorauswahl durchführen
(für das jeweilige Verfahren)

Anforderungen
Werkstoffe mit den notwendigen Eigenschaften bestimmen

geeignet:
- austenitischer Stahl
- Messing, Bronze
- PA, PE, PTFE
- Al-Legierungen

Ergebnisse
- Werkstoffhauptgruppe auswählen (Stahl, Leichtmetall, Kunststoff …)
- Werkstoffuntergruppe benennen (z. B. Baustahl, Messing …)

Werkstoff technisch und wirtschaftlich bewerten

Bewertungsbereich
- Werkstoffkosten
- Fertigungskosten
- Umweltbelastung

	Punktebewertung		
	Werkstoffpreis	Fertigungskosten	Umweltbelastung
austenitischer Stahl	1	1	
Messing	2	2	
Bronze	1	2	
Polyamid	3	2	
Polytetrafluorethylen	2	1	

Ergebnisse
- Fertigung
- Nutzung:
  - Wartung
  - Instandhaltung
- Beseitigung:
  - Recycelbarkeit

ausgewählten Werkstoff normgerecht definieren

- Werkstoffbezeichnung

Druckstück: Polyamid PA 6 10

- Werkstoffnummer
- Kurzzeichen

1 Eigenschaften der Werkstoffe

Jeder Werkstoff besitzt viele Eigenschaften, die ihn von anderen Werkstoffen unterscheiden.
Man unterscheidet physikalische und chemische Eigenschaften. Aus diesen ergeben sich die technologischen Eigenschaften. Sie bestimmen die technische Verwendbarkeit von Werkstoffen.

Eigenschaften der Werkstoffe

1.1 Physikalische Eigenschaften

1.1.1 Mechanische Eigenschaften

1. Dichte

Jeder Körper besitzt eine Masse (Formelzeichen m). Die Basiseinheit der Masse ist das Kilogramm (Einheitenzeichen kg).
Jeder Werkstoff hat eine für ihn kennzeichnende Massenkenngröße. Diese Massenkenngröße erhält man, wenn man die Masse eines Körpers durch sein Volumen dividiert. Die so ermittelte Kenngröße bezeichnet man als **Dichte** (Formelzeichen ϱ, gesprochen: rho).

$$\text{Dichte} = \frac{\text{Masse}}{\text{Volumen}} \qquad \varrho = \frac{m}{V}$$

Einheiten der Dichte: $\frac{t}{m^3}$; $\frac{kg}{dm^3}$; $\frac{g}{cm^3}$

Dichte verschiedener Werkstoffe (in kg/dm³):
- Platin: 21,5
- Gold: 19,3
- Blei: 11,3
- Kupfer: 8,9
- Stahl: 7,85
- Zink: 7,1
- Aluminium: 2,7
- Magnesium: 1,7
- Polyvinylchlorid PVC: 1,7
- Wasser: 1,0
- Polyethylen PE: 0,9
- Kork: 0,3

Die Dichte ist bei der Auswahl von Werkstoffen z. B. für den Fahrzeug- und Flugzeugbau von Bedeutung. Um Gewicht zu sparen, werden z. B. Flugzeugkonstruktionen aus Aluminiumlegierungen, Felgen für Pkw aus Magnesiumlegierungen, Motor- und Getriebehäuse für Pkw aus Aluminiumlegierungen gefertigt.

> **!** Die Dichte ist das Verhältnis von Masse zu Volumen.
> In der Technik wird die Dichte eines Stoffs meist in kg/dm³ angegeben.

Übungsaufgaben 1/1; 1/2; 1/3

2. Festigkeit

Die kleinsten Teilchen eines Werkstoffs werden untereinander durch Kräfte zusammengehalten. Diese Kräfte bezeichnet man als Zusammenhangskräfte oder Kohäsionskräfte eines Werkstoffs. Wird ein Werkstoff belastet, so verhindern die **Kohäsionskräfte** die Trennung der Werkstoffteilchen. Sobald jedoch die Belastung in einem Bauteil die Kohäsionskräfte übersteigt, werden die Werkstoffteilchen voneinander getrennt und das Bauteil bricht.

Kohäsionskräfte und Wirkung äußerer Kräfte

Die Kraft zur Überwindung der Kohäsionskräfte hängt von Werkstoff und Querschnitt des belasteten Körpers ab. Mit größer werdendem Querschnitt kann ein Körper eine größere Belastung aufnehmen. Damit verschiedene Werkstoffe miteinander verglichen werden können, rechnet man die zur Überwindung der Kohäsionskräfte notwendige äußere Belastung auf einen Quadratmillimeter des Querschnitts um. Man spricht dann von der Festigkeit des Werkstoffs.

$$\text{Festigkeit} = \frac{\text{größtmögliche Belastung}}{\text{Anfangsquerschnitt}}$$

> Die Festigkeit ist ein Kennwert für die Belastbarkeit eines Werkstoffs. Die Festigkeit wird durch das Verhältnis von größtmöglicher Belastung zum Querschnitt ausgedrückt. Die Festigkeit wird meist in N/mm² angegeben.

Die Werkstoffe zeigen bei den einzelnen Beanspruchungen unterschiedlichen Widerstand gegen eine Trennung der kleinsten Teilchen. Man unterscheidet darum verschiedene Festigkeitsarten.

– Zugfestigkeit

Wird ein Körper durch Zugkräfte beansprucht, so verlängert er sich. Die Festigkeit, die ein Werkstoff dem Zerreißen infolge Zugbeanspruchung entgegensetzt, nennt man seine Zugfestigkeit.
Die Zugfestigkeit des Werkstoffs ist besonders wichtig z. B. bei Schrauben, Seilen, Ketten und Betonstahl.

Zugbeanspruchung

– Scherfestigkeit

Wird ein Körper durch Scherkräfte beansprucht, so werden die Teilchen des Werkstoffs gegeneinander verschoben. Die Festigkeit, die ein Werkstoff dem Abscheren infolge Schubbeanspruchung entgegensetzt, nennt man seine Scherfestigkeit. Die Scherfestigkeit eines Werkstoffs ist von besonderer Wichtigkeit bei Bolzen und Nieten.

Scherbeanspruchung

Weitere Festigkeitsarten sind:
- Bei Biegebeanspruchung: Biegefestigkeit,
- bei Knickbeanspruchung: Knickfestigkeit,
- bei Druckbeanspruchung: Druckfestigkeit,
- bei Verdrehbeanspruchung: Verdrehfestigkeit.

> Zur Ermittlung der Festigkeitsarten werden genormte Prüfverfahren eingesetzt. Dabei werden die Prüfkörper bis zum Bruch belastet.
> Festigkeitsarten: • Zugfestigkeit, • Druckfestigkeit, • Scherfestigkeit,
> • Biegefestigkeit, • Knickfestigkeit, • Verdrehfestigkeit.

Eigenschaften der Werkstoffe

3. Elastizität

Wirken Kräfte auf ein Werkstück, so werden die Abstände zwischen den Werkstoffteilchen um ein geringes Maß vergrößert oder verkleinert. Das Werkstück ändert dadurch seine äußere Form. Nach Entlastung gehen die Teilchen wieder auf ihre Ausgangsplätze zurück. Das Werkstück nimmt seine ursprüngliche äußere Form wieder ein. Diese Eigenschaft bezeichnet man als Elastizität.

Die Elastizität von Werkstoffen ist meist begrenzt. Beim Überschreiten einer werkstoffeigenen Grenze (Elastizitätsgrenze) wird der Werkstoff dauerhaft verformt oder bricht.

Hohe Elastizität des Werkstoffs ist z.B. bei Blatt- und Wendelfedern besonders wichtig.

Hochelastische Werkstoffe, z.B. Gummi, sind nicht umformbar, weil sie nach Entlasten wieder in ihre Ausgangslage zurückgehen.

> **!** Elastizität ist die Eigenschaft eines Werkstoffs, nach Entlasten seine Ausgangsform wieder einzunehmen.

4. Plastizität

Wird ein Werkstoff so hoch belastet, dass er nach Entlastung *nicht* in seine ursprüngliche Form zurückgeht, so ist er bleibend umgeformt. Man spricht von **plastischer Formänderung**. Werkstoffe mit hoher Plastizität lassen sich mit geringem Kräfteaufwand stark umformen.

Bei Metallen nimmt die Plastizität mit steigender Temperatur zu.

Für Werkstücke, die durch Umformen gefertigt werden, wie Profile, Bleche, Rohre, müssen Werkstoffe mit hoher Plastizität gewählt werden.

Werkstoffe, die bei Belastung ohne nennenswerte plastische Verformung zu Bruch gehen, bezeichnet man als **spröde**.

> **!** Plastizität ist die Eigenschaft eines Werkstoffs, sich in bestimmten Grenzen bleibend umformen zu lassen.

5. Härte

Werkstoffe können unterschiedlich hart sein. Diese Eigenschaft lässt sich nur durch Vergleich mehrerer Werkstoffe ermitteln. Harte Werkstoffe ritzen weiche. Den Widerstand, den ein Werkstoff dem Eindringen eines anderen in seine Oberfläche entgegensetzt, nennt man seine Härte. Bei der Auswahl von Werkstoffen für Werkzeugschneiden ist eine große Härte von besonderer Bedeutung.

> **!** Härte ist der Widerstand, den ein Werkstoff dem Eindringen eines anderen Körpers entgegensetzt.

Werkstofftechnik

1.1.2 Thermische Eigenschaften

1. Wärmedehnung

Bei steigender Erwärmung eines Stoffs geraten seine kleinsten Teilchen in immer heftigere Bewegung. Sie benötigen dafür mehr Raum, das Volumen des Werkstoffs nimmt zu. Darum dehnen sich die Werkstoffe bei Erwärmung aus. Beim Abkühlen nimmt das Volumen ab, der Werkstoff schrumpft.
Bei Stahl beträgt die Wärmedehnung 0,012 mm je Meter Länge bei 1 Grad Temperaturänderung.

Versuch zur Wärmedehnung

Beim Fügen von Werkstücken muss die Wärmedehnung berücksichtigt werden, so werden z. B. Wellen und Achsen nur einseitig genau fixiert, während sie auf der anderen Seite verschiebbar gelagert werden.
Beim Fügen durch Eingießen muss darauf geachtet werden, dass nur Werkstoffe mit gleicher Wärmedehnung verbunden werden.
In der Praxis wird die Wärmedehnung als Verfahren zum Fügen – **Schrumpfverbindungen** – eingesetzt.

Längenausdehnung verschiedener Werkstoffe im Vergleich zur Längenausdehnung von Stahl

Polyethylen (PE)	16-fach
Polyvinylchlorid (PVC)	7-fach
Zink	2,5-fach
Aluminium	2-fach
Beton	1-fach
Glas	0,6-fach

Herstellung einer Schrumpfverbindung

> ❗ Wärmedehnung ist die Eigenschaft eines Werkstoffs, bei Temperaturänderung sein Volumen zu vergrößern. Angaben für die Wärmedehnung berücksichtigen meist nur die Längenausdehnung.

2. Wärmeleitfähigkeit

Die Geschwindigkeit, mit der beim Erwärmen eines Stoffs die Wärmeenergie von einem Teilchen auf das nächste weitergeleitet wird, bestimmt die Wärmeleitfähigkeit.
Metalle sind Stoffe mit hoher Wärmeleitfähigkeit. Man verwendet sie darum als Werkstoffe für wärmeabgebende und wärmeaufnehmende Flächen, z. B. in Heiz- oder Kühlanlagen. Schlechte Wärmeleiter sind Kunststoffe, Glas, Holz u. a. Man verwendet sie deshalb zum Isolieren.

Wärmeleitfähigkeit verschiedener Werkstoffe im Vergleich zur Wärmeleitfähigkeit von Glas

Kupfer	320-fach	Kesselstein	1- bis 3-fach
Stahl	43-fach	Styropor	0,02-fach

> ❗ Die Wärmeleitfähigkeit gibt an, wie gut ein Werkstoff Wärmeenergie weiterleitet.

Eigenschaften der Werkstoffe

1.2 Chemische Eigenschaften

1. Korrosionsbeständigkeit
Durch chemische Vorgänge können metallische Werkstoffe von der Oberfläche her unter Einwirkung von Luft, Wasser, Säuren oder anderen Stoffen zerstört werden. Diese Zerstörung bezeichnet man als **Korrosion**. Werkstoffe, die sich durch Einflüsse ihrer Umgebung chemisch nicht verändern, sind korrosionsbeständig.

2. Giftigkeit
Flüssige Metalle verdampfen geringfügig. Dämpfe von Blei, Quecksilber und Kadmium sind giftig, sie können schon in geringen Mengen beim Einatmen zu akuten Gesundheitsschäden führen.

1.3 Technologische Eigenschaften
Durch technologische Eigenschaften wird das Verhalten der Werkstoffe bei der Verarbeitung beschrieben.

1. Gießbarkeit
Durch Gießen von flüssigem Werkstoff in Formen werden Werkstücke gefertigt.
Die Eignung eines Werkstoffs, durch Gießen in Formen eine vorgegebene Gestalt anzunehmen, bezeichnet man als Gießbarkeit. Gut gießbare Stoffe sind im flüssigen Zustand dünnflüssig und neigen bei der Erstarrung und Abkühlung nicht zu Fehlern, wie z. B. zu Rissen und Blasen.

Gießbarkeit — gut / Ausschuss (Riss, Form nicht ausgefüllt)

! Gießbarkeit ist die Eignung eines Werkstoffs zum Vergießen in Formen.

2. Umformbarkeit
Durch Walzen, Schmieden und andere Umformverfahren werden Werkstücke in ihrer Form bleibend geändert. Die Eignung eines Werkstoffs, durch Umformen in eine andere Form gebracht zu werden, bezeichnet man als seine Umformbarkeit. Gut umformbare Werkstoffe sind leicht plastisch formbar.

Umformbarkeit — gut / Ausschuss (Risse)

! Umformbarkeit ist die Eigenschaft eines Werkstoffs, durch äußere Beanspruchung bleibend umgeformt zu werden.

3. Zerspanbarkeit
Durch spanende Bearbeitung, wie z. B. durch Drehen, Fräsen und Bohren, werden Werkstücke in ihrer Form geändert. Die Eignung eines Werkstoffs zum Zerspanen bezeichnet man als seine Zerspanbarkeit. Gut zerspanbare Werkstoffe zeigen glatte Oberflächen nach der Zerspanung und ergeben Späne, die den Fertigungsablauf nicht behindern.

Zerspanbarkeit — gut / Ausschuss (Oberfläche vergrößert)

! Zerspanbarkeit ist die Eignung eines Werkstoffs zum Zerspanen.

Werkstofftechnik

2 Aufbau metallischer Werkstoffe

2.1 Chemische Elemente

1. Vorkommen und Einteilung

Alle Stoffe auf der Erde, z. B. Wasser, Stein, Holz, Stahl, Kunststoff, sind aus Grundstoffen aufgebaut. Diese Grundstoffe nennt man **chemische Elemente**. In der Natur gibt es 92 Elemente. Zu diesen kommen noch Elemente, die mit Mitteln der modernen Atomphysik erzeugt werden, hinzu. Diese künstlich hergestellten Elemente sind bislang jedoch technisch bedeutungslos.

Auf der Erde sind die Elemente in sehr unterschiedlichen Mengen vorhanden. So bestehen z. B. 50 % der Erdkruste aus dem Element Sauerstoff, während 83 andere Elemente einen Anteil von insgesamt nur 1,4 % haben. Darunter befinden sich so wichtige Elemente wie Kupfer, Zink, Nickel und Kohlenstoff.

Element	Anteil
Sauerstoff	50,5 %
Silizium	27,5 %
Aluminium	7,3 %
Eisen	3,4 %
Kalzium	2,8 %
Kalium	2,5 %
Natrium	2,2 %
Magnesium	1,3 %
Wasserstoff	1,0 %
83 übrige Elemente	1,4 %

Verteilung der Elemente in der Erdkruste

> ❗ Alle Stoffe bestehen aus Grundstoffen, den chemischen Elementen.

Jedes Element hat einen Namen, der durch ein international gültiges Symbol abgekürzt wird. Das Symbol setzt sich aus Buchstaben des lateinischen Namens des Elements zusammen.

Eisen	= **Fe**rrum	⇒ Fe
Sauerstoff	= **O**xygenium	⇒ O
Kohlenstoff	= **C**arboneum	⇒ C
Stickstoff	= **N**itrogenium	⇒ N

Etwa 70 Elemente zeigen als gemeinsame Merkmale besonderen Glanz, gute Wärmeleitfähigkeit, elektrische Leitfähigkeit und gute Umformbarkeit. Sie werden als **Metalle** bezeichnet.

> ❗ Kennzeichen der Metalle:
> - glänzende Oberfläche,
> - gute elektrische Leitfähigkeit,
> - gute Wärmeleitfähigkeit,
> - gute Umformbarkeit.

Einige Elemente weisen nur unter bestimmten Bedingungen, z. B. ab einer bestimmten Temperatur, alle Eigenschaften eines Metalls auf. Man bezeichnet diese Elemente als **Halbmetalle**. Zu den Halbmetallen gehören z. B. Silizium, Germanium und Antimon.

Die übrigen Elemente, z. B. Kohlenstoff, Stickstoff und Sauerstoff, bezeichnet man als **Nichtmetalle**.

Die Metalle werden nach der Dichte in **Leichtmetalle** und **Schwermetalle** unterteilt. Leichtmetalle haben eine Dichte unter 5 g/cm³.

Von den Schwermetallen ist das Element Eisen das in der Technik am häufigsten verwendete Metall. Andere Schwermetalle sind als Legierungsmetalle des Eisens von Bedeutung, wie z. B. Mangan, Wolfram und Chrom.

Häufig verwendete Leichtmetalle sind die Elemente Aluminium, Magnesium und Titan.

Unter den Nichtmetallen nimmt das Element Kohlenstoff eine besondere Stellung ein. Kohlenstoff ist die Grundlage aller Stoffe der lebenden Natur und der Kunststoffe.

Schwermetalle:

Eisen	Fe	Kupfer	Cu	Zinn	Sn
Zink	Zn	Blei	Pb	Nickel	Ni
Mangan	Mn	Wolfram	W	Vanadium	V
Kobalt	Co	Molybdän	Mo	Chrom	Cr

Leichtmetalle:

Aluminium	Al	Magnesium	Mg	Titan	Ti

Nichtmetalle:

Kohlenstoff	C	Silizium	Si	Stickstoff	N
Schwefel	S	Wasserstoff	H	Chlor	Cl
Phosphor	P	Sauerstoff	O	Argon	Ar

Übungsaufgaben 2/1; 2/2; 2/3

Aufbau metallischer Werkstoffe

2. Aufbau der Elemente

Das Atom ist das kleinste Teilchen eines chemischen Elements. Jedes Element hat anders aufgebaute Atome. Bausteine der Atome sind das **Proton**, das **Neutron** und das **Elektron**. Sie unterscheiden sich von einander durch ihre Masse, ihre elektrische Ladung und ihren Platz im Atom.

Protonen sind elektrisch positiv geladen. Elektronen sind elektrisch negativ geladen.
Neutronen sind elektrisch neutral.
Protonen und Neutronen haben etwa die gleiche Masse und bilden den **Atomkern**.
Das Elektron hat nur etwa 1/2000 der Masse eines Protons. Die Elektronen bilden die **Hülle des Atoms**.

Das erste brauchbare Atommodell wurde 1913 von Ernst Rutherford (1871–1937) entworfen und von Niels Bohr (1885–1962) weiterentwickelt. Hiernach bewegen sich die Elektronen auf kreis- oder ellipsenförmigen Bahnen um den Atomkern.
Die Bahnen, auf denen sich die Elektronen bewegen, liegen schalenförmig um den Atomkern. Man spricht deshalb von Schalen, die unterschiedliche Abstände zum Kern haben.

Massenvergleich der Atombausteine:
- Proton (positiv) — 2000 Elektronen (negativ)
- Proton (positiv) — Neutron (neutral)

Kohlenstoffatom nach Bohr:
- Atomkern mit 6 Protonen und 6 Neutronen
- Elektron
- Hülle mit 6 Elektronen

> **Atombausteine**
> Kernbausteine: • Protonen (elektrisch positiv) • Neutronen (ungeladen)
> Bausteine der Hülle: • Elektronen (elektrisch negativ)
> Ein Atom ist nach außen elektrisch neutral, da die Anzahl der Protonen und Elektronen gleich groß ist.

3. Atomaufbau der Elemente 1 bis 18
(nach dem Atommodell von Bohr)

Zeichenerklärung:
- ● Atomkern
- ○ Schale
- ● Elektron
- Ordnungszahl — Name — Symbol
- Metall
- Halbmetall
- Nichtmetall

1 Wasserstoff H	2 Helium He
1 Proton	2 Protonen, 2 Neutronen

3 Lithium Li	4 Beryllium Be	5 Bor B	6 Kohlenstoff C	7 Stickstoff N	8 Sauerstoff O	9 Fluor F	10 Neon Ne
3 Protonen + Neutronen	4 Protonen + Neutronen	5 Protonen + Neutronen	6 Protonen + Neutronen	7 Protonen + Neutronen	8 Protonen + Neutronen	9 Protonen + Neutronen	10 Protonen + Neutronen

11 Natrium Na	12 Magnesium Mg	13 Aluminium Al	14 Silizium Si	15 Phosphor P	16 Schwefel S	17 Chlor Cl	18 Argon Ar
11 Protonen + Neutronen	12 Protonen + Neutronen	13 Protonen + Neutronen	14 Protonen + Neutronen	15 Protonen + Neutronen	16 Protonen + Neutronen	17 Protonen + Neutronen	18 Protonen + Neutronen

Übungsaufgaben 2/4; 2/5; 2/6

Werkstofftechnik

2.2 Aufbau von reinen Metallen

2.2.1 Metallbindung

Metallatome geben die Elektronen der äußeren Schalen ab. Dadurch entstehen elektrisch positiv geladene Teilchen, die man als **Metallionen** bezeichnet.

Die abgegebenen Elektronen bleiben ungebunden und können sich zwischen den Metallionen frei bewegen. Durch ihre negative Ladung bewirken sie den Zusammenhalt der Metallionen. Es entsteht ein **kristalliner Aufbau** – ein Metallkristall.

Bei starker Vergrößerung ist an polierten Metallflächen die Kristallform erkennbar.

Schema eines Metallkristalls

Oberfläche eines Wismutkristalls (Vergrößerung)

> In Metallen werden die positiv geladenen Metallionen von freien Elektronen zusammengehalten. Metalle sind kristallin aufgebaut.

Wirken Kräfte auf einen Metallkristall, so können die Schichten innerhalb des Metallkristalls gegeneinander verschoben werden, ohne dass der Gesamtzusammenhang verloren geht. Die Folge ist eine gute Umformbarkeit der Metalle.

Metallkristall bei Umformung

> Metalle sind wegen des kristallinen Aufbaus umformbar.

Bildet man mit einem metallenen Draht und einer Batterie einen geschlossenen Stromkreis, so fließen Elektronen. Die Elektronen strömen vom Minuspol durch den Draht zum Pluspol. Die leichte Verschiebbarkeit der freien Elektronen in Metallen ist die Ursache für die gute elektrische Leitfähigkeit der Metalle.

Stromfluss

> Die freien Elektronen sind die Ursache für die elektrische Leitfähigkeit der Metalle.

2.2.2 Schmelzverhalten von reinem Metall

Erwärmt man reines Metall, so steigt die Temperatur im Werkstoff zunächst gleichmäßig an. Dabei behalten die kleinsten Teilchen des Metallgefüges ihre Plätze im Metallkristall bei. Sie werden jedoch mit steigender Temperatur in immer stärkere Schwingungen versetzt. Schließlich lösen sich nacheinander einige Teilchen aus dem Gitter und bewegen sich frei – das Metall beginnt flüssig zu werden.

Aufbau metallischer Werkstoffe

Zum Übergang vom festen in den flüssigen Zustand benötigen die Teilchen sehr viel Wärme. Die Temperatur im Werkstoff steigt deswegen nicht weiter, obwohl ständig Wärme zugeführt wird. Erst wenn das ganze Metall geschmolzen ist, steigt die Temperatur wieder stetig an.

Beispiele für das Schmelzen eines reinen Metalls

fester Stoff → Aufschmelzen (fester Stoff + Schmelze) → Schmelze

320 °C — 327 °C — 327 °C — 330 °C

Schmelzen von reinem Blei

Misst man beim Aufschmelzen eines Metalls in bestimmten Zeitabständen die Temperaturen und trägt zugehörige Temperaturen und Zeiten eines reinen Metalls in ein Diagramm ein, so erhält man durch Verbinden der einzelnen Punkte einen Linienzug. Dieser Linienzug gibt das Verhalten des Metalls genau wieder. Zunächst verläuft der Linienzug steil nach oben. Während eines bestimmten Zeitraums erfolgt kein weiterer Temperaturanstieg. Es tritt also keine Temperaturveränderung ein. Diese Temperatur bezeichnet man als **Schmelztemperatur** oder Schmelzpunkt. Man spricht auch von einem **Haltepunkt**, weil die Temperatur „anhält". Wenn das Metall restlos geschmolzen ist, steigt die Temperatur wieder an. Die Kurve verläuft entsprechend der steigenden Temperatur wieder steil nach oben.

Beispiele für die Schmelzpunktbestimmung eines reinen Metalles

Schmelzpunktbestimmung bei Blei

Zeit in s	Temp. in °C
20	315
30	321
40	327
50	327
60	327
70	327
80	345

Versuchseinrichtung — Messergebnisse — Aufheizkurve

Misst man den zeitlichen Verlauf der Temperatur bei der Abkühlung, so ergibt sich bei der Umwandlung vom flüssigen in den festen Zustand ein Haltepunkt bei der gleichen Temperatur wie der Schmelzpunkt. Schmelz- und Erstarrungspunkt sind gleich.

> **!** Reine Metalle schmelzen und erstarren während eines Haltepunkts.
> Schmelz- und Erstarrungstemperatur sind gleich. Darum können Umwandlungspunkte über den Aufheiz- oder Abkühlungsverlauf ermittelt werden.

Übungsaufgaben 2/10; 2/11

Werkstofftechnik

2.2.3 Metallgefüge

Die Entstehung des kristallinen Aufbaus eines Metalls lässt sich am besten am Erstarrungsvorgang einer Metallschmelze erklären.

In einer Metallschmelze bewegen sich Metallionen regellos mit hoher Geschwindigkeit durcheinander. Kühlt die Schmelze ab, wird die Bewegung der Metallionen langsamer. Bei Erreichen der **Erstarrungstemperatur** lagern sich die Ionen gleichzeitig an vielen Stellen der Schmelze zusammen. Es entstehen viele einzelne Kristalle, die während des Erstarrungsvorgangs wachsen.

Entstehung des Metallgefüges

> ❗ Bei der Erstarrung einer Metallschmelze lagern sich Metallionen zu Kristallen zusammen.

Gegen Ende der Erstarrung stoßen die Kristalle aneinander. Die so entstandenen und gegeneinander gewachsenen Kristalle nennt man **Körner**. Die Grenzen zwischen den Körnern werden als **Korngrenzen** bezeichnet. Körner und Korngrenzen sind an polierten und mit Säure behandelten Metallproben unter dem Mikroskop zu erkennen. Diesen unter dem Mikroskop sichtbaren Aufbau des Metalls nennt man **Metallgefüge**.

Die Größe der Körner beeinflusst die Eigenschaften eines Metalls:
- grobkörnige Gefüge sind leichter zerspanbar,
- feinkörnige Gefüge sind zäher.

Gefüge von Aluminium

> ❗ Das Metallgefüge besteht aus vielen gegeneinander gewachsenen Kristallen.
> Man nennt diese Kristalle Körner.
> Feinkörnige Gefüge sind zäher, grobkörnige Gefüge sind besser zerspanbar.

Die Art, wie die Metallionen innerhalb eines Korns angeordnet sind, ist bei den einzelnen Metallen unterschiedlich. Zur Kennzeichnung dieser Ordnung denkt man sich die Mitten der nächsten benachbarten Metallionen miteinander verbunden. Man erkennt dann ein immer wiederkehrendes, räumliches Gebilde. Dieses räumliche Gebilde bezeichnet man als **Gitter**.

Gitteraufbau

> ❗ Die Anordnung der Metallionen im Metallkristall wird durch das Gitter beschrieben.

Übungsaufgaben 2/12; 2/13; 2/14

2.2.4 Gittertypen

1. Kubisch-raumzentriertes Gitter (krz-Gitter)

Beim kubisch-raumzentrierten Gitter sind acht Metallionen räumlich so angeordnet, dass die Verbindungen ihrer Mitten einen Würfel ergeben. Ein weiteres Metallion befindet sich in der Mitte – im Zentrum – des Würfels.

Metalle mit kubisch-raumzentriertem Gitteraufbau sind z. B. Chrom, Molybdän und Eisen (bei niedrigen Temperaturen).

Kubisch-raumzentrierter Gitteraufbau

2. Kubisch-flächenzentriertes Gitter (kfz-Gitter)

Beim kubisch-flächenzentrierten Gitter sind ebenfalls acht Metallionen räumlich so angeordnet, dass die Verbindungen ihrer Mitten einen Würfel bilden. Weitere sechs Metallionen befinden sich in den Mitten jeder Würfelfläche.

Metalle mit kubisch-flächenzentriertem Gitteraufbau sind z. B. Aluminium, Kupfer, Blei und Eisen (bei höheren Temperaturen).

Kubisch-flächenzentrierter Gitteraufbau

3. Hexagonales Gitter (hex-Gitter)

Beim hexagonalen Gitter bilden die Verbindungslinien benachbarter Metallionen einen Körper mit sechseckiger Grundfläche und Deckfläche. In der Mitte dieser beiden Flächen befindet sich je ein weiteres Metallion. Zwischen Grund- und Deckfläche haben zusätzlich drei Metallionen Platz.

Metalle mit hexagonalem Gitteraufbau sind z. B. Magnesium, Titan und Zink.

Hexagonaler Gitteraufbau

> **!** Metalle kristallisieren hauptsächlich in
> - kubisch-flächenzentrierten Gittern,
> - kubisch-raumzentrierten Gittern oder
> - hexagonalen Gittern.

4. Einfluss des Gittertyps auf Eigenschaften

Aus den unterschiedlichen Gittertyen ergeben sich jeweils andere Eigenschaften:
Metalle mit hexagonalem Gitter – wie z. B. Magnesium – lassen sich schlechter umformen.
Metalle mit kubisch-flächenzentriertem Gitter – wie z. B. Blei – lassen sich gut umformen.
Auch für die Wärmebehandlung von Werkstoffen, z. B. beim Härten von Stahl, ist der Gittertyp von Bedeutung.

hex-Gitter   krz-Gitter   kfz-Gitter

steigende Umformbarkeit →

Bedeutung des Gittertyps für die Umformbarkeit

> **!** Am besten umformbar sind Metalle mit kfz-Gitter, am schlechtesten Metalle mit hex-Gitter.

Werkstofftechnik

2.3 Legierungen

Reine Metalle haben im Maschinenbau und in der Fertigungstechnik nur geringe Bedeutung. Die reinen Metalle erfüllen nicht die vielseitigen Anforderungen, die an die Werkstoffe von Bauteilen gestellt werden. Zur Änderung der Eigenschaften werden darum Metalle mit anderen Metallen oder Nichtmetallen im flüssigen Zustand gemischt. Ein solches Gemisch ist eine **Legierung**.

Häufig verwendete Legierungen haben einen besonderen Namen, wie z. B. Stahl, Gusseisen, Messing.
Stahl ist eine Sammelbezeichnung für schmiedbare Legierungen aus Eisen und höchstens 2,06 % Kohlenstoff. Für besondere Anforderungen legiert man andere Elemente zu.
Gusseisen ist eine Sammelbezeichnung für nicht schmiedbare Legierungen aus Eisen und 3 bis 5 % Kohlenstoff.
Messing ist eine Sammelbezeichnung für Legierungen aus Kupfer (mehr als 50 %) und Zink.

> ! Eine Legierung ist ein Gemisch von Metallen bzw. Metallen mit Nichtmetallen, das aus einer gemeinsamen Schmelze erstarrt.

An die einzelnen Bauelemente von Maschinen und Anlagen werden unterschiedliche Anforderungen gestellt, die für die Auswahl des Werkstoffs entscheidend sind.

Beispiele für verschiedene Legierungen in einem Getriebemotor

① Gehäuse aus Gusseisen
② Welle aus Stahl
③ Zahnräder aus Stahl
④ Wälzlager aus Stahl
⑤ Deckel aus Zinkdruckguss

Bauelemente	Geforderte Eigenschaften	Werkstoff
① Gehäuse	mittlere Festigkeit, leicht herstellbar durch Gießen	**Gusseisen** mit 3,5 % Kohlenstoff und 1,5 % Silizium
② Welle	hohe Festigkeit und Zähigkeit	**Stahl** mit 0,42 % Kohlenstoff, 4 % Chrom, 0,5 % Silizium und 0,4 % Mangan
③ Zahnräder	hohe Zähigkeit mit harter Oberfläche	**Stahl** mit 0,2 % Kohlenstoff, 1,3 % Mangan und 0,5 % Silizium (oberflächengehärtet)
④ Wälzlager	harte und verschleißfeste Oberfläche	**Stahl** mit 1,05 % Kohlenstoff, 0,5 % Chrom und 0,3 % Silizium
⑤ Deckel	leicht herstellbar durch Gießen, sehr geringe Anforderungen	**Zinkdruckguss** mit 3,8 % Aluminium
Wicklung	gute elektrische Leitfähigkeit	**reines Kupfer**
Kontaktschrauben	gute elektrische Leitfähigkeit, mittlere Festigkeit	**Messing** mit 65 % Kupfer und 35 % Zink

Aufbau metallischer Werkstoffe

Entscheidend für die Eigenschaften legierter Werkstoffe ist das Verhalten der Legierungsbestandteile zueinander im festen Zustand.
Man unterscheidet grundsätzlich zwei Legierungstypen, Legierungen mit *Kristallgemengen* und Legierungen mit *Mischkristallen*.

2.3.1 Legierungen mit Mischkristallen

1. Aufbau und Eigenschaften

Sind die Bestandteile einer Legierung am Aufbau des Kristallgitters gemeinsam beteiligt, so spricht man von einem **Mischkristall**.
Die Legierungsbestandteile sind im Korn gemischt. Legierungen mit Mischkristallbildung sind unter dem Mikroskop von den reinen Metallen nicht zu unterscheiden, da man im einzelnen Korn die verschiedenen Elemente nicht erkennen kann.

Gefüge von Mischkristallen (200fach vergrößert)

! Legierungen bilden Mischkristalle, indem die Bestandteile gemeinsame Gitter bilden.

Legierungsbestandteile mit kleinen Atomdurchmessern können Mischkristalle bilden, indem sie sich in Gitterlücken des Grundwerkstoffs einlagern. Die Fremdatome müssen erheblich kleiner sein als die Atome des Grundmetalls.
Diese Art der Mischkristalle bezeichnet man als **Einlagerungsmischkristalle**.

Einlagerungsmischkristall

Legierungsbestandteile mit etwa gleichem Atomdurchmesser wie das Grundmetall bilden Mischkristalle, indem die Atome des Legierungsbestandteils Atome des Grundwerkstoffs ersetzen. Diese Art der Mischkristalle bezeichnet man als **Austauschmischkristalle** (Substitutionsmischkristall).
Die Bildung von Austauschmischkristallen ist nur möglich, wenn die Ausgangsstoffe etwa gleiche Atomdurchmesser, ähnliche chemische Eigenschaften und gleichen Gittertyp haben.

Austauschmischkristall

! Bei den Legierungen mit Mischkristallbildung müssen zwei Arten unterschieden werden:
- Einlagerungsmischkristalle,
- Austauschmischkristalle.

Die Atome der Legierungsbestandteile in Mischkristallen behindern die Umformung des Grundwerkstoffs nur wenig. Deshalb sind Legierungen mit Mischkristallen leicht umformbar und zäh.
Wegen ihres einheitlichen Gefüges sind Mischkristalle verhältnismäßig korrosionsbeständig.

Umformung von Mischkristallen

! Legierungen mit Mischkristallen
- haben hohe Zähigkeit,
- sind leicht umformbar,
- sind meist korrosionsbeständig.

Werkstofftechnik

2. Schmelz- und Erstarrungsverhalten von Legierungen mit Mischkristallen

Legierungen mit Mischkristallen zeigen ein anderes Aufheiz- und Abkühlungsverhalten als reine Metalle. Sie schmelzen und erstarren nicht bei einer bestimmten Temperatur, einem Haltepunkt, sondern in einem Temperaturbereich. Temperaturbereiche nennt man in der Fachsprache Temperaturintervalle, darum spricht man von einem **Schmelz-** bzw. **Erstarrungsintervall**.

Beispiel für das unterschiedliche Erstarrungsverhalten von zwei reinen Metallen und einer daraus gebildeten Legierung

⚠ Legierungen mit Mischkristallen schmelzen und erstarren in einem Temperaturintervall.

Die Temperaturen von Erstarrungsbeginn und Erstarrungsende sind abhängig von der Zusammensetzung der Legierung. Zur besseren Übersicht über das Schmelz- und Erstarrungsverhalten von verschiedenen Legierungen trägt man Beginn und Ende der Erstarrungsintervalle von Legierungen in ein Diagramm mit den Achsen Temperatur und Zusammensetzung ein. Verbindet man die Punkte untereinander, so erhält man ein Diagramm, das man als **Zustandsdiagramm** der Legierung bezeichnet.

Beispiel für die Entwicklung eines Zustandsdiagramms aus Abkühlungskurven

Abkühlungskurven von Kupfer-Nickel-Legierungen

Zustandsdiagramm von Cu-Ni-Legierungen

Aus diesem Zustandsdiagramm können Beginn und Ende des Schmelzens oder Erstarrens für jede beliebige Zusammensetzung abgelesen werden. Ferner kann man aus Zustandsdiagrammen die jeweils höchste Temperatur ablesen, auf die eine Legierung erhitzt werden darf, ohne dass sie zu schmelzen beginnt.

⚠ Zustandsdiagramme von Legierungen mit Mischkristallen haben die Form einer „Zigarre".

2.3.2 Legierungen mit Kristallgemengen

1. Aufbau und Eigenschaften

Liegen in einem Werkstoff die einzelnen Legierungsbestandteile im festen Zustand getrennt nebeneinander vor, so spricht man von **Kristallgemengen**.
Die verschiedenen Kristallarten sind aufgrund ihrer Größe nur unter dem Mikroskop deutlich zu erkennen. Weil sich die Atome von Grundmetall und Legierungselement bei Kristallgemengen meist im Durchmesser und im Gittertyp, in dem sie Kristalle bilden, unterscheiden, ist das Gefüge uneinheitlich.

> **Beispiel für das Gefüge einer Legierung mit Kristallgemenge**
>
> Aluminiumatome haben einen Durchmesser von $3 \cdot 10^{-10}$ m, Siliziumatome haben dagegen einen Durchmesser von $2{,}3 \cdot 10^{-10}$ m.
> Aluminium erstarrt im kfz-Gitter, Silizium nicht. In einer Legierung mit 12 % Si ist Aluminium das Grundmetall, in das Siliziumkörner eingelagert sind.
>
> *Gefüge einer schlecht umformbaren Al-Legierung mit 12 % Silizium*

! Legierungen bilden Kristallgemenge, indem die Legierungsbestandteile nebeneinander eigene Kristalle bilden.

Die verschiedenen Atomdurchmesser und Gittertypen der einzelnen Bestandteile eines Kristallgemenges behindern die Umformung sehr. Darum verwendet man Werkstoffe mit Kristallgemenge möglichst nicht zum Umformen.

! Legierungen mit Kristallgemengen sind schlecht umformbar.

Kristallgemenge haben bei bestimmten Zusammensetzungen besonders niedrige Schmelztemperaturen und sind besonders dünnflüssig. Deshalb lassen sich solche Legierungen gut gießen.

> **Beispiel für die Schmelzpunkterniedrigung in einer Legierung mit Kristallgemenge**
>
> Im Gusseisen mit Kugelgraphit liegt der Legierungsbestandteil Kohlenstoff getrennt neben Eisen in Form von Graphitkugeln vor.
> Eine Legierung mit etwa 4 % Kohlenstoffgehalt schmilzt und erstarrt bei niedrigerer Temperatur als die Stoffe, aus der sie besteht.
> Der Schmelzpunkt beträgt für
> - Eisen   1 536 °C
> - Graphit (Kohlenstoff)   3 500 °C
> - Legierung mit 4% Kohlenstoff   1 123 °C
>
> *Gusseisengefüge mit Kugelgrafit mit 4 %C 200-fach vergrößert*
>
> *Schmelztemperatur von Fe-C-Gusslegierungen*
>
> niedrigste Schmelztemperatur bei 4,23 % C

! Bilden Stoffe Legierungen mit Kristallgemenge, so ist darunter stets eine Legierung mit einer bestimmten Zusammensetzung, die bei tieferer Temperatur schmilzt und erstarrt als die Ausgangsstoffe. Die Legierung ist besonders gut gießbar.

Legierungen mit Kristallgemengen ergeben bei spanabhebender Bearbeitung, z. B. Drehen, kurze Späne, weil der Span an den unterschiedlichen Gefügebestandteilen bricht. Darum verwendet man solche Legierungen zum Zerspanen auf automatischen Bearbeitungsmaschinen.

Kurze Späne beim Zerspanen von Kristallgemengen

! Legierungen mit Kristallgemengen sind sehr gut spanbar.

Übungsaufgaben 2/23; 2/24; 2/25

Werkstofftechnik

Viele Legierungen mit Kristallgemengen sind gute Lagerwerkstoffe. Dabei tragen die Körper des härteren Legierungsbestandteils die Welle, während die weicheren Körner die Schmierung begünstigen.

Kristallgemenge als Lagerwerkstoff

! Lagermetalle sind meist Legierungen mit Kristallgemengen.

2. Schmelz- und Erstarrungsverhalten von Legierungen mit Kristallgemengen

Unter den möglichen Legierungen zweier Stoffe, die ein Kristallgemenge bilden, befindet sich ein Gemisch, das wie ein reines Metall bei einem Haltepunkt erstarrt. Diese Legierung weist eine besonders feine Verteilung der Bestandteile auf. Das Gefüge dieser Legierung nennt man **Eutektikum**. Der Schmelzpunkt des Eutektikums liegt stets tiefer als der Schmelzpunkt des niedrigst schmelzenden Bestandteils.

Beispiel für das Erstarrungsverhalten und das Gefüge eines Eutektikums

Blei: 327 °C
Eutektikum aus Blei und 13 % Antimon: 247 °C
Antimon: 630 °C

Abkühlungsverläufe der reinen Metalle und des Eutektikums — Gefüge des Eutektikums

! Kennzeichen eines Eutektikums:
- feinstes Kristallgemenge,
- Erstarrung bei einem Haltepunkt,
- niedrigste Schmelztemperatur.

Legierungen, deren Zusammensetzung nicht eutektisch ist, scheiden zunächst in einem Erstarrungsintervall den gegenüber der eutektischen Zusammensetzung überschüssigen Bestandteil in Form kleiner Kristalle aus. Dadurch ändert sich die Zusammensetzung der Schmelze so weit, bis sie eutektische Zusammensetzung hat. Die restliche Schmelze erstarrt dann als Eutektikum.

Beispiel für das Erstarrungsverhalten und das Gefüge einer nicht eutektischen Legierung

- 480 °C: Beginn der Erstarrung
- Auskristallisieren des überschüssigen Antimons
- 247 °C: Erstarrung des Eutektikums aus 87 % Blei und 13 % Antimon

Gefüge: zuerst erstarrtes Antimon; Eutektikum mit 13 % Antimon

Abkühlungsverlauf einer Legierung mit 50 % Antimon — Gefüge einer Legierung mit 50 % Antimon

! In Legierungen mit Kristallgemengen, die nicht die eutektische Zusammensetzung haben, kristallisiert zunächst in einem Temperaturintervall der überflüssige Bestandteil aus. Die Restschmelze erstarrt eutektisch.

Aufbau metallischer Werkstoffe

Zur Erstellung des Zustandsdiagramms für ein Kristallgemenge trägt man auch den Beginn und das Ende der Erstarrung verschiedener Legierungen in ein Diagramm mit den Achsen Temperatur und Zusammensetzung ein. Hier entsteht ein V-förmiges Diagramm mit einer waagerechten Linie bei der Erstarrungstemperatur des Eutektikums.

Beispiel für das Zustandsdiagramm und die Gefüge einer Legierung mit Kristallgemenge

Gefügebilder von Blei, Antimon und deren Legierungen

In die verschiedenen Felder des Diagramms werden die jeweils vorliegenden Bestandteile eingetragen. Oberhalb der V-förmigen Kurve besteht eine Legierung nur aus Schmelze. Das Feld erhält die Beschriftung „Schmelze".

Zwischen der V-förmigen Kurve und der waagerechten Linie – **der Eutektikalen** – liegen die Bereiche, in denen der gegenüber dem Eutektikum überschüssige Bestandteil kristallisiert:
- Bei Legierungen, die mehr Blei als die eutektische Legierung enthalten, liegen Bleikristalle und Schmelze als Bestandteile vor.
- Bei Legierungen, die mehr Antimon als die eutektische Legierung enthalten, liegen Antimonkristalle und Schmelze vor.
- Unterhalb der eutektischen Temperatur ist alles fest. Als Bestandteile findet man hier die vorher ausgeschiedenen Kristalle und das Eutektikum. In die Felder trägt man demnach die Bezeichnungen der Gefügebestandteile „Blei + Eutektikum" und „Antimon + Eutektikum" ein.

> **!** Zustandsdiagramme von Legierungen mit Kristallgemengen haben die Form des Buchstabens V, der auf einer waagerechten Linie – der Eutektikalen – steht.

Übungsaufgaben 2/28; 2/29

Werkstofftechnik

3 Eisen und Stahl

3.1 Roheisen- und Stahlerzeugung

Der Weg vom Eisenerz zum Stahl führt über drei Stufen.

Eisenerz → 1. Stufe: Eisenerzaufbereitung → 2. Stufe: Reduktion im Hochofenprozess → 3. Stufe: Raffination in der Stahlerzeugung → Stahl

3.1.1 Roheisenerzeugung

1. Eisenerz
Eisenerze sind Gemenge aus chemischen Verbindungen des Eisens mit nicht eisenhaltigen Gesteinen (taubem Gestein). Die chemischen Verbindungen des Eisens im Eisenerz sind im Wesentlichen Eisenoxide, d. h. chemische Verbindungen zwischen Eisen und Sauerstoff. In geringen Mengen werden auch Eisenerze verhüttet, in denen das Eisen mit Schwefel oder einigen anderen Elementen verbunden ist.

2. Aufbereitung der Eisenerze
Nach der Förderung werden die Eisenerze in der ersten Stufe der Verarbeitung bereits an den Fundorten von dem größten Teil des tauben Gesteins getrennt. Dadurch werden die Kosten für den Transport und die Weiterverarbeitung erheblich gesenkt.

3. Reduktion der Eisenerze im Hochofen
Im Hochofenprozess wird dem Eisenoxid durch chemische Reaktion mit Kohlenstoff und Kohlenmonoxid der Sauerstoff entzogen. Man nennt diese Reaktion, bei der Sauerstoff entzogen wird, eine **Reduktion**.
Im Hochofen werden auch andere Oxide, z. B. Manganoxid und Siliziumoxid, reduziert. Ferner nimmt das Eisen Kohlenstoff auf. Darum entsteht im Hochofenprozess kein reines Eisen, sondern **Roheisen**, das mit Kohlenstoff, Silizium, Mangan, Phosphor und Schwefel verunreinigt ist.

Hochofen mit Gichtgas (CO; CO_2; N_2), Koks, Erz, Zuschläge (Kalk, Sand u.a.), Gicht, Schacht, Rast, Gestell, Roheisen + Schlacke; Temperaturen 300 °C, 600 °C, 900 °C, 1100 °C, 1600 °C; Heißwind; Vorwärmzone, Reduktionszone, Kohlungszone, Schmelzzone

3.1.2 Stahlerzeugung

Roheisen ist sehr spröde. Es ist nicht schmiedbar und nicht schweißbar. Aus diesem Grund kann Roheisen nicht direkt verwendet werden. Hauptursache für diese ungünstigen Eigenschaften sind der hohe Kohlenstoffgehalt sowie die Verunreinigungen durch Silizium, Phosphor und Schwefel. Deshalb müssen diese Bestandteile aus dem Roheisen entfernt werden. Diesen „Reinigungsprozess" bezeichnet man als Raffination. Speziell beim Eisen spricht man auf das Endprodukt bezogen von der Stahlerzeugung.
Die Verminderung des Kohlenstoffgehalts und der Gehalte an Eisenbegleitern geschieht durch chemische Verbindung dieser Elemente mit Sauerstoff. Bei der Oxidation wird Wärme frei. Es entsteht Stahl.

> ❗ Durch Oxidation und Abtrennung der Eisenbegleiter wird Roheisen zu Stahl.

1. Sauerstoffaufblasverfahren

Das bekannteste Verfahren zur Stahlerzeugung aus Roheisen ist das Sauerstoffaufblasverfahren. Es wurde von den Vereinigten Österreichischen Stahlwerken in Linz-Donawitz entwickelt. Nach dem Ort der Erfindung wird es LD-Verfahren genannt.

Beim LD-Verfahren wird die Roheisenschmelze in einen schwenkbaren Tiegel mit einem Fassungsvermögen von bis zu 400 t gegeben.

Von oben wird in diesen Tiegel ein wassergekühltes Rohr (Lanze) eingeführt. Durch das Rohr wird reiner Sauerstoff auf die Schmelze aufgeblasen. Dabei oxidieren die Eisenbegleiter, weil sie ein stärkeres Verbindungsbestreben zu Sauerstoff haben als Eisen. Die gasförmigen Oxide gehen über Filter in die Atmosphäre; die übrigen Oxide bilden mit der Kalkzugabe eine Schlacke auf der Schmelze. Bei der Oxidation und Verschlackung der Eisenbegleiter wird eine erhebliche Wärmemenge frei. Dadurch steigt die Temperatur im Tiegel von etwa 1250 °C auf mehr als 1600 °C. Diese Temperaturerhöhung ist unbedingt erforderlich, da die kohlenstoffarme Stahlschmelze einen Schmelzpunkt von ca. 1500 °C hat, im Gegensatz zu Roheisen, das etwa bei 1150 °C schmilzt.

Tiegel für Sauerstoffaufblasverfahren

Die Eisenbegleiter reagieren mit dem aufgeblasenen Sauerstoff entsprechend folgenden Reaktionsgleichungen:

$$Si + O_2 \rightarrow SiO_2 + \text{Wärme} \qquad C + O_2 \rightarrow CO_2 + \text{Wärme}$$
$$2\,Mn + O_2 \rightarrow 2\,MnO + \text{Wärme} \qquad 4\,P + 5\,O_2 \rightarrow 2\,P_2O_5 + \text{Wärme}$$

Die bei der Oxidation frei werdende Wärmemenge ist größer als erforderlich und würde zur Überhitzung der Schmelze führen. Deshalb gibt man zur Kühlung einen erheblichen Anteil an Stahlschrott in die Schmelze. Je nach gewünschter Zusammensetzung des Stahls werden am Ende des Blasvorgangs oder beim Abfüllen in die Gießpfanne Legierungselemente zugesetzt.

> **!** Im Sauerstoffaufblasverfahren wird aus flüssigem Roheisen durch Oxidation der Eisenbegleiter mit aufgeblasenem Sauerstoff Stahl erzeugt.

2. Elektrostahlverfahren

Beim Elektrostahlverfahren wird Stahl veredelt. Der Elektroofen ist ein runder, schwenkbarer Ofen, der mit einem Deckel abgeschlossen wird. Der Ofen wird mit flüssigem oder festem Stahl und ausgesuchtem Stahlschrott beschickt. Der eingefüllte Stahl wird durch elektrische Lichtbögen aufgeschmolzen. Diese Lichtbögen brennen zwischen Kohleelektroden und dem Schmelzgut und erreichen Temperaturen bis zu 3500 °C. Durch diese hohen Temperaturen und den elektrischen Strom als sauberen Energieträger lassen sich Stähle hoher Reinheit herstellen. Zur Verbesserung der Eigenschaften werden Elektrostähle meist legiert. Im Elektroofen ist das Legieren auch mit hochschmelzenden Legierungselementen wie Chrom, Wolfram, Molybdän und anderen möglich. Man erzeugt im Elektroofen Edelstahl.

Lichtbogenofen für das Elektrostahlverfahren

> **!** Im Elektrostahlverfahren wird Edelstahl durch Umschmelzen, Raffinieren und Legieren von Stahl und Stahlschrott erzeugt.

Werkstofftechnik

3.1.3 Übersicht über die Wirkungen von Begleit- und Legierungselementen

☐ Bereich des unlegierten Stahls ☐ Bereich des legierten Stahls

	Name Symbol	Anteil in % als Begleit-element	Veränderung der Eigenschaften bei steigendem Anteil		Anwendung als Legierungselement
			erhöht	vermindert	
Begleitelemente	Kohlenstoff C	0,02 bis 2,06	Festigkeit (stark) Härte Härtbarkeit	Dehnbarkeit Schweißbarkeit Schmiedbarkeit Zähigkeit Schmelzpunkt	
	Silizium Si	0,03 bis 0,6	Festigkeit Elastizität Härtetiefe Korrosions-beständigkeit Graphitbildung	Umformbarkeit Schweißbarkeit	1,0 bis 3,0 % Federstähle 2,0 bis 4,0 % Elektrobleche 11,0 bis 13,0 % säurebeständiger Guss
	Mangan Mn	0,4 bis 0,8	Festigkeit Zähigkeit Härtetiefe	Zerspanbarkeit Graphitbildung	0,6 bis 1,5 % Mangan-Vergütungs-stähle 1,0 bis 2,0 % Federstähle 10,0 % Manganhartstahl 12,0 bis 18,0 % säure- u. hitze-beständiger Stahl
	Phosphor P	0,03 bis 0,08	Festigkeit	Dehnbarkeit Kaltumformbar-keit Zähigkeit Schweißbarkeit	1,0 bis 2,0 % dünnwandiger Guss
	Schwefel S	0,03 bis 0,06	Zerspanbarkeit	Umformbarkeit bei hohen Tempera-turen (Rot- und Heißbruch)	0,2 bis 0,25 % Automatenstahl
Legierungselemente	Chrom Cr		Zugfestigkeit Härte Warmfestigkeit Härtetiefe Korrosions-beständigkeit Schneidhaltigkeit Kornfeinheit	Dehnung (gering)	0,3 bis 1,2 % Vergütungs- und Einsatz-stähle (z. B. f. Wälzlager) 5,0 bis 9,0 % warmfeste Stähle 8,0 bis 25,0 % rost- und säurebestän-dige Chrom- und Chrom-Nickel-Stähle
	Nickel Ni		Zugfestigkeit Härte Korrosions-beständigkeit Härtetiefe	Wärmedehnung	7,0 bis 18,0 % korrosionsbeständige Chrom-Nickel-Stähle bis 5,0 % Vergütungsstähle 1,0 bis 2,0 % Einsatzstähle 3,0 bis 5,0 % verschleißfestes Gusseisen
	Vanadium V		Zugfestigkeit Warmfestigkeit Härte Zähigkeit		0,6 bis 2,0 % warmfeste Stähle bis 5,0 % Schnellarbeitsstähle (mit Wolfram und Molybdän)
	Wolfram W		Feinkörnigkeit Warmfestigkeit Härtetiefe Korrosions-beständigkeit	Dehnung (gering)	0,4 bis 2,0 % warmfeste Stähle 2,5 bis 4,0 % Schnellarbeitsstähle (mit Vanadium und Molybdän)
	Molybdän Mo		Zugfestigkeit Härte Warmfestigkeit	Schmiedbarkeit Dehnung	0,4 bis 0,9 % warmfeste Stähle 3,0 bis 4,0 % Schnellarbeitsstähle (mit Wolfram und Vanadium)

Eisen und Stahl

3.2 Gefüge und Eigenschaften von Stahl
3.2.1 Kohlenstoffgehalt von Stahl

Stähle sind **Eisen-Kohlenstoff-Legierungen**. Entstehung und Veränderung des Gefüges von Eisen-Kohlenstoff-Legierungen werden durch das Zustandsdiagramm Eisen-Kohlenstoff veranschaulicht. Stähle haben höchstens 2,06 % Kohlenstoff. Deshalb bezeichnet man den Teil des Diagramms von 0,05 bis 2,06 % Kohlenstoff als die Stahlseite des Zustandsdiagramms der Eisen-Kohlenstoff-Legierungen.

> ! Das Eisen-Kohlenstoff-Diagramm beschreibt die Entstehung und Veränderung des Gefüges von Eisen-Kohlenstoff-Legierungen. Die Stahlseite reicht von 0,05 bis 2,06 % Kohlenstoff.

3.2.2 Gefügebestandteile

Die vielseitige Verwendung von Stahl erfordert unterschiedliche Werkstoffeigenschaften. Durch die Wahl des Kohlenstoffgehalts und eine entsprechende Behandlung können Stähle erzeugt werden, die den unterschiedlichsten Anforderungen genügen. Die Eigenschaften der Stähle und die Möglichkeiten, sie zu ändern, lassen sich am inneren Aufbau erklären.

1. Austenit
Stahlschmelzen jeder Zusammensetzung erstarren zunächst als Mischkristalle. Die Kohlenstoffatome sind in Gitterlücken zwischen den Eisenatomen eingelagert. Die Eisenatome bilden bei der Erstarrung ein **kubisch-flächenzentriertes Gitter** (kfz-Gitter). Man bezeichnet das Gefüge des Mischkristalls aus kubisch-flächenzentriertem Eisen- und eingelagerten Kohlenstoffatomen als **Austenit**. Austenit ist zäh und gut umformbar.
Das Eisen-Kohlenstoff-Diagramm zeigt wegen der Mischkristallbildung im oberen Bereich den für Mischkristalle typischen Verlauf.

Austenit im Eisen-Kohlenstoff-Diagramm

> ! **Austenit** ist das Gefüge von Mischkristallen aus kubisch-flächenzentriertem Eisen mit Kohlenstoffatomen in den Gitterlücken. Austenit ist zäh und gut umformbar.

2. Ferrit
Kühlt man reines Eisen langsam ab, lagern sich die Eisenatome um. Aus dem kubisch-flächenzentrierten Gitter des Eisens entsteht ein **kubisch-raumzentriertes Gitter** (krz-Gitter). Dieses Eisen mit dem kubisch-raumzentrierten Gitter bezeichnet man als **Ferrit**. In den Gitterlücken des Ferrits haben die Kohlenstoffatome keinen Platz. Ferrit ist weich und leicht umformbar.

Gitterlücke im krz-Gitter

200-fach vergrößert Ferrit

> ! **Ferrit** ist das Gefüge von nahezu reinem Eisen mit kubisch-raumzentriertem Gitteraufbau. Ferrit ist weich und leicht umformbar.

3. Zementit
Kohlenstoffatome können mit Eisenatomen die Verbindung Fe_3C bilden. Diese Verbindung Fe_3C nennt man **Zementit**. Zementit besitzt eine hohe Festigkeit, ist aber hart und spröde.

> ! **Zementit** ist das Gefüge, das aus einer chemischen Verbindung des Eisens und des Kohlenstoffs mit der Formel Fe_3C besteht. Zementit ist hart und spröde.

4. Perlit

Kühlt man Austenit mit 0,8 % Kohlenstoff ab, so bleibt bei 723 °C die Temperatur für eine gewisse Zeit konstant, weil ein neues Gefüge entsteht. Das Gitter des Eisens wandelt sich vom kubisch-flächenzentrierten in ein kubisch-raumzentriertes Gitter um. Weil die Gitterlücken im kubisch-raumzentrierten Gitter sehr klein sind, kann dieses Gitter keinen Kohlenstoff aufnehmen.

Die Kohlenstoffatome wandern darum geringe Strecken und bilden mit einem Teil des Eisens die Verbindung Fe_3C. So entsteht ein lamellenartiges Gefüge aus kubisch-raumzentriertem Eisen und Fe_3C. Man bezeichnet das Gefüge als **Perlit**.

Perlit entspricht einem eutektischen Gefüge. Weil es nicht aus der Schmelze, sondern aus Mischkristallen entsteht, spricht man von einem eutektoidischen Gefüge.

Stahlseite des Eisenkohlenstoff-Diagramms   Gefüge von Perlit   Kristallaufbau von Perlit

Entstehung von Perlit

> Austenit mit 0,8 % Kohlenstoff wandelt sich bei 723 °C in Perlit um.
> Perlit besteht aus lamellenartig gelagertem Ferrit und Zementit.

5. Gefüge untereutektoidischer Stähle

Legierungen mit weniger als 0,8 % Kohlenstoff haben gegenüber Perlit zu viel Eisen. Das überschüssige Eisen wandelt sich bei der Abkühlung in einem Temperaturbereich in Ferrit um. Der Kohlenstoff aus diesem Eisen wandert von den Stellen, an denen der Ferrit entstanden ist, zu den noch vorhandenen Mischkristallen. Sobald diese Mischkristalle 0,8 % Kohlenstoff erreicht haben, entsteht aus ihnen Perlit. Stähle mit weniger als 0,8 % Kohlenstoff bestehen darum aus Ferritkörnern und Perlit.

Stahlseite des Eisenkohlenstoff-Diagramms   Gefüge von Stahl mit 0,6 % C

Entstehung des Gefüges untereutektoidischer Stähle

> Gefüge von unlegierten Stählen mit Kohlenstoffgehalten unter 0,8 % bestehen bei Raumtemperatur aus Ferrit und Perlitkörnern. Je höher der Anteil an Kohlenstoff, desto mehr Perlitkörner.

Eisen und Stahl

6. Gefüge übereutektoidischer Stähle

Legierungen mit mehr als 0,8 % Kohlenstoff haben gegenüber dem Perlit zu viel Kohlenstoff. Darum bildet sich bei diesen Legierungen während der Abkühlung in einem Temperaturbereich zunächst Zementit. Die Mischkristalle werden dadurch ärmer an Kohlenstoff. Sobald die noch vorhandenen Mischkristalle 0,8 % Kohlenstoffgehalt erreicht haben, entsteht aus ihnen Perlit. Stähle mit mehr als 0,8 % Kohlenstoff bestehen darum aus Zementit, der schalenförmig an den Korngrenzen vorliegt, und Perlit.

Stahlseite des Eisen-Kohlenstoff-Diagramms

Gefüge von Stahl mit 1,2 % C

Entstehung des Gefüges übereutektoidischer Stähle

> ! Gefüge von unlegierten Stählen mit Kohlenstoffgehalten über 0,8 % bestehen bei Raumtemperatur aus Perlitkörnern und Sekundärzementit an den Korngrenzen.

7. Zusammenfassung wichtiger Begriffe zu Gefügen von Stählen

Gefüge	Erklärung
Austenit	Mischkristalle mit einem kubisch-flächenzentrierten Gitter. Bei 1 147 °C löst es bis zu 2,06 % Kohlenstoff.
Ferrit	Eisen mit einem kubisch-raumzentrierten Gitter. Ferrit löst nahezu keinen Kohlenstoff.
Zementit	Eine chemische Verbindung zwischen Eisen und Kohlenstoff – Fe_3C. Fe_3C liegt bei Stählen mit mehr als 0,8 % Kohlenstoff als Schalenzementit vor.
Perlit	Eutektoidisches Gefüge aus Ferrit und Zementit entsteht bei 723 °C.

3.2.3 Eigenschaften der Stähle in Abhängigkeit vom Gefüge

Aus der Kombination Ferrit/Zementit ergeben sich unterschiedliche Eigenschaften der Stähle.
Je höher der Gehalt an Zementit wird, desto härter und fester wird der Stahl. Seine Umformbarkeit und Zähigkeit sinken. Das Auftreten von Korngrenzenzementit (Sekundärzementit) führt zu besonders starkem Abfall der Zähigkeit. Die Härtbarkeit der Stähle steigt mit steigendem Kohlenstoffgehalt.

C-Gehalt	0 %	0,4 %	0,6 %	0,8 %	1,2 %
Perlitanteil	0 %	50 %	75 %	100 %	93 % (7 % Sek.-Zem.)
Gefüge	Ferrit	Ferrit Perlit	Ferrit Perlit	Perlit	Perlit Sekundärzementit
Zugfestigkeit	ca. 200 N/mm²	ca. 700 N/mm²	ca. 850 N/mm²	ca. 950 N/mm²	ca. 1000 N/mm²
Härte	ca. 150 HB	ca. 180 HB	ca. 220 HB	ca. 240 HB	ca. 260 HB
Härtbarkeit	bis 0,35 % nicht härtbar	steigende Härtbarkeit →			

> ! Mit steigendem Gehalt eines Stahls an Zementit wachsen Härte, Festigkeit, Verschleißfestigkeit und Härtbarkeit. Die Zähigkeit und der Widerstand gegen Rissbildung sinken.

Übungsaufgabe 3/15

Werkstofftechnik

3.3 Stoffeigenschaftändern von Stählen

3.3.1 Glühverfahren für unlegierte Stähle

1. Weichglühen

Ziel des Weichglühens ist ein Gefüge, das besser spanend bearbeitet werden kann als das Ausgangsgefüge. Im Perlit muss die Werkzeugschneide die Zementitlamellen zerbrechen und stumpft dabei schnell ab. Durch Weichglühen überführt man die Zementitlamellen des Perlits in Kugeln, die leicht vom Werkzeug aus der Ferritmasse herausgehoben oder zur Seite gedrängt werden können. Dadurch wird die Schneide weniger beansprucht.

Spanen vor und nach dem Weichglühen

Bei untereutektoidischen Stählen glüht man zur Erzeugung kugelförmigen Zementits den Stahl viele Stunden lang unterhalb von 723 °C. Bei übereutektoidischen Stählen formt man zunächst durch eine mehrstündige Glühung bei etwa 750 bis 780 °C den schalenförmigen Zementit an den Korngrenzen zu Kugeln um. Danach glüht man unter 723 °C weiter, um Perlit mit kugelförmigem Zementit zu erhalten.

Beispiel für Weichglühen

Ausgangszustand → Weichglühen → Endzustand

Lamellarer Zementit des Perlits
Zugfestigkeit: 950 N/mm²
Bruchdehnung: 9 %
Härte: 240 HB

Glühtemperatur: 700 °C
Glühzeit: 5 Stunden
Abkühlung: im Ofen

Kugeliger Zementit des Perlits
Zugfestigkeit: 520 N/mm²
Bruchdehnung: 27 %
Härte: 150 HB

> ! Weichglühen dient zur Verbesserung der Zerspanbarkeit und Umformbarkeit.
> Beim Weichglühen werden lamellarer und schalenförmiger Zementit in Kugelform überführt.

2. Spannungsarmglühen

Enthält ein Werkstück aus Stahl starke Eigenspannungen durch ungleichmäßiges Abkühlen beim Gießen, Schweißen, Schmieden oder anderen Verfahren, so können diese Spannungen durch Erwärmen abgebaut werden. Damit keine Gefügeänderungen und keine Verformung durch das Eigengewicht des Werkstücks eintreten, erfolgt das Spannungsarmglühen bei Temperaturen zwischen 500 und 600 °C. Beim Spannungsarmglühen muss das Werkstück über den ganzen Querschnitt die gleiche Temperatur aufweisen und anschließend sehr langsam abgekühlt werden. Deshalb zieht sich dieses Glühverfahren über mehrere Stunden hin.

Spannungsarmglühen

> ! Spannungsarmglühen geschieht bei Temperaturen zwischen 500 und 600 °C über mehrere Stunden. Spannungsarmglühen führt man durch, um Spannungen im Werkstück zu verringern.

3. Normalglühen

Häufig muss das Gefüge gehärteter oder geschweißter Bauteile wieder in den Zustand, den es nach dem Fe-Fe$_3$C-Diagramm haben müsste, zurückgeführt werden. Dies geschieht durch Normalglühen. Gleichzeitig wird beim Normalglühen ein feinkörniges und damit zähes Gefüge erzeugt.

Normalglühen geschieht dadurch, dass man die Stähle bis in den Austenitbereich erhitzt. Es entsteht ein neues Gefüge. Man glüht etwa 15 Minuten je 10 mm Wanddicke. Danach kühlt man an ruhender Luft ab. Bei übereutektiodischen Stählen glüht man den Stahl meist vorher weich, sodass der Sekundärzementit in Kugelform überführt wird. Danach führt man die Normalglühung bei etwa 750 °C durch.

Beispiel für das Normalglühen einer 20 mm dicken Platte aus C35

Ausgangszustand → Normalglühen → Endzustand

Gefüge nach der Reparaturschweißung an einem Werkstück
Plattendicke: 20 mm

Ferrit-Perlit-Gefüge, feinkörnig

Glühtemperatur: 850 °C
Glühzeit: 30 Minuten
Abkühlung: an ruhender Luft

> **!** Beim Normalglühen erhitzt man den Stahl kurzzeitig in den Austenitbereich und kühlt ihn anschließend an der Luft ab. Normalglühen geschieht zur Erzeugung eines feinkörnigen und gleichmäßigen Gefüges.

4. Rekristallisationsglühen

Beim Kaltumformen tritt durch die Streckung der Gefügekörner eine Kaltverfestigung ein, die den Werkstoff in seinen Eigenschaften verändert. Festigkeit und Härte nehmen zu, die Dehnbarkeit nimmt ab. Um Stähle nach einer Kaltumformung wieder umformbar zu machen, glüht man sie bei einer Temperatur um 700 °C. Dabei tritt eine Kornneubildung – eine Rekristallisation – ein. Das Gefüge lässt sich nun wieder umformen.

Gefüge nach Kaltumformen

Gefüge nach Rekristallisation

Rekristallisationsglühen

> **!** Rekristallisationsglühen geschieht zum Zweck der Kornneubildung nach Kaltumformen. Beim Rekristallisationsglühen wird ein kalt verfestigtes Gefüge durch Kornneubildung wieder umformbar.

3.3.2 Härten

Härte und Verschleißfestigkeit werden durch Abschreckhärten erhöht. Zum Abschreckhärten wird das Werkstück zunächst bis in den Austenitbereich erhitzt. Dabei geht aller Kohlenstoff in Lösung, d. h., er befindet sich dann in Gitterlücken des kubisch-flächenzentrierten Gitters.

Übereutektoidische Stähle werden vor dem Härten weich geglüht, damit der Korngrenzenzementit in Kugelform überführt und dann von einer Temperatur kurz über 723 °C gehärtet wird.

Werkstofftechnik

Beim Abschrecken haben die Kohlenstoffatome keine Zeit zum Wandern und zur Bildung von Fe_3C. Das Gitter klappt vom kubisch-flächenzentrierten Gitter ins kubisch-raumzentrierte um. Die Kohlenstoffatome werden auf Zwischengitterplätzen eingeschlossen und verspannen das kubisch-raumzentrierte Gitter. Der Werkstoff wird hart und hochfest, aber spröder. Das Gefüge, welches sich nach dem Abschrecken einstellt, heißt **Martensit**.

Martensit

Beispiel für Gefüge und Kristalländerung beim Härten eines C60

äußerer Vorgang und Temperatur	Raumtemperatur	→Aufheizen→	Halten bei Härtetemperatur	→Abschrecken in Wasser→	Raumtemperatur
Gefüge	Ferrit und Perlit		Austenit		Martensit
Kristallaufbau	Fe_3C krz-Eisen — C bildet Fe_3C		kfz-Eisen — C in Gitterlücke		krz-Eisen — C verspannt das Gitter

> ❗ Härten ist Erwärmen in den Austenitbereich mit anschließendem Abschrecken, damit die Kohlenstoffatome zwangsweise im Gitter gehalten werden. Das entstandene Gefüge ist Martensit.

Beim Abschrecken kühlt das Werkstück außen am schnellsten ab. Nach innen hin verringert sich die Abkühlungsgeschwindigkeit. Dicke Werkstücke härten daher nur bis zu der Tiefe, in der die notwendige Abkühlungsgeschwindigkeit erreicht wird. Die Einhärtetiefe kann durch Legierungselemente vergrößert werden.

Einhärtetiefe eines Bolzens aus C60

Bei der Durchführung der Härtung ist Folgendes zu beachten:
– **Aufheizen**

Damit Wärmespannungen und Verzug in Werkzeugen gering bleiben, müssen die Werkstücke langsam aufgeheizt werden. Zweckmäßig geschieht dies in Stufen, z. B. zunächst bis 400 °C erhitzen und dort bis zur völligen Durchwärmung halten, danach weiteres Aufheizen auf Härtetemperatur. Die Haltezeit auf jeder Stufe ist 1/2 min je mm Wanddicke.

– **Halten bei Härtetemperatur (Austenitisieren)**

Die Temperatur, auf die Stähle zu erhitzen sind, damit sie bei entsprechender Abkühlung Härtegefüge aufweisen, nennt man Härtetemperatur. Sie ist dem Fe-Fe_3C-Diagramm zu entnehmen.
Für untereutektoidische Stähle liegt sie im Austenitbereich und bei übereutektoidischen Stählen bei etwa 780 °C.

Härtetemperatur für Stähle

Bei Härtetemperatur wird das Werkstück nach völliger Durchwärmung noch etwa 20 Minuten gehalten. Wenn an der Werkstückoberfläche die Härtetemperatur erreicht ist, dauert die Zeit bis zur völligen Durchwärmung nach einer „Faustformel" für Wanddicken ab 40 mm etwa:

Durchwärmzeit in min = 1/2 der größten Wanddicke in mm − 10 min

– **Abschrecken**

Nach dem Austenitisieren werden die Werkstücke abgeschreckt. Die erreichbare Härte wird durch die mögliche Abkühlungsgeschwindigkeit und das Abschreckmittel bestimmt. Darum können unlegierte Stähle nur in begrenzten Wanddicken durchgehärtet werden.

Die Abkühlungsgeschwindigkeit richtet sich nach dem Kohlenstoffgehalt der Stähle. Je höher der Kohlenstoffgehalt eines Stahls ist, desto mehr behindern sich die Kohlenstoffatome gegenseitig bei der Wanderung. Für die Martensitbildung genügt darum bei höheren Kohlenstoffgehalten eine geringere Abkühlungsgeschwindigkeit.

Die Atome der Legierungselemente Chrom, Mangan, Wolfram und Vanadium behindern ebenfalls die Wanderung der Kohlenstoffatome. Bei hohen Gehalten an diesen Elementen ist auch bei langsamer Abkühlung keine Wanderung der Kohlenstoffatome möglich. Darum bildet sich bei legierten Stählen auch bei geringer Abkühlungsgeschwindigkeit ein Härtegefüge.

Durch unterschiedliche Abschreckmittel erreicht man verschiedene Abkühlungsgeschwindigkeiten. Entsprechend den einsetzbaren Abschreckmitteln unterscheidet man:
- **Wasserhärter:** unlegierte Stähle, z. B. C60;
- **Ölhärter:** legierte Stähle, z. B. 34Cr4;
- **Lufthärter:** speziell legierte Stähle, z. B. 60CrNiMo8.

Beim Abschrecken muss das Werkstück im Abschreckmittel so bewegt werden, dass es ständig vom Abschreckmittel umgeben ist, denn die Bildung isolierender Dampfblasen führt zu weichen Stellen. Sobald die zu härtenden Teile beim Abschrecken eine Oberflächentemperatur von 150 bis 100 °C erreicht haben, werden sie in einem Temperaturausgleichsofen so lange gehalten, bis sich über den Querschnitt eine gleichmäßige Temperatur eingestellt hat. Dann erst wird auf Raumtemperatur abgekühlt. Anschließend erfolgt das Anlassen.

Richtiges und falsches Eintauchen der Werkstücke in ein Abschreckmittel

Beispiel für eine Temperaturfolge für die Härtung eines C45

Arbeitsfolge beim Härten:
- Vorsichtiges Erwärmen, möglichst in Stufen auf Härtetemperatur,
- Halten ca. 20 Minuten nach vollständiger Durchwärmung.
- Abschrecken bis zur Ausgleichstemperatur.

Übungsaufgaben 3/24 bis 3/27

– **Anlassen bei niederen Temperaturen**

Durch Erwärmen auf niedrige Temperaturen von etwa 180 bis 250 °C können Kohlenstoffatome auf günstigere Zwischengitterplätze umgelagert werden. Dieses Erwärmen bezeichnet man als **Anlassen** bei niederen Temperaturen. Es führt zu einer unbedeutenden Minderung der Härte. Die Neigung zu Spannungsrissen nimmt jedoch *erheblich* ab. Darum werden alle Werkzeuge nach dem Härten etwa 1 Stunde je 20 mm Wanddicke, mindestens aber 2 Stunden lang, angelassen. Das Anlassen geschieht in Öfen, Salz- oder Ölbädern. Die Abkühlung erfolgt an der Luft oder in Öl.

> Anlassen bei niederen Temperaturen bewirkt
> • geringen Abfall der Härte, • geringen Anstieg der Zähigkeit, • starke Minderung der Rissneigung.

Die Anlasstemperatur wird dem notwendigen Widerstand gegen Rissneigung und der Stahlqualität angepasst. Je geringer die Gefahr der Rissentstehung ist, desto geringer sind die Anlasstemperaturen.

Beispiele für Anlasstemperaturen			
Messzeuge, Lehren	100 bis 200 °C;	Bohrer, Gewindebohrer	bis 250 °C;
Drehmeißel, Fräser	bis 200 °C;	Messer, Äxte	bis 300 °C.

> Je geringer die Gefahr der Rissbildung, desto niedriger die Anlasstemperatur.

3.3.3 Vergüten

Bei hochbeanspruchten Bauelementen wie Drahtseilen, Schrauben und Wellen steigert man durch ein Wärmebehandlungsverfahren die Festigkeit und die Widerstandsfähigkeit gegen schlagartige Belastung (Zähigkeit). Die Veränderung dieser Eigenschaften erzielt man durch einen Härtevorgang mit nachfolgendem Anlassen bei Temperaturen zwischen 400 und 700 °C. Diese Wärmebehandlung durch Härten mit Anlassen bei hohen Temperaturen nennt man **Vergüten**.

Vergleich von Festigkeitskennwerten eines Stahls nach Härten und Vergüten

> Vergüten ist Härten mit nachfolgendem Anlassen bei Temperaturen zwischen 400 bis 700 °C.
> Durch Vergüten erzielt man eine hohe Zugfestigkeit und hohe Widerstandsfähigkeit gegen schlagartige Belastung (Zähigkeit).

Beim Vergüten richtet sich die Temperatur für das Anlassen nach der Art des Stahls und der geforderten Zugfestigkeit. Stähle, die besonders zum Vergüten geeignet sind, heißen Vergütungsstähle. Sie sind in DIN EN 10083 genormt. Vergütungsstähle sind unlegierte Stähle mit einem Kohlenstoffgehalt von 0,22 bis 0,6 % und niedriglegierte Stähle.

Für jeden Stahl hat man in Versuchen Diagramme aufgestellt, aus denen die erreichbaren Festigkeitskennwerte in Abhängigkeit von der Anlasstemperatur abgelesen werden können. Diese Schaubilder heißen **Anlassschaubilder**.

> **Beispiel für die Ermittlung der Anlasstemperatur**
> Eine Kurbelwelle aus 34Cr4 soll auf eine Zugfestigkeit von 800 N/mm² vergütet werden.
> Im Anlassschaubild für den Stahl 34Cr4 findet man dafür eine Anlasstemperatur von 590 °C, eine Streckgrenze von 550 N/mm² und eine Bruchdehnung von 18 %.

Anlassschaubild von 34Cr4

> Aus Anlassschaubildern können die Anlasstemperaturen für verschiedene Vergütungsstähle entnommen werden. Bei diesen Temperaturen werden bestimmte Festigkeitswerte erreicht.

Eisen und Stahl

3.3.4 Härten der Randschicht

Werkstücke, welche stoßartiger oder ständig wechselnder Belastung ausgesetzt sind, werden nur in der Randschicht gehärtet. Dadurch erhalten die Bauelemente eine harte und verschleißfeste Randschicht, während der Kern zäh bleibt. So werden z.B. die Gleitflächen an Kurbelwellen oder an Nockenwellen, die Zahnflanken bei Zahnrädern und Messflächen bei Messwerkzeugen in der Randschicht gehärtet.

Beispiel für randschichtgehärtete Bauteile (Werkstücke geschnitten)
gehärtete Randschicht
zäher Kern

! Härten der Randschicht zielt auf harte und verschleißfeste Randschicht bei zähem Kern ab.

3.3.4.1 Flamm- und Induktionshärten

Härtbare Stähle mit 0,3 bis 1,2 % Kohlenstoff werden nur in der Randzone auf Härtetemperatur erwärmt und dann abgeschreckt.

Beim **Flammhärten** wird das Werkstück von einem Brenner schnell bis zur Härtetemperatur erwärmt und sofort mit einer Brause abgeschreckt.
Die Härtetiefe beträgt mindestens 1 mm und kann durch Verringerung der Vorschubgeschwindigkeit von Brenner und Brause vergrößert werden. Das Flammhärten kann bei jeder Werkstückgröße vorgenommen werden. Es wird vor allem für große Teile und Teile mit komplizierter Form angewendet.

Flammhärten eines Gleitstücks

Beim **Induktionshärten** wird das Werkstück mithilfe von elektrischem Wechselstrom in der Randschicht erwärmt. Dazu wird das Werkstück in eine Spule eingeführt, durch die Wechselstrom mit hoher Frequenz fließt. Dadurch werden im Werkstück Wirbelströme induziert, die die Randzone schnell auf Härtetemperatur erwärmen. Mit einer Brause, die hinter der Spule angeordnet ist, wird das Werkstück abgeschreckt. Die Einhärtetiefe ist sehr gleichmäßig und kann gut gesteuert werden. Sie beträgt 0,1 bis 1 mm und wird mit höherer Frequenz des Stroms geringer.

Induktionshärten eines Bolzens

! Bauelemente aus härtbarem Stahl mit einem Kohlenstoffgehalt von 0,3 bis 1,2 % werden in der Randschicht gehärtet, indem man die Randschicht hoch erhitzt und dann abschreckt. Nach der Art der Erwärmung unterscheidet man: • Flammhärten,   • Induktionshärten.

Übungsaufgaben 3/30; 3/31; 3/32

3.3.4.2 Einsatzhärten

1. Übersicht über den Verfahrensablauf

Bauteile aus kohlenstoffarmen Stählen (C < 0,2 %) sind gut bearbeitbar und sehr zäh. Sie können stoßartige und wechselnde Belastungen gut aufnehmen. Ihre Randschicht verschleißt jedoch sehr schnell. Zur Erzeugung einer harten und verschleißfesten Randschicht werden diese Stähle zunächst durch Einbringen von Kohlenstoff in die Randschicht aufgekohlt (eingesetzt) und danach abschreckgehärtet.

Beispiel für Verfahrensablauf und Gefüge beim Einsatzhärten

Ausgangsgefüge → Einsetzen → Gefüge nach Einsatz → Härten → Gefüge nach Härten

Ferrit + Perlit — Bolzen — Gasaufkohlungsofen — Perlit — Härteofen — Wasserbad — Martensit

> ! Beim Einsatzhärten werden kohlenstoffarme Stähle in der Randschicht aufgekohlt (eingesetzt) und anschließend abschreckgehärtet.

2. Aufkohlen (Einsetzen)

Das Einsetzen geschieht in Öfen, in die man gleichzeitig Stoffe gibt, welche leicht Kohlenstoff abgeben. Dies sind häufig Gasgemische aus Kohlenmonoxid (CO), Methan (CH_4) u. a. Damit die Kohlenstoffatome in die Werkstückoberfläche eindringen können, erfolgt die Aufkohlung bei Temperaturen, bei denen das Eisen ein kubisch-flächenzentriertes Gitter hat. Dies ist im Austenitbereich der Fall. Das kfz-Gitter weist große Gitterlücken auf, in welche die Kohlenstoffatome leicht eindringen können. Je nach gewünschter Einhärtetiefe dauert dieser Glühprozess mehrere Stunden.

Beispiel für die Ermittlung von Glühtemperatur und Aufkohlungszeit

Ein Bolzen aus C 15 für eine Fördereinrichtung soll 1 mm tief aufgekohlt (eingesetzt) werden. Glühtemperatur und Aufkohlungszeit sind zu bestimmen.

Glühtemperatur für das Einsetzen eines Bolzens aus C 15

Einhärtetiefe in Abhängigkeit von der Aufkohlungszeit

- Nach dem Eisen-Kohlenstoff-Diagramm muss der C 15 zum Aufkohlen auf 900 °C erwärmt werden.
- Für die geforderte Einhärtetiefe 1 mm ist eine Aufkohlungszeit von 5 Stunden erforderlich.

> ! Aufkohlen (Einsetzen) kann durch Gas-Aufkohlung erfolgen.
> Bei der Gas-Aufkohlung kann der Kohlenstoffgehalt der Randschicht durch Temperatur und Gaszusammensetzung exakt vorherbestimmt werden.

3. Härten nach dem Einsetzen

Das Härten nach dem Einsetzen geschieht nach erneutem vorsichtigem Aufheizen in den Austenitbereich der Randschicht. Als Abschreckmittel werden je nach Zusammensetzung des Stahls Wasser, Öl oder besser das Warmbad mit ca. 200 °C verwendet.

3.3.4.3 Nitrieren

Beim Nitrieren dringen Stickstoffatome in die Randschicht der Werkstücke ein und bilden mit den metallischen Legierungszusätzen (Cr, V) chemische Verbindungen, die besonders hart sind. Ein Abschrecken erübrigt sich. Chemische Verbindungen von Metallen und Stickstoff bezeichnet man als **Nitride**. Die Dicke der Nitridschicht wird durch die Glühdauer bestimmt. Zum Beispiel benötigt man 20 Stunden für 0,3 mm Eindringtiefe.

Für das Randschichthärten durch Nitrieren sind Stähle mit 0,3 bis 0,5 % Kohlenstoffgehalt und zusätzlichen Legierungsanteilen aus Aluminium, Chrom, Molybdän, Vanadium u. a. geeignet. Diese Stähle werden in Stickstoff abgebenden Mitteln, meist in Ammoniakgas (NH_3), bei etwa 500 bis 580 °C geglüht.

Die geringe Glühtemperatur und das Fehlen des Abschreckens ermöglichen es, dass man fertig bearbeitete Werkstücke nitrieren kann. Es tritt kein Verzug auf. Die Nitride der Legierungszusätze Aluminium, Molybdän, Vanadium, Chrom u. a. haben neben der hohen Härte große Korrosionsbeständigkeit und Hitzebeständigkeit.
Nitriergehärtet werden Messzeuge und Verschleißteile warmbeanspruchter Werkstücke, wie z. B. Ventile in Verbrennungsmotoren.

Oberfläche

Gefüge eines nitrierten Stahls

> **!** Beim Nitrieren bilden die Legierungszusätze besonders legierter Stähle in der Randschicht der Werkstücke Nitride. Die Randschicht nitrierter Bauelemente ist sehr hart und verschleißfest, hitzebeständig und korrosionsbeständig.

3.4 Einteilung, Normung und Verwendung von Stählen

3.4.1 Einteilung von Stählen

Die in der Technik verwendeten Stähle werden nach DIN EN 10020 unter verschiedenen Gesichtspunkten geordnet. Ordnungsgesichtspunkte sind:
- der Gehalt an Legierungselementen sowie
- die Anforderungen und Gebrauchseigenschaften.

1. Unterteilung nach der chemischen Zusammensetzung
Unlegierte Stähle dürfen bestimmte Gehalte an Begleitelementen nicht überschreiten, z. B. Mn 1,6 %; Si 0,5 %; Al 0,1 %; Ti 0,05 %; Cu 0,4 %; Ni und Cr 0,3 %.
In **legierten Stählen** überschreitet mindestens ein Element diese Grenzwerte.

2. Unterteilung nach Anforderungen und Gebrauchseigenschaften
Nach den Anforderungen und Gebrauchseigenschaften gliedert man die Stähle in Grundstähle, Qualitätsstähle und Edelstähle.

Grundstähle sind unlegierte Stähle, die folgende Bedingungen erfüllen:
- Eine Wärmebehandlung ist nicht vorgesehen.
- Die Eigenschaften liegen innerhalb bestimmter, in der Norm festgelegter Grenzen:

Mindestzugfestigkeit:	höchstens 690 N/mm²,	Mindestbruchdehnung:	höchstens 26 %,
Mindeststreckgrenze:	höchstens 360 N/mm²,	Rockwellhärte:	höchstens 60HRB.
Kohlenstoffgehalt:	mindestens 0,1 %,		

Werkstofftechnik

Qualitätsstähle können unlegiert oder legiert sein.
Unlegierte Qualitätsstähle gehen hinsichtlich ihrer Eigenschaften über die Grundstähle hinaus. Es sind auch keine Anforderungen an den Reinheitsgrad vorgesehen.

Legierte Qualitätsstähle sind im Allgemeinen nicht für Oberflächenhärtung und Vergütung bestimmt. Zu ihnen zählen:
- Feinkornbaustähle mit Höchstgehalten an Mn 1,8 %; Cr, Cu, Ni 0,5 %; Ti, V, Mo 0,12 %;
- schweißbare Feinkornbaustähle für Behälter und Rohrleitungsbau, für die Mindeswerte für die Streckgrenze (380 N/mm^2 bei Dicken bis 16 mm) und die Kerbschlagarbeit (KV < 27J bei −50 °C) garantiert werden;
- legierte Stähle für Rohrleitungsbau, Schienen und Spundwände;
- Stähle, die nur mit Cu legiert sind.

Edelstähle können unlegiert oder legiert sein.
Unlegierte Edelstähle sind meist zum Vergüten oder Oberflächenhärten bestimmt.

Zu den **unlegierten Edelstählen** zählen:
- Stähle, die besonders hohe Kerbschlagarbeit im vergüteten Zustand erreichen,
- Stähle, die besondere Anforderungen an Einhärtungstiefe und Oberflächenhärte erfüllen,
- Stähle mit geringen P- und S-Gehalten (< 0,02 %),
- Stähle mit hoher Kerbschlagarbeit (über 27 J bis −50 °C).

Legierte Edelstähle sind alle bis hierher nicht einzuordnenden, legierten Stähle.
Dazu zählen besonders nicht rostende, mit Cr und Ni legierte Stähle, Schnellarbeitsstähle, Wälzlagerstähle und legierte Werkzeugstähle.

Die Zuordnung eines Stahls zu den verschiedenen Gruppen ist am einfachsten anhand der Stahlgruppennummer der entsprechenden Werkstoffnummer vorzunehmen.

> Stähle werden nach DIN EN in Grundstähle, Qualitätsstähle und Edelstähle gegliedert.
> Qualitäts- und Edelstähle können legiert und unlegiert sein.

3.4.2 Normung von Stählen
3.4.2.1 Kurznamen von Stählen
1. Benennung nach den mechanischen Eigenschaften und Verwendung
Für Stähle, die zu Konstruktionszwecken verwendet werden, gibt der Kurzname nach DIN EN 10027 Auskunft über die Festigkeitseigenschaften.

Die Bezeichnung beginnt mit einer Buchstabenkennzeichnung für den Verwendungszweck. Es folgen Kennzahlen bzw. Kennbuchstaben für Eigenschaften. Anschließend können in zwei Gruppen besondere Kennzeichen für Behandlung, Verwendung u. a. angeführt werden.

Hauptgruppe		Zusatzgruppe	
Kennzeichen für Verwendungszweck	Kennzahl	Gruppe 1	Gruppe 2
S Stähle für den allgemeinen Stahlbau P Stähle für Druckbehälter L Stähle für Rohrleitungen E Stähle für den Maschinenbau D Flacherzeugnisse zum Kaltumformen	Zahlenwert der Mindeststreckgrenze in N/mm^2	Kerbschlagarbeit für Stahlbaustähle besondere Eigenschaften spezielle Verwendung	ergänzende Angaben zu Gruppe 1

Eisen und Stahl

Für Stahlbaustähle ergibt sich folgender Aufbau der Kurzzeichen:

Kennzeichen für Verwendungszweck	Kennzahl	Gruppe 1				Gruppe 2	
		Mindestwerte der Kerbschlagarbeit			Prüftemperatur in °C	M N Q G	thermomechanisch gewalzt normalisiert vergütet sonstige Angaben
		27J	40J	60J			
S	Zahlenwert der Mindeststreckgrenze in N/mm²	JR J0 J2 J3 J4 J5 J6	KR K0 K2 K3 K4 K5 K6	LR L0 L2 L3 L4 L5 L6	20 0 –20 –30 –40 –50 –60	J K L	Hinweis auf Kerbschlagarbeit bei vorgegebener Temperatur

Bei den übrigen Stählen werden in Gruppe 1 die Warmbehandlung und besondere Angaben zur Verwendung angegeben. Die Angabe erfolgt wie zur Gruppe 2 der Stahlbaustähle durch Buchstaben.

Beispiele für den Aufbau von Kurznamen mit Hinweisen auf Verwendung und mechanische Eigenschaften nach DIN EN 10027

S355J2W
— wetterfester Stahl
— Kerbschlagarbeit mind. 27 J bei –20 °C
— Streckgrenze 355 N/mm²
— Stahl für den allgemeinen Stahlbau

L360N
— normalisiert
— Streckgrenze 360 N/mm²
— Stahl für Rohrleitungen

S460Q
— vergütet
— Streckgrenze 460 N/mm²
— Stahl für den allgemeinen Stahlbau

Gelegentlich wird in der Werkstatt im Sprachgebrauch ein Stahl noch nach der ungültigen Norm DIN 17006 bezeichnet. In dieser Norm stand für allgemeine Baustähle **St**. Es folgte der ungefähre Bereich der Mindestzugfestigkeit, der durch einen Zahlenwert angegeben wurde.

Beispiel für die Kennzeichnung der mechanischen Eigenschaften in einem Kurzzeichen nach DIN 17006 (nicht mehr gültig)

St37
— Bereich der Mindestzugfestigkeit 340 bis 470 N/mm²
— allgemeiner Baustahl

---

2. Benennung unlegierter Stähle

Unlegierte Stähle, deren Eigenschaften durch eine Wärmebehandlung verändert werden können, werden nach der DIN EN 10027 durch das Symbol C für Kohlenstoff und eine angehängte Zahl, welche das 100-Fache des C-Gehalts angibt, gekennzeichnet.

Beispiele für die Kurzbenennung unlegierter Stähle nach DIN EN 10027

C35
— 0,35 % C
— unlegierter Stahl

C40
— 0,40 % C
— unlegierter Stahl

! Schema für den Aufbau einer Kurzbenennung unlegierter Stähle:

| C | Kennzahl für den C-Gehalt |

Werkstofftechnik

3. Benennung niedriglegierter Stähle
Bei niedriglegierten Stählen hat jedes Legierungselement weniger als 5 % Anteil an der Zusammensetzung. Nach DIN EN werden diese Stähle gekennzeichnet durch
- Kennzahlen für den C-Gehalt,
- Symbole für die Legierungselemente,
- Kennzahlen für die Legierungsanteile.

Für Stahlformguss wird dem Kurzzeichen der Buchstabe **G** vorangestellt.

Die Kennzahlen ergeben sich durch Multiplikation des %-Anteils des Legierungselements mit dem Faktor f (siehe Tabelle).

Umgekehrt kann man aus der Kennzahl den prozentualen Anteil des einzelnen Legierungselements ermitteln, indem man die Kennzahl durch den Faktor dividiert.

Faktoren für Legierungselemente

Faktor f	Legierungselement
100	C, P, S, N, Ce
10	Al, Cu, Mo, Ta, Ti, V
4	Si, Co, Cr, W, Ni, Mn

Beispiele für die Kurzbenennung niedriglegierter Stähle nach DIN EN 10027

20 Mn 5
- $\frac{5}{4}$ % Mn = 1,25 % Mn
- $\frac{20}{100}$ % C = 0,2 % C

G 90 Cr 4
- $\frac{4}{4}$ % Cr = 1 % Cr
- $\frac{90}{100}$ % C = 0,9 % C
- Stahlformguss

45 Cr Mo V 6–7
- Vanadium in wirksamen Anteilen
- $\frac{7}{10}$ % Mo = 0,7 % Mo
- $\frac{6}{4}$ % Cr = 1,5 % Cr
- $\frac{45}{100}$ % C = 0,45 % C

! Schema für den Aufbau einer Kurzbenennung niedriglegierter Stähle:

| Kennzahl für C-Gehalt | Chem. Symbole der Leg.-Elemente | Kennzahlen für Leg.-Anteile |

4. Benennung hochlegierter Stähle
Stähle, bei denen mindestens ein Legierungselement mehr als 5 % beträgt, sind hochlegiert. Alle hochlegierten Stähle sind Edelstähle. Bei diesen Stählen beginnt die Kurzbenennung mit dem großen Buchstaben **X**. Es folgen
- Kennzahl für den C-Gehalt,
- Symbole der Legierungselemente,
- Anteile der Legierungselemente in Prozent.

Beispiele für Werkstoffnummern unlegierter Stähle

X 10 Cr 13
- 13 % Cr
- 0,1 % C
- hochlegierter Stahl

G X 15 Cr 13
- 13 % Cr
- 0,15 % C
- hochlegiert
- Stahlformguss

! Schema für den Aufbau einer Kurzbenennung hochlegierter Stähle:

| X | Kennzahl für C-Gehalt | Symbole der Leg.-Elemente | Leg.-Anteile in Prozent |

Eisen und Stahl

3.4.2.2 Werkstoffnummern von Stählen

Neben den systematischen Benennungen von Werkstoffen mit Buchstaben und Zahlenkombinationen besteht auch ein Nummernsystem für Werkstoffe aller Art.
Diese Werkstoffnummern sind mithilfe der Datenverarbeitung besser auswertbar. Die Normung der Werkstoffnummern für Stähle ist in DIN EN 1227-2: 2015 erfasst.
Werkstoffnummern sind mindestens fünfstellig und beginnen mit der Werkstoffhauptgruppennummer. Stahl hat die Hauptgruppennummer 1.

Aufbau der Werkstoffnummern für Stähle

1 . XX XX XX
- Zählnummer
- Stahlgruppennummer
- Werkstoffhauptgruppennummer (1 = Stahl)

Die Stahlgruppennummer lässt Rückschlüsse auf Zusammensetzung oder Verwendung des Stahls zu. Die Zählnummern werden für die einzelne Stahlsorte vom Normenausschuss auf Antrag des Stahlerzeugers festgelegt. Meist werden zur Kennzeichnung eines Stahls nur die ersten zwei Stellen der Zählnummer angegeben.

1. Unlegierte Stähle

Grundstähle, die allein wegen ihrer Festigkeitseigenschaften verwendet werden, tragen die Stahlgruppennummern 00 und 90.
Unlegierte Qualitätsstähle werden mit den Stahlgruppennummern 01 bis 07 und 91 bis 97 gekennzeichnet. Einer höheren Zahl entspricht höhere Festigkeit bzw. höherer Kohlenstoffgehalt.
Unlegierte Edelstähle sind mit den Stahlgruppennummern 10 bis 19 gekennzeichnet.
Darin sind mit 15 bis 18 die unlegierten Werkzeugstähle enthalten.

Beispiele für Werkstoffnummern unlegierter Stähle

1.00 60
- Zählnummer für E335
- Grundstahl
- Stahl

1.01 16
- Zählnummer für S235J2G3
- Qualitätsstahl $R_m < 500$ N/mm^2
- Stahl

1.12 21
- Zählnummer für C60
- Edelstahl ≥ 0,5 % C
- Stahl

2. Legierte Stähle

Legierte Qualitätsstähle sind mit den Stahlgruppennummern 08 bis 09 sowie 98 und 99 gekennzeichnet.
Legierte Edelstähle haben die Stahlgruppennummern von 20 bis 89. Davon sind
- 20 bis 29 Werkzeugstähle,
- 32 bis 33 Schnellarbeitsstähle, 35 ist Wälzlagerstahl,
- 40 bis 49 chemisch beständige Stähle,
- 50 bis 89 Stähle für den Maschinen- und Behälterbau.

Beispiele für Werkstoffnummern unlegierter Stähle

1.71 31
- Zählnummer für 16MnCr 5
- Stahl für Maschinen- und Behälterbau Cr- und Mn-legiert
- Stahl

1.59 19
- Zählnummer für 15CrNi 6
- Stahl für Maschinen- und Behälterbau Cr- und Ni-legiert 1,5 bis 2 % Cr
- Stahl

1.23 16
- Zählnummer für X38CrMo16
- Werkzeugstahl mit Cr-Mo legiert
- Stahl

Zur genauen Entschlüsselung benötigt man die Tabellen des Normblatts DIN EN 10027.

3.4.3 Stahlsorten

1. Unlegierte Baustähle

Unlegierte Baustähle nach DIN EN 10025 sind Grund- und Qualitätsstähle, die vorwiegend aufgrund ihrer mechanischen Eigenschaften im Stahlbau und Maschinenbau eingesetzt werden.

Beispiele für unlegierte Baustähle

Kurzname	Werkstoffnummer	Gewährleistete mechanische Werte		
		Proben 3–100 mm R_m N/mm²	Mittelwerte Proben 3–100 mm	
nach DIN EN 10025			R_{eH} N/mm²	A %
S185	1.0035	510 bis 295	185 bis 175	18
S235 J2 G3	1.0116	470 bis 340	235 bis 215	26
S235 J0	1.0144	470 bis 340	275 bis 205	26
E295	1.0050	610 bis 470	295 bis 265	26
E335	1.0060	710 bis 570	335 bis 305	16
E360	1.0070	830 bis 790	360 bis 335	11

2. Schweißgeeignete Feinkornbaustähle

Schweißgeeignete Feinkornbaustähle nach DIN EN 10113 sind Qualitäts- und Edelstähle, die aufgrund ihres feinkörnigen Gefüges hohe Streckgrenze und gute Zähigkeit aufweisen. Sie werden besonders im Brückenbau und zum Bau von Druckbehältern eingesetzt.

Beispiele für schweißgeeignete Feinkornbaustähle

Kurzname	Werk-stoff-nummer	Zug-festigkeit	Steckgrenze		Bruch-deh-nung	Kerb-schlag-arbeit	chemische Zusammensetzung maximal		
nach DIN EN 10025		Proben 16–40 mm N/mm²	Proben 16–40 mm N/mm²	Proben 40–63 mm N/mm²	%	bei 20 °C J	C %	Si %	Mn %
S275N	1.0490	510–370	265	255	24		0,18	0,4	0,5–1,4
S355N	1.0545	630–470	345	335	22	55	0,20	0,5	0,9–1,65
S420N	1.8902	680–520	400	390	19		0,20	0,6	1,0–1,7

3. Vergütungsstähle

Vergütungsstähle sind nach DIN EN 10083 unlegierte und legierte Stähle. Sie sind für kleine Maschinenelemente mit geringer Festigkeit wie Schrauben und Bolzen bis zu großen Bauelementen mit hohen Festigkeitseigenschaften wie Schiffskurbelwellen einzusetzen.

Beispiele für Vergütungsstähle

Kurzname	Werkstoffnummer	Gewährleistete mechanische Werte über 16 bis 40 mm Durchmesser vergütet		
nach DIN EN 1083		Zugfestigkeit N/mm²	Steckgrenze N/mm²	Bruchdehnung %
C45	1.0503	800 bis 650	305	16
C60	1.1221	950 bis 800	520	13
28Mn 6	1.1170	840 bis 690	490	15
34Cr 4	1.7033	950 bis 800	590	14
50CrMo 4	1.7228	1 200 bis 1 000	780	10
30CrNiMo 8	1.6580	1 300 bis 1 100	900	10
34CrNiMo 6	1.6582	1 300 bis 1 100	900	10

4. Nitrierstähle

Nitrierstähle nach DIN EN 10085 sind Stähle, die als Legierungselemente Cr, Al und V enthalten. Diese Legierungselemente bilden mit Stickstoff harte und verschleißfeste Nitride.
Typische Nitrierstähle sind 39 CrMoV 13-9 und 41 CrAlMo 7.

5. Einsatzstähle

Einsatzstähle nach DIN EN 10084 sind Qualitäts- und Edelstähle, die nach Aufkohlen und Härten der Oberfläche vorwiegend im Maschinen- und Werkzeugbau verwendet werden.

Beispiele für Vergütungsstähle

Kurzname nach DIN EN 10084	Werkstoffnummer	Gewährleistete mechanische Werte Probestab 30 mm Durchmesser		
		Zugfestigkeit N/mm^2	Steckgrenze N/mm^2	Bruchdehnung %
C10 E	1.1121	490 bis 640	295	16
C15 E	1.1141	590 bis 780	350	14
16MnCr5	1.7131	880 bis 1180	390	11
20MnCr5	1.7147	1080 bis 1370	685	8
18CrNiMo13-4	1.6587	1180 bis 1420	785	8

6. Nicht rostende Stähle

Nicht rostende Stähle nach DIN EN 10088 sind Edelstähle, die durch Zulegieren von mindestens 12 % Cr hohe Beständigkeit gegen chemische Angriffe durch korrodierende Flüssigkeiten aufweisen. Der bekannteste Stahl dieser Gruppe ist der X10CrNiMoTi18-9.

7. Automatenstähle

Automatenstähle nach DIN EN 10087 sind Stähle, die sich durch gute Zerspanbarkeit und gute Spanbrüchigkeit auszeichnen. Diese Eigenschaften werden durch Einschlüsse von Schwefel im Grundgefüge erzielt. Bleizusätze erhöhen ebenfalls die Zerspanbarkeit.
Automatenstähle sind z. B. 10S20 für verschleißfeste Kleinteile und 38SMn28 für große Bauteile.

8. Federstähle

Federstähle nach DIN EN 10089 weisen in gehärtetem und angelassenem Zustand hohe Streckgrenze und damit eine gute Elastizität auf. Sie sind meist mit Chrom und mehr als 1 % Silizium legiert.
Federstähle sind z. B. 38Si7, 61SiCr7 und 51CrV4.

9. Schnellarbeitsstähle

Schnellarbeitsstähle werden zur Herstellung von Zerspanungs- und Schnittwerkzeugen eingesetzt. Sie erhalten ihre hohe Härte vorwiegend durch harte und warmfeste Karbide der Legierungselemente.
Schnellarbeitsstähle werden durch ein besonderes Bezeichnungssystem gekennzeichnet. Der Kurzname beginnt mit **HS**, es folgen in ganzen Zahlen die Gehalte an Wolfram, Molybdän, Vanadium und Cobalt. Der Kohlenstoffgehalt (0,6 % bis 1,2 %) und der Chromgehalt (meist 4 %) werden nicht angegeben.

Beispiele für Schnellarbeitsstähle

Kurzname HS (W-Mo-V-Co)	Werkstoff-nummer	Chemische Zusammensetzung in % (Mittelwerte)					Härte nach dem Anlassen in HRC
		C	Cr	W	Mo	V	Co	
HS3-3-2	1.3333	0,99	4,15	2,85	2,75	2,35	–	62 … 64
HS6-5-2-5	1.3343	0,88	4,15	6,35	4,95	1,85	–	64 … 66
HS0-4-3-10	1.3207	1,27	4,15	10,25	3,75	3,25	10,50	65 … 67
HS12-1-4-5	1.3202	1,37	4,15	12,00	0,85	3,75	4,75	65 … 67

3.5 Eisen-Kohlenstoff-Gusswerkstoffe

1. Kohlenstoff in Fe-C-Gusswerkstoffen

Fe-C-Gusswerkstoffe enthalten Kohlenstoff in verschiedener Konzentration und verschiedener Form. Sie haben deshalb sehr unterschiedliche Gefüge.
Stahlguss ist in Formen gegossener Stahl mit normalem Stahlgefüge. Der C-Gehalt beträgt höchstens 0,75 %.
Gusseisen enthält Kohlenstoff überwiegend in Form von Lamellen oder Kugeln, C-Gehalte 3 bis 5 %.
Temperguss hat im Rohzustand allen Kohlenstoff als Fe_3C. Der C-Gehalt liegt zwischen 2,5 und 3,5 %.
Sonderguss sind Hartguss und besonders legierte Gusseisensorten.

Übungsaufgaben 3/51 bis 3/56

Werkstofftechnik

2. Gießeigenschaften

Durch Gießen lassen sich Werkstücke in beliebiger Gestalt herstellen. Für Werkstücke mit komplizierten Formen ist Gießen das wirtschaftlichste Fertigungsverfahren. Gießen erfordert vom Werkstoff bestimmte Eigenschaften:

- **gutes Formfüllungsvermögen** und **Dünnflüssigkeit**, damit der flüssige Gusswerkstoff die gesamte Gießform auch in kleinsten Querschnitten ausfüllt;
- **niedriger Schmelzpunkt**, damit Energiekosten gespart werden und die Gießform nicht unnötig durch hohe Temperaturen belastet wird;
- **geringe Schwindung**, damit beim Übergang vom flüssigen in den festen Zustand keine Schwindungshohlräume – Lunker – entstehen (Schwindung: 1 %).

Die Gießeigenschaften entscheiden nicht allein über die Verwendung eines Werkstoffs als Gusswerkstoff. Wichtiger sind in vielen Fällen die Festigkeitseigenschaften.

Eisen-Kohlenstoff-Legierungen mit ungefähr 4 % Kohlenstoff zeigen gute Gießeigenschaften. Nachteilig ist jedoch die gegenüber Stahl geringere Zugfestigkeit dieser Werkstoffe. Für Werkstücke mit hoher Beanspruchung wählt man darum Stahlguss, der zwar schlechtere Gießeigenschaften besitzt, jedoch hohe Festigkeit und Zähigkeit hat.

Vergleich der Gießeigenschaften von Stahlguss und Gusseisen

Zugfestigkeit von Stahlguss und Gusseisen

> **!** Fe-C-Gusslegierungen haben im Bereich von 3 bis 4 % C beste Gießeigenschaften.

3.5.1 Stahlguss

Stahlguss ist in Formen gegossener unlegierter und legierter Stahl mit einem Kohlenstoffgehalt meist um 0,25 %. Wegen des geringen Kohlenstoffgehaltes hat Stahlguss eine Gießtemperatur von etwa 1 600 °C, also um 300 °C höher als bei Gusseisen. Das Volumen von Stahlguss schwindet beim Erkalten bis zu achtmal so stark wie bei Gusseisen, die Festigkeit ist jedoch doppelt so hoch.

Stahlguss wird als Werkstoff etwa für hochfeste Werkstücke mit komplizierter Form verwendet. So werden Turbinengehäuse u. a. aus Stahlguss hergestellt. Die Stückgewichte reichen von weniger als einem Gramm bis zu mehreren 100 Tonnen.

Unlegierter Stahlguss wird mit dem Kurzzeichen GE und der Streckgrenze R_e gekennzeichnet; z. B. GE240 (alte Bezeichnung GS-45).

Bauteile aus Stahlguss

> **!** Stahlguss ist unlegierter und legierter Stahl, der in Formen unmittelbar zu Werkstücken vergossen wird. Der Stahlguss hat hohe Festigkeit und Zähigkeit.
> Stahlguss mit unter 1 % C hat ungünstige Gießeigenschaften, aber hohe Festigkeit.

3.5.2 Gusseisen
3.5.2.1 Gefüge und Eigenschaften von Gusseisen

Gusseisen enthält 3 bis 5 % Kohlenstoff. Bei diesen Kohlenstoffgehalten erhält man niedrige Schmelztemperaturen. Darüber hinaus sind die Gießeigenschaften wie Dünnflüssigkeit, geringe Schrumpfung, geringe Rissneigung u. a. besonders günstig. Darum können auch sehr dünnwandige Werkstücke aus Gusseisen hergestellt werden.

Im Gefüge der meisten Eisen-Kohlenstoff-Gusswerkstoffe mit höherem Kohlenstoffgehalt liegt der Kohlenstoff überwiegend als Graphit vor. Den Gefügebestandteil, der das Eisen enthält, bezeichnet man als Grundgefüge.

! Gusseisen ist eine Eisen-Kohlenstoff-Legierung mit 3 bis 5 % C. Gusseisen besteht aus einem Grundgefüge, das im Wesentlichen vom Eisen gebildet wird, und darin eingelagertem Graphit.

Dieses Grundgefüge kann wie beim Stahl nur aus Ferrit, aus Ferrit und Perlit oder ganz aus Perlit bestehen. Je höher der Perlitanteil ist, desto größer sind Festigkeit und Härte des Gefüges. Festigkeit und Zähigkeit des Grundgefüges können bei besonderen Anforderungen durch Vergüten erhöht werden.

Grundgefüge in Gusseisen mit Kugelgraphit
steigende Festigkeit und Härte → ferritisch, ferritisch–perlitisch, perlitisch

! Das Grundgefüge des Gusseisens kann bestehen aus:
• Ferrit,   • Perlit,   • Ferrit und Perlit,   • Vergütungsgefüge.

Der im Grundgefüge eingelagerte Graphit hat nur sehr geringe Festigkeit und Härte und vermindert die Festigkeitseigenschaften des gesamten Gefüges. Dabei werden Festigkeit und Zähigkeit weniger durch die Menge des Graphits als vielmehr durch seine Form beeinflusst. Lamellenförmig eingelagerter Graphit schwächt das Grundgefüge stärker als flockenförmiger oder gar kugelförmiger Graphit, denn jede Graphitlamelle wirkt auf das Grundgefüge wie eine Kerbe, von der Risse ausgehen können.

Einfluss der Graphitform
steigende Zugfestigkeit und Zähigkeit → Graphitlamellen, Graphitflocken, Graphitkugeln

! Die Graphitform beeinflusst entscheidend die Festigkeit und Zähigkeit von Gusseisen.

3.5.2.2 Gusseisen mit Lamellengraphit (GJL)

Gusseisen mit Lamellengraphit nach DIN EN 1561 ist ein Eisen-Kohlenstoff-Gusswerkstoff, dessen Kohlenstoff im Gefüge überwiegend in Form von Graphitlamellen vorliegt. Er hat in der Regel Kohlenstoffgehalte von 2,5 bis 4,0 % bei Siliziumgehalten um 2,0 %. Dadurch ergeben sich gute Gießeigenschaften.

Getriebegehäuse aus Gusseisen mit Lamellengraphit

! Gusseisen mit Lamellengraphit (GJL) ist ein Eisen-Kohlenstoff-Gusswerkstoff, bei dem der Kohlenstoff überwiegend als Graphit in Lamellenform vorliegt.

Werkstofftechnik

Da jede Graphitlamelle eine Kerbe für das Grundgefüge darstellt, ist die Festigkeit des Gusseisens weit geringer als die von Stahlguss. Dabei weisen Gefüge von Gusseisen mit gleicher Zusammensetzung, aber mit kleineren Lamellen höhere Festigkeit auf als Gefüge mit großen Lamellen.
Weiterhin bestimmt die Art des Grundgefüges die Festigkeitseigenschaften.

Einfluss der Lamellengröße auf die Festigkeit

> Die Festigkeit von Gusseisen mit Lamellengraphit (GJL) hängt von der Größe der Graphitlamellen und der Art des Grundgefüges ab.

Gusseisen dämpft Schwingungen. Seine Dämpfungseigenschaften beruhen darauf, dass die Graphitlamellen wie Polster das Übertragen der Schwingungen verhindern. Wegen seiner schwingungsdämpfenden Eigenschaft und seiner guten Gießbarkeit wird Gusseisen zur Herstellung von Ständern für Werkzeugmaschinen, Motorengehäusen u. a. verwendet.

Schwingungsverlauf bei Stahl und Gusseisen

> Gusseisen mit Lamellengraphit (GJL)
> • ist gut gießbar,   • wirkt schwingungsdämpfend,   • ist relativ korrosionsbeständig.

3.5.2.3 Gusseisen mit Kugelgraphit (GJS)

Gusseisen mit Kugelgraphit nach DIN EN 1563 ist ein Eisen-Kohlenstoff-Gusswerkstoff, dessen Kohlenstoff im Gefüge weitgehend kugelförmig vorliegt. Der Kohlenstoffgehalt liegt zwischen 3,5 und 4,5 %. Die kugelförmige Ausbildung des Graphits im Gefüge entsteht durch Zugabe von Magnesium in die Schmelze. Da die Graphitkugeln nur geringe Kerbwirkung für das Grundgefüge haben, ist die Festigkeit von Gusseisen mit Kugelgraphit annähernd so hoch wie bei Stahlguss, ohne dass sich die Gießeigenschaften gegenüber Gusseisen mit Lamellengraphit verschlechtern.

Gefüge eines ferritischen GJS

Kerbwirkung

Festigkeitskennwerte von Fe-C-Gusswerkstoffen

> Gusseisen mit Kugelgraphit ist ein Eisen-Kohlenstoff-Gusswerkstoff, bei dem der Kohlenstoff überwiegend als Graphit in Kugelform vorliegt.

Gusseisen mit Kugelgraphit wird als Werkstoff für Automobilteile (Achsgehäuse, Getriebegehäuse, Bremstrommeln, Kurbelwellen u. a.), hoch beanspruchte Maschinenteile, Bauteile im Landmaschinenbau und Waggonbau verwendet.

Wasserkasten für Betonpumpe aus GJS

> Gusseisen mit Kugelgraphit (GJS)
> • ist fester und zäher als GJL,   • ist gut gießbar,   • ist relativ korrosionsbeständig.

3.5.3 Normbezeichnung von Fe-C-Gusswerkstoffen

1. Kurznamen von Gusseisenwerkstoffen

Der Kurzname für Gusseisenwerkstoffe wird nach DIN EN 1560 durch maximal sechs Angaben gebildet, wobei nicht alle Positionen belegt sein müsen. Es wird immer die Sorte des Gusseisenwerkstoffs und die mechanische Eigenschaft bzw. die Härte angegeben.

Beispiele für Kurznamen von Gusseisenwerkstoffen

EN – G J L – 150
- Mindestzugfestigkeit R_m = 150 N/mm²
- Lamellengraphit
- Eisen (Iron)
- Guss
- Europäische Norm

EN – GJL – HB 155
- Brinellhärte 155 HB

EN – G J S – 400 – 18
- zusätzlich: Mindestbruchdehnung 18 %
- Mindestzugfestigkeit R_m = 400 N/mm²
- Kugelgraphit (Sphäroguss)
- Eisen (Iron)
- Guss
- Europäische Norm

> **!** Kurznamen für Gusseisenwerkstoffe beginnen immer mit EN, es folgt ein G für Guss und dann ein J für Eisen, die Sorte schließt diese Buchstabenfolge mit L für Lamellengraphit oder S für Kugelgraphit ab. Abschließend werden mechanische Eigenschaften angegeben.

2. Werkstoffnummern für Gusseisenwerkstoffe

Die Werkstoffnummern für Gusseisenwerkstoffe unterscheiden sich nach DIN EN 1561 von denen der Stahlwerkstoffe. Sie beginnen immer mit EN, es folgen die Sorte des Gusseisenwerkstoffs, wie z. B. JL oder JS, und eine vierstellige Zahl.

Beispiele für Werkstoffnummern von Gusseisenwerkstoffen

Werkstoff	Kurzname	Werkstoff-nummer	Bisheriger Kurzname	Festigkeitseigenschaft/Härte
Gusseisen mit Lamellengraphit	EN-GJL-200	EN-JL1030	GG-20	Zugfestigkeit R_m = 200 bis 300 N/mm²
Gusseisen mit Lamellengraphit	EN-GJL-HB 235	EN-JL2050	GG-240 HB	Brinellhärte HB 165 bis 235
Gusseisen mit Kugelgraphit	EN-GJS-400	EN-JS1030	GGG-40	Zugfestigkeit R_m = 370 bis 400 N/mm²

3. Werkstoffnummern für Stahlguss

Die Werkstoffnummern werden für Stahlguss nach dem Nummernsystem für Stähle nach DIN EN 10027 angegeben. Sie beginnen immer mit einer 1. und dann folgt eine vierstellige Zahl.

Beispiele für Werkstoffnummern von Stahlguss

Werkstoff	Kurzname	Werkstoff-nummer	Bisheriger Kurzname	Festigkeitseigenschaft
Stahlguss für Druckbehälter	GP240	1.0619	GS-C 25	R_{eHF} = 240 N/mm²
Stahlguss	GE200	1.0420	GS-38	R_{eH} = 200 N/mm²

> **!** Bei Stahlguss beginnt die Werkstoffnummer immer mit 1. und es folgt eine vierstellige Zahl.

Übungsaufgabe 3/67

Werkstofftechnik

4 Nichteisenmetalle

4.1 Aluminium und Aluminiumlegierungen

4.1.1 Eigenschaften und Verwendung

1. Reinaluminium

Aluminium wird im Gegensatz zu Eisen auch als reines Metall verwendet.
Der innere Aufbau des Aluminiums bestimmt seine Eigenschaften, die eine vielseitige Anwendung des Aluminiums und seiner Legierungen ergeben.

chem. Symbol:	Al
Schmelzpunkt:	660 °C
Dichte:	2,7 g/cm³
Gittertyp:	kubisch-flächenzentriert

Eigenschaft	Ursache	Verwendungsbeispiele
geringe Dichte ϱ = 2,7 g/cm³	großer Abstand der Atome, kleine Masse eines Atoms	Legierungen für Fahrzeugbau und Flugzeugbau
gute elektrische Leitfähigkeit	viele freie Elektronen	Reinaluminium für Stromschienen und Überlandleitungen
gute Wärmeleitfähigkeit		Reinaluminium und Aluminiumlegierungen für Kochtöpfe und Heizkörper
gute Umformbarkeit	kubisch-flächenzentriertes Gitter	Reinaluminium für Folien und Tuben
Korrosionsbeständigkeit	Bildung einer festen und dichten Oxidhaut an der Luft	Reinaluminium und Aluminiumlegierungen für Nahrungsmittelbehälter und Rohrleitungen
schweiß- und lötbar mit besonderen Verfahren		

2. Aluminiumgusslegierungen

Aluminium bildet mit Silizium ein Kristallgemenge. Eine Aluminium-Silizium-Legierung mit etwa 12 % Silizium schmilzt bereits bei etwa 600 °C, besitzt sehr gute Gießeigenschaften (Dünnflüssigkeit, geringe Schwindung) und hat hohe Festigkeit. Sie lässt sich gut schweißen und ist korrosionsbeständig.

Anteile an Magnesium und Kupfer erhöhen die Festigkeit. Kupfer verringert jedoch die Korrosionsbeständigkeit. Aluminiumgusslegierungen mit diesen Elementen werden als Werkstoffe z. B. für Motorengehäuse und Getriebegehäuse im Fahrzeug- und Flugzeugbau verwendet.

Gefüge und Schmelztemperatur von Al-Si-Legierungen

Motorteile aus Aluminiumgusslegierung

! Aluminiumgusslegierungen sind Aluminiumlegierungen mit guten Gießeigenschaften. Sie enthalten in der Regel Silizium.

3. Aluminiumknetlegierungen

Bereits geringe Zusätze der Legierungselemente Magnesium (Mg), Silizium (Si), Kupfer (Cu), Zink (Zn) und Mangan (Mn) ändern sehr stark die Eigenschaften des reinen Aluminiums. Insbesondere werden Festigkeit und Härte gesteigert, die elektrische Leitfähigkeit gesenkt, während die Umformbarkeit nur gering nachlässt. Diese Legierungen können durch Warmumformen (Walzen, Strangpressen) durchgeknetet werden, deshalb nennt man sie Aluminiumknetlegierungen.

Aluminiumknetlegierungen werden aufgrund ihrer hohen Festigkeit und geringen Dichte als Werkstoffe für Transportbehälter sowie Konstruktionsteile im Fahrzeug-, Flugzeug- und Schiffbau verwendet.

! Aluminiumlegierungen mit Zusätzen von Magnesium, Silizium, Kupfer, Zink und Mangan sind gut umformbar und haben hohe Festigkeit. Man nennt sie Knetlegierungen.

Nichteisenmetalle

4. Aushärtung von Aluminiumlegierungen

Aluminium bildet mit bestimmten Legierungselementen (Kupfer, Magnesium, Zink) bei höheren Temperaturen (ca. 500 °C) Mischkristalle. Zum Aushärten erhitzt man die Werkstücke zunächst auf diese Temperatur. Man nennt dies **Lösungsglühen**. Werden Guss- oder Knetlegierungen, welche solche Legierungselemente enthalten, auf Raumtemperatur langsam abgekühlt, entstehen Kristallgemenge aus Aluminium und den Legierungselementen. Kühlt man jedoch solche Legierungen von höheren Temperaturen schnell ab, bleibt das Mischkristallgefüge auch bei Raumtemperatur erhalten. Die Atome der Legierungselemente bleiben zwangsweise im Aluminiumgitter eingebaut.

Im Gegensatz zum Stahl sind diese Aluminium-Legierungen zunächst weich und leicht umformbar. Die Härtezunahme setzt erst ein, wenn die schnell abgekühlten Aluminiumlegierungen eine Zeitlang lagern. Erst während dieser Zeit tritt die Gitterverspannung ein. Sie bewirkt die Zunahme der Härte und der Festigkeit. Diesen Vorgang bezeichnet man als **Auslagerung**.

Gefüge aushärtbarer Al-Legierungen

Arbeitsgänge zur Aushärtung

Einfluss der Lagerzeit auf die Zugfestigkeit

> Die Aushärtung der Aluminiumlegierungen geschieht in drei Stufen:
> • Lösungsglühen, • schnelles Abkühlen, • Auslagern.

4.1.2 Normbezeichnungen

Entsprechend der Systematik für Nichteisenmetalle gliedern sich die Kurzzeichen für Aluminium nach DIN EN 573 in mehrere Teile. Das Kurzzeichen beginnt immer mit dem Normhinweis **EN**.

Es folgt ein **A** für Aluminium. Die folgenden Teile weisen auf Herstellung, Zusammensetzung und Werkstoffzustand hin.

Aufbau des Kennzeichens von Aluminium und Al-Legierungen

Norm	Werkstoff	Herstellung	Kennzeichen für Zusammensetzung	Kennzeichen für Werkstoffzustand	
EN	A	W Halbzeug C Guss B Block	Normen für Zusammensetzung 1. Stelle 1 reines Aluminium 2 Cu 3 Mn Hauptbestandteil 4 Si -- oder -- Zeichen für **Al** und chemische Symbole für Legierungselemente mit evtl. Zahlenwert des Gehalts in fallender Reihenfolge	Buchstabe und Zahl für Behandlungszustand O O2 H H12 T T4	weichgeglüht thermomechanisch behandelt für höchste Umformbarkeit kaltverfestigt 1/4 hart kaltverfestigt ausgehärtet lösungsgeglüht und kalt ausgelagert

Werkstofftechnik

> **Beispiele für Normbezeichnungen von Aluminiumlegierungen**
>
> EN AW - 4 2 0 0
> - Europäische Norm
> - Aluminium
> - Herstellungsart Halbzeug
> - Hauptlegierungselement Silizium
> - spezielle Legierungsgruppe 7 % Si + Mg
> - Leerstellen
>
> EN AW - AlMn1 T9
> - Europäische Norm
> - Aluminium
> - Herstellungsart Halbzeug
> - Aluminium als Grundgehalt
> - 1 % Mangan
> - lösungsgeglüht, warmausgelagert und kaltumgeformt

4.2 Kupfer und Kupferlegierungen

4.2.1 Eigenschaften und Verwendung von Kupfer

Kupfer wird als reines Metall in der Technik verwendet. Die folgenden Eigenschaften bestimmen seine Verwendung.

chem. Symbol:	**Cu**
Schmelzpunkt:	1 083 °C
Dichte:	8,9 g/cm³
Gittertyp:	kfz

Eigenschaft	Ursache	Verwendungsbeispiele
sehr gute elektrische Leitfähigkeit	viele freie Elektronen	Kabel, Stromschienen
sehr gute Wärmeleitfähigkeit		Wärmetauscher, Lötkolben
gute Umformbarkeit	kubisch-flächenzentriertes Gitter	Behälter, Kessel, Dichtungen, Kunstgegenstände
gute Korrosionsbeständigkeit	Bildung einer dichten und festen Oxidschicht an der Luft	Rohrleitungen, Dachabdeckungen, Plattierungen

4.2.2 Kupferlegierungen

Die wichtigsten Legierungselemente des Kupfers sind Zink (Zn), Zinn (Sn), Nickel (Ni), Aluminium (Al) und Blei (Pb).
Die Normenbezeichnung der Kupferlegierungen ist in gleicher Weise aufgebaut wie die der Al-Legierungen. Sie beginnt jedoch mit Cu.

1. Kupfer-Zink-Legierungen
Kupfer-Zink-Legierungen mit einem Kupfergehalt von mindestens 50 % und Zink als Hauptlegierungsbestandteil werden als **Messing** bezeichnet. Damit bei der spanenden Bearbeitung der Span besser bricht, kann Messing bis zu 3 % Blei enthalten.
Beträgt der Zinkgehalt unter 38 %, so besteht das Messing aus Mischkristallen mit kubisch-flächenzentriertem Gitteraufbau. Diese Messingsorten sind sehr gut umformbar. Sie werden als Kupfer-Zink-Knetlegierungen bezeichnet. Aus diesen Messingsorten werden Schrauben, Blattfedern, Kugelschreiberminen, Hülsen u.a. Bauteile durch Kaltumformen hergestellt.

Mechanische Eigenschaften von reinem Kupfer und einer Kupfer-Zink-Legierung

Gefüge und Beispiele für die Verwendung von Cu-Zn-Legierungen mit niedrigem Zn-Gehalt (Messing)

Nichteisenmetalle

Steigt der Zinkgehalt über 38 %, bildet sich ein Kristallgemenge aus kubisch-flächenzentrierten und kubisch-raumzentrierten Mischkristallen. Diese Messingsorten sind schlecht umformbar, aber gut gießbar und zerspanbar. Aus diesen Messingsorten werden Armaturen, Ventile, Steuerungsbauteile und Formdrehteile aller Art hergestellt.

Gefüge und Beispiele für die Verwendung von Cu-Zn-Legierungen mit höheren Zn-Gehalten (Messing)

> **!** Messing ist eine Kupfer-Zink-Legierung. Messingsorten mit weniger als 38 % Zinkgehalt sind gut umformbar. Messingsorten mit mehr als 38 % Zinkgehalt sind gut gieß- und zerspanbar.

2. Kupfer-Zinn-Legierungen

Kupfer-Zinn-Legierungen bezeichnet man als **Zinnbronzen**. Zinnbronzen werden in Knetlegierungen und Gusslegierungen unterteilt. Dabei werden die Zinnbronzen mit bis zu 9 % Zinn als Knetlegierungen bezeichnet, da bis zu diesem Zinngehalt Mischkristalle gebildet werden. Diese Zinnbronzen sind gut umformbar, aus ihnen werden Schrauben, Drähte, Bleche, Bänder und andere Bauteile hergestellt.

Steigt der Zinngehalt über 9 %, entstehen Kristallgemenge. Die Umformbarkeit verschlechtert sich während die Gießeigenschaften besser werden. Darüber hinaus verbessern sich Korrosionsbeständigkeit und die Gleiteigenschaften. Aus Zinnbronzen stellt man Schneckenräder, Lager, Armaturen, Bauteile für Turbinen und Gleitschienen durch Gießen her.

CuSn6	94 % Cu	6 % Sn
CuSn8	92 % Cu	8 % Sn

Verwendung von Cu-Sn-Knetlegierungen

G-CuSn12	88 % Cu	12 % Sn
G-CuSn14	86 % Cu	14 % Sn

Verwendung von Cu-Sn-Gusslegierungen

> **!** Bronzen sind Kupfer-Zinn-Legierungen. Bronzen mit weniger als 9 % Zinn sind Knetlegierungen. Bronzen mit mehr als 9 % Zinn werden vergossen.

3. Kupfer-Zink-Zinn-Legierungen

Kupfer-Zink-Zinn-Legierungen bezeichnet man als **Rotguss**. Rotguss ist ein sehr gut gießbarer und korrosionsbeständiger Werkstoff. Er wird für dünnwandige komplizierte Werkstücke wie Pumpengehäuse, Schneckenräder, Heißdampfarmaturen verwendet.

G-CuSn5ZnPb	85 % Cu	5 % Sm; Zn u. Pb in Anteilen
G-CuSn10Zn	88 % Cu	10 % Sn (2 %) Zn

Verwendung von Cu-Zn-Sn-Legierungen

> **!** Rotguss sind Kupfer-Zink-Zinn-Legierungen.

4. Kupfer-Zink-Nickel-Legierungen

Kupfer-Zink-Nickel-Legierungen bezeichnet man wegen ihres silbernen Glanzes als Neusilber. Es enthält zwischen 10 und 25 % Nickel. **Neusilber** ist gut umformbar und sehr korrosionsbeständig. Es wird als Werkstoff in der Optik, in der Feinmechanik und im Kunstgewerbe verwendet.

CuZn30Ni12Pb	56 % Cu 30 % Zn 12 % Ni 2 % Pb

Verwendung von Cu-Zn-Ni-Legierungen

> **!** Neusilber sind Kupfer-Zink-Nickel-Legierungen.

Übungsaufgaben 4/9 bis 4/12

Werkstofftechnik

5 Sinterwerkstoffe

5.1 Sintermetalle

Durch das Umformverfahren Sintern stellt man aus pulverförmigen Ausgangsstoffen feste Werkstücke in ihrer Endform her. Die Fertigung von Werkstücken aus Metallpulvern erfolgt in mehreren Arbeitsschritten:

→ Pulvergemisch herstellen → Formkörper erzeugen → Sintern → Nachbehandeln →

Erzeugen des Formkörpers
Für Werkstücke aus Sintermetall mit hoher Porosität, z. B. Filter, erzeugt man den Formkörper aus nicht verdichtetem Metallpulver mit Bindemittel in Formen. Formkörper für Bauteile, an die höhere Ansprüche hinsichtlich der Festigkeit gestellt werden, werden in Formen gepresst. Bei Drücken bis etwa $60\,kN/cm^2$ verklammern sich die Pulverteilchen mechanisch, sodass ein handhabbarer Formkörper entsteht. Beim Heißpressen haben die Formkörper so hohe Festigkeit, dass ggf. eine spanende Bearbeitung möglich ist. Man bezeichnet die Formkörper als **Grünlinge**.

Sintern
Die Grünlinge werden bei Temperaturen knapp unter dem Schmelzpunkt des Metallpulvers, z. B. bei Stahl ca. 1 120 °C, geglüht. Bei diesen hohen Temperaturen kann sich bereits das Bestreben von Körpern, die kleinste Oberfläche zu bilden, auswirken. Bei den hohen Temperaturen, aber noch eben im festen Zustand, wandern an den Berührungsstellen Atome der einzelnen Metallpulverteilchen so ineinander, dass ein Zusammenhalt entsteht. Gleichzeitig verkleinert sich der Porenraum zwischen den Teilchen und der Grünling schwindet.

! Zur Erzeugung von Werkstücken durch Sintern wird zunächst aus metallischen Pulvern ein Formkörper erzeugt. Durch einen anschließenden Glühvorgang knapp unterhalb der Schmelztemperatur des Metalls, dem eigentlichen Sintern, entsteht ein zusammenhängendes Gefüge.

5.1.1 Arten, Eigenschaften und Verwendung

So kann man aus pulverförmigen Ausgangsstoffen:
- Bauelemente herstellen, die aus Werkstoffen mit sehr hohen Schmelzpunkten bestehen, z. B. Glühfäden aus Wolfram für Glühlampen. Sie haben einen Schmelzpunkt von 3 380 °C.
- Werkstoffe herstellen, deren Bestandteile im schmelzflüssigen Zustand nicht mischbar sind, z. B. Graphit und Kupfer als Werkstoff für Stromabnehmer.
- poröse metallische Werkstücke erzeugen, z. B. Gleitlager aus Bronzen, Metallfilter u. a.

Werkstoffe aus Sinterbronzen und Eisen-Kupfer-Graphit-Sinterwerkstoffe besitzen sehr gute Eigenschaften als **Lagerwerkstoffe**. Sie sind nahezu wartungsfrei, geräuscharm und besitzen wegen ihrer Porosität gutes Ölspeichervermögen. Durch den eingelagerten Kohlenstoff sind diese Lagerwerkstoffe im Notfall selbstschmierend. Sie haben dadurch gute **Notlaufeigenschaften**.
Hochporöse Werkstoffe wie Sinterkupfer, Sinterbronzen und Sinterstahl eignen sich besonders für die Herstellung von Filtern, Schalldämpfern und als Flammenschutz in der Autogentechnik.

Bauteile aus Sintermetall

Filter aus rostfreiem Stahl und Bronze (GKN-Filters)

5.1.2 Normung

Die Kennzeichnung der Sintermetalle ist nach DIN festgelegt. Eine normgerechte Werkstoffbezeichnung enthält folgende Angaben:

| Kennwort SINT für Verfahren | Kennbuchstabe für Werkstoffklasse | Kennziffer für Werkstoff | Zählziffer für Einordnung in die Norm | Wort für Werkstoffbehandlung | Wort für Oberflächenzustand |

Bedeutung der Kennzeichen

Werkstoffklasse	Raumausfüllung	Kennziffer	chemische Zusammensetzung	Werkstoffbehandlung	Oberflächenzustand
AF	<73 %	0	Eisen und Stahl, 0 bis 1 % Cu	gesintert	sinterglatt
A	75 %	1	Eisen und Stahl, 1 bis 5 % Cu	kalibriert	kalibrierglatt
B	80 %	2	Eisen und Stahl, >5 % Cu	wärmebehandelt	sintergeschmiedet glatt
C	85 %	3	Eisen und Stahl, <6 % legiert	dampfbehandelt	
D	90 %	4	Eisen und Stahl, >6 % legiert	sintergeschmiedet	mechanisch bearbeitet
E	94 %	5	legiert mit Cu > 60 %		
F	>95 %[1]	6	Buntmetalllegierung (außer Ziffer 5)	isostatisch gepresst	oberflächenbehandelt
G	>92 %[2]				
S	>90 %[3]	7	Leichtmetalle		

[1] warmgepresste Formteile, [2] infiltrierte Formteile, [3] warmgepresste Gleitlager

Beispiel für den Aufbau von Normbezeichnungen von Sintermetallen

SINT-D 3 0 dampfbehandelt

- Behandlung mit Wasserdampf
- Zählziffer für Einordnung in die Norm
- Sintereisen unter 6 % legiert, evtl. zusätzlich Cu
- Raumerfüllung 90 %, d. h. 10 % Porenvolumen

5.2 Hartmetalle

5.2.1 Aufbau von Hartmetallen

Die Ausgangsstoffe für die Hartmetalle sind chemische Verbindungen aus Metallen und Kohlenstoff. Diese Metallverbindungen bezeichnet man als **Metallkarbide**. Wolframkarbid (WC), Titankarbid (TiC), Borkarbid (B_4C) haben eine Härte, die um ein Vielfaches über der Härte von Stahl liegt. Gleichzeitig besitzen sie Schmelztemperaturen, die über 2 000 °C liegen.

Eigenschaften		WC	TiC	TiN
Dichte	g/cm^3	15,7	4,93	5,21
Schmelzpunkt	°C	2776	3067	2950
Oxidationsbeständigkeit		mäßig	gut	sehr gut
Vickershärte	HV10	1 800	3 200	2 450
Druckfestigkeit	N/mm^2	400	300	
Biegebruchfestigkeit	N/mm^2	550	350	

Nach der Zusammensetzung unterscheidet man zwei Gruppen von Hartmetallen:
- Hartmetalle, in denen vorwiegend Wolframkarbid der Härteträger und Kobalt das Bindemittel ist, werden als **Hartmetalle HW** gekennzeichnet.
- Hartmetalle, in denen die Härteträger Mischungen aus Karbiden und Nitriden von Tantal, Titan u. a. sind und ein Gemisch aus Nickel, Kobalt und Molybdän das Bindemittel ist, werden als **Hartmetalle HT** bezeichnet. Man nennt diese Hartmetalle auch **Cermets** (**cer**amics + **met**als).

Beschichtete Hartmetalle, gleich welcher Art, werden mit **HC** gekennzeichnet.

| Hartmetalle **HW**: | Härteträger: WC | Bindemittel: Co |
| Hartmetalle **HT** (Cermets): | Härteträger: Karbide und Nitride von Ta, Ti, W, Nb | Bindemittel: Ni, Co, Mo |

Werkstofftechnik

Zur Herstellung von Hartmetallen mischt man die pulverförmigen Härteträger mit pulverförmigem Bindemittel. Das Gemisch wird zu Formkörpern gepresst und anschließend gesintert. Im fertig gesinterten Zustand bilden die Bindemittel die zähe Grundmasse, in die die Härteträger eingebettet sind.

Cermets besitzen wegen der erheblich geringeren Dichte der Härteträger nur etwa 50 % der Dichte von Hartmetallen auf Wolframkarbid-Basis. Sie sind zudem härter und verschleißfester. Da Cermets erst bei höheren Temperaturen oxidieren, erlauben sie beim Einsatz als Schneidstoffe erheblich höhere Schnittgeschwindigkeiten.

Cermets leiten gegenüber Hartmetallen HW Wärme schlechter und haben gleichzeitig hohe Wärmedehnung. Als Folge dieser Eigenschaften ist die Beständigkeit gegen schnelle Temperaturwechsel geringer als bei den Hartmetallen HW.

> **!** Hartmetalle auf Wolframkarbidbasis (HW) haben höhere Temperaturwechselbeständigkeit und Wärmeleitfähigkeit. Hartmetalle mit vorwiegend Titan- und Tantalkarbiden (HT) und -nitriden sind härter und verschleißfester.

5.2.2 Verwendung und Eigenschaften von Hartmetallen HW

Hartmetalle werden als Schneidstoffe von Zerspanungswerkzeugen eingesetzt.
In der Stanz- und Umformtechnik werden Stempel, Matrizen und stark verschleißbeanspruchte Teile von Werkzeugen aus Hartmetall gefertigt.
Die Eigenschaften der verschiedenen Hartmetallsorten HW und die damit verbundenen Einsatzmöglichkeiten ergeben sich aus
- den unterschiedlichen Bindemittelanteilen (3 bis 30 %),
- den unterschiedlichen Korngrößen der Karbide (1 bis 10 µm)

Beispiele für den Einfluss von Co-Gehalt und WC-Korngröße auf die Biegefestigkeit von Hartmetallen HW

Hartmetall mit 6 % Co – Biegefestigkeit in N/mm^2: feines WC-Korn ≈ 1600, mittleres WC-Korn ≈ 1750, grobes WC-Korn ≈ 1900.

Hartmetall mit mittlerer WC-Korngröße – Biegefestigkeit in N/mm^2: 3,5 % Co ≈ 1400, 6 % Co ≈ 1850, 15 % Co ≈ 2350.

Hartmetalle HW als Schneidstoffe sind in drei Gruppen genormt, die durch Buchstaben gekennzeichnet sind. Für die Einordnung ist die Spanlänge der zu bearbeitenden Werkstoffe maßgebend. Jede Gruppe ist in weitere Anwendungsgruppen unterteilt. Dabei sind Verschleißfestigkeit und Zähigkeit der Hartmetalle HW Merkmale für die Einordnung in die Anwendungsgruppen.

Hauptgruppen der Hartmetalle						Eigenschaften		Schnittbedingungen	
P blau	**M** gelb	**K** rot	**N** grün	**S** braun	**H** grau	zunehmende Zähigkeit	zunehmende Verschleißfestigkeit	zunehmende Schnittgeschwindigkeit	zunehmender Vorschub
P01	M10	K01	N01	S01	H01				
P10	M20	K10	N05	S10	H10				
...	M30	K20	N10	S20	H20				
P40	M40	K30	N20	S30	H30				
P50		K40	N30						

- H: für harte und gehärtete Eisenwerkstoffe
- S: für Titan und Titanlegierungen
- N: für Nichteisenmetalle, Kunststoffe
- K: für Gusseisen, Temperguss
- M: für austenitische und ferritische Stähle, Stahlguss
- P: für Baustähle und nicht gehärtete Vergütungsstähle

5.3 Keramische Werkstoffe

Keramische Werkstoffe sind Sinterwerkstoffe. Die meisten technischen Keramiken sind Verbindungen von Metallen und Halbmetallen mit Sauerstoff, Kohlenstoff oder Stickstoff. Man unterscheidet demnach *oxidische* und *nicht oxidische* Keramiken. Die im Maschinenbau und in der Fertigungstechnik eingesetzten technischen Keramiken haben drei besondere Eigenschaften:
- Sie sind *nichtmetallisch* und unterscheiden sich dadurch von Metallen.
- Sie sind *anorganisch* und unterscheiden sich dadurch von den Kunststoffen.
- Sie sind zu mindestens *30 % kristallin* und unterscheiden sich so von den Gläsern.

Wälzlager aus Keramik

> Technische Keramiken sind Sinterwerkstoffe aus chemischen Verbindungen von Metallen mit Nichtmetallen. Sie sind nicht metallisch, anorganisch und mindestens teilweise kristallin.

5.3.1 Erzeugung keramischer Werkstücke

Wesentliche Unterschiede im Verhalten der verschiedenen Ausgangsstoffe bedingen andere Arbeitstechniken als beim Herstellen von Werkstücken aus Metallpulvern.

1. Pulverherstellung
Die Herstellung der Pulverteilchen erfolgt wegen der Sprödigkeit der Ausgangsstoffe, z. B. des Siliziumkarbids, vorwiegend durch Mahlen. Die mechanischen Eigenschaften von Keramik werden entscheidend durch die Größe der Pulverteilchen mitbestimmt. Kleine Pulverteilchen begünstigen die Entstehung eines feinkörnigen Gefüges, das hohe Bruchfestigkeit aufweist.

2. Formgebung
Die Formgebung kann vor der Sinterung auf unterschiedliche Weise erfolgen:
Kaltpressen geschieht in Stahl- oder Hartmetallformen und führt zu Werkstücken mit kreideartiger Festigkeit.
Kaltisostatisches Pressen geschieht in Formen mit einer elastischen Seite. Die Formkörper müssen evtl. an der entsprechenden Seite nachgearbeitet werden.
Spritzpressen geschieht – wie in der Kunststoffverarbeitung – in Metallformen.
Extrudieren wird ebenfalls – wie in der Kunststoffverarbeitung – mit angeteigten Keramikmassen zur Formgebung von Profilen durchgeführt.

Formgebungsverfahren vor der Sinterung

> Formgebung vor der Sinterung geschieht bei
> - trockenen Pulvern durch Kaltpressen oder isostatisches Pressen,
> - angeteigten Pulvern durch Spritzpressen oder Extrudieren.

Übungsaufgabe 5/6

Werkstofftechnik

In einigen Fällen wird die Formgebung unmittelbar mit der Sinterung verknüpft:
Heißpressen ist ein Formgebungsverfahren, bei dem die Formkörper bei Drücken von 400 bar und Temperaturen von 1 500 °C in Graphitformen erzeugt und gesintert werden. Die Erhitzung in der Form geschieht dabei nur kurzzeitig durch hohen elektrischen Strom (ca. 10 000 A). Durch Heißpressen werden Keramiken mit hohen mechanischen Festigkeitswerten gewonnen. Das Verfahren ist aber wegen des starken Formverschleißes sehr teuer.

> ! Beim Heißpressen erfolgt Formgebung und Sinterung in einem Arbeitsgang.

Heißisostatisches Pressen (HIPing) geschieht nicht mit Pulvern, sondern mit bereits vorgesinterten und porendichten Formkörpern. Diese werden in einem Druckbehälter auf 1 600 bis 1 800 °C aufgeheizt und dann durch hohe Gasdrücke zu ihrer endgültigen Form verdichtet. In diesem Verfahren können Bauteile mit komplizierten Konturen hergestellt werden. Die Fertigung ist sehr kostenaufwendig.

> ! Heißisostatisches Pressen geschieht in heißen Gasen unter hohem Druck mit vorgesinterten Werkstücken, deren Poren nach außen geschlossen sind.

3. Sinterung
Durch die Sinterung, die bei 1 600 bis 1 800 °C durchgeführt wird, erhalten die Pulverteilchen den Zusammenhalt. Dabei tritt eine erhebliche Schwindung ein, die größer ist als die der Sintermetalle. Sie beträgt in Einzelfällen bis zu 20 %. Die hohe Schwindung erfordert eine sehr genaue Vorplanung der Werkstückformen, damit nach der Sinterung die geplanten Maße auch erreicht werden und eine Nacharbeit entfallen kann. Sintertemperatur, Sinterzeit sowie Aufheiz- und Abkühlungsverlauf beeinflussen die Gefügebildung. Sie müssen darum so gestaltet werden, dass feinkörnige Gefüge entstehen, denn nur solche Gefüge besitzen hohe Bruchfestigkeit.

Schwindung beim Sintern: Keramikkugeln vor dem Sintern, nach dem Sintern und poliert

5.3.2 Eigenschaften und Verwendung keramischer Werkstoffe
Für technische Keramiken setzt man vorwiegend Aluminiumoxid, Zirkonoxid, Siliziumkarbid, Siliziumnitrid und Gemenge aus diesen Werkstoffen ein.

Übersicht über Eigenschaften und Verwendung technischer Keramiken

Eigenschaften und Verwendung	Aluminiumoxid Al_2O_3	Zirkonoxid ZrO_2	Siliziumkarbid SiC	Siliziumnitrid Si_3N_4
Biegefestigkeit in N/mm²	bis 350	bis 800	kaltgepresst 350 heißgepresst 700	heißgepresst 750
Druckfestigkeit in N/mm²	bis 3 500	bis 2 000	1 200	3 000
Härte in HV	3 000	2 800	3 500	4 200
Ausdehnungskoeffizient in 1/K	0,000 008	0,000 011	0,000 004	0,000 003
obere Verwendungstemperatur in °C	1 700	2 300	1 400	1 400
Verwendung im Maschinen- und Motorenbau und in der Fertigungstechnik	Armaturenteile Schneidplatten Ziehkonen Pumpenkolben	Ventilteile Lagerteile Ziehkonen	Gleitringe Lagerteile Wellenschutzhülsen	Turboladerrotoren Düsen Motorenteile

6 Verbundwerkstoffe

6.1 Einteilung

Durch Kombination verschiedener Werkstoffe kann man optimale Werkstoffeigenschaften erreichen. Werkstoffe, die man durch das Verbinden mehrerer Werkstoffe erzielt, nennt man Verbundwerkstoffe.

Verbundwerkstoffe teilt man ein in
- **Durchdringungsverbundwerkstoffe**, bei denen fest zusammenhängende Teilchen, zwischen denen Hohlräume vorliegen, von einem zweiten Stoff durchdrungen werden. Die fest zusammenhängenden Teilchen (Grundwerkstoff) bezeichnet man als Matrix.
- **Teilchenverbundwerkstoffe**, bei denen in einem zusammenhängenden Stoff (Matrix) kleine Teilchen eines zweiten Stoffs eingelagert sind.
- **Faserverbundwerkstoffe**, bei denen Fasern in den Grundwerkstoff (Matrix) eingelagert sind.
- **Schichtverbundwerkstoffe**, bei denen gleichartige oder verschiedenartige Materialschichten miteinander verbunden sind.
- **Oberflächenbeschichtungen**, bei denen nur die Oberfläche mit einer Schicht aus einem anderen Stoff versehen ist.

Beispiele für die Struktur und die Verwendung von Verbundwerkstoffen

Durchdringungsverbund — schmierend tragend (Matrix)
- **Tränkwerkstoffe**
  - getränkte Sinterwerkstoffe
  - Lagerwerkstoffe

Teilchenverbund — schneidend verbindend (Matrix)
- **Schneidstoffe**
  - Hartmetalle
  - Schleifscheiben

Faserverbund — tragend aussteifend (Matrix)
- **Konstruktionswerkstoffe**
  - Glasfaserverstärkte Werkstoffe
  - Kohlenstofffaserverstärkte Werkstoffe
  - Stahlbeton
  - Drahtglas

Schichtverbund — in Querrichtung hochfest, in Längsrichtung hochfest
- **Platten (Halbzeug)**
  - Sperrholz
  - Schichtpapier
  - Damaszenerstahl

> **!** Verbundwerkstoffe kombinieren die Eigenschaften der Grundwerkstoffe.
> Verbundwerkstoffe entstehen nicht aus einer gemeinsamen Schmelze.
> Man unterscheidet:
> - Durchdringungsverbundwerkstoffe,
> - Teilchenverbundwerkstoffe,
> - Faserverbundwerkstoffe,
> - Schichtverbundwerkstoffe,
> - Oberflächenbeschichtungen.

6.2 Aufbau

1. Durchdringungsverbundwerkstoffe

Durchdringungsverbundwerkstoffe werden häufig als Lagerwerkstoffe eingesetzt. Dabei erzeugt man durch Sintern eine poröse Matrix, welche die Aufgabe des Tragens übernimmt. Der zweite Werkstoff, das Schmiermittel, wird durch Tränken in die Poren des Grundwerkstoffs eingebracht.

Übungsaufgabe 6/1

Werkstofftechnik

2. Teilchenverbundwerkstoffe

Teilchenverbundwerkstoffe werden bevorzugt in der Fertigungstechnik als Schneidwerkstoffe eingesetzt. Dabei bindet eine relativ weiche und zähe – meist auch preiswertere – Matrix (Grundwerkstoff) harte Teilchen des Schneidstoffs.

3. Faserverbundwerkstoffe

Faserverbundwerkstoffe haben in der Luftfahrttechnik erhebliche Bedeutung erlangt und gewinnen im Maschinen- und Kraftfahrzeugbau dort Bedeutung, wo Bauteile mit geringer Masse und hoher Festigkeit gefordert werden.

Die Verstärkerfaser in einem Faserverbundwerkstoff muss zwei Bedingungen erfüllen, wenn sie ihre Aufgabe optimal erfüllen soll:

- Sie muss höhere Streckgrenze und Festigkeit als die zu verstärkende Matrix aufweisen.
- Sie muss weniger elastisch als die Matrix sein, damit bei der Dehnung des Werkstoffs infolge der Belastung die Faser die Last aufnimmt und die Matrix nur unwesentlich belastet wird.

Die zweite Bedingung wird nicht von allen Werkstoffkombinationen erfüllt. So ist z. B. Beton weniger elastisch als der verstärkende Stahl – bei Zugbelastung reißt darum der Beton vielfach, ehe der Stahl nennenswert beansprucht wurde.

Werkstoffverhalten bei höherer Elastizität der Verstärkungsfaser, z. B. bei Stahl in Beton

Werkstoffverhalten bei höherer Elastizität der Matrix, z. B. Stahl in Gummi

! Bei Faserverbundwerkstoffen muss
- die Verstärkungsfaser höhere Festigkeit als die Matrix haben und
- die Matrix elastischer als der Werkstoff der Verstärkungsfaser sein.

Die Festigkeit ist in Faserrichtung am höchsten. Daher sind hohe Zugfestigkeiten nur dann zu erreichen, wenn die Fasern in Beanspruchungsrichtung ausgerichtet sind.
Entsprechend der Faserrichtung unterscheidet man:

Stränge — eine Richtung (unidirektional)

Gewebe — zwei Richtungen (bidirektional)

Matten — viele Richtungen (multidirektional)

abnehmende Zugfestigkeit im Verbundwerkstoff
abnehmende Richtungsabhängigkeit der Zugfestigkeit

Da die Fasern stets nur einen Bruchteil des Gefüges ausmachen, kann ein Faserverbundwerkstoff nicht die Festigkeit des reinen Faserwerkstoffs erreichen.

! Die Festigkeit eines faserverstärkten Werkstoffs hängt ab
- von der Festigkeit des Faserwerkstoffs,
- von der Lage der Fasern zur Beanspruchungsrichtung,
- vom Faseranteil.

Als Faserverbundwerkstoffe verwendet man im Maschinenbau und in der Luftfahrttechnik hauptsächlich Kunststoffe, die mit Glas-, Kohlenstoff- oder hochfesten Kunststofffasern verstärkt sind.

- **Glasfaserverstärkte Kunststoffe (GFK)**

Glasfaserfäden haben etwa 10 µm Durchmesser und eine Zugfestigkeit von 3 000 N/mm². Die Bruchdehnung ist mit 2 % gering. Die Fasern werden durch Ziehen aus der Schmelze hergestellt. 20 bis 60 Fäden fasst man zu einem Spinnfaden zusammen, der wie Textilfaser verarbeitet wird. Für Matten werden die Spinnfäden in etwa 50 mm lange Teilstücke geschnitten.
Als Matrixwerkstoff dient meist ungesättigter Polyester (siehe Kapital Kunststoffe).

Vergleich der Zugfestigkeiten glasfaserverstärkter Polyester

- **Kohlenstofffaserverstärkte Kunststoffe (CFK)**

Kohlenstofffasern verkörpern die ideale Kristallstruktur, die bei Metallen im großen Maßstab unerreichbar ist. Kohlenstofffasern sind nahezu fehlerlose Einkristalle von großer Länge. Man erzeugt Kohlenstofffasern durch Erhitzen und Umwandeln von langkettigen Kunststoffmolekülen. Bei Kohlenstofffasern können Zugfestigkeiten von bis zu 20 000 N/mm² erreicht werden. Die Zugfestigkeit nimmt jedoch mit steigendem Faserdurchmesser ab. Die Bruchdehnung ist ebenso wie bei Glasfasern mit 2 % sehr gering. Kohlenstofffasern sind im Gegensatz zu Glasfasern sehr teuer. Als Matrixwerkstoff wird durchweg Epoxidharz verwendet (siehe Kapitel Kunststoffe).

> In faserverstärkten Kunststoffen verwendet man als Matrix Polyester oder Epoxidharze. Als Verstärkungsfaser verwendet man Glasfasern, Kohlenstofffasern oder hochfeste Kunststofffasern.

7 Kunststoffe

Im Maschinenbau haben die Kunststoffe neben den Metallen als Konstruktionswerkstoffe Bedeutung gewonnen. Ihre Anwendung wächst ständig, da die Eigenschaften dieser Werkstoffgruppe sehr leicht den Erfordernissen angepasst werden können.

Wichtige Anwendungen von Kunststoffen im Maschinenbau sind:
- Verkleidungen, Gehäuse;
- Rohrleitungen, Schläuche, Behälter;
- Zahnräder, Riemen, Kupplungen, Lager;
- Dichtungen, Isolierungen;
- Klebstoffe.

Alle Kunststoffe haben gemeinsame Eigenschaften, durch die sie sich von anderen Werkstoffen unterscheiden.

Getriebeteile aus Kunststoff

Eigenschaft	Verwendung	Beispiele
geringe Dichte	Behälterwerkstoff	Flaschenkästen, Eimer, Öltanks
elektrisch nicht leitend	Isolierstoffe	Steckdosen, Handbohrmaschinengehäuse
schlecht wärmeleitend	Wärmedämmstoffe	Heizleitungsisolation, Kühlschrankisolation
schwingungsdämpfend	Schallschutzstoffe	Getriebeteile, Maschinenunterlagen
korrosionsbeständig	Korrosionsschutzwerkstoff	Rohrleitungen, Apparate, Beschichtungen

Übungsaufgaben 7/1 bis 7/4

7.1 Einteilung der Kunststoffe

Kunststoffe sind sehr vielfältig in ihrem Aufbau und ihren Eigenschaften. Darum können diese Werkstoffe unter verschiedensten Gesichtspunkten gegliedert werden, z. B. nach dem *Molekülaufbau*, der *Struktur* und dem *thermischen Verhalten* sowie der *Art der Erzeugung*.

7.1.1 Einteilung nach dem Molekülaufbau

Kunststoffe bestehen aus sehr großen Molekülen, von denen jedes aus vielen tausend Atomen gebildet wird. Man nennt diese großen Moleküle **Makromoleküle**. Die Makromoleküle haben die Form von langen Ketten, die auch verzweigt sein können.
Das Grundgerüst der Makromoleküle, die Kette, wird bei Kunststoffen auf Kohlenstoffbasis durch Kohlenstoffatome gebildet.
Die meisten Kunststoffe bestehen aus Makromolekülen, in denen Kohlenstoffatome das Grundgerüst bilden.
Bei Kunststoffen auf Siliziumbasis, den Silikonen, bilden Silizium- und Sauerstoffatome das Grundgerüst der Makromoleküle.

Beispiele für den unterschiedlichen Molekülaufbau von Kunststoffen

Kunststoff auf Kohlenstoffbasis:
Polyvinylchlorid (PVC)

Kunststoff auf Siliziumbasis:
Silikonkautschuk

! Die meisten Kunststoffe bestehen aus Makromolekülen mit Kohlenstoffatomen als Grundgerüst. In den Kunststoffen, die als Silikone bezeichnet werden, bilden Silizium- und Sauerstoffatome das Grundgerüst der Makromoleküle.

7.1.2 Einteilung nach der Struktur und dem thermischen Verhalten

Die fadenförmigen Makromoleküle eines Kunststoffs können unvernetzt oder vernetzt sein. Dies bestimmt entscheidend das Verhalten eines Kunststoffs beim Erwärmen.

1. Unvernetzte Makromoleküle
In unvernetzten Kunststoffen liegen die Makromoleküle miteinander verknäult vor. Bei Erwärmen sind die Makromoleküle sehr leicht gegeneinander verschiebbar. Darum sind Kunststoffe mit unvernetzten Makromolekülen in der Wärme schmelzbar und plastisch formbar. Sie werden als **Thermoplaste** bezeichnet (z. B. PVC).

Unvernetzte Makromoleküle

Thermoplastische Kunststoffe können durch Schweißen miteinander verbunden werden. Durch Lösungsmittel, z. B. Aceton, können die unvernetzten Moleküle von Thermoplasten aus ihrem Verband gelöst werden. Darum sind die meisten thermoplastischen Kunststoffe durch Lösungsmittel anlösbar.

! Thermoplastische Kunststoffe bestehen aus unvernetzten Makromolekülen. Thermoplaste sind schmelzbar, im warmen Zustand unformbar, schweißbar und meist unbeständig gegen Lösungsmittel.

2. Vernetzte Makromoleküle

In vernetzten Kunststoffen bilden die Makromoleküle infolge chemischer Verknüpfung ein mehr oder weniger dichtes, *räumliches Netzwerk*. Die Makromoleküle können auch beim Erwärmen nicht mehr gegeneinander verschoben werden. Darum sind Kunststoffe mit vernetzten Makromolekülen auch nach Erwärmen nicht mehr umformbar.

Räumlich vernetzte Makromoleküle

– Duroplastische Kunststoffe

Kunststoffe, in denen die Makromoleküle *vernetzt* vorliegen, bleiben auch bei höheren Temperaturen hart und fest. Diese Kunststoffe bezeichnet man als **Duroplaste**.
Bei den Duroplasten können sich die fadenförmigen Makromoleküle nicht gegeneinander verschieben, weil sie in kurzen Abständen verknüpft sind. Man kann Duroplaste auch nicht verschweißen.

Zur Herstellung von Bauelementen liefert der chemische Betrieb diese Kunststoffe als unvernetzte Vorprodukte. Nach der endgültigen Formgebung leitet man die Vernetzung der Makromoleküle meist durch Wärme ein. Diesen Vernetzungsvorgang bezeichnet man auch als Aushärtung.

Pulver als Vorprodukt → Heißpresse → Werkstück
Herstellen eines Bauteils aus Duroplast

! Duroplaste sind Kunststoffe, die aus vernetzten Makromolekülen bestehen.
Duroplaste sind nach der Aushärtung in der Wärme nicht umformbar und nicht schweißbar.

– Elastische Kunststoffe

Kunststoffe, in denen die Makromoleküle in größeren Abständen voneinander vorliegen und dabei weitmaschig vernetzt sind, zeigen auch bei Raumtemperatur gummielastisches Verhalten. Diese Kunststoffe bezeichnet man als Elaste.

Zustand vor der Streckung — gestreckter Zustand — Zugkraft
Gummielastisches Verhalten eines Elasts

! Elaste sind Kunststoffe, die aus weitmaschig vernetzten Makromolekülen bestehen. Sie zeigen gummielastisches Verhalten und sind nach der Aushärtung in der Wärme nicht umformbar und nicht schweißbar.

Vergleich des thermischen Verhaltens von Thermoplasten und Duroplasten

Thermoplast — kalt, Heißluft, erhitzt; Zugfestigkeit / Temperatur → Zersetzung

Duroplast — kalt, Heißluft, erhitzt; Zugfestigkeit / Temperatur → Zersetzung

Übungsaufgaben 7/6; 7/7; 7/8

Werkstofftechnik

7.2 Erzeugung von Kunststoffen

Die Makromoleküle der Kunststoffe erzeugt man vollsynthetisch durch Verbinden kleiner Moleküle. Die Verfahren, nach denen die kleinen Ausgangsmoleküle zu Makromolekülen verknüpft werden, geben den so erzeugten Kunststoffgruppen ihre Bezeichnung:
Polymerisation → **Polymerisate**, Polykondensation → **Polykondensate**, Polyaddition → **Polyaddukte**.

> ! Kunststoffe können abgewandelte Naturstoffe oder vollsynthetisch erzeugte Werkstoffe sein. Vollsynthetisch erzeugte Kunststoffe sind Polymerisate, Polykondensate und Polyaddukte.

1. Kunststofferzeugung durch Polymerisation

Bei der Polymerisation werden Makromoleküle aus meist gleichartigen kleinen Molekülen aufgebaut. Diese kleinen Moleküle müssen zwischen zwei Kohlenstoffatomen eine Doppelbindung aufweisen.

Ausgangsstoff → Polymerisation → **Endprodukt**
Moleküle mit Doppelbindung → Polymerisat

> ! Kleine Moleküle mit Doppelbindungen zwischen zwei C-Atomen werden durch Polymerisation zu Großmolekülen verknüpft. Es entstehen Polymerisate.

2. Kunststofferzeugung durch Polykondensation

Bei der Polykondensation werden Makromoleküle aus meist verschiedenartigen kleinen Molekülen aufgebaut. Die Bindung der einzelnen Moleküle erfolgt dadurch, dass sich ein Nebenprodukt (Kondensat) abspaltet. Dieses Nebenprodukt ist in vielen Fällen Wasser.

Ausgangsstoffe (Stoff 1, Stoff 2) → Polykondensation → **Endprodukte**: Polykondensat, H_2O Nebenprodukt

> ! Kleine Moleküle mit Doppelbindungen zwischen zwei C-Atomen werden durch Polymerisation zu Großmolekülen verknüpft. Es entstehen Polymerisate.

3. Kunststofferzeugung durch Polyaddition

Bei der Polyaddition werden Makromoleküle aus meist verschiedenartigen kleinen Molekülen aufgebaut. Die Bindung der einzelnen Moleküle wird möglich durch Platzwechsel von Wasserstoffatomen von Stoff 1 zu Stoff 2.

Ausgangsstoffe (Stoff 1, Stoff 2) → Polyaddition → **Endprodukt**: Polyaddukt

> ! Kleine Moleküle von zwei verschiedenen Stoffen werden ohne Nebenprodukte zu Großmolekülen durch Polyaddition verknüpft. Es entstehen Polyaddukte.

7.3 Übersicht über wichtige Kunststoffe

Kunststoff Kurzzeichen	Typische Verwendungen	Weitere Anwendungen Handelsnamen	Eigenschaften	Erkennen des Kunststoffs am Verhalten eines Spans in der Flamme eines Bunsenbrenners
Polyethylen PE (Polymerisate)	Eimer; Druckrohre	Haushaltsartikel (Eimer, Wannen, Schüssel), Schutzhelme, Rohre, Verpackungsfolien, Kabelisolierungen, Hohlkörper, Folien. *Handelsnamen:* Hostalen, Vestolen, Lupolen	Dichte: 0,9 g/cm³; Zugfestigkeit: 140 N/mm²; Bruchdehnung: bis 500 %; chem. Beständigkeit: beständig gegen Säuren, Laugen und organische Lösungsmittel, unbeständig gegen heißes Öl	bläuliche Flamme; Geruch nach brennender Kerze; schmilzt; brennende Tropfen fallen ab, dabei gelbe Flamme
Polyvinylchlorid PVC (Polymerisate)	Dachrinnen u. Abwasserrohre; Fensterrahmen u. Rolläden	Fußbodenbeläge, Kunstleder, Vorhänge, Stiefel, Rohre, Platten, Flaschen, Folien, Apparate. *Handelsnamen:* Vestolit, Hostalit, Skai, Pegulan	Dichte: 1,4 g/cm³; Zugfestigkeit: 60 N/mm²; Bruchdehnung: bis 100 %; chem. Beständigkeit: unbeständig gegen organische Lösungsmittel	grünliche Flamme; brennt schlecht; stechender Geruch nach Salzsäure erlisch außerhalb der Flamme
Polystyrol PS (Polymerisate)	Isolierplatten aus Hartschaum; Behälter für Molkereiprodukte (Joghurt, Quark)	Isolierteile für Elektrotechnik, Werkzeuggriffe, billige Haushaltsartikel, kleine Behälter, Einwegverpackungen, Isolierungen. *Handelsnamen:* Luran, Hostyren, Vestyran, Styropor	Dichte: 1,05 g/cm³; Zugfestigkeit: 65 N/mm²; Bruchdehnung: 3,5 %; chem. Beständigkeit: unbeständig gegen organische Lösungsmittel	gelbe Flamme; süßlicher Geruch; stark rußend; schmilzt beim Brennen
Polyurethan PU (Polyaddukte)	Polsterschäume; Zweikomponentenlacke (Härter)	Kleber, Dichtungen, Zahnräder, Treibriemen, Textilfasern, Lacke. *Handelsnamen:* Desmodur-Desmophen, Moltopren, Vulkollan	Dichte: 1,21 g/cm³; Zugfestigkeit: 50 N/mm²; Bruchdehnung: 80 %; chem. Beständigkeit: unlöslich in organischen Lösungsmitteln	gelbliche Flamme; stechender Geruch; verkohlt an der Brennfläche
Epoxidharz EP (Polyaddukte)	Zweikomponentenkleber (UHU plus); Leitwerk von Sportflugzeug (glasfaserverstärkt)	hochfeste, glasfaserverstärkte Konstruktionsteile, Gießereimodelle, abriebfeste Anstrichstoffe. *Handelsnamen:* Lekutherm, Epoxin, Araldit, UHU-plus	Dichte: 1,3 g/cm³; Zugfestigkeit: 50 N/mm²; Bruchdehnung: 0,7 %; chem. Beständigkeit: unlöslich in organischen Lösungsmitteln	hellorangefarbige, bläulich gesäumte Flamme; rußend; phenolartiger Geruch

Übungsaufgaben 7/9 bis 7/12

Werkstofftechnik

Kunststoff Kurzzeichen	Typische Verwendungen	Weitere Anwendungen	Eigenschaften	Erkennen des Kunststoffs am Verhalten eines Spans in der Flamme eines Bunsenbrenners
Polyester PETP	Seile, Textilfasern	Lagerschalen, Schaltergehäuse, Kontaktabdeckungen, Folien. *Handelsnamen:* Diolen, Trevira, Dacron, Hostaphan	Dichte: 1,8 g/cm^3; Zugfestigkeit: 150 N/mm^2; Bruchdehnung: 40 %; chem. Beständigkeit: unlöslich in den meisten Lösungsmitteln	zusammenschmelzend; süßlicher Geruch; brennt außerhalb der Flamme weiter
glasfaserverstärkter Polyester UP	Boote, Behälter	Abdeckungen, lichtdurchlässige Verkleidungen, Angelruten. *Handelsnamen:* Leguval, Palatal, Polyleit, Vestopal	Dichte: 1,9 g/cm^3; Zugfestigkeit: bis 800 N/mm^2; Bruchdehnung: 3 %; chem. Beständigkeit: unlöslich in organischen Lösungsmitteln	gelbliche Flamme; süßlicher Geruch; starke Rußentwicklung
Polyamide PA	Bohrmaschinengehäuse, Zahnräder	Füllhalter, Schutzhelme, Rollen, Bürsten, Angelschnüre, Textilfasern, Lagerschalen. *Handelsnamen:* Supramid, Ultramid, Vestamid	Dichte: 1,15 g/cm^3; Zugfestigkeit: 85 N/mm^2; Bruchdehnung: bis 200 %; chem. Beständigkeit: unbeständig gegen starke Säuren und Laugen, beständig gegen Öl und Benzin	bläuliche Flamme; Geruch nach Horn; bräunlich anschmelzend; zieht Tropfen
Aminoplaste MF u. a.	Beschichtungen von Küchenmöbeln, Steckdose, Schalter, Isolierteile	Telefongehäuse, Campinggeschirr, Küchenmaschinengehäuse, Toilettendeckel. *Handelsnamen:* Albamit, Getalit, Resopal	Dichte: 1,5 g/cm^3; Zugfestigkeit: 40 N/mm^2; Bruchdehnung: 0,5 %; chem. Beständigkeit: beständig gegen schwache Säuren und Laugen sowie gegen organische Lösungsmittel	brennt schlecht; Material verkohlt unter knackendem Geräusch; fischartiger Geruch
Phenoplaste PF	Lagerschale aus Schichtpressstoffen, Zündverteiler im Kfz	Zahnräder, Schichtholz, Isolierplatten, Bedienungsknöpfe. *Handelsnamen:* Bakelit, Pertinax	Dichte: 1,3 g/cm^3; Zugfestigkeit: bis 250 N/mm^2; Bruchdehnung: 1 %; chem. Beständigkeit: beständig gegen schwache Säuren und Laugen sowie organische Lösungsmittel	gelbe Flamme; Material brennt schwer; platzt knackend; Phenolgeruch

Polykondensate

8 Werkstoffprüfung

Damit die verschiedenen Eigenschaften der Werkstoffe erfasst werden können, sind viele Prüfverfahren entwickelt worden.
- **Mechanische Prüfverfahren** dienen der Ermittlung von Festigkeitskennwerten des Werkstoffs. Besonders wichtig unter diesen Prüfverfahren sind die Prüfung der Zugfestigkeit und der Härte.
- **Technologische Prüfverfahren** dienen zur Ermittlung des Werkstoffverhaltens bei der Verarbeitung. Wichtige technologische Prüfverfahren sind die Verfahren zur Prüfung der Umformbarkeit.
- **Metallographische Prüfverfahren** geben Auskunft über das Gefüge der Werkstoffe.
- **Zerstörungsfreie Prüfverfahren** dienen zur Fehlersuche an fertigen Werkstücken.

8.1 Mechanische Prüfverfahren

8.1.1 Zugversuch

Der Zugversuch nach DIN EN ISO 6892 ist einer der wichtigsten Versuche zur Prüfung von Metallen. Man ermittelt im Zugversuch das Werkstoffverhalten unter Zugbeanspruchung. Dabei werden als wichtige Werkstoffkennwerte die Zugfestigkeit, die Streckgrenze und die Dehnbarkeit des Werkstoffs festgestellt.
Als Proben für den Zugversuch werden genormte Rund- oder Flachproben verwendet. Ausschnitte aus dickwandigen Werkstücken und Gussteilchen werden zu Rundproben gedreht. Aus Blechen werden Flachproben gefertigt.

Für die Probenabmessung gilt:

- Rundproben: $L_0 = 5 \cdot d_0$
- Flachproben: $L_0 = 5 \cdot 1{,}13 \cdot \sqrt{S_0}$

d_0 Anfangsdurchmesser
L_0 Anfangsmesslänge
S_0 Anfangsquerschnitt

Rundprobe

Diese Werkstoffproben werden auf einer Zugprüfmaschine einer stetig wachsenden Belastung ausgesetzt. Als Prüfmaschinen verwendet man meist Universalprüfmaschinen, die neben dem Zugversuch auch die Durchführung von Biege-, Scher- und Druckversuchen erlauben.

Die Aufbringung der Prüfkraft auf die Zugprobe erfolgt hydraulisch, wobei die jeweils wirkende Kraft durch einen Kraftmesser angezeigt wird. Ein Schreibgerät zeichnet die Verlängerung der Probe in Abhängigkeit von der wirkenden Kraft auf. Es entsteht ein **Kraft-Verlängerung-Schaubild**.

Universal-Prüfmaschine

Werkstofftechnik

Durch die Umrechnung der Kraft- und Verlängerungswerte ergibt sich das Spannung-Dehnung-Schaubild des geprüften Werkstoffs. Dieses Diagramm zeigt das Verhalten eines Werkstoffs unter Zugbelastung. Aus dem **Spannung-Dehnung-Schaubild** können wichtige Kennwerte des Werkstoffs entnommen werden.
Im Zugversuch ist die **Spannung** (σ) das Verhältnis zwischen Zugkraft und Anfangsquerschnitt der Probe.

$$\text{Spannung} = \frac{\text{Zugkraft}}{\text{Anfangsquerschnitt}} \qquad \sigma = \frac{F}{S_0}$$

Die **Dehnung** (ε) ist die prozentuale Längenänderung bezogen auf die Anfangsmesslänge.

$$\text{Dehnung} = \frac{\text{Verlängerung}}{\text{Anfangsmesslänge}} \qquad \varepsilon = \frac{L - L_0}{L_0} \cdot 100\,\%$$

1. Spannung-Dehnung-Schaubild eines unlegierten Baustahls

Unlegierte Baustähle werden in Konstruktionen verwendet. Sie werden nach ihrem Verhalten unter Zugbelastung beurteilt.
Die Spannung-Dehnung-Kurve eines unlegierten Baustahls zeigt folgenden Verlauf:

R_m = Zugfestigkeit
R_{eH} = Streckgrenze
A = Bruchdehnung

	①	②	③	④	⑤	⑥
L_0 in mm	$L_0 = 40$	$L_0 = 40{,}019$	$L_0 = 40{,}038$	$L_0 = 45{,}2$	$L_0 = 48$	$L_0 = 48{,}6$
ε in %	$\varepsilon = 0$	$\varepsilon = 0{,}0475$	$\varepsilon = 0{,}095$	$\varepsilon = 13$	$\varepsilon = 20$	$\varepsilon = 21{,}5$
F	$F = 0\ \text{N}$	$F = 5000\ \text{N}$	$F = 10000\ \text{N}$	$F = 21000\ \text{N}$	$F = 19000\ \text{N}$	$F = 15000\ \text{N}$
σ	$\sigma = 0\ \dfrac{\text{N}}{\text{mm}^2}$	$\sigma = 100\ \dfrac{\text{N}}{\text{mm}^2}$	$\sigma = 200\ \dfrac{\text{N}}{\text{mm}^2}$	$\sigma = R_m = 420\ \dfrac{\text{N}}{\text{mm}^2}$	$\sigma = 380\ \dfrac{\text{N}}{\text{mm}^2}$	$\sigma = 300\ \dfrac{\text{N}}{\text{mm}^2}$

Werkstoffprüfung

2. Wichtige Bereiche und Kennwerte

Die zeichnerische Darstellung des Spannung-Dehnung-Verlaufs zeigt im Anfangsbereich eine ansteigende Gerade. Spannung und Dehnung sind hier einander proportional. Der Werkstoff verhält sich in diesem Bereich **elastisch**.

- Die **Streckgrenze** (R_{eH}) ist die Spannung, bei der erstmals eine plastische Verformung ohne Anstieg der Belastung auftritt. Bei gut dehnbaren Werkstoffen wird die in Bauteilen zulässige Spannung aus der Streckgrenze berechnet.
- Die **Zugfestigkeit** (R_m) ist die höchste Spannung, die der Werkstoff im Zugversuch ertragen hat. Bei spröden Werkstoffen wird die in Bauteilen zulässige Spannung aus der Zugfestigkeit berechnet.

$$\text{Zugfestigkeit} = \frac{\text{größte Zugkraft}}{\text{Anfangsquerschnitt}} \qquad R_m = \frac{F_m}{S_0}$$

Spannung-Dehnung-Diagramm eines unlegierten Baustahls

Nach Erreichen der Zugfestigkeit schnürt die Probe an einer Stelle ein, dadurch fällt die Spannung bis zum Bruch ab.

- Die **Bruchdehnung** (A) ist die bleibende Längenänderung nach dem Bruch bezogen auf die Anfangsmesslänge. Die Längenänderung wird nicht aus dem Diagramm entnommen, sondern an den zusammengelegten Probenteilen ermittelt.

$$\text{Bruchdehnung} = \frac{\text{Verlängerung}}{\text{Anfangsmesslänge}} \cdot 100\,\%$$

$$A = \frac{L_u - L_0}{L_0} \cdot 100\,\%$$

Probestab vor dem Versuch

Probestab nach dem Versuch

Die Bruchdehnung dient zur Beurteilung der Verformungsfähigkeit eines Werkstoffs.

> Wichtige Kennwerte des Zugversuchs sind:
> • Streckgrenze, • Zugfestigkeit, • Bruchdehnung.

8.1.2 Härteprüfung

Neben dem Zugversuch ist die Prüfung der Werkstoffe auf ihre Härte ein wichtiges Prüfverfahren metallischer Werkstoffe.

> Als Härte bezeichnet man den Widerstand, den ein Werkstoff dem Eindringen eines Körpers in seine Oberfläche entgegensetzt.

Die Ergebnisse von Härteprüfungen sind wichtig, um zum Beispiel:
- Anhaltswerte für die richtige Wahl des Werkstoffs von Werkzeugen für die spanende Bearbeitung zu finden,
- den Erfolg einer Wärmebehandlung an Werkstoffen zu kontrollieren,
- in der automatisierten Fertigung Werkstücke mit ungeeigneter Härte zu ermitteln und von der Weiterverarbeitung auszuschließen.

Bei der Härteprüfung erhält man Werte über die Härte eines Werkstoffs, die lediglich Vergleichswerte darstellen. Sie können nicht als Grundlage zur Berechnung von Konstruktionen verwendet werden. Die durch verschiedene Härteprüfverfahren erhaltenen Werte sind nur bedingt miteinander vergleichbar.

Werkstofftechnik

1. Härteprüfung nach Brinell (DIN EN ISO 6506)
Die Härteprüfung nach Brinell dient zur Bestimmung der Härte von
- weichen Werkstoffen, z. B. unlegiertem Baustahl, Aluminiumlegierungen und
- Werkstoffen mit ungleichmäßigem Gefüge, z. B. Gusseisen.

Bei dem Härteprüfverfahren nach Brinell wird eine gehärtete Stahlkugel oder eine Hartmetallkugel mit einer festgelegten Prüfkraft in die Oberfläche des zu prüfenden Werkstücks gedrückt.

Nach einer Belastungszeit von mindestens zehn Sekunden wird der Durchmesser d des bleibenden Eindrucks im Werkstück gemessen. Aus diesem Durchmesser wird die Oberfläche des Eindrucks bestimmt. Das Verhältnis von Prüfkraft zur Eindruckoberfläche multipliziert mit dem Faktor 0,102 bezeichnet man als die Brinellhärte.

Bei Einsatz einer Hartmetallkugel wird der Härtewert mit **HBW**, bei einer Stahlkugel mit **HBS** gekennzeichnet.

$$HB = 0{,}102 \cdot \frac{F}{A} \qquad HB = 0{,}102 \cdot \frac{2F}{D \cdot \pi (D - \sqrt{D^2 - d^2})}$$

F Prüfkraft in N
A Oberfläche des bleibenden Eindrucks in mm²
D Durchmesser der Prüfkugel in mm
d Durchmesser des Eindrucks in mm
(In die Gleichungen werden nur die Zahlenwerte ohne Einheiten eingesetzt.)

Härteprüfung nach Brinell (Schema)

! Die Brinellhärte eines Werkstoffs ergibt sich aus dem Verhältnis von Prüfkraft zur Eindruckoberfläche, die von einer Prüfkugel erzeugt wurde.

Die Zugfestigkeit allgemeiner Baustähle lässt sich näherungsweise aus der Brinellhärte errechnen.

$$R_m \approx 3{,}5 \cdot HB \text{ in N/mm}^2$$

Beispiel für die Berechnung der Zugfestigkeit aus dem HBS-Wert
gemessene Härte: 200 HBS
Zugfestigkeit $R_m \approx 3{,}5 \cdot 200$ N/mm²
$R_m \approx 700 \cdot$ N/mm²

2. Härteprüfung nach Vickers (DIN EN ISO 6507)
Die Härteprüfung nach Vickers dient zur Prüfung harter und gleichmäßig aufgebauter Werkstoffe.
Dieses Verfahren wird auch zur Härteprüfung an dünnwandigen Werkstücken und Randzonen eingesetzt. Bei der Härteprüfung nach Vickers wird eine Diamantpyramide mit einer festgelegten Prüfkraft in das Werkstück eingedrückt. Aus den Diagonalen d des bleibenden Eindrucks wird die Eindruckoberfläche errechnet.

Das Verhältnis von Prüfkraft zur Eindruckoberfläche ergibt mit dem Faktor 0,102 multipliziert die Vickershärte (HV).

$$HV = \frac{0{,}102 \cdot F}{A} = \frac{0{,}1891 \cdot F}{d^2}$$

F Zahlenwert der Prüfkraft in N
A Zahlenwert der Oberfläche des bleibenden Eindrucks in mm²
d Zahlenwert der Länge der Eindruckdiagonale in mm

Härteprüfung nach Vickers (Schema)

! Die Vickershärte ergibt sich aus dem Verhältnis von Prüfkraft zu Eindruckoberfläche, die durch einen pyramidenförmigen Prüfkörper aus Diamant erzeugt wurde.

3. Härteprüfung nach Rockwell-C (DIN EN ISO 6508)

Die Härteprüfung nach dem Rockwell-C-Verfahren dient zur Bestimmung der Härte bei sehr harten Werkstoffen. Als Prüfkörper wird ein Diamantkegel verwendet. Mit einer festgelegten Prüfkraft wird dieser Kegel in die Oberfläche des zu prüfenden Werkstücks eingedrückt. Die Eindringtiefe des Diamantkegels ist ein Maß für die Härte des Werkstoffs. Eine Messuhr, die mit dem Prüfgerät verbunden ist, misst die Eindringtiefe. Auf der Skala der Uhr kann man die Härtewerte in Rockwelleinheiten (HRC) unmittelbar ablesen.

Schema der HRC-Prüfung

> **!** Die Rockwellhärte HRC eines Werkstoffs ergibt sich aus der Eindringtiefe eines kegelförmigen Prüfkörpers aus Diamant.

8.1.3 Kerbschlag-Biegeversuch

Der Kerbschlag-Biegeversuch nach DIN EN ISO 148-1:2011-01 dient zur Beurteilung der Zähigkeit eines Werkstoffs. Der Versuch liefert keinen Kennwert für die Festigkeitsberechnung.

Beim Versuch wird eine sorgfältig gekerbte Probe, die zwischen zwei Widerlagern liegt, auf einem Pendelschlagwerk mit einem einzigen Schlag entweder durchgebrochen oder durch die Widerlager gezogen. Die dabei verbrauchte Schlagarbeit ist die **Kerbschlagarbeit**. Die Kerbschlagarbeit (K) in Joule, im Zusammenhang mit der Angabe der verwendeten Probe, ist der im Kerbschlag-Biegeversuch ermittelte Kennwert eines Werkstoffes.

$$W = F_G \cdot (h_1 - h_2)$$

- W Kerbschlagarbeit
- F_G Gewichtskraft des Hammers
- h_1 Fallhöhe
- h_2 Steighöhe

Pendelschlagwerk (Schema)

Auftreffen der Hammerschneide auf die Probe

Je nach Temperatur verhält sich ein Werkstoff zäh oder spröde. Mit Kerbschlagbiegeversuchen bei unterschiedlichen Temperaturen ermittelt man die Übergangstemperatur zwischen zähem und sprödem Verhalten unter den Versuchsbedingungen.

In der Praxis verlangt man, dass ein Werkstoff auch unterhalb der minimalen Einsatztemperatur noch eine wesentliche Kerbschlagarbeit W aufweist.

Kerbschlagarbeit in Abhängigkeit von der Prüftemperatur bei unlegiertem Baustahl S235JR

> **!** Der Kerbschlag-Biegeversuch dient zur Beurteilung der Zähigkeit eines Werkstoffes.

Werkstofftechnik

8.2 Technologische Prüfverfahren

Technologische Prüfverfahren untersuchen das Verhalten der Werkstoffe bei der Verarbeitung. Demzufolge sind die Prüfverfahren sehr zahlreich. Die entsprechenden Prüfverfahren sind meist genormt.

8.2.1 Ausbreitprobe

Die Ausbreitprobe dient zur Ermittlung der Schmiedbarkeit eines Werkstoffs. Ein Flachstab wird bei Schmiedetemperatur soweit ausgeschmiedet (ausgebreitet), bis Risse an den Kanten auftreten. Ein gut schmiedbarer Werkstoff soll auf das Doppelte bis Dreifache der Ausgangsbreite ausschmiedbar sein.

Ausbreitprobe

8.2.2 Biegeversuch

Der Biegeversuch nach DIN EN ISO 7438 dient zur Ermittlung der Faltbarkeit eines Werkstoffs. Dabei wird eine Probe stetig bis zum Auftreten von Rissen gebogen. Der Winkel, bei dem die ersten Risse auf der Zugseite auftreten, ist ein Maß für die Faltbarkeit eines Werkstoffs. Gut faltbare Werkstoffe sollen sich ganz zusammenfalten lassen.

Faltversuch

8.2.3 Tiefungsversuch nach Erichsen

Der Tiefungsversuch nach DIN EN ISO 20482 dient zur Ermittlung der Tiefziehfähigkeit von Blechen. Dabei wird das Probeblech mithilfe einer Stahlkugel von 20 mm Durchmesser in einer Matrize so lange getieft, bis der erste Riss auftritt. Die Tiefung bis zu diesem Anriss dient zur Beurteilung des Werkstoffs.

Tiefungsversuch nach Erichsen

> ❗ In technologischen Prüfverfahren wird das Verhalten des Werkstoffs bei der Verarbeitung untersucht.

8.3 Metallografische Prüfverfahren

Bei der metallografischen Prüfung wird das Gefüge des Werkstoffs sichtbar gemacht, um Aufschluss über Gefügeaufbau und Gefügefehler zu erhalten.

8.3.1 Mikroskopische Untersuchungsverfahren

Durch die Metallmikroskopie ist es möglich, das Gefüge einer Werkstoffprobe insgesamt oder nur einzelne Gefügebestandteile sichtbar zu machen. Die Werkstoffprobe wird zunächst geschliffen und poliert. Um die für die Beurteilung des Gefüges wesentlichen Bestandteile untersuchen zu können, wird der Schliff geätzt. Je nach dem Ziel der Untersuchung verwendet man unterschiedliche Ätzmittel. Das Gefüge von Stählen und die Korngrenzen von reinen Metallen werden z. B. mit einer 1%igen Salpetersäure geätzt. Einzelne Gefügebestandteile können auch durch entsprechende Beleuchtung, z. B. durch schräg einfallendes oder farbiges Licht, hervorgehoben werden.

Gefüge einer Schweißnaht

Lichtmikroskop zur Metalluntersuchung

Werkstoffprüfung

8.3.2 Makroskopische Untersuchungsverfahren

Für eine makroskopische Untersuchung wird eine Fläche der Werkstückprobe geschliffen. Werkstofffehler wie Schlackeneinschlüsse oder Gasblasen sind bei diesen Schliffen ohne Weiteres zu erkennen. Schwefel- und Phosphoranreicherungen im Gefüge oder der Faserverlauf können erst nach entsprechender Ätzung mit Säuren oder besonderen Salzlösungen sichtbar gemacht werden.

Schweißnaht nach makroskopischer Ätzung

! In metallografischen Prüfverfahren wird das Gefüge der Werkstoffe untersucht. Man unterscheidet:
- makroskopische Prüfverfahren
- mikroskopische Prüfverfahren.

8.4 Zerstörungsfreie Prüfverfahren

Ein Werkstück kann versteckte Fehler wie Lunker, Risse oder Schlackeneinschlüsse aufweisen. Diese können bei einer Verwendung des Werkstücks zu Gefahrenquellen für Menschen und Geräte werden. Aufgabe der zerstörungsfreien Werkstoffprüfung ist, solche Fehler ohne Beschädigung des Bauteils zu finden.

8.4.1 Prüfung mit Röntgenstrahlen

Röntgenstrahlen sind wie das sichtbare Licht elektromagnetische Wellen. Die Wellenlänge der Röntgenstrahlen beträgt jedoch nur 1/10 000 der Wellenlänge des sichtbaren Lichts. Deshalb sind Röntgenstrahlen unsichtbar. Sie durchdringen jedoch lichtundurchlässige Körper und schwärzen dahinter befindliche Filme. **Röntgenstrahlen sind sehr schädlich für den menschlichen Organismus**. Darum sind bei der Anwendung umfangreiche Sicherheitsbestimmungen zu beachten.

Mithilfe der Röntgenstrahlen werden in der zerstörungsfreien Werkstoffprüfung Schlackeneinschlüsse, Gasblasen, Lunker und andere größere Werkstofffehler sichtbar gemacht. Das zu prüfende Werkstück wird zwischen eine Röntgenröhre und einen Film gebracht. Die Röntgenstrahlen werden durch die Werkstofffehler weniger abgeschwächt als durch das fehlerfreie Metall. Die Strahlen schwärzen darum den Film hinter dem Fehler stärker als an den anderen Stellen. Damit werden die Werkstofffehler auf dem Film deutlich.

Ähnlich verfährt man bei der Werkstoffprüfung mit Gammastrahlen. Hier hat man jedoch statt einer Röhre einen radioaktiven Stoff, der ständig Strahlen aussendet.

Prüfung eines Zylinderkopfs mit Röntgenstrahlen

Foto und Röntgenbild eines Zylinderkopfs

! Mithilfe von Röntgenstrahlen können Werkstofffehler wie Lunker, Schlackeneinschüsse u. a. in Werkstoffen aller Art aufgespürt werden.

Übungsaufgaben 8/22; 8/23

Werkstofftechnik

8.4.2 Prüfung mit Kapillarverfahren

Durch Kapillarverfahren werden feinste Risse, sogenannte Haarrisse, Poren und andere Werkstofffehler, die mit der Oberfläche des Werkstücks in Verbindung stehen, sichtbar gemacht.

Viele Flüssigkeiten steigen aufgrund von Anhaftkräften (Adhäsionskräften) und Kräften in der Oberfläche (Oberflächenspannung) in engen Spalten hoch. Man nennt enge Röhren Haarröhrchen oder Kapillare und spricht entsprechend von Kapillarwirkung.

Kapillarwirkung

Bei allen Kapillarverfahren wird zunächst eine meist rote Kapillarflüssigkeit auf das Werkstück gesprüht. Diese Flüssigkeit dringt wegen ihrer Dünnflüssigkeit in die Fehlerstellen ein. Nach Abwischen der Werkstückoberfläche wird ein weißer Entwickler aufgesprüht. Die rote Flüssigkeit, die noch in den Fehlerstellen geblieben ist, färbt den Entwickler rot. Die Fehlerstellen sind so mit bloßem Auge erkennbar.

Beispiel für die Arbeitsfolge bei einem Kapillarverfahren

① Aufsprühen der roten Kapillarflüssigkeit
② Säubern der Oberfläche von Kapillarflüssigkeit
③ Aufsprühen des weißen Entwicklers
④ Betrachtung der Fehlerstellen auf der weißen Oberfläche

! Mithilfe von Kapillarverfahren können Werkstofffehler wie Risse, Lunker u. a., die mit der Oberfläche in Verbindung stehen, aufgespürt werden.

8.4.3 Prüfung mit Magnetpulver

Mit dem Magnetpulver-Prüfverfahren können Risse, Lunker und andere Fehlerstellen, die dicht unter der Oberfläche von Werkstücken aus Stahl liegen, erkannt werden.

Bei diesem Verfahren wird das Werkstück durch einen Elektromagneten magnetisiert. Die magnetischen Feldlinien, welche das Werkstück durchdringen, stoßen an den Fehlerstellen auf einen Widerstand, den sie außerhalb des Werkstücks umgehen. Eisenpulver, das mit Petroleum auf das Prüfstück geschlämmt wird, haftet infolge der austretenden Feldlinien an der Fehlerstelle. Dadurch ist die Fehlerstelle erkennbar.

Magnetpulverprüfung

! Mithilfe der Magnetpulverprüfung können Werkstofffehler in der Nähe der Oberfläche von feromagnetischen Werkstoffen aufgespürt werden.

8.4.4 Prüfung mit Ultraschall

Durch die Prüfung mit Ultraschall können Werkstücke bis zu mehreren Metern Dicke auf Fehler untersucht werden. Die Schallwellen zur Werkstoffprüfung führen 500 000 bis 10 000 000 Schwingungen pro Sekunde aus.

Bei der Werkstoffprüfung mit Ultraschall wird ein Schallkopf, der als Sender und Empfänger arbeitet, auf das zu prüfende Werkstück gesetzt. Für eine sehr kurze Zeit (einige Mikrosekunden) sendet der Schallkopf Ultraschall. Er wird dann auf Empfang geschaltet. Der Schall durchläuft das Werkstück, wird an der gegenüberliegenden Werkstückoberfläche zurückgeworfen und kehrt als Echo zum Schallkopf zurück. Die Laufzeit des Schalls wird auf einem Bildschirm als Abstand zweier Zacken sichtbar gemacht. Befindet sich ein Fehler im Werkstück, so wird ein Teil des Schalls bereits von dort zum Schallkopf zurückgeworfen. Da dieses Echo früher im Empfänger ist als das Bodenecho, zeichnet sich der Fehler auf dem Bildschirm als zusätzliche Zacke zwischen Eingangs- und Bodenecho ab.

Fehlersuche mit Ultraschall

Prüfung mit Ultraschall

> **!** Mithilfe der Ultraschallprüfung können in metallischen Werkstoffen Fehler aller Art in beliebiger Tiefenlage im Werkstück aufgespürt werden.

8.5 Dauerfestigkeitsprüfung

8.5.1 Dauerschwingfestigkeit

An einem schwingungsbeanspruchten Bauteil ändert sich regelmäßig die Belastung. Meist besteht diese Belastung aus zwei Teillasten:
- einer *ruhenden Last*, z. B. dem Eigengewicht, die eine gleichbleibende Spannung im Werkstück verursacht, man spricht von **Mittelspannung**, und
- der schwingenden *Zusatzbeanspruchung*, welche einen **Spannungsausschlag** bewirkt.

Beispiel für den Idealfall der schwingenden Beanspruchung einer Zugstange

Eine Schüttelrutsche wird durch einen Kurbelantrieb in Schwingungen versetzt. Die federnde Aufhängung muss im Ruhestand eine Gewichtskraft von 1 000 N tragen, die vom Eigengewicht und dem aufliegenden Material verursacht wird. In der Aufhängung verursacht die Gewichtskraft eine Spannung von 100 N/mm². Durch den Kurbelantrieb wird die Einrichtung zum Schwingen gebracht. In tiefster Stellung belastet sie die Aufhängung zusätzlich mit 40 N/mm² – in der oberen Stellung bewirkt sie eine Entlastung von 40 N/mm². Das Gewicht verursacht eine Mittelspannung, der Kurbelbetrieb den Spannungsausschlag.

Konstruktion: Zugstange $S = 10\,mm^2$, federnde Aufhängung, Gelenk, Motor $n = 600\,min^{-1}$

Vereinfachung: $F_1 = -400\,N$; $F_2 = +400\,N$; $F_G = 1000\,N$

Spannungsverlauf: Mittelspannung

Werkstofftechnik

Theoretisch kann man für einen Werkstoff unendlich viele Dauerfestigkeitswerte – bestehend aus einer Mittelspannung und einem Spannungsausschlag – angeben.
Wichtige Dauerfestigkeitswerte sind die Wechselfestigkeit und die Schwellfestigkeit.
Die **Wechselfestigkeit** ist der Dauerfestigkeitswert, bei der die Mittelspannung Null ist ($\sigma_m = 0$).
Die **Schwellfestigkeit** ist der Dauerfestigkeitswert, bei der die Mittelspannung gleich dem Spannungsausschlag ist ($\sigma_m = \sigma_A$).

Beispiel für eine Wechselfestigkeit und für eine Schwellfestigkeit

! Ein Dauerfestigkeitswert besteht immer aus zwei Angaben, einer Mittelspannung und einem Spannungsausschlag.
Besondere Dauerfestigkeitswerte sind:
- Wechselfestigkeit (Mittelspannung gleich Null),
- Schwellfestigkeit (Mittelspannung gleich Spannungsausschlag).

8.5.2 Wöhlerversuch

Dauerfestigkeitswerte werden im Wöhlerversuch ermittelt. Dabei setzt man auf besonderen Prüfmaschinen gleichartige Proben einer schwingenden Beanspruchung aus.
Im Wöhlerversuch werden sechs bis zehn gleichartige und polierte Proben bei unterschiedlich hoher schwingender Belastung untersucht. Meist wählt man die Belastung so, dass die Wechselfestigkeit oder die Schwellfestigkeit bestimmt werden. Für jede einzelne Probe wird ermittelt, nach welcher Lastspielzahl (= Schwingungszahl) sie zu Bruch geht. Proben, die bei Stahl $10 \cdot 10^6$ Lastspiele (bei Leichtmetallen $100 \cdot 10^6$ Lastspiele) ertragen haben, brechen erfahrungsgemäß nicht mehr. Diejenige Probe, welche mit der höchsten Belastung diese Grenzlastspielzahlen erreicht, hat die gesuchte Dauerfestigkeit.
Die Ergebnisse des Versuchs trägt man in ein Diagramm ein, das die Belastung, welche zum Bruch führte, in Abhängigkeit von der erreichten Lastspielzahl angibt. Man nennt den Kurvenzug in diesem Diagramm die **Wöhlerkurve**.

Beispiel für die Auswertung eines Wöhlerversuchs zur Bestimmung der Wechselfestigkeit

Nr.	Spannungsausschlag in N/mm²	Bruch nach Lastspielen
1	± 350	4 252
2	± 300	8 384
3	± 250	21 987
4	± 200	703 552
5	± 180	108 664
6	± 160	nach 10^7 Spielen nicht gebrochen
7	± 140	– ′′ –
8	± 120	– ′′ –

Die Wechselfestigkeit beträgt: $\sigma_D = 0 \pm 160$ N/mm²

! In Wöhlerversuchen ermittelt man die Dauerschwingfestigkeit von Werkstoffen.
Die Probe, welche mit der höchsten Last $10 \cdot 10^6$ Lastspiel bei Stahl bzw. $100 \cdot 10^6$ bei Leichtmetallen ertrug, hat die Dauerschwingfestigkeit.

Maschinen- und Gerätetechnik

HANDLUNGSFELD: Technische Systeme gestalten

Problemstellung

Konstruktionsauftrag

Auftrag
Einrichtung zum Zuführen von Bolzen aus einem Fallmagazin zu einer Übergabestation an einen Roboter konstruieren.

Skizze

Anforderungen
- Technisch
  - Funktionstechnisch
  - Fertigungstechnisch
  - Werkstofftechnisch
- Wirtschaftlich
- Gesellschaftlich

Analysieren

Anforderungen
- Technisch
  - präzises Vereinzeln
  - sichere Lage des Bolzens an der Übergabestelle
  - automatischer Betrieb
  - hohe Betriebssicherheit
- Wirtschaftlich
  - Kostengünstige Herstellung

Ergebnisse
- Anforderungsliste
- K.o.-Kriterien

Lösungsprinzipsuche
- Auswahl einer Suchsystematik (Brainstorming, morphologischer Kasten …)
- Lösungsalternativen suchen
- Bewertung der Lösungen
- Entscheidung für eine Lösung

Dimensionierung
- Berechnung wesentlicher Konstruktionsdetails

Planen

Bewertung	A	B
präzises Vereinzeln	4	4
sichere Lage	4	3
betriebssicher	3	2

Ergebnisse
- Skizzen
- Beschreibungen
- Maße
- Entscheidungsmatrix

Berücksichtigung von
- Vorschriften (Sicherheit …)
- Normen
- Lagervorräten
- Zulieferungen

Konstruieren

Ergebnisse
- Gesamtzeichnung
- Teilzeichnungen
- Stücklisten
- CAD-Daten
- Gebrauchshinweise, Wartungspläne u. a.

Maschinen- und Gerätetechnik

1 Technische Systeme

1.1 Systemtechnische Grundlagen

Maschinen, Geräte, Anlagen usw. sind häufig kaum überschaubar. Man versucht darum, durch Zusammenfassung die Überschaubarkeit herzustellen.

In der Technik bezeichnet man alles, was in sich geschlossen eine Funktion erfüllen kann, als **technisches System**. Man spricht so z. B. vom Verkehrssystem, Informationssystem. Auch ein Walzwerk, eine Ölraffinerie oder eine Maschinenfabrik kann man ebenso wie ein Automobil oder eine Werkzeugmaschine als System bezeichnen. Ein technisches System hat folgende Eigenschaften:

- *Es ist nach außen abgegrenzt,*
- *es hat Eingang und Ausgang,*
- *es erfüllt eine Funktion, bei der Eingangs- und Ausgangsgrößen verknüpft werden,*
- *es ist gekennzeichnet durch die Gesamtaufgabe – nicht durch die Einzelaufgaben, die innerhalb des Systems gelöst werden.*

Allgemeine Systemdarstellung

Jedes technische System erfüllt eine Hauptfunktion, wie z. B. Umwandlung von Energie oder die Produktion von Gütern. In das System fließen Stoff, Energie und Information ein und gehen anschließend wieder heraus.
Das technische System stellt man grafisch durch ein Rechteck dar. Die Eingangs- und Ausgangsgrößen kennzeichnet man durch Pfeile.

Beispiel für ein technisches System

Heizungssystem

! Ein technisches System ist in sich geschlossen und funktionsfähig. Eingangs- und Ausgangsgrößen werden miteinander verknüpft.
Ein- und Ausgangsgrößen können sein: • Stoff,   • Energie,   • Information.

An Stoff, Energie und Information können (in technischen Systemen) folgende Vorgänge ablaufen:
 • Transport,   • Formung,   • Umwandlung.
Von den genannten Vorgängen steht in technischen Systemen entsprechend ihrer Aufgabe meist nur einer im Vordergrund.
Systeme, die vorwiegend dem Transport dienen, sind **Transportsysteme**. Zu den Transportsystemen zählen auch Speicher, in denen Stoff, Energie oder Informationen auf dem Transport zwischengespeichert werden.
Systeme zur Formung verändern nur die Form von Stoff, Energie oder Information.
Werden in einem System diese Größen umgewandelt, so spricht man von **Umwandlungssystemen**.

! In technischen Systemen können Stoff, Energie und Informationen transportiert, geformt und umgewandelt werden.

Technische Systeme

1.2 Unterteilung innerhalb eines technischen Systems

Technische Systeme lassen sich in Teilsysteme untergliedern. Dabei ergibt sich:

System	→	Einrichtung	→	Gruppe	→	Element
Gesamtheit der Einrichtungen zur Auftragserfüllung		selbstständig verwendbare Einheit *innerhalb eines Systems*		noch nicht selbstständig verwendbare Einheit *innerhalb einer Einrichtung*		kleinste unteilbare Einheit *in einer Gruppe*

Beispiel für die Gliederung eines Systems

Das System CNC-Drehmaschine besteht aus verschiedenen **Einrichtungen**, z. B. dem Gestell, dem Antrieb, der Steuerung.
Die Einrichtung Steuerung besteht aus verschiedenen **Gruppen**, z. B. der Eingabeeinheit, dem Rechner, den Stellmotoren. Die Gruppe Stellmotore setzt sich aus **Elementen** zusammen, z. B. Wellen, Wicklungen.

System

Eingänge: Rohteil, elektrische Energie, Programm
CNC-Drehmaschine
Ausgänge: Fertigteil, Bewegungsenergie, Wärmeenergie, Betriebsdaten

Einrichtungen aus dem System CNC-Drehmaschine: Gestell, Steuerung, Antrieb

Gruppen aus der Einrichtung Steuerung: Eingabeeinheit, Stellmotoren

Elemente aus der Gruppe Stellmotoren: Wicklungen, Welle

Ganz allgemein, ohne Rücksicht auf die Gliederung eines Systems, spricht man bei Einrichtungen und Gruppen auch von Einheiten. Was man als System bezeichnet, hängt vom Betrachter ab. So ist z. B. die Heizungsanlage eines Wohnhauses für den Architekten eine Einrichtung – ein Teilsystem. Der Heizungsbauer sieht die Heizungsanlage aber als ein System an, das von ihm installiert wird.

> **!** Systeme bestehen aus Einrichtungen (Teilsystemen).
> Einrichtungen bestehen aus Gruppen. Gruppen bestehen aus Elementen.

Übungsaufgaben 1/5; 1/6

1.3 Funktionen von Einrichtungen

Ein technisches System erfüllt eine Hauptfunktion. Diese Hauptfunktion kann nur durch das Zusammenwirken von **Teilfunktionen** erreicht werden. Wichtige Teilfunktionen in technischen Systemen sind z. B. Antreiben, Steuern und Regeln, Tragen und Stützen.
Einrichtungen, die Teilfunktionen erfüllen, bezeichnet man als **funktionale Einrichtungen**.
Neben dem Gesichtspunkt der Funktion ist der *Aufbau von Einrichtungen* von Bedeutung. Man spricht in diesem Zusammenhang dann von **Baueinrichtungen**. So kann z. B. die funktionale Einrichtung Antriebseinheit die Baueinrichtung Verbrennungsmotor sein.

Wichtige funktionale Einrichtungen und Beispiele für die entsprechenden Baueinrichtungen sind:

Antriebseinheiten	z. B. Turbine im Kraftwerk
Steuer- und Regeleinheiten	z. B. ABS-Bremsanlage im Auto
Energieübertragungseinheiten	z. B. Getriebe in einer Werkzeugmaschine
Speichereinheiten	z. B. Erzbunkeranlage im Hüttenwerk
Stütz- und Trageinheiten	z. B. Gestell einer Presse
Arbeits- und Umweltschutzeinheiten	z. B. Rauchgasentschwefelung eines Kraftwerks

Beispiel für die Funktionen von Einrichtungen und die entsprechenden Baueinrichtungen im technischen System Handbohrmaschine

Handbohrmaschine

elektrische Energie → [Handbohrmaschine] → mechanische Energie

Handbohrmaschine

elektrische Energie → Steuern und Regeln (Drehzahlregler) → Antreiben (Elektromotor) → Energie übertragen (Getriebe) → Arbeiten (Spannfutter mit Bohrer) → mechanische Energie

Tragen und Stützen
Gehäuse mit Lager

> **!** Funktionale Einrichtungen erfüllen Teilfunktionen, die erst in ihrer Gesamtheit die Hauptfunktion ermöglichen.

1.4 Funktionen von Gruppen

Innerhalb von Einrichtungen erfüllen Funktionsgruppen bestimmte Grundfunktionen. Solche Grundfunktionen sind z. B.
- Leiten und Isolieren,
- Sammeln und Verzweigen,
- Vergrößern und Verkleinern.

> **!** Funktionsgruppen erfüllen innerhalb einer Einrichtung Grundfunktionen.

In der Fertigungstechnik hat die Grundfunktion **Zusammenhaltändern** besondere Bedeutung, weil in nahezu allen Fertigungsverfahren der Zusammenhalt geändert wird. So werden z. B. beim Schweißen der Zusammenhalt vermehrt und beim Drehen der Zusammenhalt vermindert.

> **!** In Maschinen und Geräten der Fertigungstechnik hat die Funktionsgruppe, mit welcher der Zusammenhalt geändert wird, besondere Bedeutung.

Technische Systeme

Beispiele für Grundfunktionen

Grund-funktionen	Beispiele aus der Mechanik	Beispiele aus der Elektrik	Weitere Beispiele
Leiten und Isolieren (nicht leiten)	Leiten des Drehmoments in einem Riementrieb	Leiten des elektrischen Stroms durch ein Versilberungsbad	Leiten des Drucks durch die Bremsflüssigkeit
	Isolieren des Unterbaus gegen mechanische Schwingungen	Elektrische Isolierung eines flexiblen Kabels	Isolieren einer Wand gegen Ableiten von Wärme
Sammeln und Verzweigen	Sammeln mechanischer Energie auf der Kurbelwelle eines Verbrennungsmotors	Sammeln elektrischer Energie von verschiedenen Erzeugern	Sammeln von Abwasser in einem Rohrleitungssystem
	Verzweigen des Energieflusses an einer Drehmaschine	Verzweigen elektrischer Energie	Verzweigen eines Druckluftstroms
Führen	Führen des Werkzeugschlittens einer Drehmaschine	Führen elektrischen Stroms in einer Hochspannungsleitung	Führen von Druckluft in einer Rohrleitung
Wandeln	Wandeln von Wärmeenergie in mechanische Energie	Wandeln eines elektrischen Stroms in ein mechanisches Signal	Wandeln mechanischer Energie in Energie eines Volumenstroms

313

Maschinen- und Gerätetechnik

Beispiele für Grundfunktionen (Fortsetzung)

Grundfunktionen	Beispiele aus der Mechanik	Beispiele aus der Elektrik	Weitere Beispiele
Vergrößern und Verkleinern	große Kraft / kleiner Weg — kleine Kraft / großer Weg. Vergrößern der Kraft – Verkleinern des Wegs an einem Hebebock	hohe Spannung / kleiner Strom — kleine Spannung / großer Strom. Verkleinern der Spannung und Vergrößern des Stroms in einem Transformator	kleine Kraft / großer Weg — große Kraft / kleiner Weg. Vergrößern der Kraft und Verkleinern des Wegs an einer hydraulischen Presse
Richten und Oszillieren	Richten einer hin- und hergehenden Bewegung in eine gleichmäßige Drehbewegung (Kurbelstange, Gelenke)	Wechselstrom (Netzstrom) → Gleichstrom. Richten eines Wechselstroms in einen Gleichstrom im Schweißgleichrichter (Transformator, Gleichrichter)	Sperrrichtung / Durchflussrichtung. Richten eines Ölstroms durch ein Rückschlagventil
Richten und Oszillieren	Formung einer gleichmäßigen Drehbewegung in eine oszillierende Hubbewegung (Stößel, Kurvenscheibe)	Gleichspannung → Wechselrichter → Wechselspannung. Erzeugung einer Wechselspannung aus einer Gleichspannung	Erzeugung eines hin- und herströmenden Druckluftstroms durch fortwährendes Umschalten
Koppeln und Unterbrechen	AUS / EIN. Koppeln und Unterbrechen des Energieflusses mit einer Scheibenkupplung	Kontakt 1 / Kontakt 2. Koppeln und Unterbrechen mit einem Schalter	Koppeln und Unterbrechen mit einem Schieber
Verbinden (Mischen) und Lösen (Entmischen)	Sauerstoff, Acetylen. Mischen von Sauerstoff und Acetylen im Schweißbrenner	Wasserstoff, Sauerstoff → Brennstoffzelle → elektr. Strom. Mit Wasserstoff und Sauerstoff wird in der Brennstoffzelle elektrischer Strom erzeugt	Späne, Kühlschmiermittel. Zentrifugieren von Spänen zum Abtrennen von Kühlschmiermittel

Übungsaufgaben 1/7; 1/8

2 Systeme zur Umsetzung von Energie, Stoff, Information

2.1 Systeme zum Energieumsatz

2.1.1 Energie und Energieumsetzung

2.1.1.1 Arbeit

Eine Last kann auf verschiedene Art und Weise auf eine bestimmte Höhe befördert werden:
- die Last wird auf einer geneigten Ebene hochgezogen,
- die Last wird an einem Seil hochgezogen,
- die Last wird durch eine Hydraulikanlage hochgehoben.

Befördern einer Last auf die Höhe h

In jedem Fall ist das Ergebnis gleich: Ein Gewicht wird um eine Höhe h gehoben; es wird jedesmal die gleiche Arbeit verrichtet. Physikalisch bezeichnet man eine solche Arbeit als Hubarbeit W_{Hub}. Sie ist das Produkt aus Gewichtskraft mal Höhe. Ganz allgemein gilt für die physikalische Arbeit:

> **Die Arbeit ist das Produkt aus Kraft mal Weg.**
> - Hubarbeit = Gewichtskraft · Höhe
> $W_{Hub} = F_G \cdot h$
> - Arbeit = Kraft · Weg
> $W = F \cdot s$

Bei der Ermittlung der Arbeit ist zu beachten, dass Weg und Kraft auf der *gleichen* Wirkungslinie liegen. Bei der Hubarbeit liegen Gewichtskraft und Hubhöhe auf gleicher Linie. Dabei ist die Gewichtskraft der Bewegungsrichtung der Gewichtskraft genau entgegengerichtet.

Beim Ziehen eines Wagens wird der Weg in waagerechter Richtung zurückgelegt. Die Kraft, welche aufzubringen ist, damit der Wagen in Bewegung bleibt, entspricht nicht der Gewichtskraft, sondern lediglich der Reibungskraft des Wagens. Diese Reibungskraft ist der Bewegungsrichtung entgegengesetzt.

Kraft und Weg

> Bei der Berechnung der Arbeit müssen Kraftrichtung und Wegrichtung übereinstimmen, aber entgegengesetzt gerichtet sein.

Die Einheit der Arbeit setzt sich zusammen aus dem Produkt der Krafteinheit und der Längeneinheit und ist demnach Nm. Die Einheit Nm bezeichnet man als J (Joule).
Ein Joule entspricht auch der elektrischen Arbeit von einer Wattsekunde.

> $1 \text{ Nm} = 1 \text{ J} = 1 \text{ Ws}$

Übungsaufgabe 2/1

Maschinen- und Gerätetechnik

Um eine bestimmte Arbeit zu verrichten, gibt es verschiedene Möglichkeiten:
- große Kraft auf einem kurzen Weg,
- kleine Kraft auf einem langen Weg.

Hebt man einen Gegenstand senkrecht auf eine bestimmte Höhe, so ist die Kraft groß und der Weg kurz. Befördert man jedoch diesen Gegenstand über eine geneigte Ebene auf dieselbe Höhe, so ist die Kraft klein, der Weg jedoch länger. Die Arbeit, als Produkt aus Kraft und Weg, ist immer gleich.

Arbeit an der geneigten Ebene

> **!** Bei mechanischer Arbeit kann die Kraft verringert werden, wenn entsprechend mehr Weg zurückgelegt wird.

Beispiel für die Berechnung einer mechanischen Arbeit

Aufgabe
Ein Stahlträger mit 800 kg Masse wird durch einen Kran auf eine Höhe von 12,5 m gehoben. Welche Arbeit muss durch den Kran verrichtet werden?

Gegeben
$m = 800$ kg $\triangleq F_G = 8000$ N; $h = 12,5$ m

Gesucht
W in Nm

Lösung
$W = F \cdot s$
$W = 8000$ N $\cdot$ 12,5 m
$W = \mathbf{100\,000}$ **Nm**

2.1.1.2 Leistung

Die gleiche Arbeit W kann in unterschiedlicher Zeit t verrichtet werden. Man bezeichnet das Verhältnis von Arbeit zu der dafür benötigten Zeit als Leistung P. Die Einheit der Leistung ist $\frac{Nm}{s}$.

$$\text{Leistung} = \frac{\text{Arbeit}}{\text{Zeit}} \quad P = \frac{W}{t} = \frac{F \cdot s}{t} = F \cdot v$$

Einheiten der Leistung: $1 \frac{Nm}{s} = 1 \frac{J}{s} = 1 W$

- P Leistung in $\frac{Nm}{s}$
- W Arbeit in Nm
- t Zeit in s
- F Kraft in N
- s Weg in m
- v Geschwindigkeit in $\frac{m}{s}$

> **!** Leistung ist das Verhältnis von Arbeit zur dafür benötigten Zeit. $P = \frac{W}{t}$

Beispiel für die Berechnung einer mechanischen Leistung

Aufgabe
Ein Stahlträger mit 800 kg Masse wird durch einen Kran in 8 Sekunden auf eine Höhe von 12,5 m gehoben. Welche Leistung wird durch den Kran erbracht?

Gegeben $m = 800$ kg $\triangleq F_G = 8000$ N; $h = 12,5$ m; $t = 8$ s
Gesucht P in kW

Lösung
$P = \frac{F \cdot s}{t} \quad P = \frac{8000 \text{ N} \cdot 12,5 \text{ m}}{8 \text{ s}} = 12500 \frac{Nm}{s}$
$P = 12500$ W = **12,5 kW**

2.1.1.3 Energie

Gespeicherte Arbeit nennt man Arbeitsvermögen oder Energie. Man unterscheidet verschiedene Formen der Energie:

In einem Körper, der auf die Höhe h gebracht wurde, ist Hubarbeit gespeichert. Aufgrund seiner Lage in bestimmter Höhe besitzt der Körper Energie der Lage, auch **potenzielle Energie** genannt. Ein hochgezogener Fallhammer besitzt potenzielle Energie.

$W_{pot} = F_G \cdot h$

W_{pot} potenzielle Energie in Nm
F_G Gewichtskraft in N
h Höhe in m

Einfacher Fallhammer

! Potenzielle Energie ist gespeicherte Hubarbeit.

In einem elektropneumatischen Bohrhammer schlägt der Hammerkolben auf die Bohrerwelle. Der Hammerkolben wird durch die Kraftwirkung komprimierter Luft auf seinem Weg beschleunigt. Die während der Beschleunigung verrichtete Arbeit ist in der Bewegung des Hammerkolbens gespeichert. Man nennt diese gespeicherte Arbeit Bewegungsenergie oder **kinetische Energie** W_{kin}. Die kinetische Energie wird beim Auftreffen des Hammerkolbens über die Welle an den Bohrer weitergegeben.

Schema eines elektropneumatischen Bohrhammers

$W_{kin} = \dfrac{m \cdot v^2}{2}$

W_{kin} kinetische Energie in kg m²/s² (1 kg m²/s² = 1 Nm)
m Masse in kg
v Geschwindigkeit in m/s

Auch strömende Flüssigkeiten und Gase besitzen Bewegungsenergie. So wird z. B. in einer Turbine die Bewegungsenergie der Teilchen genutzt, um die Turbine zu bewegen.

! Kinetische Energie ist gespeicherte Beschleunigungsarbeit. Sie ist gespeichert in Massen, die sich bewegen.

Zum Komprimieren eines Gases muss man z. B. einen Kolben bewegen, der das Gas in einem Zylinder verdichtet. Dabei speichert das Gas Energie in Form von Druck. Man spricht in diesem Zusammenhang von **Druckenergie**.

Erzeugung von Druckenergie

! Druckenergie ist die beim Komprimieren in Gasen gespeicherte Arbeit.

In Brennstoffen ist Energie chemisch gespeichert. Beim Verbrennen wird diese Wärmemenge frei. Die in einem Stoff enthaltene Wärmemenge gibt der **Heizwert** an.
Er ist bei festen und flüssigen Brennstoffen auf 1 kg bezogen. Bei Gasen bezieht man ihn auf 1 m³ bei 20 °C und 1,013 bar.

Heizwerte von Brennstoffen (Auszug)

Stoff	Heizwert
Anthrazit (Kohle)	35 000 kJ/kg
Benzin	41 000 kJ/kg
Erdgas	36 000 kJ/m³
Wasserstoff	11 000 kJ/m³

! Die in Brennstoffen chemisch gebundene Energie wird durch den Heizwert näher beschrieben.

Übungsaufgaben 2/10; 2/11; 2/12

Maschinen- und Gerätetechnik

2.1.1.4 Wirkungsgrad

Energie kann nie verloren gehen. Sie kann nur in andere Formen der Energie umgewandelt werden. Diesen grundlegenden Satz der Physik nennt man den **Energieerhaltungssatz**.

In technischen Systemen kann die eingegebene Energie nie vollständig in eine andere nutzbare Energieform umgewandelt werden. Es wird stets ein gewisser Anteil der aufgewendeten Energie *nicht nutzbringend* eingesetzt. Bei mechanischen Systemen wird er meist in Reibungswärme umgewandelt. Bei Systemen zur Umwandlung von Wärmeenergie in mechanische Energie, z. B. bei Verbrennungsmotoren, treten erhebliche Verluste durch Abwärme auf.

Man nennt das Verhältnis von Nutzenergie W_e zur aufgewendeten Energie W_i den **Wirkungsgrad** η des Systems.

$$\eta = \frac{W_e}{W_i}$$

Wenn Energieaufwand und Nutzung der Energie *zur gleichen Zeit* erfolgen, kann der Wirkungsgrad auch aus der Leistung berechnet werden.

Auf die Leistung bezogen ist der Wirkungsgrad η das Verhältnis von Nutzleistung (effektiver Leistung) P_e zur aufgewendeten (induzierten) Leistung P_i.

$$\eta = \frac{P_e}{P_i}$$

Beispiele für die Energieausnutzung von Verbrennungsmotoren

Viertakt-Otto-Motor:
- aufgewendete Energie 100 %
- 31 % Wärme der Auspuffgase
- 27 % Wärme des Kühlmittels
- 10 % Reibung und Strahlungsverluste
- 32 % Nutzenergie

Viertakt-Diesel-Motor:
- aufgewendete Energie 100 %
- 29 % Wärme der Auspuffgase
- 24 % Wärme des Kühlmittels
- 11 % Reibung und Strahlungsverluste
- 36 % Nutzenergie

Beispiel für die Berechnung eines Wirkungsgrads

Aufgabe

Ein Kran hebt in 6 Sekunden 3 140 N Schrott auf eine Höhe von 4,8 m. Der Kranmotor nimmt 4,2 kW aus dem Stromnetz auf. Wie groß ist der Wirkungsgrad η der Hubeinrichtung?

Gegeben	Gesucht	Lösung
$F = 3140$ N	η	$P_e = \dfrac{F \cdot s}{t}$
$s = 4{,}8$ m		$P_e = \dfrac{3140 \text{ N} \cdot 4{,}8 \text{ m}}{6 \text{ s}} = 2512 \dfrac{\text{Nm}}{\text{s}} = \mathbf{2{,}5 \text{ kW}}$
$t = 6{,}0$ s		
$P_i = 4{,}2$ kW		$\eta = \dfrac{P_2}{P_1} = \dfrac{2{,}5 \text{ kW}}{4{,}2 \text{ kW}} = \mathbf{0{,}59}$

! Energie geht nicht verloren (Energieerhaltungssatz).
Technisch ist eine verlustfreie Umwandlung in eine andere Energieform nicht möglich.

$$\text{Wirkungsgrad} = \frac{\text{Nutzenergie}}{\text{aufgewendete Energie}} \qquad \eta = \frac{W_e}{W_i}$$

Systeme zur Umsetzung von Energie, Stoff, Information

2.1.2 Technische Systeme zum Energieumsatz

Die Energie zum Betrieb von Maschinen und Anlagen liegt meist nicht in der gewünschten Form und an der gewünschten Einsatzstelle vor. Systeme mit der Hauptfunktion Energieumsatz besorgen die Wandlung, die Formung und den Transport von Energie.

2.1.2.1 Kraftwerke

Kraftwerke liefern die elektrische Energie für Maschinen und Anlagen.

Beispiel für den Energieumsatz in einem Wärmekraftwerk

Energieumsatz im Wärmekraftwerk

> **!** Kraftwerke wandeln Energie von Brennstoff, Wasserströmung, Wind u. a. in elektrische Energie um.

2.1.2.2 Kraftmaschinen

Kraftmaschinen haben die Hauptfunktion, mechanische Energie zum Antrieb von Maschinen, Fahrzeugen oder Geräten bereitzustellen. Man unterscheidet nach der Eingangsenergie zum Betrieb dieser Maschinen
- *Wärmekraftmaschinen,*   z. B. Verbrennungskraftmaschinen,
- *elektrische Antriebsmaschinen,*   z. B. Elektromotoren,
- *Strömungsmaschinen,*   z. B. Gasturbinen.

1. Verbrennungskraftmaschinen

Verbrennungskraftmaschinen wandeln chemisch gebundene Energie zumeist in Wärmeenergie eines Gases um. Die Energie des Gases wird anschließend unter Druck- und Temperaturabnahme (thermodynamische Umwandlung) in mechanische Energie umgewandelt. Diese Maschinen finden Verwendung als Antriebseinheiten, z. B. in Kraftfahrzeugen, Schienenfahrzeugen, Baumaschinen und landwirtschaftlichen Maschinen.

Energieumwandlung in Verbrennungsmotoren

Der Wirkungsgrad von Verbrennungskraftmaschinen liegt unter 40 % und ist erheblich niedriger als der von elektrischen Maschinen.

Maschinen- und Gerätetechnik

Beispiele für Verbrennungskraftmaschinen

Kolbenmaschinen mit		Strömungsmaschine
Hubkolben	**Drehkolben**	
Viertakt-Otto-Motor	Wankel-Motor	Gasturbine

> ❗ Verbrennungskraftmaschinen wandeln chemische Energie in mechanische Energie um.

Von den Verbrennungskraftmaschinen wird der Viertaktmotor besonders häufig eingesetzt. Viertaktmotoren arbeiten nach einem Rhytmus, der jeweils nach zwei Umdrehungen der Kurbelwelle neu beginnt. Der Motor arbeitet in vier Schritten – Takte genannt.

Beispiel für die Takte eines Viertakt-Otto-Motors

Takt 1
Der abwärts gehende Kolben bewirkt das **Ansaugen** von Kraftstoff und Luft.

Takt 2
Der aufwärts gehende Kolben **verdichtet** das Kraftstoff-Luftgemisch.

Takt 3
Das verdichtete Gemisch wird gezündet. Die heißen Gase dehnen sich aus. Der Kolben bewegt sich nach unten. Es wird **Arbeit verrichtet**.

Takt 4
Die **Abgase** werden durch den aufwärts gehenden Kolben **ausgestoßen**.

Ansaugtakt — Verdichtungstakt — Arbeitstakt — Auslasstakt

1. Umdrehung — 2. Umdrehung

EV = Einlassventil   AV = Auslassventil   OT = Totpunkt   UT = unterer Totpunkt

> ❗ Takte des Viertaktmotors:
> 1. Ansaugen,
> 2. Verdichten,
> 3. Arbeiten,
> 4. Ausstoßen.

Verbrennungskraftmaschinen bestehen aus mehreren Funktionseinheiten, die erst im Zusammenwirken die Hauptfunktion ergeben.

Beispiel für Funktionseinheiten zum Betrieb eines Viertakt-Otto-Motors

Funktionseinheit zum Steuern der Gemischaufbereitung	Funktionseinheit zur Ventilsteuerung	Funktionseinheit zum Zünden	Funktionseinheit zum Kühlen	Funktionseinheit zur Abgasführung und Schalldämmung
Gashebel usw.	Nockenwelle usw.	Zündanlage	Kühlanlage usw.	Abgasanlage

Benzin →

Funktionseinheit zur Gemischaufbereitung	Funktionseinheit zum Steuern des Ein- und Auslassstroms	Funktionseinheit zum Energieumwandeln	Funktionseinheit zum Energieübertragen
Gashebel usw. Vergaser	Ventile und Ventilsteuerung	Zylinderraum	Kurbeltrieb

→ Mechanische Arbeitsenergie

Funktionseinheit zum Stützen und Tragen — Motorgehäuse

2. Elektrische Antriebsmaschinen

Antriebsmaschinen, die elektrische Energie aufnehmen und diese in mechanische Energie wandeln, heißen Elektromotoren. Nach ihrer Arbeitsweise unterscheidet man **Rotations- und Linearmotoren**.

Für Werkzeugmaschinen, Aufzüge und Schienenfahrzeuge ist der Elektromotor als Rotationsmotor das bevorzugte Antriebselement. Bei ihm wird elektrische Energie als Eingangsgröße in mechanische Energie als Ausgangsgröße *umgewandelt*. Der Elektromotor hat einen besonders hohen Wirkungsgrad (über 90 %), ist für nahezu alle Leistungen herstellbar und hat im Verhältnis zu seiner Leistungsfähigkeit nur geringe Masse.

Elektromotor: elektrische Energie → mechanische Energie

! Elektromotoren wandeln mit sehr hohem Wirkungsgrad elektrische Energie in mechanische Energie um.

3. Strömungsmaschinen

In Druckluft- und Hydraulikantrieben wird mechanische Energie von Gasen oder Flüssigkeiten in Bewegung mechanischer Bauteile *umgeformt*. Zu dieser Gruppe der Antriebsmaschinen gehören auch Wind- und Wasserräder. Man nennt alle Antriebsmaschinen, die durch die Bewegungsenergie von Gasen und Flüssigkeiten angetrieben werden, Strömungsmaschinen oder Fluidantriebe.

Fluidantrieb: Energie 1 (mechanische Energie des strömenden Gases) → Energie 2 (mechanische Energie an der sich drehenden Welle)

Strömungsmaschine

! In Strömungsmaschinen wird die mechanische Energie von Gasen und Flüssigkeiten in Bewegung mechanischer Bauteile umgeformt.

2.2 Systeme zum Stoffumsatz
2.2.1 Stoff und Stoffumsetzung
2.2.1.1 Stoff

Allgemein gliedert man die Stoffe nach den *Aggregatzuständen* in feste, flüssige und gasförmige Stoffe. In der Technik hingegen gliedert man nach DIN 8580 die Stoffe nach *fertigungstechnischen Gesichtspunkten*.

Stoffe, denen zur Entstehung eines Werkstücks erst Zusammenhalt gegeben werden muss, bezeichnet man als **formlose Stoffe**. Solche Stoffe sind Gase, Flüssigkeiten, Pulver, Fasern, Granulate u. a.

Stoffe, welche bereits als Rohteile feste Körper bilden, heißen in der Technik **geometrisch bestimmte Körper**.

Halbzeuge (Profilstäbe, Bleche, Rohre), komplette Werkstücke und Maschinen zählen zu diesen geometrisch bestimmten Körpern.

> ! In der Technik unterscheidet man nach DIN die Stoffe nach dem Zusammenhalt in formlosen Stoff und geometrisch bestimmte Körper.

2.2.1.2 Stoffumsetzung

Stoffumsetzungen sind Stofftransport, Stoffformung und Stoffumwandlung. Von diesen Stoffumsetzungen haben der Stofftransport und die Stoffformung im Bereich der Metalltechnik besondere Bedeutung.

1. Stofftransport

Stofftransport geschieht mithilfe von Fördermitteln. Die Fördermittel unterscheidet man nach der Art des Bewegungsablaufs in stetige und unstetige Fördermittel.

Stetige Fördermittel bringen mit etwa gleichförmiger Geschwindigkeit das Fördergut von der Aufnahme- zur Abgabestelle.
Zu stetigen Fördermitteln gehören:
- *mechanische Fördermittel:* Förderbänder, Förderschnecken, Becherwerke u. a.,
- *pneumatische Fördermittel:* Sandstrahlanlagen, Fördergebläse u. a.,
- *hydraulische Fördermittel:* Spülrinnen, Saugbagger, Pipelines u. a.

Unstetige Fördermittel müssen die Transportbewegung zum Zweck der Aufnahme und Abgabe der Last unterbrechen sowie eventuell eine Rücklaufbewegung durchführen. Zu unstetigen Fördermitteln gehören:
- *Hebezeuge:* Flaschenzüge, Kräne, Hebebühnen u. a.,
- *Flurfördermittel:* Gabelstapler, Hubwagen, Kraftfahrzeuge u. a.

Beispiele für Fördermittel

Stetiges Fördermittel: Förderband

Unstetiges Fördermittel: Gabelstapler

Systeme zur Umsetzung von Energie, Stoff, Information

2. Berechnung zum Massestrom

Ein Fördergut legt auf einem Stetigförderer in gleichen Zeiten gleiche Wege zurück. Kennzeichnend für diesen Bewegungsvorgang ist das stets gleiche Verhältnis von zurückgelegtem Weg zur dafür benötigten Zeit t. Dieses Verhältnis ist die **Geschwindigkeit** v.

$$\text{Geschwindigkeit} = \frac{\text{Weg}}{\text{Zeit}} \qquad v = \frac{s}{t}$$

Für den Fall der konstanten Geschwindigkeit, die z. B. bei einem Förderband vorliegt, spricht man von einer gleichförmigen Bewegung.
Kenngröße eines Stetigförderers für Schüttgüter (Kohle, Sand, Zement u. a.) ist die je Zeiteinheit geförderte Masse m. Man nennt diese Masse je Zeiteinheit den **Massestrom** $\dot{m}$. Den Massestrom berechnet man aus der geförderten Masse m und der dafür benötigten Zeit t.

$$\text{Massestrom} = \frac{\text{geförderte Masse}}{\text{benötigte Zeit}} \qquad \dot{m} = \frac{m}{t}$$

Beispiel für die Berechnung von Transportgeschwindigkeit und Massestrom

Aufgabe

Auf einem Förderband wird Kohle befördert. Das Band transportiert die Kohle in 20 Sekunden über einen Weg von 25 m. In einer 8-Stunden-Schicht werden 85 000 kg Kohle gefördert. Es sind Bandgeschwindigkeit und Massestrom zu berechnen.

Gegeben
$s = 25$ m
$t = 20$ s
$m = 85\,000$ kg
$t_{ges} = 8$ h

Gesucht
v in $\frac{m}{s}$
$\dot{m}$ in $\frac{kg}{s}$

Lösung

$$v = \frac{s}{t} \qquad \dot{m} = \frac{m}{t}$$

$$v = \frac{25 \text{ m}}{20 \text{ s}} \qquad \dot{m} = \frac{85\,000 \text{ kg}}{8 \text{ h}}$$

$$v = 1{,}25 \frac{m}{s} \qquad \dot{m} = 10\,625 \frac{kg}{h} \triangleq 2{,}95 \frac{kg}{s}$$

3. Berechnung zum Volumenstrom

Flüssige Stoffe und Aufschlämmungen werden in Rohren oder Rinnen gefördert. Kennzeichnend für diese Förderung ist der **Volumenstrom** q_V. Er ist das Verhältnis von gefördertem Volumen V zu der dafür benötigten Zeit t.

Das geförderte Volumen V errechnet man aus dem gefüllten Querschnitt S des Rohres oder der Rinne und der Strecke s, welche die Teilchen in der Zeit t zurückgelegt haben.
Da weiterhin das Verhältnis von der Strecke s zu der benötigten Zeit t als Geschwindigkeit v der Teilchen festgelegt ist, gelten folgende Zusammenhänge für den Volumenstrom q_V.

$$q_V = \frac{S \cdot s}{t} \quad \text{mit} \quad v = \frac{s}{t}; \quad q_V = S \cdot v$$

Gefördertes Volumen

Hinweis: Beachten Sie, dass Formelbuchstaben in der Großform eine andere Bedeutung als in der Kleinform haben.

$$\text{Volumenstrom} = \frac{\text{gefördertes Volumen}}{\text{benötigte Zeit}} \qquad q_V = \frac{V}{t} \quad \text{bzw.} \quad q_V = S \cdot v$$

Übungsaufgaben 2/21; 2/22

Maschinen- und Gerätetechnik

Bei Querschnittsänderungen ist der Volumenstrom vor und hinter der Querschnittsänderung gleich. Es gilt demnach:

$$q_{v1} = q_{v2}$$
$$S_1 \cdot v_1 = S_2 \cdot v_2$$

Diese Gleichung bezeichnet man als die **Kontinuitätsgleichung**.

Volumenstrom an verschiedenen Rohrquerschnitten

! In Rohrleitungen ist der Volumenstrom unabhängig vom Querschnitt an allen Stellen gleich.

Beispiel für die Berechnung eines Volumenstroms

Aufgabe

Eine Pumpanlage für Trinkwasser saugt durch ein Ansaugrohr mit 60 mm Durchmesser das Wasser an. In der Druckleitung von 28 mm Durchmesser strömt das Wasser mit einer Geschwindigkeit von 2 m/s. Es sind zu berechnen:
a) der Volumenstrom,
b) die Strömungsgeschwindigkeit im Saugrohr.

Gegeben   *Gesucht*

$d_1 = 60$ mm; $v_2 = 2 \dfrac{m}{s}$ q_v in $\dfrac{dm^3}{s}$; v_1 in $\dfrac{m}{s}$

$d_2 = 28$ mm

Lösung

a) $q_v = S_2 \cdot v_2$

$S_2 = \dfrac{28^2 \text{ mm}^2 \cdot 3{,}14}{4} = 615 \text{ mm}^2$

$q_v = 615 \text{ mm}^2 \cdot 2 \dfrac{m}{s} = 615 \text{ mm}^2 \cdot 2\,000 \dfrac{mm}{s}$

$q_v = 1\,230\,000 \dfrac{mm^3}{s} = 1{,}23 \dfrac{dm^3}{s}$

b) $S_1 \cdot v_1 = S_2 \cdot v_2$

$v_1 = \dfrac{S_2 \cdot v_2}{S_1}$

$v_1 = \dfrac{615 \text{ mm}^2 \cdot 2 \text{ m}}{2\,826 \text{ mm}^2 \cdot s}$

$v_1 = 0{,}435 \dfrac{m}{s}$

4. Stoffumformung siehe „Fertigungstechnik"
5. Stoffumwandlung siehe „Werkstofftechnik"

Beispiel für Stoffumformung beim Gesenkschmieden

(Obergesenk, Gravur, Untergesenk, Rohteil, Schmiedestück, Grat, Fertigteil)

Systeme zur Umsetzung von Energie, Stoff, Information

2.2.2 Technische Systeme zur Stoffumsetzung

In Systemen zur Stoffumsetzung werden Stoffe von einem Ort zum anderen Ort transportiert oder ihre Form wird geändert oder sie werden in andere Stoffe umgewandelt.
In der Metalltechnik sind die Formänderung mithilfe von Maschinen und der Stofftransport durch Fördermittel von besonderer Bedeutung.

2.2.2.1 Werkzeugmaschinen

Werkzeugmaschinen dienen zur Fertigung von Bauteilen und Fertigprodukten. Die Maschinen sind meist mit auswechselbaren Spannvorrichtungen und Werkzeugen ausgerüstet.
Werkzeugmaschinen werden entsprechend den Fertigungsverfahren in Maschinen zum Urformen, Umformen, Trennen usw. eingeteilt.

System Werkzeugmaschine (Eingänge: Information, Stoff (Rohteil), Energie → Werkzeugmaschine → Ausgänge: Information, Stoff (Fertigteil), Energie)

In der Metallverarbeitung werden Werkzeugmaschinen zum Trennen, Umformen und Fügen eingesetzt. Alle diese Maschinen sind aus Funktionseinheiten aufgebaut.
Funktionseinheiten von Werkzeugmaschinen sind

- Antriebseinheiten,
- Einheiten zur Energieleitung,
- Einheiten zur Verrichtung des Arbeitsauftrags,
- Steuer- und Regeleinheiten,
- Stütz- und Trageeinheiten,
- Einheiten zur Arbeitssicherheit und zum Umweltschutz.

Maschinen zum Trennen durch Spanen

Von den Maschinen zum Trennen durch Spanen werden Bohr-, Dreh- und Fräsmaschinen am häufigsten angewendet. Diese Maschinen sind aus bestimmten Funktionseinheiten aufgebaut, die in allen anderen Maschinen zum Spanen ebenfalls vertreten sind. Je nach Art und Größe der Maschine können die Funktionseinheiten unterschiedlich aufgebaut sein.
Als Funktionseinheiten zum Arbeiten besitzen alle Maschinen zum Spanen eine Aufnahme für ein Zerspanungswerkzeug und eine Werkstückaufnahme.
Je nach Art der Maschine werden entweder das Werkzeug oder das Werkstück oder beide so gegeneinander bewegt, dass eine Spanabnahme erfolgen kann. Die Funktionseinheiten, die diese Bewegungen bewirken, sind das Hauptgetriebe und das Vorschubgetriebe.

Beispiel für Funktionseinheiten an einer herkömmlichen Drehmaschine

Legende:
- Arbeitseinheit
- Antriebseinheit
- Leistungseinheit
- Übertragungseinheit zur Erzeugung des Vorschubs
- Steuerungseinheit
- Stütz- und Trageeinheit
- Einheit zur Arbeitssicherheit

Übungsaufgabe 2/28

Maschinen- und Gerätetechnik

Funktionseinheiten einer Drehmaschine

> Wesentliche Funktionseinheiten an Maschinen zum Trennen durch Spanen sind Einheiten zur Erzeugung einer Bewegung
> - zwischen Werkzeug und Werkstück → Schnittbewegung,
> - für eine kontinuierliche Spanabnahme → Vorschubbewegungw.

2.2.2.2 Pumpen und Verdichter

Pumpen dienen zum Transport von Flüssigkeiten und Gasen.

Verdichter, auch Kompressoren genannt, dienen in der Hauptfunktion zum Verdichten von Gasen. Sie transportieren dabei auch die Gase.

Pumpen und Verdichter können nach zwei Prinzipien arbeiten: • Verdrängungsprinzip oder • Strömungsprinzip.

Bei Pumpen und Verdichtern nach dem Verdrängungsprinzip verdrängen Kolben, Membranen, Flügel oder andere Körper das auf der Saugseite eingeströmte Medium und fördern es so periodisch zur Druckseite.

Bei Pumpen und Verdichtern nach dem Strömungsprinzip wird dem strömenden Medium durch die Schaufeln rotierender Laufräder Energie zugeführt. Dieses bewirkt eine Beschleunigung der Strömung. Das Medium wird dadurch kontinuierlich weitergefördert. Wird die Strömung gehemmt, dann steigt der Druck.

Beispiele für Pumpen und Verdichter

Kolbenverdichter — Lamellenverdichter — Axialverdichter
Verdrängungsprinzip — **Strömungsprinzip**

> In Pumpen und Verdichtern nach dem Verdrängungsprinzip geschieht der Transport des Mediums durch eine Volumenverkleinerung des Arbeitsraums.
> Kreiselpumpen und Axialverdichter arbeiten nach dem Strömungsprinzip. Das Volumen des Arbeitsraums der Pumpe bleibt konstant.

Systeme zur Umsetzung von Energie, Stoff, Information

2.3 Systeme zum Informationsumsatz

2.3.1 Information und Informationsumsetzung

Informationen sind alle Mitteilungen, Nachrichten, Anweisungen, Hinweise u. a., die zwischen einem „Sender" über einen Übertragungskanal an einen „Empfänger" übertragen werden.

Im unmittelbaren Austausch von Informationen zwischen Menschen ist die akustische Übertragung durch die Sprache die wichtigste Form der Übermittlung. Neben der akustischen Übertragung durch die Sprache werden im zwischenmenschlichen Bereich auch optisch Informationen durch Mimik und Gestik übertragen. Der unmittelbare Informationsaustausch durch Gespräch zwischen Menschen zeigt die Grundelemente einer jeden Informationsübertragungskette oder **Kommunikationskette**, wie der Fachbegriff lautet.

Kommunikationskette: Sender —(Übertragungskanal / Information)→ Empfänger

! Ein Informationsübertragungssystem besteht aus Sender, Übertragungskanal und Empfänger.

Als Partner treten in herkömmlichen technischen Systeme Mensch und Maschine auf. Der Begriff Maschine steht hier auch für Transport- und Lagereinrichtungen. Danach ergeben sich vier mögliche Beziehungen:

Sender	Informationsträger in der Technik	Empfänger
Mensch	Sprache, Schrift, Zeichnungen, Bilder, Symbole, Modelle	Mensch
Mensch	Schalter, Hebel, Kurvenscheiben, Codes, Programme, Identifikationsyteme	Maschine
Maschine	Akustische und optisch Signale, Anzeigen auf Bildschirmen und Instrumenten	Mensch
Maschine	Hebel, Gestänge u. Ä., pneumat. u. elektr. Signale, digitale Signale	Maschine

Mit zunehmender Digitalisierung sind in der modernen Fertigung die Kommunikationsketten
  Werkzeug ———→ Maschine und
  Werkstück ———→ Maschine
hinzugekommen. Die Kommunikation erfolgt hier über
- Codes, die nur einseitig, vom Werkzeug bzw. Werkstück Daten übertragen sowie über
- digitale Systeme, die sowohl an die Maschine Daten übertragen, als auch von der Maschine Informationen mitnehmen und weitergeben können.

2.3.1.1 Kommunikationssystem Mensch- Maschine

Die Beziehung Mensch – Maschine, in welcher der Mensch als Sender und die Maschine als Empfänger auftritt, hat in der Transport- und Fertigungstechnik besondere Bedeutung. Zur Fertigung eines Produkts gibt die Fachkraft zwei Arten von Informationen an die Werkzeugmaschine. Informationen, welche die Maße des Werkstücks betreffen, nennt man **Weginformationen**. Informationen, welche Drehzahlen, Vorschübe, Kühlmittelzufuhr und andere Größen betreffen, die später am Produkt nicht wiederzufinden sind, nennt man **Schaltinformationen**. Unter diesen hat die Funktion NOT-AUS eine besondere Bedeutung.

Informationsfluss an einer herkömmlichen Werkzeugmaschine

Übungsaufgabe 2/31

Maschinen- und Gerätetechnik

Die Art der Informationseingabe ist abhängig von der Maschinensteuerung. Gesteuert werden kann:
- manuell,
- mechanisch,
- numerisch.

Informationseingabe durch Hebel, Kurbeln ...

Informationseingabe durch Maß- und Formverkörperungen

Informationseingabe durch Buchstaben und Zahlen

> ❗ Die Informationseingabe im Kommunikationssystem Mensch – Maschine kann manuell, mechanisch oder numerisch erfolgen.

2.3.1.2 Kommunikationssystem Maschine – Mensch

Die Kommunikationsbeziehung Maschine – Mensch beschränkte sich bei herkömmlichen Werkzeugmaschinen fast ausschließlich auf Warnungen und Ausführungsmeldungen, z. B. durch Signalleuchten, Signalhörner und Maßanzeigen.

An numerisch gesteuerten Werkzeugmaschinen kann die Steuerung der Maschine auch vorprogrammierte Anweisungen, Fragen und Entscheidungshilfen an den Bediener geben. In diesem Fall spricht man vom **Dialogbetrieb**.

Computerunterstütztes Fertigen auf CNC-Maschinen geschieht ebenfalls im Dialogbetrieb.

Beispiel für einen Bildschirmdialog an einem CNC-Arbeitsplatz

Dialog zwischen Mensch und CAD-System bei der Dateneingabe

Im Bereich der Instandhaltung können Maschinen, die mit entsprechenden digitalen Komponenten ausgerüstet sind, ihren Zustand unmittelbar der zuständigen Stelle mitteilen. Diese Komponenten bestehen aus Sensoren, einem Chip mit der Auswertungssoftware und einer Einrichtung zur drahtlosen digitalen Datenübertragung.

Die Sensoren liefern ständige Hinweise auf den Zustand der überwachten Baugruppe und fordern automatisch die Wartung an. So gibt es Warnmeldungen, wenn z. B.
- die Temperatur in einem Lager zu hoch ist,
- der pH-Wert eines Schmierstoffes zu stark vom Sollwert abweicht oder
- die Vibrationen einen festgelegten Höchstwert überschreiten.

Facharbeiter ermittelt Betriebszustand

> Bei herkömmlichen Maschinen und Anlagen beschränkt sich die Kommunikation zwischen Maschine als Sender und Mensch als Empfänger auf Warnungen und Anzeigen.
> NC-gesteuerte Maschinen verlangen Eingaben im Dialog.
> Mit Sensoren, entsprechender Software und Übertragungseinrichtungen ausgerüstete Maschinen geben fortlaufend Auskunft über den Zustand des Systems.

2.3.1.3 Kommunikationssystem Maschine – Maschine

Im Kommunikationssystem Maschine – Maschine werden Informationen von Maschinen ermittelt, weitergeleitet, ausgewertet und in Befehle umgesetzt. *Steuer- und Regeleinrichtungen* stellen derartige Kommunikationssysteme dar.

Informationsfluss an einer CNC-Maschine

> Die Kommunikation Maschine – Maschine geschieht in einfachster Weise in Steuer- und Regeleinrichtungen.

Das Kommunikationssystem Maschine – Maschine ist am weitesten in der automatisierten Fertigung verwirklicht. Dort müssen z. B. Computer, Roboter, Transport- und Lagereinrichtungen miteinander kommunizieren, um einen reibungslosen Fertigungsablauf sicherzustellen.

In sehr weit automatisierten Anlagen, die an das Ziel der Industrie 4.0 heranreichen, sind Werkstücke, Werkzeuge, Vorrichtungen u. A. mit RFID-Tags (lesbare und beschreibbare Speicher) ausgerüstet. Diese RFID-Tags tragen alle notwendigen Informationen für den Fertigungsprozess mit sich. Sie kommunizieren mit den einzelnen Maschinen, Handhabungsgeräten, Transport-, Zuführ- und Entnahmeeinrichtungen, damit ein störungsfreier und zügiger Fertigungsprozess ablaufen kann. Gleichzeitig dokumentieren sie lückenlos den Produktionsablauf.

Übungsaufgabe 2/32

Maschinen- und Gerätetechnik

Beispiel für die Steuerung einer Transporteinrichtung durch ein RFID-Tag (Bosch)

2.3.2 Technische Systeme zum Informationsumsatz

Systeme zum Informationsumsatz haben die Hauptfunktion, Informationen zu transportieren, zu wandeln und umzuformen. Ohne Informationsumsatz sind technische Prozesse nicht möglich.

2.3.2.1 Informationsumsatz bei der industriellen Fertigung

Jeder Betrieb benötigt ein gut funktionierendes System des Informationsumsatzes, um Betriebsabläufe wirtschaftlich optimal zu gestalten. Das betriebliche Informationssystem gliedert sich für den Bereich der industriellen Fertigung in zwei Teilsysteme:

- Planungs- und Steuerungssystem, in ihm wird
  - konstruiert,
  - Maschinen- und Materialeinsatz geplant, und
  - Materialbeschaffung und Zeitplanung betrieben.

- Kontrollsystem, in ihm werden
  - Qualität,
  - Kosten und
  - Termine kontrolliert.

Die Informationen des Kontrollsystems werden zurück an das Planungs- und Steuerungssystem gegeben, damit Korrekturen im Ablauf vorgenommen werden können.

Informationsfluss bei industrieller Fertigung

2.3.2.2 Messsysteme

Messsysteme haben die Hauptfunktion, die **Messgröße**, mit einer Maßeinheit, zu vergleichen und das Ergebnis des Vergleichs als **Messergebnis** auszugeben.

So hat ein Längenmesssystem die Hauptfunktion, Längen mit der Maßeinheit mm zu vergleichen und das Ergebnis anzuzeigen.

Hauptfunktion von Messsystemen

! Messsysteme haben die Hauptfunktion, eine Messgröße aufzunehmen, zu verarbeiten und das Messergebnis auszugeben.

Messsysteme bestehen aus Teilsystemen, die bestimmte Funktionen innerhalb des Gesamtsystems erfüllen:
- **Messgrößenaufnehmer** erfassen zunächst die zu messende Größe.
- **Wandler** wandeln die aufgenommene Größe so um, dass sie in Rechengliedern verarbeitet und danach weitergeleitet werden kann.
- **Rechenglieder** verarbeiten die Ausgangsgröße des Wandlers. Meist sind die Rechenglieder Verstärker. Verstärken bedeutet vervielfachen, d. h. multiplizieren.
- **Übertragungsglieder** leiten die Ausgangsgröße der Rechenglieder weiter.
- **Anzeige- oder Registriereinheiten** bringen die Messwerte zur Anzeige oder speichern sie.

Diese verschiedenen Teilsysteme sind nicht immer sichtbar voneinander getrennt. Die gedankliche Trennung in Teilsysteme erlaubt es jedoch, ein Messsystem präziser zu analysieren. Die Teilsysteme müssen nicht immer insgesamt vorhanden sein, so kann z. B. eine Fernübertragung oder Rechnung entfallen.

Beispiel für den Aufbau einer Messeinrichtung zur Durchflussmessung

Als Messgrößenaufnehmer dient ein schwach beheizter Widerstand. Je höher die Strömungsgeschwindigkeit des an ihm vorbeiströmenden Gases ist, desto stärker kühlt er ab. Die Abkühlung bewirkt eine Widerstandsänderung.

Eine anschließende Messschaltung mit einem Verstärker nimmt die erste Signalverarbeitung vor. Eine weitere Funktionseinheit sorgt dafür, dass zum Durchfluss eine proportionale Spannung abgegeben werden kann.

Ein ebenfalls angeschlossener Analog-/Digital-Wandler gibt ein digitales Signal aus.
Je nach Art der Weiterverarbeitung können das analoge oder das digitale Signal weiterverwendet werden.

! Messsysteme bestehen aus:
Messgrößenaufnehmer, Wandler, Rechenglied, Übertragungsglied, Anzeige und evtl. Registriersystem.

Maschinen- und Gerätetechnik

2.3.2.3 Steuerungs- und Regelungssysteme*

Steuerungs- und Regelungssysteme haben die Aufgabe, physikalische Größen, z. B. die Temperatur in einem Raum, in bestimmter Weise zu beeinflussen.

1. Steuerungssysteme

In Steuerungssystemen wird eine physikalische Größe so beeinflusst, dass bei Abweichungen vom Sollwert die Steuereinrichtung nicht selbsttätig in den Informationsfluss eingreift und die Störung ausgleicht.

> **Beispiel für die Steuerung der Raumtemperatur**
>
> Der Raum wird durch ein elektrisches Heizgerät erwärmt. Es kann in drei Stufen geschaltet werden. Stufe zwei ist zurzeit zur angenehmen Beheizung ausreichend.
> Diese Information ist eingegeben. Einen plötzlichen Temperaturabfall, z. B. durch Öffnen des Fensters, kann die Heizung nicht selbsttätig korrigieren.
>
> Schematische Darstellung — Systemdarstellung einer Steuerung

⚠️ Steuerungssysteme greifen nicht selbsttätig in den Informationsfluss ein, um Störungen auszugleichen.

2. Regelungssysteme

Regelungssysteme sind so konstruiert, dass sie bei Störungen selbsttätig die zu regelnde Größe auf den eingestellten Wert bringen.

> **Beispiel für eine Regelung der Raumtemperatur**
>
> Der Raum wird durch ein elektrisches Heizgerät erwärmt. Dieses wird durch einen Thermostaten als Regler geschaltet. Wenn die Raumtemperatur den am Regler eingestellten Sollwert überschreitet, schaltet der Regler das Heizgerät ab. Wenn die Raumtemperatur unter den eingestellten Sollwert fällt, schaltet der Regler das Heizgerät selbsttätig wieder ein.
>
> Schematische Darstellung — Systemdarstellung einer Regelung

⚠️ Regelungssysteme greifen bei Störungen selbsttätig in den Informationsfluss ein.

---

* siehe auch Kapitel „Steuerungs- und Regelungstechnik"

2.3.2.4 Identifikationssysteme

1. Identifikation von Personen und Berechtigungsnachweisen

An vielen Stellen im Betrieb müssen Fachkräfte einen persönlichen Nachweis über ihre Anwesenheit und ihre besonderen Berechtigungen führen. Identifikationen werden z. B. verlangt über:
- die Anwesenheit am Arbeitsplatz,
- die Berechtigung zum Zugang in gesicherte Räume (Schaltwarte u. Ä.),
- die Berechtigung zur Abschaltung von Sicherheitseinrichtungen bei Wartungsarbeiten,
- die Ausleihe von speziellen Werkzeugen aus dem Magazin.

Die Daten aus diesen Nachweisen werden dokumentiert.

Zugangskontrolle mit RFID
(ITH GmbH & Co. KG, Meschede)

Die Nachweise für die Berechtigungen und der Nachweis für die Anwesenheit werden sehr häufig mit besonders ausgestatteten Plastikkarten erbracht. Die Karten sind mit dem **RFID-System** versehen. Dieses RFID-System (**R**adio **F**requency **I**dentification) ist ein Sender-Empfänger-System.

In der Plastikkarte, die der Identifikation von Personen dient, ist ein Chip mit den entsprechenden Informationen eingebaut. Die Karte trägt eine Spule, die bei Kontakt mit einem Lesegerät von diesem Lesegerät Energie aufnimmt. Sodann kann die Einheit als Sender und Empfänger wirksam werden. Man nennt die Einheit aus Antennenspule und Chip den **Transponder**.

Das Gegenstück, von dem die Daten aus dem Chip des Transponders gelesen werden, ist das **RFID-Lesegerät**. Es enthält eine Spule, über die ständig ein hochfrequenter Strom geschickt wird. Kommt ein Transponder in die unmittelbare Nähe des Lesegeräts, so versorgt das Lesegerät den Transponder mit Energie und der Datenaustausch zwischen Transponder und Lesegerät zur Überprüfung der Berechtigung kann beginnen.

RFID-System (Schema)

2. Identifikation von Gegenständen und gleichzeitiger Datentransport

Mithilfe des RFID-Systems werden Gegenständen nicht nur Daten zur Identifikation, sondern auch Fertigungsdaten mitgegeben. Dies sind
- Daten in Zerspanungswerkzeugen, z. B. Werkzeuggeometrie, Standzeit und Schnittdaten,
- Daten in Rohteilen, z. B. CNC-Programmnummern, Hinweise zu Montage und Lagerplätzen sowie Daten zur Qualitätssicherung, z. B. Prüfmaße, Prüfkriterien und Wege zu evtl. Nacharbeit, transportiert und gespeichert.

Die verwendeten Transponder sind meist **passive Transponder**, die wie Transponder in Plastikkarten ihre Energie vom Lesegerät beziehen.

Aktive Transponder hingegen, wie sie z. B. in einem Autoschlüssel enthalten sind, haben eine Batterie als Energiequelle und können somit ihr Signal über größere Reichweiten senden.

Die Transponder können an jeder Station vom Schreib- und Lesegerät auch mit neuen Informationen, z. B. über Ort und Zeitpunkt der Bearbeitung sowie Ergebnisse der Qualitätsprüfung ausgestattet werden.

Türöffnung mit einem aktiven Transponder

3. Identifikation von Produkten

Mit Strichcodes und 2D-Codes werden in der Industrie Werkstücke, Werkzeuge u. a. mit Zahlenfolgen gekennzeichnet. Die Codes können mit Laser-Scannern, Handy-Scannern oder Auflicht-Scannern gelesen werden. Entsprechend der Codenummer können dem gekennzeichneten Objekt Lagerplätze, Montagearbeitsplätze, Bearbeitungsprogramme usw. zugewiesen werden.

Strichcode Interleaved 2/5 ITF

Der **Strichcode ITF** (**I**nterleaved **T**wo of **F**ive) wird in Form von aufgeklebten, gedruckten Etiketten oder gelaserten Markierungen verwendet.

- Der Code **2/5 Interleaved** besteht aus jeweils fünf Elementen – zwei breiten und drei schmalen Elementen. Die breiten Elemente sind zwei- bis dreimal so breit wie die schmalen.
- Elemente sind sowohl Balken als auch Lücken.
- Jeweils zwei Ziffern bilden eine Einheit. Die erste Ziffer wird durch Balken dargestellt, die zweite durch die Lücken dazwischen. Bei ungerader Anzahl der darzustellenden Ziffernfolge wird eine Null vorangesetzt, z. B. statt 345 wird 0345 gesetzt.
- Die Zahlencodierung:

Beispiel für eine Codierung

Ziffer	1 bedeutet breit 0 bedeutet schmal			
0	0	0	1	1	0
1	1	0	0	0	1
2	0	1	0	0	1
3	1	1	0	0	0
4	0	0	1	0	1
5	1	0	1	0	0
6	0	1	1	0	0
7	0	0	0	1	1
8	1	0	0	1	0
9	0	1	0	1	0

Codierung der Zahl 34:

1 1 0 0 0

1 1 0 0 0

0 0 1 0 1

2. Ziffer in die Lücken der 1. Ziffer eingefügt

Codierte Zahl 34

- Am Anfang der Ziffernfolge steht als Steuerzeichen die Folge: schmaler Balken, schmale Lücke, schmaler Balken, schmale Lücke.
  Am Ende der Zahlenfolge steht das Stoppzeichen: breiter Balken, schmale Lücke, schmaler Balken.

QR-Code

Der **QR-Code** (**Q**uick **R**esponse-**C**ode) wird wie der Strichcode in Form von aufgeklebten, gedruckten Etiketten oder gelaserten Markierungen eingesetzt. Im Unterschied zum Strichcode sind bei ihm die Informationen in der Fläche gespeichert.
Der Code ist ein 2D-Code. Er besteht aus einer quadratischen Struktur mit 21 × 21 bis zu 177 × 177 kleinen schwarzen und weißen Flächen. An drei Ecken befinden sich quadratische Positions-Markierungen zur Orientierung des Lesegeräts. In Angrenzung an die Positionsmarken liegen Bereiche, aus denen das Lesegerät das Datenformat und die Version des QR-Codes erkennen kann.

Aus dem flächenförmigem Aufbau ergeben sich deutliche Vorteile gegenüber der Strichcodierung:
- Es können erheblich mehr Daten gespeichert werden.
- Daten können mehrfach an verschieden Stellen innerhalb der Struktur hinterlegt werden, sodass bei einer Beschädigung von bis zu 7 % in der niedrigsten und 30 % im höchsten Fehlerkorrekturlevel die Informationen noch einwandfrei ausgelesen werden können.

2.3.2.5 IT-Sicherheit

Informationstechnische Systeme haben für Betriebe eine zentrale Bedeutung. Ohne ihre sichere Funktion sind Betriebsabläufe gestört oder gar unmöglich und es kann zu schweren Personen- und Sachschäden kommen. IT-Sicherheit umfasst:

- **Gerätesicherheit**,
- **Datensicherung**,
- **Datenschutz**.

Zur IT-Sicherheit hat jeder Nutzer beizutragen, auch wenn leider festzustellen ist:
„100 % Sicherheit sind unmöglich."

1. Gerätesicherheit
Gerätesicherheit verlangt Schutz vor dem Ausfall des Geräts, Schutz vor Manipulation und Schutz vor unerlaubter Benutzung.

Vor **Ausfall** sind Geräte, die im Betrieb von Fachkräften genutzt werden, meist durch entsprechende Umkleidung und bruchfeste Bildschirme gegen Schlag und Stoß gesichert. Die Umkleidungen schützen meist auch in einem gewissen Umfang vor dem Einfluss elektrischer und magnetischer Felder, wie sie z. B. in der Nähe von Elektroschweißanlagen und Elektroöfen auftreten. Die Felder sind im Moment des Ein- und Ausschaltens extrem stark. Sie schädigen besonders die Speichermedien.

Manipulationen des Computers erfolgen häufig durch das Internet, indem unbeabsichtigt Viren, Trojaner und andere Schadsoftware aufgeladen wird. Diese Schadprogramme manipulieren Abläufe oder legen gar das gesamte System lahm. Betrieblich eingesetzte Computer dürfen darum nur mit ausdrücklicher Erlaubnis im Internet genutzt werden. Mitgebrachte Datenträger dürfen wegen der Gefahr, Viren u. a. einzuschleppen, nicht am Computer angeschlossen werden.
In Betrieben mit einem entsprechenden IT-Management-System überwacht dieses alle Computer des Betriebs auf Schadsoftware, spielt zentral Updates auf und begrenzt aus Sicherheitsgründen den Einsatz des einzelnen PCs auf das für den Arbeitsplatz Notwendige.

Schutz vor unerlaubtem Zugriff auf den Computer und das WLAN geschieht durch geeignete Passwörter. Ein Passwort soll mindestens acht Zeichen enthalten und keinen Namen und persönlich bezogene Begriffe (z. B. *Ausbildung*) sowie keine leicht erkennbaren Zahlenfolgen (z. B. *Geburtstagsdaten*) enthalten. Am einfachsten merkt man sich einen Satz und stellt das Passwort aus den Anfangsbuchstaben und Sonderzeichen zusammen, wie z. B. *Für jeden PC und jede Anwendung ein eigenes Passwort,* ergibt *FjP+jA1eP*.
Damit eine unbefugte Person bei einer kurzen Abwesenheit des Benutzers nicht auf den Computer zugreifen kann, ist zusätzlich ein selbstständiges Abschalten bei Nichtbenutzung einzurichten.

2. Datensicherung
Datensicherung ist für Unternehmen lebenswichtig, denn der Verlust von Daten über Produktionsprozesse, Konstruktionen, Kunden u. A. kann zu schwersten Betriebsstörungen führen.

Auch der Einzelne muss an seinem Arbeitsplatz laufend die gewonnenen Daten sichern, damit bei einer Störung nicht die Arbeit eines ganzen Tags, z. B. die Ausarbeitung eines Fertigungsprogramms, dahin ist.

Damit ein solcher Fall nicht eintritt, erlauben alle Betriebssysteme eine automatische Speicherung in frei zu wählenden Zeitabständen.

Verbranntes Notebook

Damit bei einem Ausfall des PCs z. B. durch einen Brand oder ein Schadprogramm, die Daten weiterhin zur Verfügung stehen, sollten möglichst täglich Kopien der Daten auf Speichermedien außerhalb des Computers gesichert werden.

Häufig geschieht die Speicherung der Daten außerhalb des Betriebs in einer Cloud. Man spricht von **Cloud-Backup**. Dabei werden die örtlich gewonnenen Daten verschlüsselt über das Internet an die Cloud, einen externen Datenspeicher mit riesigem Speichervolumen, übertragen und dort sicher aufbewahrt. Bei Bedarf können berechtigte Personen die Daten jederzeit und von überall abrufen.

3. Datenschutz

Unter Datenschutz versteht man zunächst den Schutz personenbezogener Daten. Entsprechend den gesetzlichen Bestimmungen ist eine Weitergabe personenbezogener Daten nur bei Zustimmung der betreffenden Person gestattet und auch nur für den der Zustimmung vorliegenden Fall. Eine mit der Zustimmung erfolgte Weitergabe ist in allen Einzelheiten zu protokollieren und ggf. ist der betroffenen Person Auskunft über die weitergeleiteten Daten zu geben.

In Betrieben kommt zum personenbezogenen Datenschutz der sachbezogene Datenschutz hinzu. Dabei geht es darum, betriebsbezogene Daten vor missbräuchlicher Anwendung, Verfälschung, Verlust und Spionage zu schützen.

Der wichtigste Datenschutz ist der Zugangsschutz nur für Berechtigte z. B. durch ein Passwort.

Datenvermeidung ist nahezu ebenso wichtig, d. h., Daten, die im Rahmen eines Auftrags nicht benötigt werden, sind geschützt, wenn jeder Zugangsberechtigte nur Zugriff auf diejenigen Daten bekommt, die er für seine Arbeit benötigt.

Ein Verfälschen von Daten (Sabotage) oder ihr unberechtigtes Abgreifen zu Spionagezwecken kann durch Verschlüsselung und verschlüsselte Weitergabe verhindert werden.

Um in einem Unternehmen Datenschutz effektiv durchzusetzen, sind gute Fachkenntnisse nötig. Darum sollten Firmen einen Datenschutzbeauftragten benennen und schulen. Bei zehn Beschäftigten im Bereich der automatisierten Datenverarbeitung oder bei 20 beschäftigten Personen, die die Daten anders verarbeiten, sind Betriebe sogar dazu verpflichtet, einen betrieblichen Datenschutzbeauftragten zu beschäftigen.

Hinweise Zusammenfassung der IT-Sicherheitsregeln

- PC und Datenträger vor magnetischen und elektrischen Feldern schützen.
- Passwörter verwenden, Mindestlänge sind acht Zeichen dabei auch Zahlen und Sonderzeichen.
- Passwörter sicher aufbewahren und regelmäßig ändern.
- Passwörter und geheim zu haltende Daten verdeckt eingeben.
- Datenträger regelmäßig mit Virenschutzprogrammen überprüfen.
- Keine unbekannten Dateien aus dem Internet herunterladen.
- Auf Betriebs-PC nur auftragsbezogene Daten hochladen, keine privaten Dateien.
- Daten regelmäßig sichern, Sicherungskopien anfertigen und geschützt aufbewahren.
- USB-Sticks verschlüsseln.
- WLAN-Betrieb durch Verschlüsselung sichern.

2.3.3 3D-CAD-Systeme
2.3.3.1 3D-CAD-Technik

CAD (**C**omputer **A**ided **D**esign) ist die computergestützte Konstruktion von Einzelteilen, Baugruppen oder gesamten technischen Erzeugnissen, beispielsweise Maschinen.

3D-CAD-Systeme erlauben es dem Benutzer, virtuelle 3D-Volumenmodelle während der Konstruktion von allen Seiten zu betrachten und zu ändern, um Bauteilkollisionen zu verhindern.

Beispiele für verschiedene Ansichten und den Schnitt eines Abgaskrümmers

Aus den 3D-Modellen werden später klassische technische Zeichnungen mit Bemaßungen zur Fertigung abgeleitet. Es ist aber auch möglich, die 3D-Daten ohne Umwege an die jeweilige Fertigungsanlage zu senden. 3D-Drucker (s. Kapitel Additive Fertigung), Fräs- oder Drehmaschinen erstellen dann nach verfahrensspezifischer Datenaufbereitung das geforderte Bauteil.

In Ergänzung dazu erlauben moderne 3D-CAD-Systeme die Erstellung von Simulationen oder Berechnungen zu Festigkeiten. Die Computersimulationen ermöglichen es, verschiedene Materialien, die zur Auswahl stehen, oder unterschiedliche Konstruktionsvarianten zu vergleichen. Das hilft den Konstrukteuren, Produkte zu verbessern oder an neue Anforderungen anzupassen.

Beispiele einer Belastungsanalyse an einem Klemmflansch

Typ: Von Mises-Spannung
Einheit: MPa
9,17 Max.
7,336
5,502
3,668
1,834
0 Min.

2.3.3.2 Konstruieren mit 3D-CAD-Programmen

Die Konstruktion von Bauteilen mit modernen 3D-CAD-Programmen geschieht mithilfe der Bedienelemente nach einem einfachen Prinzip:

Im ersten Stadium der Konstruktion, dem Erstellen, wird eine 2D-Skizze der Basis angefertigt. Nach deren Fertigstellung und Bemaßung wird diese bei einfachen Körpern zu einem Volumenmodell extrudiert, bei ringförmigen Körpern, die nicht durch Extrudieren zu erzeugen sind, wird die Basis durch Drehung zum Volumenkörper. Für Spiralen, Rippen u. A. stehen zur Erzeugung des Volumenkörpers weitere Funktionen zur Verfügung.

Das zweite Stadium der Konstruktion ist das **Ergänzen und Ändern** des Volumenkörpers durch Anbringen von Fasen, Radien, Bohrungen usw.

Beispiele für Bedienelemente eines 3D-CAD-Programms

Extrusion, Drehung, Sweeping, Erhebung, Spirale, Prägen, Ableiten, Rippe, Aufkleber, Importieren — *Erstellen*

Bohrung, Rundung, Fase, Wandung, Flächenverjüngung, Gewinde, Kombinieren, Verdickung/Versatz — *Ändern*

Aufbauschema einfacher Körper

Projektion der Grundkörper erstellen:
1. Zeichenebene wählen
2. Projektion des Grundkörpers zeichnen
4. Grundkörper ergänzen mit Projektion des Aufbaus
6. Projektion der Bohrung zeichnen

Projektion der Grundkörper extrudieren:
3. Grundkörper extrudieren
5. Aufbau extrudieren
7. Bohrung subtrahieren

Außer den hier kurz beschriebenen Funktionen existieren noch vielfältige weitere Konstruktionsinstrumente. Die parametrische Modellierung erlaubt z. B. viele Größenvarianten einer Konstruktion über die Eingabe von veränderlichen Konstanten (Parametern) zu erstellen.

> ❗ 3D-Modelle werden aus einzelnen Volumenkörpern zusammengesetzt.

Systeme zur Umsetzung von Energie, Stoff, Information

Beispiel für eine 3D-CAD-Konstruktion

Ein am Boden gerissener Klemmflansch ist mithilfe von additiven Fertigungsverfahren möglichst schnell und kostengünstig zu ersetzen.

Bauteil gerissen

Zu diesem Zweck ist im ersten Schritt ein 3D-Modell zu konstruieren.

Lösung

Projektionen der Grundkörper erstellen | **Projektionen der Grundkörper extrudieren**

1 Zeichenebene wählen

2 Projektion des Grundkörpers zeichnen und bemaßen

3 Grundkörper extrudieren

4 Grundköprer mit Zeichnungen des Aufbaus ergänzen

5 Aufbau extrudieren

6 Zeichnung des Ausschnitts anfertigen

7 Aufbau mit Ausschnitt versehen

8 Grundkörper ergänzen mit Projektionen der Lasche

9 Konstruktionstechnische Elemente in der 3D-Zeichnung anfügen (Bohrungen, Rundungen)

Übungsaufgaben 2/42; 2/43

Aus einem vollendeten 3D-Volumenmodell kann eine technische Zeichnung angefertigt werden. Die dreidimensionale Konstruktion wird also in ein technisches Dokument umgewandelt, welches zur Herstellung des Bauteils in der Werkstatt verwendet werden kann.

Beispiel für eine aus einem 3D-Modell entwickelte Bauteilzeichnung

2.3.3.3 Abspeichern und Weiterleiten von 3D-Konstruktionen

Es existieren verschiedene 3D-CAD Programme wie zum Beispiel Solid Edge, CATIA V5, Autodesk Inventor oder SOLIDWORKS. Da alle Programme unterschiedliche Dateiformate zum Speichern der Daten besitzen, wurde eine von der ISO (Internationale Organisation für Normung) standardisierte Norm zum Datenaustausch definiert: das **STEP**-Format. Die mit .stp oder .step endenden Dateien eignen sich für CAD-Anwendungsbereiche, die rechnerunterstütze Fertigung (CAM) sowie die additiven Fertigungsverfahren.

Beispiel für den Einsatz der Bauteilzeichnung in der Planung der Fertigung im 3D-Druck

CAD-Modell   CAD-Modell im STL-Format   CAD-Modell in der 3D-Drucksimulation

3 Funktionseinheiten des Maschinenbaus

3.1 Einteilung der Funktionseinheiten

Maschinen und Anlagen bestehen aus festen und beweglichen Elementen. Durch das Zusammenwirken der Elemente führen Maschinen vorbestimmte, regelmäßig wiederkehrende Bewegungen aus.

Es gibt Maschinen für die verschiedensten Aufgaben. In ihnen werden unabhängig von der Gesamtaufgabe gleiche Bauelemente für gleiche Einzelaufgaben verwendet. Darum sind diese Bauelemente zumeist in Abmessungen und im Werkstoff genormt. Die Normung führt zur Vereinfachung in Konstruktion und Montage und ermöglicht das Austauschen.

Beispiele für Funktionselemente und Bauelemente in einer elektrischen Bohrmaschine

Bauelemente in einer elektrischen Bohrmaschine

Funktionselemente	Bauelemente	Funktion
Verbindungselemente	Schraubenverbindung Kontaktklemme	verbindet Gehäuseober- und -unterteil verbindet Elektrozuleitung mit Schalter
Stützelemente	Gehäuse Wälzlager	trägt Lager und nimmt feststehende Bauteile auf trägt Bohrspindel, Motorwelle und Vorgelegewelle
Leitungselemente für mechanische Energie	Vorgelegewelle Bohrspindel	überträgt Energie auf Zahnräder überträgt Energie vom Zahnradgetriebe
Elemente zum Formen von Bewegungen	Zahnräder	übertragen Drehmoment vom Motor auf die Bohrspindel und ändern Umdrehungsfrequenzen

3.2 Funktionseinheiten zum Stützen und Tragen

Alle Einheiten zum Abstützen beweglicher Baueinheiten gehören zu den Gruppen Lager und Führungen. Lager tragen Bauteile, die Drehbewegungen ausführen, z. B. Wellen und Achsen. Geradführungen tragen Baueinheiten, die geradlinige Bewegungen ausführen, z. B. Schlitten und Maschinentische.

Übungsaufgabe 3/1

Auflagerkräfte

Baueinheiten belasten durch ihr Eigengewicht und durch die von ihnen zu übertragenden Kräfte die Lager und Führungen.

Die Kräfte, mit denen Lager und Führungen die Baueinheiten abstützen, heißen **Auflagerkräfte**. Sie halten den auf die Baueinheiten wirkenden Kräften das Gleichgewicht. Sie sind also den *angreifenden Kräften entgegengerichtet*. Je nach Größe der Auflagerkräfte bestimmt man den Werkstoff und die Abmessungen von Lagern und Führungen. Eine Berechnung dieser Kräfte ist daher notwendig.

Auflagerkräfte F_A und F_B

Die Berechnung von Auflagerkräften geschieht mithilfe des Hebelgesetzes.

Beispiel für die Berechnung von Auflagerkräften

Aufgabe

Die Führungen einer Maschine sind durch eine Kraft von 8 000 N belastet. Es sind die Auflagerkräfte zu berechnen.

Lösung

1. Schritt

Man stellt das Bauelement durch eine Linie dar und trägt die am Bauelement angreifenden äußeren Kräfte durch Kraftpfeile in ihren Angriffspunkten an. Die Auflagerkräfte kennzeichnet man mit F_A und F_B.

2. Schritt

Um das Hebelgesetz anwenden zu können, denkt man sich einen Auflagerpunkt als Drehpunkt.
Es gilt: Summe aller linksdrehenden Momente gleich Summe aller rechtsdrehenden Momente.

$\Sigma M_l = \Sigma M_r$

Man stellt die entsprechenden Gleichungen auf. Durch Lösung der Gleichungen wird eine Auflagerkraft errechnet.

3. Schritt

Die zweite Auflagerkraft erhält man *entweder* durch Vertauschen des Drehpunkts und Berechnung wie unter Schritt 2 *oder* durch Anwendung der Bedingung: Summe der abwärts gerichteten Kräfte gleich Summe der aufwärts gerichteten Kräfte.

$\Sigma F_{auf} = \Sigma F_{ab}$

Berechnung von F_B:
$\Sigma M_l = \Sigma M_r$
$F_B \cdot 600 \text{ mm} = 8000 \text{ N} \cdot 200 \text{ mm}$
$F_B = \dfrac{8000 \text{ N} \cdot 200 \text{ mm}}{600 \text{ mm}}$
$F_B = 2667 \text{ N}$

Berechnung von F_A:
$\Sigma F_{auf} = \Sigma F_{ab}$
$F_A + F_B = F$
$F_A = F - F_B$
$F_A = 8000 \text{ N} - 2667 \text{ N}$
$F_A = 5333 \text{ N}$

! Auflagerkräfte in Lagern und Führungen stützen Baueinheiten. Sie werden nach dem Hebelgesetz berechnet, indem man ein Auflager als Drehpunkt wählt und die Beziehung $\Sigma M_l = \Sigma M_r$ bildet.

Funktionseinheiten des Maschinenbaus

3.2.1 Lager

Nach der Richtung der *Lagerbelastung* unterteilt man die Lager in zwei Gruppen:
- **Radiallager:** Die zu tragende Kraft wirkt in Richtung des Radius.
- **Axial- oder Längslager:** Die zu tragende Kraft wirkt in Richtung der Längsachse.

Radiallager   Axiallager

> Nach der Richtung der Belastung unterscheidet man:
> - Radiallager: Belastung in Richtung des Radius, • Axiallager: Belastung in Längsrichtung der Achse.

Weiterhin unterscheidet man die Lager nach der Art der *Reibung* im Lager:
- **Gleitlager:** Der Wellenzapfen gleitet über die Lagerfläche, es entsteht *Gleitreibung*.
- **Wälzlager:** Im Lager sind zur Verringerung der Reibung Kugeln, Nadeln o.Ä. eingebaut, es entsteht *Rollreibung*.

Gleitlager   Wälzlager

> Nach der Art der Reibung unterscheidet man:
> - Gleitlager bei Gleitreibung,   • Wälzlager bei Rollreibung.

3.2.1.1 Gleitlager

Ein Gleitlager besteht meist aus
- Lagergehäuse,
- Lagerbuchse oder Lagerschalen,
- Schmiereinrichtung.

Lagergehäuse werden als genormte Bauelemente in Maschinen eingebaut. Sie sind meist gegossen oder geschmiedet. Um die Montage zu ermöglichen bzw. zu erleichtern, sind die Lagergehäuse meist geteilt.

Öler · Lagerbuchse · Lagergehäuse

Gleitlager als Flanschlager

In vielen Fällen, besonders bei Großmaschinen und Getrieben, sind die Lagergehäuse keine gesonderten Bauelemente, sondern fester Bestandteil der Maschinengehäuse.

> Lagergehäuse sind genormte Bauelemente oder feste Bestandteile der Maschine.

1. Lagerwerkstoffe

Lagerwerkstoffe können in verschiedener Weise in das Lagergehäuse eingebracht werden:
- als geteilte Buchse,
- als geteilte Schale,
- als gegossene Auflage auf Stützschalen,
- als geschlossene Buchse.

Öler · Lagergehäuse · Lagerbuchse

Geschlossene Lagerbuchse in einem Stehlager

Je nach Werkstoff des Lagers und Qualität der Ausführung wird das Lager eingepasst oder der Lagerwerkstoff eingegossen. Eingegossene Lager werden spanend nachgearbeitet. Die Gleitfläche des Lagers muss eine hohe Oberflächengüte aufweisen. Die Rautiefe darf jedoch $R_z \approx 1$ μm nicht unterschreiten, da Flächen mit geringerer Rautiefe zum Ausreißen neigen.

Eigenschaften wichtiger Lagerwerkstoffe

notwendige Eigenschaft	Gusseisen	Sintermetalle	Bronzen und Pb-Sn-Legierungen		Kunststoff PA; PTFE
Gleiteigenschaft	befriedigend	befriedigend	gut		sehr gut
Notlaufeigenschaft	befriedigend	sehr gut	gut		sehr gut
Verschleißfestigkeit	sehr gut	befriedigend	gut		befriedigend
Tragfähigkeit	sehr gut	befriedigend	Bronze gut	Pb-Sn ausreichend	mäßig
Wärmeleitfähigkeit	befriedigend	befriedigend	befriedigend		mangelhaft
Wärmedehnung	sehr gering	sehr gering	gering		hoch
Anwendungsbeispiel	GJL-200, für wenig belastete und billige Lager	Sint-B10 und Sint-B51, für Kleinmaschinen	G-CuPb10Sn, für hochwertige Lager an Motoren		Polyamid, für kleine und schwingungsfreie Lager

2. Lagerreibung

Man unterscheidet bei Gleitlagern folgende Fälle der Reibung:

– **Trockenreibung**

Es ist kein Schmiermittel vorhanden. Die Gleitflächen von Welle und Lager gleiten unmittelbar aufeinander. Trockenreibung führt zur starken Erwärmung und zur schnellen Zerstörung des Lagers.

Trockenreibung

– **Mischreibung**

Zwischen den Gleitflächen von Lager und Welle ist kein zusammenhängender Schmierfilm vorhanden. Teilweise tritt Trockenreibung auf.

Mischreibung

– **Flüssigkeitsreibung**

Ein zusammenhängender Schmierfilm trennt die Gleitflächen voneinander. Dabei findet die Reibung im Schmiermittel statt. Es tritt kein Verschleiß auf, die Erwärmung bleibt niedrig.

Flüssigkeitsreibung

! Man unterscheidet hinsichtlich der Reibung bei Lagern
• Trockenreibung,   • Mischreibung,   • Flüssigkeitsreibung.

3. Hydrodynamische Schmierung

In Ruhestellung liegen Zapfen und Lager besonders nach längerem Stillstand unmittelbar aufeinander. Beim Anlauf tritt deshalb Mischreibung oder gar Trockenreibung auf. Durch die Gleitbewegung wird an der Welle anhaftender Schmierstoff mitgerissen und in den sich verengenden Spalt zwischen Welle und Lager gepresst. Dadurch wird der Zapfen im Lager geringfügig angehoben, und es entsteht bei genügend großer Umdrehungsfrequenz ein zusammenhängender Schmierfilm, also Flüssigkeitsreibung. Dies ist die **hydrodynamische Schmierung**. Die Lagerflächen so geschmierter Lager dürfen im Bereich des größten Drucks keine Schmiernute u.Ä. aufweisen.

Druckverteilung bei hydrodynamischer Schmierung

Funktionseinheiten des Maschinenbaus

In Maschinen und Geräten, die stets nur kurzzeitig in Betrieb gesetzt werden, tritt bei jedem Anlauf Misch- bzw. Trockenreibung auf. Deshalb ist bei diesen Maschinen und Geräten der Verschleiß höher als bei Maschinen im Dauerbetrieb.

Bei Gleitführungen an Werkzeugmaschinen tritt während der Bewegung Mischreibung auf.

Abhängigkeit der Reibungszahl von der Umdrehungsfrequenz

> ! Bei hydrodynamischer Schmierung wird der tragende Schmierfilm bei genügender Umdrehungsfrequenz durch mitgerissenen Schmierstoff aufgebaut.

4. Hydrostatische Schmierung

Im Werkzeugmaschinen- und Großmaschinenbau werden häufig Lager eingesetzt, bei denen ein Film aus eingepresstem Drucköl die Wellenzapfen trägt. Durch das eingepresste und damit unter Druck stehende Öl werden die Gleitflächen von Lager und Wellenzapfen schon vor Anlaufen der Maschine voneinander getrennt. Man bezeichnet diese Gleitlager wegen des konstanten Öldrucks im Lager, der unabhängig von der Umdrehungsfrequenz ist, als hydrostatische Lager.

Hydrostatisch geschmiertes Segmentlager einer Erzmühle

Hydrostatische Lager haben gegenüber den hydrodynamischen Lagern folgende Vorteile:
- *kein Verschleiß im Lager*, weil bereits beim Anlauf Flüssigkeitsreibung besteht,
- *Eignung für geringe Umdrehungsfrequenzen*, da der Öldruck unabhängig von der Umdrehungsfrequenz ist,
- *hohe Laufgenauigkeit*, da die Welle durch den gleichmäßigen Öldruck zentriert wird,
- *Einsatz von Segmentlagern* für besonders große Lager, die hydrodynamisch nicht zu schmieren wären.

Von der Ölversorgung hydrostatisch geschmierter Lager werden folgende Sicherheiten gefordert:
- Die Maschine darf erst in Betrieb gesetzt werden, wenn der erforderliche Öldruck im Lager erreicht ist.
- Beim Nachlassen des Öldrucks muss der Antrieb der Maschine selbsttätig ausschalten.
- Beim Abschalten des Antriebs der Maschine muss die Ölpumpe noch so lange vollen Öldruck liefern, bis die Welle still steht.

> ! In hydrostatisch geschmierten Lagern wird von außen ein Schmiermitteldruck erzeugt.
> Durch hydrostatische Schmierung ergeben sich folgende Vorteile:
> - Flüssigkeitsreibung beim Anlauf der Maschine,
> - von der Umdrehungsfrequenz unabhängiger Schmiermitteldruck,
> - verschleißfreie Lager,
> - möglicher Segmentlagereinsatz.

Übungsaufgaben 3/11; 3/12

5. Ölschmierung
– Schmiermittel und Schmiermittelzuführung

Für die meisten Gleitlager aus Metall wird Öl als Schmiermittel verwendet. Dabei muss das Schmieröl dem Lager an einer *unbelasteten* Stelle zugeführt werden. Die Schmierölzuführung kann auf verschiedene Weise erfolgen:

– Schmierung durch Umlauföl

Diese Art der Schmierung wird bei Einzellagern häufig verwendet. Hierbei gibt es folgende Möglichkeiten:
- Welle und Lager befinden sich im Ölbad.
- Durch einen Schmierring, der sich lose auf der Welle mitdreht, wird das Öl aus dem Bad hochbefördert.

Schmierung durch Umlauföl mit Schmierring

– Zentralschmierung

Hier werden alle Gleitlager einer Maschine von einer zentralen Schmieranlage mit Schmiermittel versorgt. Solche automatisch arbeitenden Zentralschmieranlagen bieten gegenüber Einzelschmierung folgende Vorteile:
- *genaue Dosierung des Schmiermittels,*
- *keine Stillstandzeiten wegen Schmierung,*
- *automatische Kontrolle jeder Schmierstelle.*

> **!** Ölschmierung erfolgt bei Gleitlagern mit kleinen bis sehr hohen Drehzahlen und Belastungen. Die Zuführung des Schmieröls kann erfolgen durch:
> - Ölbäder ohne und mit Schmierring,
> - Pumpen in Zentralschmieranlagen.

6. Fettschmierung

Fettschmierung erfolgt bei Lagern mit geringen Drehzahlen und hoher Belastung sowie bei Lagern in Gelenken. Vorzugsweise wird eine Fettschmierung bei Sinterlagern verwendet. Das Fett kann auf unterschiedliche Weise ins Lager gebracht werden:

Handschmierung	selbsttätige Schmierung	Schmierung aus Fettdepot
Fett wird durch Schmiernippel oder Staufferbuchsen an die Schmierstelle gepresst.	Fett wird durch Federdruck aus einer Fettbuchse in das Lager gepresst.	Fett wird vom Lager aus einem Depot entnommen. Lager mit Depotfüllung sind wartungsfrei.
Staufferbuchse	**Fettbuchse**	**Sinterlager mit Depotfettfüllung**

7. Einsatz von Gleitlagern

Gleitlager werden als Axial- und Radiallager hergestellt und bevorzugt verwendet bei
- *zentral geschmierten Großmaschinen, die ununterbrochen laufen,* z. B. Turbinen und Generatoren,
- *zentral geschmierten Maschinen mit starker Stoßbelastung,* z. B. Walzen, Pressen und Stanzen,
- *Kleinmaschinen mit geringem Anspruch an die Lagerung,* z. B. Haushaltsmaschinen. Hier wird Depotfettfüllung verwendet.

Gleitlager werden außerdem immer verwendet, wenn aufgrund des Zusammenbaus mehrteilige Lager erforderlich sind, z. B. bei Kurbelwellen und Pleuelstangen.

3.2.1.2 Wälzlager

In Wälzlagern rollen zwischen der inneren und der äußeren Lauffläche Wälzkörper ab. Dabei entsteht **Rollreibung**. Sie ist wesentlich geringer als Gleitreibung.

Gleitreibung $\mu = 0{,}1$
Gleitreibung $\mu = 0{,}1$

Gleitreibung $\mu = 0{,}002$
Rollreibung $\mu = 0{,}002$

Gleit- und Rollreibung (Stahl auf Stahl, ungeschmiert)

> In Wälzlagern rollen Wälzkörper auf Laufflächen ab. Die dabei entstehende Rollreibung ist wesentlich geringer als die Gleitreibung.

Wälzlager werden bevorzugt eingesetzt bei
- **wartungsfreien Lagern mit normaler Beanspruchung**, z. B. Getriebe, Motoren, Fördereinrichtungen,
- **Lagern mit kleinen Drehzahlen und hohen Belastungen**, z. B. Kranhaken und Drehgestellen,
- **Lagern, in denen Bewegungen „ruckfrei" ausgeführt werden müssen**, z. B. Werkzeugmaschinen.

1. Aufbau

Wälzlager bestehen aus den Laufringen und den dazwischen liegenden Wälzkörpern, die in Käfigen geführt werden.
Die Wälzkörper werden aus gehärtetem Chrom- oder Chrom-Nickel-Stahl gefertigt.
Ihre Oberfläche ist geschliffen und poliert.

Außenring
Innenring
Wälzkörper
Käfig

Kugel   Zylinderrolle   Kegelrolle
Tonnenrolle   Nadel

Bauformen von Wälzkörpern

Teile eines Wälzlagers

In die **Laufringe** sind Bahnen eingearbeitet, auf denen die Wälzkörper abrollen. Die Laufringe werden ebenfalls aus gehärtetem Chrom- oder Chrom-Nickel-Stahl hergestellt. Die Laufbahnen sind geschliffen und poliert.

— Laufbahn

Wälzlagerquerschnitte

Die Wälzkörper werden meist in Käfige eingebaut. **Wälzkörperkäfige** haben folgende Aufgaben:
- Sie verteilen die Wälzkörper gleichmäßig auf dem Umfang des Lagers.
- Sie verhindern beim Lauf des Lagers die direkte Berührung der Wälzkörper untereinander. Damit werden Reibung, Erwärmung und Geräusche vermindert.

Die Wälzkörperkäfige sind aus Stahlblech, Leichtmetall, Kunststoff oder bei großen Lagern aus Messing.

für Rillenkugellager   für Kegelrollenlager
Wälzkörperkäfige aus Stahlblech

Falls der Lagerdurchmesser sehr klein werden muss, verwendet man käfiglose **Nadellager** ohne Innen- und ohne Außenring und lässt die Wälzkörper unmittelbar zwischen Gehäuse und Welle rollen.

> Ein Wälzlager besteht meist aus Außenring, Innenring, Wälzkörpern und Wälzkörperkäfig.
> Als Wälzkörper werden Kugeln, Zylinder, Kegelstümpfe, Tonnen oder Nadeln verwendet.

2. Ausführungsformen von Wälzlagern

Wälzlager werden in verschiedenen Ausführungen für den jeweiligen Verwendungszweck hergestellt. Die verschiedenen Ausführungsformen werden eingeteilt:

- nach der Hauptbelastungsrichtung in **Radiallager** und **Axiallager**,

- nach der Wälzkörperform in Kugellager, Rollenlager mit Zylinder- oder **Kegelrollen**, **Tonnenlager** und **Nadellager** sowie

- nach der Anzahl der Wälzkörperreihen in **einreihige** und **mehrreihige Lager**.

Übersicht über wichtige Bauformen von Kugellagern

Bezeichnung der Bauform	Radiallager					Axiallager
	Rillen-kugellager	Rillenkugellager einreihig	Rillenkugellager zweireihig	Vierpunkt-lager	Pendel-kugellager	Axialrillenkugellager
Belastungs-richtungen						

Von den Kugellagern werden bevorzugt Rillenkugellager verwendet, weil sie gut in axialer und radialer Richtung belastbar sind. Darüber hinaus sind diese Lager preiswert.

Übersicht über wichtige Ausführungsformen von Rollen- und Nadellagern

Bezeichnung der Bauform	Radiallager				Axiallager
	Zylinder-rollenlager	Nadellager	Kegelrollen-lager	Pendelrollen-lager	Axialpendelkugellager
Belastungs-richtungen					

3. Auswahl der Passungen

Wälzlager müssen auf der Welle und im Gehäuse radial und axial festgelegt werden. Ferner darf sich der Innenring nicht auf der Welle und der Außenring nicht im Gehäuse drehen. Fehler in der Befestigung von Innen- und Außenring führen zu Beschädigungen der Wälzkörper. Durch die richtige Auswahl der Passung erreicht man eine einwandfreie Befestigung. Darüber hinaus richtet sich die Auswahl der Passung nach den Belastungsarten. Dabei unterscheidet man grundsätzlich für Innen- und Außenring getrennt *Punktlast* und *Umfangslast*.

Funktionseinheiten des Maschinenbaus

– Umfangslast

Wird der *ganze Umfang* des zu betrachtenden Lagerrings bei jeder Umdrehung nacheinander der Höchstbelastung ausgesetzt, so spricht man von Umfangslast.

Umfangslast liegt für einen Ring vor:
- wenn der Ring stillsteht und die Last um ihn umläuft oder
- der Ring umläuft und die Last stillsteht.

– Punktlast

Wird immer *ein bestimmter Punkt* des Lagerumfangs der Höchstbelastung ausgesetzt, so spricht man von Punktlast.

Punktlast liegt für einen Ring vor, wenn
- der Ring stillsteht und die Last stets auf die gleiche Stelle wirkt oder
- der Ring und die Last mit gleicher Drehzahl umlaufen.

Innenring steht still
Lastrichtung rotiert mit dem Außenring
Umfangslast für den Innenring

Innenring rotiert
Lastrichtung unveränderlich

Innenring steht still
Lastrichtung unveränderlich
Punktlast für den Innenring

Innenring rotiert
Lastrichtung rotiert mit dem Innenring

In jedem Wälzlager hat jeweils der eine Ring Punktlast und der andere Ring Umfangslast.

Beispiele für Punkt- und Umfangslast

Bei der Auswahl der Toleranzen für Welle und Gehäuse müssen die aufgezeigten Belastungsfälle, die Größe der Belastung und die Größe des Lagers berücksichtigt werden. In den Empfehlungen der Kugellagerhersteller werden für häufig auftretende Betriebsfälle folgende ISO-Toleranzen angegeben:

ISO-Toleranzen für Gehäusebohrungen

Belastungsfall	Beispiele	Toleranz der Bohrung
Umfangslast	Seilrollen, Pleuellager, Radnaben (schwer belastet)	M 7 N 7 P 7
Punktlast	allgemeiner Maschinenbau, Elektromotoren	G 7 bis J 7

ISO-Toleranzen für Wellen

Belastungsfall	Beispiele	Toleranz der Welle
Umfangslast	Werkzeugmaschinen, allgemeiner Maschinenbau, Achslager für schwere Fahrzeuge	j 6 bis p 6
Punktlast	Seilrollen, Spannrollen	g 6 und h 6

! Bei wachsender Belastung und zunehmender Lagergröße gelten folgende Richtlinien:
- Ringe mit Umfangslast erhalten ein enges Übergangs- bis mittleres Übermaßtoleranzfeld.
- Ringe mit Punktlast erhalten ein enges Spiel- bis Übergangstoleranzfeld.

Übungsaufgaben 3/18; 3/19

4. Fest- und Loslager

Wärmedehnung und Einbautoleranzen der Wellen verlangen den Einbau von einem Festlager, das Kräfte in axialer Richtung aufnehmen kann und einem oder mehreren Loslagern, welche geringe Verschiebungen in der Längsachse zulassen.

Festlager sind mit beiden Lagerringen beidseitig in Längsrichtung festgelegt. Die Wälzkörper können sich nicht auf der Lauffläche verschieben.

Loslager können auf zwei verschiedene Arten gestaltet werden:
- durch entsprechende Auswahl von Wälzlagern, z. B. Nadellager oder Zylinderrollenlager mit einem bordlosen Ring, oder
- durch entsprechende Gestaltung der Aufnahmestelle für das Wälzlager – dabei ist entweder der Außenring oder der Innenring des Wälzlagers verschiebbar.

Beispiele für Fest- und Loslager

Nadellager als Loslager

Loslager mit Axialbeweglichkeit im Gehäuse

> ! Festlager nehmen Kräfte in axialer und radialer Richtung auf.
> Loslager nehmen nur Kräfte in radialer Richtung auf.

5. Lebensdauer von Wälzlagern

Da in einem Wälzlager die Wälzkörper auf den Laufflächen nur mit sehr kleinen Flächen abrollen, unterliegen Wälzlager auch bei bester Schmierung dem Verschleiß. Darum ist die Lebensdauer von Wälzlagern stets begrenzt. Wenn Kugel- oder Rollenlager unter Belastung umlaufen, stellt sich nach gewisser Zeit an irgendeiner Stelle eine Ermüdung des Werkstoffs ein. Sie beginnt im Allgemeinen mit feinen Rissen unter der Oberfläche, die im weiteren Verlauf zur Schälung führen und dadurch früher oder später einen Lagerwechsel erforderlich machen. Bei den ersten Anzeichen einer Schälung hat das Lager seine maximale Lebensdauer erreicht.

Hohe Lebensdauer von Wälzlagern wird durch niedrige Auflast, die sich auf viele Walzkörper verteilt, sowie geringe Drehzahl, niedrige Lagertemperatur und gute Schmierung erreicht.

Abplattung der Kugel und Verformung der Lauffläche

Größe der Berührungsfläche

Lagerring mit Oberflächenschaden

> ! Die Lebensdauer von Wälzlagern ist begrenzt. Sie hängt ab von
> • Größe der Lagerbelastung, • Zahl der Umläufe, • Lagertemperatur, • Schmierung.

3.2.1.3 Gegenüberstellung von Gleit- und Wälzlagern

Vergleichsgrößen	Gleitlager	Wälzlager
Reibung beim Anlauf	groß bei Trockenreibung, gering bei Flüssigkeitsreibung	gering
Empfindlichkeit gegen Stöße	unempfindlich, Stöße werden gedämpft	empfindlich, Stöße werden nicht gedämpft
Laufgeräusch	gering	höher
Umdrehungsfrequenz	unbegrenzt hoch, bei hydrodynamisch geschmierten Lagern nach unten begrenzt	nach unten unbegrenzt, nach oben begrenzt
Lebensdauer	bei ständiger Flüssigkeitsreibung unbegrenzt	begrenzt durch Materialermüdung
Schmierstoffverbrauch	hoch	gering
Wartung	ständige Wartung nötig	geringe Wartung
Abdichtung gegen Verunreinigung	gut	weniger gut
Austauschbau	aufwendig	einfach

3.2.2 Geradführungen

Bauelemente, welche geradlinig zu bewegende Maschinenteile, wie z. B. Tische und Schlitten, tragen und zwangsläufig führen, nennt man Geradführungen.
Nach der Art der Reibung in der Führung unterscheidet man
- **Gleitführungen** mit *Gleitreibung* und
- **Wälzführungen** mit *Rollreibung*.

3.2.2.1 Gleitführungen

Bei Gleitführungen bewegen sich die Gleitflächen der Baueinheiten aufeinander. Zur Verringerung der Reibung und zur genaueren Führung werden die Gleitflächen geschliffen oder geschabt. Gute Schmierung gewährleistet Flüssigkeitsreibung und vermindert den Verschleiß. Häufig sind die Gleitflächen gehärtet, wodurch der Verschleiß ebenfalls verringert wird.
Nach dem Querschnitt unterscheidet man folgende Grundformen von Gleitführungen:
- **Flachführungen**
  für schwere Maschinen,
- **Schwalbenschwanzführungen**
  für mittelgroße Maschinen,
- **V- und Dachführungen**
  für kleine bis mittelgroße Maschinen,
- **zylindrische Führungen**
  für Bohrspindeln, Säulenführungen, Zahnradführungen u. a.

Flachführung

Schwalbenschwanzführung

V-Führung   Dachführung

Zylindrische Führung

! Grundformen von Gleitführungen sind:
- Flachführungen,
- Schwalbenschwanzführungen,
- V-Führungen und Dachführungen,
- zylindrische Führungen.

Gleitführungen sind leicht herzustellen und gut belastbar. Deshalb werden sie im Maschinenbau, Apparatebau und in vielen anderen Bereichen verwendet.

Gleitführungen haben gegenüber Wälzführungen jedoch folgende Nachteile:
- *unterschiedlicher Kraftbedarf:* Hoher Kraftaufwand beim Anfahren durch Haftreibung, geringerer Kraftaufwand beim Gleiten durch Gleitreibung. Die Folge ist ein nicht ruckfreies Anfahren des gleitenden Bauteils, Stick-Slip-Effekt genannt;
- *hoher Schmiermittelverbrauch:* Eine laufende Wartung ist erforderlich;
- *Verschleiß:* Eine ständige Flüssigkeitsreibung kann nicht aufrecht erhalten werden;
- *schwieriger Austauschbau:* Die Teile der Führung müssen meist zueinander passend gefertigt werden;
- *Auftreten von Spiel:* Verschleiß führt zu Spiel. Die Folge ist ein ungenaues Führen. Deshalb müssen Gleitführungen von Zeit zu Zeit nachgestellt werden.

> **Vor- und Nachteile von Gleitführungen:**
> Vorteile: • einfache Herstellung, • hohe Belastbarkeit,
> Nachteile: • hoher Schmierstoffverbrauch, • Verschleiß, • Stick-Slip-Effekt

3.2.2.2 Wälzführungen

In Wälzführungen rollen wie bei den Wälzlagern zwischen zwei Laufflächen Wälzkörper ab. Dabei entsteht Rollreibung, die wesentlich geringer ist als Gleitreibung. Wälzführungen sind im Gegensatz zu Gleitführungen Bauelemente, die komplett geliefert werden, wie dies auch bei den Wälzlagern der Fall ist. Insgesamt haben Wälzführungen gegenüber Gleitführungen folgende Vorteile:
- *geringe Reibung,*
- *leichtes und spielfreies Führen,*
- *leichter Austauschbau,*

Wälzführungen

- *kein Stick-Slip-Effekt,*
- *geringer Schmiermittelverbrauch.*

1. Grundformen
Man unterscheidet Wälzführungen meist nach der Form der Laufflächen.

Flache Laufflächen	V-förmige Laufflächen	Zylinderförmige Laufflächen

2. Hublängen
Bei Wälzführungen mit *unbegrenztem Hub* müssen die durchgelaufenen Wälzkörper wieder an den Anfang der Führung zurückgeführt werden. Dies geschieht durch entsprechende Nuten in den Bauelementen oder durch kettenförmige Wälzkörperkäfige.

Längsführung mit unbegrenztem Hub

> In Längsführungen mit unbegrenztem Hub müssen Wälzkörper zum Anfang des Gleitstücks zurückgeführt werden.

Funktionseinheiten des Maschinenbaus

In Wälzführungen nehmen die Wälzkörper infolge des Kraftschlusses mit den Führungsschienen zwangsläufig an der Bewegung teil. Aus diesem Grund bewegen sich Wälzkörperkäfig und Wälzkörper mit halber Geschwindigkeit gegenüber der Führung weiter. Der Hub des Wälzkörperkäfigs ist daher stets nur halb so groß wie der Hub der Führung.

Bei Wälzführungen, die nur einen begrenzten Hub ausführen, müssen die Käfige mit den Wälzkörpern um die Länge des halben Hubs gegenüber der Führungsschiene überstehen. Damit rollt die Führungsschiene stets auf der ganzen Länge auf Wälzkörpern.

Bewegung von Führung und Käfig bei begrenztem Hub

! Der Käfig von Wälzführungen mit begrenztem Hub muss um den halben Hub gegenüber der Führungsschiene vorstehen.

3.2.3 Achsen

Achsen sind Funktionselemente zum Stützen und Tragen von drehbaren Bauelementen. Achsen werden in der Hauptsache auf Biegung und nie auf Verdrehen beansprucht. Man unterscheidet feststehende Achsen und umlaufende Achsen. Kurze Achsen, die feststehen, nennt man auch Bolzen. Sie sind zur wirtschaftlichen Verwendung in unterschiedlichen Formen genormt.

Starre Achse — **Umlaufende Achse**

! Achsen werden hauptsächlich auf Biegung und nie auf Verdrehung beansprucht.

Biegebeanspruchung

Die Biegebeanspruchung bei Achsen entsteht dadurch, dass die Lagerung der Achse und der Kraftangriff der abgestützten Baueinheit an verschiedenen Stellen der Achse erfolgen.

Damit die Beanspruchung der Achse durch die zu stützende Baueinheit anschaulicher wird, zeichnet man die Achse als Strecke und trägt Größe und Richtung der angreifenden Biegekräfte als Pfeile entsprechend an. Nimmt die Biegekraft zu, so wächst im gleichen Verhältnis die Biegebeanspruchung.

Kräfte an einer Achse

Bei gleicher Biegekraft wächst die Biegebeanspruchung mit größer werdendem Abstand zwischen Biegekraft und Lagerstelle. Die Biegewirkung für jede Stelle der Achse in diesem Bereich hängt ab:
- von der *Größe* der aufgebrachten Kraft,
- von dem *Abstand* zwischen Kraftangriff und Achslagerung.

steigende Biegebeanspruchung

Übungsaufgaben 3/26; 3/27; 3/28

Maschinen- und Gerätetechnik

Die größte Biegewirkung tritt bei der skizzierten Achse an der Lagerstelle auf. Sie wird als Produkt aus Kraft und Abstand zwischen Kraftangriff und Lagerstelle berechnet und als **Biegemoment** bezeichnet. Das Biegemoment ist ein Maß für die Biegebeanspruchung.

$$\text{Biegemoment} = \text{Kraft} \cdot \text{Hebelarm}$$
$$M_b = F \cdot l$$

Beispiel zur Bestimmung eines Biegemoments

Aufgabe
Es ist das Biegemoment an der Lagerstelle zu ermitteln.
Der Anstieg des Biegemoments vom Kraftangriff zur Lagerstelle ist in einem Diagramm darzustellen.

Lösung
$M_b = F_A \cdot l$
$M_b = 4000 \text{ Nm} \cdot 0,5 \text{ m}$
$M_b = \mathbf{2000 \text{ Nm}}$
(Das Biegemoment wächst stetig vom Angriffspunkt der Kraft bis zur Lagerstelle.)

> ❗ Das Biegemoment M_b ist das Produkt aus Kraft und Abstand zwischen Kraftangriff und Lagerstelle. Das Biegemoment ist ein Maß für die Biegebeanspruchung.

Durch das Biegemoment wird die Achse gebogen. Dabei wird der Werkstoff auf der einen Seite gestreckt, auf der anderen Seite verkürzt. In der Ebene dazwischen, der neutralen Faser, treten keine Längenänderungen ein.
Auf der gestreckten Seite der Achse entstehen Zugspannungen, die verkürzte Seite weist dagegen Druckspannungen auf. Zug- und Druckspannungen nehmen zur **neutralen Faser** hin ab.

Spannungen in einer Achse

> ❗ Als Folge der Biegebeanspruchung treten in der Achse auf der gestreckten Seite Zugspannungen und auf der gestauchten Seite Druckspannungen auf.
> Die neutrale Faser ist frei von Spannungen.

3.3 Elemente und Gruppen zur Energieübertragung

3.3.1 Wellen

Wellen haben die Aufgabe, mechanische Energie von der Antriebseinheit zum Antriebsort zu leiten. Sie laufen dabei um und übertragen Drehbewegungen. Diese werden durch Zahnräder, Kupplungen, Hebel u. a. in die Welle eingeleitet und auch wieder abgeleitet. Dadurch sind Wellen auf Verdrehung beansprucht. Gleichzeitig können Wellen durch Kräfte, die senkrecht zur Wellenachse wirken, zusätzlich auf Biegung beansprucht werden.

Weiterleiten mechanischer Energie über Wellen

> ❗ Wellen sind Bauelemente, die mechanische Energie weiterleiten. Sie werden hauptsächlich auf Verdrehung beansprucht.

Funktionseinheiten des Maschinenbaus

1. Drehmoment

Beim Einleiten der Drehbewegung in eine Welle wirkt eine Kraft an einem Hebelarm, z. B. am Teilkreis eines Zahnrads. Dabei ist der Hebelarm der Abstand zwischen Angriffspunkt der Kraft und Drehpunkt.

Das Drehbestreben, welches eine Kraft an einem Hebel ausübt, nennt man Drehmoment (M_d). Das Drehmoment ist das Produkt aus Umfangskraft und Hebelarm.

$$M_d = F \cdot r$$

F Umfangskraft
r Radius

$$M_d = F_1 \cdot l_1 = F_2 \cdot r_1 = F_2 \cdot r_2 = F_3 \cdot r_3$$

Drehmoment an einer Welle

! Wellen übertragen Drehmomente. Ein Drehmoment ist das Produkt aus Umfangskraft und Hebelarm (Radius).

2. Torsionsspannung

Durch das Drehmoment wird auf die Welle eine Verdrehbeanspruchung ausgeübt.
Dadurch entstehen im Werkstoff der Welle Torsionsspannungen (Verdrehspannungen). Die größten Spannungen entstehen außen am Wellenumfang. Sie nehmen stetig nach innen hin ab. In der Mittellinie der Welle sind sie gleich Null.

Torsionsspannungen in einer Welle

! Das Drehmoment verursacht in der Welle Torsionsspannungen. Diese Torsionsspannungen sind am Umfang der Welle am größten und nehmen zur Mittellinie stetig ab.

3. Lagerung von Achsen und Wellen

Achsen und Wellen müssen abgestützt werden. Zur Abstützung benutzt man Lager. Die Stützstelle an den Wellen und Achsen bezeichnet man als **Lagerzapfen**. Je nach Richtung der auftretenden Lagerkräfte unterscheidet man Tragzapfen und Stützzapfen.

Tragzapfen nehmen Kräfte in *radialer* Richtung auf. Je nach Abstand der Lagerstelle vom Achsen- oder Wellenende spricht man von Stirnzapfen oder Halszapfen.

Tragzapfen

Stützzapfen nehmen Kräfte in *axialer* Richtung auf. Bei Verwendung von Gleitlagern benutzt man Ringzapfen. Soll die Lagerung gelenkartig beweglich sein, benutzt man Kugelzapfen.

Stützzapfen

Der Übergang vom Zapfen zum übrigen Teil der Achse oder Welle ist gut abgerundet, um Kerbwirkung und damit verbundene Bruchgefahr zu vermindern.

Zapfenübergänge

! Achsen und Wellen werden an Zapfen in Lagern abgestützt.
Tragzapfen werden in radialer Richtung und Stützzapfen in axialer Richtung belastet.

Übungsaufgaben 3/32 bis 3/37

4. Befestigung von Bauteilen auf Wellen und Achsen

Auf Wellen und Achsen müssen die Naben von Rädern, Hebeln u. a. gegen Verschieben in axialer Richtung gesichert werden. Zur Übertragung des Drehmoments müssen Wellen und Naben durch Verbindungselemente u. a. fest verbunden werden.

– **Sicherungen von Wellen und Achsen gegen axiales Verschieben**

Wenn in axialer Richtung nur geringe Kräfte an der Nabe wirken, genügen einfache Sicherungselemente wie Stifte, Splinte, Federstecker und Sicherungsringe zur Sicherung gegen axiale Verschiebungen.

Bei Wellen dürfen diese Sicherungselemente nur in den Bereichen der Welle eingesetzt werden, die nicht durch Dreh- oder Biegemoment beansprucht werden, weil die entsprechenden Aussparungen in der Welle hohe Kerbwirkung verursachen. Besonders hoch ist die Kerbwirkung der schmalen scharfkantigen Nuten für Sicherungsringe.

Bei Wellen verwendet man darum meist angedrehte Schultern und Distanzhülsen zur Sicherung gegen Verschiebungen im Bereich der Beanspruchung durch Dreh- und Biegemomente.

Beispiele für Sicherungen gegen axiales Verschieben

Federstecker — Sicherungsringe — Sicherung durch Wellenschulter, Distanzhülse und Nutmutter

– **Verbindungen von Wellen und Nabe zur Übertragung eines Drehmoments**

Siehe „Fertigungstechnik", Kap. „15.4 Fügen mit Passfedern, Keilen und Profilformen"

5. Sonderformen von Wellen

Gelenkwellen dienen zur Übertragung von Drehmomenten, wenn Höhenunterschiede und seitlicher Versatz von An- und Abtrieb zu überbrücken sind. Zum gleichförmigen Bewegungsablauf müssen An- und Abtrieb achsparallel liegen. Gelenkwellen bestehen darum aus beidseitigen Gelenken und einem zwischenliegenden Mittelteil mit Längsverschiebung. Bevorzugt werden Gelenkwellen in Kfz, Schienenfahrzeugen und Antrieben im Maschinenbau eingesetzt.

Gelenkwellen gleichen Höhenunterschiede und Versätze aus. Bedingung für gleichförmigen Lauf sind achsparalleler An- und Abtrieb.

Biegsame Wellen werden zum Übertragen kleiner Drehmomente eingesetzt. Man verwendet sie zum Weiterleiten mechanischer Energie bei Handfräsen, Tachometern u. a.

Biegsame Wellen bestehen aus gewundenen Drähten, die in Metallschläuchen geführt werden.

Gelenkwelle

Biegsame Welle mit Antrieb

Wicklung der biegsamen Welle

Funktionseinheiten des Maschinenbaus

3.3.2 Kupplungen

3.3.2.1 Aufgaben und Einteilung von Kupplungen

Kupplungen sind Funktionseinheiten, die zur Übertragung von Drehmomenten von einer Welle auf die andere dienen. Eine Kupplung besteht darum aus zwei Hälften, die auf unterschiedliche Weise verbunden sind. Weitere Aufgaben können sein:

- *zeitweilige Trennung von laufendem Antriebselement und Getriebe,*
  z. B. schaltbare Kupplung im Auto und in Werkzeugmaschinen,
- *Schutz vor Überbelastung,*
  z. B. Rutschkupplung an Bohrmaschinen,
- *Trennen oder Zuschalten von Antrieb und Getriebe bei bestimmter vorgegebener Drehzahl oder Drehrichtung,*
  z. B. Freilauf beim Fahrrad,
- *Ausgleich von Querverlagerungen und Beugungswinkeln von Wellen,*
  z. B. Gelenkkupplungen an Kardanwellen,
- *Dämpfung von Stößen,*
  z. B. elastische Kupplungen bei Förderanlagen

Einbau einer schaltbaren KFZ-Kupplung

Die Bauformen von Kupplungen lassen sich in zwei Gruppen einteilen:
- nicht schaltbare Kupplungen und
- schaltbare Kupplungen.

! Kupplungen sind Baueinheiten, die Drehmomente von einer Welle auf die andere übertragen.

3.3.2.2 Nicht schaltbare Kupplungen

1. Starre, nicht schaltbare Kupplungen

formschlüssige Kupplung	kraftschlüssige und formschlüssige Kupplung	kraftschlüssige Kupplung (mit Sicherung durch Passfeder)
Stiftkupplung	**Scheibenkupplung**	**Schalenkupplung**
Vorteile: einfache Herstellung und Montage, platzsparend	*Vorteile:* Übertragung großer und wechselseitiger Drehmomente	*Vorteile:* leichter Ein- und Ausbau
Nachteile: Übertragung geringer Drehmomente	*Nachteile:* schwieriger Ein- und Ausbau	*Nachteile:* Übertragung kleinerer Drehmomente als bei Scheibenkupplungen

! Starre, nicht schaltbare Kupplungen verbinden Wellen dreh- und biegefest, so, als bestünden die Wellen aus einem Stück. Abweichungen zwischen Wellen können nicht ausgeglichen werden.

Übungsaufgaben 3/42; 3/43

Maschinen- und Gerätetechnik

2. Nachgiebige, nicht schaltbare Kupplungen

Nachgiebige, nicht schaltbare Kupplungen, welche durch Formschluss Wellen miteinander verbinden, erlauben den Ausgleich von
- *Längenänderung,*
- *Winkelbeugung,*
- *Querverlagerung.*

Formschluss zwischen den Teilen der Kupplung auf den Wellenenden kann durch starre oder elastische Glieder erzielt werden.

Elastische Glieder aus Gummi, Kunststoff, Federstahl o.Ä. dämpfen Stöße und erlauben in Grenzen den Ausgleich von Wellenverlagerungen aller Art.

Längenänderung — Winkelbeugung — Querverlagerung
Verlagerung von Wellen zueinander

Drehelastische, nicht schaltbare ROTEX-Klauenkupplung

starre Verbindung	Klauenkupplung (erlaubt nur Längenänderung)	Bogenzahn-Kupplung	Kreuzscheiben-Kupplung
elastische Verbindung	ELCO®-Kupplung mit gummierten Bolzen	Periflex®-Kupplung mit Gummireifen	Winiflex®-Kupplung mit Stahlband

> **!** Nachgiebige, nicht schaltbare Kupplungen verbinden Wellen stoßdämpfend miteinander. Die Verbindungsglieder bestehen aus Gummi, Federstahl, Leder, Textilgewebe u.ä. Diese Verbindungsteile lassen folgende Verlagerungen zwischen den Wellen zu:
> • Längenänderung,   • Winkelbeugung,   • Querverlagerung.

3. Gelenkkupplung

Zur Übertragung von Drehmomenten zwischen Wellen, deren Mitten verlagert sind oder die ihre Lage zueinander im Betrieb ändern, verwendet man Gelenkwellen mit zwei Gelenkkupplungen. Zur Übertragung kleiner Drehmomente, z.B. an den Spindeln von Mehrspindelbohrmaschinen, eignen sich Kugelgelenke. Größere Drehmomente überträgt man durch Kreuzgelenke.

Kreuzgelenk

3.3.2.3 Schaltbare Kupplungen

Schaltbare Kupplungen erlauben es, die Verbindung zwischen treibenden und getriebenen Baueinheiten einer Maschine zu unterbrechen.

1. Im Stillstand schaltbare Kupplungen

Nur im Stillstand (oder bei Gleichlauf) schaltbare Kupplungen sind in der Regel formschlüssige Kupplungen. Sie sind während des Betriebs bedingt ausrückbar. Bei formschlüssigen Schaltkupplungen muss eine Hälfte der Kupplung auf der Welle axial verschiebbar sein. Dadurch können die Verbindungselemente (Klauen, Zähne, Bolzen usw.) bei Schaltung ineinander gefügt werden. Die Verbindung zwischen dem beweglichen Teil der Kupplung und der Welle erfolgt durch Gleitfederverbindungen oder durch Profilwellen.

Klauenkupplung

! Formschlüssige Schaltkupplungen sind nur im Stillstand (oder bei Gleichlauf) schaltbar.

2. Während des Betriebs schaltbare Kupplungen

Diese Kupplungen übertragen die Drehmomente durch Kraftschluss. Dabei werden die Reibflächen der beiden Kupplungshälften durch eine Kraft gegeneinander gepresst. Die Reibflächen können als Scheiben, Kegel oder als Backen konstruiert sein. Im Maschinen- und Kraftfahrzeugbau verwendet man meist Scheibenkupplungen.

Wirkprinzipien kraftschlüssiger Schaltkupplung: Kegelkupplung, Backenkupplung, Scheibenkupplung

– Scheibenkupplungen

Scheibenkupplungen werden als Einscheibenkupplungen und Mehrscheibenkupplungen (Lamellenkupplungen) hergestellt.

Bei **Einscheibenkupplungen** wird durch Federkraft eine Druckplatte gegen eine axial verschiebbare Scheibe, die sich auf der getriebenen Welle befindet, gepresst. Die Kupplungsscheibe drückt dadurch gegen das Kupplungsgehäuse auf der Antriebswelle. Die Kupplungsscheibe ist auf beiden Seiten mit einem besonderen Reibbelag versehen. Zum Entkuppeln wird die Druckplatte mithilfe von Ausrückhebeln gegen die Federkraft zurückgezogen.

Einscheibenkupplungen werden meist in Kraftfahrzeugen verwendet.

Einscheibenkupplung mit mechanischer Betätigung

Maschinen- und Gerätetechnik

Mehrscheibenkupplungen, Lamellenkupplungen genannt, haben mehrere Scheiben bzw. Lamellen. Mit der Anzahl der Lamellen und der Anpresskraft erhöht sich das übertragbare Drehmoment. Dabei unterscheidet man Außen- und Innenlamellen, die abwechselnd angeordnet sind. Die Außenlamellen werden vom Kupplungsgehäuse, die Innenlamellen von der getriebenen Welle in Nuten mitgenommen. Beim Einschalten der Kupplung werden die Lamellen durch Hebel gegeneinandergepresst. Mehrscheibenkupplungen verwendet man in Werkzeugmaschinen und Getrieben.

Lamellenkupplung mit mechanischer Betätigung

Zur **Ausführung der Schaltbewegung** bei Kupplungen benötigt man einen Schaltmechanismus. Dieser Schaltmechanismus kann auf verschiedene Weise betätigt werden:
- mechanisch,
- hydraulisch bzw. pneumatisch,
- magnetisch.

Verschiedene Arten der Schaltung einer Lamellenkupplung

mechanisch geschaltet		*besondere Merkmale:* feinfühliges Schalten, geringe Schaltgenauigkeit, ungeeignet für Fernbedienung und Programmsteuerung.
		Einbaubeispiele: Werkzeugmaschinen, Bootsgetriebe, Verladegeräte
hydraulisch geschaltet		*besondere Merkmale:* sehr kleine und robuste Bauart, Übertragung großer Drehmomente, größere Schaltgenauigkeit als mechanische Schaltung, weitgehende Wartungsfreiheit.
		Einbaubeispiele: Maschinen mit eigener Hydraulik, z. B. Bagger, Baumaschinen, Werkzeugmaschinen
elektrisch geschaltet		*besondere Merkmale:* sehr hohe Schaltgenauigkeit, sehr gut geeignet für Fernbedienung und Programmsteuerung.
		Einbaubeispiele: fernbediente Förderanlagen, programmgesteuerte Maschinen.

Die **Auswahl der Schaltung**, ob mechanisch, hydraulisch, pneumatisch oder elektromagnetisch, richtet sich nach folgenden Gesichtspunkten:
- *Größe der zu übertragenden Drehmomente,*
- *Größe der Schaltkraft,*
- *geforderte Schaltzeit und Schaltgenauigkeit,*
- *Entfernung der Schaltstelle von der Kupplung,*
- *Baugröße,*
- *Medium, das an der Maschine vorliegt.*

! Kraftschlüssige Kupplungen sind im Stillstand und in Betrieb schaltbar.
   Der Schaltvorgang kann mechanisch, hydraulisch, pneumatisch oder elektromagnetisch erfolgen.

Funktionseinheiten des Maschinenbaus

– Strömungskupplung

Bei sehr großen zu bewegenden Massen und hohen Antriebsleistungen werden häufig Strömungskupplungen verwendet.

Eine Strömungskupplung besteht aus zwei Schalen. Dabei wirkt die treibende Schale wie eine *Pumpe*. Beim Lauf des Antriebs strömt das Öl in dieser Schale infolge der Fliehkraft nach außen. Das strömende Öl tritt in die Kupplungsschale auf der angetriebenen Welle ein. Diese getriebene Schale wirkt wie eine *Turbine*. Sie bremst das strömende Öl ab, wird aber dadurch in Bewegung gesetzt.

Je größer Drehzahldifferenz und Ölmenge sind, desto größer ist das übertragbare Drehmoment. Durch die Flüssigkeitsmenge werden in der Kupplung auch Drehzahl und Drehmoment verändert. Strömungskupplungen gleichen Unregelmäßigkeiten in der Belastung gut aus und schützen vor Überbelastung.

Schema einer Strömungskupplung

> **!** In Strömungskupplungen verleiht die treibende Schale – Pumpe – dem Öl kinetische Energie, die an die getriebene Schale – Turbine – auf der getriebenen Welle wieder abgegeben wird.

3. Selbsttätig schaltende Kupplungen
– Anlauf- und Überlastkupplung

Damit Motoren vorsichtig anlaufen können, setzt man Anlaufkupplungen ein, die mit steigender Drehzahl allmählich einkuppeln.

Überlastkupplungen werden als Sicherheitskupplungen eingesetzt. Sie sind meist als Rutschkupplung ausgeführt.

Anlaufkupplung — *Überlastkupplung*

> **!** Anlaufkupplungen bewirken „weichen" Anlauf.
> Überlastkupplungen schützen durch Rutschen bei überhöhtem Drehmoment.

– Richtungsbetätigte Schaltkupplungen

Freiläufe sind richtungsbetätigte Schaltkupplungen. Sie verbinden treibende und getriebene Wellen miteinander, sobald beide Kupplungsteile die gleiche Drehzahl haben. Sobald der treibende Teil langsamer läuft als der getriebene Teil, löst der Freilauf, hierdurch überholt das getriebene Teil das treibende. Deshalb verwendet man Freiläufe als Überholkupplungen und Rücklaufsperren.

$n_1 > n_2$ oder $n_1 = n_2$ — Mitnahme des Außenrings
$n_2 > n_1$ — frei laufender Außenring
Klemmrollen-Überholkupplung (Freilauf)

> **!** Freiläufe sind richtungsbetätigte Schaltkupplungen. Sie entkuppeln, wenn das getriebene Teil das treibende in der Drehzahl überholt.

Maschinen- und Gerätetechnik

3.3.3 Getriebe und ihre Einteilung

Getriebe sind Baueinheiten zwischen Antriebs- und Arbeitseinheit. Sie können die Funktionen haben:
- Bewegungsenergie weiterzuleiten,
- Drehzahlen zu ändern,
- Drehrichtung umzukehren,
- Bewegungsart umzuformen.

Antriebseinheit → Getriebe → Arbeitseinheit

Weiterleiten der Energie von der Antriebseinheit zur Arbeitseinheit

Entsprechend dem mechanischen Prinzip der Umformung lassen sich verschiedene Getriebearten unterscheiden.

Übersicht über mechanische Getriebe

	Zugmittelgetriebe	Zahnradgetriebe	Schraubengetriebe
Aufgabe	Übertragung einer Drehbewegung von einer Welle auf eine andere, bei einem großen Achsabstand, meist verbunden mit Änderung der Drehzahl.	Übertragung der Drehbewegung von einer Welle auf eine andere, verknüpft mit der Umkehrung der Drehrichtung, meist angewendet zur Änderung der Drehzahl.	Umwandlung einer Drehbewegung in eine geradlinige Bewegung, wobei die geradlinige Bewegung der Drehbewegung jederzeit proportional ist.
Beispiel	Übertragen der Drehbewegung der Pedalbewegung auf das Hinterrad eines Fahrrads.	Umformung der Drehzahl und Drehrichtung von der Antriebseinheit auf die Arbeitseinheit in einem Drehmaschinengetriebe.	Schlittenbewegung an der Drehmaschine. Umformung der Drehbewegung in geradlinige Bewegung.

	Gelenkgetriebe	Kurvengetriebe	Sperrgetriebe
Aufgabe	Umwandlung einer Drehbewegung in eine geradlinige Hin- und Herbewegung oder umgekehrt	Umwandlung einer Drehbewegung in eine andere Bewegung nach bestimmter Gesetzmäßigkeit	Sperren und Freigeben einer Bewegung in bestimmten Abständen
Beispiel	Umwandlung der geradlinigen Kolbenbewegung eines Verbrennungsmotors in die Drehbewegung der Kurbelwelle	Umwandlung der Drehbewegung der Nockenwelle in geradlinige Hubbewegung der Ventilsteuerung im Kraftfahrzeug	Sperrung der Drehbewegung des Uhrengetriebes in regelmäßigen Zeitabständen

Funktionseinheiten des Maschinenbaus

3.3.4 Berechnungsgrundlagen für Getriebe

1. Umdrehungsfrequenz und Umfangsgeschwindigkeit

Die Zahl der Umdrehungen, die ein Rad eines Getriebes in einer Zeiteinheit (min oder s) ausführt, wird als Drehzahl (Umdrehungsfrequenz) bezeichnet. Meist wird die Drehzahl n mit der Einheit 1/min verwendet. Die Umfangsgeschwindigkeit für die kreisförmige Bewegung wird aus dem Durchmesser und der Drehzahl berechnet:

$U = d \cdot \pi$

d	Durchmesser
n	Drehzahl
U	Umfang

! Umfangsgeschwindigkeit = Durchmesser $\cdot \pi \cdot$ Drehzahl
$$v = d \cdot \pi \cdot n$$

2. Übersetzungsverhältnis

Treibt ein Rad in einem Getriebe ein anderes Rad, ohne dass die Oberflächen aufeinanderrutschen, so haben beide Räder die gleiche Umfangsgeschwindigkeit v, auch wenn die Räder unterschiedliche Durchmesser haben.
Es gilt dann die Beziehung:

$v_1 = v_2$
$d_1 \cdot \pi \cdot n_1 = d_2 \cdot \pi \cdot n_2$

treibend — getrieben
Einstufiges Getriebe

Aus dieser Gleichung ergibt sich durch Umstellen und Kürzen von π das Verhältnis der Drehzahlen. Das Verhältnis der Drehzahl des treibenden Rads zur Drehzahl des getriebenen Rads ist das **Übersetzungsverhältnis** i. Das Übersetzungsverhältnis wird als Bruch angegeben, z. B. $i = 1 : 5$.

! Übersetzungsverhältnis i = $\dfrac{\text{Drehzahl des treibenden Rads } n_1}{\text{Drehzahl des getriebenen Rads } n_2}$ = $\dfrac{\text{Durchmesser des getriebenen Rads } d_2}{\text{Durchmesser des treibenden Rads } d_1}$

$$i = \frac{n_1}{n_2} = \frac{d_2}{d_1}$$

Will man die Drehzahl noch weiter verändern, bringt man auf die Welle des getriebenen Rads ein weiteres Rad, das ein viertes Rad auf einer dritten Welle treibt. Man hat nun ein zweistufiges Getriebe.
Kennzeichnung von Durchmessern und Drehzahlen:
- treibende Räder: ungerade Kennzahlen (d_1; d_3; n_1...)
- getriebene Räder: geradzahlige Kennzahlen (d_2; n_2;...)

Das Übersetzungsverhältnis eines Getriebes insgesamt (i_{ges}) ist das Verhältnis der Drehzahlen vom ersten treibenden zum letzten getriebenen Rad.

$i_{ges} = \dfrac{n_A}{n_E}$

n_A	Drehzahl des ersten treibenden Rads
n_E	Drehzahl des letzten getriebenen Rads

$i_1 = \dfrac{n_1}{n_2}$ $i_2 = \dfrac{n_3}{n_4}$

$n_2 = n_3$

$i_{ges} = \dfrac{n_1}{n_4} = \dfrac{n_A}{n_E}$

Zweistufiges Getriebe

Das gesamte Übersetzungsverhältnis kann auch aus dem Produkt der Übersetzungsverhältnisse der einzelnen Stufen berechnet werden, $i_{ges} = i_1 \cdot i_2 \cdot ...$

! Bei mehrstufigen Getrieben ist das Gesamtübersetzungsverhältnis das Produkt der Übersetzungsverhältnisse jeder Stufe. Das Gesamtübersetzungsverhältnis lässt sich auch aus dem Verhältnis der Drehzahl des ersten Rads n_A zur Drehzahl des letztes Rads n_E berechnen.

$$i_{ges} = i_1 \cdot i_2 \cdot ... \quad \text{oder} \quad i_{ges} = \frac{n_1}{n_E}$$

Übungsaufgaben 3/55; 3/56

Maschinen- und Gerätetechnik

Beispiel für die Berechnung von Übersetzungen und Drehzahlen
Für das skizzierte zweistufige Getriebe sind die Übersetzungsverhältnisse und die Drehzahlen zu berechnen.

Gegeben
$d_1 = 80$ mm
$d_2 = 200$ mm
$d_3 = 60$ mm
$d_4 = 240$ mm
$n_1 = 200 \, \frac{1}{\text{min}}$

Gesucht
i_1
i_2
i_{ges}
n_2
n_3
n_4

Lösung

$i_1 = \dfrac{d_2}{d_1} = \dfrac{200 \text{ mm}}{80 \text{ mm}} = 2{,}5 : 1$

$i_2 = \dfrac{d_4}{d_3} = \dfrac{240 \text{ mm}}{60 \text{ mm}} = 4 : 1$

$i_{ges} = i_1 \cdot i_2 = 2{,}5 \cdot 4 = 10 : 1$

$n_2 = \dfrac{n_1}{i_1} = \dfrac{200 \cdot 1}{2{,}5 \cdot \text{min}} = 80 \, \dfrac{1}{\text{min}}$

$n_3 = n_2 = 80 \, \dfrac{1}{\text{min}}$

$n_4 = \dfrac{n_3}{i_2} = \dfrac{80 \cdot 1}{4 \cdot \text{min}} = 20 \, \dfrac{1}{\text{min}}$

3. Drehmoment
Ein Drehmoment M_d an einer Welle oder einem Rad ist das Produkt aus Umfangskraft F und Radius r.

$$M_d = F \cdot r$$

Nach der Drehrichtung unterscheidet man rechtsdrehende Momente M_r und linksdrehende Momente M_l.
Gleichgewicht herrscht an einem Bauelement, wenn die Summe der rechtsdrehenden Momente gleich der Summe der linksdrehenden Momente ist (Hebelgesetz).
Zur Berechnung der Drehmomente in Getrieben fasst man die Radien von Rädern und Wellen als Hebel auf, deren Drehpunkt die Drehachse ist.
Die Bestimmung der Kräfte und Momente erfolgt über das Gleichgewicht am Hebel.

Hebelwirkung am Zahnrad

$M_l = M_r$

$F_1 \cdot \dfrac{d_2}{2} = F_2 \cdot \dfrac{d_3}{2}$

Beispiel für die Berechnung der Handkraft an einem Wellrad

Aufgabe
Mit dem skizzierten Wellrad wird eine Last von 800 N gehoben.
Es ist die Handkraft zu berechnen.

Gegeben
$F_G = 800$ N
$r = 60$ mm
$l = 400$ mm

Gesucht
F_H in N

Lösung

$M_r = M_l$
$F_G \cdot r = F_H \cdot l$
$F_H = \dfrac{F_G \cdot r}{l}$

$F_H = \dfrac{800 \text{ N} \cdot 60 \text{ mm}}{400 \text{ mm}} = 120$ N

> **Gleichgewicht am Hebel:**
> Summe der rechtsdrehenden Momente = Summe der linksdrehenden Momente

Funktionseinheiten des Maschinenbaus

– **Berechnung des Drehmoments aus Drehzahl und Leistung**
Bei Getriebewellen ist meist die Umfangskraft, welche an den Rädern angreift, nicht gegeben. Bekannt sind dagegen die zu übertragende Leistung und die Drehzahl. Aus diesen Größen kann das Drehmoment berechnet werden.

$$P = F \cdot v$$
$$P = F \cdot 2r \cdot \pi \cdot n$$
$$M_d = F \cdot r$$

M_d Drehmoment
P Leistung
n Drehzahl
v Umfanggeschwindigkeit

$$M_d = \frac{P}{2\pi \cdot n}$$

Beispiel für die Berechnung des Drehmoments aus Drehzahl und Leistung

Aufgabe

Eine Winde wird von einem Motor, der 3 kW abgibt und 1 480 1/min Drehzahl hat, über eine eingängige Schnecke angetrieben. Das Schneckenrad hat 90 Zähne. Die Seiltrommel hat einen Durchmesser von 150 mm. Der Wirkungsgrad des Getriebes beträgt 78 %.
Es sind zu berechnen:
a) das Drehmoment an der Motorwelle,
b) die Leistung an der Seiltrommel,
c) die Zugkraft der Winde.

Schneckenrad $z = 90$
$P = 3$ kW
$n = 1480$ 1/min
eingängige Schnecke
Ø150

Gegeben
$P_i = 3000 \frac{Nm}{s}$
$n_A = 1480 \frac{1}{min} = 24{,}66 \frac{1}{s}$

$i = 90 : 1$
$\eta = 0{,}78$
$d = 150$ mm

Gesucht
a) $M_{d\,Motor}$ in Nm
b) $P_{Trommel}$ (P_e) in kW
c) F in N

Lösung

a) $M_{dM} = \dfrac{P}{2 \cdot \pi \cdot n_A}$

$M_{dM} = \dfrac{3\,000 \text{ Nm} \cdot s}{s \cdot 2 \cdot \pi \cdot 24{,}66}$

$M_{dM} = 19{,}37$ **Nm**

b) $P_e = P_i \cdot \eta$
$P_e = 3 \text{ kW} \cdot 0{,}78$
$P_e = $ **2,340 kW**

Bestimmung von n_E

$i = \dfrac{n_A}{n_E}$

$n_E = \dfrac{1480 \cdot 1}{90 \cdot \text{min}}$

$n_E = 16{,}44 \dfrac{1}{\text{min}}$

$n_E = 0{,}274 \dfrac{1}{s}$

c) $M_{dT} = \dfrac{P_e}{2 \cdot \pi \cdot n_E}$

$M_{dT} = \dfrac{2\,340 \text{ Nm} \cdot s}{s \cdot 2 \cdot \pi \cdot 0{,}274}$

$M_{dT} = 1\,360$ Nm

$M_{dT} = F \cdot r$

$F = \dfrac{M_{dT}}{r}$

$F = \dfrac{1\,360 \text{ Nm}}{0{,}075 \text{ m}} = $ **18 130 N**

Übungsaufgaben 3/58 bis 3/63

3.3.5 Zugmittelgetriebe

Bei Zugmittelgetrieben werden die Drehbewegungen vom Antriebsrad durch Riemen oder Ketten als Zugmittel auf das getriebene Rad übertragen. Diese Getriebe verwendet man, wenn große Achsabstände zu überbrücken sind.

3.3.5.1 Kraftschlüssige Riemengetriebe

In Riemengetrieben dient ein elastischer Riemen als Zugmittel zur Übertragung der Drehbewegung. Dabei besteht *Kraftschluss* zwischen Riemen und Riemenscheibe. Die Größe der übertragbaren Kraft hängt von der Reibungskraft ab, die zwischen Riemen und Riemenscheibe wirkt. Die Reibungskraft wird bestimmt durch:
- die Normalkraft F_N,
- die Reibungszahl μ,
- den Umschlingungswinkel α.

Teil eines Zugmittelgetriebes

Die **Normalkraft** hängt wesentlich von der Vorspannung im Riemen ab. Zur Erhöhung der Normalkraft kann die Vorspannung im Riemen jedoch nicht beliebig erhöht werden, weil dadurch die Lagerbelastung zu groß wird.

Die **Haftreibungszahl** der Werkstoffpaarung Riemen-Riemenscheibe soll möglichst groß sein, um große Kräfte zu übertragen. Deshalb wählt man als Riemenwerkstoffe Leder, Gummi oder gewebeverstärkte Kunststoffe und für die Scheiben Metalle bzw. Kunststoffe.

Kräfte beim Riementrieb

Der Riemen liegt innerhalb des **Umschlingungswinkels** auf der Riemenscheibe auf. Die Riemenscheibe mit dem geringeren Durchmesser in einem Riementrieb besitzt den kleineren Umschlingungswinkel. Je geringer der Umschlingungswinkel desto kleiner ist die übertragbare Kraft.

Ein Riemen wird im Betrieb auf der Zugseite (**Zugtrum oder Arbeitstrum**) stärker gedehnt als auf der gegenüberliegenden Seite (**Leertrum**). Die Zugkraft im Riemen nimmt auf dem Umfang des treibenden Rads allmählich zu und später auf dem Umfang des getriebenen Rads allmählich ab. In gleicher Weise verhalten sich die Dehnungen im Riemen. Als Folge verringert sich die Umfangsgeschwindigkeit des getriebenen Rads ein wenig gegenüber dem treibenden – die Drehzahl des getriebenen Rads ist also kleiner als die theoretisch zu erwartende Drehzahl. Man bezeichnet dies als **Dehnungsschlupf**. Er beträgt je nach Belastung bis etwa 2 % der Drehzahl.

Umschlingungswinkel beim Riementrieb

Spannung und Dehnung im Arbeits- und Leertrum

> ! Bei kraftschlüssigen Riemengetrieben tritt immer ein Dehnungsschlupf auf. Dadurch vermindert sich die Umfangsgeschwindigkeit des getriebenen Rads gegenüber dem treibenden Rad.

Funktionseinheiten des Maschinenbaus

Flachriemen werden aus Leder oder Textil mit Reibbelag hergestellt. Bei mehrschichtigem Aufbau besteht die Zugschicht aus einem Polyestergewebe und die Reibschicht aus Chromleder oder gummielastischem Kunststoff. Flachriemen werden bei großen Wellenabständen verwendet.

Keilriemen werden aus Gummi hergestellt. Sie werden wegen ihrer Höhe im Wesentlichen auf der Oberseite auf Zug beansprucht und sind dort durch Gewebe verstärkt.

Keilriemen liegen an den Flanken der keilförmig ausgearbeiteten Riemenscheibe an. Dadurch wird die Kraft im Riemen in große Normalkräfte zerlegt, welche auf die Flanken wirken. Daher müssen Keilriemen den gleichen Flankenwinkel wie die Riemenscheiben haben und dürfen am Scheibengrund nicht aufliegen. Wegen der hohen Normalkräfte können große Umfangskräfte übertragen werden.

Flachriemen

Keilriemen

Normalkräfte beim Keilriemen

! Flachriemen haben Kraftschluss am Umfang der Riemenscheiben.
Keilriemen haben Kraftschluss an den Flanken der Riemenscheiben.

3.3.5.2 Formschlüssige Riemengetriebe

Zahnriemen werden aus Gummi oder Kunststoff hergestellt. Durch das Zahnprofil wird zwischen Riemen und Scheibe Formschluss erzeugt. Dadurch ist eine schlupffreie Übertragung der Drehbewegung möglich.

Zahnriemen werden eingesetzt, wenn die Vorteile der Riemengetriebe, z. B. großer Wellenabstand und Stoßminderung, genutzt werden sollen und der Nachteil, der Schlupf, aber keinesfalls auftreten darf.

Zahnriemengetriebe

! Zahnriemen übertragen die Drehbewegung durch Formschluss zwischen Riemen und Scheibe.

3.3.5.3 Kettengetriebe

In Kettengetrieben dienen Stahlketten als Zugmittel zur Übertragung der Bewegung. Die Bewegung wird formschlüssig übertragen. Es entsteht daher kein Schlupf. Im Maschinenbau verwendet man am häufigsten die Rollenketten. Diese werden als Einfach- oder als Mehrfachketten mit bis zu zehn Rollen nebeneinander gefertigt.

Einfachrollenkette

Kettengetriebe

! Rollenketten übertragen die Drehbewegung durch Formschluss. Sie übertragen bei geringerer Baubreite größere Kräfte als Riemengetriebe.

Übungsaufgaben 3/67 bis 3/71

Maschinen- und Gerätetechnik

3.3.5.4 Vergleich der Zugmittelgetriebe

	Flachriemen-getriebe	Keilriemen-getriebe	Zahnriemen-getriebe	Ketten-getriebe
möglicher Achsenabstand	sehr groß	mittel	mittel	mittel
Drehrichtungsänderung durch gekreuztes Zugmittel	möglich	nicht möglich	nicht möglich	nicht möglich
Umfangskraft	mittel	hoch	hoch	sehr hoch
Umfangsgeschwindigkeit	bis 100 m/s	bis 50 m/s	bis 80 m/s	bis 40 m/s
mögl. Übersetzungsverhältnisse	max. 6 : 1	max. 10 : 1	bis 15 : 1	über 15 : 1
Übertragung der Drehbewegung	mit großem Schlupf	mit Schlupf	zwangsläufig	zwangsläufig
Schwingungsdämpfung	gut	gut	gut	gering
max. Einsatztemperatur	ca. 80 °C	ca. 70 °C	ca. 80 °C	ca. 180 °C
Einsatzbeispiele	Generatorantriebe, Mühlenbetriebe	Werkzeugmaschinen, Zusatzantriebe in Kfz	Textilmaschinen, Steuerantriebe	Fahrrad, Hebezeuge

3.3.6 Zahnradgetriebe

Mithilfe von Zahnrädern werden Drehbewegungen von einer Welle auf eine andere durch Formschluss und damit ohne Schlupf übertragen. Zahnradgetriebe eignen sich je nach Ausführung zur Übertragung von sehr niedrigen Leistungen, wie z. B. in der Uhrentechnik, bis zu sehr großen Leistungen, wie z. B. bei Walzenantrieben. Neben der Übertragung der Drehbewegung werden in Zahnradgetrieben meist Drehzahl, Drehmoment oder auch Drehrichtung geändert.

Zahnradgetriebe

3.3.6.1 Zahnradmaße und ihre Berechnung

Als **Teilkreis** bezeichnet man die gedachte Linie auf dem Zahnrad, auf welcher der Abstand von Zahn zu Zahn bestimmt wird. Den Teilkreisdurchmesser bezeichnet man mit d.

Die **Zähnezahl** hat das Kurzzeichen z.

Zahnteilung nennt man den Abstand zweier Zähne auf dem Teilkreis. Die Zahnteilung hat das Kurzzeichen p.

Die **Zahnteilung** lässt sich aus Umfang des Teilkreises ($U = d \cdot \pi$) und der Zähnezahl berechnen:

$$p = \frac{d \cdot \pi}{z}$$

Teilkreisdurchmesser und Teilung

! Die Zahnteilung p ist das Maß des Bogens von Zahnmitte zu Zahnmitte auf dem Teilkreis.

Als **Modul** m bezeichnet man das Verhältnis von Teilkreisdurchmesser d zur Zähnezahl z.

Damit ergibt sich für den Modul: $m = \dfrac{d}{z}$ Für die Teilung gilt dann: $p = m \cdot \pi$

Durch den Modul werden die meisten Maße eines Zahnrads bestimmt. Zahnräder mit gleichem Modul haben gleiche Zahnteilung und können darum bei gleicher Zahnform miteinander in Eingriff gebracht werden. Die Module sind genormt und in DIN 780 festgelegt, sie werden in mm angegeben, z. B. 0,4 mm, 1 mm.

> Der Modul m ist das Verhältnis von Teilkreisdurchmesser d zu Zähnezahl z. Er bestimmt die wichtigen Maße eines Zahnrads.

Geht man davon aus, dass sich bei einem Zahnradeingriff die beiden Teilkreise berühren, dann gilt

für den **Achsabstand** a: $\quad a = \dfrac{d_1}{2} + \dfrac{d_2}{2}$

daraus folgt: $\quad a = \dfrac{m \cdot (z_1 + z_2)}{2}$

Achsabstand

Die **Kopfhöhe** h_a ist der Abstand vom Teilkreis bis zum Außendurchmesser. Die Kopfhöhe ist genauso groß wie der Modul. Damit ist der Außendurchmesser des Zahnrads $d_a = d + 2 \cdot m$.
Der Außendurchmesser wird auch als Kopfkreisdurchmesser bezeichnet.
Die **Fußhöhe** h_f des Zahns ist der Abstand vom Teilkreis bis zum Zahngrund. Die Fußhöhe beträgt $h_f = 1{,}2 \cdot m$.
Damit ergibt sich für den Fußkreisdurchmesser eines Zahnrads die Beziehung $d_f = d - 2{,}4 \cdot m$.

Abmessungen an Geradstirnrädern

> Für den Kopfkreisdurchmesser gilt: $\quad d_a = d + 2 \cdot m, \quad d_a = m \cdot (z + 2)$
> Für den Fußkreisdurchmesser gilt: $\quad d_f = d - 2{,}4 \cdot m, \quad d_f = m \cdot (z - 2{,}4)$

3.3.6.2 Zahnflankenformen

Die Übertragung der Drehbewegung durch Zahnräder soll gleichförmig, d. h. ruckfrei und kontinuierlich sowie reibungsarm erfolgen. Fertigungstechnisch müssen Zahnformen verwendet werden, die in Massenfertigung herzustellen sind. Bei der Montage auftretende geringe Achsabstandsfehler dürfen im Betrieb nicht zu Beschädigungen führen.

1. Evolventenverzahnung

Zähne, deren Zahnflanken als Evolventenkurve gestaltet sind, erfüllen die an eine Zahnflankenform gerichteten Bedingungen in bestmöglicher Weise. Eine Evolvente entsteht als Bahnkurve, wenn ein Faden von einem Zylinder abgewickelt wird.
Von dieser Evolventenkurve wird lediglich der Beginn der Abwicklung als Bestandteil für die Zahnflanken verwendet.
Die Evolventenkurve wird im Maschinenbau und im Kfz-Bau als Zahnflankenform verwendet.

Entstehung einer Evolvente

> Im Maschinenbau und im Kfz-Gewerbe verwendet man Zahnräder mit Evolventenverzahnung.

Die Form der Zahnflanke lässt sich am einfachsten erläutern, wenn eines von zwei im Eingriff befindlichen Zahnrädern durch eine Zahnstange ersetzt wird.

Bei der genormten Evolventenverzahnung wird eine Zahnstange verwendet, die einen Zahnflankenwinkel von 20° hat. Man bezeichnet ihn als **Eingriffswinkel**.
Die Linie, welche auf der Zahnstange dem Teilkreis entspricht, bezeichnet man als **Profilmittellinie**.
Im Normalfall berührt diese Profilmittellinie den Teilkreis des zweiten Rads. Man spricht in diesem Fall von **Nullrädern** (N-Räder).
Bedingt durch die Zahnflankenform tritt unterhalb der Grenzzähnezahl von 17 Zähnen bei Null-Rädern ein Unterschneiden der Zähne auf, d. h., die Zähne müssen im Zahngrund ausgearbeitet werden. Durch dieses Unterschneiden wird nicht nur der Zahn im Fuß geschwächt, sondern es werden auch die Eingriffsverhältnisse verschlechtert.

Zahnstange mit Nullrad

Unterschneidung

> Bei Null-Rädern berührt die Profilmittellinie den Teilkreis.
> Unterhalb von 17 Zähnen tritt Unterschnitt auf.

Meist verschiebt man die Profilmittellinie gegenüber dem Teilkreisdurchmesser. Dadurch erreicht man günstigste Laufeigenschaften und hohe Lebensdauer. Zahnräder, bei denen die Profilmittellinie verschoben ist, bezeichnet man als **V-Räder**. Bei der Paarung zweier Zahnräder, bei der ein V-Rad beteiligt ist, wälzen sich die Teilkreisdurchmesser nicht mehr aufeinander ab.

Positive Profilverschiebung (V-Plus-Räder)

Wird die Profilmittellinie von der Radmitte nach außen verschoben, so ist dies eine positive Profilverschiebung. Durch positive Profilverschiebung ist es außerdem möglich, bestimmte vorgegebene Achsenabstände zu erreichen, die Zähne zu verstärken und Unterschnitt zu vermeiden.
Man nennt Räder mit positiver Profilverschiebung **V-Plus-Räder**.

> Positive Profilverschiebung bei Evolventenverzahnung wendet man an:
> • zur Vermeidung des Unterschnitts bei kleinen Zähnezahlen (unter 17 Zähnen),
> • um einen bestimmten Achsabstand zu erreichen,
> • zur Verstärkung der Zähne.

2. Zykloidenverzahnung

In der Feinwerktechnik, insbesondere in mechanischen Uhren, verwendet man die Zykloidenform als Zahnflankenform. Man spricht von Zykloidenverzahnung.

Eine **Zykloide** entsteht, wenn der Weg eines Punkts auf einer rollenden Scheibe betrachtet wird. Zahnräder mit Zykloidenverzahnungen weisen gutes Abrollverhalten auf und unterliegen deshalb einem geringen Verschleiß der Zahnflanken. Zykloidenverzahnungen sind jedoch schwieriger herzustellen als Evolventenverzahnungen.

Entstehung einer Zykloide

> Zahnräder mit Zykloidenverzahnung werden in der Feinwerktechnik eingesetzt.

3.3.6.3 Formen von Zahnradgetrieben

Man unterscheidet nach der Lage der Wellen verschiedene Grundformen von Zahnradgetrieben.

Wellen liegen parallel zueinander	Wellen schneiden sich	Wellen kreuzen sich
Stirnradgetriebe	Kegelradgetriebe	Schneckengetriebe

1. Stirnradgetriebe

Stirnradgetriebe werden zur Übertragung von Drehmomenten von einer Welle auf eine parallel dazu liegende andere Welle verwendet. Nach der Lage der Zähne zur Drehachse spricht man bei Stirnradgetrieben von Rädern mit Geradverzahnung und Schrägverzahnung.

Bei schräg verzahnten Stirnrädern sind stets mehrere Zähne im Eingriff. Dadurch laufen diese Getriebe ruhiger. Infolge der schrägen Verzahnung treten aber Kräfte in Achsrichtung auf, die von den Lagern aufgenommen werden müssen.

Stirnradgetriebe mit Schrägverzahnung

Geradstirnräder gerade verzahnt	schräg verzahnt	Schrägstirnräder pfeilverzahnt	doppelt schräg verzahnt

- geringe Reibungsverluste
- hohe Geräuschentwicklung
- empfindlich gegen Zahnformfehler

- höhere Laufruhe
- bessere Eignung für hohe Drehzahlen
- geringere Empfindlichkeit gegen Zahnformfehler
- Axialkraft, wird durch Pfeil- oder Doppelschrägverzahnung kompensiert

> **!** Schrägverzahnte Stirnräder haben gegenüber geradverzahnten Stirnrädern:
> - höhere Laufruhe,
> - bessere Eignung für hohe Drehzahlen,
> - geringe Empfindlichkeit gegen Zahnformfehler,
> - geringeren Wirkungsgrad,
> - Schubkraft in Axialrichtung (kann durch Doppelschräg- und Pfeilverzahnung aufgehoben werden).

Neben der normalen Ausführung mit Außenverzahnung verwendet man Stirnradgetriebe mit Innenverzahnung. Durch die Innenverzahnung des großen Rads verringert sich der Achsabstand so, dass kleine Abmessungen erreicht werden. Der Drehsinn der Räder bleibt im Gegensatz zur Außenverzahnung gleich.

2. Planetengetriebe

Planetengetriebe sind Umlaufrädergetriebe. Wegen ihrer platzsparenden Bauart, ihrer Unempfindlichkeit gegen Lastspitzen und der nahezu fehlenden Biegebelastung der Wellen werden diese Getriebe im Maschinenbau als Stand- oder Anbaugetriebe eingesetzt.

Planetengetriebe bestehen neben Gehäuse und Lagern aus
- dem zentralen Sonnenrad mit Außenverzahnung,
- dem Planetenträger mit den außenverzahnten Planetenrädern und
- dem Hohlrad mit Innenverzahnung.

Planetengetriebe (Schema)

Beispiel für ein einstufiges Planetengetriebe als Standgetriebe

Nr.	Bezeichnung
1	Ritzelwelle (Sonenrad)
2	Planetenrad
3	Zahnkranz (Hohlrad)
4	Antriebswellenflansch
5	Gegenflansch
6	Fuß
7	Lagerdeckel
8	Planetenachse
9	Planetenlager
10 + 11	Planetenträgerlager
12 + 13	Ritzelwellenlager
14 + 15	Wellendichtringe

Planetengetriebe werden in der Kfz-Technik in automatischen Getrieben und in der Fahrradtechnik in Nabenschaltungen eingesetzt. Zum Schalten werden jeweils durch Bremsbänder und Kupplungen Teile des Planetengetriebes festgesetzt bzw. andere mit dem Antrieb gekoppelt.

Beispiele für Übersetzungen an einem einstufigen Planetengetriebe (Schema)

Hohlrad (fest) — **Sonnenrad (fest)** — **Planetenträger (fest)**

Hohlrad fest – Sonnenrad treibt
- große Übersetzung ins Langsame

Sonnenrad fest – Hohlrad treibt
- kleine Übersetzung ins Langsame

Planetenträger fest – Sonnenrad treibt
- Drehrichtungsumkehr

3. Harmonic-Drive©-Getriebe

Harmonic-Drive©-Getriebe sind Umlaufgetriebe, bei denen ein elastisch verformbares Innenrad umläuft. Wegen ihrer kompakten und spielfreien Konstruktion finden Harmonic-Drive©-Getriebe Anwendung in allen Bereichen des Maschinenbaus, z. B. in Industrierobotern, Werkzeugmaschinen, Druckmaschinen, Mess- und Prüfmaschinen sowie in der Luft- und Raumfahrt.

Ein Harmonic-Drive©-Getriebe besteht außer Lagern und Gehäuse aus drei Komponenten:

Wellengenerator (Wave-Generator)
elliptische Stahlscheibe mit zentrischer Nabe und aufgezogenem, elliptisch verformbaren Spezialkugellager

Zahnbüchse (Flexspline)
dünnwandige, zylindrische und verformbare Stahlbüchse mit Außenverzahnung

Zirkularscheibe (Circular Spline)
zylindrischer Ring mit Innenverzahnung

Bauelemente eines Harmonic-Drive©-Getriebes

Funktionsprinzip für eine Übersetzung ins Langsame

Der elliptische Wellengenerator wird angetrieben. Er verformt über das Kugellager die Zahnbüchse, die sich im Bereich der großen Ellipsenachse mit der innenverzahnten, feststehenden Zirkularscheibe im Eingriff befindet.

Durch Drehen des Wellengenerators verlagert sich die große Ellipsenachse und damit der Zahneingriffsbereich. Da die Zahnbüchse zwei Zähne weniger als die Zirkularscheibe besitzt, vollzieht sich nach einer halben Umdrehung des Wellengenerators eine Relativbewegung zwischen Zahnbüchse und Zirkularscheibe um die Größe eines Zahns und nach einer vollen Umdrehung um die Größe zweier Zähne. Bei fixierter Zirkularscheibe dreht sich die Zahnbüchse verlangsamt entgegengesetzt zum Antrieb.

Beispiel für den Bewegungsablauf bei einer Umdrehung der Antriebswelle (Schema)

Vorteile der Harmonic-Drive©-Getriebe
- hohe einstufige Untersetzungen von 50 : 1 bis 320 : 1,
- großer Zahneingriffsbereich, damit Übertragen sehr hoher Drehmomente,
- Wirkungsgrade bis 85 %,
- hervorragende Positioniergenauigkeit und eine Wiederholgenauigkeit von wenigen Winkelsekunden,
- nicht selbsthemmend.

> Harmonic-Drive©-Getriebe sind kompakte Umlaufgetriebe, die sehr hohe einstufige Untersetzungen erlauben.

4. Kegelradgetriebe

Kegelradgetriebe dienen zur Übertragung von Drehmomenten von einer Welle auf eine andere Welle, die im rechten Winkel dazu steht. Nach der Lage der Zähne zur Kegelspitze unterscheidet man gerade, schräg und bogenverzahnte Kegelräder.

gerade verzahnt	schräg verzahnt	bogenverzahnt

höhere Laufruhe
bessere Eignung für hohe Drehzahlen →

Kegelräder mit Bogenverzahnung erlauben eine geringe Verschiebung der Wellen, sodass auch zwischen Wellen, die nicht genau in einer Ebene liegen, die Drehbewegung übertragen werden kann.

> ❗ Kegelradgetriebe dienen zur Übertragung von Drehbewegungen bei sich schneidenden Wellen. Man unterscheidet gerade, schräg und bogenverzahnte Kegelräder.

5. Schraubenradgetriebe

Bringt man Schrägstirnräder mit verschiedenen Schrägungswinkeln zusammen, so kreuzen sich die Wellen. Dadurch schieben sich die Zähne wie bei einem Schraubengewinde aneinander vorbei und übertragen so die Drehbewegung. Wegen der geringen Berührungsfläche der Zähne und der starken Gleitreibung können diese Schraubenradgetriebe nur geringe Drehmomente übertragen und weisen hohen Verschleiß auf.

Schraubenradgetriebe

> ❗ Schraubenradgetriebe dienen zur Übertragung von Drehbewegungen bei sich kreuzenden Wellen. Punktförmige Berührung der Zahnflanken hat zur Folge, dass nur geringe Drehmomente übertragen werden können.

6. Schneckengetriebe

Wird bei einem Schraubenradgetriebe der Schrägungswinkel der Zähne so groß, dass nur ein Zahn auf dem Radzylinder umläuft, erhält man ein Schneckengetriebe. Dabei bewegt die Schnecke – gleich einem Bewegungsgewinde – bei einer Umdrehung das Schneckenrad um den Betrag der Steigung weiter. Dadurch sind extreme Übersetzungen bis max. 100 : 1 möglich.

Man unterscheidet (wie bei Schrauben) bei den Schnecken rechts- und linksgängige sowie ein- und mehrgängige Schnecken. Eingängige Schnecken besitzen kleinere Steigungswinkel als mehrgängige. Sie haben dadurch eine höhere Reibung und einen geringeren Wirkungsgrad als mehrgängige Schnecken. Bei kleiner werdendem Steigungswinkel des Schneckengangs tritt bei etwa 5° infolge der Reibung Selbsthemmung ein. Der Schneckentrieb kann dann nur noch von der Schneckenseite angetrieben werden.

Schneckengetriebe laufen geräuscharm und können große Leistungen übertragen. Sie haben aber wegen der Gleitbewegung der Zahnflanken aufeinander einen hohen Verschleiß. Nachteilig sind ferner die hohen Axialkräfte, die in der Schnecke auftreten und von den Lagern aufgenommen werden müssen.

Schnecke
Schneckenrad
Schneckengetriebe

> ❗ Schneckengetriebe dienen zur Übertragung von Drehbewegungen bei sich kreuzenden Wellen. Mit Schneckengetrieben sind extreme Übersetzungen möglich.

Funktionseinheiten des Maschinenbaus

3.3.6.4 Verstellbare Zahnradstufengetriebe

In verstellbaren Zahnradstufengetrieben sind mehrere Rädergetriebe vereinigt. Mit ihnen lassen sich unterschiedliche Umdrehungsfrequenzen, Drehmomente und Drehrichtungen einstellen.

1. Schieberadgetriebe

In Schieberadgetrieben werden gerade verzahnte Zahnradpaare, Stirnradsätze oder Schiebeblöcke durch axiales Verschieben zum Eingriff gebracht. Die Schiebeblöcke werden meist auf Keilwellen geführt und durch Schaltgabeln in die jeweilige Eingriffsposition geschoben.

Schieberadgetriebe

2. Kupplungsgetriebe

Bei Kupplungsgetrieben sind stets alle Zahnräder im Eingriff. Die getriebenen Räder werden jedoch hier mit der Antriebswelle durch eine elektrisch oder mechanisch betätigte Kupplung verbunden. Müssen große Leistungen übertragen werden, verwendet man Lamellenkupplungen.

Kupplungsgetriebe (vereinfacht)

3.3.7 Stufenlos verstellbare mechanische Getriebe

3.3.7.1 Reibradgetriebe

Im Reibradgetriebe werden Drehmomente vom treibenden Bauelement über Reibräder kraftschlüssig auf das Abtriebsrad übertragen.

Reibrad-getriebe	Ver-stellung	kleinere Drehzahl am Abtrieb $n_1 > n_2$	gleiche Drehzahl am Abtrieb $n_1 = n_2$	größere Drehzahl am Abtrieb $n_1 < n_2$
mit Tellerscheiben	Verschiebung des Reibrads			
mit Innenkegel (PK-Getriebe)	Verschiebung des Reibkegels			
mit Kugeln	Schwenkung der Reibkugeln			

Übungsaufgabe 3/92

Maschinen- und Gerätetechnik

3.3.7.2 Umschlingungsgetriebe

Unter den mechanischen, stufenlos verstellbaren Getrieben sind die Umschlingungsgetriebe besonders im mittleren und oberen Leistungsbereich bis etwa 150 kW am stärksten vertreten.

Der Aufbau ist bei allen Umschlingungsgetrieben mit stufenloser Einstellbarkeit der Drehzahl grundsätzlich gleich. Zwei keglige Scheibenpaare lassen sich auf ihren Wellen axial so verschieben, dass die dadurch entstehenden Keilrillen mehr oder weniger geöffnet bzw. geschlossen werden können. Die so entstehenden unterschiedlichen Laufradien für das Zugmittel bewirken die Drehzahländerung. Diese Getriebe sind meist unter **PIV-Getriebe** bekannt.

Der Wirkungsgrad des Getriebes wird bestimmt von der Festigkeit des Zugstrangs, von der Größe der Reibung zwischen Zugstrang und Scheibe sowie von der Anpresskraft der Scheibe gegen den Zugstrang.

Die Anpresskraft der Kegelscheibe gegen den Zugstrang wird durch mechanische oder hydraulische Stelleinrichtungen der zu übertragenden Leistung angepasst. Die Drehzahländerung kann bei kraftschlüssigen Ausführungsformen im Stillstand und während des Laufs erfolgen. Bei formschlüssigen Ausführungsformen kann die Drehzahländerung nur während des Laufs vorgenommen werden.

Stufenlos einstellbares Umschlingungsgetriebe mit Lamellenkette

> ⚠ Stufenlos verstellbare Umschlingungsgetriebe arbeiten mit keilförmigen Zugmitteln, die auf unterschiedlich einstellbaren Durchmessern von Antriebs- und Abtriebsscheibe laufen können.

3.3.7.3 Kugelscheibengetriebe

Das Kugelscheibengetriebe (KS) ist ein stufenlos einstellbares Wälzgetriebe. Seine Vorzüge sind:
- Stellbereich bis Null – im Stillstand einstellbar,
- kleine Stellkräfte,
- sehr gleichförmiger ruhiger Lauf,
- stoßunempfindlich – ohne Schaden überlastbar.

Zwischen zwei versetzten glatten Stahlscheiben befinden sich, in einem Käfig gehalten, mehrere Stahlkugeln. Sie übertragen das Drehmoment kraftschlüssig von einer Scheibe zur anderen. Die Lage des Kugelkäfigs ist mit einer Stellspindel einstellbar. Befindet er sich achsengleich zur Antriebswelle, so können die Kugeln auf der Abtriebsscheibe abrollen, ohne diese zu bewegen (Abtriebsdrehzahl = Null). Wird der Kugelkäfig in Richtung Abtriebsscheibenmitte verschoben, so wird durch Reibungsschluss die Abtriebsscheibe mitgenommen.

Kugelscheibengetriebe

> ⚠ Kugelscheibengetriebe arbeiten mit kugelförmigen Wälzkörpern, die in einem verschiebbaren Käfig zwischen Stahlscheiben laufen. An- und Abtriebsscheibe sind versetzt angeordnet.

4 Festigkeitsberechnungen von Bauelementen

4.1 Grundlagen zur Festigkeitsberechnung

4.1.1 Beanspruchungsarten

Jedes Werkstück wird beim Gebrauch durch Kräfte beansprucht. Die Beanspruchung der Werkstücke unterscheidet man nach Beanspruchungsarten: z. B. Zug-, Druck-, Biegebeanspruchung. Tritt an einem Bauelement nur eine dieser Beanspruchungsarten auf, so spricht man von einer *einfachen* Beanspruchung. Treten dagegen mehrere Beanspruchungsarten gleichzeitig auf, spricht man von einer zusammengesetzten Beanspruchung. Eine Welle kann z. B. gleichzeitig auf Biegung und Verdrehung beansprucht werden.

Einfache Beanspruchungsarten

Beanspruchungsarten	Zug	Druck	Abscherung	Biegung	Verdrehung	Knickung
Beispiele	Kranseil, Kette	Säule, Maschinenständer	Niet, Bolzen	Träger, Achse	Welle, Torsionsfederstab	Schubstange, Gerüststange

> Bei Beanspruchungsarten unterscheidet man einfache und zusammengesetzte Beanspruchung.
> Einfache Beanspruchungsarten sind:
> • Zug, • Druck, • Abscherung, • Biegung, • Verdrehung, • Knickung.

4.1.2 Belastungsarten – Belastungsfälle

Nach dem zeitlichen Verlauf der Belastung unterscheidet man ruhende, schwellende und wechselnde Belastung. Ruhende Belastung herrscht, wenn die Last in der gesamten Nutzungszeit gleich bleibt. Diese beansprucht einen Werkstoff am wenigsten. Eine Last, die laufend zwischen einem positiven und einem negativen Höchstwert, z. B. zwischen hohen Zug- und Druckspannungen, wechselt, beansprucht dagegen den Werkstoff am intensivsten.

Belastungsarten	statisch ruhend	dynamisch schwellend	dynamisch wechselnd
Zeitlicher Verlauf der Belastung			
	Last bleibt nach Aufbringen konstant	Last schwillt im Bereich zwischen Null und dem Höchstwert	Last wechselt zwischen positivem und negativem Höchstwert
Belastungsfall	I	II	III
Beispiele	Säule, Gebäudefundament	Kranseil, feststehende Achse	Schraubendreher, umlaufende Achse

> Nach dem zeitlichen Verlauf einer Belastung unterscheidet man
> • ruhende Belastung   – Belastungsfall I,
> • schwellende Belastung   – Belastungsfall II,
> • wechselnde Belastung   – Belastungsfall III.

4.1.3 Zugbeanspruchung

Wird ein Stab durch eine Zugkraft F beansprucht, so ruft diese Kraft im Inneren des Stabs, d. h. im Querschnitt S, Zugspannungen hervor, die senkrecht zum beanspruchten Querschnitt wirken. Spannungen senkrecht zum beanspruchten Querschnitt werden auch als **Normalspannungen** bezeichnet.

Zugspannungen im Zugstab

Aus der Bedingung, dass sich innere und äußere Kräfte das Gleichgewicht halten müssen, ergibt sich:

$$F = \sigma_z \cdot S$$

σ_z Zugspannung
F Zugkraft
S beanspruchter Querschnitt

Diese Zugspannung darf den Wert der **zulässigen Spannung** $\sigma_{z\,zul}$ nicht überschreiten. Es gilt also die Forderung: $\sigma_z \leq \sigma_{z\,zul}$

Die zulässige Zugspannung von spröden Werkstoffen, wie z. B. Gusseisen und Glas, berechnet man aus der Zugfestigkeit.

Da plastisch verformbare Werkstoffe, z. B. weicher Stahl und Aluminium, bereits bei Auftreten bleibender Verformungen zerstört sind, berechnet man die zulässige Spannung dieser Werkstoffe aus der Streckgrenze. Damit die zulässige Spannung unter der Zugfestigkeit bzw. der Streckgrenze bleibt, fügt man eine **Sicherheitszahl** v (nü) ein. Dabei gilt

- für plastisch verformbare Werkstoffe: $\sigma_{z\,zul} = \dfrac{R_{eh}}{v}$

- für spröde Werkstoffe: $\sigma_{z\,zul} = \dfrac{R_m}{v}$

$\sigma_{z\,zul}$ zulässige Zugspannung
R_{eh} Streckgrenze
R_m Zugfestigkeit
v Sicherheitszahl

Die Sicherheitzahl liegt je nach Anwendung zwischen 1,5 und 3.
In den meisten Fällen greift man zur Wahl der zulässigen Spannungen auf Tabellenwerte zurück, in denen bereits die Sicherheit enthalten ist.

Zulässige Zugspannungen für Werkstoffe bei verschiedenen Belastungsfällen

Werkstoffe			S235	E295	E360	GS-45	25CrMo4	G-AlSi 12	AlCuMg	Messing
zulässige Spannung $\sigma_{z\,zul}$ in N/mm²	ruhend	I	125	175	260	125	325	40	135	145
	schwellend	II	80	110	170	80	220	22	60	90
	wechselnd	III	55	80	115	55	145	17	45	50

> Die zulässige Spannung für Werkstoffe errechnet man entweder aus der Grenzspannung und der verlangten Sicherheit oder man benutzt Tabellenwerte.
> Für spröde Werkstoffe ist die Zugfestigkeit die Grenzspannung. Für plastisch verformbare Werkstoffe ist die Streckgrenze die Grenzspannung.

Berechnung des erforderlichen Querschnitts: $S_{erf} = \dfrac{F_{max}}{\sigma_{z\,zul}}$ in mm²

S_{erf} erforderlicher Querschnitt
F_{max} höchste Zugkraft
$\sigma_{z\,zul}$ zulässige Zugspannung

Beispiel für die Berechnung eines zugbeanspruchten Querschnitts

Aufgabe
Eine runde Stange aus E 295 wird schwellend durch eine Zugkraft von max. 120 000 N belastet. Der Durchmesser der Stange ist zu berechnen.

Lösung

$S_{erf} = \dfrac{F_{max}}{\sigma_{z\,zul}}$ $\quad S_{erf} = \dfrac{120\,000 \text{ N} \cdot \text{mm}^2}{110 \text{ N}} = 1\,090{,}9 \text{ mm}^2$ $\quad d = 37{,}2 \text{ mm}$ $\quad d_{gewählt} = \mathbf{38 \text{ mm}}$

4.1.4 Druckbeanspruchung

Eine Druckkraft ruft im *Inneren* eines Werkstoffs bei einem beanspruchten Bauelement als Reaktion **Druckspannungen** σ_d hervor.

Die in der *Grenzfläche* zu einem anderen Werkstoff infolge Druck entstehenden Spannungen bezeichnet man als **Flächenpressung** p.

Entsprechend der Gleichgewichtsbedingung gilt für das Werkstoffinnere $F = \sigma_d \cdot S$, für die Grenzfläche $F = p \cdot A$.

Druckspannungen und Flächenpressung

$$F = \sigma_d \cdot S \quad \text{bzw.} \quad F = p \cdot A$$

- S Querschnittsfläche
- A Berührungsfläche
- σ_d Druckspannung
- p Flächenpressung
- F Druckkraft

Häufig sind die gepressten Flächen nicht eben, wie zum Beispiel bei Wellen im Lager, Gewindegängen, Prismenführungen. Die gepresste Fläche ist in solchen Fällen als Projektion der Berührungsfläche auf eine senkrecht zur Kraftrichtung liegende Ebene aufzufassen. Man spricht von projizierter Berührungsfläche.

Beispiele für projizierte Berührungsflächen

$A = d \cdot l$

$A = 2 \cdot b \cdot l$

! Die durch Flächenpressung beanspruchte Fläche wird in Berechnungen als Projektion der Berührungsflächen eingesetzt bzw. ermittelt.

Für die Berechnung der erforderlichen Querschnitte S bzw. Auflagefläche A gilt demnach:

$$S_{erf} = \frac{F_{max}}{\sigma_{d\,zul}} \quad \text{bzw.} \quad A_{erf} = \frac{F_{max}}{p_{zul}}$$

- $\sigma_{d\,zul}$ zulässige Druckspannung
- p_{zul} zulässige Flächenpressung des schwächsten Werkstoffs

Bei der Flächenpressung ist darauf zu achten, dass die zulässige Flächenpressung des schwächsten Werkstoffs nicht überschritten werden darf.

Die zulässige Druckspannung entspricht bei Stählen und NE-Metallen der zulässigen Zugspannung. Bei sehr ungleichmäßig aufgebauten Werkstoffen, z. B. Gusseisen, ist die zulässige Druckspannung höher als die zulässige Zugspannung.

Die zulässige Flächenpressung ist besonderen Tabellen zu entnehmen.

Zulässige Flächenpressung für Werkstoffe bei verschiedenen Belastungsfällen

Werkstoffe			S235	E295	E360	GS-45	25CrMo4
zulässige Flächenpressung p_{zul} in N/mm²	ruhend	I	80	120	180	100	210
	schwellend	II	50	70	90	70	105

Übungsaufgaben 4/7; 4/8

Maschinen- und Gerätetechnik

Beispiel für die Berechnung eines druckbeanspruchten Bauelements

Aufgabe
Ein runder Maschinenfuß aus GE240 wird mit 80 000 N schwellend belastet. Er steht auf einer Betonplatte, deren Werkstoff eine zulässige Flächenpressung von 12 N/mm² besitzt.
a) Es ist der Durchmesser d der Säule zu bestimmen.
b) Welchen Durchmesser D muss der Fuß haben?

Gegeben
GE240: $\sigma_{d\,zul}$ = 80 N/mm² nach Tabelle
F = 80 000 N
p_{zul} = 12 $\frac{N}{mm^2}$ (für Beton)

Gesucht
d in mm
D in mm

Lösung

a) $S_{erf} = \dfrac{F_{max}}{\sigma_{d\,zul}}$

$S_{erf} = \dfrac{80\,000\,N \cdot mm^2}{80\,N}$

$S_{erf} = 1\,000\,mm^2$

$d = \sqrt{\dfrac{4 \cdot S}{\pi}}$

$d = \sqrt{\dfrac{4 \cdot 1\,000\,mm^2}{3{,}14}}$

$d = 35{,}69\,mm$

$d_{gewählt} = \mathbf{36\,mm}$

b) $A_{erf} = \dfrac{F_{max}}{p_{zul}}$

$A_{erf} = \dfrac{80\,000\,N \cdot mm^2}{12\,N}$

$A_{erf} = 6\,666{,}66\,mm^2$

$D = \sqrt{\dfrac{4 \cdot A}{\pi}}$

$D = \sqrt{\dfrac{4 \cdot 6\,666{,}66\,mm^2}{3{,}14}}$

$D = 92{,}15\,mm$

$D_{gewählt} = \mathbf{94\,mm}$

4.1.5 Scherbeanspruchung

Im Gegensatz zu den Zug- und Druckspannungen, die als Normalspannungen senkrecht zum beanspruchten Querschnitt stehen, wirken Scherspannungen *im* beanspruchten Querschnitt.
Wird ein Werkstück durch eine Scherkraft beansprucht, so ruft diese Kraft im Inneren des Werkstoffs in der Scherfläche Scherspannungen τ_s hervor.

Scherspannungen

Gleichgewicht ergibt sich für: $F = \tau_s \cdot S$

F Scherkraft
τ_s Scherspannung
S beanspruchter Querschnitt

Häufig wird bei der Beanspruchung auf Scherung ein Bauelement in mehreren Querschnitten gleichzeitig beansprucht.

Beispiele für die Zahl der Scherquerschnitte

Einschnittig — Zweischnittig

Für die Berechnung des erforderlichen Querschnitts unter Berücksichtigung der Zahl der Scherquerschnitte ergibt sich somit die Gleichung:

$$S_{erf} = \frac{F_{max}}{N \cdot \tau_{s\,zul}}$$

N Zahl der beanspruchten Scherquerschnitte
F_{max} Scherkraft
S_{erf} erforderlicher Querschnitte
$\tau_{s\,zul}$ zulässige Scherspannung

Der Wert der zulässigen Scherspannung ist bei einer Scherbeanspruchung etwa $\tau_{s\,zul} = 0{,}8 \cdot \sigma_{z\,zul}$ für Baustahl und etwa $\tau_{s\,zul} = 1{,}1 \cdot \sigma_{z\,zul}$ für Gusseisen.

Beispiel für die Berechnung eines durch Scherkräfte beanspruchten Bauelements

Aufgabe
Das dargestellte Gelenk soll eine Zugkraft von 40 000 N übertragen:
Es ist der Bolzendurchmesser zu berechnen. Die zulässige Scherspannung ist aus der Zugfestigkeit des Bolzenwerkstoffs E 295 zu ermitteln.

Gegeben
$F = 40\,000$ N
$N = 2$
E 295: $\sigma_{z\,zul} = 110 \frac{N}{mm^2}$ nach Tabelle

Gesucht
d in mm

Lösung

$\tau_{s\,zul} = \sigma_{z\,zul} \cdot 0{,}8$

$\tau_{s\,zul} = 110 \frac{N}{mm^2} \cdot 0{,}8$

$\tau_{s\,zul} = 88 \frac{N}{mm^2}$

$S_{erf} = \frac{F_{max}}{N \cdot \tau_{s\,zul}}$

$S_{erf} = \frac{40\,000\,N \cdot mm^2}{2 \cdot 88\,N}$

$S_{erf} = 227{,}2\,mm^2$

$d = \sqrt{\frac{4 \cdot S_{erf}}{\pi}}$

$d = \sqrt{\frac{4 \cdot 227{,}2\,mm^2}{3{,}14}}$

$d = 17$ mm

4.2 Berechnungen von Verbindungselementen

4.2.1 Berechnung von Schrauben

Schrauben als Verbindungselemente siehe *„Fertigungstechnik"*, Kapitel *„Fügen mit Gewinden"*.

Schrauben werden durch die äußeren Kräfte auf Zug beansprucht. Als Reaktion auf die äußeren Kräfte treten im Kern der Schraube Zugspannungen auf. Im Gewinde entstehen Flächenpressung und Scherbeanspruchung. Die Auswahl von Schrauben erfolgt in zwei Schritten:
- Berechnung des erforderlichen Schraubendurchmessers, aus der Belastung und der Festigkeit des Schraubenwerkstoffs,
- Ermittlung der tragenden Gewindelänge (Einschraubtiefe nach Tabelle).

Nach der Art der Belastung unterscheidet man
- Schrauben ohne Vorlast und
- Schrauben mit Vorlast.

Spannungen in einer Schraubenverbindung

Maschinen- und Gerätetechnik

1. Berechnung von Schrauben ohne Vorlast

Wird eine Schraube nur durch *eine* Kraft, z. B. die angehängte Last oder nur durch die Spannkraft infolge des Anziehens belastet, so spricht man von Schrauben ohne Vorlast. Schrauben ohne Vorlast sind z. B. die Schrauben in Spannschlössern.

Die zulässige Spannung $\sigma_{z\,zul}$ errechnet man aus der Streckgrenze des Schraubenwerkstoffs R_{eH} und der Sicherheitszahl v, die für Schrauben ohne Vorlast mit 2 angenommen wird.
Aus der Betriebskraft F_B und der zulässigen Spannung $\sigma_{z\,zul}$ berechnet man den Spannungsquerschnitt S_s der Schraube.

$$S_s = \frac{F_B}{\sigma_{z\,zul}} \qquad \sigma_{z\,zul} = \frac{R_{eH}}{v}$$

F_B Betriebskraft
S_s Spannungsquerschnitt
$\sigma_{z\,zul}$ zulässige Zugspannung
R_{eH} Streckgrenze
v Sicherheitszahl

Mit dem errechneten Spannungsquerschnitt wählt man aus Gewindetabellen den erforderlichen Gewindedurchmesser.

Beispiel für die Berechnung eines Gewindes

Aufgabe

Eine Schraube aus 5.6 soll eine Betriebskraft von 10 kN aufnehmen, $v = 2$
Das Gewinde der Schraube ist zu ermitteln.

$F = 10$ kN

Gegeben
$R_{eH} = 300 \; \frac{N}{mm^2}$ (aus 5.6 ermittelt)
$F \; = 10\,000$ N

Gesucht
Gewindedurchmesser d

Lösungshilfe
Abmessungen metrischer ISO-Gewinde nach DIN 13 (Auszug)

d mm	P mm	d_2 mm	d_3 mm	S_s mm²	H_1 mm
10	1,5	9,026	8,160	58,0	0,812
12	1,75	10,863	9,853	84,3	0,947
16	2,0	14,701	13,546	157	1,083

Lösung

$\sigma_{z\,zul} = \dfrac{R_{eH}}{v}$ \qquad $S_s = \dfrac{F_B}{\sigma_{z\,zul}}$

$\sigma_{z\,zul} = \dfrac{300 \text{ N}}{mm^2 \cdot 2}$ \qquad $S_s = \dfrac{10\,000 \text{ N} \cdot mm^2}{2 \cdot 88 \text{ N}}$

$\sigma_{z\,zul} = 150 \; \dfrac{N}{mm^2}$ \qquad $S_s = 66{,}6 \text{ mm}^2$ \qquad Gewählt **M 12** ($S_s = 84{,}3$ mm²)

---

2. Berechnung von Schrauben mit Vorlast

Werden Schrauben angezogen, so erhalten sie dadurch eine Vorlast. Bei anschließender Belastung durch die Betriebskraft F_B erhöht sich die Belastung der Schraube. Die Gesamtbelastung F_{max} ist in diesem Fall die Summe aus Vorlast und Betriebslast.
In Überschlagsrechnungen berücksichtigt man die Vorlast, indem man als Gesamtbelastung das 1,7-Fache der Betriebslast annimmt.

$$F_{max} = 1{,}7 \cdot F_B$$

F_{max} Gesamtbelastung
F_B Betriebskraft

4.2.2 Berechnung von Stiften

Stifte als Verbindungselemente siehe „Fertigungstechnik", Kapitel „Fügen mit Stiften" und in diesem Kapitel „Fügen im Montageprozess".

Stiftverbindungen sind lösbare Verbindungen, die ausschließlich Scherkräfte aufnehmen können. Die Berechnung der Stifte erfolgt auf Abscheren.

Die zulässige Scherspannung errechnet man aus der zulässigen Zugspannung und einem werkstoffabhängigen Faktor. Für Verbindungsstifte aus Stahl beträgt die zulässige Scherspannung = $0,8 \cdot \sigma_{z\,zul}$.

Beispiel für die Berechnung eines Verbindungsstifts

Aufgabe

Das dargestellte Gelenk einer Zugstange wird durch eine Bolzen aus E 295 zusammengehalten. Welchen Durchmesser d muss dieser Bolzen haben, wenn eine schwellende Last von 45 000 N übertragen wird?

Gegeben
$F = 45\,000$ N $\qquad N = 2$
E 295 $\Rightarrow \sigma_{z\,zul} = 110 \,\dfrac{\text{N}}{\text{mm}^2}$

Gesucht
d in mm

Lösung

$\tau_{s\,zul} = 0,8 \cdot \sigma_{z\,zul}$

$\tau_{s\,zul} = 0,8 \cdot 110 \,\dfrac{\text{N}}{\text{mm}^2}$

$\tau_{s\,zul} = 88 \,\dfrac{\text{N}}{\text{mm}^2}$

$S_{erf} = \dfrac{F_{max}}{N \cdot \tau_{s\,zul}}$

$S_{erf} = \dfrac{45\,000 \text{ N} \cdot \text{mm}^2}{2 \cdot 88 \text{ N}}$

$S_{erf} = 255,6 \text{ mm}^2$

$S = \dfrac{d^2 \cdot \pi}{4}$

$d = \sqrt{\dfrac{4 \cdot S}{\pi}}$

$d = \sqrt{\dfrac{4 \cdot 255,6 \text{ mm}^2}{3,14}}$

$d = 18,0 \text{ mm}$

Bei Stiftverbindungen tritt in den Grenzflächen zwischen Bohrung und Stift auch Flächenpressung auf. Es ist zu überprüfen, ob in den Lagerstellen die zulässige Flächenpressung nicht überschritten wird.

Beispiel für die Überprüfung der Abmessungen einer Stiftverbindung auf zulässige Flächenpressung

Aufgabe

Die Abmessungen der im vorherigen Beispiel dargestellten Gabel aus S 235 sind auf Flächenpressung zu überprüfen.

Gegeben
$F = 45\,000$ N
S 235 $\Rightarrow p_{z\,zul} = 50 \,\dfrac{\text{N}}{\text{mm}^2}$
$d = 18$ mm (aus vorherigem Beispiel)
$l = 110$ mm − 50 mm $\Rightarrow 60$ mm (aus Skizze)

Gesucht
p

Lösung

$p = \dfrac{F}{A} \qquad A = d \cdot l$

$p = 41,6 \,\dfrac{\text{N}}{\text{mm}^2}$

Da p_{zul} für S 235 = $50 \,\dfrac{\text{N}}{\text{mm}^2}$ beträgt, sind die Abmessungen ausreichend.

Übungsaufgaben 4/20; 4/21; 4/22

4.2.3 Berechnung von Passfedern

Passfedern als Verbindungselemente siehe „*Fertigungstechnik*", Kapitel „*Fügen mit Passfedern*" und in diesem Kapitel „*Fügen im Montageprozess*".

Passfedern werden auf Abscheren und Flächenpressung beansprucht. Die Berechnung erfolgt jedoch nur auf Flächenpressung, da die Normmaße für Passfedern so gewählt sind, dass die zulässige Scherbeanspruchung nicht überschritten wird, wenn die zulässige Flächenpressung eingehalten wird. Für Passfedern sind die Maße *b* und *h* in Abhängigkeit vom Wellendurchmesser genormt.

$$M_d = F \cdot \frac{d}{2}$$

F   Umfangskraft
b   Breite der Passfedern
h   Höhe der Passfedern
d   Durchmesser der Welle
M_d Drehmoment

Beanspruchung einer Passfeder

Aus der Forderung $p \leq p_{zul}$ des schwächsten Werkstoffs ergibt sich für die Länge der Passfedern:

bei geradstirnigen Passfedern
$$l_{erf} = \frac{4 \cdot M_d}{d \cdot h \cdot p_{zul}}$$

bei rundstirnigen Passfedern
$$l_{erf} = \frac{4 \cdot M_d}{d \cdot h \cdot p_{zul}} + b$$

Beispiel für eine Federberechnung

Aufgabe
Eine Welle soll ein Drehmoment von 90 Nm übertragen. Welle und Nabe werden mit einer Passfeder Form A verbunden. p_{zul} des schwächsten Werkstoffs ist 70 N/mm². Der Wellendurchmesser beträgt 25 mm. Die Maße der Feder sind zu ermitteln.

Gegeben
d = 25 mm; M_d = 90 Nm; Werkstoff

Gesucht
l in mm

Lösungshilfe

Abmessung für Passfedern nach DIN 6885 (Auszug)

Wellendurchmesser	10 bis 12	12 bis 17	17 bis 22	22 bis 30	30 bis 38	38 bis 44	44 bis 50	50 bis 58	58 bis 65	65 bis 75
Breite der Feder *b*	4	5	6	8	10	12	14	16	18	20
Höhe der Feder *h*	4	5	6	7	8	8	9	10	11	12
Passfederlängen	6 45	8 50	10 56	12 63	14 70	16 80	18 90	20 100	22 110	25 125	28 140	32 160	36 180	40 200

Lösung
Wellendurchmesser d = 25 mm ⇒ b = 8 mm, h = 7 mm (nach Tabelle)

$$l_{erf} = \frac{4 \cdot M_d}{d \cdot h \cdot p_{zul}} + b$$

$$l_{erf} = \frac{4 \cdot 90\,000 \text{ Nmm} \cdot \text{mm}^2}{25 \text{ mm} \cdot 7 \text{ mm} \cdot 70 \text{ N}} + 8 \text{ mm}$$

l_{erf} = 37,3 mm
l_{gew} = **40 mm**

Festigkeitsberechnungen von Bauelementen

4.2.4 Berechnung von Klebeverbindungen

Klebeverbindungen siehe „Fertigungstechnik", Kapitel „Fügen durch Kleben" und in diesem Kapitel „Fügen im Montageprozess".
Klebeverbindungen sollen ausschließlich auf Scherung beansprucht werden. Fachgerechte Klebeverbindungen werden daher als Überlappungen oder Schäftungen ausgeführt. Die notwendige Klebefläche S (Überlappungsfläche) wird aus der zulässigen Scherspannung des Klebstoffs errechnet.

$$S = \frac{F}{\tau_{s\,zul}}$$

S Klebefläche
$\tau_{s\,zul}$ zulässige Scherspannung

Die zulässige Scherspannung der Klebstoffe kann aus den Verarbeitungsrichtlinien der Klebstoffhersteller entnommen werden. Für überschlägige Berechnungen kann man als zulässige Scherspannung annehmen:

- für Kaltklebstoff $\tau_{s\,zul}$ = 6 bis 12 N/mm²,
- für Warmklebstoffe $\tau_{s\,zul}$ = 10 bis 20 N/mm².

Die Überlappungslänge ergibt sich aus:

$$l_{\ddot{u}} = \frac{F}{\tau_{s\,zul} \cdot b}$$

$l_{\ddot{u}}$ Überlappungslänge
F Belastung
b Breite der Klebeverbindung
$\tau_{s\,zul}$ zulässige Scherspannung

Die Überlappungslänge soll das 15-Fache der Dicke des schwächsten der zu verbindenden Teile nicht überschreiten.

Beispiel für die Berechnung einer Klebeverbindung

Aufgabe

An ein 1,5 mm dickes Aluminiumblech soll eine 4 mm dicke und 40 mm breite Lasche aus einer Phenolharz-Schichtplatte geklebt werden. Der Klebstoff hat lt. Herstellerangabe eine zulässige Scherfestigkeit von 12 N/mm² bei einer vorherigen Reinigung der Flächen mit Aceton.
Die Verbindung soll mit 8 000 N belastet werden.
Berechnen Sie die mindestens erforderliche Überlappungslänge $l_{\ddot{u}}$.

Gegeben
F = 8 000 N
b = 40 mm
$\tau_{s\,zul}$ = 12 $\frac{N}{mm^2}$

Gesucht
$l_{\ddot{u}}$ in mm

Lösung

$$l_{\ddot{u}} = \frac{F}{\tau_{s\,zul} \cdot b}$$

$$l_{\ddot{u}} = \frac{8\,000\ N \cdot mm^2}{12\ N \cdot 40\ mm} \qquad l_{\ddot{u}} = 16{,}6\ mm$$

4.2.5 Berechnung von Lötverbindungen

Lötverbindungen siehe „Fertigungstechnik", Kapitel „Fügen durch Löten" und in diesem Kapitel „Fügen im Montageprozess".
Lötverbindungen sollen ebenso wie Klebeverbindungen ausschließlich auf Scherung beansprucht werden. Entsprechend sind auch Lötverbindungen als Überlappungen oder Schäftungen auszuführen.
Die zulässige Scherspannung für Lote beträgt etwa:

- für Hartlote $\tau_{s\,zul}$ = 70 N/mm²,
- für Weichlote $\tau_{s\,zul}$ = 20 N/mm².

Die zulässige Scherspannung der Weichlote ist stark von der Temperatur der Lötstelle abhängig, bei der das gelötete Werkstück benutzt wird.

Die Überlappungslänge ergibt sich aus:

$$l_{\ddot{u}} = \frac{F}{\tau_{s\,zul} \cdot b}$$

$l_{\ddot{u}}$ Überlappungslänge
F Belastung
b Breite der Lötverbindung
$\tau_{s\,zul}$ zulässige Scherspannung

Übungsaufgaben 4/26; 4/27; 4/28

5 Baugruppen und ihre Montage

5.1 Grundlagen

5.1.1 Baugruppen und ihre Funktionen

Jedes technische System ist aus Baugruppen aufgebaut. Die Baugruppen übernehmen bestimmte Teilfunktionen innerhalb eines Gesamtsystems. Die Teilfunktionen lassen sich wiederum in einzelne Grundfunktionen aufgliedern.

Beispiel für die Baugruppen eines Systems und ihre Funktionen

Mehrstellenbohrvorrichtung

Baugruppen mit Teilfunktionen:
- Ventil – Steuern
- Spanneinrichtung – Spannen
- Bohrmaschine – Arbeiten
- Wartungseinheit – Aufbereiten

Baugruppen mit Grundfunktionen:
- Führung – Führen
- Druckluftmotor – Wandeln (Energie der Druckluft → Energie der Drehbewegung)

Wird eine Baugruppe, zum Beispiel die Steuerung zur Wartung oder Reparatur, aus einem System herausgelöst, dann werden die Teilfunktionen der anderen Baugruppen nicht beeinflusst.
Der Aufbau eines Systems aus Baugruppen bringt folgende Vorteile:
- Vereinfachung der Fertigung und Montage, • günstigere Prüfung und Justage,
- schnellere Reparaturmöglichkeit, • bessere Standardisierungs- und Automatisierungsmöglichkeit.

> ❗ Baugruppen erfüllen in einem technischen System bestimmte Teilfunktionen.
> Baugruppen ermöglichen eine wirtschaftliche Herstellung, Wartung und Reparatur von Maschinen.

Baugruppen und ihre Montage

5.1.2 Gliederung des Montageprozesses

Der Montageprozess ist Teil des Produktionsprozesses, in dem unter Verwendung von Bauteilen bzw. Baugruppen *technische Systeme* entstehen. Hierbei sind **Einzelteile** Gegenstände, die nicht zerlegbar sind. **Baugruppen** sind in sich geschlossene, aus zwei oder mehr Teilen bestehende Gegenstände. Komplexere Produkte, wie z. B. ein Industrieroboter, sind das Ergebnis mehrerer Montageschritte.
Grundsätzlich werden zwei Montageabschnitte unterschieden:

Beispiel für einen Montageprozess

		Stückliste zu Gelenk 5
1	1	Gehäuse kpl.
2	6	Zylinderschraube DIN EN ISO 4762-M6x30
3	1	Zwischenring
4	1	Kegelrad kpl.
5	1	O-Ring 37,77x2,62
6	n. B.	Passscheibe DIN 988 – 95x115x0,2
7	n. B.	Passscheibe DIN 988 – 95x115x0,2
8	2	Tellerfeder
9	1	Rillenkugellager DIN 625-6208
10	1	Einbausatz WEP 100 i=99
11	2	Zylinderstift DIN EN ISO 2338 – C6m6x16
12	8	Zylinderschraube DIN EN ISO 4762 – M 6x16
13	6	Zylinderschraube DIN EN ISO 4762 – M 4x16
14	1	Kegelstift DIN EN 22339 – A3x20
15	2	Zylinderschraube DIN EN ISO 4762 – M 6x16
16	1	Motor kpl.

Einzelteile für Gelenk 5

Gelenk 5 montiert

Gelenk 5 bei Endmontage

Einzelteile und Baugruppen (1 bis 16) → **Vormontage** → Baugruppe höherer Ordnung (Gelenk 5)

weitere Baugruppen, Einzelteile, formlose Stoffe → **Endmontage** → Fertigprodukt (Roboter)

Übungsaufgabe 5/3

Maschinen- und Gerätetechnik

Der aus vielen Einzelteilen und Baugruppen montierte Industrieroboter kann in umgekehrter Weise auch wieder zerlegt werden. Man spricht dann von Demontage. Die **Demontage** dient jedoch nicht immer der kompletten Zerlegung einer Maschine oder Anlage.

> **!** Unter Montage versteht man das Zusammenfügen von Einzelteilen, formlosen Stoffen und Baugruppen zu einem Fertigteil.
> Unter Demontage versteht man die Umkehrung der Montage. Demontage ist auch die teilweise Zerlegung zur Pflege, Wartung und Instandsetzung bei Maschinen und Anlagen.

5.1.3 Montagetätigkeiten

Jeder Montageablauf erfordert Haupt- und Sondertätigkeiten.

Haupttätigkeiten:
- **Fügen** ist das Erzeugen einer *dauerhaften Verbindung* zwischen den Einzelteilen bzw. Baugruppen. Der Zusammenhalt nach der Montage kann kraft-, form- oder stoffschlüssig erfolgen.
- **Prüfen** sind alle Tätigkeiten, die das *Vorhandensein*, die *Position* der Teile und zusätzlich die *Qualität* des Fertigprodukts feststellen. Teilabläufe beinhalten häufig spezielle Prüfvorgänge wie Aussortieren von Ausschussteilen, Messen oder Lehren.
- **Handhaben** sind Vorbereitungstätigkeiten für das Fügen und Prüfen, z. B. *Lagern*, *Transportieren*, *Positionieren*.

Sondertätigkeiten sind nicht immer erforderlich. Zu diesen Tätigkeiten zählen z. B. Justieren, Schmieren, Auswuchten, Oberflächenbehandeln, Verpacken.

Beispiel für die Montage eines Elektromotors an eine bereits feststehende Pumpe

Haupttätigkeiten		
Fügen	Prüfen	Handhaben
• Einlegen der Passfedern • Aufschieben der Kupplungshälften auf die Wellenenden • Verschrauben des Motors • Verschrauben der beiden Kupplungshälften	• Vollständigkeit der Baugruppen • Anzugsmoment der Schrauben • Wellenflucht • Endkontrolle durch Probelauf	• Motor, Kupplungshälften, Hilfsmittel bewegen und zusammenführen • Ausrichten der Wellen
Sondertätigkeiten		
• zu fügende Teile reinigen und ölen	• Motorhaube und Abstand zur Pumpe justieren	• Demontieren zum Ausgleichen von Höhe und Abstand

> **!** Der Montageablauf umfasst die Haupttätigkeiten
> • Fügen, • Prüfen, • Handhaben sowie • Sondertätigkeiten.

5.1.4 Fügen im Montageprozess

Mithilfe der Fügeverfahren werden bei der Montage Einzelteile zu Baugruppen bzw. vormontierte Baugruppen zu Geräten und Maschinen zusammengebaut.

Die Fügeverfahren werden nach DIN 8593 in Gruppen eingeteilt, man unterscheidet Fügen durch
- Zusammensetzen, z. B. Einlegen einer Passfeder,
- Füllen, z. B. Tränken eines Sinterlagers,
- An- und Einpressen, z. B. Verschrauben,
- Urformen, z. B. Eingießen eines Lagers,
- Umformen, z. B. Vernieten von Blechen,
- Schweißen, z. B. Punktschweißen,
- Löten, z. B. Hartlöten von Kupferleitungen,
- Kleben, z. B. Aufkleben eines Bremsbelags.

Beispiel für wichtige Fügeverfahren

An- und Einpressen	Schweißen	Zusammensetzen
Schrauben	Schmelzschweißen	Passfederverbindung
Pressen	Punktschweißen	Schnappverbindung

Fast 70 % aller Verbindungen werden zurzeit durch Schrauben und Einpressen hergestellt. Darüber hinaus verstärkt sich im Zuge der Automatisierung der Montage der Einsatz neuerer, für die Montage günstigerer Verfahren, wie Fügen mit Schnappverbindungen, Klammern und Klipsen.

5.2 Fügen durch Schrauben

5.2.1 Schraubenverbindungen

Das Fügen durch Schrauben bietet die Möglichkeit, Bauteile so zu verbinden, dass sie für Instandsetzungs- und Wartungsarbeiten *ohne* Zerstörung eines Elements der Verbindung wieder zerlegt werden können.

Schraubenverbindungen können mit **Kopf- oder Stiftschrauben** hergestellt werden.

Bei den Kopfschrauben unterscheidet man **Durchsteck- und Einziehschrauben**.

Stiftschrauben werden eingesetzt, wenn die Verbindung häufig gelöst werden muss. Stiftschrauben bestehen aus dem Gewinde zum Einziehen, dem Schaft und dem Gewinde für die Muttern zum Schließen der Verbindung. Beim Lösen der Verbindung bleibt das Einschraubende im Werkstück eingeschraubt.

! Zur Herstellung von Schraubenverbindungen verwendet man:
• Durchsteckschrauben, • Einziehschrauben, • Stiftschrauben.

Übungsaufgaben 5/5; 5/6

Maschinen- und Gerätetechnik

5.2.2 Kraftwirkungen in Schraubenverbindungen

1. Maschinenschrauben

Durch das Anziehen von Schraubenverbindungen wird die Schraube in jedem Fall durch eine Vorspannkraft belastet.

Eine Voraussetzung für eine sichere und dauerhafte Verbindung zweier Bauteile, die durch äußere Kräfte zusätzlich belastet werden, ist das richtige Anziehen der Schrauben. Beim Anziehen wird die Schraube um Δl_S gedehnt und die Bauteile werden um Δl_B zusammengedrückt.

In der Schraube wirkt nun die **Vorspannkraft** F_V, die als Reaktion eine **Klemmkraft** F_K in den Bauteilen hervorruft.

F_V Vorspannkraft
F_K Klemmkraft
Δl_S Längenzunahme der Schraube
Δl_B Längenabnahme des Bauteils

*Zur Verdeutlichung sind alle Längenänderungen übertrieben dargestellt und nur auf den Deckel bezogen.

Formänderungen und Kräfte in einer Schraubenverbindung

Wird die vorgespannte Schraubenverbindung nun durch eine zusätzliche Betriebskraft F_B beansprucht, wird die Schraube weiter gedehnt, Δl_S wird größer. Die Kraft in der Schraube nimmt zu ($F_S > F_V$). Die Bauteile werden dann nicht mehr so stark zusammengepresst, Δl_B wird kleiner und die Klemmkraft wird vermindert ($F_{K2} < F_V$).

Die Vorspannkraft muss daher so gewählt werden, dass auch nach dem Angreifen einer Betriebskraft eine ausreichende Klemmkraft der Bauteile gegeben ist; sie darf aber nicht so hoch sein, dass bei Angreifen der Betriebskraft die Streckgrenze des Schraubenwerkstoffs überschritten wird, da es sonst zu einer plastischen Formänderung der Schraube kommt.

vor dem Anziehen   nach dem Anziehen $F_V = F_{K1}$ beim Wirken einer Betriebskraft F_B * $F_V > F_{K2}$

*Zur Verdeutlichung sind alle Längenänderungen übertrieben dargestellt und nur auf den Deckel bezogen.

> **!** Um mit einer Betriebskraft beanspruchte Bauteile durch Schrauben sicher verbinden zu können, ist eine ausreichende Vorspannung der Schrauben erforderlich.
> Bei Schrauben, die durch Vorspannkraft und Betriebskraft beansprucht werden, darf die Gesamtbeanspruchung die Streckgrenze des Schraubenwerkstoffs nicht überschreiten.

2. Dehnschrauben

Bei Schraubenverbindungen, die *während des Betriebs* schwellend belastet werden, wie Verschraubungen von Zylinderköpfen an Verbrennungsmotoren und Verschraubungen an Pleuelstangenlagern, kommt es nach einer gewissen Zeit aufgrund von plastischen Verformungen innerhalb der Verbindung zu einem weiteren Abfall der Vorspannkraft. Das Auftreten plastischer Verformungen nennt man **Setzen** der Verbindung. Ursachen für das Setzen können sein:
- *Kriechen* des Werkstoffs der Bauteile unter dem Schraubenkopf bzw. der Mutter,
- *plastische Längung* der Schraube,
- *Einebnen* der Oberflächenrauigkeit der Trennfugen und der Gewindegänge.

Schwellend belastete Schraubenverbindung

Um in Verschraubungen plastische Verformungen auszugleichen und unter Betriebskräften eine ausreichende Anpresskraft zu erhalten, setzt man **Dehnschrauben** ein.

Dehnschrauben weisen besondere Festigkeitseigenschaften und Konstruktionsmerkmale auf:
- Dehnschrauben werden aus Schraubenwerkstoffen mit hoher Streckgrenze hergestellt, um große elastische Dehnung zu ermöglichen.
- Dehnschrauben werden mit dünnem und langem Schaft ausgeführt, damit eine große elastische Längenänderung möglich ist, die nicht im Bereich der Gewindegänge stattfindet.
- Dehnschrauben haben an Querschnittsänderungen große Übergangsradien, um die Kerbwirkung und damit die Dauerbruchgefahr zu vermindern.
- Dehnschrauben müssen so gestaltet sein, dass beim Anziehen keine Torsionsspannungen entstehen können.

Dehnschraube

> **!** Für schwellend belastete Schraubverbindungen werden Dehnschrauben verwendet. Der Verlust an Vorspannkraft wird durch das elastische Verhalten der Dehnschraube weitgehend ausgeglichen.

5.2.3 Berechnung der Vorspannkraft und des Anzugsmoments bei Schraubenverbindungen

– **Berechnung der Vorspannkraft**

Bei der Berechnung der Vorspannkraft für eine Schraubenverbindung muss der Verlust an Vorspannkraft im späteren Einsatz entsprechend berücksichtigt werden.
Der Verlust an Vorspannkraft ist bei einer Schraubenverbindung abhängig von:
- der Anzahl der Trennfugen, die z. B. durch die Verwendung von Unterlegscheiben vermehrt werden,
- der Rauigkeit des Gewindes und der Grenzflächen der vorgespannten Bauteile,
- dem elastischen Verhalten des Schraubenwerkstoffs.

Da der Einfluss dieser Faktoren schwer zu bestimmen ist, berechnet man die Vorspannkraft F_V allein in Abhängigkeit von der Betriebskraft F_B mithilfe des sogenannten Vorspannverhältnisses.
Das Vorspannverhältnis y soll erfahrungsgemäß einen Wert zwischen 1,5 und 5 haben.
Es ist umso größer zu wählen, je
- *stärker* die schwellende Belastung ist,
- *größer* die Anzahl der Trennfugen ist,
- *rauer* die sich berührenden Oberflächen sind,
- *niedriger* die Streckgrenze des Schraubenwerkstoffs ist,
- *kürzer* der Schraubenschaft ist.

Übungsaufgaben 5/8; 5/9

Maschinen- und Gerätetechnik

Richtwerte für das Vorspannungsverhältnis y

Belastung	y_1	Anzahl der Trennfugen	y_2	Oberflächenbeschaffenheit	$5y_3$	Schraubenlänge	y_4
ruhend	1,5	3	1,5	feinstgeschlichtet	1,5	$l > 5d$	1,5
gering schwellend	3	4	3	geschlichtet	3	$l \approx 5d$	3
stark schwellend	5	6	5	rau gehölt	4	$l < 5d$	5

Das Vorspannungsverhältnis für die Berechnung ist der Mittelwert aus den y-Werten der angegebenen Einflussgrößen. Für die Berechnung der Vorspannkraft gilt:

$$F_v = y \cdot F_B$$

F_v Vorspannkraft
y Vorspannungsverhältnis
F_B Betriebskraft

Mittelwert des Vorspannungsverhältnisses
$$y_m = \frac{y_1 + y_2 + \dots + y_n}{n}$$

– Berechnung des Anzugsmoments

Das Anzugsmoment einer Schraube bei gegebener Vorspannkraft lässt sich aus der Gleichung für die Arbeit an der Schraube berechnen:

$$M_a = \frac{F_v \cdot P}{2 \cdot \pi \cdot \eta}$$

F_v Vorspannkraft
P Gewindesteigung
η Wirkungsgrad
M_a Anzugsmoment

Der Zusammenhang zwischen erreichbarer Vorspannkraft F_v und dem aufzuwendenden Anzugsmoment M_a kann für Schrauben unter Berücksichtigung eines bestimmten Reibzustands auch aus Diagrammen bzw. Tabellen entnommen werden.

Beispiel für die Berechnung der Vorspannkraft und des Anzugsmoments

Aufgabe

Eine Aufhängung soll mit vier Sechskantschrauben DIN EN ISO 4014 – M 10 x 70 – 8.8 mit der Grundplatte verbunden werden. Die Oberflächen der Bauteile sind rau, Gewinde und Auflagen sind geölt. Die Betriebskraft beträgt 35 000 N, sie tritt schwellend, aber nicht stoßartig auf. Der Wirkungsgrad im Gewinde beträgt 0,14.
1. Berechnen Sie die Vorspannkraft.
2. Berechnen Sie das Anzugsmoment.

Lösung

1. Berechnung der Vorspannkraft nach der Gleichung: $F_v = y \cdot F_B$

    a) Ermittlung der Betriebskraft für eine Schraube:
    $$F_B = \frac{F_{B\,ges}}{4} \qquad F_B = \frac{35\,000\,N}{4} = 8\,750\,N$$

    b) Ermittlung des Vorspannungsverhältnisses y:
    - gering schwellende Belastung $y_1 = 3$
    - 3 Trennfugen $y_2 = 1,5$
    - raue geölte Oberfläche $y_3 = 4$
    - lange Schrauben $y_4 = 1,5$

    Mittelwert $y = 2,5$

    c) Berechnung der Vorspannkraft: $F_v = y \cdot F_B$ $F_v = 2,5 \cdot 8\,750\,N = \mathbf{21\,875\,N}$

2. Berechnung des Anzugsmoments:
    $$M_a = \frac{F_v \cdot P}{2 \cdot \pi \cdot \eta}$$
    $P = 1,5$ mm für M10 (Tabellenwert)

    $$M_a = \frac{21\,875\,N \cdot 1,5\,mm \cdot N}{2 \cdot \pi \cdot 0,14 \cdot 1\,000\,mm} = \mathbf{37,3\,Nm}$$

Baugruppen und ihre Montage

5.2.4 Schraubwerkzeuge

Schraubenverbindungen lassen sich mithilfe von Maul-, Steck- und Ringschlüsseln nur nach Gefühl anziehen. Die Funktionsfähigkeit einer Schraubenverbindung mit Vorlast ist aber von der beim Anziehen der Schraube erreichten Vorspannkraft abhängig. Um bei der Montage die geforderten Vorspannkräfte einhalten zu können, müssen entweder die Längenänderungen der Schraube beim Anziehen gemessen werden, oder es müssen Drehmomentschlüssel verwendet werden.

– **Anzug mit Drehmomentschlüsseln**
Bei **Drehmomentschlüsseln** unterscheidet man zwei verschiedene Bauformen:

- *anzeigende* Drehmomentschlüssel,
- *automatisch* auslösende Drehmomentschlüssel.

Bei anzeigenden Drehmomentschlüsseln mit „analoger Skalenuhranzeige" sind Ablesefehler möglich. Automatisch auslösende Drehmomentschlüssel erlauben die Einstellung eines bestimmten Drehmoments und rasten bei Erreichen dieses Werts aus, sodass *kein* höheres Drehmoment auf die Schraube übertragen werden kann. Das gewünschte Drehmoment kann über eine Skala am Drehmomentschlüssel oder mithilfe eines Prüfgeräts eingestellt werden.

Anziehen einer Schraube mit einem anzeigenden Drehmomentschlüssel

! Die Herstellung einer vorgegebenen Vorspannung von Schrauben, die nach dem Drehmomentverfahren angezogen wurden, ist nicht exakt möglich. Sie ist stark vom Oberflächenzustand des Gewindes abhängig.

– **Anzug nach dem Drehwinkelverfahren**
Voraussetzung für das Erreichen einer bestimmten Vorspannkraft ist, dass die Reibwerte an den Gewindeflanken und zwischen Kopf bzw. Mutter und Unterlage im praktischen Fall genauso groß sind, wie sie für die Berechnung des Drehmomentes angenommen wurden. Dies ist jedoch selten der Fall, da die Reibwerte stark vom Zustand der Reibflächen (z. B. Oberflächengüte, Schmierung) abhängen.

Um eine genau bestimmte Vorspannkraft bei voller Ausnutzung der Festigkeitseigenschaften des Schraubenwerkstoffs zu erreichen, muss darum nicht das Anzugsmoment, sondern die elastische Verlängerung der Schraube gemessen werden. Wegen der gleichmäßigen Steigung der Schraube ist die *Verlängerung dem Drehwinkel proportional*. Man erreicht also eine bestimmte Vorspannung durch Einhalten eines bestimmten Drehwinkels. Das entsprechende Anzugverfahren der Schraube nennt man das **Winkelanzugverfahren**.
Zunächst wird dabei die Schraube mit einem Drehmomentschlüssel auf ein geringes, vorgeschriebenes *Setzmoment* angezogen. Danach wird sie mithilfe eines Schlüssels, der mit einem Drehwinkelmesser ausgestattet ist, um einen berechneten Anzugswinkel weitergedreht und so um den gewünschten Betrag gedehnt und vorgespannt.

Drehmomentschlüssel mit Drehwinkelmesser

! Nach dem Drehwinkelverfahren wird die Schraube zunächst auf ein Setzmoment angezogen und dann durch Anziehen um einen genau bestimmten Winkel so gedehnt, dass die vorgegebene Vorspannung erreicht wird.

Übungsaufgabe 5/13

In der Serienfertigung werden pneumatisch oder elektrisch angetriebene Dreh- bzw. Schlagschrauber zur Herstellung von Schraubenverbindungen verwendet. Zur Erhöhung der Zuverlässigkeit werden diese Geräte häufig mit elektronischen Überwachungs- und Registriereinheiten ausgestattet. Diese Einrichtungen bezeichnet man als **Hochgenauigkeits-Schraubsysteme**.

– **Anzug durch hydraulisches Vorspannen**

Besondere Genauigkeit hinsichtlich der Vorspannkraft der Schraube kann durch hydraulisches Vorspannen der Schraube erzielt werden. Dazu wird die Schraube über eine Zughülse mit dem Ringkolben einer hydraulischen Zugeinrichtung verbunden. Der Zylinder der Einrichtung stützt sich auf dem Flansch der zu verschraubenden Bauteile ab. Die Mutter, die nach dem Anziehen die Schraube sichern soll, wird zunächst nur lose angelegt. Durch Ölhochdruck wird die Schraube gedehnt, bis die notwendige Vorspannung erreicht ist. Sodann wird die Mutter leicht angezogen. Nach Entlasten der Hydraulikeinrichtung bleibt so die hydraulisch erzeugte Vorspannung in der Schraube erhalten.

Hydraulisches Vorspannen

Da beim Anziehen der Schraube keine Reibungsverluste auftreten, ist hydraulisches Vorspannen besonders genau. Ferner treten in der Schraube keine zusätzlichen Spannungen durch Verdrehen (Torsionsspannungen) auf, wie sie bei Drehmoment- und Drehwinkel-Anzugverfahren nicht zu vermeiden sind

> ❗ Durch hydraulisches Vorspannen wird eine hohe Genauigkeit der Vorspannkraft erzielt und eine Verdrehbeanspruchung in der Schraube vermieden.

5.2.5 Herstellung von Schraubenverbindungen

Das Herstellen von einfachen Schraubenverbindungen, die nur dazu dienen, einfache Maschinenteile, Abdeckbleche usw. zu befestigen, erfordert folgende Tätigkeiten:
- Verbindungsflächen und Schraubenlöcher säubern,
- Entgraten und Beseitigen von Unebenheiten,
- Teile ausrichten und Lage der Schraubenlöcher überprüfen,
- Schrauben leicht fetten,
- Lagefixierung der zu verbindenden Teile durch Einschrauben von zwei Schrauben,
- Einschrauben der übrigen Schrauben,
- Anziehen der Schrauben mit dem entsprechenden Schraubenschlüssel,
- Kontrolle der Lage und des Flächenschlusses der verbundenen Teile.

Schraubensicherungen siehe „*Fertigungstechnik*", Kapitel *15.2.2*.

Baugruppen und ihre Montage

Anziehfolge

Schraubenverbindungen dienen oft dazu, Räume an Maschinen und Geräten abzudichten. Deckel an Getriebegehäusen müssen zum Beispiel bei Werkzeugmaschinen so abgedichtet sein, dass weder Öl austreten noch Staub oder Schmutz eindringen kann.

– **Schraubenverbindungen ohne Dichtmittel**

Aus konstruktiven bzw. funktionstechnischen Gründen ist es oft nicht möglich, Dichtmittel zu verwenden. Vor dem Verschrauben solcher Flächen, die gefräst oder geschliffen sein können, ist zunächst die einwandfreie Auflage der Flächen zu prüfen. Sie sind, wenn nötig, durch Feinschleifen oder Schaben nachzuarbeiten und zu reinigen. Das Verschrauben *ohne* Dichtmittel erfolgt in folgenden Schritten:

- Erst werden alle Schrauben so weit eingeschraubt, dass eine volle Flächenauflage erreicht wird.
- Im zweiten Schritt werden die Schrauben in bestimmter Reihenfolge in mehreren Durchgängen mit dem entsprechenden Drehmoment gleichmäßig angezogen.

Anziehfolgen beim Dichten ohne Dichtmittel

> **!** **Für die Anziehfolge beim Dichten ohne Dichtmittel gilt:**
> In die abzudichtenden Bauteile werden die Kräfte möglichst symmetrisch eingebracht und nach und nach erhöht. Durch eine solche Arbeitsfolge verspannen sich die Bauteile am geringsten.

– **Schraubenverbindungen mit Dichtmitteln**

Dichtungen werden zweckmäßig verwendet, wenn
- die abgedichteten Räume selten oder gar nicht geöffnet werden,
- die Dichtflächen sich nicht gut bearbeiten lassen und damit uneben sind.

Der Dichtvorgang wird durch Zusammenpressen der Dichtmittel erreicht. Die Kraft dazu wird durch das Anziehen von Schrauben aufgebracht. Die Art der Dichtstoffe, Gummi, Kunststoffe, Aluminium, Kupfer u. a., richtet sich nach den Betriebsverhältnissen wie Druck oder Wärme und der mechanischen Beanspruchung.

Anziehfolgen beim Dichten mit Dichtmitteln

Nach dem Auf- bzw. Einlegen der Dichtungen und dem Ausrichten der Dichtflächen werden auch hier die Schrauben in einer bestimmten Reihenfolge mit einem vorgegebenen Drehmoment gleichmäßig angezogen.
Ungleichmäßiges Anziehen und falsche Anziehfolge können zu Undichtigkeiten führen oder die Dichtungen sogar unbrauchbar machen.

> **!** **Für die Anziehfolge beim Dichten mit Dichtmittel gilt:**
> Die Anziehfolge wählt man so, dass die Dichtung bzw. das Dichtmittel von innen nach außen belastet wird, um eine Art Blasenbildung der Dichtung oder des Dichtungsmittels zu vermeiden.

Übungsaufgaben 5/14; 5/15

5.2.6 Schraubenverbindungen mit Passschrauben

Passschrauben setzt man ein,
- wenn Belastungskräfte *quer* zur Längsachse der Schrauben wirken,
- wenn die Lage von Bauteilen zueinander durch die Schrauben selbst *gesichert* werden soll.

Passschrauben haben einen Schaftdurchmesser mit der Toleranz k6. Die Bohrungen der zu verbindenden Bauteile werden in einem Arbeitsgang gebohrt und durch Reiben fertig bearbeitet.
Passschrauben werden häufig durch einfache Durchsteckschrauben mit Spannhülsen ersetzt.
Dabei entfällt das Reiben der Aufnahmebohrungen.

Passschraubenverbindung

> ❗ Passschrauben können Querbelastungen aufnehmen und ergeben eine Lagefixierung der Bauteile.

5.3 Fügen durch An- und Einpressen

Grundlagen

Bei den Pressverbindungen erfolgt das Fügen der Bauteile durch Kräfte, die die Berührungsflächen aufeinanderpressen. Die Kräfte können dabei durch *Schrauben*, *Keile*, federnde *Zwischenglieder* oder durch *Schrumpfen* hervorgerufen werden. Durch die **Reibungskräfte** können Kräfte bzw. Drehmomente vom Hebel auf die Welle übertragen werden. Die Reibungskräfte sind außer von der Flächenpressung noch von der Werkstoffpaarung, der Oberflächenbeschaffenheit und dem Schmierzustand der Berührungsflächen abhängig.

Pressverbindung

5.3.1 Fügen von Welle und Nabe

5.3.1.1 Klemmverbindungen

Bei Klemmverbindungen wird die Flächenpressung durch Schraubenkräfte erzeugt. Die sich ergebende Flächenpressung ist dabei infolge der Gestaltung der Verbindung ungleichmäßig auf dem Umfang der Berührungsflächen verteilt. Klemmverbindungen werden deshalb nur für die Übertragung kleiner und wenig schwankender Drehmomente verwendet.

Ein Vorteil dieser Verbindung ist die leichte Veränderung der Nabenstellung auf der Welle in Längs- und Umfangsrichtung.

Die Klemmverbindung mit *geteilter* Nabe ermöglicht darüber hinaus eine leichte Montage, z. B. von Riemenscheiben auf der Welle ohne den Ausbau von Lagern. Das übertragbare Drehmoment hängt von den Reibungsverhältnissen an den Berührungsflächen und von den Vorspannkräften der Schrauben ab.

Klemmverbindung mit geschlitzter Nabe

Klemmverbindung mit geteilter Nabe

> ❗ Das von Klemmverbindungen übertragbare Drehmoment hängt von der Vorspannung der Schrauben und den Reibungsverhältnissen an den Berührungsflächen ab.

5.3.1.2 Kegelverbindungen

Bei der Kegelverbindung sind die Berührungsflächen die Mantelflächen eines Kegelstumpfs. Die Flächenpressung, die durch die axiale Spannkraft der Schraube erzeugt wird, ist an allen Stellen der Verbindung gleich. Das setzt aber voraus, dass Außen- und Innenkegel genauestens übereinstimmen. Aus diesem Grund müssen die Kegelwinkel von Welle und Nabe vor dem Fügen geprüft und evtl. nachgearbeitet werden.

Kegelverbindungen haben infolge ihres zentrischen Sitzes eine *hohe* Laufgenauigkeit und Laufruhe. Ein axiales Verschieben oder Nachstellen der Nabe ist nicht möglich.

Das übertragbare Drehmoment ist abhängig von:
- dem Kegelwinkel α,
- den Reibungsverhältnissen an den Berührungsflächen,
- der axialen Spannkraft der Schraube.

Kegelverbindung

! Kegelverbindungen erfordern genaueste Übereinstimmung der Kegelwinkel von Welle und Nabe. Die axiale Schraubenkraft, der Kegelwinkel und die Reibungsverhältnisse an den Berührungsflächen bestimmen die Größe des übertragbaren Drehmoments.

5.3.1.3 Ringfeder-Spannverbindungen

Diese Wellen-Naben-Verbindung benutzt geschlossene konische Ringpaare aus vergütetem Stahl. Zu einem solchen Spannelement gehören ein Außenring mit Innenkonus und ein Innenring mit Außenkonus. Die Flächenpressung wird durch Schrauben und Druckflansche über die Spannringe erzeugt.

Ringfederspannelemente

Die Ringfeder-Spannverbindung gewährleistet eine *hohe* Rundlaufgenauigkeit, sie lässt sich *leicht* lösen und ermöglicht eine *genaue* Einstellung der Nabe in axialer Richtung und in Umfangsrichtung.

Vor dem Verspannungsvorgang liegen der Außen- und Innenring des Spannelements mit Spiel in der Fuge zwischen Welle und Nabe. Zum Anziehen müssen die beiden Ringe zunächst mit einer Vorspannkraft angezogen werden. Erst eine über die Vorspannkraft hinausgehende Spannkraft ruft die zur Übertragung des Drehmoments erforderliche Flächenpressung hervor.

Wellenseitige Verspannung

Über die Größe der zur Übertragung eines Drehmoments erforderlichen Vorspann- und Spannkräfte bei geölten bzw. trockenen Elementen geben Formeln und Tabellen der Hersteller Auskunft.

Nabenseitige Verspannung

Ringfeder-Spannverbindungen

! Ringfeder-Spannverbindungen ermöglichen eine genaue Nabeneinstellung in axialer Richtung und in Umfangsrichtung. Die Ermittlung der Spannkräfte erfolgt nach Herstellerrichtwerten.

Übungsaufgaben 5/18; 5/19

5.3.1.4 Pressverbindungen

Pressverbindungen entstehen durch Fügen zweier Bauteile, die mit Übermaß zueinander gefertigt wurden. Nach dem Fügen der Teile treten an den Berührungsflächen gleichmäßig verteilte Flächenpressungen auf. Die sich daraus ergebenden Reibungskräfte machen eine Übertragung von Axialkräften *und* Drehmomenten möglich. Die Reibungskraft wird darüber hinaus von der Oberflächenbeschaffenheit und vom Schmierzustand der Berührungsflächen beeinflusst.

Voraussetzung für eine einwandfreie Pressverbindung ist ein ausreichendes elastisches Verhalten des Werkstoffs der zu verbindenden Teile. Beim Fügen wird die Welle zusammengepresst und die Nabe gedehnt. Es entstehen somit in der Welle Druck- und in der Nabe Zugspannungen. Damit eine dauerhafte Verbindung gewährleistet ist, dürfen die Spannungen die Elastizitätsgrenze der Werkstoffe nicht überschreiten.

Pressverbindung

Spannungsverteilung in einer Pressverbindung

Die Passungen sind so zu wählen, dass die Flächenpressung dazu ausreicht, das geforderte Drehmoment zu übertragen. Vorteile der Pressverbindung sind:
- Einsparung von Verbindungselementen,
- Einsparung hochwertiger Werkstoffe,
- Einsparung an Zerspanungsarbeit,
- Verringerung der Kerbwirkung, da Welle und Nabe nicht durch Nuten geschwächt sind.

> ! Bei Pressverbindungen haben die Bauteile vor dem Fügen ein Übermaß.
> Das übertragbare Drehmoment hängt von der gewählten Passung und den Reibungsverhältnissen an den Berührungsflächen ab.

— Längspressverbindungen

Bei der Längspressverbindung erfolgt das Fügen von Welle und Nabe durch axiales Aufpressen bei Raumtemperatur.

Für den Montagevorgang sind wichtig:
- Wellenende mit Fase von ca. 5° und 2 bis 5 mm Länge,
- Passflächen gesäubert und gefettet,
- Einpressgeschwindigkeit höchstens 2 mm pro Sekunde,
- zentrisch angreifende Presskraft,
- genaue Ausrichtung der zu fügenden Bauteile.

Die Einpresskraft ist abhängig von
- der Flächenpressung, die sich aus der gewählten Passung ergibt,
- der Reibungszahl der Werkstoffpaarung,
- dem Wellendurchmesser,
- der eingetriebenen Wellenlänge.

Längspressverbindung

> ! Längspressverbindungen werden durch axiales Aufpressen von Welle und Nabe bei Raumtemperatur hergestellt.

Baugruppen und ihre Montage

− Querpressverbindungen

Übersicht über Querpressverbindungen

Querpressverbindungen	Druckölverband	Schrumpfring	Dehnverbindung	Schrumpfverbindung
Erzeugung des Spiels zum Fügen	durch hydraulisches Aufweiten	durch mechanisches Aufweiten	durch Kühlen des Innenteils	durch Anwärmen des Außenteils
Bauteile vor dem Fügen				
Bauteile beim Fügen			abgekühltes Innenteil	erwärmtes Außenteil
gefügte Bauteile				
Bemerkungen	• sehr leicht wieder lösbar, da keine Gefahr von Festsitzen durch Korrosion	• einstellbare Flächenpressung • leicht wieder lösbare Verbindung	• Kühlen mit Trockeneis (−79 °C) oder flüssiger Luft (−194 °C) • besondere Schutzmaßnahmen beim Umgang mit Kühlmitteln nötig	• Gefahr ungleichmäßiger Erwärmung beim Aufheizen mit Brennern • günstiges Anwärmen in Öfen oder Ölbad • u. U. Gefügebeeinflussung

399

Berechnung der Erwärmungs- bzw. Abkühlungstemperatur für Querpressverbindungen

Damit eine Querpressverbindung nach dem Erkalten eine genügend große Flächenpressung hat, müssen die Bauteile vor dem Fügen Übermaß aufweisen.

Das erforderliche Spiel während des Fügens soll aus Erfahrung etwa 10 bis 15 µm betragen. Somit ermittelt man die Durchmesserdifferenz:

Δd = Höchstübermaß + 15 µm

Durchmesseränderung bei Erwärmung des Außenteils

Die Durchmesseränderung Δd bei Erwärmung bzw. Abkühlung hängt vom Ausgangsdurchmesser des Teils, seinem Werkstoff und der Temperaturdifferenz ΔT zwischen kaltem und warmem Zustand ab. Der Einfluss des Werkstoffs wird in der werkstoffeigenen Längenausdehnungszahl α berücksichtigt. Sie wird in Millimeter Längenänderung je Millimeter Ausgangslänge und Grad Temperaturänderung angegeben ($\frac{mm}{mm\,K}$ bzw. nach Kürzen $\frac{1}{K}$).

$\Delta d = d_0 \cdot \alpha \cdot \Delta T$

- Δd Durchmesseränderung
- d_0 Ausgangsdurchmesser
- α Längenausdehnungszahl
- ΔT Temperaturdifferenz

Mit dieser Formel kann bestimmt werden, bei
- vorgegebenem Ausgangsdurchmesser d_0 die notwendige Temperaturdifferenz ΔT oder
- vorgegebener Temperaturdifferenz ΔT der notwendige Ausgangsdurchmesser d_0.

Beispiel für die Berechnung der Erwärmungstemperatur

Aufgabe

Eine Serie von Wellen und Naben $\varnothing$ 50 H7/s6 aus Stahl sollen durch Schrumpfen gefügt werden. Die Naben sollen zum Fügen erwärmt werden.
a) Bestimmen Sie die notwendige Durchmesserdifferenz Δd.
b) Bestimmen Sie die notwendige Temperaturerhöhung ΔT.

Lösung

a) Aus Passungstabellen ergeben sich

Bohrung $\varnothing\,50^{+25}_{0}$ und Welle $\varnothing\,50^{+59}_{+43}$

Der Durchmesserunterschied beträgt
Δd = Höchstübermaß + 0,015 mm
Δd = 0,059 mm + 0,015 mm
Δd = **0,074 mm**

b) $\Delta d = d_0 \cdot \alpha \cdot \Delta T$ mit $\alpha_{Stahl} = 0,000\,012\,\frac{1}{K}$ (laut Tabellenbuch)

$\Delta T = \frac{\Delta d}{d_0 \cdot \alpha}$

$\Delta T = \frac{0,074\,mm \cdot K}{50\,mm \cdot 0,000\,012}$

$\Delta T = $ **123 K**

Die Nabe ist von 20 °C Raumtemperatur auf rund 143 °C zu erwärmen.

5.3.2 Wälzlagermontage
5.3.2.1 Bezeichnung von Wälzlagern

Die Hauptabmessungen von Wälzlagern sind:
- *Bohrungsdurchmesser*   d,
- *Außendurchmesser*   D,
- *Lagerbreite*   B.

Aus wirtschaftlichen Gründen wurde die Anzahl der Lagergrößen begrenzt. Im ISO-Maßplan sind jedem genormten Bohrungsdurchmesser mehrere Lagerbreiten und Lageraußendurchmesser zugeordnet. Zur Kennzeichnung der Wälzlager sind Kurzzeichen eingeführt, die aus Ziffern und Buchstaben bestehen können.

Hauptabmessungen von Wälzlagern

Maßreihen von Wälzlagern

In den Kurzzeichen ist festgelegt:
- *Bauform,*
- *Breitenreihe,*
- *Durchmesserreihe* und Bohrung *d* des Wälzlagers.

Die vollständige Bezeichnung eines Wälzlagers enthält folgende Angaben:
- *Lagerart,*   • *DIN-Nummer,*   • *Kurzzeichen.*

Beispiele für die Bezeichnung von Wälzlagern

Rillenkugellager   DIN 625   –   6205

- Lagerart
- DIN-Nummer
- Kurzzeichen

    62 Maßreihe (6 Breitenreihe, 2 Durchmesserreihe)
    05 Bohrungskennzahl
    (Die Bohrungskennzahl mal 5 ergibt den Bohrungsdurchmesser
    $d = 5 \cdot 5 = 25$ mm (gültig ab Kennzahl 04)

Zylinderrollenlager   DIN 5412   –   NU 1014

- Lagerart
- DIN-Nummer
- Kurzzeichen

    NU-Bauform
    10 Maßreihe (1 Breitenreihe, 0 Durchmesserreihe)
    14 Bohrungskennzahl ($d = 14 \cdot 5 = 70$ mm)

Bauform NU   Bauform NUP

5.3.2.2 Einbau von Lagern mit zylindrischer Bohrung

– Einbau von selbsthaltenden Lagern

Beim Einbau von Lagern mit zylindrischer Bohrung wird zuerst der Lagerring mit der festeren Passung montiert. Damit das Lager nicht verkantet, werden **Schlagkappen** verwendet, welche die Fügekraft gleichmäßig auf den zu montierenden Lagerring übertragen. Muss ein selbsthaltendes Lager – nicht zerlegbares Lager – gleichzeitig auf die Welle und in das Gehäuse gepresst werden, legt man **Montagescheiben** zwischen Lager und Schlagkappe. Dadurch wird die Einbaukraft gleichmäßig auf die Seitenflächen von Innen- und Außenring verteilt.

Die Einbaukräfte können bei kleinen Lagern durch Hammerschläge und bei größeren Lagern durch eine mechanische oder hydraulische Presse aufgebracht werden. Es ist jedoch stets darauf zu achten, dass die Einbaukräfte nie über die Wälzkörper übertragen werden.

Einbau mit Schlagkappe

Einbau mit Montagescheibe und Schlagkappe

> **!** Selbsthaltende Lager mit zylindrischer Bohrung werden mithilfe von Schlagkappen und Montagescheiben eingebaut. Einbaukräfte dürfen nie über die Wälzkörper übertragen werden.

– Einbau von nicht selbsthaltenden Lagern

Bei nicht selbsthaltenden Lagern – zerlegbaren Lagern – werden die Lagerringe getrennt eingebaut. Der freie Lagerring und der Lagerring mit den Wälzkörpern werden zunächst unabhängig voneinander mithilfe von Schlagkappen montiert. Nach dem Einölen der Wälzkörper und der Laufbahn des freien Rings werden beide Teile unter leichtem Drehen ineinander gesteckt. Hierbei ist besonders darauf zu achten, dass zwischen den Lagerringen kein Verkanten eintritt.

Einbau eines Zylinderrollenlagers

> **!** Bei nicht selbsthaltenden Lagern mit zylindrischer Bohrung werden die Lagerringe getrennt eingebaut und dann zusammengefügt.

– Einbau von großen Lagern

Diese Lager können aufgrund der Einbaukräfte nicht in kaltem Zustand aufgezogen werden. Aus diesem Grund erwärmt man das Lager je nach Passungsübermaß und Durchmesser bis etwa 120 °C. Die Erwärmung kann im Wärmeschrank, auf elektrischen Anwärmplatten, im Ölbad oder mit induktiven Erwärmungsgeräten erfolgen.

Induktive Erwärmungsgeräte sind wirtschaftlicher und sauberer als Aufwärmplatten oder Ölbäder. Das Lager wird erwärmt und auf der eingestellten Temperatur gehalten. Vor dem Einbau wird es vom Gerät automatisch entmagnetisiert.

Induktives Erwärmungsgerät

> **!** Große Lager werden vor dem Aufziehen in Wärmeschränken, Ölbädern, induktiven Erwärmungsgeräten oder auf elektrischen Anwärmplatten erwärmt.

Baugruppen und ihre Montage

Einstellen der Lagerluft

Einreihige Schrägkugellager und Kegelrollenlager werden meist paarweise eingebaut. Bei diesen Lagern wird die Lagerluft oder eine notwendige Vorspannung durch Verschieben des Lagerrings bei der Montage hergestellt.

Lagerluft wird eingestellt, wenn im Betrieb mit einer Spielverminderung durch Wärmedehnung zu rechnen ist und kein spielfreier Anlauf gefordert wird, z. B. an Radlagern für Kfz.

Vorspannung wird eingestellt, wenn jederzeit eine genaue und starre Führung verlangt wird, z. B. an Lagern von Werkzeugmaschinen.

Messen der Axialluft eines Radlagers

Bei Schrägkugellagern und Kegelrollenlagern besteht ein fester Zusammenhang zwischen der **Radial- und Axialluft**. Man beschränkt sich deshalb beim Einbau darauf, eine dieser Größen einzustellen. Die Lagerluft bzw. die Vorspannung der Lagerung kann mithilfe einer Messuhr geprüft werden. Die *Einstellung* kann erfolgen durch Lösen oder Anziehen einer Spannmutterr oder Einlegen von Zwischenscheiben oder Federn.

> ❗ Bei Schrägkugellagern und Kegelrollenlagern wird die Lagerluft erst bei der Montage eingestellt. Zum Einstellen können Spannmuttern, Zwischenscheiben oder Federn verwendet werden.

5.3.2.3 Einbau von Lagern mit kegeliger Bohrung

– Prüfen des kegeligen Wellenansatzes

Vor dem Einbau von Lagern mit kegeliger Bohrung sind die Durchmesser und die Kegelsteigung der Wellenzapfen zu prüfen. Hierzu stehen Kegellehrringe und Kegelmessgeräte zur Verfügung.

Mit einem **Kegellehrring** können Durchmesser und Winkel nur für einen bestimmten kegeligen Wellenansatz geprüft werden. Zur Prüfung der Rechtwinkligkeit der Mittellinie des kegeligen Ansatzes zur Stirnfläche des Wellenabsatzes wird der Abstand zwischen Kegellehring und Wellenabsatz mit Endmaßen geprüft

Mithilfe von **Kegelmessgeräten** können Durchmesser und Winkel von Außenkegeln in bestimmten *Bereichen* gemessen werden. Die

Prüfen eines Wellenansatzes mit einem Kegellehrring

Messgeräte bestehen aus zwei fest miteinander im Abstand *a* verbundenen Messuhren und den gegenüberliegenden Anschlägen. Messuhren und Anschläge sind durch einen etwa halbkreisförmigen Bügel verbunden. Ein axial ausgerichteter Anschlag bestimmt im Abstand *s* vom Wellenabsatz die Position der Messstelle.

Beispiel für für ein Kegelmessgerät zum Prüfen von kegeligen Wellenansetzen (imeos)

Messprinzip

> ❗ Vor dem Einbau von Lagern mit kegeliger Bohrung ist der kegelige Lagersitz zu prüfen.

Übungsaufgabe 5/28

Maschinen- und Gerätetechnik

– Einstellung der Lagerluft
Bei Lagern mit kegeliger Bohrung wird *immer* der Innenring mit festem Sitz montiert. Die Einstellung der Lagerluft erfolgt dabei, indem man den Innenring mehr oder weniger fest auftreibt. Die Fixierung der endgültigen Lage erfolgt durch einen Distanzring.

> **!** Die Einstellung der Lagerluft wird durch axiales Verschieben des Lagers auf dem kegeligen Lagersitz erreicht.

– Einbau von Pendelrollenlagern auf kegeliger Spannhülse
Spannhülsen ermöglichen die Montage von Pendelrollenlagern auf zylindrische Wellenansätze. Die Radialluft kann durch Anziehen der Spannhülsenmutter eingestellt werden.

Die Radialluft wird mithilfe von Fühllehren überprüft. Gemessen wird dabei zwischen Außenring und entlasteter Rolle. Vor dem Messen ist das Lager einige Male zu drehen, damit die Rollen die richtige Lage einnehmen. Zunächst muss die Radialluft des Pendelrollenlagers im ausgebauten Zustand bestimmt werden. Beim Aufpressen auf den kegeligen Sitz wird laufend die Verminderung der radialen Lagerluft mithilfe der Fühllehre gemessen. Richtwerte sind den Tabellen der Wälzlagerhersteller zu entnehmen.

Pendelrollenlager auf kegeliger Spannhülse

Einstellen der radialen Lagerluft mit Fühllehren

> **!** Die Lagerluft wird bei Pendelrollenlagern mithilfe von Fühllehren eingestellt.

– Einbau von großen Lagern
Beim Einbau großer Lager auf kegelige Wellenzapfen oder auf kegelige Spannhülsen wird der Innenring hydraulisch verschoben.

Beim **Druckölverfahren** wird Öl unter hohem Druck, durch Bohrungen in der Welle, zwischen die Lagersitzflächen gepresst. Dabei bildet sich ein Ölfilm, der die Reibung erheblich vermindert und so eine leichte axiale Verschiebung des Innenrings möglich macht. Das Aufschieben des Lagers geschieht mithilfe einer Hydraulikmutter, die mit ihrem Ringkolben am Innenring des Lagers anliegt. Nach dem Aufpressen fließt das Öl wieder ab, und es entsteht metallischer Kontakt zwischen Innenring und kegeligem Lagersitz.

Einbau eines Pendelrollenlagers mithilfe des Druckölverfahrens und der Hydraulikmutter

> **!** Große Wälzlager mit kegeliger Bohrung werden mit einer Hydraulikmutter und/oder mit dem Druckölverfahren auf den kegeligen Lagersitz aufgepresst.

5.4 Fügen durch Schweißen

In der Montagetechnik wird Fügen durch Schweißen häufig eingesetzt.
Vorzüge dieser Fügetechnik sind:
- Belastbarkeit der Fügestelle in alle Richtungen,
- hohe Steifigkeit und Festigkeit der Verbindung,
- geringer Raumbedarf der Fügestelle,
- gute Betriebssicherheit,
- leicht herstellbare Verbindung ohne zusätzliche Bauteile,
- gut mechanisierbare und automatisierbare Herstellungsverfahren,
- geringe Herstellungskosten, auch in der Einzelfertigung.

Nachteile dieser Fügetechnik sind:
- die Verbindung ist nicht lösbar,
- Werkstoffbeeinflussung durch Wärmeeinwirkung und Korrosionsgefahr,
- Gefahr von Verzug.

Bei der Montage von Bauteilen kann die Fachkraft durch fachgerechtes Vorgehen die Gefahr des Verzugs einschränken.

Schweißvorgang

5.4.1 Verzug durch Schweißspannungen

Beim Schweißen entstehen durch die Erwärmung und die anschließende Abkühlung Schrumpfungen in der Schweißnaht. Sie können zum *Verbiegen* der Schweißverbindung (Verzug), zu *Rissen* an der Schweißstelle oder sogar zum *Bruch* der Verbindung führen. Bauteile, die eine *geringe* Steifigkeit besitzen, haben die Möglichkeit, frei zu schrumpfen. Die Folgen dieses freien Schrumpfens können sein:
- **Verkürzungen**, • **Krümmungen**, • **Verwerfungen**.

Ist die Schrumpfung behindert, wie dieses bei Bauteilen mit *großer* Steifigkeit der Fall ist, werden im Bauteil Spannungen erzeugt, durch welche die Rissgefahr in der Nähe der Schweißnaht steigt. Der Verzug dieser Bauteile ist jedoch gering.

Winkelverzug Verwerfung

Bauteile mit geringer Steifigkeit

Bauteile mit großer Steifigkeit

! Schweißspannungen entstehen, wenn die Schrumpfung behindert wird. Je steifer ein Werkstück ist, desto größer sind die Schweißspannungen und desto geringer ist der Verzug.

Bei der Fertigung sind Verzug und Schweißspannungen in den vorgeschriebenen Grenzen zu halten oder durch entsprechende Nachbehandlung auszugleichen.

– Maßnahmen gegen Verzug
- Möglichst wenig Wärme einbringen,
- Fertigen von Baugruppen mit zwischenzeitlichem Richten,
- Kehlnähte in mehreren Lagen wechselseitig schweißen,
- Bleche mit Winkelvorgabe schweißen,
- Pilgerschrittverfahren anwenden,
- dünne Bleche festspannen.

Beispiele für Maßnahmen gegen Verzug

Bleche mit Winkelvorgabe | Pilgerschrittverfahren | Bleche festgespannt

Übungsaufgaben 5/30; 5/31

Maschinen- und Gerätetechnik

- **Maßnahmen gegen Schweißspannungen**
  - Bauteile möglichst lange frei schrumpfen lassen,
  - Bauteile vorwärmen,
  - Schweißzusatzwerkstoff verwenden, der verformungsfähiges Schweißgut ergibt,
  - bei Aussteifungen erst Stumpfnähte, dann Kehlnähte schweißen,
  - bei Blechfeldern erst Quernähte, dann Längsnähte schweißen.

5.4.2 Nachbehandlung geschweißter Bauteile

Selbst bei Einhaltung aller Maßnahmen gegen Verzug und Schweißspannungen kann in der Praxis kaum auf Nachbehandlung verzichtet werden. Spannungen können durch *Spannungsarmglühen* abgebaut werden. Dabei wird das Bauteil auf 500 bis 600 °C erwärmt. Mit zunehmender Erwärmung nimmt die Streckgrenze ab und die Spannungen im Bauteil können sich abbauen. Der Ausgleich von Verzug ist möglich durch *Kaltrichten* und *Flammrichten*.

Beim **Kaltrichten** wird das Bauteil durch äußere Krafteinwirkung in die geforderte Form gebracht, indem gelängte Fasern gestaucht und verkürzte Fasern gestreckt werden.

Kaltrichten — Druckspannungen infolge Biegung (Stauchen)

Beim **Flammrichten** wird das Werkstück örtlich erwärmt. Je nach Form, Größe und Werkstoff des Werkstücks sowie der Art der Verformung erfolgt die Erwärmung punkt-, strich- oder keilförmig. Dabei tritt an der erwärmten Stelle eine örtliche Stauchung ein, weil die kalte Umgebung die Ausdehnung behindert. Beim Abkühlen schrumpft der erwärmte Bereich stärker als der kältere und das Bauteil wird gerade.

Flammrichten — Druckspannungen infolge Behinderung der Ausdehnung (Stauchen)

Beispiele für das Richten von geschweißten Bauteilen durch Flammrichten

- Richten von Rohren durch Wärmepunkte
- Richten einer Stumpfnaht durch Wärmestraße
- Richten von Profilen durch Wärmekeile

> Spannungen und Verzug können durch Nachbehandlung abgebaut oder ausgeglichen werden.
> Durch Spannungsarmglühen werden Schweißspannungen abgebaut.
> Durch Kalt- oder Flammrichten werden verzogene Bauteile gerichtet.

5.4.3 Schweißtechnische Fertigungsunterlagen

Um ein geschweißtes Bauteil technisch einwandfrei und wirtschaftlich herzustellen, ist ein Schweißplan erforderlich.

Im Schweißplan wird der Fertigungsablauf für das Schweißen festgelegt. Zum Schweißplan gehören:
• *Zuschnitt- und Schneidplan*, • *Heft- und Heftfolgeplan*, • *Schweißfolgeplan und Prüfplan*.

Für die Montage ist der **Schweißfolgeplan** von großer Bedeutung, weil dort die Aufeinanderfolge des Schweißens und die erforderlichen Prüfungen am geschweißten Bauteil festgelegt sind.
Für die Form des Schweißfolgeplans ist der Schwierigkeitsgrad der Konstruktion maßgebend.

Im Maschinen- und Gerätebau ist meist ein Schweißfolgeplan mit Konstruktionszeichnung und ergänzendem Textteil ausreichend.

Der Schweißfolgeplan sollte folgende Angaben enthalten:
- Grundwerkstoffe der zu fügenden Teile,
- Schweißzusätze und Hilfsstoffe,
- Fugenform und Nahtvorbereitungen,
- Zusammenbaufolge und Heftstellen,
- Schweißverfahren und Schweißpositionen,
- geforderte Güten,
- Nahtaufbau,
- Schweißnahtfolge und Schweißrichtungen,
- Schweißparameter wie Spannung,
- Schrumpfzugaben bzw. Gegenmaßnahmen,
- Prüfumfang.

Beispiel für Schweißfolgeplan

! Im Schweißfolgeplan legt man die Reihenfolge der einzelnen Fertigungsschritte fest.

5.5 Prüfen in Montageprozessen

Im Montageprozess wirken sich Fehler aller vorausgegangenen Fertigungsschritte auf die Funktion der Baugruppen aus. Bei Nichteinhaltung vorgegebener Abmessungen, Bearbeitungstoleranzen und Oberflächenqualitäten erhöht sich der Montageaufwand.

Entsprechend der jeweiligen Stufe im Montageprozess sind vom Facharbeiter verschiedenartige Prüfaufgaben durchzuführen:
- **statisches Prüfen** der Maß-, Form- oder Lageabweichungen von Bauteilen, Baugruppen oder Maschinen,
- **dynamische Funktionsprüfungen** von Baugruppen oder vom Fertigprodukt, z. B. Messungen von Drehmoment, Drehzahl oder auch Funktionsprüfungen ganzer Baugruppen,
- **überwachende Prüftätigkeit** bei der maschinellen Montage,
- **Prüfen der Sicherheitseinrichtungen** unter Beachtung der geltenden Vorschriften, wie VDE-Richtlinien und Unfallverhütungsvorschriften.

Systematische Prüfungen in Montageprozessen erfordern:
- festgelegte Prüfzeitpunkte für bestimmte Prüfvorgänge, z. B. nach Fertigstellung einer Baugruppe,
- sachgerechte Prüfmittel für alle Prüfvorgänge,
- einen vorgegebenen Prüfumfang für jeden Prüfvorgang.

> **!** In die Montageprozesse werden verschiedenartige Prüfvorgänge eingegliedert. Sie umfassen vor allem:
> - statische Prüfungen, • dynamische Prüfungen, • Sicherheitsprüfungen.

5.5.1 Statische Prüfungen

Typische und häufig wiederkehrende statische Montageprüfungen im Maschinenbau sind geometrische Genauigkeitsprüfungen. Dem Facharbeiter werden in einem Prüfplan für bestimmte Abmessungen, Formen und Lagen die zulässigen Abweichungen vorgegeben, die er während des Montageprozesses zu überprüfen hat.

Beispiele für statische Montageprüfungen im Maschinenbau

Prüfen von Maßabweichungen

Beispiel	Prüfmittel	Einsatzgebiete
Messdorne	Messschieber, Messschraube Prüfdorne, Endmaße digitale Längenmesssysteme	Prüfungen des Einbauabstands, z. B. bei der Montage von Zahnradgetrieben Prüfungen des Einbauspiels bei Kupplungen, Lagern oder Getrieben

Prüfen von Formabweichungen

Beispiel	Prüfmittel	Einsatzgebiete
Abweichung von der Ebene (Haarlineal, Lichtspalt)	Messuhr mit Richtschiene Richtwaage optische Messgeräte	Prüfen von Führungsbahnen und Schlittenführungen (geradlinige Bewegung)

Baugruppen und ihre Montage

Beispiele für statische Montageprüfungen im Maschinenbau (Fortsetzung)
Prüfen von Lageabweichungen

Beispiel	Prüfmittel	Einsatzgebiete
Abweichung von der Parallelität	Messschieber, Richtwaage Parallelendmaße Messuhr mit Vorrichtung elektronische Messsysteme Laser-Messsysteme	Prüfen von Führungsflächen zueinander Prüfen von Achs- und Wellenlagen zueinander
Abweichung von der Fluchtung	Endmaße, Messuhren optische und elektronische Messgeräte	Prüfen von Achsen, Wellen, Gleitbahnen, Kupplungen oder Riementrieben
Abweichung von der Rechtwinkeligkeit	Prüfwinkel mit Messuhr elektronische Messgeräte Rahmenwasserwaage	Prüfen der Lage von Führungsflächen zueinander Prüfen von rechtwinkligen Bewegungsrichtungen, z. B. einer Spindelachse zur Führung
Abweichung vom Rundlauf	Messuhr Laser-Messsysteme	Prüfen von Wellen und Zahnrädern Prüfen von Spindeln an Werkzeugmaschinen
Abweichung vom Planlauf	Messuhr elektronische Messgeräte	Prüfen von Wellen und Zahnrädern Prüfen von Aufspannflächen, Rundtischen sowie Maschinenspindeln

! Während der Montage werden in statischen Prüfverfahren Werkstücke, vormontierte Baugruppen und fertig montierte Einheiten hinsichtlich Maßen, Form und Lage geprüft.

Übungsaufgaben 5/34; 5/35

5.5.2 Dynamische Prüfungen

Aggregate mit rotierenden Teilen, wie Pumpen und Motoren, werden vor dem Einsatz dynamisch geprüft. Bei dynamischen Prüfungen erfasst man z. B. Drehmoment, Drehzahl, Drehwinkel und Leistung. Abweichende Drehmomente erlauben Rückschlüsse auf Ausführungsmängel der Baueinheit.
Erhöhte Reibung, als Folge eingeklemmter Späne, durch Verschmutzung oder Montagefehler, beeinträchtigt das Drehmoment.

Weitere dynamische Prüfungen sind z. B.:
- *Prüfung der Positioniergenauigkeit* von Werkzeugmaschinen oder Industrierobotern,
- *Prüfung der Unwucht* von Rotationsteilen wie Wellen und Zahnräder,
- *Prüfung der Funktion sich bewegender Bauteile* wie Führungen, Gleitbahnen, Lager, Wellen,
- *Prüfung von Arbeitsabläufen* hydraulischer, pneumatischer oder elektrischer Antriebs- und Steuerungssysteme.

> ! Mit dynamischen Prüfungen in Montageabläufen überprüft man die Änderung von Bewegungszuständen von Bauteilen und Baugruppen.
> Die Bewegungsänderungen können qualitativ oder quantitativ durch Messwerterfassung überprüft werden.

5.5.3 Auswahl von Prüfsystemen

Die Lebensdauer einer Maschine und die Möglichkeiten, die Betriebsbedingungen optimal einzuhalten, hängen von der Qualität der Bauteile und ihrer Montage ab.
Höhere Qualität kann nur durch Überwachung mit präziseren Prüfsystemen erreicht werden.

> **Beispiel für den Zusammenhang zwischen Lebensdauer und Ausrichtung aufgrund höherer Messgenauigkeit**
>
> Die Kupplungshälften an Motor und Pumpe müssen ausgerichtet werden. Die Lebensdauer der Lager in beiden Baueinrichtungen hängt von der Qualität der Ausrichtung ab.
>
> Motor — Kupplung — Pumpe
>
> Maschinen-Lebensdauer
>
> Prüfung mit Lineal | Prüfung mit Messuhr | Prüfung mit laseroptischem Messgerät
>
> Messgenauigkeit →

> ! Optimale Betriebsbedingungen und lange Lebensdauer von Maschinen und Einrichtungen sind nur durch Überwachung mit präzisen Prüfsystemen zu erreichen.

5.5.3.1 Abnahmeprüfungen von Maschinen

Nach der Endmontage von Maschinen, Anlagen oder Geräten muss zur Qualitätssicherung eine abschließende Prüfung durchgeführt werden.

Diese **Abnahmeprüfung** stellt sicher, dass die Maschine den gestellten Anforderungen genügt. Das bedeutet z. B. für Werkzeugmaschinen, dass bei der Fertigung vorgegebene Toleranzen eingehalten werden. Abnahmeprüfungen erfolgen nach vorgegebenen Normen und Richtlinien. In ihnen sind festgelegt:
- der *Gegenstand der Prüfung*, z. B. der Rundlauf der Arbeitsspindel einer Werkzeugmaschine,
- die *messtechnische Anordnung der Prüfung*, z. B. eine Anschlagleiste mit Messuhr.

Beispiel für die Abnahmeprüfung einer Fräsmaschine

Die dargestellte Senkrecht- und Waagerechtfräsmaschine ist nach ihrer Fertigstellung an ihrem Einsatzort aufgestellt worden.
Nach DIN 8615 sind die geometrischen Prüfungen der Schlittenführungen und der Arbeitsspindel durchzuführen und zu protokollieren.

Auszug aus dem Abnahmeprotokoll

Nr.	Gegenstand der Prüfung	Bild	Prüfmittel	Prüfanleitung	Abweichung in mm zulässig	gemessen
1	Parallelität der Aufspannfläche des Frästischs zur Horizontalfrässpindel		Messständer Messuhr	Messständer mit Messuhr auf dem Frästisch befestigen, Taststift der Messuhr in Position A an der Frässpindel anstellen, Querschlitten um die Messlänge verfahren und Anzeige ablesen	0,02 bei 300 Messlänge	0,012
2	Rundlauf des Außenkegels der Vertikalfrässpindel		Messständer Messuhr	Messständer auf dem Frästisch befestigen, Messuhr anstellen, Spindel drehen und dabei Anzeige ablesen	0,01	0,005
3	Rechtwinkligkeit der Pinolenbewegung zur Aufspannfläche des Frästischs		Feinzeiger und Prüfwinkel entsprechend der Länge des Pinolenwegs	Längs- und Querschlitten in der Mittelstellung geklemmt, Prüfwinkel aufsetzen Messständer und Messuhr befestigen, Pinole um die Messlänge verfahren und Anzeige ablesen	0,025 bei 300 Messlänge	0,020

Übungsaufgabe 5/37

Maschinen- und Gerätetechnik

5.5.3.2 Prüfungen in der maschinellen Montage

Bei der **maschinellen Montage** müssen im Gegensatz zur manuellen Montage Prüfvorgänge *kontinuierlich* im Montageprozess erfolgen. Um einen gesicherten Montageablauf zu gewährleisten, treten an die Stelle einzelner Prüfaufgaben meist *Überwachungssysteme*. So muss beispielsweise vor dem Anziehen einer Schraube mit einem bestimmten Drehmoment das Vorhandensein der betreffenden Schraube geprüft werden.

Für maschinelle Montagen ergeben sich die folgenden *Prüf- und Überwachungsaufgaben*:
- Absicherung der Anlagenfunktionen, z. B. Überwachung der Steuerungs- und Antriebssysteme für den Arbeitsablauf, Kontrolle der Beendigung von Handhabungstätigkeiten,
- Überwachung der richtigen Fügelage von Einzelteilen beim Montieren,
- Überwachung des Vorhandenseins von Teilen, evtl. nach vorheriger Identitätskontrolle,
- Kontrolle der für eine Montage erforderlichen Toleranzen der Bauteile,
- Absicherung des Montageprozesses, z. B. durch Prüfen des Drehmoments bei Schraubenverbindungen oder durch Messeinrichtungen mit Sensoren,
- Absicherung der Funktion der montierten Baugruppe oder Maschine, z. B. durch Sichtprüfungen oder Probelauf.

Maschinelle Montagen erfordern je nach Anwendungsgebiet den Einsatz vielfältiger Prüf- und Überwachungssysteme.
Prüffehler führen bei maschineller Montage entweder zu Störungen im weiteren Montageablauf oder sie fallen nicht mehr auf, sodass das fehlerhafte Produkt zum Kunden gelangt. Die Vielfalt maschineller Montagetätigkeiten erfordert entsprechend angepasste Prüf- und Überwachungssysteme, deren wesentliche Bauteile **Sensoren** sind. (Sensoren – siehe „Elektrotechnische Funktionseinheiten")

Übersicht über Sensorsysteme in der Prüf- und Überwachungstechnik*

Sensorsystem	vorwiegende Prüf- und Überwachungsaufgabe	Bemerkungen
Näherungsschalter induktive Schalter kapazitive Schalter fotoelektrische Schalter elektromechanische Schalter taktile Sensoren (Tastsensor)	Abstandprüfungen Prüfungen auf Vorhandensein von Bauteilen	abhängig vom Prüfobjekt, z. B. müssen bei induktiven Gebern die Prüfobjekte aus leitendem Werkstoff bestehen
Dehnungsmessstreifen (DMS), Silizium-Halbleiter piezoelektrische Aufnehmer	Kraft-, Druck- und Drehmomentenmessung	ermöglichen eine direkte Montageprozessüberwachung, z. B. Drehmomentmessung bei Schraubenverbindungen, jedoch teure Prüfanlage
Ultraschall	Prüfung auf Vorhandensein von Bauteilen Abstandsmessungen	von Werkstoff und Oberflächenbeschaffenheit des Prüfobjekts unabhängig; nachteilig wirken sich Temperaturschwankungen aus; Korrektur mittels Temperatursensoren wird erforderlich
Druckluft	Prüfungen auf Vorhandensein von Bauteilen Prüfen von Abmessungen	unabhängig vom Prüfobjekt, jedoch empfindlich gegen Verschmutzung der Düsen
Optik (visuell)	Prüfungen auf Vorhandensein von Bauteilen Prüfen von Abmessungen	unabhängig vom Prüfobjekt, jedoch empfindlich gegen Lichtschwankungen
Laser	Prüfungen auf Vorhandensein von Bauteilen	unabhängig vom Prüfobjekt

* Sensoren siehe Seite 661

Baugruppen und ihre Montage

In Prüf- und Überwachungssystemen dient der Sensor zur Aufnahme der Prüfgröße. Bevor die erfasste Größe als verwertbare Prüfaussage ausgegeben wird, durchläuft sie verschiedene Zwischenstationen, sodass man von einer **Messkette** spricht. Zum Aufbau der Messkette gehören – unabhängig von der Art der Sensoren – stets noch die Signalverarbeitung und die Signalausgabe.

Zur **Messwertaufnahme** gehört neben dem Sensor noch ein Bereich der Signaleinspeisung, z. B. eine Verstärkung oder eine Analog-Digital-Umwandlung.

In der **Messwertverarbeitung** werden die Signale in verwertbare Messwerte umgesetzt und weiterverarbeitet, z. B. durch Vergleich mit gespeicherten Daten in einem Rechner.

Die **Messwertausgabe** bringt die Prüfaussage zur Anzeige oder leitet sie direkt an die Steuerung der Anlage zu einer Korrektur weiter.

Prüfobjekt

Messwertaufnahme
z. B. – Sensoren
– Verstärker
– Wandler

Messwertverarbeitung ← Programmierung
z. B. – Programme
– Bildspeicher
– Rechner

Messwertausgabe
z. B. – digitale Anzeige
– Steuergröße

Prüfausgabe

Messkette in der maschinellen Montage

Beispiel für den Einsatz von Sensoren zur Prüfung auf Vorhandensein und Lage von Motorblöcken

Für den Montagevorgang soll ein Roboter Motorblöcke von Paletten entnehmen und auf ein Transportband auflegen. Die Motorblöcke sind auf den Paletten nicht exakt positioniert. Damit der Roboter die Blöcke finden kann, ist eine Videokamera am Roboter befestigt. Die Elektronik des visuellen Sensors ermittelt Lage und Orientierung des Motorblocks. Der Greifvorgang wird durch einen taktilen Sensor gesteuert.

Nach dem Abräumen einer Palettenlage wird zur Sicherheit mithilfe eines Ultraschall-Sensors der Bereich der abgeräumten Lage nach liegen gebliebenen oder umgefallenen Motorblöcken abgesucht.

Videokamera mit Beleuchtungseinrichtung

Ultraschallsensor

taktiler Sensor

> Messketten in der maschinellen Montage bestehen aus:
> • Messwertaufnahme, • Messwertverarbeitung und • Messwertausgabe.
> Innerhalb der Messwertaufnahme sind Sensoren die Bauteile zur Erfassung verschiedenartiger Prüfgrößen.

Übungsaufgaben 5/39; 5/40

Maschinen- und Gerätetechnik

5.6 Handhaben in Montageprozessen

5.6.1 Funktionsbereiche des Handhabens

Bauteile, die gefügt werden sollen, müssen in eine bestimmte Lage zueinander gebracht werden. Dazu sind meist mehrere verschiedene Handhabungsvorgänge erforderlich.

Unter **Handhaben** versteht man das Schaffen oder das gezielte Verändern einer vorgegebenen Lage eines Bauteils im Raum. Die räumliche Anordnung eines Bauteils wird angegeben durch:
- seine **Position** (Ort des Bauteils),
- seine **Orientierung** (Richtung des Bauteils).

Handhabungsvorgänge für einen Verschraubungsvorgang

! Handhaben ist das Schaffen oder gezielte Verändern einer vorgegebenen Bauteillage im Raum.

Handhabungsfunktionen lassen sich in *Teilfunktionen* gliedern. Nach VDI-Richtlinie 2860 unterscheidet man die folgenden **Funktionsbereiche**:

Funktionsbereiche
- Sichern
- Bewegen
- Menge verändern
- Speichern
- Kontrollieren

5.6.1.1 Handhabungsfunktionen zum Sichern

Unter Sichern versteht man das Erhalten eines bestimmten räumlichen Zustands von Werkstücken und Werkzeugen während einer bestimmten Zeitspanne.

Handhabungs-funktion	Beschreibung der Funktion	Beispiele	Sinnbild VDI 2860
Halten	Vorübergehendes Sichern eines Körpers in einer bestimmten Orientierung und Position		
Lösen	Umkehrung des Haltens		
Spannen	Vorübergehendes Sichern eines Körpers in einer bestimmten Orientierung und Position durch Kraftschluss		
Entspannen	Umkehrung des Spannens		

! Das Sichern dient dem Erhalten eines bestimmten Werkzeug- bzw. Werkstückzustands durch Form- oder Kraftschluss für eine bestimmte Zeit.

Baugruppen und ihre Montage

5.6.1.2 Handhabungsfunktionen zum Bewegen

Ein Verändern der Position und der Orientierung von Werkstücken im Raum wird durch *Bewegen* der Werkstücke ausgeführt. Je nach der *Bewegungsbahn* und der *Orientierung* der Werkstücke unterscheidet man weitere Handhabungsfunktionen.

Handhabungs-funktion	Beschreibung der Funktion	Beispiele	Sinnbild VDI 2860
Drehen	Bewegen aus einer bestimmten Orientierung in eine andere bestimmte Orientierung durch Drehen um Körperpunkte		
Verschieben	Bewegen aus einer vorgegebenen Position in eine andere vorgegebene Position entlang einer Geraden, die Orientierung bleibt unverändert		
Schwenken	Bewegen aus einer vorgegebenen Orientierung in eine andere vorgegebene Orientierung mit Positionsänderung		
Orientieren	Bewegen aus einer unbestimmten in eine vorgegebene Orientierung ohne Berücksichtigung der Position		
Positionieren	Bewegen aus einer unbestimmten in eine vorgegebene Position ohne Berücksichtigung der Orientierung		
Ordnen	Bewegen aus einer unbestimmten in eine vorgegebene Position und Orientierung		
Führen	Bewegen aus einer vorgegebenen in eine andere vorgegebene Position entlang einer bestimmten Bahn, die Orientierung bleibt erhalten		
Weitergeben	Bewegen aus einer vorgegebenen in eine andere vorgegebene Position entlang einer unbestimmten Bahn		

! Durch Bewegen wird die Position und die Orientierung eines Werkstücks verändert. Die Bewegung kann auf einer bestimmten oder einer beliebigen Bahn erfolgen.

5.6.1.3 Handhabungsfunktionen zum Verändern der Menge

Mengen lassen sich in der Handhabungstechnik durch Teilen, Vereinigen, Abteilen, Zuteilen, Verzweigen und Zusammenführen verändern.

Handhabungs-funktion	Beschreibung der Funktion	Beispiele	Sinnbild VDI 2860
Teilen	Bilden von Teilmengen aus einer Menge		
Vereinigen	Bilden von Mengen aus Teilmengen		
Abteilen	Bilden von Teilmengen bestimmter Größe oder Anzahl aus einer Menge		
Zuteilen	Bilden von Teilmengen bestimmter Größe oder Anzahl und Bewegen dieser Menge zu einem bestimmten Ort		
Verzweigen	Auflösen von sich bewegenden Mengen in Teilmengen		
Zusammen-führen	Bilden einer bewegten Menge aus Teilmengen		

> **!** Das Verändern von Mengen umfasst das Vergrößern und Verkleinern von Mengen. Größe bzw. Anzahl der Teilmengen und der Ort, zu dem diese bewegt werden, können vorgegeben sein.

Baugruppen und ihre Montage

5.6.1.4 Handhabungsfunktionen zum Speichern

Unter **Speichern** versteht man das Aufbewahren geometrisch bestimmter Körper.
Je nach Orientierung unterscheidet man:
- geordnetes Speichern,
- teilgeordnetes Speichern,
- ungeordnetes Speichern.

Handhabungs-funktion	Beschreibung der Funktion	Beispiele	Sinnbild VDI 2860
geordnetes Speichern	Orientierung und Position der Werkstücke *genau* festgelegt		
teilgeordnetes Speichern	Orientierung und Position der Werkstücke nur *teilweise* festgelegt		
ungeordnetes Speichern	Orientierung und Position der Werkstücke *beliebig*		

> ❗ Speichern ist das Aufbewahren von Werkstücken, die je nach Orientierung und Position geordnet, teilgeordnet oder ungeordnet vorliegen können.

5.6.1.5 Handhabungsfunktionen zum Kontrollieren

Das Kontrollieren umfasst das Prüfen und Messen ausgeführter Handhabungsvorgänge.

Handhabungs-funktion	Beschreibung der Funktion	Beispiele	Sinnbild VDI 2860
Prüfen	Feststellen, ob Werkstücke vorgegebene Bedingungen erfüllen		
Messen	Feststellen eines Werts als Vielfaches einer Bezugsgröße		

> ❗ Unter Kontrolle als Handhabungsfunktion versteht man das Prüfen bestimmter Bedingungen und das Ermitteln bestimmter Maße eines Werkstücks nach ausgeführten Handhabungsvorgängen.

Maschinen- und Gerätetechnik

Beispiel für die Analyse eines Ordnungs- und Magaziniersystems mithilfe von Sinnbildern

5.6.2 Handhabungseinrichtungen

Bei *automatisierter* Handhabung treten zur Ausführung der Handhabungsfunktionen technische Einrichtungen an die Stelle der menschlichen Sinne und der menschlichen Hand. Technische Einrichtungen zur Realisierung von Handhabungsfunktionen werden **Handhabungseinrichtungen** genannt. Handhabungseinrichtungen führen oft mehrere Funktionen aus. Sie werden entsprechend der hauptsächlich von ihnen auszuführenden Funktionen in drei Hauptgruppen unterteilt. Dieses sind:
- *Speichern* von Werkstücken,
- *Verändern* der Menge, Position und Orientierung von Werkstücken,
- *Spannen* von Werkstücken.

– **Einrichtungen zum Speichern von Werkstücken**

Eine optimale Nutzung von Fertigungseinrichtungen erfordert die dauernde Bereitstellung von Werkstücken.
Die Bereitstellung kann *ungeordnet* in **Bunkern** oder *geordnet* in **Magazinen** erfolgen.
Einige Speichereinrichtungen, in denen die Werkstücke ungeordnet vorliegen, haben gleichzeitig eine Ordnungseinrichtung.

Speichereinrichtungen sind:
- *Bunker*, z. B. Rotorbunker und Greifbehälter,
- *Magazine*, z. B. Schachtmagazine.

! Speichereinrichtungen dienen zum Bereitstellen von Werkstücken vor und nach den Fertigungseinrichtungen. Bunker dienen zum ungeordneten Speichern. Magazine zum geordneten Speichern.

Baugruppen und ihre Montage

– **Einrichtungen zum Verändern der Menge, Position und Orientierung von Werkstücken**

Die Einrichtungen zum Verändern der Menge, Position und Orientierung von Werkstücken werden eingesetzt, um den Werkstückfluss in, zwischen und aus den Fertigungseinrichtungen auszuführen. Diese Einrichtungen unterteilt man in:
- **Zuführeinrichtungen**,   z. B. programmierbare Handhabungsgeräte,
- **Ordnungseinrichtungen**,   z. B. Vibrationswendelförderer,
- **Zuteileinrichtungen**,   z. B. Schieber und Weichen.

Beispiel für eine automatisierte Zuführung

! Einrichtungen zum Verändern der Menge, Position und Orientierung von Werkstücken werden eingesetzt, um Werkstücke in, zwischen und aus Fertigungseinrichtungen zu bewegen.

– **Einrichtungen zum Spannen**

Die Einrichtungen zum Spannen haben die Aufgabe, die Orientierung eines Werkstücks so zu sichern, dass sie leicht wieder zu lösen sind.
Die Spanneinrichtungen werden unterteilt in: • *Greifwerkzeuge*, • *Spannvorrichtungen*.
Die **Greifwerkzeuge** sind eine Baugruppe der Handhabungseinrichtungen. Die Greifersysteme sind von der Form der zu greifenden Werkstücke abhängig.

Beispiele für verschiedene Greifwerkzeuge von Handhabungseinrichtungen

Spannvorrichtungen sind Baugruppen von verschiedenen Fertigungseinrichtungen, wie z. B. Fügestationen. Nach der Betätigungsart unterscheidet man:
- *handbetätigte* Spannvorrichtungen,
- *elektrisch* betätigte Spannvorrichtungen,
- *pneumatisch* oder hydraulisch betätigte Spannvorrichtungen.

! Einrichtungen zum Spannen dienen zur Sicherung der Lage von Werkstücken. Greifsysteme und Spannvorrichtungen sind von der Form der zu handhabenden Werkstücke abhängig.

Übungsaufgabe 5/47

Maschinen- und Gerätetechnik

5.7 Sondertätigkeiten im Montageprozess

5.7.1 Justieren

5.7.1.1 Arten der Justage

Die Funktion einer Baugruppe bzw. einer Maschine oder eines Geräts ist nur dann gewährleistet, wenn die Bauteile maß- und lagegenau gefügt werden.

Eine einfache und wirtschaftliche Montage ohne Anpassungsarbeiten erfordert eine Fertigung der Bauteile mit engen Toleranzen. Die Verkleinerung der Einzeltoleranzen verteuert jedoch die Produktionskosten der Teilefertigung. Die Vergrößerung der Einzeltoleranzen ermöglicht dagegen eine kostengünstige Teilefertigung, lässt aber die Montagekosten steigen, da Anpassungsarbeiten erforderlich werden.

Bei Anpassungsarbeiten unterscheidet man zwischen Nacharbeit und Justieren.
Unter **Nacharbeit** versteht man den Ausgleich von Abweichungen, die durch *vermeidbare* Fehler, z. B. durch Nichteinhalten vorgegebener Toleranzen, aufgetreten sind.

Von **Justieren** spricht man, wenn die Anpassungsbearbeitung geplant ist, weil eine ausreichend genaue Fertigung der zu fügenden Bauteile aus technischen oder wirtschaftlichen Gründen nicht durchgeführt wird. Das Justieren umfasst alle Tätigkeiten zum Ausgleich fertigungstechnisch *unvermeidbarer* Abweichungen. Es schließt somit Prüf-, Demontage-, Bearbeitungs- und Fügevorgänge ein.

Nach dem Prinzip des Ausgleichens unterscheidet man sechs Arten der **Justage**:

!	Alle Tätigkeiten zum Ausgleich fertigungstechnisch unvermeidbarer Abweichungen beim Zusammenbau von Bauteilen bezeichnet man als Justieren. Je nach Art der Justage unterscheidet man Justieren durch • Einformen, • Umformen, • Trennen, • Einstellen, • Nachbehandeln, • Fügen mit Ausgleichsbauteilen.

Baugruppen und ihre Montage

Weiterhin unterscheidet man die Justage nach der Eindeutigkeit, mit der das Justierergebnis erreicht wird, in bestimmte Justage und *unbestimmte* Justage.

1. Bestimmte Justage

Bei der bestimmten Justage ist das Ergebnis jedes Justagevorgangs endgültig. Es wird durch weitere Justagevorgänge nicht mehr beeinträchtigt.

Beispiel für eine bestimmte Justage einer Ständerführung

Eine Ständerführung soll mit den zwei Senkrecht-Ebenen X und Y rechtwinklig zum Tisch montiert werden. Das Justieren wird durch Einstellen mittels Stellschrauben in Verbindung mit einer stabilisierend wirkenden Kunststoffschicht in der Trennfuge erreicht. Die Gesamtjustage ist in zwei sich nicht beeinflussende Teilvorgänge aufgeteilt. Bei jedem der Teilvorgänge wird der Ständer nur in einer Richtung bewegt. Der Justagevorgang kann ständig beobachtet und nach Erreichen des Justageergebnisses beendet werden.

> **!** Bestimmte Justagen sind dadurch gekennzeichnet, dass einzelne Justagevorgänge sich gegenseitig nicht beeinflussen.

2. Unbestimmte Justage

Wird durch einen nachfolgenden Justagevorgang das Ergebnis eines vorangegangenen Justagevorgangs gestört, so spricht man von einer unbestimmten Justage. Hierbei ist es meist erforderlich, die verschiedenen Justagevorgänge mehrfach zu wiederholen. Diese Arbeiten sind zeitaufwendig und erfordern besonders qualifizierte Arbeitskräfte.

Beispiel für eine unbestimmte Justage einer Ständerführung

Erfolgt das Justieren einer Ständerführung zum Tisch in den beiden Senkrechtebenen X und Y durch Schaben des Tischs, so ergibt sich eine unerwünschte Beeinträchtigung der in den einzelnen Ebenen erreichten Justageergebnisse. Ist z. B. die geforderte Rechtwinkligkeit der X-Ebene zum Tisch erreicht, die der Y-Ebene dagegen noch nicht, so muss weiter geschabt werden, um auch die Rechtwinkligkeit in dieser Ebene zu erreichen. Dabei wird das bereits erzielte Justageergebnis – die Rechtwinkligkeit des Ständers in der X-Ebene zum Tisch – eventuell zerstört. Man muss dann erneut versuchen, auch die Rechtwinkligkeit der X-Ebene wieder herzustellen. Dieses Wechselspiel ist so lange fortzusetzen, bis beide Forderungen erfüllt sind.

> **!** Unbestimmte Justagen sind dadurch gekennzeichnet, dass sie einen vorangegangenen Justiervorgang beeinflussen. Unbestimmte Justagen sollten vermieden werden.

5.7.1.2 Durchführung der Justage

In der Montagetechnik finden folgende Justagearten die häufigste Anwendung:
- Justieren durch Trennen,
- Justieren durch Einstellen,
- Justieren durch Fügen mit Ausgleichsbauteilen.

1. Justieren durch Trennen

Beim Justieren durch Trennen wird meist ein im Voraus festgelegtes Bauteil, z. B. eine Distanzbuchse, spanend so bearbeitet, dass ein vorgeschriebenes Maß mit entsprechender Toleranz erreicht wird.

Dabei sind die folgenden Justagearbeiten durchzuführen:
- Fügen der Bauteile,
- Messen des Ausgleichsmaßes,
- Demontieren der Baugruppe soweit erforderlich,
- Spanen des Ausgleichsbauteils,
- Reinigen und Einölen der Bauteile,
- erneutes Fügen der Bauteile,
- Prüfen, ob das vorgeschriebene Maß erreicht wurde,
- Wiederholen des Vorgangs, wenn das vorgeschriebene Maß noch nicht erreicht ist.

Justieren durch Trennen

Damit der Justageaufwand nicht zu groß wird, müssen die folgenden Forderungen berücksichtigt werden:
- Das nachzuarbeitende Ausgleichsbauteil soll zweckmäßig ein außen liegendes Teil sein, das eingebaut werden kann, ohne andere Teile demontieren zu müssen.
- Die zu bearbeitenden Flächen des Ausgleichsbauteils sollen möglichst klein sein, damit der Zeitaufwand für Nacharbeit – insbesondere bei manueller Bearbeitung wie Feilen oder Schaben – gering bleibt.

Beispiel für die Einschränkung des Justageaufwands

Große Passflächen: Ungünstig

Kleine Passflächen: Günstig

! Beim Justieren durch Trennen wird ein Ausgleichsbauteil so lange spanend bearbeitet, bis das vorgeschriebene Maß bzw. die vorgeschriebene Lage erreicht ist.

2. Justieren durch Einstellen

Beim Justieren durch Einstellen werden Abweichungen, die infolge der Fertigungstoleranzen entstehen, durch verstellbare Bauteile – z. B. Stellschrauben oder Kerbleisten – ausgeglichen. Eine weitere Möglichkeit ist, durch Verschieben einer Distanzbuchse einen Längenausgleich zu erreichen. So entfällt die gesamte zeitaufwendige Nachbearbeitung wie beim Justieren durch Trennen. Darüber hinaus kann mit dem Justieren durch Einstellen bei auftretendem Verschleiß ein Ausgleich durch Nachstellen geschaffen werden.

Justieren durch Einstellen mit verschiebbarer Distanzbuchse

> ! Beim Justieren durch Einstellen werden Fertigungstoleranzen durch verstellbare Bauteile ausgeglichen.

3. Justieren mit Ausgleichsbauteilen

Beim Justieren mit Ausgleichsbauteilen werden Abweichungen durch Zufügen oder Wegnehmen von vorgesehenen Ausgleichsbauteilen – z. B. Distanzringen oder Scheiben – erreicht.
Die Ausgleichsbauteile sind vielfach abgestuft vorhanden. Durch geeignete Messverfahren ermittelt man das Ausgleichsmaß und wählt eine entsprechende Zusammenstellung der Ausgleichsbauteile. Eine zeitaufwendige spanende Bearbeitung der Ausgleichsbauteile ist nicht erforderlich.

Justieren durch Fügen mit Distanzringen

Um das mitunter sehr breite Sortiment gestufter Ausgleichsbauteile einzuschränken, wurden schälbare Ausgleichsteile entwickelt. Diese bestehen meist aus planparallel aufeinandergewalzten Passplatten aus Edelstahl oder hartem Messing. Sie haben abgestuft verschiedene Einzeldicken und lassen sich mit einem Schälmesser auf eine bestimmte Dicke abschälen.

Beispiel für das Justieren mit schälbaren Ausgleichsbauteilen

> ! Beim Justieren mit Ausgleichsbauteilen erfolgt das Ausgleichen von Abweichungen durch geplantes Zufügen oder Wegnehmen von abgestuften, standardisierten Bauteilen.

Übungsaufgabe 5/51

Maschinen- und Gerätetechnik

5.7.2 Auswuchten
5.7.2.1 Arten der Unwucht

Rotierende Bauteile wie Wellen, Zahnräder, Riemenscheiben und Kupplungen können *Schwerpunktabweichungen* von der Mittelachse aufweisen. Dadurch werden bei einer Drehung einseitig wirkende Fliehkräfte hervorgerufen, die eine **Unwucht** bewirken.

Die Größe der durch die Unwucht hervorgerufenen Fliehkräfte hängt ab von:
- der *Größe* der verlagerten Masse,
- dem *Abstand* der verlagerten Masse zur Drehachse,
- der *Drehzahl* des rotierenden Bauteils.

Bauteil mit Unwucht

Unwuchten können verschiedene Ursachen haben:
- konstruktionsbedingte Ursachen, z. B. bei Kurbelwellen und Nockenwellen,
- fertigungsbedingte Ursachen, z. B. mangelndem Rundlauf, falscher Montage,
- werkstoffbedingte Ursachen, z. B. Lunker, Schlackeneinschlüsse.

Unwuchten führen zu zusätzlichen Beanspruchungen der Lager, zudem erzeugen sie starke Schwingungen und Geräusche. Dies hat größeren Verschleiß und vorzeitige Werkstoffermüdung zur Folge, die Lebensdauer der Maschine wird verkürzt. Darum müssen schnell laufende Drehteile ausgewuchtet werden.

Man unterscheidet zwei Arten der Unwucht:

Statische Unwucht	Dynamische Unwucht
Schwerpunktachse: parallel zur Drehachse Folge: Schüttelbewegungen	Schwerpunktachse: schräg zur Drehachse Folge: Taumelbewegungen
An technischen Bauteilen treten beide Arten der Unwucht gemeinsam auf.	

> ❗ Bei rotierenden Bauteilen unterscheidet man nach der Anordnung einer verlagerten Masse zur Drehachse statische und dynamische Unwuchten.

5.7.2.2 Statisches Auswuchten

Bauteile mit geringer Breite im Verhältnis zum Durchmesser werden nur statisch ausgewuchtet. Solche scheibenförmigen Bauteile sind z. B. Kreissägeblätter.

Beim statischen Auswuchten wird das Bauteil auf Schneiden oder zwischen Spitzen gelagert, um die Reibung gering zu halten. Dreht man ein Bauteil, bei dem der Schwerpunkt außerhalb der Drehachse liegt, kommt es in der Lage zum Stillstand, in der dieser Schwerpunkt unter der Drehachse liegt.

Ermittlung in der Lage einer Unwucht

Die Beseitigung der Unwucht kann durch Ausbohren oder -fräsen auf der Unwuchtseite oder durch Aufbringen von Ausgleichsmassen auf der Gegenseite der Unwucht erfolgen. So erreicht man, dass der Schwerpunkt mit der Drehachse zusammenfällt.

> Scheibenförmige Bauteile werden statisch ausgewuchtet. Der Ausgleich geschieht durch
> - Entfernen von Werkstoff auf der Unwuchtseite oder
> - Aufbringen von Ausgleichsmasse auf der Gegenseite der Unwucht.

5.7.2.3 Dynamisches Auswuchten

Zylindrische Bauteile, die im Verhältnis zum Durchmesser lang sind, müssen dynamisch ausgewuchtet werden. Bei solchen Bauteilen können die Schwerpunktverschiebungen in Längsrichtung des Bauteils unterschiedlich vorliegen. Die Schwerpunktabweichungen rufen, auch wenn das Bauteil statisch ausgewuchtet ist, bei hohen Drehzahlen Fliehkräfte hervor, die versuchen, das Bauteil aus der Achslage zu drehen. Die Größe der Lage einer dynamischen Unwucht wird mit Auswuchtmaschinen ermittelt.

Ausgleich einer dynamischen Unwucht

Die Beseitigung einer dynamischen Unwucht geschieht durch Entfernen von Werkstoff bzw. Aufbringen von Ausgleichsmassen in zwei Ebenen. Die Ausgleichsebenen und die Abstände der Orte, in denen Werkstoff abgetragen bzw. hinzugefügt wird, können beliebig festgelegt werden.

> Längere, schnell umlaufende Bauteile müssen dynamisch ausgewuchtet werden.
> Der Ausgleich der Unwucht geschieht durch:
> - Entfernen von Werkstoff oder
> - Anbringen von Ausgleichsmassen in zwei Ebenen.

5.7.2.4 Auswuchten auf Auswuchtmaschinen

Das Auswuchten eines Bauteils oder einer Baugruppe erfordert zunächst die Bestimmung von Größe und Lage der Unwucht. Hierzu werden die zu prüfenden Bauteile auf einer Maschine in eine schnelle Drehbewegung versetzt. Dabei werden die von einer statischen und dynamischen Unwucht hervorgerufenen Fliehkräfte anhand der Lagerreaktionskräfte bestimmt.

Zur Ermittlung der Ausgleichsmassen legt der Bediener zunächst die Ebenen fest, in denen er den Massenausgleich vornehmen will, und er bestimmt die Radien, auf denen dieses geschehen soll.
Der Rechner des Auswuchtgeräts ermittelt aus den eingegebenen Abständen und Radien und den Lagerkräften, die von der Maschine mithilfe von Kraftmessdosen ermittelt wurden, die notwendigen Ausgleichsmassen.
Die Größe der Ausgleichsmassen wird auf einer entsprechend eingeteilten Skala am Rechnerausgang angezeigt.

Prinzip einer Auswuchtmaschine

Die *Winkellage* der Unwucht kann bei stillstehender Maschine auf einer Skala an der Antriebswelle eingestellt oder auf diese übertragen werden.

> Mit Auswuchtmaschinen zum dynamischen Auswuchten können die Ausgleichsmassen in vorbestimmten Ausgleichsebenen sowie die Winkellage einer Unwucht bestimmt werden.

Übungsaufgabe 5/54

5.8 Gestaltung von Montageplätzen und Montagestationen

Der Bereich, in dem Bauteile zu Baugruppen bzw. Baugruppen zu Maschinen oder Geräten zusammengebaut werden, ist der Montageplatz. Nach Ausführung der Montagetätigkeiten unterscheidet man:
- **manuelle Montageplätze**, bei denen die Montagetätigkeiten ausschließlich oder überwiegend von Hand ausgeführt werden;
- **mechanisierte bzw. teilautomatisierte Montageplätze**, bei denen der Mensch technische Hilfsmittel benutzt, die ihm die Arbeit erleichtern und die Leistungsfähigkeit erhöhen;
- **voll automatisierte Montageplätze**, bei denen alle Montagetätigkeiten ausschließlich von Maschinen ausgeführt werden.

5.8.1 Ergonomische Gestaltung von Montageplätzen

Montageplätze müssen nach arbeitswissenschaftlichen Erkenntnissen menschengerecht gestaltet werden. Beim Gestalten von Montageplätzen sind die folgenden Gesichtspunkte zu berücksichtigen.

Ergonomische Gesichtspunkte
- Beachtung der menschlichen Körpergröße
- Reduzierung der Belastung des Körpers durch Lärm, Staub, Hitze u. a.
- Ermöglichung einer ermüdungsarmen Körperhaltung
- Verringerung des Muskelkrafteinsatzes

Organisatorische Gesichtspunkte
- Anpassung der Arbeitszeit an den biologischen Tagesrhytmus
- mehrere Kurzpausen besser als eine Langpause
- Leistungsgerechte Entlohnung
- gute Arbeitsunterweisung
- Maßnahmen zur Vermeidung von Arbeitsunfällen haben Vorrang vor Wirtschaftlichkeit, z. B. Sicherheitssteuerungen.

Psychologische Gesichtspunkte
- Schaffung einer angenehmen Umwelt und Arbeitsatmosphäre
- Bekämpfung der Monotonie

Montageplatz

Ergonomische Gestaltung von Montageplätzen
Die Lehre von der menschlichen Arbeit bezeichnet man als **Ergonomie**. Dies ist die Erforschung der Fähigkeiten des menschlichen Körpers. Aufgrund ergonomischer Untersuchungen wurden Richtwerte für Lärm, Beleuchtung und Arbeitshöhen festgelegt.

- **Lärmschutz am Arbeitsplatz**

Lärm wirkt belästigend und kann sich bei entsprechender Stärke und Dauer schädigend auf den Menschen auswirken.
Möglichkeiten zur Lärmreduzierung sind:
- *Vermeidung* von Lärmentstehung, z. B. *Beseitigung* von Lärmquellen,
- *Vermeidung* von Lärmausbreitung durch Abkapselung, z. B. lärmdämmende Wände,
- *Schutz* des Menschen durch Schallschutzmittel, z. B. Gehörschutz.

Bereich		Auswirkungen
I	(30 – 60 dB)	Lärm kann störend wirken.
II	(60 – 95 dB)	Lärm wirkt belästigend.
III	(90 – 120 dB)	bleibende Gehörschäden bei längerer Einwirkdauer
IV	(über 120 dB)	deutlicher Hörverlust nach kurzer Einwirkzeit

Auswirkungen von Lärm

Baugruppen und ihre Montage

– Beleuchtung am Arbeitsplatz

Die Beleuchtungsverhältnisse beeinflussen Leistung, Ermüdung und Unfallanfälligkeit. Die Güte der Beleuchtung wird wesentlich durch die Beleuchtungsstärke bestimmt. Die Beleuchtungsstärke hängt von den Sehanforderungen ab. Je kleiner die zu erkennenden Objekte sind, desto höher ist die Beleuchtungsstärke.

Blendungen müssen vermieden werden. Voraussetzung ist eine gleichmäßige Ausleuchtung des Montageraums.

Wichtig ist, dass die Leuchtdichteunterschiede nicht zu groß werden.

Sehaufgaben	Beleuchtungsstärke in Lux
leichte Sehaufgaben mit großen Kontrasten	120– 250
normale Sehaufgaben mit mittleren Details	500 – 750
schwierige Sehaufgaben mit kleinen Details	1 000–1 500
schwierige, lang andauernde Sehaufgabe mit sehr kleinen Details	2 000–3 000

Beleuchtungsstärken für bestimmte Sehaufgaben

! Je kleiner die Sehobjekte, desto größer die notwendigen Beleuchtungsstärke an Montageplätzen.

– Arbeitsplatzabmessungen

Für die ergonomische Gestaltung manueller Arbeitsplätze sind die folgenden Arbeitsplatzabmessungen festgelegt:

- **Höhenmaße:** Tischhöhe T, Werkstückhöhe W, Arbeitshöhe H, Tischpodesthöhe P_t, Sitzhöhe S, Fußpodesthöhe P_f, Oberschenkelfreiheit O;
- **Greifraumabmessungen:** z. B. die Größe des Bewegungsraums des Arm-Hand-Systems.

Die Arbeitsplatzabmessungen sind abhängig von:

- der *Arbeitsart*, z. B. geringe oder hohe Kraftaufwendung,
- den eingesetzten *Arbeitspersonen*, Frau oder Mann,
- der *Arbeitshaltung*, Sitzen oder Stehen.

Regeln für die Festlegung von Arbeitsplatzabmessungen:

- Innenmaße, z. B. der Beinraum, sind für große Menschen zu bemessen.
- Außenmaße, z. B. Regalhöhen, sind für kleine Menschen zu bemessen
- Arbeitshöhen bei sitzender Tätigkeit liegen um etwa 40 cm niedriger als bei einer Tätigkeit im Stehen.

Arbeitsart: geringe Kraftanstrengung, normaler Bewegungsablauf, normale Sehanforderungen		Arbeitsart: erhöhte Anforderungen an Bewegungsablauf und Sehvermögen	
Beispiele Montieren größerer Einzelteile. Einlegen von Teilen in Vorrichtungen		**Beispiele** Montieren kleiner Einzelteile	
Frau	Mann	Frau	Mann
H_1 = 75 cm H_2 = 109 cm	H_1 = 81 cm H_2 = 119 cm	H_1 = 81 cm H_2 = 115 cm	H_1 = 88 cm H_2 = 126 cm

Höhenmaße für die Arbeitsplatzgestaltung

Greifraumabmessungen im Sitzen und Stehen (Maße in cm)

! Für manuelle Arbeitsplätze sind Höhenmaße und Greifraumabmessungen festgelegt, abhängig
- von der Arbeitsart, • vom Geschlecht der Arbeitsperson, • von der Arbeitshaltung.

5.8.2 Betrieblicher Arbeitsschutz

Zum Schutz von Leben und Gesundheit der arbeitenden Menschen sind *Arbeitsschutzmaßnahmen* erforderlich. Der **Arbeitsschutz** umfasst zwei Arten von Schutzvorschriften:
- *staatliche Vorschriften*, gegliedert nach den sechs Sachgebieten:
  Arbeitsstättenverordnung, Gerätesicherheitsgesetz, Gefahrstoffverordnung, Arbeitszeitordnung, Jugendarbeitsschutzgesetz und Arbeitssicherheitsgesetz;

Arbeitsstätte mit Betriebshygiene		Arbeitszeitregelung
Maschinen, Geräte, Anlagen		Schutz bestimmter Personengruppen
Gefahrstoffe		Arbeitsschutzorganisation im Betrieb

© Flükiger & Co AG, CH-3414 Oberburg

- *berufsgenossenschaftliche Unfallverhütungsvorschriften*, die insbesondere Gebote und Verbote für bestimmte Maschinen, Geräte oder Anlagen enthalten. Diese sind z. B. Unfallverhütungsvorschriften für Pressen, für Schweiß- und Schneidanlagen oder für Drehmaschinen.

1. Arbeitsstätten und Betriebshygiene

Der Arbeitsschutz beginnt bei den Einrichtungen und beim Zustand der Arbeitsstätte. Neben den Arbeitsräumen im Gebäude und den Arbeitsplätzen auf dem Betriebsgelände gehören zur Arbeitsstätte auch Räume und bauliche Anlagen wie Verkehrswege, Lagerräume, Pausenräume, Sanitäreinrichtungen und Sanitätsräume. Die wichtigsten Vorschriften im Bereich der Arbeitsstätten sind:

– **Größe der Arbeitsräume**

Der Luftraum für jeden ständig anwesenden Arbeitnehmer beträgt 15 m^3 bei überwiegend nicht sitzender Tätigkeit und einer freien Bewegungsfläche von 1,5 m^2.

– **Beleuchtung**
- *natürlich:* 1/10 der Raumgrundfläche soll Fensterfläche sein.
- *künstlich:* Die Nennbeleuchtungsstärke am Arbeitsplatz muss mindestens 200 Lux betragen. Für feinmechanische Arbeiten sind 1 000 Lux vorgeschrieben.

– **Lüftung**

Faustregel: Ein dreifacher Luftwechsel pro Stunde ist erforderlich. Beträgt die Fensterfläche 1/10 der Raumgrundfläche, muss ca. 1/3 der Fensterfläche zu öffnen sein. Bei Verwendung lüftungstechnischer Anlagen darf die Luftfeuchtigkeit bei 20 °C 80 % nicht überschreiten.

– **Raumtemperatur**

Bei überwiegend nicht sitzender Tätigkeit muss die Raumtemperatur zwischen 17 und 26 °C betragen.

– **Lärm**

Ab 80 dB (A) ist Gehörschutz zur Verfügung zu stellen, ab 85 dB (A) ist Gehörschutz zwingend zu tragen.

– **Sonstige Einrichtungen**
- Notwendige Verkehrswege sind freizuhalten und bei mehr als 1 000 m^2 Grundfläche zu kennzeichnen.
- Flucht- und Rettungswege müssen mit genormten Sicherheitsschildern versehen werden.
- Sozialräume sind erforderlich (Wasch-, Umkleideraum, WC).
- Ab 1 000 Beschäftigten ist ein Sanitätsraum einzurichten.

2. Maschinen, Geräte und Anlagen

Bei sachgerechter Ausstattung von Maschinen, Geräten und Anlagen dürfen sich bei fachgerechter Benutzung keine Gefahren für Gesundheit und Leben ergeben. Zu beachten sind:
- Schutz gegen gefährliche Bewegungen,
- Schutz gegen Lärm,
- Schutz gegen Stäube, Dämpfe und Gase,
- Schutz gegen Berührung stromführender Teile,
- Schutz gegen Brand und Explosionsgefahr,
- ergonomische Gestaltung der Einrichtungen.

Das **Gerätesicherheitsgesetz** verpflichtet Hersteller und Importeure, nur solche Einrichtungen auf den Markt zu bringen, die dem Arbeitsschutz, den **Unfallverhütungsvorschriften** und den allgemein anerkannten Regeln der Technik entsprechen. Werden Maschinen von einer amtlich anerkannten Prüfstelle auf ihre Sicherheit hin überprüft und zum Verkauf freigegeben, erhalten sie ein **Sicherheitszeichen**.

! Grundlagen von Sicherheitsprüfungen an Maschinen, Geräten und Anlagen sind das Gerätesicherheitsgesetz, die Unfallverhütungsvorschriften sowie spezielle Verordnungen.

3. Sicherheitsmaßnahmen für Industrieroboter

Besondere Sicherheitsmaßnahmen für Industrieroboter sind in VDI 2853 festgelegt. Aus Sicherheitsgründen unterscheidet man bei ihnen die beiden Betriebsarten *Automatik* – dies ist der reguläre Arbeitsablauf – und *Einrichten* – die Robotereinstellungen.
Die Bedienung von Produktionseinrichtungen mit Industrierobotern darf nur durch entsprechend geschultes Personal erfolgen.

Not-Aus-Funktion
Wird diese Funktion ausgelöst, so werden alle Steuerspannungen für die Roboterantriebe abgeschaltet und deren Bremsen aktiviert, sodass keine Bewegungen mehr möglich sind. Diese Funktion darf nur dann rückgesetzt werden, wenn die Ursache bekannt ist und behoben wurde.

Arbeitsstopp
Hierbei werden die Antriebe des Roboters in den sicheren Betriebszustand „Bereitschaft" geschaltet. Die Antriebe sind dabei stromlos und die Bremsen der Roboterachsen aktiviert.

Geschwindigkeitsüberwachung
Das integrierte Wegmesssystem für die einzelnen Achsantriebe des Roboters führt einen ständigen Soll-Ist-Wert-Vergleich durch und verhindert somit die Überschreitung der festgelegten Maximalgeschwindigkeit.

Arbeitsbereichüberwachung
Der Arbeitsbereich des Roboters wird durch mechanische Anschläge an den Hauptachsen des Roboters begrenzt. Zusätzlich wird die Annäherung an den maximal möglichen Achswinkel per Software überwacht.

Bedienerschutz
Die Schnittstelle Mensch/Roboter kann sowohl mechanisch oder mittels Lichtschranken abgesichert werden. Die Unterbrechung dieser Schutzeinrichtung löst Arbeitsstopp aus.

Begehungsschutz
Roboteranlagen sind durch einen geeigneten Schutzzaun vom Arbeitsfeld der Umgebung zu trennen. Der Zugang ist nur durch elektrisch überwachte Türen möglich. Bei Öffnen der Türen wird Arbeitsstopp ausgelöst.

Automatik-Betrieb
Hierbei müssen alle Sicherheitsfunktionen aktiv sein. Das Roboterprogramm wird automatisch abgearbeitet. Es kann in den Bewegungsablauf nicht mehr eingegriffen werden. Der Aufenthalt im Arbeitsbereich des Roboters ist verboten.

Beispiel für Sicherheitskomponenten eines Industrieroboters

① Sicherheitsraum
② Industrieroboter
③ Sicherheitstür mit elektronischer Verriegelung
④ Steuerschrank mit Not-Aus-Schalter

Sicherheitskomponenten eines Industrieroboters

Übungsaufgaben 5/58; 5/59; 5/60

6 Fertigungssysteme

6.1 Einteilung von Fertigungssystemen

Fertigungssysteme werden hinsichtlich ihrer Flexibilität und Produktivität unterschieden in:
- *Bearbeitungszentren,*
- *flexible Fertigungszellen,*
- *flexible Fertigungssysteme,*
- *Transferstraßen.*

Flexibilität und Produktivität von Fertigungssystemen sind gegenläufige Größen, die hohe Flexibilität eines Systems geht stets zu Lasten der Produktivität und umgekehrt.

So können in Bearbeitungszentren unterschiedlichste Werkstücke ohne große Systemumstellung schnell, aber nicht vollautomatisch gefertigt werden.

In flexiblen Fertigungssystemen können unterschiedliche Werkstücke schnell und vollautomatisch gefertigt werden. Eine Systemumstellung ohne großen Aufwand ist nur möglich, wenn die Werkstücke zur gleichen Teilefamilie gehören. Produktionsänderungen auf andere Teilefamilien bedürfen einer aufwendigen Systemumstellung.

Produktivität und Flexibilität von Fertigungssystemen

> **!** Fertigungssysteme werden je nach Flexibilität und Produktivität eingeteilt in:
> - Bearbeitungszentren,
> - flexible Fertigungszellen,
> - flexible Fertigungssysteme,
> - Transferstraßen.

6.1.1 Bearbeitungszentren

Bearbeitungszentren besitzen eine hohe Flexibilität. Mit ihnen ist die Fertigung verschiedenartiger Werkstücke bei *beschränktem Umrüstaufwand* möglich. Man setzt sie bei kleinen bis mittleren Stückzahlen ein.

Die in flexiblen Fertigungssystemen als Modulbausteine eingesetzten Bearbeitungszentren müssen verkettungsfähig sein. Eine Verkettungsfähigkeit ist dann gegeben, wenn ein automatisches Zuführ- und Abführsystem für Werkstücke und Werkzeuge vorhanden ist. Darüber hinaus müssen Bearbeitungszentren mit solchen Steuerungen ausgestattet sein, die einen Informationsaustausch mit einem übergeordneten Rechner ermöglichen.

Beispiele für ein Bearbeitungszentrum

> Bearbeitungszentren werden bei kleinen bis mittleren Stückzahlen eingesetzt.
> Sie bestehen aus:
> - NC-Maschine,
> - CNC-Steuerung,
> - Werkzeug- und ggf. Werkstückwechselsystem,
> - Speicherprogrammierbarer Steuerung (SPS).
>
> Für den Einsatz in flexiblen Fertigungssystemen müssen sie verkettungsfähig sein.

6.1.2 Flexible Fertigungszellen

Flexible Fertigungszellen dienen zur automatischen Bearbeitung vieler verschiedenartiger Einzelteile, z. B. verschiedener Werkstücke für Nutzfahrzeuge. Sie unterscheiden sich von den Bearbeitungszentren dadurch, dass auch Werkstückwechsel, -transport und -lagerung automatisch erfolgen. Bei Bedarf kann die flexible Fertigungszelle durch Messmaschinen für Werkstücke bzw. Werkzeuge ergänzt werden.

Beispiel für eine flexible Fertigungszelle

> Flexible Fertigungszellen werden in der Klein- und Mittelserienfertigung zur automatischen Bearbeitung verschiedenartiger Einzelteile eingesetzt. Sie bestehen aus
> - Bearbeitungszentrum,
> - Werkzeug- und Werkstücktransportsystem,
> - Messeinrichtung.
> - Systemsteuerung,
> - Werkzeug- und Werkstückspeicher,

Maschinen- und Gerätetechnik

6.1.3 Flexible Fertigungssysteme

Flexible Fertigungssysteme dienen der automatischen Komplettbearbeitung von Werkstücken aus gleichen oder unterschiedlichen Teilefamilien. In Verbundsystemen werden Einzelteile gefertigt, zu Baugruppen montiert und auf ihre Funktion geprüft.

Die Forderung des Markts nach
- zunehmender Typenvielfalt,
- höherer Produktkomplexität und
- geringeren Lieferzeiten

erfordern insbesondere bei sinkenden Produktlebenszeiten in zunehmendem Maße den Einsatz von flexiblen Fertigungssystemen.

Wegen der zunehmenden Bedeutung von flexiblen Fertigungssystemen werden sie im Anschluss an diese Übersicht noch ausführlich behandelt.

> Flexible Fertigungssysteme werden in der Mittel- und Großserienfertigung zur automatischen Komplettbearbeitung von Einzelteilen oder Baugruppen eingesetzt.
> Sie bestehen aus:
> - mehreren Fertigungszellen,
> - einem Leitrechner,
> - einem übergeordneten Werkzeug- und Werkstücktransportsystem.

6.1.4 Transferstraßen

Transferstraßen besitzen eine hohe Produktivität. Sie werden bevorzugt in der Großserienfertigung eingesetzt. Dabei durchläuft ein Werkstück mehrere Fertigungseinrichtungen, meist Sonder- und Spezialmaschinen, mit denen jeweils nur wenige Bearbeitungsschritte ausgeführt werden. Die Bearbeitungsstationen sind hier in der Reihenfolge der Bearbeitung miteinander verkettet. Tansferstraßen besitzen nur eine sehr begrenzte Möglichkeit zum Umrüsten auf andere Werkstücke.

Beispiel für eine Transferstraße

> Transferstraßen werden in der Großserienfertigung zur Bearbeitung von Massenteilen eingesetzt. Sie bestehen meist aus verketteten Sonder- und Spezialmaschinen.

6.2 Flexible Fertigungssysteme

6.2.1 Aufbau flexibler Fertigungssysteme

Flexible Fertigungssysteme bestehen aus folgenden miteinander verketteten Teilsystemen:
- Fertigungszellen mit Handhabungs-, Versorgungs- und Entsorgungssystemen,
- Werkzeugtransport- und Werkzeughandhabungssystemen,
- Werkstücktransport- und Werkstückhandhabungssystemen,
- Systemsteuerungen,
- Mess- und Überwachungssystemen.

Beispiel eines flexiblen Fertigungssystem als Unterrichtsmodell

① Systemsteuerungs- und Überwachungssystem (Leitrechner, Stationsrechner, Controller)
② Montagesystem
③ Messsystem
④ Werkstückhandhabungssystem (Roboter)
⑤ Lagersystem (Rundtisch)
⑥ Werkzeughandhabungssystem (Werkzeugrevolver)
⑦ Bearbeitungszentrum
⑧ Werkstücktransportsystem (Förderband)

Die verschiedenen Teilsysteme sind über ein gemeinsames Steuerungs- und Transportsystem so miteinander verkettet, dass:
- eine automatische Fertigung stattfinden kann,
- unterschiedliche Fertigungsaufgaben an Teilefamilien durchgeführt werden können und
- keine Unterbrechung der automatischen Fertigung durch manuelle Eingriffe entsteht.

Flexibilität eines Fertigungssystems bedeutet die Fähigkeit, verschiedene Fertigungsaufgaben ohne große Umstellung der Teilsysteme ausführen zu können.

> Flexible Fertigungssysteme ermöglichen die automatische Fertigung verschiedenartiger Werkstücke ohne große Systemumstellung. Sie bestehen aus folgenden Teilsystemen:
> - Fertigungszellen mit Handhabungs-, Ver- und Entsorgungssystemen,
> - Werkzeugtransport- und -handhabungssystemen,
> - Werkstücktransport- und -handhabungssystemen,
> - Systemsteuerung,
> - Mess- und Überwachungssystemen.

6.2.2 Handhabungssysteme

Der Stofffluss innerhalb flexibler Fertigungssysteme geschieht durch:
- *Transportieren,* *Lagern,* *Handhaben.*

Als **Transportieren** bezeichnet man Ortsveränderungen von Werkstücken bzw. Werkzeugen über größere Entfernungen. Demgegenüber ist das **Handhaben** das gerichtete Bewegen von Werkstücken bzw. Werkzeugen innerhalb eines abgegrenzten Arbeitsraums.

> ❗ Handhaben ist ein gerichtetes Bewegen von Werkstück oder Werkzeug in einem abgegrenzten Arbeitsraum.

6.2.2.1 Werkzeughandhabungssysteme

Die für einen überschaubaren Arbeitszeitraum erforderlichen Werkzeuge eines Bearbeitungszentrums werden in einem Werkzeugmagazin gespeichert. Nach dem Aufbau der Magazine unterscheidet man
- *Kettenmagazine* und
- *Kassettenmagazine.*

Bei **Kettenmagazinen** werden die Werkzeuge im Magazin zunächst positioniert, um den Zugriff des Greifers zu ermöglichen.

Bei **Kassettenmagazinen** wird zum Entnehmen eines Werkzeugs ein Zubringergreifer in die vorgesehene Position gebracht. Zur Identifizierung der Werkzeuge ist eine Codierung erforderlich.

Der Werkzeugwechsel vom Magazin zur Spindel und umgekehrt erfolgt mithilfe eines Schwenkgreifers. Die Handhabung der Werkzeuge durch den Schwenkgreifer ist bei beiden Magazinarten verschieden.

Kettenmagazin

> ❗ Das Werkzeughandhabungssystem eines Bearbeitungszentrums besteht aus Werkzeugmagazin und Greifersystem. Für die Entnahme ist eine Werkzeugcodierung erforderlich.

6.2.2.2 Palettiersysteme

In flexiblen Fertigungssystemen werden Palettiersysteme zur Positionierung und Fixierung von Werkstücken eingesetzt. Ein **Palettiersystem** besteht aus einer Palettenaufnahme und einer Palette, auf der das Werkstück positioniert und fixiert ist. Die Palette kann automatisch gelagert, transportiert und in einer Werkzeugmaschine als Spannvorrichtung eingesetzt werden. Die Werkstückbearbeitung und -handhabung findet auf der Palette statt.

Palette auf Schwenktisch

> ❗ Die Werkstücke werden zur Bearbeitung auf Universalpaletten gespannt dem Bearbeitungszentrum zugeführt.

Fertigungssysteme

6.2.2.3 Programmierung von Handhabungssystemen

Handhabungssysteme unterscheidet man nach der Art der Steuerung und ihrer Programmierung in Manipulatoren, fest programmierte Handhabungsgeräte (Einlegegeräte) und Roboter.

Manipulatoren sind Handhabungsgeräte, bei denen fast alle Funktionen von der bedienenden Person gesteuert werden. Es sind lediglich die Grenzen der Bewegungen und Kräfte fest programmiert. Die Manipulatoren dienen zum Bewegen heißer und schwerer Lasten, z. B. von Schmiedestücken beim Schmieden an Schmiedepressen. Manipulatoren, die ferngesteuert zu Arbeiten mit gefährlichen Materialien (radioaktiven Stoffen, Sprengstoffen, gefährlichen Viren oder Bakterien u. a.) und Arbeiten im Weltraum oder unter Wasser eingesetzt werden, bezeichnet man auch als Teleoperatoren.

Manipulator im Schmiedebetrieb

> ! Manipulatoren sind Handhabungsgeräte, in denen alle Bewegungsfunktionen vom Bediener gesteuert werden. Lediglich die Grenzen der Bewegungen und Kräfte sowie Warnhinweise sind fest programmiert.

Durch **Einlegegeräte** werden im Takt arbeitende Maschinen mit Bauteilen bestückt. Diese Geräte führen beim Einsatz immer dieselben einfachen Drehungen und Schwenkungen sowie geradlinige Bewegungen in hoher Zahl aus. Wegen der Einfachheit der Bewegungen kann man in diesen Steuerungen das Ablaufprogramm durch festes Verdrahten oder Verschlauchen festlegen. Die Reihenfolge der Bewegungen wird durch Grenztaster, Sensoren, Anschläge u. ä. ausgelöst.
Eine Änderung des Ablaufs ist nur durch eine Schaltungsänderung zu bewirken. Darum nennt man diese Geräte fest programmiert.

Einlegegerät

> ! Einlegegeräte, in denen das Programm durch Verdrahtung oder Verschlauchung vorgegeben ist, sind fest programmierte Handhabungsgeräte.

Industrieroboter sind Handhabungssysteme, deren einzelne Achsen unabhängig voneinander durch eine frei programmierbare Steuerung bzw. durch einen Rechner gesteuert werden. Wegen der Möglichkeit, das Programm ohne großen Aufwand zu ändern, sind die Industrieroboter universell einsetzbar.
Ein Programm zur Steuerung eines Industrieroboters muss alle Informationen zur Durchführung und Überwachung des Bewegungsablaufs und zur Kommunikation mit anderen Systemen enthalten.

Knickarmroboter beim Schleifen

> ! Industrieroboter sind frei programmierbare Handhabungssysteme und darum universell einsetzbar.

Übungsaufgaben 6/14; 6/15

6.2.3 Transportsysteme

Der Transport von Werkzeugen und Werkstücken innerhalb flexibler Fertigungssysteme erfolgt je nach Länge und Verlauf der Transportwege mit unterschiedlichen Transportsystemen.
Man verwendet z. B.:

Transportsysteme	Einsatzbereiche
Förderbänder	Für den Transport von Werkstücken mit geringen Gewichten
Schienengebundene Transportfahrzeuge	Für geradlinige Transportwege in kleineren Systemen
Hängeförderer	Für Transporte von Werkstücken in großen Fertigungssystemen
Fahrerlose Transportfahrzeuge	Für nicht lineare Transportwege in größeren Systemen

Beispiele für unterschiedliche Transportsysteme

Förderband

Schienengebundenes Transportsystem

Fahrerloses Transportfahrzeug

Hängeförderer

> **!** Als Transportsysteme in Fertigungssystemen verwendet man z. B.:
> - Förderbänder,
> - schienengebundene Transportfahrzeuge,
> - fahrerlose Transportfahrzeuge,
> - Hängeförderer.

Fertigungssysteme

6.2.4 Überwachungssysteme

6.2.4.1 Systeme zur Produktsteuerung

Im Fertigungsprozess werden die Werkstücke von Einheiten zur Produktsteuerung überwacht und durch den Prozess geführt und überwacht. Dies beginnt mit der Identifikation der Rohteile in den Prozess und führt weiter über die Zuweisung zu Bearbeitungsmaschinen, Speicherplätzen usw.

> **Beispiel für den Einsatz eines Systems zur Produktsteuerung**
>
> Eine Kamera erfasst die Lage der Werkstücke. Aufgrund des Ergebnisses greift das Handhabungssystem, ein Tripod-Roboter, das Werkstück vom Transportband und positioniert jeweils 5 Teile in einer Aufnahmebox auf einem parallel verlaufenden Förderband.

6.2.4.2 Systeme zur Maschinenüberwachung

Systeme zur Maschinenüberwachung kontrollieren den Zustand der Werkzeuge, der Antriebssysteme, der Steuerungen u. a. und liefern Kennwerte über deren Zustand. Besonders wichtig ist dabei die Sicherheitsfunktion der Sofortabschaltung im Störungsfall, denn durch Weiterarbeiten bei einer Störung, z. B. beim Bearbeitungsbeginn an einem falsch gespannten Bauteil, kann erheblicher Schaden entstehen.

> **Beispiel für ein System zur Maschinenüberwachung an einer Flaschenabfüllmaschine**
>
> Die Überwachungseinheit kontrolliert:
> - die Positionierung der Flaschen im Flaschenmagazin;
> - die Abfolge und Ausführung der Arbeitsschritte;
> - den Gefahrenbereich im Arbeitsbereich de Füllers.
>
> Die Abfüllmaschine schaltet ab und gibt Signal wenn:
> - eine Flasche nicht richtig positioniert ist;
> - ein einzelner Schritt unvollständig ist;
> - jemand den unmittelbaren Gefahrenbereich erreicht.

6.2.4.3 Systeme zur Qualitätssicherung

Systeme zur Qualitätssicherung prüfen nach jedem Bearbeitungsschritt den Erfolg der Bearbeitung und verhindern so die „Schrottveredelung", wie landläufig gesagt wird.

> **Beispiel für ein System zur Qualitätssicherung**
>
> Eine Kamera vergleicht das zuvor aufgenommene Bild einer einwandfreien Raupe des Dichtmittels mit der Dichtmittelraupe des vorliegenden Werkstücks. Die Kamera nimmt dazu Daten über Position, Breite und Unterbrechungsfreiheit der Kleberraupe auf und prüft, ob die Bohrungen frei vom Dichtmittel sind. Die Ergebnisse werden unter der Identifikationsnummer des Werkstücks gespeichert.

Übungsaufgaben 6/17; 6/18; 6/19

Instandhaltung – Wartungstechnik

HANDLUNGSFELD: Wartungsmaßnahmen durchführen

Problemstellung

Wartungsauftrag:

Für eine neue LZ-Drehmaschine ist ein Wartungsplan zu erstellen. Die Maschine ist zu warten.

zu wartendes Objekt:

Analysieren

Vorgaben:
- Auftrag
- zu wartendes Objekt
- Bedienungsanleitung

Betriebsanleitung – Inhalt:
1. Aufstellung
2. Inbetriebnahme
3. Bedienung
4. Instandhaltung
5. Schmierplan
6. Störungssuche
7. Ersatzteile

ausgewählte Informationen:
- Instandhaltungsanleitung
- Beschreibung des Sollzustands
- Ersatzteilliste

Planen

Vorgaben:
- Instandhaltungsanleitung
- Ersatzteilliste
- Sicherheits- und Umweltbestimmungen

Arbeitsplan / Inspektions- / Wartungsplan

Nr.	Baueinheit	Zeit
1	Kühlmitteleinrichtung reinigen	tägl.
2	Spänewanne reinigen	tägl.
3	Führungsbahnen schmieren	tägl.

Ergebnisse:
- Wartungsplan mit Angaben zum Inspizieren, Konservieren, Schmieren u. a. (Was?)
- Zeitplan (Wann?)
- Personalplan (Wer?)
- Materialliste
- Entsorgungsmaßnahmen

Warten

Vorgaben:
- Wartungsplan u. a.
- Ersatzteile, Hilfsstoffe u. a.
- Werkzeuge
- Messgeräte

Ergebnisse:
- gewartetes Objekt
- verbrauchte Hilfsstoffe
- verschlissene Bauteile

Kontrollieren/Dokumentieren

Vorgaben:
- gewartetes Objekt
- Prüfdaten (Soll – Ist)

Nr.	Kontrolle	Ergebnis
14	Spiel Oberschlitten	o.k.
15	Spiel Querschlitten	o.k.
16	Antrieb Keilriemen	o.k.

04.02.04 Meier

Ergebnisse:
- Dokumentation der Wartung
- Beschreibung des Objektzustands

1 Grundlagen der Instandhaltung

1.1 Aufgaben der Instandhaltung

Instandhaltung hat die Aufgabe, eine störungsfreie und sichere Benutzung von Maschinen, Anlagen und Gebrauchsgegenständen zu gewährleisten. Denn der Ausfall oder die Beeinträchtigung der Funktion von solchen Systemen kann wirtschaftlichen Schaden, Qualitätsminderung von Produkten, Gefährdung von Personen und Umweltschäden verursachen.

Maschinen und Anlagen von hoher Qualität können viele Jahrzehnte lang ihre Aufgaben erfüllen, wenn sie gut instand gehalten werden und man sie dabei stets entsprechend dem Stand der Technik aufrüstet.

Beispiel für den Werterhalt einer Maschine durch gute Instandhaltung

Drehmaschine, Baujahr 1977, zurzeit noch in Betrieb

Drehdurchmesser max. 1,5 m
Drehlänge max. 6 m

Maschine wurde 1996 überholt und mit einer neuen Elektroanlage ausgestattet.

> ! Instandhaltung dient dazu, technische Systeme in funktionsfähigem Zustand zu halten oder bei Störungen die Funktionsfähigkeit wiederherzustellen.

1.2 Abnutzung und Abnutzungsvorrat

Anlagen, Maschinen, Geräte und Teile, die bestimmungsgemäß gebraucht werden, nutzen sich mit der Zeit ab. Die Abnutzung ist unvermeidbar und wird durch chemische und/oder physikalische Vorgänge verursacht. Weil die Abnutzung jedoch vorhersehbar ist, plant man sie ein, indem man bei der Konstruktion einen **Abnutzungsvorrat** schafft. Dieser Abnutzungsvorrat kann im Betrieb bis zu einer vereinbarten oder festgelegten **Abnutzungsgrenze** aufgebraucht werden.

Beispiel für Abnutzungsvorrat und Abnutzungsgrenze an einer Bremsanlage

Belag neu: 8
Belag an Abnutzungsgrenze: 2

Bremsscheibe
Bremsbelag

Ausgangszustand nach Herstellung
Ausgangszustand nach Instandsetzung
Belagstärke in mm
Abnutzungsgrenze
Instandsetzung
Zeit

> ! Durch Maßnahmen der Instandhaltung wird der Abnutzungsvorrat einer Einheit so wiederhergestellt, dass die Einheit ihre Funktion erneut erfüllen kann.

Übungsaufgabe 1/1

Instandhaltung – Wartungstechnik

1.3 Ursachen der begrenzten Nutzungsdauer

Unbegrenzte Lebens- und Nutzungsdauer von Maschinen und Anlagen ist infolge von Schwachstellen im Ausgangsprodukt, fehlerhafter Nutzung und schädigender Einflüsse beim Betrieb nicht zu erreichen. Unter dem Gesichtspunkt der stetig steigenden Kosten für Instandhaltung und Anpassung an den technischen Fortschritt ist unbegrenzte Nutzung auch nicht wünschenswert.

1. Qualitätsmängel im Ausgangsprodukt
Anlagen, Maschinen und Geräte können schon vor *ihrer Nutzung* mit Fehlern behaftet sein, die nicht unmittelbar am Produkt erkennbar sind und erst im Laufe der Nutzung zutage treten.

- **Konstruktionsfehler** z. B. können auf falschen Annahmen der im Betrieb auftretenden Höchstlasten beruhen und zu Verformungen oder Maschinenbruch führen. Fehlerhafte Betriebsanweisungen und Programme, die ebenfalls mit der Konstruktion aufgestellt werden, können später bei der Nutzung schwere Schäden verursachen.
- **Werkstofffehler** wie Lunker in Gussteilen oder Spannungen in wärmebehandelten Bauteilen sind verborgene Fehler, die erst bei der Nutzung des Produkts zutage treten.
- **Fertigungs- und Montagefehler**, z. B. Bearbeitungsriefen, die später im Betrieb zu Dauerbrüchen führen können, oder zu großes Spiel, durch das Bauteile „ausgeschlagen" werden, sind ebenfalls verborgene Fehler aus der Herstellung.
- **Fehler in zugekauften Bauteilen und Baugruppen**

Bruch eines Kettenglieds infolge falscher Wärmebehandlung

> **!** Konstruktionsfehler, Werkstofffehler und Fehler durch unsachgemäße Fertigung sind Qualitätsmängel des Ausgangsprodukts. Schäden durch sie sind nicht vorhersehbar und führen meist schon zu Beginn der Nutzung zu Ausfällen.

2. Schäden durch falsche Bedienung und Instandhaltung
Wenn Vorschriften in Bezug auf Bedienung und Instandhaltung nicht genau eingehalten werden, kann dies ebenfalls zu Betriebsstörungen und Schäden führen.

- **Bedienungsfehler** treten meist durch Unachtsamkeit oder Nachlässigkeit auf. In einigen Fällen sind sie auch auf unpräzise Betriebsanweisungen zurückzuführen. Häufige Bedienungsfehler, die zu Schäden an Maschinen und Anlagen führen, sind Überlastungen und Fehlschaltungen.
- **Instandhaltungsfehler** entstehen, wenn z. B. notwendige Instandhaltungsmaßnahmen nicht oder mit falschen Hilfsstoffen oder entgegen sonstigen Vorschriften durchgeführt werden.

> **!** Durch Bedienungs- und Instandhaltungspersonal können durch Nichtbeachten der Bedienungs- und Instandhaltungsvorschriften im laufenden Betrieb Störungen verursacht werden. Diese Störungen sind nicht vorhersehbar.

3. Schäden durch Nutzung
Am häufigsten wird der Industriemechaniker bzw. die Industriemechanikerin mit Schäden durch die Nutzung von Maschinen und Anlagen konfrontiert. Dies sind vorwiegend:

- **Verschleißschäden** an Berührungsflächen sich bewegender Bauteile,
- **Korrosionsschäden** an Kontaktstellen unterschiedlicher Metalle und an Oberflächen von Bauteilen, die korrosiven Medien ausgesetzt sind,
- **Gewaltbrüche**, die durch Überlastung auftreten.
- **Ermüdungsbrüche**, die auf Vibrationen und Fehler in der Herstellung der Bauteile zurückzuführen sind.

> **!** Schäden durch Verschleiß, Korrosion und Materialermüdung können durch sorgfältige Inspektion und rechtzeitige Instandsetzungsmaßnahmen weitgehend vermieden werden.

Grundlagen der Instandhaltung

1.4 Grundmaßnahmen der Instandhaltung

Die Instandhaltung umfasst die Grundmaßnahmen Inspektion, Wartung, Instandsetzung und Verbesserung. Durch gut geplante Arbeiten in diesen Bereichen der Instandhaltung wird sichergestellt, dass geforderte Qualitätsmerkmale in der Produktion über die gesamte Fertigung erhalten bleiben und dass bei Gebrauchsgütern Nutzung und Sicherheit gewährleistet sind.

Bei der **Inspektion** werden alle Maßnahmen ergriffen, die zur Feststellung und Beurteilung des Istzustands an einem System notwendig sind.
Unter **Wartung** versteht man alle Maßnahmen, die dazu dienen, den Sollzustand an einem System zu bewahren.
Die **Instandsetzung** umfasst alle Maßnahmen, welche dazu dienen, den Sollzustand in einem System wiederherzustellen.
Unter **Verbesserung** versteht man alle technischen und organisatorischen Maßnahmen zur Steigerung der Funktionstüchtigkeit eines Systems, ohne die bisherige Funktion zu ändern.

Instandhaltung

- **Inspektion**, z. B.
  - Diagnostizieren
  - Prüfen
- **Instandsetzung**, z. B.
  - Reparieren
  - Austauschen
- **Wartung**, z. B.
  - Reinigen
  - Konservieren
  - Schmieren
  - Nachstellen
- **Verbesserung**, z. B.
  - Austausch eines Bauteils
  - Schutzmaßnahmen umsetzen
  - Verschleißfestigkeit erhöhen

Bereiche der Instandhaltung

Beispiele für Grundmaßnahmen der Instandhaltung an einem Gabelstapler

Inspektion	Wartung	Instandsetzung	Verbesserung
Ladezustand der Batterie prüfen	Karosserie säubern und wachsen	Bremsbeläge ausbauen und erneuern	Umrüsten der Hebevorrichtung

> **!** Instandhaltung umfasst die Grundmaßnahmen
> - Inspektion,
> - Wartung,
> - Instandsetzung,
> - Verbesserung.

1.5 Vorgehen bei Instandhaltungsmaßnahmen

Instandhaltung diente lange Zeit nur dazu, plötzliche Ausfälle durch Verschleiß oder Bruch zu beheben. Man bezeichnet diese Art des Vorgehens, bei der man erst bei Auftreten von Fehlern korrigiert, als **korrektive Instandhaltung**, häufig auch vereinfacht **Crash-Methode**. Heute vermeidet man störungsbedingte Ausfälle durch Instandhaltung, die einem Schaden zuvorkommt – die Fachkraft spricht in diesem Fall von **präventiver Instandhaltung**.

Bei der Fertigung auf Großanlagen und bei der Nutzung von gekoppelten Maschinensystemen wird nahezu ausschließlich die präventive Instandhaltung durchgeführt, denn Störungen führen zu erheblichen Produktionsausfällen. Ein „Bandabriss" in der Automobilproduktion kann z. B. je nach Dauer mehrstellige Millionenbeträge kosten.

Übungsaufgabe 1/3

Instandhaltung – Wartungstechnik

1.5.1 Korrektive Instandhaltung

Kann eine Anlage, eine Maschine oder eine sonstige Einheit ihre Aufgabe nicht mehr erfüllen, so spricht man von einem **Ausfall**. Hat man den oder die Fehler, die zum Ausfall führten, erkannt, so wird man entsprechende Instandhaltungsmaßnahmen einleiten, damit die Einheit wieder funktionsfähig wird. Eine solche Art der Instandhaltung wird **korrektive Instandhaltung** genannt.

Weil die Art der Ausfälle und die Zeitpunkte solcher Ausfälle nicht bekannt sind, verursachen sie organisatorische Probleme mit längeren Produktionsausfällen durch Fehlersuche und Ersatzteilbeschaffung.

Maschinenausfall durch Bruch

> **!** Korrektive Instandhaltung erfolgt nach dem Ausfall einer Einheit. Ausfälle erzwingen wegen der Fehlersuche und der Ersatzteilbeschaffung oft längere Unterbrechungen der Produktion.

1.5.2 Präventive Instandhaltung

Präventive Instandhaltung kann sich an laufenden Informationen über den Zustand des instand zu haltenden Systems (**zustandsorientierte Instandhaltung**) orientieren oder in vorausbestimmten regelmäßigen Abständen (**vorausbestimmte Instandhaltung**) durchgeführt werden.

1. Zustandsorientierte Instandhaltung

Ausfallbedingte Unterbrechungen von Maschinen und Anlagen lassen sich weitgehend vermeiden, wenn man den Zustand verschleißanfälliger Bauelemente kontinuierlich überwacht. Man leitet die Instandhaltungsmaßnahmen ein, bevor die Abnutzungsgrenze eines Bauteils erreicht ist. Über Änderungen im Verhalten des Bauteils, z. B. am Temperaturanstieg eines Wälzlagers oder an Veränderungen der Lagergeräusche, lassen sich drohende Schäden vorherbestimmen. Meist bleibt genügend Zeit zur Ersatzteilbeschaffung und zur Vorbereitung der Instandsetzungsmaßnahmen.

Maschinenausfall vermeidbar

> **!** Zustandsorientierte Instandhaltung ist bis auf den Zeitpunkt nach Art und Umfang planbar.

2. Vorausbestimmte Instandhaltung

An Maschinen und Anlagen mit hoher Produktivität, langen Laufzeiten und geringem zeitlichen Spielraum, z. B. an Druckerpressen in Zeitungsverlagen oder an Produktionsanlagen der Automobilindustrie, wechselt man in bestimmten Zeitintervallen störungsgefährdete Bauelemente aus, ohne dass sich ein Schaden ereignet hat. Diese Art des Vorgehens bezeichnet man als vorausbestimmte Instandhaltung. Dabei erzielt man ein hohes Maß an Zuverlässigkeit, jedoch zum Preis vorschnellen Bauteilaustauschs.

Maschinenausfall vorbeugen

> **!** Bei vorausbestimmter Instandhaltung sind Art, Umfang und Zeitpunkt im Voraus geplant.

2 Systembeurteilung durch Inspektion

Unter Inspektion versteht man alle Maßnahmen zur Feststellung und Beurteilung des Istzustands einer Einheit einschließlich der Bestimmung der Ursachen der Abnutzung und der notwendigen Folgerungen für eine künftige Nutzung.

2.1 Inspektionsintervalle

Inspektionen sind in gewissen Zeitabständen durchzuführen, man spricht von Inspektionsintervallen. Der Abstand regelmäßiger Inspektionsintervalle richtet sich nach:
- den Umwelteinflüssen am Einsatzort, z. B. Schmutz, Hitze,
- den zu erwartenden Schäden, z. B. Verschleiß, Korrosion, Lockerung von Bauteilen,
- der Maschinen- und Anlagenbelastung, z. B. häufiger Teillastbetrieb, zeitweise Überlastung,
- der Gefahr für Menschen, Umwelt und Anlagen, z. B. Explosion, Absturz.

> **Beispiele für Inspektionsintervalle**
> - Für kontinuierlich arbeitende Maschinen, Pumpen und Produktionsanlagen wird die Betriebszeit als Basis gewählt, z. B. alle 500 Betriebsstunden.
> - Produzieren Maschinen ständig den gleichen Artikel, so wird häufig nach einer bestimmten Produktionszahl eine Inspektion vorgenommen, z. B. nach 10 000 Stück.
> - Bei Fahrzeugen wird meist die gefahrene Strecke zugrunde gelegt, z. B. für Pkw alle 20 000 km.

2.2 Inspektion durch Sinneswahrnehmung

Von einem im Normalzustand arbeitenden Gerät oder einer im störungsfreien Betrieb arbeitenden Anlage haben wir bestimmte Sinneseindrücke. Wir hören zum Beispiel ein uns vertrautes Geräusch in gewohnter Lautstärke; wir sehen Bauteile und deren Bewegungen im gewohnten Lauf; wir fühlen Vibrationen und Temperaturen, wie sie schon immer waren und stellen ungewohnte Gerüche fest.

Abweichungen von diesen uns vertrauten Zuständen nehmen wir unmittelbar wahr. Unsere Sinne machen uns auf Störungen im Betrieb von Geräten und Anlagen aufmerksam.

Sinn	Wahrnehmung	Fehlerkennung
Sehen	Beschädigungen	Risse, Poren
	Verformungen	Verbiegungen, lose Teile, lockerer Riemen
	Bewegungen	ruckartiger Lauf, Verrutschen von Teilen
	Aussehen	farbliche Änderungen, Glanzänderungen, Dampf
Hören	Hohe Töne	Quietschen wegen Reibung
	Unregelmäßige Schwingungen	Unrundlauf
	Frequenzänderungen	Spannungen in Drahtseilen
	Pfeifgeräusche	Leck in Leitungen
Fühlen	Temperaturunterschiede	Heißlaufen von Lagern
	Kraftunterschiede	Lockerung eines Bauteils
	Oberflächenänderung	Rauheitsänderungen, Klebrigkeit
Riechen	Verbrennungsgeruch	Überhitzung, Verdampfen von Flüssigkeiten
	Geruch nach Chemikalien	Auslaufen von Chemikalien

! Aus Änderungen im gewohnten Bild, Geräusch, Gefühl und Geruch kann die Fachkraft Störungen im Zustand eines Systems erkennen.

Übungsaufgaben 2/1

Instandhaltung – Wartungstechnik

2.3 Inspektion auf der Grundlage von Messdaten

2.3.1 Diagnose auf Basis der Betriebsdaten

Diagnosekenngrößen geben Auskunft über den Zustand eines Systems. Im Maschinen- und Anlagenbau sind dies in vielen Fällen bereits die Daten, die im Betrieb häufig fortlaufend erfasst werden. An ihren Änderungen und aus ihrem Zusammenhang kann der erfahrene Instandhalter Instandhaltungsbedarf ableiten. So wird er z. B. bei der Feststellung auffallend niedriger Enddrehzahlen, aber normal hoher Antriebsdrehzahlen bei einem Riemengetriebe sofort auf Riemenschlupf schließen und entsprechend reagieren.

Beispiel für die Anzeige von Betriebsdaten in der Prozessvisualisierung einer Pelletier-Anlage

Betriebsdaten, die als Diagnosekenngrößen dienen können

Betriebsdaten, z. B.	Inspiziertes System	Aussage, z. B. über
Drehzahl Drehmoment Leistung Elektrischer Strom	Mechanische und elektrische Antriebssysteme	Überlastung Schlupf Reibung und Schmierung Blockierungen
Druck Volumenstrom Strömungsgeschwindigkeit	Pneumatische und hydraulische Steuerungen und Antriebe	Ventilschäden Lecks Blockierungen Kavitation
Temperatur	Mechanische und elektrische Antriebssysteme	Verschleiß Reibung in Lagern und Führungen Zustand elektrischer Kontakte Isolationsschäden, Wärmelecks, Leitungsschäden

> ⚠ Aus der Änderung von Betriebsdaten und ihres Zusammenhangs kann die erfahrene Fachkraft Schlüsse auf den Zustand des Systems ziehen.

Systembeurteilung durch Inspektion

2.3.2 Spezielle Diagnoseverfahren

1. Schwingungsanalyse

Jede Maschine und Anlage sowie jedes Bauteil, das in Bewegung ist, vibriert. Diese Vibrationen bestehen aus einer Vielzahl von Schwingungen, die sich überlagern. Damit hat jede Maschine und Anlage ihr eigenes Schwingungsverhalten, das sich beim Eintreten eines Schadens ändert. Mittels Sensoren werden die Schwingungen aufgenommen und in der Auswerteeinheit analysiert. Aus dem zeitlichen Verlauf der sich überlagernden Schwingungen werden ihre einzelnen Frequenzen dermittelt. Für jede einzelne Frequenz können als wichtige Kenngrößen die **Schwinggeschwindigkeit** (in mm/s) und die **Schwingbeschleunigung** (in m/s²) bestimmt werden.

Schwingungsanalyse an einem Motor

Messdaten der Schwingungsanalyse

Durch Vergleich des zeitlichen Verlaufs der Schwingungen im Idealzustand und dem augenblicklichen Verlauf kann auf schädliche Veränderungen geschlossen werden. Genauere Aussagen über die Art des Schadens können die Frequenzen der einzelnen Schwingungen geben, die im zeitlichen Verlauf überlagert dargestellt wurden.

Zur Frequenzermittlung wird von einem Programm das Gesamtbild der Schwingungen in Einzelschwingungen aufgegliedert und deren Frequenzen angezeigt. Dabei zeigen sich für verschiedene Schadensarten typische Frequenzverläufe und Schwingungskenngrößen.

Beispiel für die Wälzlagerinspektion durch Schwingungsanalyse

Verschleiß verursacht in den Abrollzonen der Lagerringe eine Welligkeit, die beim Lauf Stoßimpulse hervorruft. Diese werden mit dem Schwingungssensor aufgenommen und im Analysegerät ausgewertet. Die Stärke der Stoßimpulse ermöglicht Rückschlüsse auf den Lagerzustand.
1,2 m/s² sind normal, 8,005 m/s² weisen auf einen schweren Schaden hin.

Die Frequenz der Stoßimpulse erlaubt die Ortung, ob Innen- oder Außenring die Beschädigung aufweist. Bei der Drehfrequenz von 60 1/s wird an **diesem** Lager eine Stelle des Innenrings 300-mal in der Sekunde überrollt, eine Stelle des Außenrings hingegen 180-mal. Es liegt also in diesem Fall ein schwerer Außenringschaden vor.

Die Schwingungsanalyse wird im Maschinenbau eingesetzt zur Untersuchung auf:
- Zahnradschäden (Verschleiß, Fressen, u. Ä.),
- Lagerschäden (Käfigbruch, Lagerringverschleiß),
- Ausrichtfehler,
- Unwucht.

Übungsaufgabe 2/3

Instandhaltung – Wartungstechnik

2. Infrarot-Thermographie

Jeder Gegenstand strahlt Wärme ab. Die Wärmestrahlung ist eine elektromagnetische Strahlung wie das sichtbare Licht. Sie liegt jedoch im Infrarotbereich und ist darum für unser Auge unsichtbar.

Röntgen	UV	Sichtbares Licht	IR Infrarot	Mikrowellen	Radiowellen
0,01 µm	0,1 µm	1 µm	10 µm 100 µm 1 mm	10 mm	Wellenlänge

Bereich der IR-Thermographie

Mit speziellen Infrarotkameras kann die Wärmestrahlung aufgenommen und in sichtbare Farbbilder umgewandelt werden. Die Bilder zeigen in unterschiedlichen Farben die Oberflächentemperaturen an den einzelnen Bereichen des beobachteten Systems an.

Mit dem Sucher der Kamera können defekte Motorlager, blockierte Ventile, Schlupf an Riemen und Laufrädern, schlechte elektrische Kontakte, starke Reibstellen und andere Störungen anhand ihrer höheren Oberflächentemperatur ausfindig gemacht werden.

Durch Speichern der Bilder und den Vergleich mit vorher gemachten Aufnahmen kann der Fortschritt der Störung verdeutlicht werden und der optimale Zeitpunkt für Instandhaltungsmaßnahmen bestimmt werden.

Wärmebildkamera

Beispiele für Wärmebilder von Baugruppen

Elektromotor im Normalbetrieb

Lagerschaden

2.4 Condition Monitoring – kontinuierliche Zustandsüberwachung

Durch die kontinuierliche Zustandsüberwachung und die Diagnose von Störungen können die Betriebskosten für die Instandhaltung von Maschinen und Anlagen sowie die Ausfallzeiten erheblich gesenkt werden. Diese Kombination aus kontinuierlicher Überwachung, Vergleich und Diagnose bezeichnet man als **Condition Monitoring**. Condition Monitoring bietet gegenüber einer vorausbestimmten Wartung erhebliche Vorteile:

- Eine vorausbestimmte Wartung, z. B. nach 500 Betriebsstunden, kann bei extremer Belastung einer Maschine oder einer Anlage bereits zu spät sein, sodass Schäden entstanden sind, die eine aufwendige Instandsetzung erfordern.
- Umgekehrt verursacht eine vorausbestimmte Wartung unnötige Kosten, wenn die Maschine oder Anlage im geplanten Zeitraum weniger als erwartet belastet worden ist und eine Wartung demnach noch gar nicht erforderlich gewesen wäre – die Restlaufzeit wird „verschenkt".

Dies alles kann aurch eine kontinuierliche Überwachung des Betriebszustands der Maschinen und Anlagen, durch Condition Monitoring weitgehend vermieden werden.

Systembeurteilung durch Inspektion

Condition-Monitoring-Systeme (CMS) erfassen mit Sensoren physikalische Größen, die eine Aussage über den Betriebszustand einer Maschine oder Anlage oder den Zustand eines einzelnen kritischen Bauteils machen können. Dies sind z. B.
- *Schwingungsdaten* (Frequenz, Geschwindigkeit u. a.) für Getriebe und Lager,
- *Temperaturen* für Lager und Schmiermittel,
- *pH-Werte* für Öle und Kühlschmierstoffe.

Diese Größen beschreiben aber nur begrenzt den Zustand eines Systems. So können z. B. kurzzeitige, sehr hohe Belastungen einen dringenden Wartungsbedarf vorgeben, der gar nicht erforderlich ist.
Deshalb müssen die Ergebnisse der fortlaufenden Messungen mit den Betriebsdaten abgeglichen werden, um daraus eine Aussage über den Zustand der Maschine oder -anlage treffen zu können.

Ein CMS-System besteht aus einen Teilsystemen zur
- Aufnahme der Messgrößen, ihrer Verstärkung,
- Anpassung und Digitalisierung,
- Datenübertragung und schließlich
- Auswertung, Anzeige und Dokumentation.

Teilsyteme eines Condition-Monitoring-Systems

Das Messsystem liefert im Rahmen der ständigen Überwachung eine riesige Datenmenge. Diese erfordert nicht nur extrem große Speicher, sondern gibt ungebündelt auch keine gute Übersicht. Darum werden die Daten in bestimmten Zeiträumen zu Kenngrößen zusammengefasst, deren zeitlicher Verlauf leicht zu verfolgen ist. In der Anzeige kennzeichnen **Warngrenzen** und **Alarmgrenzen** den Bereich kritischer Zustände. Weiterhin muss ein Condition-Monitoring-System bei plötzlichen schweren Störungen nicht nur Alarm geben, sondern auch das System in einen Ruhetustand herunterschalten.

Beispiele für Überwachungsdaten eines Getriebes

Jede Maschine und Anlage unterscheidet sich in ihrem Betriebsverhalten von anderen, gleichartigen Anlagen. Darum kann eine frisch installierte Anlage zunächst nur Daten liefern, aus denen ein Normalzustand abzuleiten ist. Mit jedem Tag und jeder Veränderung der Messwerte werden die Aussagen präziser, die Zahl evtl. auftretender Fehlmeldungen geht zurück und die Muster von Abnutzung und Störungen werden mit der Zeit immer klarer erkennbar – das System wird optimiert. Mit der Entwicklung künstlicher Intelligenz wird auch hier ein selbstlernfähiges Überwachungssystem angestrebt

Instandhaltung – Wartungstechnik

Beispiel für den Einsatz eines Condition-Monitoring-Systems

Zur Temperierung von Formen und Umformwerkzeugen werden in der kunststoff- und gummiverarbeitenden Industrie Thermalöle mit Temperaturen bis 400 °C eingesetzt.

Die Pumpen im Wärmeübertragungssystem sind nicht nur durch die hohen Temperaturen belastet. Durch chemische Veränderung der Öle können Kavitation oder Verkokung auftreten, Lecks in Wellendichtungen können Umweltschäden hervorrufen. Wegen dieser enormen Belastung müssen Thermalölpumpen unbedingt durch Condition Monitoring überwacht werden. Dabei werden Druck, Temperatur, Schwingungen, Leckage und Leistung beobachtet und die Drehzahl der Pumpenantriebe entsprechend dem Bedarf geregelt.

Thermalölpumpe in der Kunststoffverarbeitung

Das überwachte System ist die Thermalölpumpe mit dem Antrieb durch einen E-Motor, der ebenfalls durch Condition Monitoring überwacht wird.

- Lagertemperatursensor
- Schwingungssensor
- Leckagesensor
- Drucksensor, druckseitig
- Drucksensor, saugseitig

Thermalölpumpe

Alle Sensoren sind passive Sensoren. Die aufgenommen Messdaten der Sensoren werden in einer Satellitenstation verstärkt, zu Normsignalen, z. B. 4 bis 20 mA, umgeformt und zu einem sogenannten „Master" weitergeleitet. Dieser Master kann bis zu elf Satelliteneinheiten überwachen und steuern.

Standard Modbus RTU

Modbus bis zu 100 m
(Master → letzter Satellit)

Master

Am Display des Masters kann der Zustand jeder Pumpe und jeden Motors einzeln abgefragt werden.

Per Datenleitung oder WLAN werden die Daten an die Leitstelle übertragen. Das WLAN in Kombination mit dem Internet erlaubt es auch, die Daten an jedem anderen Ort zu überprüfen und Entscheidungen zu treffen.

In der Leitstelle werden für jede Pumpe und jeden Motor die Daten aufgelistet und der Trend von Störungen verfolgt, um rechtzeitig Wartungsmaßnahmen einzuleiten bzw. vor sich anbahnenden Störungen zu warnen und ggf. Alarm zu geben.

Masterdisplay

3 Instandhaltung durch Wartung

3.1 Übersicht über Wartungsarbeiten

Durch Wartung sollen Maschinen, Anlagen und Geräte möglichst in ihrem Sollzustand erhalten bleiben. Zumindest aber möchte man den unvermeidlichen Abnutzungsprozess verlangsamen und weiterhin einen sicheren Umgang gewährleisten. Arbeiten im Rahmen von Wartung sind ihrer Art nach Erhaltungsmaßnahmen und lassen sich in mehrere Aufgabenbereiche unterteilen.

Wartungsarbeiten	vorzunehmende Tätigkeiten
Reinigen	Fremdstoffe oder belastete Hilfsstoffe entfernen
Konservieren	Systeme gegen Fremdeinflüsse durch Schutzmaßnahmen haltbar machen
Schmieren	Reibstellen im System Schmierstoffe zuführen, um die Gleitfähigkeit zu erhöhen
Nachstellen	Mithilfe von Korrektureinrichtungen Abweichungen von einem Sollzustand beseitigen
Ergänzen	System mit erforderlichen Hilfsstoffen auffüllen

Beispiele für Wartungsarbeiten an einer Fräsmaschine

Reinigen
- Säubern der T-Nute mit Pinsel
- Putzen des Maschinentischs mit Putzwolle
- Säubern offenliegender Gleitflächen mit Pinsel und Putzwolle
- Säubern der Ablaufsiebe für Kühlschmiermittel

Nachstellen
- Nachstellen der Leisten in den Gratführungen zur Einstellung des Spiels
- Nachstellen des Gewindespindelspiels
- Nachstellen des Lagerspiels der Frässpindel

Konservieren
- Einfetten blanker Führungen mit Gleitbahnöl
- Leichtes Einfetten des Maschinentischs

Schmieren
- Schmieren der Führungen
- Schmieren der Gewindespindeln

Ergänzen
- Ergänzen der Füllmenge an Getriebeöl

> **!** Wartungsarbeiten dienen der Erhaltung des Sollzustands und somit der Bewahrung der Funktionsfähigkeit und der Werterhaltung von technischen Systemen. Wartung erfolgt durch Reinigen, Konservieren, Schmieren, Ergänzen und Nachstellen.

Übungsaufgaben 3/1; 3/2

Instandhaltung – Wartungstechnik

3.2 Säubern und Konservieren

1. Säubern

Verschmutzungen an Maschinen und Geräten lassen diese nicht nur unschön aussehen, sondern führen auch zu höherem Verschleiß bewegter Teile, zu erhöhter Reibung und damit zu einer Leistungsminderung. Deshalb müssen je nach Verschmutzungsgrad und Benutzungshäufigkeit Schmutzteilchen, Späne und Abriebteilchen sowie verschmutzte Fette, Öle und Hilfsstoffe in bestimmten Zeitintervallen entfernt werden.

Werkzeugmaschinen sollen täglich vom Maschinenbediener gesäubert werden:
- Der Arbeitsraum der Maschine ist mit dem Pinsel oder einem Industriesauger von Spänen zu reinigen.
- Die Spänewanne ist auszuleeren und die Späne sind vorschriftsmäßig zu entsorgen.
- Führungsbahnen sind mit Putzwolle oder nicht fasernden Lappen von Staub und Kühlschmiermitteln zu reinigen.
- Bewegungsgewinde sind einzuölen.
- Schutzscheiben sind mit einem neutralen Reinigungsmittel ohne festen Druck zu säubern, damit anhaftende Stäube keine Kratzer verursachen.

Säubern einer Antriebseinheit

Druckluft darf zum Säubern von Maschinen nicht eingesetzt werden, weil dadurch Späne und schmirgelnd wirkende Stäube in Führungen und Bewegungsgewinde gelangen können und dort Verschleiß verursachen.

> **!** Säubern von Maschinen und Anlage schützt diese vor Verschleiß und Wertminderung und wertet den Arbeitsplatz auf.

Reinigungsstoffe siehe „Instandhalten", Kapitel Reinigungsmittel

2. Konservieren

Durch Konservieren mit Beschichtungsstoffen schützt man die Oberflächen von Bauteilen vor schädlichen Umwelteinflüssen, die zur Korrosion führen. Als Beschichtungsstoffe verwendet man Öle, Fette, Wachse und Anstriche.
- Blanke Maschinenteile, wie z. B. die Säule oder der Arbeitstisch einer Bohrmaschine sowie Gleitbahnen und Bettführungen von Werkzeugmaschinen, werden zum kurzzeitigen Korrosionsschutz gefettet.
- Mess- und Prüfzeuge sowie Anreißplatten werden zum kurzzeitigen Schutz gereinigt und anschließend geölt oder gefettet.
- Blanke Maschinenteile aus Stahl werden für längere Versandwege mit Wachs oder einem Schutzlack beschichtet. Auch ein Verpacken solcher Teile mit ölhaltigem Papier ist üblich.
- Verzinkte Bauteile, an denen eine Beschädigung der Schutzbeschichtung eingetreten ist, werden mit Zinkspray nachverzinkt, um wieder einen ausreichenden Schutz herzustellen.

Hilfsstoffe mit konservierender Wirkung

> **!** Konservierende Maßnahmen werden durchgeführt, um die Oberflächen von Bauteilen vor schädlichen Umwelteinflüssen (Korrosion) zu schützen.

3.3 Schmieren

1. Aufgaben des Schmierens
Durch Schmieren von Maschinen, Geräten und Anlagen erreicht man Folgendes:

- Energieverluste infolge von Reibungsvorgängen werden vermindert.
- Verschleißvorgänge an Bauteilen, die sich gegeneinander bewegen, werden verringert.
- Oberflächen können vor schädlichen Umwelteinflüssen geschützt werden.

Besonders wichtig ist die Schmierung von Lagern und Führungen. Die Schmierstoffe verhindern, dass sich die aufeinandergleitenden oder abrollenden Bauteilflächen direkt berühren. Schmierung verringert die Beanspruchung der Oberflächen und verlängert die Einsatzzeit von Bauteilen, wie z. B. Kugellagern.

Gleitflächen (gelb markiert) an einem Drehmaschinenbett

> **!** Durch Schmieren vermindert man in technischen Systemen Energieverluste, verringert Verschleißvorgänge und schützt Oberflächen vor Korrosion.

2. Schmieranweisungen
Schmieren erfolgt nach festen Vorgaben des Herstellers einer Maschine, eines Geräts oder einer Anlage. Die Vorgaben berücksichtigen vor allem die Einsatzbedingungen der Maschinen bzw. Anlagen im Produktionsprozess.

Die Schmieranweisung muss gemäß Normvorgaben Folgendes enthalten:

- eine **Schmierstoffübersicht** mit den empfohlenen Schmierstoffen und ihren genormten Bezeichnungen,
- einen **Schmierstellenplan**, in dem die einzelnen Schmierstellen und die vorgesehenen Schmierintervalle eingetragen sind,
- die Angaben über die jeweiligen **Schmierstoffmengen**,
- die Art des jeweiligen **Schmierverfahrens**, mit dem der Schmierstoff einzubringen ist.

> **!** In der Betriebsanleitung des Herstellers einer Maschine oder Anlage werden Schmieranweisungen gegeben. Sie geben Auskunft über:
> • Schmierstellen, • Schmierstoffe, • Schmierstoffmengen, • Schmierintervalle,
> • Schmierverfahren.

3. Schmierplan
Im Betrieb werden die Anweisungen des Herstellers in den Instandhaltungsplan eingebracht. Es wird ein entsprechender Schmierplan aufgestellt, nach welchem die Fachkraft die Schmierung vorzunehmen und zu bestätigen hat. Der Schmierplan enthält:

- die Bezeichnung der Schmierstellen in sinnvoller Reihenfolge (**wo?**),
- die eindeutige Bezeichnung der zuzuführenden Schmierstoffe (**was?**),
- die Menge des beim jeweiligen Schmiervorgang einzubringenden Schmierstoffs (**wie viel?**),
- die Beschreibung der notwendigen Arbeitsmittel (**womit?**),
- das Intervall, nach dem jeder der beschriebenen Arbeitsgänge regelmäßig auszuführen ist. Das Intervall (**wann?**) kann in Zeitabständen, Stückzahlen o. a. gemessen sein,
- die Arbeitszeitvorgabe (**wie lange?**),
- die Hinweise zur Koordinierung der Arbeiten mit dem Betriebsablauf, z. B. „in Betrieb" oder „bei Stillstand auszuführen" (**wobei?**).

Übungsaufgabe 3/4

Instandhaltung – Wartungstechnik

Symbole für Schmieranleitungen in Schmierplänen

Symbol	Erklärung
	Ölstand prüfen
	Ölstand überwachen, falls erforderlich auffüllen
	Behälter entleeren
2,5 l	Behälterinhalt austauschen, Angabe der Füllmenge in l

Symbol	Erklärung
	Schmierung allgemein mit Ölkanne oder Spraydose
	Automatische Zentralschmiereinrichtung für Öl
	Fettschmierung mit Fettpresse
	Filter auswechseln, Filtergehäuse reinigen

Symbol	Erklärung
h	Angabe der Schmierintervalle in Betriebsstunden
	Ergänzende Erläuterungen in der Betriebsanleitung nachlesen

Beispiel für einen Schmierplan

Schmierplan — Betriebsstunden

Präzisions–Drehmaschine
Hersteller: XYZ–Werkzeugmaschinen
Bauart: Super 1
Super 2

Achtung!
Vor der Schmierung alle Eingriffsstellen reinigen.

Maschinenteile	Vorschubgetriebe	Schlosskasten	Reitstock	Obersupport	Wechselradgetriebe
Nr. der Eingriffsstelle	1	3	4	5	6
Bildzeichen des Eingriffs / Art des Eingriffs					
Nachfüllen (h)					
Prüfen– Auffüllen (h)		8			
Abschmieren (h)				8	
Austauschen (h)	2000		2000		
Füllmenge (l)	1,2	0,5	1,0		3 Hübe
Schmierstoff DIN/ISO	DIN 51517 – CLP46				DIN 51825 –KI 2 K

Der Schmierplan ist von der Fachkraft aus folgenden Gründen genau einzuhalten:
- Viele Schmierstoffe vertragen sich nicht untereinander, deswegen darf man keine eigenmächtigen Änderungen hinsichtlich der *Art des Schmierstoffs* vornehmen.
- Übervolle Fettfüllungen in Lagern führen zu erhöhter Lagerreibung und damit zur Verflüssigung des Fettes und zu Schmierstoffverlust, deswegen muss die *Schmierstoffmenge* eingehalten werden.
- Oft muss das Schmiermittel beim Einbringen durch Kanäle gepresst werden, die verfestigten Schmierstoff und Abriebteilchen enthalten. Das *Arbeitsmittel* zum Einbringen des Schmiermittels ist daher festgelegt, damit der notwendige Einpressdruck aufgebracht werden kann.

! Genaue Angaben über die Schmierung einer Maschine oder Anlage sind dem Schmierplan zu entnehmen.

Schmierstoffe siehe „Instandhaltung – Wartungstechnik", Kapitel 8.

3.4 Wartung durch Ergänzen und Nachstellen

1. Wartung durch Ergänzen

Warten durch Ergänzen bezieht sich vorwiegend auf das Nachfüllen von Hilfsstoffen wie Öle, Fette, Kühlschmiermittel und Kühlwasser.

Dabei ist jedoch zu beachten, dass die so ergänzten Stoffe nicht mehr die Qualität erreichen, die sie zu Beginn ihres Einsatzes hatten. Es tritt also eine stete Verschlechterung ein. Deshalb müssen nach einer festgelegten Zahl von Ergänzungen die Stoffe komplett ausgetauscht werden.

Auch das Aufladen von Akkumulatoren und das Aufpumpen von Luftreifen sind Beispiele für Warten durch Ergänzen.

Warten durch Ergänzen von Motoröl

! Warten durch Ergänzen ist vorwiegend das Auffüllen von Hilfsstoffen.

2. Wartung durch Nachstellen

Im Betrieb können sich die Maße und die Lage von Bauteilen verändern. Verursacht werden diese Veränderungen durch die Höhe der Belastung, durch Verschleiß und durch bleibende Dehnungen der Bauteile. So dehnen sich z. B. Riemen und Ketten im Laufe des Betriebs und Führungen bekommen durch Verschleiß Spiel.

Durch Nachstelleinrichtungen, die heute meist schon in den Maschinen eingebaut sind, lassen sich die Veränderungen ausgleichen oder wieder rückgängig machen. So wird der ursprüngliche Sollzustand des Systems wieder erreicht.

Nachstellbare Führung an einer Maschine

Bei Messgeräten bezeichnet man das Nachstellen wegen festgestellter Maßabweichung des Messgeräts als **Justieren**.

Bei Bügelmessschrauben mit einem bei Null beginnenden Messbereich ist der Wert Null das Normal. Wenn eine Bügelmessschraube nach dem Anziehen mit der Gefühlsratsche z. B. nicht genau den Wert Null anzeigt, so tritt bei jeder Messung ein systematischer Fehler um den abweichenden Betrag auf. An der Bügelmessschraube kann durch Drehen der Skalenhülse der Wert Null wieder eingestellt werden. Damit ist die Messschraube wieder justiert.

Ebenso kann das Gewindespiel bei Messschrauben nachgestellt werden, wenn es durch häufige Beanspruchung zu groß geworden ist.

Beispiel für das Justieren einer Bügelmessschraube

Messschraube mit Anzeigefehler   *Messschraube justieren*

! Durch Nachstellen korrigiert man Abweichungen vom Sollzustand, verbessert die Funktion des Produktionsablaufs, erhöht die Qualität der Produkte und beugt Störungen vor.

Übungsaufgabe 3/9

Instandhaltung – Wartungstechnik

3.5 Wartungs- und Inspektionspläne

Die Auflistung der Inspektions- und Wartungsarbeiten in den Plänen kann nach verschiedenen Gesichtspunkten gegliedert werden. Man ordnet die Wartungsschritte nach:
- den **Wartungsintervallen** – diese werden meist steigend in Betriebsstunden angegeben,
  zum Beispiel: nach acht, nach 50, nach 200 Betriebsstunden usw.,
- den **Baugruppen der Anlage**,
  zum Beispiel: Gehäuse, Führungsbahnen, Bedienpult, Kühlmitteleinrichtung usw. oder
- der **Zweckmäßigkeit des Arbeitsablaufs** der Gesamtmaßnahme,
  zum Beispiel: Stellen Sie den Hauptschalter auf AUS und schalten die Zuleitung zur Maschine spannungsfrei, öffnen Sie die Verschlussklappe zum … usw.

Beispiel für den Wartungs- bzw. Inspektionsplan einer Fräsmaschine (nur Auszüge!)
Die Nummern geben die laufende Nummer im Wartungsplan an.

Lfd. Nr.	Wartungs-/Inspektionsmaßnahme	Intervall in Betriebs-Std.	Bemerkungen
1	**Frästisch** reinigen, auf Beschädigungen kontrollieren und leicht fetten	8	Nur Pinsel und Putzlappen verwenden
2	Alle **Schlittenführungen** reinigen	8	Keine Pressluft einsetzen!
7	**Maschinengehäuse, Steuerung** und **Bedienpult** reinigen	40	
8	**Elektrozuleitungen** und **Schalter** auf Beschädigugen sorgfältig kontrollieren	40	Alle Schäden sofort melden!
9	**Füllmenge** der Kühlschmiereinrichtung prüfen und bei Bedarf auffüllen	40	Kühlschmierstoff E 8 %
10	**Füllmenge** der Zentralschmiereinrichtung prüfen und bei Bedarf auffüllen	40	Ölsorte: CL 68
17	**Abstreifer** an **Führungsbahnen** reinigen und bei Bedarf auswechseln	80	
21	**Stellleisten** der **Schlittenführungen** prüfen und eventuell nachstellen	160	
22	**Siebe** und **Filter** der Kühlschmiereinrichtung reinigen	160	
26	Spannung u. Verschleiß des **Keilriemens** vom Hauptantrieb sowie des **Zahnriemens** vom Vorschubantrieb prüfen, evtl. nachstellen	1 000	
27	Lagerspiel der **Frässpindel** prüfen und bei Toleranzüberschreitung nachstellen	5 000	Zul. Rundlaufabweichung Max. $t = 0{,}03$ mm

4 Instandsetzen

4.1 Instandsetzen mechanischer Baugruppen nach einer Störung

4.1.1 Maßnahmen unmittelbar nach einer Störung

Bei Störungen im Betrieb einer Anlage wird das Betriebspersonal erste Maßnahmen einleiten. Soweit dies notwendig ist, werden umgehend die betroffenen Teile der Anlage entsprechend dem Notfallplan stillgesetzt, ein möglicher Gefahrenbereich abgesichert und das verantwortliche Führungspersonal benachrichtigt.
Die für die Reparatur zuständigen Industriemechaniker bzw. die zuständige Industriemechanikerin haben vor Beginn ihrer Tätigkeit die Stillsetzungsmaßnahmen und die Absicherung zu überprüfen und ggf. mit dem Führungspersonal organisatorische Maßnahmen abzusprechen.

4.1.2 Störungsdiagnose

Tritt in einem technischen System ein Fehler auf, so ist dieses System nicht mehr in der Lage, die ursprüngliche Funktion zu erfüllen. Alle Tätigkeiten, welche die Fachkraft nun zur Fehlerortung und zur Feststellung der Ursachen durchführt, nennt man **Diagnose**.

Beispiel für den Ablauf einer Störungsdiagnose

Störung: Motorstillstand
↓
Fehlererkennung
z. B. Temperaturanzeige im roten Bereich
↓
Ermittlung möglicher Fehlerquellen
z. B. Thermostat defekt
Leck im Kühlkreislauf
Temperatursensor defekt
↓
Überprüfung der Fehlerquellen durch Grobdiagnose
z. B. Sichtprüfung nach Leck
Kühlmittelpumpe nach Geräusch
Kühlpumpenmotor nach Geräusch
Geruch und Vibration
↓
Vorwissen
ähnliche Störungen
Ausfallwahrscheinlichkeit
Bauteilfunktion
→
Vermutung über wahrscheinlichste Störungsursache
z. B. am häufigsten Thermostat defekt
seltener Temperatursensor defekt
↓
Festlegen der Reihenfolge der Überprüfungen nach Prüfaufwand und Erfolgsaussicht
z. B. 1. Prüfen der Funktion von Temperatursensor, weil einfach zu messen
2. Thermostat prüfen, zum Prüfen ausbauen
↓
Prüfungen durchführen
↓
Fehler gefunden — nein → (zurück zu Festlegen der Reihenfolge)
↓ ja
Fehler beheben ← **Dokumentation der Störung**

> Störungsdiagnose beginnt mit der Ermittlung möglicher Fehlerquellen unter Berücksichtigung des Vorwissens über ähnliche Störungen. Aus diesem Grund wird die Fehlersuche durch die Dokumentation von Fehlern und Fehlerursachen vereinfacht.

Instandhaltung – Wartungstechnik

4.1.3 Störungsbehebung

1. Ausbau und Reinigung

Nach Ermittlung der Störungsursache müssen bei mechanischen Schäden Bauteile und Baugruppen ausgebaut, gereinigt und geprüft werden. Beim Ausbau ist darauf zu achten, dass
- keine gefährlichen und unerwünschten Bewegungen, z. B. durch Einschalten von Antrieben oder Lösen von Blockierungen, ausgelöst werden können;
- keine weiteren Schäden, z. B. abgerissene Schrauben, Beschädigungen an Verkleidungen und Lagern, entstehen;
- keine Hilfsstoffe und Öle unkontrolliert auslaufen;
- Spezialwerkzeuge, z. B. Abziehvorrichtungen, eingesetzt werden;
- die Ausrichtung ausgewuchteter Bauteile, z. B. von Lüfterrädern, markiert wird, um später den Einbau in gleicher Position zu garantieren.

Um Fehler bei der Demontage zu vermeiden, geben viele Hersteller von Maschinen und Geräten genaue Demontageanweisungen.

Beispiel für eine Demontageanweisung (Auszug)

Zur Demontage der Treibscheibe (12) fertigen Sie bitte eine einfache Abziehvorrichtung an, die sich auf dem Wellenende (6) abstützt (siehe Skizze). Achten Sie darauf, dass die beiden Zugschrauben 8 bis maximal 10 mm tief in die Treibscheibe eingeschraubt werden.

Achtung!

Versuchen Sie auf keinen Fall, die Treibscheibe durch Schrauben abzudrücken. Sie beschädigen dabei das unter der Treibscheibe eingebaute Lager.

Versuchen Sie nicht die Treibscheibe durch Hebel von der Welle abzudrücken. Sie beschädigen dabei den Gehäuserand.

Zur näheren Untersuchung sind die demontierten Bauteile von Fetten, Ölen u. Ä. zu reinigen. Dazu werden Reinigungsmittel (s. Kapitel Reinigungsmittel) benutzt.

> **!** Der Ausbau fehlerhafter Baugruppen erfordert besondere Sorgfalt, damit keine zusätzlichen Schäden entstehen oder der spätere Wiedereinbau erschwert wird.

Instandsetzen

2. Ermittlung der Schadensursache

Nach der Reinigung wird das Bauteil oder die Baugruppe auf den vermuteten Fehler hin untersucht. Dies geschieht je nach Art des Fehlers in den meisten Fällen durch optische Begutachtung oder durch Messungen.

Nach Feststellung der Art des Schadens muss die Schadensursache ermittelt werden, damit ein erneutes Auftreten des Schadens verhindert wird oder entsprechende Schadensersatzansprüche geltend gemacht werden können.

Für viele Schadensbilder sind mögliche Schadensursachen aufgelistet.

Beispiel für eine Auflistung von Schadensursachen zu Schadensbildern an Zahnrädern

Schadensursache	Zahnbrüche		Verschleiß						Ausbrüche			Risse				Deformation			
	Gewaltbruch	Dauerbruch	Normaler Verschleiß	Schleifverschleiß	Verschleiß durch Eingriffsstörungen	Kratzer	Riefen	Fresser	Grübchen	Abblätterungen	Absplitterungen	Schleifrisse	Härterisse	Materialrisse	Dauerbruchanrisse	Eindrückungen	Riffelbildung	Warmfließen	Kaltfließen
Materialfehler																			
Schlackeneinschlüsse		•							•			•	•						
Schmiedefalten												•	•						
Nichtmetallische Einschlüsse													•						
Ungeeignete Werkstoffpaarung									•	•								•	•
Konstruktionsfehler																			
Unzureichende Dimensionierung		•							•	•					•				•
Falsche Zahngeometrie					•				•										
Eingriffsstörungen					•														
Falsches Zahnspiel									•										
Fertigungsfehler																			
Schmiedefehler		•																	
Zu hohe Wärmeentwicklung bei Bearbeitung										•		•							
Unzweckmäßige Wärmebehandlung										•		•	•						•
Unzureichende Oberflächengüte			•				•	•											
Montagefehler																			
Nicht-Fluchten			•						•	•	•			•					
Unzureichende Isolierung																			
Betriebsbedingungen																			
Häufige Lastwechsel			•						•										
Stoß-, Vibrationsbelastung	•	•							•		•							•	•
Überlastung	•								•	•	•				•			•	•
Unsachgemäßer Einlauf									•	•									
Zu niedrige / Zu hohe Geschwindigkeiten									•	•	•								•
Schmierungsfehler																			
Schmierstoffmangel			•														•	•	•
Falsche Viskosität			•						•	•	•						•		
Unzureichende Qualität			•						•	•							•		
Verunreinigung fest / flüssig				•		•	•								•				
Ölzuführung																			

Gleiche Schadensbilder können oft unterschiedliche Ursachen haben, z. B. können Anfressungen der Zahngeometrie durch ungenauere Fluchtung, falsche Viskosität des Schmiermittels oder andere Gründe verursacht worden sein. Zur genauen Klärung der Schadensursache müssen darum weitere Untersuchungen des Schadens stattfinden. Eine große Hilfe dabei ist die fortlaufende Dokumentation von Störungen und Störungsursachen. Je häufiger ein ähnlicher Schaden eine bestimmte Ursache hatte, desto wahrscheinlicher ist sein erneutes Auftreten.

> **!** Nach jedem Schaden ist die Schadensursache zu ermitteln, damit Maßnahmen zur Verhinderung weiterer gleichartiger Schäden getroffen werden können.

3. Entscheidung über Reparatur, Auswechseln oder Verbesserung

Wenn der Fehler, der zu einer Störung geführt hat, gefunden worden ist und die Störung in einem fehlerhaften Bauteil liegt, muss der Industriemechaniker bzw. die Industriemechanikerin entscheiden, ob eine Reparatur des Bauteils wirtschaftlich vertretbar ist oder ein Ersatzteil beschafft werden muss.

Eine Reparatur ist nur vertretbar, wenn
- für die Ausführung der Reparatur qualifiziertes Personal und geeignete Einrichtungen zur Verfügung stehen,
- die Kosten des Produktionsausfalls, die mit der Zeit für die Reparatur entstehen, unter den Kosten der Reparatur liegen.

Für eine Ersatzteilbeschaffung muss der Industriemechaniker bzw. die Industriemechanikerin eine genaue Beschreibung des zu beschaffenden Bauteils oder der Baugruppe geben. Anhand der Informationsunterlagen, die zum instand zu setzenden System gehören, wird er die genaue Bezeichnung des Systems, der Baugruppe und der Artikelnummer heraussuchen und an die für die Beschaffung zuständige Stelle weitergeben.

> **!** Bei der Überlegung Reparatur oder Ersatzteilbeschaffung bestimmen in Produktionsanlagen nicht die Kosten des Bauteils und der Arbeitszeit für die Reparatur, sondern die Kosten des Produktionsausfalls die Entscheidung.

4.1.4 Zusammenbau, Einbau und Einstellen

Nach Reparatur oder Austausch beschädigter Bauteile erfolgt deren Einbau in die Maschine oder Anlage. Bei diesen Arbeiten ist nach den Vorschriften des Herstellers vorzugehen, denn nur so können erneute Fehler eingeschränkt werden:

- Bauteile sind ohne Beschädigung einzubauen. Zur Wälzlagermontage müssen z. B. Montagehülsen verwendet werden, damit die Einpresskraft nicht über die Wälzkörper übertragen wird.
- Schmierstoffe und andere Hilfsstoffe sind entsprechend den Herstellervorschriften in richtiger Art und Menge einzubringen.
- Spiel ist an geforderten Stellen einzustellen.
- Schrauben und Muttern sind mit den vorgeschriebenen Anzugsmomenten anzuziehen und nach dem Anziehen zu sichern.
- Riemen und Federn sind entsprechend den Vorschriften zu spannen.
- Ausgewuchtete Bauteile müssen in der Position, in der sie ausgebaut wurden, wieder eingesetzt werden. Andernfalls ist ein erneutes Auswuchten notwendig.

Falls derartige Anweisungen fehlen, richtet sich der Instandhalter nach allgemein anerkannten fachlichen Grundregeln.

Beispiel für Grundregeln der Schmierung von Wälzlagern

Wälzlager werden vorwiegend mit Schmierfett geschmiert, da dieses gut an der Lagerstelle zurückgehalten wird und das Lager gegen Eindringen von Schmutz und Feuchtigkeit abdichtet.

Regel bei Fettschmierung: Für einen Einsatz im normalen Drehzahlbereich wird etwa die Hälfte des freien Raums im Wälzlager mit Schmierfett gefüllt. Bei höheren Drehzahlen wird die Menge auf etwa ein Drittel des freien Raums reduziert, bei sehr geringen Drehzahlen auf ca. 90 % angehoben.

Beidseitig abgedichtete Lager sind bereits vom Hersteller mit Schmiermittel gefüllt, das für die Lebensdauer des Lagers ausreicht.

Einfetten der Wälzlager von Hand

Ölschmierung wird bei Wälzlagern eingesetzt, wenn Wärme infolge hoher Drehzahlen abgeführt werden muss oder wenn gleichzeitig benachbarte Bauteile, z. B. Zahnräder, gleichzeitig geschmiert werden müssen.

Regel bei Ölschmierung: Beim Schmieren im Ölbad sollen die untersten Wälzkörper etwa bis zur Mitte in das Ölbad eintauchen. Ein höherer Ölstand kann zur Schaumbildung im Öl führen und damit die Schmierwirkung erheblich herabsetzen.

4.1.5 Prüfung, Probelauf, Abnahme und Freigabe

Nach dem Einbau neuer oder reparierter Baugruppen sind diese – soweit es möglich ist – zunächst im Stillstand zu prüfen. Bei Getrieben werden bevorzugt das Flankenspiel sowie der Rundlauf geprüft.

Beispiel für die Prüfung von Flankenspiel und Rundlauf an einem Kegelradgetriebe nach Instandsetzung

1. Flankenspielprüfung (max. 0,2 mm, feststehend)
2. Rundlaufprüfung

Bewegte oder sich bewegende Baugruppen müssen vor der Übergabe einem Probelauf unterzogen werden, um die einwandfreie Funktion sicherzustellen. Für viele Maschinen und Anlagen existieren Checklisten, nach denen dabei zu verfahren ist.
Gemeinsam ist allen Vorschriften zu einem Probelauf, dass vor Beginn eine Sicherheitsüberprüfung im Ruhezustand der Maschine oder Anlage stattzufinden hat, damit nicht z. B.
- lose Gegenstände im Gefahrenbereich rotierender Anlageteile liegen,
- beim Abbau vergessene Montagehilfsmittel Bewegungen blockieren,
- aus nicht geschlossenen Ablaufventilen Flüssigkeiten austreten,
- Schutzeinrichtungen falsch montiert und funktionsunfähig angeschlossen sind.

Der anschließende Probelauf wird unter Betriebsbedingungen durchgeführt und zeitlich so ausgedehnt, dass z. B. bei einer Fertigung ein kompletter Durchlauf stattfindet.
Nach dem Probelauf nimmt bei erfolgreichem Abschluss die für die Maschine oder Anlage zuständige Führungsperson die Anlage ab, indem sie einen einwandfreien Probelauf bestätigt.
Die Instandsetzungsmaßnahmen und etwa bestehender Verbesserungsbedarf werden protokolliert. Danach kann die Maschine oder Anlage freigegeben werden.

> **!** Nach einer Reparatur ist die Funktionsfähigkeit der reparierten Einheit durch Messung und ggf. Probelauf festzustellen.

4.2 Vorausbestimmtes und zustandsorientiertes Instandsetzen

Bei der **vorausbestimmten** Instandsetzung werden Baugruppen und Bauteile nach einer festgelegten Betriebsstundenzahl oder nach einer festgelegten Zahl von Fertigungsabläufen ausgebaut und instand gesetzt.
Im Fall einer **zustandsorientierten** Instandsetzung erfolgt diese, sobald durch Inspektion festgestellt wurde, dass die vorher festgelegte Abnutzungsgrenze erreicht ist.
In beiden Fällen werden Baugruppen und Bauteile ausgebaut, bevor ein Schaden eingetreten ist. Damit entfällt eine Störungssuche. Ersatzteile können vorbestellt und bereitgehalten werden.
Für Bauteile, die einem höheren Verschleiß unterliegen, werden vom Hersteller sogenannte Verschleißteilsätze geliefert.

Beispiel für den Verschleißteilsatz eines Pneumatikzylinders

Führung, Deckel, Anschluss, Zylinderrohr, Topfmanschette, Kolben, Anschluss, Abstreifring, Nutring

Verschleißteilsatz PN-Z-50-27-4: Dichtring, Topfmanschette, Nutring, Abstreifring, Dichtring

Die geplante Instandsetzung wird entsprechend den in der Instandhaltungsanleitung des Herstellers festgelegten Richtlinien durchgeführt. Diese Hinweise geben Auskunft über

- Sicherheitsmaßnahmen und persönliche Schutzausrüstung des Instandhalters,
- die systematische Abfolge des Ausbaus der Baugruppe oder des Bauteils,
- Anleitungen zum Austausch der Bauteile, welche die Abnutzungsgrenze erreicht haben,
- Anleitungen zur Reparatur abgenutzter Bauteile,
- systematische Abfolge des Zusammenbaus/Einbaus von Bauteilen und Baugruppen,
- Richtlinien zum Einstellen und zum Probelauf,
- Unterlagen zur Dokumentation der Instandsetzungsmaßnahme und das Abnahmeprotokoll.

> **!** Vorausbestimmtes und zustandsorientiertes Instandsetzen verkürzt die Ausfallzeit für Instandhaltungsarbeiten und kann systematisch nach den Richtlinien des Herstellers des instand zu haltenden Systems durchgeführt werden.

4.3 Fernüberwachung und Instandsetzung

Windkraftanlagen, Ölförderpumpen, Wasserversorgungseinrichtungen und andere Großanlagen arbeiten kontinuierlich ohne jede Anwesenheit von Bedienungs- und Wartungspersonal und müssen darum fernüberwacht werden. Zur Fernüberwachung dienen **Condition-Monitoring-Systeme (CMS)**. Sie erfassen den Zustand der Anlagen durch permanente Messung physikalischer Größen wie z. B. Stromaufnahme, Schwingungsfrequenzen, Temperaturen, Geschwindigkeiten und Kräfte. Die aufgenommenen Daten melden Sie an entfernt liegende Überwachungsstellen, die den Anlagenzustand jederzeit beurteilen und Instandhaltungsarbeiten rechtzeitig planen können. Darüber hinaus schalten die Anlagen bei starken Überschreitungen der vorprogrammierten Grenzwerte selbstständig ab.

Fernüberwachung einer Windkraftalage

Durch Condition-Monitoring-Systeme lassen auch Nutzer hochverfügbarer Anlagen diese durch Spezialisten des Herstellers überwachen, denn über Aufbau, Funktion und Betriebsverhalten komplizierter Maschinen und Anlagen weiß niemand besser Bescheid als die Spezialisten des Herstellers.

Im Sinne einer vorausschauenden Instandhaltung ist es optimal, wenn sich eine Maschine oder Anlage beim Service des Herstellers meldet, falls die automatisch über das Internet übermittelten Daten Abweichungen vom Sollzustand aufzeigen, die auf einen baldigen Ausfall hinweisen.

Der Servicetechniker des Herstellers kann dort aufgrund seines Detailwissens, seiner Erfahrung und der zur Verfügung stehenden Unterlagen bei einer entsprechenden Meldung aus den übermittelten Daten Schlüsse auf Fehler und Fehlerursachen ziehen. Er wird dann den Instandhalter vor Ort auf entsprechende Maßnahmen hinweisen, ihn bei der Instandhaltungsmaßnahme beraten oder in Absprache eine eigene Servicefachkraft zur Behebung der Störung schicken.

> **!** Condition-Monitoring-Systeme erfassen Maschinen- und Anlagenzustände permanent durch Messung und Analyse physikalischer Größen und übermitteln sie an entsprechende Überwachungsstellen. Diese entscheiden über die weiteren Maßnahmen.

5 Instandhaltung durch Verbesserung

Alle Maßnahmen, welche die Zuverlässigkeit von Maschinen und Anlagen erhöhen, die Funktion eines Systems optimieren oder die Arbeitssicherheit steigern, nennt man in der Instandhaltung Verbesserungen. Wenn man die Funktion der Maschine oder Anlage wesentlich verändert, dann spricht man jedoch nicht mehr von einer Verbesserung, sondern von einer Neukonstruktion.

5.1 Erhöhung der Zuverlässigkeit

Die Zuverlässigkeit von Maschinen und Anlagen kann man dadurch steigern, dass man höherwertige Bauteile und Baugruppen gegen nicht so zuverlässige austauscht oder bessere Hilfsstoffe einsetzt. Zu solchen Maßnahmen gehören z. B.:
- der Austausch von Bauteilen gegen solche aus verschleißfesterem Werkstoff,
- das Aufbringen von Verschleißschichten durch Auftragschweißen,
- der Austausch einfacher Schmierstoffe gegen z. B. Schmierstoffe mit Molybdändisulfid,
- die Überwachung der Standzeiten,
- die Einhaltung von Temperatur- oder Drehzahlengrenzwerten.

Laserauftragsschweißung zur Erhöhung des Verschleißwiderstands einer Förderschnecke

> ! Durch die Verbesserung von Bauteilen und Baugruppen oder durch den Austausch von höherwertigen Hilfsstoffen wird die Zuverlässigkeit technischer Systeme erhöht.

5.2 Verbesserung von Dokumentation und Ersatzteilplanung

Voraussetzungen für eine Optimierung der Instandhaltung ist eine systematische Kontrolle und Dokumentation des Betriebszustands einer Anlage oder Maschine. Dazu gehören:
- eine systematische Schwachstellenermittlung,
- die Beschreibung von Ausfällen,
- die Feststellung der Fehlerursachen,
- die Dokumentation der Maßnahmen zur Fehlerbeseitigung.

Hat man die Ausfallwahrscheinlichkeit von Bauteilen dokumentiert, so kann man im richtigen Zeitrahmen eingreifen. Zu den Vorbereitungsmaßnahmen einer optimalen Durchführung von Instandhaltungsmaßnahmen gehören auch personelle Vorbereitungen. Fachkundiges Personal muss mit den Termin- und Arbeitsplänen vertraut sein. Die Vorschriften für die Wartungs-, Inspektions- und Instandsetzungsmaßnahmen sollen neben den fachlichen Anweisungen auch die Maßnahmen zu Arbeitssicherheit umfassen.

Die optimale Ersatzteilplanung richtet sich nach der Ausfallwahrscheinlichkeit von Bauteilen. Eine angepasste Lagerhaltung von Ersatzteilen und Hilfsstoffen trägt wesentlich zur Verringerung der Kosten der Instandhaltung bei.
Bei Ersatzteilen sollte man besonderes Augenmerk darauf richten, dass man Originalteile vorhält. Der Einbau von gefälschten Wälzlagern oder Bremsbelägen kann z. B. zu einem vorschnellen und bedrohlichen Ausfall von Systemen führen.

Vernichtung von Produktfälschungen

> ! Die Instandhaltung lässt sich verbessern, wenn Ausfälle und Fehler sowie die Maßnahmen zu ihrer Beseitigung sorgfältig dokumentiert werden. Auch Ersatzteilplanung und Lagerhaltung von Ersatzteilen und Hilfsstoffen haben Einfluss auf den Instandhaltungsaufwand.

Übungsaufgaben 5/1; 5/2

Instandhaltung – Wartungstechnik

5.3 Verbesserung des Arbeitsplatzes und der Arbeitssicherheit

Eine Verbesserung der Gestaltung des Arbeitsplatzes erhöht nicht nur das Wohlbefinden und die Arbeitssicherheit der dort tätigen Menschen, sondern sie fördert auch Produktivität und Produktqualität. Wichtige Maßnahmen zur Verbesserung des Arbeitsplatzes und seiner Umgebung sind:

- die ergonomische Gestaltung der Arbeitsplatzes, z. B. Arbeitstischhöhe und Sitzgelegenheit;
- die Verringerung des Kraftaufwands durch Einrichtungen, wie z. B. Hebehilfen;
- die Verbesserungen des Arbeitsplatzumfelds, z. B. durch angemessene Beleuchtung, Belüftung oder Lärmschutz.

Die Arbeitssicherheit kann erhöht werden durch:

- das Anbringen von Abdeckungen oder Verkleidungen;
- den Austausch von Einhandschaltungen gegen sichere Zweihandschaltungen;
- das Markieren von Verkehrswegen;
- den Gebrauch von Sicherheitsausrüstungen.

Arbeitssicherheit durch Schutzausrüstung

> ❗ Verbesserungen bei der Arbeitssicherheit und bei der Gestaltung des Arbeitsplatzes führen zu besseren Arbeitsbedingungen und zur Steigerung von Produktivität und Produktqualität.

5.4 Verbesserung durch Verringerung der Umweltbelastung

Die Umwelt kann durch umweltschädliche Werk- und Hilfsstoffe, die man in der Produktion benötigt, belastet werden. Weiterhin kann es vorkommen, dass sich durch den Produktionsprozess Hilfsstoffe so verändern, dass sie giftig werden oder noch stärker belastend sind als vorher. Reinigungsmittel können nach der Nutzung in Metallbetrieben giftige Schwermetalle enthalten.

Im Bereich der Zerspanungstechnik kann man z. B. durch den Einsatz anderer Werkstoffe oder anderer Produktionsmethoden die Umweltbelastung durch Schadstoffe verringern.

Möglichkeiten zur Verringerung der Umweltbelastung im Zerspanungsprozess bieten:

- die Umstellung von Schwallkühlschmierung auf Minimalmengenschmierung oder Trockenschnitt;
- die Verwendung besserer Wendeschneidplatten;
- die Verbesserung der Aufbereitung von Kühlschmiermitteln.

Die Reduzierung des Energieverbrauchs in Anlagen und Maschinen senkt nicht nur die Umweltbelastung, sondern erhöht auch das positive Betriebsergebnis.

Reinigung von Kühlschmiermittel mit einem Scheibenskimmer

Möglichkeiten für die Verbesserung der Energie-Effizienz sind z. B.:

- der Einsatz energiesparender Maschinen, z. B. drehzahlgeregelter Pumpen,
- die Abschaltung von Anlagen in Pausen,
- der Betrieb von Zusatzaggregaten, z. B. Späneförderern, in Intervallen,
- der Austausch pneumatisch betriebener Maschinen gegen elektrisch angetriebene,
- die Reduzierung des Betriebsdrucks pneumatische Anlagen auf nur wenig mehr als den Mindestdruck,
- die Nutzung von Abwärme.

> ❗ Verbesserungen im Bereich des Energieeinsatzes vermindern die Umweltbelastung erheblich.

6 Maschinenschaden durch mechanische Beanspruchung

Im Zuge der Nutzung von Maschinen treten an ihnen zwangsläufig Schäden auf. Die häufigsten Schäden sind auf Verschleiß zurückzuführen. Lager und Führungen sind von Verschleiß besonders betroffen. Verschleiß entsteht allmählich, darum sind seine Auswirkungen durch günstigere Werkstoffwahl, gute Schmierung und vorbeugendes Auswechseln betroffener Bauteile vorhersehbar zu begrenzen.

Anders ist es beim Bruch von Maschinenteilen. Gewaltbruch entsteht meist durch Überlastung und gefährdet Menschen, Maschinen und Anlagen. Brüche durch Überlastungen lassen sich durch Überlastsicherungen (z. B. Rutschkupplungen), Sollbruchstellen u. a. vermeiden. Besonders tückisch sind Risse in Bauteilen, die durch Schwingungen beansprucht werden. In diesen Bauteilen schreiten die Risse langsam fort und führen plötzlich und ohne Vorwarnung zum Bruch (Dauerbruch).

6.1 Verschleiß

Gleiten Oberflächen aufeinander, so werden vor allem wegen der Unebenheiten der Oberflächen laufend Teilchen aus ihnen herausgetrennt – man spricht von **Verschleiß**. Er tritt z. B. in Lagern, an Führungen, in Fördereinrichtungen, Getrieben, Düsen u. a. auf. Verschleiß ist eine der Hauptursachen für Bauteilschädigung und den damit verbundenen Ausfall von Maschinen und Geräten. Die Verringerung von Verschleiß ist darum eine wesentliche Möglichkeit, die Lebensdauer von Maschinen und Geräten zu erhöhen und damit Kosten und Rohstoffe einzusparen.

Man nennt die Wissenschaft und Technik, die sich mit Reibung und Verschleiß befasst, **Tribologie**.

6.1.1 Einflussgrößen auf Verschleiß

Einflüsse bei Gleitreibung

Die Höhe des Verschleißes wird von vielen Faktoren bestimmt:

Grundkörper (Werkstoff, Form, Oberfläche)	**Belastung** (Größe, zeitlicher Verlauf)	**Art der Bewegung** (Gleiten, Rollen, Stoßen)
Zwischenstoff (Art, Teilchengröße u. a.)	**Verschleiß**	**Umgebende Atmosphäre** (z. B. Luft, Schutzgas)
Gegenkörper (Werkstoff, Form, Oberfläche)		**Temperatur** (Höhe, zeitlicher Verlauf)

Einflussgrößen auf den Verschleiß

> ❗ Verschleiß ist der fortschreitende Materialverlust an der Oberfläche von Maschinenelementen. Verursacht wird er durch den mechanischen Kontakt und die Relativbewegung eines Gegenkörpers.

6.1.2 Verschleißmechanismen

Verschleiß wird hauptsächlich durch vier unterschiedliche Verschleißmechanismen bestimmt: adhäsiver Verschleiß, abrasiver Verschleiß, Oberflächenzerrüttung, Reaktionsschichtverschleiß.

1. Adhäsiver Verschleiß

Liegen sich berührende Bauteile fest aufeinander, so haften die Berührungsflächen infolge Adhäsion aneinander. Beim Gleiten werden dann Teilchen abgeschert. So entstehen Löcher und schuppenartige Materialteilchen, die oft an der Gleitfläche des härteren Partners haften bleiben. Diesen Verschleißmechanismus bezeichnet man als **adhäsiven Verschleiß** oder **Haftverschleiß**. Adhäsiver Verschleiß tritt bei mangelnder Schmierung auf.

Adhäsiver Verschleiß

> ❗ Adhäsiver Verschleiß entsteht, wenn Bauteile ohne Zwischenstoff gegeneinanderbewegt werden.
> Bei adhäsivem Verschleiß werden Randschichtteilchen abgeschert.

2. Abrasiver Verschleiß

Wenn harte Teilchen oder Spitzen eines der Reibungspartner, z. B. Teilchen von Schleifmitteln, in die Randschicht eindringen, entstehen Furchen, Kratzer und Mulden. Man bezeichnet diesen Verschleiß als **abrasiven Verschleiß** oder **Furchverschleiß**.

Furchverschleiß tritt durch Fremdkörper wie zum Beispiel Späne oder Schleifmittelreste auf.

Abrasiver Verschleiß

> ❗ Abrasiver Verschleiß ist eine Zerspanung im Mikrobereich.

3. Oberflächenzerrüttung

Wenn ein Bauteil ständig durch Stöße auf seine Oberfläche beansprucht wird, tritt eine Zerrüttung der Randschicht auf. So entstehen in der Randschicht Risse und Grübchen. Diesen Verschleiß bezeichnet man als **Oberflächenzerrüttung**. Oberflächenzerrüttung tritt zum Beispiel in Wälzlagern durch das ständige Überrollen auf.

Oberflächenzerrüttung

> ❗ Oberflächenzerrüttung ist ein Verschleißmechanismus, der durch ständige stoßartige Beanspruchung entsteht.

4. Reaktionsschichtverschleiß

Die Bildung von Zwischenschichten, z. B. Oxidschichten, infolge chemischer Reaktion und ihre Zerstörung durch Bewegung der Bauteile nennt man **Reaktionsschichtverschleiß**. Er tritt fast immer zusammen mit adhäsivem Verschleiß auf. Diesen Verschleißmachanismus, der infolge chemischer Reaktion und mechanischer Zerstörung der Reaktionsschicht entsteht, nennt man **tribochemische Reaktion**.

Reaktionsschichten — nach dem Abtragen der ursprünglichen Reaktionsschicht

Reaktionsschichtverschleiß

> ❗ Reaktionsverschleiß geschieht durch fortlaufende Zerstörung von Grenzschichten, die sich an den Oberflächen der Bauteile durch chemische Reaktion gebildet haben.

6.1.3 Verschleißarten

Je nach Wechselwirkung zwischen der Beanspruchung von Bauteilen und den auftretenden Verschleißmechanismen unterscheidet man verschiedene Verschleißarten.

Übersicht über wichtige Verschleißarten

Verschleiß-system	Beanspruchung		Verschleißart	wirkende Verschleißmechanismen			
				Ad-häsion	Ab-rasion	Ober-flächen-zerrüttung	Reaktions-schicht-verschleiß
Festkörper Festkörper	Gleiten		Gleitverschleiß	x	x		(x)
	Rollen		Rollverschleiß (Wälzverschleiß)		x	x	(x)
Festkörper + Festkörper-partikel	Gleiten		Gleitverschleiß (mit Zwischen-stoff)		x	(x)	
Festkörper + Partikel + Trägergas oder Träger-flüssigkeit	Anströ-men		Strahlverschleiß Hydroabrasiver Verschleiß		x	x	
Festkörper + Flüssigkeit	Strömen		Kavitationserosion			x	

6.1.4 Verschleiß beim Gleiten, Rollen und Wälzen

1. Gleitverschleiß

Wenn feste Körper aufeinandergleiten, entsteht **Gleitverschleiß**. Bei Trockenlauf trennt kein schützender Schmierfilm Grund- und Gegenkörper, wie zum Beispiel Gleitlager und Welle. Infolge hoher Belastung können an geringen Unebenheiten, die aufeinanderliegen, so hohe Drücke entstehen, dass beide Körper im Ruhezustand fest aneinanderhaften und örtlich sogar „kaltschweißen". Beim Gegeneinanderbewegen der Teile werden diese Bindungen getrennt, oder es werden Teilchen aus der Oberfläche des weniger festen Werkstoffs gerissen, die zunächst an der Oberfläche des widerstandsfähigeren Werkstoffs hängen bleiben. Später lösen sie sich meist und verbleiben als feinste Teilchen zwischen den Gleitflächen. Dort können sie zu erheblicher Abrasion führen.

Gleitverschleiß durch Adhäsion und Abrasion an einem vernickelten Pumpenkolben

! Gleitverschleiß entsteht durch adhäsiven und abrasiven Verschleiß.

Ohne Oxidhäute neigen alle Metalle zu starker Adhäsion und damit bei Reibung zu starkem **adhäsivem Verschleiß**. Die Oxidschichten auf den Metallen weisen aber, auch wenn sie nur sehr dünn sind, unterschiedliche Adhäsionsneigung auf. Darum unterscheiden sich Metalle erheblich in ihrer Neigung zu **Gleitverschleiß**.

Übungsaufgaben 6/2; 6/3; 6/4

Instandhaltung – Wartungstechnik

Maßnahmen zur Verschleißverminderung bei Gleitverschleiß liegen in erster Linie in der Wahl der Werkstoffe von Grund- und Gegenkörper.

Lagerwerkstoff	Bemerkung
Weißmetall (Legierung aus Zn, Pb, Bi, Si)	Betriebstemperatur maximal 120 °C, da die Schmelztemperatur 300 °C beträgt; gute Notlaufeigenschaften
Rotguss, Bronze	Betriebstemperatur bis 200 °C, darüber nur dann, wenn die hohe Wärmedehnung des Lagerwerkstoffs maßgeblich berücksichtigt wurde
Kunststoffe – Polyamid (PA)	Reibungszahl (μ) etwa 0,2; PA nimmt Wasser auf, es entstehen maßliche Veränderungen
– Polytetrafluorethylen (PTFE)	Reibungszahl (μ) etwa 0,07 bis 0,15; Verwendung auch für Gleitlacke bei Schichtdicken von 5 bis 10 µm

Wesentliche Verschleißminderung kann durch Wahl eines geeigneten Schmiermittels erreicht werden.

Gleitgeschwindigkeit in m/s	Schmiermittel
bis 0,7	Festschmierstoffe, z. B. Graphit, Molybdänsulfid, Gleitlack
0,4 bis 2,0	Schmierfette oder Molybdänsulfid
0,5 bis 10,0	Motoren- und Maschinenöle
10 bis 30	Turbinen- oder Spindelöle
über 30	Spindelöle, Wasser oder Luft

↓ abnehmende Zähigkeit des Schmiermittels

> **!** Bei sehr niedrigen Gleitgeschwindigkeiten setzt man Festschmierstoffe ein.
> Mit steigender Gleitgeschwindigkeit werden Schmierstoffe mit geringerer Zähigkeit verwendet.

2. Roll- und Wälzverschleiß

Rollen belastete Körper über Flächen, wie zum Beispiel Räder über Schienen, Wälzkörper über Lagerringe, so treten an den Berührungsstellen hohe Flächenpressungen auf. Diese führen zu Spannungen an der belasteten Stelle und schließlich zur Rissbildung dicht unter der Oberfläche. Die Risse breiten sich im Inneren der Randschicht aus und führen schließlich zum Abschälen einzelner Teilchen. So entstandener Verschleiß wird als **Rollverschleiß** bezeichnet. Die Ursachen sind Oberflächenzerrüttung oder Materialermüdung. Die abgeschälten Teilchen bleiben häufig in der Zwischenschicht und verursachen dann abrasiven Verschleiß.

Lagerring mit Oberflächenschaden

In ähnlicher Weise entsteht auch der **Wälzverschleiß**, zum Beispiel an Zahnflanken. Wegen des Gleitanteils, der hier auftritt, geht der Anriss vorzugsweise von der Oberfläche aus.

> **!** Roll- und Wälzverschleiß beruht im Wesentlichen auf Oberflächenzerrüttung, verbunden mit Abrasion.

Gegen Roll- und Wälzverschleiß hilft Schmierung nur sehr begrenzt.
Als Werkstoffe gegen Roll- und Wälzverschleiß haben sich hochlegierte und vergütete Stähle bewährt, allerdings sollten diese im Gebrauchszustand nicht kaltverformt sein, da dies zu vorzeitiger Ermüdung führt.

6.1.5 Verschleiß durch strömende Medien

1. Verschleiß durch Feststoffteilchen in strömenden Medien

Feststoffteilchen, z. B. Sandkörner oder Späne, die an einem festen Körper entlanggleiten, verursachen Verschleiß.

Wenn das Transportmittel der Teilchen ein Gas ist, spricht man von **Strahlverschleiß**. Beim Teilchentransport durch eine Flüssigkeit spricht man von **hydroabrasivem Verschleiß**.

Durch diese Verschleißarten sind besonders pneumatische und hydraulische Fördereinrichtungen, Sand- und Stahlstrahlanlagen, aber auch Leitungen, in denen mit Spänen oder Werkstoffabrieb verunreinigte Kühl- oder Schmiermittel gefördert werden, gefährdet.

Verschleiß durch Feststoffteilchen

Eine Werkstoffauswahl bei Beanspruchung durch Festkörperteilchen in Gasen und Flüssigkeiten ist schwierig, da alle Werte, die in Versuchen ermittelt wurden, nur für diesen speziellen Fall zutreffen.

> ! Feststoffteilchen, die von strömenden Medien mitgeführt werden, verursachen Verschleiß. Die Höhe des Verschleißes hängt ab von
> - der Art und Form der Feststoffteilchen,
> - der Art des Transportmittels,
> - den Strömungsverhältnissen,
> - dem Werkstoff des angestrahlten Bauteils.

2. Kavitation

In schnell strömenden Flüssigkeiten und Gasen kann ein Unterdruck entstehen. Da die Siedetemperatur von Flüssigkeiten mit sinkendem Druck geringer wird, können in einer schnell strömenden Flüssigkeit infolge des Unterdrucks Dampfblasen entstehen. Diese Dampfblasen werden wenige Augenblicke später schlagartig wieder flüssig.

Durch die stete Bildung von Dampfblasen und ihre schlagartige Umwandlung wieder zur Flüssigkeit entstehen heftige Schläge auf die Oberfläche der Werkstücke, durch die Werkstoffteilchen aus der Oberfläche herausgerissen werden können. Diese Art der Beanspruchung nennt man **Kavitation**. Der entstandene Schaden wird als **Kavitationserosion** bezeichnet.

Kavitationsschäden an einem Turbinenrad

Kavitationserosion kann an Düsen, in Gleitlagern, an Rührwerken, Propellerschaufeln u. a. auftreten. Kavitation siehe auch „Steuerungstechnik", Kapitel „Hydraulik".

> ! Schnell strömende Flüssigkeiten verursachen Kavitationserosion, wenn sich infolge niedrigen Drucks Dampfblasen bilden können, die sich schlagartig wieder verflüssigen.

Kavitationserosion an Bauteilen kann vermindert werden durch
- weniger kavitationsempfindlichen Werkstoff:

hochlegierter Stahl	Polyamid	hochfeste Al-Legierung	Gusseisen	Weich-	Acrylglas	Glas
X10CrNi18-8	PA 66	EN AW-AlCu4Mg1	EN-GJL-250	PVC	PMMA	

→ zunehmende Kavitationsempfindlichkeit

- geringe Anteile an niedrigsiedenden Bestandteilen in der Flüssigkeit, z. B. in Ölzusätzen;
- Absenken der Strömungsgeschwindigkeit, zum Beispiel durch niedrigere Drehzahlen von Pumpen oder größere Rohrquerschnitte.

Übungsaufgaben 6/7; 6/8; 6/9

6.2 Maschinenbruch

Bruch an Bauteilen kann zwei Ursachen haben: *Überlastung oder schwingende Beanspruchung.* Überlastung kann zu **Gewaltbrüchen**, schwingende Beanspruchung führt zu **Schwingungsbrüchen**, auch Dauerbrüche genannt.

6.2.1 Gewaltbruch

Ein Bauteil darf sich beim Betrieb nicht plastisch verformen. Es darf nur im elastischen Bereich beansprucht werden – bei Zugbeanspruchung ist dies unterhalb der Streckgrenze. Steigt die Belastung weiter an, so tritt bei Überschreiten der Festigkeit der Bruch ein. Man nennt einen solchen, durch Überbelastung verursachten Bruch einen Gewaltbruch.

Ein Gewaltbruch an einem zähen Werkstoff hat eine zerklüftete Bruchfläche, die an den Rändern verformt ist. An spröden Werkstoffen ist die Gewaltbruchfläche samtartig glatt und zeigt keine Verformungen.

Beispiele für Gewaltbrüche

Zäher Werkstoff – zerklüftete Bruchfläche

Spröder Werkstoff – samtartig glatte Bruchfläche

> ❗ Gewaltbrüche entstehen durch Überlastung.
> Sie sind an der Bruchfläche und den Bruchkanten zu erkennen.

Häufig treten Gewaltbrüche auf, obwohl rechnerisch die Spannung im Werkstück die Fließgrenze nicht erreicht und der Werkstoff demnach nicht überlastet scheint. Hier ist die ungleichmäßige Spannungsverteilung infolge ungünstiger Konstruktion die Ursache. An jeder Querschnittsveränderung eines belasteten Werkstücks, z. B. an Übergängen von Wellenzapfen, treten höhere Spannungen auf als im übrigen Querschnitt – im Durchschnitt entsprechen die Spannungen jedoch den rechnerischen Werten. Je scharfkantiger und spitzer nun ein solcher Übergang ist, desto höher sind die Spannungsspitzen. Man nennt diese Auswirkung von Querschnittsübergängen **Kerbwirkung**. Wenn die Spannung an der Kerbe die Festigkeit des Werkstoffs übersteigt, setzt an dieser Stelle ein Gewaltbruch ein.

Beispiel für eine Spannungsverteilung an Querschnitten verschieden gekerbter Zugproben

Ungekerbt — Schwach eingezogen — Gerundeter Kerb — Spitzer Kerb

> ❗ An Kerben treten erhöhte Spannungen auf. Diese Kerbwirkung erhöht die Bruchgefahr.

Gewaltbrüche können durch Einsatz von Bauteilen mit größeren tragenden Querschnitten oder durch Verwendung von Werkstoffen mit höherer Festigkeit vermieden werden.

Falls Spannungsspitzen durch Kerbwirkung die Ursache einer örtlichen Überlastung sind, kann die Gefahr von Gewaltbrüchen durch veränderte Gestaltung der Bauteile begrenzt werden.

6.2.2 Dauerbruch

Im Maschinen- und Fahrzeugbau werden Bauteile häufig schwellenden und wechselnden Belastungen ausgesetzt. Dabei kann schon bei Belastungen *weit unterhalb* der Streckgrenze ein Bruch auftreten.

1. Entstehung des Schwingungsbruchs

Dieser Bruch beginnt meist an Fehlerstellen der Oberfläche, reißt etwas weiter, verlangsamt sich oder hält gar einige Zeit mit Weiterreißen inne und setzt dann wieder ein. Durch die schwingende Beanspruchung reiben die Bruchflächen gering aneinander und es entsteht, auch durch Oxidation, eine glatte Bruchfläche mit typischen Rastlinien. Man nennt diesen Teil der Bruchfläche die Schwingungsbruchfläche. Sobald durch diesen Schwingungsbruch der Querschnitt so geschwächt ist, dass er die Last nicht mehr tragen kann, bricht er. Der gebrochene Restquerschnitt zeigt die typischen Merkmale eines Gewaltbruchs.

Schwingungsbruch im Gewinde einer Schraube mit ausgeprägten Rastlinien

- Beginn des Bruchs
- Rastlinien (auf zeitweiliges Aussetzen der Beanspruchung zurückzuführen)
- Restbruch

> **!** Ein Schwingungsbruch ist an der Bruchfläche deutlich erkennbar. Die Bruchfläche zeigt
> - die Schwingungsbruchfläche mit Rastlinien und
> - die Restbruchfläche als Gewaltbruch.

Die Schwingungsbruchfläche macht wichtige Aussagen über die Entstehung des Schwingungsbruchs und die aufgetretenen Belastungen:
- Die *Art der Belastung* ist an der Lage von Schwingungs- und Gewaltbruchfläche zueinander erkennbar. So liegt z. B. bei schwellender Biegebeanspruchung die Schwingungsbruchfläche einseitig, bei wechselnder Biegebeanspruchung oberhalb und unterhalb des Restbruchs und bei umlaufender Biegebeanspruchung als Kranz um die Restbruchfläche.
- Der *Beginn des Anrisses*, also die eigentliche Ursache des Schwingungsbruchs, kann durch den Beginn der Rastlinien bestimmt werden.
- Die *Höhe der Gesamtbelastung* ist an der Größe der durch Gewaltbruch entstandenen Restbruchfläche abzuschätzen – je höher die Belastung war, desto größer ist die Gewaltbruchfläche.

Beispiele für Dauerbruchflächen aufgrund unterschiedlicher Biegebeanspruchung

- schwellende Biegung
- wechselnde Biegung (hin und her)
- wechselnde Biegung (umlaufend)

D = Dauerbruchfläche
G = Gewaltbruchfläche

> **!** Die Bruchfläche eines Schwingungsbruchs gibt
> - mit der Lage der Restbruchfläche Auskunft über die Art der Beanspruchung,
> - mit der Größe der Restbruchfläche Auskunft über die Höhe der Belastung,
> - mit der Lage der Rastlinien Auskunft über den Beginn des Anrisses.

Übungsaufgabe 6/12

Instandhaltung – Wartungstechnik

Ausgangsstellen von Schwingungsbrüchen sind meist Kerben an der Oberfläche des Werkstücks. Diese Kerben können entsprechend ihrer Ursache in drei Gruppen eingeordnet werden:
- *Konstruktiv bedingte Kerben,* z. B. Gewindegänge, scharfkantige Übergänge an Wellen;
- *Kerben durch Fehler bei der Bearbeitung,* z. B. Riefen durch Anreißen mit scharfen Reißnadeln, Bearbeitungsriefen, Schleifrisse, Härterisse;
- *Kerben durch Werkstofffehler,* z. B. Schlackeneinschlüsse, Korrosionsstellen, Kristallbaufehler.

! Ausgangsstellen für Schwingungsbrüche sind meist Kerben.

2. Maßnahmen zur Verhinderung von Schwingungsbrüchen
Zur Einschränkung von Schwingungsbrüchen kommen alle Maßnahmen infrage, durch die entweder entsprechende Fehlerstellen am Werkstück verhindert werden oder der Werkstoff weniger schwingungsbruchempfindlich gemacht wird.

— **Konstruktive Maßnahmen**
- Vermeiden von scharfkantigen Übergängen;
- Vermeiden von Bearbeitungsriefen durch Schleifen und Polieren;
- Einbringen von Druckspannungen in die Randschicht, welche die Entstehung von Werkstofftrennungen behindern, z. B. durch Einbringen von Fremdatomen beim Nitrieren;
- Erzeugen von Druckspannungen in der Randschicht durch Kaltumformen, z. B. durch Kugelstrahlen.

Kugelstrahlen einer Werkstückoberfläche

— **Maßnahmen bei der sachgerechten Inbetriebnahme**
- Durch vorsichtige schwingende Beanspruchung eines Bauteils unterhalb der normalen Belastung laufen Kristallbaufehler zu Stellen, an denen sie sich gegenseitig blockieren und damit unschädlich machen. Man nennt eine solche vorsichtige Beanspruchung des Bauteils zur Erzeugung höherer Dauerschwingfestigkeit das **Trainieren** des Werkstoffs. Das Einfahren von Maschinen dient neben dem Einlaufen auch zum Trainieren des Werkstoffs.
- Die schwingende Beanspruchung eines Bauteils soll beim Betrieb in Grenzen gehalten werden. Darum sollen z. B. umlaufende Maschinenteile gut ausgewuchtet werden, um zusätzliche Vibrationen zu vermeiden.

Jedes schwingungsfähige Bauteil schwingt beim Anstoß in seiner Eigenfrequenz. Am deutlichsten wird diese Erscheinung bei Glocken und Musikinstrumenten. Wird ein Bauteil, z. B. von einem Motor, ständig in dieser Frequenz angeregt, so schaukeln sich die Schwingungen auf und können zur Zerstörung des Bauteils führen. Man nennt die Drehzahl einer Maschine, durch welche diese in ihrer Eigenfrequenz angeregt wird, die **kritische Drehzahl**. Diese kritische Drehzahl muss bei Maschinen schnell durchfahren werden, da sonst die Gefahr von Schwingungsbrüchen extrem anwächst.

! Schwingungsbruchgefahr wird verringert durch
- Werkstückgestaltung ohne scharfkantige Übergänge,
- Bearbeitung unter Vermeidung von Riefen und Rissen,
- Erzeugen von Druckspannungen in der Randschicht,
- vorsichtiges Einfahren von Maschinen und Vermeiden von Schwingungen (kritische Drehzahl).

7 Maschinenschaden durch Korrosion

7.1 Korrosion

Werkstoffe von Maschinen und Anlagen sind ständig äußeren Einflüssen durch chemisch wirksame Stoffe, z. B. Feuchtigkeit, Luftsauerstoff, Verbrennungsgase, ausgesetzt. Die Zerstörung metallischer Werkstoffe infolge chemischer Reaktionen mit den umgebenden Medien nennt man **Korrosion**.

> Korrosion ist die von der Oberfläche ausgehende Zerstörung metallischer Werkstoffe durch chemische oder elektrochemische Reaktionen.

7.1.1 Chemische Korrosion

Trockene Gase, welche sich chemisch sehr leicht mit Metallen verbinden, wie z. B. Sauerstoff und Chlor, greifen die Oberfläche der Metalle an. Dabei bilden sich auf der Oberfläche chemische Verbindungen des Metalls mit dem Gas. Diese Art der Korrosion bezeichnet man als **chemische Korrosion**.

Chemische Korrosion tritt meist als Oxidation auf. Da diese Reaktion bei höherer Temperatur besonders intensiv verläuft, oxidieren Auspuffrohre von Kraftfahrzeugen, Ofenroste, Einsatzkästen und andere Bauelemente aus Eisen oder Stahl, die bei höheren Temperaturen verwendet werden, sehr schnell.

Korrodierte Abgasanlage an einem Kfz

> Chemische Korrosion wird vorwiegend durch trockene Gase verursacht.
> Die Geschwindigkeit der Korrosion steigt mit zunehmender Temperatur.

7.1.2 Elektrochemische Korrosion

1. Grundlagen

Taucht man zwei verschiedene Metalle in eine elektrisch leitende Flüssigkeit, einen Elektrolyten, und verbindet sie durch einen Leiter, so fließt ein elektrischer Strom. Man bezeichnet eine solche Spannungsquelle, bei der in einem Elektrolyten die beiden Pole aus zwei verschiedenen Metallen bestehen, als **galvanisches Element**.

> **Beispiel für ein galvanisches Element**
>
> Eine Kupfer- und eine Zinkplatte tauchen in eine schwache Schwefelsäurelösung ein. Schaltet man einen Spannungsmesser zwischen die Platten, so kann eine Spannung von etwa 1,1 Volt gemessen werden. Man erkennt ferner, dass das Zink den Minuspol und das Kupfer den Pluspol bildet. Verbindet man die Platten so, dass ein Strom fließen kann, stellt man fest, dass das Zink aufgelöst wird.

> Ein galvanisches Element wird aus zwei unterschiedlichen Metallen in einem Elektrolyten gebildet.
> Das Metall am Minuspol wird stets aufgelöst und verbindet sich mit dem Elektrolyten.

Aus den verschiedenen Metallen lassen sich galvanische Elemente zusammenstellen, die unterschiedliche Spannungen liefern. Um einen Bezug zu erhalten, hat man eine Elektrode aus einem Platinblech, die von Wasserstoff umspült wird, geschaffen. Diese wurde mit den verschiedenen Metallen verbunden und die dabei gemessenen Spannungen aufgelistet. Die sich ergebende Reihe der Metalle nennt man die **elektrochemische Spannungsreihe der Metalle**.

Übungsaufgaben 7/1; 7/2

Instandhaltung – Wartungstechnik

Je weiter ein Metall in dieser Reihe rechts steht, desto geringer ist sein Bestreben Verbindungen zu bilden – es ist edler.

```
                                        Wasserstoff
 -1,69          -0,76      -0,43 -0,35   -0,15  0 +0,05   +0,3  +0,35        +0,8        V
─┼──────────────┼──────────┼─────┼───────┼──────┼─┼──────┼─────┼─────────────┼─────────────►
Aluminium       Zink       Stahl         Zinn       Messing Kupfer          Silber
ohne Oxidhaut                   AlMgCu          Korrosions-
                                mit Oxidhaut    beständiger Stahl
                                    zunehmend edler ►
```

Elektrochemische Spannungsreihe

> **!** In der elektrochemischen Spannungsreihe sind die Metalle nach ihrer Spannung gegenüber einer Wasserstoffelektrode geordnet. Je größer der Spannungswert ist, desto edler ist ein Metall.

Fügt man Metalle, die sich berühren in der elektrochemischen Spannungsreihe weit auseinanderstehen, so ist die Gefahr groß, dass Bauelemente durch Korrosion beschädigt werden. Unter Zutritt einer elektrisch leitenden Flüssigkeit (Säure, Lauge oder Salzlösung) löst sich das unedlere Metall auf und verbindet sich mit dem Elektrolyten. Eine solche Zerstörung von Metallen, bei der sich über einen Elektrolyten ein Stromkreis bildet, nennt sich **elektrochemische Korrosion**.

Elektrochemische Korrosion

2. Erscheinungsformen

Tritt die elektrochemische Korrosion dadurch ein, dass in einem Bauelement oder in einer Konstruktion durch Fügen verschiedene Metalle zusammengebracht wurden, so spricht man von **Kontaktkorrosion**.

Beispiel für Kontaktkorrosion an einem Aluminiumniet

Werden Kupferplatten mit Aluminiumnieten gefügt, so werden die Aluminiumniete bei Anwesenheit eines Elektrolyten langsam aufgelöst, weil sie das unedlere Metall darstellen. Die Verbindung ist untauglich.

> **!** Kontaktkorrosion ist elektrochemische Korrosion, die beim Zusammenbau verschiedener Metalle bei Anwesenheit eines Elektrolyten auftritt.

In Legierungen können die Bestandteile im festen Zustand Gemenge bilden. Zwischen den verschiedenartigen Körnern wirkt an den Korngrenzen bei Vorhandensein eines Elektrolyten eine elektrochemische Korrosion. Diese Zersetzung setzt sich entlang der Korngrenze fort, der Zusammenhalt der Körner wird weitgehend aufgehoben. Man spricht von **interkristalliner Korrosion**.

Beispiel für interkristalline Korrosion an Cr-Ni-Stahl

Beim Schweißen an korrosionsbeständigen Cr-Ni-Stählen verarmt der Bereich an der Korngrenze an Chrom, weil sich chromreiche Chromkarbide bilden. Dadurch besteht ein Konzentrationsunterschied zwischen Korngrenze und Kornmitte, und es kommt bei Zutritt eines Elektrolyten zur Korrosion.

> **!** Interkristalline Korrosion ist elektrochemische Korrosion, die bei Legierungen mit Konzentrationsunterschieden an Korngrenzen in Anwesenheit eines Elektrolyten auftritt.

7.2 Korrosionsschutz

Die jährlichen Verluste durch Korrosion sind in einer Volkswirtschaft sehr hoch – sie betragen z. B. in der Bundesrepublik Deutschland einige Milliarden EUR pro Jahr. Darum kommt dem Korrosionsschutz große Bedeutung zu. Es werden beträchtliche Mittel aufgewendet, um die Verluste durch Korrosion in erträglichen Grenzen zu halten.

7.2.1 Korrosionsschutz bei chemischer Korrosion

Die chemische Korrosion, die durch trockene und reaktionsfreudige Gase hervorgerufen wird, kann nur durch

- Einsatz korrosionsbeständigerer Werkstoffe
  oder
- Beschichten weitgehend unterbunden werden.

Als korrosionsbeständige Stähle werden meist Cr-Ni-Stähle, z. B. X10CrNiMoTi18-7 eingesetzt.

Gegen chemische Korrosion geschützter Auspuff

! Chemische Korrosion kann durch Einsatz korrosionsbeständiger Werkstoffe oder Beschichten verhindert werden.

7.2.2 Korrosionsschutz bei elektrochemischer Korrosion

Elektrochemische Korrosion kann durch unterschiedliche Maßnahmen in erträglichen Grenzen gehalten werden:

- Man soll nach Möglichkeit nur Bauelemente aus gleichen Metallen miteinander verbinden.
- Bei der Werkstoffauswahl sollen Legierungen mit Mischkristallgefüge vorgezogen werden.
- Beim Fügen von Bauelementen aus unterschiedlichen Metallen kann der Stromfluss durch Isolierzwischenlagen verhindert werden.
- Durch Beschichten kann der Zutritt eines Elektrolyten verhindert werden.
- Durch das Anbringen von Zusatzteilen aus sehr unedlen Metallen können Konstruktionen ebenfalls vor elektrochemischer Korrosion geschützt werden. Bei diesem Verfahren wird die Korrosion von unedlen Konstruktionsteilen auf die noch unedleren Zusatzteile verlegt. Man bezeichnet die Zusatzteile darum als **Opferanoden** oder Schutzanoden.

Gefüge eines korrosionsbeständigen Stahls

Gefüge eines nicht korrosionsbeständigen unlegierten Stahls

Korrosionsschutz durch Kunststoffzwischenlagen und Anstrich

Korrosionsschutz durch Opferanode

! Elektrochemische Korrosion kann verhindert werden durch:
- richtige Werkstoffauswahl, • Zwischenlagen aus Isolierstoffen, • Beschichtung, • Opferanoden.

Übungsaufgaben 7/4 bis 7/8

8 Hilfsstoffe für die Instandhaltung

8.1 Schmierstoffe

Schmierstoffe sollen durch Reibung auftretende Energieverluste und Verschleiß an Maschinen und Geräten mindern. Jährlich müssen zurzeit in Deutschland einige Mrd. EUR für zusätzliche Energie- und Materialkosten, die durch Reibung und Verschleiß verursacht werden, aufgewendet werden.

Befindet sich Schmiermittel in genügender Menge zwischen Gleitflächen, so werden diese durch die Schmiermittelschicht voneinander getrennt. Diese Schmiermittelschicht bezeichnet man als Schmierfilm. Der Schmierfilm haftet fest an den Gleitflächen. Werden die Bauelemente gegeneinanderbewegt, verschieben sich kleinste Schmiermittelteilchen innerhalb des Schmierfilms. Der Schmierfilm bleibt dabei erhalten, sodass sich die Bauelemente selbst nicht berühren. Reibung und Verschleiß sind sehr gering.

Wirkungsweise der Schmierung

8.1.1 Schmieröle

8.1.1.1 Schmieröleigenschaften

1. Viskosität

Der wichtigste Kennwert eines Schmieröls ist seine Viskosität. Ein Öl mit niedriger Viskosität ist dünnflüssig, ein Öl mit hoher Viskosität ist zähflüssig. Die Viskosität beeinflusst zum Beispiel die Schmierfilmdicke in Lagern, die Leckverluste in Hydraulikanlagen, die Reibungsverluste in Schmierölleitungen.

Beim Messen im Kapillarviskosimeter lässt man eine bestimmte Ölmenge bei Prüftemperatur durch ein langes, dünnes Rohr, die Kapillare, laufen. Aus der Auslaufzeit ermittelt man die kinematische Viskosität. Wasser hat bei 20 °C eine kinematische Viskosität von etwa 1 mm^2/s.

Industrieöle werden nach ISO in 18 Klassen unterteilt. Die ISO-Klassifikation wird in Viskositätsgraden (VG) angegeben. Sie ist zahlenmäßig an der Viskosität bei 40 °C orientiert.

Beispiel für die Klassifikation eines Öls

ISO – VG 220
- Viskositätsgrad zwischen 198 und 242 mm^2/s
- Schmieröl nach DIN ISO 51519

Vergleich wichtiger Ölklassen

Kfz-Öle werden gemäß der amerikanischen Society of Automative Engineers (SAE) gekennzeichnet. Die Kennzeichnung stimmt nicht mit der Einteilung nach DIN ISO überein. Auch die Bezugstemperatur ist unterschiedlich, die SAE-Klassen haben je nach Klasse unterschiedliche Bezugstemperaturen.

Die für eine bestimmte Aufgabe notwendige Viskosität wird zum Teil nach *Erfahrungswerten* gewählt.

> Kfz-Öle werden nach ISO in 18 Klassen gegliedert.
> Die Klassifikationsnummer bezieht sich auf die kinematische Viskosität in mm^2/s bei 40 °C.

Die Viskosität ist stark von der Temperatur abhängig. Mit steigender Temperatur sinkt die Viskosität. Da Maschinen häufig bei unterschiedlichen Temperaturen beansprucht werden, ist das Viskositäts-Temperatur-Verhalten von Schmierstoffen von großer Bedeutung. Am günstigsten sind Öle, die bei niedrigen Temperaturen noch so dünnflüssig sind, dass Maschinen leicht anfahren, und bei der Betriebstemperatur noch eine ausreichend hohe Viskosität besitzen, damit der Schmierfilm bei Belastung nicht abreißt. Die Temperaturabhängigkeit der Viskosität lässt sich durch Zusätze verbessern. Die zugesetzten Stoffe enthalten fadenförmige Großmoleküle, die sich mit steigender Temperatur entknäulen und so den Viskositätsabfall verringern.

> **!** Die Viskosität eines Öls sinkt mit steigender Temperatur.

2. Flammpunkt, Pourpoint

Der Flammpunkt eines Öls gibt die Temperatur an, bei der über der Ölfläche brennbare Gase entstehen. Die Kenntnis dieses Punkts ist wichtig für die Einordnung eines Öls entsprechend der **Gefahrenklasse**. Bei Flammpunkten über 100 °C sind keine besonderen Vorschriften – außer im Bergbau – zu beachten. Für die Schmiertechnik ist dieser Punkt ohne Bedeutung.

Der Pourpoint (früher Stockpunkt genannt) gibt an, bei welcher Temperatur das Öl eben noch fließt.

Der Pourpoint wird beeinflusst durch
- Zunahme der Viskosität mit sinkender Temperatur,
- Paraffinausscheidung mit sinkender Temperatur.

Pourpointerniedriger wirken nur der Paraffinausscheidung entgegen.

> **!** Der Flammpunkt bestimmt die Einordnung eines Öls in eine Gefahrenklasse.
> Der Pourpoint gibt an, bei welcher Temperatur ein Öl eben noch fließt.

3. Schaumverhalten und Luftabgabevermögen

Durch bewegte Teile werden Öle stark mit Luft durchmischt und können schäumen. Schäume, die von der Ölpumpe angesaugt werden, können zu schweren Störungen in der Schmierstoffversorgung führen, z. B. Luftblasen in Ölleitungen.

Das Luftabgabevermögen (LAV) eines Öls gibt nach DIN 51381 die Zeit an, in der eine von Luft durchströmte Ölprobe nach dem Abschalten der Luft nur noch 0,2 % Luft enthält.

Durch geringe Zusätze, zum Beispiel an Silikonölen, kann das Schaumverhalten verbessert werden. Bei Hydraulikanlagen hat das Luftabgabeverhalten eines Öls besondere Bedeutung, da mit steigendem Luftanteil die Kompressibilität steigt.

> **!** Zur Aufrechterhaltung eines festen Schmierfilms muss Öl ein hohes Luftabgabevermögen besitzen.

4. Alterungsneigung

Durch Verunreinigungen, zum Beispiel Abrieb, verschlechtern sich die Öleigenschaften. Ein weiteres Absinken der Eigenschaften tritt ein durch Bildung von
- Säuren infolge Oxidation,
- harz- und asphaltartigen Produkten infolge Bildung größerer Moleküle.

Dieses sind Vorgänge, wie sie in kurzer Zeit auch im Speiseöl in Fritteusen ablaufen.

Den größten Einfluss auf die Alterung von Ölen hat die Temperatur. Nur 10 Kelvin Temperaturerhöhung verkürzen die Zeit zum Altern auf die Hälfte.

Metalle können die Alterungsreaktionen beschleunigen. Hier fördert Kupfer den Alterungsprozess besonders stark. Aus diesem Grunde sollen Schmierölleitungen möglichst nicht aus Kupfer hergestellt werden. Durch Zusätze von Alterungsschutzadditiven (Antioxidantien, Oxidationsinhibitoren) wird ein gewisser Alterungsschutz erreicht.

> **!** Öle altern besonders bei höheren Temperaturen und bei Anwesenheit von kupferhaltigen Werkstoffen im Ölkreislauf.

8.1.1.2 Erzeugung und Aufbau von Schmierölen

1. Mineralöle

In Erdölraffinerien werden aus dem Erdöl verschiedene Produkte wie Benzin, Heizöl, Schmieröl, Bitumen gewonnen. Dies geschieht, indem das Erdöl zunächst vergast wird. Die verschiedenen Kohlenstoff-Wasserstoff-Verbindungen des Gases verflüssigen sich wieder bei unterschiedlichen Temperaturen. Zu den Produkten, die man dabei gewinnt, gehören neben den verschiedenen Kraftstoffen die Mineralöle. Den Gesamtvorgang bezeichnet man als **Destillation**. In einem anschließenden Reinigungsverfahren entfernt man alle schädlichen Bestandteile aus dem Mineralöl. Diese Verunreinigungen können bei Gebrauch der Mineralöle Harze oder Säuren bilden und vermindern die Einsatzdauer der Schmiermittel.

Vom Rohöl zu Kraft- und Schmierstoffen

Hochwertigen Mineralölen setzt man besondere Wirkstoffe zu. So verbessert man z. B. durch Zusätze die Tragfähigkeit des Schmierfilms oder erweitert die Wirksamkeit eines Schmieröls auf einen größeren Temperaturbereich.

> ❗ Mineralöle gewinnt man aus Erdöl durch Destillation und anschließende Reinigung.

2. Synthetische Flüssigschmierstoffe

Synthetische Flüssigschmierstoffe werden aus einfachen einheitlichen Kohlenstoff-Wasserstoff-Verbindungen oder Siliziumverbindungen durch chemische Synthese aufgebaut. Deshalb sind diese Flüssigschmierstoffe in ihrem chemischen Aufbau besonders einheitlich und völlig frei von schädlichen Beimengungen. Synthetische Flüssigschmierstoffe zeichnen sich durch eine nahezu gleichbleibende Viskosität in einem großen Temperaturbereich aus. Darüber hinaus sind sie schwer entflammbar und beständig gegen Säuren und Laugen. Man verwendet sie außer zur Schmierung auch als hochwertige Hydrauliköle.

Temperatur-Einsatzgrenzen von Schmierstoffen

Neben den Flüssigschmierstoffen aus reinen Kohlenwasserstoffen werden auch phosphorhaltige Kohlenwasserstoffe und Silikone als synthetische Schmierstoffe verwendet.
Synthetische Flüssigschmierstoffe und Mineralöle dürfen nicht miteinander vermischt werden.

> ❗ Synthetische Flüssigschmierstoffe werden aus einfachen Verbindungen synthetisch aufgebaut. Sie sind einheitlich im Aufbau und frei von schädlichen Beimengungen, aber teurer als Mineralöle.

3. Zweitraffinate

Aus gebrauchten Schmierölen werden durch mehrstufige Aufbereitungsprozesse sogenannte Zweitraffinate gewonnen. Diese unterscheiden sich qualitativ kaum von den Mineralölen aus der Erstdestillation.

8.1.1.3 Untersuchung des Ölzustands im Rahmen der Instandhaltung

Im Rahmen einer zustandsorientierten Instandhaltung sollte der Zustand des Schmieröls von Motoren, Kompressoren und Getrieben in kurzen Abständen überprüft werden, damit Ergänzungen und Ölwechsel der Belastung entsprechend angepasst werden können.

1. Probenentnahme

Für Öluntersuchungen ist das Öl unmittelbar aus dem Ölumlauf zu entnehmen oder mit einem Saugheber aus dem Maschinengehäuse zu ziehen.
Wenn fälschlicherweise Öl aus dem Ölablass, dem am tiefsten liegenden Punkt des Ölsumpfs, genommen wird, besteht die Gefahr, dass durch Ablagerungen im Öl ein völlig falsches Bild des Ölzustands gewonnen wird. Das Gleiche gilt für die Probenentnahme aus „Toträumen", in denen das Öl nicht bewegt wird.

2. Beurteilung des Öls vor Ort

Eine erste Beurteilung des Öls kann der Instandhalter unmittelbar nach der Probenentnahme durchführen, indem er in einem durchsichtigen Probebehälter das Öl optisch begutachtet, seinen Geruch prüft und das Fließverhalten mit dem des frischen Öls vergleicht.

Befund	Verunreinigung	Mögliche Ursachen
Starke Dunkelfärbung	Oxidationsprodukte	Überhitzung, versäumter Ölwechsel
Milchige Trübung	Wasser oder Schaum	„Einrühren" von Wasser, „Einrühren" von Luft
Wasserabscheidung	Wasser	Kondenswasser, Wassereintritt durch Undichtigkeit
Luftbläschen	Luft	Undichte Saugleitung
Schwebeteilchen, abgesetzte Teilchen	Feststoffe	Abrieb, Schmutz, Alterungsprodukte
Geruch nach verbranntem Öl	Alterungsprodukte	Überhitzung

Das Ergebnis der Untersuchung vor Ort wird in Prüfprotokollen festgehalten.

Beispiel für ein Prüfprotokoll einer Öluntersuchung vor Ort durch den Instandhalter

Maschine/Typ: *Getriebe Stangenzug*		Baujahr:		Inventar-Nr. *364*		
Hersteller: *WEMO*				Kostenstelle: *SZ*		
Maschinen-Nr.: *62-1-42*		Filtereinheit:		Ausstellgs.-Dat.		
Eingesetztes Druckmedium:		Viskosität bei 40 °C: *205 mm²/s*		Letzter Ölwechsel: *12.08.*		
Gebrauchswerte	Befund	Prüfung am				
		02.06.				
Visuelle Beurteilung (im Vergleich zum Frischöl)	Farbe: normal klar / normal trübe / dunkler / dunkel trübe / sehr dunkel	*dunkler*				
Geruch (Vergleich z. Frischöl)	normal / beißend / verbrannt / fremd	*normal*				
Feste Fremdstoffe (Größenordnung, Menge, Art)	fein/wenig / mittel/viel / grob/Vol.-% / metallisch / Dichtungsm. / Staub/Sand	*wenig grob metall.?*				
Wasser	ja/nein	*nein*				
Viskosität (Vergleich z. B. Frischöl)	niedriger / gleich / höher	*gleich*				
Maßnahmen z. B. nachfüllen, Pumpe überprüfen, Schmutzabstreifer, Drosseln u.v.a.m.	keine / wechseln / filtern / entwässern / sonstige	*filtern, auf Fremdstoffe untersuchen*				
Zeitaufwand/Ihr Zeichen		*Wig.*				

Instandhaltung – Wartungstechnik

8.1.2 Schmierfette

Für viele Anwendungsfälle sind flüssige Schmiermittel wenig geeignet, weil sie von der Schmierstelle wegfließen, z. B. bei freistehenden Lagern. Hier werden Schmierfette verwendet. Sie haften an der Schmierstelle und gewähren den geschmierten Lagerstellen guten Schutz gegen das Eindringen von Wasser und Verunreinigungen.

Der Verbrauch von Schmierfetten ist in der Bundesrepublik wegen verbesserter Ölschmiereinrichtungen erheblich zurückgegangen. Er beträgt nur etwa 2 % des Mineralölverbrauchs.

1. Aufbau von Schmierfetten

Schmierfette bestehen aus einem Eindickmittel, in das Mineralöle und Zusätze (Additive) eingemischt sind. Als Eindickmittel werden Metallsalze von Fettsäuren, Metallseifen genannt, verwendet. Die Metallseifen bilden ein Gerüst, in dem das Öl sehr fein verteilt wird. Man bezeichnet das Fett nach der Art des Eindickmittels.

Mehr als die Hälfte der verwendeten Schmierfette sind mit Lithiumsalzen von Fettsäuren eingedickt – man nennt diese Schmierfette lithiumverseifte Fette. Für Sonderfälle gibt es ein metallfreies Eindickmittel, ein Gel.

Elektronenmikroskopische Aufnahme eines Schmierfetts

2. Klassifizierung
– Klassifizierung von Schmierfetten nach dem Eindickmittel

Eindickmittel	Gebrauchstemperaturbereich in °C	Verhalten gegenüber Wasser
Lithiumseife	– 30 bis + 140	beständig
Calciumseife	– 30 bis + 60	abweisend
Natriumseife	– 30 bis + 100	nicht beständig
Lithiumkomplexseife	– 30 bis + 160	beständig
Gel	– 20 bis + 160	beständig

> ! Schmierfette bestehen aus Mineralöl und einem Eindickmittel sowie Additiven.
> Das Eindickmittel bestimmt stark das Verhalten des Fetts gegenüber Wasser.

– Klassifizierung der Schmierfette nach der Konsistenz

Fette zeigen je nach Gehalt an Eindickmitteln und Temperatur unterschiedlich starken Zusammenhalt beim Verschmieren (Konsistenz), sie reicht von einem Verhalten wie dickes Öl über salbenartig bis zu fast wachsartig.

Am häufigsten werden Schmierfette der Konsistenzklasse 2 verwendet.

Konsistenz-klassen	Konsistenz	Verwendung
000 00 0	ähnlich sehr dickem Öl halb fließend sehr weich	Getriebefette
2 3 4	salbenartig beinahe fest fest	Wälzlagerfette Gleitlagerfette Gleitlagerfette
5 6	sehr fest sehr fest	Blockfette

> ! Schmierfette werden nach ihrer Konsistenz in Klassen von 000 bis 6 eingeteilt. Mit steigender Nummer wächst die Konsistenz.

Übungsaufgaben 8/15 bis 8/18

8.1.3 Festschmierstoffe

Trockene Schmiermittel sind pulverförmige Stoffe, die aus besonders feinen Plättchen bestehen. Zu diesen Schmiermitteln gehört z. B. Graphit. Die Schmierwirkung trockener Schmiermittel entsteht dadurch, dass die sehr feinen Plättchen des Schmierstoffs im Schmierspalt wie Karten eines Kartenspiels aufeinandergleiten. Wichtige Trockenschmiermittel im Maschinenbau sind Graphit und Molybdänsulfid.

Trockenschmierung mit Graphit

Eigenschaften von Graphit und Molybdänsulfid

Eigenschaften	Graphit	MoS_2
Dichte in g/cm^3	2,4	4,8
Härte nach Mohs	0,5 bis 1,0	1,0 bis 1,5
Reibwert bei trockenem Stahl auf Stahl	0,1 bis 0,2	0,04 bis 0,08
Temperaturgrenzen an Luft in °C	–180 bis +450	–180 bis +450
Zersetzungsprodukt	CO_2-Gas	MoO_3-Teilchen
Schmierfähigkeit im Vakuum	versagt	gut

Wenn MoS_2 als einziger Schmierstoff dienen soll, wird Paste mit 60 bis 70 % MoS_2 verwendet. Diese Pasten sind zur Schmierung von Wälzlagern nicht geeignet, da nach dem Verdunsten des Öls *Klümpchenbildung* einsetzen kann.

MoS_2-Ölzusätze sind meist Konzentrate, mit denen Öle auf 2 bis 5 % MoS_2-Gehalt eingestellt werden. Probleme entstehen hier eventuell infolge Unverträglichkeit der „Aufschlämmöle" mit den zu versetzenden Ölen.

> **!** Festschmierstoffe werden dann eingesetzt, wenn aufgrund der Bedingungen an der Schmierstelle keine Flüssigkeitsreibung erreicht werden kann.

8.1.4 Kennzeichnung von Schmierstoffen

1. Öle

Das Schmieröl für einen bestimmten Einsatzfall wählt man anhand der Kennzeichnung aus. Die Bestandteile der Schmieröl-Kennzeichnung haben folgende Bedeutung:
- *geometrisches Symbol* für die Art der Erzeugung, z. B. Mineralöl,
- *Kennbuchstaben* für das Einsatzgebiet des Öls, z. B. Hydrauliköl,
- *weitere Kennbuchstaben* für die Zusätze – Additive –, z. B. Alterungsschutz,
- *Kennzahlen* für die Ölklasse durch den Viskositätsgrad, z. B. Viskositätsgrad 100 m^2/s.

> **Beispiel für die Auswahl eines Schmieröls für eine Anlage mit hydraulischem Antrieb**
> Bei einem Hydraulikantrieb kommt es häufig vor, dass Bauteile aus dem Stand unter Last angefahren werden, dabei tritt Mischreibung mit der Gefahr eines hohen Verschleißes auf.
> Das einzusetzende Schmieröl ist deshalb so auszuwählen, dass es mit verschleißmindernden Additiven versehen ist. Das gewählte Schmieröl hat die Kennzeichnung **HLP 68**.
>
> Schmierölsorte: □ → Mineralöl
> Schmierölart: H → Hydrauliköl
> Zusätze: L → Erhöhung des Korrosionsschutzes
> P → Verminderung des Verschleißes
> Viskositätsgrad: 68 → kinematische Viskosität 68 mm^2/s

> **!** Die Kennzeichnung der Schmieröle gibt Auskunft über:
> • Schmierölart, • Additive im Schmieröl und • Viskositätsgrad.

Übungsaufgaben 8/19 bis 8/23

Instandhaltung – Wartungstechnik

2. Fette

Fettschmierung wird bei mittleren und *niedrigen Drehfrequenzen* und *niedrigen Gleitgeschwindigkeiten* eingesetzt. Fettschmierungen erlauben aufgrund des Haftvermögens der Fette einfache, kostengünstige Konstruktionen. Fettschmierung bietet einen Schutz gegen Feuchtigkeit und Verunreinigungen.

Das Schmierfett für einen bestimmten Einsatzfall wählt man anhand der Kennzeichnung aus.

Die Bestandteile der Schmierfett-Kennzeichnung haben folgende Bedeutung:
- *geometrisches Symbol* für die Schmierfettbasis, z. B. Mineralölbasis;
- *Kennbuchstaben* für das Einsatzgebiet des Fetts, z. B. Gleit- und Wälzlagerfett;
- *weitere Kennbuchstaben* für die Einsatztemperatur, z. B. –20 °C bis + 80 °C;
- *Kennzahlen* für die Konsistenzklasse, z. B. Klasse 3 für beinahe festes Wälzlagerfett.

Beispiel für die Auswahl eines Schmierfetts für Wälzlager

Im Rahmen einer Wartung sind u. a. auch die Wälzlager eines Elektromotors zu fetten. Die Betriebstemperatur überschreitet + 70 °C nicht. Der Motor ist in einem feuchten, staubigen Raum installiert. Somit ist ein Schmierfett auf Mineralölbasis mit Lithiumseife als Dichtungsmittel anzuwenden. Das gewählte Schmierfett hat die Kennzeichnung **K 3 E**.

Schmierfettsorte:	△ →	Mineralöl
Einsatzgebiet:	K →	Gleit- und Wälzlagerfett
Konsistenzklasse:	3 →	Klasse 3 für beinahe festest Wälzlagerfett
Einsatztemperatur:	E →	–20 °C bis +80 °C

! Die Kennzeichnung der Schmierfette gibt Auskunft über:
- Schmierfettart,
- Einsatzgebiet mit Temperaturbereich,
- Konsistenzklasse.

8.1.5 Entsorgung von Schmier- und Kühlschmierstoffen

Schmier- und Kühlschmierstoffe werden nach einer bestimmten Einsatzdauer unbrauchbar. Entweder kommt es zu Verunreinigungen oder zur Oxidation, wobei das Schmiermittel seine Schmierfähigkeit verliert. Der Schmierstoff muss also entsorgt werden. Da Öle und Emulsionen zu den wassergefährdenden Stoffen zählen, dürfen sie nicht in den Boden, in ein Gewässer oder eine übliche Kläranlage eingeleitet werden.

Die Entsorgung regeln Verordnungen, die aufgrund des Bundesabfallgesetzes erlassen wurden. So dürfen z. B. nur Unternehmen mit entsprechenden Genehmigungen die Entsorgung von Sonderabfällen wie Öl und Kühlschmierstoffen vornehmen.

Sammeln und Entsorgen von Schmier- und Kühlschmierstoffen

Für Sonderabfälle ist in jedem Fall der Erzeuger der Abfälle entsorgungspflichtig. Die ordnungsgemäße Beseitigung von Sonderabfällen wird von Behörden überwacht. Einige Besonderheiten bei der Entsorgung von Ölen oder Emulsionen sind zu beachten.
- Öle sind durch Reinigungsprozesse teilweise wieder regenerierbar und können für untergeordnete Zwecke weiterverwendet werden.
- Emulsionen sind nicht unmittelbar weiterzuverwenden, sie müssen in kostspieligen Trennverfahren aufbereitet werden.

Hilfsstoffe für die Instandhaltung

8.2 Reinigungsmittel

Bei Instandsetzungsarbeiten an Maschinen und Anlagen sind häufig Baugruppen und Bauelemente auszubauen und auf Schäden zu untersuchen. Zur näheren Prüfung sind sie von Ölen, Fetten und evtl. auch Rost zu säubern. Dies geschieht mithilfe von Reinigungsmitteln.

8.2.1 Arten von Reinigungsmitteln

Als Reinigungsmittel werden von Industriemechanikern oder Industriemechanikerinnen im Bereich der Instandhaltung Kohlenwasserstoffverbindungen, organische Lösungsmittel und Gemische aus Lösungsmitteln und waschaktiven Stoffen verwendet.

1. **Kohlenwasserstoffe**

Kohlenwasserstoffe, wie sie z. B. in Benzin vorhanden sind, lösen Öle und Fette sehr gut. Je kleiner die Moleküle der Stoffe jedoch sind, desto stärker neigen sie zum Verdampfen, sind dadurch leicht entflammbar und können eingeatmet werden, was gesundheitsschädlich ist.
Kohlenwasserstoffverbindungen mit größeren Molekülen, wie z. B. in Petroleum, verdampfen weniger stark und sind weniger feuergefährlich und gesundheitsschädlich. Sie können aber sehr geringe Rückstände auf dem gereinigten Material hinterlassen, die bei späteren Anstrichen oder Verklebungen eine intensive Haftung verhindern.

Kohlenwasserstoffe

2. **Alkohole, Ketone, Ester und Lösungsmittelgemische (Verdünner)**

Zur Reinigung von Kleinteilen mit dem Pinsel werden häufig Alkohole (z. B. Spiritus), Ketone (z. B. Aceton) und Ester (Reaktionsprodukte aus einer organischen Säure und einem Alkohol) verwendet. Ebenso werden Gemische, die diese Stoffe neben anderen beinhalten, als Reinigungsmittel eingesetzt.
Die meisten dieser Stoffe sind leicht entflammbar und ihre Dämpfe sind außer den Spiritusdämpfen gesundheitsschädlich.

Kohlenwasserstoffverbindungen

> ⚠ Kohlenwasserstoffe und zur Reinigung einzusetzende Kohlenwasserstoffverbindungen sind zum größten Teil leicht entflammbar und ihre Dämpfe sind gesundheitsschädlich.

3. **Kalt- und Heißreiniger**

Kalt- und Heißreiniger sind Gemische unterschiedlicher chemischer Verbindungen, die als waschaktiven Bestandteil zusätzlich **Tenside** enthalten. Tenside sind Stoffe, deren Moleküle eine „ölliebende" Seite und eine „wasserliebende" Seite besitzen, sich deshalb an die Schmutz- und Fettteilchen anlagern und sie von den verschmutzten Oberflächen abdrängen. Die Tenside verhindern gleichzeitig das Zusammenklumpen kleiner Öl- und Fettteilchen sowie das Absinken auf den Gefäßboden. Sie bewirken so, dass Wasser und Öle gemischt bleiben.

Tenside an einem Öltröpfchen

> ⚠ Tenside bewirken im Reinigungsmittel, dass sich Öle und Fette von Oberflächen lösen und im Wasser gemischt verbleiben.

Übungsaufgabe 8/25

Instandhaltung – Wartungstechnik

Nach der Einsatztemperatur unterscheidet man Kaltreiniger und Heißreiniger:
- **Kaltreiniger** können bei Raumtemperatur verwendet werden.
- **Heißreiniger** werden bei 60 bis 90 °C eingesetzt. Sie reinigen im Vergleich mit Kaltreinigern meist in erheblich kürzerer Zeit.

Die Reiniger können je nach Inhaltsstoffen basisch, neutral oder sauer reagieren. Als Maß dient der **pH-Wert**.

pH 0 1 2 3 4 5 6 7 8 9 10 11 12 13 14

stark sauer ← → neural → stark basisch (alkalisch)

Basische Reiniger enthalten meist auch Natriumverbindungen. Sie sind darum zum Reinigen von Bauteilen aus Aluminium ungeeignet, da die meisten Natriumverbindungen mit Aluminium reagieren.

Saure Reiniger enthalten neben den Tensiden Salze organischer Säuren. Je nach Zusammensetzung können diese Reiniger auch Rost entfernen.

> Bei Kalt- und Heißreinigern unterscheidet man basische, neutrale und saure Reiniger.
> Ein Maß für diese Eigenschaften ist der pH-Wert.

Fachfirmen liefern entsprechend den Verunreinigungen und dem zu säubernden Werkstoff unterschiedliche Produkte zur optimalen Anwendung.

Beispiele aus dem Produktangebot eines Herstellers von Heiß- und Kaltreinigern (Auszug)

Alkaline Cleaner

Alcaline Cleaner ist ein sehr leistungsfähiges Reinigungs- und Entfettungsmittel zum Säubern metallischer Werkstücke. Oberhalb einer Temperatur von 50 °C schäumt *Alcaline Cleaner* nicht auf. Darum eignet er sich sehr gut zur Heißentfettung in Waschanlagen mit Sprühdüsen. Spezielle Dispergierungsmittel in *Alcaline Cleaner* bewirken einen schnellen und sicheren Abtrag der Fette und Verunreinigungen von den Oberflächen der Werkstücke.
Zur Säuberung von Bauteilen aus Aluminium und Aluminiumlegierungen ist *Akaline Cleaner* wegen seiner alkalischen Wirkung nicht geeignet.

Acidic Cleaner

Acidic Cleaner ist ein saures Reinigungsmittel. Es ist besonders geeignet, Oxide und Hydroxide, die bei elektrochemischen Behandlungsverfahren von Werkstücken an der Oberfläche entstehen, aufzulösen.
Zur Entfernung von Oxiden auf den Oberflächen von Werkstücken aus Titan ist *Acidic Cleaner* nicht geeignet.

Copper Cleaner

Copper Cleaner ist speziell zur Reinigung von Werkstücken aus Kupfer und Kupferlegierungen entwickelt worden. Da *Copper Cleaner* oberhalb von 50 °C nicht aufschäumt, eignet er sich besonders zur Heißreinigung in Sprühwaschanlagen.

Si-Ti Cleaner

Si-Ti Cleaner ist ein saurer Reiniger, der speziell zur Behandlung von Werkstücken mit hohen Silizium- und Titan-Gehalten zusammengestellt wurde. Er entfernt gründlich Korrosionsablagerungen sowie Oxide und Hydroxide, die bei elektrochemischen Behandlungsverfahren der Werkstücke aufgetreten sind.

Hilfsstoffe für die Instandhaltung

8.2.2 Verstärken der Reinigungswirkung durch Ultraschall

Mithilfe von Ultraschallreinigungsanlagen können Baugruppen aus Metallen und Kunststoffen gründlichst gereinigt werden.

Die zu reinigenden Bauteile werden zusammen mit dem flüssigen Reinigungsmittel in das US-Becken gegeben. Durch den Schwingungsgenerator wird Ultraschall erzeugt, der sich als Longitudinalwelle (Längswelle) in der Reinigungsflüssigkeit ausbreitet.

Durch den wechselnden Schalldruck kommt es in der Flüssigkeit zu Verdichtungen und Verdünnungen. Die Zugkräfte bei der Verdünnung – also in der Sogphase der Schwingung – können Flüssigkeitsteile auseinanderreißen. Dadurch bilden sich in dieser Phase kleinste Bläschen, in denen Unterdruck herrscht. Die Bläschen sprengen die Verunreinigungen von der Oberfläche ab. In der folgenden Phase, der Druckphase, fallen die Bläschen wieder in sich zusammen, sie implodieren.

Logitudinalwelle

Beispiel für die Reinigungswirkung mit Ultraschall

Ultraschall-Reinigungsbecken

Ungereinigtes und gereinigtes Werkstück

8.2.3 Sicherheitshinweise zum Umgang mit Reinigungsmitteln

Beim Reinigen mit chemischen Reinigungsmitteln müssen die Sicherheits- und Gesundheitsschutzhinweise beachtet werden. Diese Hinweise müssen sich auf den Verpackungen oder Behältern befinden. Hier ist die Gefahrenklasse deklariert. Gut sichtbare Kennzeichen, die sogenannten Piktogramme, werden durch Sicherheits- bzw. Gefahrenhinweise und ggf. Produktinformationen ergänzt.

Sicherheitskennzeichen

Sicherheitskennzeichen machen auf Gefahren am Arbeitsplatz aufmerksam und geben Hinweise für einen sicheren Umgang mit den Materialien und Stoffen. Durch eine Kombination aus geometrischer Form, Farbe und Bildzeichen unterscheidet man u. a. Verbotszeichen, Warnzeichen, Gebotszeichen und Rettungszeichen.

Beispiele für Sicherheitskennzeichen

| Verbotszeichen | Warnzeichen | Gebotszeichen | Rettungszeichen |

Instandhaltung – Wartungstechnik

Bei Reinigungs- und Konservierungsmitteln beziehen sich die Sicherheits- und Gesundheitsschutzhinweise u. a. auf folgende Punkte:
- Ätzende Reinigungsmittel sind haut- und augenschädlich.
- Dämpfe von Reinigungsmitteln sollen nicht eingeatmet werden. Reinigungsarbeiten sind daher in gut durchlüfteten Räumen oder im Freien durchzuführen.
- Hautkontakte mit solchen Mitteln sind zu vermeiden, weil die Haut durch Reinigungsmittel entfettet wird.
- Reinigungsmittel dürfen nicht in die Augen gelangen. Bei Unfällen müssen die Augen sofort mit viel Wasser ausgewaschen werden. Meist muss auch der Augenarzt aufgesucht werden.
- Sprühstäube von Sprays dürfen nicht eingeatmet werden.

Die Kennzeichnung gefährlicher Stoffe erfolgt auf der Grundlage eines international harmonisierten Einstufungs- und Kennzeichnungssystems, dem **GHS** (**G**lobally **H**armonised **S**ystem of Classification and Labelling of Chemicals). Für Europa gilt die darauf aufbauende **CLP**-Verordnung (**C**lassification, **L**abelling and **P**acking). Alle Chemikalien in Form von Reinstoffen und Gemischen unterliegen der Einstufungs- und Kennzeichnungspflicht.

Durch die neue Verordnung haben sich die Gefahrenpiktogramme gegenüber den bisher gebräuchlichen zum Teil geändert (vgl. auch www.umweltbundesamt.de).

Neues Kennzeichen	Bedeutung	Altes Kennzeichen
	Flamme; brandfördernd, organische Peroxide/verschiedene Typen	
	Akute Toxizität (Giftigkeit) oder hautreizend, augenreizend, Reizung der Atemwege	
	Sensibilisierung der Atemwege oder Sensibilisierung der Haut	

Die Fachkraft hat die Pflicht, alle Maßnahmen zur Verhütung von Arbeitsunfällen, Berufskrankheiten und arbeitsbedingten Gesundheitsgefahren zu ergreifen. Bei Reinigungs- und Konservierungsarbeiten sind somit die Sicherheits- und Gesundheitsschutzhinweise auf den Verpackungen zu beachten.

Beispiele für die Kennzeichnung eines Stoffs

9 Instandhaltung von Anlagen in der Steuerungstechnik
Siehe ab Seite 620

Grundlagen der CNC-Technik

HANDLUNGSFELD: Werkstücke mit CNC-Maschinen fertigen

Problemstellung

Auftrag
Auftrag: Eine Welle soll gedreht werden.

Zeichnung

Zeichnung
- Auftrag (Stückzahl, Termin)
- Zeichnung
- evtl. Rohteil (z. B. Gussrohling)

Analysieren
- Fertigmaße
- Toleranzen
- Oberflächengüte
- Rohteilform
- Werkstoff
- Fertigungsverfahren (Maschine)
- Stückzahl
- Termine

→ Maschinentyp

- Spannmitteldaten
- Werkzeugdaten
- Maschinendaten

Planen

Spannplan
Werkzeugplan
Arbeitsablaufplan
1. Planschruppen
2. Außenlängsschruppen
3. Planschlichten

→ Spannplan
→ Werkzeugplan
→ Arbeitsplan

Konstruktion — CAD-Daten →
Programmier-Handbuch

Programmieren
Programmierplatz oder Werkzeugmaschine

Programm
N1
N2 G1 .....
N3 .....
N4

Programm
N1
N2 G1 .....
N3 .....
N4

Überprüfen und Speichern
Simulation
Programmierplatz oder Werkzeugmaschine

Speichern
- Ausdruck
- CD-ROM
- Diskette
- Festplatte

Fertigen und Optimieren
- Überwachte Fertigung
- Optimierung vom Programmablauf

- - - → Optimierung Speichern

Grundlagen der CNC-Technik

1 CNC-Werkzeugmaschinen

1.1 Datenfluss in CNC-Maschinen

Bei der Bearbeitung von Werkstücken auf Werkzeugmaschinen müssen der Werkstückrohling und das Werkzeug so geführt werden, dass ein Werkstück in der vorgegebenen Form entsteht.

In der herkömmlichen Fertigung werden von der Maschinen bedienenden Person die Wege gesteuert, Bewegungen (z. B. Vorschub, Umdrehungsfrequenz) geschaltet und der Ablauf überwacht. In modernen Werkzeugmaschinen werden all diese Informationen als Programm, bestehend aus Buchstaben und Zahlen, eingegeben.

Ein Computer verarbeitet dieses und gibt entsprechende Stellbefehle an die Steuerung der Maschinenantriebe. Gleichzeitig überwacht der Computer die Ausführung der Befehle. Man bezeichnet darum Maschinen mit solchen Steuerungen als „computerüberwacht und zahlenwertgesteuert" – engl. **c**omputerized **n**umerical **c**ontrol – als CNC-Maschinen.

Fräskopf mit Werkzeug

5-Achs-CNC-Fräsmaschine

Eingabeeinheit	Steuerung CNC	Werkzeugmaschine

Programmeingabe über
• Handtastatur
• CD-ROM
• Datenleitung
• USB-Stick
	Verarbeitung von
	• Weginformationen
	• Schaltinformationen
	• Werkzeugmaßkorrekturen
	  u. a.
	Speichern von
	• Teileprogrammen
	• Werkzeugmaßen
	  u. a.
		Stellmotoren für X-, Y-, Z- und ggf. weitere Achsen
		
		Messsysteme für alle Achsen
		
		Mehrfachwerkzeugträger
		Werkstückträger
		
		Bildschirm
		Drucker externe Speicher

Übersicht über den Informationsfluss an einer CNC-Maschine

> **!** CNC-Maschinen sind Fertigungsmaschinen, die mit einer computergeführten Steuerung ausgestattet sind. Sie führen entsprechend einem aus Zahlen und Buchstaben bestehenden Programm einen selbstständigen Fertigungsablauf durch.

Eine CNC-Maschine besteht aus der eigentlichen Werkzeugmaschine und der Steuerung. Die Steuerung erhält Informationen über Eingabeeinheiten und von dem Messsystem der Maschine. Sie kann Befehle an die Werkzeugmaschine und Informationen an Anzeige- und Dokumentationseinrichtungen weitergeben.

CNC-Werkzeugmaschinen

1.2 Lageregelung an CNC-Maschinen

1. Lageregelkreis

Die programmgemäße Bewegung von Werkstück und Werkzeug wird in einem **Lageregelkreis** geregelt. Dabei misst das zu einer Bearbeitungsrichtung gehörende Messsystem in jedem Augenblick den Istwert der Lage des Werkzeugs zum Werkstückträger. Eine elektronische Regeleinrichtung vergleicht ihn mit dem Sollwert und gibt einen entsprechenden Stellbefehl an den Stellmotor. Dies wird so lange fortgeführt, bis der Istwert – innerhalb festgesetzter Grenzen – mit dem Sollwert übereinstimmt.

Lageregelung an einer CNC-Maschine

2. Messverfahren zur Lageregelung

Inkrementales Messen geschieht, wenn man einen neuen Standort jeweils vom letzten Standort aus bestimmt, z. B. 30 mm nach rechts, von dort 20 mm zurück nach links, dann von dort 40 mm nach links. Man verwendet an Werkzeugmaschinen zum inkrementalen Messen in 0,001 mm geteilte Glaslineale, die von einer Lichtquelle beleuchtet werden. Eine Fotozelle zählt die bei einer Bewegung auftretenden Lichtreflexe und meldet ihre Zahl an den Rechner der Maschine. Dieser ermittelt dann aus dieser Zahl die Positionsänderung gegenüber dem letzten Standort.

Inkrementales Messen

> ❗ Inkrementale Messverfahren erfassen den Messwert in Schritten von einem wählbaren Nullpunkt aus.

Absolutes Messen liegt vor, wenn man alle Standorte von einem festen Nullpunkt aus misst, z. B. nach rechts auf 120 mm vom Nullpunkt, zurück auf 80 mm vom Nullpunkt, wieder nach links auf 200 mm vom Nullpunkt.
Man verwendet zum absoluten Messen in 0,001 mm geteilte Code-Lineale, auf denen jeder Punkt ein ganz bestimmtes Hell-Dunkel-Muster aufweist. Zur genauen Bestimmung der Maschinentischposition wird dieses Muster von Fotozellen aufgenommen und an den Rechner der Maschine weitergeleitet. Daraus ermittelt der Rechner die genaue Position auf dem Maschinentisch.

Direktes absolutes Messen mit Code-Lineal

> ❗ Bei absoluten Messverfahren kann jeder Punkt auf der Messstrecke sofort zahlenmäßig bestimmt werden, weil er ein für die Messstrecke nur einmal auftretendes Signal liefert.

Übungsaufgaben 1/2 bis 1/6

Grundlagen der CNC-Technik

1.3 Bahnsteuerungen an CNC-Maschinen

Mit einer Bahnsteuerung können in einer Ebene oder im Raum beliebige Schrägen oder Kurven gesteuert werden, das Werkzeug ist während der Bewegung im Eingriff. Beliebige Umrisse erreicht man durch das gleichzeitige Zusammenwirken von zwei oder mehreren Vorschubmotoren.

Bahnsteuerung

> **!** Bei Bahnsteuerungen erfolgt die Bearbeitung auf räumlichen Geraden oder Kurven, bei denen mehrere Achsen gleichzeitig mit voneinander unabhängigen Geschwindigkeiten gesteuert werden.

1. 2D-Bahnsteuerung

Die Steuerung einer Senkrechtfräsmaschine, mit der nur in der X-Y-Ebene Geraden, Kreisbögen und beliebige Kurven gefahren werden, nennt man eine 2D-Bahnsteuerung. Dabei müssen Zustellbewegungen in Z-Richtung von Hand vorgenommen werden. Bei einer 2D-Bahnsteuerung werden nur die Bewegungen in X- und Y-Richtung programmiert.
An Fräsmaschinen werden 2D-Bahnsteuerungen nur an Maschinen zur Schriftgravur eingesetzt.
Bei Drehmaschinen können in der X-Z-Ebene Geraden, Kreisbögen und Kurven gefahren werden.

2D-Bahnsteuerung an Senkrechtfräsmaschine

2D-Bahnsteuerung an Drehmaschine

> **!** Bei einer 2D-Bahnsteuerung erfolgt eine Steuerung nur in zwei Achsrichtungen. Alle CNC-Drehmaschinen sind mit mindestens einer 2D-Bahnsteuerung ausgestattet.

2. 2½D-Bahnsteuerung

Eine Steuerung, die zwar in jeder beliebigen Ebene Geraden, Kreisbögen und Kurven fahren kann, jedoch **gleichzeitig** immer nur in zwei Achsrichtungen, nennt man eine $2\frac{1}{2}$D-Bahnsteuerung. Die beiden steuerbaren Achsrichtungen sind in allen Ebenen möglich. Eine $2\frac{1}{2}$D-Bahnsteuerung kann in einem Satz nur in zwei Achsrichtungen programmiert werden, z. B. in der X-Y-Ebene oder der X-Z-Ebene oder der Y-Z-Ebene.

2½D-Bahnsteuerung

> **!** Bei einer $2\frac{1}{2}$D-Bahnsteuerung sind die drei Achsen steuerbar, gleichzeitig können jedoch stets nur zwei Achsen gesteuert werden.

3. 3D-Bahnsteuerung

Die Steuerung einer Werkzeugmaschine, bei der alle drei Achsen gleichzeitig vom Computer aus steuerbar sind, nennt man eine 3D-Bahnsteuerung. Bei einer 3D-Bahnsteuerung können in einem Satz gesteuerte Bewegungen in X-, Y- und Z-Richtung programmiert werden, d. h. es können beliebige räumliche Bewegungen ausgeführt werden.

3D-Bahnsteuerung

> **!** Bei einer 3D-Bahnsteuerung können alle drei Achsen gleichzeitig gesteuert werden.

2 Grundlagen zur manuellen Programmierung

2.1 Arbeitsablauf beim manuellen Programmieren

Alle Tätigkeiten, die eine Fachkraft an einer herkömmlichen Werkzeugmaschine aufgrund seiner Erfahrung ausführt, müssen bei einer Fertigung auf CNC-Maschinen sorgfältig vorgeplant und als Befehle der Maschine eingegeben werden. Diese Befehle sind in Form von Buchstaben, Zahlen und Zeichen verschlüsselt; man bezeichnet sie als alphanummerische Zeichen. Die Auflistung der Befehle zur Fertigung eines Werkstücks nennt man das **Programm**.

Programme werden meist von Programmierern geschrieben und im Büro erstellt (externe Programmierung). Kleinere Programme und Programmänderungen dagegen werden häufig von der Fachkraft an der Werkzeugmaschine geschrieben (Werkstattprogrammierung).

! Das Programm ist die Auflistung aller Befehle an die Steuerung einer Werkzeugmaschine zur Fertigung eines Werkstücks.

Werkstückzeichnung
Angaben über
- Form
- Werkstoff
- Maße
- Oberflächengüte

↓

Bearbeitungsfolge planen
- Bearbeitungsfolge festlegen
- Einspannarten bestimmen
- Werkzeuge auswählen

← Spannmitteldaten
← Werkzeugdaten

↓

Bestimmung der Weginformationen
- Anfangs- und Endpunkt ermitteln
- Art der Vorschubbewegung festlegen (geradlinig oder kreisförmig)

↓

Festlegen der technologischen Daten
- Schnittgeschwindigkeiten
- Spindeldrehzahlen
- Vorschubgeschwindigkeiten
- Kühl- und Schmiermittel

← Maschinendaten

↓

Programm schreiben ← Programmieranleitung

↓

Übertragung auf Datenträger

↓

Programm in die CNC-Maschine eingeben

↓

Fertigung des Werkstücks
durch numerische Steuerung nach dem Programm auf der CNC-Maschine

Übungsaufgabe 2/1

Grundlagen der CNC-Technik

2.2 Koordinatensystem

Jeder Punkt eines Werkstücks, der bei der Bearbeitung auf einer Maschine angefahren wird, muss eindeutig festgelegt sein. Diese Festlegung geschieht im Sprachgebrauch z. B. durch die Angabe von Länge, Breite und Höhe. Für eine Bearbeitung auf CNC-Maschinen ist diese Angabe zu unpräzise, darum stellt man sich jedes Werkstück in einem rechtwinkligen Koordinatensystem vor und gibt die Abstände der Bearbeitungspunkte in X-, Y- und Z-Richtung an. Die Lage dieser Achsen zueinander ist in der DIN festgelegt und wird durch die „**Rechte-Hand-Regel**" anschaulich gemacht.

Daumen	in + **X**-Richtung
Zeigefinger	in + **Y**-Richtung
Mittelfinger	in + **Z**-Richtung

Dreiachsiges Koordinatensystem — **Rechte-Hand-Regel**

> In einem X-, Y-, Z-Koordinatensystem ist die Lage jedes Punkts im Raum eindeutig bestimmt.
> Für die Lage der Achsen zueinander gilt die „Rechte-Hand-Regel".

Die richtige Lage des Koordinatensystems am Werkstück richtet sich nach dem Bearbeitungsvorgang und ist für jeden Werkzeugmaschinentyp genormt.

Beispiele für die Achsrichtungen bei Werkzeugmaschinen

Fräsmaschine — **Meißel hinter der Drehmitte** — **Meißel vor der Drehmitte**

Die Festlegung der Achsrichtungen erfolgt immer parallel zu den Führungsbahnen der Maschine; sie ist jedoch stets im Zusammenhang mit dem aufgespannten Werkstück zu sehen.
Die Z-Richtung liegt immer parallel zur Arbeitsspindel. Ihre positive Richtung ist so festgelegt, dass mit zunehmendem Z-Wert der Abstand zwischen Werkzeug und Werkstück größer wird.

> Die Achsrichtungen einer Werkzeugmaschine ergeben sich aus der Lage von Führungsbahnen und Werkzeugbewegung.
> Die Achsrichtungen sind im Handbuch der jeweiligen Werkzeugmaschine angegeben.

Zur Bearbeitung komplizierter Konturen und Hinterschneidungen in hoher Oberflächengüte sowie zur Betätigung angetriebener Werkzeuge reichen Werkzeugbewegungen allein in Richtung der drei Achsen nicht aus. Durch Schwenkbewegungen um die einzelnen Achsen wird erst eine optimale Erreichbarkeit jeder Werkstückposition erreicht.
Die Schwenkbewegungen werden mit **A**, **B** und **C** gekennzeichnet. A ist die Bewegung um die X-Achse, B um die Y-Achse und C um die Z-Achse. Die positive Drehrichtung liegt vor, wenn in Achsrichtung gesehen die Drehung im Uhrzeigersinn erfolgt.

Schwenkachsen A, B und C

Grundlagen zur manuellen Programmierung

2.3 Wahl des Werkstücknullpunkts

Bei der Programmierung werden die Werkstückabmessungen als Koordinaten erfasst, um die erforderlichen Wegbeschreibungen programmieren zu können. Daher bezieht man das Koordinatensystem immer auf das Werkstück. Als Nullpunkt des Systems wählt man einen charakteristischen Punkt des Werkstücks. Diesen frei gewählten Bezugspunkt bezeichnet man als **Werkstücknullpunkt**. In den Zeichnungen trägt man den Werkstücknullpunkt durch das abgebildete Symbol ein.

Bei *flachen unsymmetrischen Werkstücken* legt man den Werkstücknullpunkt an eine Ecke des Werkstücks.

Bei *flachen symmetrischen Werkstücken* wird der Werkstücknullpunkt in den Mittelpunkt bzw. auf die Symmetrieachse gelegt.

Bei Werkstücken mit dreidimensionaler Ausdehnung muss die Nullpunktfestlegung sich auf alle drei Achsen erstrecken.

Symbol für Werkstücknullpunkt

Lage von Werkstücknullpunkten

! Als Ursprung des Koordinatensystems wählt man einen sinnvollen Punkt des Werkstücks als Werkstücknullpunkt. Der Werkstücknullpunkt wird in der Zeichnung durch ein Symbol angegeben.

2.4 Bemaßungsarten für die Programmierung

2.4.1 Absolutbemaßung G90

In den meisten Fällen gibt man der Steuerung von CNC-Maschinen alle Maße so ein, dass sie sich auf den Werkstücknullpunkt beziehen. Die Maßangaben sind in einem solchen Fall Absolutmaße. Da der Werkstücknullpunkt jedoch nicht immer einem Eckpunkt entspricht, können sich Werkstückbereiche nach allen Seiten vom Nullpunkt aus erstrecken.

Beispiel für eine Konturbeschreibung durch Absolutmaße

G90

	X	Y
P_0	X 0	Y 0
→P_1	X + 300	Y 0
→P_2	X + 300	Y + 200
→P_3	X + 500	Y + 200
→P_4	X + 500	Y 0
→P_5	X + 600	Y 0
→P_6	X + 600	Y + 500
→P_7	X − 100	Y + 500
→P_8	X − 100	Y + 300
→P_9	X 0	Y + 300
→P_0	X 0	Y 0

Normalerweise befinden sich CNC-Maschinen nach dem Einschalten in der **Absolutmaßprogrammierung**, sodass kein zusätzlicher Befehl eingegeben werden muss. Wenn jedoch innerhalb eines Programms von einer anderen Art der Maßangabe, z. B. von der Inkrementalmaßprogrammierung in die Absolutmaßprogrammierung umgeschaltet werden soll, ist **G90** einzugeben.

! Die Absolutmaßprogrammierung wird der Steuerung durch G90 eingegeben.
Absolutmaße sind die tatsächlichen Abstände zum Werkstücknullpunkt.

Übungsaufgaben 2/4; 2/5; 2/6

Grundlagen der CNC-Technik

2.4.2 Inkrementalbemaßung G91

Bei der Inkrementalbemaßung wird jeder Punkt als Bezugspunkt für den nachfolgenden Punkt angesehen. Die Lage des folgenden Punkts wird durch die Abstände in X-, Y- und Z-Richtung mit entsprechendem Vorzeichen angegeben. Das Pluszeichen kann entfallen.
Der Steuerung wird eine Wegprogrammierung mit Inkrementalmaßen durch **G91** eingegeben.

Beispiel für eine Konturbeschreibung durch Inkrementalmaße

G91

	weiterzufahrende Strecke in	
	X-Richtung	**Y-Richtung**
P_0	Ausgangspunkt	
→ P_1	X + 300	Y 0
→ P_2	X 0	Y + 200
→ P_3	X + 200	Y 0
→ P_4	X 0	Y − 200
→ P_5	X + 100	Y 0
→ P_6	X 0	Y + 500
→ P_7	X − 700	Y 0
→ P_8	X 0	Y − 200
→ P_9	X + 100	Y 0
→ P_0	X 0	Y − 300

! Der Steuerung wird eine Wegprogrammierung mit Inkrementalmaßen durch G91 eingegeben. Bei Inkrementalmaßprogrammierung gibt man die Entfernungen vom letzten bis zum nächsten Punkt an.

2.4.3 Polarkoordinatenbemaßung G11

Die Lage eines jeden Punkts in einem festgelegten Koordinatensystem kann durch die Länge des Leitstrahls (auch Zeiger oder Radius genannt) und den Winkel, unter dem der Leitstrahl den Punkt trifft, beschrieben werden. Der Winkel wird von der positiven X-Achse aus gegen den Uhrzeigersinn gemessen.

Bei der Programmierung
- wird die Lage des Koordinatenschnittpunkts (Pol) mit den Koordinaten **IA** und **JA** angegeben und
- werden die Länge des Leitstrahls mit **R** und der Winkel mit **A** gekennzeichnet.

Polarkoordinatenbemaßung wird hauptsächlich zur Bemaßung von Bohrbildern und regelmäßigen Vielecken eingesetzt.

Beispiel für Bemaßung mit Polarkoordinaten

G11

	Pol	Polarkoordinaten
→ 1.1	IA0 JA0	R30 A0
→ 1.2	IA0 JA0	R30 A90
→ 1.3	IA0 JA0	R30 A180
→ 1.4	IA0 JA0	R30 A270
→ 2.1	IA120 JA0	R50 A30
→ 2.2	IA120 JA0	R50 A90
→ 2.3	IA120 JA0	R50 A150
→ 2.4	IA120 JA0	R50 A210
→ 2.5	IA120 JA0	R50 A270
→ 2.6	IA120 JA0	R50 A330

! Polarkoordinaten werden durch den Leitstrahl R und den Polarwinkel A angegeben.
Der Winkel wird positiv gegen den Uhrzeigersinn oder negativ im Uhrzeigersinn angegeben.

Grundlagen zur manuellen Programmierung

2.5 Programmierung von Bahnbewegungen

2.5.1 Bearbeitungsrichtung

Bei der Fertigung können die Anfahr- und Bearbeitungswege vom Werkzeugträger oder vom Werkstückträger ausgeführt werden. Die Bearbeitungsrichtung ändert sich jedoch dadurch nicht. Man hat deshalb vereinbart, bei der Programmierung so vorzugehen, als stünde das Werkstück fest und es würde nur das Werkzeug bewegt.

Vereinbarte Bearbeitungsrichtung beim Programmieren

2.5.2 Bewegungen im Eilgang

Wenn ein Werkzeug, das nicht im Eingriff ist, von einem Punkt zu einem anderen verfahren werden soll, erwartet man, dass diese Bewegung möglichst schnell ausgeführt wird. Die Vorschubmotoren werden dann in jeder Achse den Werkzeug- oder Werkstückträger im Eilgang bewegen. Sobald das Werkzeug in die Nähe des anzufahrenden Punkts kommt, wird es abgebremst und am Zielpunkt genau gestoppt. Der Zielpunkt wird auf einer unbestimmten Bahn angefahren. Der Maschinensteuerung gibt man den Befehl, einen Punkt im Eilgang anzusteuern, durch **G00** (vereinfacht G0) und die Koordinaten des Zielpunkts.

Beispiel für die Beschreibung einer Eilgangbewegung bei Absolutmaßprogrammierung

	G00		
	Wegbedingung	X	Y
	G 90		
→ P_1	G 00	X 700	Y – 10

! Das exakte Ansteuern eines Punkts im Eilgang auf nicht vorgegebener Bahn wird durch G00 (auch G0) eingegeben.

2.5.3 Geradlinige Arbeitsbewegungen

Soll die Steuerung von einem bestimmten Anfangspunkt aus eine geradlinige Arbeitsbewegung zu einem Endpunkt hin ausführen, so ist dazu **G01** (vereinfacht G1) erforderlich. Es ist gleichgültig, ob die Bewegungsrichtung achsparallel oder schräg verläuft. Hat man den Befehl zur geradlinigen Bewegung und die Koordinaten des Bewegungsendpunkts eingegeben, dann ermittelt der Rechner die erforderliche Bahn.

Beispiel für die Beschreibung geradliniger Arbeitsbewegungen bei Absolutmaßprogrammierung

	G01		
	Wegbedingung	X	Y
	G 90		
→ P_1	G 00	X 700	Y – 10
→ P_2	G 01	X 700	Y 100
→ P_3	G 01	X 500	Y 300
→ P_4	G 01	X 400	Y 300

Der Wegbefehl G01 bleibt in der Steuerung so lange wirksam, bis er durch einen anderen Wegbefehl aufgehoben wird.

! Geradlinige Arbeitsbewegungen mit vorgegebenem Vorschub werden auf G01 hin ausgeführt.

Grundlagen der CNC-Technik

2.5.4 Kreisförmige Arbeitsbewegungen

Zur eindeutigen Durchführung einer kreisförmigen Arbeitsbewegung sind neben den Zielkoordinaten auch Angaben zur Bewegungsrichtung und zur Lage des Kreismittelpunkts erforderlich.

Kreisbewegung im Uhrzeigersinn — Kreisbewegung im Gegenuhrzeigersinn

> Kreisförmige Arbeitsbewegungen im Uhrzeigersinn werden auf den Befehl G02 (G2) hin ausgeführt, kreisförmige Arbeitsbewegungen im Gegenuhrzeigersinn erfolgen auf den Befehl G03 (G3).

Bei einer Bahnbeschreibung ist der Kreismittelpunkt im Gegensatz zum Anfangs- und Endpunkt ein Punkt, der außerhalb der Bewegungsbahn liegt; er dient der Steuerung lediglich als Information über Lage und Größe des Kreises. Daher gibt man die Koordination des Kreismittelpunkts – meist auch bei Absolutmaßprogrammierung – inkremental als Abstand vom Anfangspunkt in das Programm. Nähere Angaben findet man im Handbuch der entsprechenden Steuerung.

Die Kreismittelpunktkoordinaten bekommen die Adressbuchstaben:

I für den Abstand vom Anfangspunkt auf der **X-Achse**,
J für den Abstand vom Anfangspunkt auf der **Y-Achse**,
K für den Abstand vom Anfangspunkt auf der **Z-Achse**.

Inkrementale Mittelpunktbemaßung

Beispiel für die Beschreibung einer Kontur mit kreisförmiger Bewegung bei Absolutmaßprogrammierung

	Wegbedingung	X	Y	I	J
	G 90				
→ P_1	G 00	X 700	Y – 10		
→ P_2	G 01	X 700	Y 100		
→ P_3	G 01	X 500	Y 300		
→ P_4	G 01	X 400	Y 300		
→ P_5	G 02	X 250	Y 450	I 0	J 150
→ P_6	G 03	X 130	Y 570	I - 120	J 0
→ P_7	G 01	X 000	Y 570		

> Bei einer kreisförmigen Arbeitsbewegung werden die Koordinaten des Kreismittelpunkts häufig inkremental vom Anfangspunkt des Kreisbogens programmiert.

Grundlagen zur manuellen Programmierung

1. Programmierung von Bahnbewegungen in Inkrementalmaßprogrammierung

Im Normalfall ist mit der Eröffnung der Programmierung die Absolutmaßprogrammierung eingeschaltet. Der Befehl G90 braucht darum zu Beginn der Programmierung nicht eingegeben zu werden.
Bei einer Programmierung mit Inkrementalmaßen muss zunächst die Inkrementalmaßprogrammierung mit G91 eingeschaltet werden. Die Inkrementalmaßprogrammierung bleibt so lange wirksam, bis mit G90 wieder auf die Absolutmaßprogrammierung umgeschaltet wird.

Beispiel für die Beschreibung von Bahnbewegungen mit Inkrementalmaßen

	Wegbedingung	X	Y	I	J
→P_1	G 90	Absolutprogrammierung ein			
		X 700	Y – 10		
	G 91	Inkrementalprogrammierung ein			
→P_2	G 01	X 0	Y 110		
→P_3	G 01	X -200	Y 200		
→P_4	G 01	X -100	Y 0		
→P_5	G 02	X -150	Y 150	I 0	J 150
→P_6	G 03	X -120	Y 120	I -120	J 0
→P_7	G 01	X -130	Y 0		

> **!** Einschaltzustand ist die Absolutmaßprogrammierung.
> Inkrementalprogrammierung wird mit G91 eingeschaltet und wird durch G90 abgeschaltet.

2. Vereinfachte Programmierung von Übergangsradien und Fasen

Viele Programmiersysteme vereinfachen die Programmierung von Übergangsradien und Fasen so, dass die Startpunkte von Radien und Fasen nicht mehr berechnet und programmiert werden müssen. Die Arbeitswege werden dann so beschrieben, als sei das Werkstück scharfkantig. Der Übergangsradius oder die Fase wird z. B. bei PAL mit dem Befehlszusatz RN und der Maßangabe des Radius bzw. der Fase angehängt. Positives RN erzeugt einen Radius, negatives RN eine Fase.

Beispiel für die vereinfachte Beschreibung einer Kontur mit Übergangsradien und Fasen (PAL)

	Wegbe-dingung	X	Y	RN
	G 90			
→P_1	G 01	X 600	Y –10	
→P_2	G 01	X 600	Y 120	RN –25
→P_3	G 01	X 350	Y 120	RN +60
→P_4	G 01	X 350	Y 400	RN +80
→P_5	G 01	X 0	Y 400	RN –20
→P_6	G 01	X 0	Y 0	

> **!** Übergangsradien und Fasen können vereinfacht programmiert werden, indem das Werkstück scharfkantig beschrieben wird und die Übergänge mit einem entsprechenden Zusatz gekennzeichnet werden.
>
> Nach PAL: RN+ … Übergangsradius;   RN– … Fase.

Grundlagen der CNC-Technik

2.6 Programmierung von Schaltinformationen

2.6.1 Programmierung von Technologiedaten

1. Schaltinformationen für die Vorschubbewegung

Die Vorschubbewegung kann nach dem Adressbuchstaben F als Vorschub in mm (je Umdrehung) oder als Vorschubgeschwindigkeit in mm/min eingegeben werden.

Vorschubbewegung	Befehl	Beispiel
in mm/min	G94	G94 F100 bedeutet v_f = 100 mm/min
in mm	G95	G95 F0,25 bedeutet f = 0,25 mm (je Umdrehung)

2. Schaltinformationen für die Schnittbewegung

Die Schnittbewegung kann beim Drehen entweder mit konstanter Schnittgeschwindigkeit oder konstanter Umdrehungsfrequenz mit dem Adressbuchstaben **S** eingegeben werden.
Beim Fräsen wird nur mit konstanter Umdrehungsfrequenz gearbeitet.

Schnittbewegung	Befehl	Beispiel
konstante Schnittgeschwindigkeit	G96	G96 S40 bedeutet v_c = 40 m/min
konstante Umdrehungsfrequenz	G97	G97 S900 bedeutet n = 900 1/min

Beim Drehen ist bei den meisten Maschinen eine konstante Schnittgeschwindigkeit programmierbar. Die Steuerung stellt entsprechend dem programmierten Durchmesser die Umdrehungsfrequenz ein. Damit beim Plandrehen in Nähe der Werkstückmitte nicht extreme Drehzahlen auftreten, kann ein Höchstwert eingegeben werden, z. B. bedeutet bei PAL der Befehl G92 S2000 höchste Drehzahl 2000 $^1/_{min}$.

2.6.2 Programmierung von Werkzeugeinsatz und Zusatzfunktionen

1. Schaltinformationen für den Werkzeugeinsatz

Die benötigten Werkzeuge sind in einem Mehrfach-Werkzeugträger oder Magazin abgelegt und durch Nummerierung gekennzeichnet. Durch den Adressbuchstaben **T** werden die Schaltbefehle zum Werkzeugeinsatz erteilt. Das **T-Wort** enthält als Zahlenwert die Nummer des verlangten Werkzeugs.

    T03   Einsatzbefehl für Werkzeug Nr. 3

Bei vielen Steuerungen löst allein der Buchstabe **T** einen Werkzeugwechsel aus. Aus Kollisionsgründen muss vor jedem Werkzeugwechsel eine sichere Werkzeugwechselposition angefahren werden.

2. Schaltinformationen für Zusatzfunktionen

Zusatzfunktionen werden durch **M-Wörter** eingegeben.
M 0 Programmierter Halt   M 6 Werkzeugwechsel
M 3 Spindel EIN, Rechtslauf M 8 Kühlmittel EIN
M 4 Spindel EIN, Linkslauf   M 9 Kühlmittel AUS
M 17 Unterprogrammende   M 30 Programmende mit Rücksprung auf Satz 1

Werkzeugmagazin

Die **Spindeldrehrichtung** wird folgendermaßen beschrieben:
- Bei Drehmaschinen blickt man von der Antriebsseite auf die Werkstückeinspannung.
- Bei Fräsmaschinen blickt man von der Arbeitsspindel auf die Werkzeugeinspannung.

Dreht sich die Spindel im Uhrzeigersinn, so ist das ein Rechtslauf, der mit M03 zu programmieren ist. Dreht sich die Spindel im Gegenuhrzeigersinn, so ist das ein Linkslauf mit dem Befehl M04.

> ❗ Die Spindeldrehrichtung wird von der Antriebsrichtung ausgehend beschrieben.

Grundlagen zur manuellen Programmierung

2.7 Zusammenstellung von Programmdaten zu Sätzen

In das Programm werden alle Daten eingegeben, welche die Steuerung benötigt, um am Werkstück einen Arbeitsschritt ausführen zu können. Dabei werden zusammengehörige Befehle zu Sätzen zusammengefasst. Die Sätze nummeriert man nach der Abfolge der Arbeitsschritte in Einer- oder Zehnerstufen.

N–Wort	G–Wort	X,Y,Z...	I,J,K	F–Wort	S–Wort	T–Wort	M–Wort
Satznummer	Wegbedingung	Koordinaten	Koordinaten vom Mittelpunkt	Vorschubbewegung	Schnittbewegung	Werkzeug	Zusatzbedingungen

In einem Satz können Befehle und Wegangaben entfallen, die für den jeweiligen Arbeitsablauf nicht notwendig oder bereits wirksam sind. Man nennt solche Programmworte **modal** wirksam oder **selbsthaltend**.

Beispiel für die Programmierung eines ebenen Werkstücks (nach PAL)

Aufgabe: Die unten bemaßte Nut soll in einem Schnitt durch Schruppen gefräst werden. Der Werkstückwerkstoff ist aus S 235. Der Fräser ist aus HSS und hat zwei Zähne.

Zeichnung

Programm
(mit Eintragung modal wirksamer Programmwerte)

N	G	X	Y	Z	F	S	T	M
N010	G90							
N020	G94				F540			
N030						S2700		M03
N040							T0100	M08
N050	G00	X5	Y-10					
N060	G00	(X5)	(Y-10)	Z2				
N070	G01	(X5)	(Y-10)	Z-5				
N080	(G01)	(X5)	Y20					
N090	(G01)	X20	Y25					
N100	(G01)	X45	(Y25)					
N110	(G01)	(X45)	Y-10					
N120	G00	(X45)	(Y-10)	Z50				M09
N130	G00	X-50	Y-20					M30

Die Werte in Klammern sind modal wirksam.
Sie werden normalerweise wegen Gefahr der Falscheingabe und zur Verbesserung der Übersichtlichkeit fortgelassen.

Erklärung
N010   Absolutmaße gelten bis auf Widerruf für alle Sätze
N020   Vorschub wird in mm/min angegeben, vorgesehen werden 540 mm/min
N030   Spindel soll im Uhrzeigersinn drehen, Umdrehungsfrequenz 2700 1/min
N040   Werkzeug T0100 einwechseln, Kühlschmiermittel einschalten
N050   Im Eilgang auf X5, Y-10 fahren
N060   Im Eilgang auf Z2 fahren
N070   Mit Vorschubgeschwindigkeit (540 mm/min) geradlinig auf Z-5 herunterfahren
N080   Mit Vorschubgeschwindigkeit geradlinig bis Y20 fräsen
N090   Mit Vorschubgeschwindigkeit geradeaus bis X20 Y25 fräsen
N100   Mit Vorschubgeschwindigkeit geradeaus bis X45 (Y25) fräsen
N110   Mit Vorschubgeschwindigkeit geradeaus bis (X45) Y-10 fräsen
N120   Im Eilgang auf Z50 fahren, Kühlschmiermittel ausschalten
N130   Im Eilgang auf X-50, Y-20 fahren, Ende des Programms

Übungsaufgaben 2/18; 2/19

3 Programmieren zur Fertigung von Drehteilen

3.1 Programmieren von Weginformationen beim Drehen

3.1.1 Koordinatensysteme an CNC-Drehmaschinen

Drehmaschinen werden mit Werkzeugträgern gebaut, bei denen das Werkzeug von vorne gesehen vor oder hinter der Drehmitte angeordnet ist. Im Gegensatz zu herkömmlichen Drehmaschinen werden CNC-Maschinen bevorzugt mit Werkzeugträgern ausgerüstet, die sich hinter dem Werkstück befinden. Daher muss je nach Bauform der Maschine zum Programmieren eine andere Lage des Koordinatensystems berücksichtigt werden. In beiden Fällen entspricht die Werkstückachse der Z-Achse.

Die positive X-Achse weist immer vom Drehteil aus in radialer Richtung auf das Werkzeug. Damit ergibt sich für beide Werkzeuganordnungen, dass größere Z-Werte eine größere Werkstücklänge und größere X-Werte einen größeren Werkstückdurchmesser zur Folge haben.

Drehmeißel vor der Drehmitte	Drehmeißel hinter der Drehmitte
Drehrichtung im Uhrzeigersinn M3	Drehrichtung gegen Uhrzeigersinn M4

> ❗ Die Z-Achse ist immer Drehachse des Werkstücks. Größerer Z-Wert bedeutet größere Werkstücklänge. Die X-Achse verläuft rechtwinklig zur Z-Achse auf das Drehwerkzeug zu. Größerer X-Wert bedeutet größerer Werkstückdurchmesser.

3.1.2 Nullpunkte und Bezugspunkte

1. Maschinennullpunkt, Referenzpunkt und Werkstücknullpunkt

Nullpunkte legen für die Bearbeitung auf CNC-Maschinen das Koordinatensystem fest. Dabei unterscheidet man einen Maschinennullpunkt und einen Werkstücknullpunkt. Bezugspunkte – auch Referenzpunkte genannt – sind genau festgelegte Punkte, welche die Programmierung und das Bedienen der Maschine erleichtern.

Symbole:
- ⊕ M Maschinennullpunkt
- ⊕ W Werkstücknullpunkt
- ⊕ R Referenzpunkt

Nullpunkte und Bezugspunkte an einer Drehmaschine

Der **Maschinennullpunkt** ist der Ursprung des Maschinenkoordinatensystems. Er liegt bei CNC-Drehmaschinen im Schnittpunkt der Arbeitsspindelachse mit dem Werkstückträger.

Der Referenzpunkt ist ein festgelegter Punkt im Arbeitsbereich inkremental messender CNC-Drehmaschinen, welcher einen genau bestimmten Abstand zum Maschinennullpunkt hat. Der Referenzpunkt wird zum Nullsetzen des Messsystems angefahren, da der Maschinennullpunkt meist nicht angefahren werden kann.

2. Werkstücknullpunkte

Der Werkstücknullpunkt ist vom Programmierer frei wählbar. Meist legt man ihn auf die rechte Planseite des Werkstücks. Weniger üblich ist es, ihn auf die linke Planseite festzulegen.

Beispiele für mögliche Lagen von Werkstücknullpunkten

Werkstücknullpunkt auf rechter Planseite   Werkstücknullpunkt auf linker Planseite

Ist zunächst eine Werkstückaußenbearbeitung an der rechten Planseite und danach eine Innenbearbeitung an der linken Planseite erforderlich, muss das Werkstück umgespannt werden. In solchen Fällen legt man zwei Nullpunkte fest.

Beispiel für Umspannvorgang und Werkstücknullpunktlage

Werkstück | 1. Aufspannung W1 | 2. Aufspannung W2

! Der Programmierer legt den Werkstücknullpunkt entsprechend der Bearbeitungsaufgabe an der linken oder rechten Planseite fest. Bei Werkstücken, für die ein Umspannvorgang benötigt wird, werden zwei Werkstücknullpunkte angegeben.

3.1.3 Drehteile mit geradliniger Kontur

Geradlinige Drehteilkonturen werden mit dem Wegbefehl G01 programmiert. Der anzufahrende Endpunkt wird in X-Richtung nicht mit dem Radius, sondern mit dem Durchmesser programmiert. Abstände in Z-Richtung werden auf den Werkstücknullpunkt bezogen.

Beispiel für die Konturbeschreibung eines Drehteils

Wegbedingung	X	Y
G 90		
G 00	X 25	Z 3
→ P₁ G 01	X 25	Z 0
→ P₂ (G 01)	X 25	Z –10
→ P₃ (G 01)	X 20	Z –15
→ P₄ (G 01)	X 30	Z –30

! Bei Drehteilen werden in X-Richtung Durchmesser und in Z-Richtung Längen programmiert.

Übungsaufgabe 3/3

Grundlagen der CNC-Technik

3.1.4 Drehteile mit kreisförmigen Konturanteilen

Zur Festlegung des Richtungssinns von kreisförmigen Bewegungen muss ein Betrachter immer in Richtung der negativen Y-Achse auf die X-Z-Ebene blicken. Soll sich – aus dieser Sicht – der Meißel in Vorschubrichtung im Uhrzeigersinn bewegen, so ist das durch einen G02-Befehl zu programmieren. Soll er sich im Gegenuhrzeigersinn bewegen, so ist ein G03-Befehl zu programmieren.

Drehmeißel vor der Drehmitte	Drehmeißel hinter der Drehmitte
Lage der Achsen und Blickrichtung	

Sowohl für den Werkzeugeinsatz „Drehmeißel vor der Drehmitte" als auch für den Werkzeugeinsatz „Drehmeißel hinter der Drehmitte" sind die Programme gleich.

> Zur Beurteilung des Richtungssinns für die Wegbedingungen G02 und G03 blickt man bei einer Stellung des Drehmeißels vor der Drehmitte **von unten** auf das Werkstück,
> bei Stellung des Drehmeißels hinter der Drehmitte **von oben** auf das Werkstück.

Kreisprogrammierung mit Angabe der Mittelpunktkoordinaten

Bei der Programmierung kreisförmiger Bahnbewegungen des Werkzeugs in der X-Z-Ebene werden die Koordinaten des Endpunkts und die Mittelpunktkoordinaten angegeben. Die Mittelpunktkoordinaten werden immer inkremental auf den Anfangspunkt der kreisförmigen Arbeitsbewegung des Werkzeugs bezogen. Der Abstand des Mittelpunkts in X-Richtung hat dabei den Adressbuchstaben **I** und der Abstand in Z-Richtung den Adressbuchstaben **K**.

Beispiele für die Programmierung von Radien mit Mittelpunktkoordinaten

Werkzeug hinter der Drehmitte

	Wegbedingung	X	Z	I	K
	G 90				
	G 00	X 60	Z 3		
→ P1	G 01	X 60	Z 0		
→ P2	G 03	X 60	Z – 80	I – 30	K – 40
→ P3	G 01	X 60	Z – 90		
→ P4	G 02	X 100	Z 110	I + 20	K 0

> Angaben bei kreisförmiger Arbeitsbewegung mit Mittelpunktkoordinaten:
> - Richtungssinn mit G02 im Uhrzeigersinn oder G03 im Gegenuhrzeigersinn,
> - Endpunktkoordinaten der Kreisbewegung mit X und Z,
> - Mittelpunktkoordinaten der Kreisbewegung mit I und K inkremental
>   I für den Abstand vom Anfangspunkt auf der X-Achse,
>   K für den Abstand vom Anfangspunkt auf der Z-Achse.

3.2 Programmierhilfen beim Drehen
3.2.1 Zyklen beim Drehen

Bei der Bearbeitung von Drehteilen sind häufig sich wiederholende, gleichartige Arbeiten in Teilbereichen durchzuführen, die aufwendig zu programmieren sind. Solche Arbeitsabläufe fasst man in Unterprogrammen zusammen, die bereits in der Steuerung der CNC-Drehmaschinen als Zyklen vorhanden sind. Diese Zyklen vereinfachen die Programmierung erheblich.

Beispiele für wichtige Drehzyklen (PAL):

- Gewindezyklus (**G31**)
- Gewindebohrzyklus (**G32**)
- Längsschruppkonturzyklus (**G81**)
- Planschruppkonturzyklus (**G82**)
- Bohrzyklus (**G84**)
- Freistichzyklus (**G85**)
- Stechzyklus radial (**G86**)
- Stechzyklus axial (**G88**)

- Zyklen, die mit einer freistehenden Kontur verknüpft sind, z. B. Bohrzyklen, bestehen nur aus einem Satz. Dieser beginnt mit dem **G-Wort**. Es folgen die notwendigen Angaben zur Bearbeitung.
- Zyklen, die mit unterschiedlichen Konturen verknüpft sein können, beginnen mit dem **G-Wort** zum Aufruf des Zyklus. Auf das G-Wort folgen die notwendigen Angaben zur Technologie der Bearbeitung. In den anschließenden Sätzen wird die Kontur beschrieben. Diese Beschreibung kann auch durch den Aufruf eines Unterprogramms, das die Konturbeschreibung enthält, erfolgen. Die Konturbeschreibung endet mit einem Satz, in dem G80 den Zyklus abschließt.

3.2.1.1 Konturschruppzyklen

Man unterscheidet je nach Zustellung beim Drehen einen Längs- und einen Planschruppkonturzyklus. Mit beiden Zyklen wird zunächst der Werkstoff entweder parallel zur Drehachse bzw. senkrecht zur Drehachse mit einer Bearbeitungszugabe abgearbeitet. Anschließend erfolgt eine Schlichtbearbeitung parallel zur Kontur.
Nach Aufruf eines Schruppzyklus mit **G-Wort** sowie Zustellung, Eintauchvorschub und Bearbeitungsart folgt die Fertigkonturbeschreibung mit Angabe der Schneidenradiuskorrektur. Das Zyklusende wird mit G80 in das Programm eingegeben.

Beispiele für Konturschruppzyklen (PAL-Codierung)

Längsschruppzyklus G81 | **Planschruppzyklus G82**

NC-Satz (verkürzt): G81/G82 D [H1, H3…] [AK] [O] [E] [F] [S] [M]   [ ] optionale Adressen

Adressbuchstaben:

D	Zustellung pro Schruppschnitt	E	Eintauchvorschub
H1	Schruppen der Kontur, 45° abheben	F	Aktueller Vorschub
AK	Konturparalleles Aufmaß auf die Kontur	S	Drehzahl/Schnittgeschwindigkeit
H3	Wie H1 mit zusätzlichem Konturschnitt am Ende	M	Drehrichtung/Kühlmittel
O2	Bearbeitungsstartpunkt an der Kontur		

Beispiel für die Programmierung einer Drehbearbeitung mit dem Schruppzyklus G81

Aufgabe: Es soll die Außenkontur mithilfe der automatischen Schnittaufteilung des Konturzyklus G81 und einer maximalen Schnitttiefe von 2 mm gedreht werden.

Rohteil:	Ø 55 mm × 70 mm
Werkstoff:	S275JR
Werkzeug:	Schrupp- und Schlicht-Drehmeißel (T3)
Schneidplatte:	DCMT11-P20
Schnittwerte:	$f = 0{,}1$ mm $v_c = 300$ m/min

Programm	Bemerkungen
N10 G96 S300	Konstante Schnittgeschwindigkeit $v_c = 300$ m/min
N20 T3 M6	Aufruf von Werkzeug T3
N30 F0.1 M4	Vorschub mit $f = 0{,}1$ mm festlegen, Spindel EIN, Linkslauf
N40 G0 X57 Z0	Anfahren zum Plandrehen
N50 G1 X-0.2	Plandrehen
N60 G0 Z2	Wegfahren von der Kontur
N70 X57	Anfahren des Startpunkts für den Zyklus G81
N80 G81 D2 H3	**Aufruf des Zyklus G81, Schruppbearbeitung mit maximaler Schnitttiefe von 2 mm und anschließendem Konturschnitt**
N90 G1 G42 X10 Z0	Beginn der Beschreibung der Kontur, Werkzeubahnkorrektur, rechts
N100 Z-10	Geradlinige Vorschubbewegung
N110 X20 Z-15	Geradlinige Vorschubbewegung
N120 Z-20	Geradlinige Vorschubbewegung
N130 G2 X30 Z-25 I5 K0	Kreisförmige Bewegung im Uhrzeigersinn, Ende der Beschreibung der Fertigkontur
N140 G1 X39	Geradlinige Vorschubbewegung
N150 G3 X55 Z-33 I0 K8	Kreisförmige Bewegung im Gegenuhrzeigersinn
N160 G40	Schneidenradiuskorrektur aufheben
N170 G80	**Ende des Konturzyklus**
N180 G0 X80 Z50 N190 M30	Wegfahren des Werkzeugs im Eilgang, Programmende mit Rücksetzen

> **!** Mit dem Längsschruppzyklus G81 wird eine Kontur parallel zur Drehachse und mit einem Planschruppzyklus G82 senkrecht zur Drehachse geschruppt und dann konturparallel geschlichtet.

3.2.1.2 Freistichzyklen

Damit Werkzeuge bei abgesetzten Wellen und Gewindezapfen freien Auslauf haben, werden an den Übergängen vom kleineren zum größeren Durchmesser Freistiche eingearbeitet. Zur Minderung der Kerbwirkung sind die Übergänge gerundet.
Gewindefreistiche sind in DIN 76 und Freistiche an Wellenzapfen in DIN 509 genormt.

Beispiele für Freistichzyklen (nach PAL)

Freistichzyklen G85

NC-Satz (verkürzt): **G85 ZI/ZA XI/XA I K H** [SX] [E] [RN] [F] [S] [M]   [ ] optionale Adressen

Pflichtadressen
Freistichposition:
- **ZI** Inkrementale Koordinateneingabe
- **ZA** Absolute Koordinateneingabe
- **XI** Inkrementale Koordinateneingabe
- **XA** Absolute Koordinateneingabe
- **I** Freistichtiefe
- **K** Freistichbreite } nur bei DIN 76
- **H** Freistichform

Optionale Adressen (keine Pflichtadressen)
- [SX] Bearbeitungszugabe (Schleifaufmaß)
- [E] Eintauchvorschub ($E = 0{,}25 \times f$)
- [RN] Eckenradius, wenn abweichend von DIN
- [F] Vorschub
- [S] Spindeldrehzahl
- [M] Drehrichtung

> **!** Freistiche werden mit G85 H... aufgerufen.
> H1 gilt für Gewindefreistiche, H2 und H3 gelten für Freistiche an Wellenzapfen.

3.2.1.3 Gewindezyklus

Der Gewindezyklus wird zum Drehen beliebiger Gewinde mit speziellen Drehmeißeln eingesetzt. Durch das Werkzeug wird festgelegt, ob ein Innen- oder Außengewinde geschnitten wird. Die Drehrichtung der Spindel im Zusammenhang mit der Vorschubrichtung bestimmt, ob Rechts- oder Linksgewinde entstehen.

Beispiel für einen Gewindezyklus (nach PAL)

Gewindezyklus G31 (bei aktivem G90)

1 Gewindestartpunkt
2 Gewindeendpunkt

NC-Satz (verkürzt): **G31 Z X F D** [ZS] [H1../..H4]   [...] optionale Adressen

Adressbuchstaben:
- **X** X-Koordinate des Gewindeendpunkts
- **Z** Z-Koordinate des Gewindeendpunkts
- **F** Steigung in Gewinderichtung
- **D** Gewindetiefe
- **ZS** Z-Koordinate des Gewindestartpunkts
- **H1...H4** Zustellart

Radiale Zustellung (H1) — Zustellung linke Flanke (H2) — Zustellung rechte Flanke (H3) — Zustellung wechselseitig (H4)

Grundlagen der CNC-Technik

Beispiel für die Anwendung von Drehzyklen
(Abbildungen aus Simulation mit MTS Topturn)

Auftrag:
In der ersten Aufspannung soll die rechte Seite einer Welle bearbeitet werden.
Das Rohteil hat einen Durchmesser von 50 mm.
Es ist das Programm zur Bearbeitung der angegebenen Seite zu schreiben.

Lösung:

N10 G54
N15 T1 M4 G97 S2000 G95 F0.4
N20 G0 X45 Z1
N25 M8
N30 G82 D1.5 H2 AZ0.2   Planschruppzyklus
  N35 G1 X40 Z0
  N40 G1 X-1
  N45 G1 Z4
  N50 G80
N55 G81 D3 H2 AZ0.2 AX0.5   Längsschruppzyklus
  N60 G0 X12 Z2
  N65 G1 X20 Z-2
  N70 G1 Z-25
  N75 G1 X30
  N80 G1 Z-20
  N85 G1 X38
  N90 G1 Z-50
  N95 G80
N100 M9
N100 G14
N105 T4 M4 S2000 F0.1 M8
N110 G0 X20 Z0
N115 G1 X-1
N120 G0 X12 Z2
N125 G1 X20 Z-2
N130 G85 XA20 ZA-25 I1.8 K6.3 H1   Gewindefreistichzyklus
N135 G1 X30
N140 G85 XA30 ZA-45 H3   Freistichzyklus an
N145 G1 X38   Wellenzapfen
N150 G1 Z-50 M9
N155 G14
N160 T3 M3 M8 G97 S400
N165 G0 X22 Z2
N170 G31 ZA-21 XA20 F2.5 D1.53 H4 Gewindezyklus
N171 M9
N175 G14
N180 M30

3.2.1.4 Programmabschnittwiederholungen

Mit dem Befehl G23 können ausgewählte Teile eines Programms mehrfach wiederholt werden. Dies spart Programmierarbeit und kann in vielen Fällen die Arbeit mit Unterprogrammen ersetzen.

NC-Satz:
N...   G23   NBeginn ...   NEnde ... [optional H...]
- Anzahl der Wiederholungen
- Nummer des letzten zu wiederholenden Satzes
- Nummer des ersten zu wiederholenden Satzes
- Befehl Programmabschnittwiederholung

! Wiederholungen eines Programmabschnitts werden mit G23 und den Satznummern des Start- und Endsatzes programmiert.

3.2.3 Unterprogramme beim Drehen

3.2.3.1 Unterprogramme mit festen Zahlenwerten

Für gleiche Bearbeitungsabläufe werden Unterprogramme erstellt. Diese Unterprogramme können an jeder beliebigen Stelle von Hauptprogrammen eingesetzt werden. Sie werden meist inkremental programmiert. Ein Unterprogramm beginnt mit L sowie der **Unterprogrammnummer** und endet im letzten Satz mit **M17**. Die Zahl der Wiederholungen an aufeinanderfolgenden Stellen wird mit H... angegeben.

Beispiel für ein Unterprogramm mit festen Zahlenwerten (nach PAL)

DIN 509–E0,6x0,2

Unterprogramm Freistich
L 22

N	G	X	Z	I	K	M
N1	G91					
N2	G01	X – 1				
N3	G42					
N4	G01	X – 0.18	Z – 0.671			
N5	G02	X – 0.02	Z – 0.154	I 0.58	K – 0.154	
N6	G01		Z – 0.575			
N7	G02	X 0.6	Z – 0.6	I 0.6	K 0	
N8	G40					
N9	G01	X 0.2	Z 2			
N10	G90					
N11						M17

Erklärungen:
L 22 H1
- Zahl der Durchläufe: 1
- Unterprogrammnummer: 22
- Unterprogrammaufruf

M17   Unterprogrammende

Hinweis zum Programm: Das Werkzeug wird im Hauptprogramm jeweils 1 mm vor den Durchmessern platziert. Darum wird hier im 2. Satz X-1 programmiert.

! Für gleiche Bearbeitungsabläufe, die an unterschiedlichen Stellen aufgerufen werden, erstellt man Unterprogramme. Diese werden bevorzugt inkremental programmiert. Unterprogramme sind durch den Buchstaben **L** vor der **Unterprogrammnummer** gekennzeichnet. Das Unterprogrammende wird im letzten Satz mit **M17** beendet.

Übungsaufgaben 3/10; 3/11; 3/12

3.2.3.2 Unterprogramme mit Parametertechnik

Für Bearbeitungsvorgänge, bei denen ähnliche Formen mit unterschiedlichen Maßen vorkommen, werden statt der Maße Parameter programmiert. Parameter werden von den Steuerungsherstellern unabhängig von Normen mit unterschiedlichen Buchstaben benannt – zum Beispiel **R**.

> **Beispiel für ein Unterprogramm mit Parametertechnik (steuerungsabhängiges Beispiel)**
>
> **Werkstück mit Parameterangaben**
>
> **Werkstück Nr. 1** | **Werkstück Nr. 2**
>
> **Werkstück 1**
>
> | N | G | X | Z | I | K |
> |---|---|---|---|---|---|
> | N1 | | R1 = –10 | | | |
> | N2 | | R2 = –35 | | | |
> | N3 | | R3 = –60 | | | |
>
> **Werkstück 2**
>
> | N | G | X | Z | I | K |
> |---|---|---|---|---|---|
> | N1 | | R1 = –5 | | | |
> | N2 | | R2 = –40 | | | |
> | N3 | | R3 = –80 | | | |
>
> | | | | | |
> |---|---|---|---|---|
> | N80 | | | | |
> | N85 | G90 | | | |
> | N90 | G00 | X0 | Z0 | |
> | N95 | G42 | | | |
> | N100 | G01 | X10 | | |
> | N110 | (G01) | | Z = R1 | |
> | N115 | (G01) | X20 | | |
> | N120 | (G01) | | Z = R2 | |
> | N125 | (G01) | X = R3 | | |
> | N130 | G40 | | | |
>
> Werkstück Nr. 1 und Nr. 2 unterscheiden sich in der Länge ihrer zylindrischen Ansätze und im Wert des letzten Durchmessers. Trotzdem soll ein gemeinsames Programm geschrieben werden. Dies geschieht dadurch, dass die unterschiedlichen Werte mit den Parametern R1, R2 und R3 belegt werden. Soll Werkstück Nr. 1 gefertigt werden, müssen vor Programmbeginn die Parameter mit den Werten von Werkstück Nr. 1 belegt werden; entsprechend wird bei Werkstück Nr. 2 vorgegangen:

! Bei Teilefamilien benötigt man mit Parametertechnik ein Programm. Unterschiedliche Werte werden unmittelbar vor dem Programm festgelegt.

3.2.3.3 Einsatz von Unterprogrammen

Zur Verringerung des Programmieraufwands versucht man möglichst Zyklen und Unterprogramme einzusetzen. Die Unterprogramme werden mit **G22** und der Unterprogrammnummer **L…** aufgerufen. Mit **H…** kann die Zahl der Wiederholungen eingegeben werden.
NC-Satz: G22 L… [H…] [ ] optional

Programmieren zur Fertigung von Drehteilen

Beispiele für den Einsatz von Zyklen und Unterprogrammen in einem Hauptprogramm

Die vorgearbeitete und umgespannte Folienwalze soll vier gleiche Erhebungen erhalten. Ein entsprechendes Programm ist zu schreiben.

Lösung:

N10 G54
N15 T5 S3000 F0.1 M4
N20 G00 X42 Z2
N25 G0 X41 Z0

N30 G81 D3
N35 G0 X12 Z2
N40 G1 X20 Z-2
N45 Z-20
N50 X30
N55 Z-25
N60 X40
N65 Z-120
N70 X42
N75 G80

N80 G14
N85 T9 S3000 F0.1 M4

N90 G0 X42 Z-23
N95 G22 L11 H2
N100 G90

N105 G81 D3
N110 G0 X41 Z-54
N115 G1 X30
N120 Z-80
N125 X41
N130 G80

N135 G0 Z-78
N140 G22 L11 H2
N145 G90

N150 G81 D3
N155 G0 X40 Z-109
N160 G1 X30
N165 Z-117
N170 X41
N175 G80

N180 G0 X45
N185 G14
N190 M30

Schnittaufteilung:
Startpunkte von Zyklen und Unterprogrammen

Unterprogramm L11

N10 G81 D2
N15 G42
N20 G91
N25 G1 X-6
N30 Z-2
N35 X5 Z-5 RN1
N40 Z-2 RN1
N45 X-5 Z-5
N50 Z-2
N55 X6
N60 G40
N65 G80
N70 Z-16
N75 G90 N80 M17

Abbildung aus Simulation mit MTS TopTurn

Grundlagen der CNC-Technik

3.3 Werkzeuge und Werkzeugmaße beim Drehen

3.3.1 Aufbau von Drehwerkzeugen

Auf CNC-Drehmaschinen setzt man ausschließlich Drehmeißel mit auswechselbaren Wendeschneidplatten ein. Der Drehmeißel wird in den Werkzeughalter eingesetzt. Werkzeughalter sind meist mit genormten Schäften ausgestattet, mit denen sie in entsprechend gestaltete Mehrfachwerkzeugträger (Werkzeugrevolver) eingesetzt werden.

Beispiel für einen Werkzeughalter mit Schaft und einen Werkzeugrevolver einer CNC-Drehmaschine

3.3.2 Werkzeugmaße

Der Steuerung müssen die Maße der eingesetzten Werkzeuge eingegeben werden. Das zur Programmierung benutzte CAM-System benötigt diese Maße ebenfalls zur sicheren Simulation, damit die Gefahren von zu großer Spanabnahme und Kollisionen sicher erkannt werden können. Bezugspunkt für die Ermittlung der Werkzeugmaße ist der sogenannte **Werkzeugeinstellpunkt**.

Der Werkzeugeinstellpunkt ist ein der Steuerung bekannter Punkt, der bei allen Werkzeugpositionen an der dem Futter zugewandten Seite des Revolvers liegt.

Zur Eingabe in den Werkzeugspeicher der Steuerung benötigt man folgende Daten des Werkzeugs:
- **Werkzeuglänge L**
  Dies ist der Abstand der Schneidenspitze vom Werkzeugeinstellpunkt in Z-Richtung.
- **Querlage Q**
  Dies ist der Abstand der Schneidenspitze vom Werkzeugeinstellpunkt in X-Richtung.
- **Schneidenradius R**
  Dies ist die Rundung der Werkzeugschneide.

> ❗ Für den Einsatz der Werkzeuge werden folgende Daten in den Werkzeugspeicher eingegeben:
> • die Länge L, • die Querlage Q, • der Schneidenradius R.

– **Manuelle Ermittlung von Werkzeugmaßen an der Maschine**

Zuerst wird ein beliebiger Durchmesser angedreht und in Z-Richtung freigefahren. Nach dem Messen des Zylinderdurchmessers wird dieser Wert in die Steuerung eingegeben. Sie errechnet daraus die Querlage Q. Anschließend wird eine Planfläche angedreht und in X-Richtung freigefahren. Nach dem Ausmessen der Werkstücklänge wird dieser Wert ebenfalls der Steuerung eingegeben. Die Steuerung errechnet daraus die Werkzeuglänge L.

> ❗ Aus der Eingabe des angedrehten Werkstückdurchmessers und der Werkstücklänge errechnet die Steuerung die Querlage Q und die Länge L.

– Optische Ermittlung der Korrekturmaße an Werkstückrevolvern

An Werkzeugrevolvern können die Durchmesser- und Längenunterschiede der einzelnen Werkzeuge im Vergleich mit dem „Nullwerkzeug" optisch ermittelt werden.

Zu diesem Zweck wird eine Lupe, die ein Fadenkreuz enthält, an der Maschine angebracht. Mit dem „Nullwerkzeug" im Schnittpunkt des Fadenkreuzes werden die Durchmesser- und Längenkorrekturwerte für dieses Werkzeug auf Null gesetzt.

Anschließend werden die einzelnen Werkzeuge, die im Werkzeugrevolver eingespannt sind, unter die Lupe gefahren. Dabei werden vom Messsystem die Abweichungen in X- und Z-Richtung vom „Nullwerkzeug" angezeigt. Mittels eines Kreismusters auf der Lupe kann gleichzeitig der Schneidenradius bestimmt werden. Diese Werte werden in den Werkzeugdatenspeicher der Maschine eingegeben.

Optische Ermittlung von Korrekturwerten an einem Werkzeugrevolver (Schema)

– Ermittlung der Werkzeugdaten mit Einstell- und Messgeräten

Mithilfe von Einstell- und Messgeräten werden Zerspanungswerkzeuge vor deren Einsatz in der Fertigungsmaschine vermessen, um die Istwerte zu ermitteln, wie z. B. Schneidenlänge, Durchmesser, Radius, Schneidenwinkel, und zahlreiche weitere Parameter je nach Werkzeugtyp. Zusätzlich können Werkzeuge auf Sollmaß eingestellt und auf Schneidenqualität geprüft werden. Mithilfe eines Bildverarbeitungssystems und Software werden die Parameter bedienerunabhängig, berührungslos und µ-genau ermittelt.

Die Istwerte können
- direkt am Gerät abgelesen,
- unmittelbar an die Maschine ausgegeben,
- in Listen ausgedruckt oder
- automatisch auf Datenträgern gespeichert werden.

Werkzeug-Voreinstellgerät

– Verwaltung der Werkzeugdaten

Voraussetzung für eine Verwaltung der Werkzeuge ist eine Nummerierung jedes einzelnen Werkzeugs. Die Nummer kann dem Werkzeug durch Codierringe an der Werkzeugaufnahme, durch Stichcodes oder einen Chip mitgegeben werden. Die zugehörigen Daten können dann in einem zentralen Rechner abgelegt werden, aus dem sie bei Bedarf vom Voreinstellsystem, von der CNC-Maschine und dem CAM-System abgerufen werden können. Dieser Rechner verwaltet auch
- die vorgegebene Nutzungszeit,
- die Vorwarnzeit bei Standzeitende,
- die Nummern der Schwesternwerkzeuge,
- im Einsatz vorgenommene Maßkorrekturen wegen Verschleiß u.A.

Werkzeug mit Datenträger

Beim Einsatz von Chips, aus denen nicht nur Daten gelesen, sondern auch beschrieben werden können, führt jedes Werkzeug seine Daten und alle Änderungen mit, sodass jederzeit die Daten an Schreib-Lese-Einrichtungen gelesen und aktualisiert werden können.

Grundlagen der CNC-Technik

3.3.3 Schneidenradiuskompensation

Die Schneide eines Drehmeißels endet nie in einer punktförmigen Schneidenspitze, sondern ist stets mit einem kleinen Radius versehen. Dadurch erhöht sich die Standzeit des Werkzeugs und die Oberflächenqualität des Werkstücks wird verbessert. Die Schneidenradien betragen etwa 0,2 bis 2 mm. Beim Drehen zylindrischer Werkstücke verursacht ein Schneidenradius keinen Fehler. Beim Drehen konischer Werkstücke und größerer Radien muss der Schneidenradius berücksichtigt werden. Dabei ist der Weg, den ein Meißel mit *punktförmiger* Schneidenspitze zur Erzeugung der programmierten Kontur zurücklegen würde, nicht gleich dem Weg einer gerundeten Schneidenecke. In der Praxis würde das gefertigte Werkstück nicht die vorbestimmte Form haben, sondern mehr oder weniger große Formabweichungen aufweisen.

Beispiele für die Entstehung von Konturfehlern durch einen Schneidenradius

Fehler an Schrägen — Radiusfehler

> ! Beim Drehen mit Meißeln mit gerundeter Schneidenecke entstehen an Schrägen und in großen Radien Konturfehler, falls keine Schneidradiuskorrektur vorgenommen wird.

Um eine Schneidenradiuskompensation zutreffend zu berechnen, muss dem Rechner angegeben werden, in welcher Stellung sich die Schneide in Vorschubrichtung zum Werkstück befindet.

Bei dem Befehl **G41** erfolgt die Korrektur für ein Werkzeug, das links von der Kontur arbeitet –
betrachtet in Vorschubrichtung.

Bei dem Befehl **G42** erfolgt die Korrektur für ein Werkzeug, das rechts von der Kontur arbeitet –
betrachtet in Vorschubrichtung.

Die Schneidenradiuskompensation bleibt so lange wirksam, bis mit dem Befehl **G40** die vorherige Anweisung zur Werkzeugkorrektur aufgehoben wird.

Beispiele für eine Schneidenradiuskompensation bei Drehteilen

G 41 — Werkzeug links von der Kontur — Vorschubrichtung
G 42 — Werkzeug rechts von der Kontur — Vorschubrichtung

> ! Schneidenradiuskompensation:
> - G41 Werkzeug in Vorschubrichtung links von der Kontur,
> - G42 Werkzeug in Vorschubrichtung rechts von der Kontur,
> - G40 für das Aufheben der Schneidenradiuskompensation.

Zusätzlich muss die Lage der theoretischen Schneidenspitze P0 zum Schneidenradiusmittelpunkt S durch eine herstellerspezifische Kennzeichnung eingegeben werden.
Mögliche Positionen:

4 Programmieren zur Fertigung von Frästeilen

4.1 Programmieren von Weginformationen beim Fräsen

4.1.1 Achsrichtungen bei Fräsarbeiten

Bei Fräsmaschinen unterscheidet man nach der Lage der Arbeitsspindel Senkrechtfräsmaschinen und Waagerechtfräsmaschinen.

Zur Fertigung komplizierter Werkstücke müssen Fräsmaschinen über zusätzliche Bewegungsrichtungen verfügen.

Zum Programmieren der Schwenkbewegungen um die drei Achsen sind Adressbuchstaben festgelegt, die durch Winkelangaben ergänzt werden.

Dabei bezeichnet der Buchstabe

A eine Schwenkbewegung um die **X-Achse**,
B eine Schwenkbewegung um die **Y-Achse**,
C eine Schwenkbewegung um die **Z-Achse**.

Die Bewegungen sind dann positiv, wenn sie in Richtung der positiven Achse gesehen im *Uhrzeigersinn* erfolgen.

Koordinatenachsen

Beispiele für Achsen an CNC-Fräsmaschinen

! Programmgesteuerte Schwenkbewegungen um die X-, Y- und Z-Achse werden mit A, B und C bezeichnet. Die Bewegungen sind positiv, wenn sie sich in Richtung der positiven Achse gesehen im Uhrzeigersinn drehen.

Übungsaufgaben 4/1; 4/2

Grundlagen der CNC-Technik

4.1.2 Maschinennullpunkt und Referenzpunkt

Der Maschinennullpunkt ist der Ursprung des Maschinen-Koordinatensystems. Er liegt bei CNC-Fräsmaschinen an der Grenze des Arbeitsbereichs. Bei Fräsmaschinen mit inkrementalen Messsystemen muss beim Einschalten der Maschine ein Nullpunkt angefahren und die Messsysteme müssen dort in allen Achsrichtungen Null gesetzt werden. Einen solchen Punkt bezeichnet man als Referenzpunkt. An Fräsmaschinen sind der Referenzpunkt und der Maschinennullpunkt vielfach identisch. Zum Anfahren des Referenzpunkts sind auf allen Maßstäben der Bewegungsachsen Markierungen (Referenzmarken) vorhanden.

Kann bei einer Fräsmaschine der Maschinennullpunkt nicht angefahren werden, so wird ein Referenzpunkt ersatzweise an anderer Stelle im Arbeitsbereich festgelegt.

Beispiel für die Lage von Maschinennullpunkt und Referenzpunkt an Fräsmaschinen

4.1.3 Werkstücknullpunktlagen

1. Wahl des Werkstücknullpunkts

Der Werkstücknullpunkt wird vom Programmierer frei gewählt. Die Festlegung erfolgt jedoch so, dass alle Werkstückmaße leicht auf den Nullpunkt zurückgerechnet werden können. Ferner muss nach dem Aufspannen des Werkstücks eine einfache Lagebestimmung des Nullpunkts möglich sein. Zweckmäßig wählt man bei einfachen Frästeilen den Nullpunkt an einer Werkstückecke.

Bei symmetrischen Werkstücken legt man den Werkstücknullpunkt auf die Symmetrieachse, bei radialen Anordnungen in den Kreismittelpunkt.

Beispiele für Nullpunktlagen an einfachen Frästeilen

Werkstücknullpunkt an einem Werkstückeckpunkt   Werkstücknullpunkt in der Symmetrieachse

! Den Werkstücknullpunkt legt man bei einfachen Werkstücken an einen Werkstückeckpunkt, bei symmetrischen Werkstücken auf die Symmetrieachse.

Programmieren zur Fertigung von Frästeilen

2. Verschiebung des Werkstücknullpunkts

Für die Bearbeitung auf CNC-Maschinen kann es vorteilhaft sein, den Werkstücknullpunkt innerhalb eines längeren Fertigungsprozesses zu verlegen. Dies geschieht mit dem Befehl **G59**. Der Befehl **G53** hebt die Verschiebung wieder auf.

Beispiel für eine Nullpunktverschiebung mit dem Befehl G59 (nach PAL)

Eine programmierte Grundkontur kann mithilfe einer Nullpunktverschiebung an die gewünschte Stelle übertragen werden. Die Verschiebung wird mit dem Befehl G59 aufgerufen und durch die Angabe der Absolutmaße für die Nullpunktverschiebung programmiert. Weitere Verschiebungen können mit der Absolutbemaßung auf den neuen Nullpunkt bezogen programmiert werden.

N... G59 X120 Y100

! Für die Bearbeitung komplizierter Werkstücke können nacheinander mehrere Werkstücknullpunkte gesetzt werden. Die Verschiebung des Werkstücknullpunkts wird mit dem Befehl G59 programmiert. G53 hebt die Verschiebung wieder auf.

4.1.4 Werkzeugbahnkorrekturen

Die erforderliche Werkzeugbewegung für eine Fräsarbeit entspricht theoretisch der Bahn des Fräsermittelpunkts parallel zur fertigenden Werkstückkontur. Je nach Durchmesser des eingesetzten Fräsers muss die Bahn des Werkzeugmittelpunkts entlang der Werkstückkontur nach links oder rechts verlegt werden.

Lage der Fräsermittelpunktsbahn

Soll das Werkzeug in Vorschubrichtung links von der gewünschten Kontur arbeiten, ruft man die Korrektur durch den Wegbefehl **G41** auf.
Soll das Werkzeug in Vorschubrichtung rechts von der gewünschten Kontur arbeiten, dann ruft man die Korrektur durch den Wegbefehl **G42** auf.
Der Befehl **G40** hebt die Bahnkorrektur wieder auf.

Beispiele zu Werkzeugbahnkorrekturen mit den Befehlen G41 und G42

Fräser in Vorschubrichtung rechts der Kontur G42

Fräser in Vorschubrichtung links der Kontur G41

!
- G41 korrigiert bei der Stellung des Werkzeugs in Vorschubrichtung links von der Kontur.
- G42 korrigiert bei der Stellung des Werkzeugs in Vorschubrichtung rechts von der Kontur.
- G40 hebt Korrekturen wieder auf.

Bei Fräsern mit der Schnittrichtung rechts führt G42 immer zu Gegenlauffräsen und G41 zu Gleichlauffräsen.

Übungsaufgaben 4/4 bis 4/6

4.2 Programmierhilfen beim Fräsen

4.2.1 Zyklen beim Fräsen

Häufig sind bei Arbeiten auf Fräsmaschinen sich wiederholende, gleichartige Bearbeitungen durchzuführen, die in vielen Einzelschritten programmiert werden müssen. Man fasst diese Arbeiten in Zyklen zusammen, die in einem Satz programmiert werden.

Wichtige Zyklen für die Fräsbearbeitung sind:
- *Bohrzyklen:* Durchbohren, Tiefbohren, Gewindebohren, Lochmusterbohren,
- *Konturzyklen:* Taschenfräsen, Zapfenfräsen, Fasenfräsen, Eckenrunden,
- *An- und Ausfahrzyklen:* sanftes Anfahren an die Kontur.

Beispiele für Vorgänge, die mit Zyklen zu programmieren sind

Tauchfräsen, Zapfenfräsen, Anfahren, Fasenfräsen, Tiefbohren

1. Tiefbohrzyklus mit Spänebrechen G82

Zum Bohren tiefer Bohrungen wird der Zyklus G82 verwendet. Die Vorschubbewegung des Bohrers wird nach Erreichen der programmierten Zwischenbohrtiefe angehalten, anschließend wird das Werkzeug um einen bestimmten Betrag angehoben, um die Späne zu brechen.

Beispiel für einen Tiefbohrzyklus

Tiefbohrzyklus mit Spänebrechen G82 (PAL-Codierung)

NC-Satz
G82 ZI/ZA D V [W] [DA] [VB] [O1] [F] [S] [M]   [ ] optionale Adressen

Adressbuchstaben:
- ZI   Tiefe der Bohrung inkremental ab Bohrungsoberkante oder
- ZA   Tiefe der Bohrung absolut ab Werkstückoberfläche
- D   Zustelltiefe
- V   Höhe der Rückzugsebene von der Materialoberfläche
- W   Höhe der Rückzugsebene absolut in Werkstückkoordinaten
- DA   inkrementale Anbohrtiefe der ersten Zustellung ab Bohrungskante
- VB   Rückzugsabstand nach jeder Zustelltiefe vom jeweiligen Bohrungsgrund
- O1   Verweildauer in Sekunden

Programmieren zur Fertigung von Frästeilen

2. Rechtecktaschenfräszyklus G72

Zum Fräsen von Rechtecktaschen wird der Zyklus G72 verwendet. Der Startpunkt für das Werkzeug liegt oberhalb des Taschenmittelpunkts. Die Tasche wird konturparallel vom Mittelpunkt her ausgeräumt.
Als Pflichtparameter sind die Länge, die Breite und die Tiefe der Rechtecktasche einzugeben, außerdem die maximale Zustelltiefe und der Sicherheitsabstand des Fräsers von der Taschenoberkante. Für die Schlichtbearbeitung können Bearbeitungsaufmaße für Taschenwandung und Taschenboden programmiert werden.

Beispiel für einen Rechtecktaschenfräszyklus

Rechtecktaschenfräszyklus G72 (PAL-Codierung)

NC-Satz
G72 LP BP ZI/ZA D V [W] [RN] [AK] [AL] [F] [S] [M]   [ ] optionale Adressen

Adressbuchstaben:
LP	Länge der Rechtecktasche in X-Richtung
BP	Breite der Rechtecktasche in Y-Richtung
ZI	Tiefe der Rechtecktasche inkremental ab Taschenoberkante oder
ZA	Tiefe der Rechtecktasche absolut ab Werkstückoberfläche
D	Maximale Zustelltiefe
V	Abstand der Sicherheitsebene von der Taschenoberfläche
W	Höhe der Rückzugsebene absolut in Werkstückkoordinaten
RN	Eckenradius (Voreinstellung RN0, damit ist der erzeugte Eckenradius gleich dem Werkzeugradius)
AK	Aufmaß auf die Berandung
AL	Aufmaß auf den Taschenboden

Mit der G-Funktion G79 wird der Fräser zum Startpunkt des Zyklus zurückgeführt.

Beispiel für den Einsatz eines Rechtecktaschenfräszyklus (nach PAL)

Mit einem Schaftfräser von 20 mm Durchmesser ist die dargestellte Rechtecktasche zu fräsen. Es ist der Programmteil zum Fräsen der Tasche zu schreiben.

Lösung:
```
N70 G72 LP120 BP56 ZI-40 D4 V3 RN18
N80 G79 XA80 YA40
```

N70 Beschreibung der Tasche, die mit zuvor programmierten Schnittdaten auszuräumen ist.
N80 Auf Setzpunkt fahren, Tasche ausräumen

3. Kreistaschen- und Zapfenfräszyklus G73

Kreistaschen oder Zapfen werden mit dem Fräszyklus G73 in gleicher Weise programmiert. Der Zyklus steuert eine kreisförmige Bewegung des Fräsers, sodass Kreistaschen, Kreistaschen mit Zapfen und frei stehende Zapfen gefräst werden können.

Beispiel für einen Kreistaschen- und Zapfenfräszyklus

Im Zyklus G73 wird mit demselben Fräser zunächst die Schruppbearbeitung und anschließend die Schlichtbearbeitung durchgeführt.
Startpunkt (Setzpunkt) der Bearbeitung ist in jedem Fall der Kreismittelpunkt.

Kreistaschenfräszyklus (PAL)	G73	Zapfenfräszyklus (PAL)

NC-Satz:
G73 ZI/ZA R D V [W] [RZ] [AK] [AL] [F] [S] [M]   [ ] optionale Adressen

Adressbuchstaben:
- **ZI** Tiefe der Kreistasche inkremental ab Materialoberfläche
- **ZA** Tiefe der Kreistasche absolut ab Werkstückoberfläche
- **R**   Radius der Kreistasche
- **RZ** Radius des gewünschten Zapfens
- **D**   Maximale Zustelltiefe
- **V**   Abstand der Sicherheitsebene von der Materialoberfläche
- **W**   Höhe der Rückzugsebene absolut in Werkstückkoordinaten
- **AK** Aufmaß auf die Berandung
- **AL** Aufmaß auf den Taschenboden

Beispiel für den Einsatz eines Zapfenfräszyklus

Ein Hebel wurde so weit vorgearbeitet, dass aus einem Vierkantzapfen von 32 mm ein Zapfen von 20 mm Durchmesser ausgefräst werden kann.
Es ist der Programmteil zum Fräsen des Zapfens zu schreiben.

Lösung:

N... G73 ZA-18 R64 D5 V2 RZ10   Zapfenfräszyklus

N... G79 XA120 YA60 Z0   Aufruf des Zyklus am Setzpunkt

4.2.2 Zyklenaufrufe auf verschiedenen Startpositionen

Zyklenaufrufe dienen bei mehrfacher Wiederholung eines Zyklus, z. B. einer Abfolge von Bohrungen, zum Positionieren des Werkzeugs an den aufeinanderfolgenden Startpositionen.

Beispiele für Zyklusaufrufe

| Zyklusaufruf auf einer Linie (G76) | Zyklusaufruf auf einem Lochkreis (G77) | Zyklusaufruf an einem Punkt (G79) |

An den programmierten Aufrufpunkten (Setzpunkten) wird der aktive Bohr- oder Fräszyklus automatisch abgearbeitet. Die Parameter für den Bearbeitungszyklus müssen vorher festgelegt werden. Die Bearbeitung des Zyklus endet auf der Rückzugsebene über dem zuletzt bearbeiteten Objekt. Im Programm nach PAL steht der Zyklusaufruf mit der Angabe der anzufahrenden Startpositionen hinter dem Satz, in dem die Parameter des Zyklus angegeben werden.

1. Zyklusaufruf auf einer Linie G76

Der Zyklusaufruf G76 wird zum Positionieren des Werkzeugs und damit des aktuell aktiven Fräszyklus, z. B. des Taschenfräszyklus, verwendet. Mit diesem Zyklusaufruf kann die zu fräsende Kontur um einen Winkel zur positiven X-Achse gedreht werden oder mehrfach auf einer Linie in einem bestimmten Abstand gefräst werden.

Beispiel für einen Zyklusaufruf auf einer Linie

Zyklusaufruf auf einer Linie G76 (PAL-Codierung)

NC-Satz: G76 X Y Z AS O D [W] [V] [H1] [F] [S] [M]   [ ] optionale Adressen

Adressbuchstaben:
- X   absolute X-Koordinate des ersten Linienpunkts
- Y   absolute Y-Koordinate des ersten Linienpunkts
- Z   Absolute Z-Koordinate des Zielpunkts
- AS   Winkel der Linie bezogen auf die positive X-Achse
  - \+ entgegen dem Uhrzeigersinn
  - – im Uhrzeigersinn
- O   Anzahl der zu bearbeitenden Objekte
- D   Abstände der Objekte auf der Linie (inkremental, d. h. ohne Vorzeichen)
- AR   Drehwinkel des zu bearbeitenden Objekts bezogen auf die positive X-Achse
- W   Höhe der Rückzugsebene absolut in Werkstückkoordinaten
- V   Höhe der Sicherheitsebene absolut in Werkstückkoordinaten
- H1   nach der Bearbeitung eines Objekts wird die Sicherheitsebene V angefahren und nach dem letzten die Sicherheitsebene W

Übungsaufgabe 4/11

2. Zyklusaufruf auf einem Teilkreis

Der Zyklusaufruf G77 wird zum Positionieren des Werkzeugs und damit des aktuellen aktiven Fräszyklus für die zu bearbeitenden Objekte verwendet, die auf einem Teilkreis mit konstantem Mittelpunktswinkel liegen. Die Mittelpunktskoordinaten des Teilkreises werden absolut programmiert. In der folgenden Zeichnung werden Bohrungen mit einem Bohrzyklus angeordnet.

Beispiel für einen Zyklusaufruf auf einem Teilkreis

Zyklusaufruf auf einem Teilkreis G77 (PAL-Codierung)

NC-Satz:
G77 IA JA AN AI R O [Z] [W] [V] [H1]   [ ] optionale Adressen

Adressbuchstaben:
- IA absolute X-Koordinate des Teilkreismittelpunkts
- JA absolute Y-Koordinate des Teilkreismittelpunkts
- AN Startwinkel des ersten Objekts
- AI konstanter Segmentwinkel
- R   Radius des Teilkreises
- O   Anzahl der zu bearbeitender Objekte auf dem Teilkreis
- Z   absolute Z-Koordinate des Teilkreismittelpunkts (Oberkante des zu bearbeitenden Objekts)
- W   Höhe der Rückzugsebene absolut in Werkstückkoordinaten
- V   Höhe der Sicherheitsebene absolut in Werkstückkoordinaten
- H1 nach der Bearbeitung eines Objekts wird die Sicherheitsebene V angefahren. Nach dem letzten gefrästen Objekt erfolgt Rückzug auf die Rückzugebene.

Beispiel für einen Zyklusaufruf auf einem Teilkreis

In 8 mm dicke Scheiben aus S235 sollen durchgehende Gewindebohrungen von 8 mm Durchmesser gebohrt werden. Die Zyklen und die Zyklenaufrufe sollen geschrieben werden.

Lösung:

N... G81 Z-16 V2	Bohrzyklus
N... G77 I0 J0 AN45 AI90 R30 O4	Zyklusaufruf
N...	
.	
.	
N... G84 ZA-16 F1,25 M3 V2 S200	Gewindebohrzyklus
N... G77 I0 J0 AN45 AI90 R30 O4	Zyklusaufruf

Übungsaufgabe 4/12

4.2.3 Manipulation von Programmteilen

Der Programmieraufwand kann erheblich vermindert werden, wenn eine Grundkontur mithilfe von Befehlen in ihrer Lage, Form und Größe verändert werden kann. Vorgänge, mit denen solche Veränderungen wie *Verschieben*, *Drehen* und *Spiegeln* o. Ä. bewirkt werden, nennt man **Manipulationen**. Die Verschlüsselung von Manipulationen sind nicht genormt und daher steuerungsabhängig.

Beispiel für eine programmierbare Nullpunktverschiebung und -drehung mit Polarkoordinaten (nach PAL)

Eine in einem Unterprogramm programmierte Kontur kann mit dem Befehl G58 zu einem neuen Nullpunkt im Abstand von RP verschoben und gleichzeitig mit z. B. AP20 um einen Winkel von 20° gedreht werden. Die Winkelangabe wird in Gegenuhrzeigerrichtung mit *positiven* und in Uhrzeigerrichtung mit *negativen* Vorzeichen versehen. Der Winkel 0° liegt auf der positiven waagerechten Achse des ursprünglichen Koordinatensystems.

Programmierung:

`N... G58 L35 RP180 AP20`

Beispiele für Spiegelungen einer Grundkontur (nach PAL)

Eine in einem Unterprogramm programmierte Kontur kann mit einem festgelegten Befehl, z. B. mit G66 und Angabe der Spiegelachse gespiegelt werden. Die Spiegelung ist um eine Achse oder um zwei Achsen möglich. G66 ohne Achsangabe hebt die Spiegelung auf.

Programmierung:

N... G22 L35 H1	Fräsen in I
N... G66 Y	Spiegeln in II
N... G22 L35 H1	Fräsen in II
N... G66	Spiegeln aufheben
N... G66 XY	Spiegeln I auf III
N... G22 L35 H1	Fräsen in III

Beispiele für die Vergrößerung einer Grundkontur (nach PAL)

Die Abmessungen einer Kontur, die in einem Unterprogramm programmiert ist, können mit dem Befehl G67 vergrößert oder verkleinert werden. Die Umwandlung der Längen wird mit SK programmiert und die Größenveränderung mit einem Faktor angegeben. So wird eine Längenänderung auf 150 % mit SK1.5 programmiert.

Programmierung:

`N... G67 Sk1.5`

G67 Befehl zum Vergrößern einer Kontur
SK Angabe des Vergrößerungsfaktors

> ❗ Eine in einem Unterprogramm programmierte Grundkontur kann mit kurzen Befehlen vielfach manipuliert werden. Häufige Manipulationen sind Verschiebung, Drehung, Spiegelung und Größenveränderung von Grundkonturen.

Übungsaufgaben 4/13; 4/14

Grundlagen der CNC-Technik

4.2.4 Unterprogramme beim Fräsen

1. Unterprogramme mit festen Zahlenwerten

Gleiche Bearbeitungsabläufe, die in der Fertigung an unterschiedlichen Stellen eingesetzt werden, werden als Unterprogramm geschrieben. Diese Unterprogramme können an jeder beliebigen Stelle eines Hauptprogramms aufgerufen werden.

Beispiele für ein Unterprogramm mit festen Zahlenwerten (nach PAL)

Fräserdurchmesser: $d = 20$ mm
≙ Eckenradius

L 22	Unterprogramm Ausfräsung				
N1	G90			S220	T1
N2	G00	X42	Y45	Z2	M3
N3	G01			Z–8	F25
N4	G43	X30			F50
N5	G42		Y80		
N6		X60			
N7			Y45		
N8		X90			
N9			Y20		
N10		X30			
N11			Y45		
N12				Z2	
N13	G40				
N14	G00	X0	Y0	Z40	
N15	M17				

Erklärungen:

L 22 H1
- Zahl der Durchläufe: 1
- Unterprogrammnummer: 22
- Unterprogramm

M 17   Unterprogrammende
Der Aufruf des Unterprogramms erfolgt mit G22

2. Unterprogramme mit Parametertechnik

Für Bearbeitungsvorgänge, bei denen zwar ähnliche Formen mit unterschiedlichen Maßen vorkommen, werden statt der Maße Parameter programmiert. Parameter werden von den Steuerungsherstellern mit unterschiedlichen Buchstaben benannt, zum Beispiel **R**. Die Arbeitsweise mit Unterprogrammen in Parametertechnik für Fräsarbeiten entspricht der bei Dreharbeiten.

4.2.5 Einbau von Unterprogrammen und Zyklen in Hauptprogramme

In Hauptprogramme versucht man zur Verringerung des Programmieraufwands möglichst viele Zyklen oder bereits vorhandene Unterprogramme einzubauen. Im Verlauf des Hauptprogramms werden dem Fertigungsablauf entsprechend Unterprogramme mit Unterprogrammnummern, z. B. L350, und Zyklen mit G-Worten, z. B. G81, aus dem Programmspeicher aufgerufen. Es ist möglich, eingearbeitete Unterprogramme und Zyklen mehrfach in einem Hauptprogramm zu verwenden.

Beispiel für einen geschachtelten Aufbau eines Hauptprogramms (PAL-Simulation)

! Durch Werkzeugmaßkorrekturen werden Maßabweichungen der Werkzeuge von ihren Nennmaßen bei der Fertigung berücksichtigt.

4.3 Programmierung von Werkzeugmaßen und Schnittdaten

4.3.1 Werkzeugmaße

Die Bezugsebene für die Ermittlung der Werkzeuglängen ist die Planflächenebene der Frässpindel. In dieser Ebene legt man den Werkzeugeinstellpunkt auf die Drehachse der Spindel.

Als Abmessungen der Fräswerkzeuge werden Fräserdurchmesser, Fräserlänge und evtl. weitere Maße, z. B. bei Formfräsern, erfasst. Die Werkzeugabmessungen werden unter der Werkzeugadresse im Werkzeugspeicher abgelegt.

Werkzeugmaße am Fräser

Die Übermittlung der Daten kann auf verschiedene Weise erfolgen:
- Die Daten werden manuell aufgenommen und übertragen.
- Die Daten codiert man auf Etiketten, die dann dem jeweiligen Werkzeugsystem zugeordnet werden.
- Das Messgerät überträgt die Daten online auf die Steuerung der CNC-Maschine.
- An jedem Werkzeugträger ist ein Chip mit den Werkzeugdaten angebracht, sodas sie an der CNC-Maschine eingelesen werden können.

> ! Vor der CNC-Bearbeitung müssen die Werkzeugdaten in den Werkzeugspeicher der Steuerung eingegeben werden. Die wichtigsten Werkzeugmaße von Fräswerkzeugen sind Durchmesser und Länge. Bezugspunkt für die Länge ist der Werkzeugeinstellpunkt.

4.3.2 Programmieren von Schnittdaten

1. Schaltinformationen für die Vorschubbewegung

Die Vorschubbewegung kann nach dem Adressbuchstaben F als Vorschub in mm (je Umdrehung) oder als Vorschubgeschwindigkeit in mm/min eingegeben werden.

Vorschubbewegung	Befehl	Beispiel
in mm/min	G94	G94 F100 bedeutet v_f = 100 mm/min
in mm	G95	G95 F0,25 bedeutet f = 0,25 mm (je Umdrehung)

2. Schaltinformationen für die Schnittbewegung

Die Schnittbewegung kann beim Drehen entweder mit konstanter Schnittgeschwindigkeit oder konstanter Umdrehungsfrequenz mit dem Adressbuchstaben S eingegeben werden.

Schnittbewegung	Befehl	Beispiel
konstante Schnittgeschwindigkeit	G96	G96 S40 bedeutet v_c = 40 mm/min
konstante Umdrehungsfrequenz	G97	G97 S900 bedeutet n = 900 1/min

Beim Fräsen wird nur mit konstanter Umdrehungsfrequenz gearbeitet.

N	G	X	Y	Z	I	J	K	F	S	T	M
...	G94	...	...	...				F30	S600		
	G97										

Übungsaufgaben 4/16 bis 4/20

5 Werkstattorientierte Programmierung (WOP)

Unter **w**erkstatt**o**rientierter **P**rogrammierung (WOP) versteht man den Einsatz grafisch unterstützter und dialoggeführter Programmiersysteme, die an der CNC-Maschine oder an einem Computer mit Simulationsgrafik eingesetzt werden.

Die Software der WOP ist so gestaltet, dass
- am Bildschirm das Fertigteil konstruiert wird und nicht wie herkömmlich Werkzeugwege beschrieben werden,
- im Dialog die Art der Konturelemente und die aus der Zeichnung zu entnehmenden Maße jedes einzelnen Konturelements abgefragt werden,
- Übergangspunkte zwischen einzelnen Konturelementen automatisch aus den Konturdaten errechnet werden,
- jedes Konturelement nach seiner Beschreibung am Bildschirm dargestellt wird. Bei mehrdeutigen Lösungen der Kontur wählt der Programmierer die richtige aus.

Beispiel für eine Computersimulation für die WOP-Programmierung (MTS TopTurn)

- Hilfsgrafik
- Darstellung des Konturzugs
- Dialogfeld für Maße und Anschlussmaße des Konturelements
- Auswahltasten für die Art des Konturelements

Die Technologiedaten und evtl. notwendige Programmergänzungen können vor oder nach der Erstellung der Kontur eingegeben werden, sodass ein komplettes Bearbeitungsprogramm entsteht.

Beispiel für die Programmierung mithilfe eines WOP-Systems (MTS TopTurn)

Das Programm zum Drehen des dargestellten Griffs ist mithilfe einer WOP-Simulation zu programmieren. Das Abstechen nach dem Drehen der Kontur erfolgt in einem getrennten Arbeitsgang.

Lösungsschritte:
1. **Programm einrichten**
   Programmname: Griff
2. **Einrichtdaten eingeben**
   Rohteil: Durchmesser 42 mm, mind. 150 mm lang
   Werkstoff: AlMg1
   Einspannung: Kraftspannfutter, außengestufte Backen, Auskraglänge 120 mm
   Nullpunktlage: rechte Außenseite des Rohteils
   Werkzeuge: linker Eckdrehmeißel

Werkstattorientierte Programmierung (WOP)

3. **Eingabe der Technologiedaten und Anfahren an den Beginn des Konturzugs**
   N10 G54
   N15 T1 M3 S2000 F0.2
   N20 G0 X51 Z2
   N25 G1 Z0
   N30 G1 X-1
   N35 G0 X45 Z2
   N40 G81 D2 H3 V1
   N45 G42
   N50 G0 X0 Z0

4. **Grafische Programmierung des Konturzugs in WOP**

Konturzug	Eingabedaten		Bildschirmanzeige	NC-Satz
Kreisbogen gegen Uhrzeigersinn	Mittelpunkt	IA 0 KA-5		N55 G63 KA-5 R5
	Radius	R5		
Kreisbogen gegen Uhrzeigersinn tangential angeschlossen	Mittelpunkt	IA-240		N60 G63 IA-240 R130 AT0
	Radius	R130		
Kreisbogen im Uhrzeigersinn tangential angeschlossen	Mittelpunkt	KA-70		N65 G62 KA-70 ZA-90 R100 RN5 AT0
	Endpunkt	ZA-90		
	Radius	R100		
	Übergangsradius	RN 5		
Gerade in X-Richtung	Gerade in X zu	XA40		N70 G61 XA40 ZA-90 RN-2
	Übergangsfase	RN-2		
Gerade in Z-Richtung	Gerade in Z zu	ZA-110		N75 G61 XA40 ZA-110
Gerade in X-Richtung	Gerade in X zu	XA46		N80 G61 XA46 ZA-110

Linienfarben: schwarz = eindeutig bestimmter Konturzug
gelb = erst durch Folgeelement bestimmter Konturzug

Abbildung aus Simulation mit MTS TopTurn

5. **Vervollständigen des Programms**
   N85 G40
   N90 G80
   N95 G14
   N100 M30

Werkstück in der Simulation vor dem Stechdrehen

Übungsaufgabe 5/1

Grundlagen der CNC-Technik

6 Bedienfeld von CNC-Maschinen

1. Aufbau des Bedienfelds

Alle außerhalb der Maschine erstellten Programme werden mit Datenträgern oder Datenleitung in die CNC-Maschine eingegeben. Zudem können fertige Programme manuell über das Bedienfeld eingegeben werden.

Beim Programmieren in der Werkstatt werden Programme am Bedienfeld erstellt.

Die Fertigungssteuerung erfolgt in allen Fällen vom Bedienfeld der Maschine aus. Dazu kann der Bediener verschiedene Betriebsarten aufrufen:
- Simulation der Fertigung auf dem Bildschirm,
- Probefertigung mit verminderter Vorschubgeschwindigkeit bzw. im Einzelsatzbetrieb,
- Fertigung im Automatikbetrieb.

Zudem können zur Optimierung der Bearbeitung über das Bedienfeld Programmteile, Werkzeug- und Schnittdaten verändert werden.

Beispiel für die Gestaltung der Bedientafel und des Bildschirms einer CNC-Steuerung

① Kopfzeile, zeigt Betriebsarten, Dialoge und Meldetexte
② Programmiergrafik
③ Programm
④ Fußzeile mit Softkeys und Umschalttasten
⑤ Wahl des Bildschirminhalts, z. B. *Programm und Programmiergrafik zeigen*
⑥ Umschalten des Bildschirms zwischen Programmierbetriebsart und Maschinenbetriebsart
⑦ Tastatur für Texteingabe, z. B. *Dateiname eingeben*
⑧ Dateiverwaltung, z. B. *Programm wählen*
⑨ Programmierbetriebsarten, z. B. *Programm einspeichern, Programm testen*
⑩ Maschinenbetriebsarten, z. B. *Manueller Betrieb*
⑪ Eröffnung der Programmierdialoge, z. B. *Kreisbewegung zu bestimmtem Zielpunkt*
⑫ Pfeiltasten, Zahleneingabe und Achswahl
⑬ ENTER-, Löschtaste
⑭ Zyklen, Unterprogramme
⑮ Maschinenbedienfeld

Bedienfeld von CNC-Maschinen

2. Bildzeichen für CNC-Maschinen

Viele Bildzeichen an numerisch gesteuerten Werkzeugmaschinen werden aus mehreren Grundbildzeichen zusammengesetzt. Der Pfeil nimmt unter den Bildzeichen eine Sonderstellung ein. Er erscheint selten allein und wird benutzt, um einem Bildzeichen eine ergänzende Aussage zu geben.

Grundbildzeichen

Richtungspfeil	Funktionspfeil für Maschinenfunktion	Datenträger	Programm ohne Maschinenfunktion	Programm mit Maschinenfunktion
Bezugspunkt	Korrektur oder Verschiebung	Satz	Speicher	Wechsel

Bildzeichen für CNC-Werkzeugmaschinen (Auswahl)

Bildzeichen (Symbol)	Bezeichnung und Anmerkungen	Bildzeichen (Symbol)	Bezeichnung und Anmerkungen
	Programmanfang		Dateneingabe in Speicher
	Handeingabe		Daten im Speicher verändern
	Dateneingabe extern		Speicherinhalt löschen
	Satzweises Einlesen ohne Maschinenfunktion, Auslösung durch Handbetätigung		Absolute Maßangaben
	Programm einlesen mit Maschinenfunktionen		Relative (inkrementale) Maßangaben
	Hauptsatz-Suche rückwärts		Verschiebung des Nullpunkts
	Satznummern-Suche vorwärts		Korrektur der Werkzeuglänge
	Satzunterdrückung		Korrektur des Werkzeugradius
	Rücklauf Datenträger (ohne Einlesen, ohne Maschinenfunktionen)		Werkzeug-Korrektur
	Programmende; Datenträgerrücklauf zum Programmanfang (ohne Maschinenfunktionen)		Kompensation des Schneidenradius

Übungsaufgabe 6/2

7 Werkstückspannsysteme

Ein wirtschaftlicher Einsatz von CNC-Maschinen verlangt weitgehende Verkürzung der Nebenzeiten für den Werkstückwechsel. Dieses Ziel kann durch schnelles Auf- und Abspannen der Werkstücke auf der Werkzeugmaschine oder durch schnelles Einwechseln von Werkstückträgern (Paletten) mit aufgespannten Werkstücken in die Werkzeugmaschinen erreicht werden. In jedem Fall wird mit einem den Werkstücken angepassten Spannsystem gearbeitet.

Beispiele für ein Baukastenspannsystem

- Grundelement
- Werkstück
- Positionierelement
- Positionierelement
- Werkstück
- Stützelement
- Spannelement

Ein **Werkstückspannsystem** hat die Aufgabe, Werkstücke im Raum zu positionieren und zu spannen. Dabei dürfen die Werkstücke durch einwirkende Kräfte (Eigengewichts-, Spann-, Bearbeitungs- und Rotationskräfte) nicht unzulässig verformt werden.

Spannsysteme unterscheiden sich:
- *im Aufbau* der folgenden Elemente:
    - Grundelemente,   z. B. Paletten,
    - Stützelemente,   z. B. Auflagenstücke, Auflageböcke,
    - Positionierelemente,   z. B. Anschläge, Zentrierbolzen, Zentrierhülsen,
    - Spannelemente,   z. B. Spannpratzen,
- *durch die Art der Kraftaufbringung:*
    - mechanisches Spannen mit Gewinden, Exzentern, Hebeln u. a.,
    - pneumatisches oder hydraulisches Spannen durch Spannzylinder,
    - elektromagnetisches und magnetisches Spannen mit Magnetspannplatten,
- *durch die Steuerung der Spannfunktion:*
    - handgesteuert,
    - programmgesteuert.

Anforderungen an Spannsysteme für eine CNC-Fertigung:
- Aufbau aus Standardteilen – es muss in der Arbeitsvorbereitung nach Form und Maßen planbar sein,
- hohe Wiederholgenauigkeit der Einspannung bei wiederholtem Aufbau der Spannvorrichtung,
- sicheres und schnelles Spannen der Werkstücke in einer festgelegten Lage,
- schnelles Anpassen der Spannsysteme an wechselnde Werkstückformen,
- Steuern der Spannsysteme über Programme.

> **!** Die Fertigung von Werkstücken mit einer hohen Maß- und Formgenauigkeit auf CNC-Maschinen erfordert ein hochwertiges Spannsystem mit exakter Lagefixierung auf dem Werkstückträger.

Werkstückspannsysteme

7.1 Paletten als Spannsystemträger

Als Bearbeitungszentren werden vielfach Aufspanntische eingesetzt, die mit aufgespannten Werkstücken schnell in die Maschine eingewechselt werden. Diese Aufspanntische werden **Paletten** genannt. Palettenwechsler befördern auf einen programmierten Befehl hin die Palette automatisch zur Werkzeugmaschine, fixieren sie dort und transportieren sie nach der Bearbeitung weiter.

Beispiel für den Palettenwechsel an einem Bearbeitungszentrum

Paletten mit einem Spannsystem dienen in der Fertigung:
- zum Spannen und zum Transport der Werkstückrohteile außerhalb der Bearbeitungsstation,
- als Werkstückträger während des Bearbeitungsablaufs.

7.2 Rasterspannsysteme nach dem Baukastenprinzip

In zunehmendem Maß werden Spannsysteme nach dem Baukastenprinzip verwendet. Die anwendende Person kombiniert für jedes Werkstück aus der Vielfalt der Elemente die Spannvorrichtung.

Beispiel für die Aufspannung eines Werkstücks mit einem Rasterspannsystem

Aus Rasterspannsystemen können nach dem Baukastenprinzip Spannvorrichtungen geplant und aufgebaut werden. Rastersysteme bestehen aus Grund-, Positionier- und Spannelementen.

Übungsaufgaben 7/2; 7/3

7.3 Planung der Aufspannung

Die Planung der Aufspannung erfolgt in der Arbeitsvorbereitung. Das Ergebnis der Planung wird in einem Einrichtblatt dokumentiert. Das Einrichtblatt enthält:
- die Stückliste der verwendeten Komponenten (Grundelemente, Auflagen, Positionierelemente u. a.),
- die Anordnung der Komponenten auf den Grundelementen und dem Maschinentisch sowie
- die Auflistung und Kennzeichnung der Koordinaten von Nullpunkten.

Beispiel für ein manuell erstelltes Einrichtblatt

Interaktive modulare Spannsysteme erleichtern die Planungsarbeit, indem sie
- die CAD-Daten des Werkstücks zur Planung am PC einsetzen,
- die Spannvorgänge realistisch simulieren,
- die Einrichtblätter mit Anordnungsplänen, Stücklisten und Koordinaten automatisch erstellen und
- die Kollisionskontrollen in Zusammenhang mit der Simulation der CNC-Bearbeitung durchführen.

Beispiel für die Simulation einer Werkstückeinspannung und Kollisionskontrolle (mit dem Programm TopFix der Firma MTS erstellt)

8 Werkzeugüberwachungssysteme

Bei der Zerspanung bewirken die auftretenden Schnittkräfte an den Bauteilen der Werkzeugmaschine sehr geringe, aber messbare, elastische Verformungen. Diese können durch Sensoren erfasst werden, die an geeigneten Stellen der Maschine angebracht sind. Die derartig gewonnenen Signale werden sorgfältig ausgewertet und zur Überwachung herangezogen.

Für eine optimale Nutzung von CNC-Maschinen ist ein frühzeitiges Erkennen von Störungen im Arbeitsablauf erforderlich. Dadurch können Folgeschäden an Werkzeugmaschinen und Produktionsausfallzeiten vermindert oder verhindert werden. Vollautomatische Überwachungssysteme entlasten außerdem das Bedienungspersonal. Diese Systeme dienen zur Vermeidung von großen Schäden durch Kollisionen und Werkzeugbruch.

Beispiel für die Wirkungsweise eines Werkzeugüberwachungssystems

Funktionsablauf
- Ein Messwertaufnehmer (Sensor) nimmt während der Spanabnahme ständig Signale auf.
- Die aufgenommenen Signale werden im Mikrocomputer der Auswertelektronik mit vorher festgelegten Grenzwerten verglichen.
- Bei *geringen* Abweichungen von den Grenzwerten wird von der Auswerteelektronik innerhalb weniger Millisekunden ein Befehl zum Vorschubstopp erteilt.
- Bei *starken* Abweichungen von den Grenzwerten wird von der Auswerteelektronik ein Stoppbefehl über das Interface unter Umgehung der Maschinensteuerung direkt an den Vorschubantrieb weitergeleitet.

Ein Werkzeugschaden ist eindeutig von einer charakteristischen Veränderung der Schnittkraft innerhalb eines kurzen Zeitintervalls begleitet. Die Abweichung vom Verlauf normaler Zerspanungsvorgänge wird registriert und führt zum Abschalten der Maschine.

Im Kraft-Zeit-Diagramm wird der Kraftanstieg bei einer Kollision in Schnittrichtung oder bei Werkzeugbruch erkennbar. Bei Erreichen des vorher festgelegten Grenzwerts wird von dem Werkzeugüberwachungssystem der Vorschubantrieb gestoppt.

Kraftverlauf bei Kollision und Schneidenbruch

> **!** Mit einem Werkzeugüberwachungssystem werden bei einem Werkzeugausfall größere Schäden an der CNC-Maschine verhindert. Werkzeugüberwachungssysteme nehmen Signale auf und vergleichen diese mit festgelegten Grenzwerten. Beim Überschreiten der Grenzwerte wird der Vorschubantrieb abgeschaltet.

Übungsaufgabe 8/1

Steuerungstechnik

HANDLUNGSFELD: Entwickeln von Steuerungen

Problemstellung

Auftrag

Auftrag: Lagerbuchsen in Laufrollen einpressen. Schaltung für die Presse entwickeln.

Anlage

Analysieren

Technische Anforderungen
- Art des Arbeitselements (z. B. Motor, Zylinder …)
- Größe des zu steuernden Energie- oder Massestroms
- Länge der Zuleitungen
- Schrittfolgen
- Sicherheitsanforderungen
- (z. B. explosionssicher, NOT-AUS …)

Anlagebeschreibung
Ablauf
Anforderungen
- Sicherheitsschaltung
- Gitter vor Start geschlossen

Ergebnisse
- Anforderungskatalog
- Daten für Planungsentscheidung
- Ablaufbeschreibung
- Lagepläne

Planen

Entscheidung über:
- Art der Steuerung (z. B. pneumatisch, SPS …)
- Ablauf
- Schaltung
- Einbau
- Bauelemente

Einbauplan
Geräteliste
Bauglieder Schritte
Schaltplan

Ergebnisse
1. Technologieschema
2. Funktionsplan
3. Schaltplan
4. Geräteliste
5. Einbaupläne

Realisieren (Aufbauen)

Aufbau der Steuerung:
- Sensoren einbauen
- Aktoren einbauen
- Bauteile verdrahten
  - bzw. verrohren
  - bzw. verschlauchen

Ergebnisse
- Probefahrt durchführen
- Testdaten protokollieren
- Anlage übergeben

1 Grundlagen für pneumatische und hydraulische Steuerungen

Gesteuerte Maschinen, Anlagen und Vorrichtungen zeichnen sich durch den Einsatz unterschiedlicher Technologien aus. Die Kombination von mechanischen und elektronischen Bauteilen mit pneumatischen oder hydraulischen Systemen schafft die Voraussetzung für die Automatisierung. Durch eine Steuerung werden in einem technischen System Signale, Bewegungen und Kräfte in einer gewünschten zeitlichen Abfolge ausgeführt.

Gesteuerter Anlagenteil mit mechanischen, pneumatischen, elektrischen und elektronischen Bauteilen

Die Technologien, die sich mit der Umformung, Übertragung und Steuerung von Kräften und Bewegungen befassen, nennt man nach den jeweiligen Informations- und Energieträgern:
- Elektrotechnik/Elektronik (Elektronen), • Pneumatik (Luft), • Hydraulik (Flüssigkeit).

Pneumatik und Hydraulik werden auch unter dem Begriff „Fluidtechnik" zusammengefasst.

1.1 Physikalische Grundlagen

1.1.1 Druck

Übt man über einen Kolben eine Kraft auf ein Gas oder eine Flüssigkeit aus, entsteht ein Druck. Der Druck p ist das Verhältnis der Kraft F zur Fläche A. In Anlagen zur Druckerzeugung entsteht nur dann ein Druck, wenn dem geförderten Fluid ein Widerstand entgegengesetzt wird.

$$\text{Druck} = \frac{\text{Kraft}}{\text{Fläche}} \quad \text{bzw.} \quad p = \frac{F}{A}$$

Druck, Kraft und Fläche

1. Einheit des Druckes

Der Druck ist durch die Beziehung Kraft je Fläche festgelegt. Im internationalen Einheitensystem (SI-Einheiten) ist die Einheit des Drucks deshalb Newton je Quadratmeter. Ein Newton je Quadratmeter ist ein Pascal (Einheitenzeichen: Pa).
Die Einheit Pa ist für Angaben in der Pneumatik und in der Hydraulik zu klein. Bei Drücken in technischen Anlagen müsste man vielstellige Zahlen schreiben. Deshalb wurde die Druckeinheit Bar (Einheitenzeichen: bar) eingeführt.

$A = 1\,\text{m}^2$, $F = 1\,\text{N}$

$p = \frac{F}{A}$

$p = \frac{1\,\text{N}}{1\,\text{m}^2}$

$p = 1\,\text{Pa}$

$F = 10\,\text{N}$, $A = 1\,\text{cm}^2$

$p = \frac{F}{A}$

$p = \frac{10\,\text{N}}{1\,\text{cm}^2}$

$p = 1\,\text{bar}$

Druckberechnung in Pa und bar

! Im internationalen Einheitensystem sind als Druckeinheiten das Pascal und das Bar festgelegt.

$$1\,\text{Pa} = 1\,\frac{\text{N}}{\text{m}^2} \quad 1\,\text{bar} = 100\,000\,\text{Pa} \quad 1\,\text{bar} = 10\,\frac{\text{N}}{\text{cm}^2}$$

Übungsaufgaben 1/1; 1/2; 1/3

Steuerungstechnik

2. Atmosphärischer Druck
Die Lufthülle der Erde erzeugt aufgrund ihres Eigengewichts einen atmosphärischen Druck (Formelzeichen: p_{amb}).

> **!** Als mittlerer atmosphärischer Jahresdruck wurden p_{amb} = 1,013 bar gemessen und festgelegt.

3. Absoluter Druck und Überdruck
In einem geöffneten Zylinder wird vor und hinter dem Kolben der atmosphärische Druck von p_{amb} = 1 bar gemessen. Schließt man den Raum vor dem Kolben ab und erhöht durch eine von außen wirkende Kraft den Druck in diesem Raum auf z. B. 3 bar, dann zeigen beide Messgeräte den Druck gegenüber dem luftleeren Raum an. Deshalb nennt man den angezeigten Druck den absoluten Druck (Formelzeichen: p_{abs}).

Absoluter Druck p_{abs}

> **!** Der absolute Druck p_{abs} ist der Druck gegenüber dem luftleeren Raum (Vakuum).

Schließt man z. B. einen Zylinder an eine Druckerzeugungsanlage an, so kann der absolute Druck der Druckluft technisch nicht voll genutzt werden. Der atmosphärische Druck (p_{amb}) wirkt am Arbeitskolben gegen den absoluten Druck. Daher ist nur der Druckunterschied wirksam, den man als Überdruck bezeichnet (Formelzeichen: p_e).
Herrscht in einer Anlage der absolute Druck p_{abs} = 3 bar und beträgt der atmosphärische Druck p_{amb} = 1 bar, dann wirkt auf der Arbeitsseite des Kolbens ein Überdruck p_e = 2 bar.

Überdruck p_e

> **!** Der Überdruck p_e ist der Druckunterschied zwischen dem absoluten Druck p_{abs} und dem atmosphärischen Druck p_{amb}. Messgeräte für die Fluidtechnik zeigen den Überdruck an.
> $$p_e = p_{abs} - p_{amb}$$

4. Druckausbreitung
Wirkt in einem Gerät auf einen Kolben mit der Fläche A_1 die Kraft F_1, so entsteht in der Flüssigkeit der Überdruck p_e. Dieser Überdruck wirkt über ein Verbindungsrohr auf einen größeren Kolben mit der Fläche A_2. Angeschlossene Messgeräte zeigen überall den gleichen Druck an. Wegen der größeren Fläche am großen Kolben wirkt dort auf ihn eine größere Kraft F_2 als auf den kleineren Kolben.

Es gilt folgende Beziehung bei gleichem Druck:
  kleine Fläche – kleine Kraft
  große Fläche – große Kraft

$$p_e = \frac{F_1}{A_1} \qquad p_e = \frac{F_2}{A_2} \qquad \boxed{\frac{F_1}{A_1} = \frac{F_2}{A_2}}$$

Druckausbreitung

> **!** Der Überdruck ist innerhalb eines geschlossenen Systems in allen Richtungen wirksam und überall gleich groß.

Grundlagen für pneumatische und hydraulische Steuerungen

1.1.2 Kolbenkraft

Die Druckluft oder das Drucköl erzeugen im Zylinder auf den Kolben eine Kraft. Sie wird auch Kolbenkraft F genannt. Die Kolbenkraft ist abhängig von dem herrschenden Arbeitsdruck p_e und der Größe der beaufschlagten Kolbenfläche A.

Die rechnerisch ermittelte Kolbenkraft kann nicht voll wirksam werden. Vor allem Reibungsverluste vermindern diese Kraft.

Kolbenkraft $\quad F = p_e \cdot A$
Wirksame Kolbenkraft $\quad F_W = F - F_{Verlust}$

Kolbenkraft

! Die wirksame Kolbenkraft F_W ist stets kleiner als die theoretische Kolbenkraft F.

1. Kolbenkraft am einfach wirkenden Zylinder

Bei einfach wirkenden Zylindern wird beim Vorhub die gesamte Kolbenfläche mit Druck beaufschlagt. Der Vorhub erfolgt gegen die Kraft der eingebauten Feder. Die wirksame Kolbenkraft F_W – auch effektive Kolbenkraft genannt – ergibt sich dann aus der Druckkraft, vermindert um die Reibungsverluste F_V und die Federkraft F_F. Von der aufgebrachten Druckkraft F können wegen der Verluste duch Reibungs- und Federkraft nur etwa 75 % genutzt werden.

$F_W = F - F_V - F_F$
$F_W \approx 0{,}75 \cdot F$

Wirksame (effektive) Kolbenkraft

Beispiel für die Berechnung der wirksamen Kolbenkraft

Aufgabe

In einem einfach wirkenden Zylinder mit Federrückstellung herrscht ein Arbeitsdruck von 6 bar. Der Kolbendurchmesser beträgt 80 mm. Wie groß ist die Druckkraft F_W an der Kolbenstange bei Berücksichtigung von 25 % Verlust?

Lösung $\quad F_W \approx 0{,}75 \cdot F; \quad F_W \approx 0{,}75 \cdot p_e \cdot \dfrac{d^2 \cdot \pi}{4}; \quad F_W \approx \dfrac{0{,}75 \cdot 60 \text{ N} \cdot (8 \text{ cm})^2 \cdot 3{,}14}{\text{cm}^2 \cdot 4}$

$F_W \approx 2{,}3 \text{ kN}$ (wirksame Kraft)

! Die Kolbenkraft wird bei einfach wirkenden Zylindern durch die Reibungskraft und die Federkraft vermindert.

2. Kolbenkraft am dopppelt wirkenden Zylinder

– Kolbenkraft im Vorhub

Beim Ausfahren der Kolbenstange wird die volle Kolbenfläche von der Druckluft beaufschlagt. Die wirksame Kolbenkraft im Vorhub F_{Vor} ergibt sich nach Abzug der Reibungskraft. Wegen der Verluste duch die Reibungskraft können nur etwa 80 % der Druckkraft F genutzt werden.

Kolbenkraft beim Vorhub $\quad F_{vor} = 0{,}8 \cdot p_e \cdot d_1^2 \cdot \dfrac{\pi}{4}$

A – Kolbenfläche

– Kolbenkraft im Rückhub

Beim Einfahren der Kolbenstange wird nun eine geringere Fläche mit Druckluft beaufschlagt. Denn diese Kolbenfläche ist um den Querschnitt der Kolbenstange kleiner. Für Berechnungen kann man daher nur die verbleibende Ringfläche berücksichtigen.

Kolbenkraft im Rückhub $\quad F_{rück} = 0{,}8 \cdot p_e \cdot \dfrac{\pi}{4} (d_1^2 - d_2^2)$

A – Kolbenringfläche

! Wegen der unterschiedlichen Kolbenflächen ist beim doppelt wirkenden Zylinder die Kolbenkraft im Vorhub größer als im Rückhub.

1.2 Grafische Symbole und Schaltpläne in der Fluidtechnik

Grafische Symbole verdeutlichen die Funktion von Elementen, Bauteilen und Geräten aus der Fluidtechnik. Die Symbole werden in Schaltplänen benutzt und an den Elementen oder Bauteilen angebracht. Schaltpläne dienen durch ihre genormte Darstellung dazu, den Entwurf und die Beschreibung einer Anlage zu erleichtern. Einheitliche Schaltpläne helfen auch, dass man Fehler bei der Planung und der Fertigung sowie beim Einbau und bei der Instandhaltung vermeidet.

Zylinder · Schalldämpfer · Ventil

Pneumatische Bauteile mit Symbolen

> Für Elemente, Bauteile und Anlagen in der Fluidtechnik sind die grafischen Symbole und die Schaltpläne seit 1996 international genormt (DIN ISO 1219 Teil 1 und Teil 2).

1.2.1 Zeichnerische Darstellung von Wegeventilen[1]

Zeichnerisch werden die Wegeventile durch Quadrate dargestellt. Pfeile in den Quadraten kennzeichnen die Durchflusswege. Die Sperrung wird durch „T"-Zeichen gekennzeichnet. Bei Wegeventilen wird jede Schaltstellung durch ein eigenes Quadrat dargestellt. Die Schaltstellung kennzeichnet man durch Buchstaben oder Zahlen. Die Anzahl der Quadrate entspricht somit der Anzahl der Schaltstellungen. Die Rohranschlüsse zeichnet man nur an das Quadrat des Symbols, welches die Ausgangsstellung zeigt. Den Anschluss ins Freie symbolisiert man durch ein Dreieck. Rechts und links trägt man an die Quadrate die Symbole für die Betätigung an.

Die einzelnen Schaltstellungen stellt man sich durch Verschieben der Quadrate vor. Im Beispiel ist das Ventil zunächst in der Ausgangsstellung gezeichnet – der Zylinder ist eingefahren. Durch Verschieben der Quadrate kommt man zur zweiten Schaltstellung des Ventils – der Zylinder fährt aus. Die Rohranschlüsse werden dabei nicht verschoben. Man bezeichnet ein Ventil nach der Anzahl der Anschlüsse und der Zahl der möglichen Schaltstellungen. So hat z. B. ein 4/3-Wegeventil 4 Anschlüsse und 3 Schaltstellungen (1; 0; 2).

Rohranschluss — Durchflussrichtung
Betätigung durch Druckknopf — Schaltstellung a
— Zurückstellen durch Feder
— Sperrzeichen
pneumatische Energiequelle — Symbol für Abluft

3/2-Wegeventil (Pneumatik)

Ventil in Schaltstellung b (Ausgangsstellung) · **Ventil in Schaltstellung a (Verschoben)**

Mittelstellung durch beide Federn
Betätigung durch Magnetspule
hydraulische Energiequelle — Rücklauf in Behälter

4/3-Wegeventil (Hydraulik)

> Grafische Symbole von Wegeventilen enthalten u. a.:
> - für jede Schaltstellung ein Quadrat mit zugeordneten Betätigungen,
> - Zeichen für die Anschlüsse an der Ausgangsstellung des Ventils,
> - Kennzeichen für Durchflusswege und Sperrstellung.

[1] Aufgabe von Wegeventilen siehe „Steuerungstechnik", Kap. 2.3

Grundlagen für pneumatische und hydraulische Steuerungen

1.2.2 Kennzeichnung der Anschlüsse von Ventilen

1. Ventile in der Pneumatik

Die Anschlüsse an Ventilen in der Pneumatik können durch Buchstaben oder Zahlen gekennzeichnet sein. Viele Ventile tragen noch die Kennzeichen durch Buchstaben, die gemäß DIN ISO 5559 in der Pneumatik durch Zahlen ersetzt werden können. Da noch über längere Zeit ältere Ventile im Einsatz sind, müssen beide Bezeichnungsarten bekannt sein.

> **Beispiele für die Kennzeichnung von Anschlüssen in der Pneumatik**
>
> alte Norm | DIN ISO 5599 | alte Norm | DIN ISO 5599
> 3/2-Wegeventil | | 5/2-Wegeventil
>
> *Erklärung der Kennzeichnung nach DIN ISO 5599*
> Der in Ausgangsstellung mit Druckluft versorgte Arbeitsanschluss bei 4/2- und 5/2-Wegeventilen erhält die Ziffer 2.
> Signal an Steueranschluss 12 bedeutet: Druckleitung 1 wird mit Arbeitsleitung 2 verbunden.
> Signal an Steueranschluss 14 bedeutet: Druckleitung 1 wird mit Arbeitsleitung 4 verbunden.

2. Ventile in der Hydraulik

In der Hydraulik werden die Anschlüsse an Ventilen für die Druckleitung mit P, für Arbeitsleitungen mit A, B, C, für Rückleitungen mit T und für Steuerleitungen mit X, Y, Z gekennzeichnet. Die Kennzeichnungen sind noch nicht genormt. Verbindlich sind die auf dem jeweiligen Ventil angegebenen Kennzeichen.

1.2.3 Schaltpläne in der Fluidtechnik (DIN ISO 1219-2)

1. Aufbau des Schaltplans

Die pneumatischen bzw. hydraulischen Symbole werden im Schaltplan in Wirkrichtung von unten nach oben und von links nach rechts in folgender Reihenfolge angeordnet:
- Energiequellen: unten links,
- Steuerungselemente: aufwärts und von links nach rechts,
- Antriebe: oben und von links nach rechts.

> **!** Im Schaltplan müssen die Symbole für die Bauteile in der Ausgangsstellung der Anlage dargestellt werden. Unter Ausgangsstellung versteht man in der Pneumatik den Schaltzustand in der Anlage, der bei Druckbeaufschlagung vor Betätigung des Startsignals vorliegt. In der Hydraulik wird als Ausgangsstellung meist die Stellung vor dem Anstellen der Pumpen für die Druckversorgung vereinbart.

2. Bezeichnungsschlüssel

Die Bezeichnung der Bauteile in der Fluidtechnik erfolgt durch einen Bezeichnungsschlüssel, der auf dem Schaltplan an dem entsprechenden grafischen Symbol angegeben ist. Die Bezeichnung setzt sich aus mehreren Elementen zusammen und ist mit einem Rahmen versehen. Die Bezeichnung muss in allen zugehörigen Dokumentationen verwendet werden.

> **Beispiel für die Bezeichnung von Bauteilen in der Fluidtechnik**
>
> 3 - H2.4
>
> Anlagenbezeichnung **3**
> Medienschlüssel **Hydraulik**
> Schaltkreisnummer **2**
> Bauteilnummer **4**

Übungsaufgaben 1/14; 1/15

Steuerungstechnik

Anlagenbezeichnung	Medienschlüssel	Schaltkreisnummer	Bauteilnummer
Besteht ein fluidtechnischer Kreislauf aus mehreren Anlagen, so muss die Anlagenbezeichnung angegeben werden. Man ordnet ihr eine Zahl oder einen Buchstaben zu. Ist nur eine Anlage vorhanden, so kann die Anlagenbezeichnung weggelassen werden.	Werden in einer fluidtechnischen Anlage unterschiedliche Medien verwendet, so muss folgender Medienschlüssel aufgenommen werden: **H** Hydraulik; **P** Pneumatik; **G** Gastechnik; **C** Kühlung; **L** Schmierung; **K** Kühlschmiermittel. Wird in der Anlage nur ein Medium eingesetzt, so kann der Medienschlüssel weggelassen werden.	Die Schaltkreisnummer erhalten alle Zubehörteile, die an der Druckluftversorgung oder an dem Aggregat angebracht sind. Man beginnt vorzugsweise mit 0 und weiter mit nachfolgenden Nummern für alle fluidischen Schaltkreise.	Jedes Bauteil in einem Schaltkreis wird mit einer Bauteilnummer versehen, beginnend mit 1 und weiter mit nachfolgenden Nummern.

Zwischen der Schaltkreisnummer und der Bauteilnummer steht ein Punkt.

Beispiel für den Aufbau eines Schaltplans

Aufgabe
In einer Bohrvorrichtung sollen Werkstücke pneumatisch gespannt werden. Der Spannvorgang muss durch Knopfdruck von zwei verschiedenen Stellen ausgelöst werden können. Das Lösen soll über einen Fußschalter vorgenommen werden. Aus Sicherheitsgründen muss gewährleistet sein, dass die Spannvorrichtung nur gelöst wird, wenn die Bohrspindel zurückgefahren ist.

Lösung
Steuerkette und Schaltplan

Bohrvorrichtung (gespannter Zustand)

Funktionsbeschreibung
– Der Spannvorgang wird eingeleitet durch Bedienung von Handtaster 1.1 oder Handtaster 1.2.
– Über das Wechselventil 1.5 wird das Signal zum Umsteuern des Wegeventils 1.7 weitergeleitet, sofern 1.4 nicht gedrückt ist.
– Die Kolbenstange von Zylinder 1.8 fährt in ihre Spannstellung vor.
– Der Spannvorgang wird gelöst durch Betätigung von Endschalter 1.3 und Fußschalter 1.4.
– Über das Zweidruckventil 1.6 wird das Signal zum Umsteuern des Wegeventils 1.7 weitergeleitet.
– Die Kolbenstange von Zylinder 1.8 fährt in ihre Ausgangslage zurück.

Hinweis
Geräte wie Grenztaster oder Ventile, die durch Antriebe betätigt werden, stellt man an ihrer Betätigungsstelle, z. B. an einem Zylinder, durch einen Markierungsstrich und ihren Bezeichnungsschlüssel zusätzlich dar. Erfolgt die Betätigung nur in einer Richtung, so wird ein entsprechender Richtungspfeil an den Markierungsstrich gezeichnet, (im Beispiel siehe Signalglied 1.3).

Grundlagen für pneumatische und hydraulische Steuerungen

1.2.4 Grafische Symbole in der Fluidtechnik (DIN ISO 1219-1)

1. Symbole aus dem Bereich der Energieumformung (Auswahl)

Symbole	Benennung und Erklärung	Symbole	Benennung und Erklärung
	Verdichter (Kompressor)		Pneumatikzylinder, einfach wirkender Zylinder Rückbewegung durch Feder
	Hydropumpe mit verstellbarem Fördervolumen	2:1	Hydrozylinder, doppelt wirkender Zylinder, z. B. mit beidseitig verstellbarer Dämpfung, Flächenverhältnis 2:1
	Pneumatikkonstantmotor mit einer Strömungsrichtung		Pneumatikzylinder, doppelt wirkender Zylinder mit zweiseitiger Kolbenstange
	Hydromotor mit begrenztem Schwenkbereich (Drehantrieb)	p1 p2	Druckübersetzer, Druckwandler, pneumatischer Druck p1 wird in hydraulischen Druck p2 umgewandelt

* Die Dreiecke brauchen bei eindeutigen Planungsvorgaben nicht dargestellt zu werden.

2. Symbole aus dem Bereich der Energieübertragung (Auswahl)

Symbole	Benennung und Erklärung	Symbole	Benennung und Erklärung
	Energiequelle pneumatisch – hydraulisch		Schalldämpfer
	Arbeitsleitung; Rückstromleitung; elektrische Leitung	① ②	① Luftbehälter ② Speicher mit Gasvorspannung
	Steuerleitung; Leckstrom-, Spül- oder Entlüftungsleitung		
	biegsame Leitung		Wasserabscheider, handbetätigt
	Leitungsverbindung (fest)		Filter oder Sieb
	Leitungskreuzung (nicht verbunden)		
	Luftauslassöffnung ohne bzw. mit Anschlussmöglichkeit		Öler (Befeuchter)
	Leitungen in belüfteten Behälter Rücklauf- bzw. Leckstromleitung		Wartungseinheit (Filter, Abscheider, Druckreduzierventil, Überdruckmessgerät, Öler)

3. Symbole aus dem Bereich der Energiesteuerung (Auswahl)

Symbole	Benennung	Ruhestellung	Symbole	Benennung	Ruhestellung
	2/2-Wegeventil mit variablem Durchflussweg	geschlossen		4/2-Wegeventil	eine Leitung belüftet eine Leitung entlüftet
	3/2-Wegeventil	geöffnet		4/3-Wegeventil mit variablem Durchflussweg	Mittelstellung geschlossen
	3/2-Wegeventil	geschlossen		5/2-Wegeventil	eine Leitung belüftet eine Leitung entlüftet

Übungsaufgaben 1/17; 1/18; 1/19

Steuerungstechnik

– **Betätigungen von Ventilen (Auswahl)**

Muskelkraftbetätigung		Mechanische Betätigung	
	– allgemein		– durch Stößel
	– durch Drücker		– durch Feder
	– durch Hebel		– durch Rolle
	– durch Pedal (eine Betätigungsrichtung)		– durch Rolle, nur in einer Richtung arbeitend
	– allgemein, mit Raste		– durch Rolle, pneumatisch vorgesteuert

Im Ausgangszustand betätigte Ventile kennzeichnet man durch das Betätigungsglied mit angesetztem Symbol für die Steuerschiene.

> **Beispiel für ein Ventil, das im Ausgangszustand betätigt ist**

Elektrische Betätigung		Betätigung durch Druckbeaufschlagung oder Druckentlastung	
	– durch Elektromotor in zwei Richtungen		– durch Druckbeaufschlagung
	– durch Elektromagnet mit einer Wicklung		– zweistufige Betätigung durch pneumatisch-hydraulische Vorsteuerstufe
	– zwei Betätigungsrichtungen durch zwei Wicklungen im E-Magnet		– durch Druck über Steuerkanäle außerhalb der Einheit

> **Beispiele für Betätigungen von Wegeventilen**
>
> Betätigung durch Hand — Betätigung durch Feder — Betätigung durch Spule
>
> Betätigung durch Feder — Betätigung durch Öldruck

– **Stromventile (Auswahl)**

Stromventile sind Ventile, welche den Durchfluss des Druckmediums bzw. den Volumenstrom beeinflussen. Besonders wichtig ist in dieser Gruppe das Drosselventil.

Drosselventil

	Ventil, das eine einstellbare Verengung aufweist, die in beide Richtungen wirksam ist
	einstellbares Drosselventil; Betätigung mittels Rollenstößel federbelastet

– **Rückschlag-, Wechsel-, Schnellentlüftungsventile (Auswahl)**

Diese Ventile werden häufig unter der Bezeichnung Sperrventile zusammengefasst. Ventile dieser Bauart gestatten einen Durchfluss nur in *einer* Richtung.

Rückschlagventile

	– unbelastet;	öffnet, wenn der Einlassdruck höher ist als der Auslassdruck
	– federbelastet;	öffnet, wenn der Einlassdruck höher ist als der Auslassdruck einschließlich der Federanpresskraft
	– mit Drosselung;	Einheit erlaubt freien Durchfluss in einer Richtung und begrenzt den Durchfluss in der anderen

Wechselventil (ODER Funktion)

	Einlassöffnung mit dem höheren Druck ist automatisch mit der Auslassöffnung 2 verbunden, während die andere Einlassöffnung verschlossen ist

Schnellentlüftungsventil

	wenn die Einlassöffnung 1 unbeaufschlagt ist, dann ist die Auslassöffnung 3 frei zur Atmosphäre entlüftet

Zweidruckventil (UND Funktion)

	Ventil hat nur dann Durchgang nach 2, wenn beide Seiten beaufschlagt sind

– **Druckventile (Auswahl)**

Druckventile sind Baueinheiten, die eine Steuerung des Druckes gewährleisten.

Druckbegrenzungsventil (Sicherheitsventil)

	Einlassdruck wird durch Öffnen der Ablassöffnung zur Atmosphäre gegen eine Gegenkraft (z. B. eine Feder) gesteuert

Folgeventil

	Wenn der Eingangsdruck größer als die Gegenkraft der Feder wird, dann öffnet das Ventil und gibt Durchfluss zum Auslassanschluss frei; dieses Hydraulikventil hat einen externen Leckstromanschluss.

Druckregelventil oder Druckreduzierventil (Druckminderer)

	Einheit mit einem veränderlichen Eingangsdruck, die im Wesentlichen konstanten Ausgangsdruck liefert, vorausgesetzt, dass der Eingangsdruck höher als der erforderliche Ausgangsdruck ist

Steuerungstechnik

2 Pneumatik

Jede pneumatische Anlage besteht aus drei Teilsystemen:
- System zur *Druckluftbereitstellung*,
- System zur *Steuerung*,
- System zur *Arbeitsverrichtung*.

Beispiele für die Teilsysteme einer Pneumatikanlage (Schema)

System zur Druckluftbereitstellung — Motor mit Verdichter und Windkessel, Wartungseinheit

System zur Steuerung — Wegeventil

System zur Arbeitsverrichtung — Zylinder zum Spannen

2.1 Einheiten zur Bereitstellung der Druckluft

2.1.1 Verdichter (Kompressoren)

1. Grundlagen

Drückt man Luft zusammen, so spricht man von Verdichten bzw. Komprimieren. Entsprechende Geräte heißen Verdichter oder Kompressoren. Bei Verdichtungsvorgängen wird ein vorhandenes Ansaugvolumen V_1 mit dem Eingangsdruck p_1 zu einem kleineren Volumen V_2 zusammengepresst. In dem kleineren Volumen V_2 herrscht ein erhöhter Druck p_2.

Für Verdichtungsvorgänge gilt bei konstant bleibender Temperatur das Boyle-Mariottesche Gesetz. Bei der Anwendung dieses Gesetzes ist darauf zu achten, dass p_1 und p_2 **absolute Drücke** sind.

$V_1 = 100$ cm^3 $\quad V_2 = 20$ cm^3
$p_1 = 1$ bar $\quad p_2 = 5$ bar

verdichten, F

100 cm$^3 \cdot$ 1 bar = 20 cm$^3 \cdot$ 5 bar

allgemein gilt: $\quad V_1 \cdot p_1 = V_2 \cdot p_2$

Gesetz von Boyle-Mariotte

Alle Druckangaben bei pneumatischen Anlagen beziehen sich jedoch auf den Überdruck p_e gegenüber dem atmosphärischen Druck. Andernfalls werden Druckangaben besonders gekennzeichnet.

Beispiele für eine Druckberechnung

Aufgabe

Ein Verdichter saugt je Hub 200 cm^3 Luft an, die einen Druck von 1 bar hat. Er verdichtet auf ein Volumen von 50 cm^3.
a) Auf welchen absoluten Druck wird die Luft verdichtet?
b) Welchen Druck zeigt das Messgerät in der Druckleitung an?

Lösung

a) Druck im Verdichter

$$p_2 = \frac{p_1 \cdot V_1}{V_2} = \frac{1 \text{ bar} \cdot 200 \text{ cm}^3}{50 \text{ cm}^3}$$

$p_2 = \textbf{4 bar}$ (absoluter Druck im Verdichter)

b) $p_e = \textbf{3 bar}$ (angezeigter Druck vom Messgerät)

! Druckangaben in der Pneumatik beziehen sich auf Überdruck.
Druckmessgeräte in der Pneumatik sind auf Überdruck eingestellt.

2. Bauformen von Verdichtern

Verdichter unterscheidet man nach der Art der Drucklufterzeugung. Werden in einem Verdichter die Luftteilchen durch einen Kolben oder einen Exzenter verdrängt und wird dabei das Luftvolumen verkleinert, so benutzt man das **Verdrängungsprinzip** zur Erzeugung der Druckluft. Nach dem **Strömungsprinzip** arbeitet ein Verdichter, wenn den Luftteilchen duch die Schaufeln rotierender Räder Energie zugeführt wird.
Im Hinblick auf den erreichbaren Druck und die gewünschte Liefermenge haben sich in der Pneumatik die Verdichter nach dem Verdrängungsprinzip durchgesetzt.

Kolbenverdichter — **Lamellenverdichter** — **Axialverdichter** — **Symbol für Verdichter**

! Hubkolbenverdichter und Lamellenverdichter arbeiten nach dem Verdrängungsprinzip.
Axialverdichter arbeiten nach dem Strömungsprinzip.

3. Liefermenge und Betriebsdruck

Stationäre Verdichter werden meist durch Elektromotoren angetrieben. Bei fahrbaren Anlagen benutzt man zum Antrieb häufig Verbrennungsmotoren.
Zur Kennzeichnung eines Verdichters dienen der erreichbare Druck und die Liefermenge. Die Liefermenge ist das je Zeiteinheit abgegebene Luftvolumen; sie wird bei kleinen Anlagen in l/min, sonst in m^3/min angegeben.
Pneumatische Anlagen arbeiten in der Regel mit einem Druck von 6 bar; als untere Grenze werden 3 bar und als obere 15 bar angesehen.

! Die Kenngrößen eines Verdichters sind:
• Liefermenge – Volumen der abgegebenen Luft je Zeiteinheit,
• Betriebsdruck – erreichbarer Überdruck.

2.1.2 Druckluft und Luftfeuchtigkeit

Luft ist in der Lage, Wasser in Form von Wasserdampf aufzunehmen. Die Fähigkeit, Wasser aufzunehmen, nimmt mit steigender Temperatur zu. Wird mit Wasserdampf gesättigte Luft abgekühlt, scheidet sich Wasser in Tröpfchenform aus der Luft aus. Die Wassertröpfchen kondensieren und schlagen sich an den Gefäßwänden nieder.

Die Luft hat für jede Temperatur eine bestimmte Sättigungsmenge. So kann 1 m^3 Luft von 10 °C 9,41 g Wasser aufnehmen. Die gleiche Luftmenge von 1 m^3 nimmt bei 30 °C bis zu 30,38 g Wasser auf.

Wasserdampfaufnahme der Luft

! Die Wasseraufnahme der Luft ist von der Temperatur abhängig, nicht jedoch vom Druck. Das bedeutet, dass Druckluft nicht mehr Wasser aufnehmen kann als normale Luft.

Übungsaufgaben 2/4 bis 2/10

Steuerungstechnik

2.1.3 Druckluftverteilung

1. Windkessel

In Druckluftverteilungsanlagen wird die Luft aus dem Verdichter in einen Behälter geleitet, den man Windkessel nennt.

In Anlagen für den Betrieb pneumatischer Steuerungen werden nach dem Verdichter ein Nachkühler mit Wasserabscheider und danach ein Windkessel eingebaut. In kleineren Anlagen ist dem Verdichter der Windkessel direkt nachgeschaltet.

Die Aufgaben des Windkessels sind:
- *Ausgleich* der Druckstöße vom Verdichter,
- *Speicherung* von Druckluft für das angeschlossene Netz,
- *Abkühlung* der Druckluft mit Kondensatausscheidung.

Druckluftanlage für pneumatische Steuerungen

Druckluftanlage (symbolische Darstellung)

2. Speicher

Innerhalb eines Druckluftnetzes werden nach Bedarf Speicher für Druckluft eingebaut.

Die Speicher haben folgende Aufgaben:
- *Ausgleich von Druckschwankungen* in größeren Netzen, dadurch Versorgung der Verbraucher mit gleichem Betriebsdruck,
- *Bereitstellung von Druckluft* in der unmittelbaren Nähe von Verbrauchern mit großem, plötzlichem Luftverbrauch,
- *Ausscheidung* von anfallendem Kondensat.

Speicher im Druckluftnetz

2.1.4 Aufbereitung der Druckluft

1. Aufgabe der Wartungseinheit

Die Druckluft aus dem Rohrleitungsnetz darf nicht unmittelbar den Pneumatikelementen zugeführt werden. Sie wird wie folgt aufbereitet:
- *Reinigen* und *Abscheiden* von Kondensat in einem Filter mit Abscheider,
- *Regeln* durch ein Druckreduzierventil mit Überdruckmessgerät,
- *Anreichern mit Ölnebel* in einem Öler (in seltenen Fällen).

Diese drei Aufbereitungsvorgänge werden in einem kombinierten Gerät – der Wartungseinheit – durchgeführt.

Die Wartungseinheit gehört zu jeder vollständigen Pneumatikanlage und wird daher im Schaltplan direkt nach dem Absperrventil eingezeichnet. Das Symbol für die ausführliche Darstellung wird immer mehr durch das Symbol für die vereinfachte Darstellung abgelöst.

Symbol für Wartungseinheit (ausführlich)

Symbol für Wartungseinheit (vereinfacht)

> ! Die Wartungseinheit besteht aus Filter, Regler (Druckreduzierventil mit Überdruckmessgerät) und Öler.

Pneumatik

2.2 Arbeitseinheiten in der Pneumatik

Arbeitseinheiten in der Pneumatik sind vorwiegend Zylinder, die hin- und hergehende Bewegungen ausführen. In besonderen Fällen werden in Werkzeugen und Maschinen auch Pneumatikmotore eingesetzt.

Beispiele für Arbeitseinheiten

Pneumatikzylinder

Pneumatikmotor (Anschlüsse, Gehäuse, Rotor, Lamelle, Lager, Kammer)

2.2.1 Aufbau von Pneumatikzylindern

1. Einfach wirkender Zylinder

Wird ein Zylinder nur von einer Seite druckbeaufschlagt, so kann er nur in dieser einen Richtung Kräfte übertragen. Ein solcher Zylinder wird einfach wirkender Zylinder genannt. Bei einfach wirkenden Zylindern erfolgt der Rückhub durch eine eingebaute Feder, Membrane oder durch äußere Krafteinwirkung. Die Baulänge einfach wirkender Zylinder ist wegen der Rückholfeder in seiner Länge begrenzt.

Einfach wirkender Zylinder (Deckel, Abluftbohrung, Rückholfeder, Druckluftanschluss, Führung, Zylinderrohr mit Boden, Kolben)

> ⚠ Einfach wirkende Zylinder benötigen nur für eine Bewegungsrichtung Druckluft. Sie können Kräfte nur in einer Richtung übertragen und haben begrenzte Baulängen.

2. Doppelt wirkender Zylinder

Werden in einem Zylinder beide Kolbenseiten wechselweise mit Druckluft beaufschlagt, so ist in jede dieser Richtungen eine Kraftübertragung möglich.
Ein solcher doppelt wirkender Zylinder kann sowohl im Vorhub als auch im Rückhub gesteuert werden. Doppelt wirkende Zylinder können in großen Baulängen ausgeführt werden.

Doppelt wirkender Zylinder (Deckel, Anschluss, Zylinderrohr, Topfmanschette, Anschluss, Führung, Boden, Abstreifring, Nutring, Kolben)

> ⚠ Doppelt wirkende Zylinder benötigen für zwei Bewegungsrichtungen Druckluft. Sie übertragen Kräfte in beide Richtungen. Ihre Baulänge kann den gestellten Anforderungen weitgehend angepasst werden.

Übungsaufgaben 2/19; 2/20

Steuerungstechnik

2.2.2 Dämpfung in Zylindern

Bewegt sich der Kolben in einem Druckluftzylinder mit hoher Geschwindigkeit, so trifft er mit großer Wucht auf den Deckel oder Boden des Zylinders auf. Damit bei größeren Massen keine Beschädigungen auftreten und die Geschwindigkeit des Kolbens allmählich abgebaut wird, haben Zylinder vielfach eine eingebaute Abbremsvorrichtung, die man als Dämpfung bezeichnet. Die Dämpfung kann konstant sein oder verändert werden.

Die einstellbare Dämpfung beruht darauf, dass das schnelle Ausströmen der Luft aus dem Zylinder in dem Augenblick behindert wird, in dem sich der Kolben kurz vor Erreichen einer Endlage befindet. Diese Drosselung der Abluft bewirkt man dadurch, dass der Kolben kurz vor Erreichen der Endlage mit einem Zapfen in eine Bohrung des Deckels bzw. des Bodens eintaucht und den Ausströmquerschnitt verringert. Vor dem Kolben baut sich dann ein Luftpolster auf und bremst den Kolben ab. Über ein verstellbares Drosselventil wird die Luft abgelassen, bis der Kolben die Endlage erreicht.

Soll der Kolben wieder in Gegenrichtung anfahren, so kann die zuströmende Druckluft die gesamte Kolbenfläche sofort beaufschlagen, weil ein Rückschlagventil durch die Druckluft geöffnet wird.

Dämpfung der Endlagen

> ! Die Dämpfung bei Zylindern verhindert hartes Anschlagen des Kolbens in den Endlagen. Durch eine einstellbare Dämpfung wird das Bewegungsverhalten von Zylindern den Anforderungen angepasst.

2.2.3 Befestigungsarten von Zylindern

Die Art der Befestigung eines Zylinders wird dadurch bestimmt, wie der Zylinder an der Maschine oder der Vorrichtung zum Einsatz kommt. Die auftretenden Kräfte und die Belastungsfälle beeinflussen ebenfalls die Auswahl der Befestigung.
Befestigungssysteme nach dem Baukastenprinzip sind vorteilhaft.

Befestigungsarten von Zylindern (Auswahl)

| Fuß | Gewinde, vorne | Anschluss, schwenkbar – hinten |
| Flansch, vorne | Flansch, hinten | Anschluss, schwenkbar – vorne |

Pneumatik

2.2.4 Kriterien für die Auswahl von Pneumatikzylindern

Kriterien	Beschreibung
Kolbenkräfte	Die Kolbenkräfte bestimmen den notwendigen Kolbendurchmesser. Je nach Zylinderart und Zylindergröße ergeben sich für die Schubkräfte und die Rückzugkräfte unterschiedliche Werte. Diese Werte sind in den Datenblättern der Zylinderhersteller verzeichnet.
Kolbenstangen-durchmesser	Der Kolbenstangendurchmesser richtet sich bei genormten Zylindern nach dem Kolbendurchmesser. Lange, schlanke Kolbenstangen können knicken. Sie müssen daher nach einem aufwendigen Rechenverfahren auf Knickung berechnet werden.
Dämpfung, Hubbegrenzung	Die Hubbegrenzung der Kolbenstange kann man außerhalb des Zylinders durch Anschläge oder Endschalter erreichen. Innerhalb des Zylinders kann der Hub durch eine einstellbare Dämpfung begrenzt werden.
Hublänge	Die auszuwählende Hublänge des Zylinders richtet sich im Wesentlichen nach dem Arbeitsweg. Dabei bevorzugt man genormte Hublängen. Die Hublänge entspricht entweder dem Arbeitsweg oder ist etwas größer. Maximale Hublänge: • bei einfach wirkenden Zylindern ca. 100 mm, • bei doppelt wirkenden Zylindern ca. 2 000 mm.
Gewinde-anschlüsse	Mit der Auswahl des Zylinders liegt auch das Anschlussgewinde für die Rohrleitungen fest, üblich waren Rohrgewinde, es finden immer mehr metrische Gewinde Verwendung.
Befestigungsart	Die Befestigungsart wird nach den auftretenden maximalen Kräften und den Drehmomenten, die zu der Zylinderachse wirken, ausgewählt.
Einbaumaße	Es gibt viele verschiedenartige Zylindertypen. Je nach Kundenwunsch werden sie gesondert angefertigt. Für Standardaufgaben hat man die Zylinder und ihre Einbaumaße genormt. Das Europäische Komitee Ölhydraulik und Pneumatik (CETOP) hat ebenfalls Richtlinien herausgegeben. Beispiele: CETOP RP 43 P, CETOP RP 51 P, CETOP RP 53 P
Umwelt-bedingungen	Sind die Zylinder besonderen Umweltbedingungen wie z. B. hohen Temperaturen, chemisch agressiven Medien ausgesetzt, so werden entsprechende Sonderausführungen gefertigt.

2.2.5 Sonderformen von Pneumatikzylindern

Bezeichnung und Einsatz	Aufbau und Symbol	Hinweise
Membranzylinder auch Druckluftdose oder Kraftdose genannt; Einsatz im Vorrichtungs- und Werkzeugbau; zum Prägen, Nieten und Spannen	Membrane ohne Druckluft mit Druckluft	Die eingebaute Membrane – aus Gummi, Kunststoff oder auch Metall – übernimmt die Aufgabe eines Kolbens und einer Rückstellfeder.
Drehantrieb (Drehzylinder) Einsatz zum Wenden von Werkstücken, Biegen von Rohren, Betätigen von Klappventilen und Sperrschiebern		Der doppelt wirkende Zylinder treibt über eine Kolbenstange mit Zahnprofil ein Zahnrad an. Je nach Bauart schwankt der Schwenkbereich zwischen 45 und 720°.

Übungsaufgaben 2/23 bis 2/29

Steuerungstechnik

2.3 Einheiten zum Steuern der Druckluft

In einer pneumatischen Anlage benötigt man Bauteile, welche die Druckluft steuern. Solche Bauteile nennt man Ventile. Die Ventile unterteilt man nach ihrer Funktion wie folgt:

Ventile, Pneumatik

- **Wegeventile**: Sie *öffnen* oder *schließen* Durchflusswege des Luftstroms.
- **Sperrventile**: Sie sperren den Luftdurchfluss vorzugsweise *in einer Richtung* und geben den Durchfluss in der entgegengesetzten Richtung frei.
- **Druckventile**: Sie *regeln* den Druck in einer Anlage oder werden durch einen vorgegebenen Druck betätigt.
- **Stromventile**: Sie beeinflussen die *Durchflussmenge* der Druckluft.

2.3.1 Bauformen pneumatischer Wegeventile

1. Sitzventile
Bei Sitzventilen erfolgt die Abdichtung der Ventilsitze entweder durch Kugeln (Kugelsitzventile) oder durch Teller (Tellersitzventile).

Beispiel für ein Sitzventil

Kugelsitzventil
Im gezeigten 3/2-Wegeventil ist in der Ruhestellung die Arbeitsleitung 2(A) mit der Abluft 3(R) verbunden. Die Druckluft 1(P) ist abgesperrt. Wird der Ventilstößel betätigt, so schließt sich die Abluftleitung, die Kugel hebt ab und die Druckluft kann in die Arbeitsleitung strömen. Kugelsitzventile sind einfach aufgebaut, klein und preiswert; jedoch dichten sie nicht immer zuverlässig ab.

Kugelsitzventil

2. Schieberventile
Bei Schieberventilen benutzt man zur Umsteuerung der Durchgänge für die Luft Kolben, die in Längsrichtung verschoben werden (Längsschieberventile) oder Schlitze in Platten, die durch Drehbewegungen gegenüber den Anschlüssen verstellt werden (Drehschieberventile).

Beispiel für ein Schieberventil

Längsschieberventil
In Längsschieberventilen werden die Anschlüsse zum Arbeitselement durch die Längsbewegung eines Steuerkolbens wechselseitig be- und entlüftet. Im gezeigten Beispiel geschieht die Betätigung durch Druckbeaufschlagung. Wird bei 12(Y) die Steuerluft betätigt und ist die Leitung bei 14(Z) entlüftet, schaltet das Ventil durch. Arbeitsluft strömt von 1(P) nach 2(B) und Rückluft von 4(A) nach 5(R).
Da zum Umschalten ein kurzfristiger, impulsartiger Druck genügt, wird ein solches Ventil auch Impulsventil genannt. In dem Impulsventil bleibt die Schaltstellung so lange erhalten – sie wird gespeichert –, bis ein Gegenimpuls erfolgt.

Längsschieberventil (5/2-Wegeventil)

Übungsaufgaben 2/30; 2/31; 2/32

Merkmale für Sitz- und Schieberventile

Sitzventile
- kleiner Betätigungsweg, kurze Ansprechzeit
- unempfindlich gegen Schmutz, wenig Verschleiß
- erforderliche Betätigungskraft groß

Schieberventile
- großer Betätigungsweg, längere Ansprechzeit
- empfindlich gegen Schmutz, mehr Verschleiß
- erforderliche Betätigungskraft gering

2.3.1.1 Vorsteuerung von Ventilen

Ventile mit großen Nennweiten werden wegen der hohen Betätigungskräfte vorgesteuert. Dabei wird das Hauptventil mithilfe eines kleinen Vorsteuerventils betätigt. Das Vorsteuerventil ist mit dem Hauptventil zusammengebaut und wird von ihm mit Druckluft versorgt. Vorgesteuerte Ventile bezeichnet man als **indirekt betätigte Ventile**.
Die Betätigung durch ein Vorsteuerventil wird im Schaltplan vereinfacht dargestellt. Dabei wird das grafische Symbol für das Hauptventil mit einem besonderen Symbol für die indirekte Betätigung versehen.

Vorgesteuertes Ventil (ausführliche Darstellung)

Vorgesteuertes Ventil (vereinfachtes Symbol)

Beispiel für ein vorgesteuertes 3/2-Wegeventil mit Rollenbetätigung

Das Vorsteuerventil ist über eine kleine Bohrung mit dem Druckanschluss verbunden. Drückt man auf den Rollenhebel, so öffnet das Vorsteuerventil. Die anstehende Druckluft strömt zur Membrane und bewegt den Ventilteller des Hauptventils nach unten. Die Umsteuerung des Hauptventils erfolgt dadurch, dass zunächst die Arbeitsleitung 2 nach der Abluftleitung 3 geschlossen wird. Anschließend wird die Druckleitung 1 mit der Arbeitsleitung 2 verbunden.

Die Rückstellung des Ventils beginnt, wenn der Rollenhebel gelöst wird. Dadurch wird im Vorsteuerventil die Druckleitung zur Membrane geschlossen und die Membrane durch die Entlüftung druckentlastet. Die eingebaute Rückstellfeder im Hauptventil drückt den Steuerkolben in seine Ausgangslage. Dabei wird zunächst der Druckanschluss geschlossen und danach die Arbeitsleitung mit der Abluftseite verbunden.

> **!** Zur Verminderung der Betätigungskräfte werden indirekt betätigte Ventile eingesetzt. Durch die indirekte Betätigung werden die Schaltkräfte um 80 bis 90 % verringert. Das Prinzip der Vorsteuerung lässt sich mit verschiedenen Betätigungsarten kombinieren.

Übungsaufgaben 2/33; 2/34

Steuerungstechnik

2.3.1.2 Betätigungsarten an pneumatischen Wegeventilen

1. Muskelkraft-betätigte Ventile
Muskelkraft-betätigte Wegeventile dienen in Steuerungen zur Belüftung von Steuerungsanlagen. Weiterhin setzt man sie im Schaltschrank als Schlossschalter, Wahlschalter oder Schlagtaster für Not-Aus ein. In einfachen Vorrichtungen oder beim nachträglichen Ausrüsten von Maschinen verwendet man fuß- oder handbetätigte Schalter als Signalglieder.

2. Mechanisch betätigte Ventile
Wegeventile mit mechanischer Betätigung dienen in Steuerungsanlagen zur Festlegung von Endlagen und zur Positionskontrolle. Da sie durchweg Signalglieder sind, setzt man hauptsächlich 3/2-Wegeventile ein. Neben Stößelventilen benutzt man auch Rollenhebel- und Kipphebelventile.

Beispiele für Ventile, die mit Muskelkraft ① oder anders mechanisch ② betätigt werden
- Zuschaltventil ①
- Tasterventil ①
- Rollenhebelventil ②

3. Pneumatisch betätigte Ventile und pneumatische Näherungsschalter
Pneumatisch betätigte Wegeventile verwendet man in pneumatischen Anlagen als Stellglieder für die Steuerung von Zylindern und Motoren. Will man z. B. einen doppelt wirkenden Zylinder ansteuern, so benutzt man ein 5/2-Wegeventil, das von beiden Seiten durch Druckluft betätigt werden kann. Dieses sogenannte **Impulsventil** ist meist mit Handhilfsbetätigungen ausgerüstet. Dadurch kann das Arbeitsglied in die gewünschte Stellung gebracht werden.

Ein pneumatischer Näherungsschalter wird mit einem Befestigungsbausatz an das Zylinderrohr des aus Aluminium bestehenden Pneumatikzylinders montiert. Auf dem Kolben des Zylinders ist ein Permanentmagnet angebracht. Beim Überfahren des Näherungsschalters löst er das Steuersignal aus. Mit dem System kann eine reproduzierbare Schaltgenauigkeit von +/− 0,1 mm erreicht werden.

Beispiele für pneumatisch betätigte Ventile und pneumatische Näherungsschalter
- 5/2-Wegeventil
- pneumatischer Näherungsschalter

> **!** Mit Muskelkraft betätigte und anders mechanisch betätigte Ventile sind fast ausnahmslos Ventile mit zwei Schaltstellungen, die ihre Ausgangsstellung meist über Federkräfte einnehmen. Federrückgestellte Ventile haben eine eindeutige Ausgangsstellung und eignen sich daher für Schaltungen mit Sicherheitsanforderungen.

Pneumatik

2.3.1.3 Kriterien für die Auswahl pneumatischer Wegeventile

Wegeventile werden nach unterschiedlichen Gesichtspunkten ausgesucht. Die wichtigsten Merkmale für die Auswahl eines Ventils sind seine *Funktion* und seine *Betätigungsart*.

Der Einsatz des Ventils im Steuerungs- oder Leistungsteil einer Anlage bestimmt vor allem die *Baugröße*. Im Steuerungsteil setzt man durchweg wesentlich kleinere Ventile als im Leistungsteil ein. Wichtige Kenndaten für die Größe eines Ventils sind **Nennweite** und **Normal-Nenndurchfluss**.

1. Nennweite
Die Nennweite ist eine Angabe über den kleinsten Querschnitt eines Ventils, durch den die Druckluft strömt. Dieser engste Querschnitt wird auf einen Kreisquerschnitt mit gleicher Fläche umgerechnet. Der entsprechende Durchmesser dieses Vergleichsquerschnitts wird als Nennweite **NW** angegeben. Die lichte Weite der Druckluftleitungen muss mindestens so groß wie die Nennweite sein.

Nennweite bei Ventilen

2. Normal-Nenndurchfluss
Der Normal-Nenndurchfluss bei pneumatischen Bauteilen ist das Luftvolumen, welches unter Normbedingungen in 1 Minute durch einen Querschnitt ausströmen würde (Luftdruck 1,013 bar und Temperatur 0 °C).

3. Weitere Gesichtspunkte für die Auswahl von Wegeventilen

Kriterien	Beschreibung	Hinweise
Betriebsdruckbereich	Der Betriebsdruckbereich ist der Druckbereich, in dem ein Bauelement mit Sicherheit funktioniert.	**Beispiel für die Abhängigkeit des Steuerdrucks vom Betriebsdruck**
Steuerdruckbereich	Für pneumatisch betätigte Ventile muss ein Druckbereich eingehalten werden, in dem diese Ventile zuverlässig angesteuert werden können. Der Steuerdruckbereich ist abhängig vom jeweiligen Betriebsdruckbereich.	
Betätigungskräfte	Die Kraft, mit der ein Ventil umgesteuert wird, bezeichnet man als Betätigungskraft. Sitzventile erfordern hohe Betätigungskräfte, Schieberventile benötigen geringe Betätigungskräfte. Bei indirekt angesteuerten Ventilen vermindert sich die Betätigungskraft weiter.	In den Katalogen für die Wegeventile sind die Betätigungskräfte aufgeführt; durch indirekte Betätigungen vermindern sich die Betätigungskräfte um 80 bis 90 %.
Gewindeanschlüsse	Mit der Auswahl des Ventils liegt auch das Anschlussgewinde fest. Üblich sind Rohrgewinde und metrische Gewinde.	Nach DIN ISO 228 werden Rohrgewinde für Pneumatikelemente mit G gekennzeichnet.
Temperaturbereich	Die Umgebungstemperatur für den Einsatz von Ventilen bestimmt den Werkstoff der Ventilkörper und der Dichtungselemente.	Preiswerte Ventile werden teilweise ganz aus Kunststoff hergestellt; der Einsatzbereich ist in den Katalogen angegeben.

Übungsaufgaben 2/36; 2/37

Steuerungstechnik

2.3.2 Bauformen pneumatischer Sperrventile, Stromventile und Druckventile

Ventile, die den Durchfluss der Druckluft richtungsmäßig beeinflussen, bezeichnet man als **Sperrventile**.
Ventile, die den Durchfluss der Druckluft mengenmäßig beeinflussen, nennt man **Stromventile**.
Mit Druckventilen kann man in Pneumatikanlagen den anstehenden Druck oder den Druck der durchströmenden Luft beeinflussen.

Ventilbezeichnung und Beschreibung	Schemazeichnung	Bildzeichen
Rückschlagventil Rückschlagventile sperren den Durchfluss in einer Richtung ab, in der entgegengesetzten Richtung kann die Druckluft mit geringen Druckverlusten frei durchströmen. In einem Rückschlagventil setzt man als Absperrelement entweder eine Kugel, Platte, Membrane oder einen Kegel ein. Die Elemente zum Abdichten können federbelastet oder unbelastet eingebaut werden.		
Wechselventil (ODER-Element) Ein Wechselventil hat zwei Eingänge. Der Eingang mit dem höheren Druck ist automatisch mit der Auslassöffnung verbunden, während der andere Eingang verschlossen ist. Wird zum Beispiel E1 mit Druckluft beaufschlagt, so dichtet die Kugel E2 ab, und die Luft strömt von E1 zum Ausgang 2.		
Zweidruckventil (UND-Element) Ein Zweidruckventil hat zwei Eingänge **E1** und **E2**. Das Ausgangssignal bei A ist dann vorhanden, wenn an beiden Eingängen der Druck in gleicher Höhe ansteht. Wird nur von einer Seite ein Eingangssignal gegeben, so ist dieses Signal nicht wirksam.		
Drosselventil In einem Drosselventil wird der Volumenstrom verändert. In der Pneumatik benutzt man hauptsächlich Drosselventile, die von Hand verstellt werden. Die Drosselstelle ist als Kegelsitz ausgeführt. Verstellt man die Regulierschraube, so ändert sich der Querschnitt am Kegelsitz und dadurch der Volumenstrom. Die Drosselwirkung erfolgt in beiden Strömungsrichtungen.		
Drosselrückschlagventil In einem Drosselrückschlagventil hat man in einem Bauelement ein Drosselventil mit einem Rückschlagventil kombiniert. Die Drosselung wirkt nur in einer Richtung. Es ist eine stufenlose Regelung des Durchflusses in dieser Richtung möglich. In der Gegenrichtung hat die Druckluft freien Durchgang über das geöffnete Rückschlagventil. Drosselrückschlagventile werden vor allem zur Regulierung der Kolbengeschwindigkeiten eingesetzt.		
Verzögerungsventil Das Verzögerungsventil ist eine Kombination von Drosselrückschlagventil, Speicher und 3/2-Wegeventil. Die Druckluft liegt bei 1 an. Wird Steuerluft auf den Eingang 12 gegeben, so durchströmt die Druckluft ein Drosselrückschlagventil. Je nach Einstellung der Drossel füllt sich der nachgeschaltete Speicher mehr oder weniger schnell. Ist der notwendige Steuerdruck aufgebaut, schaltet der Steuerkolben des 3/2-Wegeventils den Durchgang von 2 nach 3 ab. Der Ventilteller wird vom Sitz gehoben und die Luft kann von 1 nach 2 strömen. Die Zeit, in der sich im Speicher des Ventils der Druck aufbaut, ist die Zeitverzögerung des Ventils. Wird die Steuerleitung 12 entlüftet, so schaltet das 3/2-Wegeventil über die Rückstellfeder wieder in die Ausgangsstellung.		
Druckregelventil (Druckluftregler) Die Aufgabe von Druckregelventilen ist es, den gewünschten Arbeitsdruck 2 nach dem Ventil – den Sekundärdruck – konstant zu halten. Der Arbeitsdruck soll unabhängig vom Lieferdruck – dem Primärdruck – und unabhängig vom Verbrauch auf der Arbeitsseite sein. Die Regelung erfolgt über eine Membran, die durch eine Feder eingestellt wird. In jeder Wartungseinheit befindet sich ein Druckregelventil.		

2.4 Pneumatische Steuerungen

2.4.1 Grundschaltungen

Jede noch so umfangreiche und aufwendige pneumatische Steuerung setzt sich aus einzelnen Grundschaltungen zusammen, für die es nur wenige Veränderungsmöglichkeiten gibt.

1. Steuerung einfach wirkender Zylinder

Einfach wirkende Zylinder werden unabhängig von der Betätigungsart und dem Umfang der Steuerung durchweg mit einem 3/2-Wegeventil als Stellglied kombiniert.

Zur Ansteuerung eines großvolumigen Zylinders benutzt man ein Stellglied mit großer Nennweite, das möglichst nahe am Zylinder montiert ist. Das Stellglied kann dann von einem Ventil mit kleiner Nennweite von einem entfernteren Betätigungsort bedient werden. Mit dieser Anordnung können Energiekosten verringert werden, da lange und großvolumige Steuerleitungen entfallen.

Steuerung einfach wirkender Zylinder

> ❗ Ein einfach wirkender Zylinder wird meist über ein 3/2-Wegeventil als Stellglied gesteuert.

2. Steuerung doppelt wirkender Zylinder

Doppelt wirkende Zylinder steuert man in der Pneumatik häufig mit 5/2-Wegeventilen. In umfangreichen Schaltungen werden diese Ventile fast immer impulsbetätigt ausgeführt. Mit 4/3-Wegeventilen können doppelt wirkende Zylinder ebenfalls angesteuert werden. In der Mittelstellung des hier gezeigten Ventils sind z. B. beide Zylinderanschlüsse entlüftet, der Kolben ist daher frei beweglich (Schwimmstellung). Auch bei einem doppelt wirkenden Zylinder wird das Stellglied möglichst nah an dem Zylinder montiert.

Steuerung doppelt wirkender Zylinder

> ❗ Doppelt wirkende Zylinder werden meist über 5/2-Wegeventile gesteuert. Falls besondere Anforderungen vorliegen, z. B. Schwimmstellung, werden 4/3-Wegeventile verwendet.

3. Steuerung der Kolbengeschwindigkeit

Sehr oft ist es notwendig, die Kolbengeschwindigkeit zu beeinflussen. Soll die Geschwindigkeit ins Langsame gesteuert werden, so setzt man Drosselrückschlagventile ein. Möglich ist dabei die Drosselung der Zuluft oder der Abluft. Die Drosselung der Abluft ist günstiger, weil der Kolben zwischen zwei Luftpolstern gespannt ist und dadurch eine gleichmäßigere Bewegung erzielt werden kann.

Steuerung der Kolbengeschwindigkeit beim Ausfahren

> ❗ Die Kolbengeschwindigkeit wird meist am günstigsten durch die Abluftdrosselung gesteuert.

Steuerungstechnik

Soll die Kolbengeschwindigkeit in beiden Richtungen ins Langsame beeinflusst werden, so kann die Steuerung mithilfe von zwei Drosselrückschlagventilen verwirklicht werden. Auch hier verwendet man am besten die Abluftdrosselung. Eine Beeinflussung ins Langsame beim Vorlauf und ins Schnelle beim Rücklauf ist ebenfalls möglich. Den Vorlauf steuert man über ein Drosselrückschlagventil in der Abluft, den Rücklauf über ein Schnellentlüftungsventil.

Bei Druckluftmotoren kann man mit Drosselventilen die Drehfrequenz steuern.

Steuerung der Kolbengeschwindigkeit bei Vor- und Rücklauf

!   Die Kolbengeschwindigkeit ins Langsame wird mit Drosselrückschlagventilen gesteuert.
    Die Kolbengeschwindigkeit ins Schnelle wird mit Schnellentlüftungsventilen gesteuert.
    Durch Drosselventile wird bei Druckluftmotoren die Drehfrequenz beeinflusst.

2.4.2 Grundsteuerungen

Der Steuerungsteil einer Anlage muss mit dem Arbeitsteil so verknüpft sein, dass alle Arbeitsschritte in der vorgesehenen Art und Abfolge ausgeführt werden. Der Steuerungsteil und der Arbeitsteil werden daher einander logisch zugeordnet. Entsprechend der logischen Verknüpfung kann man folgende Grundsteuerungen unterscheiden:

- willensabhängige Steuerungen,
- wegabhängige Steuerungen,
- zeitabhängige Steuerungen,
- kombinierte Steuerungen.

1. Willensabhängige Steuerungen

Bei willensabhängigen Steuerungen werden alle Start- und Steuersignale von der Bedienungsperson eingegeben. Dabei wird der Vor- und Rücklauf der Zylinder bzw. der Rechts- und Linkslauf der Motoren einzeln angesteuert. Soll das Antriebsglied nur so lange angesteuert werden, wie das Signalglied betätigt wird, verwendet man als Stellglieder Ventile mit Federrückstellung; in diesen Ventilen wird das Signal nicht gespeichert.

Soll das Antriebsglied dagegen so lange angesteuert bleiben, bis es durch ein entgegengesetztes Signal wieder die Ausgangsstellung einnimmt, so verwendet man als Stellglieder Ventile ohne Federrückstellung. Üblich sind hierbei entweder handgesteuerte 3-Stellungsventile oder über Impuls angesteuerte 2-Stellungsventile; in diesen Ventilen wird das Signal gespeichert.

Willensabhängige Steuerungen ohne Speicherverhalten

Willensabhängige Steuerungen mit Speicherverhalten

Willensabhängige Steuerungen sind nur für sehr einfache Aufgaben – etwa Spannvorgänge – geeignet. Bei umfangreichen pneumatischen Steuerungen ist die willensabhängige Steuerung jedoch insoweit notwendig, als sie zum ersten Einleiten jeder Maschinensteuerung erforderlich ist oder als Notbetätigung bei automatisierten Steuerungen unbedingt vorhanden sein muss.

!   Willensabhängige Steuerungen sind vom Menschen als Bedienungsperson abhängig.

Pneumatik

2. Wegabhängige Steuerungen

Bei wegabhängigen Steuerungen werden die Signalglieder von dem Antriebsglied betätigt. Signalglieder mit Rollen können beispielsweise von einem Nocken an der Kolbenstange in Abhängigkeit vom zurückgelegten Weg betätigt werden. Verwendet man pneumatische oder elektrische Näherungsschalter als Signalglieder, so lassen sich diese z. B. über einen Dauermagneten im Kolben des jeweiligen Zylinders ansteuern.

Signalglieder geben die Signale weiter, wenn die Ventile erreicht oder überfahren werden. Bei Tastrollen mit Leerrücklauf wird das Signal nur in einer Anfahrrichtung wirksam.

Im Schaltplan wird die Lage von wegabhängig betätigten Ventilen jeweils durch einen Markierungsstrich beim zugehörigen Arbeitsglied gekennzeichnet. Über diesem Markierungsstrich steht die Kennzeichnung des entsprechenden Signalglieds in einem kleinen Rechteck.

Die Kennzeichnung des Signalglieds ordnet man der Kennzeichnung des entsprechenden Arbeitsglieds zu. Das Signalglied erhält die gleiche Schaltkreisnummer wie das Arbeitsglied Diese so festgelegten Kennzeichnungen, werden im Pneumatikschaltplan übernommen.

Einbaulage der 3/2-Wegeventile 1.2 und 1.3

Wegabhängige Steuerung

> ❗ Wegabhängige Steuerungen werden durch die Bewegungen des Kolbens (des Antriebsglieds) gesteuert.

3. Zeitabhängige Steuerungen

In der Pneumatik kann man zeitabhängige Steuerungen mit Verzögerungsventilen verwirklichen. Die Verzögerungszeit zwischen dem Signaleingang und dem Auslösen der Steuerung (Signalausgang) kann über eine Drossel stufenlos eingestellt werden. Durch den nachgeschalteten Speicher dauert es eine gewisse Zeit, bis sich der notwendige Schaltdruck für das 3/2-Wegeventil aufgebaut hat. Mit Drossel und Speicher lassen sich Verzögerungszeiten von mehreren Minuten erreichen.

Zeitverzögerte Druckversorgung

– Zeitverzögerte Druckversorgung

Nach Betätigung des Zeitglieds durch das Eingangssignal erfolgt die Druckversorgung am Ausgang (Ausgangssignal) nach einer bestimmten einstellbaren Zeit.

– Zeitverzögerte Druckabschaltung

Nach Betätigung des Zeitglieds durch das Eingangssignal erfolgt die Druckabschaltung am Ausgang (Ausgangssignal) nach einer bestimmten einstellbaren Zeit.

Zeitverzögerte Druckabschaltung

> ❗ Für zeitabhängige Steuerungen verwendet man Verzögerungsventile.
> Die Verzögerungszeit wird über eine Drossel eingestellt.

Steuerungstechnik

2.4.3 Steuerungsplanung[1]

Pneumatische Steuerungen für Maschinen und Anlagen setzen sich meist aus einer Kombination verschiedener Steuerungsarten zusammen. Je nach Aufgabenstellung lassen sich die Abläufe über willens-, weg- oder zeitabhängig beeinflusste Elemente verwirklichen.

In der Planungsphase für die Steuerung untersucht man die Aufgabe genau und erstellt folgende Planungsunterlagen:
- Aufgabenstellung und Technologieschema,
- Funktionsdiagramm,
- Schaltplan.

2.4.3.1 Aufgabenstellung und Technologieschema

Die Beschreibung der Steuerungsaufgabe muss möglichst eindeutig und vollständig sein. In der Aufgabenstellung werden die Teilfunktionen der Steuerung beschrieben. Der Ablauf der Steuerung wird schrittweise erfasst. Das Technologieschema verdeutlicht die Lage der Elemente und Baugruppen zueinander in einer stark vereinfachten Form.

> **Beispiel für Aufgabenstellung und Technologieschema**
>
> In einer Biegevorrichtung werden Werkstücke pneumatisch gespannt und anschließend selbsttätig gebogen. Der Steuerungsablauf erfolgt in folgenden Schritten:
>
> | Schritt | Beschreibung des Ablaufes |
> |---|---|
> | 1 | Zylinder 1.1 fährt aus, spannt Biegeteil |
> | 2 | Zylinder 2.1 fährt aus, biegt Werkstück vor |
> | 3 | Zylinder 3.1 fährt aus, biegt Werkstück fertig |
> | 4 | Zylinder 2.1 und 3.1 fahren ein |
> | 5 | Zylinder 1.1 fährt ein, Werkstück wird gelöst und entnommen |
>
> **Technologieschema Biegevorrichtung**
>
> *Anmerkungen:*
> Beim Start müssen alle Zylinder eingefahren sein, der Ablauf für die Rückstellung der Zylinder kann auch anders erfolgen. Statt der Aussage „die Kolbenstange des Zylinders 1.1 fährt aus" wird abkürzend gesagt: „Zylinder 1.1 fährt aus".

> **!** In der genauen Beschreibung der Steuerung wird die Gesamtaufgabe in Teilfunktionen zerlegt und in einzelnen Schritten beschrieben. Das Technologieschema verdeutlicht in einfacher Form die Lage der Bauteile zueinander.

2.4.3.2 Funktionsdiagramme und Signallinien

Die zeitlichen und funktionellen Abläufe in Steuerungen verdeutlicht man in Funktionsdiagrammen. Die Grundlage für den Aufbau der Diagramme bildet die Gliederung des zeitlichen Ablaufs der Steuerung in einzelne Schritte. Für die Untersuchung des Bewegungsablaufs der Antriebsglieder kennt man Weg-Zeit-Diagramme bzw. Weg-Schritt-Diagramme. Soll das Zusammenwirken zwischen den Antriebsgliedern und Schaltelementen einer Steuerung dargestellt werden, so zeichnet man Zustands-Schritt-Diagramme.

---
[1] GRAFCET-Plan siehe ab Seite 680

Pneumatik

1. Weg-Zeit-Diagramm

Im Weg-Zeit-Diagramm wird der Bewegungsablauf von Antriebsgliedern in Abhängigkeit von Weg und Zeit dargestellt. An dem Beispiel einer pneumatischen Bohrvorrichtung wird diese Darstellungsweise gezeigt.

- **1. Schritt:** Zylinder 1.1 fährt aus
  – Spannen des Werkstücks
- **2. Schritt:** Zylinder 2.1 fährt schnell aus
  – Eilzustellung des Bohrers
- **3. Schritt:** Zylinder 2.1 fährt langsam aus
  – Bohrvorschub
- **4. Schritt:** Zylinder 2.1 fährt schnell ein
  – Eilrückstellung des Bohrers
- **5. Schritt:** Zylinder 1.1 fährt ein
  – Lösen des Werkstücks

Im Diagramm trägt man auf der senkrechten Achse den Weg auf, dabei kann auf eine maßstäbliche Darstellung verzichtet werden. Auf der waagerechten Achse wird die zeitliche Zuordnung der Schritte vorgenommen.

Zylinder 2.1 Vorschub der Bohrspindel

Zylinder 1.1 Spannen

Technologieschema für eine Bohrvorrichtung

Weg-Zeit-Diagramm

! Weg-Zeit-Diagramme dienen zur Untersuchung der Bewegungsabläufe von Antriebsgliedern.

2. Weg-Schritt-Diagramm

Übersichtlicher und unabhängig von der Zeiteinteilung ist ein Weg-Schritt-Diagramm. In ihm werden auf der waagerechten Achse die Schaltschritte in zeitlicher Reihenfolge eingetragen. Für jeden Schaltschritt wird der gleiche Abstand gewählt. Will man in einem solchen Diagramm Zeiten kennzeichnen, so können diese Angaben zwischen den jeweiligen Schritten zusätzlich eingetragen werden. Auf der senkrechten Achse wird der Weg aufgetragen. Auch hier kann auf maßstäbliche Darstellung verzichtet werden.

Weg-Schritt-Diagramm

! Bei einfachen Steuerungen bilden Weg-Schritt-Diagramme in Verbindung mit den jeweiligen Schaltplänen die Grundlage für die Wartung und die Instandsetzung pneumatischer Steuerungen.

3. Zustands-Schritt-Diagramm

Das Zusammenwirken zwischen den Antriebsgliedern und den Schaltelementen einer Steuerung kann am zweckmäßigsten im Zustands-Schritt-Diagramm erfasst werden. Auch in diesem Funktionsdiagramm wird die Steuerung in ihren einzelnen aufeinanderfolgenden Schritten dargestellt. Auf der senkrechten Achse werden statt der Wege die Zustände der Elemente gekennzeichnet. Bei Zylindern kann man die beiden Zustände „eingefahren" und „ausgefahren" unterscheiden.
Den Steuer- und Stellgliedern ordnet man den jeweiligen Schaltzustand durch die Buchstaben **a**, **b** und **0** zu. Bei Ventilen mit zwei Schaltstellungen bedeutet **b** Ruhestellung und **a** Schaltstellung. Bei Ventilen mit drei Schaltstellungen bedeutet **0** Ruhestellung; **a** und **b** sind dann Schaltstellungen.

Übungsaufgaben 2/62; 2/63

Steuerungstechnik

4. Signallinien im Zustands-Schritt-Diagramm

Eine zusätzliche Orientierungshilfe im Zustands-Schritt-Diagramm können **Signallinien** sein. Sie verdeutlichen, welche zeitliche und logische Verbindung zwischen den einzelnen Gliedern einer Steuerung besteht. Die Signallinien gehen von dem Element aus, von dem der Schaltschritt ausgelöst wird. Sie weisen mit ihrem Pfeil auf das Element, welches betätigt wird.

Beispiel für ein Zustands-Schritt-Diagramm mit Signallinien

Aufgabenstellung

Ein Rüttler soll das Sieb in Schwingungen halten, damit das Schüttgut durch das Sieb fällt. Der Rüttelvorgang soll so lange anhalten, wie das Ventil 1.2 betätigt ist.

Technologieschema Rüttler

Lösung

Pos.	Bauelement Benennung	Zustand Aufgabe	Lage
1.1	Hauptventil	Druckluft auf Anlage	a / b
1.5	Zylinder (Rütteln)	oszillierende Bewegung	ausgefahren / eingefahren
1.4	Impulsventil	Zustellung von Zylinder 1.5	a / b
1.2	3/2-Wegeventil	steuert Vorlauf von 1.5	a / b
1.3	3/2-Wegeventil	steuert Rücklauf von 1.5	a / b

Zustands-Schritt-Diagramm

Schaltzustände: Ausgangszustand — Schaltschritt 1 und 3 — Schaltschritt 2 und 4

Pneumatik

5. Zeichnerische Darstellung von Signalgliedern und Signallinien

Symbole für die Handbetätigung von Signalgliedern		
Ⓘ EIN	Ⓐ Automatik EIN	ⓢ² Wahlschalter
Ⓞ AUS	Ⓣ Tippen	⊙ NOT–AUS

– Darstellung handbetätigter Signalglieder

Handbetätigungen werden durch einen Kreis gekennzeichnet und durch zusätzliche Symbole im Kreis voneinander unterschieden. Diese handbetätigten Signalglieder werden im Weg-Schritt-Diagramm oberhalb der Weg-Schritt-Linie eingezeichnet. Die Richtung des Signalflusses wird in einer Steuerung durch Pfeile an den Signallinien gekennzeichnet. Handbetätigte Signalglieder werden mit dem Buchstaben S gekennzeichnet.

– Darstellung mechanisch betätigter Signalglieder (keine Handbetätigung)

Mechanische Betätigungen werden durch einen Punkt auf der Weg-Schritt-Linie an der Stelle eingezeichnet, an der sie geschaltet werden. Mechanisch betätigte Signalglieder erhalten zusätzlich im Diagramm den Buchstaben B und werden durch angehängte Zahlen voneinander unterschieden, z. B. B1, B2. Signal B1 wird kurzzeitig beim Überfahren des Sensors betätigt; Signal B2 wird in Endlage betätigt und bleibt bestehen, solange der Aktor im Zustand 1 ist.
Eine NICHT-Betätigung eines Signalglieds (vergleichbar einem Öffner) wird durch einen waagerechten Querstrich über der Kennzeichnung angegeben, z. B. $\overline{B3}$.

Anmerkung: Für die Kennzeichnung der Sensoren sind statt der Angaben B1, B2 usw. entsprechend der neuen Norm in der Pneumatik auch die Angaben z. B. 1.4, 1.5 usw. möglich.

– Darstellung von Verknüpfungen, Verzweigungen und Verzögerungen

Für **UND-Verknüpfungen** von Signalen werden die Signallinien zusammengeführt und durch einen breiten Querstrich unter 45° an der Verbindungsstelle dargestellt. Für **ODER-Verknüpfungen** führt man die Signallinien zusammen und kennzeichnet die Verbindungsstelle durch einen Punkt.

Wird von einem Sensor ein Signal an mehrere Aktoren geleitet, so tritt eine Verzweigung des Signals ein. **Signalverzweigungen** werden an den Verzweigungsstellen durch einen Punkt gekennzeichnet.

Zeitverzögerte Signale stellt man durch eine Linie dar, die parallel zu den Weg-Schritt-Linien verläuft. In diese Signallinie wird ein Rechteck mit dem Funktionszeichen t eingezeichnet. Verzögerungszeiten werden über das Rechteck geschrieben.

Übungsaufgaben 2/66; 2/67; 2/68

Steuerungstechnik

2.4.3.3 Signalverarbeitung in Steuerungen

Steuerungen kann man nach unterschiedlichen Merkmalen einteilen. Für die verschiedenen technischen Steuerungssysteme aus den Bereichen der Pneumatik, Hydraulik, Elektronik und Elektromechanik sind einheitliche Begriffe festgelegt.

Unterteilt man die Steuerungen nach dem Gesichtspunkt der Signalverarbeitung, so erhält man:
- Verknüpfungssteuerungen,
- Ablaufsteuerungen.

1. Verknüpfungssteuerungen

Bei Verknüpfungssteuerungen werden den Eingangssignalen bestimmte Ausgangssignale durch Verknüpfungsglieder zugeordnet. Die dabei vorliegenden binären Signale werden durch logische Glieder wie UND, ODER, NICHT verarbeitet.

Beispiel für eine Verknüpfungssteuerung

Eine Presse soll erst dann arbeiten, wenn das Schutzgitter geschlossen ist **und** beide Handtaster am Ständer der Maschine betätigt werden (1.1 UND 1.3 UND 1.4).
Eine andere Möglichkeit für das Startsignal ist dann gegeben, wenn das Schutzgitter geschlossen ist **und** ein Handtaster am 2 m entfernten Steuerstand betätigt wird (1.2 UND 1.3).

! Eine Verknüpfungssteuerung liegt dann vor, wenn den Signalzuständen der Eingangssignale bestimmte Signalzustände der Ausgangssignale über logische Verknüpfungen zugeordnet sind.

2. Ablaufsteuerung

Ablaufsteuerungen sind Steuerungen mit erzwungenem schrittweisem Ablauf. Der jeweils nächste Schaltschritt erfolgt erst, wenn von dem vorhergehenden Schritt ein Weiterschaltsignal vorliegt.

Beispiel für eine Ablaufsteuerung

In einer Bohrvorrichtung sollen Werkstücke pneumatisch gespannt und danach selbsttätig gebohrt werden.
Der Bohrvorgang darf erst dann erfolgen, wenn der Spannzylinder 1.1 das Werkstück gespannt hat. Nach dem Bohrvorgang wird erst die Bohrspindel selbsttätig zurückgeführt und dann das Werkstück ausgespannt.

Zylinder 2.1
Vorschub der Bohrspindel

Zylinder 1.1
Spannen

! In einer Ablaufsteuerung folgen die Steuerschritte mit zwangsläufigem schrittweisem Ablauf. Das Weiterschalten von einem Schritt auf den programmgemäßen nächsten Schritt erfolgt durch festgelegte Bedingungen.

In den meisten Steuerungen findet man sowohl Verknüpfungssteuerungen als auch Ablaufsteuerungen. Startbedingungen, Betriebsartenwahl, Gefahrenabschaltungen erfolgen über Verknüpfungssteuerungen. Die Schrittfolge in einer Anlage oder Maschine wird als Ablaufsteuerung gestaltet.

Pneumatik

2.4.4 Pneumatische Verknüpfungssteuerungen

2.4.4.1 UND-Verknüpfung

Bei einer UND-Verknüpfung werden mehrere eingegebene Signale mit einem besonderen Bauteil – dem **UND-Glied** – zu einem Ausgangssignal verknüpft. Am UND-Glied liegt nur dann ein Ausgangssignal vor, wenn die Signalglieder gleichzeitig betätigt werden. Eine UND-Verknüpfung kann man auch durch das Hintereinanderschalten von Signalgliedern erreichen.

Beispiel für eine Steuerung mit UND-Verknüpfung

Aufgabenstellung

Mit der dargestellten Vorrichtung werden Lagerbuchsen in Laufrollen eingepresst. Die Laufrollen und die Lagerbuchsen werden von Hand in die Pressvorrichtung gelegt. Der Pressvorgang soll in folgenden Schritten ablaufen:

Schritt	Beschreibung des Ablaufs
1	Zylinder 1.7 fährt aus, Einpressen der Buchse
2	Zylinder 1.7 fährt ein, Pressvorgang beendet

Technologieschema Presse

Anmerkungen:
– Der Presszylinder soll nur dann ausfahren, wenn das Schutzgitter über den Endschalter 1.2 geschlossen ist und der Handtaster 1.1 betätigt wurde.
– Nach dem Einpressen der Lagerbuchse wird durch Betätigung des Handtasters 1.3 das Rückfahren des Zylinders 1.7 eingeleitet.

Funktionsdiagramm   *Pneumatikschaltplan*

> **!** Bei einer Steuerung mit UND-Verknüpfung fährt der Zylinder nur dann aus, wenn zwei Signalglieder gleichzeitig betätigt werden. Im Funktionsdiagramm wird die UND-Verknüpfung durch einen Schrägstrich in den Signallinien gekennzeichnet.

2.4.4.2 ODER-Verknüpfung; NICHT-Verknüpfung

Bei einer ODER-Verknüpfung wird ein besonderes Bauteil – das **ODER-Glied** – von zwei Stellen aus angesteuert. Das Ausgangssignal ist vorhanden, wenn mindestens ein Signaleingang belegt ist.
Als **NICHT-Glieder** werden Wegeventile eingesetzt. Bei einer NICHT-Verknüpfung liegt dann ein Ausgangssignal vor, wenn kein Eingangssignal vorhanden ist. Ist jedoch ein Eingangssignal vorhanden, so liegt kein Ausgangssignal vor. Die Nicht-Verknüpfung ist vergleichbar mit der Aufgabe eines Schalters, der bei Betätigung öffnet.

Steuerungstechnik

Beispiel für eine Steuerung mit UND-, ODER- und NICHT-Verknüpfung

Aufgabenstellung

Mit der dargestellten Klebepresse werden zwei Bauteile aufeinandergepresst. Die Bauteile werden von Hand in die Presse gelegt und justiert. Der Pressvorgang soll in folgenden Schritten ablaufen:

Schritt	Beschreibung des Ablaufs
1	Zylinder 1.8 fährt aus, Pressen der Bauteile
2	Pressvorgang dauert an, bis Gitter geöffnet wird
3	Zylinder 1.8 fährt ein, Pressvorgang beendet

Technologieschema Klebepresse

Anmerkungen:
– Der Pressvorgang soll nur dann möglich sein, wenn das Schutzgitter geschlossen ist.
– Der Pressvorgang wird entweder über die Handtaster 1.1 **und** 1.4 an der Maschine eingeleitet **oder** über den etwas entfernt liegenden Taster 1.2 an der Steuersäule.
– Der Presszylinder fährt **nicht** aus, wenn das Schutzgitter geöffnet ist.

Funktionsdiagramm

Pneumatikschaltplan

> Bei einer ODER-Verknüpfung fährt der Zylinder aus, wenn das eine oder andere Signalglied betätigt wird. Im Funktionsdiagramm wird die ODER-Verknüpfung durch einen Punkt in den Signallinien gekennzeichnet.

2.4.4.3 Steuerung mit Zeitglied

In Steuerungen mit Zeitgliedern werden die eingegebenen Signale zeitlich verzögert weitergeleitet. Die Verzögerungszeit ist stufenlos einstellbar. Je nach dem Aufbau eines Verzögerungsventils unterscheidet man Ventile, die den Druck zeitverzögert zuschalten oder den Druck zeitverzögert abschalten.

Pneumatik

Beispiel für eine Steuerung mit Zeitglied

Aufgabenstellung

In einer Klebepresse drücken drei Pneumatikzylinder Kunststoffplatten aufeinander. Die Platten werden von Hand eingelegt. Der Pressvorgang soll mit einem Handtaster eingeleitet werden und eine einstellbare Zeit andauern.

Technologieschema Kunststoffpresse

Schritt	Beschreibung des Ablaufs
1	Zylinder 1.6 fährt aus, Anpressen der Platten
2	Zylinder 2.2 und 2.3 fahren aus, pressen
3	Pressvorgang dauert eine einstellbare Zeit an
4	Alle drei Zylinder fahren ein

Anmerkungen:
- Die Anlage wird über ein Schutzgitter abgesichert; der Start ist nur möglich, wenn das Schutzgitter geschlossen ist (Endschalter 1.3).
- Der mittlere Presszylinder 1.6 soll dann ausfahren, wenn der Starttaster 1.1 betätigt wurde.
- Erst wenn Zylinder 1.6 seine Endlage erreicht hat, sollen die beiden anderen Zylinder ausfahren.
- Alle drei Zylinder bleiben eine einstellbare Zeit ausgefahren und pressen die Platten. Danach sollen die Zylinder einfahren.

Funktionsdiagramm

Pneumatikschaltplan

! Als Zeitglieder verwendet man Verzögerungsventile. Durch das Verzögerungsventil wird ein Signal zeitverzögert wirksam. Im Funktionsdiagramm wird das Zeitglied durch ein Rechteck mit „t" oder Zeitangabe gekennzeichnet.

Übungsaufgabe 2/72

2.4.4.4 Steuerung mit Zweihand-Betätigung

Beispiel für eine Steuerung mit verschiedenen Steuergliedern (Zweihand-Betätigung)

Aufgabenstellung

In einer Vorrichtung sollen Lagerbuchsen in Laufrollen eingepresst werden. Die Laufrollen werden von Hand eingelegt und gespannt. Der Arbeitshub der Pressmaschine darf aus Sicherheitsgründen nur durch die gleichzeitige Betätigung von zwei Handtastern eingeleitet werden. Nach dem Pressvorgang soll der Pressenstößel selbsttätig in die Ausgangslage zurückfahren. Die Geschwindigkeit für den Arbeitshub soll einstellbar sein.

Technologieschema Presse

Funktionsdiagramm

Bauglieder			Schritte 0 1 2 3
Benennung	Kurz-zeichen	Zustand	
Handtaster	1.1	betätigt	
Handtaster	1.2	betätigt	
Zeitglied zur „Torsteuerung"	1.6	Signale gleichzeitig	
Stellglied (5/2-Wegeventil)	1.7	a / b	
Arbeitsglied (Pressen-DW-Zylinder)	1.9	ausgefahren / eingefahren	

Anmerkungen:
– Die Vorrichtung wird über eine Zweihand-Schaltung abgesichert. Nur durch das fast gleichzeitige Drücken der Handtaster 1.1 und 1.2 beginnt der Pressvorgang.
– Werden beide Handtaster nicht innerhalb einer kurzen Zeit gedrückt, so schaltet das Zeitglied 1.6 die Steuerleitung zum Stellglied 1.7 ab.
– Eine Manipulation der Handtaster ist durch die Schaltung unterbunden.
– Der Zylinder fährt ein, sobald der pneumatische Näherungsschalter 1.3 betätigt wurde.

Pneumatikschaltplan

> ❗ Durch Absicherung mit einer Zweihand-Betätigung können Gefährdungen für das Bedienungspersonal an einer pneumatisch gesteuerten Anlage vermindert werden.

2.4.5 Pneumatische Ablaufsteuerungen
2.4.5.1 Signalüberschneidung

Ablaufsteuerungen sind Steuerungen mit erzwungenem schrittweisem Ablauf. Der jeweils nächste Schaltschritt erfolgt erst, wenn von dem vorhergehenden Schritt ein Weiterschaltsignal vorliegt. Damit man zu jedem Zeitpunkt der Steuerung den Ist-Zustand der Arbeitsglieder kennt, werden die Endlagen der Zylinder über Sensoren bzw. Endschalter abgefragt.

1. Dauersignal
Wird ein Endschalter oder anderer Sensor dauernd betätigt, so gibt er an das Stellglied ein Dauersignal weiter. In Steuerungen mit mehreren Steuerketten führen Dauersignale zu widersprüchlichen Signalfolgen.

Dauersignal auf Betriebssystem

> ! In pneumatischen Ablaufsteuerungen dürfen Signale am Stellglied nur von einer Seite anstehen. Deshalb müssen Dauersignale rechtzeitig abgeschaltet werden.

2. Signalüberschneidung
Wird ein Stellglied gleichzeitig von beiden Seiten betätigt, so kann es nicht geschaltet werden, weil sich die Signale überschneiden. Signalüberschneidungen werden durch nicht abgeschaltete Dauersignale verursacht.

Signalüberschneidungen erkennt man im Funktionsdiagramm daran, dass Signalglieder, die die Stellung eines Stellglieds verändern sollen, gleichen Signalzustand haben.

Signalüberschneidung

Beispiel für Signalüberschneidung

Zylinder 1.5 kann nicht ausfahren, denn das Stellglied 1.4 ist nach Betätigung von Ventil 1.1 auf beiden Seiten mit Druck beaufschlagt.

Ventil 1.1 und Ventil 2.1 haben zur gleichen Zeit gleichen Zustand.

Außer der beschriebenen Signalüberschneidung liegt in diesem Schaltplan noch eine Signalüberschneidung zwischen den Ventilen 1.2 und 2.2 vor.

> ! Nicht abgeschaltete Dauersignale an beiden Eingängen eines Stellglieds führen zu Signalüberschneidungen.

2.4.5.2 Signalabschaltung

Signalüberschneidungen werden dadurch vermieden, dass die entsprechenden Signale rechtzeitig abgeschaltet werden. Signalabschaltungen können auf unterschiedliche Weise erfolgen:

- durch Ventile mit Leerrücklaufrolle,
- über Verzögerungsventile,
- durch Umschaltventile.

Da Schaltungen mit Leerrücklaufrollen zu Unfällen führen können, sind sie möglichst zu vermeiden.

1. Signalabschaltung über Verzögerungsventile

Bei der Signalabschaltung durch Verzögerungsventile wird die Luftzufuhr nach einer einstellbaren Zeit *automatisch* abgeschaltet.

Die Signalabschaltung mit Verzögerungsventilen erlaubt auch bei kurzen und schnellen Bewegungen einen genauen Ablauf der Steuerung. Die Verzögerungsventile sind jedoch teurer als andere Ventile.

Beispiel für eine Signalabschaltung über Verzögerungsventile

Funktionsbeschreibung

Zwischen dem Signalglied 2.1 und dem Stellglied 1.5 befindet sich in dieser Steuerung das Verzögerungsventil 1.4. In der Ausgangsstellung ist Ventil 2.1 betätigt, der anstehende Druck schaltet jedoch das Verzögerungsventil auf Entlüftung. Wird die Anlage gestartet, so kann das Signal von 1.1 über Ventil 1.3 auf das Stellglied 1.5 wirksam werden, weil dessen andere Seite entlüftet ist (Schritt 1).

In entsprechender Weise wird das Signal von Ventil 1.2 abgeschaltet.

! Die Signalabschaltung mit Zeitgliedern erlaubt einen genauen Ablauf der Steuerung auch bei schnellen Bewegungen. Nachteilig ist der zusätzliche Einsatz verhältnismäßig teurer Pneumatikelemente.

2. Signalabschaltung durch Umschaltventile

Eine weitere Möglichkeit für die Abschaltung von Dauersignalen besteht darin, ein zusätzliches Umschaltventil einzubauen. Dieses Umschaltventil 0.2 ist vor die Signalglieder geschaltet, bei denen Dauersignale abgeschaltet werden müssen. Die Signalglieder sind dadurch im betätigten Zustand einmal an die Druckluft und einmal an die Abluft angeschlossen.

Im Schaltplan werden nach dem Umschaltventil **Verteilerstränge** gezeichnet, die dann jeweils mit den Signalgliedern verbunden werden, die vom Umschaltventil bedient werden müssen.

Beispiel für Signalabschaltung durch Umschaltventil

Funktionsbeschreibung

Startet man die Anlage über den Taster 0.1, so wird das zusätzliche Umschaltventil 0.2 über den betätigten Grenztaster 1.1 umgeschaltet. Leitung II führt jetzt Druckluft und Leitung I ist mit der Abluftseite verbunden. Dadurch kann Stellglied 1.3 umgeschaltet werden, weil Signalglied 2.1 mit der Leitung I, die auf Abluft steht, verbunden ist.

Der Zylinder 1.4 betätigt das Signalglied 1.2. Das Stellglied 2.3 wird umgeschaltet, weil Leitung II auf Druck geschaltet ist und Leitung I mit der Abluft verbunden ist.

Zylinder 2.4 fährt auf den Grenztaster 2.2 und leitet damit den Rückhub ein. Signalglied 2.2 schaltet das Umschaltventil 0.2 um. Die Umschaltung ist möglich, weil Ventil 1.1 nicht betätigt ist und auf Entlüftung steht. Durch diese Umschaltung von Ventil 0.2 wird die Leitung I nun Druckluftleitung und die Leitung II Abluftleitung.

Zylinder 2.4 fährt ein und betätigt Ventil 2.1. Dieses Signalglied kann nun Stellglied 1.3 deswegen umschalten, weil Leitung I Druckluft führt und die Steuerseite „14" von Stellglied 1.3 über Leitung II entlüftet ist. Zylinder 1.4 fährt in Ausgangsstellung zurück.

> **!** Signalabschaltungen mit zusätzlichen Umschaltventilen eignen sich besonders für umfangreiche Steuerungen und erlauben eine systematische Entwicklung von Schaltplänen mit mehreren Arbeitsgliedern.

Steuerungstechnik

2.5 Zeichnen und simulieren pneumatischer Steuerungen am PC

Mit geeigneten Programmen kann man pneumatische Steuerungen zeichnen und simulieren. Ein bewährtes Zeichnungs- und Simulationsprogramm ist z. B. FluidSIM-P. Im Folgenden wird schrittweise der Umgang mit diesem Programm an einem Beispiel erklärt. Die Vorgehensweise ist wie folgt:
- Zunächst wird der vorgelegte Plan gezeichnet,
- anschließend erfolgt die Simulation der Steuerung,
- die überprüfte Steuerung wird gegebenenfalls optimiert.

Steuerungsaufgabe
In einer Bohrvorrichtung sollen Werkstücke pneumatisch gespannt werden. Der Spannvorgang muss durch Tastendruck von zwei verschiedenen Stellen ausgelöst werden können. Das Lösen soll über einen Fußschalter vorgenommen werden. Aus Sicherheitsgründen muss gewährleistet sein, dass der Spannvorgang nur gelöst wird, wenn die Bohrspindel zurückgefahren ist.

Spannvorrichtung Schaltplan

1. **Vorbereitende Maßnahmen**
   - FluidSIM-P aufrufen.
   - Über den Button *Bibliothek* die *hierarchische Darstellung – Komponenten* links auf dem Bildschirm platzieren.
   - Über den Button *Datei* und den Hinweis *neu* eine leere Seite aufrufen, diese rechts auf dem Bildschirm platzieren.

Seite einrichten

2. **Versorgungselemente öffnen und platzieren**
   - In der Bibliothek den Bereich *Pneumatik* öffnen und dort die *Versorgungselemente* aufrufen.
   - Gewünschte Elemente jeweils mit der linken Maustaste anklicken und auf die Seite ziehen. Im Beispiel werden hier die *Druckversorgung* und zusätzlich die *Wartungseinheit* übernommen.

Elemente übernehmen

3. **Aktoren öffnen, Untermenü aufrufen und Element ändern**
   - In der Bibliothek den Bereich *Aktoren* öffnen, dort *Zylinder, doppelt wirkend* anklicken und auf die Seite ziehen.
   - Da der angebotene Zylindertyp nicht genau dem gewünschten Zylinder entspricht, können über ein *Untermenü Zylinder* die Eigenschaften des Elements konfiguriert werden. Dazu wird durch einen Doppelklick mit der linken Maustaste auf den Zylinder das benötigte Untermenü geöffnet.
   - Im Beispiel werden die Vorgaben *Endlagendämpfung, einstellbar* und *Abfrage* zurückgesetzt, sodass der Zylinder die geforderten Eigenschaften hat. Mit der Bestätigung über *OK* wird das neue Schaltzeichen übernommen.

Untermenü nutzen

Pneumatik

4. **Ventile öffnen, auswählen und konfigurieren**
   - In der *Bibliothek* den Bereich *Ventile* öffnen und den Bereich *Konfigurierbare Wegeventile* aufrufen.
   - Im Beispiel wird ein 3/n-Wegeventil mit der linken Maustaste angeklickt und auf die Seite gezogen. Da das Ventil noch unvollständig ist, es fehlen hier z. B. die Betätigungen, wird es mit der rechten Maustaste angeklickt. Es öffnet sich ein *Auswahlfenster*, in dem die Zeile *Eigenschaften* aufgerufen wird.
   - Über das *Untermenü Ventil konfigurieren* können alle verfügbaren Betätigungen und sonstigen möglichen Einstellungen für das Ventil konfiguriert werden. Die vorgenommen Änderungen am Ventil werden im Untermenü in einem Sichtfenster angezeigt. Im Beispiel wird bei der Betätigung rechts das Feld *Federrückgestellt* aktiviert. Entsprechend wird bei der Betätigung Links unter *Muskelkraft* der Handtaster ausgewählt. Das Untermenü schließt man durch Anklicken des Zeichnungsblatt. Das Ventil wird in der geänderten Form übernommen.

Elemente konfigurieren

5. **Elemente aufrufen, kopieren, ändern und platzieren**
   - In der *Bibliothek* den Bereich für das gewünschte Element öffnen, das gewählte Bauteil anklicken und auf die Zeichnungsebene ziehen.
   - Schon auf der Zeichnungsebene vorhandene Elemente können kopiert werden. Dazu klickt man das zu kopierende Element an und nutzt das erscheinende *Auswahlfenster* sinngemäß mit den Aktionen *kopieren* und *einfügen*.
   - Die für die Steuerung benötigten Elemente werden gemäß der Vorlage auf der Zeichnungsebene platziert und gegebenenfalls über Untermenüs konfiguriert.
   Hinweis: Für das Ventil 1.3 wird als Betätigung ein rastender Taster gewählt, damit die Funktion der Bohrspindel simuliert werden kann.

Elemente kopieren und platzieren

6. **Elemente ergänzen und Leitungen zeichnen**
   - Die Elemente kann man, falls notwendig, noch ergänzen oder korrigieren. Im Beispiel werden die Signalglieder noch um das Symbol für die Abluft ergänzt. Dazu klickt man das jeweilige Element an und orientiert sich am Auswahlfenster oder Untermenü.
   - Die Leitungen werden gezeichnet, indem man den Cursor in den kleinen Kreis des jeweiligen Bauteils setzt und mit gedrückter Maustaste die Leitung zum gewünschten Anschluss zieht.
   - Die Leitungen werden als Arbeitsleitung ausgeführt. Will man gestrichelte Steuerleitungen einzeichnen, so klickt man die jeweilige Leitung mit der rechten Maustaste an und nutzt das erscheinende Untermenü sinngemäß.

Leitungen zeichnen

Steuerungstechnik

7. **Schaltplan vervollständigen und Elemente kennzeichnen**
   - Die Elemente sollen gemäß der Vorlage gekennzeichnet werden. In der Bibliothek wird dazu der Bereich *Verschiedenes* geöffnet, daraus das Feld *Text* angeklickt und auf die Seite gezogen.
   - Durch einen Doppelklick mit der linken Maustaste auf dieses Feld *Text* öffnet sich das *Untermenü Text*.
   - In diesem Menü wird das Kästchen *Text umrahmen* angewählt. Außerdem lassen sich über den Hinweis *Schriftart* sowohl der Schrifttyp als auch die Schriftgröße einstellen.
   - Im Unterfenster kann nun der Text – im Beispiel 1.8 – eingegeben werden. Bestätigt man mit *OK*, so erscheint auf der Zeichenebene an der Stelle „Text" die eingeschriebene Information. Mit dem Cursor kann man diesen Textbaustein an die gewünschte Stelle verschieben.

   Elemente kennzeichnen

8. **Steuerung zeichnerisch überprüfen und simulieren**
   - Die Zeichnung für eine Steuerung kann über den Button *Ausführen* und die Aktion *Zeichnung prüfen* auf zeichnerische Richtigkeit untersucht werden. Fehlermeldungen geben Korrekturhinweise.
   - Über die Aktion *Start* beginnt die Simulation. Sobald man die Zeile Start angeklickt hat, wird die Anlage unter Druck gesetzt und die druckführenden Leitungen sind eingefärbt.
   - Mit dem Cursor betätigt man die erforderlichen Ventile und das Programm simuliert die Steuerung. Dabei werden die Ventile bzw. die Aktoren gemäß der Vorgaben geschaltet.

   Steuerung simulieren

9. **Steuerung optimieren**
   - Nach der Simulation kann die Steuerung optimiert werden, indem man die vorhandene Zeichnung abändert. Dazu wechselt man aus dem Simulationsmodus wieder in den *Bearbeitungsmodus* des Programms.
   - Im Vorlauf des Zylinders soll zusätzlich ein Drosselrückschlagventil als Abluftdrosselung eingebaut werden. Dazu wird zunächst die Leitung zwischen dem Zylinder auf der Kolbenstangenseite und Ventil 1.7 gelöscht, indem man die Leitung markiert und mit Doppelklick der linken Maustaste über das Hilfsmenü die Aktion *Löschen* aufruft.
   - Wie oben beschrieben bedient man sich aus der Bibliothek und fügt ein Drosselrückschlagventil ein. Anschließend werden die Leitungen eingezeichnet. Ebenso kann man ein Hauptventil zur Einschaltung der Druckversorgung einfügen.

   Steuerung optimieren

3 Elektropneumatik

In der Elektropneumatik steuern elektrische Signale den Energiefluss in pneumatischen Systemen. Im Steuerteil wird elektrische Energie benutzt. Im Leistungsteil setzt man Druckluft als Energieträger ein. Durch geeignete Bauteile werden die beiden Energiekreise verknüpft.

3.1 Bauteile in elektropneumatischen Anlagen

3.1.1 Magnetventile

1. Wirkungsweise

Die elektromagnetische Betätigung eines Ventils über ein elektrisches Signal stellt die Verknüpfung zwischen dem Stromkreis und dem Druckluftkreis dar. Magnetventile nennt man auch **EP-Wandler**. Schaltet man den Strom ein, wird die Magnetspule erregt und der Anker in die Spule hineingezogen. Dadurch öffnet sich das Ventil, und Druckluft kann von 1 (P) nach 2 (A) strömen.
Schaltet man den Strom ab, ist die magnetische Wirkung erloschen und die Federkraft schließt das Ventil. Die Abluft kann dann von 2(A) über 3(R) ausströmen.
Elektromagnetische Ventile können direkt angesteuert oder als vorgesteuerte Ventile betätigt werden.

2. Symbole für Ventile

Das elektromagnetische Betätigungselement wird im Pneumatikschaltplan und im Stromlaufplan mit einem ähnlichen Symbol dargestellt. In beiden Plänen erhält es die gleiche Ordnungsnummer (z. B. –M1; früher 2M1).
Das Symbol für das Ventil selbst wird in beiden Plänen unterschiedlich dargestellt. Für den Elektroschaltplan gelten DIN EN 60617 und DIN EN 81346-2 als Grundlage, für den Pneumatikschaltplan ist für Symbole die DIN ISO 1219-1 und für die Bezeichnungen die DIN ISO 1219-2 anzuwenden.[1]

Elektropneumatisches Magnetventil

Symbole für Schaltpläne der Elektropneumatik

3. Vorsteuerung und Handhilfsbetätigung von Magnetventilen

Wird an die Magnetspule eines Magnetventils ein elektrisches Signal angelegt, so entsteht ein Magnetfeld. In diesem Feld wird auf einen Stößel eine Magnetkraft ausgeübt. Die Magnetkraft öffnet das Ventil gegen eine Federkraft und gibt den Durchfluss für die Druckluft frei. Aus der erforderlichen Magnetkraft ergibt sich die Leistung der Magnetspule.

Magnetventil mit Vorsteuerung

---

[1] Ergänzend dazu siehe Kap. „Kennzeichnung von Bauelementen nach DIN ISO 1219 und DIN EN 81346-2" ab **Seite 589**

Steuerungstechnik

Das Bestreben nach niedrigen Leistungsdaten für Magnetspulen hat zum Vorsteuerprinzip bei diesen Ventilen geführt. So haben auch Ventile mit großen Nennweiten eine geringe Leistungsaufnahme. Es können beispielsweise Ventile mit 14 mm Nennweite und einem Normal-Nenndurchfluss von 4000 l/min mit Leistungen von unter 5 W geschaltet werden.

Magnetventil mit Handhilfsbetätigung

Auch bei Magnetventilen sind Handhilfsbetätigungen üblich. Die Handhilfsbetätigung dient zur Funktionskontrolle des Ventils und zum Einrichten der Anlage.

> ! Die elektromagnetische Betätigung im Magnetventil stellt das Verbindungsglied zwischen dem Stromkreis und dem Druckluftkreis dar.
> In dieser Schnittstelle findet die Signalumwandlung von der Elektrik zur Pneumatik statt, deswegen nennt man Magnetventile auch **EP-Wandler**.

3.1.2 Druckschalter

Müssen in elektropneumatischen Steuerungen pneumatische Signale in elektrische Signale umgewandelt werden, so benutzt man **pneumatische Druckschalter**, die auf einen elektrischen Mikroschalter wirken.

Steigt der Druck in der Steuerleitung des Druckschalters, so wird über eine Membrane ein kleiner Stößel gegen eine Federkraft betätigt. Bei genügend großem Betätigungsdruck schaltet dieser Stößel über einen Hebel den angebauten elektrischen Schalter.

Sinkt der Steuerdruck unter den eingestellten Wert, so drückt die Feder den Stößel mit dem Hebel zurück und das elektrische Signal wird umgeschaltet. In dieser *Schnittstelle* findet die Signalumwandlung von der Pneumatik zur Elektrik statt. Aus diesem Grund nennt man pneumatisch-elektrische Druckschalter auch **PE-Wandler**.

Je nach Kontaktanordnung ist der elektrische Schalter ein Öffner, Schließer oder Wechsler. Für die Auswahl der elektrischen Kenngrößen von Druckschaltern sind die Hinweise, die bei den Magnetventilen gemacht werden, zu beachten.

Druckschalter

Mögliche Kontaktanordnungen eines Druckschalters

> ! Der Druckschalter stellt ein Verbindungsglied zwischen dem Druckluftkreis und dem Stromkreis dar. Pneumatisch-elektrische Druckschalter sind PE-Wandler.

Elektropneumatik

3.1.3 Schutzbeschaltung

Beim Abschalten einer Magnetspule bricht das bestehende Magnetfeld schlagartig zusammen. Ein sich änderndes Magnetfeld erzeugt durch Induktion eine Spannung. Diese Induktionsspannung ist wegen des kurzen Abschaltaugenblicks besonders hoch. Somit entstehen Gefahren für die bedienende Person, und der Verschleiß der Kontakte wird erheblich erhöht.
Durch eine sogenannte Schutzbeschaltung können diese Gefahren und Verschleißerscheinungen verringert werden.

> **Beispiel für Schutzbeschaltung eines Magnetventils**
>
> Die einfachste Schutzmaßnahme ist die Parallelschaltung eines Kondensators, auch **C-Glied** genannt, zum Schalter. Um zu vermeiden, dass sich die Kondensatorladung beim erneuten Einschalten voll über die Kontakte entlädt, ist ein Widerstand, auch **R-Glied** genannt, erforderlich. Dieser Widerstand wird in Reihe geschaltet und hält den Entladestrom klein. Die Kombination von Kondensator und Widerstand wird auch als **RC-Glied** bezeichnet.
>
> S Schalter
> C Kondensator
> R Widerstand
> M Magnetspule
>
> Schutzbeschaltung durch RC-Glied

3.1.4 Schutzarten

Magnetspulen sind elektrische Betriebsmittel, die wie alle elektrischen Betriebsmittel in Schutzarten eingeteilt werden. Dadurch werden der anwendenden Person die Einsatzmöglichkeiten und Einsatzgrenzen aufgezeigt. Die Norm DIN EN 60529 umfasst unter anderem den Schutz für:

- Personen,
- Betriebsmittel.

Die Schutzarten werden durch ein Kurzzeichen angegeben, das sich aus den zwei stets gleich bleibenden Kennbuchstaben IP und zwei Kennziffern für den Schutzgrad zusammensetzt. Die **Kennbuchstaben IP** kommen von **I**nternational **P**rotection und weisen so auf übernationale Vereinbarungen im Bereich der Schutzarten hin.

Die *erste Kennziffer* zwischen **0** und **6** kennzeichnet die Schutzgrade gegen Berühren und gegen Eindringen von Fremdkörpern. Damit wird der Schutz von Personen gegen Berühren von Teilen, die unter Spannung stehen oder von Teilen, die sich bewegen beschrieben. Zusätzlich beschreibt man den Schutz des Betriebsmittels gegen das Eindringen von festen Fremdkörpern.

Die *zweite Kennziffer* zwischen **0** und **8** bezeichnet die Schutzgrade gegen das Eindringen von Wasser in das Betriebsmittel.

Schutzart IP ... nach DIN EN 60529				
erste Ziffer: Schutz gegen das Eindringen von festen Körpern			**zweite Ziffer:** Schutz gegen das Eindringen von Wasser	
0	nicht vorhanden		0	nicht vorhanden
1	größer 30 mm Durchmesser		1	Tropfwasser senkrecht
2	größer 12 mm Durchmesser		2	Tropfwasser 15° schräg
3	größer 2,5 mm Durchmesser		3	Sprühwasser 60° schräg
4	größer 1 mm Durchmesser		4	Spritzwasser von überall
5	gegen Staubablagerungen		5	Strahlwasser von überall
6	absolut staubdicht		6	starkes Strahlwasser
	–		7	kurzzeitiges Druckwasser
	–		8	dauerndes Druckwasser

> **Beispiel für Schutzart an Magnetventilen**
>
> **IP 65** in nassen Räumen verwendbar, geschützt gegen Strahlwasser aus allen Richtungen, absolut staubdicht **(übliche Schutzart für Magnetventile)**

Übungsaufgaben 3/7; 3/8; 3/9

Steuerungstechnik

3.1.5 Auswahlkriterien für Magnetventile

Beim Einsatz von Magnetventilen muss man pneumatische und elektrische Gesichtspunkte beachten. Der Leistungsteil der Anlage bestimmt die Auswahlkriterien für die Wegeventile in Bezug auf Bauart und Nennweite. Die Auswahlkriterien für die elektrischen Elemente werden wesentlich vom Einsatzbereich her festgelegt. Neben den Schutzarten sind noch weitere Gesichtspunkte zu beachten.

Kriterien	Beschreibung	Hinweise
Einschaltdauer	Die Zeit, die ein Gerät eingeschaltet ist, bezeichnet man als Einschaltdauer. Die heute übliche Einschaltdauer beträgt 100 % und wird mit **ED 100 %** angegeben. Dies bedeutet, das Gerät darf dauernd eingeschaltet sein.	Umgebungstemperatur für Magnetventile nach Europa-Norm bei ED 100 % beträgt max. 50 °C
Stromart	Magnetventile gibt es sowohl für Gleichstrom als auch für Wechselstrom.	Anlagen über 24 V dürfen nur von autorisiertem Fachpersonal montiert werden VDO 0113
Spannung	Übliche Spannungen sind 24 V Gleich- oder Wechselspannung bzw. 230 V Wechselspannung.	
Frequenz	Die übliche Frequenz beträgt 50 Hz, in Sonderfällen auch 60 Hz.	
Explosionsgefahr	Für besonders explosionsgefährdete Räume gibt man nach VDE den Schutz durch die Buchstaben Eex an. Weiterhin werden Kurzzeichen der verwendeten Zündschutzart, der Betriebsmittelgruppe und der Temperaturklasse angegeben.	nach DIN VDE

3.1.6 Grenztaster (Sensoren)[1]

Mit Grenztastern werden Hubkolben, Werkzeugschlitten und andere Maschinenteile beim Erreichen von Endlagen ein- bzw. ausgeschaltet. Dabei ist das genaue Einhalten der Position auch nach mehrmaligem Schalten sehr wichtig. In der Elektropneumatik stehen neben Grenzschaltern auch berührungslose Grenztaster zur Verfügung, die nach verschiedenen physikalischen Prinzipien arbeiten. In der Übersicht sind die im Handel erhältlichen Grenztaster aufgeführt.

Name des Grenztasters und Art des Kontakts	Erklärung der Funktion	Schaltzeichen
Magnet-Grenztaster mit Reedkontakt magnetisch geschaltet	Ein Permanentmagnet fährt mit der Hubbewegung über die Kontakte und öffnet bzw. schließt so den Stromkreis berührungslos über das Magnetfeld. Vorteilhaft ist, dass der Schaltmagnet in den Zylinder selbst eingebaut werden kann.	
Fotoelektronische Grenztaster geschaltet über Lichtschranke	Bei fotoelektronischen Grenztastern ist der Stromkreis über eine Lichtschranke zwischen Sender und Empfänger geschlossen. Fährt der Hubkolben in seine Endlage, wird die Lichtschranke durchfahren und der Stromkreis ist unterbrochen.	
Näherungsschalter als Grenztaster induktiv geschaltet	Beim induktiven Näherungsschalter wird durch den Metallstößel des Hubkolbens ein elektromagnetisches Wechselstromfeld gestört und so der Schaltvorgang ausgelöst.	
kapazitiv geschaltet	Beim kapazitiven Näherungsschalter wird durch die Hubbewegung die elektrische Kapazität von Kondensatoren gestört und dadurch ein Schaltvorgang ausgelöst. Kapazitive Näherungsschalter können durch jeden beliebigen Werkstoff geschaltet werden.	

---

1 Siehe auch Kap. Sensortechnik ab Seite 661

Elektropneumatik

3.1.7 Schütz und Relais

Schütze und Relais sind Tastschalter, die durch Fernbetätigung elektromagnetisch schalten.

Wird z. B. eine Schützspule erregt, d. h. eingeschaltet, so wird der Anker mit den Kontakten in die Spule gezogen und die Kontakte werden geschaltet. Schütze und Relais schalten in der Regel mehrere Kontakte gleichzeitig. Der Unterschied zwischen Schütz und Relais liegt in der Schaltleistung.
- Schütze haben eine Schaltleistung von 1 bis 500 kW.
- Relais liegen mit der Schaltleistung wesentlich darunter – wenige mW bis 1 kW.

Zeitrelais schalten zeitverzögert. Ein einschaltverzögertes Zeitrelais schaltet verzögert ein, während ein ausschaltverzögertes Zeitrelais verzögert ausschaltet.

Schütz mit 3 Kontakten

Relais als Wechsler

> **!** Schütz und Relais sind Schaltglieder, in denen durch die Magnetkräfte des Steuerstroms Kontakte im Laststromkreis betätigt werden.

3.1.8 Anschlusskennzeichen an Relais

Anschlüsse an Relais und Schützen werden durch zweistellige Zahlen- bzw. Buchstabenkombinationen gekennzeichnet. Die Plusseite der Spule wird mit A1 und die Minusseite mit A2 gekennzeichnet. Für die Kontakte gilt Folgendes: Die erste Ziffer kennzeichnet die Kontaktbahn, die zweite Ziffer kennzeichnet die Schalterart. Dabei steht 1–2 für Öffnerkontakte und 3–4 für Schließerkontakte.

Beispiel für Anschlusskennzeichen am Relais

Schaltzeichen mit Anschlusskennzeichen

Bauteil

3.1.9 Schaltzeichen für elektrische Bauteile

Schaltzeichen für wichtige elektrische Bauteile in elektropneumatischen Anlagen (Beispiele)

elektrisches Bauteil (Funktion)	Erklärung	Schaltzeichen nach DIN EN 60617
Grenztaster (Wechsler)	Die Betätigung erfolgt über Kolbenhub mechanisch durch eine Rolle.	
Zeitrelais (Schließer)	Nach Betätigung erfolgt der Schaltvorgang mit einstellbarer Verzögerung – hier Einschaltverzögerung.	
Zeitrelais (Öffner)	Nach Betätigung erfolgt der Schaltvorgang mit verstellbarer Verzögerung – hier Ausschaltverzögerung.	
Schütz bzw. Relais (2 Schließer, 1 Öffner)	Die Betätigung mehrerer Schalter erfolgt elektromagnetisch, Fernbedienung und unterschiedliche Kombination von Schaltern sind möglich.	
Elektromagnet (Einschaltverzögerung)	Nach Betätigung erfolgt der Schaltvorgang erst nach einer bestimmten einstellbaren Zeit. Über einen Widerstand und einen Kondensator wird die Schaltspannung zeitverzögert erreicht.	
Elektromagnet (Ausschaltverzögerung)	Wird das Eingangssignal gelöscht, d. h. ausgeschaltet, bleibt für eine einstellbare Zeit der Elektromagnet angezogen bzw. eingeschaltet.	

Übungsaufgaben 3/13; 3/14

Steuerungstechnik

3.2 Elektropneumatische Steuerungen

3.2.1 Pneumatikschaltplan und Stromlaufplan

In der Industrie hat sich zunehmend eine Verknüpfung von Pneumatik und Elektrik durchgesetzt. Dabei übernimmt die Elektrik die Signalgebung und Signalweiterleitung – **Signalfluss** –, während die Pneumatik die Druckluft als Energie für Maschinen und Vorrichtungen bereitstellt – **Energiefluss** –. In der zeichnerischen Darstellung elektropneumatischer Anlagen werden der Signalfluss durch Stromlaufpläne und der Energiefluss durch Pneumatikschaltpläne getrennt dargestellt.

Der Stromfluss wird im **Stromlaufplan** von oben (+) nach unten (–) angenommen. Die Bauteile sind durch genormte Schaltzeichen dargestellt und in der Reihenfolge des Stromdurchgangs angeordnet. Die tatsächliche Lage der Bauteile in der Anlage oder in der Maschine ist aus dem Stromlaufplan nicht ersichtlich.

Auszug aus einem Pneumatikschaltplan

Auszug aus einem Stromlaufplan

Schaltpläne in der Elektropneumatik

> **!** In der Elektropneumatik werden pneumatisch angetriebene Systeme durch elektrische Signale gesteuert. Als Schaltpläne dienen der Pneumatikschaltplan und der Stromlaufplan.

1. Kennzeichnung der Betriebsmittel[1]

Weil in der Elektropneumatik verschiedene Technologien ineinandergreifen, hat man aus jedem Teilgebiet die entsprechenden Normen zu beachten. Die Kennzeichnung der Betriebsmittel muss im Pneumatikschaltplan und im Stromlaufplan einheitlich sein.

Im Pneumatikschaltplan werden die Arbeitselemente mit den zugehörigen Stellgliedern dargestellt. Die lagemäßige Zuordnung der Sensoren zu den Arbeitselementen wird hier ebenfalls erfasst. Durch entsprechende Betätigungssymbole kennzeichnet man die elektromagnetische Betätigung der Stellglieder. Den Kennbuchstaben elektrischer Betriebsmittel wird ein **Minuszeichen** vorangestellt.

Kennbuchstabe	Art des Betriebsmittels (Beispiele)
B	Sensoren allgemein, Positionsschalter, Näherungsschalter usw.
F	Sicherungen, Schutzeinrichtungen, Druckwächter
P	Signalhorn, Lichthupe, Klingel, LED
K	Relais
Q	Schütz (für Last)
M	Antriebe (Stellantrieb, Betätigungsspule, Elektromotor, Linearmotor)
R	Widerstand
S	Signalgeber manuell, Tastschalter, Wahlschalter usw.
x.y	Zylinder
x.y +	ausfahrende Zylinder
x.y –	einfahrende Zylinder

Hinweis: x und y stehen für die Nummern aus dem Pneumatikplan

2. Schaltgliedertabelle

Weil in umfangreichen Steuerungen ein Schütz mehrere Schließer und Öffner in verschiedenen Strompfaden betätigt, erleichtert eine **Schaltgliedertabelle** die Übersicht.

Die Schaltgliedertabelle zeichnet man jeweils unterhalb des Strompfads, in dem das entsprechende Schütz eingezeichnet ist. Vereinbarungsgemäß stehen unter dem Schaltzeichen für Öffner die Pfadnummern, in denen sich Kontakte für Öffner befinden. Unter dem Schaltzeichen für Schließer stehen die Pfadnummern, in denen sich Kontakte für Schließer befinden.

Schaltplanauszug mit Schaltgliedertabelle

> **!** Die Schaltgliedertabelle gibt darüber Aufschluss, in welchen Strompfaden sich Schließer bzw. Öffner des über der Tabelle gezeichneten Schützes befinden.

---
1 Ergänzend dazu siehe Kap. 3.4 ab Seite 598

Elektropneumatik

3.2.2 Reihen- und Parallelschaltung

Für die Ansteuerung von Ventilen können unterschiedliche Bedingungen gefordert sein. Einmal kann es nötig sein, ein Ventil von verschiedenen Stellen aus zu schalten; es kann aber auch erforderlich sein, dass erst mehrere Schalter bedient werden müssen, um ein Ventil zu betätigen. Im Hinblick auf die Ansteuerung unterscheidet man zwei Arten von Schaltungen.

Die **Reihenschaltung** ist eine **UND**-Schaltung. Ein Spannzylinder soll beispielsweise erst spannen, wenn das Werkstück eingelegt worden ist und die Schutzvorrichtung geschlossen wurde. Erst wenn **beide Bedingungen** erfüllt sind, darf das Magnetventil für den Spannzylinder betätigt werden. Schalter S1 und Schalter S2 sind also in Reihe geschaltet. In umfangreichen Schaltplänen wird die Darstellung durch Logikzeichen bevorzugt.

Stromlaufplan einer Reihenschaltung

Logikzeichen einer UND-Schaltung

Die **Parallelschaltung** ist eine **ODER**-Schaltung. Mit einer solchen Schaltung kann man z. B. ein Ventil von verschiedenen Stellen aus schalten. **Entweder** wird der Stromkreis für die Ventilbetätigung über den Schalter S1 **oder** den Schalter S2 geschlossen. Die Schalter sind also parallel angeordnet.

Stromlaufplan einer Parallelschaltung

Logikzeichen einer ODER-Schaltung

> ❗ Elektropneumatische Ventile können angesteuert werden durch:
> • Reihenschaltung (UND-Schaltung), • Parallelschaltung (ODER-Schaltung).

3.2.3 Ansteuerung von Wegeventilen

1. Ventil mit Speicherverhalten durch Permanentmagnete

Ist z. B. ein 5/2-Wegeventil von beiden Seiten ansteuerbar, so bleibt die geschaltete Stellung erhalten, bis das Gegensignal erfolgt, denn in den Endlagen des Ventils sind Permanentmagnete eingebaut, die die jeweilige Lage der Ventilstellung sichern. Wird das Ventil beispielsweise zum Ansteuern eines Spannzylinders eingesetzt, so bleibt das Werkstück nach dem Spannvorgang so lange gespannt, bis der elektrische Taster zum Lösen betätigt wird. Vorgesteuerte 5/2-Wegeventile lassen sich mit geringer elektrischer Energie schalten.

Pneumatikschaltplan

Stromlaufplan

> ❗ Ein Impulssignal bewirkt in elektropneumatischen Wegeventilen mit Speicherverhalten eine bleibende Umschaltung des Ventils.

2. Ventil mit Speicherverhalten durch Selbsthaltung im Relais

Schütze und Relais sind fernbetätigte elektromagnetische Schalter, die als Schließer, Öffner oder Wechsler entsprechend der Gesamtaufgabe ausgebildet sind.
Die Ansteuerung eines Wegeventils mithilfe eines Relais erlaubt eine Daueransteuerung des Ventils, obwohl das Signalglied nur angetippt zu werden braucht (Taster).

Ein solches Speicherverhalten in der Steuerung kann man durch eine besondere elektrische Schaltung erreichen.

Von dem Relais wird eine Kontaktbahn genutzt, damit das Relais eingeschaltet bleibt. Man spricht von Selbsthaltung. Erst wenn über einen zusätzlichen Schalter der Steuerkreis unterbrochen wird, kann die Selbsthaltung des Relais aufgehoben werden.

Beispiel für ein schützgesteuertes Ventil mit Selbsthaltung im Stromkreis

Pneumatikschaltplan   Stromlaufplan

Funktionsbeschreibung

Durch die Betätigung des Schließers S2 wird das Schütz K1 an den Stromkreis geschlossen und schaltet seinerseits elektromagnetisch gleichzeitig zwei Schließer des Schützes K1 in den Strompfaden 2 und 3. Wird S2 durch Loslassen des Tasters wieder geöffnet, so bleibt das Schütz jedoch über K1 im Strompfad 2 an den Stromkreis angeschlossen. Das Schütz K1 fällt also nicht ab, sondern hält sich selbst (**Selbsthaltung eines Schützes**).

Der geschlossene Kontakt K1 im Strompfad 3 bewirkt die elektromagnetische Betätigung des 5/2-Wegeventils. Das Ventil schaltet durch und die Kolbenstange fährt aus. Die Selbsthaltung des Schützes hat zur Folge, dass die Kolbenstange ausgefahren bleibt. Wird der Taster S1 betätigt, so ist der gesamte Stromkreis unterbrochen. Das Schütz fällt ab und seine Kontakte K1 öffnen sich. Dadurch wird die Magnetspule M1 stromlos und das Ventil stellt sich durch die Feder in die Ausgangsstellung zurück. Der Weg von 1 nach 2 im Ventil öffnet sich und die Kolbenstange fährt ein.

! Impulssignale lassen sich mithilfe der Selbsthaltung des Schützes in Dauersignale umwandeln. Wegeventile werden dadurch so lange angesteuert, bis die Spannung abgeschaltet wird.

3.2.4 Wegabhängige Steuerungen

In wegabhängigen Steuerungen werden die Bauelemente in Abhängigkeit vom zurückgelegten Kolbenweg geschaltet. Mit Grenztastern und Schützsteuerungen lassen sich solche Schaltungen elektropneumatisch einfach verwirklichen. Grenztaster können Sensoren oder Endschalter sein.

Beispiel für eine wegabhängige Steuerung

Aufgabenstellung

Ein doppelt wirkender Zylinder soll aus einem Magazin Bauteile zur weiteren Bearbeitung bereitstellen. Ist das Bauteil verschoben, soll die ausgefahrene Kolbenstange einen Grenztaster betätigen, der das Einfahren bewirkt.

Technologieschema für Zustellvorrichtung

Elektropneumatik

Pneumatikschaltplan

Stromlaufplan

Funktionsbeschreibung

Einschalttaster S2 gibt Strom auf Schütz K1; daraus folgt Selbsthaltung von K1 und Spannung auf Magnetspule M1. Die Kolbenstange fährt aus und betätigt in der Endlage Taster B2. Schütz K1 und dadurch Spule M1 werden spannungsfrei, das Ventil schaltet in die Ausgangsstellung, die Kolbenstange fährt ein.

> ❗ Wegabhängige Steuerungen verwirklicht man in der Elektropneumatik vor allem über Grenztaster (Sensoren, Endschalter) mit Schützsteuerungen.

3.2.5 Weg- und zeitabhängige Steuerungen

Zeitabhängige Steuerungen können in der Elektropneumatik mithilfe von Zeitrelais verwirklicht werden. Im Zeitrelais wird über einen verstellbaren Widerstand ein Kondensator aufgeladen. Erst wenn der Kondensator aufgeladen ist, erfolgt der Schaltkontakt.

> **Beispiel für eine weg- und zeitabhängige Steuerung**
>
> In einer Klebevorrichtung soll der Spannvorgang für eine bestimmte Zeit aufrechterhalten werden.
>
> **Pneumatikschaltplan**
>
> **Stromlaufplan**
>
> **Funktionsbeschreibung**
>
> Nach Betätigung von Taster S2 schaltet das Schütz die Kontakte K1 in den Strompfaden 2 und 4 und schließt den Stromkreis. Das Schütz K1 hält sich selbst. Das Ventil wird betätigt, und die Kolbenstange des Zylinders fährt aus. In der Endlage der Kolbenstange betätigt diese den Grenztaster B2, wodurch für das Schütz K2 der Stromkreis geschlossen wird. Dieses Schütz schaltet jedoch einschaltverzögert. Der Spannvorgang bleibt aufrechterhalten. Nach der eingestellten Zeitspanne öffnet Schütz K2 den Kontakt K2 im Strompfad 1. Alle Schütze in der Anlage werden stromlos, und die Magnetspule M1 ist spannungsfrei. Die Feder schaltet das Ventil zurück, die Kolbenstange fährt ein.

> ❗ Zeitabhängige Steuerungen verwirklicht man in der Elektropneumatik vor allem über Zeitrelais, die Signale einschalt- oder ausschaltverzögert weitergeben.

Übungsaufgabe 3/20

Steuerungstechnik

3.2.6 Verknüpfungs- und Ablaufsteuerungen in der Elektropneumatik

Die Vorzüge von elektropneumatischen Steuerungen werden besonders deutlich, wenn mehrere Arbeitsglieder in einer Anlage vorhanden sind und voneinander abhängig gesteuert werden müssen.

Ein fehlerfreier Ablauf einer umfangreichen Steuerung ist nur dann gewährleistet, wenn die Ausführung eines jeden Schritts geprüft wird, bevor der nächste Schritt eingeleitet wird.
Diese Prüfung erfolgt durch Sensoren, welche die Ausführung rückmelden. Diese Rückmeldung wird als Bedingung für den nächsten Schritt gesetzt. Rückmeldungen sind in der Elektropneumatik den Gegebenheiten leicht anzupassen, da sehr unterschiedliche Sensoren zur Verfügung stehen, deren Signale über Schützsteuerungen leicht verarbeitet werden können.

Beispiel für eine Verknüpfungs- und Ablaufsteuerung

Aufgabenstellung

In einer pneumatischen Schellen-Biegevorrichtung wird das Rohteil durch einen Zylinder gespannt. Ein zweiter Zylinder biegt die Schelle. Das Rohteil wird von Hand eingelegt.

Schritt	Beschreibung des Ablaufs
1	Zylinder 1.4 fährt aus, Spannen des Rohteils
2	Zylinder 2.4 fährt aus, Biegen der Schelle
3	Zylinder 2.4 fährt ein, Rücksetzen des Biegewerkzeugs
4	Zylinder 1.4 fährt ein, Lösen des Werkstücks

Anmerkungen:
– Der Start der Steuerung darf nur möglich sein, wenn das Schutzgitter geschlossen ist (Endschalter B6) und beide Zylinder eingefahren sind (Sensoren B1 und B3).
– Der Biegevorgang darf nur möglich sein, wenn ein Rohteil in der Vorrichtung liegt (Endschalter B5) und das Rohteil gespannt ist (Sensor B2).
– Jeder folgende Steuerschritt kann nur durchgeführt werden, wenn vom vorhergehenden Schritt eine Rückmeldung erfolgt ist.

Technologieschema Schellen-Biegevorrichtung

Funktionsdiagramm

Pneumatikschaltplan

Elektropneumatik

Stromlaufplan

Funktionsbeschreibung

- Über den Schalter S0 wird die gesamte Anlage mit Spannung versorgt.
- Die Anlage wird gestartet, wenn der Handtaster S3 betätigt wird, das Schutzgitter geschlossen ist (Endschalter B6) und das Rohteil in der Vorrichtung liegt (Endschalter B5).
- Schütz K1 zieht Kontakte in den Strompfad 2, 3, 9 und 20 (Schließer).
- Im Strompfad 9 erhält nun Schütz K5T Spannung und zieht Kontakte in den Strompfad 7 und 10 (Schließer) sowie im Strompfad 1 (Öffner).
- Das ausschaltverzögerte Schütz K5T verriegelt die Anlage gegen eine Fehlbetätigung, weil im Strompfad 1 K5T öffnet und somit kein neuer Start beginnen kann.
- Die Schrittfolge der Ablaufsteuerung ist durch Schließer und Öffner so geschaltet, dass nur ein einzelner Schritt ausgeführt werden kann.
- Die Weiterschaltung erfolgt durch die Sensoren an den Zylindern: Nur wenn der jeweilige Sensor betätigt ist, kann der nächste Steuerschritt erfolgen.

> ! Rückmeldungen von Zylinderpositionen über Sensoren gewährleisten einen schrittweisen und fehlerfreien Ablauf von Steuerungen.
> Durch ein ausschaltverzögertes Schütz wird eine Anlage gegen Fehlstart abgesichert.

Übungsaufgaben 3/21; 3/22

Steuerungstechnik

3.3 Installieren und Inbetriebnehmen elektropneumatischer Steuerungen

Die Installation und Inbetriebnahme von Steuerungen führt die Fachkraft nach vorliegenden Schaltplänen und anderen Dokumenten durch. Aus den Unterlagen, z. B. dem Technologieschema und dem Funktionsplan (GRAFCET)[1], kann er den Funktionsablauf der Steuerung erkennen. Im Pneumatikschaltplan und im Stromlaufplan ist die technischen Ausführung der Steuerung festgelegt.

3.3.1 Installieren einer elektropneumatischen Steuerung

Die Installation der Anlage nimmt die Fachkraft nach systematischen Gesichtspunkten vor. Der übersichtliche Aufbau der Anlage erleichtert eine spätere Fehlersuche in der Steuerung. Weiterhin kann das System besser ergänzt oder optimiert werden.

Je nach Vorgaben kann es notwendig sein, die Unterlagen um Details zu ergänzen, die für die Montage der Bauteile und für die Verschlauchung bzw. Verdrahtung notwendig sind. Zu diesen Ergänzungen gehören insbesondere die Übertragung der Anschlusskennzeichnungen der pneumatischen und der elektrischen Bauteile sowie die Verdrahtung nach einer Klemmenbelegungsliste.

Beispiel für die Vorbereitung der Installation einer elektropneumatischen Steuerung (Technologieschema und Funktionsplan zum Auftrag Hebebühne)

Über einen Rollengang erreichen schwere Werkstücke die Hebebühne. Diese Hebebühne soll auf Tastendruck anheben, weiterhin soll danach das Werkstück automatisch auf einen zweiten Rollengang verschoben werden.

Technologiesschema

Funktionsplan (GRAFCET)[1]

1 — & — S0 "Starttaster"
    — B1 "Zylinder 1.3 eingefahren"

2 — Ventil 1.1 := a "Zylinder 1.3 (Heben) ausfahren"
    B2 "Zylinder 1.3 ist ausgefahren und betätigt Sensor B2"

3 — Ventil 2.1 := a "Zylinder 2.3 (Verschieben) ausfahren"
    B3 "Zylinder 2.3 ist ausgefahren und betätigt Sensor B3"

4 — Ventil 1.1 := b "Zylinder 1.3 einfahren"
    — Ventil 2.1 := b "Zylinder 2.3 einfahren"
    B1 "Zylinder 1.3 ist eingefahren und betätigt Sensor B1"

---

1. Auftrag analysieren

Die Fachkraft informiert sich über die technische Ausführung der Steuerung, indem er den Pneumatikschaltplan und den Stromlaufplan zusammenhängend untersucht.
- Im Pneumatikschaltplan liest er ab, welche Arbeitsglieder vorhanden sind und wie ihre Ausgangsstellung ist.
- Die Lage vorgesehener Signalglieder, die direkt durch die Arbeitsglieder betätigt werden, erkennt er im Pneumatikschaltplan an den Zuordnungsstrichen über den jeweiligen Arbeitsgliedern.
- Die Bezeichnungen der Signalglieder und der Spulen aus dem Pneumatikschaltplan findet er im Stromlaufplan wieder, indem er Strompfad für Strompfad absucht.
- Den Beginn des Ablaufs der Steuerung stellt er sich vor, indem er gedanklich zunächst im Pneumatikschaltplan das Hauptventil öffnet und dann im Stromlaufplan den Starttaster drückt.

---
1 Funktionsplan (GRAFCET) siehe Seite 680

Elektropneumatik

- Den Ablauf der Steuerung vollzieht er nach, indem er schrittweise die Kontaktänderungen in den Strompfaden beobachtet, bis ein Magnetventil anspricht und dadurch im Pneumatikplan ein Stellglied umgeschaltet wird.
- Den weiteren Ablauf der Steuerung erschließt er dadurch, dass er die geänderte Stellung von Arbeitsgliedern daraufhin untersucht, welche neue Signaleingabe jeweils erfolgt und welche Kontaktänderungen dadurch in den Strompfaden entstehen.

Beispiel für das Analysieren einer Steuerung
(Pneumatikschaltplan und Stromlaufplan zum Auftrag Hebebühne)

Startschritt 1: Die Stromversorgung und die Druckluft werden angestellt. Das Ventil 0.2 wird in Stellung a umgeschaltet. Beide Zylinder bekommen Druck auf der Kolbenstangenseite und sind eingefahren. Der Sensor B1 ist betätigt, dadurch hat Schütz K1 Spannung und schließt den Kontakt in Strompfad 3.

Schritt 2: Der Übergang zu Schritt 2 erfolgt durch die Betätigung von Starttaster S0 und durch den schon aktivierten Sensor B1. Der Strompfad 3 ist geschlossen und über das Schütz K2 im Strompfad 6 wird die Spule M1 mit Spannung versorgt. Der Zylinder 1.3 fährt aus.

Schritt 3: Der Übergang zu Schritt 3 erfolgt durch die Betätigung des Sensors B2. Der Strompfad 5 ist nun geschlossen und über das Schütz K3 im Strompfad 7 wird die Spule M2 mit Spannung versorgt. Der Zylinder 2.3 fährt aus.

Steuerungstechnik

Schritt 4: Der Übergang zu Schritt 4 erfolgt durch die Betätigung des Sensors B3. Der Strompfad 4 wird geöffnet und alle Kontakte des Schützes K2 in den Strompfaden 4, 5 und 6 werden geöffnet. Dadurch fällt die Spannung an den Spulen M1 und M2 ab. Die Ventile 1.1 und 2.1 schalten wegen der Federbetätigung jeweils in Stellung b und die Zylinder fahren ein.

Der Sensor B1 ist wieder betätigt, dadurch hat Schütz K1 Spannung und schließt den Kontakt in Strompfad 3. Ein neuer Zyklus kann durch die Betätigung des Starttasters beginnen.

2. Installation der Steuerung planen

Die Fachkraft plant anhand der Unterlagen die Installation der Steuerung, indem er:
- den Pneumatikschaltplan um die Anschlussbezeichnungen ergänzt,
- den Stromlaufplan um die Anschlussbezeichnungen ergänzt,
- die Vergabe der Klemmennummern vornimmt.

– 1. Schritt: Pneumatikschaltplan um Anschlussbezeichnungen ergänzen

Die Fachkraft trägt in den Pneumatikschaltplan die Anschlusskennzeichnungen der Ventile ein, die er entsprechend dem Schaltplan verschlauchen muss.

Anschlusskennzeichen nach DIN

Anschlüsse an Ventilen werden durch Zahlenkombinationen gekennzeichnet:

1	Druckanschluss
2 oder 4	Arbeitsanschluss
3 oder 5	Abluftanschluss
12	Steueranschluss, verbindet bei Betätigung Anschluss 1 mit Anschluss 2
14	Steueranschluss, verbindet mit Betätigung Anschluss 1 mit Anschluss 4

Beispiel für die Eintragung von pneumatischen Anschlussbezeichnungen
(Anschlussbezeichnungen im Pneumatikschaltplan zum Auftrag Hebebühne)

Die Fachkraft liest am Ventil 1.1, das er entsprechend der Stückliste einzubauen hat, die Anschlusskennzeichnungen ab.

Er sieht im Schaltplan, dass er den Arbeitsanschluss des Ventils 1.1 mit dem Zylinder 1.3 so verbinden muss, dass der Zylinder im Ausgangszustand auf der Kolbenstangenseite mit Druck beaufschlagt und darum eingefahren ist. Entsprechend trägt er am Ventilsymbol an den Anschluss zur Kolbenstangenseite die Kennzeichnung 2 in den Schaltplan ein.

Anschluss 4 wird mit der anderen Zylinderseite verbunden. Die Versorgungsleitung wird auf 1 gelegt und die Abluft entsprechend auf 3 und 5.
Entsprechend verfährt er mit den übrigen Ventilen.

Elektropneumatik

– **2. Schritt: Stromlaufplan um Anschlussbezeichnungen ergänzen**

Die Fachkraft ergänzt den Stromlaufplan um die Kennzeichen der Anschlüsse, die er bei der Verdrahtung der Relais bzw. Schütze verwenden wird.

Im Stromlaufplan kennzeichnet die Fachkraft zunächst alle Schützspulen jeweils mit den Bezeichnungen A1 (Plus-Seite) und A2 (Minus-Seite). Danach erhalten die Hilfsschaltglieder in den Strompfaden die Positionsnummern mit den Ziffern für Schließer oder Öffnerkontakte.

Die Anschlusskennzeichnungen für Sensoren und Schalter werden gemäß den Schaltbildern, welche die einzelnen Bauteile tragen, ebenfalls in den Stromlaufplan übernommen.

Anschlusskennzeichen an Relais

Anschlüsse an Relais in Steuerungen werden durch zweistellige Zahlenkombinationen gekennzeichnet:
- 1. Stelle: Nummer der Kontaktbahn
- 2. Stelle: Kennzeichnung der Schalterart

| 1 / 2 | Öffner | 3 / 4 | Schließer |

A1 Plusseite der Relaisspule
A2 Minusseite der Relaisspule

Nummern der Kontaktbahnen
Relais mit zwei Schließern und zwei Öffnern

Beispiel für die Eintragung von elektrischen Anschlussbezeichnungen
(Anschlussbezeichnungen im Stromlaufplan zum Auftrag Hebebühne)

Die Fachkraft liest am Relais K1, das er entsprechend der Stückliste einzubauen hat, die Anschlussbezeichnungen ab und entscheidet, welche Relaiskontakte er belegen wird. Er entscheidet z. B. im Strompfad 3 des Stromlaufplans die Relaiskontakte 13/14 zu belegen. Entsprechend kennzeichnet er im Strompfad 3 die Kontakte.

583

Steuerungstechnik

– 3. Schritt: Klemmennummern im Stromlaufplan eintragen

Die Verdrahtung einer elektropneumatischen Steuerung mithilfe einer Klemmenleiste führt zu niedrigen Verdrahtungskosten, erlaubt eine einfache Fehlersuche und eine schnelle Reparatur.

Klemmleisten und Klemmenbezeichnungen

Die Klemmleiste ist im Schaltschrank untergebracht. Die Leitungen von den Sensoren, den Magnetspulen und der Stromversorgung werden von außen an die Klemmleiste geführt. Die Leitungen von Bauteilen für die Signalverarbeitung, die meist im Schaltschrank untergebracht sind, werden von innen an die Klemmleiste geführt. Jede Klemme der Klemmleiste hat zwei untereinander verbundene Aufnahmen für Leitungen.

Kennzeichnungen im Stromlaufplan

–X	Kennzeichen für Klemmleiste	◯	Symbol für Klemmstelle
1–; 2– …	Nummer der Klemmleiste	1; 2 …	Nummer der Klemme

Abfolge der Vergabe der Klemmen in der Reihenfolge der Strompfade
- Klemmenbelegung für die Spannungsversorgung,
- Klemmenbelegung für den Masseanschluss,
- Bauelemente außerhalb des Schaltschranks in den Strompfaden von oben nach unten,
- bei elektronischen Bauelemente in folgender Reihenfolge:
  – Versorgungsspannung, – Signalanschluss, – Masseanschluss.

Beispiel für die Eintragung von Klemmenbelegungen
(Klemmennummern im Stromlaufplan zum Auftrag Hebebühne)

Die Fachkraft vergibt die Klemmen X1-1 bis X1-6 für die Spannungsversorgung.
Auf die Klemmen X1-7 bis X1-12 kommen Masseanschlüsse, die übrigen vergibt er entsprechend der vereinbarten Abfolge.

584

Elektropneumatik

Klemmenbelegungsliste

Mithilfe einer Klemmenbelegungsliste wird die Installation einer zu verdrahtenden Steuerung vorbereitet. Die Liste ist entsprechend der Klemmenleiste gestaltet und als Vordruck bereitzulegen.

Jede Klemme wird durch ein Rechteck mit einer Klemmennummer und einem Anschluss für eine mögliche Verbindungsbrücke dargestellt.

Auf der linken Seite der Liste werden jeweils die Bauteilbezeichnungen und die zugehörigen Anschlussbezeichnungen der Bauelemente außerhalb des Schaltschranks erfasst.

Auf der rechen Seite der Liste werden jeweils die Bauteilbezeichnungen und die zugehörigen Anschlussbezeichnungen der Bauelemente innerhalb des Schaltschranks erfasst.

Beispiel für den Aufbau einer Klemmenbelegungsliste (Klemmenbelegungsliste zum Auftrag Hebebühne)

Die Klemmenbelegungsliste wird nach folgendem Schema von der Fachkraft ausgefüllt:

- Auf der linken Seite der Liste werden Bauteilbezeichnungen und die Anschlussbezeichnungen der Bauelemente eingetragen, die außerhalb des Schaltschranks eingebaut sind. Hier z. B. die Bauteilbezeichnung für den Starttaster S0 mit den Anschlussbezeichnungen 3 und 4, die an die Klemme 16 bzw. 17 geführt werden.

- Auf der rechten Seite der Liste werden Bauteilbezeichnungen und Anschlussbezeichnungen der Bauelemente eingetragen, die innerhalb des Schaltschranks eingebaut sind. Hier z. B. das Schütz K1 mit dem Anschluss A1 an der Klemme 14.

- Verbindungen für die erforderlichen Brücken werden eingezeichnet. Hier z. B. die Brücken zwischen den Klemmen X1-1 bis X1-6 mit der Versorgungsspannung und X1-7 bis X1-12 mit der Versorgungsmasse.

- Eintragen der Verbindungen von Klemme zu Klemme, die nicht als Brücke realisiert werden können (im Beispiel nicht vorhanden).

Bauteil-Bezeichnung	Ziel Anschluss-Bezeichnung	Verbindungsbrücke	Klemmen-Nr. -x1-	Bauteil-Bezeichnung	Ziel Anschluss-Bezeichnung
	+24V		1	-x1	13
			2	-x1	16
			3	-x1	18
			4	-x1	20
			5	-k2	33
			6	-k3	13
	0V		7	-x1	15
			8	-k1	A2
			9	-k2	A2
			10	-k3	A2
			11	-x1	23
			12	-x1	25
-B1	+		13	-x1	1
-B1	⊓		14	-k1	A1
-B1	-		15	-x1	7
-S0	3		16	-x1	2
-S0	4		17	-k1	13
-B3	1		18	-x1	3
-B3	2		19	-k2	13
-B2	3		20	-x1	4
-B2	4		21	-k2	23
-M1			22	-k2	34
-M1			23	-x1	11
-M2			24	-k3	14
-M2			25	-x1	12
			26		
			27		
			28		
			29		
			30		

Steuerungstechnik

3. Installation der Steuerung ausführen
Die Fachkraft führt die Installation durch, indem er
- die pneumatischen Bauteile fest montiert, sie gemäß den Planungsunterlagen kennzeichnet und anschließend die Verschlauchung vornimmt;
- die Sensoren, Schalter, Relais, Hilfsschütze und Spulen montiert und kennzeichnet, die Kabel auf die richtige Länge kürzt und Aderendhülsen aufklemmt;
- die Verdrahtung mit der Klemmenleiste durchführt.

> **Hinweise**
>
> Der Industriemechaniker bzw. die Industriemechanikerin sind nur befugt, im Niedervoltbereich Montagearbeiten durchzuführen. Den Anschluss der Netzspannung und den NOT-AUS-Bereich muss die autorisierte Fachkraft ausführen.

Beispiel für die Verdrahtung über Klemmleisten von Strompfad 1 und 2 (Verdrahtung zum Auftrag Hebebühne)

Am Beispiel von Strompfad 1 und Strompfad 2 wird die Verdrahtung über die Klemmenleiste erläutert:

- Laut **Strompfad 1** soll die Spannung von 24 V an den positiven Eingang des Sensors B1 gelegt werden.
- Die Stromversorgung, die an der Klemme X1-1 anliegt, wird im Schaltschrank an die Klemme X1-13 gelegt, indem beide Klemmen mit einem Draht verbunden werden.
- An diese Klemme X1-13 wird von der Maschinenseite her die Leitung für die Versorgungsspannung des Sensors B1 geführt.
- Die Leitung für den Masseanschluss dieses Sensors wird an die Klemme X1-15 geführt. Die Klemme X1-15 wird im Schaltschrank mit der Klemme X1-7 verdrahtet. Dadurch ist der Strompfad 1 realisiert.
- Laut **Strompfad 2** wird der Signalanschluss des Sensors B1 von der Maschinenseite her auf die Klemme X1-14 gelegt. An diese Klemme 14 wird von der Schaltschrankseite her der Anschluss A1 von der Schützspule K1 geklemmt.
- Der Anschluss A2 von diesem Schütz K1 wird mit der Klemme X1-8 verdrahtet. Dadurch ist der Strompfad 2 realisiert.

Ziel		Verbindungsbrücke	Klemmen-Nr. –x1–	Ziel	
Bauteil-Bezeichnung	Anschluss-Bezeichnung			Bauteil-Bezeichnung	Anschluss-Bezeichnung
	+24V	⊙	1	–x1	13
		⊙	2	–x1	16
		⊙	3	–x1	18
		⊙	4	–x1	20
		⊙	5	–k2	33
		⊙	6	–k3	13
	0V	⊙	7	–x1	15
		⊙	8	–k1	A2
		⊙	9	–k2	A2
		⊙	10	–k3	A2
		⊙	11	–x1	23
		⊙	12	–x1	25
–B1	+	⊙	13	–x1	1
–B1	⊓	⊙	14	–k1	A1
–B1	–	⊙	15	–x1	7
–S0	3	⊙	16	–x1	2
–S0	4	⊙	17	–k1	13
–B3	1	⊙	18	–x1	3
–B3	2	⊙	19	–k2	13
–B2	3	⊙	20	–x1	4
–B?	4	⊙	21	–?	23

+⊓–
–B1

Sensor am Zylinder

A1 A2
–K1

Spule im Schaltschrank

3.3.2 Inbetriebnehmen einer elektropneumatischen Steuerung mit Dokumentation

1. Inbetriebnahme und Dokumentation

Die Inbetriebnahme einer Steuerung nimmt die Fachkraft in Schritten vor. Als Hilfe dient dabei eine Liste, die auch als Inbetriebnahmeprotokoll ausgeführt sein kann. Er führt die Inbetriebnahme durch, indem er in folgenden Schritten vorgeht:
- die Energieversorgung vorbereitet,
- den pneumatischen Anlagenteil überprüft und einstellt,
- die elektrischen Anlagenteile überprüft und einstellt,
- die Steuerung in Betrieb nimmt, Funktionstests unter Belastung mit zunehmender Geschwindigkeit ausführt; bei größeren Anlagen nimmt er zunächst Teilsysteme in Betrieb.

Beispiel für die Dokumentation der Inbetriebnahme einer Steuerung (Inbetriebnahmeprotokoll zum Auftrag Hebebühne)

Inbetriebnahmeprotokoll: Hubvorrichtung		Vorrichtung Nr. …	Datum:
Nr.	Inbetriebnahme-Schritt		erledigt
	Vorbereitung der Energieversorgung		
1	Netzspannung kontrollieren		
2	Druckbereitstellung kontrollieren		
3	Ventil 0.2 und Taster S0 in Ausgangsstellung setzen		
4	NOT-AUS-Schalter einrasten		
	Inbetriebnahme pneumatischer Steuerketten (ohne elektrische Versorgung)		
5	Zylinder in Ausgangsstellung bringen – beide müssen eingefahren sein		
6	Druckluft zuschalten und mit Druckregelventil den Betriebsdruck einstellen		
7	Hauptventil 0.2 auf Durchgangsstellung umschalten		
8	Anlage nach Leckagen prüfen und diese gegebenenfalls sofort beseitigen		
9	Zylinder jeweils über die Handhilfsbetätigung ausfahren lassen, dabei kontrollieren, ob die Sensoren B2 und B3 betätigt werden		
10	Vorschubgeschwindigkeiten der Zylinder über die Drosselventile einstellen		
11	Druckversorgung abschalten		
	Inbetriebnahme elektrischer Betriebsmittel (ohne Druckversorgung)		
12	NOT-AUS-Schalter entriegeln		
13	Spannungsversorgung zuschalten		
14	Funktion der Sensoren B1, B2 und B3 überprüfen (Zylinder von Hand verschieben)		
15	Funktion der Spulen –M1 und –M2 prüfen (Taster S0 drücken; Sensor B2 von Hand schließen)		
16	Elektrische Versorgung abschalten		
	Inbetriebnahme der gesamten Steuerung		
17	Druckluftversorgung und Netzspannung einschalten		
18	Drosselventile 1.2 und 2.2 wieder fast schließen		
19	Hauptventil 0V auf Durchgangsstellung umschalten		
20	Starttaster S0 drücken, Funktion der Anlage bei gedrosselten Vorschubgeschwindigkeiten und ohne Werkstücke testen		
21	Vorschubgeschwindigkeiten der Zylinder über die Drosseln erhöhen		
22	Werkstück auflegen; Steuerung unter Last laufen lassen und die Geschwindigkeit über die Drosseln optimieren		

Steuerungstechnik

2. Übergabeprotokoll erstellen

Nachdem die Fachkraft die Funktion der Anlage überprüft hat und keine Mängel aufgetreten sind bzw. behoben wurden, übergibt er die Anlage dem Kunden bzw. der Fertigungsabteilung.

Die Übergabe führt die Fachkraft durch, indem er die Anlage dem Auftraggeber vorführt und folgende Dokumente und Informationen weiterleitet:
- Bedienungsanleitung,
- Schaltpläne mit Konstruktionsunterlagen,
- Wartungsanweisungen,
- Bauteilliste,
- Ersatzteilliste.

Die ordnungsgemäße Installation, Inbetriebnahme und Übergabe wird er sich in einem Übergabeprotokoll bestätigen lassen.

Beispiel für die Dokumentation der Übergabe einer Steuerung
(Übergabeprotokoll zum Auftrag Hebebühne)

Übergabeprotokoll

Anlage:

Hubvorrichtung

Die Funktion der Anlage wurde heute unter Teilnahme verantwortlicher Personen des Auftragsgebers nachgewiesen.

Konstruktionsunterlagen:

Folgende Konstruktionsunterlagen wurden übergeben:

Pneumatikschaltplan,

Stromlaufplan,

Klemmenbelegungsliste.

Wartungsanweisungen:

Zur Wartung der Anlage wird auch auf die Datenblätter der Bauteilhersteller verwiesen.

Zu achten ist insbesondere auf die regelmäßige Kontrolle der pneumatischen Wartungseinheit.

Bauteilliste und Ersatzteilliste:

- - -

- - -

Beauftragter des Auftraggebers: **Beauftragter des Auftragnehmers:**

Datum: Datum:

Name: Name:

Unterschrift: Unterschrift:

3.4 Kennzeichnung von Bauelementen nach DIN ISO 1219 und DIN EN 81346-2

3.4.1 Grundlegende Vereinbarungen

In der Steuerungstechnik müssen bei größeren Anlagen die Fachleute des Maschinenbaus aus den Bereichen Pneumatik und Hydraulik mit den Fachleuten der Elektrotechnik zusammenarbeiten. Voraussetzung für eine funktionierende Teamarbeit ist, dass die zur Verfügung stehenden technischen Unterlagen nach gleichen Kriterien aufgebaut und gekennzeichnet sind. Historisch gesehen hatte man im Maschinenbau und in der Elektrotechnik für steuerungstechnische Probleme eigenständige Normen entwickelt. Diese Normen hat man im Rahmen der Internationalisierung aufeinander abgestimmt. Gültig sind z. Z. folgende Normen:

1. **Darstellung reiner fluidischer Steuerungen**
Die **Normen DIN ISO 1219-1 und DIN ISO 1219-2** regeln die Angaben zur Darstellung und zum Bezeichnungsschlüssel für die grafischen Symbole und Schaltpläne in der Fluidtechnik. **In diesem Buch sind diese Normen eingeführt und für alle vorgestellten pneumatischen Steuerungen angewendet worden.**

2. **Darstellung elektropneumatischer Steuerungen in Mischform**
Die **Norm DIN EN 81346-2** regelt die Kennzeichnung von Bauelementen mit Kennbuchstaben. Die vorgesehenen Kennzeichnungen werden in allen technischen Fachgebieten angewendet. In diesem Buch wird im Kap. Elektropneumatik die Einführung dieser Norm behandelt. **Die Kennzeichnung der Bauteile ist in allen vorgestellten elektropneumatischen Steuerungen in folgender gültigen Form ausgeführt:**
   - pneumatische Bauteile nach **DIN ISO 1219-2**,
   - elektrische Bauteile nach **DIN EN 81346-2** mit einem Kennbuchstaben (Hauptklasse).

Im Kapitel „*Installieren und Inbetriebnehmen elektropneumatischer Steuerungen*" sind in dem Beispiel alle Dokumente wie die Planungsunterlage GRAFCET, das Technologieschema, der Pneumatikschaltplan, der Stromlaufplan und die Klemmenbelegungsliste nach den oben genannten Vorgaben gekennzeichnet.

3. **Darstellung elektropneumatischer Steuerungen nur nach Norm DIN EN 81346-2**
Die Kennzeichnung der Bauteile in einer Steuerung und den zughörigen Unterlagen kann durch einen Buchstaben (Hauptklasse) oder durch zwei Buchstaben (Hauptklasse mit Unterklasse) vorgenommen werden.

Kennbuchstabe Hauptklasse	Beispiel	Kennbuchstabe Unterklasse	Beispiel
A	Komplexe Einheiten	AZ	Wartungseinheit
B	Endschalter, elektronischer Näherungsschalter, Druckschalter	BF	Durchflusssensor
		BG	Näherungsschalter, Endschalter
		BP	Druckschalter, Drucksensor
G	Pumpe, Kompressor, Lüfter	GP	Pumpe
		GQ	Lüfter, Kompressor
K	Relais	KF	Hilfsschütz, Regler, SPS, Relais
		KH	Fluidregler, Vorsteuerventil
M	Betätigungsspule, Elektromotor, Fluidzylinder	MA	Elektromotor
		MB	Betätigungsspule, Elektromagnet
		MM	Fluidmotor, Fluidzylinder
P	Meldeeinrichtung, Manometer	PF	Meldelampe, LED
		PG	Anzeigeinstrument
Q	Schütz für Last, Wegeventil	QA	Leistungsschütz
		QB	Trennschalter (Hauptschalter)
		QM	Wegeventil (Hydraulik/Pneumatik)
R	Rückschlagventil	RM	Rückschlagventil
		RN	Drossel (hydraulisch/pneumatisch)
		RZ	Drosselrückschlagventil
S	Handbetätigte Taster	SF	Schalter, Taster (je elektrisch)
		SJ	Handbetätigte Ventile
X	Stecker, Klemme, Klemmenleiste, Schlauchverbinder	XD	El. Verbind. (< 1 KV AC / 1,5 KV DC)
		XF	Verbindungen in Datennetzen
		XM	Schlauchverbinder, Schlauchkupplungen

Steuerungstechnik

Den Kennbuchstaben wird in den Schaltplänen ein Minuszeichen vorangesetzt. Dadurch wird verdeutlicht, dass die Buchstaben ein reales Objekt kennzeichnen. Bauelemente mit gleicher Kennzeichnung werden fortlaufend nummeriert (z. B. mit –BG1, –BG2 usw.). Sensoren und Ventilspulen müssen sowohl im Pneumatikschaltplan als auch im Stromlaufplan dargestellt werden. Um die Eindeutigkeit und eine leichte Lesbarkeit sicherzustellen, sind die Symbole in beiden Plänen auf die gleiche Weise bezeichnet und nummeriert. Die in den Planungsunterlagen festgelegten Kennzeichnungen werden – soweit möglich – an den Bauteilen angebracht.

4. Darstellung von speicherprogrammierbaren Steuerungen nach Norm DIN EN 81346-2
Speicherprogrammierbare Steuerungen (SPS) sind in der Regel recht umfangreich. Die Kennzeichnung der Bauteile in SPS-Steuerungen durch zwei Buchstaben (Hauptklasse mit Unterklasse) ist daher zweckmäßig und wird im Kapitel „**Speicherprogrammierbare Steuerungen (SPS)**" behandelt.

3.4.2 Darstellung der DIN EN 81346-2 an einem Beispiel

Das bisher behandelte ausführliche Beispiel für eine Steuerung – „Hebebühne" ab Seite 580 in diesem Buch – wird im Folgenden der Darstellung mit den Kennzeichnungen nach der Norm **DIN EN 81346-2** durch zwei Buchstaben gegenübergestellt. Die Beschreibung der Steuerung sehen Sie bitte ab Seite 580.

Kennzeichnung der Bauteile Im Technologieschema und im Funktionsplan gemäß
DIN ISO 1219-2 und DIN EN 81346-2 (Hauptklasse)

Kennzeichnung der Bauteile Im Technologieschema und im Funktionsplan gemäß
DIN EN 81346-2 (Haupt- und Unterklasse)

Elektropneumatik

Kennzeichnung der Bauteile im Pneumatikschaltplan gemäß DIN ISO 1219-2 und DIN EN 81346-2 (Hauptklasse)

Kennzeichnung der Bauteile im Pneumatikschaltplan gemäß DIN EN 81346-2 (Hauptklasse und Unterklasse)

Kennzeichnung der Bauteile im Stromlaufplan gemäß DIN ISO 1219-2 und DIN EN 81346-2 (Hauptklasse)

Kennzeichnung der Bauteile im Stromlaufplan gemäß DIN EN 81346-2 (Hauptklasse und Unterklasse)

Anmerkung: Die Kennzeichnung der Bauteile mit zwei Buchstaben ist vor allem für umfangreiche Steuerungen zweckmäßig. Die Fachkraft kann aus dem jeweiligen Kennzeichen auf die Funktion des gekennzeichneten Bauteils schließen. Weiterhin werden gleichartige Bauteile auch gleichartig gekennzeichnet.

Übungsaufgabe 3/25

Steuerungstechnik

4 Hydraulik

4.1 Leistungsumwandlung und Leistungsübertragung in der Hydraulik

Die Hydraulik ist sowohl ein Teilgebiet der Antriebs- als auch der Steuerungstechnik. In der Antriebstechnik werden Kräfte und Wege in gewünschter Weise an den dafür vorgesehenen Funktionseinheiten einer Maschine wirksam.
Hydraulische Maschinenantriebe sind in erster Linie Funktionseinheiten für die Leistungsumwandlung und Leistungsübertragung.

Beispiel für Leistungsumwandlung und Leistungsübertragung in einem hydraulisch betriebenen System

- hydraulisch betätigte Zylinder
- hydraulisch betätigte Zylinder
- hydraulische Steuerung
- Verbrennungsmotor und Hydraulikpumpe
- hydraulische Leitungen

Die Leistungsumwandlung und -übertragung bei hydraulischen Antrieben erfolgt in verschiedenen Teilsystemen.
- Von außen wird der Maschine Leistung zugeführt. Diese Leistung wird z. B. über die Koppelung von Verbrennungsmotor und Hydraulikpumpe in hydraulische Leistung umgewandelt.
- Über Leitungen und Ventile überträgt man diese hydraulische Leistung an die Hydraulikmotoren (Zylinder und Rotationsmotoren).
- In den Zylindern und Rotationsmotoren wird die hydraulische Leistung in die gewünschte mechanische Leistung der Maschine umgewandelt.

Kraftstoff	Hydraulisches Antriebssystem			mechanische Nutzleistung
	Leistungswandlung	Leistungsübertragung	Leistungswandlung	
	Verbrennungsmotor Hydraulikpumpe	Leitungen und Ventile	Hydraulikmotoren	Baggerschaufel

Hydraulisches Antriebssystem in einem Bagger

Fluidtechnische Systeme eignen sich besonders dafür, elektrische Signale aufzunehmen und so zu verarbeiten, dass die mechanische Leistung der Maschine in gewünschter Weise erreicht wird. Diese Signalverarbeitung wird mithilfe der Steuerungstechnik durchgeführt.

Hydraulik

4.2 Physikalische Grundlagen

4.2.1 Druck

Wird der geförderten Flüssigkeit in einer Hydraulikanlage kein Widerstand entgegengebracht, so arbeitet die Pumpe fast drucklos. In der Anlage entsteht nur dann ein Druck, wenn der geförderten Flüssigkeit ein Widerstand entgegengesetzt wird. Der Druck steigt so lange an, bis der Widerstand überwunden ist.
Druck p ist das Verhältnis der Kraft F zur Kolbenfläche A.

$$p = \frac{F}{A}$$

$p_1 < p_2$

Druck in Hydraulikanlagen

> In einer Hydraulikanlage entsteht ein Flüssigkeitsdruck dadurch, dass der geförderten Flüssigkeit ein Widerstand entgegengesetzt wird.

4.2.2 Volumenstrom

In einer Hydraulikanlage fördert die Pumpe die Flüssigkeit aus einem Vorratsbehälter in die Druckleitung der Anlage. Das durchfließende Volumen V errechnet man aus dem gefüllten Querschnitt A der Druckleitung und dem Weg s, den die Flüssigkeit in der Leitung zurücklegt.[1]
Das Volumen, das in einer bestimmten Zeit t durch einen Querschnitt A fließt, bezeichnet man als den Volumenstrom q_V. Der Volumenstrom wird meist in Liter pro Minute angegeben.

s Weg, den ein Teilchen in der Zeit t zurücklegt
q_V gefördertes Volumen in der Zeit t
A Rohrquerschnitt

$$V = A \cdot s$$

$$q_V = \frac{V}{t} \Rightarrow q_V = \frac{A \cdot s}{t}$$

Volumenstrom in Hydraulikanlagen

> Der Volumenstrom ist das Volumen der Druckflüssigkeit, das je Zeiteinheit durch einen Leitungsquerschnitt fließt.

4.2.3 Hydraulische Leistung

Bei der mechanischen Leistung P wird eine Last F in einer bestimmten Zeit t um eine Strecke s angehoben.
Diese mechanische Leistung wird in einem Hydrauliksystem von der Hydraulikpumpe aufgebracht. Die Leistung im Hydraulikkreislauf wird von dem vorhandenen Druck p und dem Volumenstrom q_V bestimmt.

$$P = \frac{F \cdot s}{t}$$

mit $p = \frac{F}{A}$ und $q_V = \frac{A \cdot s}{t}$

folgt

$$P = p \cdot q_V$$

Höhe s in der Zeit t

Leistung in Anlagen

> Die hydraulische Leistung berechnet sich aus dem Produkt von Druck und Volumenstrom. Dieser Zusammenhang lässt sich aus der allgemeinen Gleichung für die Leistung herleiten.

---

[1] In der Fluidtechnik wird die Querschnittsfläche häufig statt mit S mit A gekennzeichnet.

Übungsaufgaben 4/4; 4/5; 4/6

Steuerungstechnik

> **Beispiel für die Berechnung der hydraulischen Leistung (ohne Verluste)**
>
> **Aufgabe**
>
> Ein Hydraulikkolben mit einem Durchmesser von 40 mm soll eine Last von 3 000 N über eine Strecke von 1,2 m in 5 sec bewegen. (Für die Berechnung werden keine Reibungsverluste und Beschleunigungsanteile berücksichtigt.)
>
> Zu berechnen sind:
> a) die Kolbenfläche,
> b) der Druck,
> c) der Volumenstrom,
> d) die hydraulische Leistung.
>
> **Lösung**
>
> | a) Kolbenfläche | b) Druck | c) Volumenstrom | d) Leistung |
> |---|---|---|---|
> | $A = \dfrac{d^2 \cdot \pi}{4}$ | $p = \dfrac{F}{A}$ | $q_v = \dfrac{A \cdot s}{t}$ | $P = p \cdot q_v$ |
> | $A = \dfrac{(0,04\ m)^2 \cdot \pi}{4}$ | $p = \dfrac{3\,000\ N}{1,26 \cdot 10^{-3} m^2}$ | $q_v = \dfrac{1,260 \cdot 10^{-3} m^2 \cdot 1,2\ m}{5\ s}$ | $P = 23,9 \cdot 10^5\ \dfrac{N}{m^2} \cdot 0,302 \cdot 10^{-3}\ \dfrac{m^3}{s}$ |
> | $A = 1,26 \cdot 10^{-3} m^2$ | $p = 23,9 \cdot 10^5\ \dfrac{N}{m^2}$ | $q_v = 0,302 \cdot 10^{-3}\ \dfrac{m^3}{s}$ | $P = 720\ \dfrac{Nm}{s}$ |
> | $A = 12,6\ cm^2$ | $p = 23,9$ bar | $q_v = 18,1\ \dfrac{l}{min}$ | $P = 0,72$ kW |

4.2.4 Durchflussgesetz

Die Flüssigkeit in einer Hydraulikanlage durchströmt Rohre und Ventile mit unterschiedlichen Querschnitten. In gleichen Zeitabständen müssen gleiche Volumenströme durch diese unterschiedlichen Querschnitte der Anlage fließen. Daher muss der Volumenstrom vor der Engstelle, in der Engstelle und danach gleich groß sein. Der Volumenstrom passt sich durch unterschiedliche Strömungsgeschwindigkeiten den Querschnitten an. Je kleiner der Querschnitt ist, desto größer ist die Strömungsgeschwindigkeit.

Der Zusammenhang zwischen dem Volumenstrom in unterschiedlichen Querschnitten und den daraus folgenden unterschiedlichen Strömungsgeschwindigkeiten wird durch die *Kontinuitätsgleichung* ausgedrückt.

Volumenstrom an verschiedenen Rohrquerschnitten

$q_v = \dfrac{A \cdot s}{t}$; da $v = \dfrac{s}{t}$ $\Rightarrow$ $q_v = A \cdot v$

Volumenstrom

Kontinuitätsgleichung $\quad A_1 \cdot v_1 = A_2 \cdot v_2$

> **!** In hydraulischen Leitungen und Ventilen ist der Volumenstrom unabhängig vom Querschnitt an allen Stellen gleich groß. Die Strömungsgeschwindigkeit ist in kleineren Querschnitten höher als in größeren Querschnitten.

Hydraulik

4.2.5 Strömung von Flüssigkeiten

Hydraulische Leistung lässt sich in einem Hydrauliksystem nicht verlustfrei übertragen. In den Bauteilen der Anlage und in den Leitungen entstehen bei der Leistungsübertragung Reibungsverluste. Die Reibungsverluste treten sowohl in der Flüssigkeit selbst, als auch an den Berührungsflächen zwischen der Flüssigkeit und den Bauteilen auf. Reibungsverluste führen zu Druckverlusten und zur Temperaturerhöhung in der Anlage.

Die Reibungsverluste werden besonders von dem Strömungsverhalten der Flüssigkeit beeinflusst. Bei einer geringen Strömungsgeschwindigkeit liegt ein glatter Strömungsverlauf vor. Diese Art der Strömung bezeichnet man als **laminare Strömung**. Bei laminarer Strömung sind die Reibungsverluste gering.

Überschreitet die Geschwindigkeit einen bestimmten Wert, so verwirbelt die Strömung. Diese Art der Strömung bezeichnet man als **turbulente Strömung**. Turbulente Strömung ist unerwünscht, da die Reibungsverluste besonders hoch sind.

Laminare Strömung

Turbulente Strömung

> **!** Bei der Übertragung der hydraulischen Leistung treten durch das Strömungsverhalten der Flüssigkeit Reibungsverluste auf. Bei laminarer Strömung sind die Reibungsverluste geringer als bei turbulenter Strömung.

4.2.6 Kavitation

Ein besonderes Problem in Hydraulikanlagen stellt die Luft dar, die von der Flüssigkeit mitgeführt wird. Diese Luft kann die Ursache für Leistungsverluste, Bauteilschäden und Ungenauigkeiten bei präzisen Steuerungsbewegungen sein.

Hydrauliköl kann z. B. bis zu 10 % Luft im gelösten Zustand enthalten. Dieser Luftanteil befindet sich nicht in Form von Gasblasen in der Flüssigkeit, sondern ist in der Flüssigkeit gelöst. In schnell strömenden Flüssigkeiten einer Hydraulikanlage kann bei plötzlichen Querschnittsverengungen Unterdruck entstehen. Unterdruck entsteht z. B. auch, wenn die Saugleitung für die Pumpe einen zu kleinen Querschnitt hat. Sinkt der Unterdruck durch die Sogwirkung unter den Dampfdruck, so bilden sich Dampfblasen, die beim Wiederansteigen des Drucks schlagartig kondensieren.

Die Hohlraumbildung im Bereich von Oberflächen durch Hohlsog wird Kavitation genannt. Durch andauernde Kavitation und das schlagartige Kondensieren der Dampfblasen entstehen heftige Schläge in Leitungen und Bauteilen. Durch Kavitation, die mit starker Geräuschentwicklung verbunden sein kann, werden Werkstoffteilchen aus der Oberfläche herausgerissen.

Kavitationsschäden

> **!** Kavitation entsteht, wenn in der Flüssigkeit durch Sogwirkung ein Unterdruck entsteht, der unterhalb des Dampfdrucks liegt. An Kavitationsstellen, insbesondere in Pumpen und Ventilsitzen, können starke Schädigungen auftreten.

Steuerungstechnik

4.2.7 Viskosität

Die Viskosität bzw. Zähigkeit ist eine Kenngröße von Flüssigkeiten. Sie ist für die Leistungsübertragung in der Hydraulik von Bedeutung, weil die Viskosität Auskunft über die innere Reibung der Flüssigkeit gibt.

Die Viskositäten unterschiedlicher Flüssigkeiten kann man veranschaulichen, indem man in Gefäße verschiedene Flüssigkeiten füllt. In jedes Gefäß gibt man eine Kugel mit gleichem Volumen und gleicher Masse und lässt diese absinken. Aus den Fallzeiten, die sich dabei für die einzelnen Kugeln ergeben, schließt man auf die Viskosität der verschiedenen Flüssigkeiten. Je langsamer die Kugel absinkt, desto zäher ist die Flüssigkeit, d.h., die Viskosität ist hoch. Die Viskosität ist vom Druck und von der Temperatur der Flüssigkeit abhängig. Bei zunehmendem Druck steigt die Viskosität nur geringfügig an. Bei steigender Temperatur nimmt die Viskosität jedoch stark ab. Erwärmte Hydrauliköle sind wesentlich dünnflüssiger als kalte Hydrauliköle.

Vergleich der Viskosität durch Fallzeiten in Flüssigkeiten

Einflussgrößen auf die Viskosität

4.2.8 Wirkungsgrad

Die Leistungsübertragung in hydraulischen Systemen erfolgt nicht verlustfrei. Die Verluste werden durch den Wirkungsgrad erfasst. Der Gesamtwirkungsgrad berechnet sich aus dem volumetrischen und dem mechanisch-hydraulischen Wirkungsgrad. Hydraulische Anlagen können einen Gesamtwirkungsgrad von etwa 0,5 bis 0,9 haben.

Alle Verluste, die das Volumen der Flüssigkeit vermindern, erfasst man durch den **volumetrischen Wirkungsgrad**.

Der Volumenstrom in einer ölhydraulischen Anlage verringert sich z.B. durch die Kompression des Öls und vor allem durch Leckölverluste. Man unterscheidet äußere (externe) und innere (interne) Leckölverluste.

Externes Lecköl kann u.a. aus der beschädigten Kolbenstangendichtung eines Hydraulikzylinders austreten.

Internes Lecköl strömt beispielsweise von der Druckseite eines Zylinders zu der Seite, die mit dem Rücköl verbunden ist. Der volumetrische Wirkungsgrad und damit auch der Gesamtwirkungsgrad verringert sich bei steigendem Druck.

Verluste, die sich aus der Reibung zwischen gleitenden Maschinenteilen oder aus den Strömungswiderständen ergeben, erfasst man durch den **hydraulisch-mechanischen Wirkungsgrad**.

Der Gesamtwirkungsgrad (η_{ges}) ergibt sich aus dem Produkt des volumetrischen Wirkungsgrads (η_{vol}) und des hydraulisch-mechanischen Wirkungsgrads (η_{hm}).

$$\eta_{ges} = \eta_{vol} \cdot \eta_{hm}$$

Leistungsverluste am Hydraulikzylinder

Hydraulik

4.3 Messtechnische Grundlagen

Der Industriemechaniker bzw. die Industriemechanikerin haben im Bereich der hydraulischen Antriebs- und Steuerungstechnik in der Praxis vor allem die Aufgaben, Hydrauliksysteme zu warten und Fehler in defekten Anlagen zu suchen. Sind fehlerhafte Bauteile ermittelt worden, so muss er sie auswechseln und die Anlagen wieder in Betrieb setzen.

Hydraulische Anlagen sind in sich geschlossene Systeme, die unter Druck stehen. Deshalb können Funktionsstörungen und vor allem ihre Ursachen oft nur durch Messungen festgestellt werden.

Durch die Messung des Drucks und des Volumenstroms lassen sich die Funktionen der meisten hydraulischen Bauteile ermitteln und Störungen erkennen. Die Messungen müssen an den richtigen Stellen in der Anlage erfolgen und erfordern entsprechende Messanschlüsse. Diese Messstellenanschlüsse und die Messgeräte werden im Schaltplan mit entsprechenden Symbolen eingezeichnet.

Druckmessung   Thermometer   Volumenstrommessung

Schaltzeichen für hydraulische Messgeräte nach DIN ISO 1219

4.3.1 Genauigkeitsklassen von Messgeräten

Messgeräte sind aufgrund ihrer Konstruktion mit Fehlern behaftet. Diese Gerätefehler werden durch Genauigkeitsklassen erfasst und auf dem Gerät vermerkt. Die Genauigkeitsklasse gibt die größte zulässige prozentuale Abweichung vom Endwert des Messbereichs an.

Beispiel für Messwertabweichungen

Hat ein Druckmessgerät die Genauigkeitsklasse 1,6 und den Messbereich von 0 bis 200 bar, so kann die Abweichung vom jeweils angezeigten Messwert ± 3,2 bar betragen. Diese Abweichung gilt für alle angezeigten Messwerte.
Steht die Anzeige beispielsweise auf 16 bar, so liegt der tatsächliche Druck zwischen 12,8 bar und 19,2 bar. Bei einem Anzeigewert von 160 bar betragen die Abweichungen auch nur ± 3,2 bar. Der tatsächliche Druck liegt dann zwischen 156,8 bar und 163,2 bar.

Messwertabweichungen durch Gerätefehler

! Die Genauigkeitsklassen sind auf den Endwert des Messbereichs bezogene Angaben.

Die auf den Endwert bezogenen Angaben der Genauigkeitsklasse haben zur Folge, dass die prozentualen Ungenauigkeiten bei kleinen Messwerten höher sind als bei größeren Messwerten.
Bezieht man nämlich die Abweichungen auf den jeweiligen Anzeigewert, so beträgt die prozentuale Abweichung für obiges Beispiel bei 16 bar ± 20 % und bei 160 bar ± 2 %. Man sollte daher die Messgeräte so auswählen, dass der zu erwartende Messwert nicht im unteren Drittel des Messbereichs liegt.

Prozentuale Messwertabweichungen zum Anzeigewert

! Messgeräte sind so auszuwählen, dass der zu erwartende Messwert möglichst weit im oberen Teil des Messbereichs liegt.

Übungsaufgaben 4/14 bis 4/17

Steuerungstechnik

4.3.2 Messen des Drucks

Der Druck in Hydraulikanlagen wird mit unterschiedlichen Druckmesseinrichtungen gemessen. Je nach Einsatzbereich und erforderlicher Messgenauigkeit benutzt man Rohrfederdruckmessgeräte, Quarzdruckaufnehmer oder Druckaufnehmer mit Dehnungsmessstreifen (DMS-Druckmessgerät).

Beispiel für ein Druckmessgerät (Rohrfederdruckmessgerät)

Im Messgerät befindet sich eine gebogene Rohrfeder mit einem ovalen Querschnitt. Das Rohr ist an einer Seite geschlossen und wird von der anderen Seite mit der zu messenden Druckflüssigkeit beaufschlagt. Bei Veränderung des Drucks erfolgt eine Veränderung des Rohrquerschnitts. Dadurch ergibt sich eine Streckung des Rohrs. Diese Streckung wird durch ein Zahnradsystem übertragen und mit einem Zeiger als Druckänderung angezeigt.

Rohrfederdruckmessgerät

Hydraulikanlagen haben als Grundausstattung Druckmessgeräte fest eingebaut, damit man den Betriebsablauf ständig überwachen kann. Zwingend notwendig ist beispielsweise ein Druckmessgerät zum Einstellen des Druckbegrenzungventils. Weiterhin sind Druckmessgeräte notwendig, wenn durch Druckminderventile Sekundärdrücke eingestellt werden müssen. Außerdem werden Anschlüsse für Druckmessgeräte an besonderen Stellen vorgesehen. Mithilfe dieser Messstellen wird die Inbetriebnahme der Anlage vereinfacht, die Kontrolle wichtiger Bauteilfunktionen durchgeführt (z. B. eingebaute Druckmessgeräte) und die Diagnose von Fehlern vorgenommen. Die Anschlüsse sind als Bauteile so konstruiert, dass Druckmessgeräte auch angeschlossen werden können, wenn die Hydraulikanlage unter Druck steht. Weiterhin kann man über die Anschlüsse die Anlage entlüften. Zunehmend ersetzt man den Festeinbau von Druckmessgeräten durch Messanschlüsse.

Messanschlüsse zur Druckmessung

4.3.3 Messen des Volumenstroms

Der Volumenstrom wird mit unterschiedlichen Messgeräten ermittelt. Je nach dem Einsatzbereich und der geforderten Genauigkeit benutzt man Messwertaufnehmer mit Messblenden, Messturbinen oder Messmotoren. Allen Verfahren ist gemeinsam, dass der gesamte Volumenstrom durch den Messwertaufnehmer geleitet wird.

Beispiel für die Volumenstrommessung mit einem Zahnraddurchflussmesser

Der Zahnraddurchflussmesser arbeitet nach dem Verdrängerprinzip. Die strömende Flüssigkeit treibt ein Zahnradpaar an. In den Zahnlücken wird die Flüssigkeit außen herumgeführt. Das Fördervolumen je Umdrehung ist bekannt und die Drehfrequenz der Zahnräder wird von außen gemessen. Das Messsignal wird über eine Messwertverarbeitung auf ein Anzeigegerät übertragen, das den Volumenstrom in Liter/Minute angibt.

Zahnraddurchflussmesser

Hydraulik

Die Messwertgeber für die Volumenstrommessung können an vorbereiteten Stellen in der Hydraulikanlage angeschlossen werden. In der Regel ist eine Anschlussstelle im Zulauf des Hydraulikkreislaufs vorgesehen. Eine zusätzliche Messanschlussstelle im Ablauf erlaubt umfangreichere Vergleichsmessungen.

4.3.4 Anordnung von Messstellen

Messstellen in Anlagen sind so anzuordnen, dass
- sie räumlich gut zugänglich sind und
- möglichst viele Elemente mit einer Messung auf ihre Funktion überprüft werden können.

Beispiel für die Anordnung von Messstellen

Im Schaltplan der dargestellten Pressenschaltung mit einem Zylinder sind die fest eingebauten Messgeräte von den Messstellen zu unterscheiden, die zu Prüf- und Entlüftungszwecken angebracht sind. Darüber hinaus ist im Druckflüssigkeitsbehälter ein Thermometer für die Messung der Öltemperatur eingebaut.

Messstelle	Erklärung
p_1	Fest installiertes Druckmessgerät für die Einstellung des Maximaldrucks mit zusätzlichem Anschluss für ein Prüfmanometer
p_2	Prüfanschluss für die Unterdruckmessung an der Pumpensaugleitung
p_3	Prüfanschluss am Rücklauffilter
p_4	Prüf- und Entlüftungsanschluss für die Kolbenstangenseite des Zylinders
p_5	Prüf- und Entlüftungsanschluss für die Kolbenflächenseite des Zylinders
p_6	Fest installiertes Druckmessgerät für die Anzeige des Sekundärdrucks am Druckminderventil mit zusätzlichem Anschluss für ein Prüfmanometer
q_{V1}	Volumenstrom-Messgerät im Zulauf des Hydraulikkreislaufs
q_{V2}	Volumenstrom-Messgerät im Ablauf des Hydraulikkreislaufs
t	Fest installiertes Temperaturmessgerät zur Messung der Öltemperatur

Übungsaufgabe 4/20

Steuerungstechnik

4.3.5 Volumenstrom-Druck-Diagramm (q_v-p-Diagramm)

Mithilfe der Messung des Volumenstroms und des Drucks kann man über eine Messreihe verschiedene Zusammenhänge erkennen, wenn man die Werte in einem Koordinatensystem darstellt. Üblicherweise trägt man die Werte für den Volumenstrom auf der waagerechten Achse ein, die Werte für den Druck werden auf der senkrechten Achse aufgetragen.

Beispiel für ein Volumenstrom-Druck-Diagramm aus Messwerten für eine Zahnradpumpe

Nr. der Messung	Druck in bar	Volumenstrom in l/min
1	15	2,93
2	25	2,89
3	50	2,77
4	75	2,63
5	100	2,49
6	125	2,34
7	150	2,22

q_v-p-Diagramm

Auswertung des Diagramms
- Ist der Druck in der Anlage sehr klein, so fördert die Pumpe den größten Volumenstrom, weil nur sehr geringe Leckölverluste auftreten.
- Verlängert man die entstehende Kennlinie auf den Druck Null hin, so erhält man den theoretischen Volumenstrom $q_{V,\,theoretisch}$. Dieser errechnet sich auch aus dem Produkt von Fördervolumen je Umdrehung und Anzahl der Umdrehungen je Zeiteinheit.
- Erhöht sich der Druck in der Anlage, so verringert sich der Volumenstrom, weil in der Pumpe Leckölverluste auftreten.
- Je schräger die Kennlinie verläuft, desto unwirtschaftlicher arbeitet die Pumpe.
- Die Pumpenleistung und die Leistungsverluste lassen sich in dem Diagramm aus dem Vergleich entsprechender Flächen ableiten. Die Gesamtfläche bei einem bestimmten Druck entspricht der theoretischen Leistung der Pumpe bei diesem Druck, da $P = q_v \cdot p$.
- Die Trapezfläche A_1 stellt dann ein Maß für Nutzleistung dar; die Dreiecksfläche A_2 veranschaulicht die Größe der Verlustleistung. (Auswertungsbeispiel für einen Druck von 110 bar)

Einheitenumrechnung für Leistungen

$$\frac{1\,l}{1\,min} \cdot 1\,bar = \frac{10^{-3}\,m^3 \cdot 10^5\,N}{60\,s \cdot m^2} = 1{,}667\,\frac{Nm}{s} = 1{,}667\,W$$

Theoretische Leistung

$P_{th} = q_v \cdot p;\quad P_{th} = 3\,\dfrac{l}{min} \cdot 110\,bar \quad P_{th} = 330\,\dfrac{l \cdot bar}{min} = 550\,W$

Nutzleistung

$P_{eff} = \dfrac{3\,\dfrac{l}{min} + 2{,}45\,\dfrac{l}{min}}{2} \cdot 110\,bar \quad P_{eff} = 300\,\dfrac{l \cdot bar}{min} = 500\,W$

Verlustleistung

$P_{Verlust} = \dfrac{0{,}55\,\dfrac{l}{min}}{2} \cdot 110\,bar \quad P_{Verlust} = 30\,\dfrac{l \cdot bar}{min} = 50\,W$

Wirkungsgrad

$\eta = \dfrac{P_{eff}}{P_{th}} \quad \eta = \dfrac{500\,W}{550\,W} \quad \eta = 0{,}91$

Hydraulik

4.4 Aufbau und Wirkungsweise einer Hydraulikanlage
4.4.1 Aufbau einer Hydraulikanlage

An einem einfachen Hydraulikantrieb sollen grundlegende Bauelemente einer hydraulischen Anlage dargestellt werden. Der Hydraulikantrieb ist als schematischer Halbschnitt und als Schaltplan nach DIN ISO 1219 gezeichnet.

Beispiel für Hydraulikantrieb

Arbeitszylinder
4/2-Wegeventil
(wahlweise)
Druckbegrenzungsventil
Druckmessgerät
Rückleitung
Motor
Pumpe
Filter

Schema für Hydraulikantrieb

Schaltplan für Hydraulikantrieb

Funktionsbeschreibung

Die Hydraulikpumpe wird von einem Elektromotor angetrieben. Sie saugt aus einem Behälter die Betriebsflüssigkeit an und fördert sie durch Leitungen über ein 4/2-Wegeventil zum Hydraulik-Linearmotor (Zylinder). In der dargestellten Schaltstellung ist die Kolbenstange des Zylinders ausgefahren. Man sagt auch: „Der Zylinder hat die Bewegungsrichtung Ausfahren."
Nach dem Umschalten des Wegeventils fährt die Kolbenstange des Zylinders ein. Man sagt: „Der Zylinder hat die Bewegungsrichtung Einfahren."
Wenn der Zylinder ohne Last fährt, baut sich erst in den jeweiligen Endlagen der Kolbenstange ein Druck auf. Dieser Druck nimmt dann den Maximaldruck an, den man am Druckbegrenzungsventil eingestellt hat. Die Pumpe fördert den gesamten Volumenstrom gegen den Maximaldruck über das Druckbegrenzungsventil in den Behälter.
Die zugeführte Leistung setzt sich dabei in Wärme um. Um solche Verluste zu vermeiden, wird oft ein 4/3-Wegeventil gewählt, das bei Mittelstellung einen freien Umlauf des Volumenstroms ermöglicht. Ein Filter im Rücklauf hält die Verschmutzung der Hydraulikflüssigkeit weitgehend zurück.

Übungsaufgaben 4/23; 4/24

Steuerungstechnik

4.4.2 Vergleich zwischen Pneumatik- und Hydraulikanlagen

Hydraulische Anlagen sind ähnlich wie pneumatische Anlagen aufgebaut. Man muss jedoch beachten, dass bei der Hydraulik nur mit geschlossenen Kreisläufen gearbeitet werden kann, weil die Flüssigkeit wieder in den Vorratsbehälter zurückgeführt werden muss.

Ein weiterer Unterschied liegt darin, dass in der Hydraulik wesentlich höhere Drücke und damit auch höhere Leistungen genutzt werden als in der Pneumatik.

Die Bildzeichen in der Hydraulik entsprechen weitgehend denen in der Pneumatik. In beiden Fluid-Technologien gilt die Norm DIN ISO 1219. Das Zeichen für die Art des Druckmittels wird anders dargestellt. Die Druckluft wird durch ein offenes Dreieck (△) symbolisiert; für Flüssigkeiten gilt ein ausgefüllte Dreieck (▲). Die Pläne für hydraulische Anlagen enthalten außerdem Bildzeichen für Bauteile, die in pneumatischen Anlagen nicht vorkommen. Solche Bauteile sind z. B. Behälter, Rückleitungen und Leckleitungen.

Beispiel für die Ähnlichkeit von pneumatischen und hydraulischen Schaltplänen

Pneumatikschaltplan — Luft ins Freie

Hydraulikschaltplan — Filter in der Rückleitung, Druckbegrenzungsventil, Behälter

Ein besonders wichtiges Bauteil in Hydraulikanlagen ist das Druckbegrenzungsventil, das als Sicherheitsventil unbedingt notwendig ist. Ohne Druckbegrenzungsventil würden unzulässig hohe Drücke auftreten, die zu Schäden in der Anlage führen würden. Das Druckbegrenzungsventil wird unmittelbar nach der Pumpe eingebaut.

> ! Die Pläne für Hydraulik- und Pneumatikanlagen werden nach DIN ISO 1219 gezeichnet.
> Hydraulikanlagen sind geschlossene Kreisläufe, während Pneumatikanlagen offene Systeme darstellen.
> Die Hydraulik wird wegen ihrer hohen Leistungsdichte vor allem in der Antriebstechnik eingesetzt.

4.4.3 Hydraulikanlage als technisches System

Alle Hydraulikanlagen sind von ihrer Funktion her so aufgebaut, dass die jeweiligen Teilaufgaben durch entsprechende Teilsysteme erfüllt werden. Das technische System *Hydraulikanlage* kann in folgende Teilsysteme untergliedert werden:

| Teilsystem zur Leistungswandlung und Leistungsbereitstellung „Antriebsaggregat" | → | Teilsystem zur Leistungsübertragung **Ventile und Leitungen** | → | Teilsystem zur Leistungswandlung „Motorgruppe" |

Übungsaufgaben 4/25; 4/26

4.5 Teilsystem zur Leistungswandlung und Leistungsbereitstellung (Antriebsaggregat)

4.5.1 Hydropumpen

In Hydropumpen wird die von außen zugeführte Leistung eines Elektro- oder Verbrennungsmotors in hydraulische Leistung umgewandelt und für die Anlage bereitgestellt. Hydropumpen fördern einen Volumenstrom. Der Druck in der Anlage entsteht, wenn dem Volumenstrom ein Widerstand entgegengesetzt wird. Hydropumpen unterteilt man nach ihrem Aufbau in Zahnradpumpen, Flügelzellenpumpen und Kolbenpumpen. Weiterhin unterscheidet man sie nach der Arbeitsweise in Konstantpumpen und Verstellpumpen.

1. Konstantpumpen

In Konstantpumpen ist das Fördervolumen je Umdrehung, das sogenannte **spezifische Fördervolumen**, konstant. Laufen sie mit konstanter Drehzahl, so ist auch der Volumenstrom konstant. Wird in Arbeitspausen keine Druckflüssigkeit benötigt, so kann über das 4/3-Wegeventil mit freiem Umlauf die Flüssigkeit fast drucklos in den Tank zurückgepumpt werden.

2. Verstellpumpen

An Verstellpumpen kann das Fördervolumen je Umdrehung verändert werden. Somit lässt sich der Volumenstrom in der Anlage beeinflussen. Über einen angeschlossenen Regler lassen sich Verstellpumpen so einrichten, dass die Geschwindigkeit des Arbeitshubs an Zylindern bzw. die Drehzahl an Rotationsmotoren den gewünschten Wert annimmt. Ebenso ist es möglich, die Pumpe so zu beeinflussen, dass der Druck konstant bleibt, ohne dass Druckflüssigkeit verlustreich über das Druckbegrenzungsventil in den Tank zurückgepumpt wird.

Konstantpumpe im Einsatz (Arbeitsverrichtung / Arbeitspause)

Verstellpumpe als Regelpumpe (Arbeitsverrichtung / Arbeitspause — keine Förderung)

> ! In Konstantpumpen ist das spezifische Fördervolumen konstant. In Verstellpumpen kann das spezifische Fördervolumen verändert werden. Geregelte Verstellpumpen liefern gegebenenfalls nur so viel Druckflüssigkeit, wie nötig ist, oder sie halten den Druck ohne Förderung konstant.

4.5.1.1 Zahnradpumpen

Auf der Saugseite der Zahnradpumpe wird die Flüssigkeit aus dem Vorratsbehälter angesaugt und in den Zahnlücken auf der Außenseite der Zahnräder zur Druckseite transportiert. Durch die sich kämmenden Zahnräder wird die Flüssigkeit aus den Zahnlücken verdrängt und in die Druckleitung gefördert.
Beim Ansaugen der Flüssigkeit nutzt man den atmosphärischen Druck aus (maximal 1 bar). Dreht nun die Pumpe schneller als Flüssigkeit nachfließen kann, so werden die Zahnlücken nicht mehr vollständig gefüllt. Es treten Kavitationsschäden auf und zerstören die Pumpe.

Zahnradpumpe

> ! Zahnradpumpen fördern den Volumenstrom über Zahnlücken von der Saugseite zur Druckseite. In falsch installierten Pumpen, z. B. bei zu kleinen Saugquerschnitten, treten Kavitationsschäden auf.

Steuerungstechnik

Die Zahnradpumpe liefert einen nahezu konstanten Volumenstrom, der sich aus dem Verdrängungsvolumen je Umdrehung und der Antriebsfreqeunz errechnet. Zahnradpumpen sind aufgrund ihrer Konstruktion Konstantpumpen.

Da die beweglichen Teile der Pumpe Spiel aufweisen, ist der tatsächlich geförderte Volumenstrom geringer als der theoretisch mögliche. Es treten Leckverluste auf, weil Flüssigkeit von der Hochdruckseite zur Niederdruckseite fließt. Bei höherem Druck nimmt der Volumenstrom etwas ab, die Leckverluste werden größer, weil mehr Flüssigkeit zwischen den beweglichen Teilen der Pumpe zurückgequetscht wird.

q_{Vth} = theoretischer Volumenstrom
q_{Ve} = effektiver Volumenstrom
q_{Vl} = Leckverluste

Kennlinie bei konstanter Drehfrequenz und Temperatur

Pumpenkennlinie

Die Abhängigkeit des Volumenstroms vom Druck ist eine kennzeichnende Eigenschaft jeder Hydropumpe. Sie wird als **Pumpenkennlinie** dargestellt. Verschleiß von Pumpenbauteilen kann durch den Vergleich der Volumenströme ermittelt werden.

> ❗ Die Pumpenkennlinie zeigt die Abhängigkeit des Volumenstroms vom Druck. Verschleiß in der Pumpe kann durch entsprechende Messungen festgestellt werden.

4.5.1.2 Flügelzellenpumpen

Flügelzellenpumpen enthalten einen Rotor, auf dessen Umfang Schlitze eingearbeitet sind. In diese Schlitze sind lose einzelne Flügel eingesetzt. Im Betrieb werden die Flügel aufgrund der Fliehkraft gegen den feststehenden Außenring gepresst. In den so entstehenden Kammern zwischen den Flügeln wird die Flüssigkeit von der Saugseite zur Druckseite transportiert. Durch die exzentrische Anordnung von Rotor und Außenring werden die Kammern beim Durchlaufen der Druckseite kleiner, und so wird die Druckflüssigkeit in die Druckleitung gefördert. Bei verstellbaren Flügelzellenpumpen verändert man die Exzentrizität zwischen Rotor und Außenring.

größte Exzentrizität = maximaler Volumenstrom
Flügelzellenpumpe

4.5.1.3 Kolbenpumpen

Zur Erzeugung von hohen Drücken in hydraulischen Systemen setzt man vielfach Kolbenpumpen ein. Man unterscheidet Radialkolbenpumpen und Axialkolbenpumpen.

Beispiel für eine Radialkolpenpumpe

Die schematisch dargestellte Radialkolbenpumpe besteht im Wesentlichen aus einem feststehenden Pumpengehäuse, radial angeordneten Kolben, einer Exzenterwelle sowie Ein- und Auslassventilen. Die Exzenterwelle dreht sich und ermöglicht bzw. erzwingt die Radialbewegungen der Kolben.

Das Schema der Radialkolbenpumpe verdeutlicht folgende Zusammenhänge:

Kolben 1 hat die größte Ölmenge angesaugt.
Kolben 2 hat bereits Öl angesaugt.
Kolben 3 beginnt Öl anzusaugen.
Kolben 4 hat bereits Öl in die Druckleitung gepresst.
Kolben 5 beginnt Öl in die Druckleitung zu pressen.

Hydraulik

Beispiel für eine verstellbare Axialkolbenpumpe

Eine Axialkolbenpumpe besteht im Wesentlichen aus der Antriebswelle, den Kolben, der Trommel, der Steuerscheibe und der Schrägachse. Die Antriebswelle dreht sich und nimmt die Kolben über Kugelgelenke mit. Die Trommel ist um die feststehende Schrägachse gelagert und dreht sich ebenfalls mit den Kolben. Da die Schrägachse zur Welle um den Schwenkwinkel α geneigt ist, führen die Kolben während einer Umdrehung eine hin- und hergehende Hubbewegung durch.

Auf der Saugseite gleitet der Kolben zurück und saugt Öl über den Steuerschlitz der feststehenden Steuerscheibe an.

Auf der Druckseite gleitet der Kolben vor und drückt das Öl über den anderen Steuerschlitz in die Druckleitung.

Durch Verändern des Schwenkwinkels kann über die Hublänge der Kolben der Volumenstrom verändert werden.

Axialkolbenpumpen fördern die Druckflüssigkeit durch die Hubbewegung der Kolben. Mit Axialkolbenpumpen kann man sehr hohe Drücke erzeugen.

4.5.2 Druckbegrenzungsventil

Das Druckbegrenzungsventil hat die Aufgabe, den Maximaldruck in einer Anlage auf einen bestimmten Wert zu begrenzen, um Bauteile und Leitungen vor Überlastung und Beschädigung zu schützen. Deshalb muss das Druckbegrenzungsventil in der Nähe der Pumpe und parallel zu ihr eingebaut werden. Druckbegrenzungsventile können direkt gesteuert oder vorgesteuert sein.

Beim direkt gesteuerten Druckbegrenzungsventil wirkt der Druck p aus der Anlage auf die Fläche A des Ventilkörpers. Die entstehende Druckkraft $F = p \cdot A$ wirkt der Federkraft entgegen, die mit einer Stellschraube verändert werden kann. Steigt der Druck in der Anlage so hoch an, dass die Druckkraft größer als die Federkraft ist, so öffnet das Ventil. Dieser Offenhaltedruck ist vom durchfließenden Volumenstrom abhängig.

$$A = \frac{d^2 \cdot \pi}{4}$$

Druckbegrenzungsventil – Einbau

Druckbegrenzungsventil – Aufbau

Übungsaufgabe 4/34

Steuerungstechnik

Die Kennlinie eines direkt gesteuerten Druckbegrenzungsventils zeigt die Abhängigkeit zwischen dem Druck, der das Ventil öffnet (Offenhaltedruck) und dem durchfließenden Volumenstrom.

Im Idealfall sollte der Offenhaltedruck unabhängig vom durchfließenden Volumenstrom sein. Tatsächlich steigt jedoch der Offenhaltedruck an, wenn der Volumenstrom größer wird.

Erklären kann man sich diesen Zusammenhang wie folgt:

Ein größerer Volumenstrom öffnet das Druckbegrenzungsventil weiter. Dadurch wird die Feder im Ventil mehr zusammengedrückt und die Federkraft erhöht sich. Durch die Erhöhung der Federkraft baut sich ein höherer Druck auf.

Druckbegrenzungsventil – Kennlinie

Es ist also notwendig, das Druckbegrenzungsventil bei maximalem Volumenstrom einzustellen. Wird der Maximaldruck bei kleinem Volumenstrom, z. B. im unteren Bereich einer Verstellpumpe, eingestellt, so erfüllt das Druckbegrenzungsventil seine Aufgabe nicht mehr in der gewünschten Weise. In der Anlage entstehen dann bei größeren Volumenströmen unzulässig große Drücke.

> **!** Der Maximaldruck am Druckbegrenzungsventil muss stets bei maximalem Volumenstrom eingestellt werden.

4.5.3 Druckflüssigkeitsbehälter

Jede Hydraulikanlage hat einen eigenen Druckflüssigkeitsbehälter. Die Flüssigkeit wird im Kreislauf durch die Anlage in den Tank zurückgeführt; auch die Leckflüssigkeit leitet man in den Tank.

Aufgaben des Druckflüssigkeitsbehälters

Aufgabe	Hinweise zur Konstruktion
Bevorratung der Druckflüssigkeit	Der Vorratsbehälter muss genügend groß sein. Bei stationären Anlagen ist der Behälter drei- bis fünfmal so groß wie das maximal in einer Minute zuströmende Volumen. Behälter in mobilen Anlagen sind kleiner, wenn eine Betriebstemperatur bis etwa 70 °C zugelassen wird.
Abführen der Verlustwärme	Die Wärme, die durch Leistungsverluste während des Betriebs einer Anlage auftritt, muss über genügend große Behälterwände abgeführt werden. Gegebenenfalls baut man zusätzliche Kühler ein.
Entfernen von Verunreinigungen und Kondenswasser	Verunreinigungen und Kondenswasser setzen sich an der tiefsten Stelle des schrägen Behälterbodens ab und werden von Zeit zu Zeit abgelassen.
Abscheiden von Luft	Von der Druckflüssigkeit mitgeführte Luft soll möglichst nicht in den Saugbereich der Pumpe gelangen. Deshalb ist der Behälter durch ein „Beruhigungsblech" in eine Rücklaufkammer und eine Ansaugkammer getrennt. Rücklauf und Saugleitung sind weit voneinander entfernt angebracht.
Druckausgleich	Der atmosphärische Luftdruck kann ungehindert auf die Flüssigkeit wirken, weil ein Luftausgleichsfilter zur Umgebungsluft hin geöffnet ist.

Im Antriebsaggregat bilden der Druckflüssigkeitsbehälter, die Pumpe und der Motor eine Einheit. Die Pumpe wird möglichst tief eingebaut, damit die Flüssigkeit nicht zusätzlich nach oben angesaugt werden muss. Man montiert die Pumpe möglichst seitlich in den Behälter oder setzt sie direkt in den Behälter unter dem Flüssigkeitsspiegel. Mit einer Flüssigkeitsanzeige lässt sich der Flüssigkeitsstand überwachen.

Hydraulik

Beispiel für einen Druckflüssigkeitsbehälter

(Abbildung: Druckflüssigkeitsbehälter mit Beschriftungen: Luftausgleichsfilter, Rücklauf, Rücklauffilter, Ablassschraube, Beruhigungsblech, Pumpenanschluss)

> **!** Der Druckflüssigkeitsbehälter in einer Hydraulikanlage hat folgende Aufgaben:
> - Vorratshaltung der Flüssigkeit,
> - Temperierung der Flüssigkeit,
> - Abscheiden von Verunreinigungen aus der Flüssigkeit.

4.5.4 Druckflüssigkeiten

Die Druckflüssigkeit hat die Aufgabe, Kräfte sowie Bewegungen und somit Leistung zu übertragen. Darüber hinaus soll die Flüssigkeit für die Schmierung und den Korrosionsschutz sorgen. Durch die Reibung in den Bauteilen der Anlage entsteht Wärme, die von der Flüssigkeit abgeführt werden muss.

Die Druckflüssigkeit muss daher entsprechende Eigenschaften haben:
- möglichst geringe Änderung der Viskosität über einen größeren Temperaturbereich;
- gute Schmierwirkung und damit Schutz vor Reibung und Verschleiß;
- guter Korrosionsschutz gegenüber Bauelementen aus unterschiedlichen Metallen;
- Verträglichkeit gegenüber Dichtungen und anderen Kunststoffelementen;
- alterungsbeständig, d. h. geringe Neigung zur Verharzung bzw. Säurebildung;
- gutes Luftabscheidevermögen und geringe Neigung zur Schaumbildung.

Für Hydraulikflüssigkeiten setzt man vor allem Druckflüssigkeiten auf Mineralölbasis und schwer entflammbare Druckflüssigkeiten ein.

Mineralöle sind die am meisten verwendeten Druckflüssigkeiten. Sie werden mit entsprechenden Wirkstoffen vermischt, damit die gewünschten Eigenschaften erreicht werden.

Schwer entflammbare Druckflüssigkeiten weisen eine erheblich höhere Zündtemperatur als Mineralöle auf. Sie haben jedoch im Vergleich zu den Mineralölen geringere Schmierfähigkeit, schlechteres Korrosionsverhalten und niedrigere Viskosität.

Auswahl von Druckflüssigkeiten

Art	Einsatz
Mineralöle	
HL	Industriehydraulik; Druckbereich bis 250 bar
HLP	Industriehydraulik; Druckbereich über 250 bar
schwer entflammbare Flüssigkeiten	
HFC	in feuergefährdeten Anlagen; mäßige Drücke (Lösung mit 35 bis 55 % Wasser)
HFD	in feuergefährdeten Anlagen; hohe Drücke (synthetische wasserfreie Flüssigkeit)

Übungsaufgaben 4/37; 4/38; 4/39

Steuerungstechnik

4.5.5 Filter

Schmutzteilchen verursachen Störungen in der Hydraulikanlage. Staub, Späne oder Schweißrückstände, die bei der Montage der Anlage nicht entfernt worden sind, gelangen in die Hydraulikflüssigkeit. Durch den Verschleiß bewegter Teile bzw. durch Rostpartikel wird die Flüssigkeit ebenfalls verschmutzt. Auch durch den Fertigungsprozess dringen Verunreinigungen, wie Schleifstaub oder Gusssand, in die Hydraulikflüssigkeit ein. Die Schmutzteilchen selbst verursachen auch wieder Verschleiß oder sie verstopfen Ventilbohrungen bzw. verklemmen Kolben. Man setzt deshalb in Hydraulikanlagen Filter ein, um möglichst alle Fremdstoffe zurückzuhalten. Filter werden je nach Anforderungen an die Druckflüssigkeit in die Saugleitung, in die Hochdruckseite, in den Rücklauf oder in einen gesonderten Kreislauf eingebaut.

Rücklauffilter werden am häufigsten verwendet.

Hochdruckfilter baut man in hochwertige Anlagen zum Schutz für Proportional- bzw. Servoventile ein.

Saugfilter sind grobmaschig und dienen dazu, beim Pumpeneinlauf größere Verunreinigungen zurückzuhalten, sie ersetzen aber keinesfalls den Rücklauffilter.

Einsatz von Filtern

> ❗ Filter sind für die Funktion einer Hydraulikanlage notwendig, sie verringern die Störanfälligkeit und verlängern die Lebensdauer der Bauteile in der Anlage.

Die Feinheit des Filters (Porenweite) wird in Mikrometer angegeben. In der Mobil- und Industriehydraulik verwendet man z. B. Filter mit einer Porenweite zwischen 10 µm und 60 µm. In der Servohydraulik dagegen beträgt die Porenweite etwa 5 µm.

Je nach der Filterwirkung unterscheidet man Oberflächenfilter und Tiefenfilter.

Oberflächenfilter halten die Schmutzteilchen nur an der Oberfläche des Filters zurück. Sie haben kleine Baugrößen, können leicht gereinigt werden, verschmutzen jedoch verhältnismäßig schnell.

Tiefenfilter filtern über den gesamten Querschnitt, sie können mehr Schmutz aufnehmen, lassen sich jedoch schlechter reinigen.

Rücklauffilter und Bypass

Filter bewirken in der Hydraulikanlage einen Druckabfall. Der Druckabfall ist vom Verschmutzungsgrad des Filters abhängig und wird messtechnisch zur Filterüberwachung genutzt.

Damit bei zugesetztem Filter die Anlage nicht überlastet wird, baut man eine Umgehungsleitung ein. Diese Leitung öffnet sich bei zugesetztem Filter über ein federbelastetes Rückschlagventil (Bypassventil).

Filter – Kennlinie

> ❗ Der Verschmutzungsgrad eines Filters wird in der Betriebspraxis meist durch eine am Filter angebrachte Druckmesseinrichtung angezeigt.

4.5.6 Hydrospeicher

In Hydraulikanlagen kann Druckflüssigkeit in begrenztem Maße in Behältern unter Druck gespeichert werden. Diese Behälter bezeichnet man als Hydrospeicher. Am häufigsten wird der gasbelastete Blasenspeicher eingesetzt. Ein **Blasenspeicher** besteht aus einem hochfesten Stahlbehälter, in den eine elastische Kunststoff- oder Gummiblase eingebaut ist. Diese Blase kann über ein Ventil mit Druckgas – meist Stickstoff – gefüllt werden. Leitet man von unten Druckflüssigkeit in den Behälter, so wird je nach Flüssigkeitsvolumen die Gasblase mehr oder weniger zusammengedrückt. Die gespeicherte Druckflüssigkeit kann bei Bedarf an die Anlage abgegeben werden.
Neben dem Blasenspeicher setzt man den Membranspeicher und den Kolbenspeicher ein.

> In Hydrospeichern wird hydraulische Energie gespeichert. Sie stellen als „Pumpen auf Zeit" zusätzliche Leistung bereit. Speicher dienen zur Energieeinsparung, zum Leckverlustausgleich und zur Stoßdämpfung.

Sicherheitsmaßnahmen
Da gasbelastete Hydrospeicher mit hohem Gasdruck beaufschlagt sind, ist bei ihnen erhöhte Sorgfalt geboten:
- *Füllung mit Sauerstoff* ist wegen der Explosionsgefahr (Öl und Sauerstoff) *verboten*.
- An *Speicherflaschen* dürfen *keine Nacharbeiten* vorgenommen werden; weder Schweißen, Löten noch mechanische Nacharbeitung sind zulässig.
- Ein Speicher kann eine Hydraulikanlage lange unter Druck halten. *Vor Eingriff* in die Anlage muss sie *druckfrei* gemacht werden, um zu verhindern, dass bei abgeschalteter Pumpe noch Bewegungen ausgeführt werden.

4.6 Teilsystem zur Leistungsübertragung

4.6.1 Leitungen und Verbindungen

Durch Rohrleitungen, Schläuche und Verbindungen werden die hydraulischen Bauelemente zu einem geschlossenen System gefügt. Als Rohrleitungen verwendet man fast ausschließlich nahtlose Präzisionsrohre aus Stahl bzw. aus nicht rostendem Stahl. Die Leitungen sind nach Möglichkeit gerade bzw. in großen Radien zu verlegen. Dadurch werden die Strömungsverluste gering gehalten. Der Rohrquerschnitt ist so groß zu wählen, dass die maximalen Strömungsgeschwindigkeiten die Richtwerte nicht überschreiten.

Richtwerte für Strömungsgeschwindigkeiten:
- Saugleitungen   : 0,5 bis 1,5 m/s
- Druckleitungen   : 1,5 bis 7   m/s
- Rücklaufleitungen   : 2   bis 4   m/s

Als Verbindung hat sich die **Schneidringverschraubung** bewährt. Bei der **Schneidringverschraubung** wird eine Überwurfmutter angezogen. Dadurch wird der Schneidring durch den Innenkegel verjüngt und der Ring schneidet sich in das Rohr ein. Am Rohr entsteht ein sichtbarer Bund. Die Verschraubung bleibt auch nach mehrmaligem Lösen und Fügen dicht.

> Rohrleitungen verbinden die feststehenden Bauteile in einer Hydraulikanlage. Schneidringverschraubungen benutzt man häufig als Verbindungselement zwischen den Geräten und Rohren.

Steuerungstechnik

Über **Schläuche** wird die Druckflüssigkeit beweglichen Arbeitsgliedern zugeführt. Schläuche verwendet man auch, wenn hydraulische Antriebssysteme wiederholt gewechselt werden müssen.

Schläuche werden außerdem dann eingesetzt, wenn in einer Anlage störender Körperschall auftritt und seine Weiterleitung vermieden werden soll.

Schlauchleitungen bestehen aus ölfesten Kunststoffen, die mit Textil- und Metallgeflechten verstärkt sind. Ihr Einsatz ist zeitlich begrenzt, da sie altern. Scharfe Biegungen, Impulsbelastungen und Torsionsbeanspruchungen verringern ebenfalls die Lebensdauer. Besonders sorgfältig muss der Einbau der Schläuche geplant und durchgeführt werden. Grundsätzlich ist darauf zu achten, dass die Schläuche genügend Bewegungsfreiheit haben.

Schlauchverbindung zu Zylindern

Einbaubeispiel für Schläuche

Schnelltrennkupplungen erlauben in drucklosem Zustand einen einfachen Wechsel von Einzelgeräten bzw. ganzen Baugruppen, wenn man sie mit Schlauchleitungen kombiniert. In Schnelltrennkupplungen tritt jedoch während des Betriebs ein zusätzlicher Druckabfall auf; weiterhin haben sie den Nachteil, dass sie beim Entkuppeln Restöl verlieren.

> ! Schlauchleitungen verbinden bewegliche Bauteile in einer Hydraulikanlage. Werden Antriebssysteme häufig gewechselt, so schließt man die Schläuche mit Schnelltrennkupplungen an die Geräte an.

Besondere **Anschlussplatten** verwendet man, um Montage- und Wartungsarbeiten zu verringern. Die Rohrleitungen werden an die Anschlussplatten fest montiert. Auf der Gegenseite dieser Platten werden die Ventile aufgeschraubt. Als Abdichtungselemente zwischen Anschlussplatte und Ventilkörper benutzt man O-Ringe.

Die Bohrungen und ihre Lage in den Platten bezeichnet man als Lochbilder. Die Lochbilder sind genormt.

Anschlussplatte

Dadurch können auch Ventile unterschiedlicher Hersteller ohne zusätzlichen Aufwand eingesetzt werden.

Die Anschlussplatten (Lochplatten) kennzeichnet man z. B. mit NG 8, NG 10, NG 25. Die Zahlen entsprechen in etwa dem Durchmesser der Anschlussbohrungen in Millimeter.

Auf Anschlussplatte montierte Bauteile

Eine weitere Methode, den Montageaufwand für häufig vorkommende Teilfunktionen in einer Hydraulikanlage herabzusetzen, ist die Verwendung von **Steuerblöcken**. In Steuerblöcken sind die erforderlichen Bohrungen für die Funktionen eingearbeitet. Die Hydraulikgeräte werden ähnlich wie bei den Anschlussplatten aufgeschraubt oder in Form einer „Patronenkonstruktion" in die Bohrungen eingeschraubt. Diese platzsparende Konstruktion vermindert die Zahl der Verschraubungen und ist wartungsfreundlich.

4.6.2 Wegeventile

Wegeventile sind für die Hydraulik in Bezug auf Bauformen und Funktionen in großer Vielfalt entwickelt worden. Vorwiegend werden Kolbenschieberventile – meist 4/3-Wegeventile – eingesetzt.

Als Beispiel werden Aufbau und Funktion eines vorgesteuerten 4/3-Wegeventils beschrieben.

Die Längsbohrung für den Kolben im Hauptventil hat fünf Ringkanäle. Diese sind mit den Anschlüssen P, A, B und T verbunden. Dem Anschluss T ist über eine Zusatzbohrung ein zweiter Ringkanal zugeordnet, damit das Rücköl in beiden Arbeitsstellungen zum Tank geführt werden kann. Das Vorsteuerventil wird über das Hauptventil mit Druckflüssigkeit versorgt. Die Arbeitsleitungen des Vorsteuerventils führen auf die Steuerseiten des Hauptkolbens. Eingebaute Druckfedern halten die Kolben in beiden Ventilen in Nullstellung (Mittellage).

4/3-Wegeventil – Nullstellung

Wird das Vorsteuerventil beispielsweise auf der rechten Seite elektromagnetisch betätigt, so verschiebt sich der Vorsteuerkolben nach rechts und verbindet die rechte Arbeitsleitung des Vorsteuerventils mit dem Druckanschluss. Somit wirkt auf die rechte Seite des Hauptventils die Druckflüssigkeit. Der Hauptkolben wird nach links umgeschaltet und versorgt die Arbeitsleitung A mit Arbeitsdruck. Die Rückleitung B öffnet sich gleichzeitig zum Tank hin.

Soll dagegen die Leitung B mit Arbeitsdruck versorgt werden, so muss der Elektromagnet auf der linken Seite des Vorsteuerventils betätigt werden.

4/3-Wegeventil – Arbeitsstellung

Die Kennlinie im q_V-p-Diagramm zeigt, dass bei höheren Volumenströmen größere Druckverluste auftreten. Außerdem ist festzustellen, dass Druckverluste sowohl beim Zulauf (P nach A) als auch beim Rücklauf (B nach T) auftreten, die sich addieren.

q_V-p-Diagramm

! Wegeventile haben in erster Linie die Aufgabe, die Richtung des Volumenstroms zu steuern. Je nach Ventilausführung haben Wegeventile auch die Aufgabe, den Volumenstrom abzusperren.

Übungsaufgaben 4/49; 4/50; 4/51

Steuerungstechnik

4.6.3 Sperrventile

Sperrventile haben die Aufgabe, den Volumenstrom in einer Richtung zu sperren und in der anderen Richtung freien Durchfluss zu gestatten. In der Hydraulik werden vor allem das Rückschlagventil und das entsperrbare Rückschlagventil eingesetzt.

1. Rückschlagventil

Das Rückschlagventil ist ein Sitzventil, dessen Abschlusselement als Kegel oder Kugel ausgeführt sein kann. Normalerweise wird das Abschlusselement durch eine schwache Feder in den Ventilsitz gedrückt. Die Feder hat den Vorteil, dass das Ventil in beliebiger Einbaulage montiert werden kann und dass es in seiner Ruhestellung geschlossen ist. Der Öffnungsdruck eines Rückschlagventils hängt von der gewählten Feder ab und ist gegenüber den übrigen Widerständen in einem Hydrauliksystem meist vernachlässigbar klein.

Rückschlagventil

2. Entsperrbares Rückschlagventil

Wird in einem Rückschlagventil Durchfluss unter bestimmten Bedingungen auch in Sperrstellung gefordert, so steuert man das Rückschlagventil entsprechend an. Die Ansteuerung erfolgt hydraulisch über einen zusätzlichen Kolben, der bei Druckbeaufschlagung den Ventilsitz entgegen der Schließkraft aus seiner Schließstellung hochhebt. Eingesetzt wird das entsperrbare Rückschlagventil in Verbindung mit einem Wegeventil in Kolbenschieberausführung, wenn eine schwere Last gegen unerwünschtes Absinken über längere Zeit sicher gehalten werden muss.

Entsperrbares Rückschlagventil

> ❗ Rückschlagventile sind Sperrventile, die ohne Signal von außen eine Durchflussrichtung leckölfrei sperren und in Gegenrichtung freien Durchfluss geben.
> In entsperrbaren Rückschlagventilen kann die Sperrstellung über eine hydraulische Ansteuerung aufgehoben werden.

4.6.4 Druckventile

Hydraulische Druckventile benutzt man entweder als Druckbegrenzungsventile (siehe Kapitel **4.5.2** „*Druckbegrenzungsventil*") oder als Druckminderventile.

Druckminderventile werden eingesetzt, wenn in einem Teil der Hydraulikanlage ein geringerer, aber konstanter Druck herrschen soll als in der Gesamtanlage. Die Wirkung des Druckminderventils beruht auf dem Vergleich der einstellbaren Federkraft zur Druckkraft aus dem gewünschten Druck p_2.

Druckminderventil

Hydraulik

4.6.5 Stromventile

Will man den durchfließenden Volumenstrom in einer Hydraulikanlage beeinflussen, so können Stromventile eingesetzt werden. Durch die richtige Anordnung der Stromventile lässt sich die Geschwindigkeit von Zylindern bzw. die Drehfrequenz von Hydromotoren verändern.

1. Drosselventil

In einem verstellbaren Drosselventil wird z. B. ein kegeliger Bolzen in den Strömungsquerschnitt geschraubt. Fördert die Pumpe einen Volumenstrom durch das Drosselventil, so steigt der Druck vor der Drosselstelle (dem Widerstand) an. Der gesamte Volumenstrom fließt jedoch durch das Drosselventil. Erst wenn der Widerstand am Drosselventil so groß wird, dass der Druck vor der Drosselstelle den Öffnungsdruck des parallel geschalteten Druckbegrenzungsventils erreicht, teilt sich der Volumenstrom auf. Ein Teil des Volumenstroms fließt durch die Drosselstelle, während der Reststrom über das Druckbegrenzungsventil abfließt. Die Wirkung des Drosselventils setzt also erst dann ein, wenn das Druckbegrenzungsventil öffnet und eine *Stromaufteilung* möglich ist.

Drosselventil – Aufbau

$\Delta p = p_1 - p_2$

$p_1 > p_2$

$q_v = q_{v1} + q_{v2}$

Der Volumenstrom, der durch eine Drosselstelle fließen kann, ist abhängig von dem Druck vor der Drossel (p_1) und dem Druck nach der Drossel (p_2). Man bezeichnet den Unterschied zwischen diesen Drücken als Druckdifferenz ($\Delta p = p_1 - p_2$).
Je kleiner die Druckdifferenz ist, desto geringer ist der Volumenstrom, der durch die Drossel fließt, wenn eine Stromaufteilung vorliegt.
Verändern sich die Betriebsbedingungen in einer Anlage, wie z. B. durch Lasterhöhung, so nimmt der Druck nach der Drosselstelle zu. Die Druckdifferenz in der Drossel wird geringer und es verringert sich der Volumenstrom, der durch die Drossel fließt.

Drosselventil und Stromaufteilung

Wegen der Stromaufteilung fließt jetzt ein größerer Anteil des Volumenstroms über das Druckbegrenzungsventil ab.
Lastschwankungen verursachen daher auch Geschwindigkeitsschwankungen der Arbeitsglieder. Drosselventile werden deswegen nur dann eingesetzt, wenn kein genauer Volumenstrom notwendig ist, wie z. B. bei Hebebühnen und Spannvorrichtungen.

Drosselventil – Kennlinie

! Das Drosselventil ist ein hydraulischer Widerstand, vor dem sich ein Druck aufbaut. Die Stromaufteilung und damit die Wirkung des Drosselventils tritt erst dann auf, wenn sich das parallel geschaltete Druckbegrenzungsventil öffnet.

Übungsaufgaben 4/56; 4/57; 4/58

2. Stromregelventile

Benötigt man an einem Arbeitsglied eine konstante Geschwindigkeit, z. B. bei einer Vorschubbewegung, die unabhängig von der auftretenden Last sein muss, so setzt man Stromregelventile ein. Man unterscheidet Zweiwege-Stromregelventile und Dreiwege-Stromregelventile.

– Zweiwege-Stromregelventil

Durch das Zweiwege-Stromregelventil fließt unabhängig von Druckschwankungen in der Anlage ein weitgehend konstanter Volumenstrom. Eine Stromaufteilung ist notwendig und erfolgt meist über das Druckbegrenzungsventil.

Über eine verstellbare Drossel werden Querschnitt und somit Größe des durchfließenden Volumenstroms eingestellt. Vor der Drossel herrscht der höhere Druck p_2, dahinter der kleinere Druck p_3. Nur die Druckdifferenz Δp zwischen p_2 und p_3 ist für die Größe des durchfließenden Volumenstroms maßgebend. Durch die vorgeschaltete Druckwaage wird die Druckdifferenz auch bei Druckänderung konstant gehalten. Wird z. B. an der Arbeitsseite der Druck p_3 verringert, so verringert sich gleichzeitig der Druck auf der linken Kolbenfläche der Waage. Der Kolben wandert etwas nach links; dadurch ändert sich der Einströmquerschnitt und somit auch der Druck p_2 vor der Drossel. Hierdurch wird die ursprüngliche Druckdifferenz zwischen p_2 und p_3 beibehalten.

Zweiwege-Stromregelventil

– Dreiwege-Stromregelventil

Durch das Dreiwege-Stromregelventil fließt unabhängig von Druckschwankungen in der Anlage immer der eingestellte Volumenstrom. Die Stromaufteilung erfolgt meist über die Druckwaage im Ventil selbst. Dabei wird der überschüssige Volumenstrom gegen den Druck, der momentan am Anschluss B herrscht, zum Tank abgeführt.

Die fest einstellbare Drosselstelle und die Druckwaage sind im Dreiwege-Stromregelventil parallel geschaltet. Die Druckwaage ist im sogenannten Bypass angeordnet. Die Abzweigung des Bypasses zum Tank liegt vor der festen Drosselstelle.

Vor der Drosselstelle liegt bei A der nur etwas höhere Pumpendruck p_1, dahinter der geforderte Druck p_2 am Ausgang B. Die sich aus der Druckdifferenz $p_1 - p_2$ ergebende Kraft auf die Druckwaage steht im Gleichgewicht mit der Federkraft.

Sinkt der Volumenstrom am Ausgang B, so wird die Druckdifferenz geringer und die Durchflussöffnung durch den Bypass wird ebenfalls verkleinert. Bei kleinerem Volumenstrom zum Tank hin steigt aber der Volumenstrom am Ausgang B wieder an.

Dreiwege-Stromregelventil

! Stromregelventile setzt man ein, damit Zylinder und Rotationsmotoren auch bei Druckschwankungen mit konstanter Geschwindigkeit bzw. Umdrehungsfrequenz arbeiten.

Hydraulik

4.7 Teilsystem zur Leistungswandlung (Motorgruppe)

Die hydraulische Leistung wird mit Arbeitselementen in mechanische Leistung umgewandelt. Je nach Art der Umwandlung unterscheidet man:
- Hydraulikzylinder (Linearmotore),
- Hydraulikmotoren (Rotationsmotoren).

4.7.1 Hydraulikzylinder (Linearmotor)

Hydraulikzylinder, die auch Linearmotoren genannt werden, dienen dazu, in Achsrichtung wirkende Kräfte auszuüben. Der Vorteil der Hydraulikzylinder besteht darin, dass sie für sehr große Kräfte verwendet werden können, ohne dass man mechanische Übersetzungssysteme benötigt.

1. Aufbau

Ein Hydraulikzylinder besteht grundsätzlich aus einem Zylinderrohr, einem Kolben mit Kolbenstange, den Zylinderdeckeln, den Dichtungen und Schmutzabstreifern. Entlüftungs- und Prüfanschlüsse sollten möglichst nah am Zylinder angebracht sein. Die Maße der Zylinder, die Anschlüsse und die verwendeten Druckbereiche sind genormt.

Beispiel für Maße am Zylinder

DW-Zylinder 80/40x850

Beispiel für den Aufbau eines doppelt wirkenden Hydraulikzylinders

Hinweise:
Bei dem dargestellten Hochdruckzylinder ist der Raum zwischen den Dichtungen am Kolben mit einer Leckölleitung verbunden, die durch die Kolbenstange führt. Je nach Einbaulage sieht man für den Zylinder an der höchstgelegenen Stelle Entlüftungsanschlüsse vor.

2. Wirkungsgrad bei Hydraulikzylindern

In Hydraulikzylindern mit elastischen Dichtungen sind die Leckverluste vernachlässigbar klein. Bei einwandfreien Dichtungen beträgt der volumetrische Wirkungsgrad nahezu 100 %. Durch die gute Dichtwirkung ergeben sich an den Zylindern jedoch erhöhte Reibungskräfte, die den hydraulisch-mechanischen Wirkungsgrad vermindern. Lufteinschlüsse sind schädlich, weil es durch die zusammengepressten Luftbläschen zu Zerstörungen an den Dichtungen kommt. Deshalb müssen die Zylinder sorgfältig entlüftet werden.

4.7.2 Hydraulikmotoren (Rotationsmotoren)

Hydraulikmotoren als Rotationsmotoren dienen dazu, die hydraulische Leistung in Drehmomente und Drehbewegungen umzuwandeln. Hydraulische Rotationsmotoren lassen meist in beide Richtungen eine stufenlose Änderung der Drehfrequenz zu. Gegenüber den Elektromotoren haben sie folgende Vorteile: sehr kleine Baugröße, Überlastschutz und große Drehmomentenübertragung auch bei kleinen Drehfrequenzen. Die hydraulischen Rotationsmotoren unterscheidet man nach ihrem Aufbau in Axialkolbenmotoren, Radialkolbenmotoren, Rollflügelmotoren und Zahnradmotoren.

Beispiel für einen Axialkolbenmotor

Der Axialkolbenmotor arbeitet nach dem Schrägscheibenprinzip. Er besteht aus einem feststehenden Gehäuseteil und einem drehbaren Zylindergehäuse. Das feststehende Gehäuseteil trägt Schrägscheibe, Steuerscheibe und Lager. Das drehbare Gehäuse ist mit der Welle fest verbunden.

In der Druckzone werden die Kolben mit Druckflüssigkeit beaufschlagt und gegen die Schrägscheibe gepresst. An der Schrägscheibe wird die Anpresskraft in zwei Richtungen zerlegt: in eine senkrecht zur Fläche der Schrägscheibe und eine zweite senkrecht zur Kolbenlängsachse. Die Kraft senkrecht zum Kolben übt ein Drehmoment auf das Zylindergehäuse aus. Dieses Drehmoment wird von dort auf die Welle übertragen.

Axialkolbenmotor ohne Mantelgehäuse — **Kräftezerlegung am Kolben**

Beispiel für einen Radialkolbenmotor

Beim dargestellten Radialkolbenmotor stehen der Außenring und die Zuleitung der Druckflüssigkeit fest. Durch die eintretende Druckflüssigkeit werden die beaufschlagten Kolben verschoben. Die auf sie wirkende Kraft wird an den kurvenförmigen Wänden des Außenrings so zerlegt, dass eine Kraft senkrecht zur Kolbenlängsachse wirkt. Diese Kraft erzeugt ein Drehmoment am Zylindergehäuse und wird von dort auf die Welle übertragen.

Radialkolbenmotor — **Kräftezerlegung am Kolben**

> ❗ Hydraulikmotoren als Rotationsmotoren sind besonders vorteilhaft zur Übertragung großer Drehmomente auch bei kleinen Drehfrequenzen.

Hydraulik

4.8 Grundsteuerungen in der Hydraulik

In den Schaltplan für Hydraulikanlagen wird meist das Teilsystem der Leistungswandlung und Leistungsbereitstellung mit eingezeichnet. Zu diesem Teilsystem gehören u. a. Pumpe mit Motor (Elektromotor oder Verbrennungsmotor), Druckbegrenzungsventil, Filter mit Bypass, Druckmessgerät, Temperaturmessgerät und Prüfanschlüsse für Druck- und Volumenstrommessungen.
Da dieser Teil der Anlage in allen hydraulischen Steuerungen durchweg gleich ist, wird er in den folgenden Steuerungsbeispielen nicht mehr gezeichnet.

Beispiel für Schaltplanausschnitt (Leistungswandlung und Leistungsbereitstellung)

Hinweis:
Die Bezeichnung der Bauteile und Messstellen siehe auch in diesem Kapitel „Anordnung von Messstellen".

! Steuerungen in der Hydraulik haben meist ein eigenes Antriebsaggregat. Jede Anlage in der Hydraulik muss über ein Druckbegrenzungsventil abgesichert sein.

4.8.1 Richtungssteuerung durch Wegeventile

1. Steuerung mit 4/2-Wegeventil
Ein doppelt wirkender Zylinder kann mit einem 4/2-Wegeventil angesteuert werden. Die Druckflüssigkeit wird dabei wahlweise auf die eine oder andere Seite des Kolbens gegeben und bewirkt ein Aus- bzw. Einfahren des Kolbens. In beliebigen Zwischenstellungen kann der Kolben nicht gehalten werden, da stets auf einer Seite der Volumenstrom wirkt. Nach dem Aufbau des am Druckbegrenzungsventil eingestellten Drucks öffnet dies, und die Flüssigkeit fließt in den Tank. Der Maximaldruck wird erreicht, wenn die Kolbenstange in die Endlage fährt oder wenn die Last zu groß ist.
Rotationsmotoren lassen sich ebenfalls mit 4/2-Wegeventilen steuern. Beim Umschalten ist nur eine unmittelbar gegenläufige Drehung möglich.

X Entlüftungsstelle (E)
X Messanschluss, Druck (p)
Richtungssteuerung durch ein 4/2-Wegeventil

! 4/2-Wegeventile dienen zur Richtungsänderung von Volumenströmen und damit auch zur Steuerung der Bewegungen von Hydraulikmotoren.

Übungsaufgaben 4/68; 4/69

Steuerungstechnik

2. Steuerung mit 4/3-Wegeventil

4/3-Wegeventile dienen zur Sperrung oder zur Richtungsänderung von Volumenströmen. Doppelt wirkende Zylinder oder Rotationsmotoren können somit auch über 4/3-Wegeventile angesteuert werden. Das 4/3-Wegeventil hat eine Mittelstellung (0), die unterschiedliche Funktionen haben kann.

Bei der *Umlauf-Mittelstellung* wird die Hydraulikflüssigkeit mit freiem Umlauf in den Tank zurückgepumpt. Der Hydraulikzylinder bleibt bei der Mittelstellung des 4/3-Wegeventils in der Position stehen, die er beim Umschalten hat. Wirkt jedoch auf den Zylinder eine äußere Last, so verändert die Kolbenstange durch Lecköl am Kolbenschieber des Wegeventils langsam ihre Stellung.

Das genaue Festhalten des Zylinders unter Belastung in jeder Position wird beispielsweise durch den Einsatz eines Rückschlagventils erreicht. Damit die Kolbenstange einfahren kann, wird das Rückschlagventil entsperrt.

Richtungssteuerung durch ein 4/3-Wegeventil

Durch die unterschiedliche Gestaltung der Mittelstellung bei 4/3-Wegeventilen können unterschiedliche Funktionen im Hydraulikkreislauf verwirklicht werden.

Beispiele für Gestaltung von Mittelstellungen in 4/3-Wegeventilen

Sperr-Mittelstellung

Differential-Mittelstellung (Eilgang-Mittelstellung)

Schwimm-Mittelstellung

Freigang-Mittelstellung (Schwimm-Ruhestellung)

4.8.2 Geschwindigkeitssteuerung

1. Geschwindigkeitssteuerung im Zulauf

Die Geschwindigkeitssteuerung im Zulauf ist nur dann möglich, wenn eine Stromaufteilung erfolgt. Erst wenn der Druck in der Anlage den Öffnungsdruck am Druckbegrenzungsventil erreicht, tritt diese Stromaufteilung ein. Bleibt der Druck in der Anlage niedriger als der Druck, der am Druckbegrenzungsventil eingestellt wurde, so wird die Ausfahrgeschwindigkeit des Zylinders nur vom Pumpenförderstrom bestimmt. Sobald das Druckbegrenzungsventil öffnet, wird bei weiterem Anstieg der Last die Abhängigkeit der Steuerung von der Last sichtbar.

Für die praktische Anwendung bedeutet diese Art der Geschwindigkeitssteuerung über Drosselventile eine Abnahme der Geschwindigkeit bei Lastzunahme bzw. eine Zunahme der Ausfahrgeschwindigkeit bei Lastabnahme.

Geschwindigkeitssteuerung im Zulauf

2. Geschwindigkeitssteuerung im Ablauf

Die Geschwindigkeitssteuerung im Ablauf ist ebenfalls nur möglich, wenn eine Stromaufteilung erfolgt. Der Druck im Kolbenringraum kann jedoch durch die Druckübersetzung unzulässig hoch ansteigen. Die Druckübersetzung entsteht wegen der unterschiedlichen Flächen auf der Kolbenseite und der Kolbenringseite. Deshalb muss bei der Einstellung des Druckbegrenzungsventils dieser Zusammenhang berücksichtigt werden.

Die Geschwindigkeitssteuerung im Ablauf mit Drosselventilen ist ebenfalls lastabhängig. Die Geschwindigkeit nimmt bei Lastzunahme ab, bei Lastabnahme erhöht sich die Geschwindigkeit. Im Gegensatz zur Geschwindigkeitssteuerung im Zulauf erlaubt der Einbau der Drossel im Ablauf auch eine kontrollierte Bewegung, wenn Lastrichtung und Bewegungsrichtung übereinstimmen.

Geschwindigkeitssteuerung im Ablauf

4.8.3 Eilgang-Vorschub-Steuerung

Eine typische Anwendung der Hydraulik in der Fertigungstechnik ist die Eilgang-Vorschub-Steuerung von Werkzeugschlitten. Dabei führt die Hydraulik folgende Bewegungen aus:

- Das Werkzeug wird im Eilgang an das Werkstück herangefahren.
- Der Spanungsvorgang wird mit einem einstellbaren Vorschub durchgeführt.
- Nach dem Spanen wird das Werkzeug mit dem Werkzeugschlitten im Eilrücklauf in die Ausgangsstellung zurückgefahren.

Bewegungen eines Werkzeugschlittens

Aufbau der vereinfachten Steuerung

Vom Antriebsaggregat wird die Anlage mit Druckflüssigkeit versorgt. In der Ausgangsstellung ist der Zylinder eingefahren. Die Anlage ist über das Druckbegrenzungsventil abgesichert. Schaltet man das 4/3-Wegeventil in Schaltstellung a, so fährt der Kolben des Zylinders im Eilgang aus, da das Rücköl über das geöffnete 2/2-Wegeventil ungedrosselt zum Tank abfließen kann. Sobald die Kolbenstange den induktiven Sensor erreicht, wird über ein elektrisches Signal das 2/2-Wegeventil in die Stellung b geschaltet. Das Rücköl kann deshalb nur über das Zweiwege-Stromregelventil in den Tank zurückfließen. Diese ablaufseitige Regelung des Volumenstroms ermöglicht eine einstellbare langsame Vorschubbewegung. Die notwendige Stromaufteilung erfolgt über das Dreiwege-Stromregelventil im Zulauf. Ist der Spanungsvorgang beendet, wird das 4/3-Wegeventil in die Schaltstellung b umgeschaltet; die Kolbenstange fährt schnell ein.

Eilgang-Vorschub-Steuerung

Übungsaufgaben 4/72; 4/73; 4/74

5 Inbetriebnahme, Wartung und Fehlersuche bei Steuerungen

5.1 Inbetriebnahme von Steuerungen

5.1.1 Elektropneumatische Anlagen in Betrieb nehmen

Bei der Inbetriebnahme einer neuen, reparierten oder geänderten Anlage ist nicht auszuschließen, dass ein Arbeitsglied eine unvorhergesehene Bewegung ausführt. Dies kann zu Verletzungen führen oder die Zerstörung von Bauteilen und Werkzeugen zur Folge haben. Es ist daher wichtig, bei der Inbetriebnahme von Steuerungen besondere Sicherheitsmaßnahmen einzuhalten und in einer bestimmten Reihenfolge vorzugehen.

1. Sicherheitsmaßnahmen (Personenschutz) bei Inbetriebnahme
- Im Hubbereich von Zylinderbewegungen die Betätigungen von Sensoren nur mit Hilfsmitteln vornehmen.
- Druckleitungen nur lösen, wenn die Anlage drucklos ist.
- Leitungsenden beim Lösen festhalten – Restdruck.
- Änderungen im elektrischen Teil der Anlage nur im Niederspannungsbereich und nur im spannungslosen Zustand durchführen.
- Für sonstige Aufgaben im elektrischen Anlagenteil autorisiertes Fachpersonal anfordern.

2. Reihenfolge der Schritte zur Inbetriebnahme

1. Schritt: Anlage in Grundeinstellung bringen
- Anlage drucklos und spannungslos schalten.
- Aktoren in Grundstellung bringen.
- Ventile in Ausgangsstellung setzen.
- Drosselventile schließen.
- Sicherheitsventile auf niedrigst zulässigen Betriebsdruck einstellen.

2. Schritt: Anlage anfahren
- Spannung anlegen und Arbeitsdruck langsam erhöhen.
- Leckstellen und Undichtigkeiten in der Anlage beheben.
- Ventile mit Speicherverhalten – eventuell über Handhilfsbetätigungen – einstellen.
- Funktion der Anlage in Schritten prüfen und dabei Drosselventile nacheinander langsam öffnen.
- Probelauf ohne Werkzeug und Werkstück durchführen.

3. Schritt: Anlage hochfahren
- Probelauf mit Werkzeug und Werkstück vornehmen.
- Druckeinstellungen und Geschwindigkeiten optimieren.
- Testlauf mit allen geforderten Daten durchführen.

> **!** Bei der Inbetriebnahme von Steuerungen treten erhöhte Gefährdungen auf. Die einschlägigen Vorschriften für den Personenschutz und die Schrittfolge der Inbetriebnahme sind einzuhalten.

5.1.2 Hydraulische Anlagen in Betrieb nehmen

Bei der Inbetriebnahme von hydraulischen Anlagen sind grundsätzlich die entsprechenden Sicherheitsmaßnahmen wie bei anderen steuerungstechnischen Anlagen einzuhalten. Besonderheiten sind
- für das Druckmedium,
- für die Einstellung des Druckbegrenzungsventils und
- beim Einsatz von Hydrospeichern

zu beachten.

- **Verunreinigungen im Hydrauliksystem**
  Schmutz und Luft in der Druckflüssigkeit sind die Hauptursache für den Ausfall von Hydrauliksystemen. Bei der Inbetriebnahme muss daher der Schmutz ausgefiltert, gegebenenfalls das Öl ausgetauscht und die Anlage entlüftet werden.

- **Einstellung des Druckbegrenzungsventils**
  Das Druckbegrenzungsventil ist als Sicherheitsventil unmittelbar nach der Pumpe eingebaut und notwendig, damit in der Anlage keine unzulässig hohen Drücke auftreten. Damit der maximal zulässige Druck in der Hydraulikanlage nicht überschritten wird, muss das Druckbegrenzungsventil bei maximalem Volumenstrom in der Anlage eingestellt werden. Würde z. B. der Druck bei einer Verstellpumpe im unteren Förderbereich eingestellt, so erfüllte das Druckbegrenzungsventil seine Aufgabe nicht mehr in der gewünschten Weise. In der Anlage entstünden bei größeren Volumenströmen unzulässig hohe Drücke.

- **Sicherheitsmaßnahmen bei Hydrospeichern**
  Da gasbelastete Hydrospeicher mit hohem Gasdruck beaufschlagt werden, ist bei ihnen erhöhte Sorgfalt geboten. Ein Speicher kann eine Hydraulikanlage lange unter Druck halten. Vor dem Eingriff in eine Anlage muss sie druckfrei gemacht werden, um zu verhindern, dass bei abgeschalteter Pumpe weitere Bewegungen ausgeführt werden.

> ❗ Bei der Inbetriebnahme von Hydraulikanlagen müssen Verunreinigungen aus dem Druckmedium entfernt werden, darf man das Druckbegrenzungsventil nur bei vollem Volumenstrom einstellen und muss man besondere Sicherheitsmaßnahmen bei Hydrospeichern einhalten.

5.2 Wartung von Steuerungen

Steuerungsanlagen müssen in vorgeschriebenen Zeitintervallen systematisch gewartet werden, damit lange Betriebszeiten gewährleistet sind und die Anlage wirtschaftlich arbeitet. Die systematische Wartung und Kontrolle einer Steuerung wird erleichtert, indem man die Anlage so unterteilt, dass einzelne Teilbereiche unter besonderen Wartungsgesichtspunkten betrachtet werden können. Bei der Wartung kann man die Teilbereiche Druckversorgung, Leitungssystem und Bauelemente unterscheiden.

5.2.1 Wartung im Bereich der pneumatischen Druckversorgung

Für Druckluft gilt, dass sie möglichst wasser-, staub- und schmutzfrei ist. Die Wartungseinheiten sind regelmäßig zu kontrollieren. Angesammeltes Kondensat muss abgelassen werden.
Die Filter in der Wartungseinheit halten Staubteilchen und Kondensat zurück. Deshalb müssen sie in bestimmten Zeitabständen gesäubert oder ausgewechselt werden.
Bei stark beanspruchten Anlagen kann die Druckluft nach Bedienungsvorschrift mit Öl angereichert werden. Branchenspezifische Vorschriften sind dabei zu beachten (z. B. die Hygienevorschriften in der Lebensmittelindustrie). Wegen der Umweltbelastung durch Ölnebel in der Abluft ist bei neueren Pneumatikbauteilen eine Anreicherung der Luft mit Öl nicht mehr vorgesehen.

Wartungseinheit: Quelle Festo

Übungsaufgaben 5/4 bis 5/7

Steuerungstechnik

5.2.2 Wartung pneumatischer Leitungssysteme

Vorbeugende Maßnahmen verhindern Störungen in der Versorgung der Anlagen mit Druckluft. Hierzu gehört vor allem die richtige Verlegung des Rohrleitungsnetzes. Insbesondere ist darauf zu achten, dass Abzweigungen von der Hauptleitung zur Luftentnahme *nach oben* erfolgen und dass die Abzweigungen für die Kondensatenleerung nach unten angebracht werden.

Bei der Montage von Leitungen oder Anschlüssen ist unbedingt darauf zu achten, dass in den Rohren oder Schläuchen keine Schmutzteilchen oder Späne zurückbleiben.

Montage von Druckluftleitungen

Während des Betriebs müssen die Druckluftleitungen und die Anschlüsse regelmäßig auf Dichtigkeit überprüft werden. Schadhafte Leitungen und undichte Anschlüsse in einer Anlage können Verluste von mehreren tausend Euro verursachen.

Beispiel für Betriebskosten durch Leckverluste

Leckgröße in mm	Luftverbrauch bei 6 bar in l/s	Verlustleistung in kW	Kosten bei 8 000 Betriebsstunden in EUR
$d = 1$ •	1,3	0,32	250,00
$d = 5$ ●	30,9	8,3	6 900,00

5.2.3 Wartung hydraulischer Anlagen

Hydraulische Anlagen müssen mit sauberem Öl gefahren werden. Durch vorbeugende Instandhaltung kann die Zahl hydraulikbedingter Ausfälle in einer Anlage erheblich gesenkt werden. Die Lebensdauer der Hydraulikkomponenten und die Betriebssicherheit werden durch die Qualität des Druckmediums entscheidend beeinflusst.

Filterwechsel nach der Einlaufphase sind für einen einwandfreien Betrieb notwendig. Je nach Belastung ist auch das Öl in der Einlaufphase auszutauschen.

Filterelemente in einer Hydraulikanlage sammeln den Schmutz aus dem Druckmedium. Mit zunehmender Verschmutzung des Filters steigt die Druckdifferenz im Filter. Wartungsanzeigen optischer oder elektrischer Art, die diese Druckdifferenz auswerten, weisen auf den Verschmutzungsgrad des Filterelements hin.

Eine langfristige Sicherheit für den Betrieb von hochwertigen Hydraulikanlagen, wie sie z. B. in Werkzeugmaschinen zu finden sind, erreicht man durch regelmäßige Aufzeichnungen über den Zeitpunkt des Wechsels der Filterelemente und durch Ölanalysen.

Ölprobenentnahme

5.2.4 Wartung von Bauelementen in Steuerungen

Die Wartung von fluidischen Bauelementen erfolgt zunächst dadurch, dass Verschleißteile beobachtet und im Bedarfsfall ausgewechselt werden.

Verschleißerscheinungen von Dichtungen an Zylindern lassen sich durch den Abrieb an den Kolbenstangen beobachten. Bei Zylindern sind zusätzliche Abdeckungen einzubauen, wenn sehr hoher Schmutz- bzw. Staubanfall vorliegt.

Insbesondere in der Einlaufphase einer Anlage können Schmutzpartikel und Späne die Funktionen beeinträchtigen. Hydraulikanlagen müssen entlüftet werden.

Verschleiß in Ventilen ist nicht vorbeugend zu erkennen. Verschleißerscheinungen in Ventilen werden erst deutlich, wenn Störungen im Steuerungsablauf auftreten.

Die Befestigungen der Bauteile müssen regelmäßig überprüft werden, weil sich durch Erschütterungen die Bauteile lockern und lösen können.

Ein wirkungsvolles Mittel zur vorbeugenden Schadensbekämpfung ist die systematische Erfassung von aufgetretenen Fehlern und Störungen in einer Anlage. Dazu benutzt man ein Protokollbuch mit entsprechenden Schadenslisten.

Beispiel für Verschleißteile an einem Pneumatikzylinder

Lagerbuchse — Nutring — Topfmanschette — O-Ring — Nutring — Abstreifring — Lagerbuchse — Rundschnurring

> - Die dauerhaft sichere Funktion von Steuerungsanlagen erreicht man durch vorbeugende Wartungen des Druckmediums, indem es sorgfältig gefiltert wird.
> - In Pneumatikanlagen muss das Kondensat regelmäßig entfernt werden.
> - Bauteile in Steuerungen sind regelmäßig auf Verschleiß und festen Sitz zu überprüfen.

Für die verschiedenen Wartungsarbeiten sind bei Steuerungen unterschiedlich große Wartungsintervalle vorgeschrieben. Diese Zeitabstände richten sich nach der Betriebszeit der Anlage und den Einsatzbedingungen.

Beispiel für wichtige regelmäßige Wartungsarbeiten an pneumatischen Anlagen

Wartungsintervall	Maßnahmen
Täglich	Kondensat ablassen (bei nicht automatischen Geräten). Öler in der Wartungseinheit kontrollieren.
Wöchentlich	Funktion der Signalglieder überprüfen. Druckmesser nachprüfen. Ölmenge im Öler prüfen.
Vierteljährlich	Leitungen und Anschlüsse auf Dichtigkeit prüfen. Filterpatronen reinigen. Funktionsprüfungen am automatischen Kondensatablass. Befestigungen der Bauteile überprüfen.
Halbjährlich	Kolbenstangenführungen auf Verschleiß untersuchen. Abstreifringe und Dichtungen gegebenenfalls erneuern.

Übungsaufgaben 5/10; 5/11

Steuerungstechnik

Nur besonders geschultes Fachpersonal darf die Inbetriebnahme von hydropneumatischen Speichern durchführen. Ebenso dürfen Wartungsarbeiten an solchen Speichern nur von diesem Personenkreis vorgenommen werden. Folgende Wartungsarbeiten sind für hydropneumatische Speicher vorgesehen:
- Gasfülldruck prüfen,
- Sicherheitseinrichtungen, Armaturen prüfen,
- Leitungsanschlüsse prüfen,
- Speicherbefestigung prüfen.

Beispiel für Wartungsarbeiten an einem hydropneumatischen Speicher (Auszug aus einem Firmenmerkblatt)

Prüfintervalle
Nach der Inbetriebnahme des Speichers ist der Fülldruck in der ersten Woche mindestens einmal zu prüfen. Wird kein Gasverlust festgestellt, ist eine zweite Prüfung nach drei Monaten durchzuführen. Ist erneut keine Druckänderung eingetreten, kann auf jährliche Prüfungen übergegangen werden.

Messen auf der Flüssigkeitsseite
Nachdem das Manometer (3) an den Speicher angeschlossen ist, muss wie folgt vorgegangen werden:
- Druckflüssigkeit in den Speicher füllen,
- Absperreinrichtung (5) schließen,
- durch Öffnen des Entlastungsventils (2) Druckflüssigkeit langsam abfließen lassen (Temperaturausgleich),
- während des Entleerungsvorgangs Manometer (3) beobachten. Sobald der Fülldruck im Speicher erreicht ist, fällt der Zeiger schlagartig auf Null ab.

Werden Abweichungen von diesem Verhalten gemessen, ist zunächst zu prüfen, ob die Rohrleitungen und Armaturen dicht sind, oder ob die Abweichungen auf unterschiedliche Umgebungs- oder Gastemperaturen zurückzuführen sind. Erst wenn hier kein Fehler festgestellt werden kann, ist eine Überprüfung des Speichers erforderlich.

5.3 Fehlersuche in Steuerungen

In Steuerungen können unterschiedliche Fehler auftreten. Diese Fehler haben sehr unterschiedliche Ursachen. Es ist daher nicht möglich, für jeden Fall konkrete Hinweise zu geben. Die Fehlersuche wird jedoch durch sorgfältige Planung und Dokumentation der Anlage sowie durch die zweckmäßige Auswahl und Montage der Bauelemente erleichtert.

Grundvoraussetzung für die Fehlersuche und die daraus folgende Instandsetzung in komplexen Steuerungen ist das Verständnis für das vorgegebene technische System. Die Fachkraft muss den Sollzustand eines Systems kennen. Bei Störungsmeldungen wird der Istzustand in dem System festgestellt und mit dem Sollzustand verglichen.

Instandsetzung nach Fehlerdiagnose

Übungsaufgaben 5/12; 5/13

5.3.1 Maßnahmen zur Vereinfachung der Fehlersuche

- Übersichtliche Planungsunterlagen
  - Schaltpläne, Funktionspläne und Funktionsdiagramme müssen nach einheitlichen Gesichtspunkten aufgebaut sein.
  - Bauteile, Rohrleitungen und Anschlüsse sollen sowohl in den Konstruktionsunterlagen als auch in der Anlage eindeutig und gleich gekennzeichnet sein.

- Zweckmäßige Auswahl der Bauteile
  - Bei elektrischen Bauteilen solche bevorzugen, die ihre Signalzustände durch Leuchtdioden anzeigen (LED-Anzeige).
  - Pneumatische bzw. hydraulische Ventile mit Druckanzeigen auswählen, sodass die jeweilige Schaltstellung von außen ersichtlich ist.
  - Bei größeren Anlagen Anzeigegeräte zur zentralen Überwachung von Prozessdaten und Prozesszuständen auf Schalttafeln vorsehen.

- Übersichtliche Anordnung der Bauelemente
  - Geräte mit gleichen Funktionen sind möglichst nach demselben Aufbauschema anzuordnen.
  - Leitungen mit der gleichen Funktion kennzeichnet man durch identische Farbgebung.
  - Bauteile und ihre Anschlüsse werden möglichst so montiert, dass eine Demontage mit normalen Werkzeugen ohne großen Aufwand erfolgen kann.

5.3.2 Fehlersuche mithilfe von Fehlerursachen-Tabellen

Mithilfe von Fehlerursachen-Tabellen können mögliche Fehler in einer Anlage eingegrenzt werden. Man vergleicht die beschriebene Art der Störung mit den Beobachtungen im Istzustand. Die Hinweise zur Fehlerbehebung führen zu entsprechenden Instandsetzungsarbeiten.

Beispiele für eine Fehlerursachen-Tabelle bei einer elektropneumatischen Anlage

Art der Störung	Fehlerursache	Fehlerfolge	Hinweise zur Behebung
Luftversorgung ist nicht ausreichend	Anlage ist zu klein ausgelegt, Querschnittsverringerung durch Schmutz, Luftverlust durch Undichtigkeiten in der Anlage	In der Taktfolge der Zylinder treten Störungen auf, Kräfte an den Arbeitselementen reichen zeitweise nicht aus	Ist die Anlage erweitert worden? Leckstellen aufsuchen, Filter überprüfen, korrodierte Leitungen austauschen
Hoher Kondensatanfall oder feuchte Druckluft	Trockner arbeitet nicht, Kondensat ist nicht entfernt worden, automatischer Kondensatablass ist defekt, Anschlussleitungen sind falsch verlegt	Schaltfunktionen sind beeinträchtigt, Ventilteile sitzen fest, Korrosionsschäden treten auf, Schmierstoffe in der Anlage emulgieren und verharzen	Tägliche Kontrolle der Wartungseinheiten, Filter austauschen
Zylinder führt vorgesehene Bewegungen nicht aus	Rückschlagventil ist undicht, Ringdüse am Stromregelventil ist verklebt, Stellglieder steuern nicht um, Rückstellfeder im Zylinder gebrochen	Kolbengeschwindigkeit lässt sich nicht mehr regeln, Kolben fährt nicht mehr ein oder aus, Kolben fährt ruckartig	Verschleißteile oder Federn in den Bauteilen auswechseln, elektrischen Anlagenteil auf Spannung überprüfen
Ventile führen vorgesehene Funktionen nicht aus	Ventil ist verschmutzt, Feder im Ventil ist gebrochen, Dichtsitze in den Ventilen sind beschädigt, Dichtringe sind gequollen, Entlüftungsbohrungen sind verstopft, Magnetspule ist durchgebrannt	Taktfolge in der Anlage ist gestört, Kolben fahren nicht mehr ein oder aus, elektrischer Anlagenteil ist ohne Spannung, an Ventilen treten Leckverluste auf	Verschleißteile oder Federn in den Bauteilen auswechseln, elektrischen Anlagenteil auf Spannung überprüfen, Ventile komplett austauschen

Übungsaufgaben 5/14 bis 5/18

5.3.3 Fehlersuche mithilfe von Ablaufplänen

Mithilfe von Ablaufplänen können ebenfalls mögliche Fehler in einer Anlage eingegrenzt werden. Diese Art der Fehlersuche ist vorteilhaft bei größeren Anlagen und bei Anlagen mit geschlossenen Kreisläufen, wie sie vor allem in der Hydraulik vorliegen.

Man vergleicht auch hier den Istzustand mit dem Sollzustand. Falls erforderlich, versucht man über geeignete Messverfahren den Fehler einzugrenzen. Ist der Fehler lokalisiert und die Fehlerursache erkannt, so führen die Hinweise zur Fehlerbehebung aus der Betriebsanleitung zu entsprechenden Instandsetzungsarbeiten.

Beispiele für einen Ablaufplan zur Fehlersuche bei einer hydraulischen Anlage

Legende: Diagnose, Fehlersuche, Instandsetzung

- Start
- Sichtkontrolle auf Lecks
- Leckstellen vorhanden? — ja → Verbindungen nachziehen bzw. Dichtungen wechseln
- nein ↓
- Messung des Drucks am Arbeitszylinder
- Druck normal? — nein → Einstellung des Druckbegrenzungsventils
  - Grenzdruck einstellbar? — nein → Druckbegrenzungsventil austauschen
  - ja ↓
- ja ↓
- Messung des Förderstroms am Arbeitszylinder
- Förderstrom normal? — nein → Messung des Förderstroms am Pumpenausgang
  - Förderstrom normal? — nein → Pumpe austauschen
  - ja ↓
  - Lecköldruckstrom der Wegeventile zu hoch → Wegeventile austauschen
- ja ↓
- Funktionskontrolle unter Belastung
- Funktion normal? — nein → Arbeitszylinder auf Dichtheit prüfen durch Messung des zeitlichen Verlaufs des Druckabfalls
  - Arbeitszylinder dicht? — nein → Arbeitszylinder austauschen
  - ja ↓
  - Fehler an einem Wegeventil in einer bestimmten Schaltstellung
- ja ↓
- Anlage ist voll betriebsfähig
- Stopp

6 Regelungstechnik

6.1 Unterscheidung: Steuern – Regeln

Mit der Automatisierung haben Steuerung und Regelung im Rahmen technischer Verfahren ständig an Bedeutung gewonnen. Der Einsatz der Mikroelektronik ermöglichte in diesem Bereich eine erhebliche Ausweitung.

Sowohl beim Steuern als auch beim Regeln geht es darum, einen Vorgang, z. B. einen Glühprozess, in bestimmter Weise ablaufen zu lassen. Der wesentliche Unterschied zwischen beiden Möglichkeiten, den Prozess zu beeinflussen, liegt in der Art des Signalflusses in der Anlage.

Beispiele für Steuern und Regeln eines Glühprozesses

Steuern	Regeln
Schematische Darstellung	**Schematische Darstellung**
Beschreibung An der Eingabeeinheit der Steuerungsrichtung stellt der Bediener die zu einer bestimmten Zeit geforderte Glühtemperatur ein. Das Steuergerät ermittelt daraus die Öffnung des Gasventils, die notwendig ist, um die eingestellte Temperatur einzuhalten. Wenn jedoch stärkere Wärmeverluste eintreten, z. B. durch längeres Offenlassen der Ofentür, wird dies nicht durch erhöhte Gaszufuhr ausgeglichen – die Temperatur im Ofen kann nicht an den eingestellten Sollwert angeglichen werden.	**Beschreibung** An der Eingabeeinheit der Regeleinrichtung stellt der Bediener die zu einer bestimmten Zeit geforderte Glühtemperatur ein. Ein Messgerät im Ofen misst fortlaufend die Glühtemperatur und meldet die Ergebnisse an die Regeleinrichtung. Diese vergleicht die Temperatur mit dem eingestellten Sollwert. Bei einer Abweichung vermittelt der Regler die notwendige Verstellung des Gasventils und veranlasst sie über die Stelleinrichtung.
Systemdarstellung	**Systemdarstellung**
! **Merkmal einer Steuerung ist der offene Wirkungsablauf.** Abweichungen vom eingestellten Wert, die infolge von Störungen eintreten, werden nicht erfasst, um zu einer Korrektur ausgenutzt zu werden. Man spricht von einer **Steuerkette**.	! **Merkmal einer Regelung ist der geschlossene Wirkungsablauf.** Das Ergebnis eines Eingriffs der Regelrichtung wird zum Eingang zurückgemeldet und zu neuen Entscheidungen herangezogen. Man spricht von einem **Regelkreis**.

Übungsaufgaben 6/1; 6/2

Steuerungstechnik

6.2 Funktionseinheiten und Größen im Regelkreis

Wichtige Funktionseinheiten und Größen eines Regelkreises sind:

- **Regelstrecke**
  Teil der Anlage, in dem eine Größe aufgabengemäß gegen die Einwirkung von Störgrößen konstant gehalten werden soll. Regelstrecken sind z. B. die Kammer in einem Glühofen oder der Schlitten einer Werkzeugmaschine.

- **Regelgröße**
  Größe, die fortlaufend zu regeln ist, z. B. die Temperatur in der Kammer des Glühofens oder die Position des Maschinentischs. Der Istwert der Regelgröße wird laufend vom Fühler der Messeinrichtung erfasst und an den Regler weitergeleitet. Fühler sind z. B. Thermoelemente und Codelineale.

- **Führungsgröße**
  Bestimmt, vereinfacht gesagt, den Sollwert der Regelgröße. Durch die Führungsgröße werden z. B. die Solltemperatur oder die Position des Maschinentischs von außen in die Regeleinrichtung eingegeben.

- **Regler**
  Teil der Anlage, in dem Soll- und Istwert ständig miteinander verglichen werden. Bei einer Abweichung des Istwerts vom Sollwert gibt der Regler einen Stellbefehl an das Stellglied.

- **Stellglied**
  Funktionselement, das am Eingang der Regelstrecke eingreift, um den Istwert der Regelgröße dem Sollwert anzugleichen. Ein Stellglied ist z. B. das Ventil für den Gasdurchfluss oder der Stellmotor am Maschinentisch.

- **Stellgröße**
  Größe, welche durch das Stellglied beeinflusst wird, um den Istwert an den Sollwert anzugleichen. Die Stellgröße ist z. B. der Gasstrom oder die Spindelbewegung.

Beispiel für die Funktionseinheiten und Größen in einem Regelkreis

Regelung eines gasbeheizten Glühofens

! Funktionseinheiten eines Regelkreises sind Regelstrecke, Fühler, Regler und Stellglied.
   Im Regelkreis werden folgende Größen gemessen und verarbeitet: Regelgröße, Stellgröße und Führungsgröße.

6.3 Arten von Reglern

6.3.1 Unstetige Regler

Die meisten Temperaturregelungen in Erwärmungsanlagen schalten bei einer gewissen Temperatur ein und erwärmen so lange, bis der Sollwert erreicht ist, dann schalten sie wieder ab. Man nennt den Regler, der ein solches Verhalten bewirkt, einen Zweipunktregler, denn er schaltet nur zwischen zwei Werten der Stellgröße, z. B. zwischen Ein und Aus. Das Verhalten des Reglers ist unstetig, da er nur zeitweise und nicht dauernd eingreift.

Beispiel für eine Zweipunktregelung

Das dargestellte Heizelement zum Verschweißen thermoplastischer Kunststoffe wird durch einen Bimetallkontakt geregelt. Das Bimetall übernimmt in dieser Regelung die Funktion des Messsystems des Reglers und des Stellglieds. Die Temperatur stellt die Regelgröße dar, die elektrische Energie ist die Stellgröße.

Funktionsbeschreibung

Am Temperatureinstellknopf erfolgt die Temperaturwahl durch Spannen des Bimetalls. Durch das Einschalten des elektrischen Stroms wird das Gerät über die Heizwendel erwärmt. Beim Überschreiten der Solltemperatur um einen geringen Betrag biegt sich der Bimetallstreifen so weit, dass das Heizwendel abschaltet. Obwohl der Strom abgeschaltet wird, heizt die Glühspirale noch nach, sodass die Temperatur noch geringfügig steigt, bevor die Temperatur schließlich entsprechend dem Abkühlungsverlauf sinkt. Sobald die vorgewählte Einschalttemperatur erreicht wird, schaltet der Regler den Strom erneut ein. Da es aber noch eine gewisse Zeit dauert, bis die Heizwendel erwärmt sind, kühlt das Gerät noch etwas ab, bevor es wieder erwärmt wird.

Regelgröße ≙ Temperatur des Heizelements
Stellgröße ≙ Einschaltzeiten der Heizwendel (Energiezufuhr)

> **!** Zweipunktregler regeln durch Schalten zweier Zustände (z. B. Ein – Aus).
> Zweipunktregler können die Regelgröße nur innerhalb eines Bereichs einregeln.

Steuerungstechnik

6.3.2 Stetige Regler

Bei stetigen Reglern wird bei Sollwertabweichungen die Stellgröße durch den Regler fortlaufend beeinflusst. Die Art und Weise, in der diese Beeinflussung geschieht, kann unterschiedlich sein.
Besonders einfach sind die Verhältnisse, wenn bei einem stetigen Regler zwischen Regelgrößenänderung und Stellgrößenänderung ein proportionaler Zusammenhang besteht. Man nennt einen solchen Regler P-Regler (Proportional-Regler).

> **Beispiel für eine Regeleinrichtung mit einem P-Regler**
>
> In einem Flüssigkeitsbehälter soll die Höhe des Flüssigkeitsspiegels konstant gehalten werden. Als Regler dient ein Hebel, der auf der einen Seite einen Schwimmer trägt, mit dem die Regelgröße erfasst wird und der auf der anderen Hebelseite eine entsprechende Änderung des Schieberhubs und damit der Stellgröße bewirkt.

Flüssigkeitsstandregelung mit einem P-Regler

Verlauf von Regel- und Stellgröße im ersten Moment einer Störung

Jede Änderung der Regelgröße, der Höhe des Flüssigkeitsstands, entspricht einer bestimmten Änderung des Schieberhubs, Beispiele:
- 2 mm Sinken des Flüssigkeitsspiegels ergibt 1 mm größere Ventilöffnung,
- 4 mm Sinken des Flüssigkeitsspiegels ergibt 2 mm größere Ventilöffnung,
- 3 mm Steigen des Flüssigkeitsspiegels bewirkt 1,5 mm kleinere Ventilöffnung gegenüber der Ausgangsstellung.

Die Änderungen der Höhe des Flüssigkeitsspiegels und der Größe der Ventilöffnung sind zueinander proportional. Ändert man das Hebelverhältnis, so ändert sich die Proportionalität.

P-Regler greifen schnell ein, die Regelabweichungen werden aber nicht zu Null ausgeregelt, es bleibt eine Abweichung vom Sollwert bestehen.

> **!** Beim P-Regler entspricht jeder Regelabweichung eine proportionale Änderung der Stellgröße.
> P-Regler führen zu einer bleibenden Regelabweichung.

Elektrotechnik

HANDLUNGSFELD: Messungen in elektrisch gesteuerten Anlagen durchführen

Problemstellung

Eine SPS-gesteuerte Anlage funktioniert nicht bestimmungsgemäß. Der Teilestopp an der Übergabestelle für ein Fertigungszentrum findet nicht statt. Fehlerart und -quelle sind festzustellen.

Analysieren

Vorgaben:
- allgemeine Fehlerbeschreibung
- definierte Aufgabenstellung
- keine weiteren Informationen oder Dokumente

Ergebnisse:
- Unterlagen zur Anlage:
  - Funktionsbeschreibung
  - Stromlaufplan
  - Klemmenbelegungsliste
- Messgerät (Art und Messbereich)
- Steuerungsart
- Fehlerlisten, Anlagenzustand, Ausfallzeiten

Planen

Eingang:
- ausgewertete Informationen
- Art und Messbereich des Messgeräts

Ergebnisse:
- Messgerät
- Messplan mit
  - Messstelle und
  - Abfolge
  - Messstrategie
- Sicherheit (Mensch, Anlage)

Ausführen

Eingang:
- Sicherheit für Personen und System herstellen
- Messgerät einstellen (Stromart, Messbereich)
- Messstellen kontaktieren
- Schwellenwerte messen

Ergebnisse:
- Messwerte
- Messprotokoll
- Auffälligkeiten (erkennbar) in der Messumgebung

Auswerten

Eingang:
- Messprotokoll Auffälligkeiten

Ergebnisse:
- Fehlerstatistik
- aktualisierte Fehlerliste (Fehlererkennung)

Elektrotechnik

1 Wirkungen und Einsätze elektrischer Energie

1. Wärmewirkung
Elektrische Energie kann in Wärmeenergie umgewandelt werden. Dies geschieht z. B. im Elektroofen, beim Lichtbogenschweißen und beim Schmelzen einer Schmelzsicherung.

Beispiel für die Umwandlung von elektrischer Energie in Wärmeenergie

elektrische Energie → Schweißgerät → Wärmeenergie

2. Magnetische Wirkung
Elektrische Energie wird in Elektromagneten in Energie eines magnetischen Felds umgewandelt. Dies geschieht z. B. in Hubmagneten und Elektromotoren.

Beispiel für die Umsetzung elektrischer Energie in Energie eines Magnetfelds

elektrische Energie → Elektromagnet → Energie des magnetischen Feldes

Die magnetische Wirkung des elektrischen Stromes wird in Elektromotoren ausgenutzt.

Beispiel für die Nutzung elektrischer Energie zur Erzeugung von Bewegungsenergie

Elektromotor: elektrische Energie → Umwandlung → magnetische Energie → Umwandlung → mechanische energie

3. Chemische Wirkung
Zur Auslösung und Fortführung vieler chemischer Reaktionen benötigt man Energie. Sie wird oft in Form elektrischer Energie zugeführt, z. B. in galvanischen Anlagen und zum Laden von Akkus.

Beispiel für die Nutzung elektrischer Energie bei chemischen Prozessen

elektrische Energie, Stoff → Galvanische Anlage → Metallüberzug

> **!** In der Metalltechnik werden folgende Wirkungen des elektrischen Stroms genutzt:
> • Wärmewirkung, • magnetische Wirkung, • chemische Wirkung.

2 Physikalische Grundlagen

2.1 Elektrische Ladung

1. Atomaufbau

Die Atome aller Elemente haben einen Kern und eine Hülle. Der Atomkern enthält als wichtigste Bausteine die **Protonen** und die **Neutronen**. Protonen und Neutronen haben etwa die gleiche Masse.

Die Hülle wird von elektrisch negativ geladenen Teilchen, den **Elektronen**, gebildet. Diese Elektronen bewegen sich mit sehr hoher Geschwindigkeit um den Kern, sodass sich die Vorstellung einer Elektronenhülle ergibt. Elektronen haben nur etwa 1/2 000 der Masse eines Protons.

Protonen sind elektrisch positiv, Elektronen negativ geladen. Neutronen sind neutral.

Beispiele für den Atomaufbau

- Wasserstoffatom: Kern mit 1 Proton, 1 Elektron
- Kohlenstoffatom: Kern mit 6 Protonen, Hülle aus 6 Elektronen

Teilchenart	Symbol	Ladung	Masse	Massenverhältnis
Proton	p$^+$	positiv	$1{,}7 \cdot 10^{-24}$ g	1
Neutron	n	neutral	$1{,}7 \cdot 10^{-24}$ g	1
Elektron	e$^-$	negativ	$9{,}1 \cdot 10^{-28}$ g	$\approx \dfrac{1}{2\,000}$

2. Elementarladung

Die Ladung eines Elektrons ist die kleinste Ladungseinheit. Deshalb bezeichnet man diese Ladung als Elementarladung, und da das Elektron negativ geladen ist, als *negative Elementarladung*.
Die gleich große Ladung eines Protons bezeichnet man als *positive Elementarladung*.

> ! Jedes Elektron besitzt eine negative Elementarladung.
> Jedes Proton besitzt eine positive Elementarladung.

3. Kräfte zwischen Ladungen

Unterschiedliche elektrische Ladungen können durch Einsatz von Energie getrennt werden.

Beispiel für Ladungstrennung

Beim Reiben eines Kunststoffstabs mit einem Wolltuch gehen Elektronen des Wolltuchs auf den Kunststoffstab über, und es entsteht dort ein Elektronenüberschuss. Der Kunststoffstab erhält dadurch eine negative Ladung. Das Wolltuch weist hingegen Elektronenmangel auf und ist dadurch positiv geladen.

> ! Zur Trennung elektrischer Ladungen ist Energie erforderlich.

Übungsaufgaben 2/1 bis 2/5

Elektrotechnik

Hat man unterschiedliche Ladungen voneinander getrennt, so bestehen zwischen Teilen mit unterschiedlicher elektrischer Ladung *anziehende* Kräfte und zwischen Teilen mit gleicher elektrischer Ladung *abstoßende* Kräfte.

Anziehung ungleicher Ladungen   Abstoßung gleicher Ladungen

! Teile mit unterschiedlicher elektrischer Ladung ziehen sich gegenseitig an.
   Teile mit gleicher elektrischer Ladung stoßen sich gegenseitig ab.

2.2 Strom

In elektrischen Leitungen können Elektronen weiter bewegt werden. Diesen Fluss von Elektronen bezeichnet man als den elektrischen Strom. Wenn durch den Leiterquerschnitt in 1 Sekunde $6{,}25 \cdot 10^{18}$ Elektronen strömen, so fließt ein Strom von **1 Ampere**.

Elektronenstrom

! Der elektrische Strom ist der Fluss von Elektronen.
   1 Ampere entspricht einem Fluss von $6{,}25 \cdot 10^{18}$ Elektronen je Sekunde.

Bewegt sich der Elektronenstrom stets in die gleiche Richtung, so spricht man von **Gleichstrom**. Stellt man in einem Diagramm den Strom in Abhängigkeit von der Zeit dar, so zeigt das Diagramm eine parallele Linie zur Zeitachse. Batterien und Akkumulatoren liefern Gleichstrom.

Gleichstrom

Symbol für Gleichstrom:
⎓ oder DC

(DC von **d**irect **c**urrent)

! Ein Strom, der stets in gleiche Richtung fließt, ist ein Gleichstrom ⎓ oder DC.

Ändert der Elektronenstrom in regelmäßigen Zeitabständen (periodisch) seine Größe und seine Richtung, so nennt man diesen Strom **Wechselstrom**. Stellt man in einem Diagramm den Strom in Abhängigkeit von der Zeit dar, so zeigt das Diagramm eine Wellenlinie (Sinuskurve) um die Nulllinie. Die Elektroversorgungsunternehmen liefern einen Wechselstrom, der 100-mal in der Sekunde seine Richtung ändert.

Wechselstrom

Symbol für Wechselstrom:
∼ oder AC

(AC von **a**ltering **c**urrent)

! Ein Strom, der periodisch seine Richtung und Größe ändert, ist ein Wechselstrom ∼ oder AC.

2.3 Spannung

1. Prinzip der Spannungserzeugung
Durch die Trennung elektrischer Ladungen erhält man Bereiche mit Elektronenüberschuss und solche mit Elektronenmangel.
Der Bereich mit *Elektronenüberschuss* ist der **Minuspol**, der Bereich mit dem *Elektronenmangel* der **Pluspol**.
Wegen der Anziehungskräfte zwischen den unterschiedlichen Ladungen besteht das Bestreben, einen Ausgleich zwischen den beiden Polen herzustellen. Dieses Ausgleichsbestreben nennt man die elektrische **Spannung**.

Prinzip einer Spannungsquelle

! Spannung besteht zwischen getrennten elektrischen Ladungen.

Physikalische Grundlagen

Zur Spannungserzeugung muss Arbeit aufgewendet werden. Verrichtet man bei der Ladungstrennung an $6{,}25 \cdot 10^{18}$ Elektronen (1 Coulomb) eine Arbeit von 1 Nm, so hat man eine Spannung von **1 Volt** erzeugt.

> 1 Nm Arbeit an 1 Coulomb verrichtet, ergibt die Spannung 1 Volt (1 V = 1 Nm/c).

2. Spannungsquellen

– **Generator**

In Generatoren wird Spannung durch Aufwenden mechanischer Energie erzeugt.
Diese Art der Spannungserzeugung wird von den Elektroversorgungsunternehmen betrieben. Generatoren im kleineren Maßstab sind der Dynamo am Fahrrad und die „Lichtmaschine" im Kraftfahrzeug.

– **Batterie und Akkumulator**

In Batterien und Akkumulatoren wird Spannung durch chemische Prozesse erzeugt.
Man verwendet diese Spannungsquellen zur Versorgung nicht ortsgebundener Maschinen und Geräte.

– **Solarzellen**

In Solarzellen erfolgt die Ladungstrennung durch Lichteinwirkung.
Die Anwendung von Solarzellen in der Bundesrepublik Deutschland ist ein wesentlicher Bestandteil der Erzeugung alternativer Energien und dient auch zur Spannungserzeugung nicht ortsgebundener Elektrogeräte mit geringem Energieumsatz, z. B. Taschenrechnern und Parkscheinautomaten.

– **Thermoelemente**

In Thermoelementen geschieht die Ladungstrennung unmittelbar durch Wärmeenergie.
Man verwendet Thermoelemente zum Speisen von Zündsicherungen in Erwärmungsanlagen und zur Temperaturmessung.

Beispiele für Spannungsquellen

Generator — Akkumulator — Solarzelle — Thermoelement (Lötstelle, Konstantan, Kupfer)

> Spannungserzeugung geschieht in:
> • Generatoren, • Batterien und Akkumulatoren, • Solarzellen, • Thermoelementen.

2.4 Stromkreis

Verbindet man die Pole einer Spannungsquelle über eine elektrisch leitende Verbindung mit einem Verbraucher, so fließen Elektronen vom Minuspol (–) der Spannungsquelle über Leiter und Verbraucher zum Pluspol (+).

Die in sich geschlossene Anordnung von Spannungsquelle, Leiter und Verbraucher bezeichnet man als *elektrischen Stromkreis*.

Aus historischen Gründen hat man als Stromrichtung eine Bewegung vom Pluspol zum Minuspol festgelegt. Diese Festlegung wird als **technische Stromrichtung** bezeichnet.

Spannungsquelle (Batterie) — Schalter — Leiter (Draht) — Verbraucher (Glühlampe) — 4,5 V

- - - - ▷ Richtung des Elektronenstroms
◁ ——— technische Stromrichtung

Stromkreis

> Der geschlossene Stromkreis besteht aus Spannungsquelle, Leiter und Verbraucher.
> Technische Stromrichtung: vom Pluspol zum Minuspol.

Elektrotechnik

2.5 Messung von Stromstärke und Spannung

1. Strommessung

Strommessung ist Durchflussmessung, deshalb müssen **Strommessgeräte** direkt in den Stromkreis eingesetzt werden. Sie stehen in einer Reihe mit dem Verbraucher – sie sind *in Reihe geschaltet*. Strommessgeräte zeigen die Stromstärke in Ampere an, man nennt sie auch Amperemeter.
Strommessgeräte dürfen nur zusammen mit einem Verbraucher zum Einsatz kommen, da sonst ein extrem hoher Strom fließt, den man in der Technik als **Kurzschlussstrom** bezeichnet.

Strommessung

! Der Strommesser wird immer mit dem Verbraucher in Reihe geschaltet.

2. Spannungsmessung

Spannungsmessung ist die Messung eines Unterschieds. Spannungen müssen immer zwischen zwei Punkten eines Stromkreises gemessen werden, z. B. zwischen den beiden Polen einer Spannungsquelle oder zwischen dem Eingangs- und Ausgangspunkt eines Verbrauchers.
Das **Spannungsmessgerät** wird *parallel zum Verbraucher* angeschlossen. Spannungsmesser zeigen die Spannung in Volt an, man bezeichnet sie auch als Voltmeter.

Spannungsmessung

! Der Spannungsmesser wird immer mit dem Verbraucher parallel geschaltet.

2.6 Leiter und Nichtleiter

1. Metallische Leiter

Metalle sind gute elektrische Leiter. Die Ursache dafür sind frei bewegliche Elektronen im Metall. Sobald mit einem metallischen Leiter ein Stromkreis geschlossen wird, setzen sich diese in Richtung Pluspol in Bewegung.
Elektronen treten am Minuspol der Spannungsquelle in den Leiter ein, am Pluspol treten dafür andere heraus. Obwohl sich die Elektronen nur mit sehr geringer Geschwindigkeit (ca. 0,3 m/h) im Leiter in Stromrichtung bewegen, pflanzt sich der „Stoß", der durch das Eintreten von Elektronen in den Leiter entsteht, mit hoher Geschwindigkeit fort.

Metall als elektrischer Leiter

! Quasifreie Elektronen sind die Ursache für die gute elektrische Leitfähigkeit eines Metalls.

2. Nichtleiter

Stoffe ohne bewegliche Ladungsträger leiten den elektrischen Strom nicht. Solche Stoffe sind z. B. Gummi, Kunststoffe, Glas, trockene Luft und chemisch reines Wasser. Man verwendet diese Stoffe zur Isolierung von elektrischen Leitern und Geräten. Deshalb bezeichnet man sie als **Isolierstoffe** oder **Nichtleiter**.

Querschnitt einer isolierten Kupferleitung

! Stoffe, in denen Ladungen nicht bewegt werden können, werden als Nichtleiter oder Isolierstoffe bezeichnet.

Physikalische Grundlagen

2.7 Elektrischer Widerstand

Im Stromkreis wird der Fluss der Elektronen gehemmt. Diese Erscheinung bezeichnet man als **elektrischen Widerstand**. Er wird in **Ohm** (Ω) angegeben.

Der elektrische Widerstand eines Leiters ist abhängig von:
- Leiterlänge, • Leiterquerschnitt, • Leiterwerkstoff, • Temperatur des Leiters.

Die verschiedenen Einflussgrößen auf den elektrischen Widerstand haben folgende Auswirkungen:
- Mit *steigender Leiterlänge* wächst der Widerstand, weil die Elektronenbewegung auf dem längeren Weg stärker behindert wird.
- Mit *kleinerem Leiterquerschnitt* wird der Widerstand größer, weil die Durchtrittsfläche kleiner wird.
- Mit *sinkender Zahl* freier Elektronen und *stärkerer Behinderung durch Fremdatome* im Kristallgitter steigt der elektrische Widerstand. Diese Werkstoffabhängigkeit des Widerstands drückt man durch den **spezifischen Widerstand** (Formelzeichen: ϱ) aus.

Der Zusammenhang zwischen den Einflussgrößen und dem elektrischen Widerstand R bei 20 °C wird in folgender Gleichung angegeben:

$$R = \frac{\varrho \cdot l}{S}$$

R Widerstand in Ω
l Leiterlänge in m
S Leiterquerschnitt in mm²
ϱ spezifischer Widerstand in $\frac{\Omega \, mm^2}{m}$ bei 20 °C

Werkstoff	Spezifischer Widerstand in $\frac{\Omega \, mm^2}{m}$ bei 20 °C
Silber	0,0149
Kupfer	0,0178
Aluminium	0,0241
Eisen	0,1400

Beispiel für die Berechnung des elektrischen Widerstands eines Leiters

Aufgabe

Ein aufgewickelter Kupferdraht mit 0,016 mm² Querschnitt ist 73,1 m lang. Der elektrische Widerstand ist zu berechnen.

Lösung

$$R = \frac{\varrho \cdot l}{S} \qquad R = \frac{0{,}0178 \; \Omega \, mm^2 \cdot 73{,}1 \, m}{m \cdot 0{,}016 \, mm^2} \qquad R = 81{,}3 \; \Omega$$

> **!** Der Widerstand eines Leiters hängt bei konstanter Temperatur ab von:
> • Länge, • Querschnitt, • Werkstoff. $R = \frac{\varrho \cdot l}{S}$

Weicht die Temperatur eines Widerstands von 20 °C ab, so muss der Widerstandswert neu errechnet werden. Diese Neuberechnung erfolgt über den *Temperaturbeiwert* α.

$$R = R_K \cdot (1 + \alpha \cdot \Delta\vartheta)$$

R_K Widerstand bei 20 °C
α Temperaturbeiwert
$\Delta\vartheta$ Temperaturänderung gegenüber 20 °C

Werkstoff	Temperaturbeiwert α in $\frac{1}{K}$
Kupfer	0,0039
Aluminium	0,0038
Eisen	0,0045

Beispiel für die Berechnung eines Widerstands bei einer von 20 °C abweichenden Temperatur

Aufgabe

Ein Stahldraht (α = 0,0045 1/K) hat bei 20 °C einen Widerstand von 60 Ω.
Auf welchen Wert steigt der Widerstand bei einer Temperaturerhöhung auf 70 °C?

Lösung

$$R = R_K \cdot (1 + \alpha \cdot \Delta\vartheta) \qquad R = 60 \; \Omega \cdot \left(1 + 0{,}0045 \, \frac{1}{K} \cdot 50 \, K\right) \qquad R = 73{,}5 \; \Omega$$

> **!** Der Widerstand von elektrischen Leitern ist temperaturabhängig. Bei metallischen Leitern steigt der Widerstand mit steigender Temperatur.

Elektrotechnik

2.8 Ohmsches Gesetz

Den gesetzmäßigen Zusammenhang der elektrischen Größen **Spannung**, **Stromstärke** und **Widerstand** in einem elektrischen Stromkreis erforschte Georg Simon Ohm (1789–1854).

Er stellte folgende Abhängigkeiten fest:
1. Steigert man die Spannung bei gleich bleibendem Widerstand, so steigt die Stromstärke im gleichen Verhältnis wie die Spannung.
2. Erhöht man den Widerstand bei gleich bleibender Spannung, so nimmt die Stromstärke im gleichen Verhältnis ab, wie der Widerstand zunimmt.

Aus diesen beiden Abhängigkeiten ergibt sich das **Ohmsche Gesetz**:

> Spannung = Stromstärke · Widerstand
> $U = I \cdot R$

Beispiel für einen Versuch zum Nachweis des Ohmschen Gesetzes

Man führt eine Versuchsreihe mit 0,98 m Konstantandraht mit einem Querschnitt von 1 mm² durch, indem man verschiedene Spannungen anlegt und dabei die verschiedenen Stromstärken misst.

Versuchsaufbau:

Messergebnis:

Spannung U in Volt	Stromstärke I in Ampere
1	2
2	4
3	6
4	8

Versuchsauswertung:
Aus den Messwerten und dem Verlauf des Graphen im Spannungs-Stromstärken-Schaubild ergibt sich, dass Spannung und Stromstärke stets in gleichem Verhältnis stehen. Das Verhältnis aus Spannung und Strom ist der Widerstand.
Der Versuch zeigt, dass z. B. eine Spannung von 1 V in einem Konstantandraht von 0,98 m Länge und 1 mm² Querschnitt einen Strom von 2 A fließen lässt. Der Widerstand des Drahts ist demnach:

$$R = \frac{U}{I} = \frac{1\,V}{2\,A} = 0,5\,\Omega$$

> Das Spannungs-Stromstärken-Schaubild verdeutlicht die Abhängigkeit zwischen Spannung und Stromstärke in einem Stromkreis.

3 Grundschaltungen

3.1 Reihenschaltung

In einer Reihenschaltung liegen alle Verbraucher hintereinander im Stromkreis und werden vom selben Strom durchflossen. Die Reihenschaltung findet z. B. bei Lichterketten für Weihnachtsbäume Verwendung. Zudem stellt jede Zuleitung zu einem Verbraucher einen Widerstand dar, der mit dem Verbraucher in Reihe geschaltet ist.

Reihenschaltung von Glühlampen

Für die Reihenschaltung gilt:
1. Der Strom ist an allen Stellen gleich.
   $I_{ges} = I_1 = I_2 = I_3 = ...$
2. Der Gesamtwiderstand ist gleich der Summe der Einzelwiderstände.
   $R_{ges} = R_1 + R_2 + R_3 + ...$
3. Der Spannungsbetrag, der notwendig ist, um den Strom durch den einzelnen Widerstand zu treiben – Spannungsabfall am Widerstand – ist nach dem Ohmschen Gesetz:
   $U_1 = I \cdot R_1 \quad U_2 = I \cdot R_2 \quad U_3 = I \cdot R_3 ...$
   Die Gesamtspannung ist gleich der Summe der Teilspannungen.
   $U_{ges} = U_1 + U_2 + U_3 + ...$

Reihenschaltung mit Widerständen

! Reihenschaltung: $I_{ges} = I_1 = I_2 = I_3 = ...$ $\quad R_{ges} = R_1 + R_2 + R_3 + ...$ $\quad U_{ges} = U_1 + U_2 + U_3 + ...$

3.2 Parallelschaltung

In einer Parallelschaltung liegen die Verbraucher parallel zueinander. An allen Verbrauchern liegt die gleiche Spannung an.
Die Geräte am Stromnetz sind parallel geschaltet.

Für die Parallelschaltung gilt:
1. Die Spannung ist an allen Verbrauchern gleich.
   $U_{ges} = U_1 = U_2 = U_3 = ...$
2. Der Strom, welcher durch den einzelnen Widerstand fließt, ist
   $I_1 = \dfrac{U}{R_1} \quad I_2 = \dfrac{U}{R_2} \quad I_3 = \dfrac{U}{R_3}$
   Der Gesamtstrom ist gleich der Summe der Teilströme.
   $I_{ges} = I_1 + I_2 + I_3 + ...$
3. Den Gesamtwiderstand errechnet man aus
   $\dfrac{U}{R_{ges}} = \dfrac{U}{R_1} + \dfrac{U}{R_2} + \dfrac{U}{R_3} + ... \quad | : U$
   $\dfrac{1}{R_{ges}} = \dfrac{1}{R_1} + \dfrac{1}{R_2} + \dfrac{1}{R_3} + ...$

Parallelschaltung von Glühlampen

Parallelschaltung von Widerständen

! Parallelschaltung: $U_{ges} = U_1 = U_2 = U_3 = ...$ $\quad I_{ges} = I_1 + I_2 + I_3 + ...$ $\quad \dfrac{1}{R_{ges}} = \dfrac{1}{R_1} + \dfrac{1}{R_2} + \dfrac{1}{R_3} + ...$

4 Schaltzeichen für elektrische Bauelemente und Schaltpläne

4.1 Bauteile in der Elektrotechnik

Sehr viele elektrische Schaltungen bestehen im Prinzip aus folgenden Bauelementen:

| Spannungsquelle | Schalter | Verbraucher (z.B Lampe) | Leitungen |

Diese Bauteile werden **Betriebsmittel** genannt. Betriebsmittel werden durch Symbole dargestellt. Die Symbole heißen **Schaltzeichen**. Schaltzeichen enthalten die allgemeinste Information über Art und Funktion des Betriebsmittels. Alle Schaltzeichen sind genormt.

Beispiele für Betriebsmittel und Schaltzeichen

Betriebsmittel	Beispiele für Bauformen	Schaltzeichen
chemische Spannungsquellen	9 V, 1,5 V, 3 V	–┤├+
Schalter		
Lampen		⊗
Leitungen		—

Kennzeichnung von Betriebsmitteln in der Elektrotechnik nach DIN EN 81346-2 siehe in diesem Buch auch ab Seite 589.

> ❗ Schaltzeichen enthalten die allgemeinste Information über Art und Funktion des elektrischen Bauelements.

4.2 Elektrische Schaltpläne

Schaltzeichen werden zu Schaltplänen zusammengefasst. Verschiedene Schaltpläne (z. B. Stromlaufplan oder Installationsplan) sollen verschiedene Sachverhalte einer Schaltung deutlich machen. Damit keine Missverständnisse entstehen, ist auch die Ausführung (die Darstellungsweise) der Schaltpläne genormt. Schaltpläne enthalten Informationen über
- die Anordnung der Betriebsmittel in einer Schaltung,
- die elektrischen Verbindungen in einer Schaltung,
- die Wirkungsweise einer Schaltung.

Schaltzeichen für elektrische Bauelemente und Schaltpläne

In Stromlaufplänen kommt es ausschließlich auf die Wirkungsweise einer Schaltung an. Deshalb müssen in Stromlaufplänen die einzelnen Stromwege übersichtlich dargestellt werden.

> **Beispiele für Stromlaufpläne**
>
> 1. Zusammenhängende Darstellung
>
> 2. Aufgelöste Darstellung
>
> Bei der zusammenhängenden Darstellung werden alle Schaltzeichen der elektrischen Betriebsmittel **zusammenhängend** – als Einheit – gezeichnet.
>
> Bei der aufgelösten Darstellung werden die Schaltzeichen so angeordnet, dass geradlinige Stromwege entstehen.

In allen Stromlaufplänen werden die Verbindungslinien waagerecht oder senkrecht gezeichnet, ganz gleich, wie die Leitungen in der ausgeführten Schaltung tatsächlich liegen.

! In Schaltplänen werden Schaltzeichen mit elektrischen Leitern verbunden dargestellt, sie zeigen die Arbeitsweise der elektrischen Schaltung.

4.3 Auswahl genormter Schaltzeichen

Spannungsquellen, Umrichter						Messgeräte	
Primärelement Akkumulator	Primärelement mit Spannungsangabe 1,5 V	Batterie von Primärelementen	Stromversorgungsgerät (Gleichrichter)	Stromversorgungsgerät (Transformator)		Spannungsmesser	Strommesser

Schaltglieder				Schaltglied ohne selbstständigen Rückgang		Schaltglieder mit selbstständigem Rückgang	
Einschaltglied (Schließer)	Ausschaltglied (Öffner)	Umschaltglied (Wechsler)	Zweiwegschließer	Schließer	Öffner	Wechsler	Zweiwegschließer

Antriebe für Schalter				Betätigte Schalter	
Handbetrieb allgemein	Handbetrieb drücken	Kraftbetrieb allgemein	Elektromagnetischer Antrieb allgemein	betätigter Schließer	betätigter Öffner

Verbraucher						
Lampe, Leuchtmelder allgemein		Widerstand allgemein	veränderbarer Widerstand	Wechselstrommotor M 1~	Drehstrommotor M 3~	Gleichstrommotor M

Leiter						Sicherung
Leiter, allgemein	Leiter, bewegbar	Abzweigung	Doppelabzweigung	Erdung	Masseanschluss	Sicherung allgemein

Übungsaufgaben 4/1 bis 4/4

Elektrotechnik

5 Maßnahmen zur Unfallverhütung

Die Gefahren des elektrischen Stroms können mit den menschlichen Sinnen nicht wahrgenommen werden, sodass viele Unfälle aus Unkenntnis, Unachtsamkeit oder auch aus Leichtsinn geschehen.

1. Kontrolle und Instandsetzung elektrischer Bauelemente
Alle elektrischen Leitungen und Bauelemente an Anlagen und Maschinen sind ständig auf Beschädigung zu überprüfen. Beschädigungen an Schaltern, Steckern, Steckdosen, Zuleitungen, Verlängerungen und Kabeltrommeln bilden eine Gefahr. Anlagen mit beschädigten elektrischen Bauteilen sind durch Betätigung des Hauptschalters spannungsfrei zu schalten. Die beschädigten Bauteile müssen durch eine Fachkraft ausgetauscht werden.

2. Gefährliche Wirkungen des elektrischen Stroms
Der menschliche Körper leitet den elektrischen Strom. Daher kann bei Berührung eines stromdurchflossenen Leiters durch den Menschen Strom fließen. Die Größe der Stromstärke ist abhängig von der anliegenden Spannung und dem Gesamtwiderstand des Menschen. Der Gesamtwiderstand setzt sich dabei zusammen aus
- dem Übergangswiderstand zwischen Leiter und Mensch,
- dem Körperinnenwiderstand,
- dem Übergangswiderstand zwischen Mensch und zweitem Leiter bzw. zwischen Mensch und Erde.

Der Körperinnenwiderstand ist gegenüber dem Hautwiderstand vernachlässigbar klein. Feuchte Hände oder Feuchtigkeit zwischen Füßen und Boden verringern den Übergangswiderstand erheblich. Nach dem Ohmschen Gesetz steigt die Stromstärke mit abnehmendem Gesamtwiderstand. Daher besteht eine besondere Gefährdung in Feuchträumen und auf feuchtem Untergrund im Freien, wo der Übergangswiderstand sehr gering sein kann.

Nach internationalen Sicherheitsvorschriften dürfen Menschen kurzzeitig einer Stromstärke von 30 mA und einer geringeren Spannung als 50 V ausgesetzt sein.
Beim Überschreiten dieser Grenzwerte können folgende **gefährliche Wirkungen** auftreten:

– **Fehlsteuerungen von Körperfunktionen**

Viele Körperfunktionen werden elektrisch über Nervenbahnen gesteuert. So kann unter dem Einfluss eines durch den Körper fließenden Stroms eine Fehlsteuerung eintreten. Diese kann zur Muskelverkrampfung, zu Herzkammerflimmern oder zum Herzstillstand führen.

– **Schäden durch übermäßige Erwärmung**

Bei großen Stromstärken führt die Wärmewirkung des elektrischen Stroms an den Ein- und Austrittsstellen zu Verbrennungen. Es kann zur Verkohlung von Körperteilen kommen, wenn an den Übergangsstellen ein Lichtbogen entsteht.

– **Zersetzen der Körperflüssigkeit**

Bei längerer Einwirkung des elektrischen Stroms zersetzt sich die Körperflüssigkeit (Blut u. a.) elektrolytisch. Dies kann zu Vergiftungserscheinungen führen. Da diese Folgeerscheinungen erst nach einigen Tagen auftreten, sollte nach Unfällen mit Elektrizität ein Arzt aufgesucht werden, damit dieser vorbeugend das Unfallopfer behandeln kann.

> **ERSTE HILFE bei Unfällen mit Elektrizität**
>
> Eine gute und schnelle Hilfe bei Unfällen mit Elektrizität kann lebensrettend sein.
> Anleitungen zur ersten Hilfe bei Unfällen müssen in allen elektrischen Betriebsräumen aushängen.
>
> **Erste Maßnahmen sind:**
> - Stromkreis unterbrechen oder Verunglückten von Kontaktstelle entfernen, ohne ihn direkt zu berühren.
> - Bewusstlosen in Seitenlage bringen und Atemwege frei machen.
> - Wiederbelebung mit Atemspende und Herzmassage.
> - Sofortige Benachrichtigung eines Arzts zur weiteren Versorgung veranlassen.

Maßnahmen zur Unfallverhütung

3. Allgemeine Schutzmaßnahmen
- Alle spannungsführenden Teile müssen mit Isolierungen oder Abdeckungen versehen sein.
- Alle Anlagen und Geräte mit einer Spannung über 50 V Wechselspannung bzw. 120 V Gleichspannung müssen mit Maßnahmen zum Schutz für den Bediener versehen sein, wenn ein Defekt an den Isolierungen auftreten sollte – **VDE-Bestimmungen**. Das *VDE-Zeichen* garantiert die Einhaltung der geltenden Schutzvorschriften für die Bauart dieses Geräts.
- Arbeiten an unter Spannung stehenden Anlagen sind strengstens verboten.
- Arbeiten an elektrischen Anlagen sind nur von Fachkräften auszuführen.

VDE-Zeichen

! Nur autorisierte Fachkräfte dürfen an elektrischen Anlagen arbeiten. Es besteht ein strenges Verbot, an Anlagen, die Spannung führen, zu arbeiten.

5.1 Leitungs- und Geräteschutzeinrichtungen

1. Leitungsquerschnitte nach DIN VDE 0100
Elektrogeräte und elektrische Leitungen können bei Überlastung durch eine zu hohe Stromstärke beschädigt oder zerstört werden, da sich die stromführenden Teile erwärmen.

In den DIN VDE-Bestimmungen ist z. B. festgelegt, dass sich Leitungen mit PVC-Isolierungen bei gängiger Verlegeart wie in Installationsrohren oder Kanälen bis maximal 70 °C erwärmen dürfen. Die Erwärmung eines Leiters wächst mit steigender Stromstärke und sinkendem Leiterquerschnitt. Aus diesem Grund ist für jeden Leiterquerschnitt die maximal zulässige Stromstärke in den DIN VDE-Bestimmungen festgelegt.

Mindestquerschnitt für Cu-Leitungen mit 2 belasteten Adern in mm²	Nennstrom der Sicherungen in A
1,5	13
2,5	16
4	25

Auszug aus DIN VDE 0100 für Mehraderleitungen verlegt in Installationsrohren

! Leistungsquerschnitte werden entsprechend der maximalen Stromstärke ausgewählt.

2. Schmelzsicherungen
Schmelzsicherungen werden als schwächstes Glied am Anfang eines Stromkreises eingebaut. Die auswechselbare Sicherungspatrone ist mit einem dünnen Schmelzdraht im Sandbett versehen. Der Gesamtstrom fließt durch diesen Schmelzdraht, sodass dieser bei einer Überschreitung der zulässigen Stromstärke schmilzt. Damit wird der Stromfluss unterbrochen.

Schmelzsicherungen werden entsprechend dem vorhandenen Leiterquerschnitt eingebaut. Um eine Verwendung zu starker Sicherungen zu erschweren, hat der Fußkontakt der Sicherungspatrone einen festgelegten Durchmesser, der in einen Passring des Sicherungssockels passen muss.

Ein farbiges Signalplättchen, welches von einer Feder herausgedrückt wird, zeigt an, ob der Schmelzdraht durchgebrannt ist. *Schmelzsicherungen dürfen nicht geflickt werden.*

Sicherungspatrone im Sicherungssockel

Nennstrom ≙ Höchststrom	Kennfarbe für Sicherung u. Passring
8 Ampere	grün
10 A	rot
16 A	grau
20 A	blau
25 A	gelb

Schmelzsicherungen und ihre Kennfarben

! Schmelzsicherungen müssen auf den verwendeten Leiterquerschnitt abgestimmt sein. Sie dürfen nicht überbrückt oder geflickt werden.

Übungsaufgaben 5/5 bis 5/8

Elektrotechnik

5.2 Schutzmaßnahmen gegen gefährliche Körperströme

Die Schutzmaßnahmen, die den menschlichen Körper gegen gefährliche Ströme schützen sollen, lassen sich in zwei Gruppen unterteilen:

Arten von Schutzmaßnahmen

Netzunabhängige Schutzmaßnahmen
Der Schutz ergibt sich durch die Bauweise der Geräte (Verbraucher), z. B.
- Schutzisolierung,
- Schutzkleinspannung.

Netzabhängige Schutzmaßnahmen
Der Schutz ergibt sich durch einen Schutzleiter im Stromversorgungsnetz, z. B.
- Schutzerdung,
- Fehlerstromschutzschalter.

1. Schutzisolierung

Ortsveränderliche Betriebsmittel – z. B. eine Handbohrmaschine – sind mit einer Schutzisolierung versehen.
Eine Auskleidung des Maschinengehäuses mit einer Isolierschicht bzw. ein Gehäuse aus Kunststoff verhindert, dass im Fall eines Fehlers Gehäuseteile unter Spannung geraten.
Das Gerät muss bei dieser Isolierung mit einem Profilstecker ohne Schutzkontakt ausgestattet werden. Die Anschlussleitung ist mit dem Stecker fest verbunden. Schutzisolierung wird angewendet bei Elektrowerkzeugen (z. B. Handbohrmaschine), Haushaltsgeräten, Leuchten und Kleingeräten (z. B. Elektrorasierern).

Handbohrmaschine mit Schutzisolierung

> ! Schutzisolierung verhindert Fehlerspannung an Betriebsmitteln.
> Betriebsmittel mit Schutzisolierung haben Profilstecker ohne Schutzkontakt.

2. Schutzkleinspannung

Als Schutzkleinspannung bezeichnet man Wechselspannungen bis 50 V. Einem Verbraucher wird ein Transformator vorgeschaltet oder dieser ist ein fest installierter Bestandteil des Geräts.
Der Trafo formt die Netzspannung in die Kleinspannung um. Die Sekundärseite, an die der Verbraucher angeschlossen ist, hat keine leitende Verbindung zum Netz. Dies und die niedrige Spannung sind eine wirksame Schutzmaßnahme. Geräte mit Schutzkleinspannung dürfen auf der Sekundärseite keine Anschlussklemme für einen Schutzleiter besitzen.

Schutzkleinspannung

> ! Eine Schutzkleinspannung bis 50V-Wechselspannung erzeugt man durch einen dem Verbraucher vorgeschalteten Transformator.
> Die Kleinspannungsseite hat keine leitende Verbindung zum Stromnetz.

Maßnahmen zur Unfallverhütung

3. Schutzerdung

Von einer Schutzerdung spricht man, wenn die nicht stromführenden Teile von Betriebsmitteln (Verbraucher) über einen Schutzleiter mit einem **Erder** verbunden sind.

Erder sind großflächige leitende Metallteile, die in Oberflächennähe, in Fundamenten oder als Tiefenerder elektrische Ströme in das Erdreich ableiten. Erder dürfen nur einen begrenzten Übergangswiderstand zum Erdreich haben. Dadurch entstehen zwischen einer Person, die das wegen des Fehlers spannungsführende Bauteil berührt, und der Erde nur geringe Spannungsdifferenzen. Diese sind ungefährlich.

Benennung des Schutzleiters: **PE** (**p**rotective **e**arth [engl.] = Schutzerde)
            Kennfarbe: grün/gelb   Symbol: ⏚ Erdung

> ❗ Schutzerdung verhindert hohe Berührungsspannung.

4. Fehlerstromschutzschalter

Fehlerstromschutzschalter schützen den Menschen vor Schäden durch den elektrischen Strom. Sie schalten das angeschlossene Betriebsmittel innerhalb von 0,2 Sekunden ab, wenn ein Fehlerstrom wegen eines Isolationsfehlers fließt.

Solange die Ursache für die Abschaltung des Betriebsmittels *nicht* beseitigt ist, kann der Fehlerstromschutzschalter *nicht* wieder eingeschaltet werden.

Fehlerstromschutzschalter werden meist kurz als FI-Schutzschalter bezeichnet.

Fehlerstromschutzschalter

> ❗ Fehlerstromschutzschalter dienen dem Personenschutz. Nach Abschalten durch einen Fehlerstromschutzschalter ist das Wiedereinschalten des Betriebsmittels erst nach Beseitigung der Störungsursache möglich.

5.3 Kennzeichnung elektrischer Geräte

Die technischen Daten eines elektrischen Geräts kann man dem Leistungsschild auf dem Gerät entnehmen. Die richtige Deutung der Kennzeichnung kann lebenswichtig sein, besonders, wenn das Gerät bei der Benutzung feucht werden kann. Manche Geräte sind auch nur für Kurzzeitbetrieb geeignet.

Schutzsymbole

Symbole	Bedeutung
VDE	VDE-geprüft auf Sicherheit
▢	schutzisoliert
(funk)	funkentstört
Ex	explosionsgeschützte Ausführung
💧	regengeschützt

Symbole	Bedeutung
💧💧	strahlwassergeschützt
💧	spritzwassergeschützt
💧💧	wasserdicht
💧💧 ...bar	druckwasserdicht
▦	staubgeschützt
◈	staubdicht

Übungsaufgaben 5/13 bis 5/18

6 Elektrische Antriebstechnik

In elektrischen Antriebssystemen, den Elektromotoren, wird elektrische Energie in mechanische Energie umgewandelt. Der Industriemechaniker bzw. die Industriemechanikerin haben Elektromotoren zu montieren – das Anschließen übernimmt der Elektroniker bzw. die Elektronikerin.

Meist unterscheidet man die Elektromotoren nach der Art des Antriebstroms in **Gleichstrom-**, **Wechselstrom-** und **Drehstrommotoren**.

Nach der Art der Bewegung kann man **Rotationsmotoren**, die Drehbewegungen ausführen, und **Linearmotoren**, die geradlinige Bewegungen bewirken, unterscheiden.

Falls die Bewegung nicht stetig, sondern in Schritten erfolgen kann, spricht man von **Schrittmotoren**. Es gibt Rotations- und Linear-Schrittmotoren.

Schienenfahrzeug mit Antrieb durch Linearmotor

Trotz unterschiedlicher Spannungen zum Antrieb und unterschiedlicher Bewegungen haben alle Elektromotoren ein gemeinsames Prinzip:
- Jeder Motor besteht aus mindestens zwei Bauelementen: einem fest stehenden und einem beweglichen Element.
- In beiden Bauelementen werden getrennt Magnetfelder erzeugt, die aber stets so gerichtet sind, dass der bewegliche Teil bei Stromfluss in Bewegung gesetzt wird.

Die Umsetzung dieses Prinzips geschieht bei den Motoren jedoch in unterschiedlicher Weise.

6.1 Prinzip des Elektromotors

Auf einen stromdurchflossenen Leiter wirken in einem Magnetfeld Kräfte ein. Bei freier Lagerung des Leiters können diese Kräfte eine Bewegung des Leiters verursachen. In Elektromotoren wird diese Bewegung ausgenutzt, um elektrische Energie in Bewegungsenergie umzuwandeln.

Hängt man in das Magnetfeld eines hufeisenförmigen Dauermagneten eine Leiterschaukel, so erfährt diese eine Ablenkung, sobald sie von einem Gleichstrom durchflossen wird. Ursache dieser Bewegung ist die Wechselwirkung zwischen dem Magnetfeld des Dauermagneten – dem äußeren Feld – und dem Magnetfeld um den stromdurchflossenen Leiter – dem inneren Magnetfeld.

Bewegung durch Magnetkräfte

Betrachtet man den Feldlinienverlauf der beiden überlagerten Magnetfelder, stellt man fest, dass bei der angenommenen Stromrichtung im Bereich rechts vom Leiter die Feldlinien gleichgerichtet sind; hier verstärken sich die Magnetfelder. Links vom Leiter sind die Feldlinien entgegengesetzt gerichtet; äußeres und inneres Magnetfeld schwächen sich in ihrer Wirkung gegenseitig. Dies erklärt, warum die Leiterschaukel zur Seite der Magnetabschwächung ausweicht.

Leiterbewegung durch Magnetfeldüberlagerung

> **!** Ein stromdurchflossener Leiter erfährt in einem äußeren Magnetfeld eine Kraftwirkung, die senkrecht zu den Kraftlinien des äußeren Feldes gerichtet ist.

Elektrische Antriebstechnik

Setzt man in das Feld eines Dauermagneten statt einer Leiterschaukel eine leicht drehbare, stromdurchflossene Spule ein, so bilden sich an dieser Spule Nord- und Südpol aus. Die Spule stellt sich daraufhin mit einer Drehbewegung so ein, dass ihre Pole den Polen des äußeren Felds entgegengerichtet sind.

zu Beginn der Drehung   nach vollendeter Drehung

Halbdrehung einer Spule im Magnetfeld

Um eine dauernde Drehbewegung zu erhalten, kehrt man durch einen selbsttätigen Polwender, den **Kommutator**, die Stromrichtung – und damit die Polung der Magnetspule – um.

Stromzufuhr über Kommutator   Umpolung durch Kommutator

! Die Drehbewegung des Ankers ergibt sich durch die Anziehung bzw. Abstoßung der Pole. Durch die Umpolung des inneren Magnetfelds wird die Drehbewegung aufrecht erhalten.

6.2 Aufbau und Wirkungsweise von Gleichstrommotoren

Gleichstrommotoren bestehen aus einem Anker, der drehbar zwischen den Polen eines Ständers gelagert ist.
Dem Anker wird über Kohlebürsten und einen Stromwender (Kommutator) Strom zugeführt. Der Ständer wird durch eine stromdurchflossene Spule (Feldwicklung) magnetisiert. Der Stromwender bewirkt, dass der Stromfluss im Anker stets so gerichtet ist, dass im Anker ein Magnetfeld entsteht, welches ihn im Ständerfeld in eine Drehbewegung versetzt.
Je nach Schaltung der Ankerwicklung und der Ständerwicklung können die Eigenschaften des Motors beeinflusst werden.

Schematischer Aufbau eines Gleichstrommotors

1. Drehrichtungsänderung
Die Drehrichtung des Ankers ist von der Magnetisierungsrichtung *und* damit der Stromrichtung im Anker *und* in der Feldwicklung abhängig. Es bestehen demnach zwei verschiedene Möglichkeiten, die Drehrichtung eines Gleichstrommotors zu ändern:
- Umkehr der Stromrichtung im Anker oder
- Umkehr der Stromrichtung in der Feldwicklung.

Rechtslauf   Linkslauf

Schaltung der Drehrichtungsänderung

! Drehrichtungsänderung von Gleichstrommotoren geschieht durch Änderung der Richtung des Ankerstroms oder Änderung der Stromrichtung in der Feldwicklung.

Elektrotechnik

2. Änderung der Umdrehungsfrequenz
Änderungen der Umdrehungsfrequenz von Gleichstrommotoren geschehen durch Änderung der Ankerspannung oder Änderung der Erregerspannung. Geräte, die nahezu verlustlos und extrem schnell die Höhe der Gleichspannung und die Stärke des Gleichstroms ändern können, nennt man **Stromrichter**.

3. Grundschaltungen, Eigenschaften und Verwendung
Je nach Schaltung von Anker- und Feldwicklung ergeben sich unterschiedliche Eigenschaften und damit Verwendungen von Gleichstrommotoren.

Fremderregter Motor	Nebenschlussmotor	Kennlinie	Reihenschlussmotor	Kennlinie
Die Feldwicklung wird durch einen *eigenen Stromkreis* gespeist.	Die Feldwicklung wird *parallel* zum Anker geschaltet.		Die Feldwicklung wird mit dem Anker *in Reihe* geschaltet.	
Verwendung Maschinen mit gleichbleibenden oder genau einstellbaren Umdrehungsfrequenzen, z. B. CNC-Maschinen, Personenaufzüge			**Verwendung** Maschinen mit schwerem Anlauf, z. B. Hebezeuge, Fahrzeuge, Kreiselpumpen	

6.3 Wechselstrom- und Drehstrommotoren

1. Wechselstrom
Kenngrößen für einen Wechselstrom sind in der Technik die Frequenz sowie die Effektivwerte von Spannung und Stromstärke:

– **Frequenz** f

Sie gibt die Zahl der Perioden je Sekunde an. Die Einheit der Frequenz ist 1 Hertz.
1 Hz = 1 Periode je Sekunde

– **Effektivwert der Spannung** U_{eff}

Dies ist der Wert der Spannung, den eine Gleichspannung haben müsste, um die gleiche Wirkung wie eine Wechselspannung zu erzeugen.

– **Effektivwert des Stroms** I_{eff}

Dies ist der Wert des Stroms, den ein Gleichstrom haben müsste, um die gleiche Wirkung wie ein Wechselstrom zu erzeugen.

Kenngrößen eines Wechselstroms (230 V, 50 Hz)

> In der Technik werden stets die Effektivwerte von Strom und Spannung angegeben.

2. Drehstrom
Bringt man in einem Wechselstromerzeuger – einem Wechselstromgenerator – mehrere Spulen versetzt zueinander an, so wird in jeder Spule eine Wechselspannung erzeugt.
Die Wechselspannungen sind in ihrem Verlauf gegeneinander verschoben. Die Verschiebung ist bei gleichmäßiger Verteilung der Spulen auf dem Umfang 120°. Man nennt die Verschiebungen der einzelnen Wechselspannungen gegeneinander die **Phasenverschiebung**.

Elektrische Antriebstechnik

Beispiel für die Erzeugung von Drehstrom (Schema)

! Bei der Dreiphasenwechselspannung besteht zwischen den Phasen eine Verschiebung von 120°.

Die sechs Leitungen von den drei Spulen können so zusammengeschaltet werden, dass drei Leitungen genügen, um die drei Wechselströme fortzuleiten und eine vierte Leitung zur gemeinsamen Rückleitung dient. Dies ist das *Vierleitersystem* des **Drehstromnetzes**.
Bei entsprechendem Zusammenschalten kann mit diesem Dreiphasenwechselstrom in einem Motor ein umlaufendes Magnetfeld erzeugt werden.

Vierleitersystem bei Drehstrom

! Durch eine Dreiphasenwechselspannung wird im Stromkreis ein Drehstrom erzeugt.

Im Vierleitersystem des Drehstromnetzes kann man unterschiedliche Spannungen abgreifen:

3. Sternspannung
Die Spannung zwischen einer Leitung, *Außenleiter* genannt, und der gemeinsamen Rückleitung, dem *Neutralleiter*, nennt man **Sternspannung**.
Die Sternspannung beträgt im üblichen Drehstromnetz 230 V.

4. Dreieckspannung
Die Spannung zwischen *zwei Außenleitern* nennt man die **Dreieckspannung**.
Die Dreieckspannung beträgt im üblichen Drehstromnetz 400 V.

Stern- und Dreieckspannung

Steckdosen für Drehstrom enthalten neben den vier Leitern auch noch den Anschluss für den Schutzleiter. Der zugehörige Stecker weist entsprechend fünf Stifte auf. Durch eine Nut in der Steckdose und eine entsprechende Ausbauchung am Stecker ist das Stecksystem gegen falsches Strecken abgesichert. Die Leiter sind in der Steckdose so geschaltet, dass ein angeschlossener Motor stets **rechtsherum** läuft.

! Im üblichen Vierleiter-Drehstromnetz können je nach Anschlussart 400 V oder 230 V entnommen werden.

6.3.1 Drehstrommotoren

6.3.1.1 Synchronmotoren

Motoren für Drehstrom bestehen aus einem Ständer, dessen Wicklungen so angebracht und geschaltet sind, dass bei eingeschaltetem Strom ein umlaufendes Magnetfeld entsteht. Dieses umlaufende Magnetfeld nennt man **Drehfeld**.

Elektrotechnik

Bringt man einen zentrisch gelagerten Magneten in dieses Drehfeld, so rotiert er in gleicher Weise wie das Feld – er dreht sich synchron (griechisch: zeitgleich).
Man bezeichnet Motoren, die mit gleicher Umdrehungsfrequenz wie das Feld umlaufen, als **Synchronmotoren**.

Beispiel für die Entstehung der Drehbewegung in einem Synchronmotor (Schema)

! Synchronmotoren haben konstante Umdrehungsfrequenz. Ihr Anker dreht sich synchron mit dem Magnetfeld des Ständers.

Synchronmotoren können nicht von alleine anlaufen, weil die sich drehenden Teile des Motors zu träge sind, um dem schnell umlaufenden Drehfeld zu folgen. Sie werden daher mit Hilfswicklungen ausgerüstet, die das Anlaufen ermöglichen und nach Erreichen des Gleichlaufs abgeschaltet werden.

! Synchronmotoren benötigen Anlaufhilfen – sie laufen nicht von selbst an.

Wird der Synchronmotor belastet, so bleibt der Anker ein wenig hinter dem Feld zurück, läuft aber synchron mit. Man nennt den Winkel, um den der Anker zurückbleibt, den **Lastwinkel**. Er wächst mit steigender Belastung.
Erst bei einem Drehmoment, das etwa doppelt so hoch wie das vom Hersteller angegebene Nennmoment des Synchronmotors ist, gerät der Motor „aus dem Tritt" und läuft nicht mehr synchron. Auch bei Entlastung gelingt es ihm dann nicht mehr, auf die Synchrondrehfrequenz hochzulaufen.

Lastwinkel bei einem 6-poligen Synchronmotor

! Synchronmotoren geraten bei etwa doppelter Nennlast aus dem Synchronlauf.

Synchronmotoren werden häufig im Werkzeugmaschinenbau als Vorschubmotoren verwendet. Sie sind dazu besonders geeignet wegen
- reaktionsschneller Änderung der Umdrehungsfrequenz bei Frequenzänderung des Drehstroms,
- nahezu konstantem Drehmoment bei unterschiedlichen Umdrehungsfrequenzen,
- weitgehender Wartungsfreiheit durch einfachen Aufbau.

6.3.1.2 Asynchronmotoren

1. Physikalische Grundlagen des Asynchronantriebs

Asynchronmotoren bestehen aus einem Ständer mit Wicklungen, in denen durch den Drehstrom ein umlaufendes Drehfeld erzeugt wird.

Die Magnetwirkung im Läufer (= Anker) entsteht durch Ströme, die vom äußeren Drehfeld im Läufer induziert werden. Ein induzierter Strom erzeugt stets ein Magnetfeld, das seiner Ursache – in diesem Fall dem Magnetfeld des Ankers – entgegengerichtet ist. Darum besteht zwischen den Magnetfeldern in Ständer und Läufer *stets* Abstoßung.

Die Erzeugung der Bewegung aufgrund dieser Abstoßungskräfte lässt sich versuchsmäßig sehr einfach darstellen und erklären.

> **Beispiel für einen Versuch zur Erzeugung einer Bewegung durch einen induzierten Strom**
>
> Eine Spule ist mit einem dicken Eisenkern versehen. Ein Kupferring liegt lose um den Eisenkern. Dieser Ring stellt eine kurzgeschlossene Windung dar.
>
> Legt man an die Spule eine Wechselspannung, so wird in dem Kupferring durch Induktion ein Strom erzeugt. Dieser verursacht um den Ring ein Magnetfeld, das dem Magnetfeld der Spule entgegengerichtet ist. Als Folge der sich abstoßenden Magnetfelder wird der Kupferring beim Einschalten des Stroms vom Eisenkern weggeschleudert.

! Ein induzierter Strom erzeugt stets ein Magnetfeld, das dem verursachenden Magnetfeld entgegengerichtet ist.

In Asynchronmotoren verwendet man dieses Prinzip sich abstoßender Magnetfelder zum Erzeugen der Drehbewegung des Läufers, indem man den Läufer aus mehreren kurzgeschlossenen Windungen zusammensetzt.

Da die Erzeugung eines Induktionsstroms nur dann erfolgt, wenn Feldlinien geschnitten werden, kann der Läufer nicht synchron mit dem Drehfeld mitlaufen. Er bleibt in seiner Umdrehungsfrequenz immer hinter der Umdrehungsfrequenz des Felds zurück. Man nennt das Zurückbleiben des Läufers gegenüber dem Drehfeld den **Schlupf**.

Der Schlupf steigt mit • wachsender Belastung, • geringerer Nenndrehzahl, • geringerer Nennleistung.

! Der Läufer von Asynchronmotoren bleibt mit seiner Umdrehungsfrequenz hinter der Umdrehungsfrequenz des Felds zurück. Die Differenz nennt man Schlupf.

2. Asynchronmotoren mit Käfigläufern

– Aufbau des Motors

Der einfachste Drehstrom-Asynchronmotor enthält einen **Läufer** aus einem Blechpaket, in dessen Längsnuten oder Bohrungen Leiterstäbe eingelegt sind, die an den Stirnseiten mit Ringen kurzgeschlossen sind. Da die Leiterstäbe mit den Kurzschlussringen einem Käfig ähneln, spricht man von **Käfigläufern**.

> **Beispiele für den Aufbau eines Käfigläufers**
>
> Leiterstäbe mit Kurzschlussringen (Käfig) | Käfig mit Blechpaket | Kurzschlussläufer mit Welle

! Einfache Asynchronmotoren haben einen Käfigläufer aus Leiterstäben und Kurzschlussringen.

Elektrotechnik

– **Kennlinien von Käfigläufermotoren**

Käfigläufermotoren mit einfachen Rundstäben haben nur ein geringes Anzugsmoment. Durch besondere Querschnittsformen der Leiterstäbe und die Gestaltung der Nuten kann das Anzugsmoment der Käfigläufermotoren gesteigert werden. Die Kennlinien von Käfigläufermotoren sind meist sattelförmig.

Beispiele für Leiterstäbe und Nuten in Kurzschlussläufern und ihre Auswirkung auf die Kennlinie

| Rundstabläufer | Tiefnutläufer | Doppelnutläufer | Kennlinien der Läuferarten |

! Käfigläufermotoren haben eine sattelförmige Kennlinie, die je nach Bauart der Leiterstäbe und der Nuten unterschiedlich stark ausgeprägt ist.

– **Anlassen von Käfigläufermotoren**

Käfigläufermotoren nehmen im Augenblick des Einschaltens sehr hohe Stromstärken auf. Diese betragen bis zum Achtfachen des Nennstroms. Dieser hohe Einschaltstrom belastet das Netz außerordentlich. Darum dürfen nur Motoren bis etwa 3 kW Leistung direkt eingeschaltet werden.

Schaltung zum direkten Einschalten eines Asynchronmotors

Für größere Motoren wird der Motor *zunächst in Sternschaltung* ans Netz gelegt. Die Ständerwicklungen liegen damit zum Anlaufen an der niedrigeren Sternspannung, und es fließt demnach ein kleinerer Strom – aber auch das Anzugsmoment ist geringer.
Nach Hochlaufen auf etwa die Nennumdrehungsfrequenz wird auf die *Dreieckschaltung* weitergeschaltet.

Beispiele für Ströme und Spannungen im Augenblick des Anlaufs

Sternschaltung Y: $I_L = 23\,A$, $I_{St} = 23\,A$, $230\,V$, $400\,V$, $10\,\Omega$

Dreieckschaltung △: $I_L = 69\,A$, $I_{St} = 40\,A$, $400\,V$, $10\,\Omega$

Das Umschalten von Stern auf Dreieck geschieht von Hand über Stern-Dreieck-Schalter oder selbsttätig über eine zeitabhängige Steuerung.

! Asynchronmotoren mit Käfigläufern mit mehr als 3 kW Leistung werden zur Vermeidung hoher Einschaltströme in der Stern-Dreieck-Schaltung angelassen.
Von Stern auf Dreieck darf erst nach Erreichen der Nennumdrehungsfrequenz weitergeschaltet werden.

6.3.1.3 Drehrichtungsumkehr bei Drehstrommotoren

Die Drehrichtung von Drehstrommotoren kann durch Vertauschen von zwei Außenleitern umgekehrt werden. Für Motoren, die mit beiden Drehrichtungen im Betrieb eingesetzt werden, erfolgt der Anschluss des Motors über Wendeschalter.

An Motoren, die mit einer bestimmten Drehrichtung im Betrieb laufen müssen, kann die Drehrichtung durch Vertauschen der Leitungen im Anschlusskasten geschehen. Diese Arbeit darf nur eine Fachkraft durchführen. Damit auch eine Nichtfachkraft einfach und gefahrlos in Steckverbindungen eine Vertauschung von zwei Außenleitern vornehmen kann, gibt es Phasenwendestecker, in denen diese Vertauschung durch Drehen eines eingebauten Schalters ohne Öffnung des Steckers möglich ist.

Hebelschalter für Wendeschaltung

Phasenwendestecker (teilweise aufgeschnitten)

Wichtig

Steckdosen für Drehstrom sollen so angeschlossen sein, dass ein Motor immer rechtsherum läuft. Ältere Steckdosen und fehlerhaft angeschlossene Steckdosen können einen Motor unversehens in die nicht gewünschte Drehrichtung laufen lassen. Dies kann Gefahr für Personen und Anlage bedeuten – darum soll der Industriemechaniker bzw. die Industriemechanikerin vor Inbetriebnahme von Maschinen zuvor die Drehrichtung der Felder durch eine Fachkraft prüfen lassen.

> ! Drehrichtungsumkehr geschieht durch Vertauschen von Außenleitern. Vor Inbetriebnahme von Maschinen, die über Steckverbindungen angeschlossen werden, ist die Drehrichtung zu prüfen.

6.3.2 Wechselstrommotoren

1. Universalmotoren

In Handbohrern, Trennschleifern und anderen Werkzeugmaschinen mit Leistungen bis etwa 1 000 W setzt man Universalmotoren ein (siehe Gleichstrommotoren). Diese Motoren können mit Gleichstrom und mit Wechselstrom betrieben werden, weil der Drehsinn dieses Motors durch Umpolen der Anschlussklemmen nicht geändert wird.
Universalmotoren benötigen beim Betrieb mit Wechselstrom eine höhere Spannung als bei Gleichstrom.

2. Drehstrommotoren als Wechselstrommotoren

Für den Betrieb eines Drehstrommotors mit Wechselstrom wird durch Zuschalten eines Kondensators die fehlende Phasenverschiebung und damit die Erzeugung des Drehfelds bewirkt. Diese Motoren erreichen beim Antrieb mit Wechselstrom nur etwa 70 bis 80 % der Leistung, die sie bei Betrieb mit Drehstrom haben würden. Das Drehmoment beträgt im Anlauf sogar nur 30 % des Moments bei Betrieb mit Drehstrom.

Drehstrommotor in Dreieckschaltung am Einphasennetz

Drehstrommotor in Sternschaltung am Einphasennetz

> ! Durch Zuschalten eines Kondensators können Drehstrommotoren mit Wechselstrom betrieben werden. Leistung und Drehmoment im Anlauf sind beim Wechselstrombetrieb geringer als beim Betrieb mit Drehstrom.

Übungsaufgaben 6/5; 6/6

Elektrotechnik

3. Schrittmotoren

Motoren, die ihre Drehbewegung nicht kontinuierlich, sondern in *Winkelschritten* durchführen, bezeichnet man als Schrittmotoren. Jeder Schritt wird durch einen Stromimpuls ausgelöst.

Die Größe der Winkelschritte ist abhängig von der Bauart des jeweiligen Motors und beträgt meist zwischen 48 und 200 Schritten.

Eine hohe Impulsfolge hat eine nahezu kontinuierliche Drehung des Ankers zur Folge. Die Umdrehungsfrequenz ist auf etwa 1 000 1/min begrenzt, da sonst Schritte verloren gehen können. Die Drehrichtung kann durch Umpolen geändert werden.

Beispiel für Aufbau und Wirkungsweise eines Schrittmotors (Schema)

Der Motor besteht aus einem Stator mit mehreren Polpaaren, die elektromagnetisch erregt werden können.

Die Polpaare des Rotors sind Dauermagnete.

Ändert die Steuereinrichtung den Strom so, dass gegenüber der Ausgangsstellung die Nachbarspule erregt wird, dreht sich der Motor um einen Schritt weiter.

Ausgangsstellung — *Bewegung des Rotors um 1/8 Umdrehung*

Schrittmotoren werden in der Regelungstechnik, im Büromaschinenbau, als Vorschubeinheiten kleiner Werkzeugmaschinen und als Stellmotoren für Ventile eingesetzt.

! Schrittmotoren führen impulsgesteuerte feste Winkelschritte aus. Die Größe der Winkelschritte ist bauartabhängig.

6.3.3 Linearmotoren

Vorschubantriebe an Werkzeugmaschinen und Transporteinrichtungen führen meist lineare (geradlinige) Bewegungen aus. In herkömmlicher Weise erzeugt man diese Bewegung durch Rotationsmotoren und anschließende Spindel- oder Zahnradgetriebe.

Linearmotoren setzen die eingegebene Energie direkt ohne Umweg über ein Getriebe in eine lineare Bewegung um. Dadurch verkleinern sich gegenüber Motoren mit Getrieben die zu beschleunigenden Massen. Gleichzeitig steigt die Positioniergenauigkeit, da Reibung, Getriebespiel und elastische Verformungen der Getriebeteile entfallen. Nachteilig ist bei Linearmotoren der geringe Wirkungsgrad, mit dem die Umwandlung von elektrischer Energie in Bewegungsenergie erfolgt. Die damit verbundene Verlustleistung führt zu erheblicher Wärmeentwicklung, die innerhalb der Maschine auftritt und entsprechenden Kühlungsaufwand erfordert.

Elektrische Antriebstechnik

Linearmotoren basieren auf dem gleichen Funktionsprinzip wie Drehstrommotoren. Im Werkzeugmaschinenbau wird vorwiegend der Synchron-Linearmotor verwendet. Am einfachsten ist sein Aufbau durch Ausschneiden und Abwickeln eines herkömmlichen Synchronmotors zu erklären. Der abgewickelte Stator stellt das Primärteil des Linearmotors dar, der abgewickelte Läufer verkörpert das Sekundärteil. Ein Drehstrom erzeugt im Stator ein Wanderfeld, sodass sich Primär- und Sekundärteil gegeneinanderbewegen.

Man kann entweder das Primärteil verlängern und das Sekundärteil darübergleiten lassen oder umgekehrt.

Linearmotor als Abwicklung eines Rotationsmotors

Da im Werkzeugmaschinenbau nur kurze Vorschubstrecken zurückzulegen sind, kombiniert man ein kurzes Primärteil, das dem Stator einer Synchronmaschine entsprechen würde, mit einem langen Sekundärteil. Dem Primärteil führt man über Schleppkabel elektrische Energie zu.

Synchron-Linearmotor (Schema)

> Linearmotoren formen elektrische Energie unmittelbar in eine geradlinige Bewegung um. Aufbau und Wirkungsweise von Linearmotoren können aus aufgeschnittenen und abgewickelten Drehstrommotoren erklärt werden.

6.4 Kenngrößen von Elektromotoren

Maschinen und Geräte werden durch typische Daten beschrieben. Für einen Elektromotor sind dies:
- die *Leistung* in kW oder W,
- die *Stromart*, z. B. Gleichstrom, Wechselstrom,
- die *Spannung* in V, meist 42, 230 oder 400 V,
- die *Nennumdrehungsfrequenz* in 1/min,
- der *elektrische Wirkungsgrad*.

Diese Angaben sind mit anderen Daten zusammen auf dem Typenschild aufgedruckt.

Typenschild eines Elektromotors

Diese Daten allein genügen noch nicht zur eindeutigen Kennzeichnung des Betriebsverhaltens. Besonders wichtig ist der Zusammenhang zwischen dem Drehmoment und der Umdrehungsfrequenz, der von der Art des Motors abhängig ist. Dieser Zusammenhang ist ein besonderes Kennzeichen eines Elektromotors. Man nennt es die **Drehmoment-Umdrehungsfrequenz-Kennlinie**.

655

Digitale Automatisierung

HANDLUNGSFELD: Prozessautomatisierung planen

Problemstellung

Situation
Die Herstellung eines Förderbandes soll automatisiert werden. Das Band besteht aus einem temperaturbeständigen Textilgurt, auf den Blöcke aus einem thermoplastischen Kunststoff durch Schmelzkleben (160 °C) aufgebracht werden.

Auftrag
Es sind die Planungsunterlagen für die Automatisierung der Anlage zu erstellen.

Analysieren

Vorgaben:
- Anforderungen hinsichtlich Funktion
- Sicherheitsanforderungen
- Anlagensituation räumlich, energiemäßig, informationstechnisch
- Anknüpfung an bestehende Anlagen

Bauliche Situation
- Aufbau entsprechend Schema
- Stromanschluss vorhanden
- Druckluft vorhanden

Funktionsablauf
- Heizplatte auf Temperatur
- 1 Block vorschieben
- 2 Pressen

Ergebnisse:
- Funktionsbeschreibung
- Aufbaubeschreibung
- Energieversorgung
- Angaben über Art der Steuerung (Schützsteuerung, SPS)

Planen

Vorgaben:
- Funktionsbeschreibung
- Aufbaubeschreibung Aktoren, Sensoren
- Angaben über die Steuerung, schrittweise Abfolge, Kennzeichnung der Bauteile

Ergebnisse
- Technologieschema
- Schaltplan
- GRAFCET-Plan
- Zuordnungsliste
- Steuerungsprogramm z. B. SPS

Erproben (Simulieren)

Vorgaben:
- Schaltplan
- GRAFCET-Plan
- Steuerungsprogramm

Ergebnisse
- volle Funktion erzielt oder
- Nachbesserungen erforderlich

1 Entwicklung zur digitalen Automatisierung

1.1 Mechanisierung und Automatisierung

Zwischen 1950 und 1960 setzte in der Bundesrepublik Deutschland eine intensive Entwicklung der industriellen Produktion ein, die unter dem Stichwort Automatisierung bzw. Automation zusammengefasst wurde. Die Automatisierung führte zum Abbau von Arbeitsplätzen im Niedriglohnbereich. Gestiegen ist jedoch die Zahl höherwertiger Arbeitsplätze in den Bereichen der Entwicklung, Fertigung, Bedienung und Instandhaltung von automatisierten Anlagen und Maschinen.

Beispielhaft kann an der Entwicklung des Maschinenparkes für die Getränkeabfüllung und des Ablaufes der Produktion in dem zugehörigen Flaschenkeller die Entwicklung von der mechanisierten zur automatisierten Anlage nachvollzogen werden. In der Getränkeindustrie wurden früher Schlosser und Elektriker zur Führung und Wartung des Maschinenparkes beschäftigt. Heute bevorzugt man in diesem Arbeitsbereich Industriemechaniker sowie Industriemechanikerinnen und Mechatroniker als auch Mechatronikerinnen für die Bedienung und Wartung der Großanlagen in der Getränkeindustrie.

1. **Mechanisierung im Flaschenkeller**

   Beispiel für einen Flaschenkeller um 1900

   In dem hier gezeigten Flaschenkeller werden die zunächst zu säubernden Bierflaschen:
   - eingeweicht,
   - innen gebürstet,
   - ausgespritzt,
   - gefüllt und
   - etikettiert.

   Einweicher   Bürstenmaschine   Ausspritzer   Füller   Etikettiermaschine

   Stundenleistung etwa 800 bis 1 200 Flaschen.

Für Anlagen aus der Zeit um 1900 waren folgende Sachverhalte kennzeichnend:
Die Maschinen liefen mit einfachsten Antriebselementen über einen zentralen Riementrieb, die Maschinen waren nicht miteinander gekoppelt, die Produkte wurden von Maschine zu Maschine jeweils von Hand transportiert, eingelegt und wieder entnommen.

2. **Teilautomatisierung im Flaschenkeller**

   Beispiel für eine teilautomatische Anlage im Flaschenkeller um 1930

   Die Kellereianlage besteht aus einem System von Reinigungs-, Füll-, Verschließ- und Etikettiermaschinen, die durch Transportbänder verbunden sind. Die schmutzigen Flaschen werden von Hand in die Anlage eingelegt. Die gereinigten, gefüllten und etikettierten Flaschen werden von Hand entnommen.

   Stundenleistung etwa 10 000 Flaschen.

Digitale Automatisierung

3. Vollautomatisierung im Flaschenkeller

Der industrielle Kellereibetrieb ist ab 1960 durch den selbständigen Fluss der Transporteinheiten Palette, Kasten und Flasche sowie durch die maschinelle Zusammenführung dieser Transporteinheiten gekennzeichnet. Erst der Einsatz der Palettisier- und Packmaschinen berechtigte dazu, den gesamten Arbeitsablauf in einem Flaschenkeller als vollautomatisiert zu bezeichnen. Von der Leergutrampe bis zur Vollgutrampe vollzog sich ein kontinuierlicher Arbeitsprozess, der vom Personal nur noch beobachtet werden musste.

Beispiel für eine vollautomatische Anlage im Flaschenkeller um 1960

- Reinigungsmaschine mit Unterfluraufgabe der Flaschen
- Förderanlage zur Unterflurabgabe der Flaschen
- Schaltschrank mit Schützsteuerung
- Flaschenkontrolle durch Personal
- Zwei Etikettiermaschinen
- Füller und Kronkorker (Flaschenschließer)

Stundenleistung etwa 36 000 Flaschen. Die automatische Entnahme der Flaschen aus den Kästen und die Zusammenführung der gereinigten und gefüllten Flaschen mit dem Transportgut geschahen unterhalb des gezeigten Abfüllraumes. Von dort aus wurden auch die Palettisierer entleert und beschickt.

Kennzeichnend für den damaligen Stand der Automatisierung waren umfangreiche Schützsteuerungen, die in großen Schaltschränken in der Nähe der jeweiligen Anlagenteile untergebracht waren. Zu beachten ist weiterhin, dass die Kontrolle der gereinigten Flaschen noch durch das Personal vorgenommen wurde. Ein Arbeitsbereich mit enormen Belastungen. Die Instandhaltung und Reparatur solcher Anlagen stellte hohe Anforderungen an das Fachpersonal. Schlosser, Betriebselektriker, Fachmonteure und notfalls auch die Maschinenkonstrukteure mussten dafür sorgen, dass Ausfallzeiten in solchen Anlagen gering blieben.

1.2 Digitalisierung und Automatisierung

In der Maschinenfabrik, in der die oben gezeigten Kellereimaschinen gefertigt wurden, gab es 1965 noch keine Datenverarbeitung im heutigen Sinne. Man führte damals ansatzweise Lochkartensysteme in der Arbeitsvorbereitung ein.

Mitentscheidend für die damalige Entwicklung und den Bau von Kellereimaschinen mit dem hohen Leistungsniveau waren einerseits die Normierung des Leergutes in der Getränkeindustrie und andererseits die neuen konstruktiven Möglichkeiten in der Steuerungstechnik durch die Hydraulik und Pneumatik sowie durch den Einsatz neuer Werkstoffe. Die Steuerungen der Maschinen und Anlagen basierten auf umfangreichen Schützsteuerungen. Elektronische Steuerungsmöglichkeiten waren noch nicht bekannt.

Die Produktion und der Einsatz von Getränkekästen aus Kunststoff mit den möglichen engen Toleranzen und der nun sicheren Stapelmöglichkeit des Kastenmaterials waren auch entscheidend für die weiteren Entwicklungen im Flaschenkellerbereich.

Die einsetzende Digitalisierung führte:
- zur Optimierungen der Arbeitsprozesse durch Computer und speicherprogrammierbare Steuerungen,
- zur effektiven Steuerung von Arbeitsprozessen durch Sensortechnik und Bildverarbeitungssysteme,
- zur verbesserten Darstellung und Dokumentation der Produktionsprozesse und Produkte sowie
- zur sicheren Bedienung und optimalen Instandhaltung von Maschinen und Anlagen.

Entwicklung zur digitalen Automatisierung

1. Optimierung der Arbeitsprozesse durch Industriecomputer und speicherprogrammierbare Steuerungen

Das Zeitalter der Digitalisierung begann mit der Erfindung des elektrischen Rechners durch Konrad Zuse (1910–1995) um 1938 und mit dem daraus entwickelten Computer. Computergestützte Maschinen und Fertigungen wurden eingeführt. Die Entwicklungen von Industriecomputern (**IPC**) und speicherprogrammierbaren Steuerungen (**SPS**) führten zur Optimierung der Automatisierungstechnik.

Beispiel für die Optimierung von Verpackungsaufgaben in der Getränkeindustrie

In der Getränkeindustrie sind z. B. die Packmaschinen zu Vollautomaten entwickelt worden. Dank der eingebauten Steuerungen auf SPS-Basis können solche Maschinen kurzfristig auf andere Flaschenformate und Gebindearten umgetellt werden. Packleistungen von 140 000 Flaschen pro Stunde sind möglich.

Verpackungsautomat in der Getränkeindustrie

2. Effektive Steuerung von Arbeitsprozessen durch Sensortechnik und Bildverarbeitungssysteme

Entwicklungen in der Sensortechnik und die einfache Anbindung der meist analog vorliegenden Signale in die digitalen Steuerungen eröffneten weitreichende Möglichkeiten in der Steuerung von Maschinen und Anlagen.

Ein reibungsloser und effektiver Produktionsablauf in automatisierten Anlagen kann heute zusätzlich durch den Einsatz von Bildverarbeitungssystemen und mithilfe intelligenter Software wesentlich besser gewährleistet werden als in früheren Jahren. Durch Informationen aus der Produktionslinie an die Überwachungssysteme in Echtzeit sind solche Anlagen auch bei Störungen sicher zu führen.

Beispiel für den Einsatz eines Bildverarbeitungssystems in der Getränkeindustrie

Glasflaschen werden in der Getränkeindustrie durchweg als Mehrwegflaschen angeboten. Aufgrund des Materials und der Beanspruchung durch mehrfache Nutzung können sowohl die Dichtflächen als auch die Gewindebereiche am Flaschenkopf beschädigt sein.

Die Gewinde- und Dichtflächenkontrolle geschieht nach der Flaschenreinigung im kontinuierlich laufenden Arbeitsprozess durch ein besonderes Kontrollsystem.

Gewindeprüfung an Getränkeflaschen

Zur Flascheninspektion wird ein Bildverarbeitungssystem eingesetzt. Während des Arbeitsprozesses prüft ein Kamerasystem das Gewinde und die Mündung der Glasflasche auf vorhandene Fehler. Hierbei wird eine Kamera eingesetzt, die über eine symmetrische Anordnung von sechs Spiegeln die äußere Fläche des Flaschenkopfs vollständig in einem Bild erfasst. Weiterhin ist die direkte Sicht von oben auf den Mündungsbereich gegeben. Die Bilddaten werden an den Bildverarbeitungsrechner digital übertragen und mit hinterlegten Solldaten verglichen. Fehlerhafte Flaschen können so automatisch aussortiert werden.

Prüfbild des Mündungsbereichs einer Flasche in mehreren Ansichten

Digitale Automatisierung

3. Verbesserte Darstellung und Dokumentation der Produktionsprozesse und Produkte

Der Produktionsprozess in der Getränkeindustrie zeichnet sich dadurch aus, dass verschiedenen Maschinen mit unterschiedlichen Aufgaben in eine Anlage integriert werden. Effektive Produktionsüberwachungsanlagen mit der Dokumentation von Prozessen und Produkten sind heute dank des Einsatzes digitaler Systeme möglich.

Beispiel für die Produktionsüberwachung einer Abfüllanlage in der Getränkeindustrie

Die Abfüllung von Fassbier ist heute durch den Einsatz von Robotern erheblich vereinfacht. Das Fließbild der dargestellten Anlage zeigt den Istzustand des Produktionsprozesses und Warnhinweise. Außerdem werden Daten zu Produkt und Leistung dokumentiert.

Schemabild einer Fassabfüllanlage mit Angabe der Prozessdaten

4. Sichere Bedienung und optimale Instandhaltung von Maschinen und Anlagen

Mithilfe der Digitalisierung werden heute neue Lösungen entwickelt, um die automatisierten Maschinen und Anlagen sicher zu führen und optimal zu warten. Das Softwaresystem einer Maschine, die entsprechend ausgerüstet ist, erkennt beispielsweise, wann welcher Mitarbeiter bestimmte Aufgaben ausgeführt hat. Weiterhin kann die Maschine oder Anlage über Nahfunktechnik die mobilen Geräte der Mitarbeiter ansprechen und darauf den jeweiligen Zustand der Maschine oder Anlage mitteilen. Vorbeugende Instandhaltungsarbeiten lassen sich so z. B. früh genug planen und durchführen.

Beispiel für die Kommunikation zwischen Mensch und Maschine in der Getränkeindustrie

Der Füller in einer Produktionslinie für Getränkeflaschen ist mit einem Funksystem und einem Industrie-Computer (IPC) ausgerüstet. Über Sensoren und Zähler werden die nötigen Daten der Produktion und des Maschinenzustands erfasst. Die vorgegebenen Kenndaten vergleicht das System mit den Istwerten. Je nach den Erfordernissen erhalten die Mitarbeiter Informationen auf ihr mobiles Gerät.

Kommunikation zwischen Funktionsträgern mit dem Füller

> **!** Der Einsatz digitaler Technologien ermöglichte die Entwicklung vollautomatischer Hochleistungsanlagen. Der Einsatz digitaler Dokumentationssysteme und die Nutzung neuer Kommunikationsmöglichkeiten führen zu einer Optimierung der Produktion und einer Steigerung der Qualität der Produkte.

2 Sensortechnik

Die Sensortechnik liefert der Mess- und Automatisierungstechnik die notwendigen Signale zur Steuerung von Maschinen, Handhabungsgeräten und Sicherheitseinrichtungen. Früher wurden statt des Begriffs „Sensor" verschiedene Begriffe verwendet, wie z. B. Messfühler, Geber, Aufnehmer, Taster, Schalter oder Messwertgeber.

Die Umwandlung der Messgröße in eine elektrische Größe ist die Kernaufgabe der Sensortechnik. Im Bild dargestellt ist eine Wägezelle, die bei Belastung mit der Messgröße eine elektrische Widerstandsänderung liefert. Die Widerstandsänderung wird mit dem Messsignalumformer in ein Spannungssignal umgeformt. Das Signal wird an eine Anzeige oder Steuerungseinheit übertragen.

Beispiel für den Aufbau einer Sensormesskette

Messgröße → Sensor (Wägezelle) → Messsignalumformer → elektrische Anzeigeeinheit

Messgröße Gewichtskraft →F→ Sensor (Wägezelle) →R→ Messsignalumformer →U→ elektrische Anzeige

2.1 Überblick über Sensoren und Messprinzipien

Für die unterschiedlichen Messaufgaben sind verschiedene Sensoren verfügbar, die ständig erweitert und spezialisiert werden. Die folgende Tabelle gibt einen grundlegenden Überblick.

Sensoren liefern unterschiedliche elektrische Ausgangsgrößen. Diese können Spannungen, Ströme, Ladungen, Widerstandsänderungen oder Kapazitäts- und Induktivitätsänderungen sein.

Beispiele für Sensoren und Messprinzipien

Messgröße	Sensor	Messprinzip
Dehnung, Kraft	Dehnungsmessstreifen	Änderung des elektrischen Widerstands
Temperatur	Platinwiderstand Pt100 Thermoelement	Änderung des elektrischen Widerstands Elektrische Spannung zwischen zwei verschiedenen Metallen
Druck	Piezoresistiver Sensor	Widerstandsänderung
Weg, Winkel	Potentiometer	Widerstandsänderung
Annäherung Feuchte	Kondensator	Kapazitätsänderung durch Beeinflussung des Dielektrikums oder des Plattenabstands
Weg Annäherung	Spule	Induktivitätsänderung durch Beeinflussung des magnetischen Felds oder des Eisenkerns
Beschleunigung	Differential-Kondensator	Kapazitätsänderung durch Deformierung
Objekterkennung	CCD-Kamera	Bilderkennung und Auswertungsalgorithmen
Licht	Fotodiode Fototransistor	Halbleiter pn-Übergang

Übungsaufgaben 2/1; 2/5

Digitale Automatisierung

2.1.1 Aktive und passive Sensoren

Man bezeichnet alle Sensoren, die bei Änderung der Messgröße eine Spannung oder einen Strom als Messsignal liefern, als **aktive Sensore**n. Die Spannungen und Ströme sind aber meist so gering, dass sie zur Anzeige oder Verwendung in Steuergeräten verstärkt werden müssen.

Passive Sensoren benötigen hingegen von außen zugeführte Energie, um ein Signal zu erzeugen. Zu passiven Sensoren zählen alle Sensoren mit den Wirkprinzipien elektrischer Widerstand, Induktivität oder Kapazität.

> **Aktive Sensoren** • z. B. Thermoelemente – liefern eine Spannung oder einen Strom.
> **Passive Sensoren** • z. B. Dehnungsmessstreifen – benötigen eine Hilfsenergie, damit ein elektrisches Signal ausgegeben werden kann.

2.1.2 Normiertes Strom- und Spannungssignal als Abbild der Messgröße

Der Anwender benötigt für die Anbindung an die Automatisierungstechnik ein Signal als Abbild der Messgröße. Für die Übertragung der Messgrößen werden elektrische Signalströme und Spannungen verwendet. Zur Vereinfachung der Signalverarbeitung wird ein normiertes Ausgangssignal als Strom oder Spannung angestrebt. Dies ist dann ein Abbild der Messgröße im jeweiligen Messbereich.

Sensoren mit Signalaufbereitung liefern elektrische Normsignale.
Die häufigsten Normsignale sind:

Spannung von 0 ... 10 V oder –5 ... +5 V   bzw.   **Strom** von 0 ... 20 mA oder 4 ... 20 mA.

> **Beispiele für die Umsetzung von Messgrößen in Normsignale**
>
> Ein Messgrößenumformer wandelt Messgrößen im Messbereich in Spannungen von 0 ... 10 V um:
>
> - Aus dem Messbereich 0 bis 100 °C eines Temperaturmessgeräts werden 0 bis 10 V.
>   Einer Temperatur von 21 °C entspricht ein Normsignal von 2,1 V.
>
> - Die Signalanpassung einer Waage liefert im Messbereich 0 bis 500 kg ein Signal von 1/50 V/kg.
>   Bei einer Messgröße von 392 kg ist dies ein Normsignal von 7,804 V.

2.1.3 Smarte Sensoren

Smarte Sensoren nehmen wie andere Sensoren Messgrößen auf und formen sie in ein Normsignal um. Darüber hinaus sind sie zusätzlich mit Mikroprozessoren ausgestattet, so dass sie auch die Aufgaben des Mess- und Steuerungssystems übernehmen können.

Smarte Sensoren sind damit in der Lage, einen Ablauf zu leiten und vorprogrammierte Entscheidungen zu treffen. Meistens besitzen sie auch einen Datenspeicher und einen Energiespeicher, damit sie autark sind. So ausgerüstete Sensoren sind damit „smart" (intelligent). Im Zusammenhang mit smarten Sensoren spricht man in besonderen Fällen auch von **cyberphysikalischen Systemen** (**CPS**).

Smarte Sensoren erleichtern die Miniaturisierung von Baugruppen, erhöhen die Zuverlässigkeit und reduzieren die Kosten von automatisierten Systemen.

Smarter Sensor — Intelligenter Messumformer mit Profi-Bus-Ausgang — SPS mit Busankopplung

Intelligentes Sensorsystem mit weltweiter Vernetzung

Sensortechnik

2.2 Sensoren

2.2.1 Sensoren für die Messung von Dehnung, Kraft und Druck

Die Dehnung eines Werkstoffs, z. B. Stahl, kann über den elektrischen Sensor-**Dehnungsmessstreifen** gemessen werden. Zur Messung wird der Dehnungsmessstreifen (DMS) auf das Bauteil geklebt. Wird das Bauteil im Bereich des DMS belastet, so dehnt sich mit dem Bauteil auch der DMS gleichermaßen aus.

Dehnungsmessstreifen auf Bauteil geklebt

Die Funktion des DMS beruht darauf, dass sich bei der Dehnung eines Drahts sein elektrischer Widerstand ändert. Eine mechanische Längenänderung des Drahts (Δl) bewirkt eine direkt proportionale Änderung des elektrischen Widerstands (ΔR). Man sagt in Kurzform: Δl proportional ΔR bzw.: $\Delta l \sim \Delta R$.

Die Größenordnung der gemessenen Dehnung im elastischen Bereich von Metallen ist sehr klein. Durch die Gestaltung des DMS verlängert man die Drahtlänge, die bei äußerer Belastung zunimmt, um ein Vielfaches. Ein Standard-DMS in der üblichen Bauform ist eine Folie mit aufgebrachter mäanderförmiger leitfähiger Bahn. Bei Zug in Längsrichtung wird sich der Widerstand vergrößern. Dieses gilt natürlich auch umgekehrt, bei Stauchung kommt es zu einer Verkleinerung des Widerstands.

Dehnungsmessstreifen (Draufsicht)

Anwendung finden Dehnungsmessungen z. B. in der Werkstoffprüfung, an Maschinen, in Tragwerken sowie bei Druckbehältern, um die mechanischen Spannungen an den Oberflächen der Bauteile zu erfassen. Durch solche Messungen kann kontrolliert werden, wie hoch die Beanspruchung des Werkstoffs in den Bauteilen ist. Mit DMS können auch Schwingungsmessungen bis zu einigen MHz durchgeführt werden.

Dehnungsmessstreifen werden auch in Messaufnehmer eingebaut, um aus der Dehnung abgeleitete Messgrößen direkt anzuzeigen. So lassen sich z. B. Kräfte, Drücke, Beschleunigungen und Drehmomente messen.

Beispiele für die Anwendungen von Dehnungsmessstreifen

Dehnungsmessstreifen zur Fernüberwachung von Werkstoffbelastungen an Windkraftanlagen im Fundament, an den Rotorblättern und im Getriebe

Wägezellen mit Messaufnehmern auf der Grundlage von Dehnungsmessstreifen zur Bestimmung der Gewichte bzw. der Massen in einer Siloanlage

! Mit Dehnungsmessstreifen werden sehr kleine mechanische Dehnungen in sehr kleine elektrische Widerstandsänderungen umgewandelt. Die Dehnungen sind proportional zu den Änderungen des Widerstands.

Digitale Automatisierung

2.2.2 Induktiver Durchflusssensor

Die physikalische Grundlage induktiver Durchflusssensoren beruht auf dem Induktionsgesetz. Dieses Gesetz lautet:

Durchdringt ein elektrischer Leiter ein magnetisches Feld, so wird in diesem Leiter eine elektrische Spannung erzeugt. Man sagt auch, eine elektrische Spannung wird induziert.

Die Richtung der induzierten Spannung hängt von der Bewegungsrichtung des Leiters und von der Richtung des Magnetfelds ab.

Prinzip der elektrischen Induktion

In metallischen Leitern sind Elektronen die Ladungsträger. In Flüssigkeiten übernehmen die Ionen die Funktion als Ladungsträger. Bewegen sich die Ionen in der Flüssigkeit durch ein quer zur Durchflussrichtung stehendes magnetisches Feld, so werden sie zur Seite abgelenkt. Rechtwinklig zum magnetischen Feld entsteht ein elektrisches Feld. Die entstandene Spannung kann mit Elektroden an den Rändern der Strömung abgenommen werden.

Die Spannung an den Rändern der Strömung hängt von der magnetischen Flussdichte, dem Rohrdurchmesser und der Fließgeschwindigkeit der Flüssigkeit ab.

> **Beispiel für das Prinzip eines induktiven Durchflusssensors**
>
> Die Messvorrichtung ist in ein Rohr integriert. Das Messrohr selbst ist im Innern isolierend ausgekleidet.
> Elektroden, welche die Spannung bei der Bewegung der Flüssigkeit abnehmen können, sind im Innern auf der Isolation des Messrohrs angebracht. An den Elektroden kann eine der Fließgeschwindigkeit proportionale Spannung abgenommen werden.
> Aus Gründen der Störspannungsfreiheit werden die magnetisch induktiven Durchflusssensoren mit einem magnetischen Wechselfeld betrieben.

Vorteile induktiver Durchflusssensoren
- Die Messung von Druck, Dichte, Temperatur und Viskosität ist möglich.
- Keine beweglichen Teile, daher kein Verschleiß.
- Keine störenden Einbauten, der Messstreckenverlauf entspricht der der Rohrleitung.
- Lineares Ausgangssignal.
- Aggressive und korrosive Produkte sind messbar.
- Minimaler Wartungs- und Pflegeunterhalt.

Induktiver Durchflusssensor mit Flanschverschraubung

> ⚠ Wird eine leitende Flüssigkeit von einem Magnetfeld senkrecht zur Fließrichtung durchdrungen, so werden Ladungsträger senkrecht zur Fließrichtung und senkrecht zum Magnetfeld abgelenkt. An den Seiten kann eine Spannung abgegriffen werden, die proportional zur Strömungsgeschwindigkeit ist.

2.2.3 Kapazitive Sensoren

Ein Kondensator besteht im einfachsten Fall aus zwei Metallplatten, zwischen denen sich ein isolierender Stoff, das Dielektrikum, befindet. Legt man eine Gleichspannung an einen Kondensator an, so fließt kurzzeitig ein Strom und der Kondensator wird aufgeladen. Die Größe der Ladung wird von der Höhe der Spannung und der Kapazität des Kondensators bestimmt.

Die Kapazität eines Kondensators hängt von der Plattenfläche A, dem Plattenabstand d und dem Stoff des Dielektrikums ε_r ab.

Bei Wechselstrombetrieb wird der Kondensator mit der Frequenz umgeladen. Die Wechselspannung und der entstehende Wechselstrom bilden den sogenannten scheinbaren Widerstand und er wird als Wechselstromwiderstand angegeben.

Kondensator mit Dielektrikum

Die sensorische Funktion kapazitiver Sensoren liegt darin, dass die Kapazität auf verschiedene Art verändert werden kann.

1. Kapazitiver Füllstandssensor

Durch unterschiedlich tiefes Eintauchen in ein elektrisch leitendes Medium ändert sich für den eingetauchten Teil der Plattenfläche das Dielektrikum und damit die Kapazität.
Die beiden Elektroden bilden den Kondensator mit der Flüssigkeit als Dielektrikum.

2. Kapazitiver Messtaster

Beim kapazitiven Messtaster sind zwei Kondensatoren eingebaut. Bei der Verschiebung der Tastspitze ändern sich die Kapazitäten von Kondensator 1 und Kondensator 2 gegenläufig. Das bedeutet, dass die Kapazität des einen Kondensators zunimmt und die des anderen Kondensators entsprechend in gleicher Größe abnimmt.

Zur Signalgewinnung werden die veränderlichen Kapazitäten zu einer Vollbrücke verschaltet. Mit Wechselspannungsspeisung der Brücke ergibt sich eine lineare Messspannung. Zur Verstärkung und Verwendung als Prozesssignal wird sie vorher gleichgerichtet.

Beispiel für das Prinzip und die Schaltung eines kapazitiven Messtasters

Messgröße — Brückenschaltung — Verstärkung — Gleichrichtung — Signalspannung

3. Kapazitiver Feuchtesensor

Bei der Feuchtemessung wird ein spezielles Dielektrikum verwendet. Je nach Umgebungsfeuchte von Luft oder anderen Gasen ändert sich die Wirkung des Dielektrikums. Zum Eindringen der Feuchte ist eine Platte porös ausgeführt.

Digitale Automatisierung

2.2.4 Induktiver Näherungsschalter

Der induktive Näherungsschalter oder auch Näherungssensor ist der wohl gebräuchlichste berührungslose Schalter in der Automatisierungstechnik. Er besteht aus den Baugruppen: Schwingungsgeber (Oszillator) mit Spule, Gleichrichter (Demodulator), Niveauschalter (Komparator), Endstufe und Schalter. Im Oszillator wird ein elektromagnetisches Wechselfeld erzeugt und durch einen Ferritkern nach vorn gerichtet.

Prinzipieller Aufbau eines induktiven Näherungsschalters

Nähert sich ein leitfähiges Material dem magnetischen Wechselfeld, welches der Oszillator am Kopf des Sensors ausstrahlt, wird dem Oszillator Energie entzogen und die Spannung am Oszillator, die das Messsignal darstellt, sinkt. In der Auswertungseinheit, die dem Oszillator nachgeschaltet ist, wird das analoge Signal in ein eindeutiges Schaltsignal umgewandelt.

Der nachgeschaltete Komparator hat die Aufgabe, bei einem definierten Niveau zu schalten. Entfernt sich das leitfähige Material wieder vom magnetischen Wechselfeld, steigt das Signal wieder an und der Komparator schaltet zurück in die Ausgangsposition. Um Störungen im Übergangsbereich zu vermeiden, wird ein oberer und unterer Schaltbereich (Hysterese) eingestellt.

Induktiver Näherungsschalter zur Maschinensteuerung

Beispiele für den Einsatz induktiver Sensoren

Induktiver Bewegungssensor für Antiblockiersystem im Rad eines Kfz

Induktive Positionserkennung in einem Hydraulikzylinder

! Induktive Näherungsschalter schalten bei der Annäherung eines leitfähigen Gegenstands.

Übungsaufgaben 2/18 bis 2/25

2.2.5 Kapazitive Näherungsschalter

Kapazitive Näherungssensoren sind ähnlich aufgebaut wie induktive, lediglich der Messkopf erzeugt kein magnetisches, sondern ein elektrisches Wechselfeld. Der Messkopf besteht aus einem Kondensator mit kreisförmiger Messelektrode und einer herumgefügten ringförmigen Schirmelektrode. So entsteht ein ringförmiges, nach vorn gerichtetes elektrisches Feld. Der Kondensator ist bei kapazitiven Näherungsschaltern so angelegt, dass das Heranführen eines Stoffs in die Nähe des elektrischen Felds eine Änderung des Dielektrikums bewirkt. Dies ändert die Kapazität und damit die Frequenz des Oszillators. Der Vorteil des kapazitiven Näherungsschalters besteht darin, dass auch nichtleitende und nichtmagnetische Materialien, z. B. Mehl, Kunststoffe, Holz, Stein, Öl, und Wasser erkannt werden können.

Kapazitiver Näherungsschalter – Prinzip

! Kapazitive Näherungsschalter schalten unabhängig vom Material des Objekts bei dessen Annäherung.

2.2.6 Piezoelektrischer Sensor

Bei piezoelektrischen Materialien treten innere Ladungsverschiebungen auf, wenn sie einer äußeren Kraft bzw. einem Druck ausgesetzt sind. Das Bild zeigt eine vereinfachte Modellvorstellung zum Entstehen der elektrischen Ladung. Unter Krafteinwirkung gelangen die negativen Ladungsträger näher an die obere und die positiven näher an die untere Kontaktfläche. Dadurch entstehen messtechnisch darstellbare Ladungen auf den metallischen Kontaktflächen.
Die an der Oberfläche angesammelten Ladungen sind der Krafteinwirkung proportional.

Piezoelektrischer Effekt (Schema)

Die elektrische Funktion des Quarzes ist vergleichbar mit einem Kondensator, der mit einer bestimmten Ladung aufgeladen wurde. Wie beim Kondensator fließt diese Ladung langsam ab. Messungen der elektrischen Ladung sind also nur im ersten Moment ein wirkliches Abbild der Kraft.

$$\Delta Q = \Delta U \cdot C = K \cdot F$$

- ΔQ elektrische Ladung
- U Spannung
- C Kapazität
- K piezoelektrische Konstante (Bergkristall $k = 2{,}3$ pC/N)
- F Kraft

Der Piezoeffekt ist umkehrbar.
Legt man eine elektrische Spannung an einen Piezokristall, vollzieht er eine Dickenänderung. Der Effekt wird als **Piezotranslation** bezeichnet und findet Anwendung bei Piezoaktoren.
Natürlich vorkommende Materialien für Piezosensoren sind Einkristalle, z. B. von Turmalin, Quarz, Galliumphosphat. Künstlich werden Piezokristalle aus keramischen Werkstoffen durch Sinterung erzeugt. Ihr Vorteil liegt in einer nahezu doppelt so hohen piezoelektrischen Konstanten gegenüber den natürlichen Kristallen – ihre Leistung lässt jedoch im Laufe der Zeit nach.

Übungsaufgaben 2/26; 2/27; 2/28

Digitale Automatisierung

Sensoren mit Piezokristallen

1. Abstandsensoren
Der Abstandsensor sendet einen kurzen Ultraschallimpuls in Richtung des Gegenstands aus, dessen Entfernung gemessen werden soll. Die Schallwelle wird von diesem Gegenstand reflektiert und vom selben Piezokeramikteil wieder empfangen. Die Piezokeramik arbeitet hier als Sender und Empfänger (Zeit-Multiplex-Betrieb).

Abstandssensor

2. Schwingungsaufnehmer
Zur ständigen Zustandsüberwachung von Maschinen (Condition Monitoring) werden u. a. mit Piezokristallen Schwingungen aufgenommen und in einer Auswerteeinheit analysiert. Durch Vergleich des zeitlichen Verlaufs der Schwingungen im Idealzustand mit dem augenblicklichen Verlauf kann auf schädliche Veränderungen geschlossen werden.

Schwingungsaufnehmer

3. Beschleunigungsmessung
Zur Beschleunigungsmessung wird eine Masse (seismische Masse) auf einen piezoelektrischen Quarz montiert. Eine Beschleunigung bewirkt eine Belastung des Quarzes und erzeugt so ein Ladungsverteilung, die durch geeignete Elektronik in ein zur Beschleunigung proportionales Spannungssignal gewandelt wird.

Beschleunigungsmesser

> ! Piezokristalle erzeugen bei Deformation auf der Oberfläche elektrische Ladungen.
> Umgekehrt erzeugt das Anlegen einer Spannung eine Deformation des Piezokristalls.
> Der Effekt ist nur für einen kurzen Moment wirksam.

2.2.7 Thermoelemente

Thermoelemente gehören zu den aktiven Bauelementen in der Sensorik – sie liefern als Ausgangssignal unmittelbar eine Spannung. Wegen ihres einfachen Aufbaus und ihres großen Messbereichs bis ca. 2 000 °C werden sie häufig verwendet.
Ein Thermoelement besteht prinzipiell aus zwei verschiedenen Metalldrähten, die am Messpunkt zusammengefügt sind; dies kann sowohl durch eine Schweißstelle, als auch durch Verlöten oder Klemmen geschehen.

Thermoelement

Die Funktionsweise beruht auf dem thermoelektrischen Effekt, auch Seebeck-Effekt genannt. Er besagt, dass die Menge freier Elektronen bei den verschiedenen Metallen unterschiedlich groß ist. Durch die Verbindung diffundieren aus dem Metall mit der größeren Menge freier Ladungsträger Elektronen in das andere Metall. Es entsteht eine Potentialtrennung und damit eine geringe Spannung. Der Wert dieser Spannung ist proportional zur absoluten Temperatur der Kontaktstelle.

Um die Thermospannungen der einzelnen Metalle zahlenmäßig zu erfassen, hat man sie für jedes einzelne Metall gegenüber Platin bei 100 °C gemessen.
Die Aufstellung der Ergebnisse ist die **thermoelektrische Spannungsreihe der Metalle** bei 100 °C. Mit ihrer Hilfe kann die Spannungsempfindlichkeit einzelner Metallkombinationen berechnet werden:

Metall	Thermospannung in mV
Konstantan	−3,47
Nickel	−1,9
Platin	0,0
Silber	0,67
Wolfram	0,7
Kupfer	0,7
Eisen	1,9
Nickelchrom	2,2

> Beispiel für die Ermittlung der Spannungsempfindlichkeit zwischen Eisen und Konstantan
>
> $E_{FeKo} = E_{FePt} - E_{KoPt}$
>
> $= 1{,}9 \cdot \dfrac{mV}{100\,K} - \left(-3{,}47 \cdot \dfrac{mV}{100\,K}\right) = +5{,}37 \cdot \dfrac{mV}{100\,K}$

Thermoelektrische Spannungsreihe

! Die Funktion eines Thermoelements beruht auf der Ladungstrennung an der Kontaktstelle zweier verschiedener Metalle durch die thermoelektrische Kraft. An den Kontakten liegt eine messbare Spannung vor. Thermoelemente benötigen keine Hilfsspannung und werden daher als aktive Sensoren bezeichnet.

Bei der Messung der Spannung tritt folgendes Problem auf: Alle im Stromkreis vorhandenen Kontakte sind wegen der unterschiedlichen Materialien auch Thermoelemente, das gilt auch, wenn sie ungewollt entstanden sind, z. B. an den Kontaktklemmen.
Die Messspannung U_M ist der Temperatur T_1 proportional. Bei einer Temperaturänderung an der Messstelle bleibt die Messspannung nur dann proportional, wenn sich an den Anschlussstellen der Klemmstelle die ursprüngliche Temperatur T_0 nicht ändert. Bleibt die Temperatur an den Anschlussstellen während der Messung konstant, verändern sich nämlich die entstehenden Thermospannungen U_2 und U_3 nicht.

Messschaltung

Wichtig: Der Messstelle des Thermoelements muss von der Vergleichsstelle im Anschlusskopf möglichst weit entfernt sein.

Thermoelement mit Anschlusskopf

2.2.8 Temperatursensor PT-100

Der Temperatursensor PT-100 ist ein normierter Widerstandssensor speziell zur Temperaturmessung. Als Widerstandsmaterial wird Platin verwendet, da dieses Metall einen nahezu linearen Zusammenhang zwischen Temperatur und elektrischem Widerstand aufweist. Die Zahl 100 steht für den Widerstandswert in Ohm, welchen der Messwiderstand bei 0 °C annimmt.
Die Platinsensoren werden aus Draht oder in Dünnschichttechnik hergestellt. In der Dünnschichttechnik wird in einem Vakuumbeschichtungsverfahren auf ein Keramiksubstrat eine dünne Schicht aus reinem Platin aufgebracht. Mit Laserschneidverfahren werden die Einzelwiderstände durch mäanderförmigen Zuschnitt erstellt.

PT-100 in Dünnschichttechnik

Übungsaufgaben 2/31 bis 2/34

Anschlussschaltung des Sensors PT-100

Der Anschluss von passiven Sensoren, zu denen auch der PT-100 zählt, erfolgt über Anschlussdrähte, deren Widerstand und Temperaturabhängigkeit das Messergebnis beeinflussen. Bei erhöhten Genauigkeitsanforderungen werden solche Sensoren mit mehreren Leitern angeschlossen.

PT-100 mit Anschlussleitungen

1. Zweileiterschaltungstechnik

Bei der Zweileiterschaltungstechnik geht der Spannungsabfall an den Leitungswiderständen voll in das Messergebnis ein.
Die Änderung der Leitungswiderstände durch einen Temperatureinfluss lässt sich nicht korrigieren. Die Speisung des Messwiderstandes erfolgt mit einem konstanten Strom I_K.

Schaltplan in Zweileiterschaltungstechnik

2. Vierleiterschaltungstechnik

Die Vierleitertechnik ist das genaueste Messverfahren, hier haben die Leitungswiderstände praktisch keinen Einfluss auf das Messergebnis. Der Sensorwiderstand hat Anschlüsse zur Versorgung, durch die der Speisestrom fließt. Zwei Fühleranschlüsse nehmen das Messsignal ab und geben es auf den Verstärker. Da der Verstärkereingang sehr hochohmig ausgeführt ist, fließt praktisch kein Strom auf den Messleitungen. Dies bedeutet, dass kein Spannungsabfall an den Leitungswiderständen zum Messeingang des Verstärkers auftritt.

Schaltplan in Vierleiterschaltungstechnik

> **!** Beim Anschluss des PT-100 in der Vierleiterschaltungstechnik können Einflüsse der Temperatur auf die Höhe des Signals kompensiert werden.

2.2.9 Optoelektronische Sensoren

2.2.9.1 Physikalische Grundlagen

Die meisten optoelektronischen Sensoren sind Halbleiter. Zur Erzeugung eines Halbleiters wird ein Basismetall, vielfach Silizium, mit sehr geringen Mengen eines weiteren Elements legiert. Man nennt diesen Legierungsvorgang auch **dotieren**.
Siliziumatome haben 4 Elektronen auf der Außenschale, sodass in einem Kristall aus Silizium jedes Siliziumatom in Zusammenhang mit seinen Nachbaratomen von 8 Elektronen umgeben ist.
Dotiert man Silizium mit Aluminiumatomen, die nur 3 Elektronen auf der Außenschale haben, so entsteht im Kristall ein geringer Elektronenmangel – das Material ist **p-dotiert**.
Dotiert man das Silizium hingegen mit Phosphoramen, die 5 Elektronen auf der Außenschale haben, so entsteht ein Kristall mit geringem Elektronenüberschuss – das Material ist **n-dotiert**.

nicht dotiertes Silizium (elektrisch neutral)

p-dotiertes Silizium (Elektronenmangel)

n-dotiertes Silizium (Elektronenüberschuss)

2.2.9.2 Dioden

Fügt man p- und n-dotiertes Silizium gegeneinander, so diffundieren einige Elektronen der n-Zone in dem Bereich der Grenzschicht in „Löcher" der p-Zone und werden dort eingebunden. Damit stehen in der Grenzschicht, dem **pn-Übergang**, nahezu keine freien Ladungsträger zur Verfügung. Bauelemente, die aus zwei unterschiedlich dotierten und aneinander gefügten Kristallen bestehen, nennt man Dioden.

Prinzipieller Aufbau einer Diode

− **Diode in Durchlassrichtung**

Schaltet man eine Diode in Durchlassrichtung an eine Spannungsquelle, also den Pluspol an die p-dotierte Seite, so werden die „Löcher" von den Elektronen des negativen Pols der Spannungsquelle überschwemmt und gleichzeitig wandern Löcher in Richtung des Minuspols – es fließt ein Strom durch die Diode.

Diode in Durchlassrichtung

Schaltzeichen der Diode mit angelegter Spannung in Durchlassrichtung

− **Diode in Sperrrichtung**

Schaltet man eine Diode entgegen der Durchlassrichtung an eine Spannungsquelle, also die p-dotierte Seite an den Minuspol und die n-dotierte an den Pluspol, so werden die Elektronen der n-Schicht vom Pluspol angezogen, die Grenzschicht zwischen p- und n-dotierter Schicht, der pn-Übergang, wird größer und keine weiteren Ladungsträger können mehr hindurch – die Diode sperrt.

Diode in Sperrrichtung

Übersteigt bei Dioden die angelegte Spannung einen zugelassenen Maximalwert, so wird die Sperrschicht in der Diode durchbrochen, der Strom steigt schlagartig an und die Diode wird zerstört.

2.2.9.3 Fotodioden

Fotodioden sind Halbleiterdioden aus Silizium oder Germanium.
Als Sensoren werden Fotodioden in Sperrrichtung geschaltet, das bedeutet, dass die p-leitende Schicht an den Minuspol und die n-leitende Schicht an den Pluspol einer Spannungsquelle angeschlossen wird. So wird die Sperrschicht vergrößert und kein Strom kann fließen.
Fotodioden sind jedoch so aufgebaut, dass das durch ein dünnes Glasfenster einfallende Licht die p-Schicht durchdringen und auf die Sperrschicht zwischen der p- und der n-dotierten Zone einwirken kann.
Sobald Licht in die Sperrschicht fällt, werden durch die Energie des Lichts in der Sperrschicht Elektronen aus dem Kristallgitter gelöst und „Löcher" erzeugt, sodass ein Strom fließen kann. Dieser Strom ist proportional der Beleuchtungsstärke.
Fotodioden reagieren sehr schnell auf Lichtwechsel. Dadurch sind extrem kurze Schaltzeiten bis ca. 20 µs erreichbar. Als Sensoren werden Fotodioden in Lichtschranken eingesetzt.

Aufbau der Fotodiode

Schaltung der Fotodiode als Sensor

Fotodiode als Schalter

! Fotodioden basieren auf dem pn-Übergang. Durch den inneren Fotoeffekt wird Licht in Strom umgewandelt. Der Strom ist proportional zur Beleuchtungsstärke. Fotodioden werden als Sensoren stets in Sperrrichtung geschaltet.

2.2.9.4 Leuchtdioden (LED light-emitting diode)

Die lichtemitierende Halbleiterdiode wird in der in der Beleuchtungs- und Sensortechnik als Lichtsender verwendet, dabei wird der lichtemittierende Effekt genutzt. Er entsteht durch Rekombination von Ladungsträgern in der pn-Zone, wenn diese später energieärmere Zustände annehmen. Weil bestimmte Energieniveaus durchschritten werden müssen, werden für diesen Effekt abgestimmte Materialpaarungen verwendet, z. B. Galliumphosphid oder Galliumarsenid.

2.2.9.5 Lichtschranken

Im Prinzip besteht die **Lichtschranke** aus einer Lichtquelle und einer Fotodiode (Empfänger). Wird der Strahlengang unterbrochen, kann der Empfänger das ausgesendete Licht der Quelle nicht empfangen. Die Unterbrechung des Lichtstrahls wird als Schalterfunktion aufbereitet. Lichtschranken lassen sich grob in Einweglichtschranken und Reflexlichtschranken einteilen.

Bei der **Einweglichtschranke** befinden sich Lichtsender und Empfänger in getrennten Gehäusen, die gegenüberliegend montiert sind. Ausgewertet wird die Unterbrechung des Lichtstrahls zwischen Sender und Empfänger.

Einweglichtschranken werden bevorzugt dort eingesetzt, wo Dämpfe oder Sprühflüssigkeit den Lichtstrahl schwächen können. Bei der **Reflexlichtschranke** befinden sich Lichtsender und Empfänger in einem Gehäuse, der Strahl kann von einem Tripelspiegel reflektiert werden. Auch bei dieser Ausführung wird die Unterbrechung des Lichts ausgewertet.

Wird der Strahl dagegen vom Gegenstand selbst reflektiert, spricht man von einem **Reflexlichttaster**.

Beispiel für den Einsatz von Lichtschranken und Lichttaster

Einweg-Lichtschranke — Reflexlichtschranke — Reflexlichttaster

2.2.9.6 Optokoppler

Ein Optokoppler besteht aus der Kombination einer Leuchtdiode (LED) und einer Fotodiode. Die Grundfunktion eines Optokopplers ist es, das elektrische Signal zuerst in ein Lichtsignal umzuformen; das geschieht in der Leuchtdiode. Anschließend wird das Lichtsignal in der Fotodiode wieder in ein elektrisches Signal zurückgeformt.

Optokoppler werden zur **galvanischen Trennung** von Stromkreisen benutzt. Galvanische Trennung bedeutet, dass der erste Stromkreis mit dem zweiten Stromkreis metallisch nicht verbunden ist.

Optokoppler (Schema)

Schaltzeichen

In der Mess- und Datentechnik dienen Optokoppler zur Pegelanpassung und Entkopplung von Stromschleifen. Wichtig ist auch, dass mit dem Einsatz von Optokopplern die verzerrungsfreie Übertragung von Messsignalen möglich ist.

2.2.10 Sensorsysteme zur Bilderkennung und Bildverarbeitung

In der automatisierten Produktion werden zunehmend Bildverarbeitungssysteme eingesetzt. Sie gelten als die Schlüsseltechnologie zur Industrie 4.0. Die meisten technischen Systeme dieser Art sind:
- **Systeme zur Qualitätssicherung**, mit denen z. B. Objekte identifiziert, Baugruppen auf Vollständigkeit überprüft, Maße kontrolliert und Oberflächenqualitäten untersucht werden.
- **Systeme zur Prozesssteuerung**, die u. a. Objekte identifizieren, lagerichtiges Zuführen veranlassen, das Ausschleusen fehlerhafter Bauteile steuern. Man sagt: „Bildverarbeitende Systeme sind die Augen des Roboters – Robot Vision."
- **Systeme zur Sicherheit und zum Umweltschutz**, die z. B. den Zutritt von Personen überwachen, Kollisionen bewegter Objekten verhindern, Schnittstellen zur Außenwelt der Betriebe auf Austritt von Schadstoffen kontrollieren.

> **Beispiele für den Einsatz von industrieller Bilderkennung und Bildverarbeitung**
>
> Kontrolle auf Vollständigkeit   Lagekontrolle von Verpackungsteilen   Sicherheitscheck per Fingerprint

1. Ablauf einer Bildverarbeitung:

Die **Einheit zur Bilderfassung** – bestehend aus Kamera und Beleuchtungseinheit – nimmt das analoge Bild des Objekts zusammen mit dessen Umgebung auf und digitalisiert es.

Die **Objekterfassung** lokalisiert das Prüfobjekt im digitalen Bild. Die Objekterfassung ist einfach, wenn die einzelnen Objekte stets in derselben Position aufgenommen werden. Schwieriger ist die Objekterfassung, wenn das Objekt währenddessen beliebige Lagen einnehmen kann, wie z. B. Schrauben in einem Karton.

Die **Inspektion des Objekts** erfolgt im Anschluss an die Erfassung. Dabei werden die Istzustände der Objekte festgestellt und mit den vorgegebenen Sollzuständen, z. B. Formen und Maßen, verglichen.

Die **Auswertung** des Vergleichs von Soll- und Istzustand durch Bildverarbeitungsalgorithmen ergibt die einzuleitenden Aktionen der anzusteuernden Baugruppen, z. B. das Ausschleusen von Fehlteilen.

> **Beispiel für die Struktur einer kameragesteuerten Qualitätssicherung**
>
> Halterungen aus Spritzguss wurden in Inserttechnik mit Messingbuchsen bestückt. Mit einem Bildverarbeitungsverfahren werden die Werkstücke auf Vollständigkeit überprüft.

Übungsaufgabe 2/49

Digitale Automatisierung

2. Kameratypen für die Bildverarbeitung

In einer **Zeilenkamera** sind die lichtempfindlichen Pixel in einer Reihe angeordnet. Das Bildverarbeitungssystem addiert die Zeilen zu einem kompletten Bild. Zeilenkameras werden vorwiegend zur Prüfung von Endlosmaterialien eingesetzt. Mit Zeilenkameras ist es ferner möglich, Werkstücke, die auf Rollenbahnen transportiert werden, durch die Aufnahme zwischen den Rollen hindurch auf der Unterseite zu scannen.

In einer **Flächenkamera**, auch **Matrixkamera** genannt, sind die lichtempfindlichen Pixel zweidimensional angeordnet, sodass bei jeder Aufnahme ein komplettes Bild entsteht.

Die **3D-Bildverarbeitungsverfahren** berechnen das räumliche Bild des Objekts meistens wie folgt:
- entweder aus der Laufzeit des Lichts zwischen Kamera und anvisiertem Objektpunkt oder
- aus den Bildern, die bei der Betrachtung aus verschiedenen Richtungen entstehen oder
- aus den Bildern, die bei Beleuchtung mit Streifenlicht entstehen.

Die 3D-Bildverarbeitungsverfahren werden zur Prüfung von Schweißnähten, Klebstoffraupen und Beschichtungen sowie zum Messen von Höhendifferenzen eingesetzt.

Smarte Kameras (intelligente Kameras) werden für spezielle Anwendungen, z. B. dem Erkennen von Schäden an Flaschenköpfen oder dem Prüfen von Dichtstoffraupen, eingesetzt. Diese Kameras sind mit Minicomputern und allen sonstigen Komponenten ausgerüstet, die notwendig sind, um die erforderlichen Aktionen auszulösen. Zu den Komponenten gehören ein bildgebender Sensor, ein Bildspeicher, ein Prozessor zur Bildverarbeitung sowie eine anwendungsspezifische Informationsverarbeitung.

Kameratypen für die industrielle Bildverarbeitung

3. Digitale Bildverarbeitung

Mit der **digitalen Bildverarbeitung** werden aus den aufgenommenen Bilddateien gezielt Informationen herausgezogen, die für die weitere Auswertung und die folgenden Aktionen von Bedeutung sind.

Wichtige Verfahren der industriellen Bildverarbeitung basieren auf der **Kantenerkennung**, denn eine Kante erzeugt eine deutliche Veränderung der Grauwerte zwischen angrenzenden Bildpunkten. Die Lage der Kanten kann zur Vermessung des Bauteils, zum Feststellen der Ausrichtung des Objekts sowie zur Anwesenheits- und Vollständigkeitsprüfung herangezogen werden.

Andere Verfahren basieren auf dem **Vergleich von Musterbildern** mit dem augenblicklichen Bild des geprüften Objekts. Durch die Subtraktion zwischen beiden Bildern bildet der Unterschied ein Maß für die Abweichungen und löst nach der Bewertung die weiteren Aktionen aus.

4. Prozessoptimierung durch Bildverarbeitungssysteme

Viele Bildverarbeitungssysteme sind heute schon mehr als nur reine Inspektionssysteme, denn sie erlauben die frühzeitige Erkennung von Trends in Produktionsprozessen. Die Qualitätssicherung entwickelt sich somit in Richtung der Produktionsoptimierung. Bei solchen Optimierungsprozessen kann in der laufenden Fertigung reagiert werden. So hat man zum Beispiel die Möglichkeit, schleichende Änderungen im Produktionsprozess frühzeitig zu erkennen, wenn man in die Software die Warngrenzen für die Klassifizierung von Fehlerarten, Größen, Maßen oder anderen Prüfkriterien durch das System „eintrainieren" lässt.

> ! Sensorsysteme zur Bilderkennung und Bildverarbeitung ermöglichen komplexe Automatisierungslösungen, indem sie Objekte identifizieren, Qualitäts- und Maßprüfungen berührungslos vollziehen, Prozesse steuern sowie zur Sicherheit und zum Umweltschutz beitragen.

2.3 Digitalisierung und Signalverarbeitung

2.3.1 Signalformen und Umformen von Messsignalen

In der Prozess- und Automatisierungstechnik werden verschiedenste Signale zu Messgrößen verarbeitet. Möglich wird dies durch die zuvor durchgeführte Umsetzung der Messgrößensignale in elektrische Signale. Elektrische Signale sind auf elektrischen Leitungen sehr gut zu übertragen.

Die für Prozesse und Steuerungen wichtigen Informationen sind meist nichtelektrische Größen, wie Temperatur, Druck oder Kraft. Mithilfe von Sensoren und elektronischen Schaltungen werden daraus elektrische Signale gewonnen.

1. Analoge Signale

Die am häufigsten vorkommende Signalform ist das analoge Spannungssignal. Der sich ändernden Messgröße kann zu jeder Zeit ein analoger Spannungswert zugeordnet werden.

Aus der zeitlich kontinuierlichen Größe der Gewichtskraft wird z. B. eine kontinuierliche Signalspannung.

> **Beispiel für die Gewinnung eines analogen elektrischen Signals aus einer nichtelektrischen Größe**
> Zur Bestimmung des Inhalts eines Bunkers wird mit DMS das Gewicht des Inhalts bestimmt. Das Ergebnis wird als Spannung im Bereich 0 … 10 V angezeigt.

2. Digitale Signale

Durch Quantisierung und Codierung eines analogen Signals entsteht eine digitale Zahlenwertreihe mit den definierten Taktzeiten.

> **Beispiel für die Umsetzung eines analogen elektrischen Signals in eine digitale Zahlenwertreihe**
> Zur Bestimmung des Inhalts eines Bunkers wird mit DMS das Gewicht des Inhalts bestimmt. Das Ergebnis wird als Spannung im Bereich 0 … 10 V angezeigt.

3. Signalarten

Signale unterscheidet man nach dem zeitlichen Verhalten:
- statische Signale, deren Werte sind zeitlich konstant – z. B. die Drehfrequenz eines Windrads;
- quasi statische Signale, deren Werte ändern sich nur langsam – z. B. Temperatur als Prozessgröße;
- dynamische Signale, deren Momentanwert sich schnell ändert – z. B. Sprachsignale;
- Ereignissignale, deren sprunghafte Änderungen Informationen enthalten – z. B. Überschreitung eines Grenzwerts.

> **!** Unter einem **Signal** versteht man in der Steuerungs- und Elektrotechnik den zeitlichen Verlauf einer Spannung bzw. eines Stromes, wenn dieser Verlauf das Abbild einer physikalischen Größe ist.

Übungsaufgaben 2/51; 2/52; 2/53

Digitale Automatisierung

2.3.2 Analog-digitale Umsetzung

Die mit Sensoren erfassten Messergebnisse sind zunächst analog. Damit die Ergebnisse aber im Computer gespeichert und verarbeitet werden können, müssen sie digitalisiert werden. Sie müssen in eine Signalfolge von logisch 1 (vorhanden) und logisch 0 (nicht vorhanden) umgeformt werden. Diese Umformung geschieht im Analog-Digital-Wandler (A/D-Wandler).

Zur Umsetzung des analogen Signals in ein digitales wird zunächst der mögliche Spannungsbereich in Abschnitte unterteilt. Je nach Anzahl der Bits, mit denen das Ergebnis weitergeleitet werden kann, sind dies z. B. bei 4 Bit 2^4 = 16 Stufen bzw. bei 16 Bit 2^{16} = 65 536 Stufen.

Das analoge Eingangssignal wird vom Wandler fortlaufend in kurzen Zeitabständen abgetastet und einer entsprechenden Stufe und damit einem digitalen Wert zugeordnet. Diese Zuordnung wird bis zur nächsten Abtastung gehalten. Die Abtastfrequenz liegt je nach Bauart der Wandler zwischen einer Tausendstel- und einer Millionstelsekunde.

Beispiel für einen 3Bit A/D-Wandler (vereinfachte Darstellung)

Die Übertragung der digitalen Daten kann parallel oder seriell erfolgen.

Bei **paralleler Datenübertragung** werden die einzelnen Bits gleichzeitig über parallele Leitungen übertragen. Da bei längeren Übertragungsstrecken Laufzeitunterschiede in den einzelnen Leitungen auftreten können, die Fehler verursachen, ist die Reichweite der Übertragung begrenzt. Wegen des großen Aufwands für Leitungen, Kupplungen u. a. wird die parallele Datenübertragung nur noch in wenigen Fällen eingesetzt.

Paralleler Datenübertragung

Bei **serieller Datenübertragung** werden die Daten nacheinander über eine Strecke übertragen. Obwohl die Laufzeit theoretisch länger ist als bei paralleler Übertragung, hat sich die serielle Übertragung wegen des geringeren Aufwands und der geringeren Störanfälligkeit weitgehend durchgesetzt.

Serieller Datenübertragung

> **!** A/D-Wandler tasten mit sehr hoher Tastfrequenz das analoge Eingangssignal ab. Sie stufen das Signal innerhalb eines festgelegten Wertebereichs ein und weisen ihm einen dualen Wert zu. Die Auflösung des Wertebereichs, die Stufung, hängt von der Bit-Zahl der Übertragung ab. Ein 6-bit-A/D-Wandler kann z. B. 2^6 Zustände darstellen, ein 8-Bit-A/D-Wandler 2^8 Zustände.

Übungsaufgabe 2/54

Sensortechnik

2.3.3 Signalübertragung

Jedes Signal, das in einem Medium übertragen wird, verringert sich in seiner Höhe. Das gilt sowohl für die Art der Signale, analog oder digital, als auch für das Übertragungsmedium, Drahtleitungen oder Luft. Man nennt diese Veränderung der Höhe des Signals **Dämpfung**. Zusätzlich werden Signale durch induktive und kapazitive Einkopplungen aus benachbarten Stromkreisen gestört.

Induktive Einkopplungen geschehen durch magnetische Wechselfelder, die vornehmlich niedrige Frequenzen aufweisen und in Betrieben von elektrischen Antriebsmaschinen ausgehen.

Kapazitive Einkopplungen erfolgen meist durch Stromleitungen, die parallel zur Signalleitung liegen und wie Kondensatoren wirken. Schaltvorgänge in den zugehörigen Stromkreisen bewirken kurzzeitige hochfrequente Impulse, die das über die Signalleitung übertragene Signal stören.

Beispiele für die Veränderungen von Signalen auf dem Übertragungsweg

Analoge Signale

Digitale Signale

Die Auswirkungen von induktiven und kapazitiven Einkopplungen können durch Verlegung der Signalleitungen in weitem Abstand zu Energieleitungen, durch Verwendung abgeschirmter Leitungen und durch Verdrillen der Signalleitungen stark eingeschränkt werden.

Die Abschwächung und Veränderung analoger Signale ist nicht rückgängig zu machen. Jede Verstärkung des Signals führt auch zu einer Verstärkung der Störungen. Lediglich gleichmäßig auftretende Störungen sind in Grenzen zu kompensieren.

> ! Die Schwächung durch Dämpfung und die Störungen eines Signals durch Einkopplungen sind unvermeidbar. Dies gilt sowohl für analoge wie auch für digitale Signale.

Auch digitale Signale werden durch Dämpfung und Einkopplung verändert. Aus ihnen ist der Originalzustand jedoch immer wieder und beliebig oft wiederherstellbar.

Diese Möglichkeit der Fehlerkorrektur ist der entscheidende Vorteil der digitalen Datenübertragung.

Korrektur eines gestörten digitalen Signals

> ! Im Gegensatz zu gestörten analogen Signalen sind gestörte digitale Signale jederzeit und beliebig oft wieder in den Originalzustand zurückzusetzen.

3 Speicherprogrammierbare Steuerungen (SPS)

3.1 Steuerungstechnische Grundlagen

3.1.1 Merkmale von VPS und SPS

Steuerungen unterteilt man in verbindungsprogrammierte und speicherprogrammierte Steuerungen. Da man die meisten von ihnen so auslegt, dass sie veränderbar sind, ist die Unterteilung in verbindungsprogrammierbare Steuerungen (VPS) und speicherprogrammierbare Steuerungen (SPS) üblich.

1. Merkmale von verbindungsprogrammierbaren Steuerungen (VPS)

In verbindungsprogrammierbaren Steuerungen verwirklicht man das Steuerprogramm durch *feste Verbindungen*. Die Sensoren (z. B. Endschalter) werden über Stell- und Steuerglieder mit den Aktoren (z. B. Zylinder) durch Druckleitungen oder elektrische Leitungen verbunden. Jede Änderung des Steuerungsablaufs oder jede Erweiterung der Steuerungsaufgabe bedeutet oft eine *aufwendige Veränderung* von Bauteilen und deren Verschlauchung bzw. Verdrahtung.

Steuerung – verbindungsprogrammiert

> ❗ In verbindungsprogrammierbaren Steuerungen werden Programme durch die Art der Bauteile und deren Verbindung vorgegeben. Programmänderungen sind aufwendig und kostenintensiv.

2. Merkmale von speicherprogrammierbaren Steuerungen (SPS)

In speicherprogrammierbaren Steuerungen werden die Signale von den Sensoren an einen Mikroprozessor gegeben. Dieser verarbeitet die Eingangssignale in einem Programm zu den vorgesehenen Ausgangssignalen. Mit den Ausgangssignalen werden die Aktoren gesteuert.

Für die Funktion der SPS ist vereinbart, dass die Eingänge bzw. Ausgänge jeweils das *Signal 1* führen, wenn *Spannung vorhanden* ist, und das *Signal 0* führen, wenn keine Spannung vorhanden ist. Jede Änderung des Steuerungsablaufs bedeutet in der SPS lediglich eine Programmänderung, die *einfacher* und *wirtschaftlicher* zu verwirklichen ist als eine Änderung der Verdrahtung.

Steuerung – speicherprogrammiert

Programmänderungen können über die Änderung des Computerprogramms oder den Austausch eines elektronischen Speicherbausteins erfolgen. Man unterscheidet daher *frei programmierbare* und *austauschprogrammierbare* Steuerungen.

> ❗ In speicherprogrammierbaren Steuerungen werden die Programme in Programmspeichern abgelegt. Man unterscheidet frei programmierbare und austauschprogrammierbare Steuerungen. Programmänderungen sind einfach durchzuführen.

3.1.2 Logikpläne von Steuerungen

Von der Funktion her ist es unwichtig, mit welcher Energieart eine Steuerung betrieben wird. Die Entscheidung darüber wird unter wirtschaftlichen und wartungstechnischen Aspekten gefällt. Unabhängig von dieser Entscheidung kann man Steuerungen auf ihre wesentlichen Zusammenhänge zwischen Eingangs- und Ausgangsgrößen – auf ihre Logik hin – untersuchen. Das Verständnis der Steuerungslogik ist notwendig für die Entwicklung und das Analyse von Programmen für Steuerungen.

Zusammenfassung logischer Grundfunktionen

Funktion	Logiksymbol	Funktionstabelle	Beispiele für die Verwirklichung pneumatisch	elektrisch
Identität		E: 0,1 / A: 0,1		
NICHT		E: 0,1 / A: 1,0		
UND		E1 E2 A: 000, 010, 100, 111		
ODER		E1 E2 A: 000, 011, 101, 111		
Speicher mit vorrangigem Rücksetzen		E1 E2 A: 00*, 010, 101, 110		

S – Setzen
R – Rücksetzen
Q – Quittieren

* bisheriger Zustand bleibt erhalten

Übungsaufgaben 3/2 bis 3/7

3.2 GRAFCET (Funktionsplan)

Ausgangspunkte für die Planung einer gesteuerten Maschine oder Anlage sind die Aufgabenstellung, das Technologieschema und manchmal zusätzlich das Funktionsdiagramm. Um den geforderten Steuerungsprozess für die eigentliche Steuerung, z. B. für die SPS, aufzubereiten, veranschaulicht man den Prozess zusätzlich in einem Funktionsplan.

Der Funktionsplan nach DIN EN 60 848 wird GRAFCET[1] genannt. In ihm wird der Steuerungsprozess mit Schritten und Weiterschaltbedingungen grafisch dargestellt.

3.2.1 Aufbau eines GRAFCET-Plans

In der Darstellung GRAFCET unterscheidet man zwischen der Struktur und dem Wirkungsteil des Funktionsplans.

Mithilfe der **Struktur** werden mögliche Abläufe zwischen den Situationen einer Steuerung beschrieben. Die Struktur enthält die Bestandteile **Schritt**, **Übergang** (Transition) und **Wirkverbindung**.
Im **Wirkungsteil** des Plans werden die Beziehungen zwischen den Eingangs- und Ausgangsgrößen und der Struktur offengelegt. Der Wirkungsteil enthält die Bestandteile **Übergangsbedingung** (Transitionsbedingung) und **Aktion**.

Beispiel eines Funktionsplans nach GRAFCET (Steuerung einer Biegepresse)

Ablauf
- Nach dem Start soll ein Pressenkolben schnell abwärts fahren.
- Beim Erreichen des Werkstücks soll der Pressenkolben das Teil langsam biegen, gleichzeitig soll eine Warnlampe blinken.
- Nach dem Pressvorgang soll der Kolben schnell aufwärtsfahren.
- Der Start soll nur möglich sein, wenn ein Schutzgitter geschlossen ist.

Plan

(Schritte 1 und 2; Wirkverbindungen; Übergänge (3) und (4))

- (1) Ein UND Gitter geschlossen UND Kolbenstange oben — Eingangsgrößen durch logische Zuweisungen verknüpft zur Übergangsbedingung von Schritt 1 nach Schritt 2
- 2: schnell abwärts — Ausgangsgröße zugeordnet der mit Schritt 2 verbundenen Aktion
- (2) Kolbenstange mittig
- 3: langsam abwärts | Warnlampe blinkt — Kontinuierliche Aktionen, verbunden mit den Schritten 3 und 4
- (3) Kolbenstange unten
- 4: schnell aufwärts
- (4) Kolbenstange oben — Übergangsbedingung, verbunden mit dem Übergang (4)

---

[1] GRAFCET von fr. GRAphe Fonctionnel de Commande Etape Transition

3.2.2 Struktur eines GRAFCET-Plans

Für die Bildung der Struktur eines GRAFCET-Plans müssen in allen Arten von Abläufen zwingend folgende zwei Vereinbarungen eingehalten werden:
1. Zwei Schritte dürfen niemals durch eine Wirkverbindung direkt verbunden sein.
2. Die abwechselnde Reihenfolge Schritt – Übergang bzw. Übergang – Schritt muss eingehalten werden.

1. Schritt
Ein Schritt wird vorzugsweise als Quadrat gezeichnet. Zur Identifizierung muss er bezeichnet werden. Kommentare zum Schritt können in Anführungszeichen daneben stehen.
Ein Schritt ist entweder aktiv oder inaktiv. Die Gruppe von aktiven Schritten des Plans zu jedem bestimmten Moment stellt die Situation des Plans zu dem entsprechenden Zeitpunkt dar.

2. Übergang (Transition)
Der Übergang wird durch eine deutliche Linie im rechten Winkel zur Verbindung zwischen zwei Schritten dargestellt. Der Übergang kann einen Namen erhalten, dieser steht in Klammern und wird möglichst links angeordnet. Der Name des Übergangs darf nicht mit der zugehörigen Übergangsbedingung verwechselt werden.

3. Wirkverbindung
Der Ablaufpfad zwischen den Schritten wird durch Wirkverbindungen gebildet, die Schritte mit Übergängen und Übergänge mit Schritten verbinden. Im Normalfall verläuft die Richtung des Ablaufs von oben nach unten; Pfeile müssen gesetzt werden, wenn diese Vereinbarung nicht eingehalten werden kann.

Ablaufstruktur mit Ablaufauswahl, Rückführung und Kommentaren

4. Ablaufstrukturen
Neben eine Ablaufkette als unmittelbarer Folge von Einzelschritten gibt es auch die Wahlmöglichkeit zwischen mehreren Abläufen. Ein besonderer Fall einer Ablaufauswahl ist der Rückführsprung. Er erlaubt, eine Kette wiederholt zu durchlaufen, bis eine aufgestellte Bedingung erfüllt ist.

Beispiele für Strukturelemente

Anfangs-schritt	Schritt im aktiven Zustand	Schrittvariable	Verbindungskenn-zeichen	Synchronisierung
9	4	X19	12 — Schritt 21 Seite 3	3, 13, 16 — (7) — 18
Dieses Symbol bedeutet, dass dieser Schritt Teil der Anfangssituation ist.	Mehrere Schritte, die zum selben Zeitpunkt aktiv sind, können mit einem Punkt markiert werden.	Der Zustand eines Schritts kann durch die boolesche Variable X[1] mit der Schrittbezeichnung dargestellt werden.	Wird eine Wirkverbindung unterbrochen, weil sich z. B. der Plan über mehrere Seiten erstreckt, werden das Kennzeichen des Zielschritts und die Seite angegeben.	Wenn mehrere Schritte mit demselben Übergang verbunden sind, führt man die Wirkverbindungen auf zwei parallele horizontale Linien. So wird z. B. der Übergang (7) erst freigegeben, wenn alle vorhergehenden Schritte aktiv sind.

[1] Boolesche Variablen sind Aussagen von der Art wie „wahr" oder „falsch".

3.2.3 Wirkungsteil eines GRAFCET-Plans

1. Übergangsbedingung (Transitionsbedingung)
Mit jedem Übergang ist ein logischer Ausdruck verknüpft, der Übergangsbedingung genannt wird.
Die Übergangsbedingung wird aus Eingangsgrößen und/oder internen Größen gebildet. Die Beschreibung der Übergangsbedingung wird rechts an den Übergang gestellt und kann in Textform, mithilfe grafischer Symbole oder mit einem booleschen Ausdruck erfolgen.

Bei der **booleschen Schreibweise** muss man beachten, dass der Punkt – oft auch als Sternchen (Asteriskus) geschrieben –, die UND-Verknüpfung darstellt. Das Plus-Zeichen steht für die ODER-Verknüpfung. Durch einen Strich über dem Variablennamen stellt man eine Negation dar.

Operator	Symbol	Beispiel	
UND	AND	·	A · B	A UND B
ODER	OR	+	A + B	A ODER B
NICHT	NOT	–	$\overline{A}$	NICHT A

Beispiele für die Darstellung von Übergangsbedingungen

Muss z. B. beim Übergang (7) von Schritt 9 nach Schritt 10 das Schutzgitter geschlossen (–BG1) und der Spannzylinder ausgefahren sein (–MM2), so kann man die Übergangsbedingung wie folgt darstellen:

Textdarstellung: (7) Schutzgitter geschlossen und Zylinder ausgefahren

Symboldarstellung: (7) & –BG1 / –MM2

boolesche Darstellung: (7) –BG1 * –MM2

– **Zeitabhängige Übergangsbedingung**
Zeitliche Ereignisse werden durch ihren realen Wert in der ausgewählten Zeiteinheit angegeben. Soll z. B. nach Ablauf einer festgelegten Zeit in den nächsten Schritt geschaltet werden, so werden als Weiterschaltbedingungen die Zeit und der boolesche Zustand des aktiven Schritts (TRUE), getrennt durch einen Schrägstrich, angegeben.

3 min / X11

Erklärung:
Schritt 11 dauert 3 Minuten

Zeitabhängige Übergangsbedingung

– **Wertabhängige Übergangsbedingung**
Übergangsbedingungen können auch durch Variablen gebildet werden, deren „richtige Aussage" als Weiterschaltbedingung gilt. So kann z. B. der Wert eines Zählers oder die Höhe eines Drucks als Weiterschaltbedingung verlangt werden.

[Aktueller Wert von Zähler N1 = 4]   [P > 8]

Wertabhängige Übergangsbedingung

2. Aktion
Jedem Schritt ordnet man eine oder mehrere Aktionen zu. Die jeweilige Aktion zeigt an, was mit der Ausgangsgröße geschehen soll. Die Aktion wird ausgeführt, wenn der Schritt aktiv ist.
Dargestellt wird die Aktion mit einem Rechteck, das mit einem Schritt verknüpft ist. Mit einem Schritt können mehrere Aktionen verknüpft sein. Dargestellt werden mehrere Aktionen durch entsprechend viele Rechtecke, die unterschiedlich angeordnet sein können. Die Anordnung der Aktionsfelder stellt jedoch keine zeitliche Rangfolge dar. Jede Aktion muss im Rechteck eine Kennzeichnung in Befehls- oder hinweisender Form haben, welche sich auf die jeweilige Aktion bezieht.

Beispiele für die Darstellung eines Schritts mit mehreren Aktionen

4 — Aktion 1 | Aktion 2

4 — Aktion 1 / Aktion 2

4 — Aktion 1 / Aktion 2

Speicherprogrammierbare Steuerungen (SPS)

Die in einer Aktion angegebenen Ausgangsgrößen sind je nach Bildung ihres Werts entweder kontinuierlich wirkend oder gespeichert wirkend.

– **Kontinuierliche Aktion**

Eine kontinuierlich wirkende Aktion wird so lange ausgeführt, wie die Aktion andauert. Die Aktion wird dann zurückgenommen, wenn der Zeitraum endet.

Die Kennzeichnung im Aktionsfeld kann in Textform als Hinweis oder als Befehl eingetragen sein. Statt eines Texts kann aber auch der Name der Variablen aufgeführt werden.

Beispiele für kontinuierlich wirkende Aktionen

Kontinuierliche Aktion	Aktion mit Zuweisung	Verzögerte Aktion	Zeitbegrenzte Aktion
5 — Spannung auf Spule –MB2 5 — –MB2	5 — –BG6 / –MB2	5 — 8 s/X5 / –MB2	5 — 10 s/X5 / –MB2
Wenn Schritt 5 aktiv ist, wird die Aktion „Spannung auf Spule –MB2" ausgeführt. Die unterschiedlichen Aktionskennzeichnungen sind gleichrangig.	Wenn Schritt 5 aktiv ist, wird die Aktion „–MB2" nur dann ausgeführt, wenn auch der Sensor – BG6 Signal hat.	Die Aktion „–MB2" im Schritt 5 wird 8 Sekunden nach der Aktivierung von Schritt 5 ausgeführt.	Die Aktion „–MB2" im Schritt 5 ist nur 10 Sekunden nach der Aktivierung von Schritt 5 wirksam.

– **Speichernde Aktion**

Eine speichernde Aktion wird zu einem bestimmten Zeitpunkt einmal ausgeführt. Dazu ist die genaue Angabe eines Zeitpunkts notwendig. Zur Rücknahme der gespeicherten Aktion ist ein weiterer Befehl erforderlich.

Zuweisung bei Aktivierung

Soll die Zuweisung des Wertes bei Aktivierung des Schritts erfolgen, wird die Aktion durch einen Pfeil nach oben gekennzeichnet. Zu diesem Zeitpunkt, in dem der zugehörige Schritt aktiv ist, wird der Variablen der Wert zugewiesen, der in der Aktion angegeben ist. Der Wert bleibt so lange gespeichert, bis er durch eine andere Aktion überschrieben wird.

Beispiele für speichernd wirkende Aktionen bei Aktivierung des Schritts

2 — –MB1:=1 Z:=Z+1	6 — –MB1:=0 –MB3:=1
Wenn Schritt 2 aktiv ist, wird der Ventilspule –MB1 der Wert 1 zugewiesen; das bedeutet z. B. in der Elektropneumatik „Spannung auf Spule –MB1". Im selben Schritt wird die Variable „Z" einmal um 1 erhöht; das kann z. B. ein Zähler sein.	Wenn Schritt 6 aktiv ist, wird der Ventilspule –MB1 der Wert 0 zugewiesen; das bedeutet z. B. in der Elektropneumatik „keine Spannung auf Spule –MB1". Gleichzeitig wird die kontinuierliche Aktion –MB3 ausgeführt; das bedeutet z. B. in der Elektropneumatik „Spannung auf Spule –MB3". Die Aktion –MB3 ist also keine speichernd wirkende Aktion.

Übungsaufgaben 3/9; 3/10; 3/11

Digitale Automatisierung

Zuweisung bei Deaktivierung

Soll die Zuweisung des Werts bei Deaktivierung des Schritts erfolgen, wird die Aktion durch einen Pfeil nach unten gekennzeichnet. Erst zu diesem Zeitpunkt der Deaktivierung des zugehörigen Schritts wird der Variablen der Wert zugewiesen, der in der Aktion angegeben ist. Der Wert bleibt so lange gespeichert, bis er durch eine andere Aktion überschrieben wird.
Eine speichernde Aktion bei Deaktivierung des Schritts ist nur mit einer SPS oder einem PC zu realisieren.

Beispiele für speichernd wirkende Aktionen bei Deaktivierung des Schritts

8 — M4:=0	20 — T1:=T1+2
Wenn Schritt 8 aktiv ist, passiert nichts. Der Variablen M4 wird der Wert 0 erst dann zugewiesen, wenn der Schritt 8 deaktiviert wird. M4 kann z. B. in der SPS-Steuerung ein Merker sein.	Wenn Schritt 20 aktiv ist, passiert nichts. Die Variable T1 wird um den Wert 2 erst dann erhöht, wenn der Schritt 20 deaktiviert wird. T1 kann z. B. in der SPS-Steuerung ein Zeitelement (Timer) sein.

3.2.4 GRAFCET-Plan für eine Ablaufsteuerung

1. Aufgabenstellung

In einer elektropneumatischen Schellenbiegvorrichtung wird das Rohteil durch einen Zylinder gespannt. Ein zweiter Zylinder biegt die Schelle. Das Rohteil wird von Hand eingelegt.

Schritt	Beschreibung des Ablaufs
1	Anlage in Grundstellung
2	Zylinder –MM1 fährt aus, Spannen des Rohteils
3	Zylinder –MM2 fährt aus, Biegen der Schelle
4	Zylinder –MM2 fährt ein, Rücksetzen des Biegewerkzeugs
5	Zylinder –MM1 fährt ein, Lösen des Werkstücks

Anmerkungen:
- Leuchtet die Lampe –PF1, so ist die Anlage in Grundstellung.
- Der Start der Steuerung darf nur möglich sein, wenn das Schutzgitter geschlossen ist (Endschalter –BG6) und beide Zylinder eingefahren sind (Sensoren –BG1 und –BG3).
- Der Biegevorgang darf nur möglich sein, wenn ein Rohteil in der Vorrichtung liegt (Endschalter –BG5) und das Rohteil gespannt ist (Sensor –BG2).

Technologieschema Schellenbiegevorrichtung

Pneumatikschaltplan

2. Planung mit GRAFCET

Die Steuerung lässt sich mit verschiedenen elektropneumatischen Elementen ausführen. Für die Detailplanung ist es daher sinnvoll, vorher festzulegen, ob monostabile oder bistabile 5/2-Wege-Magnetventile verwendet werden.

Im Beispiel werden als Stellglieder bistabile Ventile eingesetzt. Ein bistabiles Ventil hat keine eindeutige Ausgangsstellung, diese Eigenschaft muss man daher in der Steuerungsplanung berücksichtigen.

```
          -BG1*-BG3            „Grundstellung"
 [1]  -PF1                     „Lampe an"
          -SF1*-PF1*-BG5*-BG6  „Startbedingung"
 [2]  -MB1:=1   -MB2:=0        „Werkstück spannen"
          -BG2*-BG6            „Spannzylinder ist ausgefahren,
                                Gitter ist geschlossen"
 [3]  -MB3:=1                  „Biegen"
          -BG4*-BG6            „Biegezylinder ist ausgefahren"
 [4]  -MB4:=1                  „Biegestempel anheben"
          -BG3*-BG6            „Biegezylinder ist eingefahren"
 [5]  -MB1:=0   -MB2:=1        „Werkstück lösen"
          -BG1                 „Spannzylinder ist eingefahren"
```

3. Beschreibung des Ablaufs

- **Im Startschritt**

werden die erforderlichen Grundstellungen der beiden Zylinder über eine Lampe (-**PF1**) angezeigt. Die Zylinder können beim erstmaligen Inbetriebnehmen der Anlage über die Handhilfsbetätigung in die erforderliche Ausgangsstellung gebracht werden.

- **Der Übergang zum 2. Schritt erfolgt, wenn:**
  - der Starttaster (-**SF1**) gedrückt ist
  - UND die Lampe (-**PF1**) anzeigt, dass die Zylinder eingefahren sind
  - UND ein Werkstück in der Vorrichtung liegt (-**BG5**)
  - UND das Gitter geschlossen ist (-**BG6**).

Im 2. Schritt erhält die Spule -MB1 Spannung und die Spule -MB2 wird spannungsfrei. Dadurch kann das Ventil -QM1 umschalten und die Kolbenstange von -MM1 spannt das Werkstück. Die Aktionen sind speichernd vorgesehen, da das Ventil erst im 5. Schritt umgestellt wird.

- **Der Übergang zum 3. Schritt erfolgt, wenn:**
  - der Spannzylinder ausgefahren ist (-**BG2**)
  - UND das Gitter geschlossen ist (-**BG6**).

Im 3. Schritt erhält die Spule -MB3 Spannung. Dadurch kann das Ventil -QM2 in Stellung „a" umschalten, die Kolbenstange von -MM2 fährt aus und somit wird das Werkstück gebogen.

- **Der Übergang zum 4. Schritt erfolgt, wenn:**
  - der Biegezylinder ausgefahren ist (-**BG4**)
  - UND das Gitter geschlossen ist (-**BG6**).

Im 4. Schritt erhält die Spule -MB4 Spannung. Das Ventil -QM2 kann in Stellung „b" umschalten, die Kolbenstange von -MM2 fährt ein.

- **Der Übergang zum 5. Schritt erfolgt, wenn:**
  - der Biegezylinder eingefahren ist (-**BG3**).
  - UND das Gitter geschlossen ist (-**BG6**).

Im 5. Schritt erhält die Spule -MB2 Spannung und die Spule -MB1 wird spannungsfrei. Dadurch kann das Ventil -QM1 umschalten und die Kolbenstange von -MM1 fährt ein und löst somit das Werkstück. Das Gitter kann geöffnet werden.

- **Rückführung zum Startschritt**

Die Übergangsbedingung von Schritt 5 nach Schritt 1 ist erfüllt, wenn der Spannzylinder eingefahren ist und dies durch den Sensor (-**BG1**) betätigt wird. Durch die Linie mit dem nach oben gerichteten Pfeil wir die Rückführung zum Startschritt verdeutlicht.

3.3 Gerätetechnischer Aufbau der SPS

In der SPS unterscheidet man auch die Bereiche Hardware und Software. Zur Hardware gehören:
- **Programmiergeräte**, mit denen man die Steuerprogramme erstellt,
- **Automatisierungsgeräte**, die für die Verarbeitung der Steuersignale notwendig sind.

Zusätzlich gibt es Speicherbausteine, sogenannte **Speichermodule**, in denen die Steuerprogramme gespeichert sind. Zum Betrieb werden diese Speichermodule in das Automatisierungsgerät gesteckt.

Beispiel für den schematischen Grundaufbau einer SPS mit Programmiermöglichkeit

Programme — Programmiergerät — Speichermodul — Automatisierungsgerät

3.3.1 Programmiergeräte

Programme für Steuerungen werden mit Programmiergeräten in Speicher eingegeben. Die Eingabe von Programmen ist möglich im:
- *Online-Betrieb,*
- *Offline-Betrieb.*

Beim **Online-Betrieb** erfolgt die Programmeingabe vom Programmiergerät über ein Kabel in den Speicher des Automatisierungsgeräts.

Der Online-Betrieb ist notwendig, wenn in Anlagen z. B. Testläufe, Fehlersuche oder Programmänderungen durchgeführt werden.

Beim **Offline-Betrieb** besteht bei der Programmeingabe keine unmittelbare Verbindung mit dem Automatisierungsgerät, denn das Programm wird bei dieser Betriebsart außerhalb des Automatisierungsgeräts in einen Speicherbaustein eingeschrieben. Den programmierten Speicherbaustein nimmt man aus dem Programmiergerät und steckt ihn in das Automatisierungsgerät.

Neben der Programmerstellung und -eingabe dienen Programmiergeräte dazu, Programme zu testen, abzuändern, zu erweitern und zu archivieren.

Online-Programmierung

Speicherprogrammierbare Steuerungen (SPS)

3.3.2 Programmspeicher

Mit Programmiergeräten werden Programme geschrieben. Die fertigen Programme überträgt man in Programmspeicher.

Als Programmspeicher setzt man ein:
- frei programmierbare Speicher im Automatisierungsgerät – *RAM*,
- austauschprogrammierbare Speicher in Speichermodulen – *EPROM* oder *EEPROM*:

Programmspeicher für SPS
- frei programmierbar: RAM
- austauschprogrammierbar: EPROM, EEPROM

RAM-Speicher sind frei programmierbare Speicher. In ihnen lassen sich Programme leicht verändern und dem Steuerungsprozess optimal anpassen. Damit die RAM-Speicher ihre Daten bei Stromausfall oder beim Abschalten nicht verlieren, sind die Automatisierungsgeräte mit Batterien ausgerüstet.
Ausgetestete Steuerungsprogramme, die im Wechsel mit anderen Programmen wiederholt benutzt werden sollen, überschreibt man in Festwertspeicher. Diese Speichermodule werden mithilfe des Programmiergeräts geladen und dann in das Automatisierungsgerät gesteckt.

Bei diesen nicht frei programmierbaren Speichern unterscheidet man EPROM und EEPROM-Speicher.

EPROM-Speicher (engl. Abk. für *erasable programmable read-only memory*) sind nur dadurch neu programmierbar, dass man das bestehende Programm in besonderen Geräten mit UV-Licht löscht. Die Programme in EPROM-Speichern sind somit besonders geschützt. Ein unabsichtliches Löschen oder Verändern des Programms ist daher nicht möglich.

EEPROM-Speicher (engl. Abk. für *electrically erasable programmable read-only memory*) sind ebenfalls veränderbare Programmspeicher. Sie lassen sich elektrisch löschen und sind anschließend wieder verwendbar.

3.3.3 Automatisierungsgerät

Das zentrale Gerät für die Signalverarbeitung in der SPS ist das **Automatisierungsgerät**, das auch Steuergerät oder Zentralgerät genannt wird.

Auf die Eingänge des Automatisierungsgeräts werden die elektrischen Leitungen von den Sensoren gelegt. Die Ausgänge des Geräts verbindet man über elektrische Leitungen mit den Aktoren. In der Pneumatik bzw. Hydraulik benutzt man als Aktoren meist Magnetventile. Die Ventile schalten die Druckenergie auf die Arbeitselemente.

Die Stromversorgung (meist 24 V Gleichstrom) für die Sensoren und die Magnetventile wird ebenfalls von dem Automatisierungsgerät übernommen. Dadurch vereinfachen sich Montage- und Geräteaufwand erheblich.

Der Stromkreis der Sensoren und Aktoren ist von dem Stromkreis der Verarbeitungseinheit getrennt, weil diese Baueinheiten mit unterschiedlichen Spannungen und Strömen arbeiten. Die Trennung der Stromkreise erreicht man durch besondere elektronische Bauelemente.

Automatisierungsgerät in einer Anlage

Digitale Automatisierung

3.4 Arbeitsweise der SPS

1. Datenverarbeitung im Automatisierungsgerät

Das Automatisierungsgerät der SPS besteht aus
- den **Eingängen**, die mit den Sensoren verbunden sind,
- dem **Mikroprozessor**, der die Verarbeitung durchführt,
- den **Speichereinheiten** zum Speichern des Betriebssystems und des eingegebenen Steuerprogramms sowie dem Prozessabbildspeicher zum Zwischenspeichern von Daten.
- den **Ausgängen**, die mit den Aktoren in Verbindung stehen.

Innerer Aufbau eines Automatisierungsgeräts (SPS)

2. Arbeitsschritte in einem Zyklus

Der Mikroprozessor in der SPS wird durch das Programm des Betriebssystems so gesteuert, dass er ständig eine Schleife von drei Schritten durchläuft.

Diese Schritte sind:
- das *Abfragen* der Eingänge,
- das *Verarbeiten* der Daten nach den Anweisungen des Steuerprogramms,
- das *Belegen* der Ausgänge.

Dieser Ablauf wird immer wieder in der gleichen Reihenfolge vorgenommen. Die Zeit, in der diese Schleife durchlaufen wird, nennt man die **Zykluszeit**. Sie beträgt nur wenige Millisekunden.

Zyklische Arbeitsweise in der SPS

3. Ablauf eines Zyklus

– 1. Schritt: Abfragen der Eingänge

Das Betriebssystem veranlasst den Mikroprozessor, die Signalzustände der Eingänge abzufragen. Sie werden als Abbild der Eingänge in den Prozessabbildspeicher übernommen.

– 2. Schritt: Verarbeiten der Daten nach den Anweisungen des Steuerprogramms

Das eingegebene Steuerprogramm wird gestartet. Das Programm arbeitet Anweisung für Anweisung ab. Die dabei anfallenden Ergebnisse zur Beschaltung der Ausgänge und die Zwischenergebnisse werden in den Prozessabbildspeicher übernommen. Am Ende des Programmzyklus liegt im Prozessabbildspeicher ein vollständiges Abbild der Ausgänge vor.

– 3. Schritt: Belegen der Ausgänge

Entsprechend dem im Prozessabbildspeicher vorliegenden Abbild werden die Ausgänge mit den vorgesehenen Signalen belegt. Die Signale an den Ausgängen bleiben so lange gespeichert, bis sie in einem nächsten Zyklus entweder gelöscht oder neu gesetzt werden.

> **!** In der SPS werden die Programme zyklisch abgearbeitet. Dabei fragt der Mikroprozessor die Signalzustände der Eingänge ab und verknüpft sie entsprechend der Logik des Programms. Die Signale werden erst dann an die Ausgänge gesetzt, wenn ein ganzer Zyklus abgearbeitet ist.

Übungsaufgaben 3/21

Digitale Automatisierung

3.5 Programmieren von speicherprogrammierbaren Steuerungen

3.5.1 Anweisungsliste (AWL)

Die Anweisungsliste ist eine Programmiersprache, die in ihrer Art der Arbeitsweise des Mikroprozessors stark angepasst ist. Steueranweisung für Steueranweisung wird nacheinander abgearbeitet.

Hat man in der Elektropneumatik eine UND-Verknüpfung zu verwirklichen, so steht das Ausgangssignal A1 nur an, wenn die Eingangssignale E1 und E2 vorhanden sind. Diesen logischen Zusammenhang kann man auch durch einen Text beschreiben. In der Anweisungsliste wird diese Textbeschreibung verkürzt erfasst. Für UND schreibt man z. B. U und für das Ergebnis einer logischen Zuordnung das Gleichheitszeichen.

Schaltplan	Textbeschreibung	Anweisungsliste
	Und Eingang 1	U E1
	Und Eingang 2	U E2
	ergibt Ausgang 1	= A1

Vom Schaltplan zur Anweisungsliste

1. Vereinbarung für Steueranweisungen

Das Programm einer speicherprogrammierbaren Steuerung besteht aus einer Folge von Steueranweisungen. Eine Steueranweisung gliedert sich in einen *Operationsteil* und einen *Operandenteil*.

```
         Steueranweisung
         /            \
   Operationsteil    Operandenteil
```

Im **Operationsteil** der Steueranweisung wird festgelegt, *was zu tun ist*. Es wird also in diesem Teil der Steueranweisung die Signalverarbeitung oder die Programmorganisation vereinbart.
Der Operationsteil enthält z. B. die Anweisung, dass eine **UND**-Verknüpfung vorzunehmen ist.

Der **Operandenteil** enthält Angaben darüber, *womit etwas zu tun ist*, im Operandenteil der Anweisung stehen die Daten, die für die Ausführung der Operation notwendig sind.
Der Operandenteil enthält z. B. die Anweisung, dass die UND-Verknüpfung mit dem Eingang E1 durchgeführt werden soll.

Vereinbarungen im Operationsteil			
UND	U	Zuweisung	=
ODER	O	Klammer auf	(
NICHT	N	Klammer zu	)
Laden	L	Nulloperation	NOP
Setzen	S	Rücksetzen	R

Vereinbarungen im Operandenteil			
Eingang	E	Konstante	K
Ausgang	A	Zeitglied	T
Merker	M[1]	Programmbaustein	P
Zähler	Z	Funktionsbaustein	F

[1] Das Zeichen M für Merker nicht verwechseln mit Zeichen für Spule z. B. –M1.

Zu den Operationen, die in der Steuerungstechnik meist verwendet werden, gehören die **UND**-, die **ODER**- sowie die **NICHT**-Verknüpfung. Mit diesen Grundverknüpfungen, Zuweisungen und Klammern lassen sich auch aufwendige Steuerungen verwirklichen.
Die Art der Operationen wird durch entsprechende Zeichen in der Anweisungsliste angegeben.

Im Operandenteil der Steueranweisung stehen Angaben darüber, welche Eingänge (z. B. Signale von den Sensoren) mit welchen Ausgängen (z. B. Signale an die Stellglieder) verknüpft werden. Dazu benötigt man in der Anweisungsliste u. a. Zeichen für *Eingänge, Ausgänge und Zwischenspeicher*, sogenannte **Merker**.

Speicherprogrammierbare Steuerungen (SPS)

Beispiel für eine Steueranweisung

Operationsteil	Operandenteil
U	E 1
Symbol für UND-Verknüpfung	Kennzeichen* für Eingang — Nr. des Eingangs* Parameter

* Die Art der Kennzeichnung im Operandenteil ist von Hersteller zu Hersteller verschieden, möglich sind auch E0.1 oder I1 bzw. A0.1 oder Q1.

> **!** Eine Steueranweisung besteht aus dem Operationsteil und dem Operandenteil. Der Operationsteil enthält Angaben darüber, was zu tun ist. Der Operandenteil gibt Auskunft, womit etwas zu tun ist.

2. Satzaufbau in Steueranweisungen

Für eine logische Verknüpfung in einem Programm ist eine Folge von Steueranweisungen notwendig, die eine Einheit bilden. Eine solche Folge wird als Satz bezeichnet.

Ein Satz besteht mindestens aus einem Satzanfang, einem Operanden und einer Zuweisung.

```
U   E1 ⎫              U   M1 ⎫
U   E2 ⎬ Satz 1       O   E3 ⎬ Satz 2
=   M1 ⎭              =   A1 ⎭
```
Sätze in Steueranweisungen

Beispiel für einen Satz in der Anweisungsliste (AWL)

Aufgabe

Ein doppelt wirkender Zylinder soll über ein 4/2-Wegeventil so angesteuert werden, dass die Kolbenstange nur dann ausfährt, wenn beide Schalter gleichzeitig betätigt sind.

Lösung

Sind beide Schalter –SF1 und –SF2 betätigt, so liegt an beiden Eingängen des Automatisierungsgeräts Spannung an. Die Signale E0 und E1 sind also vorhanden. Durch die UND-Verknüpfung in der SPS wird dem Ausgang A1 ein Signal zugeordnet, d. h., an dem Ausgang liegt Spannung an. Die Magnetspule zieht an und der Zylinder fährt aus.

```
AWL
U   E0
U   E1
=   A1
```
Anweisungsliste und Anschlussschema

3. Adressen in Steueranweisungen

Die Steueranweisungen werden in dem Programmspeicher unter Adressennummern abgelegt. Oft werden daher in den Programmen die Adressen mit angegeben.

Beispiel für einen Satz in der Anweisungsliste mit Adressen

Adressen	Operation	Operand
004	U	E0
005	U	E1
006	=	A1

(Bei der weiteren Behandlung von SPS-Programmen wird aus Gründen der Übersichtlichkeit auf die Eintragung von Adressen verzichtet.)

Übungsaufgaben 3/24; 3/25; 3/26

Digitale Automatisierung

3.5.2 Kontaktplan (KOP) und Funktionsplan (FUP)
Neben der Anweisungsliste benutzt man auch die Programmiersprachen *Kontaktplan* und *Funktionsplan*. In beiden Programmiersprachen werden grafische Zeichen für die Darstellung des Programms benutzt.

1. Kontaktplan (KOP)
Die Programmiersprache *Kontaktplan* wurde *aus dem Stromlaufplan* entwickelt. Wird der Stromlaufplan in die Waagerechte gedreht und dann gespiegelt, so erhält man die Form des Kontaktplans. Weil der Kontaktplan mit der Tastatur eines Computers geschrieben wird, hat er besondere Symbole für Schalter und Schütz (bzw. Relais).

Beispiel für die Entwicklung des Kontaktplans einer Selbsthaltung aus dem Stromlaufplan

Stromlaufplan → Kontaktplan

gedreht — gespiegelt

> ! Der Kontaktplan ist eine grafische Programmiersprache, die aus dem Stromlaufplan entwickelt wurde. Der Kontaktplan wird im Programmiergerät durch Übersetzerprogramme in die Anweisungsliste umgeschrieben.

2. Funktionsplan (FUP)
In der Programmiersprache *Funktionsplan* wird die Aufgabenstellung angelehnt an den GRAFCET-Plan in ein Steuerungsprogramm umgeschrieben.

Die Programmiersprache *Funktionsplan* wird mithilfe der üblichen Logiksymbole erstellt, die u. a. auch im GRAFCET-Plan verwendet werden.

Die Bezeichnungen für die Operanden werden im Hinblick auf die eingesetzte Steuerungseinheit in der konkreten Anlage ausgewählt. Je nach Hersteller und Stand der Anlage können z. B. Eingänge mit „E1 … E33 oder E1.0 … E3.3 oder I1… I33" zur Verfügung stehen. Für die Belegung und Bezeichnung der Ausgänge gilt Entsprechendes; man findet z. B. „A1 …A22 oder A1.0 …A2.2 oder Q1…Q22".
Die Programmierung erfolgt auch im Funktionsplan satzweise. Das auf dem Bildschirm erstellte Programm kann intern im Programmiergerät in die Anweisungsliste übersetzt werden.

Zuordnung
−SF1 → E1
−SF2 → E2
−SF3 → E3
Befehl → A1

Funktionsplan als Planungsunterlage und als Programmiersprache

> ! Programmieren mit dem Funktionsplan erfordert umfangreiche grafische Bildschirmunterstützung. Der Funktionsplan wird im Programmiergerät durch ein Übersetzerprogramm in die Anweisungsliste umgeschrieben.

3.5.3 Grundverknüpfungen in der SPS

Die Darstellung der logischen Verknüpfungen und die grundsätzlichen Regeln für die verschiedenen Programmiersprachen in der SPS werden an Beispielen verdeutlicht.

Beispiel für die Programmierung von UND-Verknüpfungen

Aufgabe

Der Biegevorgang in einer Presse soll erst dann beginnen, wenn das Schutzgitter geschlossen ist und mit jeder Hand gleichzeitig ein Taster betätigt wird.
Die Programmierung soll nur für den Biegevorgang erfolgen.

Handtaster rechts (E1)
Handtaster links (E2)
Schutzgitter (E3)

Spule Spannung (A1)

Lösung

In der Lösung werden die drei möglichen Programmiersprachen gegenübergestellt.

Funktionsplan	Kontaktplan	Anweisungsliste
E1, E2, E3 → & → A1	E1 E2 E3 A1	U E1 U E2 U E3 = A1

Anmerkung: Ist Signal A1 vorhanden, erhält die Magnetspule des Stellglieds für den Zylinder Spannung und schaltet das Stellglied um; der Zylinder fährt aus.

Beispiel für die Programmierung von ODER-Verknüpfungen

Aufgabe

Die Beleuchung eines verzweigten Flurs wird durch drei Bewegungsmelder betätigt.
Die gesamte Beleuchtung wird eingeschaltet, wenn mindestens einer der Bewegungsmelder anspricht. Wenn also
Bewegungsmelder 1 ODER
Bewegungsmelder 2 ODER
Bewegungsmelder 3 ODER
mehrere gleichzeitig schalten.

Bewegungsmelder 1 (E1)
Bewegungsmelder 2 (E2)
Bewegungsmelder 3 (E3)
Lichtschalter „EIN" (A1)

Beleuchtung „AN"

Lösung

In der Lösung werden die drei möglichen Programmiersprachen gegenübergestellt.

Funktionsplan	Kontaktplan	Anweisungsliste
E1, E2, E3 → ≥1 → A1	E1 / E2 / E3 parallel → A1	O E1 O E2 O E3 = A1

Übungsaufgaben 3/29; 3/30; 3/31

Digitale Automatisierung

Beispiel für die Programmierung einer NICHT-Verknüpfung

Aufgabe

In einer Bohrvorrichtung soll ein Spannzylinder das Werkstück so lange eingespannt halten, bis die Bohrspindel vollständig zurückgefahren ist. Die Endlage der Bohrspindel muss also mit einem Endtaster versehen sein. Solange der Endtaster nicht betätigt wird, ist der Spannzylinder druckbeaufschlagt.

Endtaster (E1) — E1 nicht betätigt
Spule Spannung (A1) — 3 — A1 „Spannen"

Lösung

In der Lösung werden die drei möglichen Programmiersprachen gegenübergestellt.

Funktionsplan	Kontaktplan	Anweisungsliste
E1 —o[1]— A1	─┤/├─( )─ E1 A1	UN E1 = A1
oder	oder	oder
E1 —[1]o— A1	─┤ ├─(/)─ E1 A1	U E1 =N A1

Anmerkung: Für die NICHT-Verknüpfung sind zwei Lösungen möglich.

3.5.4 Kombinierte Verknüpfungen in der SPS

1. Merker

Einfache und übersichtliche Programme erhält man, wenn bei der Programmierung nach einzelnen Schritten Zwischenergebnisse gebildet werden. Diese Zwischenergebnisse werden jeweils Merkern zugeordnet, die in nachfolgenden Schritten weiterverknüpft werden können. Beim Programmieren behandelt man Merker wie Aushänge. Die Signalzustände von Merkern treten jedoch nur im Automatisierungsgerät selbst auf, sie sind in internen Speichern abgelegt. Der Merker wird mit dem Buchstaben **M** gekennzeichnet.

Statt Merkern können in der Anweisungsliste auch Klammern gesetzt werden. Geklammerte Verknüpfungen sind jedoch unübersichtlicher als Merker.

Beispiel für eine kombinierte Verknüpfung mit Merkern in Funktionsplan und Anweisungsliste

Verknüpfung ohne Merker — FUP

E1, E2, E3, E4 kombiniert über &, ≥1, & und ≥1 auf A1.

Verknüpfung mit Merkern — FUP / AWL

E1 & E2 → M1
E2 ≥1 E3 → M2
M2 & E4̄ → M3
M1 ≥1 M3 → A1

```
U   E1
U   E2
=   M1

O   E2
O   E3
=   M2

U   M2
UN  E4
=   M3

O   M1
O   M3
=   A1
```

> Merker fassen Zwischenergebnisse zusammen. Merker sind Operanden, die in allen Programmiersprachen der SPS verwendet werden können.

Speicherprogrammierbare Steuerungen (SPS)

2. Zuordnungsliste

Ein Programm für eine vorhandene SPS kann nur dann erstellt werden, wenn die gerätebedingten Kennzeichen für Eingänge, Ausgänge und sonstige Operanden benutzt werden.

In einer Zuordnungsliste erfasst man die Eingangs- bzw. Ausgangsvariablen der Bauteile in der Steuerung. Man ordnet den Betriebsmittelkennzeichen die Operanden der jeweils benutzten SPS zu. Den möglichen Befehlsvorrat und die erlaubten Parameter entnimmt man den Bedienungsanleitungen für die Programmier- und Automatisierungsgeräte der einzelnen Firmen. Weiterhin werden in dieser Liste die logischen Signalzustände den Bauteilen zugeordnet.

Beispiel für die Programmierung einer kombinierten Verknüpfung mit Zuordnungsliste

Aufgabe

Der Biegevorgang in einer Presse soll erst dann beginnen, wenn folgende Bedingungen erfüllt sind:
- Zwei Handtaster –SF1 und –SF2 müssen gleichzeitig gedrückt sein.
- Statt der Handtaster kann auch ein entfernt liegender Fußtaster –SF3 betätigt werden.
- Das Schutzgitter, kontrolliert durch den Schalter –BG4, muss geschlossen sein.
- Eine Lichtschranke –BG5 darf nicht unterbrochen sein.

Betriebsmittel		Operand mit Signalzuordnung und Funktion
Handtaster	–SF1	E1 = 1 Taster gedrückt
Handtaster	–SF2	E2 = 1 Taster gedrückt
Fußtaster	–SF3	E3 = 1 Taster gedrückt
Schutzgitter	–BG4	E4 = 1 Gitter geschlossen
Lichtschranke	–BG5	E5 = 0 Licht nicht unterbrochen
		E5 = 1 Licht unterbrochen
Magnetspule	–MB1	A1 = 1 Spule Spannung

Zuordnungsliste

Lösung

GRAFCET-Plan (Ausschnitt)   Pneumatikschaltplan

Programme für die SPS

FUP | AWL mit Klammern | FUP mit Merkern | AWL ohne Klammern

AWL mit Klammern:
```
U(
 U   E1
 U   E2
)
O    E3
U(
 U   E4
 UN  E5
)
=    A1
```

AWL ohne Klammern:
```
U   E1
U   E2
=   M1
O   M1
O   E3
=   M2
U   M2
U   E4
UN  E5
=   A1
```

Übungsaufgaben 3/35; 3/36; 3/37

Digitale Automatisierung

3.5.5 Ablaufsteuerungen in der SPS

Sichere Ablaufsteuerungen sind Steuerungen mit erzwungenem schrittweisem Ablauf. In solchen Steuerungen erfolgt der jeweils nächste Schaltschritt erst, wenn von dem vorhergehenden Schritt ein Weiterschaltsignal vorliegt. Die Probleme der Abschaltung von Dauersignalen und der Signalüberschneidung werden in der SPS durch interne Speicher gelöst.

1. Speicherfunktion im Programmablauf der SPS

Speicher in der SPS werden mit besonderen Befehlen gesetzt und zurückgesetzt. Das Eingangssignal wird dabei als **Setzsignal** auf den Speicherbaustein gegeben. Dieses Signal bleibt am Ausgang des Speicherbausteins so lange wirksam, bis ein entsprechendes **Rücksetzsignal** als Gegensignal erfolgt.

Wird in einer Steuerung beispielsweise durch das kurzzeitige Betätigen eines Tasters das Eingangssignal E1 im Speicherbaustein M1 wirksam, so wird S gesetzt (wenn E2 nicht betätigt ist). Am Ausgang liegt dadurch ein Dauersignal A1 gespeichert vor. Der Ausgang A1 behält so lange den Signalwert 1, bis das Gegensignal von E2 als Rücksetzsignal erfolgt. Durch dieses Rücksetzsignal R bekommt der Ausgang A1 des Speicherbausteins M1 den Signalwert 0.

Speicherbaustein

S Setzen
R Rücksetzen
Q Quittieren

Beispiel die Programmierung von Speicherfunktionen mit dominanten Signalen

Der Ausgang A1 eines Speichers M1 soll das Signal 1 führen, wenn gleichzeitig die Eingangssignale E1 *und* E2 vorliegen. Der Ausgang soll das Signal 0 führen, wenn entweder das Eingangssignal E3 *oder* E4 vorhanden ist.

Berücksichtigt man die zyklische Abarbeitung des Programms in der SPS, so wird bei Signal 1 auf allen Eingängen der Ausgang der Speicherfunktion zunächst gesetzt und sofort wieder im nächsten Satz zurückgesetzt. Dadurch führt der Ausgang das Signal 0. Im geschilderten Beispiel ist das Rücksetzsignal das ausschlaggebende, das **dominante Signal**.

Speicherprogrammierung mit dominantem Rücksetzsignal

Will man erreichen, dass das Setzsignal dominant ist, so muss man in der *AWL* die Sätze vertauschen. Auch im *FUP* wird eine Änderung in der Darstellung des Speicherbausteins vorgenommen. Der dominante Eingang steht unten im Speichersymbol.

Speicherprogrammierung mit dominantem Setzsignal

! Für sichere Ablaufsteuerungen in der SPS benutzt man interne Speicher. Der Ausgang an einem Speicher wird durch ein Setzsignal eingeschaltet und durch ein Rücksetzsignal abgeschaltet. Liegen am Speichereingang beide Signale gleichzeitig an, so hat der im Speicher unten stehende Eingang Vorrang, das spätere Signal ist dominant.

Speicherprogrammierbare Steuerungen (SPS)

2. Programmierung von Ablaufsteuerungen in der SPS

In der SPS verwirklicht man Ablaufsteuerungen dadurch, dass man jeweils den zu betätigenden Schritt durch den vorhergehenden aktiven Schritt vorbereitet – Setzen eines zugeordneten Merkers – und anschließend durch den nachfolgenden Schritt wieder abschaltet – Rücksetzen des zugeordneten Merkers.
Mithilfe der Darstellung der Steuerung durch den GRAFCET-Plan kann ein entsprechendes Programm für die SPS verhältnismäßig leicht geschrieben werden.

Beispiel für die Analyse einer Ablaufsteuerung mithilfe des GRAFCET-Plans (Auszug)

Schritt 2 ist aktiv	Schritt 3 ist aktiv	Schritt 4 ist aktiv
Für den aktiven Schritt 2 wird ein Merker gesetzt (z. B. M2). Die Übergangsbedingungen für die Übergänge (7) und (8) sind noch nicht gegeben.	Schritt 3 wird aktiv, wenn der Merker M2 aus dem vorigen Schritt 2 und die Übergangsbedingung (7) – hier E2 und E3 – vorhanden sind. Für den nun aktiven Schritt 3 wird ein Merker gesetzt (z. B. M3); gleichzeitig wird für den vorigen Schritt 2 der Merker M2 zurückgesetzt.	Schritt 4 wird aktiv, wenn der Merker M3 aus dem vorigen Schritt 3 und die Übergangsbedingung (8) – hier E4 – vorhanden sind. Für den nun aktiven Schritt 4 wird ein Merker gesetzt (z. B. M4); gleichzeitig wird für den vorigen Schritt 3 der Merker M3 zurückgesetzt.

Beispiel für die Programmierung einer Ablaufsteuerung in Anlehnung an den obigen GRAFCET-Plan

Programmausschnitt als FUP

3. Schritt: M2, E2, E3 → & → S (M3), M4 → R Q → = A3

Programmausschnitt als AWL

```
U  M2    ← Schrittmerker aus
U  E2      vorherigem Schritt
U  E3
S  M3
U  M4    ← Schrittmerker aus
R  M3    ← nachfolgendem Schritt
U  M3      Abschalten von Schritt 3
=  A3
```

4. Schritt: M3, E4 → & → S (M4), M5 → R Q → = A4

```
U  M3  ⎫ Übergangsbedingung
U  E4  ⎭ für Übergang (8)
S  M4
U  M5
R  M4
U  M4
=  A4
```

! Eine sichere Ablaufsteuerung wird in der Programmgestaltung dadurch erreicht, dass der jeweilige Steuerschritt den nächsten Steuerschritt vorbereitet – Setzen – und den vorhergehenden Schritt abschaltet – Rücksetzen.

Übungsaufgaben 3/40; 3/41

Digitale Automatisierung

3.6 Beispiel für die Steuerung einer Bohrvorrichtung

Aufgabenstellung

Der Bohrvorrichtung wird das Werkstück von Hand zugeführt. Drückt man den Ein-Taster –SF0, dann spannt Zylinder –MM2 das Werkstück pneumatisch. Anschließend treibt Zylinder –MM3 den Bohrvorschub an.
Nach dem Bohrvorgang fährt zunächst Zylinder –MM3 ein. Erst wenn Zylinder –MM3 ganz eingefahren ist, löst Zylinder –MM2 automatisch die Spannbacken. Das Werkstück wird von Hand aus der Vorrichtung genommen.

> **Hinweis**
>
> Auf die automatische Werkstückzufuhr (Steuerkreis 1) wird hier verzichtet, damit das Programm in der SPS überschaubar bleibt. In der abschließenden Übungsaufgabe 3/44 wird die Werkstückzufuhr thematisiert.

Technologieschema Bohrvorrichtung

Pneumatikschaltplan

Bauglieder			Schritte
Benennung	Kurz-zeichen	Zustand	0 1 2 3 4 5
Ein–Taster	–SF0	betätigt	
Endschalter	–BG3–BG5	betätigt	
Halt–Taster	–SF11	nicht betätigt	
Doppelt wirkender Zylinder (Spannen)	–MM2	–MM2 +	
		–MM2 –	
Doppelt wirkender Zylinder (Bohrvorschub)	–MM3	–MM3 +	
		–MM3 –	
5/2–Wege-ventil (Stellglied)	–QM2	(–MB3) a	
		(–MB4) b	
5/2–Wege-ventil (Stellglied)	–QM3	(–MB5) a	
		(–MB6) b	

Funktionsdiagramm

Speicherprogrammierbare Steuerungen (SPS)

GRAFCET-Plan für die Steuerung „Bohrvorrichtung"

Hinweise zum Plan

Zur Unterscheidung zwischen Spulen und Merkern werden im Text und im GRAFCET-Plan Spulen als elektrische Bauteile je mit einem Minuszeichen gekennzeichnet, die Merker dagegen nur mit dem Buchstaben M.

Die Startverriegelung über Merker M7 verhindert, dass ein neuer Start vor dem Zyklusende beginnen kann.

Muss in einer Steuerung eine Aktion gespeichert bleiben, so erhält sie ein Setzsignal. Im GRAFCET-Plan bekommt diese Aktion dann einen Pfeil nach oben. Hier wird z. B. im Schritt 1 die Spule –MB3 zur Betätigung des Spannvorgangs speichernd gesetzt, weil dieser Spannvorgang über mehrere Schritte aktiv sein muss. Im Schritt 1 wird außerdem das Signal für die Startverriegelung gespeichert (dem Merker M7 wird das Signal 1 zugeordnet).

Jede gespeicherte Aktion muss wieder zurückgesetzt werden. Die Aktion bekommt im GRAFCET-Plan ebenfalls einen Pfeil. Hier wird z. B. im Schritt 4 die Spule –MB3 spannungsfrei und im Schritt 5 die Startverriegelung aufgehoben (dem Merker M7 wird das Signal 0 zugeordnet).

Schritt 0 – Grundstellung – „Werkstück eingelegt", „Bohrmotor an", „Druck und Spannungsversorgung an"

& – M7, –SF0, –BG3, –BG5, –SF11 – „Anlage starten"

Schritt 1 – –MB3:=1 M7:=1 – „Spannen und Startverriegelung setzen"

& – –BG4, –SF11

Schritt 2 – –MB5:=1 – „Bohren"

& – –BG6, –SF11

Schritt 3 – –MB6:=1 – „Bohrer zurück"

& – –BG5, –SF11

Schritt 4 – –MB3:=0 –MB4:=1 – „Lösen"

–BG3

Schritt 5 – M7:=0 – „Startverriegelung aufheben"

Zuordnungsliste für die Steuerung „Bohrvorrichtung"

Das SPS-Programm muss im Hinblick auf die eingesetzte Steuerungseinheit in einer Anlage abgestimmt werden. Insbesondere ist festzulegen, wie die Eingänge beschaltet werden (Öffner oder Schließer) und an welche Eingänge bzw. Ausgänge welche Signale gelegt werden. Je nach Hersteller und Stand der Anlage können z. B. Eingänge mit „E1 ... E33 oder E1.0 ... E3.3 oder I1... I33" zur Verfügung stehen. Für die Belegung und Bezeichnung der Ausgänge gilt Entsprechendes; man findet z. B. „A1 ...A22 oder A1.0 ...A2.2 oder Q1... Q22".

Betriebsmittel		Operand mit Signalzuordnung und Funktion	
Ein-Taster (Schließer)	–SF0	E0 = 1	Ein-Taster gedrückt
Endschalter (Schließer)	–BG3	E4 = 1	Spannzylinder –MM2 ist eingefahren
Endschalter (Schließer)	–BG4	E7 = 1	Spannzylinder –MM2 ist ausgefahren
Endschalter (Schließer)	–BG5	E5 = 1	Zylinder für Bohrvorschub –MM3 ist eingefahren
Endschalter (Schließer)	–BG6	E8 = 1	Zylinder für Bohrvorschub –MM3 ist ausgefahren
Halt-Taster (Schließer)	–SF11	E11 = 1	Anlage bleibt im nächsten Schritt stehen
Magnetspule	–MB3	A3 = 1	Spannung auf Spule –MB3; Ventil –QM2 in Stellung a: –MM2+
Magnetspule	–MB4	A4 = 1	Spannung auf Spule –MB4; Ventil –QM2 in Stellung b: –MM2–
Magnetspule	–MB5	A5 = 1	Spannung auf Spule –MB5; Ventil –QM3 in Stellung a: –MM3+
Magnetspule	–MB6	A6 = 1	Spannung auf Spule –MB6; Ventil –QM3 in Stellung b: –MM4–

Digitale Automatisierung

| Programm für die SPS in FUP | Programm für die SPS in AWL |

Werkstück spannen (Zylinder –MM2+)

```
M7  ──o┐
E0   ──┤
E4   ──┤ &  ──┐         M1
E5   ──┤     ─┤S    ┌──┐
E11  ──o┘     │  Q ─┤ S├── A3
        M2 ──┤R     └──┘
              │     ┌──┐
              └────┤ S├── M7
                   └──┘
```

Netzwerk 1	Hinweise
UN M7	⎫
U E0	⎬ Einschalt-
U E4	⎪ bedingungen
U E5	⎪
UN E11| ⎭
S M1
U M2	Speicher
R M1	Rücksetzen
U M1
S A3	Spule –MB3 Spannung
S M7	Startverriegelung

Werkstück bohren (Zylinder –MM3+)

```
E11 ──o┐             M2
M1  ──┤ &  ──┐    ┌──┐
E7  ──┤     ─┤S  Q├─┤ =├── A5
       M3  ──┤R    └──┘
```

Netzwerk 2

UN E11 ⎫ Weiterschalt-
U M1 ⎬ bedingungen
U E7 ⎭
S M2
U M3 Speicher
R M2 Rücksetzen
U M2
= A5 Spule –MB5 Spannung

Bohrer zurücksetzen (Zylinder –MM3–)

```
E11 ──o┐             M3
M2  ──┤ &  ──┐    ┌──┐
E8  ──┤     ─┤S  Q├─┤ =├── A6
       M4  ──┤R    └──┘
```

Netzwerk 3

UN E11 ⎫ Weiterschalt-
U M2 ⎬ bedingungen
U E8 ⎭
S M3
U M4 Speicher
R M3 Rücksetzen
U M3
S A6 Spule –MB6 Spannung

Werkstück lösen (Zylinder –MM2–)

```
E11 ──o┐             M4
M3  ──┤ &  ──┐    ┌──┐
E5  ──┤     ─┤S  Q├─┤ =├── A4
             ─┤R    └──┘
                    ┌──┐
              └────┤ R├── A3
                   └──┘
```

Netzwerk 4

UN E11 ⎫ Weiterschalt-
U M3 ⎬ bedingungen
U E5 ⎭
S M4
U M4
= A4 Spule –MB4 Spannung
R A3 Spule –MB3 Spannungsfrei

Anlage in Ausgangszustand

```
M4 ──┐
     │ & ──┬──┤ R├── M4
E4 ──┘     │
           └──┤ R├── M7
```

Netzwerk 5

U M4 ⎫ Weiterschalt-
U E4 ⎭ bedingungen
R M4 Speicher, Rücksetzen
R M7 Startverriegelung
     wird aufgehoben

Anmerkungen: Der Merker M7 verhindert, dass ein neuer Start vor dem Zyklusende beginnen kann. Für jeden „Schritt" programmiert man ein entsprechendes Netzwerk.

4 Industrieroboter

Für eine frei programmierbare Handhabung in flexiblen Fertigungssystemen werden Industrieroboter eingesetzt.

4.1 Einrichtungen von Industrierobotern

Industrieroboter bestehen aus folgenden Einrichtungen:

Effektor
Teilfunktionen:
Greifen, Polieren, Schweißen, Farbspritzen u. a.

Basisgerät
Teilfunktion:
Aufnahme der Kräfte und Momente in den Gelenken und Armen des Roboters

Antrieb
Teilfunktion:
Achsbewegungen mit vorgegebener Geschwindigkeit zur Positionierung durchführen

Steuerung
Teilfunktion:
Programmablauf speichern, steuern, überwachen und verknüpfen

Messsystem
Teilfunktion:
Messen der Lage, Geschwindigkeit und Beschleunigung der Achsbewegungen

Sensoren
Teilfunktion:
Signalerfassungen, z. B. Lageerkennung oder Vorhandensein von Objekten

> In flexiblen Fertigungssystemen übernehmen Industrieroboter vielfach die Handhabung. Einrichtungen eines Industrieroboters sind:
> • Basisgerät, • Effektor, • Steuerung, • Antrieb, • Sensoren, • Messsystem.

Achsen eines Industrieroboters

Damit der Roboterarm mit dem Greifer oder einem Werkzeug jeden beliebigen Punkt im Raum erreichen kann, muss er mindestens in drei Achsen beweglich sein. Man nennt diese Achsen die **Hauptachsen des Roboters**.

Damit Greifer und Werkzeuge in beliebige räumliche Richtung eingestellt werden können, benötigt ein Roboter weitere drei Achsen im Bereich der Roboterhand. Diese **Handachsen** sind immer drehende (rotatorische) Achsen.

Zur Einstellung des Roboters auf eine beliebige Position und Ausrichtung sind damit 6 Achsen notwendig.

Haupt- und Handachsen eines Industrieroboters

> Bei einem Industrieroboter wird zwischen den Hauptachsen zur Positionierung und den Handachsen zur Orientierung von Werkzeugen und Werkstücken unterschieden.

Übungsaufgaben 4/1; 4/2

4.2 Bauarten von Industrierobotern

Industrieroboter werden nach der Art ihrer Bewegungen unterschieden. Die Bewegungen können Drehbewegungen – *rotatorisch* – sein, man spricht von **R-Achsen**. Sind die Bewegungen geradlinig – *translatorisch* – dann spricht man von **T-Achsen**.

Bauart	Bewegungen und Arbeitsraum	Anwendungsbeispiele
Portalroboter		Be- und Entladen von Paletten, Maschinenbeschickung, Montagetätigkeiten
Schwenkarmroboter		Montagetätigkeiten
Gelenkroboter		Maschinenbeschickung, Werkstück- und Werkzeughandhabung in Fertigungsverfahren z. B. beim Schleifen, Schweißen, Lackieren
Roboter mit Parallelkinematik		Werkstück- und Werkzeughandhabung in Fertigungsverfahren z. B. beim Schleifen, Schweißen, Lackieren, Umsetzen von Werkstücken mit sehr hoher Geschwindigkeit

! Industrieroboter positionieren und orientieren Werkstücke und Werkzeuge durch rotatorische und translatorische Bewegungen.

4.3 Effektoren

Roboter führen mit Effektoren ihre eigentlichen Aufgaben durch. Effektoren können zu diesem Zweck mit eigenen Antrieben ausgestattet sein.
Zum Handhaben von Werkstücken werden unterschiedliche Greifer eingesetzt.

Beispiele für Effektoren zum Greifen

Zangengreifer — Zange

Magnetgreifer — Dauermagnet, Abdrückvorrichtung

Sauggreifer — Vakuum, Saugglocke

Roboter können auch Werkzeuge handhaben, z. B. Schweißgeräte, Bohrmaschinen, Farbspritz- und Klebepistolen.
Durch den Einsatz von automatischen Effektorwechselsystemen können Roboter in einem Arbeitszyklus unterschiedliche Aufgaben durchführen.
Effektoren müssen lagegerecht eingesetzt werden. Jeder Effektor hat deshalb einen Bezugspunkt für die Programmierung. Er wird mit Tool Center Point (TCP) bezeichnet. Der Tool Center Point ist bei Greifern meist die geometrische Mitte, bei Schweißgeräten der Punkt, in dem der Lichtbogen wirkt.

> ! Effektoren führen die Handhabungsaufgabe des Roboters durch. Sie werden unter Berücksichtigung des Tool Center Points (TCP) programmiert.

4.4 Kriterien für den Einsatz von Industrierobotern[1]

Kriterien für den Einsatz von Industrierobotern sind:
- Anzahl der Achsen,
- Arbeitsbereich,
- Positioniergenauigkeit,
- Tragfähigkeit,
- Geschwindigkeit des Roboterarms.

Unter der **Positioniergenauigkeit** eines Industrieroboters versteht man die maximal auftretende *Abweichung*, die beim Anfahren bestimmter Punkte im Raum auftritt. Die Positioniergenauigkeit ist umso größer, je kleiner die Traglast, die Verfahrgeschwindigkeit und die Ausladung des Roboterarms sind.

Beispiel für Bauarten und Kenngrößen von Industrierobotern

Gelenkrobotor
Kenndaten:
max. Winkelgeschwindigkeit einer Achse 200°/s
Traglast bis 3 kg (einschl. Greifer)
Positioniergenauigkeit ± 0,05 mm

Schwenkarmrobotor
Kenndaten:
max. Winkelgeschwindigkeit einer Achse 420°/s (Schwenken)
Traglast bis 20 kg
Positioniergenauigkeit ± 0,05 mm

> ! Kriterien für den Einsatz eines Industrieroboters sind:
> • Bewegungsmöglichkeit, • Tragfähigkeit, • Geschwindigkeit und Positioniergenauigkeit.

---

1 Sicherheitsmaßnahmen für Industrieroboter siehe Seite 429

4.5 Programmierung von Industrierobotern

4.5.1 Grundbestandteile von Roboterprogrammen

Die Anweisungen in Steuerungsprogrammen von Industrierobotern gliedern sich in:
- **Ablaufanweisungen**, mit denen der Ablauf des Programms in Form einfacher Befehle beschrieben wird;
- **Bewegungsanweisungen**, welche die anzufahrenden Positionen und die Art der Bewegung dorthin beschreiben und Anweisungen zu den Bewegungen des Effektors enthalten;
- **Kommunikationsanweisungen**, durch die Hinweise und Aufforderungen an das Fachpersonal ausgelöst werden und die einen Informationsaustausch mit angeschlossenen Geräten einleiten;
- **Kontroll- und Diagnoseanweisungen**, mit denen das Verhalten des Roboters bei Unterbrechungen beschrieben wird.

Übersicht über die Grundbestandteile von Roboterpogrammen

Ablaufanweisungen	Bewegungsanweisungen	Kommunikationsanweisungen	Kontroll- und Diagnoseanweisungen
Start/Stopp	Positionsangaben	Anzeigen	Verhalten bei NOT-AUS
Warten	Wegbedingungen (Gerade, Kreisbogen, Verschleifen, Anfahrbedingungen, Bremsverhalten u. a.)	Warnungen	Verhalten bei Testlauf
Verzweigen zu Unterprogramm		Dateneingabeanforderungen	Verhalten bei Sensormeldungen von Störungen
Schleife bilden (Wiederholung von Programmteilen)	Verfahrgeschwindigkeit	Datenausgabe	
Zählen	Anweisungen an Effektor (Greifer, Schweißgerät, Spritzpistole o.a.)		
logisch Verknüpfen (wenn..., dann...)			

> ❗ Steuerprogramme von Industrierobotern enthalten
> - Ablaufanweisungen,
> - Bewegungsanweisungen,
> - Kommunikationsanweisungen,
> - Kontroll- und Diagnoseanweisungen.

Eine Vereinfachung der Programmierung geschieht durch die Aufteilung des Steuerprogramms in ein **Ablaufprogramm** und in eine **Positionsliste**.

Im Ablaufprogramm werden Anweisungen für den Programmablauf, Bewegungen, Kommunikation sowie Kontrolle und Diagnose zusammengefasst. Für die anzufahrenden Positionen und evtl. auch für den Bewegungsablauf werden die entsprechenden Daten in der Positionsliste erfasst. Die Positionsliste wird auch Bewegungsprogramm genannt.

Weiterhin werden viele wiederkehrende Abläufe in Unterprogrammen zusammengefasst, die mit anderen Positionslisten in verschiedensten Roboterprogrammen einsetzbar sind.

> ❗ Durch Aufteilung des Steuerprogramms in ein Ablaufprogramm und ein Bewegungsprogramm (Positionsliste) sowie die Verwendung von Unterprogrammen kann die Programmierung von Industrierobotern erheblich vereinfacht werden.

Industrieroboter

4.5.2 Programmierungsverfahren

1. Online-Programmierung

Bei der Online-Programmierung wird das Programm des Roboters unmittelbar in Zusammenhang mit seiner Steuerung erstellt. Der Roboter ist in der Zeit der Programmierung nicht einsatzfähig.

– Playback-Programmierung

Die Online-Programmierung für schwer zu beschreibende Bewegungen, wie z. B. das Spritzlackieren von Autos oder das Polieren gegossener Türgriffe, geschieht durch Playback-Programmierung.
Zur Programmierung werden zunächst alle Antriebe und Bremsen des Roboters abgeschaltet. Dann führt die Fachkraft zur Progammierung den Effektor des Roboters so, wie er selbst von Hand auch arbeiten würde. Die Steuerung des Roboters nimmt dabei in sehr kurzen Zeitabständen alle Bewegungen und Schaltungen auf und speichert sie als Bewegungsprogramm. Dieses Programm kann beliebig oft vom Roboter selbstständig wiederholt werden – es kann playback (engl. *to play back* = wieder abspielen) ablaufen.
Das Bewegungsprogramm muss noch durch Anweisungen zum Ablauf (z. B. Start, Wiederholung, Sonderanweisungen) zum Steuerprogramm des Roboters ergänzt werden.

Playback-Programmierung beim Farbspritzen

> **!** Bei der Online-Programmierung im Playback-Verfahren führt die Fachkraft den Roboter am Effektor. Die Bewegung wird von der Steuerung des Roboters als Bewegungsprogramm gespeichert und auf Abruf hin genau wiederholt.

– Teach-In-Programmierung

Steuerprogramme für Industrieroboter, in denen die Bewegungen einfach zu beschreiben sind (z. B. Transportbewegungen, geradlinige oder kreisförmige Montagebewegungen) werden meist nach dem Teach-In-Verfahren programmiert. Zur Programmerstellung gibt der Fachmann mit einem Programmierhandgerät die Ablaufanweisungen über Tasten ein. Durch Richtungstasten oder über einen Joystick fährt er dann zur Erstellung des Bewegungsprogramms (Positionsliste) den Effektor an wichtige Positionen und speichert diese auf Tastendruck.

Programmierhandgerät

> **!** Bei der Teach-In-Programmierung erstellt die Fachkraft das Programm, indem er mit dem Programmierhandgerät Anweisungen eingibt, wichtige Positionen anfährt und abspeichert.

– Gemischte Programmierung

Der Roboter ist während der Teach-In-Programmierung ebenso wie bei der Playback-Programmierung produktiv nicht einsetzbar. Darum verlegt man die Programmierung des Ablaufs häufig in die Arbeitsvorbereitung. Dort werden alle Anweisungen bis auf die Positionsangaben als Programm geschrieben. Lediglich die Positionswerte werden online aufgenommen.
Da hier ein Teil der Arbeit offline, also nicht unmittelbar an der Steuerung des Roboters durchgeführt wird, spricht man von einer **gemischten Programmierung**.

2. Offline-Programmierung

Durch Offline-Programmierung wird der gesamte Aufwand zum Programmieren des Industrieroboters in die Arbeitsvorbereitung verlegt. Dadurch steht der Roboter auch während der Programmierung weitgehend zur Produktion zur Verfügung.

Zu einem Offline-Programmiersystem gehören zwei Funktionseinheiten,
- eine Roboterprogrammerzeugung, in der das Programm mit den Anweisungen in einer Programmiersprache geschrieben wird und
- eine Simulation, in welcher der Arbeitsbereich des Roboters exakt abgebildet ist. In der Simulation wird die Brauchbarkeit des Programms getestet und können die Zeiten für die einzelnen Bewegungen realistisch bestimmt werden.

Simulation einer Roboterzelle

Bisher verwenden die verschiedenen Hersteller von Industrierobotern unterschiedliche Programmiersprachen. Dadurch ist der Wechsel eines Programms von einem Roboter auf den eines anderen Herstellers sehr aufwendig. In der Praxis setzen sich besonders Programmiersprachen durch, in denen die Anweisungen in leicht verständlichem Klartext programmiert werden. So lautet z. B. in der Sprache BAPS (Bewegungs-Ablauf-Programmiersystem) der Befehl zu Position 3 zu fahren: FAHRE NACH POS3.

> ! Offline-Programmierung geschieht in der Arbeitsvorbereitung unter Anwendung einer Programmiersprache und der Kontrolle durch eine Computersimulation der Roboterbewegungen.

4.5.3 Steuerung von Industrierobotern

Die mithilfe der unterschiedlichen Programmierverfahren festgelegten Positionen sind auf ein feststehendes Koordinatensystem bezogen. Zur Bewegung der einzelnen Achsen des Roboters müssen diese laufend in die Koordinaten der einzelnen Roboterachsen umgerechnet werden (Koordinatentransformation). Dies geschieht je nach Verfahren mit unterschiedlichem Rechenaufwand:
- Der Rechenaufwand ist gering, wenn der Rechner nur für jede Achse die Endstellung errechnen muss und die Form der Bewegung vom Anfangs- zum Endpunkt beliebig ist (Punktsteuerung).
- Der Rechenaufwand ist jedoch sehr hoch, wenn die Bahn einer festgelegten Funktion, z. B. einer Geraden, folgen soll (Bahnsteuerung).

– Punktsteuerung [Point-to-Point (PTP)]

Bei dieser Steuerungsart verfährt der Roboter durch gleichzeitige Bewegung aller Achsen vom Ausgangspunkt zum Endpunkt. Zwischen den Bewegungen der Achsen besteht kein mathematischer Zusammenhang – je nach Länge der Wege erreichen die einzelnen Achsen ihren Zielpunkt zu unterschiedlichen Zeiten. Deshalb fährt der Roboter entlang einer komplizierten und nicht vorherbestimmten Raumkurve. Wegen des geringen Rechenaufwands ist die Verfahrenszeit bei der Punktsteuerung entsprechend kurz.

Punktsteuerung

Eine Abwandlung der PTP-Steuerung ist die **Synchro-PTP-Steuerung**. Bei ihr werden alle Achsbewegungen der langsamsten Bewegung angeglichen. Dadurch beginnen und enden alle Achsen zur gleichen Zeit mit der Bewegung. Dies führt zu ausgeglichenen Bewegungen und verringert Belastung und Verschleiß.

Die Punktsteuerung (PTP) ist nur anwendbar, wenn keine definierten Bahnen für die Arbeitsaufgabe zurückgelegt werden müssen, wie etwa bei der Werkstück- oder Werkzeughandhabung. Bei der Punktsteuerung kommt es ausschließlich auf die Positioniergenauigkeit am Start- und Zielpunkt an.

> Der Roboter bewegt sich bei der Punktsteuerung (PTP) zwischen Anfangs- und Endpunkt auf einer nicht vorherbestimmten Bahn. Diese Steuerung ermöglicht jedoch eine sehr schnelle Bewegung zwischen zwei Punkten, z. B. zum Werkstücktransport.

– **Bahnsteuerung [Continuous Path (CP)]**

Die Bahnsteuerung bezieht alle Roboterachsen aufeinander und erzeugt so eine definierte Bewegung. Zu diesem Zweck wird die Verbindung zwischen Start- und Zielpunkt entlang der vorbestimmten Bahn, z. B. einer Geraden, vom Rechner in eine sehr hohe Zahl von Zwischenpunkten zerlegt (Interpolation), die nacheinander angefahren werden. Die einzelnen Achsen werden dadurch in einem genau vorbestimmten Zusammenhang verfahren.

Die Bahnsteuerung benötigt einen sehr hohen Rechenaufwand. Sie ist aber für alle Roboterbewegungen auf definierten Bahnen, z. B. beim Schweißen, notwendig.

Bahnsteuerung

> Die Bahnsteuerung (CP) ist für einen sehr genauen Bewegungsablauf geeignet, der z. B. beim Schweißen erforderlich ist.

– **Bahnüberschleifen**

Die vom Roboter zurückgelegten Bahnen setzen sich je nach gewählter Steuerung aus unterschiedlichen Bahnsegmenten zusammen. Diese Bahnsegmente liegen jeweils zwischen zwei programmierten Positionen. Sind neben dem Start- und Zielpunkt, z. B. wegen den baulichen Gegebenheiten im Arbeitsraum oder der Lage von Start- und Zielpunkt zueinander, weitere Stützpunkte notwendig, kommt es zu einem „hakelnden" Bewegungsablauf. Da in der Regel ein stetiger Bewegungsablauf angestrebt wird, verzichtet man auf das exakte Anfahren der programmierten Stützpunkte und verrundet stattdessen zwei Bahnsegmente miteinander. Diese Verrundung wird als Überschleifen bezeichnet.

Bahnüberschleifen

> Das Überschleifen von Stützpunkten ermöglicht einen stetigen Bewegungsablauf des Industrieroboters beim Überfahren von Stützpunkten.

Digitale Automatisierung

4.5.4 Planung einer Programmerstellung

Die Programmierung von Industrierobotern setzt eine Reihe von Planungsentscheidungen voraus. Ein möglicher Entscheidungsprozess soll beispielhaft für den Bereich der Werkstückhandhabung und für die Teach-In-Programmierung in Schritten dargestellt werden.

> **Beispiel für die Planung einer Programmerstellung**
>
> **Aufgabenbeschreibung:**
>
> Von einer Palette aus sollen Teile zu einer Montagestation transportiert werden. Der Startbefehl erfolgt manuell per Tastendruck. Vor dem Transport ist mithilfe eines Sensors zu überprüfen, ob die Montagestation unbelegt ist.
>
> **1. Schritt**
> *Aufgabenbeschreibung in eine Lageskizze übertragen.*
> In der Lageskizze werden insbesondere die in der Aufgabenbeschreibung angegebenen Positionen der Teile sowie vorhandene Hindernisse dargestellt.
>
> **2. Schritt**
> *Verfahrwege festlegen und Positionsnummern vergeben.*
> Bei der Festlegung der Verfahrwege sind die gewählte Steuerungsart (z. B. PTP) und die damit verbundenen Bahnabweichungen zu berücksichtigen, um Kollisionen zu vermeiden.
> Die Start- und Zielpunkte sind meist mit Positionierelementen ausgestattet, deshalb ist es häufig notwendig, die Positionierelemente senkrecht bzw. waagerecht anzufahren (1 → 11; 4 → 14 usw.); die Zählweise 1 → 11 (Zehnerschritt) ist eine Logik, die das Behalten von Positionen im Bereich der Positionierung erleichtert. Die Wahl der Grundstellung orientiert sich an den konkreten Gegebenheiten im Arbeitsbereich.
>
> **3. Schritt**
> *Programmablaufplan erstellen.*
> Im Programmablaufplan werden Grenzstellen wie Start oder Ende einer Bewegungsfolge, Bewegungsanweisungen wie die Verfahrgeschwindigkeit u. Ä. mithilfe von genormten Sinnbildern dargestellt.
> Im Sinne einer platzsparenden Darstellung oder bei sehr langen Programmablaufplänen besteht die Möglichkeit, Verbindungsstellen vorzusehen. Zur Kenntlichmachung solcher Verbindungsstellen wird ein Kreis als Sinnbild verwendet, wobei die Unterbrechungsstellen und die Fortsetzungsstellen jeweils die gleichen Innenbeschriftungen (Nummern) erhalten. Die Verarbeitungsfolge wird durch eine Verbindungslinie gekennzeichnet.

Roboter und Montageplatz

Lageskizze

Verfahrwege mit Positionsnummern

Programmablaufplan

4. Schritt
Bei komplexeren Bewegungsabläufen nach Möglichkeiten zur Reduzierung des Programmieraufwands suchen, z. B. durch den Einsatz von Unterprogrammen oder logischen Verknüpfungen.

– Einsatz von Unterprogrammen
Die Unterprogrammtechnik bietet die Möglichkeit, sich wiederholende Bewegungsabläufe (vgl. nebenstehende Darstellung) in einem Unterprogramm zu speichern, das von jeder beliebigen Stelle des Hauptprogramms aus aufgerufen werden kann. Nach Beendigung des Unterprogramms wird das Hauptprogramm automatisch mit dem nächsten Befehl nach dem Unterprogrammaufruf fortgesetzt.

– Einsatz von logischen Verknüpfungen
Durch den Einsatz von logischen Verknüpfungen bei ähnlichen Bewegungsabläufen, z. B. Bewegungsabläufen, die sich nur aufgrund der Positionen und ihrer Positionsnummern unterscheiden (vgl. nebenstehende Lageskizze), lässt sich der Programmieraufwand durch die Einführung von Variablen erheblich verringern.

Die nebenstehende Lageskizze zeigt eine Aufgabenstellung, bei der es drei ähnliche Bewegungsabläufe gibt, die im Programm durch den Einsatz von logischen Verknüpfungen beschrieben werden können. Dabei ergibt sich die folgende Programmstruktur:

Im ersten Programmdurchlauf werden die Variablen A = 1 und B = 11 im Hauptprogramm gesetzt. Das Programm sorgt dann dafür, dass der Roboter die Positionen 1 und 11 anfährt, um das Teil von dieser Position abzuholen. Im weiteren Verlauf des Hauptprogramms wird das Unterprogramm aufgerufen, hier werden die Variablen A und B jeweils um 1 erhöht und die Positionen 23, 24, 14, 4 angefahren. Nach Beendigung des Unterprogramms wird das Hauptprogramm automatisch nach dem Unterprogramm fortgesetzt. Hier wird abgefragt, ob die Variablen A und B die Grenzwerte 3 und 13 erreicht haben oder nicht. Bei Nichterreichung werden die Positionen 2 und 12 angefahren, das Teil von dieser Position abgeholt und das Unterprogramm aufgerufen. Dieser Vorgang wiederholt sich so oft, bis die Variablen ihre Grenzwerte 3 und 13 erreicht haben und eine Sprunganweisung an das Ende des Hauptprogramms erfolgt. Die letzte Sprunganweisung führt den Roboter zurück zur Grundstellung.

Hauptprogramm mit Unterprogramm

Variablenbildung bei ähnlichen Bewegungsabläufen

Programmstruktur mit Unterprogramm

5. Schritt
Handprogrammiergeräte einsetzen.
Festgelegte Positionen, z. B. aus 4. Schritt (1,11; 2,12; 3,13; 4,14; 23; 24; 100) werden mithilfe eines Handprogrammiergeräts angefahren und die jeweils erreichten Koordinaten gespeichert. Bei den Positionen 1,11 usw. wird zunächst die Position 1, d. h. das Werkstück wird im Positionierelement positioniert, und anschließend die Position 11 in vertikaler Bewegung angefahren. Das Anfahren der einzelnen Positionen erfolgt immer mit einem im Greifer befindlichen Werkstück.

Digitale Automatisierung

6. Schritt
Programm erstellen.

Das Programm beinhaltet alle notwendigen Ablauf-, Bewegungs-, Kommunikations-, Kontroll- und Diagnoseanweisungen in der vom Roboterhersteller verwendeten Programmiersprache. Zu diesem Zweck wird der Programmablaufplan in einzelne Befehlszeilen mit den entsprechenden Befehlen übertragen und um weitere Anweisungen, wie etwa die Höhe der Verfahrgeschwindigkeit oder Dateneingabe- sowie Datenausgabeaufforderungen, ergänzt. Robotersteuerungen weden häufig mit SPS verknüpft, um z. B. bestimmte Eingangssignale automatisch oder von Hand an die Robotersteuerung weitergeben zu können und um bestimmte Ausgangssignale, die von der Robotersteuerung kommen, weiterverarbeiten zu können.

Programmablaufplan:

Hauptprogramm:
Start → Gehe zu Pos. 100 → E1 = 1? (Nein: zurück) → Ja → Setze Variable A = 1 → Setze Variable B = 11 → E2 = 0? (Nein: zurück) → Ja → A · 3? (Ja: zurück zu E2) → Nein → B · 13? (Ja: zurück zu E2) → Nein → Gehe zu Pos. B → Öffne Greifer → Gehe zu Pos. A → Schließe Greifer → Gehe zu Pos. B → Aufruf Unterprogramm → Ende

Unterprogramm:
Start → Gehe zu Pos. 23 → Gehe zu Pos. 24 → Gehe zu Pos. 14 → Gehe zu Pos. 4 → Öffne Greifer → Gehe zu Pos. 14 → Gehe zu Pos. 24 → Gehe zu Pos. 23 → Setze Variable A = A + 1 → Setze Variable B = B + 1 → Ende

Programm:

Hauptprogramm	
Zeile	Befehl
1	LABEL 1
2	WAIT IN [1] = 1
3	SET A = 1
4	SET B = 11
5	LABEL 2
6	WAIT IN [2] = 0
7	IF A ≥ 3
8	GOTO 1
9	ENDIF
10	IF B ≥ 13
11	GOTO 3
12	ELSE
13	GOTO 3
14	ENDIF
15	LABEL 3
16	MOVED B
17	SPEED 40
18	OPEN
19	MOVED A
20	CLOSE
21	MOVED B
22	SPEED 80
23	GOSUB U
24	GOTO 2

Unterprogramm	
Zeile	Befehl
1	MOVED 23
2	MOVED 24
3	MOVED 14
4	SPEED 40
5	MOVED 4
6	OPEN
7	MOVED 14
8	MOVED 24
9	MOVED 23
10	SET A = A +1
11	SET B = B + 1
12	SPEED 80
	END

Das Programm besteht aus einzelnen Befehlen, die in diesem Beispiel in der sprachorientierten Programmiersprache VAL (Variable Assembly Language) geschrieben wurden.

Kreativ- und Präsentationstechniken

HANDLUNGSFELD: Präsentation kreativ entwickelter Lösungen

Auftrag

Auftrag: Der Entwurf eines einfachen Biegewerkzeugs zum Biegen von Laschen ist zu präsentieren.

Problemstellung — Werkzeugentwurf

Werkstückskizze

Gegebenheiten:
- Allgemeines Zielverständnis der Planungsgruppe
- Zielgruppe
  - Zusammensetzung und Anzahl
  - Erwartungen und Befürchtungen
  - Präsentationsgewohnheiten
- Räumliche und mediale Möglichkeiten
- Fähigkeiten des Präsentierenden

Analysieren

Räumliche- u. mediale Erwartungen:
Vereinfachungen:
Ziel: Verantwortliche stimmen der praktischen Umsetzung des Entwurfs zu

Analyseergebnisse:
- Aussagekräftige Zielformulierung
- Notwendige Vereinfachungen hinsichtlich
  → technischer Darstellungen
  → Fachbegriffen
- Ermittelte Erwartungen der Zuhörergruppe
- Ermittelte räumliche und mediale Möglichkeiten

Entscheidung über:
- Inhalte
- Darstellung
  - Präsentationsmedien
  - Schrift
  - Formen und Farben
- Gestaltung der Präsentationsphasen (Eröffnung, Hauptteil, Schluss)

Planen und Vorbereiten

Folie: Biegewerkzeug
Arbeitsplan — Bohren Maschine: ...
Material- und Fertigungskosten
- Fertigungsmaterial
- Materialgemeinkosten
- Materialkosten

Ergebnisse:
- Konkrete Inhalte
  - wichtige Aspekte, z. B. technische, wirtschaftliche
  - Reduzierung und Strukturierung des Inhalts
  - Zuordnung von Inhaltsaspekten und Medien
- Ausgewählte und bearbeitete Präsentationsmedien
- Ablaufplanung

Durchführung von:
- Eröffnung
- Hauptteil
- Schluss

Präsentieren

Wichtige Aspekte:
- Präsentationsgegenstand notieren
- Blickkontakt mit Zuhörern bzw. Zuhörerinnen aufnehmen
- Präsentationsverlauf vorstellen

1 Kreativtechniken

Kreativtechniken werden eingesetzt, um Aufgaben- und Problemstellungen, z. B. im beruflichen Bereich, allein oder in einem Team zielgerichtet zu bearbeiten.
Beim Einsatz von Kreativtechniken müssen bestimmte Regeln eingehalten und typische Schritte durchlaufen werden, damit die Kreativität des Menschen angeregt wird und Ideen gefunden werden. Grundsätzlich kann jeder Mensch kreativ sein oder seine Kreativität weiterentwickeln. Die Kennzeichen von Kreativität sind flexibles, originelles, alternatives und konstruktives Denken. Die entwickelten Kreativtechniken fördern dieses Denken durch Maßnahmen wie das Zerlegen in Teilelemente und die Neuverknüpfung oder Umstrukturierung von Teilelementen in unterschiedlicher Weise.

Regeln zur kreativen Ideenfindung:

⇨ Ideenanzahl geht vor Ideenqualität.
   Die Qualität der gefundenen Idee spielt zunächst keine Rolle.

⇨ Alles, was der Ideenfindung dient, ist erlaubt.
   In diesem Sinne sind alle originellen, ungewöhnlichen usw. Ideen gefragt.

⇨ Ideen nicht zurückhalten.
   Die Ideen der anderen fördern die eigenen Ideen.

⇨ Ideensuche von der Ideenkritik trennen.
   Die unmittelbare Ideenkritik blockiert die Ideensuche. Auch wenn es schwer fällt, sind diese Phasen unbedingt zu trennen.

⇨ Einfälle nicht zerreden.
   Knappe Beschreibung der Idee, keine Vorträge halten.

⇨ Rahmenvorgaben einhalten.
   Die Rahmenvorgaben fördern die Kreativität.

⇨ Killerphrasen sofort blockieren.
   Einige Beispiele für Killerphrasen:

- Das haben wir immer schon so gemacht!
- Das haben wir noch nie so gemacht!
- Als Fachmann muss ich das doch wohl besser wissen!
- Das gehört doch nicht zu Thema!
- Meine Erfahrung sagt mir: "Das kann ja nichts werden!"
- Das haben wir alles schon einmal durchexerziert!

! Kreativtechniken werden eingesetzt, um flexibles, originelles, alternatives und konstruktives Denken zu fördern. Dabei müssen die Regeln zur kreativen Ideenfindung eingehalten werden.

Kreativtechniken

1.1 Brainstorming

Beim Brainstorming werden während eines festgelegten Zeitrahmens Ideen allein oder in Gruppen entwickelt, dokumentiert und gesammelt. Der Name Brainstorming deutet darauf hin, dass das Gehirn bei dieser Methode intensiv nach Ideen durchsucht werden soll.

Methodenbeschreibung:

⇨ **Anwendung**

Das Brainstorming wird zum Sammeln von Ideen bei vorgegebenen Problem- bzw. Themenstellungen eingesetzt.

⇨ **Durchführung**

1. Eine moderierende Person bestimmen, der auf die Einhaltung der Regeln zur kreativen Ideenfindung und die Schritte zur Durchführung achtet.

2. Das Problem sowie die damit verbundene Zielsetzung für alle sichtbar in aussagekräftiger Form aufschreiben.

3. Das Zielverständnis der Teilnehmer herausfinden und vereinheitlichen.
   Möglichkeiten: Nachfragen, Ziel mit eigenen Worten beschreiben, Ziel gemeinsam umformulieren u. ä.

4. Brainstormingregeln (identisch mit den allgemeinen Regeln der kreativen Ideenfindung) erklären und dokumentieren.
   Möglichkeit: Regeln auf einen Flipchartbogen schreiben und einzeln mit allen Beteiligten besprechen.

5. Rahmenbedingungen festlegen: Dauer der Ideenfindung (in der Regel zwischen 10 und 20 Minuten), Einzelarbeit oder Gruppenarbeit (Gruppenarbeit fördert den Ideenfluss, optimale Gruppengröße 5 bis 12 Teilnehmer), Art der Ideendokumentation (in Stichworten und bei Gruppenarbeit für alle Gruppenmitglieder sichtbar auf Moderationskarten, Flipchart, Tafel u. ä.)

6. Brainstorming durchführen, d. h. die gefundenen Ideen aufschreiben und bei der Arbeit in Gruppen für alle sichtbar machen, z. B. auf Moderationskarten.

7. Gefundene Ideen gemeinsam ordnen.
   Möglichkeit: Ähnliche Ideen zu Gruppen zusammenfassen.

8. Gefundene Ideen bewerten und umsetzen.
   Möglichkeit: Die Frage beantworten, mit welcher Idee glauben wir unser Ziel am wahrscheinlichsten erreichen zu können?

Beispiele für den Einsatz der Kreativtechnik Brainstorming
(Ideensammlung auf Karten zum Thema: Müllvermeidung im Klassenraum)

Ideen sammeln:

- Brot in Brotdose verpacken statt in Alufolie
- Ordnungsdienst einführen
- Obst statt verpackte Süßigkeiten essen
- Prämien für gute Müllvermeidungsideen
- Müllkonzept entwickeln
- Kontrollen durchführen

Ideen ordnen:

Konzeptideen
- Prämien für gute Müllvermeidungsideen

Müllvermeidung
- Obst statt verpackte Süßigkeiten essen

Kontrolle
- Ordnungsdienst einführen

Übungsaufgabe 1/2

1.2 Mind-Mapping

Zentraler Bestandteil der Mind-Mapping-Methode ist die Erstellung einer Mind-Map, welche die Denkweise des Gehirns in besonderer Weise unterstützt bzw. fördert. Unser Gehirn arbeitet nicht strukturiert („ordentlich"), sondern sprunghaft und gedankenverbindend. Es liefert uns in unstrukturierter Form weitaus mehr Daten und Informationen als in strukturierter. Deshalb können Mind-Maps von den Teilnehmern an jeder Stelle um neue Gedanken ergänzt oder bereits dokumentierte Gedanken weiterentwickelt werden.

Methodenbeschreibung:

⇨ **Anwendung**
Das Mind-Mapping wird zur kreativen Ideenfindung, Planung von Referaten, Anfertigung von Gesprächsnotizen, Aufbereitung von Texten u. ä. eingesetzt.

⇨ **Durchführung**
Eine einzelne Person oder die Teilnehmer einer Gruppe bringen ihre spontanen Ideen zu einem bestimmten Thema oder einer Problemstellung schlagwortartig zum Ausdruck. Das Thema oder die Problemstellung wird in der Blattmitte notiert. Die ersten Ideen werden wie Äste um dieses Zentrum herum gruppiert. Weiterführende Gedanken, die zu den derart dokumentierten Ideen passen, werden wie Zweige dargestellt, die von den ersten Ideen abgehen. Jederzeit können neue Äste ergänzt oder einzelne Zweige weiter verästelt werden. Auch eine Veränderung der Zuordnung der Zweige zu einem anderen Ast ist möglich. Mind-Maps können von Hand oder mithilfe eines Rechnerprogramms, in Einzelarbeit auf einem Blatt Papier oder in Gruppen an einer Pinnwand angefertigt werden.

Beispiele ür die Erstellung einer Mind-Map

1. Zielfestlegung
Die Bestandteile eines Arbeitsplans zur maschinellen Fertigung von Bauteilen sind mithilfe der Mind-Map-Methode in Kleingruppenarbeit bestimmt.

2. Maßnahme
Eine Mind-Map in Kleingruppenarbeit nach den Regeln zur kreativen Ideenfindung auf einem Pinnwandbogen erstellen:

Kreativtechniken

1.3 Ursache-Wirkungs-Diagramm (Ishikawa-Diagramm)

Das Ursache-Wirkungs-Diagramm (Ishikawa-Diagramm oder auch Fischgrätdiagramm) wird als Einstieg in einen Problemlösungsprozess eingesetzt. Dabei sorgt das im Ursache-Wirkungs-Diagramm dargestellte Gliederungsschema (ähnlich einer Fischgräte) mit den Ursachenbereichen: Mensch, Maschine, Methode, Material (die 4 Ms) dafür, dass sich die Ursachensuche auf die unterschiedlichsten Bereiche erstreckt. Das eigentliche Problem steht im Fischkopf, auf den alle Ursachenbereiche hindeuten. Zu jedem Ursachenbereich werden in kreativer Form Ideen für mögliche Ursachen allein oder in der Gruppe entwickelt und notiert.

Fischgrätdiagramm

Methodenbeschreibung:

⇨ **Anwendung**

Das Ursache-Wirkungs-Diagramm wird vorwiegend zum systematischen Auffinden möglicher Ursachen klar definierter Probleme, wie z. B. Fehler- oder Schadensursachen, eingesetzt.

⇨ **Durchführung**

1. Problem (Fehler oder Schaden) genau beschreiben, z. B. Kraftaufwand beim Sägen von Hand ist zu groß.
2. Mögliche Ursachen zu bestimmten Bereichen in kreativer Weise, z. B. durch ein Brainstorming, herausfinden.
3. Wahrscheinlichste Ursachen, z. B. durch Mehrheitsbeschluss per Einpunktabfrage bestimmen.
4. Wahrscheinlichste Ursache weiter untersuchen, z. B. durch gezielte Fehler- oder Schadensanalyse.

Beispiel für den Einsatz des Ursache-Wirkungs-Diagramms

Übungsaufgabe 1/4

2 Präsentationstechniken

Die Entwicklung von Problemlösungen in Einzel- oder Teamarbeit geht häufig einher mit einer intensiven Auseinandersetzung mit der Frage- oder Problemstellung. Dafür wird Zeit benötigt, welche die Zuhörer bzw. Zuhörerinnen der Ergebnispräsentation meist nicht haben. Deshalb ist es notwendig, die Informationen, die während der Präsentation weitergegeben werden sollen, zu reduzieren, ohne dass die wesentlichen Aussagen und Ideen dabei verloren gehen. Weiterhin muss die Präsentation auf den Zuhörerkreis abgestimmt sein, um dessen Interesse zu wecken und aufrecht zu erhalten. Die vorangestellten Überlegungen machen deutlich, dass es kaum möglich ist, die Präsentation einfach mal so „aus dem Ärmel zu schütteln". Vielmehr ist eine systematische Vorbereitung und Durchführung sinnvoll, die über die reine Auswahl einer Präsentationstechnik hinausgeht. Dabei ist es hilfreich, in folgenden Schritten vorzugehen:

Schritte zur Vorbereitung, Durchführung und Bewertung einer Präsentation

2.1 Ziele festlegen

In einem Ziel wird exakt beschrieben, welches Ergebnis am Ende einer Maßnahme, z. B. einer Präsentation, erreicht sein soll. Wichtig ist in diesem Zusammenhang zwischen Ziel und Maßnahmen zu unterscheiden. Mithilfe geeigneter Maßnahmen ist es möglich, von einem vorhandenen Istzustand zu einem gewünschten Sollzustand zu gelangen, d. h. ein gestecktes Ziel zu erreichen.

Für die Verfolgung eines Ziels oder die Überprüfung der Zielerreichung ist es notwendig, ein Ziel aussagekräftig zu formulieren. Nur so wird deutlich, wohin man will.

Unterschied von Ziel und Maßnahme

Aussagekräftig formulierte Ziele sollten möglichst:

- **positiv formuliert** werden, d. h. ohne Verneinung, Steigerung oder Vergleiche, z. B.:
  nicht: „Unsere Präsentation soll nicht mehr so chaotisch verlaufen wie beim letzten Mal."
  sondern: „Unsere Präsentation ist gut strukturiert und anschaulich gestaltet."

- **sinnspezifisch formuliert** sein, d. h., wie sieht das Ergebnis aus, wie fühlt es sich an, wie hört es sich an u. Ä., z. .:
  nicht: „Die meisten Mitschüler bzw. Mitschülerinnen finden unsere Präsentation gut."
  sondern: „Die meisten Mitschüler bzw. Mitschülerinnen äußern, dass sie dem Vortrag gut folgen konnten und der Einsatz von Folien das Verständnis erleichtert hat."

- **messbar** sein, d. h. Angabe zu wie viel, wie lange, wo u. Ä. enthalten, z. B.:
  nicht: „Der Einsatz von Folien zur Unterstützung des Vortrags kam bei den Zuhörern bzw. Zuhörerinnen ganz gut an."
  sondern: „Mehr als zwei Drittel der Klasse finden den Folieneinsatz zur Unterstützung des Vortrags sinnvoll."

- **aus eigener Kraft erreichbar** sein, d. h. es muss die Frage beantwortet werden: Was kann ich oder können wir tun, um das Ziel zu erreichen? Z. B.:
  nicht: „Der Lehrer müsste uns erst einmal die Präsentationssoftware besorgen, bevor wir mit der Vorbereitung der Präsentation unseres Projekts „Biegewerkzeug" beginnen."
  sondern: „Welche Präsentationsmedien stehen uns zurzeit für die Gestaltung der Präsentation zur Verfügung?"

- **verträglich mit anderen Zielen** sein, z. B.:
  nicht: „Unsere Präsentation wurde vollständig durchgeführt."
  sondern: „Unsere Präsentation wurde in der vereinbarten Zeit durchgeführt." (Wenn vorab eine Präsentationszeit von 5 Minuten vereinbart wurde.)

Beispiele für die Formulierungen von Ziel und Maßnahme

Ziel	Maßnahme
Allen Mitschülern und Mitschülerinnen unserer Klasse sind die Ergebnisse unserer Gruppenarbeit hinsichtlich der Festlegung der Fertigungsschritte zur Herstellung einer Anpressbuchse durch Drehen am Ende der Präsentation bekannt.	Als Orientierung für unsere Mitschüler und Mitschülerinnen heften wir eine Vergrößerung der Anpressbuchse an eine Pinnwand. Die Fertigungsschritte zur Herstellung der Anpressbuchse notieren wir auf Karten, die wir während unseres Vortrags ebenfalls an die Pinnwand heften.

Innerhalb der Vorbereitung einer Präsentation muss somit zunächst die Frage geklärt werden: „Was will ich/wollen wir mit meiner/unserer Präsentation erreichen? Häufige Präsentationsziele sind z. B.:

- Informationen, Arbeitsergebnisse oder -abläufe sind ... bekannt,
- Bewusstsein für die bestehenden Schwierigkeiten ist ... geweckt,
- Motivation, Überzeugung für das angeregte Projekt ... ist vorhanden,
- Entscheidungen für den Zielort unserer Klassenfahrt ... wurden beeinflusst.

! Den Ausgangspunkt zur Vorbereitung einer Präsentation stellt eine aussagekräftige Zielformulierung dar.

2.2 Zielgruppe beschreiben

Präsentationen werden für einen bestimmten Zuhörerkreis vorbereitet. Deshalb ist es wichtig, vorab einige Informationen über die Zuhörer bzw. die Zuhörerinnen und ihre Interessen in Erfahrung zu bringen. Zu diesem Zweck sind die folgenden Fragen hilfreich:

- Wie setzt sich die Zuhörergruppe zusammen?
  Es ist ein großer Unterschied, ob die Präsentation vor Mitschülern und Mitschülerinnen stattfindet oder vor einer gemischten Gruppe aus Vorgesetzten und Auszubildenden, die möglicherweise noch aus unterschiedlichen Fachgebieten bzw. Abteilungen kommen. Ein Vortrag, der hinsichtlich des Gebrauchs der Fachsprache z. B. folgendermaßen abläuft: „Um das Rohmaß der Rohrschelle zu bestimmen, mussten zunächst die Längen der neutralen Fasern der gebogenen Teilstücke, die hier auf der Zeichnung zu erkennen sind, berechnet werden", kann ein Teilnehmer bzw. eine Teilnehmerin aus der kaufmännischen Abteilung sicher nicht mehr folgen, da ihnen der Begriff neutrale Faser unbekannt ist und es nicht zu ihren Aufgaben gehört, technische Zeichnungen zu lesen.

- Wie groß ist die Anzahl der Zuhörer bzw. der Zuhörerinnen?
  Bei einer Tischrunde von 3 Mitschülern bzw. Mitschülerinnen kann die Skizze auf dem Notizblock oder ein aufgestelltes Schild ausreichen, um den Vortrag anschaulich zu gestalten, in einem Klassenraum mit 25 Schülern bzw. Schülerinnen ist eine Vergrößerung auf einem oder über einen OH-Projektor o. ä. notwendig.

- Welche Erwartungen und Befürchtungen haben die Zuhörer bzw. die Zuhörerinnen möglicherweise?
  Geht die Präsentation an den Erwartungen der Zuhörer bzw. an den Zuhörerinnen vorbei, kommt Langeweile auf und die Zuhörer bzw. die Zuhörerinnen sind unkonzentriert.

- Welche Präsentationsgewohnheiten gibt es?
  Es gibt Gruppen von Zuhörern bzw. Zuhörerinnen, die den Einsatz elektronischer Medien mit anschaulich gestalteten Übersichten als Standard ansehen. Es gibt aber auch Zuhörer bzw. Zuhörerinnen, die es gewohnt sind, dass die Darstellungen schrittweise vor ihren Augen entwickelt werden, z. B. auf dem Flipchart oder mithilfe von beschrifteten Karten.

- Ist die Präsentation in eine Präsentationsreihe eingebunden?
  Innerhalb der jeweiligen Präsentationen sollte ein Medienwechsel stattfinden, da auch der interessierteste Zuhörer bzw. die Zuhörerin nach dem vierten Folienvortrag in Folge sein Interesse verliert.

Von der Beantwortung dieser Fragen hängen Planungsentscheidungen wie z. B. die Bild- oder Schriftgröße, die verwendeten Fachbegriffe, die Informationstiefe, der Medieneinsatz usw. ab. Ist der Zuhörerkreis dem Vortragenden unbekannt, sind die notwendigen Informationen meist über Gespräche mit den entsprechenden Organisatoren zu bekommen.

> **!** Zur Vorbereitung einer Präsentation gehört die Analyse der Zuhörergruppe. Die Analyseergebnisse liefern Hinweise für die Gestaltung der Präsentation.

2.3 Inhalte bearbeiten

Die Inhalte bilden die Grundlage der Präsentation, um sie geht es. Die Inhalte werden durch die Themenvorgabe oder -auswahl bestimmt. Liegt das Thema fest, geht es zunächst darum, alle Inhalte zu ermitteln und zu sammeln, die einen Bezug zum Thema haben oder haben könnten. An dieser Stelle sollte noch nicht zu kritisch sortiert werden.

In einem zweiten Schritt werden die gesammelten Inhalte in Bedeutsames und Unbedeutsames getrennt.

In einem dritten Schritt werden die bedeutsamen Inhalte auf das Wesentliche reduziert und in eine für den Planer der Präsentation anschauliche Struktur gebracht. Die Strukturierung kann z. B. in Ablaufschemata, Tabellen oder Gegenüberstellungen erfolgen.

Die Frage, welche Inhalte bedeutsam und wesentlich sind, kann anhand der Zielentscheidung beantwortet werden.

Schritte zur Bearbeitung von Inhalten:
- Inhalte sammeln
- Inhalte auswählen
- Inhalte reduzieren und strukturieren

Beispiele für die Bearbeitung von Inhalten zum Thema Werkstoffeigenschaften

Inhalte sammeln und auswählen:

... für uns, die wir Werkstoffe verarbeiten, stehen die **Verarbeitungseigenschaften der Werkstoffe** im Vordergrund. Für Werkstücke, die gegossen werden, benutzen wir Werkstoffe mit guter **Gießbarkeit**. Werkstoffe mit guter **Umformbarkeit** verarbeiten wir durch Schmieden, Walzen usw. Solche Eigenschaften, die für die Verarbeitung wichtig sind, nennt man **technologische Eigenschaften**. Wichtig sind aber ebenso die **physikalischen Eigenschaften**. Hierzu zählen besonders die **mechanischen Eigenschaften** wie Zugfestigkeit, Elastizität, Härte. Zu den physikalischen Eigenschaften gehören aber auch die **thermischen Eigenschaften** wie Wärmedehnung und Wärmeleitfähigkeit sowie die **elektrischen Eigenschaften** wie z. B. die elektrische Leitfähigkeit. Von den chemischen Eigenschaften sind die Korrosionsbeständigkeit und die Giftigkeit für den Metallbereich besonders wichtig ...

Inhalte reduzieren und strukturieren:

Verarbeitungseigenschaften der Werkstoffe
- technologische Eigenschaften
- physikalische Eigenschaften
  - mechanische Eigenschaften
  - thermische Eigenschaften
  - elektrische Eigenschaften
- chemische Eigenschaften

2.4 Darstellung (Visualisierung) anfertigen

Die ausgewählten und strukturierten Inhalte müssen in eine für die Zuhörer bzw. die Zuhörerinnen verständliche und ansprechende Form gebracht, d. h. dargestellt (visualisiert) werden. Der Einsatz eines geeigneten Präsentationsmediums zur Unterstützung der Darstellung bestimmter Inhalte ist entscheidend für das, was die Teilnehmer sich merken und wie sie die Qualität der Präsentation bewerten. Die visualisierte Präsentation hat gegenüber der rein sprachlichen Form wesentliche Vorteile:

- Wichtige Informationen sind z. B. auf einem Flipchart dokumentiert und bleiben so allen Zuhörern bzw. Zuhöreinnen präsent, wodurch die Aufmerksamkeit und die Konzentration gesteigert werden.
- Die Struktur des Vortrags wird transparent, d. h. der rote Faden wird für die Zuhörer bzw. die Zuhörerinnen deutlich.
- Wichtiges kann grafisch hervorgehoben werden, wodurch die Konzentration der Zuhörer bzw. der Zuhörerinnen auf das Wesentliche gelenkt wird.
- Die Dokumentation kann zur Orientierung bei Verständnisfragen genutzt werden.

Der Auswahl eines geeigneten Präsentationsmediums sollte deshalb ebensoviel Beachtung geschenkt werden, wie der Bearbeitung der Inhalte. Für die Auswahl stehen eine Vielzahl unterschiedlicher Medien zur Verfügung, die ggf. auch in unterschiedlichen Kombinationen zum Einsatz kommen können.

Kreativ- und Präsentationstechniken

Übersicht über Medien und ihre Einsatzbedingungen

Analoge Medien

Medium	Einsatzmöglichkeiten
Tafel	• Texte oder Skizzen können vor oder sinnvollerweise parallel zum Vortrag auf der Tafel dokumentiert werden. • Die Bilddarstellung beschränkt sich auf die Anfertigung von Skizzen oder die Verwendung vorgefertigter Bildplakate (Applikationen) während eines Vortrags. • Der Tafelanschrieb steht nur für eine begrenzte Zeit zur Verfügung.
Flipchart	• Die Flipcharts und Flipchartbögen sind mobil einsetzbar. • Die parallele Darstellung mehrerer Flipchartbögen, z. B. um unterschiedliche konstruktive Lösungen zu einer Problemstellung zu vergleichen, ist sehr gut möglich. • Die Flipchartbögen stehen nach einem Vortrag für unbegrenzte Zeit zur Verfügung.
Pinnwand	• Die Pinnwand bietet die Möglichkeit, farbige Karten in unterschiedlichen Formen und Größen als Elemente der Visualisierung in beliebiger Anordnung einzusetzen. • Die Karten können vor, z. B. um Schreibzeit während des Vortrags einzusparen, oder während der Präsentation beschriftet werden. • Durch die Kartengröße wird die Schriftgröße beschränkt; dies begrenzt den Einsatz der Pinnwand auf Zuhörergruppen von etwa 20 bis 25 Personen.

Digitale Medien

Eingabemedium	Einsatzmöglichkeiten		Ausgabemedium
Laptop	• Mithilfe des Laptops können Texte, Tabellen, Grafiken, Handskizzen, Zeichnungen, Formeln, animierte Präsentationen u. Ä. erstellt und gespeichert werden. • Es besteht auch die Möglichkeit, dass mehrere Personen von unterschiedlichen Orten aus – per Internetverbindung – gemeinsam an einem Dokument oder einer Präsentation arbeiten.	AUSGABEMEDIUM AUSWÄHLEN	Beamer
Dokumentenkamera	• Mithilfe der Dokumentenkamera ist es möglich, per Hand (analog) erstellte Darstellungen zu präsentieren bzw. in Echtzeit zu erstellen (Webcam-Funktion) und zu speichern. • Das Zeigen von dreidimensionalen Objekten aus unterschiedlichen Perspektiven ist ebenso möglich wie deren Vergrößerung (optional: Mikroskop Funktion) oder Verkleinerung. • Es können beispielsweise Buch- oder Katalogseitenseiten dargestellt, gespeichert und in andere Darstellungen eingebunden werden.		Smart Board
Smartboard	• Smartboards verfügen i. d. R. über die gleichen Einsatz- und Speichermöglichkeiten wie Laptops. Mithilfe ihrer Touchscreenfunktion ist die Befehlseingabe oder die freie Gestaltung von Darstellungen per Berührung möglich. • Zur kollaborativer Zusammenarbeit können die digital verfügbaren Ergebnisse einzelner Schülerinnen und Schüler oder Arbeitsgruppen – nacheinander oder auch gleichzeitig – auf dem Smart Board dargestellt werden.		Drucker

Präsentationstechniken

Die Auswahl eines bestimmten Mediums hängt von unterschiedlichen Kriterien ab.

- **Präsentationsmedium bearbeiten**

Bei der Bearbeitung des Präsentationsmediums sind insbesondere die Schriftgröße, die eingesetzten Farben und die Form der Visualisierungselemente sinnvoll auszuwählen.

Schriftgröße

Die dokumentierten Texte müssen von allen Zuhörern bzw. Zuhörerinnen, z. B. auch von den Mitschülern bzw. Mitschülerinnen, die in der letzten Reihe des Klassenraums sitzen, gut gelesen werden können. Deshalb ist die Schrifthöhe dem Zuhörerabstand anzupassen. Zur besseren Les-barkeit sind Druckbuchstaben (Normschrift mit entsprechender Ober- Mittel- und Unterlänge) in Groß- und Kleinschreibung zu verwenden. Zur Strukturierung können Überschriften formuliert und in größerer Schrifthöhe geschrieben werden.

Formen und Farben

Der Einsatz von Visualisierungselementen mit unterschiedlichen Formen und Farben dient im Wesentlichen der Strukturierung von Textinformationen. Dabei sind die folgenden Gestaltungsregeln hilfreich:

- Unterordnung von Teilaspekten zu einem Oberbegriff,
- Unterscheidung von linearen und verzweigten Strukturen,
- Darstellung mit Rhythmus und Dynamik versehen,
- Formen und Farben sparsam und als Bedeutungsträger (z. B. Gruppenüberschrift Oval/Orange) verwenden.

Kriterien zur Auswahl von Medien

Empfehlung für Schrifthöhe und Schriftgestaltung

Gestaltung mit Formen und Farben

Beispiele für Formelzeichen und ihre Bedeutung

Farbe	Wirkung	Einsatz
Gelb	kreativ, aktivierend …	Ideenfindung, Wissen erheben, …
Orange	einbindend, aktivierend, …	Vertiefung, Strukturierung, Gruppenarbeit …
Rot	stark aktivierend, kraftvoll …	Vereinbarungen, Regeln, Widerspruch, …
Grün	ausgleichen, bleibend …	Feedback, Kompromisse, Zusammenfassungen …
Blau	seriös, passiv, fokussierend, …	Fakten, Einzelarbeit, …

> **!** Zur Gestaltung einer Visualisierung für eine Präsentation ist das Präsentationsmedium auszuwählen und die Darstellung zu bearbeiten. Dabei ist auf eine geeignete Schriftgröße und -gestaltung zu achten. Formen und Farben sind als Bedeutungsträger zu verwenden.

2.5 Präsentation planen und durchführen

Zur Planung und Durchführung einer Präsentation ist die Frage zu beantworten: Wie soll mein Auftritt aussehen? Zu klären ist in diesem Zusammenhang, wie spreche ich die Zuhörenden an und wie möchte ich auf sie wirken? Die folgenden Tipps liefern erste Hinweise für alle Phasen einer strukturierten Präsentation:

lächeln **Blickkontakt halten**
laut und deutlich sprechen
mit den Händen zeigen, um was es geht
in kurzen Sätzen sprechen hüftbreit stehen
ruhig bewegen

1. Eröffnung

Um den Kontakt zu den Zuhörenden aufzubauen, werden die Zuhörerinnen und Zuhörer begrüßt und der Vortragende stellt sich vor. Im nächsten Schritt wird das Thema oder der Auftrag strukturiert vorgestellt. Damit die Zuhörer und Zuhörerinnen wissen, was sie erwartet, erfolgt eine kurze Beschreibung des Präsentationsverlaufs. Auch wird geklärt, ob Nachfragen während oder im Anschluss an den Vortrag gestellt werden können. Für die Zuhörenden ist es auch wichtig zu erfahren, welche Teile des Vortrags sie in schriftlicher Form bekommen bzw. was sie online abrufen können.

Strukturelemente zur Vorstellung von Thema oder Auftrag:
- Zielsetzung aussagekräftig formulieren. z. B. Es liegt ein Strukturnetz zur Montage eines Lochwerkzeugs vor, nachdem angelernte Mitarbeiter die Montage funktionsgerecht durchführen können
- nennen & notieren. z. B. Montage eines Lochwerkzeugs planen
- ggf eingrenzen. z. B. Strukturnetz entwickeln
- persönlichen Bezug herstellen. z. B. Industriemechaniker bzw. Industriemechanikerinnen zuständig für die Arbeitsprozessplanung
- Bedeutung darstellen. z. B. Montage soll von angelernten Mitarbeitern durchgeführt werden

Thema oder Auftrag

Möglicher Präsentationsverlauf:
1. Thema oder Auftrag beschreiben
2. Bearbeitungsschritte erläutern
3. Ergebnis darstellen

2. Hauptteil

Die Umsetzung des geplanten Präsentationsverlaufs im Hauptteil sollte strukturiert erfolgen. Zur Strukturierung können
- Stichworte oder Fragen formuliert sowie
- Haupt- und Unterpunkte benannt und dargestellt werden.

Für eine anschauliche Präsentation ist es wichtig, dass eine Beziehung zwischen Sprache, Text und grafischen Elementen hergestellt wird.

3. Schluss

In der Schlussphase werden die wesentlichen Punkte kurz zusammengefasst, damit sie als bleibender Eindruck von den Zuhörern bzw. den Zuhörerinnen gespeichert werden können. Der Hinweis auf die Möglichkeit, Rückfragen zu stellen, sollte an dieser Stelle ebenso wenig fehlen wie der Dank für die von den Zuhörern bzw. den Zuhörerinnen entgegengebrachte Aufmerksamkeit.

Tipps zur sprachlichen Gestaltung des Vortrags

- Tätigkeitswörter statt Hauptwörter benutzen, z. B.:
  nicht: „Wir haben hinsichtlich der Reihenfolge der Baugruppenmontage eine Einigung in der Gruppe erzielt."
  sondern: „Wir haben uns über die Reihenfolge der Baugruppenmontage in der Gruppe geeinigt."
- Dinge beim Namen nennen und allgemeine Beschreibungen vermeiden, z. B.:
  nicht: „An diesem Bauteil wird etwas abgedreht."
  sondern: „In diesem Fertigungsschritt wird der Zapfen Ø 40 mm plangedreht."
- Überflüssigen Gebrauch der Möglichkeitsform vermeiden, z. B.:
  nicht: „Würden Sie Ihre Aufmerksamkeit bitte auf die Bauteilskizze richten?"
  sondern: „Ich bitte Sie, Ihre Aufmerksamkeit auf die Bauteilskizze zu richten."

> **!** Bei der Planung und Durchführung einer Präsentation sind die Regeln einer erfolgreichen Präsentation zu beachten und eine Strukturierung in Eröffnung, Hauptteil und Schluss vorzusehen.

2.6 Urheberrecht

Eine Präsentation ist für die Zuhörerinnen und Zuhörer interessant, wenn sie kreative und neue Ansätze, z. B. für eine Problemlösung, beinhaltet. Wurden die Ansätze vom Vortragenden selbst entwickelt und nicht auf bereits Bestehendes zurückgegriffen, handelt es sich nach dem Urheberrecht um eine „persönliche geistige Schöpfung".

Durch das Urheberrecht wird nicht die Idee an sich geschützt, sondern nur deren Darstellung, z. B. in Form einer Power-Point-Präsentation oder eines Fachberichts. Alle Darstellungen, die durch die menschlichen Sinne wahrnehmbar sind, werden im Urheberrecht als „Werk" bezeichnet. Das Urheberrecht schützt somit nicht die Idee, sondern das Werk, das die Idee des Urhebers für andere Menschen wahrnehmbar macht. Ein Werk ist durch das Urheberrecht geschützt, wenn es

Idee und urheberrechtlich geschütztes Werk

- das Ergebnis kreativer geistiger Arbeit (z. B. die konstruktive Lösung eines Montageproblems) ist,
- durch Hören, Sehen, Fühlen Riechen oder Schmecken (z. B. eine Konstruktionszeichnung oder ein Autorensystem für einen Montageprozess) wahrnehmbar ist,
- etwas Neues darstellt, das es bisher noch nicht gab (kreative Leistung) und
- die Besonderheit eines Menschen zum Ausdruck bringt (Individualität) und etwas einmaliges und auffälliges (Orginalität) besitzt.

Das Nutzungsrecht (z. B. das Recht zur Vervielfältigung eines Fachberichts) an einem bereits veröffentlichten Werk kann, z. B. an ein Unternehmen (Verwerter), weitergegeben werden. Wird beispielsweise im Rahmen einer Auftragsbearbeitung eine komplexe Vorrichtung einer mitarbeitenden Person (Urheber) entworfen und konstruiert, kann dem Auftraggeber (z. B. dem Betrieb) ein Nutzungsrecht eingeräumt werden. In diesem Fall werden die Nutzungsrechte von der mitarbeitenden Person an den Betrieb (Verwerter) übertragen. Der Betrieb hat dann z. B. das Recht, die Konstruktionszeichnung in einem Firmenprospekt zu veröffentlichen. Die Mitarbeitende Person hat Anspruch auf eine angemessene Vergütung, die im Beispiel mit dem Lohn abgegolten ist.

Das Urheberrecht regelt auch die Übernahme von Teilen eines fremden Werks. So dürfen etwa Teile der mit grafischen Darstellungen anschaulich gestalteten und vor den Mitschülern und Mitschülerinnen präsentierten Montageanleitung eines Schülers oder einer Schülerin nicht einfach übernommen werden. Möchte ein Mitschüler oder eine Mitschülerin Teile der präsentierten Montageanleitung in die eigene Anleitung übernehmen, so sind diese Teile in eine mit eigenen Ideen gestalteten Anleitung (eigenständiges Werk) zu integrieren. Die übernommenen Teile dürfen nicht für sich alleine stehen. Der Mitschüler oder die Mitschülerin (Urheber bzw. Urheberin), deren Ideen übernommen wurden, ist als Quelle anzugeben. Mithilfe der Quellenangabe muss es möglich sein, die übernommenen Teile auch in dem fremden Werk zu finden.

Das zur Veröffentlichung eines Werks genutzte Medium (Buch, DVD, Internetseite o. ä.) ist lediglich Träger (Verkörperung) des Werks und unterliegt nicht dem Urheberrecht.

Von der Idee zum Werkstück

Beispiele für die Übernahme von Teilen aus fremden Quellen und Quellenangaben

Werk (Quelle)	Eigener Text mit übernommenen Teilen aus einem anderen Werk (Quellenangabe)
Lehrbuch (veröffentlichtes Werk) … Damit das Lot an die Lötstelle gelangen kann, muss der Spalt zwischen den Bauelementen möglichst eng sein. Je enger der Lötspalt ist, desto leichter und weiter saugt sich das Lot in den Spalt. Diese Sogwirkung nennt man Kapillarwirkung. …	*indirekt übernommen* … Das Verlöten von Kupferrohren und Lötfittings ist nur möglich, weil das Lot in den Spalt zwischen Rohr und Fitting gesogen wird.[1] … **Quellenangabe:** [1] Vgl. Biehl, Oliver u. a. 2015: Lernfelder Metalltechnik. Grundwissen, S. 113. *direkt übernommen (übernommene Teile in Anführungszeichen)* … Beim Verlöten von Kupferrohren und Lötfittings „saugt sich das Lot in den Spalt"[1] und … **Quellenangabe:** [1] Biehl, Oliver u. a. 2015: Lernfelder Metalltechnik. Grundwissen, S. 113.
Fachbericht eines Mitschülers (unveröffentlichtes Werk) … Dass sich das Lot in den Lötspalt saugt, liegt an der Kapillarwirkung. …	*direkt übernommen* … Die Kapillarwirkung sorgt dafür, „dass sich das Lot in den Lötspalt saugt."[1] **Quellenangabe:** [1] Musterschüler, Paul 2019: Wie Löten funktioniert, S. 3. [unveröffentlichter Aufsatz]
Internet – Text Das Aufsteigen von Flüssigkeiten in engen Röhren (Kapillaren) oder Hohlräumen wird als Kapillarität bezeichnet. …	*indirekt übernommen* … Wenn sich das Lot in den Spalt zwischen Rohr und Fitting gesogen wird, spricht man von Kapillarität.[1] … **Quellenangabe:** [1] Vgl. LernHELFER: Kapillarität. URL hthttps://lernhelfer.de/physik…
Internet – YouTube-Video https://www.youtube.com/…	*indirekt übernommen* … Die Kapillarität wird durch Adhäsionskräfte hervorgerufen.[1] **Quellenangabe:** [1] Vgl. Müller, Stephan 2013: Kapillarität bei Wasser und Quecksilber https://www.youtube.com/…

> **!** Eigene Ideen werden durch das Urheberrecht geschützt, wenn sie in einem Werk dargestellt werden. Die Nutzungsrechte an einem Werk können vom Urheber an einen Verwerter übertragen werden, der den Urheber angemessen zu vergüten hat. Die übernommenen Teile aus einem fremden Werk müssen durch Quellenangaben kenntlich gemacht werden.

LERNSITUATION 1

Fertigen eines Keils

Situation:

Für eine Bohrvorrichtung ist ein Keil aus C45 mit 5° Steigung anzufertigen. Als Rohteil soll gezogenes Flachmaterial verwendet werden.

1. Auftrag analysieren

1.1 Welche Funktion hat der Keil in der Vorrichtung?
1.2 Wie wird der Keil im Einsatz beansprucht?
1.3 Welche Probleme können bei längerem Einsatz auftreten und wie kann ihnen vorgebeugt werden?

2. Fertigung planen

2.1 Ermitteln Sie die Rohteilmaße des zu verwendenden Flachmaterials.
2.2 Geben Sie die Reihenfolge der Fertigungsschritte sowie die jeweils zu verwendenden Werkzeuge und Hilfsmittel an. Fertigen Sie dazu eine Tabelle an.
2.3 Welchen Zeitraum setzen Sie etwa für die Herstellung des Keils an?

3. Fertigen

3.1 Zeichnen Sie das Rohteil im Maßstab 1:1 und tragen Sie die Werkstückkontur ein.
3.2 Wie kontrollieren Sie bei der Bearbeitung den Radius R3?

4. Kontrollieren und bewerten

Welche Maße sind besonders zu kontrollieren? Begründen Sie Ihre Entscheidung.

Lernfeld 1   Fertigen von Bauelementen mit handgeführten Werkzeugen

LERNSITUATION 2

Biegen einer Rohrschelle

Situation:
Zum Befestigen von Stahlrohren an einer gestuften Kante werden speziell geformte Rohrschellen benötigt.

Zur Fertigung liegt lediglich eine Handskizze mit den wichtigsten Maßen vor.

1. Auftrag analysieren

1.1 Welcher Werkstoff kommt für die Fertigung infrage?
1.2 Prüfen Sie, ob es genormten Bandstahl in den geforderten Maßen gibt.
1.3 Wählen Sie ein geeignetes Biegeverfahren.
1.4 Überlegen Sie, ob das Bohren der Löcher vor oder nach dem Biegen erfolgen soll.

2. Anriss planen

2.1 Ermitteln Sie die Mindestbiegeradien.
2.2 Wählen Sie das Maß für die Schellenenden neben den Bohrungen.
2.3 Skizzieren Sie die nebenstehende Zeichnung ab. Tragen Sie die fehlenden Maße ein.
2.4 Ermitteln Sie die Maße l_1 bis l_7 und die Gesamtlänge l_{ges} des Zuschnitts.
2.5 Zeichnen Sie das Rohteil und bemaßen Sie jeweils die Längen der einzelnen Teilstücke.

3. Biegen planen

Überlegen Sie, in welcher Reihenfolge die einzelnen Biegevorgänge vorzunehmen sind, damit keine Behinderungen beim Spannen und Biegen auftreten.

4. Fertige Rohrschelle kontrollieren

4.1 Welche Maße sind für die Nutzung der Rohrschelle besonders wichtig?
4.2 Wie können diese Maße geprüft werden?

LERNSITUATION 3

Fertigen eines Ablaufblechs

Situation:

An einer Presse soll ein Ablaufblech zum Ableiten der Stanzabfälle in einen Behälter angebracht werden. Das Ablaufblech ist zu fertigen.

1. Auftrag analysieren

Prüfen Sie, ob die Angaben der Zeichnung für die Fertigung ausreichen. Treffen Sie ggf. Entscheidungen.

2. Fertigung planen

2.1 Wählen Sie ein geeignetes Biegeverfahren aus.
2.2 Wählen Sie ein Fügeverfahren zum Verbinden von Kanten aus.
2.3 Skizzieren Sie schematisch den Blechzuschnitt.
2.4 Legen Sie die Reihenfolge der einzelnen Biegungen fest. Kennzeichnen Sie an Ihrer Skizze die Reihenfolge durch das Eintragen von Ziffern.

3. Fertigen

3.1 Zeichnen Sie im Maßstab 1 : 5 die Abwicklung des Zuschnitts. Bemaßen Sie die Abwicklung.
3.2 Schreiben Sie einen Fachbericht über die Fertigung.

4. Kontrollieren und bewerten

Kopieren Sie Ihre maßstäbliche Abwicklung des Zuschnitts auf Karton und prüfen Sie Ihr Ergebnis. Nehmen Sie ggf. Verbesserungen an Ihrer Abwicklung vor.

Lernfeld 2 Fertigen von Bauelementen mit Maschinen

LERNSITUATION 4

Fertigen einer Kreuzscheibenkupplung

Situation:

Durch Kreuzscheibenkupplungen kann man Wellen, die in der Höhe gering versetzt sind, miteinander verbinden.

Für eine Kreuzscheibenkupplung sollen aus E 295 die Naben hergestellt werden.

1. Auftrag analysieren

1.1 Welcher Werkstoff ist vorgeschrieben? Erläutern Sie die Normbezeichnung.
1.2 Welche Oberflächenbeschaffenheiten müssen erreicht werden?
1.3 Legen Sie die Abfolge der Fertigungsverfahren zur Herstellung einer Nabe fest.

2. Rohteilfertigung planen

2.1 Wählen Sie aus Maßtabellen den Durchmesser für ein geeignetes Rundmaterial aus.
2.2 Wählen Sie ein geeignetes Verfahren zum Abtrennen des Rohlings aus.
2.3 Geben Sie die Länge des abzutrennenden Rohlings unter Berücksichtigung der Genauigkeit des Trennverfahrens an.
2.4 Es besteht die Gefahr, dass die Stirnflächen nicht rechtwinklig sind. Dadurch kann der Rohling trotz genügender Länge das Werkstück nicht mehr enthalten. Wählen Sie entsprechende Prüfverfahren und Prüfmittel zur Prüfung des Rohteils aus.

3. Vorbereitende Arbeiten planen

Überprüfen Sie, ob vor der maschinellen Bearbeitung Anreißarbeiten vorzunehmen sind.

4. Fertigungsschritte für jede erforderliche Werkzeugmaschine planen

4.1 Arbeiten auf der Drehmaschine
Es steht eine Leit- und Zugspindeldrehmaschine mit dem Werkzeug vor der Drehmitte zur Verfügung.

a) Planen Sie
- die Abfolge der Drehrarbeiten,
- die erforderlichen Maßkontrollen,
- das Umspannen.

Legen Sie die Abfolge der einzelnen Arbeiten auf der Drehmaschine fest. Beschreiben Sie den jeweiligen Arbeitsschritt möglichst genau, z. B. in der Form „Plandrehen der Stirnfläche". Damit einheitliche Begriffe verwendet werden, benutzen Sie die nachfolgenden Beschreibungsbeispiele.

Beispiele für die Beschreibung der Arbeitsschritte

Plandrehen der Stirnfläche | Plandrehen der Gleitfläche | Längsdrehen des Nabenansatzes | Längsdrehen des Nabenkopfs | Ausdrehen der Bohrung

Legen Sie für die Drehrarbeit eine Tabelle nach folgendem Muster an:

Fertigungsschritt	Werkzeug	Schnittgeschwindigkeit v_c m/min	Umdrehungsfrequenz n 1/min	Vorschub f mm	Schnitttiefe a_p mm
Plandrehen der Stirnfläche Schruppen Schlichten	abgesetzter rechter Stirndrehmeißel, HSS	? ?	? ?	? ?	? ?

b) Welche Sicherheitsvorschriften sind beim Drehen besonders zu beachten?

4.2 Arbeiten auf der Fräsmaschine

Zum Fräsen der Nut für die Kreuzscheibe steht eine Senkrechtfräsmaschine zur Verfügung.

a) Geben Sie ein geeignetes Spannmittel an.
b) Beschreiben Sie die Fertigung der Nut.
c) Geben Sie für das Fräsen der Nut die wichtigen Größen tabellarisch an:

Fertigungsschritt	Werkzeug	Schnittgeschwindigkeit v_c m/min	Umdrehungsfrequenz n 1/min	Vorschub f mm	Schnitttiefe a_p mm
Schruppen	Schaftfräser, HSS $d = ?$	?	?	?	?
Schruppen	Schaftfräser, HSS $d = ?$	?	?	?	?

d) Welche Sicherheitsvorschriften sind beim Fräsen besonders zu beachten?
e) Geben Sie an, wie die mittige Lage der Nut geprüft werden kann.

5. Herstellen der Nut für die Verbindung von Welle und Nabe

Nennen Sie geeignete Verfahren zur Herstellung der Nut.

6. Fertiges Werkstück kontrollieren

a) Welche Maße sind für den späteren Einbau besonders wichtig und müssen überprüft werden?
b) Geben Sie jeweils geeignete Prüfmittel an.

Lernfeld 3   Herstellen einfacher Baugruppen

LERNSITUATION 5

Montieren einer Vorrichtung

Situation:

In der dargestellten Vorrichtung werden auf einem Schleifmaschinentisch Getriebegehäuse gespannt. Der Grundkörper der Vorrichtung (in der Skizze gelb dargestellt) besteht aus Gusseisen. In den Grundkörper sind die weiteren Spann- und Positionierelemente eingebaut.
Die Vorrichtung hat den Vorteil, dass mit dem Anziehen der Schrauben auf der rechten Seite das Gehäuse vollständig gespannt wird.
Planen Sie die Montage der im Schnitt gezeigten Elemente und stellen Sie diese in einer Übersicht dar.

1. Auftrag analysieren

Beschreiben Sie den Spannvorgang präzise. Beginnen Sie mit der Beschreibung an dem Punkt, an dem mithilfe des Schraubenschlüssels die Mutter auf dem Spannbolzen 1 angezogen wird.

2. Montage planen

Erstellen Sie einen Montageplan in Form eines Strukturnetzes.
Zur besseren Veranschaulichung können Sie die Bezeichnung jedes einzelnen Bauelements auf jeweils eine Karte schreiben und dann die Karten in der richtigen Reihenfolge ordnen. Aus der so gewonnenen Übersicht lässt sich das Strukturnetz leicht ableiten.

LERNSITUATION 6

Warten einer Fräsmaschine

Situation:

Eine Fräsmaschine ist im Zweischichtbetrieb täglich etwa acht bis zehn Stunden im Einsatz. Von Seiten des Maschinenherstellers ist in den Betriebsanweisungen der folgende Wartungsplan vorgegeben. Stellen Sie für die dargestellte Fräsmaschine einen Zeitplan für die Wartung im kommenden Jahr auf.

1. Auftrag analysieren

1.1 Erläutern Sie die Symbole des Wartungsplans. Zeichnen Sie dazu die Symbole ab und schreiben Sie die Bedeutung des jeweiligen Symbols unter Berücksichtigung der Stundenangabe auf. (Mehrfach vorkommende Symbole erläutern Sie nur an der Stelle ihres erstmaligen Auftretens.)

1.2 Aus dem Plan ist ersichtlich, dass der Kühlschmiermittelbehälter in regelmäßigen Abständen zu reinigen ist. Dabei ist auch das Kühlschmiermittel zu erneuern. Wie ist mit dem alten Kühlschmiermittel umzugehen?

2. Wartung planen

2.1 Schreiben Sie auf, in welchen Kalenderwochen bestimmte Maßnahmen durchzuführen sind. Für Arbeiten, die in sehr kurzen Zeitabständen anfallen, legen Sie auch den Wochentag fest.

2.2 Überlegen Sie sich Maßnahmen, mit denen die Einhaltung der Wartungsplans überprüft werden kann. Machen Sie Vorschläge.

Lernfeld 5   Fertigen von Einzelteilen mit Werkzeugmaschinen

LERNSITUATION 7

Planen der Fertigung einer Backenführung

Situation:

Die Rohteile von Backenführungen für Maschinenschraubstöcke sind aus Gusseisen mit Kugelgrafit (EN-GJS-500-7) gefertigt worden. Die Endbearbeitung der Backenführung für fünf Stück ist zu planen. Sie haben die Aufgabe, die Fertigung zu planen und in einem Arbeitsplan festzuhalten.

1. Auftrag analysieren

1.1 Untersuchen Sie die Zeichnung des Rohteils auf Bearbeitungszugaben. Skizzieren oder kopieren Sie die Rohteilzeichnung und kennzeichnen Sie die Bearbeitungsbereiche farbig.
1.2 Überlegen Sie, ob nach der Bearbeitung verbleibende Formschrägen Einfluss auf die Funktion der Backe haben können.

2. Fertigungsverfahren vorplanen

2.1 Skizzieren oder kopieren Sie die Fertigteilzeichnung und ordnen Sie den Bearbeitungsstellen mögliche Fertigungsverfahren zu.
2.2 Geben Sie die Maschinen und Werkzeuge an, mit denen die Fertigung möglich ist.

3. Fertigung festlegen

3.1 Bestimmen Sie die Reihenfolge der Bearbeitung.
3.2 Wählen Sie Werkzeuge und Spannmittel aus.
3.3 Bestimmen Sie die Schnitt- und Einstelldaten.
3.4 Legen Sie Zwischenkontrollen während der Bearbeitung fest.
3.5 Erstellen Sie den Arbeitsplan.

4. Arbeitsplan kontrollieren

4.1 Vergleichen Sie Ihren Arbeitsplan mit dem Arbeitsplan von Mitschülern.
4.2 Überprüfen Sie, ob der gewählte Arbeitsplan auch bei einer Fertigung von 200 Stück angemessen wäre.

LERNSITUATION 8

Planen der Fertigung einer Klauenkupplung

Situation:

Zur Verbindung einer Maschine mit einem Antriebsmotor ist eine aus zwei Teilen bestehende Klauenkupplung zu fertigen. Die Kupplungsteile werden aus blank gezogenem Rundmaterial hergestellt. Erstellen Sie den Arbeitsplan.

Lernfeld 6   Installieren und Inbetriebnehmen steuerungstechnischer Systeme

LERNSITUATION 9

Entwickeln einer Steuerung für eine Spannvorrichtung

Situation:
In der dargestellten pneumatischen Spannvorrichtung werden Leisten paarweise gespannt. Entwickeln Sie eine geeignete Schaltung zur Steuerung des Spannzylinders.

1. Auftrag analysieren

1.1 Beschreiben Sie die Arbeitsweise der Vorrichtung.
1.2 Welche Sicherheitsmaßnahmen sind beim Betrieb der Vorrichtung zu beachten?

2. Schaltung planen

Entwerfen Sie den Schaltplan.

3. Steuerung simulieren

Testen Sie die Steuerung mit einem Simulationsprogramm.
Bauen Sie die Schaltung auf einem Pneumatikstand auf und überprüfen Sie die Funktion.

Installieren und Inbetriebnehmen steuerungstechnischer Systeme   Lernfeld 6

LERNSITUATION   10

Entwickeln einer Steuerung für eine Abfüllanlage

Situation:

An einer Dosieranlage soll der Sperrschieber am Auslauf des Vorratsbehälters auf Knopfdruck hin so betätigt werden, dass der Behälter geöffnet wird und Material in das Gefäß auf der Waage fällt. Sobald das gewünschte Gewicht erreicht ist, soll der Schieber den Behälter selbsttätig schließen.
Entwickeln Sie eine geeignete Schaltung zur Steuerung des Sperrschiebers.

1. Auftrag analysieren

1.1 Beschreiben Sie die Arbeitsweise der Vorrichtung.
1.2 Welche Fehlbedienungen der Anlage müssen durch geeignete Schaltungsmaßnahmen ausgeschlossen werden?

2. Montage planen

2.1 Legen Sie im Technologieschema die Stellen fest, an denen Sensoren anzubringen sind.
2.2 Stellen Sie einen Logikplan für das Öffnen und Schließen des Sperrschiebers auf.
2.3 Entwerfen Sie die Schaltung. Testen Sie die Schaltung mit einem Simulationsprogramm.

3. Steuerung ausführen und überprüfen

Bauen Sie die Schaltung auf einem Pneumatikstand auf und überprüfen Sie die Funktion.

Hinweis zu Lernfeld 6: Weitere Lernsituationen siehe **Projektaufgaben 3/23 und 3/24** im Kap. „Steuerungs- und Regelungstechnik".

LERNSITUATION 11

Montieren einer Antriebstrommel

Situation:

In Ihrer Firma soll die abgebildete Antriebstrommel für ein Förderband montiert werden. Das Auflegen des Förderbands und der Anschluss des Elektromotors erfolgen zu einem späteren Zeitpunkt. Die Stützen für die Lager sind bereits aufgestellt und im Hallenboden einbetoniert.
Die Montage soll von Ihnen selbstständig geplant und durchgeführt werden.

Montagezeichnung Antriebstrommel

Bei Montage beachten:
Trommel mittig ausrichten und radialen Rundlauf kontrollieren (0,5 mm).
Radiale Lagerluft: 27–47 μm
Versatz der Stehlagergehäuse: ± 0,5°

Verwendete Bauelemente:
Gehäuse SNL 513-611   Enddeckel ASNH 513-611
Dichtungen TSN 611 G   Lager 2311 K
Hülse H2311   Festringe FRB 4/120

---

1. Montage analysieren

1.1 Ordnen Sie in Tabellenform den Positionsnummern die Bauteilbezeichnungen zu.
1.2 Bestimmen Sie die Hauptfunktionen der Bauelemente.

2. Montage planen

Erstellen Sie einen tabellarischen Montageplan.
Berücksichtigen Sie darin auch das notwendige Ausrichten von Bauteilen und geben Sie die Anzugsmomente an.

3. Montage durchführen

Beschreiben Sie die Einstellung und Kontrolle der radialen Lagerluft der Lager.

4. Montage bewerten

Erstellen Sie einen Prüfplan mit allen für die Funktion wichtigen Prüfmaßen.
(Lösung mit Internetunterstützung einer Suchmaschine:
SKF „SNL macht Gehäuselagerungen noch wirtschaftlicher")

LERNSITUATION 12

Fertigen eines Kupplungsflanschs auf einer CNC-Drehmaschine

Situation:

Für eine Sonderausführung einer Maschine haben Sie einen Kupplungsflansch anzufertigen. Für die Dreharbeit steht eine CNC-Drehmaschine mit Programmierung nach DIN zur Verfügung.

1. Auftrag analysieren

1.1 Nennen Sie die einzelnen Fertigungsverfahren, die zur Herstellung des Kupplungsflanschs notwendig sind.
1.2 Bestimmen Sie die Rohteilabmessungen. Es steht Stangenmaterial zur Verfügung.

2. Programmierung der Drehbearbeitung planen

2.1 Skizzieren Sie das Werkstück und tragen Sie den (die) Werkstücknullpunkt(e) ein.
2.2 Bestimmen Sie die Arbeitsabfolge beim Drehen. Skizzieren Sie dazu das Werkstück in den verschiedenen Einspannungen und geben Sie die Schnittfolgen an. Begründen Sie kurz die Abfolge.
2.3 Geben Sie die genauen Bezeichnungen der einzelnen einzusetzenden Drehmeißel sowie des ausgewählten Schneidstoffs an.
2.4 Ermitteln Sie die Schnittdaten.
2.5 Stellen Sie einen Arbeitsplan auf.

3. Programm erstellen

Schreiben Sie das Programm für die Drehbearbeitung in der ersten Aufspannung.

4. Maschine einrichten

Nach dem Umspannen müssen Sie den Nullpunkt in Z-Richtung wieder neu bestimmen. Wie gehen Sie vor?

Lernfeld 10   Herstellen und Inbetriebnehmen von technischen Systemen

LERNSITUATION

13

Umrüsten eines Roboters

Situation:

In einem kunststofferzeugenden Betrieb wird der hergestellte Kunststoff als Granulat maschinell in Säcke verpackt. Ein Roboter soll die von einem Förderband angelieferten Kunststoffsäcke auf eine Palette stapeln.
Ein Greifersystem für diese Palettierungsaufgabe ist noch nicht vorhanden.

Die Kunststoffsäcke haben die Abmaße 600 mm x 400 mm x 120 mm und sind mit Polyamid6-Granulat (80 % Füllgrad) gefüllt.

1. Auftrag analysieren

Sichten Sie die Produktbeschreibung des Roboters und stellen Sie die Randbedingungen für die Umrüstung des Roboters fest.

2. Umrüsten des Industrieroboters planen

2.1 Legen Sie die Anforderungen fest, die das Greifersystem des Roboters erfüllen muss.
2.2 Sammeln Sie in der Gruppe Ideen für die Gestaltung des Greifers.
2.3 Präsentieren Sie Ihre Lösungsvorschläge.
2.4 Entscheiden Sie sich im Gremium für eine Lösung, die sie weiter ausarbeiten wollen.
2.5 Dimensionieren und berechnen Sie den Greifer.
2.6 Stellen Sie die Bauteile des Greifersystems zusammen.
2.7 Dokumentieren Sie die Umrüstung des Roboters.

3. Umrüsten des Industrieroboters durchführen

Erstellen Sie eine Montageanweisung für den Anbau des Greifersystems an den Roboter.

4. Industrieroboter in Betrieb nehmen

Erstellen Sie eine Checkliste für die Inbetriebnahme des mit dem Greifersystems umgerüsteten Roboters.

Instandhaltung von technischen Systemen Lernfeld 12

LERNSITUATION 14

Prüfen einer Zugstange

Situation:

Eine Zugstange in einer Nietmaschine ist gerissen. Es soll geklärt werden, ob der Schaden durch Überlastung oder durch ungeeigneten Werkstoff der Zugstange entstanden ist. Im letzteren Fall ist eine Reklamation beim Lieferanten der Nietmaschine möglich.
Ein Ingenieur hat in einer Überschlagrechnung ermittelt, dass die Zugstange unter normalen Bedingungen eine Zugkraft von 40 000 N aufzunehmen hat. Der Werkstoff der Zugstange soll Baustahl E360 sein.

1. Ausgangssituation analysieren

Der Zugversuch kann eine Aussage über die Eignung des Werkstoffs zur Aufnahme der Last geben. Bestimmen Sie den Kennwert des Zugversuchs, der eine Aussage über die Verwendung eines einwandfreien Werkstoffs ermöglicht.
Wie groß müsste der Kennwert etwa sein?

2. Werkstoffprüfung planen

2.1 Bestimmen Sie Form und Größe der Zugprobe. Fertigen Sie ggf. eine bemaßte Skizze an.
2.2 Stellen Sie die Vorschriften zusammen, die bei der Prüfung einzuhalten sind.

3. Werkstoffprüfung durchführen

Bei der Prüfung an einem Probestab (kurzer Proportionalstab) mit 4 mm Durchmesser wurde das nebenstehende Diagramm aufgenommen.

4. Prüfergebnis auswerten

4.1 Berechnen Sie die Kennwerte der Probe.
4.2 Vergleichen Sie die aufgenommenen mit den erforderlichen Kennwerten und schließen Sie aus dem Vergleich auf die Fehlerursache.
4.3 Machen Sie einen begründeten Vorschlag, wie auf den Schaden reagiert werden soll.

LERNSITUATION 15

Umsetzen einer Tischbewegung durch eine programmierbare Steuerung

Situation:
Der Werkstücktisch einer Flachschleifmaschine wird über einen Hydraulikzylinder hin- und herbewegt. Die Umsteuerung des Tischs erfolgt über verstellbare Sensoren am Gehäuse und dem Nocken am beweglichen Werkstücktisch.

Der Ablauf der Anlage muss wie folgt eingehalten werden:
- Stromversorgung über einen Schlüsselschalter S1. Der Start des Tischantriebs ist über einen gesonderten, rastenden Einschalter S3 vorzusehen.
- Start des Tischantriebs ist nur möglich, wenn der Schleifscheibenmotor läuft. Die Abfrage dazu erfolgt über einen Sensor B2.
- Umgeschaltet wird der Tischantrieb jeweils mithilfe der Sensoren B4 und B5, die von dem Nocken betätigt werden.
- Das Ende des Tischantriebs erfolgt über das Rücksetzen des Startschalters S3, dabei soll die jeweilige Hubbewegung noch beendet werden.

1. Auftrag analysieren

1.1 Untersuchen Sie den Signalfluss (Technologieschema erweitern, Funktionsdiagramm aufstellen).
1.2 Beschreiben Sie den schrittweisen Ablauf der Steuerung.

2. Programm der Steuerung planen

2.1 Erweitern Sie den Hydraulikschaltplan und ordnen Sie ihm die Steuerungseinheit zu.
2.2 Legen Sie die Hardware für die Steuerungseinheit fest und beschalten Sie diese Einheit.
2.3 Stellen Sie eine Zuordnungsliste für die Steuerung auf.
2.4 Entwickeln Sie den Funktionsplan.

3. Steuerungsprogramm schreiben

3.1 Schreiben Sie das Programm für die Steuerung.
3.2 Führen Sie Simulationstests durch.

4. Inbetriebnahme der Steuerung durchführen und dokumentieren

4.1 Übertragen Sie das Programm in das Steuerungsgerät und verdrahten Sie Sensoren und Aktoren.
4.2 Führen Sie die Inbetriebnahme der Steuerung in Schritten durch.
4.3 Dokumentieren Sie Ihr Programm.

Hinweis: Zur Bearbeitung der obigen Aufgaben kann ein im Lehrmittelhandel angebotenes System eingesetzt werden. Die Inbetriebnahme kann im Laborbetrieb auch mit pneumatischen Elementen erprobt werden.

LERNSITUATION 16

Planen einer Fräsvorrichtung

Situation:

Gegossene Krümmer sollen auf einer mechanisch gesteuerten Fräsmaschine mit einem Messerkopf an den Flanschflächen plangefräst werden. Auf den Flächen ist eine Bearbeitungszugabe von 3 mm.
Der Auftrag umfasst zunächst 200 Stück. In jeweils halbjährlichem Abstand werden Folgeaufträge in gleicher Größenordnung anfallen.
Zum Positionieren und Spannen der Krümmer ist eine Vorrichtung zu entwerfen.

1. Vorgaben analysieren

1.1 Welche Art der Vorrichtung werden Sie wählen: eine Baukastenvorrichtung oder eine Sonderanfertigung? Begründen Sie Ihre Antwort.
1.2 Beschreiben Sie den möglichen Arbeitsablauf zur Fertigung.

2. Vorrichtung planen

2.1 Stellen Sie einen Katalog der Eigenschaften zusammen, welche die Vorrichtung erfüllen soll.
2.2 Sammeln Sie in der Gruppe Vorschläge zur Gestaltung der Vorrichtung. Fertigen Sie einfache Skizzen an, aus denen die Positionierung, das Spannen und evtl. das Stützen der Gussrohlinge deutlich wird.
2.3 Bewerten Sie die einzelnen Vorschläge nach einem Punktesystem und ermitteln Sie so die geeignete Lösung.
2.4 Optimieren Sie die ausgewählte Lösung.
2.5 Erstellen Sie eine Handskizze der Vorrichtung.

Bildquellenverzeichnis

Den nachfolgend aufgeführten Firmen danken wir für die Überlassung von Informationsmaterial, Fotos, Vorlagen und fachlicher Beratung:

|3M Deutschland GmbH, Neuss: 221.7. |Alamy Stock Photo (RMB), Abingdon/Oxfordshire: Hero Images Inc. 163.3; IanDagnall Computing 11.2; industryview 329.1; Karimov, Albert 436.4. |ALLWEILER GmbH, Radolfzell: 448.1, 448.2, 448.3, 448.4. |ASKANIA Mikroskop Technik Rathenow GmbH, Rathenow: 304.4. |Atlas Maschinen GmbH, Delmenhost: 592.1. |Bauer Gear Motor GmbH, Esslingen: 252.1. |BC GmbH Verlags- und Medien-, Forschungs- und Beratungsgesellschaft, Ingelheim: 234.1, 234.2, 234.3, 234.4, 234.5, 234.6, 234.7, 234.8, 234.9, 234.10, 234.11, 234.12, 234.13, 237.2, 237.3, 238.1, 238.3, 483.4, 483.5, 483.6, 483.7, 484.2, 484.4, 484.5. |BESSEY TOOL GMBH & CO. KG, Bietigheim-Bissingen: 75.3, 75.4, 75.6, 75.7. |BILZ WERKZEUGFABRIK GmbH & Co. KG, Ostfildern: 509.3. |Bindulin-Werk H.L. Schönleber GmbH, Fürth: 481.1, 481.2, 481.3, 481.4, 481.5, 481.6. |Böllhoff Gruppe, Bielefeld: 189.5, 189.6, 189.7, 189.8, 189.9, 189.10. |Bosch Rexroth AG, Lohr am Main: 436.1, 610.3, 610.4. |Bott GmbH & Co. KG, Gaildorf: 426.1. |Brauerei C.& A. VELTINS GmbH & Co. KG, Meschede-Grevenstein: 660.1. |Bundesinnungsverband des Gebäudereiniger-Handwerks, Berlin: 450.1. |Carl Hirschmann GmbH, Fluorn-Winzeln: 434.2. |Carl Zeiss AG, Oberkochen: 55.6. |CIMCO A/S: 328.4. |CIREX Investment Casting Foundries, PB Almelo: 278.4. |DAPPRICH, Wuppertal: 95.2. |deckermedia GbR, Rostock: 3.1, 33.2, 82.1, 92.1, 118.1, 156.1, 299.2, 373.1, 443.1, 498.1, 498.2, 498.5, 503.1, 504.1, 505.1, 508.1, 508.2, 534.8, 536.1, 551.1, 551.3, 551.5, 552.1, 552.3, 552.6, 553.3, 553.4, 553.6, 556.1, 557.10, 559.1, 560.1, 561.1, 562.1, 565.3, 575.5, 576.1, 576.4, 577.3. |Di Gaspare, Michele (Bild und Technik Agentur für technische Grafik und Visualisierung), Bergheim: 14.1, 14.2, 14.3, 14.4, 14.5, 15.1, 15.2, 15.3, 17.1, 17.2, 17.3, 17.4, 18.1, 18.2, 18.3, 19.1, 19.2, 19.3, 20.2, 20.3, 20.4, 21.3, 21.4, 21.5, 21.6, 21.7, 21.8, 21.9, 21.10, 21.11, 21.12, 21.13, 21.14, 22.2, 22.3, 22.4, 23.1, 23.2, 23.3, 24.1, 24.2, 25.1, 25.2, 26.1, 26.2, 26.3, 26.4, 26.5, 27.1, 27.2, 27.3, 27.4, 27.5, 27.6, 27.7, 29.1, 29.2, 29.3, 29.4, 30.1, 30.2, 30.3, 30.4, 30.5, 31.3, 31.8, 32.1, 32.2, 32.3, 32.4, 32.5, 32.6, 32.7, 33.1, 33.3, 33.4, 34.1, 34.3, 34.4, 35.1, 35.2, 35.3, 36.1, 36.2, 37.1, 37.2, 37.3, 37.4, 38.1, 38.2, 38.3, 38.4, 38.5, 39.1, 39.2, 39.3, 39.4, 40.1, 40.2, 41.1, 42.1, 42.2, 42.3, 43.1, 43.2, 44.1, 45.1, 45.2, 45.3, 45.4, 45.5, 45.6, 46.1, 47.1, 47.2, 47.3, 47.4, 47.5, 47.6, 47.7, 47.8, 47.9, 47.10, 47.11, 47.12, 47.13, 47.14, 47.15, 47.16, 47.17, 48.1, 48.2, 48.3, 48.4, 48.5, 48.6, 48.7, 48.8, 48.9, 48.10, 48.11, 48.12, 48.13, 48.14, 48.15, 48.16, 48.17, 48.18, 48.19, 48.20, 48.21, 48.22, 48.23, 48.24, 48.25, 48.26, 49.1, 49.2, 49.3, 49.4, 49.5, 49.6, 49.7, 49.8, 49.9, 49.10, 49.11, 49.12, 49.13, 49.14, 49.15, 49.16, 49.17, 49.18, 49.19, 49.20, 50.1, 50.2, 50.3, 50.4, 50.5, 50.6, 50.7, 50.8, 50.9, 50.10, 50.11, 50.12, 50.13, 51.1, 51.2, 51.3, 51.4, 51.6, 52.2, 52.3, 52.4, 52.5, 52.6, 52.7, 52.8, 52.9, 52.10, 52.11, 52.12, 52.13, 52.14, 52.15, 53.1, 53.2, 53.3, 53.4, 53.5, 54.1, 54.2, 54.3, 54.4, 54.5, 55.1, 55.2, 55.3, 55.4, 55.5, 56.1, 58.1, 58.2, 58.3, 61.1, 64.1, 64.2, 64.3, 65.1, 65.2, 66.1, 66.2, 66.3, 66.4, 66.5, 67.1, 67.2, 67.3, 68.1, 68.2, 68.3, 68.4, 68.5, 68.6, 68.7, 68.8, 68.9, 68.10, 69.1, 69.2, 69.3, 69.4, 69.5, 69.6, 69.7, 70.1, 70.2, 70.3, 70.4, 70.5, 70.6, 70.7, 71.1, 71.3, 71.4, 71.5, 71.6, 72.5, 72.6, 73.1, 73.2, 74.1, 74.2, 74.3, 74.4, 74.5, 74.6, 75.1, 75.2, 76.1, 77.1, 77.2, 77.3, 77.4, 77.5, 77.6, 77.7, 77.8, 78.1, 78.2, 78.3, 78.4, 79.1, 79.2, 79.3, 79.4, 79.5, 79.6, 79.7, 79.8, 79.9, 80.1, 80.2, 80.3, 80.4, 80.5, 80.6, 80.7, 81.1, 81.2, 81.3, 81.4, 82.2, 82.3, 82.4, 82.5, 82.6, 83.1, 83.2, 83.3, 83.4, 83.5, 84.1, 84.2, 84.3, 85.1, 86.1, 86.2, 86.3, 86.4, 86.5, 86.6, 86.7, 86.8, 86.9, 87.1, 87.2, 87.4, 88.1, 88.2, 88.3, 88.4, 88.5, 88.6, 88.7, 88.8, 89.1, 89.3, 89.4, 90.1, 90.2, 90.3, 90.4, 90.5, 91.1, 91.2, 91.3, 91.4, 91.5, 91.6, 92.3, 92.4, 92.5, 93.1, 93.3, 93.4, 93.5, 94.2, 94.4, 94.6, 97.1, 97.2, 97.3, 97.4, 97.5, 98.2, 100.1, 100.2, 100.3, 101.1, 101.2, 101.3, 101.4, 101.5, 101.6, 101.7, 101.8, 101.9, 101.10, 101.11, 101.12, 101.13, 102.1, 102.2, 102.3, 102.4, 102.5, 102.6, 103.2, 103.3, 103.4, 103.5, 103.6, 103.7, 103.8, 103.9, 104.1, 104.2, 104.4, 104.5, 105.5, 105.6, 105.7, 105.8, 106.1, 106.3, 106.6, 107.3, 108.1, 108.2, 108.3, 108.4, 108.5, 109.1, 109.2, 109.3, 110.1, 110.2, 111.1, 112.2, 112.3, 112.4, 113.1, 113.3, 113.4, 114.1, 114.2, 114.3, 114.7, 114.8, 114.9, 115.2, 115.3, 115.4, 115.5, 116.3, 116.4, 116.6, 116.7, 116.8, 116.9, 116.10, 116.11, 117.1, 117.2, 117.3, 117.4, 118.2, 118.3, 118.5, 119.3, 119.4, 120.1, 120.2, 120.3, 120.4, 121.1, 122.1, 122.2, 122.3, 122.5, 123.1, 124.2, 124.3, 124.4, 124.5, 125.1, 125.2, 125.3, 126.1, 126.2, 126.3, 126.4, 127.1, 127.2, 127.3, 128.2, 130.1, 130.2, 130.4, 131.1, 131.2, 131.3, 132.4, 132.5, 137.1, 137.2, 137.3, 137.4, 137.5, 137.6, 139.1, 139.2, 140.1, 141.1, 143.1, 143.2, 145.1, 145.2, 145.3, 146.1, 146.2, 146.3, 146.4, 146.5, 146.6, 146.7, 147.1, 147.2, 147.3, 148.1, 149.1, 149.2, 149.3, 149.4, 150.1, 150.2, 151.1, 151.2, 151.4, 152.3, 152.4, 153.1, 153.2, 153.3, 153.4, 154.1, 154.2, 154.3, 154.4, 154.5, 154.6, 155.1, 155.2, 155.3, 155.4, 155.5, 155.6, 155.7, 155.8, 156.2, 156.3, 156.4, 157.1, 157.2, 157.3, 157.4, 160.1, 160.2, 161.1, 162.1, 165.1, 165.2, 165.3, 165.4, 165.5, 165.6, 165.7, 165.8, 165.9, 165.10, 165.11, 165.12, 165.13, 165.14, 166.1, 166.2, 166.3, 166.4, 166.5, 166.6, 166.7, 166.8, 166.9, 166.10, 166.11, 166.12, 166.13, 166.14, 167.1, 167.2, 167.3, 168.1, 168.2, 168.3, 168.4, 168.5, 169.4, 169.5, 169.6, 169.7, 169.8, 169.9, 170.1, 170.3, 171.1, 171.2, 171.6, 172.1, 172.2, 172.3, 172.4, 173.1, 173.2, 173.3, 173.4, 173.5, 173.6, 174.1, 174.2, 174.3, 174.4, 174.5, 175.1, 175.2, 175.3, 175.4, 175.5, 177.2, 177.3, 178.1, 178.2, 178.3, 178.4, 178.5, 179.1, 179.2, 180.1, 180.2, 180.3, 180.4, 181.1, 181.2, 181.3, 181.4, 181.5, 181.6, 181.7, 182.1, 182.2, 182.3, 183.4, 183.5, 183.6, 183.7, 184.1, 184.2, 184.3, 184.4, 185.1, 185.2, 185.3, 185.4, 186.1, 186.2, 186.3, 186.4, 187.1, 187.2, 187.3, 187.4, 187.5, 188.1, 188.2, 188.3, 189.1, 189.2, 189.3, 189.4, 190.1, 190.2, 190.3, 190.4, 190.5, 190.6, 190.7, 191.1, 191.2, 192.1, 192.2, 192.3, 192.4, 192.5, 192.6, 192.7, 192.8, 192.9, 193.1, 193.2, 193.3, 193.4, 193.5, 193.6, 194.4, 194.5, 194.6, 194.7, 195.3, 195.4, 195.5, 195.6, 195.7, 195.8, 195.9, 196.1, 196.2, 196.3, 196.4, 196.5, 196.6, 196.7, 196.8, 196.9, 196.10, 196.11, 196.12, 196.13, 197.1, 197.2, 197.3, 198.1, 198.2, 198.3, 198.4, 198.5, 198.6, 199.3, 199.4, 200.1, 200.2, 200.3, 200.4, 200.5, 200.6, 200.7, 200.8, 200.9, 200.10, 200.11, 200.12, 200.13, 200.14, 200.15, 200.16, 200.17, 200.18, 200.19, 200.20, 200.21, 200.22, 200.23, 201.1, 201.3, 202.1, 202.2, 203.1, 203.2,

Bildquellenverzeichnis

203.3, 204.4, 204.5, 204.6, 205.1, 206.1, 206.2, 206.3, 207.1, 207.2, 207.3, 208.1, 208.2, 208.3, 208.4, 208.5, 208.6, 208.7, 208.8, 208.9, 208.10, 208.11, 208.12, 208.13, 208.14, 208.15, 209.1, 209.2, 210.1, 210.2, 211.1, 211.2, 212.1, 213.1, 213.2, 213.3, 213.4, 214.1, 216.1, 216.3, 218.1, 218.2, 218.3, 218.4, 218.5, 218.6, 218.7, 218.8, 220.2, 220.3, 220.6, 221.2, 221.3, 221.4, 221.5, 221.6, 221.8, 222.1, 222.2, 222.3, 223.1, 223.2, 224.1, 224.2, 224.3, 225.1, 225.3, 226.1, 226.3, 226.4, 226.5, 227.1, 227.2, 228.1, 228.2, 228.3, 228.4, 228.5, 230.1, 230.2, 230.3, 230.4, 231.1, 231.2, 232.1, 232.2, 232.3, 232.4, 232.5, 232.6, 239.1, 240.1, 241.1, 241.2, 242.1, 242.2, 242.3, 242.4, 242.5, 243.1, 243.2, 243.3, 243.4, 243.5, 243.6, 244.1, 244.2, 244.3, 245.3, 246.1, 247.1, 247.2, 247.3, 248.1, 248.3, 248.4, 249.1, 249.2, 250.1, 250.2, 253.1, 253.2, 253.3, 253.4, 254.1, 254.2, 255.1, 255.2, 255.3, 256.1, 258.1, 258.2, 263.1, 264.1, 264.2, 264.7, 265.4, 266.8, 266.9, 267.1, 267.2, 269.3, 269.4, 270.1, 270.2, 270.3, 278.1, 278.2, 278.3, 279.1, 279.2, 280.1, 280.2, 280.3, 280.5, 282.1, 283.1, 283.2, 284.1, 284.2, 285.1, 285.9, 288.1, 288.2, 291.1, 292.1, 292.2, 293.1, 294.1, 294.2, 295.2, 295.3, 295.4, 295.5, 295.6, 295.7, 296.1, 296.2, 296.3, 299.3, 300.1, 301.1, 301.2, 301.3, 302.1, 302.2, 303.1, 303.2, 303.3, 303.4, 304.1, 304.2, 304.3, 306.1, 306.2, 306.3, 307.2, 307.3, 307.4, 307.5, 308.1, 308.2, 308.3, 309.1, 309.4, 309.5, 310.2, 312.1, 313.1, 313.2, 313.3, 313.4, 313.5, 313.6, 313.7, 313.8, 313.9, 313.10, 313.11, 313.12, 313.13, 313.14, 313.15, 313.16, 313.17, 313.18, 314.1, 314.2, 314.3, 314.4, 314.5, 314.6, 314.7, 314.8, 314.9, 314.10, 314.11, 314.12, 314.13, 314.14, 314.15, 315.1, 315.2, 316.1, 316.2, 316.3, 317.1, 317.2, 317.3, 318.1, 320.1, 320.2, 320.3, 320.4, 321.1, 321.2, 321.3, 322.1, 322.2, 322.3, 322.4, 323.1, 323.2, 324.1, 324.2, 325.1, 326.1, 326.2, 326.3, 326.4, 327.1, 327.2, 328.1, 328.2, 329.2, 329.3, 330.2, 331.1, 331.2, 332.1, 332.2, 332.3, 332.4, 333.2, 334.1, 338.2, 340.1, 341.2, 342.1, 343.1, 343.2, 343.3, 343.4, 344.1, 344.2, 344.3, 344.4, 345.1, 345.2, 346.1, 346.2, 346.3, 346.4, 347.1, 347.2, 347.4, 348.1, 348.2, 348.3, 348.4, 348.5, 348.6, 348.7, 348.8, 348.9, 348.10, 348.11, 348.12, 348.13, 348.14, 348.15, 348.16, 348.17, 348.18, 348.19, 349.5, 349.6, 350.1, 350.2, 350.3, 350.4, 351.1, 351.2, 351.3, 351.4, 351.5, 352.1, 353.1, 353.2, 353.3, 353.4, 353.5, 353.6, 354.1, 354.2, 354.3, 354.4, 355.1, 355.2, 355.3, 355.4, 355.5, 356.1, 356.2, 356.3, 357.2, 357.3, 357.4, 358.1, 358.2, 358.3, 358.4, 358.5, 358.6, 358.7, 358.8, 358.9, 359.1, 359.2, 359.3, 359.4, 359.5, 360.1, 360.2, 360.3, 360.4, 360.5, 360.6, 361.1, 361.2, 361.3, 362.1, 362.2, 362.3, 362.4, 362.5, 362.6, 362.7, 363.1, 363.2, 363.3, 364.1, 365.1, 366.2, 366.3, 366.4, 367.2, 367.3, 367.6, 368.2, 369.1, 369.2, 369.3, 371.5, 371.6, 371.7, 371.8, 372.1, 372.2, 373.3, 375.1, 375.2, 375.3, 375.4, 375.5, 375.6, 375.7, 375.8, 375.9, 375.10, 375.11, 376.1, 376.2, 377.1, 377.2, 377.3, 377.4, 377.5, 377.6, 377.7, 377.8, 377.9, 378.1, 379.1, 379.2, 381.1, 381.2, 382.1, 383.1, 384.1, 385.1, 386.1, 386.2, 386.3, 386.4, 386.5, 386.6, 386.7, 388.1, 389.1, 389.2, 389.3, 389.4, 389.5, 389.6, 389.7, 390.1, 390.2, 391.1, 392.1, 394.1, 396.1, 396.2, 396.3, 396.4, 397.1, 397.2, 397.4, 397.5, 398.1, 398.2, 399.1, 399.2, 399.3, 399.4, 399.5, 399.6, 399.7, 399.8, 399.9, 399.10, 399.11, 399.12, 399.13, 400.1, 401.1, 401.2, 401.3, 401.4, 401.5, 402.1, 402.2, 402.3, 403.1, 403.2, 403.3, 404.1, 404.2, 404.3, 405.2, 405.3, 405.4, 405.5, 405.6, 406.1, 406.2, 406.3, 406.4, 406.5, 408.1, 408.2, 409.1, 409.2, 409.3, 409.4, 409.5, 410.1, 410.2, 411.1, 414.2, 414.4, 414.6, 415.4, 415.5, 415.8, 415.10, 415.12, 415.13, 415.15, 416.2, 416.4, 416.6, 416.8, 416.10, 416.12, 417.1, 417.3, 417.5, 418.1, 418.2, 419.2, 419.3, 420.1, 420.2, 420.3, 420.4, 420.5, 420.6, 421.1, 421.2, 422.1, 422.2, 422.3, 423.1, 423.2, 423.3, 423.4, 423.5, 424.1, 424.2, 424.3, 424.4, 425.1, 425.2, 427.1, 427.2, 435.1, 435.2, 435.3, 438.1, 438.2, 438.3, 439.2, 439.4, 441.1, 441.2, 441.3, 441.4, 444.1, 445.2, 445.3, 447.1, 447.2, 451.1, 452.1, 452.2, 452.3, 452.4, 452.5, 452.6, 452.7, 452.8, 452.9, 452.10, 452.11, 453.2, 456.1, 456.2, 456.3, 459.1, 459.2, 463.1, 464.7, 465.1, 465.2, 465.3, 465.4, 465.5, 465.7, 466.1, 468.3, 469.2, 471.2, 472.1, 472.2, 472.3, 473.1, 473.4, 473.5, 474.1, 474.2, 476.1, 476.2, 479.1, 479.2, 480.1, 483.1, 485.2, 485.3, 485.4, 485.5, 485.6, 485.7, 487.1, 487.2, 488.4, 490.1, 490.2, 490.3, 490.4, 490.5, 490.6, 490.7, 492.2, 492.3, 493.2, 493.3, 494.3, 495.1, 495.2, 497.1, 499.1, 499.2, 499.3, 499.4, 499.5, 500.3, 501.1, 501.2, 502.1, 503.2, 503.3, 503.4, 503.5, 503.6, 503.7, 503.8, 503.9, 504.2, 505.2, 506.1, 506.2, 506.3, 507.1, 507.2, 508.4, 508.5, 509.1, 511.2, 511.3, 511.6, 511.7, 511.8, 513.1, 513.2, 513.3, 514.1, 514.2, 515.1, 515.2, 516.1, 516.2, 516.3, 517.1, 517.2, 517.3, 517.4, 518.1, 518.2, 519.1, 519.2, 519.3, 520.1, 520.2, 521.1, 522.2, 523.1, 523.2, 523.3, 523.4, 523.5, 523.6, 523.7, 523.8, 523.9, 523.10, 523.11, 523.12, 525.1, 525.2, 525.3, 525.4, 525.5, 525.6, 525.7, 525.8, 525.9, 525.10, 525.11, 525.12, 525.13, 525.14, 525.15, 525.16, 525.17, 525.18, 525.19, 525.20, 525.21, 525.22, 525.23, 525.24, 525.25, 525.26, 525.27, 525.28, 525.29, 525.30, 527.1, 529.1, 529.2, 530.1, 530.2, 530.3, 531.2, 531.3, 531.4, 532.1, 532.2, 532.3, 533.1, 533.2, 533.3, 533.4, 534.4, 534.5, 534.6, 534.7, 534.9, 534.10, 534.11, 535.1, 535.2, 536.2, 536.3, 537.1, 537.2, 537.3, 537.4, 537.5, 537.6, 537.7, 537.8, 537.9, 537.10, 537.11, 537.12, 537.13, 537.14, 537.15, 537.16, 537.17, 537.18, 537.19, 537.20, 537.21, 537.23, 537.24, 537.25, 537.26, 537.27, 538.1, 538.2, 538.3, 538.4, 538.5, 538.6, 538.7, 538.8, 538.9, 538.10, 538.11, 538.12, 538.13, 538.14, 538.15, 538.16, 538.17, 538.18, 538.19, 538.20, 538.21, 539.1, 539.2, 539.3, 539.4, 539.5, 539.6, 539.7, 539.8, 539.9, 540.1, 540.2, 541.1, 541.2, 541.3, 541.4, 541.5, 542.1, 542.2, 542.3, 542.4, 542.5, 543.3, 543.4, 543.5, 543.6, 544.1, 544.2, 544.3, 544.4, 544.5, 544.6, 544.7, 544.8, 544.9, 545.1, 545.2, 545.3, 545.4, 546.1, 546.2, 547.1, 547.2, 547.5, 547.6, 548.4, 548.5, 548.6, 548.9, 548.10, 549.1, 550.1, 550.2, 550.3, 550.4, 550.5, 550.6, 550.7, 550.8, 550.9, 550.10, 550.11, 550.12, 550.13, 550.14, 551.2, 551.4, 551.6, 552.2, 552.4, 552.5, 553.1, 553.2, 553.5, 553.7, 555.1, 556.2, 556.4, 557.1, 557.2, 557.3, 557.4, 557.5, 557.6, 558.2, 559.2, 559.3, 559.4, 560.3, 560.4, 561.2, 561.3, 561.4, 562.3, 562.4, 563.2, 563.3, 563.4, 564.1, 565.1, 565.2, 566.1, 566.2, 566.3, 566.4, 567.2, 567.4, 567.5, 568.1, 568.2, 568.3, 569.1, 569.2, 569.3, 570.1, 570.2, 570.3, 570.5, 571.1, 572.1, 572.2, 572.3, 572.4, 573.1, 573.2, 573.3, 573.4, 574.1, 574.2, 574.3, 575.1, 575.2, 575.3, 575.4, 575.6, 575.7, 576.2, 576.3, 577.1, 577.2, 577.4, 577.5, 578.1, 578.2, 578.3, 579.1, 580.1, 580.2, 581.1, 582.1, 582.2, 582.3, 583.1, 583.2, 583.3, 584.1, 584.2, 584.3, 590.1, 590.2, 590.3, 590.4, 591.1, 591.2, 596.1, 596.2, 596.3, 597.1, 597.2, 597.3, 598.2, 598.3, 599.1, 601.2, 602.1, 602.2, 603.1, 603.2, 604.1, 604.2, 604.3, 605.1, 605.2, 605.3, 605.4, 608.1, 608.3, 610.1, 610.2, 611.1, 611.2, 611.3, 612.2, 612.4, 612.6, 613.1, 613.2, 613.3, 614.1, 614.2, 614.3, 614.4, 615.1, 615.2, 616.1, 616.2, 616.3, 616.4, 616.5, 616.6, 617.1, 617.2, 618.1, 618.2, 618.3, 618.4, 618.5, 618.6, 619.1, 619.3, 622.1, 623.1, 624.1, 624.2, 627.1,

Bildquellenverzeichnis

627.2, 628.1, 629.1, 629.2, 630.1, 630.2, 630.3, 631.1, 631.6, 632.1, 632.2, 632.3, 632.4, 632.5, 632.6, 632.7, 632.8, 633.1, 633.2, 634.5, 634.6, 634.7, 635.1, 635.2, 635.3, 635.4, 636.3, 636.4, 638.1, 638.2, 640.1, 640.2, 640.3, 640.4, 640.5, 640.6, 640.7, 640.8, 640.9, 641.1, 641.2, 641.3, 641.4, 641.5, 641.6, 641.7, 641.8, 641.9, 641.10, 641.11, 641.12, 641.13, 641.14, 641.15, 641.16, 641.17, 641.18, 641.19, 641.20, 641.21, 641.22, 641.23, 641.24, 641.25, 641.26, 641.27, 641.28, 641.29, 641.30, 641.31, 641.32, 641.33, 641.34, 641.35, 641.36, 643.2, 644.1, 644.2, 646.2, 646.3, 647.1, 647.2, 647.3, 647.4, 649.1, 650.1, 650.2, 651.1, 651.2, 651.3, 651.4, 652.2, 652.3, 652.4, 653.1, 654.1, 655.3, 656.1, 656.2, 660.2, 663.1, 663.2, 663.3, 663.4, 664.1, 664.2, 665.1, 665.3, 665.4, 665.5, 666.1, 666.4, 667.1, 667.2, 668.2, 668.3, 668.4, 669.1, 669.4, 670.2, 670.3, 670.4, 670.5, 670.6, 670.7, 671.1, 671.2, 671.3, 671.4, 671.5, 671.6, 671.7, 672.1, 672.2, 672.3, 673.4, 674.1, 674.2, 674.3, 675.1, 675.2, 676.1, 676.2, 676.3, 677.1, 677.2, 677.3, 678.1, 678.2, 679.1, 679.2, 679.4, 679.5, 679.8, 679.9, 679.11, 679.12, 679.14, 679.15, 680.1, 680.2, 681.1, 681.2, 681.3, 681.4, 681.5, 681.6, 682.1, 682.2, 682.3, 682.4, 682.5, 682.6, 683.1, 683.2, 683.3, 683.4, 683.5, 683.6, 684.1, 684.2, 684.3, 684.4, 685.1, 686.1, 687.1, 688.1, 688.2, 688.3, 689.1, 689.2, 690.1, 691.1, 691.2, 691.3, 691.4, 692.1, 692.2, 692.3, 693.1, 693.5, 694.1, 694.2, 695.1, 695.2, 697.1, 697.2, 697.3, 697.4, 697.5, 698.1, 698.2, 698.3, 698.4, 699.1, 700.1, 700.2, 700.3, 700.4, 701.2, 702.2, 702.4, 702.6, 702.8, 703.1, 703.2, 703.3, 705.1, 706.2, 707.1, 707.2, 708.2, 708.3, 708.4, 709.1, 709.2, 709.3, 711.1, 711.3, 711.4, 711.5, 711.6, 715.1, 715.2, 716.1, 720.1, 720.2, 720.3, 720.4, 720.5, 720.6, 720.7, 720.8, 720.9, 721.1, 725.1, 727.1, 727.2, 728.3, 729.1, 729.2, 729.3, 729.4, 729.5, 730.1, 730.2, 732.1, 732.2, 733.1, 734.1, 735.1, 736.1, 737.1, 738.1, 739.1, 739.2, 740.1, 740.2, 741.1. |Dieter Lükewille e.K., Bielefeld: 462.2. |DMG MORI AKTIENGESELLSCHAFT, Bielefeld: 164.1, 164.2, 164.3, 164.4, 164.5, 164.6, 164.7, 434.1, 496.1. |Dr. Erich Tretter, Maschinenelemente GmbH + Co., Rechberghausen: 352.4. |DR. JOHANNES HEIDENHAIN GmbH, Traunreut: 524.1. |E. Zoller GmbH & Co. KG, Pleidelsheim: 120.5, 509.2. |eldec Induction GmbH, Dornstetten: 269.1, 269.2. |EMCO GmbH, Hallein: 111.2, 111.3, 453.1, 454.1. |Endress+Hauser AG, Reinach BL: 665.2. |Festo SE & Co. KG, Esslingen: 413.1, 413.2, 437.1, 531.1, 534.1, 534.2, 534.3, 543.1, 543.2, 548.1, 548.2, 548.3, 548.7, 548.8, 621.1, 666.2, 666.3. |FLECKENSTEIN Werkzeugmaschinen GmbH, Wiesen: 439.1. |Flükiger & Co AG, Oberburg: 428.1. |Forbo Siegling GmbH, Hannover: 366.1. |Fronius International GmbH, Wels: 219.1, 220.1. |Getriebebau NORD GmbH & Co. KG, Bargteheide: NORD DRIVESYSTEMS (www.nord.com) 374.4, 374.5. |Gießerei Heunisch GmbH, Bad Windsheim: 279.3. |GKN Powder Metallurgy Holding GmbH, Bonn: 286.1, 286.2. |HACHENBACH Präzisionswerkzeuge GmbH & Co. KG, Ehringhausen: 114.4, 114.5, 114.6. |Harmonic Drive AG, Limburg/Lahn: 373.2. |haspa GmbH, Ittlingen: 356.5, 356.6. |HAZET-WERK Hermann Zerver GmbH & Co. KG, Remscheid: 393.1. |HEICO Befestigungstechnik GmbH, Ense-Höingen: 180.5. |HEINRICH KIPP WERK GmbH & Co. KG, Sulz am Neckar: 526.1. |Heinrich Klar Schilder- u. Etikettenfabrik GmbH & Co. KG, Wuppertal: 238.2. |HELLA GmbH & Co. KGaA, Lippstadt: 429.2. |Hengesbach, Klaus, Meschede: 62.1, 95.1, 135.1, 236.2, 236.4, 236.5, 282.2, 450.2, 453.3, 453.4, 453.5, 459.4, 567.3, 622.2, 657.1, 657.2, 658.1, 659.2, 659.3, 661.2, 686.4. |Hermle AG, Gosheim: 431.1, 431.2. |Hoffmann SE, 2022, München: 21.2, 28.2, 28.3, 28.4, 28.5, 28.6, 31.2, 31.4, 89.2, 116.1, 116.2, 116.5, 118.4, 118.6. |Hofmann Mess- und Auswuchttechnik GmbH & Co. KG, Pfungstadt: 136.2. |IDS Imaging Development Systems GmbH, Obersulm: 673.1. |imeos messtechnik GmbH, Eisenach: 403.4. |IMS Gear SE & CO. KGaA, Donaueschingen, Donaueschingen: 293.2. |InfraTec GmbH Infrarotsensorik und Messtechnik, Dresden: Mit freundlicher Unterstützung der InfraTec GmbH, www.InfraTec.de 446.4. |Ingersoll Werkzeuge GmbH, Haiger: 96.1, 115.1. |iStockphoto.com, Calgary: kadmy 142.2; keeweeboy 236.3; koya79 290.3; Kuzmenko , Alla 290.1, 290.2; ollo 471.1; sergeyryzhov 356.4; Zapletin, Vladimir 659.1. |ITH GmbH & Co. KG, Meschede: 12.1, 333.1. |KARL DEUTSCH Prüf- und Messgerätebau GmbH + Co KG, Wuppertal: 307.1. |Kautz Zahnradfabrik GmbH, Wuppertal: 130.3. |KEMPER GmbH, Vreden: 221.1. |Kemppi GmbH, Langgöns: Kemppi Oy, Lahti (Finnland 219.2, 220.4. |Kiefer, Thorsten, Fulda: 483.3. |KLDiscovery Ontrack GmbH, Böblingen: 335.1. |Knuth Werkzeugmaschinen GmbH - www.knuth.de, Wasbek: 51.5, 83.6, 132.1, 132.2, 132.3, 138.1, 138.2, 138.3, 449.1. |Koike Europe B.V., CG Zaandam: 144.1. |Kolb & Baumann GmbH & Co. KG, Aschaffenburg: 31.5, 31.6. |Kordt GmbH & Co. KG, Eschweiler: 31.7. |KROHNE Messtechnik GmbH, Duisburg: 664.3. |KUKA Aktiengesellschaft, Augsburg: 12.2, 432.1, 701.1, 702.1. |KUNZMANN Maschinenbau GmbH, Remchingen-Nöttingen: 486.1, 486.2. |Lehberger, Jürgen, Attendorn: 703.4, 708.1, 723.1, 723.2. |LORCH Schweisstechnik GmbH, Auenwald: 199.1, 199.2, 205.2, 205.3. |Lux, Stefan, Castrop-Rauxel: 337.1, 337.2, 337.3, 337.4, 337.5, 338.1, 339.1, 339.2, 339.3, 339.4, 339.5, 339.6, 339.7, 339.8, 339.9, 339.10. |Mahr GmbH, Göttingen: 20.1, 22.1, 24.3, 34.2, 52.1, 59.1. |MENNEKES Elektrotechnik GmbH & Co. KG, Kirchhundem: 653.2. |Messer SE & Co. KGaA, Bad Soden am Taunus: 201.2, 202.3, 202.4, 225.2. |Microsoft Deutschland GmbH, München: 567.1. |Mitutoyo Deutschland GmbH, Neuss: 21.1. |MTS Mathematisch Technische Software-Entwicklung GmbH, Berlin: 528.2. |Olsberg GmbH, Olsberg: 280.6. |Omron Electronics GmbH, Langenfeld: 702.3, 702.7. |otom Group GmbH, Bräunlingen: 669.2, 669.3. |PantherMedia GmbH (panthermedia.net), München: AndreyProektant 354.5; Kzenon 462.1; Romaset 437.2. |PCE Deutschland GmbH - www.pce-instruments.com, Meschede: 445.1. |pekrun Getriebebau GmbH, Iserlohn: 368.1, 371.1, 371.2, 371.3. |Picture-Alliance GmbH, Frankfurt a.M.: Daniel Reinhardt 13.1; ullstein bild - Zander & Labisch 11.1. |PRÜFTECHNIK Condition Monitoring GmbH, Ismaning: 402.4. |Pyzalla, Georg, Schwerte: 63.1, 64.4, 64.5, 152.1, 152.2, 158.1, 158.2, 158.3, 158.4, 158.5, 159.1, 159.4, 159.5, 159.6, 159.7, 220.5, 220.7, 261.3, 264.4, 264.5, 264.6, 265.2, 265.3, 266.1, 271.1, 280.4, 304.5, 305.1, 305.3, 305.4, 340.2, 340.3, 340.4, 433.1, 440.1, 442.1, 442.2, 442.3, 458.1, 464.1, 464.4, 464.6, 465.6, 467.1, 467.2, 468.1, 468.2, 473.1, 473.3, 482.2, 482.3, 482.4, 482.5, 504.3, 504.4, 504.5, 504.6, 504.7, 507.3, 522.1, 523.13, 595.3. |Robert Bosch Power Tools GmbH, Leinfelden-Echterdingen: 75.5. |RoboDK, Barcelona: 706.1. |RÖHM GMBH SONTHEIM, Sontheim: 107.2. |ROTHENBERGER Werkzeuge GmbH, Kelkheim: 171.3, 171.4, 171.5, 171.7, 171.8. |RS Components GmbH, Mörfelden-Walldorf: 28.1, 670.1. |Ruhr-Universität Bochum, Institut für Werkstoffe, Werkstoffprüfung, Bochum: 469.1. |Ruhrstadtmedien, Castrop-Rauxel:

Bildquellenverzeichnis

31.1, 36.3, 61.2, 71.2, 72.1, 72.2, 72.3, 72.4, 84.4, 87.3, 92.2, 93.2, 94.1, 94.3, 94.5, 94.7, 94.8, 94.9, 94.10, 94.11, 99.1, 103.1, 104.3, 105.1, 105.2, 105.3, 105.4, 105.9, 105.10, 105.11, 105.12, 106.2, 106.4, 106.5, 112.1, 112.5, 112.6, 113.2, 117.5, 121.2, 121.3, 122.4, 123.1, 123.2, 123.4, 123.5, 124.1, 128.1, 128.3, 128.4, 129.1, 129.2, 134.1, 134.2, 134.3, 134.4, 134.5, 134.6, 136.1, 136.3, 142.1, 159.2, 159.3, 169.1, 169.2, 169.3, 170.2, 176.1, 176.2, 176.3, 176.4, 177.4, 183.1, 183.2, 183.3, 194.1, 194.2, 194.3, 204.1, 204.2, 204.3, 216.2, 226.2, 236.6, 237.1, 238.4, 245.1, 245.2, 250.3, 251.1, 251.2, 251.3, 251.4, 251.5, 251.6, 256.2, 256.3, 256.4, 256.5, 257.1, 259.1, 259.2, 261.1, 261.2, 261.4, 261.5, 262.1, 262.2, 262.3, 262.4, 263.2, 263.3, 263.4, 263.5, 263.6, 264.3, 265.1, 266.2, 266.3, 266.4, 266.5, 266.6, 266.7, 268.1, 268.2, 285.2, 285.3, 285.4, 285.5, 285.6, 285.7, 285.8, 294.3, 295.1, 297.1, 297.2, 297.3, 297.4, 297.5, 297.6, 297.7, 297.8, 297.9, 298.1, 298.2, 298.3, 298.4, 298.5, 298.6, 298.7, 298.8, 298.9, 298.10, 299.1, 305.2, 309.2, 309.3, 310.1, 311.1, 319.1, 319.2, 319.3, 324.3, 324.4, 328.3, 342.2, 342.3, 342.4, 349.1, 349.2, 349.3, 349.4, 361.4, 361.5, 364.2, 364.3, 364.4, 367.1, 370.1, 370.2, 370.3, 370.4, 372.3, 372.4, 372.5, 374.1, 374.2, 374.3, 380.1, 380.2, 380.3, 380.4, 387.1, 387.2, 387.3, 387.4, 395.1, 395.2, 395.3, 395.4, 397.3, 398.3, 407.1, 407.2, 411.2, 411.3, 411.4, 414.1, 414.3, 414.5, 414.7, 414.8, 415.1, 415.2, 415.3, 415.6, 415.7, 415.9, 415.11, 415.14, 415.16, 416.1, 416.3, 416.5, 416.7, 416.9, 416.11, 417.2, 417.4, 417.6, 417.7, 417.8, 417.9, 417.10, 430.1, 439.3, 446.1, 459.3, 463.2, 464.2, 464.3, 464.5, 470.1, 481.7, 482.1, 484.6, 485.1, 487.3, 487.4, 488.1, 488.2, 488.3, 488.5, 488.6, 491.1, 491.2, 491.3, 492.1, 493.1, 494.1, 494.2, 497.2, 498.3, 498.4, 498.6, 500.1, 500.2, 510.1, 510.2, 510.3, 510.4, 510.5, 511.1, 511.4, 511.5, 512.1, 512.2, 512.3, 512.4, 527.2, 527.3, 528.1, 547.3, 547.4, 549.2, 554.1, 555.2, 555.3, 556.3, 557.7, 557.8, 557.9, 557.11, 558.1, 560.2, 562.2, 563.1, 570.4, 573.5, 573.6, 573.7, 573.8, 573.9, 573.10, 576.5, 585.1, 586.1, 593.1, 593.2, 593.3, 594.1, 595.1, 595.2, 598.1, 600.1, 601.1, 603.3, 606.1, 607.1, 608.2, 608.4, 609.1, 609.2, 609.3, 611.4, 612.1, 612.3, 612.5, 613.4, 619.2, 627.3, 627.4, 631.2, 631.3, 631.4, 631.5, 631.7, 633.3, 634.1, 634.2, 634.3, 634.4, 635.5, 636.1, 636.2, 639.1, 639.2, 639.3, 639.4, 643.1, 645.1, 645.3, 645.4, 647.5, 647.6, 647.7, 648.1, 648.2, 648.3, 648.4, 648.5, 648.6, 649.2, 649.3, 649.4, 649.5, 652.1, 652.5, 652.6, 652.7, 653.3, 655.1, 655.2, 656.3, 679.3, 679.6, 679.7, 679.10, 679.13, 679.16, 686.2, 686.3, 693.2, 693.3, 693.4, 693.6, 693.7, 693.8, 694.3, 694.4, 694.5, 694.6, 694.7, 695.3, 695.4, 695.5, 695.6, 696.1, 696.2, 696.3, 711.2, 712.1, 714.1, 721.2, 721.3, 721.4, 726.1, 726.2, 726.3, 726.4, 728.1, 728.2, 731.1. |Sauter Feinmechanik GmbH, Metzingen: 508.3. |Schaeffler Technologies AG & Co. KG, Herzogenaurach: 347.3, 347.5, 347.6, 461.2. |Schlenker Spannwerkzeuge GmbH & Co. KG, Villingen-Schwenningen: 107.1. |SCHNEEBERGER GmbH, Höfen/Enz: 352.2, 352.3, 352.5. |Schubert Packaging Systems GmbH, Crailsheim: 673.2. |SEW-EURODRIVE GmbH & Co KG, Bruchsal: 371.4. |Shutterstock.com, New York: Freedom Life 23.4; r.nagy 646.1; Surasak_Photo 367.4; Vinne 702.5; WindVector 367.5. |SICK AG, Waldkirch: 330.1. |Siemens AG, München: 645.2, 662.1, 705.2. |SOEMER Messtechnik GmbH, Lennestadt: 661.1, 661.3, 661.4, 662.2. |Sonderschrauben Güldner GmbH & Co. KG, Niederstetten: 391.2. |SPEC Sensors, LLC, Newark, CA: 662.3. |Stähli Läpp Technik AG, Pieterlen/Bienne: 140.2. |STAHLWILLE Eduard Wille GmbH & Co. KG, Wuppertal: 393.2. |Stefan Diller Photographie, Würzburg: 478.1. |stock.adobe.com, Dublin: Ai Inspire 248.2; Akarat Phasura 668.1; dreamnikon 177.1; FotoArtist 13.2; Hora, Nataliya 419.1; Ilshat 405.1; Ivantcov, Vlad 236.1; metamorworks 333.3; Michel, T. 484.1, 484.3; oka 480.2; patboon 341.1; Roman 163.2; Surasak 151.3; Visionsi 357.1; xiaoliangge 163.1; zhu difeng 673.3. |STURM Präzision GmbH, Oberndorf-Hochmössingen: 289.1. |Tascon Gesellschaft für Oberflächen und Materialcharakterisierung, Münster, Münster: www.tascon.eu 34.5. |Tecnamic GmbH, Werl: 343.5, 343.6. |Testo SE & Co. KGaA, Titisee-Neustadt: 446.2, 446.3. |TRUMPF Gruppe, Ditzingen: 161.2, 461.1. |Walter AG, Tübingen: 113.5. |wenglor sensoric GmbH, Tettnang: 437.3. |wgr-schutzrechte erloschen, Braunschweig: 429.1. |WINDKRAFT SIMONSFELD AG, Ernstbrunn: 460.1. |WIWOX GmbH Surface Systems, Erkrath: 483.2. |WüTech AG, Oberriet: 55.7. |© Optimum Maschinen Germany GmbH, Hallstadt: 98.1, 119.1, 119.2. |©SSI SCHÄFER, Neunkirchen: 436.2, 436.3.

Wir arbeiten sehr sorgfältig daran, für alle verwendeten Abbildungen die Rechteinhaberinnen und Rechteinhaber zu ermitteln. Sollte uns dies im Einzelfall nicht vollständig gelungen sein, werden berechtigte Ansprüche selbstverständlich im Rahmen der üblichen Vereinbarungen abgegolten.

Sachwortverzeichnis

2D-Code 334
3D-CAD-Systeme 337
3D-Druck, additive Fertigung 159
3D-Konstruktionen 340
3D-Modell 339
3D-Volumenmodell 157
A/D-Wandler 676

A

Abbindemechanismen 231, 233
Abbrand 179
abgesetzter Drehmeißel 104
Abkühlungsverlauf 256
Ablaufanweisungen 704
Ablaufsteuerung, Elektropneumatik 578
Ablaufsteuerung, GRAFCET 684
Ablaufsteuerung, Pneumatik 558, 563
Ablaufsteuerung, SPS 696
Ablaufstruktur, GRAFCET 681
Ablesegenauigkeit 20
Abmaße 18, 39
Abnahmeprüfungen, Maschinen 411
Abnutzungsgrenze 439
Abnutzungsvorrat 439
Abrasiver Verschleiß 464
Abrichten, Schleifscheibe 136
Abscherstifte 192
Abschrecken 266
Absetzen, Schmieden 178
Absolutbemaßung 491
Absoluter Druck 532
Absolutes Messen 487
Absolutmaßprogrammierung 491
Abstandssensor 668
Abstechen 101
Abteilen 416
Abtragen 143
Acetylen 145
Achsabstand 369
Achsen 353
Additive 479
Additive Fertigungsverfahren 13, 160, 163
Additives Fertigen 157
Adhäsion 27
Adhäsiver Verschleiß 464
Adressen, SPS 691
Akkumulator 635
Aktion, GRAFCET 682
Aktion, kontinuierlich 683
Aktion, speichernd 683
Aktive Gase 210, 213
Aktivierklebstoff 231, 233
Alkohole 481
Allgemeintoleranz 18

Alterungsneigung, Öle 475
Aluminiumgusslegierungen 282
Aluminiumknetlegierungen 282
Aminoplaste 298
Ampere 634, 636
Analog-Digital-Umsetzer 675
Analoge Anzeige 19
Anlassen 268
Anlaufkupplung 361
Anreißen 69
Anschlagwinkel 70
Anschlusskennzeichen, Pneumatik 582
Anschlusskennzeichen, Relais 573, 583
Anschlussplatte 610
Antriebsaggregat 603
Antriebseinheiten 312
Antriebsmaschine 321
Antriebstechnik, elektrisch 646
Anweisungsliste, SPS 690
Anwendungsgruppe, Hartmetalle 288
Anzug, Schraubenverbindung 393
Anzugsmoment 391
Arbeit 315
Arbeits- und Umweltschutzeinheiten 312
Arbeitsbewegung, geradlinig CNC 493
Arbeitsbewegung, kreisförmig CNC 494
Arbeitseinheit, Pneumatik 543
Arbeitsplatz, ergonomische Gestaltung 426
Arbeitsplatzgestaltung 427
Arbeitsraum, Roboter 702
Arbeitsräume 428
Arbeitsschutz 428
Arbeitsschutzvorschriften, Schweißen 220
Arbeitssicherheit, Arbeitsplatzgestaltung 462
Arbeitssicherheit, Brennschneiden 146
Arbeitssicherheit, Fertigungstechnik 235
Arbeitssicherheit, Plasmaschneiden 148
Arbeitstemperatur 227
Arbeitstrum 366
Arbeitsverfahren, Schleifen 137
Arbeitsvorbereitung 528
Arbeitsweise, SPS 688
Asynchronmotor 651
atmosphärischer Druck 532

Atomaufbau 633
Atomkern 247
Atommodell, Bohr 247
Aufbauschneide 109
Aufheizkurve 249
Aufkohlen 270
Auflagerkräfte 342
Aufschmelzen 249
Aufspannen, Schleifscheibe 136
Augenschutz 237
Ausbreitprobe 304
Ausgangszustand, Ventil 538
Ausgleichsbauteile, Justieren 423
Aushärten, Aluminium 283
Ausrichten 121
Ausschaltverzögerung 573
Ausschussseite 45
Außendrehen 101
Außengewinde, Geometrie 87
Außengewinde, Herstellung 89
Außenhonen 139
Außen-Profilschleifen 137
Außenräumen 131
Außen-Rundschleifen 137
Austauschmischkristalle 253
Austenit 261, 263
Auswuchten, Maschinentechnik 424
Auswuchten, Schleifscheibe 136
Auswuchtmaschine 425
Automatenstähle 277
Automatikbetrieb, CNC 524
Automatisierung, digital 656
Automatisierungsgerät, SPS 687
Axialkolbenmotor 616
Axialkolbenpumpe 605
Axiallager 343, 348
Axialluft 403
Axialverdichter 326, 541

B

Backenkupplung 359
Bahnbewegung 493
Bahnsteuerung 707
Bahnsteuerungen, CNC 488
Bahnüberschleifen 707
Balkendiagramm 64
Balligzahn-Kupplung 358
Bandspan 94
Bar 531
Basiseinheit 16
Basisgröße 16
Baueinrichtung 312
Baugruppe 182, 386
Baustähle 276
Bauteile, Elektrotechnik 640
Bauteile, Kennzeichnung 589

Beanspruchungsarten 377
Bearbeitungszentren 431
Bearbeitungszugabe, Gussteil 153
Bearbeitungszugabe, Reiben 90
Bedienfeld, CNC-Maschinen 524
Bedienungsfehler 440
Befestigungsarten, Zylinder 544
Befestigungsgewinde 185, 188
Befestigungsstifte 192
Belastungsarten 377
Belastungsfälle 377
Beleuchtung, Arbeitsplatz 428
Beleuchtungsstärke 427
Berechnung, Drehmoment 365
Berechnung, Druck 531
Berechnung, Kolbenkraft 533
Berechnung, Leistung 365
Berechnung, Querpressverbindung 400
Berechtigungsnachweis 333
berührungslose Taster 26
Beschichten 68
Beschleunigungsmessung 668
Betätigung, Ventil 538, 548
Betriebsdruck 541
Betriebshygiene 428
Betriebskraft 382
Betriebslast 390
Betriebsmittel, Elektrotechnik 640
Betriebsmittel, Kennzeichnung 574
Bewegen, Handhaben 415
Bewegungsanweisungen 704
Bewegungsgewinde 185, 188
Bezeichnungsschlüssel, Fluidtechnik 535
Bezugstemperatur 19, 37
Biegebeanspruchung 353, 469
Biegefestigkeit 242
Biegemoment 168, 354
Biegen 168
Biegen, Lernsituation 726
Biegen, Rohre 171
Biegeumformen 166
Biegevorrichtung 171
Biegsame Welle 356
Bildverarbeitungssystem 659, 673
Bildzeichen, CNC-Maschinen 525
Bindefehler 217
Bindung 133

Sachwortverzeichnis

Blasenspeicher 609
Blaswirkung, Schweißen 209
Blechbedarf, Berechnung 170
Blechbiegen 169
Bohren 82
Bohren, Schnittdaten 85
Bohrmaschine 83
Bohrungstoleranz 41
Bohrvorrichtung 84
Bolzen 194
Booleschen Schreibweise 682
Bördeln 173
Borkarbid 287
Bornitrid 97
Boyle-Mariottesche Gesetz 540
Breiten 178
Brenngase 201
Brennschneidbarkeit 144
Brennschneiddüse 145
Brennschneiden 143
Brennschneiden, Arbeitssicherheit 146
Brennschneiden, Bearbeitungszugabe 146
Brennschneiden, Einstellwerte 146
Brennschneiden, Schnittfehler 146
Brennschneiden, Schnittrichtung 146
Brennschneidverfahren 144
Bruchdehnung 300
Bruchfläche 469
Bügelmessschraube 22
Bunker, Montage 418
Bypassventil 608

C

CAD 12, 337
CAD-Modell, additive Fertigung 158
CAM 12
Cermets 96
Chemische Eigenschaften 245
Chemische Elemente 246
Chemische Korrosion 471
Chip, Werkzeugdatenverwaltung 509
Cleaner 482
Cloud-Backup 336
CMS, Condition-Monitoring-System 447, 460
CNC 12
CNC Drehen, Lernsituation 737
CNC, Manipulation 519
CNC, Nullpunktverschiebung 519
CNC, Spiegelung 519
CNC-Drehmaschine, Koordinatensystem 498
CNC-Fräsen, Unterprogramme 520
CNC-Fräsen, Werkzeugmaße 521
CNC-Fräsmaschine, Koordinatensystem 511
CNC-Maschine 329
CNC-Maschinen, Bedienfeld 524
CNC-Messmaschine 53
CNC-Programmierung, Drehteile 498
CNC-Programmsatz 497
CNC-Technik 485
CNC-Werkzeugmaschinen 486
CO_2-Laser 150
Codierung 334
Condition-Monitoring-System, CMS 447, 460
CPS, Cyberphysikalisches System 662
Crash-Methode 441

D

Dachführung 351
Dämpfung 544
Dartenübertragung 676
Datenschutz 335
Datensicherung 335
Datentransport 333
Dauerbruch 468
Dauerbruchverhinderung 470
Dauerformen 152
Dauerschwingfestigkeit 307
Dauersignal 563
Dehnschrauben 391
Dehnspannfutter 119
Dehnung 300
Dehnungsschlupf 366
Dehnungsmessstreifen, DMS 663
Dehnverbindung 399
Demontage 388
Destillation 476
Diagnoseanweisungen 704
Diagnosekenngrößen 444
Dialogbetrieb 328
Dichte 241
Dichtmittel, Schrauben 395
Dielektrikum 149
Differenzdruckmessverfahren 25
Digitale Anzeige 19
Digitale Automatisierung 656
Digitale Signale 677
Digitalisierung 658
Digitalisierung, Schweißtechnik 219
Dioden 671
Direktes Teilen 124
Distanzringe 423
DMS, Dehnungsmessstreifen 663
Dokumentation, Steuerung 588
Dokumentationssystem 660
Doppelprisma 122
Dornniet 198
Dotieren 670
Drahtelektrode 149, 211
Drahtelektrodentypen 212
Drahterodieren 149
Drahtfördereinrichtung 211
Drallgenutete Reibahle 90
Drallwinkel 82
Drehen, Handhaben 415
Drehmaschine, Bettkasten 99
Drehmaschine, Energiefluss 99
Drehmaschine, Längsvorschub 100
Drehmaschine, Leitspindel 100
Drehmaschine, Planschlitten 99
Drehmaschine, Quervorschub 100
Drehmaschine, Schlosskasten 99
Drehmaschine, Werkzeugschlittenantrieb 100
Drehmaschine, Zugspindel 100
Drehmeißel mit Hartmetallschneide 105
Drehmeißelbauarten 104
Drehmeißelformen 105
Drehmeißelgeometrie 102
Drehmoment 191, 355, 357, 364
Drehmomentschlüssel 191, 393
Drehstrom 648
Drehstrommotor 649
Drehverfahren 101
Drehwerkzeug 102
Drehwinkelverfahren, Schrauben 393
Drehzahl 363
Drehzyklen 501
Drehzyklen, Programmbeispiel 504
Drehzylinder 545
Dreibackenfutter 105
Dreieckspannung 649
Dreiwege-Stromregelventil, Hydraulik 614
Drosselrückschlagventil 550
Drosselventil, Hydraulik 613
Drosselventil, Pneumatik 550
Druck 531, 593
Druckausbreitung 532
Druckbeanspruchung 379
Druckbegrenzungsventil 539
Druckbegrenzungsventil, Hydraulik 605, 621
Druckberechnung, Pneumatik 540
Druckenergie 317
Druckfestigkeit 242
Druckflüssigkeit 607
Druckflüssigkeitsbehälter 606
Druckgasflaschen 201
Druckguss 152
Druckkraft, Berechnung 379
Druckluftregler 550
Druckluftverteilung 542
Druckmessgerät 598
Druckölverband 399
Druckölverfahren 404
Druckregelventil 539, 550
Druckschalter 570
Druckspannung 379
Druckumformen 165
Druckventile, Hydraulik 612
Durchdringungsverbundwerkstoff 291
Durchflussgesetz 594
Durchflussmessung 331
Durchflussmessverfahren 25
Durchflusssensor 664
Durchzugniet 198
Duroplaste 295
Duroplastische Kunststoffe 295
Dynamische Messwerterfassung 54
Dynamische Prüfungen 408, 410
Dynamisches Auswuchten 425

E

Eckenwinkel, Drehmeißel 102
Eckfräsköpfe 115
Edelgase 213
Edelstähle 272
Effektor, Roboter 701, 703
Eilgangbewegung 493
Eilgang-Vorschub-Steuerung 619
Einbrandkerbe 217
Einflussgrößen, Drehen 109
Eingriffsgrenze 61
Eingriffsgröße 127
Eingriffswinkel 370
Einguss 154
Einhärtetiefe 266, 270
Einheiten 16
Einkomponentenklebstoff 232
Einkopplung, induktiv 677
Einkopplung, kapazitiv 677
Einlagerungsmischkristalle 253
Einlegegerät 435
Einlegekeile 196
Einpressen 396
Einrichtblatt 528

Sachwortverzeichnis

Einrichtung, technisches System 311
Einsatzhärten 270
Einsatzstähle 277
Einschaltverzögerung 573
Einscheibenkupplung 359
Einschneider 89
Einsenken, zylindrisch 86
Einstechschleifverfahren 137
Einstellen 420, 423
Einstellwerte, Plasmaschneiden 148
Einstellwinkel, Drehmeißel 102
Einstellwinkeleinfluss, Drehen 103
Einstufiges Getriebe 363
Einweglichtschranke 672
Einzelrautiefe 33
Eisenerz 258
Eisen-Kohlenstoff-Diagramm 261
Eisen-Kohlenstoff-Gusswerkstoffe 277
Eisen-Kohlenstoff-Legierung 261, 279
Elastische Kunststoffe 295
Elastizität 243
Elektrische Arbeit 315
Elektrochemische Spannungsreihe 472
Elektrode 204
Elektrodenumhüllung 207
Elektrodenwerkstoff 207
Elektromotor 321, 646
Elektromotor, Kenngrößen 655
Elektron 247, 633
Elektronenstrahlschweißen 218
Elektropneumatik 569, 574
Elektrostahlverfahren 259
Elektrotechnik 631
Elektrotechnik, Unfallverhütung 642
Element, technisches System 311
Elementarladung 633
Emulgator 142
Endlagendämpfung 544
Endmaße 27
Endmontage 387
Energie 317
Energie, elektrisch 632
Energieerhaltungssatz 318
Energieübertragung 354
Energieübertragungseinheiten 312
Energieumsatz 319
Energieverlust 451
Entgraten 80, 86
Entgratgabel 86
Entsorgung 239
Entspannen 414
Epoxidharz 297
EP-Wandler 569

Ergänzen 449, 453
Ergonomie 426
Ermüdungsbrüche 440
Ersatzteilplanung 461
Erstarrungstemperatur 250
Erste Hilfe 642
Erstzug 175
Erwärmung, Wälzlager 402
Ester 481
Eutektikum 256
Evolventenverzahnung 369
Excel 62
Extrudieren 156, 289

F

Faltversuch 304
Falzen 173
Farbcode, Schleifscheiben 135
Fasen, Programmierung 495
Faserverbundwerkstoff 291
Federstähle 277
Federstecker 356
Fehlerkosten 56
Fehlerquellen beim Messen 55
Fehlerquellensuche 57
Fehlerstromschutzschalter 645
Fehlersuche mit Ablaufplan 626
Fehlersuche mit Tabellen 625
Fehlersuche, Steuerungen 620, 624
Feilen 80
Feilenblatt 80
Feilenform 80
Feilenheft 80
Feingewinde 187
Feingussformverfahren 155
Feinkornbaustähle 276
Feinzeiger 24
Feldlinien 646
Fernüberwachung 460
Fernwartung 13
Ferrit 261, 263
Fertigen 66
Fertigen, CNC 485
Fertigen, Lernsituation 725
Fertigungsplanung, Lernsituation 732
Fertigungsprozess, Spanen 92
Fertigungssysteme 430
Fertigungssysteme, Aufbau 433
Fertigungsunterlagen, Schweißtechnik 407
Fertigungszelle 431
Festigkeit 242
Festigkeitsberechnung 377
Festigkeitskennzahl 190
Festkörperlaser 150
Festlager 350
Festschmierstoffe 479

Fettschmierung 346
Feuchtesensor 665
Filter 608
Filterwechsel, Hydraulikanlage 622
Fischgräten-Diagramm 57
Flächenpressung 379, 398
Flächenpressung, Stifte 383
Flachführung 351
Flachkeil 196
Flachriemen 367
Flachschleifmaschine 138
Flachsenker 86
Flammhärten 269
Flammpunkt 475
Flammrichten 406
Flankendurchmesser, Gewindemessen 32
Flankenwinkel 87
Flanschlager 343
Flanschschraube 189
Fließpressen 180
Fließspan 94
Fluchtung 409
Flügelzellenpumpe 604
Fluidantrieb 321
FluidSIM-P® 566
Fluidtechnik 531, 534
Fluidtechnik, Symbole 537
Flüssigkeitsreibung 345
Flussmittel 226, 228
Flussmittelarten 229
Folgeventil 539
Förderbänder 436
Fördermittel 322
Formdrehen 101
Formelzeichen 16
Formlehre 28
Formschleifen 132
Formschluss 183, 194, 197, 367
Formschräge 153
Formtoleranzen 46
Formverkörperung 17
Fotodioden 671
Fräsen, Anstellbewegung 127
Fräsen, Arbeitsbewegungen 126
Fräsen, Hauptnutzungszeit 128
Fräsen, Schnittbewegung 111
Fräsen, Schnittgeschwindigkeit 126
Fräsen, Stirnfräsen 126
Fräsen, Umfangsfräsen 126
Fräsen, Vorschubgeschwindigkeit 126
Fräsen, Zustellbewegung 127
Fräsermittelpunktsbahn 513
Fräsmaschine 111
Fräsmaschine, Inspektion 454
Fräsverfahren 112
Fräswerkzeuge 113

Fräszyklen 514
Freiformschmieden 178
Freilauf 361
Freischnitt, Sägeblatt 79
Freistichzyklen 503
Freiwinkel 77, 92, 111
Freiwinkel, Bohren 82
Freiwinkel, Drehmeißel 102
Freiwinkeleinfluss, Drehen 103
Fügen 68, 182, 388
Fügen, Gewinde 185
Fügen, Montage 389
Fügen, Schweißen 199
Fügeverfahren 182
Fühlerlehre 28, 404
Führen 313, 415
Führungsgröße 628
Füllstandssensor 665
Funkenentladung 149
Funkenerosionsanlage 149
Funkenerosives Abtragen 149
Funktionen 386
Funktionen, Einrichtungen 312
Funktionsbereiche, Handhaben 414
Funktionsdiagramme 554
Funktionseinheit 326, 341
Funktionsgruppe 312
Funktionsplan (FUP), SPS 692
Funktionsplan, GRAFCET 580, 680
Funktionsprüfungen 408
Funktionstabelle 679
Fußhöhe, Zahnrad 369
Fußkreisdurchmesser 369

G

Galvanische Trennung, Stromkreise 672
Galvanisches Element 471
Gasflamme 201
Gaslaser 150
Gasschmelzschweißen 201, 218
Gaußsche Normalverteilung 65
Gebogener Drehmeißel 104
Gebotszeichen 234, 483
Gebrauchstauglichkeit 239
Gefahrenklasse, Öle 475
Gefräste Feile 81
Gefüge, Gusseisen 279
Gefüge, Schleifscheibe 134
Gefügeänderungen, Schweißen 216
Gefügebilder 257
Gegenlauffräsen 112, 513
Gehauene Feile 80
Gehrungswinkel 70
Gelenkgetriebe 362
Gelenkkupplung 358
Gelenkroboter 702

Sachwortverzeichnis

Gelenkwelle 356
Gemischte Programmierung 705
Genauigkeitsklasse 597
Geneigte Ebene 315
Generator 635
Gerader Drehmeißel 104
Geradführung 351
Geradgenutete Reibahle 91
Geräteschutzeinrichtungen 643
Gerätesicherheit 335
Gerätesicherheitsgesetz 429
Geschwindigkeitssteuerung, Hydraulik 618
Geschwindigkeitsverhältnis 138
Gesenkbiegen 169
Gesenkschmieden 178
Gestreckte Länge 172
Gesundheitsgefahren, Kühlschmierstoffe 142
Gesundheitsverträglichkeit 239
Getriebe, Berechnungen 363
Getriebe, stufenlose 375
Getriebe, Übersicht 362
Gewaltbruch 440, 468
Gewichtskraft 72, 184
Gewinde 87
Gewinde, Flankendurchmesser 185
Gewinde, Kräftezerlegung 186
Gewinde, mehrgängig 186
Gewinde, Messgrößen 32
Gewinde, Selbsthemmung 186
Gewinde, Spannkraft 186
Gewinde, Steigung 185
Gewindebohrer, Spanwinkel 89
Gewindebohrersatz 88
Gewindedrehen 108
Gewindekernloch 88
Gewindelehrdorn 31
Gewindelehrring 31
Gewinderollenlehre 31
Gewindeschablone 31
Gewindeschneiden 87
Gewindestift 189
Gewindezyklus 503
GHS, Klassifikationssystem 484
Gießbarkeit 245
Gießeigenschaften 278
Gießen 152
Giftigkeit 245
Gitteraufbau, Metallgefüge 250
Gittertypen 251
Glasfaserverstärkte Kunststoffe 293
Glasfaserverstärkte Werkstoffe 291
Gleichgewicht, Hebel 364

Gleichlauffräsen 112, 513
Gleichstrommotor 647
Gleitführung 351
Gleitlager 343, 346
Gleitreibung 184, 347
Gleitverschleiß 465
Glühfarben 177
GRAFCET-Plan 580, 680, 692, 697, 699
Grafische Symbole, Längenprüftechnik 49
Gravur 178
Greifraumabmessungen 427
Greifwerkzeuge 419
Grenzabmaß 18, 40
Grenzlehrdorn 28, 45
Grenzmaß 45
Grenzrachenlehre 28, 45
Grenztaster 572
Grundabmaß 40
Grundbildzeichen, CNC-Maschinen 525
Grundfunktion 313
Grundgröße 16
Grundschaltungen, Elektrotechnik 639
Grundschaltungen, Pneumatik 551
Grundstähle 271, 275
Grundsteuerungen, Hydraulik 617
Grundsteuerungen, Pneumatik 552
Grundtoleranzgrad 41
Grundverknüpfungen, SPS 693
Gruppe, technisches System 311
Gusseisen 252, 277, 279
Gutseite 45

H

Halbrundniet 198
Halbzeuge 165
Halten 414
Haltepunkt 249, 256
Handblechscheren 75
Handbügelsäge 78
Handformerei 154
Handhaben 388, 414
Handhabungseinrichtungen 418
Handhabungssysteme 434
Handhabungsvorgänge 414
Handhebelschere 74, 76
Handhilfsbetätigung 570
Handkraft 191
Handreibahle 91
Hangabtriebskraft 184
Hängeförderer 436
Harmonic-Drive-Getriebe 373
Härte 243, 299
Härte, Schleifscheibe 133
Härten 265
Härteprüfung 301

Härteprüfung, Brinell 302
Härteprüfung, Rockwell 303
Härteprüfung, Vickers 302
Hartlote 228
Hartlöten 227
Hartmetalle 95, 287
Hartmetalle, Hauptgruppe 96
Hauptnutzungszeit, Drehen 110
Hauptnutzungszeit, Fräsen 128
Hauptschneide 82
Hauptschneide, Drehmeißel 102
Hebelarm 191
Heißisostatisches Pressen 290
Heißpressen 290
Heißreiniger 481
Heizdüse 145
Heizelementschweißen 224
Heizflamme, Brennschneiden 145
Heizgasgemisch 143
Heizwert 317
hexagonales Gitter 251
Hiebnummer 81
Hiebzahl 81
Hochdruckfilter 608
Hochgenauigkeits-Schraubsystem 394
Hochofen 258
Höchstmaß 18, 39, 45
Höchstspiel 42
Höchstübermaß 42
Hochtemperaturlöten 227
Höhenmessung, digital 52
Hohlkeil 196
Hohlrad 372
Hohlschaftkurzkegel, Spannzeuge 118
Honen 139
Honstein 139
HSS-Drehmeißel 105
HSS-Stahl 95
Hubkolbenverdichter 541
Hublänge, Längsführung 352
Hydraulik 592
Hydraulik, Wirkungsgrad 596
Hydraulikanlage 601
Hydrauliköl 479
Hydraulikmutter 404
Hydraulikschaltplan 601
Hydraulikschlauch 610
Hydraulische, Leistung 593
Hydraulisches Dehnen 119
Hydraulisches Vorspannen 394
Hydroabrasiver Verschleiß 467
Hydrospeicher 609, 621

I

Identifikationssysteme 333
IFT, Strichcode 334

Impulslichtbogen 213
Inbetriebnahme, Steuerungen 587, 620
Indirektes Teilen 125
Induktion 664
Induktionshärten 269
Induktive Messtaster 26
Industrie 4.0 12
Industriecomputer, IPC 659
Industrielle Revolution 11
Industriemechaniker 12
Industriemechanikerin 12
Industrieöle 474
Industrieroboter 435, 701
Industrieroboter, Bauarten 702
Industrieroboter, Einsatz 703
Industrieroboter, Programmierung 704, 708
Industrieroboter, Sicherheit 429
Inerte Gase 210, 213
Informationseingabe 328
Informationsfluss 330
Informationsträger 327
Informationsumsatz 327, 330
Infrarot-Thermographie 446
Injektorbrenner 202
Inkrementalbemaßung 492
Inkrementales Messen 487
Inkrementalmaßprogrammierung 495
Innendrehen 101
Innengewinde 87
Innengewinde, Herstellung 89
Innenhonen 139
Innenmessschraube 23
Innen-Profilschleifen 137
Innenräumen 130
Innen-Rundschleifen 137
Inspektion 443
Inspektionsintervalle 443
Inspektionsplan 454
Installation, Elektropneumatik 586
Instandhaltung 438, 660
Instandhaltung, Aufgaben 439
Instandhaltung, Grundmaßnahmen 441
Instandhaltung, Hilfsstoffe 474
Instandhaltung, korrektiv 442
Instandhaltung, präventiv 442
Instandhaltung, Verbesserung 461
Instandhaltung, Zuverlässigkeit 461
Instandhaltungsfehler 440
Instandhaltungsmaßnahmen 449

749

Sachwortverzeichnis

Instandsetzen 455
Instandsetzung, vorausbestimmt 459
Instandsetzung, zustandsorientiert 459
Intelligente Sensoren 662
Inverter-Stromquelle 205
IPC, Industriecomputer 659
Ishikawa-Diagramm 57
Isolieren 313
Isolierstoffe 636
ISO-Norm, Passungsangaben 40
ISO-Toleranzen, Lagereinbau 349
Istmaß 24, 42, 45
IT-Sicherheit 335

J

Joule 315
Justage 421
Justagearten 422
Justieren 420, 453

K

Käfigläufer, Elektromotor 651
Kalibrierung, Messtaster 55
Kaltisostatisches Pressen 289
Kaltklebstoff 232
Kaltnietung 197
Kaltpressen 289
Kaltreiniger 481
Kaltrichten 181, 406
Kaltumformen 167
Kaltverfestigung 167
Kameratypen, Bildverarbeitung 674
Kapazitive Messtaster 26
Kapillarverfahren 306
Kapillarwirkung 226
Kaviationsverschleiß 465
Kavitation 467, 595
Kegeldrehen 107
Kegeliges Ansenken 86
Kegelkupplung 359
Kegellehrring 403
Kegelradgetriebe 374
Kegelradtrieb 371
Kegelschaft, Bohrer 83
Kegelsenker 86
Kegelstifte 193
Kegelverbindungen 397
Keil 195
Keilriemen 367
Keilverbindung 194
Keilwellenprofil 196
Keilwinkel 73, 77, 92, 111
Keilwinkel, Drehmeißel 102
Kennzeichen, gefährlicher Stoffe 484
Kennzeichnung, Bauteile 589
Kennzeichnung, Betriebsmittel 574
Kennzeichnung, Schmierstoffe 479
Keramische Schneidstoffe 97
Keramische Werkstoffe 289
Kerbschlagarbeit 303
Kerbschlag-Biegeversuch 303
Kerbstifte 193
Kerbverzahnung 196
Kerbwirkung 468, 470
Kerndurchmesser 87
Kernmarke 154
Ketone 481
Kettengetriebe 367
Kfz-Öle 474
Kinetische Energie 317
Klassenbreite, Statistik 63
Klassenzahl, Statistik 63
Klauenkupplung 358
Kleben 230
Klebeverbindungen 230, 232
Klebeverbindungen, Berechnung 385
Klemmenbelegungsliste 585
Klemmkraft 390
Klemmleiste 584
Klemmverbindung 396
Knickarmroboter 435
Knickfestigkeit 242
Kohäsion 242
Kohlenstofffaserverstärkte Kunststoffe 293
Kohlenwasserstoffe 481
Kolbengeschwindigkeit 551
Kolbenkraft 533
Kolbenmaschinen 320
Kolbenpumpe 604
Kolbenverdichter 326
Kollisionskontrolle, CNC-Maschine 528
Kombischraube 189
Kommunikationsanweisungen 704
Kommunikationskette 327
Kommunikationssystem 327
Kommutator 647
Kompressor 540
Konservieren 449
Konsistenzklasse 480
Konstantpumpe 603
Konstruieren, 3D-CAD 338
Konstruktionsfehler 440
Kontaktklebstoff 231, 233
Kontaktplan (KOP), SPS 692
Kontaktzone, Drehmeißel 103
Kontinuitätsgleichung 324, 594
Kontrollkarte 60
Konturfehler 510
Koordinatenachsen, CNC-Fräsen 511
Koordinatensystem, CNC 490
Koordinatensystem, CNC-Drehmaschine 498
Koordinatensystem,
Messmaschine 54
Kopfhöhe, Zahnrad 369
Kopfkreisdurchmesser 369
Kopfschraube 189
Koppeln 314
Körnen 70
Korngrenzen 250
Körnung 133
Korrekturmaße 509
Korrosion 471
Korrosion, elektrochemisch 472
Korrosion, interkristallin 472
Korrosionsbeständigkeit 245
Korrosionsschäden 440
Korrosionsschutz 473
Kraft 72
Kräfteparallelogramm 73
Kräftezerlegung 73
Kraftmaschinen 319
Kraftschluss 183, 194, 197, 367
Kraftwerk 319
Kraftwirkung 72
Kreisprogrammierung, Drehteil 500
Kreissägeblatt 78
Kreistaschenfräszyklus 516
Kreuzgelenk 358
Kreuzhiebfeilen 81
Kreuzscheiben-Kupplung 358
Kreuzscheiben-Kupplung, Lernsituation 728
Kristalländerung 266
Kristallgemenge 255
Kritische Drehzahl 470
Kronenmutter 189
Kubisch-flächenzentriertes Gitter 251, 261
Kubisch-raumzentriertes Gitter 251
Kugelgraphit 280
Kugellager 348
Kugelnormal 55
Kugelscheibengetriebe 376
Kugelstrahlen 470
Kühlschmiermittel 85
Kühlschmierstoffe 141
Kühlschmierstoffe, Schutzmaßnahmen 238
Kühlschmierung 109, 138
Kunststoffe, Verwendung 297
Kupfer 284
Kupferlegierung 284
Kupfer-Zink-Legierungen 284
Kupplungen 357
Kupplungen, formschlüssig 357
Kupplungen, kraftschlüssig 357
Kupplungen, nicht schaltbar 357
Kupplungen, schaltbar 359
Kupplungsgetriebe 375
Kurvengetriebe 362
Kurzhubhonen 139
Kurzlichtbogen 213
Kurznamen, Stähle 273
Kurzschlussstrom 636

L

Ladungstrennung 633
Lageabweichungen 409
Lager 343
Lageregelkreis 487
Lagereinbau, ISO-Toleranzen 349
Lagerluft 403
Lagerreibung 344
Lagerwerkstoffe 286, 343
Lagerzapfen 355
Lagetoleranz 46
Lamellengraphit 279
Lamellenkupplung 360
Lamellenverdichter 326, 541
Längenausdehnungszahl 393
Längenmesstechnik 19
Längenmessung, elektrische 26
Längenmessung, indirekte 25
Längenmessung, pneumatische 25
Langhubhonen 139
Langlichtbogen 213
Längspressverbindungen 398
Längsrunddrehen 101
Längsschruppzyklus 501
Läppen 140
Läppgemisch 140
Läppscheibe 140
Läppvorgang 140
Lärm, Arbeitsplatz 428
Lärmschutz 426
Laserauftragsschweißen 164
Laserschmelzen 161
Laserstrahl-Brennschneiden 151
Laserstrahl-Schmelzschneiden 151
Laserstrahltrennen 150
Lastwinkel 650
Laufring 347
Lauftoleranz 48
Layer, additive Fertigung 159
LED, Leuchtdioden 672
Leertrum 366
Legierte Edelstähle 272, 275
Legierte Qualitätsstähle 272, 275
Legierte Stähle 271, 275
Legierte Stähle, Benennung 274
Legierung, Kupfer-Zink-Zinn 285
Legierung, Kupfer-Zinn 285
Legierungen 252, 255
Legierungen, Erstarrungsver-

Sachwortverzeichnis

halten 254
Legierungen, Zustandsdiagramm 254
Legierungsbildung, Löten 225
Legierungselemente 260
Lehren 17, 28, 38
Leichtmetalle 246
Leistung 316, 593
Leit-Drehmaschine 98
Leiten 313
Leiter, Elektrotechnik 636
Leitungselemente 341
Leitungsschutzeinrichtungen 643
Leitungssysteme, Wartung 622
Leuchtdioden, LED 672
Lichtbogen 204
Lichtbogen, Plasmabrenner 147
Lichtbogenhandschweißen, Arbeitstechnik 207, 209
Lichtbogenkennlinie 206
Lichtbogenofen 259
Lichtbogenschmelz-Schweißanlage 204
Lichtbogenschmelzschweißen 218
Lichtschnittverfahren 34
Lichtschranke 672
Liefermenge 541
Linearmotor, Elektrotechnik 654
Linearmotor, Hydraulik 615
Linker Drehmeißel 104
Linksgewinde 187
Linsenniet 198
Lochlehre 28
Logikplan, Steuerung 679
Logiksymbol 679
Losdrehsicherung 190
Lösen 314, 414
Loslager 350
Lösungsglühen 283
Lösungsmittel 481
Lote 226, 228
Löten 225
Lötspalt 227
Löttemperatur 227
Lötverbindungen 228
Lötverbindungen, Berechnung 385
Lötverfahren 227
Luftfeuchtigkeit 541
Lufthärter 267
Lüftung, Arbeitsplatz 428

M

Magazin, Montage 418
Magnetfeld 646
Magnet-Grenztaster 572
Magnetpulverprüfung 306
Magnetventil 569
Magnetventile, Auswahlkriterien 572

MAG-Verfahren 210
Makromoleküle 294
Makroskopische Untersuchung 305
Manipulation, Computer 335
Manipulatoren 435
Markierungsstriche, Signalglied 553
Martensit 266
Maschinelle Montage 412
Maschinenausfall 442
Maschinenbruch 468
Maschinenfähigkeit 60
Maschinenfähigkeitsindex 65
Maschinennullpunkt 498, 512
Maschinenreibahle 91
Maschinenschaden 463
Maschinenschaden, Korrosion 471
Maschinenschraubstock 84, 122
Maschinenüberwachung 437
Maschinist 11
Maskenformverfahren 155
Maßabweichungen 408
Maßbezugsebene 69
Maßgenauigkeit, Spanen 94
Maßlehre 28
Maßtoleranz 39
Maßverkörperung 17, 27
Massestrom 323
Mechaniker 11
Mechanikerin 11
Mechanische Arbeit 316
Mechanisierung 656
Mehrfachstoß 200
Mehrfachwerkzeugträger 508
Mehrscheibenkupplung 360
Membranzylinder 545
Mengenänderung, Handhaben 416
Merker, SPS 694, 699
Messablauf, Steuerung 55
Messabweichung 19, 36
Messdüse 25
Messen 17, 38, 417
Messen, CNC 487
Messen, Formabweichungen 49
Messen, Lageabweichungen 50
Messfläche 27
Messflächen, Endmaße 27
Messgeräte, Hydraulik 597
Messgrößenaufnehmer 39
Messgrößenumformer 662
Messing 252, 284
Messkette, Montageprüfungen 413
Messkette, Sensortechnik 661
Messmaschine 52
Messprinzipien, Sensoren 661
Messschieber 20

Messschrauben 22
Messstellen, Hydraulik 599
Messsystem 331
Messtaster 55
Messuhr 24
Messvorrichtung, pneumatisch 51
Messwert 17, 19
Messwertabweichungen 597
Messwertaufnehmer 529
Messwerterfassung, Messmaschine 54
Metallbindung 248
Metalle 246
Metallgefüge 250
Metallionen 248
Metallkristall 248
Metallografisches Prüfverfahren 304
Metallpulver 152
Metallschmelzen 152
Metall-Schutzgasschweißen 210
Metallschweißen 216
Metrisches Maßsystem 17
MIG-Verfahren 210
Mikroskopische Untersuchung 304
Mindestbiegeradius 168
Mindestmaß 18, 39, 45
Mindestspiel 42
Mindestübermaß 42
Mineralöle 476
Mischgase 213
Mischkristalle 253
Mittelpunktkoordinaten 500
Mittelspannung 307
Mittelwert 62
Modellteilung 153
Modul 369
Molekülaufbau 294
Molybdänsulfid 479
Montagefehler 440
Montageplatz 426
Montageprozess 387
Montageprozess, Prüfen 408
Montagescheibe 402
Montagestation 426
Montagetätigkeit 388
Montieren, Lernsituation 730, 736
Motor, Pneumatik 543
MTS Top-Turn 522
Muttern 189
Mutternfestigkeit 190

N

Nacharbeit 420
Nachbehandeln 420
Nachlinks-Schweißen 203
Nachrechts-Schweißen 203
Nachstellen 449
Nachstellen, Messschraube 453
Nadellager 347

Näherungsschalter, elektrisch 572
Näherungsschalter, induktiv 666
Näherungsschalter, kapazitiv 667
Näherungsschalter, pneumatisch 548, 562
Näherungssensor 666
Nasenkeile 196
Nassklebstoff 231, 233
n-dotiert 670
Nebenschneide, Drehmeißel 102
Neigung, Keil 195
Neigungswinkel, Drehen 104
Neigungswinkel, Drehmeißel 102
Nenndurchmesser 87
Nennmaß 18, 39
Nennweite 549
Neusilber 285
neutrale Faser 168, 172, 354
Neutron 247, 633
Newton 72, 531
Nichtleiter 636
Nichtmetalle 246
Nichtrostende Stähle 277
NICHT-Verknüpfung 559
NICHT-Verknüpfung, SPS 694
Niederhalter 76
Niederzugschraubstock 122
Nieten 197
Nietwerkstoffe 198
Nitridkeramik 97
Nitrieren 271
Nitrierstähle 276
Nonius 20, 29
Norm DIN EN 81346-2 589
Norm DIN ISO 1219 589
Normalglühen 216, 265
Normalkraft 184
Normal-Nenndurchfluss 549
Normalspannung 378
Normalverteilung 62
Normbezeichnungen, Aluminium 283
Normbezeichnungen, Gusseisen 281
Normen, elektropneumatische Steuerungen 569, 589
Normen, fluidische Steuerungen 589
Normsignale, Sensortechnik 662
Notlaufeigenschaft 286
Nullfehlerproduktion 61
Nulllinie 40
Nullpunkt, Messmaschine 54
Nullpunktverschiebung 513
Nullräder 370
Nullstellen, Messgeräte 21
Nutenkeil 196
Nutzenergie 318
Nutzleistung 600

Sachwortverzeichnis

Nutzungsdauer, Instandhaltung 440

O

Oberflächenbeschaffenheit 35
Oberflächenbeschaffenheit, Schleifen 138
Oberflächenbeschaffenheit, Spanen 93
Oberflächenbeschichtung 291
Oberflächenfilter 608
Oberflächenkenngröße 33
Oberflächenzerrüttung 464
Obergesenk 178
Oberhieb 81
Objektives Prüfen 15
ODER-Verknüpfung 559
ODER-Verknüpfung, SPS 693
Offline-Betrieb, SPS 686
Offline-Programmierung 706
Ohm 637
Ohmsches Gesetz 638
Öl, Kennzeichnung 479
Ölhärter 267
Ölschmierung 346
Öluntersuchung 477
Online-Betrieb, SPS 686
Online-Programmierung 705
Operandenteil, SPS 690
Operationsteil, SPS 690
Opferanode 473
Optokoppler 672
Ordnen 415
Ordnungseinrichtungen 419
Orientieren 415
Ortstoleranz 48
Oszillieren 314
Oxidation 259
Oxidkeramik 97

P

PAL, Fräszyklen 516
Palette, Spannsystemträger 527
Palettenwechsler 527
Parallelkinematik, Roboter 702
Parallele Datenübertragung 676
Parallelendmaße 27
Parallelität 409
Parallelreißer 70
Parallelschaltung 575, 639
Parametertechnik 506
Pascal 531
Passfedern 195
Passfedern, Berechnung 384
Passfederverbindung 194
Passfläche 39
Passschraubenverbindung 396
Passstifte 192
Passungen, Auswahl 44
Passungsauswahl, Lager 348
Passungsnorm 43
Passungssystem Einheitsbohrung 43
Passungssystem Einheitswelle 43
p-dotiert 670
Pendelrollenlager, Einbau 404
Pendelschleifverfahren 137
Perlit 262
Personenschutz 620
PE-Wandler 570
Phasenverschiebung 648
Phasenwendestecker 653
Phenoplaste 298
Physikalische Arbeit 315
Piezoeffekt 667
Piezokristall 667
Piezotranslation 667
Pilotlichtbogen 147
PIV-Getriebe 376
Planetärerodieren 149
Planetengetriebe 372
Planetenrad 372
Planfräsen 112
Planfräsköpfe 115
Planlauf 409
Planscheibe 106
Planschruppzyklus 501
Planung, Werkstückspannung 528
Plasma 147
Plasmabrenner 147
Plasmaschneiden 147
Plasmaschweißen 218
Plastizität 243
Playback-Programmierung 705
Pneumatik 540
Pneumatikanlage 540
Pneumatikmotor 543
Pneumatiksteuerungen, Optimieren 568
Pneumatiksteuerungen, Simulation 568
Pneumatiksteuerungen, Zeichnen 566
Pneumatikzylinder 543
Pneumatikzylinder, Auswahlkriterien 545
pn-Übergang 671
Polarkoordinatenbemaßung 492
Polwender 647
Polyaddition 296
Polyadditionsklebstoff 233
Polyaddukte 296
Polyamide 298
Polyester 298
Polyethylen 297
Polygonspannfutter 120
Polygonwellenprofil 196
Polykondensate 296, 298
Polykondensation 296
Polykristalliner Diamant 75
Polymerisate 296
Polymerisation 296
Polymerisationsklebstoff 233
Polystyrol, Hartschaum 297
Polyurethan 297
Polyvinylchlorid 294, 297
Poren 217
Portalroboter 702
Positionierelement 526
Positionieren 121, 415
Positioniergenauigkeit, Roboter 703
Potenzielle Energie 317
Pourpoint 475
P-Regler 630
Pressen, Kunststoffe 156
Pressverbindung 396, 398
Probefertigung, CNC 524
Probelauf 459
Produktionsprozess 660
Produktsteuerung 437
Profildrehen 101
Profilformen, Fügen 196
Profilfräsen 112
Profilfräser 117
Profilprojektor 51
Profilverschiebung 370
Profilwalzen 169
Programm, SPS 700
Programmablaufplan 708
Programmabschnittwiederholung 505
Programmieren, 3D-CAD 338
Programmierung, CNC 489
Programmierung, Handhabung 435
Programmierung, SPS 690
Programmierung, Werkstattorientiert (WOP) 522
Programmierungsverfahren 705
Programmspeicher, SPS 687
Proportional-Regler 630
Proton 247, 633
Prozessautomatisierung 656
Prozessfähigkeit 60
Prozessfähigkeitsindex 65
Prozessüberwachung 60
Prüfanleitung 411
Prüfauftrag 14
Prüfen 15, 388, 417
Prüfen, Lernsituation 739
Prüfgeräte, Auswahl 38
Prüfgröße 38
Prüfplanung 59
Prüfungen, Montage 410
Prüfverfahren, Auswahl 38
PT-100, Anschlussschaltung 670
PT-100, Temperatursensor 669
Pumpen 326
Pumpenkennlinie 604
Punktlast 349
Punktsteuerung 706
PVC 297

Q

QR-Code 334
Qualität, Einflussgrößen 57
Qualitätsmanagement 56
Qualitätsmängel 440
Qualitätsregelkarte 61
Qualitätssicherung 437
Qualitätssicherung, Bildverarbeitung 673
Qualitätssicherung, Fertigung 59
Qualitätssicherungsnormen 58
Qualitätsstähle 272
Querplandrehen 101
Querpressverbindung, Berechnung, 400
Querpressverbindungen 393, 398
qv-p-Diagramm 600

R

Radialkolbenmotor 616
Radialkolbenpumpe 604
Radiallager 343, 348
Radialluft 403
Radienfräser 117
Radienlehre 28
Rasterspannsysteme 527
Rauheitskenngröße Ra 34
Rauheitskenngröße Rz 33
Rauheitsprüfung 33
Räumen 130
Räumnadel 130
Raumtemperatur, Arbeitsplatz 428
Rautiefem, Schleifen 138
Reaktionsklebstoff 231, 233
Reaktionsschichtverschleiß 464
Rechtecktaschenfräszyklus 515
Rechte-Hand-Regel 490
Rechter Drehmeißel 104
Rechtsgewinde 187
Rechtwinkeligkeit 409
Recken 178
Reduktion 258
Reedkontakt 572
Referenzpunkt 498, 512
Reflexlichtschranke, 672
Regeleinrichtungen 329
Regelgewinde 187
Regelgröße 628
Regelkreis 628
Regeln 627
Regelpumpe 603
Regelstrecke 628
Regelungssystem 332
Regelungstecnik 627
Regler 628
Reibahle 90
Reiben 90
Reibradgetriebe 375
Reibung 184
Reibungskraft 184, 396

Sachwortverzeichnis

Reibungszahl 184, 366
Reibvorgang 90
Reibwerkzeug 90
Reihenschaltung 575, 639
Reinaluminium 282
Reinigen 441, 449
Reinigung von Kühlschmiermittel 462
Reinigungsmittel 481
Reißnadelarten 69
Reißspan 94
Rekristallisation 167
Rekristallisationsglühen 265
Relais 573, 583
Ressourcenschonung 239
Rettungszeichen 234, 483
RFID-System 333
Richten 181, 314
Richtungssteuerung, Hydraulik 617
Richtungstoleranz 48
Riemengetriebe 366
Rillenkugellager 401
Ringfeder-Spannverbindungen 397
Roboter umrüsten, Lernsituation 738
Roboterachsen 701
Robotersteuerung 706
Roheisenerzeugung 258
Rohrfederdruckmessgerät 598
Rohrniet 198
Rollbiegen 169
Rollenlager 348
Rollreibung 184, 347
Rollverschleiß 465
Röntgenstrahlprüfung 305
Rotationsmotor, Hydraulik 616
Rotguss 285
Rücklauffilter 608
Rückschlagventil 539
Rückschlagventil, Hydraulik 612
Rückschlagventil, Pneumatik 550
Rücksetzsignal, SPS 696
Rückwärtsentgraten 86
Rückwärts-Fließpressen 180
Rundfräsen 112
Rundgewinde 188
Rundlauf 409
Rundschleifmaschine 138

S

Sägeblatt 78
Sägen 78
Sägengewinde 188
Sammeln 313
Sandformen 153
Satzaufbau, SPS 691
Satzfräser 117
Säubern 450
Sauerstoffaufblasverfahren 259
Sauerstoffstrahl 145
Saugbrenner 202
Saugfilter 608
Säulenbohrmaschine 83
Schadensursachen, Ermittlung 457
Schaftfräser 116
Schalbenschwanzführung 351
Schaltgliedertabelle 574
Schaltinformation 327
Schaltinformationen, Programmierung 496
Schaltplan, Elektrotechnik 640
Schaltplan, Fluidtechnik 535
Schaltplanaufbau, Fluidtechnik 536
Schaltzeichen, Elektrotechnik 641
Schälung, Wälzlager 350
Schaumverhalten, Öle 475
Scheibenfeder 195
Scheibenkupplung 359
Scheibenskimmer 462
Scherbeanspruchung 242, 380
Scherfestigkeit 242
Scherkraft 380
Schermesser 76
Scherquerschnitt 380
Scherschneiden 74
Scherspan 94
Scherspannung 380
Schervorgang 74
Schichtverbundwerkstoff 291
Schieberadgetriebe 375
Schieberventil 546
Schlackeneinschluss 217
Schlagkappe 402
Schleifen 132
Schleifkörper 134
Schleiflehre 28
Schleifmittel 132
Schleifscheibe, Sicherheitshinweise 136
Schleifscheibennormung 135
Schleifwerkzeuge 132
Schließkopf 197
Schlupf, Elektromotor 651
Schmelzschichtung FDM 162
Schmelzsicherungen 643
Schmelztemperatur 249
Schmieden 177
Schmiederohlänge 179
Schmiedetemperaturbereich 177
Schmieranleitungen 452
Schmieranweisungen 451
Schmieren 449, 451
Schmierfette 478, 480
Schmierfette, Klassifizierung 478
Schmierfette, Konsistenz 478
Schmierfilm 345, 474
Schmieröle 474, 479
Schmierplan 451
Schmierplan, Symbole 452
Schmierstoffe 474
Schmierstoffe, Entsorgung 480
Schmierung, Grundregeln 458
Schmierung, hydrodynamisch 344
Schmierung, hydrostatisch 345
Schmitt-Trigger 677
Schneckengetriebe 374
Schneckentrieb 371
Schneiddüse 145
Schneide, Werkzeug 72
Schneidengeometrie 92, 109
Schneidenradius 93, 109, 508
Schneidenradiuskompensation 510
Schneidenradiusmittelpunkt 510
Schneidringverschraubung 609
Schneidsauerstoff 143
Schneidstoff 95, 109, 288, 291
Schneidvorgang, Plasmabrenner 148
Schneidwinkelmessgerät 51
Schnellarbeitsstähle 95, 272, 277
Schnellentlüftungsventil 539
Schnelltrennkupplungen 610
Schnittbedingungen, Schleifen 138
Schnittbewegung 77, 93
Schnittbewegung, Bohren 82
Schnittdaten, Programmieren CNC 521
Schnittgeschwindigkeit 93, 109
Schnittgeschwindigkeit, Drehen 110
Schnittkraft 71
Schnitttiefe 93, 127
Schnürung, Feile 81
Schraubdrehen 101
Schrauben 189
Schrauben, Berechnung 381
Schraubenbruchspan 94
Schraubengetriebe 362
Schraubenhülse 194
Schraubenlinie 87
Schraubenradgetriebe 374
Schraubenverbindung, Anziehfolge 395
Schraubenverbindung, Anzug 393
Schraubenverbindung, Berechnung 392
Schraubenverbindung, Montage 394
Schraubenverbindung, Vorspannen 394
Schraubenverbindungen 389
Schraubfräsen 112
Schritt, GRAFCET 681
Schrittmotor 654
Schrumpffutter 119
Schrumpfverbindung 244, 399
Schruppzyklus 502
Schubumformen 166
Schütz 573
Schutzarten 571
Schutzausrüstung, Schweißen 220
Schutzbeschaltung 571
Schutzerdung 645
Schutzgase, Auswahl 213
Schutzgasschweißen 210
Schutzisolierung 644
Schutzkleinspannung 644
Schutzmaßnahmen 643
Schutzmaßnahmen, Kleben 233
Schutzmaßnahmen, Kühlschmierstoffe 238
Schutzmaßnahmen, Strom 644
Schützsteuerung 576
Schutzsymbole 645
Schweißbrenner 202
Schweißeinsatz 202
Schweißelektrode 207
Schweißen 199, 405
Schweißen, Arbeitsschutzvorschriften 220
Schweißen, Kunststoffe 222
Schweißfehler 216
Schweißfehler, Kunststoffschweißen 223
Schweißfolgeplan 407
Schweiß-Inverter 205
Schweißnahtarten, Kunststoffe 222
Schweißplan 407
Schweißspannung 405
Schweißstabdurchmesser 202
Schweißstabklassen 202
Schweißstromart 214
Schweißstromquellen 205, 211
Schweißtechnik, Digitalisierung 219
Schweißverbindungen, Nachbehandlung 406
Schweißverfahren, Einteilung 199
Schweißvorgang, Kunststoffschweißen 223
Schweißzone 200
Schweißzusatzwerkstoff 202, 215
Schwellfestigkeit 308
Schwenkachsen 490
Schwenkarmroboter 702

753

Sachwortverzeichnis

Schwenkbiegen 169
Schwenken 415
Schwermetalle 246
Schwindmaß 153
Schwingungsanalyse 445
Schwingungsaufnehmer 668
Schwingungsbruch 469
Seiten-Planschleifen 137
Selbsthaltung 575
Selektives Laserschmelzen 161
Senken 86
Senkerodieren 149
Senkniet 198
Senkrecht-Fräsmaschine 111, 511
Senor, Temperaturmessung 669
Sensor, induktiv 664
Sensor, kapazitiv 665
Sensor, optoelektronisch 670
Sensor, piezoelektrisch 667
Sensoren 412, 572, 661
Sensoren, Roboter 701
Sensortechnik 659, 661
Serielle Datenübertragung 676
Setzkopf 197
Setzsicherung, Schraubenverbindung 189
Setzsignal, SPS 696
Sicherheit, Bohren 84, 236
Sicherheit, Drehen 237
Sicherheit, Fräsen 236
Sicherheit, Handwerkzeuge 236
Sicherheit, Maschinenausstattung 429
Sicherheit, Schleifen 237
Sicherheit, Schweißen 237
Sicherheitscheck 673
Sicherheitsgerechtes Verhalten 235
Sicherheitskennzeichen 483
Sicherheitsmaßnahmen 620
Sicherheitsmaßnahmen, Hydrospeicher 609
Sicherheitsregeln für IT 336
Sicherheitszahl 378, 382
Sicherheitszeichen 429
Sichern 414
Sicherungen, Schraubenverbindungen 189
Sicherungsringe 356
Sicherungsstifte 192
Sicken 173
Signal, Elektrotechnik 675
Signalabschaltung 564
Signallinien 556
Signalüberschneidung 563
Signalübertragung 677
Silikonkautschuk 294
Simulation, CNC 524
Simulation, Pneumatiksteuerungen 568

Simulationskontrolle, CNC-Maschine 528
Sintermetalle, Normung 287
Sintern 152, 157, 286, 290
Sinterung 289
Sinterwerkstoffe 286
Sinuslineal 30
SI-System 16
Sitzventil 546
Slicen, additive Fertigung 159
Smarte Sensoren 662
Solarzellen 635
Soll-Istwert-Vergleich 487
Sonderguss 277
Sondertätigkeiten, Montage 420
Sonnenrad 372
Sozialverträglichkeit 239
Spanabnahme, Schleifen 132
Spanarten 94
Spanbildung 77
Spanbrechernut 81
Spanen 71, 77
Spanfläche 77
Spanformen 94
Spannen 414
Spannen auf Planscheiben 106
Spannen beim Fräsen 121
Spannfunktion 526
Spannkraft 191
Spannmittel 121
Spannpratzen 122
Spannscheibe 189
Spannstifte 194
Spannung 300, 634
Spannung-Dehnung-Schaubild 300
Spannungsarmglühen 264, 406
Spannungsmessung 636
Spannungsreihe, elektrochemische 472
Spannungsreihe, thermoelektrisch 669
Spannvorrichtungen 419, 527
Spannweite, Statistik 64
Spannzange 107
Spannzangenfutter 119
Spannzeuge, Fräsen 118
Spanungsquerschnitt 93
Spanwinkel 77, 92, 111
Spanwinkel, Bohren 82
Spanwinkel, Drehmeißel 102
Spanwinkeleinfluss, Drehen 103
Speicher 542
Speicher, Hydraulik 609
Speicher, Wartung 624
Speicherbaustein, SPS 696
Speichereinheiten, Systemtechnik 312
Speichermodul, SPS 686
Speichern, Handhaben 417

Speicherprogrammierbare Steuerungen 678
Speicherverhalten, Ventil 575
Sperrgetriebe 362
Sperrschicht, Diode 671
Sperrventile, Hydraulik 612
Spezifischer Widerstand 637
Spezifisches Fördervolumen 603
Spielpassung 42
Spiralbohrer 82
Spiralbohrertypen 83
Spiralbruchspan 94
Spitzenhöhe, Drehmaschine 98
Spitzenweite, Drehmaschine 98
Spitzenwinkel 82
Spitzgewinde 187
Spritzgießen 156
Spritzpressen 289
Sprühlichtbogen 213
SPS 12
SPS, Aufbau 686
SPS, programmieren 690
SPS, Steuerungen 659, 678
Stabelektroden 208
Stahl 252
Stahlbegleitelemente 260
Stähle, Benennung 273
Stähle, Einteilung 271
Stähle, Hauptgruppen 272
Stähle, Zusatzgruppe 272
Stahleigenschaften 263
Stahlerzeugung 258
Stahlgefüge 261
Stahlguss 277
Stahlnormung 272
Stahlsorten 276
Standardabweichung 64
Startverriegelung, SPS 699
Statische Messwerterfassung 54
Statische Prüfungen 408
Statisches Auswuchten 424
Statistik 60
Stauchen 178
Stehlager 343
Steiger 154
Steigung 87, 191
Steigung, Gewindemessen 32
Steilkegel, Spannzeuge 118
Stellglied 628
Stellgröße 628
Stereolithografie 160
Sternspannung 649
stetige Regler 630
Steuer- und Regeleinheiten 312
Steueranweisung, SPS 690
Steuereinrichtungen 329
Steuerkette 536, 627
Steuern 627

Steuerung, Elektropneumatik 580
Steuerung, Lernsituation 734, 740
Steuerung, Pneumatik 551
Steuerung, SPS 659
Steuerungen, Bauteilkennzeichnung 589
Steuerungsbeispiel, SPS 698
Steuerungsplanung 554
Steuerungssystem 332
Steuerungstechnik 530
Stichprobe 63
Stichprobenauswertung 62
Stick-Slip-Effekt 352
Stifte 192
Stifte, Berechnung 383
Stiftschraube 189
Stirnfräsen 112
Stirnplanfräsen 128
Stirnradtrieb 371
Stirnseiten-Mitnehmer 107
Stirn-Umfangsfräsen 112, 129
STL-Format, additive Fertigung 158
Stoffeigenschaft ändern 68, 264
Stoffschluss 183, 199, 225
Stofftransport 322
Stoffumformung 324
Stoffumsetzung 322, 325
Störungsbehebung 456
Störungsdiagnose 455
Störungserkennung, CNC-Maschine 529
Strahlverschleiß 467
Streckgrenze 300, 382
Streichmaß 70
Strichcode, IFT 334
Strichliste, Statistik 64
Strom 634
Stromkreis 635
Stromlaufplan 574, 579, 584, 641
Strommessung 636
Stromquellenkennlinien 206
Stromregelventile, Hydraulik 614
Stromrichtung 635
Strömung 595
Strömungskupplung 361
Strömungsmaschine 320
Strömungsprinzip 326, 541
Stromventil 538, 550
Stromventile, Hydraulik 613
Struktur, GRAFCET 681
Stülpziehen 175
Stumpfstoß 200
Stütz- und Trageinheiten 312
Stützelemente 123, 341, 526
Stützen, Werkstücke 123
Stützzapfen 355
Styropor 297
Subjektives Prüfen 15

Sachwortverzeichnis

Supportmaterial, additive Fertigung 162
Symbole, Fluidtechnik 534, 537, 557
Synchron-Linearmotor 655
Synchronmotor 649
Synchro-PTP-Steuerung 707
Synthetische Flüssigschmierstoffe 476
Systemdarstellung 310, 332

T

Tabellenkalkulationsprogramm 62
Tangentkeile 196
Tastkopf, Messmaschine 53
Tastschnittgeräte 34
Teach-In-Programmierung 705
Technische Keramiken 290
Technische Systeme 309
Technologieschema 554
Technologische Eigenschaften 245
Technologisches Prüfverfahren 304
Teilapparat 124
Teilchenverbundwerkstoff 291
Teilen, Handhaben 416
Teilfunktionen 312, 386
Teilkreis 368
Teilsystem 311
Teilung 368
Tellerfeder 189
Temperatursensor PT-100 669
Temperguss 277
Tenside 481
Thermische Eigenschaften 244
Thermitschmelzschweißen 218
Thermoelektrische Spannungsreihe 669
Thermoelement 635, 668
Thermoplaste 294
Thermoplastische Kunststoffe 222
Tiefbohrzyklus 514
Tiefenfilter 608
Tiefenmessschieber 20
Tiefenmessschraube 23
Tiefungsversuch 304
Tiefziehen 174
Titankarbid 287
Toleranz 18
Toleranzfeld 40
Toleranzklasse 40
Toleranzzone 46
Tonnenlager 348
Torsionsspannung 355
Tragzapfen 355
Tränkwerkstoff 291
Transferstraßen 432
Transition, GRAFCET 681
Transponder 333
Transportfahrzeuge 436
Transportgeschwindigkeit 323
Transportsysteme 436
Trapezgewinde 188
Treibkeile 196
Trennen 68
Trennfläche 75
Trennschleifen 132
Trennverfahren 71
Tribologie 463
Tropfenübergang 212
T-Stoß 200

U

Überdruck 532
Übereutektoidische Stähle 263
Übergang, GRAFCET 681
Übergangsbedingung, GRAFCET 682
Übergangspassung 42
Übergangsradien, Programmierung 495
Überlappstoß 200
Überlappungslänge 385
Überlastkupplung 361
Übermaßpassung 42
Übersetzungsverhältnis 363
Übersetzungsverhältnis, Teilen 125
Überwachungssysteme 412, 437
Überwachungstechnik 412
Ultraschallprüfung 307
Ultraschallreinigungsanlagen 483
Umdrehungsfrequenz 85, 110, 363
Umfangsfräsen 112
Umfangsgeschwindigkeit 363
Umfangsgeschwindigkeit, Schleifen 135
Umfangslast 349
Umfangs-Planschleifen 137
Umformbarkeit 245, 251
Umformen 67, 165
Umhüllungstypen 208
Umlaufgetriebe 373
Umlauföl 346
Umschaltventil, Signalabschaltung 565
Umschlingung 366
Umschlingungsgetriebe 376
Umschlingungswinkel 366
Umweltbelastung 462
Umweltschutz 239
Umweltverträglichkeit 239
UND-Verknüpfung 559
UND-Verknüpfung, SPS 693
Unfallschutz 234
Unfall-Sofortmaßnahmen 238
Unfallverhütung, Elektrotechnik 642
Unfallverhütungsvorschriften 429
Universalteilapparat 124
Universalwinkelmesser 29
Unlegierte Edelstähle 272, 275
Unlegierte Qualitätsstähle 272, 275
Unlegierte Stähle 271, 275
Unstetige Regler 629
Unterbrechen 314
Untereutektoidische Stähle 262
Untergesenk 178
Unterhieb 81
Unterprogramm 505
Unterprogramme, Roboter 709
Unterschnitt, Zahnräder 370
Unwucht 424
Urformen 67, 152
Urliste 62

V

VDE-Bestimmungen 643
Ventile, Anschlusskennzeichnung 535
Ventile, Elektropneumatik 569
Verbinden 314
Verbindungen 183
Verbindungselemente 341
Verbindungselemente, Berechnung 381
Verbotszeichen 234, 483
Verbrennungskraftmaschinen 320
Verbundwerkstoff 291
Verdichter 326, 540
Verdrängerprinzip 326
Verdrängungsprinzip 541
Verdrehfestigkeit 242
Verdünner 481
Vereinigen 416
Verfahrwege, Roboter 708
Verformung 166
Vergrößern 314
Vergüten 268
Vergütungsstähle 268, 276
Verkleinern 314
Verknüpfungssteuerung 558
Verliersicherung 189
Verlustleistung 600
Verschieben 415
Verschleiß 463
Verschleißarten 465
Verschleißmechanismen 464
Verschleißminderung 451, 466
Verschleißschäden 440
Verschleißteile, Zylinder 623
Verschleißteilsatz 459
Verschnitt, Blechteile 170
Verstellpumpe 603
Verteilungskurve 64
Verzögerungsventil 550, 561, 564
Verzug 405
Verzweigen 313, 416
V-Führung 351
Vierbackenfutter 105
Viertaktmotor 320
Viskosität 141, 474, 479, 596
Vollformgießverfahren 155
Volt 635
Volumenmodell, 3D-CAD 338
Volumenstrom 323, 593
Volumenstrom-Druck-Diagramm 600
Volumenstrommessung 598
Vorlast, Schraubenberechnung 382
Vormontage 387
Vorrichtung, Lernsituation 741
Vorsatzzeichen 16
Vorschub 93
Vorschubbewegung 93
Vorschubbewegung, Bohren 82
Vorschubgeschwindigkeit, Schleifen 138
Vorspannen, Schraubenverbindung 394
Vorspannkraft 390
Vorspannungsverhältnis 392
Vorsteuerung, Magnetventil 569
Vorsteuerung, Ventil 547
Vorwärtsentgraten 86
Vorwärts-Fließpressen 180
VPS, Steuerungen 678
V-Räder 370

W

Waagerecht-Fräsmaschine 111, 511
Wachsausschmelzverfahren 155
Walzenstirnfräser 114
Wälzführung 352
Wälzkörperkäfige 347
Wälzlager 343, 347
Wälzlager, Lebensdauer 350
Wälzlager, Schmierung 458
Wälzlagereinbau 402
Wälzlagermontage 401
Wälzverschleiß 466
Wandeln 313
Wärmebildkamera 446
Wärmedehnung 244
Wärmeenergie 318
Wärmekeil 181
Wärmeleitfähigkeit 244
Wärmepunkt 181
Wärmeschrumpfung 119
Wärmestraße 181
Warmgasschweißen 222
Warmklebstoff 232
Warmnietung 197

Sachwortverzeichnis

Warmrichten 181
Warmumformen 167
Warmumformverfahren 177
Warngrenze 61
Warnzeichen 234, 483
Warten, Lernsituation 731
Wartung 449
Wartung, Hydraulik 622
Wartung, Ölfilter 622
Wartung, Pneumatik 622
Wartung, Speicher 624
Wartung, Steuerungen 620
Wartungsarbeiten 449
Wartungseinheit 540, 542, 621
Wartungsintervall 454
Wartungsintervall, Pneumatikanlage 623
Wartungsmaßnahmen 438
Wartungsplan 454
Wartungstechnik 438
Wasserdampfaufnahme 541
Wasserhärter 267
Wattsekunde 315
Wechselfestigkeit 308
Wechselstrom 648
Wechselstrommotor 653
Wechselventil 539, 550
Wegeventile, Auswahlkriterien 549
Wegeventile, Betätigungen 548
Wegeventile, Darstellung 534
Wegeventile, Hydraulik 611
Wegeventile, Pneumatik 546
Wegeventile, Vorsteuerung 547
Weginformation 327
Weg-Schritt-Diagramm 555
Wegteuerung, Elektropneumatik 576
Weg-Zeit-Diagramm 555
Weichlote 228
Weichlöten 227
Weitergeben 415
Weiterzug 175
Wellbiegen 169
Wellen 354
Wellen, axiale Sicherung 356
Wellentoleranz 41
Wellrad 364
Wendeschneidplatte 97

Werkstattorientierte Programmierung (WOP) 522
Werkstoffauswahl 240
Werkstoffe, Tiefziehen 176
Werkstoffeigenschaften 241
Werkstofffehler 440
Werkstoffnummern 275, 281
Werkstoffprüfung 299
Werkstoffstauchung 168
Werkstoffstreckung 168
Werkstoffzähigkeit 303
Werkstückeinspannung, Bohren 84
Werkstückhandhabungssysteme 434
Werkstücknullpunkt 491, 498, 512
Werkstücknullpunkt, Programmierung 499
Werkstückspannen, Drehen 105
Werkstückspannsysteme 526
Werkzeugbahnkorrekturen 513
Werkzeugbezugssystem 102
Werkzeugeinstellpunkt 508
Werkzeugeinstellung 120
Werkzeughandhabungssysteme 434
Werkzeugmagazin 496
Werkzeugmaschine 325
Werkzeugmaße 508
Werkzeugrevolver 508
Werkzeugschleifen 132
Werkzeugschleifmaschine 138
Werkzeugschneide 72, 92
Werkzeugstähle 272
Werkzeugüberwachungssysteme 529
Werkzeug-Voreinstellgerät 509
Whitworth Rohrgewinde 187
Widerstand, elektrischer 637
Widerstands-Punktschweißen 199
WIG-Schweißen, Richtwerte 215
WIG-Verfahren 210

Windkessel 542
Winkeleinheit 29
Winkelendmaße 30
Winkelfräser 117
Winkellehre 30
Winkelmesser 29, 70
Winkelprüfung 29
Wirkungsgrad 318, 600
Wirkungsgrad, Hydraulik 596, 615
Wirkungsteil, GRAFCET 682
Wirkverbindung, GRAFCET 681
Wirrspan 94
Wöhlerversuch 308
Wolframelektrode 147, 214
Wolfram-Inertgas-Schweißen 214
Wolframkarbid 287
Wolfram-Schutzgasschweißen 210
WOP, Werkstattorientierte Programmierung 522
Wurzelfehler 217
Zahlencodierung 334
Zähnezahl 368
Zahnflankenformen 369
Zahnflankenschäden 457
Zahnraddurchflussmesser 598
Zahnradfräsen 112
Zahnradgetriebe 362, 368, 371
Zahnradmaße 368
Zahnradpumpe 603
Zahnradstufengetriebe 375
Zahnriemen 367
Zahnteilung, Sägeblatt 79
Zapfenfeder 195
Zapfenfräszyklus 516
Zehnerregel, Qualitätsmanagement 56
Zeichnungsprogramm für Steuerungen 566
Zeitglied, Pneumatik 553
Zeitrelais 573
Zeitsteuerung, Elektropneumatik 577
Zeitsteuerung, Pneumatik 560
Zementit 261, 263
Zentralschmierung 346

Zentrierspitze 107
Zentrumsschnitt, Schaftfräser 116
Zerspanbarkeit 109, 245
Zerstörungsfreie Prüfverfahren 305
Zerteilen 71, 74
Ziehverhältnis 175
Zollmaßsystem 17
Zuführeinrichtungen 419
Zugangskontrolle 333
Zugbeanspruchung 242, 378
Zugdruckumformen 165, 174
Zugfestigkeit 242, 299, 378
Zugmittelgetriebe 362, 366, 368
Zugspindel-Drehmaschine 98
Zugumformen 166
Zugversuch 299
Zuordnungsliste 695, 699
Zusammenführen 416
Zuschnitt, Tiefziehen 175
Zustandsdiagramm 257
Zustands-Schritt-Diagramm 555
Zustandsüberwachung 446
Zustellbewegung 93
Zuteileinrichtungen 419
Zuteilen 416
Zweidruckventil 539, 550
Zweihand-Betätigung 562
Zweikomponentenklebstoff 232
Zweipunktregelung 629
Zweistufiges Getriebe 363
Zweitraffinat 476
Zweiwege-Stromregelventil, Hydraulik 614
Zykloidenverzahnung 370
Zyklus, SPS 688
Zyklusaufruf, Fräsen 517
Zykluszeit 688
Zylinder, Hydraulik 615
Zylinder, Pneumatik 543
Zylinder, Verschleißteile 623
Zylinderrollenlager 401
Zylinderschaft, Bohrer 83
Zylinderstifte 192
Zylindrische Führung 351